# LA NOBLESSE

### AUX ÉTATS

# DE BOURGOGNE

Tiré à 550 exemplaires.

DIJON, IMPRIMERIE J.-E. RABUTOT.

# LA NOBLESSE

## AUX ÉTATS

# DE BOURGOGNE

### de 1350 à 1789

PAR

## HENRI BEAUNE

membre de l'Académie des Sciences, Arts et Belles-Lettres de Dijon, et de la Commission des Antiquités de la Côte-d'Or.

ET

## JULES D'ARBAUMONT

secrétaire adjoint de la même Commission, correspondant du ministère de l'instruction publique,
officier d'académie.

## DIJON

LAMARCHE, LIBRAIRE-ÉDITEUR

place Saint-Etienne.

MDCCCLXIV

1864

# LISTE DES SOUSCRIPTEURS

S. M. l'Empereur.
S. M. le Roi des Pays-Bas.
S. M. la Reine des Pays-Bas.
S. M. la Reine-Mère des Pays-Bas.
S. A. R. le prince d'Orange, prince royal des Pays-Bas.
S. A. R. le duc de Brabant, prince royal de Belgique.
S. A. R. le prince Henri de Nassau.
S. A. R. le prince Frédéric de Nassau.

S. Exc. le duc de Persigny, membre du Conseil privé.
Le Ministère de l'intérieur.

MM.

Du Parc (le comte Charles), à Dijon.
Grasset, conseiller à la Cour impériale à Dijon.
Lallemand de Villers, à Gevrey-Chambertin.
Milsand (Philibert), à Dijon.
Fyot de Mimeure, à Dijon.
De Siffredy, à Salins.
Le Gouz, marquis de Saint-Seine, à Dijon.

MM.

Laloge (de), à Dijon.
Larcher (A.), avocat à Dijon.
Montmorillon (le comte Hector de), à la Plante.
Saint-Seine (le vicomte Maurice de), à Dijon.
Gueneau de Mussy, à Sempans (Jura).
Truchy de Lays (le vicomte de), à Dijon.
Fériel, conseiller à la Cour impériale, à Dijon.
Bast (L. de), juge suppléant, à Dijon.
Seguin de Broin (Amédée), à Dijon.
Foisset, conseiller à la Cour impériale, à Dijon.
Brosses (le comte de), à Dijon.
Guyard de Changey, au château de Changey (Côte-d'Or.)
Gigord (Raymond de), à Dijon.
Bertholomey, à Bourbon-Lancy.
Drouas (Henri de), à Tonnerre.
Desplaces de Charmasse, à Autun.
Nadault de Buffon, substitut du procureur général, à Rennes.
Le Compasseur, marquis de Courtivron, à Dijon.

MM.
CARRELET DE LOISY (Albert), à Dijon.
CHANDON DE BRIAILLES (Paul), à Épernay.
BOUTON, directeur du *Hérault d'Armes*, à Paris.
CHEVREUL (Henri), à Dijon.
MAREY-MONGE (Alph.), député, à Pommard.
MAC-MAHON (la marquise de), au château de Sully (Saône-et-Loire).
THEVENIN, marquis de TANLAY, au château de Tanlay (Yonne).
DUPUY, baron de SEMUR, à Semur-en-Brionnais (Saône-et-Loire).
LIGIER DE SAINT-PIERRE, à Dijon.
BESANCENET (Alfred de), à Langres.
DUMAY (Gabriel), avocat à Dijon.
PONSOT, à Paris.
ANSTRUDE (le baron d'), à Anstrude (Yonne).
GUYARD DE BALON, à Villotte (Côte-d'Or).
MAULBON D'ARBAUMONT (Édouard), commandant d'artillerie à Besançon.
SUREMAIN DE SAISEREY (Louis), au château de Missery (Côte-d'Or).
CLERMONT-TONNERRE (le marquis de), à Paris.
VILLERS-LA-FAYE (le marquis de), au château de Vellerot.
CRÉCY (le comte R. de), au château de Rye.
VENDEUVRE (Gabriel de), à Paris.
PERREAU (Louis), à Dijon.
SARCUS (le vicomte de), à Dijon.
MAULBON D'ARBAUMONT (Louis), vérificateur des domaines à Colmar.
MAULBON D'ARBAUMONT (Auguste), à Dijon.
STEIN D'ALTENSTEIN (le baron Isidore de), à Bruxelles.
NADAILLAC (le marquis de), à Paris.
BARBANSON (Ernest), avocat à Bruxelles.
PERRENEY DE CHARREY, à Dijon.
DUGON (le comte Ch.), au château de Grosbois (Côte-d'Or).

MM.
DUGON (le vicomte Armand), au château de Moidière.
La Société de Lecture de Dijon.
LACORDAIRE (A.), à Paris.
CHASTENAY (la comtesse de), à Paris.
SIMONNET (Jules), substitut du procureur général à Dijon.
MALLIARD (Fernand de), à Saint-Loup-sur-Semouse.
BAUDOT (Félix), à Pagny (Côte-d'Or).
CIRCOURT (le comte Arthur de), à Fontainebleau.
SEGUIN DE JALLERANGE (Paul), à Besançon.
DE LA CUISINE, président à la Cour impériale à Dijon.
MALTESTE (Victor), juge suppléant à Dijon.
RICHARD, comte de VESVROTTE, à Dijon.
MÉRIGNAC (le baron de), à Dijon.
CHOISEUL (la comtesse de), à Paris.
ESPIARD DE COLLONGES (le baron Antoine-Bernard-Alfred d'), à Paris.
JOLIET (Henri), à Dijon.
L'Académie des Sciences, Arts et Belles-Lettres de Dijon.
ESPIARD (Amédée d'), officier de la Légion-d'Honneur, à Avignon.
PERRAULT DE MONTREVOST (le comte), au château de Montrevost.
BERNARD DE LAVERNETTE-SAINT-MAURICE (G.), à Montbellet.
VERCHÈRE (E. de), à Saint-Germain-du-Plain (Saône-et-Loire).
SANDY (le comte de), à Paris.
CARRELET DE LOISY (Mme Édouard), à Dijon.
MERCY D'ARGENTEAU (le comte Ch. de), à Paris.
COURTOT DE CISSEY, au château de Cissey.
VIOLOT (Claudius), à Chalon-sur-Saône.
FONTAINE (Auguste), libraire, à Paris.
PONTOI CAMUS DE PONTCARRÉ (le marquis de), au château de Villebon.

MM.
SIMONY (A. de), à Langres.
RAGUET DE BRANCION (le comte H. de), à Toulouse.
VERCHÈRE, marquis d'ARCELOT (Gabriel), à Dijon.
BOURGON, président honoraire à Besançon.
BRENET (Gustave), à Dijon.
MONNIER, à Chalon-sur-Saône.
MASSOL (le baron de), à Trucy.
DU PRAT (le marquis), à Versailles.
LOPPIN DE GEMEAUX (Charles), à Gemeaux.
CHAMPEAUX (Joseph de), au château de Gurgy.
CAZET, antiquaire, à Dijon.
BAUDENET DE PERRIGNY (Robert), à Avallon.
ESPIARD (d'), à Mazille.
BERTHEAULT DE NOIRON, à Autun.
VERCHÈRE DE REFFYE, à Meudon.
MUFFAT (René), libraire, à Paris.
TRUCHY DE LAYS (le comte de), au château de Barberey.
QUIROT DE POLIGNY (Louis), à Dijon.
BERNARD DE CHALUS (Hugues), à Dijon.
SIMONY (F. de), à Sarreguemines.
MUTEAU (Ch.), juge au tribunal civil, à Dijon.
BEUVERAND (Gaston de), à Dijon.
THOISY (Adrien de), à Dijon.
GODARD, marquis de BELBEUF, sénateur, à Paris.
GRAVIER (le baron de), à Pernand (Côte-d'Or).
MOUCHY (le duc de), à Paris.
BRUNET DE MONTHELIE, à Beaune.
BRUN (Eugène), à Dijon.
CHARPIN-FEUGEROLLES (le comte de), au château des Bruneaux.
ROQUE (Louis de la), à Paris.
THOMASSIN (Ph. de), à Paris.
F. HEUSSNER, libraire, à Bruxelles.

MM.
GANAY (le marquis de), à Paris.
FONTENAY (Harold de), à Autun.
J. CHARVET, à Paris.
DUMOULIN, libraire, à Paris.
DURAND, libraire, à Paris.
QUIROT DE POLIGNY (René), à Dijon.
CASTÉJA (le marquis de), à Paris.
VOGÜÉ (le marquis de), à Paris.
JAQUOT DE ROUHIER, marquis d'ANDELARRE, au château d'Andelarrot (Haute-Saône).
BAUFFREMONT (le prince de), à Paris.
LAUBESPIN (la comtesse de), à Paris.
MÉRODE (le comte Werner), à Paris.
BEAUVEAU (le prince Étienne de), à Paris.
LA GUICHE (le marquis de), à Paris.
BRIGNOLE-SALE (le marquis de), à Paris.
GERLACHE (le baron de), à Bruxelles.
NASSAU (la comtesse de), à Paris.
SOULTRAIT (le comte de), à Lyon.
ROZIÈRE (le vicomte Ernest de), au château de la Bocca.
GODEFROID DE MONTGRAND (le comte), à Marseille.
MOROT DE GRESIGNY (Charles-François de), à Gevrey-Chambertin.
CHAMBURE (E. de), à Lachaux.
CHEVALIER, vicomte d'ALMONT (Louis-Théodore), au château de la Servanterie.
POULLETIER DE SUZENET (Madame), à Dijon.
LIGER BÉLAIR (le vicomte), à Dijon.
CARMOY, au château de la Chapelle de Bragny.
GRANGIER (A.), à Vougeot.
RAVIOT (Pierre-Bénigne), à Dijon.
ABRANT (Louis), à Anjoutey.
PAULIN (le colonel Charles-Antoine), à Dijon.
THOISY (le baron de), à Dijon.
DHÉTEL, à Dijon.
BICHOT (Henri), à Dijon.

MM.
Pignolet, à Beaune.
Maitre (Antoine), à Dijon.
Uzès (le duc d'), au château de Bonnelles.
Rénier-Trélanne, à Dijon.
Des Ulmes (le comte), à Dijon.
Amis, à Paris.
Personne (Henri), à Châtillon.
Vallot, à Dijon.
Croy (le prince Ferdinand de), à Paris.
Croix (le comte de), à Paris.
Périgord (le duc de), à Paris.
Vogüé (le comte de), à Dijon.
Ligier de Saint-Pierre (Madame), à Dijon.
Trivento (Don Sismondo-Affitti, comte de), à Florence.
Aubry, libraire, à Paris.
Cotillon, libraire, à Paris.
Portalis (Roger), à Paris.
Daclin (Émile), à Chalon-sur-Saône.
Guillaume de Sermizelles (Ernest), à Quincize.
Seguin de Broin (Édouard), à Dijon.

MM.
Delecey de Changey, à Langres.
Muquardt, libraire, à Bruxelles.
Ganay (le marquis de), à Étang-sur-Arroux.
Jacquemain, à Paris.
Musy (le comte Charles de), au château de Digoine.
Musy (le comte Humbert de), au château de Digoine.
Veyny-d'Arbouse (le comte de), à Saint-Vallerin.
Mulcey, libraire, à Chalon-sur-Saône.
Clément-Janin, à Dijon.
Pradier d'Agrain (le marquis de), à Dijon.
S. Exc. le duc de Bassano, grand chambellan de l'Empereur, à Paris.
Arbaumont de Laloge (M<sup>me</sup> d'), à Dijon.
Bourrée, vicomte de Corberon, à Paris.
Espiard (Frédéric d'), à Paris.
Grosbois de Soulaine (H.), à Paris.
Nogent (le comte de), à Jarzé.
Villate (E.), à Paris.

# AVANT-PROPOS

---

Hic atavos et avorum antiqua sonantem<br>
Nomina.....<br>
(VIRGILE, liv. XII, 529.)

Ceci n'a pas la prétention d'être un livre, mais seulement un recueil de renseignements relatifs à l'histoire de l'ancien duché de Bourgogne, et en particulier de sa noblesse.

L'histoire des familles nobles se rattache en effet, d'une manière intime, à celle du pays qu'elles ont servi ou illustré ; on ne saurait étudier l'une sans connaître l'autre, pas plus qu'on ne saurait peindre l'antiquité sans avoir lu Plutarque.

Si la noblesse ne forme plus un ordre dans l'Etat, elle a droit à une place dans ses annales, parce qu'elle a recueilli une large part dans l'héritage de ses souvenirs. Comme institution politique, elle a, durant huit siècles, pesé sur les destinées de la nation ; comme classe sociale, elle a préparé, souvent dirigé les mœurs ; comme corps militaire, elle a immortalisé la valeur française sur tous les champs de bataille ; comme détentrice du sol enfin, elle a inscrit son nom sur les pierres de tous nos édifices, et jusqu'au bas des titres de nos plus modestes propriétés.

Son sang, d'ailleurs, n'est-il pas celui de la France ? Ses ancêtres ne sont-ils pas les nôtres, et dans cette perpétuelle évolution des individus et des races qui tour à tour élève et abaisse les familles (1), n'est-il pas vrai de dire qu'il n'y a point de noblesse, si ancienne qu'elle soit, qui ne sorte du peuple ou ne doive tôt ou tard finir par y rentrer ?

Les éditeurs de cette publication ne l'ont donc jugée ni surannée ni inutile. Ils se sont proposé un autre but. Le rôle et le mécanisme des Etats particuliers de nos anciennes provinces sont encore peu connus, malgré les travaux de l'érudition moderne, et l'on oublie trop volontiers que ces assemblées, quelqu'amoindries qu'elles aient été pendant les deux derniers siècles, furent cependant chez nous les origines du régime représentatif. La Bourgogne surtout, pays d'Etats, terre fidèle, mais indépendante par excellence, a compté de nombreuses assemblées de ce genre, dont les plus reculées dans l'histoire proclamaient des principes de liberté et de contrôle, à une époque où les neuf dixièmes de la nation ignoraient encore la liberté. C'était la noblesse qui tenait alors ce langage, il a paru bon de le rappeler ; et s'il eût été assurément préférable de suivre les lents développements de ces idées au sein des trois ordres, il est peut-être curieux de montrer quel fut, à l'aube de la monarchie, le rôle d'une classe contre laquelle se sont soulevées depuis de si vives et si souvent injustes hostilités.

Quelques mots maintenant sur le recueil lui-même.

La Chambre de la noblesse bourguignonne, à l'assemblée de 1751, chargea l'un de ses membres, M. de Brosses, comte de Tournay, de dresser la liste des gentilshommes qui avaient eu séance aux Etats de la province depuis les temps les plus éloignés, et de faire dessiner les armoiries de ceux qui y avaient assisté à partir de 1682. Le 14 août 1754, ce travail fut remis à la Chambre, qui vota des remerciements à son auteur, en se réservant le soin de le publier. Trois années plus tard en effet, l'impression de cette œuvre fut résolue, et quatre commissaires furent chargés d'en surveiller l'exécution (2). Le comte de Tournay et le marquis

(1) Le proverbe dit : *cent ans bannière, cent ans civière.*
(2) Délibération du 23 novembre 1757. — Les quatre commissaires étaient : MM. de Brosses de Tournay, le marquis de Courtivron, de Thésut et Bernard de Chanteau, qui s'adjoignirent postérieurement M. de Fussey de Menesserre. Le 28 novembre suivant, ces délégués passèrent avec le sieur Durand, graveur à Dijon, un marché par lequel celui-ci s'engageait à livrer, moyennant 6,000 livres, quatre cents exemplaires in-folio de l'*Armorial* dressé sous les yeux du comte de Tournay. Cent quatre-vingts étaient réservés aux membres de la Chambre, et le reste destiné au public. Les planches en cuivre des blasons gravés par Durand et celle du frontispice, œuvre remarquable d'Auguste Saint-Aubin, furent, après l'impression, déposées dans une armoire de la Chambre, au palais des Etats, d'où la Révolution les tira pour les vendre à un fripier. M. Perreney de Grosbois, ancien premier

de Courtivron, avec la collaboration de plusieurs membres de la noblesse, ajoutèrent aux listes précédemment rédigées un discours préliminaire sur l'histoire de Bourgogne et quelques notices sur les principales familles du duché. C'est cette publication, faite en 1760, qui a servi de base à notre travail.

Il a paru toutefois nécessaire de la compléter. Les listes de la première édition commençaient en 1548, date du plus ancien registre de la Chambre, et s'arrêtaient en 1760. Grâce aux titres nombreux et inédits conservés dans le riche dépôt des Archives de la Côte-d'Or, nous avons pu, en multipliant les recherches, faire remonter ces listes jusqu'à l'année 1350, époque à laquelle on voit apparaître pour la première fois une succession à peu près régulière d'assemblées provinciales, et nous les avons poursuivies jusqu'en 1789. L'édition de 1760 renfermait d'autres lacunes qui ont été comblées d'après les registres des Etats, par exemple pour la période de la Ligue. Elle ne donnait le plus souvent, comme ces registres eux-mêmes selon un usage déplorable en vain prohibé par les ordonnances (1), que les noms de seigneuries des gentilshommes présents : on est parvenu dans celle-ci, en compulsant les reprises de fiefs, les procès-verbaux de dénombrements, de convocations du ban et de l'arrière-ban et les minutes des notaires, à ajouter à ces surnoms variables le nom patronymique de chaque famille, qui est un guide nécessaire dans les recherches généalogiques. Un grand nombre d'attributions inexactes, échappées à la patience des premiers éditeurs, ont été en outre rectifiées; l'orthographe de certains noms a été rétablie, des qualifications omises ont été restituées, des interpolations supprimées, et les copies anciennes

---

président du Parlement de Besançon, les racheta plus tard et les sauva ainsi de la destruction. C'est à l'aide de ces planches que nous avons reproduit, en les complétant, les armoiries de cet ouvrage. D'autres feuilles supplémentaires de blasons ont été gravées postérieurement à l'édition de 1760, mais elles sont bien inférieures aux précédentes.

(1) « C'est un vilain usage et de très mauvaise conséquence en nostre France, dit Montaigne, d'appeler chacun par le nom de sa terre et seigneurie, et la chose du monde qui fait plus mesler et mescognoistre les races. Un cadet de bonne maison ayant eu pour son appanage une terre, sous le nom de laquelle il a esté cognu et honnoré, ne peut honnestement l'abandonner : dix ans après sa mort, la terre s'en va à un estranger qui en fait de mesme. Devinez où nous en sommes de la cognoissance de ces hommes..... Autant de partages, autant de surnoms. Cependant l'originel de la tige nous est échappé. » (*Essais*, liv. I, ch. 46.)

Cette remarque est fort juste. Rien de plus confus que les noms au XVIe siècle. Le fameux amiral de Coligny ne fut jamais appelé de son vivant que Châtillon, tandis que son frère se nommait d'Andelot. Qui sait que le marquis de Chandenier, illustré par Saint-Simon, s'appelait Rochechouart?

En Angleterre, les membres d'une même famille portent des noms et des titres différents. Mais il y a des règles publiquement reconnues pour la prise de possession des noms et des titres ; il y a le *Book of Peerage*; il y a en un mot un fil conducteur qui rétablit la filiation. En France, rien de tout cela. M. de Montalembert signale quelque part cette confusion, dont sa famille a eu à se plaindre, non moins que l'histoire.

scrupuleusement collationnées avec le texte des registres de la noblesse. Si, comme cela est inévitable, quelques erreurs se sont glissées dans ce nouveau travail, elles ont été corrigées, les unes dans la rédaction des notices historiques sur les familles, et les autres dans l'*erratum* qui termine le volume.

Ces listes se divisent en deux parties. La première, qui s'étend de 1350 à 1682 inclusivement, comprend, année par année, les noms de tous les gentilshommes présents aux séances des Etats qui sont inscrits sur les registres ou mentionnés sur d'autres titres ; elle se clôt par une liste dressée en exécution du règlement intérieur de la Chambre du 18 août 1679. La seconde, qui commence en 1685 pour finir en 1789, ne renferme plus que les noms des gentilshommes admis sur preuves à prendre part aux délibérations de l'ordre de la noblesse, conformément au règlement précité. A partir de cette époque, où l'accès de la Chambre fut soumis à certaines conditions d'origine et de capacité, il devait en effet suffire de citer, à la date de leur admission, ceux des nobles qui avaient fait leurs preuves, sans en répéter les noms dans les listes suivantes. C'est à cette dernière période que se rattachent également les blasons gravés à la fin du volume ; selon le vœu de l'assemblée de 1751, on y trouvera les armoiries de toutes les familles représentées aux Etats de Bourgogne de 1682 à 1789, c'est-à-dire la presque totalité de celles qui existent encore aujourd'hui. Quant aux autres, la description de leur écusson précède leur notice (1).

Il ne faut pas confondre avec cette nomenclature le catalogue qui la suit immédiatement. Celui-ci renferme les noms de tous les nobles qui ont pris part ou envoyé leur procuration aux assemblées de la noblesse bourguignonne convoquée pour l'élection des députés aux Etats généraux de 1789. L'*Introduction* fera connaître la différence qui existait entre les gentilshommes reçus sur preuves aux Etats de la province et les simples nobles qui prirent part à cette élection. Un grand nombre de ces derniers n'auraient point obtenu l'entrée de la Chambre de la noblesse, parce qu'ils n'auraient pu fournir les justifications exigées par les règlements. Aussi, pour éviter toute confusion, un caractère différent a été adopté pour l'impression du nom patronymique dans chacune des deux listes.

La rédaction des notices historiques consacrées aux familles qui ont pris séance aux Etats, a été empruntée presque exclusivement aux pièces authentiques

---

(1) Les familles ont souvent changé leurs armoiries : nous avons indiqué ces variations, soit dans la description des blasons, soit dans l'armorial gravé. Toutes les fois que celui-ci ne sera pas d'accord avec la notice, le lecteur pourra tenir les pièces ajoutées ou retranchées pour une variante.

renfermées dans les archives de l'ancienne Bourgogne, et provenant pour la plupart de la chambre des comptes de cette province. D'autres documents ont été toutefois consultés avec fruit; nous citerons au premier rang : deux volumes manuscrits contenant les preuves faites par les gentilshommes admis aux Etats devant les commissaires de la noblesse, et arrachés aux flammes révolutionnaires par la famille de Courtivron qui les a généreusement cédés aux archives; l'armorial de la chambre des comptes, œuvre inédite du Jésuite Gautier; les généalogies bourguignonnes de l'abbé Boullemier, dont une copie existe à la bibliothèque de l'Arsenal; les deux volumes manuscrits de Palliot que possède celle de la ville de Dijon et un grand nombre de généalogies inédites du même auteur, dont une discrète libéralité a bien voulu nous confier les originaux. Il était impossible, en présence de plus de sept cent cinquante familles, de donner la filiation complète de chacune d'elles; pour quelques-unes d'ailleurs, les documents authentiques, les seuls qui puissent inspirer confiance en pareille matière, eussent fait défaut; mais l'on peut être au moins assuré que toutes les énonciations contenues dans les notices ont été puisées aux meilleures sources, soigneusement vérifiées, et qu'entre le doute et le silence, les éditeurs n'ont jamais hésité. Ils ont poussé le scrupule jusqu'à ne consulter les écrivains les plus autorisés, comme Moréri, Guichenon, la Chesnaye-des-Bois, que lorsqu'il était nécessaire d'indiquer l'origine ou les branches d'une famille qui n'avait pas jeté toutes ses racines en Bourgogne et dont la généalogie ne pouvait par conséquent être dressée avec les seuls documents paléographiques. Leurs notices s'arrêtent enfin prudemment, sauf d'éclatantes exceptions, aux événements de 1789; la fin des Etats doit être aussi celle de leur histoire.

Pour faciliter le recours aux listes et pour mieux faire ressortir l'ancienneté des familles, on a pris soin d'indiquer, au bas de chaque notice, la date de leur entrée dans la chambre de la noblesse. On est également parvenu, grâce à des documents inédits, à donner, pour la plupart d'entre elles, la date des sentences qui les ont reconnues nobles et les ont maintenues dans la possession des priviléges attachés à cette qualité, lors des recherches nobiliaires commencées sous Louis XIV. L'*Introduction* fera connaître le but et l'esprit de ces recherches qui, outre leur importance généalogique, offrent un intérêt particulier à l'historien.

Une difficulté plus sérieuse au fond qu'apparente a pendant quelque temps arrêté les éditeurs de cet ouvrage. Du XIII$^e$ au XVIII$^e$ siècles, il n'existe point, à vrai dire, d'orthographe pour les noms propres. Le mot le plus simple, de la consonance la plus nette et la plus facile, est souvent écrit dans la même pièce de huit ou dix manières différentes, et quand ce mot sert de dénomination commune à plusieurs familles ou à plusieurs fiefs, il devient quelquefois impossible de déterminer à qui le nom appartient et sous quelle forme il faut le reproduire. L'ignorance ou la légèreté des copistes accroît encore la difficulté, lorsqu'au lieu de l'original, on est obligé de recourir à une copie; le caprice devient alors la seule règle de l'écrivain, et c'est à cette circonstance qu'il est permis d'attribuer la plupart des erreurs qui se sont glissées dans l'édition de 1760. On s'est efforcé dans celle-ci de respecter autant que possible le texte des registres des Etats; l'importance que le public attache maintenant, à tort ou à raison, à certaines formes orthographiques des noms propres en faisait un devoir impérieux aux éditeurs (1). Quand le même nom sera écrit dans les listes ou dans les notices de plusieurs manières différentes, les familles pourront donc avoir la certitude que ces variations d'orthographe ont été scrupuleusement empruntées aux documents originaux. Il en a été de même des noms de terres ou de fiefs, toutes les fois qu'un doute s'est élevé sur le lieu qu'ils désignaient réellement. Plusieurs seigneuries portaient en effet la même dénomination dans le même bailliage ou dans des bailliages différents. Le changement d'une lettre eût quelquefois suffi pour en défigurer le nom et provoquer une erreur. Il a paru plus exact, en ce cas, de s'en tenir à l'orthographe des anciens titres ou, quand ils font défaut, à celle du vaste recueil laissé par l'archiviste Peincedé. Partout ailleurs, on a suivi, comme un guide accrédité, l'*Etat général et alphabétique des villes, bourgs et paroisses du duché de Bourgogne, comtés et pays adjacents,* publié par ordre des élus généraux à Dijon chez Defay, en 1783.

Voilà le cadre et l'économie de cet ouvrage. Renfermé dans des limites qu'il n'appartient plus à personne d'étendre, restreint à des documents officiels dont la publicité rend l'altération impossible, il n'a d'autre ambition que de servir dans une part modeste la cause de l'histoire locale. On ne l'accusera ni de blesser

---

(1) Toutefois, nous avons cru devoir rétablir l'uniformité, en adoptant l'orthographe la plus accréditée, pour les noms bien connus et dont la forme ne saurait être l'objet d'une sérieuse contestation. Tout le monde écrit aujourd'hui *Choiseul* et non *Choiseuil*; *Vintimille* et non *Vintemille*; *Bauffremont* et non *Beaufremont*; *du Blé* et non *Dubled*; *Scorrailles* et non *Escorailles*. Nous avons eu soin d'ailleurs de signaler les principales variantes en tête de chaque notice. Enfin, si l'orthographe des prénoms n'a pas été exactement reproduite d'après les manuscrits des Archives, c'est que cette orthographe, qui s'est modifiée presque à chaque siècle, eût introduit dans l'ouvrage une confusion pénible pour le lecteur.

les amours-propres ni de les satisfaire : la noblesse bourguignonne est trop riche de souvenirs pour ne pas demeurer pure de tout alliage, et elle aurait le droit de se croire amoindrie si la vérité de ses annales était sacrifiée à des prétentions qui trouveront facilement ailleurs la liberté du ridicule.

# BIBLIOGRAPHIE

## DES OUVRAGES CONSULTÉS

### MANUSCRITS.

§ 1.

*Manuscrits des Archives de la Côte-d'Or.*

Registres des délibérations des États de Bourgogne. 1548-1788. 18 vol. in-fol. inégaux.

Décrets originaux des Etats de Bourgogne. 1636-1766. 20 vol. in-fol. inégaux (manquent deux tomes).

Décrets des Etats. Copie du XVIII<sup>e</sup> siècle. 1579-1787. 14 vol. in-fol. inégaux (manquent les tomes 1, 4 et 5).

Carnots de la noblesse ou Registres des délibérations particulières de la chambre de la Noblesse, 11 vol. in-fol. 1662-1787.

Preuves de noblesse aux Etats de Bourgogne. 2 vol. in-fol. 1680-1787.

Registres des délibérations des Etats et des Elus du comté d'Auxonne, terre d'Outre-Saône et ressort de Saint-Laurent. 4 vol. petit in-fol.

Registres des déclarations des biens et dettes des communautés de Bourgogne et Bresse, faites en 1666 pardevant l'intendant Bouchu, commissaire à ce délégué par lettres patentes du roi du 22 septembre 1665. 10 vol. in-fol.

Relevé par ordre de bailliage des érections de terres en dignités, extrait du grand inventaire de Peincedé. 1 vol. Bibl. des Archives.

Armorial de la chambre des comptes de Dijon, par le P. Gautier, jésuite. 1 vol. in-fol. Bibl. des Archives.

Inventaire général ou Recueils de Bourgogne, par Peincedé, garde des livres de la chambre des comptes de Dijon. 30 vol ; plus 6 vol. de tables, tous in-fol. inégaux.

La plupart des pièces analysées dans les 30 volumes de Peincedé sont conservées aux Archives de la Côte-d'Or, dans la section B du nouveau classement; on y a eu fréquemment recours. Les documents qui ont été consultés sont les suivants :

Cartons classés sous les chapitres 6, 7 et 14 de la section B ; documents relatifs à la maison ducale, aux domaines et aux familles.

Cartons contenant les reprises de fiefs.

Registres des mémoires de la chambre des comptes de Dijon. 56 vol. in fol. 1386-1790.

Registres d'anoblissements, lettres de naturalité, légitimations, affranchissements, 5 vol. in-fol. 1504-1689.

## § II.

*Manuscrits de diverses Bibliothèques.*

P. PALLIOT. Mémoires généalogiques. 2 vol. in-fol. Bibl. de Dijon, n° 481.

ANONYME. Armorial de la chambre des comptes de Dijon. 1 vol. in-4°. Bibl. de Dijon, n° 465 *bis*.

— Table générale des édits enregistrés au parlement de Dijon. 3 vol. in-4°. Bibl. de Dijon, n° 456.

— Recueil des registres du parlement de Dijon, 5 vol. in-fol. Bibl. de Dijon, n° 461.

— Recueil de généalogies (maisons de Vienne, Vauvillars, la Chambre, Bude, etc.). 1 vol. in-fol. Bibl. de Dijon, n° 479.

Jean GODRAN. Ordonnances de l'ordre de la Toison d'or. 1 vol. in-4°. Bibl. de Dijon, n° 374.

BUSSY-RABUTIN. Histoire généalogique de la maison de Rabutin. 1 vol, in-8°. Bibl. de Dijon, n° 480.

HOZIER (d'). Armorial général de 1692. Généralité de Bourgogne. 2 vol. in-fol. Bibl. impériale.

— Collection de Bourgogne, à la Bibl. imp., vol. intitulés : *Etats, Familles, Généalogies, Noblesse.*

BOULLEMIER. Généalogies de Bourgogne. 2 vol. in-fol. Bibl. de l'Arsenal.

P. PALLIOT. Généalogie de la famille Le Gouz-Morin. 1 vol. Bibl. de l'Arsenal.

CL. BOUCHU. Nobiliaire de Bourgogne ou recherches sur la noblesse de Bourgogne en 1666-1676, conten. 553 généalogies, in-fol., fonds Bouhier. Bibl. de Troyes, n° 324.

— Recueil de pièces généalogiques sur la Bourgogne, fonds Bouhier. — Carton in-fol. Bibl. de Troyes, n° 2177.

FERRAND. Recherches sur la noblesse de Bourgogne. 2 vol. in-fol.

— Etat descriptif du duché de Bourgogne, ou mémoire concernant la généralité de Dijon. 1700. 1 vol. in-fol. Bibl. de Dijon, n° 437 *ter*.

P. PALLIOT. Généalogies diverses. Bibl. du château de Grosbois.

CIREY. Procès-verbal de l'abbé de Cisteaux, de deux voyages par luy faictz comme député de la province de Bourgogne, l'un vers le roy Charles VIII, lors de son avénement à la couronne, l'autre aux Etats de Tours de 1483, in-fol. Bibl. imp., n° 5, Saint-Germain.

## IMPRIMÉS.

P. ANSELME. Histoire généalogique et chronologique de la Maison royale de France, des Pairs, grands officiers de la couronne et de la Maison du Roy. 9 vol. in-fol. Paris, 1726-1733.

MORÉRI. Grand Dictionnaire historique. 10 vol. in-fol. Paris, 1759.

CHESNAYE-DES-BOIS (la). Dictionnaire de la Noblesse. 15 vol. in-4°. Paris, 1770-1786.

HOZIER (d') père et fils. Armorial général de France. 10 vol. in-fol. Paris, 1738-1768.

VITON DE ST-ALLAIS. Dictionnaire encyclopédique de la Noblesse de France. 3 tomes en 2 vol. in-8°. Paris, 1816.

— Nobiliaire universel de France, ou Recueil général des généalogies historiques des Maisons nobles de ce royaume. 21 vol. in-8°. Paris, 1814.

COURCELLES. Dictionnaire universel de la Noblesse de France. 5 vol. in-4°. Paris, 1820-1821.

LAINÉ. Archives généalogiques et historiques de la Noblesse de France. 11 vol. in-8°. Paris, 1828-1850.

CHASOT DE NANTIGNY. Tablettes historiques, généalogiques et chronologiques. 8 vol. in-24. Paris, 1749-1757.

— Tablettes de Thémis. 3 parties en 2 vol. in-12. Paris, 1755.

SEGOING. Le Mercure armorial. Paris, 1649. in-4°, et 1647, in-fol.

GELYOT. Indice armorial. Paris, 1661. 1 vol. in-fol.

PALLIOT. La vraye et parfaite science des armoiries. Dijon, Palliot, 1661, in-fol.

VULSON DE LA COLOMBIÈRE. Science héroïque. 1 vol. in-fol. Paris, 1644.

MÉNÉTRIER (le P.). La nouvelle méthode raisonnée du blason et de l'art héraldique. Lyon, 1770, in-8°.

Roque (la). Traité de la noblesse. Paris, 1778. In-4°.

Chérin. Abrégé chronologique d'Edits, Déclarations, Règlements, Arrêts et Lettres patentes des Rois de France de la troisième race, concernant le fait de la noblesse. Paris, 1788. In-12.

Rietstap. Armorial général. Gouda, 1861. 1 vol. in-4°.

Besongne. L'Etat de la France. Paris, 1662. 1 vol. in-12.

Dom Plancher et dom Mehle. Histoire générale et particulière de Bourgogne. 4 vol. in fol. Dijon, 1739-1781.

Courtépée et Béguillet. Description générale et particulière du duché de Bourgogne. 2e édition. 4 vol. in-8°. Dijon, 1847-1848.

Pérard. Recueil de plusieurs pièces curieuses servant à l'histoire de Bourgogne. 1 vol. in-fol. Paris, 1664.

Barante. Histoire des ducs de Bourgogne de la maison de Valois. Paris, 1826. 13 vol. in-8°.

La Barre. Mémoires pour servir à l'histoire de France et de Bourgogne. Paris, Gandouin et Giffard, 1729. 1 vol. in-4°.

Muteau (Ch.) et J. Garnier. Galerie bourguignonne, Dijon, 1858-1861. 3 vol. pet. in-18.

Ponto Heutero Delphio auctore. Rerum burgundicarum libri sex. Hagœ-Comitis, 1639. In-12.

St-Julien-de-Baleure. De l'origine des Bourgongons. Paris, 1581. 2 tomes en 1 vol. in-fol.

— Mélanges historiques et recueils de diverses matières. Lyon, Benoît-Rigaud, 1558. 1 vol. in-12.

Du Chesne (André). Histoire généalogique des ducs de Bourgogne de la maison de France. 1628. In-4°.

— Histoire généalogique de la maison de Vergy. Paris, 1625. In-fol.

— Histoire des Roys, Ducs et Comtes de Bourgogne et d'Arles. Paris. 1619. In-4°.

Histoire généalogique des maisons qui ont possédé les différentes parties des royaumes de Bourgogne et d'Arles. Paris, 1738. 4 vol. in-4°.

Dom Calmet. Histoire généalogique de la maison du Châtelet. Nancy, 1741. 1 vol. in-fol.

Chevillard. Armorial de Bourgogne et de Bresse. 7 feuilles in-fol. Paris, 1726.

Anonyme. Histoire généalogique et historique de Bourgogne. Paris, 1736. In-4°.

Palliot. Le Parlement de Bourgogne, son origine, son établissement et son progrès. Dijon, 1649. 1 vol. in-fol.

Petitot. Continuation de l'histoire du Parlement de Bourgogne, depuis l'année 1649 jusqu'en 1733. Dijon, 1733. 1 vol. in-fol.

S. des Marches. Histoire du Parlement de Bourgogne de 1733 à 1790. Chalon-sur-Saône, 1851. 1 vol. in-folio.

Joly. Traité de la chambre des comptes de Dijon. Dijon, 1653. 1 vol. in-fol.

Cuisine (la). Le Parlement de Bourgogne. 2e édit. 3 vol. in 8°. Dijon, 1864.

Guichenon. Histoire de Bresse et de Bugey. Lyon, 1650. In-fol.

Nobiliaire des Pays-Bas et du Comté de Bourgogne. — Louvain, Jacobs, 1760-1779. 8 vol. in-12.

Leblond. Quartiers généalogiques des illustres et nobles familles d'Espagne, d'Allemagne, d'Italie, de France, de Bourgogne, de Lorraine et des XVII provinces. Bruxelles, 1788. 2 vol. in-8°.

Lefèvre de Caumartin. Recherches de la noblesse de Champagne, par d'Hozier. Châlons, 1673. 2 vol. in-fol.

Histoire des Comtes de Champagne et de Brie. Paris, 1753. In-12.

Hozier (d') et Palliot. Généalogie et alliances de la maison d'Amanzé. Dijon, 1649. 1 vol. in-fol.

Marin. Chronique et généalogie de la noble maison de Noyers. 1661.

Palliot. Histoire généalogique des comtes de Chamilly de la maison de Bouton. Dijon, 1671. Preuves de l'histoire généalogique de la maison de Bouton. Dijon, 1665. Le tout en 1 vol. in-fol.

Bouchet (du). Table généalogique de l'illustre Maison de Colligny. Paris, 1640. 6 f. imprimées.

— Preuves de l'Histoire généalogique de l'illustre maison de Colligny. Paris, 1662. 1 vol. in-fol.

J. de la Pise. Histoire des princes d'Orange. La Haye, Th. Maire, 1639. 1 vol. in-fol.

Comte George de Soultrait. Armorial du Bourbonnais. Moulins, 1857. 1 vol. grand in 8°.

— Armorial de l'ancien duché de Nivernais. Nevers, 1844, in-12. Paris, 1847. Grand in-8°.

CHEVALIER. Mémoires pour servir à l'histoire de Poligny. Lons-le-Saunier, 1769. 2 vol. in-4°.

GUILLAUME (J.-B.). Histoire généalogique des sires de Salins. Besançon, 1757. 2 vol. in 4°.

DUNOD DE CHARNAGE. Mémoires pour servir à l'histoire du comté de Bourgogne. Besançon, 1740. 3 vol. in-4°.

LABBEY DE BILLY. Histoire de l'Université du comté de Bourgogne. 2 vol. in-4°.

ROQUE (Louis de la). Armorial de la noblesse du Languedoc. Montpellier et Paris, 1860-1861. 2 vol. in-8°.

JOLIMOIS. La Haute-Marne ancienne et moderne. Chaumont, 1858. In-4°.

GUIGARD. (Joannis). Bibliothèque héraldique de la France, Paris, 1861. In-8°.

Ecartelé de *Chalon* et d'*Orange*, à l'écu de *Genève* sur le tout.

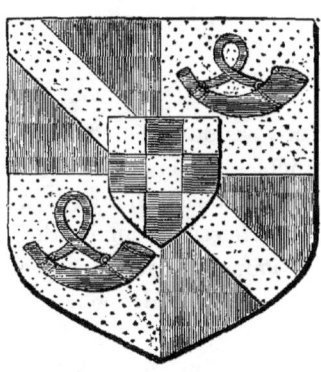

# INTRODUCTION HISTORIQUE

I

### La Noblesse.

Nous ne nous proposons pas de rechercher l'origine de la noblesse française et, en particulier, de la noblesse bourguignonne. Il nous suffira de renvoyer les personnes qu'intéresse encore une question aussi ardue aux nombreux publicistes qui se sont efforcés de l'éclaircir. Boulainvilliers, Montesquieu, Montlosier, l'abbé du Bos ont, tour à tour, proposé sur ce point des théories contradictoires, appuyées sur quelques faits assez dociles pour se prêter de bonne grâce à ce que l'on exigeait d'eux, mais généralement empreintes d'un esprit systématique dont le moindre péril est de fausser le jugement, quand il n'altère pas la vérité. Ainsi, Montesquieu a cru découvrir les premiers nobles dans les leudes des rois franks. Cette classe a, sans doute, compté dans son sein un grand nombre de nobles, mais il serait inexact de dire que tous ceux-ci ont commencé par être leudes ou antrustions (1). La qualité de compagnon, de fidèle du chef germain (*trust* signifie fidélité), était purement personnelle. Celle d'homme libre était au contraire transmissible, et l'hérédité est essentielle à la noblesse.

---

(1) Ce qui le démontre péremptoirement, c'est que les *lides*, c'est-à-dire ces hommes moitié libres moitié esclaves, mais plus rapprochés de la servitude que de la liberté, qui étaient attachés à la culture des terres, pouvaient être admis parmi les antrustions du roi. (*Lex salica*, *epilog*. 30.) Voy. au surplus M. Guizot, sur toutes ces origines.

— XII —

A côté de la race conquérante dans laquelle se recrutait le plus souvent la suite, la bande, *arimannia*, des princes franks, il existait une classe nombreuse d'hommes libres, issue du sol, celle des Gaulois, qui s'étaient une première fois fusionnés avec les Romains dont ils avaient partagé les titres, la culture intellectuelle et la puissance, et qui vivaient à l'écart, hors du cercle des nouveaux-venus. Leur supériorité n'avait point échappé aux chefs barbares qui s'efforcèrent de les rallier à eux et qui parvinrent à s'en attacher un certain nombre ; mais la plupart se renferma dans son indépendance jusqu'au jour où l'on s'avisa de l'institution des bénéfices. Les sénateurs ou les nobles de Grégoire de Tours, de Frédégaire, les *optimates nobiles* de la loi Gombette, les *viri illustres, proceres, primates, potentes* des chroniques d'Eginhard, de Paul Diacre, des vies de saint Léger, de saint Guillaume, etc., n'étaient pas tous des compagnons de Clovis et de Gondebaud ; parmi eux se trouvaient aussi les descendants des Gaulois opulents ou illustres, demeurés en possession de domaines ou de charges considérables, qui jouissaient des mêmes priviléges et participaient aux mêmes immunités. Ils avaient, en effet, la pleine propriété et la juridiction de leurs terres, et, s'ils n'avaient pas toujours droit à une composition aussi élevée que les fils des libres Germains, ils pouvaient porter les armes et venger par elles leurs propres injures ; ils disposaient, en un mot, de leurs choses et de leurs personnes comme des hommes libres, *ingenui* (1). Ce dernier terme se confondait souvent avec celui de *nobilis* : Grégoire de Tours les employait indifféremment l'un pour l'autre dès les premiers temps de l'invasion franke (2) ; et du IX$^e$ au XI$^e$ siècles l'expression *nobilis* désigna presque exclusivement un *liber* ou un ingénu (3). Goyla qui donne, en 679, à l'abbaye de Saint-Bénigne avec l'assentiment de Bonvasus, son mari, tout ce qu'elle possède sur le territoire de Longvic, près Dijon, *una cum mancipiis, libertis, cum peculio vel omni peculiare ipsorum*, appartenait sans doute à cette classe qui, malgré son origine gauloise révélée par la forme des noms propres, tirait sa noblesse de sa propriété. Ces terres lui provenaient *tam de alodo quam de parentum suorum ingenio*, c'est-à-dire qu'elle les détenait en pleine propriété, soit à titre de patrimoine, soit à titre d'ancien acquêt (4).

(1) Plus on était riche et plus on était ménagé, non seulement par le souverain, mais encore par la loi. (Voy. *Decretio Childeberti* II, circa ann. 595, c. 8.)
(2) Greg. Tur., *Histor.*, VIII, 41.
(3) *Polyptyque d'Irminon*, IV, 36, p. 37 ; VII, 85, p. 69 ; XII, 49, p. 130.
(4) Pérard, *Recueil de pièces sur l'histoire de Bourgogne*, p. 8. — Voy. Mittermaïer, *Grundsatze*, § 131, et Galland, *du franc-alleu*, p. 25.
D'autres fois, la propriété n'était pas désignée par ce terme spécial, *alodum*, mais ne consistait que dans la possession. En 881, Buinus, *vir nobilis*, et Tressoara, sa femme, *nobilis matrona*, donnent

On peut donc dire avec quelque raison que le fonds de l'homme libre, complété par le droit de juridiction, fut dans le principe le signe de la noblesse, parce qu'il était héréditaire, tandis que le bénéfice n'était qu'un avantage personnel. Alleu par rapport au seigneur qui le concédait, celui-ci ne constituait au profit du bénéficiaire qu'un simple usufruit soumis à certaines charges, dont l'inexécution déchirait *ipso facto* le contrat. Il ne pouvait ainsi dans l'origine conférer la noblesse à son possesseur, pas plus que la concession des bénéfices militaires aux Lètes, aux *Gentiles* par les Césars, ne conférait à ces étrangers la qualité de citoyen romain.

Cette opinion est peut-être la moins hasardée de celles qu'il est permis d'exprimer sur l'origine de la noblesse en France; mais, nous le répétons, l'état politique de notre société pendant les cinq premiers siècles de la monarchie offre tant de contrastes et d'éléments hétérogènes qu'il est impossible de l'affirmer avec certitude. Dans ce pêle-mêle de peuples conquérants et de peuples conquis qui se disputaient le sol, les conditions variaient non moins que les institutions elles-mêmes. L'inégalité était l'unique loi des premières, comme la mobilité et le désordre les seules règles des secondes. Il y avait des degrés dans la liberté et dans la servitude. Les secousses sociales faisaient brusquement passer de l'une à l'autre des hommes à qui la force tenait lieu de droit. Le principe d'hérédité, qui est la base de la noblesse, telle que nos contemporains la comprennent, ne se soutient, à vrai dire, qu'aux époques de calme, ou, du moins, lorsque la société a elle-même des fondements assez robustes pour braver les tempêtes. Il était alors sans cesse méconnu, violé, s'il existait réellement. D'ailleurs, quel moyen d'en constater historiquement l'existence, dans un temps où les individus avaient bien un nom, mais où les familles n'en possédaient pas?

Quand le gigantesque édifice élevé par le génie de Charlemagne eut couvert l'Europe de ses ruines, la confusion devint plus générale et plus complète encore. La Bourgogne, qui avait déjà vu surgir, au temps de Charles-Martel, une foule d'hommes nouveaux, créatures du vainqueur de Tours, fut une seconde fois envahie par d'audacieux parvenus qui s'emparèrent des grandes charges et refoulèrent dans la plèbe les représentants des vieilles races, personnifiées surtout par l'élément gallo-romain. Cette crise eut lieu sous le règne de Charles-le-Chauve (1).

---

à l'abbaye de Saint-Bénigne de Dijon, *res quas habere visi sunt in centena Roringorum, in villa quæ vocatur Norga,* c'est-à-dire ce qu'ils possédaient publiquement sur le territoire de Norges. (Pérard, *Recueil,* p. 159.) On trouve les mêmes termes dans des actes de 763, 776, 778, 783, etc.

(1) Tempore enim Caroli Calvi, complures novi atque innobiles, bono et honesto nobilibus potiores, clari et magni effecti sunt. (*Gest. consul. Andegav.,* c. 2.)

« De petits vassaux, dit notre compatriote M. Guérard, s'érigèrent en grands feudataires, et les officiers publics du royaume en seigneurs presque indépendants. Leurs honneurs et bénéfices, c'est-à-dire leurs emplois, et les territoires de leur ressort furent convertis en propriétés, et les pays dont ils étaient les magistrats tombèrent sous eux au rang de fiefs héréditaires (1). » La célèbre assemblée de Kiersy légitima ces usurpations, en déclarant transmissibles à la postérité toutes les charges de l'Etat, et ce fut à partir de ce moment que la féodalité se trouva véritablement constituée.

La Bourgogne se préparait depuis longtemps en silence à cette révolution. Ses gouverneurs, patrices, ducs ou recteurs, sous quelque nom que l'histoire les désigne, étaient nommés par le souverain et révocables à sa volonté; mais dès le VII$^e$ siècle, ils s'efforçaient de rendre leur dignité héréditaire, en la résignant spontanément au profit de leurs fils qui se bornaient à solliciter l'investiture ou la consécration royale. La première transmission de ce genre, que nous signale la chronique de Bèze, date de cette époque (2); elle ne demeura pas longtemps isolée. A partir du IX$^e$ siècle, le titre purement viager de duc de Bourgogne passa sans interruption du père au fils, depuis Richard, comte d'Autun, jusqu'à l'héritier d'Hugues-le-Blanc, duc de France et père d'Hugues-Capet. Du fait au droit, de la possession à la propriété, de la tolérance à l'abandon légitime, il n'y avait qu'un pas; Henri-le-Grand se chargea de le franchir, et, après avoir été vingt-deux ans duc amovible et bénéficiaire, il devint en 987, grâce à son frère, duc héréditaire de Bourgogne (3).

A un degré inférieur, les comtes qui gouvernaient les *pagi* et les cités, les vicomtes, leurs lieutenants dans les bourgades, s'empressèrent de suivre l'exemple des ducs (4). Manassès *le vieil*, petit-fils, d'après du Chesne, de Guérin, gou-

---

(1) Guérard, *Polyptyque de l'abbé Irminon*, introd., p. 205.
(2) Amalgaire, duc de la Basse-Bourgogne, transmit en mourant sa charge à son fils Audalric. (*Chronic. Besuense*; Spicileg., t. I, p. 491.)
(3) Ses descendants prirent le titre de *dux et rector Burgundiæ, gratia Dei*. (Voy. une charte de Robert I$^{er}$, citée par dom Plancher, t. I, aux preuves.)
(4) Il n'est pas inutile de préciser ici le rang et les fonctions de ces officiers. Hincmar, archevêque de Reims, dans une lettre écrite pour la défense des évêques de France et d'Allemagne, s'exprime ainsi : « *Non solum episcopi et sacerdotes in sedibus suis, sed etiam reges in regnis et palatiis suis et regum comites in civitatibus suis et comitum vicarii in plebibus*, etc. » Ainsi, d'après lui, immédiatement après les rois venaient les comtes ou gouverneurs de cités, et après ceux-ci les vicomtes qui administraient le peuple des campagnes. Cette hiérarchie est expressément indiquée par le second concile de Chalon-sur-Saône tenu sous Charlemagne : « *Comites qui post imperialis apicis dignitatem populum regunt....* » Ce sont nos anciens gouverneurs de provinces.

verneur d'Auvergne en 819, comte de Chalon et de Mâcon en 825 (1), possédait lui-même les comtés de Chalon, d'Auxois, de Beaune, de Dijon et le châtel de Vergy. L'un de ses fils, Gilbert, qui devint plus tard duc de Bourgogne, reçut les comtés de Chalon, de Beaune et d'Avallon, et prit, du chef de sa femme, le titre de comte d'Autun et de plusieurs autres pays, *par la grâce de Dieu* (2). L'autre fils, Manassès II, dit *le jeune*, devint comte d'Auxois, seigneur de Vergy, et transmit le comté d'Auxois, *comitatus alsensis*, à son fils Aymon, qui restitua en 1002 aux religieux de Flavigny la garde de Villaines-en-Duesmois et d'Hauteroche, du consentement de sa femme, de ses frères et de ses autres parents, avec tous les droits que son père pouvait, dit-il, revendiquer sur ces villages (3). Ainsi se fondèrent les deux puissantes maisons de Chalon et de Vergy, qui reconnaissent une commune origine, et qui prétendirent longtemps ne tenir que de Dieu et de leur épée leurs immenses possessions. Le comté de Mâcon resta de même pendant plusieurs siècles dans la postérité de ce Guérin dont nous avons parlé plus haut; et si ses successeurs, comme lui, n'eurent pendant plusieurs générations qu'un titre viager et révocable, en fait, il se perpétuèrent dans l'administration de ce comté, qu'une femme, Gerberge, épouse d'Adalbert, marquis d'Ivrée et roi d'Italie, laissa à son fils Othe Guillaume, comte de Bourgogne, dont les descendants le possédèrent jusqu'en 1238, époque à laquelle Alix de Dreux, leur héritière, le vendit à Saint-Louis. Les comtes d'Auxonne, issus également de la maison de Bourgogne, mais un peu plus récents; ceux d'Auxerre, qui appartiennent à la même race; les sires de Salins, de Châtillon, de Noyers, d'Antigny; les seigneurs de Baugé, de Villars, de Montluel et de Coligny, dans la Bresse, les comtes de Bourgogne, enfin, qui possédaient le comté du Waresgau depuis le X⁰ siècle, se créèrent, à leur exemple, de vastes fiefs, ou plutôt de petites souverainetés indépendantes, investies souvent des droits régaliens, comme celui de battre mon-

---

(1) Une charte de Charles-le-Chauve, citée par Saint-Julien-de-Baleure, donne à ce Guérin, ou Warin, le titre de marquis, *marchio*. L'auteur de la vie de Louis-le-Débonnaire le qualifie de comte, *comes*, tandis que Nithard et l'auteur de la vie de saint Gengoul lui attribuent la qualité de duc. (Voy. du Chesne, *Histoire de la maison de Vergy*, aux preuves, p. 5.)

(2) « *Divina largiente clementia comes heduensis atque aliarum patriarum.* » (Charte tirée du cartulaire de l'abbaye de Saint-Etienne de Dijon, anno 942.) Plus d'un siècle après, un de ses descendants, Théobald, héritier d'Hugues, évêque de Chalon, prenait le titre de comte de Chalon par la grâce de Dieu, *se gratia Dei comitem nominat*, dit un ancien catalogue des comtes de cette ville. — C'est un des premiers exemples d'un titre territorial. Dans les documents antérieurs, on trouve presque toujours la qualité de *comes* isolée, sans désignation de terre. — Le comté de Dijon ne figure pas dans le partage des biens personnels de Manassès, parce qu'il appartenait à l'évêque de Langres dont le comte était un officier.

(3) Du Chesne, *loc. cit.*, preuves, p. 44 et 45.

naie, de percevoir des taxes de justice (1), et qui ne conservèrent longtemps de la vassalité que le signe disputé de l'hommage.

Par une conséquence naturelle, les Capitulaires de Charles-le-Chauve, en constituant ainsi la féodalité, détruisirent presque complétement l'alleu. Pour être envahie de toutes parts, par le petit et par le grand, à tous les degrés de l'échelle sociale, la propriété ne devint ni plus sûre, ni plus immobile. Si la tenure, à l'imitation des grands vassaux, s'efforça de devenir héréditaire, c'est-à-dire d'échanger son titre précaire contre un titre incommutable ; si la censive chercha à se dégager des redevances auxquelles elle était soumise ; si les colons et les serfs eux-mêmes s'insurgèrent contre leurs maîtres, qu'ils parvinrent quelquefois à déposséder, sans conquérir cependant une entière franchise, la propriété allodiale, menacée sans cesse par la spoliation, ne trouva de salut qu'à l'ombre des puissants feudataires qui surgissaient de toutes parts, et se convertit en bénéfice (2). Elle y avait tout avantage : les bénéfices venaient d'acquérir l'hérédité, et ils étaient couverts par la protection du suzerain, dont les armes vengeaient au besoin la violation du territoire inféodé. « Alors, comme dit le savant M. Guérard, la terre servit la terre, de même que la personne servit la personne ; tout tomba dans le servage, et noble ou non noble, on naquit l'homme de quelqu'un. » Pour s'exempter du service militaire, qui était la charge de la propriété, des hommes libres, des nobles, des ingénus, firent cession de leurs alleux à des monastères ou à des églises qui n'avaient pas à guerroyer. Aussi la législation proscrivait-elle avec soin de semblables abandons qui privaient le chef de ses soldats (3).

Mais il n'est pas de loi qui puisse être obéie, quand elle ordonne à un homme de mourir de faim. « Comme il est bien connu de tous, disait le *liber* au grand vassal, que je n'ai pas les moyens de me vêtir et de me nourrir, j'ai demandé à votre pitié, et telle est ma volonté, que, selon mes mérites et mes services, vous

---

(1) Voy. dans dom Plancher la charte donnée en 900 par Charles-le-Simple, à la requête de l'évêque d'Autun, auquel elle restitue le droit de battre monnaie usurpé par les prédécesseurs de Richard, comte de l'Autunois, *comes illustris marchio*. (*Hist. de Bourg.*, t. I, p. XX, aux preuves.)

(2) Le terme de fief, *feudum*, n'existe ni dans les lois des Visigoths ni des Bourguignons ou autres, ni dans les Capitulaires. Il n'a été employé qu'à partir du XIe siècle. (Voy. Du Cange.)

(3) *Concil. I Aurelian.*, ann. 511, c. 14. — *Dipl. Car. Magn.*, ann. 778. Bouquet, V, 740, D. — D'autres fois, et surtout aux époques plus rapprochées de nous, ces abandons d'alleux aux abbayes étaient le résultat de transactions. En 1199, à la suite de différends, *controversia*, survenus entre l'abbé de Molesme et André de Montbard, à l'occasion d'un fonds de terre voisin de l'abbaye, dont ce dernier revendiquait la suzeraineté, *a se teneri debere dicebat*, l'évêque de Langres, choisi pour arbitre, détermina le tenancier de ce fonds, André de Molesme, qui l'avait jusqu'alors tenu en alleu, à rendre hommage à l'abbé, *salva ligietate domini Andreae de Montebarri*. (*Cartulaire de Molesme*, fol. 6 v° et 7.)

ayez à m'aider et à m'entretenir d'habits et d'aliments. Et, de mon côté, je m'engage, tant que je vivrai, à vous rendre comme un homme libre service et obéissance, et à ne jamais me soustraire à votre pouvoir et *mainbour*, mais à rester tous les jours de ma vie sous votre protection (1). » — Je vous servirai comme un homme libre, disait-il, c'est-à-dire, j'aliène tout, sauf ma liberté : réserve impuissante, vaine formule, quand il fallait mendier du seigneur le pain de chaque jour; aussi, lorsque la liberté vint, quelques siècles plus tard, frapper à la porte de cet homme libre, ce fut un serf qui lui répondit.

Il ne faut pas croire que cette transformation de la propriété en fief et de la franchise en vassalité se soit uniquement opérée aux derniers degrés de l'échelle sociale. L'entraînement fut universel : nul n'y échappa, parce que chacun éprouvait le besoin d'appuyer sa faiblesse individuelle sur une force étrangère. A l'isolement de l'individu, dans une société qui lui abandonne le soin de se défendre, il n'y a d'autre remède que l'association : la féodalité fut une association hiérarchisée. C'est ce qui explique, ce que M. Michelet n'a pu comprendre, combien elle fut populaire à sa naissance. De riches seigneurs, de puissants châtelains, de belliqueux barons, fiers de la vigueur de leur bras et de leur épée, ne se contentèrent pas de l'insuffisant abri de leurs épaisses murailles; ils coururent se retrancher derrière les grands vassaux, les comtes et les ducs. Pour acquérir un protecteur, tout se changea en fief : on inféoda des lambeaux de terre, des églises, des droits, des charges, des rentes, des dîmes, des objets mobiliers, des produits agricoles, du blé, de la farine, du foin, de l'avoine, du vin, jusqu'à des animaux. Une des plus anciennes reprises de fief que la Chambre des Comptes de Bourgogne nous ait transmises est relativement récente ; mais elle peint bien les exigences de la situation, parce qu'elle met en présence deux redoutables parties : le seigneur de Til-Châtel et le duc de Bourgogne. En 1184, à la suite d'un différend entre eux, Hugues III autorisa par transaction Guy de Til-Châtel à fortifier son château de Til, à la condition que ce dernier s'engagerait, pour lui et ses successeurs, à le secourir en armes contre tous ses ennemis, excepté l'évêque et le chapitre de Langres. Pour garantie de cet engagement, les *chevaliers* et autres vassaux de Til-Châtel, les habitants du lieu, *manentes*, *casati*, jurent au duc de prendre son parti contre leur seigneur s'il venait à violer sa promesse, et de l'aider de toutes leurs forces contre lui, jusqu'à ce qu'il ait donné

---

(1) Baluze, *Capitul.*, II, 49. — Cet engagement ne faisait pas perdre la noblesse à celui qui le contractait. On pourrait citer de nombreux exemples d'écuyers, de *milites* placés dans la dépendance étroite d'un plus puissant seigneur.

une satisfaction convenable. De son côté, Guy de Til-Châtel reprend en fief d'Hugues III le village de Lux, qui lui appartenait en alleu, et devient l'homme du duc, sauf l'hommage dû à l'évêque de Langres (1).

Plus la féodalité se constitue, et plus ces transformations de l'alleu en fief se multiplient. Au mois de septembre 1208, en présence du duc Eudes et par la médiation de Robert, évêque de Langres, Guy de Saulx abandonne à Odo de Grancey la suzeraineté ou la directe de ses propres fonds, situés sur le territoire de Poiseul, en réparation des dommages qu'il avait précédemment causés aux sires de Grancey, et il est expressément stipulé que ses héritiers détiendront ces terres à titre de fief perpétuel (2). En 1264, Guillaume, vicomte de Dijon et sire de Pontailler, reconnaît avoir repris en fief du duc ce qu'il tenait en franc-alleu, savoir : « 36 maignées d'hommes en la ville de Soissons, 23 maignées à Vic-vergues (Vielverge), etc., esquelles toutes choses il a la grande justice. » Cinq ans plus tard, le même Guillaume et son fils déclarent avoir reçu du duc en fief ce qui leur appartenait en franc-alleu et en toute justice à Vonges, Maxilly, Pontailler, Heuilley, etc. La même année, Etienne de Berzé, damoiseau, et Sybille, sa femme, font une déclaration semblable pour leurs terres de *Chatigne*, dans le diocèse de Mâcon (3). En 1270, au mois de mai, Jean de Baissey reprend en fief d'Hugues, duc de Bourgogne, tout ce qu'il possédait dans la forêt de Baissey, *quam tenebat in alodium* (4). Citons enfin, pour ne plus y revenir, l'échange fait en 1312 par Guillaume de Saint-Seine avec le duc, à qui il cède les châtel, ville et dépendances de Saint-Seine-sur-Vingeanne contre 577 livres 15 *souldes* de terre à prendre tous les ans sur les revenus d'Auxonne, et qu'il doit tenir en fief

---

(1) « .... Preterea præfatus Guido accepit de me villam que dicitur Lusium, que erat *alodium suum*, de qua homo legitimus meus devenit, salva legitate qua prius tenebatur episcopo lingonensi. » (Arch. de Bourg., Fiefs du Dijonnais, lay. n° 98, liasse 1, cote 251, copie collat. de 1444.)
On trouve plusieurs autres reprises de fiefs à la même époque. En 1143, Thibaut, comte de Blois et de Champagne, rendit hommage à Eudes II, duc de Bourgogne, pour le comté de Troyes. (Dom Plancher, *Hist. de Bourg.*, t. I, p. 334.) — La charte de donation du comté de Langres à l'évêque Gauthier par le duc Hugues III en 1178, fait connaître que Henri, comte de Bar, tenait auparavant ce comté en fief des ducs. (*Cartul. du chapitre de Langres.*) — En 1180, le même duc vend à Mathilde, comtesse de Tonnerre, plusieurs fonds sur Dampierre et autres lieux que celle-ci reprend en fief. (*Cartul. de Saint-Jean-de-Semur.*)

(2) Arch. de Bourg. *Vidimus* fait en 1314 sous les sceaux de Guillaume, sire de Chaudenay et de Guy, sire de Villers (lay. n° 98, liasse E, cote 253).

(3) « .... Stephanus de Berziaco, domicellus, et Sybilla, ejus uxor, recognoverunt se accepisse et tenere in feodum et casamentum ligium a nobili viro Hugone, duce Burgundie.... et nobis affirmaverunt dictas res esse de alodio francho et quod nullus alius habet feodum in prædictis. » Le duc leur donna en échange 103 livres viennoises. (*Grand cartulaire de la Chambre des comptes de Dijon*, fol. 3 v°.)

(4) *Grand cartulaire de la Chambre des comptes*, fol. 7 v°.

du duc. En reconnaissance de cet abandon, celui-ci concède à ses parents des rentes soit en blé, soit en argent (1).

Il est facile de comprendre que les hauts feudataires et les ducs de Bourgogne, en particulier, encourageaient autant qu'il était en leur pouvoir ces abandons qui agrandissaient leurs domaines. Leur trésor était en grande partie consacré à acquérir des droits de propriété ou à payer la soulte de semblables échanges. Dom Plancher cite, d'après Pérard, comme l'une des premières acquisitions de cette nature, celle du château de Grignon avec ses dépendances qu'Hervé, comte de Nevers, abandonna en 1210 au duc Eudes III, contre les fiefs de Rougemont, d'Asnières, de Liernais, de la Roche-en-Brenil, etc. Mais on en rencontre des exemples beaucoup plus anciens dans l'*Histoire de la maison de Vergy*, par du Chesne. Tout y portait d'ailleurs les ducs, et ils surent à cet égard, comme les évêques et les monastères, tirer un admirable parti des croisades. Tous les seigneurs s'obérèrent pour passer en Terre-Sainte; leurs terres furent engagées ou vendues et le plus clair profit de ces chevaleresques, mais ruineuses expéditions, passa entre les mains des Lombards, des moines ou des ducs. Les premiers prêtaient leurs deniers, les seconds donnaient leurs prières et les troisièmes ache-

---

(1) On ne croit pas inutile de donner ici comme spécimen des grandes reprises de fief l'engagement pris au sujet du comté de Mâcon par Etienne, comte de Bourgogne, en 1217.

« Ego Stephanus comes Burgundiæ notum facio presentibus et futuris quod cum ego feci homagium ligium domino et consanguineo meo Odoni duci Burgundiæ de feodo quod de comite Burgundiæ tenebam, scilicet de feodo matisconensi quod comes Willarnaus de me ligie tenebat, dominus dux mihi concessit, quod quando heres legitimus qui comitatum Burgundiæ tenebit, venerit et homagium dicto duci fecerit, ego absque fidem mentiri in homagium comitis Burgundiæ de prædicto feodo revertar. Quod ut ratum habeatur, præsens scriptum sigillo meo confirmavi. Actum est hoc apud Laonam anno gratiæ 1217, mense octobris. » (Le scel a disparu.)

Dans un ancien manuscrit intitulé : *Coustume de Bourgogne*, et possédé autrefois par M. Lemulier, procureur du roi au bailliage de Semur-en-Auxois, on lit la formule de ces reprises de fief : « Le noble qui veut reprendre sa terre doit venir au chambellan du prince et dire : Je veux faire hommaige à monseigneur de ma terre qui est de son fied, et s'il est en estat, je suis prest à reprendre. Le chambellan doit aller par devers le seigneur compter la nouvelle et le prince doit répondre : Nous sumes prests. En allant quérir le vavasseur, le prince se doit lever tout droit et oster son chappeau, et que le vavasseur le treuve en tel estat. La cause est, quar il doit honorablement recevoir son vassal tout droit; quar il soit droit par droiture, la teste découverte pour le baisier humblement et révéremment. Le vassal doit venir devant son prince en luy inclinant par vraye humilité, son chapperon osté en vraye obéissance, et venir tout droit vers le prince, comme droit en féaulté, ses deux mains jointes entre les mains du prince, par vraye foy, et aussi en oucousant les deux mains du vavasseur. Après, le vavasseur doit baisier le prince en la bouche, et le prince le vavasseur, pour estre plus fermes en amour, en tranquilité, en louauté sans aucune corruption, en disant de par le vavasseur : Chier sire, je reprens et entre en votre foy et en faire hommaige de ma terre; et le prince doit répondre : Nous vous y recevons et vous enjoignons et commandons sur la féaulté que vous nous avez faite, que dedans tel jour vous nous bailliez soubs votre scel la déclaration de votre terre et fief. »

taient sous main, pour un peu d'or, ce que leur fer n'aurait pu conquérir (1).

Si l'on jette à cette époque un coup d'œil sur la carte féodale de la Bourgogne, on la trouve comme piquée de forteresses. Plus la puissance publique s'affaiblit, plus on travaille à se fortifier chacun chez soi. Le sol se hérisse de tours et de créneaux. La plaine a ses maisons-fortes, ses *mottes*, et la montagne ses *fertés* ou donjons. C'est une inondation de pierres. Les régions accidentées du Châtillonnais, de l'Auxois, les revers de la Côte, les défilés du Bugey, la première chaîne du Jura surtout se couronnent de châtels aux triples enceintes, *cingula*, à l'huis étroit, aux lourds machicoulis. Partout où les Barbares ont laissé debout un *castrum* romain ou un retranchement gaulois, la féodalité le répare à la hâte et y plante son pennon bariolé des couleurs chères à l'œil germain. Nous voyons ainsi apparaître le château de Vergy, dont la légende attribue la fondation à Vercingétorix, mais qui existait historiquement dès 673; ceux de Til, de Mont-Saint-Jean, de Montbard, construit au IXe siècle; de Pouilly-sur-Saône, où mourut en 1002 Henri, premier duc bénéficiaire de Bourgogne; de Sombernon, de Châteauneuf, de Chaudenay, de Commarin, de Gissey-le-Vieux, de Mâlain, de Marigny, d'Aignay, où séjournèrent longtemps les ducs de la première race; de Noyers, fortifié en 860, restauré en 1195 et dont dépendaient 80 fiefs ou arrière-fiefs; de Montréal, de Blaisy, dont il est fait mention dans une charte du comte Gislebert en 942; de Frolois, de Salmaise; de Bertry dans l'Auxerrois; de Bagé en Bresse, résidence des puissants seigneurs de ce nom, qui se qualifiaient de marquis de Bresse; le *castellum* de Couches, la forteresse de Pontailler, possédée par les comtes de Bourgogne jusqu'en 1302, après avoir appartenu à Charles-le-Chauve; celles de Rye, de Chaussin, de Quingey, de Scey-sur-Saône, d'Aigremont, du Mont-Saint-Vincent, assiégée par Louis VII en 1161; de Dyo, de l'Etang, de Semur, de la Guiche-en-Brionnais, de Busseul, d'Epoisses, qui avait jadis fait partie du domaine des rois de la première race; de Brancion, de Montaigu; de Seurre et de Pagny, qui appartenaient en franc-alleu à la maison de Vienne dès le XIe siècle; de Saulx, démolie en 1602, après 700 ans d'existence, par ordre d'Henri IV, qui l'appelait le *nid à rats de Saulx*, et bien d'autres encore. La plupart de ces châteaux tombèrent avec le temps, par la paix ou par la guerre, entre les mains des ducs de Bour-

---

(1) Geoffroy de Donzy, comte de Chalon, vendit en 1098, avant de partir pour la Palestine, la moitié de ce comté à l'évêque Gauthier, moyennant 200 onces d'or. (Saint-Julien de Baleure, *Antiquités de Chalon*, p. 413.) Il existe plus de 50 chartes de donations faites à l'abbaye de Saint-Seine par des seigneurs qui partaient pour la Terre-Sainte. Le duc Hugues III, les sires de Drée, de Saulx, de Mont-Saint-Jean, de Sombernon, figurent parmi les principaux donateurs.

gogne ; mais il fallut des siècles pour ébranler leurs puissantes fondations. Quelques-uns étaient si vastes qu'un seigneur de Vergy, ambassadeur en Espagne, pouvait dire sans jactance au roi *que tout le foin de la Castille ne remplirait pas les fossés de son château*. Quand la monarchie absolue, dont les progrès furent si prodigieusement servis en France par la Réforme et la Ligue, parvint à dompter les résistances féodales et les franchises des provinces, elle trouva presque tous ces donjons debout; mais son premier soin fut de les renverser. Vergy fut démantelé en 1609 ; Talant, ancienne forteresse des ducs, devenue un repaire de ligueurs, fut rasée en 1611 ; Noyers tomba à peu près à la même époque, et Louis XIII fit démolir Viteaux en 1631.

Tandis que les châteaux s'élèvent, les noms propres, les noms de famille apparaissent pour la première fois. Les Mérovingiens se sont évanouis et après eux les pairs héroïques de Charlemagne. Nous sommes au milieu des vassaux, des manses, des fiefs : naguère encore, nous ne rencontrions que des dénominations individuelles, germaniques pour la plupart, des *Gotbrannus, Raimbertus, Amblardus, Wido, Flotbertus, Glombinus, Teutburgis, Armannus, Wilhemus, Teutardus, Galterius* (1) ; mais aujourd'hui les surnoms tirés des charges, des lieux, des qualités physiques ou morales, se multiplient; les noms de famille percent. En 992, dans la donation faite par Gauthier, évêque d'Autun, à l'abbaye de Flavigny, on trouve pour la première fois des dénominations autres que les prénoms reçus au baptême. *Landricus, comes Nevernensis*, et *Arlebardus Sinemuriensis*, Landry, comte de Nevers et Arlebard de Semur servent de témoins au généreux prélat. La charte par laquelle Hervé et sa femme Gertrude abandonnent vers 1020 certaines terres au prieuré de Pallnau, est souscrite de Girard de *Rivel*, d'Odo *Livert*, de Girard de *Vic*, d'Alexandre de *Paluel*, de Wido de *Ysoire* et d'Henri de *Pimeel*. Le 16 février 1106, le pape Pascal II consacre l'église Saint-Bénigne de Dijon, en présence de Savaric de Vergy, de Régnier, maître d'hôtel du duc Hugues II; de Joubert, vicomte de Dijon; d'Hugues de Grancey, d'Hugues de Poilly, de Tescelin *Sorus* ou le Roux, père de saint Bernard; d'Aganon de la Roche, de Gauthier de Thil, de Guillaume de Til-Châtel, de Miles de Frolois, et de plusieurs autres. Ces noms sont ceux des premiers seigneurs du pays : quelques-uns, mais bien peu, se perpétueront avec honneur presque jusqu'à nous. Alors seulement les liens généalogiques se

---

(1) Voy. le testament de Guillaume, comte d'Auvergne, qui donne Cluny aux apôtres saint Pierre et saint Paul en 910. (Dom Plancher, *Hist. de Bourg.*, t. I, aux preuves.) Voy. aussi les *Chartes bourguignonnes inédites du IX<sup>e</sup>, X<sup>e</sup> et XI<sup>e</sup> siècles*, par Joseph Garnier, *passim* et *Index onomasticus*.

forment, les filiations s'établissent, et l'on peut avec quelque certitude remonter dans le passé des familles sans se heurter à une origine apocryphe. A part un très petit nombre de races illustres, issues ou voisines de maisons souveraines, comme les Vienne, les Chalon, les Genève, les Vergy, les Brancion, il n'est point de famille antérieure au XI° siècle. Les plus anciennes et les plus considérables, comme celles des Rye, des *fiers* de Neufchâtel, des Semur, des Montréal, des Damas, ne datent que de cette époque, ou du moins ne prouvent leur existence qu'à partir d'elle. Depuis longtemps l'histoire a fait justice des fables accréditées chez nos pères par Marin, Saint-Julien de Baleure, le P. Perry et Paradin ; elle ne pense plus que les Lévis soient les cousins de la sainte Vierge, ni que les Noyers descendent de Samothus, échappé au déluge, et si elle a quelque peine à rattacher les seconds sires de Saulx aux anciens comtes de Langres, elle n'hésite pas à rejeter, comme des supercheries indignes d'examen, les chartes confirmatives de noblesse, avec collation d'armoiries, que l'on enregistrait si dévotement au XVI° siècle sous le nom de Robert-le-Pieux.

On peut, dès cette époque, diviser la noblesse bourguignonne en trois classes distinctes : la haute, la moyenne et la basse noblesse.

La première se compose des familles possédant de grands fiefs en toute justice ou exerçant de grandes charges dans le duché. Au premier rang apparaissent celles que nous avons déjà citées : les *riches* de Chalon, à qui appartinrent successivement les comtés de Bourgogne, de Chalon, d'Auxerre, de Joigny, de Tonnerre et d'Auxonne, qui s'allièrent plusieurs fois avec les maisons princières de Bourgogne, de Savoie, de Courtenay, de Bourbon, de Bretagne, de Nevers et de Genève, et dont les richesses territoriales étaient si étendues qu'elles formeraient aujourd'hui plusieurs départements ; les *nobles* de Vienne, issus des comtes de Bourgogne et du Viennois, possesseurs du comté de Mâcon et des terres d'outre-Saône ; les *preux* de Vergy, si fiers qu'ils se qualifiaient de sires de Vergy *par la grâce de Dieu*, si puissants qu'ils traitaient d'égaux à égaux avec les ducs, et qu'ils avaient pour alliés les rois de France ; si redoutables, enfin, qu'un des leurs, Hugues, soutint de 1183 à 1185, dans son nid d'aigle, contre le duc Hugues III, son suzerain, un siège acharné dans lequel il eut pour auxiliaires Philippe-Auguste et les nobles de Champagne ; les seigneurs de Mont-Saint-Jean, proches parents des Vergy, dont ils partageaient les intérêts et les résistances, qui possèdent l'office de sénéchal de Bourgogne (1), et ne

(1) En 1196, une curieuse transaction intervint entre Hugues III et Etienne de Mont-Saint-Jean, que le duc sollicitait d'abandonner la cause du sire de Vergy et de ses alliés, avec lesquels il était

cédèrent en 1239 à Hugues leurs droits à titre collatéral sur la forteresse de Vergy, qu'à la double condition que le duc donnerait sa fille en mariage à l'héritier de leur maison, et que le châtel de Mont-Saint-Jean ne serait plus *jurable* et *rendable*, mais fief-lige ; les Montréal, qui fournirent un sénéchal à la maison d'Hugues III en 1170 ; les sires de Noyers, qui possédèrent en franc-alleu la terre de ce nom jusqu'en 1296, époque à laquelle Miles VI rendit hommage au duc, moyennant la somme de 7,000 livres tournois ; les Noyers, dont le plus glorieux fief était la grande bouteillerie de Bourgogne (1), qui devaient acquérir plus tard, au XIV° siècle, le comté de Joigny, donner des gouverneurs au duché, un maréchal et plusieurs chefs aux armées françaises, et dont les immenses trésors s'épuisèrent au service du pays ; les Frolois, qui fournirent un connétable à Hugues IV ; les sires de Chaudenay, alliés aux Mont-Saint-Jean ; les Grancey, témoins de tous les actes importants des ducs de la première race, qui signent la charte donnée en 1142 pour confirmer les priviléges de l'abbaye de Saint-Seine, celle de la commune de Dijon, et qui eurent aussi leur connétable au XII° siècle ; les sires de Sombernon, fondateurs de l'abbaye de la Bussière en 1135 ; les seigneurs de Fontaines, dits de Châtillon, illustrés par saint

---

en guerre, *guerram habebat*. Etienne déclare dans ces lettres que « comme Hugues, duc de Bourgogne, doit avoir guerre avec le comte de Chalon et avec Hugues de Vergy et les seigneurs de Champlitte, il a prié ledit Etienne de l'aider contre eux, comme étant son homme lige, et quoique ledit eût des raisons pour ne point le faire, tant parce que ledit Hugues de Vergy était son seigneur et son parent (*consanguineus*), que parce qu'il possédait le château de Vergy conjointement avec lui, et que d'un autre côté, l'un des seigneurs de Champlitte était son beau-frère, cependant ledit Etienne a juré audit duc de l'aider de tout son pouvoir tout le temps qu'il aura guerre avec les susdits et de ne faire paix que de son consentement. Plus lui a juré de ne pas souffrir qu'on lui porte dommage de la part du château de Vergy, et que, pour ce, il aidera le duc de tout son pouvoir contre les hommes dudit Vergy. Et pour sûreté de ce, et en cas de contravention de sa part, il a permis audit duc de réduire en son domaine les châteaux qu'il tient en fief de lui, savoir la moitié de Vergy, de Mont-Saint-Jean, plus Salmaise, Charny et Châtellenot. Pour raison de quoi et pour ce qu'il a cédé audit duc la sénéchaussée, ledit duc lui a cédé perpétuellement tout ce qu'il avait ès villes d'Anvillers, de Fangy et d'Orsens. Et pour cautions il a donné au duc Bertrand de Saudon, Jean de Châteauneuf, Guy de Chaudenay, Gautier de Sombernon, Obert de Gissey, Rémond de Mucher, Guillaume, seigneur d'Ancey, et Ponce ses frères (*fratres meos*), Guillaume de Marigny et Hugon de Tréchâteau ou Til-Châtel, ses neveux (*nepotes meos*). » (Arch. de Bourg., cote 64, liasse 2, lay. 105, *fiefs de l'Auxois*.) — Collut a rapporté le texte latin de cette transaction dans ses *Mémoires séquanais*, liv. VII, ch. III, p. 407.

(1) Lettres d'Hugues IV portant don de la charge de bouteiller de Bourgogne à Miles de Noyers (1229).

« Ego Hugo, dux Burgundie, notum facio præsentibus et futuris quod cum per bonos viros et per scripta mihi constiterit quod Miles, dominus Noeriorum, tempore bone memorie Ododinis, ducis Burgundie, et domine ducisse matris meæ, Buticlerarium Burgundie habuerit, Ego eidem Miloti et hæredibus suis Buticlerarium dono et concedo in augmentum feodi mei. Actum anno domini millesimo ducentesimo vicesimo nono, sexto Kalendas aprilis. (*Archives de Bourgogne*, cote 87, liasse 2, lay. 150, fiefs de l'Auxois).

Bernard, et qui se confondaient, dit-on, avec la maison de Saffres ; l'antique race des comtes de Thil, dont l'un, Miles, chevalier sous le roi Robert, fonda le prieuré de Précy et fut inhumé à Flavigny en 1018 ; les puissants sires de Beaujeu, dans la Bresse ; les Courtenay, les Mailly et les Seignelay, dans l'Auxerrois ; les Saulx-Fontaines, qui dorment encore leur dernier sommeil sous leurs tombes armoriées dans l'ancien prieuré de Bouvaux, près Dijon ; les sires d'Aigremont, de Vignory, de Beaumont, de Marigny, de Châteauneuf, de Palluau, parmi lesquels se recrutaient les connétables, les maréchaux et les autres principaux officiers des ducs ; enfin, les Choiseul, qui apparaissent un peu plus tard, en 1272 ; les Réon, fondateurs de l'abbaye de Maizières en 1125, bienfaiteurs du chapitre de Montréal en 1189, qui figurent à la cour des comtes de Chalon dès 1015, et dont le nom, qu'il ne faut pas confondre avec celui des Raon de Franche-Comté, se mêle à tous les grands épisodes de l'histoire de Bourgogne pendant le XII⁰ et le XIII⁰ siècles.

La moyenne noblesse, plus nombreuse encore, se compose des possesseurs de fiefs en toute justice, mais de moindre étendue. Il ne faut pas oublier, en effet, que dans le système féodal, la terre est la base de la société. Quiconque la possède, prêtre, noble ou vilain, est dépositaire d'une portion de la puissance temporelle qui se démembre ainsi à l'infini : la condition de l'homme se détermine bien moins par l'éducation, par les charges, par la valeur ou le mérite individuel, par la naissance même, que par la propriété. Le temps des preuves, des arbres généalogiques et des quartiers n'est pas encore venu ; le droit héraldique n'est point créé ; on ne songe pas à réglementer ce qui n'est discuté par personne ; un seul fait importe, et ce fait, en qui se résume la noblesse, c'est la détention d'un fief, c'est la jouissance de la terre, c'est l'exercice d'un droit réel de juridiction. L'homme de guerre lui-même n'est *quelqu'un* que lorsqu'il possède : quelque ancienne, quelque honorable que soit son origine, il retombera fatalement dans la classe inférieure, s'il n'a rien hérité de ses aïeux, ou si la faveur souveraine ne lui concède un bénéfice. Aux possesseurs de fiefs s'adjoignent à ce titre les officiers des ducs, les familiers de leur maison, *famuli*, et ceux que les chartes désignent sous ce nom de courtoisie, *boni amici*. Parmi eux, il en est qui parvinrent à la plus haute fortune en passant par toutes les charges du duché : il nous suffira de citer Raoul de Pommard et Hugues de Laye, médiocres gentilshommes, comme on aurait dit au dernier siècle, mais qui devinrent maréchaux de Bourgogne sous Eudes III ; les seigneurs d'Eguilly, les Chaumont, qui fournirent un bailli au Charollais en 1170 ; les Saint-Albin et ces nombreux vicomtes, ou lieutenants des grands vassaux, qui s'étaient précédemment rendus héréditaires à l'exemple de leurs maîtres. On peut également ranger dans cette classe intermédiaire, d'où sortira la haute noblesse des âges suivants, les Fontette, les Vannaire, les seigneurs d'Aisey, d'Arceau, d'Aignay, de Joux, de Villecomte, de la Marche, de Saint-Julien, d'Uxelles ; Garnier d'Agey, Guillaume d'Orge, Etienne de Pouilly, Aymon de Dijon, qui assistèrent à la transaction intervenue en 1160 entre Eudes II, duc de Bourgogne, et l'abbaye de Saint-Bénigne. N'oublions pas de comprendre dans cette classe les capitaines des places ducales et les châtelains, dont quelques-uns même appartenaient à la première noblesse de la province, comme les Blaisy, les Châtillon, les Brancion, les Estrabonne, les Rye, les Chaudenay, les Anglure. Au XIV° siècle, tous les officiers des ducs, comme nous le verrons plus loin, se recrutent parmi les cadets des meilleures familles, qui font ainsi sous les yeux de leur suzerain l'apprentissage de la noble profession des armes.

Aux derniers rangs de la noblesse se presse, enfin, la foule immense des vassaux ou vavasseurs qui n'ont pas de juridiction territoriale, et des officiers attachés au service particulier des seigneurs. Cette classe comprend notamment, quoiqu'en ait dit Du Cange, les *casati*, c'est-à-dire les possesseurs d'arrière-fiefs, un certain nombre de chevaliers ou *milites*, car ce titre était usurpé quelquefois par les petits officiers des barons, les écuyers, *armigeri*, et ces vassaux désignés sous le nom d'*equites* ou chevaucheurs qui devaient monter à cheval à toute réquisition de leur seigneur. Dans la transaction intervenue en 1208 entre Guy de Saulx et Odo de Grancey, les deux parties délient chacune dix de leurs vassaux, *casatos*, de leurs devoirs de *féauté*, si elles violaient leurs engagements. Parmi ces vassaux, on trouve les noms d'Aymon de Rouvres, d'Hugues de Prangey, de Bernard de Chaugy, qui relèvent du sire de Grancey, et ceux de Girard de Saulx, Guy de Blaisy, Eudes de Saffres, Jacques de Digoine, qui reconnaissent pour seigneur Guy de Saulx (1). Cette classe, — est-il besoin de le dire ? — était de beaucoup la plus nombreuse et la plus militante : elle remplissait, sous le nom de pages, de varlets, de châtelains, de porte-écu, de capitaines, les donjons seigneuriaux ; d'humeur voyageuse et aventurière, elle s'attachait de préférence, sans souci d'origine, au service des *bers* les plus belliqueux, et elle avait, au XIII° siècle, répandu si loin son renom de preud'homie qu'un proverbe, accepté

---

(1) Dom Plancher, *Hist. de Bourg.*, t. I, p. 96, aux preuves. — Les abbayes avaient elles-mêmes des vassaux de ce genre, *casati*. On les appelait aussi quelquefois familiers, *famuli sancti Benigni, famuli abbatis*. (V. une donation faite en 1122 par le duc Hugues à l'abbaye de Saint-Bénigne.)

même au-delà des frontières, disait : *Escuyers de Bourgongne*, comme plus tard, au XVe siècle, on devait dire, en parlant de la classe bourgeoise : *Mocqueurs de Dijon.*

Faisons maintenant une pause et dirigeons nos regards d'un autre côté. La noblesse, dont le sang s'est infiltré dans toutes les veines du corps social au moyen âge, n'a pas seulement habité les camps, les palais et les châteaux; elle s'est assise sur le siége des évêques ou s'est ensevelie sous les voûtes silencieuses des cloîtres. Dès l'aube du christianisme, les Pères se consolaient des luttes de l'Eglise en voyant les fils des plus riches familles coudoyer le pauvre sous le froc misérable des moines, et le vilain, *villicus,* assis sur la même paille que le seigneur, les uns comme les autres nobles de la même noblesse, serfs de la même servitude, tous confondus dans la sainte égalité du sacrifice. Au Ve siècle, le fils d'un sénateur dijonnais, Hilaire ou *le joyeux*, et de Quieta, ou *la tranquille,* Jean, dont le front ceignit plus tard la bienheureuse auréole, fonde dans un désert sur les confins des Eduens et des Lingons, le plus ancien monastère de Bourgogne, l'abbaye de Rôôme. A la même époque (470-542), naît un autre saint, Césaire, fils du comte de Chalon, qui devait monter sur le siége archiépiscopal d'Arles. Le prêtre Sequanus, fils du comte de Mémont, s'enfonce en 534 dans une inextricable forêt et s'y construit une hutte de branchages qui sera le berceau de l'abbaye de Saint-Seine. Citerons-nous Waldalène, fils du duc Amalgaire, comte des Attuariens et premier abbé de Bèze en 630? saint Gandulfe ou Gengoul, l'une des souches de la maison de Choiseul? saint Donat, cousin de Waldalène, qui porta la crosse épiscopale à Besançon en 624 et fonda les couvents de Saint-Paul et de Jussamoutier? Ermenfroy, le noble chancelier de Clotaire II, qui, devenu moine à Cusance, baisait avec respect les mains calleuses des laboureurs et criblait le grain que ses frères battaient dans la grange? Ces simples et franches mais robustes natures germaniques retrouvaient dans la vie du cloître les mâles traditions d'austérité, de désintéressement, de sobriété, de courage que vante Tacite et qui avaient fait la force de leurs ancêtres.

Chose remarquable! Presque toutes les grandes maisons comptent dans leurs premières générations des clercs, des moines, des évêques. Valon de Chalon était évêque d'Autun et abbé de Flavigny en 893. Humbert, dit Aizelin de Vergy, fut successivement archidiacre d'Autun et évêque de Paris en 1030. On ne saurait dire combien de fois la mitre entra dans la famille de Vienne, qui n'était pas précisément réputée pour ses mœurs pacifiques et cléricales. Au

XIVᵉ siècle seulement nous trouvons dans ses rangs, sans compter les simples religieux, deux archevêques de Besançon, dont l'un, Jean, fut exécuteur testamentaire de son *cousin* le duc Philippe de Rouvres, deux abbés de Saint-Seine et de Saint-Cernon, un préchantre de Besançon et deux évêques d'Autun et de Langres. La maison ducale de Bourgogne est plus féconde encore; à ne partir que du grand Hugues, sixième abbé de Cluny, et premier fondateur de l'église de ce gigantesque monastère en 1088, nous rencontrons son neveu, Hugues Iᵉʳ, duc de Bourgogne, qui échangea le sceptre contre la coule monacale, se fit ordonner prêtre dans l'abbaye de son oncle et y mourut aveugle; Robert, frère du duc Eudes Iᵉʳ, qui gouverna l'église de Langres de 1077 à 1110; deux fils d'Hugues II qui s'assirent successivement sur le siége épiscopal d'Autun vers le milieu du XIIᵉ siècle, et un autre fils du même prince, nommé Gauthier, élu évêque de Langres en 1163, qui fonda la Chartreuse de Lugny en 1177 et acquit deux années plus tard le comté de Langres de son neveu le duc régnant; enfin, Guy de Bourgogne, élevé par ses vertus à la chaire de Saint-Pierre sous le nom de Calixte II en 1119.

Mais de toute la Bourgogne la famille la plus chère à l'Eglise et celle dont elle a reçu le plus de splendeur est sans contredit la famille de saint Bernard. Devant cet humble moine, arbitre des papes et des rois, qui tint un jour dans sa main la destinée du monde, devant ce père de cent soixante monastères, il n'est pas de front qui ne se courbe, il n'est pas de généalogie qui puisse se glorifier de générations plus pressées, plus illustres et plus fécondes. Il avait pour lui toutes les vanités de la naissance et il sentit qu'elles n'étaient que vanité; il avait les richesses et il leur préféra la pauvreté; il pouvait ceindre l'épée et il prit une croix de bois. Maître de ses contemporains par l'éloquence, il devint aussi le maître de sa famille par l'exemple et il l'entraîna tout entière dans la solitude. Sa voix, qui remplissait les arceaux de ses moutiers naissants, les peupla d'une jeune milice issue des plus vieilles lignées. Ses frères viennent sous ses ordres laver les écuelles et huiler les souliers de leurs paysans transformés en novices. « A vous le ciel, à moi le monde, » s'écriait le plus jeune d'entre eux, en les voyant partir pour Cîteaux : mais il n'y put tenir lui-même, et bientôt après il alla les rejoindre et célébrer comme eux, avant l'heure, ses propres obsèques au monde.

Ses oncles Waldric et Milon, frères de Raynard, seigneur de Montbard, renoncent au *siècle* et bâtissent près de l'ermitage de l'évêque de Norwick, Evrard, l'abbaye de Fontenet que le pape Eugène III vient consacrer en personne. Son cousin Godefroy, successivement moine et abbé du nouveau monastère, ne passe sur le siége épiscopal de Langres que pour revenir coucher sa dépouille aux pieds du glorieux fondateur de Clairvaux. Sa sœur Humbeline prend le voile à Juilly, afin de faire pénitence, dit la chronique, et d'expier son amour trop ardent pour le monde. Les *Moniales* de Prâlon, dotées par les seigneurs de Sombernon et de Fontaines, les Bernardines de Tart, dont la première abbesse fut une Vergy, se recrutent sous son influence dans les meilleures familles du duché, et la contagion de l'ascétisme est si grande qu'un de ses amis, le noble mâconnais Hugues, court dans le diocèse d'Auxerre préparer les fondements de l'abbaye de Pontigny, le jour même où le fils de Tescelin le Roux heurte à la porte de Cîteaux.

Saint Bernard est une transition naturelle pour arriver aux croisades. On a tout dit sur ces téméraires mais glorieuses *emprises* d'un siècle de vaillance et de foi; il nous semble toutefois qu'on n'a pas encore suffisamment remarqué la part toute spéciale qu'y prit la noblesse bourguignonne.

Villehardouin raconte dans sa langue simple et martiale qu'en 1203, lorsque la flotte des croisés courait des bordées dans l'Archipel en se dirigeant sur Constantinople, elle rencontra deux nefs chargées d'hommes d'armes qui revenaient de Syrie où ils avaient fait maigre besogne et qui rentraient dans leurs foyers, dégagés de leurs vœux, mais humiliés et confus. Le comte de Flandre détacha une barque pour les reconnaître ; l'un d'eux se glissa dedans et cria à ses compagnons : « Je vous tiens quittes de tout ce que je laisse à bord ; mais je m'en veux aller avec ceux-là qui m'ont tout l'air de devoir conquérir du pays. » Dans ce cri d'enthousiasme et d'aventure, la chevalerie du XIIIe siècle, du grand siècle féodal, se trahit tout entière : je voudrais pourtant une nuance de plus pour peindre la noblesse bourguignonne. Il y avait bien en premier lieu les chevaliers *de toutes pièces*, ceux que l'histoire a consacrés, dont les veines s'étaient agitées d'un frisson de gloire à l'appel des prédicateurs populaires, tels que Pierre l'Ermite et Foulques de Neuilly, et qui disaient en partant à leurs hommes et *fiévez*, comme le pieux sire de Joinville : « Seigneur, je m'en vaiz outre-mer et je ne scé se je revendré. Or venez avant : se je vous ai de riens mesfait, je le vous desferai l'un par l'autre, si comme je vous ai acoustumé à tous ceulx qui vourront riens demander ne à moy ne à ma gent. » Il y avait nombre de ces loyaux barons qui couraient dévotement en Terre-Sainte, comme Artaud de Chastellux, « pour l'expiation de leurs péchés, » et donnaient aux moines avant leur départ leurs meix et leurs forêts « pour le salut de leurs âmes; » il y avait de ces héroïques chrétiens qui, à l'exemple de Joceran de Brancion, vainqueurs d'un redoutable voisin, se précipitaient aux pieds d'un autel, en s'écriant : « Sire, je te prie que il te preingne pitié de moy et m'oste de ces guerres entre crestiens là où j'ai vescu grant piesce, et m'otroie que je puisse mourir en ton servise, par quoy je puisse avoir ton règne de paradis (1); » il y avait surtout de rudes champions toujours en selle, le heaume en tête, l'écu serré contre la poitrine et toujours prêts à embrasser la cause de l'opprimé ou du vaincu « pour en parler après ès chambres des dames; » — tous ceux-là, Villehardouin et Joinville nous en ont légué les éclatantes et impérissables images; — mais il y avait aussi, et si je ne me trompe, plus particulièrement en Bourgogne, où la race n'en est pas encore perdue, de ces hommes moins inflammables, aussi intrépides; moins riches et moins brillants d'allure, plus prudents en la conduite, naturellement portés à s'entremettre aux affaires, preux, loyaux, croyants, mais sachant viser avec suite à leur but; éloquents à bonne fin, au besoin seulement, sans traits ni surprise; attachés féalement à leur princes, à leur foi, mais sans abdiquer leur indépendance et leur raison; de ces hommes qui s'agenouillent à deux genoux, et se relèvent aussitôt sans faiblesse; qui ont la droiture et le bon sens par où l'on se préserve des grandes fautes et des grands périls; hommes d'action et aussi de conseil, voire même d'expédients, mais d'expédients toujours avouables, parce que sans en parler ils placent l'honneur bien avant la vie. Ceux-ci réussirent, humainement parlant, en vengeant le tombeau du Christ, mais ils ne perdirent pas tout souci de leurs intérêts, et dans ces expéditions lointaines, qui ne rapportèrent à l'Europe, d'après quelques dédaigneux écrivains, que la graine du millet, ils surent, tandis que leurs compagnons vidaient gaiement leurs escarcelles entre les mains des Vénitiens, se tailler en terre sarrasine des principautés souveraines, comme Hugues IV de Bourgogne, roi de Thessalonique, et Guillaume de Pontailler, le laborieux conquérant de la Morée et de l'Achaie (2).

(1) Le vœu de Joceran de Brancion fut exaucé. Après avoir combattu avec son fils et celui de monseigneur de Nanton, qui étaient encore enfants, dit Joinville, et avoir perdu douze des vingt chevaliers qui l'accompagnaient, il périt en Palestine des suites des blessures dont les Sarrasins l'avaient *navré*, laissant après lui la réputation du meilleur chevalier « qui feust en l'ost. »

(2) Nous avons abusé jusqu'à présent des nomenclatures, et nous rejetons ici en note, pour ne pas fatiguer davantage le lecteur, les noms des principaux croisés qui appartiennent à la Bourgogne. La liste en serait facilement doublée, si l'espace ne nous commandait une grande réserve. Au premier rang, il faut placer Eudes I*er*, duc de Bourgogne, mort à Tarse en 1103; Hugues III, décédé à Tyr en 1192, et Eudes de Bourgogne, sire de Bourbon, comte de Nevers, d'Auxerre et de Tonnerre,

C'est le moment de remarquer que les croisades ne furent pas pour la noblesse bourguignonne la seule cause d'émigration que puisse signaler l'histoire. Race éminemment guerrière et envahissante, à un degré moindre peut-être que les Normands, mais à un degré supérieur à toutes ses voisines, elle rompt de bonne heure ses frontières naturelles, qui ne la conviaient pas cependant aux aventures, pour répandre son flot dans les provinces limitrophes et jusque dans les contrées les plus lointaines. Le petit-fils du duc Robert I$^{er}$, Henri, épousa en 1095 la fille naturelle d'Alphonse VI, roi de Léon et de Castille, et acquit par son mariage les droits qu'il fit si vaillamment valoir sur le comté de Portugal, dont les souverains s'honorèrent longtemps d'appartenir à la maison de Bourgogne. A la même époque, en 1101, un seigneur bourguignon, qui passe pour être le second fils du même duc Robert, se rendit en Sicile et administra cette île avec l'agrément de la comtesse Adélaïde, qui lui donna la main de sa nièce. Plus nous nous rapprocherons des temps modernes, et plus nous rencontrerons d'exemples de ce reflux des cadets vers le sol étranger. Il semble que la terre natale soit trop étroite pour les contenir; leur ambition la déborde et ils volent à l'inconnu qui leur tend la fortune, hélas! bien changeante et bien diverse! Les Chalon, devenus princes d'Orange, et fondus dans les Nassau, s'asseoient sur le trône royal des Pays-Bas (1), tandis que les derniers rejetons des puissants ducs de la seconde race, marqués, il est vrai, d'une barre de bâtardise, s'éteignent aux rangs les plus obscurs de la bourgeoisie flamande.

Nous ne nous faisons peut-être pas aujourd'hui une idée suffisamment haute d'un seigneur de la grande époque féodale, c'est-à-dire du XIII$^e$ au XIV$^e$ siècles. Pour bien comprendre le rôle de cette force sociale que les

qui périt à Acre en 1269. Après eux, nous citerons Humbert III, sire de Salins, mort en Palestine en 1133; les seigneurs de Coligny et de Beaumont; Guy de Thiern, comte de Chalon en 1096, et son petit-fils qui traversa la Méditerranée en 1190; Nicolas de Mailly en 1202; Ulric de Bagé en 1120; Clérambault de Noyers; Hugues de Til-Châtel, porte-bannière du sire de Joinville, occis à la Massoure; Dreux de Mello, Guillaume de Messey et Hugues de Fontette, en 1248; Miles de Frolois; Mathieu de Jaucourt; Jean et Guillaume de Drée, qui empruntent en 1190 à des marchands de Gênes 1,200 livres tournois sous la garantie du duc de Bourgogne; Jean de Châtenay, qui cautionne la même année un emprunt de 60 marcs d'argent contracté par Gilles d'Ambly et Renaud de Mailly; Hugues de Foudras, Hugues et Renaud de la Guiche; Jacques de Saulx, mort en Terre-Sainte en 1249, etc.

(1) Quelques auteurs, plus humoristes que bien informés, ont émis des doutes sur la filiation légitime de cette grande maison de Chalon. Il résulte toutefois des registres du Parlement de Dole qu'en 1403, Jean de Chalon, seigneur d'Arlay, ayant un procès avec la dame de Joux et le procureur du duc au bailliage d'Aval, prouva qu'il descendait en ligne directe de Jean, comte de Chalon et de Laure de Commercy. Il produisit à cet effet deux titres, l'un de janvier 1275, et l'autre de novembre 1276, qui furent vérifiés et reconnus authentiques par la cour.

anglais appellent le *baronnage,* il faut dépouiller à la fois les souvenirs de la monarchie absolue qui nous représentent la noblesse infidèle aux traditions de ses aïeux, et s'humiliant à mendier sa gloire de la faveur souveraine, et les frivoles préjugés de la génération littéraire de 1830, qui s'obstinait à ne regarder le moyen âge qu'à travers les verrières, les dressoirs, les bahuts, les panoplies, en un mot toute la friperie gothique de nos modernes mélodrames. Il faut pénétrer profondément, péniblement, dans l'étude des textes originaux, dans les chroniques nationales, remuer la poussière des archives, prendre corps à corps l'histoire dans les chartes, telle que cette époque l'a écrite, non telle que les suivantes l'ont travestie. Si le but des études historiques est, selon Montaigne, de pratiquer les grandes âmes des meilleurs siècles, ce qu'elles doivent mettre en honneur et en lumière, c'est l'homme, ce sont ses efforts, sa valeur, son énergie, son caractère, sa virilité, son indépendance. Or, lorsqu'on entre un peu avant dans le commerce du moyen âge, l'esprit est surtout frappé de la large place qu'y occupe l'individu. Malgré son impitoyable hiérarchie, la société y est hérissée de libertés. Le sentiment individuel la pénètre tout entière. Il a pour garanties deux principes que nous avons répudiés : l'hérédité et l'association, existant non à l'état de théorie, mais à l'état de fait. Ce qui l'assure peut-être plus encore, c'est le mâle caractère des institutions et des hommes. Cette époque est vraiment féconde en hommes, *magna parens virûm.* Tout y respire la force, la franchise et la vie ; tout y est plein de sève et de jeunesse. Qu'on nous permette de le dire : pour nos yeux habitués au niveau de l'égalité, tout nous y paraît plus grand que nature.

Si vous en voulez un exemple, comparez un comte de nos jours à un comte du XIII° ou même du XIV° siècles. C'est l'abbé de Cluny mis en parallèle avec M. l'abbé ***, vicaire de Saint-Pierre de Mâcon. Au lieu d'un comte comme un Vienne ou un Vergy, choisissez même un simple seigneur non titré, comme un sire de Mont-Saint-Jean, et jugez de son individualité par sa résistance. En 1304, Etienne de Mont-Saint-Jean possédait, entre autres domaines, trois châteaux, Mont-Saint-Jean, Salmaise et Thoisy, que l'un de ses ancêtres, Guillaume, avait en 1231 reconnus *jurables et rendables à grande et petite force* au duc, sans que celui-ci cependant puisse pénétrer à la fois en plus de deux de ces trois châtels. Nous écrivons *châtels* avec les textes ; mais il faudrait plutôt lire forteresses, car l'un d'eux, celui de Mont-Saint-Jean, avait trois enceintes dont l'une était percée de sept portes, dix grosses tours, séparées entre elles par une courtine de 20 mètres, et enveloppant un donjon flanqué de quatre autres tours, qui commandaient à 40 fiefs. Le sire Etienne, enhardi par ses vassaux et ses murailles, s'avisa de refuser l'hommage qu'il devait au duc Hugues V à son avénement au trône ducal. Le jour de l'Epiphanie de l'an de grâce 1304, le bailli d'Auxois, Hugues de Sauvement, chargé par le duc de prendre possession de Salmaise, se présente à l'huis du châtel; mais la herse s'abaisse devant son palefroi et pour clef il n'aperçoit derrière la grille que la pointe d'un vireton. Le duc lui donne main-forte, et lui adjoint Jean de Chaudenay, seigneur de Blaisy, avec l'ordre d'assiéger les châteaux de Salmaise et de Thoisy, dans le cas où son vassal persisterait à lui en refuser l'entrée. Celui-ci paraît céder tout d'abord; il ouvre ses portes et reçoit la garnison ducale. On l'assigne en 1305 devant les Jours généraux de Beaune pour répondre de sa rébellion; ses fiefs tombent en commise, les revenus en sont saisis; mais ses alliés interviennent, et la veille de la Saint-Jean-Baptiste 1307, il signe, sous la garantie de Guillaume de Voudenay et de Guillaume de Châtellenot, une transaction par laquelle il reconnaît devoir au duc 2,000 livres dijonnaises pour réparation de sa désobéissance.

Est-ce tout? Non vraiment, le démêlé continue et l'action ne fait que s'engager. Etienne de Mont-Saint-Jean ne rend point hommage et ne paie point les 2,000 livres d'indemnité qu'il avait promises; il va plus loin, il arme ses hommes et court sus aux gens du duc. Trois ans s'écoulent ainsi dans une lutte ouverte où les terres d'Hugues V sont ravagées, ses vassaux *ferus* et pillés, et au bout de laquelle celui-ci ne se sent probablement pas le plus fort, puisqu'il fait provision de patience et accepte en 1313 un nouvel accommodement, c'est-à-dire la promesse d'une indemnité de 2,000 livres tournois, que le félon vassal n'acquitte pas mieux que la première. La guerre se rallume ou plutôt les insultes du sire de Mont-Saint-Jean deviennent plus audacieuses et plus violentes : cependant des amis s'interposent encore et en 1316 leurs négociations amènent un troisième compromis par lequel le révolté se remet à la discrétion de son seigneur. Sa soumission paraît cette fois sérieuse et durable; un acte solennel scellé du grand sceau de la cour de Mâcon, et souscrit par le comte de Boulogne et Girard de Châtillon, les pacificateurs de la lutte, est dressé pour en perpétuer la mémoire; il ne reste plus au duc qu'à fixer la réparation de l'offense, lorsqu'Etienne recourt brusquement au roi et obtient de lui *licence* d'appeler son seigneur devant le parlement de Paris. En tombant des hommes d'armes aux hommes de loi, la querelle menaçait de s'éterniser : heureusement pour Hugues V, son adversaire avait commis une grande faute : il avait arboré sur ses terres des *pennonceaux royaux* qui n'auraient pas plaidé sa cause près de Charles-le-Bel; les Mont-Saint-Jean pouvaient rompre visière au duc; mais le duc soutenu par le roi, la partie n'était plus égale; le fier baron le comprit et s'humilia, cette fois sans arrière-pensée. Le 27 février 1325, il mit bas ses pennonceaux, se désista de son appel, reconnut que la forteresse de Mont-Saint-Jean était de toute ancienneté jurable et rendable au duc de Bourgogne et s'engagea à lui payer une somme de 2,000 livres. La paix était enfin signée, mais à quel prix pour le duc? Vingt-une années de lutte, ses domaines saccagés, ses baillis insolemment jetés à la porte, ses troupes battues, et pour toute réparation, en cumulant les dommages-intérêts stipulés, une créance de 17,000 livres tournois, jugée par lui-même d'un recouvrement si difficile, qu'il finit par en donner quittance à son débiteur, intérêts et capital, moyennant l'abandon des châteaux de Milly et de Salmaise (1331).

Est-il besoin de le rappeler? Ces nobles, ces seigneurs qui étaient assez puissants pour soutenir pendant vingt années une guerre à outrance contre leur suzerain, avaient comme celui-ci leur petite armée, leurs officiers, leur justice et leur code qui était la coutume locale. Chaque année, ils tenaient en personne ou par leurs baillis, leurs *grands jours* au siége principal de leur demeure et faisaient incontinent exécuter les sentences qu'ils avaient rendues (1). Le droit d'appel au parlement existait bien en principe, mais le plus souvent le condamné n'osait y recourir. Sur les confins de la seigneurie, dans un lieu élevé, se dressait le signe de la haute justice, la fourche patibulaire, simple ou double potence, gibet à trois, quatre ou même huit piliers, selon la qualité du seigneur, mais toujours au-dessous de douze, nombre réservé au duc, qui se montrait fort jaloux de ce privilége. Quand ces fourches tombaient de pourriture ou de vieillesse, leur propriétaire devait les relever dans l'an et jour, sous peine d'être déchu, non de sa juridiction, mais de son droit au signe de la haute justice. (Voy. p. 242 de cet ouvrage, à la note 2, et l'art. 8 du tit. I de la Coutume de Bourgogne). On y suspendait les auteurs de *murtres*, *larrecins* ou *voleries*, voire même, en certains cas, malgré les ordonnances, les *robeurs* de lièvres, *conins*, perdrix et

---

(1) Une enquête faite en 1378, à l'instance de Guillaume de la Trémouille, seigneur d'Uchon et chambellan du duc, prouve que la terre d'Uchon était alors une baronnie, et que les anciens seigneurs y « *fecient tenir leurs jours sur la roye du soleil.* » On lit dans cette enquête qu'un jour où M^me de Beaujeu, dame d'Uchon, sœur de monseigneur de Bourbon, tenait en personne ses jours généraux, elle remit à un damoiseau une amende de 65 livres qu'il avait encourue pour *batterie*, sur la prière de la mère du roi de Navarre qui avait dansé avec ce jeune homme à Uchon, et s'était éprise de sa grâce et bonne mine.

autres *sauvaignies*, quand ils étaient *non habilles à chassier*, c'est-à-dire quand ils n'étaient par de race noble, la seule qui possédât alors le droit d'entretenir des *breuils* ou parcs de gibier et de parcourir la terre avec faucons, chiens, arbalêtes, filets, ou autres *harnois* et *engins* de chasse.

La richesse mobilière de certaines familles n'était pas au-dessous de leur puissance. Nous en donnons un exemple plus bas (1). Le luxe n'avait point alors atteint le développement que lui donnèrent plus tard Philippe-le-Bon et Charles-le-Téméraire, mais il n'avait pas eu de peine à franchir les limites que les ordonnances somptuaires des rois et en particulier celles de Philippe-le-Bel, en 1279 et 1294, avaient tenté de lui imposer. Il était bien peu de chevaliers qui n'eussent que deux paires de robes par an et deux plats sur leur table, outre le potage; quant aux dames châtelaines, elles n'avaient jamais pris au sérieux des édits qui s'arrogeaient le droit de fixer le nombre de leurs atours (2).

Voilà la noblesse du XII° au XIV° siècles. Nous nous sommes peut-être étendus avec trop de complaisance sur cette période, mais elle est, à nos yeux, la grande, la pure, la glorieuse époque de la féodalité, en France et en Bourgogne. Moins brillante et moins connue, parce qu'elle a été moins célébrée

---

(1) En 1348, Miles de Noyers fit dresser un inventaire de la vaisselle et des joyaux déposés dans un coffre de sa grande tour de Noyers. Parmi les objets décrits dans cet inventaire, on trouve : 2,000 florins à l'escu destinés à rembourser un prêt fait par la compagnie des Bardes (Lombards) pour payer la rançon de son fils Gaucher ; 108 florins, « c'est assavoir six pavoillons, deux couronnes, deux lions, vingt-deux anges, etc.; 53 autres florins à l'escu; ung pot d'argent, signié des armes d'Antigny et de Noyers, pesant trois marcs et demy, au prix de 64 sols le marc; ung aultre pot d'argent, signié des armes d'Antigny et de Pontailler ; ung aiguier à covescle et un gobelet doré dedenz; une salière d'argent à deux lions; ung yaubenoitié et l'espargeour (bénitier et son aspersoir) en argent; une coppe covesclée et esmaillée d'argent; ung voirre d'argent coosté, covesclé, ciselé et doré; ung hanap à covescle à trépié esmaillé et doré; 21 autres hanaps d'argent, dont huit blans au saing de saint Dizier; 69 escuelles d'argent; une grande quantité d'aiguiers à ymaiges et à trépiés, pots et gobelets, le tout pesant 213 marcs, 2 onces et demie et 7 esterlings qui valent 682 livres 16 sols tournois.» Le sire de Noyers ne comprend pas dans ce poids « ung gobelet d'or covert à quoy nous beuvons, qui poise deux marcs trois onces. »

En 1419, Marguerite de Bavière, duchesse de Bourgogne, achète d'Aimé de Choiseul, moyennant 9,000 écus d'or et 200 livres de monnaie, le tiers de Noyers; on dresse un inventaire du mobilier compris dans l'acquisition, et on y mentionne dans la chapelle « ung reliquaire de la saincte espine du chappel de N.-S.; ung colon (pigeon) d'argent sur une platine de cuyvre, ouquel a ung petit reliquaire de crystal et un covescle onquel il y a du laict de la glorieuse vierge Marie; ung reliquaire d'argent où est la coste de monseigneur saint Georges; ung tableaul de bois à charnières, garny d'argent, où il y a plusieurs reliques, mesmement du chief saint Anastaise, de saint Bartholomé, de saint Romain, de la poudre qui fust trouvée ès piez de N.-S. le jour des Brandons, quant l'annemy le voult tanter; ung cor d'yvoire que l'on nomme le cor monseigneur saint Hubert d'Ardenne, etc. »

(2) Ces ordonnances furent toujours impuissantes. On peut lire à ce sujet la curieuse harangue prononcée par Renaud de Beaune, archevêque de Bourges, aux Etats de Blois.

par les chroniqueurs, dépouillée du chatoyant éclat de la poésie et des arts, mais énergique et puissante, elle nous apparaît alors dans tout le mâle et chaste épanouissement de la virilité. Un peu plus tard, elle est forte encore, mais déjà les rides se creusent et l'on pressent la vieillesse. Quand, après la mort de Philippe de Rouvres, les fleurs de lys viennent couronner l'écu de Bourgogne, lorsque les Valois montent sur le trône ducal et que l'empire des *grands ducs d'Occident* se fonde, l'heure de la décadence est prête à sonner pour l'aristocratie féodale.

Jamais on n'a vu plus de tournois, plus de chevaliers, de varlets, de montres d'armes et de capitaines; jamais d'*osts* plus nombreuses et de plus riches chevauchées; le logis ducal n'a jamais compté plus de chambellans, de veneurs, d'échansons, d'écuyers, de hérauts aux *tabars* éclatants, ni vu des fêtes et des parures plus splendides (1); les ménestrels *cornent le sourghait* du soir au matin; les peintres héraldiques n'ont pas assez d'ors et d'émaux pour colorier les écussons des nobles seigneurs (2), et cependant la chevalerie se meurt, la vraie chevalerie est déjà morte. Froissart, le chroniqueur des princes et le prince des chroniqueurs, s'aperçoit lui-même, en ses derniers jours, du profond changement qui se prépare dans les mœurs, et s'écrie, avec l'amer regret des vieillards : « Je vois un nouveau siècle ! Les sages notoient à grand mal ce qui en pouvoit naistre et venir; les fous n'en faisoient compte. » Il ajoute un peu plus loin : « Je véois les choses obscures et en grand trouble et moult taillées de mal aller. »

D'où provenait cette révolution prédite par le poète des gestes féodaux? Certains historiens en ont cru découvrir la cause dans l'emploi, tout récent alors, de la poudre et des armes à feu. Il est vrai que l'artillerie bouleversa les traditions militaires dès qu'elle parut sur les champs de bataille. Le bruit des bombardes, la portée des couleuvrines terrifièrent les plus braves chevaliers, comme nos canons épouvantent encore les insulaires de l'Océan-Pacifique. Geoffroy de Charny remarque non sans émotion que l'on ne peut échapper à ces perfides en-

---

(1) Le premier jour de chaque année, le duc distribuait des robes fourrées à tous ses officiers. En 1405, il donna 315 *rabots* d'or garnis de diamants aux chevaliers présents à sa cour.

(2) Puisque nous parlons de noblesse, nous devons bien un souvenir à ces modestes serviteurs d'un art aujourd'hui bien égaré ou méconnu. Les plus célèbres peintres de blason sous Philippe-le-Bon se nommaient Jehan et Colin Le Voleur, Vranque, Wyelant, Lyeder, Jehan Mannin et Pierre Coustain, qui peignit les armoiries de la Toison d'or pour le chapitre du 13 avril 1478. Ils étaient presque tous d'origine flamande. Ces artistes usaient eux-mêmes d'armoiries. Sur une quittance de Claux Sluter, le célèbre *ymaigier* des tombeaux de la Chartreuse de Dijon, on voit son sceau qui porte deux clefs posées en face l'une de l'autre et séparées par un trait.

gins qu'avec la protection de Dieu. Rien en effet ne leur résiste : les plus hautes murailles, les plus épais donjons éclatent sous les *margoz* (boulets de fer), comme la meilleure armure de Milan. C'est, exclamaient les anciens preux, la défaite des forts et le triomphe des lâches; aussi quand l'un d'eux tombe sous le projectile d'un pierrier, oyez quelle ire et quelles lamentations! Au siége de Poucques, en 1453, une balle de *veuglaire* couche sur le sol Jacques de Lalaing, l'un des combattants les plus renommés de l'armée bourguignonne; Philippe-le-Bon venge aussitôt cette mort déloyale en faisant pendre tous les défenseurs de la place.

Mais, il ne faut pas s'y tromper, les canons sont la moindre cause de la décadence de la chevalerie. Dès le milieu du XIV° siècle, au temps de son plus vif éclat, toutes les armées, presque toutes les grandes villes avaient leurs canons et leurs bombardes. Dijon avait les siens depuis 1358 et, un peu plus tard, Philippe-le-Hardi entretenait des maîtres et gardes de son artillerie, dans laquelle se trouvaient des pièces lançant des boulets de 450 livres (1). Parmi les successeurs de ces maîtres, figurent les noms de vaillants chevaliers, tels que Jean de Rochefort, Philibert de Molan et Philibert de Vaudrey, qui ne se croyaient pas *vilains* pour combattre avec ces armes.

La corruption des mœurs, le luxe, l'amour croissant de l'or sont des causes plus immédiates et plus pressantes. Du jour où la chevalerie laissa la courtoisie pour la convoitise, elle perdit l'honneur et se perdit avec lui. Les désastres de Crécy et d'Azincourt, qui moissonnèrent la fleur de la chevalerie française, avaient fait dans la vieille noblesse un vide immense que les francs-archers ne suffirent pas à combler. La royauté dut recourir aux troupes vénales, et les soudoyers, les mercenaires succédèrent aux loyaux chevaliers. On ne songea plus à quérir *le mieulx de tout bien;* on n'eut plus honte de la *roberie;* on ne tint à sa bannière qu'à la condition d'une solde. Les Grandes-Compagnies se formèrent des débris de cette noblesse belliqueuse, mais cupide, « de petite conscience, » qui faisait la guerre sous tous les drapeaux, « fors seulement tant que l'argent court et dure. » Le heaume fit place à la brigandine, qui donna son nom aux détrousseurs de grands chemins, et « toujours, dit Froissart, gagnoient brigands à dérober et à piller villes et chasteaux et y conquerroient si grand avoir que c'étoit merveille. » Etoffés comme rois, quand ces routiers chevauchent, toute la terre tremble sous leurs pas.

(1) Voy. l'*Artillerie de la commune de Dijon*, par M. Joseph Garnier, et les *Mémoires historiques* de La Barre.

Il est encore une autre cause plus particulière à la Bourgogne. En succédant aux ducs de la première race, les princes de la maison de Valois introduisirent dans leur apanage une autocratie à laquelle leurs prédécesseurs n'avaient jamais pu aspirer. N'ayant plus à défendre leurs domaines, mais possédés de l'ambition de les agrandir, fiers de leur force et du rôle qu'ils jouaient dans les affaires du royaume, ils écrasèrent de leur luxe et de leur puissance la noblesse indigène, si indépendante sous leurs devanciers. Il y eut alors en Bourgogne, qu'on nous permette le mot, un premier essai de la centralisation qui s'accomplit en France sous Louis XIV. Les gentilshommes de médiocre fortune se fondirent parmi les officiers des ducs; quelques grandes maisons purent seules résister à cette absorption des vassaux par le seigneur. Les Flandres annexées au duché envoyèrent en outre une grande partie de leur noblesse à la cour ducale; plusieurs familles de Bourgogne passèrent de leur côté dans les Pays-Bas, et il s'établit entre les deux provinces un échange réciproque qui, dépaysant l'individu, amoindrit l'influence de la race. En parcourant les listes des officiers de Philippe-le-Hardi et de ses successeurs, on est surpris de ne rencontrer presque que des noms étrangers ou nouveaux; la même remarque s'applique aux montres d'armes dont les Archives de Dijon nous conservent de si nombreux vestiges. Les ducs favorisaient ouvertement ces émigrations dont profitait leur autorité: également intéressés à se concilier les populations remuantes des Flandres et à abaisser la noblesse bourguignonne qui n'était pas moins indépendante, ils réservaient leurs bonnes grâces aux nouveaux-venus, et ce ne fut pas un des moindres griefs dirigés par la noblesse contre l'administration de Philippe-le-Hardi que celui d'avoir « avancé des gens de petit état. » Ce reproche était encore vivant au XVIIe siècle : dans son mémoire adressé en 1697 au duc de Bourgogne, sur la province dont il portait le nom, l'intendant Ferrand le rappelle et ajoute : « On prétend, et il y a beaucoup d'apparence, que ce fut un effet de la faveur du sire de la Trémouille, qui n'étant point originaire de Bourgogne, et n'y ayant ni alliance ni parenté, y voulut faire occuper les postes importants par ses créatures. Quoi qu'il en soit, c'est à ce temps qu'il faut rapporter l'origine des plus anciennes familles de robbe qui sont à présent en Bourgogne, comme aussy celle de quelques familles d'épée qui font néantmoins un grand secret de leur origine. »

Ainsi, à côté des grands seigneurs tels que Jean de Vienne, amiral de France (1), Jean de Vergy, sénéchal de Bourgogne et gouverneur du comté,

(1) Il faisait partie du conseil du comte de Nevers, et touchait 100 florins de gages.

Guy de Pontailler, maréchal de Bourgogne (1), Jean de Montaigu, seigneur de Sombernon (2), Girard de Bourbon, seigneur de Montperroux, Jean de Ray, Jean de Blaisy, seigneur de Mauvilly, Philippe de Jaucourt, Henri de Salins, Erard de Crux, Jacques d'Epoisses, Jean de Chalon, sire d'Arlay et prince d'Orange, qui conduisait à la guerre quatre chevaliers bannerets, six chevaliers bacheliers, 237 écuyers, et 21 archers (3); Gauthier de Ruppes, Eudes de Grancey, Jean de la Baume, Girard de la Guiche, Jean de Toulongeon, Guillaume de Mello, Régnier Pot, on trouve des étrangers au duché comme les sires de la Trémouille (4) et de Croy, les la Rochefoucault, les Rohan, les Luxembourg, les Poitiers et les Montmorency, les seigneurs de Helly, de Quœtumghier, de Siffreval, d'Erby, de Novequermes, de Lannoy, de Saveuses, de Tourzel, de Wagemberg, de Bruchedan, de Nantouillet, comme Ancel Spinola, Jean de Nieuwerkerke, panetier de Philippe-le-Bon, Adam de Berghes, Jean Cagand, seigneur de Coxide, amiral de Flandre, et le comte de Salm ; on trouve en même temps des nouveaux-venus, revêtus du titre de conseiller aux grand et petit conseils du duc, qui se nommaient Guillaume de Clugny, Guy Rabby, Lambert de Saulx (5), Richard Bounot, Pierre d'Orgemont, Philibert Paillard, Antoine Chuffaing, Jean de Courbeton, Jean de Vandenesse, Guy Armenier, Robert de Balesmes, Jean Thomassin, Henry de Thoisy, Dyne Raponde et le chancelier Rolin. Les premiers se maintiennent, grâce à leurs richesses territoriales, mais la faveur du prince tend à élever les seconds à leur niveau, et déjà se manifeste ce grand mouvement que nous signalerons plus tard lors de la réunion du duché à la couronne, et qui substitue à l'antique noblesse de race des familles nouvelles, issues du Tiers, dont la séve s'épuisera elle-même, deux ou trois siècles après, pour faire place à une aristocratie plus nouvelle encore, à l'aristocratie parlementaire (6).

(1) Il recevait 200 francs de gages et une pension de 300 livres.
(2) Il était capitaine général du duché et chambellan du duc.
(3) C'est le nombre fixé dans une montre d'armes de 1408.
(4) Guy de la Trémouille, seigneur de Sully et de Craon, recevait du duc une pension de 5,000 livres.
(5) Il n'était pas issu des anciens sires de Saulx. (Voy. la notice de cette maison.)
(6) Un curieux exemple de cette élévation des familles bourgeoises est celui de la famille Boisot, issue de Jacob Boisot, notaire à Dijon au commencement du XVe siècle. Un de ses fils s'établit aux Pays-Bas et fut fruitier du parc de Bruxelles. Enrichie par des charges de finances, sa descendance s'assit au conseil de Malines, fournit un trésorier de la Toison d'or au XVIe siècle, et s'allia à plusieurs grandes familles, entre autres aux la Tour et Taxis. Un de ses membres, Louis Boisot, *amiral des gueux de mer* pendant la guerre de l'indépendance des Provinces-Unies, détermina par ses victoires et ses conseils la prise de Middelbourg en février 1574, et la levée du siège de Leyde

— XXXIX —

Mais, pour être déjà frappée au cœur de décadence, la chevalerie ne perd rien au dehors de son éclat. Les causes de son abaissement moral sont au contraire celles qui lui communiquent le plus de lustre extérieur. La vieille et la jeune noblesse bourguignonne rivalise de faste avec ses princes : elle rebâtit ses châteaux, peuple Dijon de somptueux hôtels, et étonne Paris lui-même, où les troubles du royaume appellent si fréquemment les héritiers de Philippe-le-Hardi, de son luxe, de ses libéralités et de ses richesses. A l'étranger, le nom de Bourgogne est synonyme de magnificence ; les ambassadeurs des rois sont partout éclipsés par les envoyés d'un simple duc, qui traite de pair, il est vrai, avec les plus grands monarques. De lointaines et pompeuses expéditions accroissent encore le renom de sa splendeur. Il n'est pas besoin de descendre jusqu'à Charles-le-Téméraire pour rencontrer l'opulence sur les champs de bataille : quand Jean-sans-Peur, qui n'était alors que comte de Nevers, partit pour la guerre de Hongrie, son père lui donna une suite et des équipages qui laissent bien loin derrière eux les maisons militaires des fils de France au XVIII$^e$ siècle (1).

Ces folles dépenses entraînaient souvent de grands désastres. Pour y suffire, les plus riches familles étaient obligées d'engager leur vaisselle, leurs joyaux ; elles épuisaient leurs terres et leur crédit, enrichissant ainsi à leurs dépens

---

au mois d'octobre de la même année. Il avait un frère amiral en Zélande. D'autres branches de la même famille restèrent en Bourgogne ou s'établirent en Franche-Comté.

Comme exemple contraire, on pourrait citer celui de Marie Dayne, que la duchesse Marguerite de Flandre amena en Bourgogne « comme sa povre parente et servante, descendue et extraicte du sang de Flandre, » et qu'elle maria au sire de la Marche. (Voy. lett. pat. de Philippe-le-Bon, du 29 décembre 1437.)

(1) Il était suivi, d'après Froissart, de 1,000 chevaliers et d'autant d'écuyers, sans compter les arbalétriers et les archers. Parmi les seigneurs qui l'accompagnaient, se trouvaient le comte d'Eu, connétable de France, le comte de la Marche, Henri et Philippe de Bar, le sire de Coucy, Guy de la Trémouille, l'amiral Jean de Vienne, le maréchal de Boucicault, Renaud de Rye, Régnier Pot, Jacques de Courtiamble, Jean de Blaisy, Jacques de Busseul, Philippe de Mussy, porte-bannière du comte, les sires de Nanton, de Ray et de Lugny, Jean de Château-Morand, Geoffroy de Charny, Guillaume et Jacques de Vienne, Jacques de Vergy, Henri de Chalon, Guillaume de Vergy, Thibaut de Neufchâtel, Henri de Salins, Jean de Granson, Jean de Pontailler, Philibert de Villers, Jean de Sarcus, Guillaume de Mello, le chevalier Gruthuse, porte-pennon, etc.

Le comte de Nevers emmenait en outre avec lui 133 officiers de son hôtel, 85 de son écurie, portant une livrée vert gai, 12 couvertures de chevaux en or battu à ses armes, 300 pennons d'argent battu, 6 grands étendards d'argent battu avec sa devise en or, 4 grandes bannières en or battu, longues d'une aune et demie, etc. Toutes ses tentes et pavillons étaient en satin vert brodé d'or à ses armes. Pour subvenir aux frais de cette expédition, la Flandre avait donné 65,000 nobles, valant chacun 34 sols ; le duché, 40,000 fr. et le comté 14,239 livres. Les comtes d'Artois, de Nevers et de Réthel avaient enfin souscrit chacun pour 10,000 livres. Mais ces sommes furent insuffisantes, et le duc fut encore obligé de contracter de gros emprunts à Vienne et à Venise, sans parler de 200,000 ducats qu'il dut payer plus tard à Bajazet pour la rançon de son fils fait prisonnier à Nicopolis.

d'obscurs financiers qui grandissaient dans l'ombre jusqu'au jour où leur escarcelle gonflée les introduisait dans les rangs de cette noblesse, dont l'usure leur avait livré les dépouilles. J'ay veu, écrivait Georges Chastellain, l'historiographe de Philippe-le-Bon,

> J'ay veu grans blez et paille
> Par les champs rapiner
> Tous biens à la haspaille
> Sans pendre et sans traisner,
> Chetifz et misérables
> Devenir riches gens,
> Et riches honorables
> Mendians indigens.

Vainement les veuves renonçaient-elles à la communauté, comme Marguerite de Flandre à la mort de Philippe-le-Hardi : les fils enchérissaient sur les fautes des pères, et conduisaient à grand train leurs maisons à la ruine. « On ne saurait, dit un jour La Hire au roi Charles VIII, absorbé par les soins d'une fête, on ne saurait perdre un royaume plus gaiement. » Il en eût dit autant de la noblesse bourguignonne, si ses généreuses, mais imprévoyantes ardeurs n'avaient alors été partagées par toute la noblesse française.

L'institution de la Toison d'or vient encore accroître le goût de ces magnificences, quoiqu'elle sonne le glas de la chevalerie expirante. Pour célébrer ses épousailles avec Isabelle de Portugal, Philippe-le-Bon crée à Bruges en 1431 un ordre que le pape Eugène IV approuve deux ans après, et qui doit rendre honneur *à Dieu, à la vertu et chevalerie, à la sainte Vierge et à saint André.* Trente et un princes souverains ou seigneurs issus des plus hautes lignées de Bourgogne et de Flandre reçoivent le collier de cet ordre fameux, qui, malgré ses vicissitudes, est demeuré le premier de l'Europe (1). Les historiens contem-

---

(1) Les vingt-trois premiers chevaliers de la Toison d'or institués le 20 novembre 1431 étaient :
1. Guillaume de Vienne, seigneur de Saint-Georges et de Sainte-Croix, *nostre cousin*;
2. Régnier Pot, seigneur de la Roche de Nolay;
3. Jean, seigneur de Roubaix;
4. Roland d'Untkerke, seigneur de Hamserode et de Hestrunt;
5. Antoine de Vergy, comte de Dampmartin, seigneur de Champlitte, *nostre cousin*;
6. David de Brimeu, seigneur de Ligny;
7. Hue de Lannoy, seigneur de Santes;
8. Jean, seigneur de Commines;
9. Antoine de Toulongeon, seigneur de Traves et de la Bastie, maréchal de Bourgogne;
10. Pierre de Luxembourg, comte de Saint-Pol, *nostre cousin*;
11. Jean de la Trémouille, seigneur de Jonvelle, *nostre cousin*;
12. Guilbert de Lannoy, seigneur de Willerval;

porains rapportent avec admiration les fêtes splendides qui signalaient la tenue de ses chapitres, à Bruges, à Bruxelles, à Lille, à Dijon, à Mons, à Gand, partout où le bon duc « souloit tenir sa cour plénière. »

Ces fêtes sont de courtes haltes entre les siéges et les batailles. Les chevaliers bourguignons sont ennemis de la *wiseuse* (oisiveté), et quand, par accident, leurs princes leur laissent quelques loisirs, ils ne déposent pas l'épée. Oyez les instructions que Guillaume de Lalaing adressait, avant son « partement » pour la cour du duc de Clèves, à son fils *Jacquet*, originaire du Hainaut, mais naturalisé bourguignon par ses services :

« Le repos des jeunes est la cause spéciale des vices....... Pour ce, je vous jure sur celui qui me fit et forma que j'aimerois plus cher votre mort, que par vous y eust faute, et que cette maison de Lalaing fust en rien amoindrie. »

A peine à cheval, Jacquet se met en quête de « nobles pardons d'armes : » il court de Hainaut en Bourgogne, en Lorraine, en Navarre, en Castille, en Portugal, à Rome, à Naples, en Ecosse, partout où il y a des lices ouvertes et des coups à échanger. Le voici à Gand, rompant une lance avec messire Jehan de Boniface; à Nancy, où il joûte avec Jean de Tenarre « par sy bon arroy, » que toutes les dames « s'emflambent » d'amour pour lui; à Saint-Laurent-les-Chalon, sur les bords de la Saône, où il tient en 1449 ce célèbre pas de la *Fontaine-de-Plours*, si curieusement décrit par Olivier de la Marche, et où, pendant une année, il fait assaut d'armes avec tous les chevaliers qui avaient touché sa targe, notamment avec Amé de Rabutin, Gérard de Roussillon, le sire d'Avanches et Pierre de Chandyo. Quand, au bruit des clairons et des ménestreux, le jeune écuyer apparaît sur son destrier rouan tout *houssé* d'orfévrerie, avec son heaume surmonté d'une guimpe brodée de perles et dont les franges d'or battent le sol,

---

13. Jean de Luxembourg, comte de Lynei, *nostre cousin*;
14. Jean de Villers, seigneur de l'Ile-Adam;
15. Antoine de Croy, *nostre cousin*;
16. Florimond de Brimeu;
17. Robert, seigneur de Mamines;
18. Jacques de Brimeu;
19. Beaudoin de Lannoy, dit le Bègue, seigneur de Molembais;
20. Pierre de Bauffremont, seigneur de Charny;
21. Philippe, seigneur de Ternant;
22. Jean de Croy, seigneur de Tours-sur-Marne, *nostre cousin*;
23. Jean de Créqui;

« Et le surplus pour accomplir ledit nombre de 30 chevaliers de l'Ordre sans le souverain, réservons estre mis en iceluy outre au prouchain chapitre ou aultres subséquents à l'élection de nous et des frères et compaignons dudit Ordre. » (*Ordonnances de la Toison d'Or*, ms. de la bibl. de Dijon.)

les bourgeoises et pucelles crient de leurs fenêtres : Hardi, Jacquet! et les nobles dames qui oncques n'ont vu joûteur si courtois et si plaisant, lui jettent, en détournant la tête, leurs annels d'or, timides et chastes symboles de foi.

Jacques de Lalaing n'est pas le seul à tenter ces glorieuses *emprinses;* on en citerait mille, non peut-être aussi heureux, mais aussi vaillants que lui. En 1446, Philippe, seigneur de Ternant, lutte à Arras, en présence de monseigneur le duc, avec un écuyer piémontais, nommé Galiot de Baltazin. Trois ans plus tôt, l'un des plus grands seigneurs de Bourgogne, Pierre de Bauffremont, sire de Charny, de Mirebeau, Molinot, etc., et chambellan de Philippe-le-Bon, indique un pas qui devait d'abord se tenir sur la chaussée d'Auxonne, *à l'Arbre des Hermites*, mais que les circonstances firent remettre et fixer *à l'Arbre de Charlemagne*, entre Couchey et Marsannay-la-Côte, près Dijon. Parmi les treize tenants du tournois, on distingue Guillaume de Vienne, Guillaume et Antoine de Vaudrey, Amé de Rabutin, Guillaume de Bauffremont, seigneur de Sombernon, Jean de Cicon, Guillaume de Champdivers et le sire de Rupt. Pendant quarante jours, le seigneur de Charny tient cour ouverte dans une ville improvisée qu'il a fait élever aux abords de la lice, et reçoit le duc lui-même qui lui donne Marie, sa fille naturelle, en mariage (1). N'oublions pas, enfin, l'*emprinse de la belle Pèlerine* (Jacqueline de la Trémouille), soutenue en 1443 devant Jean de Bourgogne, comte d'Etampes, par un chambellan du duc, le bâtard de Saint-Pol.

A la mort de Philippe-le-Bon, ces magnificences jusqu'alors inouïes redoublèrent encore sous son successeur. Toutefois la noblesse bourguignonne sentit vivement la perte de ce souverain. Le bon duc méritait à tous les titres son surnom populaire. S'il avait comblé d'honneurs et de richesses ses favoris, tels que Pierre de Bauffremont et Antoine de Croy, « tant accollé de fortune, dit Chastellain, que c'estoit en samblant non ung vassal, non ung serviteur, ne ung subject en la maison de son maistre, mès ung prince meismes et un seigneur à qui tous genoulx ploioient par révérence et toutes faces se paroffroient à service (2); » s'il avait singulièrement avancé sa descendance illégitime (3), il ne se

---

(1) En considération des aumônes laissées par les treize tenants du tournois à l'hôpital du Saint-Esprit de Dijon, Pierre Crapillet, 14ᵉ commandeur de cet hospice, fit peindre leurs armoiries sur la porte principale du monument. On les voyait encore au dernier siècle. Dom Calmelet en a donné un dessin dans son *Histoire de la maison magistrale, conventuelle et hospitalière du Saint-Esprit*, p. 53. Manuscrit de la Bibliothèque de Dijon, n° 371.

(2) *Chroniques de Georges Chastellain*, édition Buchon, p. 204.

(3) On donne 14 enfants naturels à Philippe-le-Bon. C'était un redoutable seigneur qu'Antoine, *grand bastard de Bourgogne;* il jouissait, à la stupéfaction des étrangers (voy. le voyageur baron de

montrait pas moins libéral envers ses officiers et la petite noblesse qu'il secourait en secret, lorsqu'elle était dans l'indigence. On lit dans un compte de 1431-32 la mention suivante : « A demoiselle Claire de Rouvre, povre gentilfemme, pour don à elle fait, pour Dieu et en aumosne, pour elle aidier à vivre, CXVIII sols. » Son fils Charles fut loin de le remplacer. D'abord il ouvrit noblement sa fortune, selon l'expression de Chastellain; « rien ne lui estoit trop grand, ne trop fort, ne trop pesant...; il avoit une haulte magnificence de cueur; » sa maison comptait cent chevaliers et plus de cent soixante gentilshommes; le faste de sa cour dépassait tous les rêves de l'Orient, comme il le prouva au siége de Nus. Mais bientôt tout changea : il devint *avaricieux* même au milieu du luxe; ses troupes périrent « de famine, povreté, froideur et mal paye, » dit Jean Molinet; son orgueil et son *beuban* soulevèrent jusqu'à ses officiers eux-mêmes qu'irritaient encore ses préférences pour les étrangers, tels que Hagembach et les italiens Saint-Martin et Campo-Basso; redouté de tous ses peuples, il le fut en particulier de sa noblesse, qu'il tenait toujours en armes, et pour laquelle il n'avait que de rudes paroles (1); et quand la catastrophe de Nancy éclata, il fallut que le sentiment patriotique fût bien puissant en Bourgogne, pour que l'on se prît à regretter un maître aussi terrible, et que des villes, des contrées entières s'insurgeassent contre son royal héritier.

Louis XI convoitait depuis longtemps cette belle et riche province. « Pour moi, écrivait-il au comte de Dammartin, je n'ai pas dans l'imagination un autre paradis que celui-là. » Il n'eût pas assurément couru au paradis plus vite qu'il ne mit la main sur le duché après la mort de Charles-le-Téméraire. Ses envoyés firent prêter serment à tous les nobles des bailliages (2) et comblèrent de

---

Rosmital en 1446), d'une faveur sans bornes, bien justifiée d'ailleurs par ses qualités guerrières. Quelques-uns de ses frères portaient le surnom de *Sans-Terre*, mais ils s'enrichissaient rapidement. Les comptes de dépenses du duc sont remplis de dons faits à ses bâtards ou à leurs mères : Philipote de Rochebaron, Jeannette de Presles, etc. On y trouve notamment cette curieuse quittance, citée par M. de Laborde :

« Je, Jérôme van Vive, mary de Marguerite Scuppelin, mère de Jehan, bastard de Bourgogne, confesse avoir receu la somme de 47 livres, qui deue m'estoit à cause de 100 livres que Mgr en faveur dudit bastard avoit ordonné à madite femme de prendre et avoir de lui des deniers de son espargne. 12 juillet 1467. »

(1) Ses guerres épuisaient en effet le ban et l'arrière-ban. Pour grossir ses bataillons, il était obligé de recourir aux menaces les plus sévères et les plus humiliantes. En mai 1472, il donna l'ordre à ses vassaux de se tenir prêts à marcher, *sous peine de confiscation*. En septembre 1476, un nouvel édit leur enjoignit de se rendre à l'armée, *sous peine de punition corporelle*.

(2) Les Archives de la Côte-d'Or n'ont pas conservé les noms de tous les gentilshommes qui prêtèrent ce serment de fidélité en 1478. Nous n'avons trouvé que ceux des bailliages d'Avallon et de la Montagne et de la prévôté de Montbard. Dans la première liste figurent Jean d'Avout, Jean de Bousse-

faveurs tous ceux qui avaient assez d'influence pour fortifier le parti du roi. Les seigneurs de Baissey, de Villers-la-Faye, de Saulx-Vantoux, de Thoisy, de Chaugy, des Loges, de Hochberg, de Jaucourt, Damas de Clessy, George de la Trémouille, Jacques de Dinteville, Philibert Pot, Guillaume Rolin et bien d'autres reçurent en récompense de leurs services des charges, des terres et des pensions. La classe intermédiaire, placée sur les confins de la noblesse et du peuple, ne fut pas oubliée. Le roi-bourgeois eut un accès de générosité dans sa vie : il distribua des offices et des lettres d'exemption ou d'anoblissement aux plus modestes serviteurs de sa cause, sans marchander. Le phénomène que nous signalions sous Philippe-le-Hardi se reproduisit à cette époque : un flot d'hommes nouveaux envahit les grandes charges, chassant devant lui les fils des vieilles races qui commencèrent dès lors à se retirer de la province. Ces nobles de fraîche date s'emparèrent de leurs fiefs, de leurs châteaux, de leurs hôtels et de leurs titres. A ceux-là l'exil, la confiscation, voire même l'échafaud ; à ceux-ci les couronnes timbrées, les opulents domaines, les écus dorés. Ce fut le coup de grâce de la chevalerie : les barbiers-conseillers de Louis XI, ses chevaliers ès-lois, ses médecins blasonnés de *fasce*, mais roturiers par derrière, ses astrologues et ses secrétaires n'ont plus rien de féodal que le nom ; la centralisation se fonde, l'aurore de nouvelles mœurs se lève à l'horizon de la France, et si Froissart vivait encore, il n'aurait pas, à son point de vue, de meilleure occasion de s'écrier : « C'est pitié et dommage quand petites gens sont au-dessus des vaillants hommes. »

Jetons un dernier coup d'œil sur cette aristocratie qui émigre ou s'éteint et que nous allons abandonner pour toujours. Nous l'avons jusqu'à ce moment étudiée dans ses rangs les plus élevés ; mais derrière les hauts barons il y avait les petits gentilshommes et cette classe modeste, si brave et si utile, de la noblesse rurale qui, durant six siècles, a lavé de son sang sur les champs de bataille les taches faites par les politiques au drapeau de la France. Cette classe a eu, qui le nierait ? ses travers et ses erreurs, mais elle les a constamment rachetées, à nos yeux, en se purifiant au libre contact de la nature. Lorsqu'on parcourt les

---

val, Regnault de Mandelot, Jean Bataille, George Moisson, Pierre de Clugny, Jean de Dozonville, etc. Dans la seconde, on voit les noms de Guillaume de Montigny, George de Chandyo, Philippe de Foissy, Jean de Gand, Jean Valon, Jean de Ravière, Thibaut de Nogent, Didier de Châtillon, Miles de Grancey, seigneur de Larrey, Jean de Barges, Thibaut Regnard, Jean Pourcherot, Jean Le Lièvre, etc. Dans la prévôté de Montbard, nous citerons seulement : Claude Poinceot d'Eguilly, Nicolas de Crécy, seigneur de Venarey, Guyot Couthier, Jean Damas, Guillaume Croisier, capitaine de Posange, Claude de Saint-Anthost, Guillaume Daubenton et Robert de Villaines.

cherches de feux du XV° siècle, on est étonné du petit nombre de nobles qui habitent la ville. En 1465, les commissaires des élus trouvent à Dijon 23 nobles seulement : M. le Bailli et M. le Gruyer sont les seuls grands officiers qui y résident, en mettant à part, bien entendu, la cour et la nombreuse commensalité du duc. Et quels sont ces nobles? Nous n'en citerons qu'un seul, c'est Perrenot, fils d'Etienne Berbisey, *portier de la Porte-Neuve*. La cherche de 1470 en énumère 46, tant hommes que femmes : au milieu des familles de Bèze, de Vandenesse, de Maupas, Martin de Bretenières, Baudot, Le Boiteux, figurent le portier de la Porte-Guillaume et Nicolas de Saint-Léger, apothicaire, non pas, comme on pourrait le croire, à titre d'exempts, mais à titre de *nobles*. En 1484, la classe privilégiée de la même ville se compose de vingt-sept personnes, parmi lesquelles on voit les noms de Courcelles, Villers-la-Faye, Falletans, Macheco, Courtot, Mazilles. En 1501 enfin, elle en compte trente-six, comme les Leval, Le Compasseur, Pluvot, Frasans, Bonféal.

Si de la cité nous passons à la campagne, nous ne rencontrons peut-être pas un seul village qui n'ait son seigneur. Les hameaux qui ne dépendent pas d'une seigneurie ont au moins leur écuyer, chassé de l'armée par l'âge ou les blessures et dont la jacque de fer est appendue à la large cheminée d'un étroit castel. Mais les terres, les meix sont d'un faible rapport; les cens se paient mal et la dîme ne donne souvent qu'un maigre épi. D'ailleurs la famille est nombreuse; l'humanité n'a pas encore assez vieilli pour devenir économe d'elle-même et le père mesure les bénédictions du ciel au nombre des enfans qu'il lui envoie. En vain le castel se délabre et menace ruine : il ne songe pas à réparer les brèches que les écorcheurs y ont faites; il y a vraiment bien d'autres plaies à guérir! Les jeunes gens ont suivi leur suzerain à la guerre; les laboureurs et artisans ont fui devant les gens d'armes; quand le commis des élus viendra dénombrer les feux imposables, c'est à peine s'il rencontrera un homme valide (1).

La pauvreté est donc le plus ordinaire apanage de la petite noblesse. On peut en fournir de curieux exemples. En 1474, Charles-le-Téméraire fit commandement à tous ses vassaux de déclarer le revenu de leurs fiefs, afin de les imposer au service militaire. Chacun d'eux devait fournir des hommes d'armes

(1) En 1423, dans une cherche de feux du bailliage de Chalon, les commissaires vont à Uxelles « où, disent-ils, il y a une forteresse et n'y demeure nuls fors les dames dudit lieu ; à Moutiers, où n'y demeure nuls fors deux vieilles qui quierrent leur pain pour Dieu; » à Sagy, Bouye, Charcuble, où ils ne trouvent personne. Les gens d'armes avaient passé par là.

tout équipés en nombre proportionnel à sa fortune. Les grands seigneurs, comme les sires d'Uchon, les Montaigu, les Damas refusèrent cette déclaration et furent taxés d'office. Mais les petits gentilshommes, qui n'osaient prendre une liberté semblable, furent contraints de mettre au jour leurs revenus, la plupart fort modiques, ainsi que l'on peut en juger. Jean de Charancy déclara avoir vingt livres de rentes. Philippe de Saint-Ligier, qui tenait en francalleu la terre de Châtel-Moron dans la châtellenie de Montcenis, accusa un revenu de trente livres. Pierre et Hilaire de Montmorillon, seigneurs d'Essanlets, reconnurent que la terre de Morillon ne leur rapportait que cinquante-trois livres. Aimé Borde, possesseur d'un arrière-fief à Saint-Broing-sur-Dheune, fut imposé sur cinq livres de rentes. Pierre de Thoisy, seigneur de Cromey, retirait alors de son fief quarante-trois livres neuf gros. D'autres avaient, il est vrai, un revenu plus considérable : la terre de Roussillon rapportait deux cents livres par an à Michaut de Chaugy, et Antoine Rolin, seigneur de Montoy, évaluait à cinq cents livres le produit de cette seigneurie. Mais c'était là de rares exceptions : quand les familles ne possédaient qu'un seul fief, elles étaient condamnées à végéter dans l'obscurité jusqu'à ce qu'un coup d'ambition les tirât de cette grieve, mais vertueuse et mâle infortune.

Nous avons étudié jusqu'à ce moment la noblesse de race ; l'ordre des dates nous amène maintenant aux anoblissements.

En Bourgogne, comme dans le reste du royaume, la détention d'un fief fut pendant longtemps la seule condition caractéristique de la noblesse. Les Institutions de saint Louis, en rendant les roturiers capables de posséder des terres nobles à la *tierce-foi*, c'est-à-dire en autorisant les descendants du roturier acquéreur d'un fief à partager noblement cette seigneurie au troisième hommage ou à la troisième génération, créèrent un premier mode d'anoblissement dont le Tiers usa largement jusqu'en 1579, époque à laquelle ce privilége fut aboli (1).

Longtemps avant de fermer cette porte, la royauté en avait ouvert deux autres, dont elle s'était réservé les clefs, mais qui furent bientôt, la seconde surtout, accessibles à tout venant : ce sont les anoblissements par lettres et par offices.

Les ducs de Bourgogne de la maison de Valois (2) prétendirent toujours au droit

(1) Tout le monde s'en plaignait, surtout le tiers-état. L'art. 258 de l'ordonnance de Blois disposa en conséquence que « les roturiers et non nobles achetant fiefs nobles ne seront pour ce anoblis, ni mis au rang et degré des nobles, de quelque revenu et valeur que soient les fiefs par eux acquis. »

(2) Les rois accordaient bien ce droit à de simples gouverneurs ou officiers. En 1339, Philippe VI autorisa sa Chambre des Comptes à donner pendant un temps fixé des lettres d'anoblissement.

d'anoblir, et l'on ne voit pas que ce droit leur ait été jamais contesté. Leurs cadets, les sires de Montaigu et de Sombernon, y aspirèrent au même titre et l'exercèrent, dit-on, quelquefois. Mais les actes que l'on a produits pour justifier cette opinion sont plutôt de simples affranchissements que de véritables concessions de noblesse.

Le premier noble créé par un duc est Jean Viard, originaire d'Auxonne, monnayeur et receveur général de Philippe-le-Hardi, anobli en 1380. D'autres lui succédèrent, mais à de grands intervalles : si les registres de la Chambre des Comptes sont exacts, on en citerait une quarantaine au plus dans l'espace d'un siècle (1).

Il importe de ne pas confondre ces nouveaux nobles avec les gentilshommes auxquels les ducs conféraient la chevalerie sur les champs de bataille. Ceux-ci se fussent tenus pour outragés si la faveur du prince avait prétendu les anoblir. Après la levée du siége d'Audenarde, en 1452, Philippe-le-Bon arma chevaliers le comte d'Etampes, Antoine, bâtard de Bourgogne, Charles de Rochefort, Hue de Longueval et Hugues de Neuville. L'année suivante, après la victoire de Gavre sur les Gantois, il accorda le même honneur aux deux frères de Toulongeon, à Guyot de Grandmont, Ferry de Cusance, Liénard Mochet, Adrien de Cléron, Jacques de Montmartin, Pierre de Goux, Antoine de Ray et au seigneur de Rougemont. C'était l'élite des familles du duché.

L'anoblissement par charges est de date plus récente en Bourgogne. Toutefois, si ce privilége n'est régulièrement concédé qu'au XVII° siècle, il est certain que les titulaires de certains offices jouissaient déjà personnellement sous les ducs des principales immunités de la noblesse. Mais ces prérogatives n'étaient point transmissibles à leurs héritiers naturels, et en ce sens l'on peut dire que ni les charges de judicature, même les plus élevées, ni les offices de cour, même les plus rapprochés du souverain, n'anoblissaient leurs possesseurs. Les conseillers aux parlements de Beaune, de Dijon, de Dole ou de Saint-Laurent, les maîtres

---

(1) Parmi eux, on rencontre les noms de : René de Mailly, anobli en 1403; Girard Roulin, anobli en 1411, par Jean-sans-Peur; Jean de Plaines, en 1422-1436; Jean Mairet, en 1424; Guillaume Courtot, maître des comptes, institué élu perpétuel du duc aux Etats en 1412, anobli par Philippe-le-Bon, en 1428; Jean de Janly, en 1433; Philibert Rouhier, d'Autun, en 1434; Girard de Frasans, en 1437; Pierre de Chappes, en 1453; Guillaume Daubenton, de Montbard, en 1472. Après la réunion du duché à la couronne, les rois accordèrent à la Bourgogne quelques lettres de noblesse, mais ils n'en furent pas plus prodigues. Charles VIII anoblit Richard Macheco en 1483; Jean Saumaise reçut, quoique sa famille fût déjà noble, la même faveur en 1619; et quatre années auparavant, le 24 février 1615, Jean Quarré, conseiller au parlement de Dijon, était relevé de la dérogeance de son père François, seigneur de Châteauregnault, qui avait fait le commerce en gros.

des requêtes et les maîtres aux comptes, pas plus que les chambellans des ducs ne pouvaient se qualifier de *nobles*, s'ils ne l'étaient déjà avant leur entrée en fonctions. Ils n'étaient ni taillables ni corvéables, comme les gentilshommes de race, mais ils n'étaient pas affranchis des autres contributions. En 1426, maître Jehan de Saulx, qui n'appartenait pas, comme l'ont pensé plusieurs généalogistes, et comme ses descendants se sont efforcés de le faire croire, à la vieille maison des sires de Saulx, mais qui était d'une extraction très obscure, fut maintenu par le parlement de Paris sur les rôles des marcs de Dijon, quoiqu'il voulût s'en faire exempter, « sous umbre de ce qui se portoit noble et disoit avoir esté secrétaire de Mgr et de présent son conseiller (1). »

Mais peu après la réunion du duché à la monarchie, la vénalité des charges fit forcément accroître les priviléges de leurs possesseurs. Pour augmenter les revenus du trésor royal, on multiplia les offices, et pour attirer les officiers, on étendit leurs prérogatives. Charles VIII déclara, en 1484, que les secrétaires du roi, maison et couronne de France, seraient désormais capables de recevoir tous ordres de chevalerie, comme s'ils étaient nobles de quatre races, et à partir de cette époque, le roi eut des secrétaires dans les plus petites bourgades du royaume. Le bourgeois enrichi par le commerce ou les charges inférieures, mais lucratives, de la robe, trouva très avantageux de s'affranchir, lui et sa postérité, de la taille, des aides et des vingtièmes, moyennant quelques mille livres une

---

(1) En 1424, le collecteur des marcs de Dijon, rente qui se percevait chaque année le jour de la Purification, avait imposé à cette taxe Richet Bonne, Huguenin de Clugny, « concierge de l'ostel du seigneur de Jonvelle, » et Jehan de Saulx, qui se prétendirent exempts en qualité de nobles. Il lança contre eux une contrainte et l'appuya du mémoire suivant :

« Il est vrai que par les chartes de ladite ville de Dijon, octroyées aux habitans d'icelle par le duc Robert, tous les habitans de ladite ville, manans et résidans en icelle sont tenus et doivent païer chacun an à mondit seigneur ladicte rente appellée les marcs par la manière convenue esdictes lettres de chartes, exceptez les nobles vivant noblement et fréquentant les armes, les clercs non mariés qui ainsi en ont joy et usé, ceulx qui sur ce ont lettres de exemption de feurent bonnes mémoires messires les dux de Bourgogne qui Dieu pardoient ou de monseigneur qui est à présent... »

Le collecteur discute les prétentions de Richet Bonne, puis il arrive à Jehan de Saulx :

« Pour répondre audit maistre Jehan de Saulx en tant qu'il touche noblesse, il est vray qui fut filz de ung homme nommé Oudet de Selongey, demourant à Dijon, qu'il n'estoit point noble ne extrait de noble lignée, mas estoit marchant publique, et par ainsi ne se peut dire ledit maistre Jehan de Saulx ne se porter comme noble. Se à cause de sa mère qu'il veult dire estre partie de noblesse, il se vouloit dire noble, il ne fait ad ce à recevoir, car selon la coutume générale de Bourgogne, le ventre ne esnoblit point homme.... Au regard des offices de conseillers et secrétaires, il ne peut s'en prévaloir, *car les précédents conseillers et secrétaires des ducs ont toujours paté les marcs.* »

Ce curieux mémoire, où l'on voit un Clugny, concierge de M. de Jonvelle, quoiqu'il tint « grande chevance en meubles et héritages en la ville de Dijon, » fut envoyé au procureur du duc à Paris le 26 août 1426, pour être soumis au Parlement saisi du litige. (Archives de Bourgogne, B. 289.)

fois payées. Nombre de familles, d'ailleurs fort honorables, n'ont pas acquis autrement la noblesse en Bourgogne.

Les membres du parlement et de la chambre des comptes de Dijon ne peuvent invoquer pour leur noblesse une consécration aussi ancienne. Le premier monument législatif qui la confère aux officiers du parlement de Bourgogne date de 1649. Par lettres enregistrées le 21 juin de cette année, le roi anoblit tous les membres de cette cour souveraine, en leur accordant ainsi qu'à leurs veuves l'exemption du droit de franc-fief. L'année suivante, en septembre 1650, il attribue ce privilége héréditaire aux présidents, maîtres, avocats et procureurs généraux de la chambre des comptes de Dijon, après vingt ans d'exercice ou quand ils mouraient revêtus de leurs charges. Cette faveur eut une courte durée. Un édit de juillet 1669 qui la révoquait, fut enregistré *du très exprès commandement de S. M.*, en présence du lieutenant général d'Amanzé et de l'intendant Bouchu, et aux applaudissements des correcteurs et auditeurs des comptes, des trésoriers de France et du conseil de ville, qui n'avaient pas cessé de protester contre un privilége dont ils ne partageaient pas le bénéfice. Quelques années plus tard, en octobre 1704, Louis XIV revint lui-même sur cette révocation en concédant aux cours souveraines et aux bureaux des finances de son royaume «quatre dispenses d'un degré de service pour pouvoir acquérir la noblesse et la transmettre à la postérité.» C'était l'anoblissement au premier degré de quatre membres de chacune de ces compagnies. Mais bien avant ces édits, dès le XVIe siècle, la jurisprudence leur avait conféré une noblesse spéciale (1) en se fondant sur le texte assez mal compris de la loi 1, liv. XII, tit. I, au Code (*patre et avo consulibus*). Cette extension arbitraire de la législation justinienne ne souleva aucune résistance ; elle fut unanimement acceptée, et Henri IV, dans son édit de 1600, y fait une allusion très explicite. L'épuisement du Trésor et la nécessité de soulager les contribuables accablés par la taille firent révoquer au mois d'août 1715 l'anoblissement de *plein vol* accordé aux membres des cours sou-

(1) On lit dans le *Recueil des décrets des Etats de Bourgogne*, t. II, p. 437, v°, année 1602, la délibération suivante : « Vu l'arrest donné à la Cour de Parlement de ce pays le sixième jour de juillet 1600, par lequel ont esté déclarés nobles et privilégiés ceux qui seroient extraicts des sieurs présidents et conseillers du Parlement et auroient eu père et ayeul de ladicte qualité, lesdicts Estats, jugeant que la multiplicité des privilégiés apporte de la foule et oppression au peuple, ont délibéré que poursuites seront faictes envers S. M. pour la révocation dudict arrest. » Malgré ce décret des Etats, la jurisprudence fut maintenue. Elle était fort ancienne, et semblait même reconnaître la noblesse utérine, car on voit en 1493 Catherine Le Boiteux, veuve de Jean George, conseiller du roi à Dijon, confirmée dans sa noblesse, comme petite-fille, *par les femmes*, de Jean Bonféal, conseiller du duc et anobli par lui en 1427.

veraines et des bureaux des finances, en le réservant toutefois aux compagnies des provinces récemment conquises, comme les parlements de Franche-Comté, de Flandre, de Dombes, de Metz; cette révocation rétablit l'ancien ordre de choses et assujettit les magistrats bourguignons à l'obligation d'acquérir, comme ci-devant, la noblesse héréditaire par l'exercice des charges de judicature en deux générations successives. On appela cet anoblissement la *noblesse graduelle,* parce qu'elle devenait héréditaire au profit de toute personne dont le père et l'aïeul avaient exercé un office de cour souveraine pendant vingt ans ou jusqu'à leur décès.

Parmi toutes les institutions dont la noblesse a été l'objet ou le prétexte, nous n'en connaissons aucune de plus équitable ni de plus belle: récompenser l'homme dans ce qu'il a de plus cher au monde, dans sa postérité; proposer au fils les services de son père comme un encouragement et un exemple; honorer les traditions de la famille et en faire un perpétuel motif d'émulation; anoblir par degré la race à mesure que l'individu s'ennoblit lui-même par le travail; maintenir enfin les enfants dans le sentier laborieusement frayé par leurs ancêtres, c'était une féconde et généreuse idée, qui, pour nous, à elle seule rachèterait la vénalité des charges, si les traitants n'en étaient venus gâter l'application.

Les trésoriers de France jouissaient également de la noblesse graduelle qui leur fut expressément confirmée par l'édit d'avril 1694. Les officiers de la chancellerie établie près du parlement participaient à la même faveur, quoiqu'elle leur eût été retirée dans un but fiscal à plusieurs reprises (1). Enfin, les vicomtes-mayeurs de Dijon étaient en possession de la noblesse héréditaire depuis des lettres patentes d'octobre 1491, qui les avaient anoblis, eux et leur postérité, « comme les maires de la Rochelle et de Poitiers. »

Il était une dernière sorte d'anoblissement dont le XVIe siècle abusa et qui devint un véritable fléau pour la province après les désordres de la Ligue. On tenait alors que dix années consécutives de services militaires suffisaient pour conférer aux gens d'armes les immunités de la noblesse (2). Une foule de *porte-épée* sans naissance profitèrent des troubles pour se jeter dans les compagnies d'ordonnance où l'on ne recevait habituellement que des gentilshommes; quelques-uns même, après avoir ceint une épée rouillée et coiffé une *salade* d'occa-

---

(1) Parmi les familles anoblies par ces offices, nous citerons les Seguin de la Motte et de Broin, qui portent: *de gueules à une couleuvre d'argent, mise en fasce, au chef cousu d'azur, chargé de trois étoiles d'or;* Rocault, Guenichot, Marey, Mollerat (1762), Guyot de Saint-Michel (1768), Moussier (1770), Jobert de Chambertin, etc.

(2) Arrêt de la Cour des Aides de Paris, du 17 juillet 1583.

sion, se firent délivrer des commissions postiches ou des certificats de complaisance par les partisans qui tenaient la campagne, et, la paix rétablie, passèrent pour nobles sans avoir jamais servi. Henri IV essaya de réprimer cet abus : il accorda par son édit de mars 1600, art. 9, la noblesse personnelle à ceux qui justifieraient de vingt ans de service dans les grades de capitaine, lieutenant ou enseigne, et la rendit transmissible après deux générations successives de militaires. En même temps il frappa de peines sévères les usurpateurs des titres de *nobles* et d'*écuyers*. Mais le mal était fait ; le remède ne le guérit pas, et la plupart de ces audacieux parvenus, qui avaient réussi à faire biffer leurs noms du rôle des tailles, firent souche de noblesse jusqu'aux recherches ordonnées par Louis XIV (1).

Ce prince, ou plutôt l'organisateur de ses finances, Colbert, n'a pas seul le mérite de cette dernière invention. La noblesse avait été déjà l'objet de nombreuses enquêtes avant la grande recherche de 1666. Sous le gouvernement ducal, les receveurs de Bourgogne procédaient, dans la collecte des impôts, à de véritables informations *du fait de noblesse*, dont, comme nous l'avons vu plus haut, le parlement de Paris était de droit le juge en dernier ressort, mais qui se terminaient le plus souvent, sans appel, devant les *gens du conseil et des comptes de Monseigneur le duc, commissaires en ceste partie* (2). Dans une *cherche de feux* du bailliage de Chalon en 1449, on lit : « Jeannin Asselin, bourgeois d'ancienneté, soit-disant à présent noble, refuse à ce titre de païer les fouages. » Tous les procès-verbaux de cette nature sont remplis de refus semblables, dont les motifs étaient l'objet d'une instruction rigoureuse de la part des agens fiscaux. En 1487, Charles VIII avait ordonné l'établissement d'un catalogue destiné à recevoir les noms de tous les nobles de France, mais cet édit qui avait pour but de faciliter la répartition des tailles ne reçut aucune exécution. Sans renouveler cette décision, presque tous ses successeurs promulguèrent des peines exemplaires contre les usurpateurs des titres de noblesse, mais ne furent guère mieux obéis. Si la rigueur des traitants était extrême, l'audace des faussaires ne l'était pas moins : la falsification des titres de famille

(1) « Je n'ai jamais vu, dit au XVIIe siècle un intendant des galères de Marseille, Arnoul, tant d'escuyers et si peu de chevaux. » (*Corresp. admnistr. sous Louis XIV*, publiée par M. Depping.) — Notons qu'un édit de 1750 accorda la noblesse héréditaire aux officiers dont le père et l'aïeul avaient servi, pendant un temps variable suivant les grades, sous les drapeaux du roi ou qui s'étaient retirés du service avec des blessures et la croix de Saint-Louis. Les officiers généraux jouissaient de la noblesse héréditaire de *plein vol*.

(2) Le duc accordait en effet souvent, pour arrêter des procédures qui menaçaient de ne jamais finir, des lettres de reconnaissance de noblesse auxquelles la faveur n'était pas toujours étrangère, et dont les parties se bornaient à requérir l'enregistrement à la Chambre des Comptes.

était chose commune et notoire : les députés des Etats s'en plaignaient, d'Hozier, Chérin l'ont remarqué, et nul ne déclinera leur compétence.

Les anoblissements en masse concédés par Louis XIV vinrent encore accroître l'appauvrissement du Trésor. Lorsque Colbert prit les finances et voulut régler la taille, il chercha les contribuables et ne trouva que des exempts. La race des porte-épée de la Ligue n'avait pas disparu et la Fronde y avait ajouté les siens. On usurpe la noblesse aujourd'hui par vanité ; on l'usurpait alors par la vanité et la cupidité, double excitation à la fraude. « La plus grande partie de la fausse noblesse, écrivait à Colbert un anonyme le 21 juin 1664, n'est fondée que sur l'épée qu'ils portent et qu'ils n'ont jamais tirée que contre le paysan. » Et il conseille qu'on en fasse la recherche et que l'intendant seul en décide, jusqu'à réformer, s'il le faut, les arrêts des cours des aides, « qui ont esté donnez, dit-il, en leur faveur par compère et amy. »

Colbert n'avait pas besoin d'être poussé à la réforme. Il y était déjà suffisamment disposé de lui-même, et il l'exécuta avec la dernière rigueur. L'intendant de Bourgogne, Bouchu, fut départi en cette province pour procéder à la recherche des faux nobles, malgré les réclamations des Etats qui, dès 1662, avaient délégué des commissaires pour vérifier les titres des aspirants à la chambre de la noblesse. Les Etats ne niaient pas le mal, au contraire ; ils prétendaient seulement, non sans quelque droit, se charger de la guérison.

Aussi une lutte sourde, mais active, s'établit bientôt entre l'intendant et l'assemblée des gentilshommes. Tandis que l'un, secondé par une armée de sous-traitants, frappait impitoyablement d'amendes et de doubles taxes les usurpateurs du titre d'écuyer, la chambre de la noblesse accueillait dans son sein une partie des condamnés de Bouchu. En même temps, elle faisait humblement supplier le roi « d'accorder qu'il ne soit fait aucune recherche contre les véritables gentilshommes, » ou du moins que cette recherche « soit faite et jugée dans la province. » (Décret de 1668.) Elle démontrait que les investigations de l'intendant n'avaient procuré au Trésor que 16,000 livres, et que la province n'en avait reçu par conséquent aucun soulagement, ni le corps privilégié aucune réformation. Elle dressait enfin en 1679 un règlement intérieur que nous analyserons plus loin, et qui, en exagérant les conditions d'admissibilité aux Etats, excluait les agents royaux de l'examen de ses nouveaux membres.

Les réclamations de la chambre étaient en partie fondées. L'intendant enveloppait à la fois dans ses proscriptions les faux et les vrais gentilshommes. Armé d'un arrêt du conseil, du 3 octobre 1667, qui obligeait tous les nobles, sous peine de déchéance, à lui remettre les minutes des actes destinés à faire preuve de noblesse, il condamnait sans examen tous ceux qui ne pouvaient obéir à cet arrêt par suite de la disparition de leurs titres originaux (1). Au nombre de ses victimes, on voit un bon, mais obscur gentilhomme de Salornay, Jacques Carondelet, qui déclara être trop pauvre pour faire le voyage de Franche-Comté, d'où sa famille était sortie et où se trouvaient ses papiers !

Ceci explique le grand nombre de condamnations prononcées en première instance, puis cassées par le grand conseil, et la sévérité des jugements de maintenue. Nous n'oserions affirmer que ceux-ci furent toujours impartiaux et que l'intrigue ne put jamais désarmer le rigoureux exécuteur des volontés de Colbert; mais nous pouvons dire que si la faveur se glissa dans les conseils de l'intendant, elle n'y joua qu'un rôle très effacé et très inaperçu, et qu'une sentence de maintenue signée par Bouchu est encore aujourd'hui le meilleur titre qu'une famille puisse invoquer à l'appui de ses prétentions nobiliaires.

L'*Armorial général* de 1696 est loin de mériter la même confiance. La France était alors en guerre avec toute l'Europe, et par surcroît sortait à peine de la disette. Il fallait nourrir le peuple et soutenir l'armée avec un trésor vide : le contrôleur général des finances, qui venait d'établir la capitation, s'avisa de lever un nouvel impôt sur la vanité. Un édit de novembre 1696 institua une grande maîtrise des armoiries dont les officiers furent autorisés à accorder des armes à tous les sujets du royaume qui se seraient signalés dans quelque circonstance et en feraient la demande. Un simple écu blasonné coûtait vingt livres, tandis que la noblesse, tarifée plus haut, en valait prix courant 6,000, plus les deux sols pour livre. On vit alors un phénomène inverse de celui qui s'était accompli en 1666 : l'intendant Bouchu ne trouvait dans tous les nobles que des bourgeois ; les commis du traitant Vanier qui percevait la taxe s'obstinèrent à voir dans tous

---

(1) Parmi les condamnations prononcées en 1665 par Bouchu, on rencontre les noms suivants :
Prudent Bichot, demeurant à Verdun ;
Emmanuel de Chabot, sieur de Serrières, demeurant à la Canche ;
Claude de Hesdin, demeurant à Châtillon ;
Charles du Puys, sieur de Champeaux et Beauregard en Mâconnais ;
Bénigne Berbis, seigneur des Maillys, dont la postérité reçut des lettres de relief de noblesse le 3 février 1717 ;
Jean Guenebaut, seigneur d'Arbois ;
Claude de Chevigny, sieur de Saint-Ligier, au bailliage d'Autun ;
Guy de Chaugy, demeurant à Montot ;
René de Maritain, sieur d'Availly ;
Jean de Clugny, lieutenant-général au bailliage de Dijon, etc.
Il y a lieu de croire que plusieurs de ces sentences furent réformées.

les bourgeois des nobles. Ils n'attendirent pas les demandes, mais imposèrent d'office des armoiries à tous les citoyens qui exerçaient une profession libérale. Les pauvres eux-mêmes n'en furent pas exempts. Un malheureux avocat de Mont-Saint-Jean, dont le nom devint plus tard célèbre dans la province, Charles Bannelier, si chargé de dettes et d'enfans qu'il ne pouvait payer sa taille, fut frappé de la taxe. Vainement représenta-t-il qu'il n'avait jamais eu d'armoiries et qu'il était trop pauvre pour en recevoir : l'intendant Ferrand, qui avait succédé à Bouchu, ferma l'oreille à ses doléances et décerna contrainte contre lui (1). Les véritables gentilshommes n'échappèrent pas eux-mêmes à cet impôt mal déguisé. Philibert-Paul de Chastellux, vicomte d'Avallon, baron de Quarré, seigneur de Marigny et autres lieux, reçut d'un facétieux commis un écu portant *d'argent à un* CHAT *de sable*, lorsque les armes de sa maison étaient : *d'azur à la bande d'or, accompagnée de sept billettes de même en orle*. On ne supposera point qu'il ait sollicité un rébus qui lui coûtait 23 livres 10 sols. Voilà pourquoi nous répétons que l'Armorial de 1696, dressé avec de tels éléments, ne mérite pas une grande confiance et qu'il est tout au moins prudent d'en contrôler avec soin les indications.

Les recherches de la noblesse, suspendues en 1674, à cause de la guerre, furent reprises dans le duché par l'intendant Ferrand à la suite de la déclaration royale du 4 septembre 1696 ; mais, conduites avec mollesse et bénignité, elles ne provoquèrent aucune nouvelle résistance de la part des Etats (2).

Le commissaire à la recherche de 1715, Alexandre de Brion, seigneur d'Allonne et de Manville, fit encore mieux. « Ne voulant pas, dit-il, inquiéter l'ancienne noblesse ny la troubler mal à propos pour la vérification de ses titres, » il supplia la chambre des nobles de « députer deux commissaires d'ancienne noblesse de la province pour travailler conjointement avec luy à la vérification des titres pendant la triennalité. » Le comte de Bissy et le marquis de Vienne, nommés par la chambre, suivirent en effet ses enquêtes et reçurent communication de tous les dossiers (3). L'entente cordiale entre les Etats et le pouvoir royal était rétablie et ne se rompit plus jusqu'au 1er avril 1727, date de la clôture définitive des recherches.

(1) Les pièces de cette curieuse procédure ont été publiées par M. d'Arbaumont, dans le *Cabinet historique* de janvier 1862.
(2) Le conseil du roi obligea les familles réhabilitées ou maintenues par lettres depuis le commencement du siècle à représenter leurs lettres dans le délai de deux mois pour être taxées selon un tarif général ; encore dispensa-t-il de cette obligation les gentilshommes maintenus en 1666. (Déclaration du 17 janvier 1696 ; arrêts des 24 janvier et 31 juillet de la même année. *Recueil* de Chérin.)
(3) *Décrets des Etats de Bourgogne*, t. VII, fol. 588, verso.

Les procès-verbaux de ces recherches ont, outre l'intérêt privé des familles, une véritable importance historique. Les convocations du ban et de l'arrière-ban, si fréquentes dans les siècles précédents, ont cessé ; l'armée permanente a remplacé l'armée irrégulière de la féodalité et Louis XIV est le dernier roi qui ait eu recours à cette impuissante ressource des crises suprêmes. Quelque partiales qu'aient été les vérifications des titres, l'état officiel de la noblesse n'est plus constaté désormais que par les rôles de l'intendant dressés par bailliages. En 1571, une description manuscrite du Charollais, dont Claude de Bailly, seigneur de Longvy, est l'auteur, indique qu'il y avait alors dans le comté trente châteaux à ponts-levis et quatre baronnies (Mont-Saint-Vincent, Digoine, Lugny et Joncy). En 1697, au moment du travail général entrepris par Ferrand sur la province, on trouve dans le même bailliage trente-deux seigneuries et soixante-onze arrière-fiefs. C'est, comme on le voit, un chiffre à peu près semblable. Les autres bailliages ne sont pas moins riches en noblesse. Celui de Beaune compte à la fin du XVIIe siècle deux marquisats, une baronnie, soixante-quatorze seigneuries et vingt-deux fiefs sans justice. Celui de Nuits a trente-neuf seigneuries et dix fiefs. Celui de Saint-Jean-de-Losne possède deux baronnies, neuf seigneuries et six arrière-fiefs. Dans le bailliage d'Auxonne, qui n'est guère plus étendu, l'intendant énumère un marquisat, deux baronnies, quarante-trois seigneuries et quarante-cinq fiefs. Il trouve dans celui d'Autun quatre-vingt-dix terres seigneuriales, quarante châteaux et soixante simples fiefs. Chalon montre avec orgueil ses deux marquisats, ses quatre comtés, ses onze baronnies et ses cent dix-neuf seigneuries. Semur-en-Auxois est plus opulent encore : on y voit deux marquis, quatre comtes, cent vingt-six seigneurs, soixante-trois possesseurs de fiefs. Le bailliage de la Montagne ou de Châtillon-sur-Seine renferme quatre-vingts seigneuries et douze arrière-fiefs seulement. Bar-sur-Seine a vingt-une seigneuries et quatre fiefs. Le Mâconnais possède trois comtés, un vicomté, deux baronnies, soixante-quatre seigneuries et soixante-deux arrière-fiefs. Dans le petit bailliage d'Arnay-le-Duc existent deux marquisats et trois comtés, sans parler des terres non titrées. Et ainsi des autres.

Mais quelle est cette noblesse? Hélas! il faut bien le dire pour ceux qui croiraient encore, avec Saint-Simon et Boulainvilliers, qu'il n'y a de véritable et solide aristocratie que l'aristocratie de race, cette noblesse n'a que le nom de commun avec l'ancienne noblesse féodale. D'un siècle à l'autre, en effet, il s'est opéré de singuliers changements dans la condition générale des propriétaires fonciers : changements immenses, changements radicaux, précurseurs de la

Révolution qui doit bientôt placer le Tiers-Etat à la tête de la société française.

« Si certains morts revenoient au monde, s'écriait alors La Bruyère, et s'ils voyoient leurs grands noms portés et leurs terres les mieux titrées, avec leurs châteaux et leurs maisons antiques, possédées par des gens dont les pères étoient peut-être leurs métayers, quelle opinon pourroient-ils avoir de notre siècle? » La terre est passée en d'autres mains; presque toutes les vieilles familles se sont ruinées au service militaire et ont dissipé leurs héritages; la bourgeoisie parlementaire, qui remplit et honore toutes les fonctions de la vie civile, a pris leur place et démantèle leurs châteaux (1) pour les rebâtir sur le patron raccourci de Versailles; c'est en vain que la noblesse ancienne, la noblesse des ducs exagère les conditions d'admissibilité au sein de sa chambre dans les Etats: elle est partout débordée; exclue des grandes charges qu'elle a méprisées, elle se retire de la vie provinciale pour se rapprocher de la cour, et le flot impétueux qui la pousse ne lui laisse, à regret, que deux places dans le corps devenu le seul maître de la province, les deux fauteuils de chevaliers d'honneur au parlement, comme si l'autorité nouvelle n'avait plus à lui emprunter que le lustre d'un grand nom.

Disons-le donc hardiment : en Bourgogne, comme ailleurs, ce n'est pas la Révolution qui a tué la féodalité, c'est la monarchie absolue, c'est la centralisation, c'est Louis XIV (2). Louis XI avait commencé l'œuvre; Henri IV et Richelieu la poursuivirent, Louis XIV l'acheva et 89 ne fit que la sanctionner. Les constituants furent, sans le savoir, les plagiaires du grand roi; quand ils naquirent, leur tâche était déjà accomplie, et la fameuse nuit du 4 août ne fut qu'un *libera* solennel psalmodié sur un cadavre.

Nous serions toutefois bien téméraires et bien injustes si, en constatant cette déchéance politique, nous passions sous silence les services et l'éclat des derniers jours. Les races sont comme les individus : quand elles ont longtemps

---

(1) Les grands manoirs étaient nombreux en Bourgogne. Parmi les plus remarquables nous citerons le château de Sully, bâti au XVI° siècle par le maréchal de Tavannes, le *petit Fontainebleau* du duché; celui du Pailly, qui a la même origine; les châteaux de Chastellux, réédifié en 1612, de Chaumont, construit sous Louis XII, de Commarin, rebâti en 1704, de Tanlay, commencé par les Montmorency et achevé par le financier d'Emery; ceux de Longecourt, de Bierre-les-Semur, de Lugny, élevé en 1771, de Digoine, de Pierre, qui date de 1680; de la Marche, d'Ancy-le-Franc, de Grancey, Bussy, etc.

(2) Saint-Simon écrivait en pleine monarchie : « Cette noblesse française si célèbre, si illustre, est devenue un peuple presque de la même sorte que le peuple même, et seulement distingué de lui en ce que le peuple a la liberté de tout travail, de tout négoce, des armes même, au lieu que la noblesse est devenue un autre peuple qui n'a d'autre choix que de croupir dans une mortelle et ruineuse oisiveté qui la rend à charge et méprisée, ou d'aller à la guerre se faire tuer à travers les insultes des commis, des secrétaires d'Etat et des secrétaires des intendants. »

vécu et qu'elles semblent sur le point de disparaître, elles se prennent tout à coup à refleurir avec une séve et une vigueur presque juvéniles. Humiliée et soumise, comme Saint-Simon le remarque avec amertume, sous le joug despotique des commis des secrétaires d'Etat et des intendants, la noblesse se relève en face de l'ennemi, sur les champs de bataille. Elle se précipite avec ardeur à la suite du roi conquérant, comme pour étouffer sous le bruit des armes les regrets de son indépendance mutilée. Les Bouton de Chamilly, les Lestouf de Sirot, les Fontette, les Fautrières, les la Magdeleine de Ragny, les Nagu, les Coligny, les la Guiche, les du Blé d'Uxelles, les Saulx-Tavannes, les Drée, les la Baume-Montrevel, les Montal, les Quarré d'Aligny, les Moyria, les Rouxel, les Conighan, les Thyard, et tant d'autres qui remplissent les armées de Louis XIV, se montrent les dignes émules des anciens chevaliers. Une jeune gloire dépasse toutes les vieilles renommées : c'est celle du plus honnête homme et du plus savant guerrier du royaume; nous avons cité Vauban. Dans les camps, au palais, dans la chaire, dans les lettres, nulle terre n'est plus féconde, et la Bourgogne a bien le droit de s'enorgueillir de ses enfants, lorsqu'ils s'appellent la Monnoye, Lantin, Bussy-Rabutin, la Marre, Millotet, Fèvret, Bouhier, Brulart, Bossuet, et l'inimitable marquise de Sévigné.

Arrive le XVIIIe siècle. L'ambition n'est plus la même : la noblesse a suspendu son épée à la porte d'un boudoir; mais elle se console en de nobles occupations. Elle polit les mœurs, elle les revêt d'élégance; elle purifie le goût, elle se passionne pour de généreuses idées, pour de grandes causes; elle rêve la régénération de la société humaine, elle y travaille avec les génies du siècle (1); elle s'enivre d'art, de style et d'harmonie; elle applaudit à Buffon, à Rousseau, à Voltaire, et, au milieu de ses illusions, à travers ses imprudences et ses vices même, elle peut encore un instant ne pas se croire déchue.

Enfin sonne l'heure suprême : Louis XVI convoque les notables, puis les Etats généraux, dont les trois ordres se fondent en une seule assemblée (2);

---

(1) Rappelons en passant que les chevaliers de Jaucourt et de Chastellux, collaborateurs de l'*Encyclopédie*, étaient d'origine bourguignonne. Le nom et les travaux du président de Brosses sont trop connus pour que nous ayions besoin de les citer. Quant à Buffon, qui appartenait à une famille parlementaire, nous joindrons son nom à ceux de deux de ses parents et amis dont il ne doit pas être séparé, Benjamin Nadault et Daubenton, issus également de races patriciennes et bourguignonnes (*).

(2) Il n'est pas inutile de remarquer combien, à la veille de leur suppression, les titres nobiliaires étaient multipliés. La seule comparaison des diverses listes des Etats le fera reconnaître. Jusqu'au

(*) Le Clerc de Buffon portait : *d'argent à la bande de gueules, chargée de trois étoiles d'argent.*
Nadault : *d'azur à trois haches consulaires d'argent posées en pal, entourées de faisceaux de verges d'or, liées d'argent.* Cette famille a fourni trois députés du tiers aux Etats de Bourgogne.
Daubenton : *d'azur à trois peignes d'or.*

le temps se ferme sur l'ancien monde, et la Révolution passe comme un torrent sur ses débris. Un décret abolit la noblesse avec ses privilèges; l'édifice était si vermoulu que sa chute éveille à peine quelques timides protestations. Mais l'œuvre des démolisseurs ne s'arrête point; après avoir anéanti les droits, ils veulent déraciner jusqu'aux souvenirs, comme si d'un trait de plume on pouvait biffer huit siècles de l'histoire. La loi du 24 juin 1792 ordonne la destruction de tous les titres féodaux; conformément à cette loi, le directoire du département de la Côte-d'Or nomme, le 22 juillet suivant, le sieur Peincedé, ci-devant archiviste de la ci-devant Chambre des Comptes de Dijon, l'un des commissaires chargés de trier les titres généalogiques déposés au greffe de cette compagnie, et condamnés au bûcher. En conséquence, dans la soirée du dimanche 5 août 1792, on brûla publiquement sur la Place-Royale de cette ville : 1° toutes les lettres d'anoblissement renfermées en deux cartons; 2° les titres de la noblesse de Poly, qui étaient dans une caisse; 3° et la valeur d'un bon tombereau de parchemins, qui, Peincedé nous l'apprend lui-même, avaient été tirés d'un galetas et ne pouvaient être isolément d'aucune utilité. On jeta aux flammes en même temps, dans le dépôt du bureau des finances, les sentences de confirmation de noblesse rendues par l'intendant Bouchu en 1666 (1), quelques procédures de vérification de noblesse et plusieurs rôles de l'impôt de la capitation en Bourgogne. Une heureuse fraude de l'ex-archiviste avait sauvé le reste.

Si les pertes se fussent arrêtées là, l'histoire et les familles eussent éprouvé peu de regrets; mais les exécutions recommencèrent bientôt plus insensées et plus violentes. Tandis qu'on guillotinait les anciens nobles à Paris, on pillait leurs châteaux et on incendiait leurs archives domestiques en province. Le 10 avril 1793, on mit le feu aux terriers, manuels et censiers des terres nobles et des fiefs de Bourgogne. Le 27 brumaire an II, les titres féodaux saisis chez les émigrés eurent le même sort, en partie du moins. Le 7 germinal an II, Billaud-Varennes et Collot-d'Herbois ordonnèrent au directoire de la Côte-d'Or de *réunir sous un scellé tous les parchemins, livres et papiers qui pourraient blesser les principes de la liberté et de la raison.* Pour remplir cette mission si gravement patriotique, il eût au moins fallu savoir lire; les préposés du directoire trouvèrent

---

XVIIᵉ siècle, les gentilshommes titrés sont très rares; à peine trois ou quatre apparaissent-ils dans une assemblée. Mais en 1789, c'est tout l'opposé; il semble que chacun ait honte de porter son nom sans une qualification nobiliaire. Cependant le prince de Condé se contentait du titre modeste de seigneur de la Colombière; c'était une leçon de bon goût dont personne ne profita.

(1) Il existait plusieurs copies de ces sentences. L'une d'elles est à la Bibliothèque publique de Troyes et provient du président Bouhier.

plus facile d'enfermer sous le même scel toutes les archives, et le 1ᵉʳ germinal an IV on enleva 66,635 livres de paperasses de toute nature qui furent vendues à l'encan. Les parchemins servirent d'enveloppes aux gargousses de la Révolution, et les titres des croisés, des vainqueurs de Marignan, de Lens, de Fribourg, de Fontenoy, allèrent, serviteurs posthumes mais fidèles de leurs vaillants maîtres, foudroyer l'ennemi de la France sur la frontière.

Ici se termine cette revue rapide, trop rapide, parce qu'elle est forcément incomplète, de la noblese bourguignonne. Si nous nous sommes émus en présence de sa gloire, on nous rendra du moins cette justice que nous n'avons tu ni ses défaillances, ni ses vanités, ni les mutations qu'elle a subies, ni les vices qui en ont altéré l'organisation. C'est un lieu commun chez certains publicistes de notre temps que d'attaquer la noblesse : à les entendre, elle seule devrait porter le poids de toutes les fautes de l'ancien régime. Ce jugement n'est à nos yeux ni équitable ni sincère : c'est l'injure d'un parti, non la sentence impartiale et réservée de l'histoire. La noblesse française a subi le sort de toutes les choses humaines : populaire à sa naissance, parce qu'elle était utile, elle perdit le respect et l'amour du peuple dès qu'elle cessa de lui être nécessaire. Elle les perdit, lorsque la féodalité, qui rapprochait le maître du sujet, le vassal du seigneur, et qui était en ce sens un principe de mutuel secours et de liberté, ne fut plus assez puissante pour assurer au plus faible la protection du plus fort. Elle les perdit lorsque l'affranchissement des communes ayant donné une base au pouvoir royal, celui-ci s'appuya sur elles pour anéantir l'indépendance de l'aristocratie féodale, et lorsqu'à son rôle actif, influent, modérateur dans l'État, à ses attributions politiques, il substitua des priviléges, « ombres et toiles d'araignée, » comme on l'écrivait en 1689, qui ne se justifiaient plus par une immixtion directe dans les affaires de la nation. Elle les perdit par ce contraste choquant qui s'établit dès lors entre les prétentions et la fortune des nouveaux anoblis ; elle les perdit enfin, dans notre province, par les commotions politiques qui la rendirent suspecte à la monarchie dont elle gênait les desseins, et au peuple dont un corps rival, le parlement, avait usurpé la tutèle et la confiance. Mais si elle fut trop faible pour justifier ses dédains, et trop isolée pour reconquérir son influence, elle ne déserta point sa mission civilisatrice : elle hâta le progrès commun par les recherches du luxe, de l'élégance, du bien-être, des arts ; elle ne fut, du moins jusqu'aux deux derniers siècles, ni impénétrable ni exclusive ; ce livre en est la preuve et à cet égard l'on nous permettra une dernière réflexion.

La révolution de 1789 a aboli les priviléges nobiliaires, que nul sans doute ne regrette aujourd'hui. Elle a ainsi proclamé le grand principe de l'égalité des citoyens devant la loi, qui a pour corollaire leur égale admissibilité aux fonctions publiques. Le premier est facile à définir : il s'entend, ce nous semble, d'une égale protection pour les droits et d'une égale justice pour les individus. Voilà la véritable conquête, l'inestimable bienfait de 89. Les juridictions d'exception ont disparu et avec elles les inégalités révoltantes de la justice. Mais le second signifie-t-il, comme on paraît fort disposé à le croire en France, que chacun est également destiné au pouvoir et que la fin suprême du citoyen soit de devenir fonctionnaire public ? Signifie-t-il simplement au contraire que le mérite personnel est le seul titre exigible de ceux qui aspirent à servir leur pays ? Si la première définition est exacte, nous convenons que cette égalité n'existait point autrefois et qu'elle est une des plus surprenantes victoires de la Révolution. Mais si l'on se résigne à accepter la seconde, il faut dire hautement que cette égalité existait avant Lameth et Mirabeau. Nous ne parlons point des derniers temps de la monarchie, mais nous parlons des quatre siècles qui ont précédé l'avénement du régime absolu en France. Comptez tous les noms plébéiens qui sont parvenus, en une génération, aux sommets de l'édifice social, en Bourgogne seulement, les Armenier, les Aubriot, les Hugonet, les Rolin, les Bégat, les Lenet, les Jeannin, les Picardet, les Bernard, et contestez, si vous l'osez, l'influence que ces illustres parvenus ont exercée sur leur pays, soit qu'ils aient honoré la noblesse en pénétrant dans ses rangs, soit qu'ils aient préféré garder jusqu'au bout la simplicité respectée de leurs noms.

Ainsi comprise, l'égalité n'est ni une conquête de la révolte, ni une concession de la souveraineté. C'est un triomphe remporté par l'individu sur la nature ; elle a existé dans la société, dès qu'il s'est rencontré un homme assez robuste pour gravir, à lui seul, les échelons du pouvoir : elle s'y est maintenue par l'effort incessant de l'énergie individuelle qui, grâce à Dieu, sur la terre bourguignonne, n'a jamais rencontré d'obstacles. Elle a existé chez nous bien longtemps avant que son nom n'ait été prononcé, et, chose remarquable, elle y a vécu tant qu'elle a eu pour compagne la liberté.

## II

### Les Etats.

On n'est pas mieux fixé sur l'origine des Etats du duché de Bourgogne que sur celle de sa noblesse. Des écrivains de talent sont allés fouiller les ténèbres des forêts germaniques pour en exhumer le germe de ces assemblées délibérantes auxquelles les guerriers francs et saxons donnaient le nom de *Maals*, et plus tard de *Placita* : mais si ces rudiments historiques sont peu suspects, l'interprétation qu'ils ont reçue l'est bien davantage, et n'éclaire d'ailleurs guère plus le berceau du parlement d'Angleterre que celui des Etats généraux ou particuliers de France. Les institutions représentatives n'ont pas besoin d'ancêtres : le principe de la délibération commune sur les intérêts communs est inhérent à toutes les sociétés humaines et s'est manifesté dans tous les temps ; mais il a subi tant de traverses qu'il serait périlleux, sinon puéril, d'en refaire *ex professo* la généalogie.

Ce n'est pas que l'on ne puisse trouver en Bourgogne la trace éloignée, mais visible, de semblables assemblées. En 860, au synode de Pontyon, il est fait allusion aux réunions des prélats et des grands de la province. Du IX$^e$ au XI$^e$ siècles, on rencontre à chaque pas des *plaids*, des *jours généraux*, des *assises* qui sont à la fois politiques et judiciaires. Plus le pouvoir central est faible et incertain, plus il a besoin de s'appuyer sur les évêques et les barons, la croix et le glaive, l'intelligence et la force. Dans les premières années du XI$^e$ siècle, le comte de Chalon tint à Verdun-sur-le-Doubs, au nom du roi Robert, un *concile* destiné à régler les droits et les prétentions des nobles de Bourgogne. En 1066 et en 1076, deux célèbres assemblées se réunirent à l'abbaye de Bèze, la première sur la convocation de l'évêque de Langres, et la seconde sous la présidence du duc Hugues I$^{er}$ ; dans celle-ci, les seigneurs Foulques et Geoffroy abandonnèrent aux moines de Bèze tous les droits de garde qu'ils prétendaient avoir sur la terre de Noiron, sous la réserve que les religieux ne pourraient plus commettre des exactions sur les habitants et leur couper la tête, *caput hominis ullo modo amputare* (1). Une autre réunion des nobles et des prélats eut lieu en 1116 au château de Chastellux. Mais ces assemblées n'avaient ni périodicité ni attributions définies. Elles ne connaissaient d'autre règle que le bon vouloir du duc ou les nécessités d'accommodements à intervenir entre lui et ses puissants feudataires. Elles étaient plus judiciaires que politiques et consacraient plus souvent des transactions sur des intérêts privés que des règlements sur des intérêts publics. Elles exprimaient un avis plus qu'une volonté; elles conseillaient et ne délibéraient pas. Le peuple d'ailleurs n'y était point admis, par cette excellente raison qu'il ne formait pas alors un corps social et que l'on n'avait point à lui demander la fixation de l'impôt, inconnu à la féodalité. Les charges de l'Etat n'existaient pas plus que l'Etat ou le peuple lui-même : les contributions n'étaient que des redevances payées par le vassal à son suzerain, comme prix des terres ou des dignités qu'il en avait reçues. Les revenus du duc étaient ceux d'un grand propriétaire. Il n'était point question de la taille; les taxes de mutation, les amendes judiciaires, le produit des fiefs, les aides déterminées par la coutume pour quatre cas seulement (2) composaient tout l'actif du budget ducal; il ne songeait et n'eût pû prétendre à d'autres ressources.

On ne saurait donc sous aucun prétexte donner le nom d'Etats à ces assemblées. Saint-Julien de Baleure s'est étrangement trompé lorsqu'il a attaché ce titre à celle de 1076, et son imagination l'égare plus encore lorsqu'il prétend que dans ces « Etats généraux » le duc Hugues obligea « sa foy aux trois ordres du pays et se soumit à la cohertion de six barons, » qu'il délia de son obéissance, dans le cas où il viendrait à porter atteinte à la liberté du duché ou à ses coutumes. Il n'existe nulle part trace de cet engagement solennel, qui eût été le plus beau monument de notre histoire s'il eût eu la portée que lui attribue ce léger et romanesque écrivain (3). D'ailleurs le récit de Saint-Julien se réfute de

---

(1) On lit dans l'acte de cet abandon la phrase suivante : ..... *Apud ducem Hugonem et comitem Willelmum, in generali placito ipsis præsentibus Besuæ et cæteris quibusque nobilibus viris instantibus...* Cette charte est signée du comte Guillaume, de Guy, comte de Mâcon, de Girard de Fouvans, Guy de Vignory, Ponce de Glanne, Aldon de Til-Châtel, Sévin de Voudenay et Gilbert. (Voy. *Chronicon Besuense*, p. 433, dans le Spicilége de Baluze.)

(2) 1° Quand le seigneur armait son fils chevalier; 2° quand il mariait sa fille; 3° quand il fallait le racheter de la captivité; 4° quand il partait pour la Terre-Sainte.

(3) Saint-Julien, *Meslanges historialles*, p. 348. Un estimable auteur, M. Dumay, a accepté sans le vérifier ce récit dans son solide travail sur Bèze. Il est facile au surplus d'expliquer comment le savant éditeur de Courtépée a été induit en erreur, après l'archiviste Boudot. L'anarchie et le défaut de sanction pénale avaient introduit dans les premiers temps de la féodalité l'usage de prendre dans les contrats des témoins de la parole jurée. Ces témoins, choisis dans la famille ou les amis de chaque partie contractante, étaient chargés de faire respecter, même par la force, leurs engagements. Les chartes communales en offrent de fréquents exemples. Les ducs, en affranchissant une commune,

lui-même : le duc Hugues ne pouvait demander « des surcroîts » aux Etats généraux, puisqu'en 1076 il n'existait encore ni contributions ni contribuables ; les élus qui, selon lui, remplaçaient en Bourgogne les tribuns du peuple romain, ne pouvaient alors s'opposer aux désirs du prince, par ce très bon motif qu'ils furent institués seulement au XIV° siècle; et les exactions de ses collecteurs n'eurent point pour résultat d'allumer la guerre entre le duc et le sire de Vergy, puisque cette lutte célèbre n'eut d'autre cause que l'orgueil du vassal qui méconnaissait les droits de son suzerain.

Mais lorsque les communes s'affranchissent, lorsque les villes développées par la liberté entrent, comme les châteaux, dans la hiérarchie féodale, une révolution s'opère, qui profite à la fois au peuple et au souverain. Partout où l'humanité est sortie de ses langes, les foules affaissées sous la servitude ont tourné leurs regards vers le pouvoir suprême, et le pouvoir suprême, qui n'a encore que des respects et de l'obéissance à en attendre, a senti que les bienfaits qui relèvent les foules courbées ne pouvaient que le grandir et assurer sa perpétuité. Ces bienfaits toutefois ne sont point gratuits : en étendant leur autorité, les ducs accroissent leurs charges, et pour y suffire, ils recourent à une nouveauté, à des subsides qui seront pour les bourgeois affranchis le prix de leur liberté (1). Ces subsides, qui les paiera? Ce ne sera ni l'Eglise, qui est franche de redevances, ni la noblesse, qui doit seulement le service des armes ; ce seront les villes, les bourgs, le peuple en un mot. Mais une taxe ne se lève au moyen âge que lorsqu'elle a été librement consentie ; c'est la loi de la commune, c'est le plus inébranlable principe de ce régime où l'on n'a vu que le règne de l'arbitraire (2). Il faut donc s'adresser aux bourgeois ou tout au moins à leurs mandataires.

---

désignaient les plus puissants de leurs feudataires comme garants de leurs serments, et les autorisaient à prendre les armes s'ils venaient à les violer. (Voy. la *Charte communale de Dijon*.)

(1) Les dates ont ici une signification singulière. La commune de Dijon fut établie en 1187; celle de Beaune en 1203 ; celle de Bussy en 1204; celle de Bar-sur-Seine en 1227 ; celle d'Auxonne en 1229; celle de Montbard en 1231 ; celle d'Argilly en 1234, et celle de Saulx en 1246. Ce mouvement continue pendant tout le XIII° siècle; dès qu'il est terminé, nous voyons apparaître les Etats.

(2) Dès 1188, ce principe était promulgué par Philippe-Auguste, lorsqu'il établit l'impôt transitoire connu sous le nom de *dîme saladine*. (Voy. Rigord, *De gestis Philippi Augusti*.) — Gilles, dans ses *Annales de France*, dit qu'en 1339 il fut décidé par les gens des Etats « que l'on ne pourrait imposer ni lever taille sur le peuple, si urgente nécessité ou évidente utilité ne le requérait, et de l'octroi des gens des Etats. » Philippe de Commines rappela cet antique principe aux Etats de Tours pendant la minorité de Charles VIII. (*Procès-verbal* de Masselin.) — La Charte communale de Dijon porte la stipulation suivante : « Pour prix de cette commune, les membres de la communauté paieront annuellement à moi le duc ou à mon préposé 500 marcs d'argent loyal et marchand....; sous la réserve de cette constitution, mes hommes de la commune seront quittes et francs à perpétuité de toute taille. »

C'est ainsi que naissent les Etats, qu'ils s'appellent généraux ou particuliers, qu'ils soient les Etats de France ou les Etats de Bourgogne. Ils ne sont encore ni périodiques ni réguliers, qui le conteste? Mais ils le deviendront bientôt, quand les charges elles-mêmes seront devenues périodiques et régulières. Chose remarquable! leur manifestation la plus éclatante a lieu dans le royaume et dans le duché à la même époque : en 1302, Philippe-le-Bel repousse, avec l'aide des trois ordres, les prétentions du pape Boniface VIII à la suprématie temporelle; et en 1314, la confédération des nobles bourguignons s'insurge contre les nouvelles taxes royales. En 1355, les Etats généraux de France s'ajournent pour la première fois à l'année suivante, et à la même date commence en Bourgogne, après un certain nombre de réunions isolées dont l'histoire conserve à peine la trace (1), la série chronologique des assemblées provinciales qui ne se termine qu'en 1789.

Les querelles du Saint-Siége et de la royauté, le supplice de la reine Marguerite et le procès des Templiers n'ont pas à nos yeux l'intérêt de la ligue qui unit en 1314 le clergé, la noblesse et les communes de Bourgogne contre le roi de France. Cette ligue est l'événement capital du règne de Philippe-le-Bel, et malheureusement aussi le plus ignoré. Elle inaugure par un triomphe l'ère des essais représentatifs, et ce triomphe, éphémère il est vrai, c'est la noblesse qui le remporte au nom et au profit du peuple. Pour couvrir les frais de la guerre contre les Flamands, Philippe-le-Bel avait imposé une gabelle de six deniers par livre sur toutes les marchandises vendues dans le royaume et en général sur toutes les transactions. Des émeutes éclatèrent aussitôt dans les villes du nord; elles furent bientôt suivies d'une confédération des provinces : les nobles et les communiers d'Artois, de Bourgogne, de Champagne, du Forez, d'une fraction de la Picardie se réunirent et jurèrent de ne pas souffrir les *novelletés* du roi de France.

Les chevaliers bourguignons, convoqués au mois de novembre 1314 avec les abbés de Flavigny, de Châtillon-sur-Seine, de Moutier-Saint-Jean, d'Ogny, de Saint-Seine, de Saint-Bénigne et de Saint-Etienne de Dijon, de Bèze, de Saint-Martin d'Autun, de Cîteaux, de Maizières, etc., les prieurs et les doyens des chapelles et *li communs* d'Autun, de Chalon, de Beaune, de Dijon, de Châtillon, de Semur, de Montbard, de Saint-Jean-de-Losne, de Nuits et d'Avallon, « pour eux et pour toutes les villes granz et petites dou duchame de Bourgoi-

---

(1) En 1282, 1284, 1295. (Voy. le *Recueil des édits des Etats de Bourgogne*, t. I, p. 1 et suiv.)

gne » déclarèrent : « que en ce que li Roys vouloit lever de nous et de nos hommes en ceste année présente et en toutes autres chouses desraisonables, que lidiz Roys ou autres nous voudra faire ou a jà fait, nous havons juré et promis tuit ensemble li un es autres, que nous nous en deffendrons et aiderons à deffendre et à secourre li un les autres ensamble et chascuns par soy, quant poinz sera, chacun selon son povoir leautment.... » Ils convinrent de se réunir chaque année à Dijon le lendemain de l'octave de Pâques, pour « regarder comant l'on haura governé dou temps passé et que l'on fera ou temps avenir. » Des délégués, qui prendront plus tard le nom d'*élus*, furent chargés de convoquer les *jurés* dans les circonstances extraordinaires, afin de « havoir consoil dou commun profit. » Ces commissaires étaient les sires d'Antigny, de Luzy, de Corcelles, de Larrey, de Charny et de Grancey. Deux d'entre eux, les sires de Corcelles et de Grancey, furent en outre choisis comme arbitres des querelles qui s'élèveraient entre les nobles confédérés, et le sire d'Antigny leur fut adjoint comme tiers départiteur. « Et en façant toutes les chouses dessus dites, ajoutait la délibération, nous havons retenu et volu que tuit li bon droit et les bones coustumes dou Roy de France et de nos seigneurs et de nous soient sauvées et gardées (1). »

---

(1) Ces résolutions remarquables sont transcrites entièrement dans l'*Histoire de la maison de Vergy*, par du Chesne, aux preuves, p. 230. Nous en extrayons la liste des nobles confédérés :

**1314 (novembre).**
*Délégués des nobles de Bourgogne pour jurer de résister aux prétentions du roi de France.*

Jean, sire de Luzy.
Robert, sire de Châtillon-en-Bazois.
Richard, sire d'Antigny.
Eudes, sire de Grancey.
Henri de Vergy, sire de Fouvans.
Jean, comte de la Roche.
Guillaume, sire de Verdun.
Henri de Bourgogne, chevalier.
Humbert, sire de Rougemont.
Eudes, sire de Montaigu.
Jean, sire de Thil.
Guillaume, sire d'Epoisses.
Jean, sire de Courcelles.
Robert de Grancey, sire de Larrey.
Jean, sire de Charny.
Jean de Longvy, sire de Rahon.
Guillaume, sire de Pesmes.
Hugues, sire de Montperroux.
Robert, sire de Rochefort.
Jean, sire de Saint-Beury.

Guy de Bazerne, sire du Val.
Mathieu, sire de Montmartin.
Etienne, sire de Sombernon.
Eudes de Sombernon, sire de Marigny.
Le sire de Châteauneuf.
Gaucher de Frolois, sire de Rochefort.
Jean, sire de Chargey.
Guy de Mailly, chevalier.
Guy, sire de Villarnoult.
Jean d'Aumay, sire de Marcilly.
Etienne de Moissey, sire de Longeault.
Hugues d'Arc-sur-Tille, chevalier.

**1314 (novembre).**
*Assemblée générale des nobles de Bourgogne pour s'engager à la résistance.*

Jean, comte d'Auxerre.
Jean, sire de Luzy.
Girard de Châtillon, chevalier.
Hugues, sire de Montperroux.
Jean, sire de Bourlemont.
Richard, sire d'Antigny.
Eudes, sire de Montaigu.

C'était un programme complet de résistance dont on ne trouve un exemple que dans l'histoire d'Angleterre, au temps de la Grande-Charte. Philippe-le-Bel, épouvanté, comprit qu'il jouait sa couronne et recula : il abolit la taxe sur les ventes afin d'apaiser les mécontents et manda à Paris les députés de quarante-trois bonnes villes pour conférer avec eux. Mais la mort le surprit au moment où il allait signer sa défaite, et son successeur Louis-le-Hutin, jeune homme de 25 ans, violent et inhabile, n'eut qu'à se courber devant l'insurrection victorieuse. La *charte aux Bourguignons*, plus libérale encore que les chartes picarde, champenoise et normande, restitua aux nobles et aux communes du duché tous les droits qu'ils revendiquaient ; le gage de bataille fut déclaré licite dans tous les cas, sauf celui de flagrant délit ; les nobles purent user des armes, « si comme l'en faisoit anciennement ; » les monnaies « du poids et de la loy du temps Monsieur saint Louis » furent rétablies ; les officiers royaux perdirent leur droit de juridiction sur les terres ecclésiastiques et seigneuriales, et le nombre des sergents fut limité rigoureusement, en même temps qu'on publiait leurs noms ; les crimes et les délits durent être jugés sur place, et les nobles,

Guillaume, sire d'Epoisses.
Jean, sire de Thil.
Jean, sire de Courcelles.
Jean, sire de Saint-Beury.
Jean de Frolois, chevalier, sire de Molinot.
Gaucher de Frolois, sire de Rochefort.
Robert de Grancey, sire de Larrey.
Jean, sire de Charny.
Robert, sire de Rochefort.
Eudes, sire de Grancey.
Henri de Vergy, sire de Fouvans.
Jean de Longvy, sire de Rahon.
Guillaume, sire de Pesmes.
Jean, comte de la Roche.
Hugues de Chalon, chevalier.
Etienne, sire de Mont-Saint-Jean.
La dame d'Arc-en-Barrois.
L'enfant de Châteauvillain.
Le sire de Traynel.
Jean, sire de Choiseul.
Guillaume, sire de Verdun.
Etienne, sire de Sombernon.
Guillaume, sire de Chassenay.
Alix, dame de Frolois.
Le sire de Châteauneuf.
Henri de Bourgogne, chevalier.
Aymé, sire de Ray.

Guillaume, sire de Talmay.
Jean, sire de Chargey.
Isabeau de Mont-Saint-Jean, dame de Dampierre.
Odo de Mont-Saint-Jean, et ses frères.
Guy de Mailly, chevalier.
L'enfant de Simon de Mailly, son frère.
Le sire de Senecey.
Le sire de Marmeau.
Le sire de Ravières.
Le sire de Berzé.
Le sire d'Aumay (Damas).
Guillaume, sire de Chaudenay.
Guy, sire de Villers.
Guy, sire de Beire.
Le sire de Branges.
Le sire de Navilly.
Jean, sire de Trouhans.
Arvier de Saffres.
Alexandre, sire de Blaisy.
Philippe de Chauvirey, chevalier.
Hugues d'Arc-sur-Tille, chevalier.
Etienne de Moissey, sire de Longeault.
Erard, sire de Maisy.
Simon, sire de Grenant.
Jean de Saint-Seine, chevalier.
Pierre de Saint-Seine.
Guyot de Villefrancon.

religieux et non nobles ne purent être « adjournés, traits ou menés hors des chastellenies » de leur résidence, si ce n'est en appel ; le maximum des amendes fut réduit à soixante livres pour les gentilshommes et à soixante sous pour les hommes de *poeste* ; on autorisa les parties qui voulurent avoir les copies des enquêtes faites au Parlement, *in curia nostra*, à les lever à leurs frais ; les biens des accusés ne purent désormais être saisis quand leurs possesseurs se déclaraient prêts « d'ester à droit ; » enfin la publicité des sentences et le principe du jugement par les pairs ou par les « ygaux » furent solennellement consacrés (1). Ce n'était pas seulement, comme on l'a dit, le triomphe d'une réaction féodale ; c'était, sauf la différence des temps et des mœurs, la conquête du droit constitutionnel et la promulgation des plus respectables maximes du libéralisme moderne.

A qui devait-on ces succès ? A ceux qui avaient les premiers osé rappeler à la France de Philippe-le-Bel les mots de franchise et de liberté ; aux barons qui, tout en défendant leurs intérêts, avaient hautement pris en main la cause du peuple. Les priviléges qu'ils faisaient leurs, selon l'expression des ordonnances,

Milo de Châteauneuf, sire de Toire.
Perrin de Châteauneuf, sire de Villaines.
Pierre et Guillaume de Maumont, seigneurs de Montfort.
Guy de Chastellux, chevalier.
Guy de Bazerne, sire du Val.
Guy, sire de Villarnoult.
Guy d'Autun, sire d'Arconcey.
Eudes de Semur, sire de Montille.
Guyot d'Autun, sire de Dracy.
Perrin, son frère, sire de Chevigny.
Jean de Marcilly.
Le sire d'Aignay.
La dame de Gournay.
La dame de Chalis-en-Auxois.
Huguenin de Monctoy.
Jean de Sully.
Jean d'Antilly, chevalier.
Jean de Crecey, près Chalon.
Guillaume, sire de la Grange.
Jean, sire de la Motte-Saint-Jean.
Gaudin de Sauldon.

Eudes de Sombernon, sire de Marigny.
Jean, sire de Nanton.
Guyot du Pailly.
Guyot de Crécy.
Le sire d'Occey et ses beaux-fils.
Guillaume, sire du Fossé, et Oudot, son frère.
Odo, sire de Montot, et Simon, son frère.
Guy, sire de Piépape.
Humbert, sire de Rougemont, et Thiébaut son fils.
Jean de Mostervel, chevalier.
Girard de Marey, chevalier.
Jean et Regnault de Leuglé.
Guyot de Parigny.
La femme de Jean d'Arc-sur-Tille.
Alix d'Estrabonne, dame de Genlis.
Jean, sire de Montigny-sur-Aube.
Poinceot de Chaudenay.
Georges de Vianges.
Jean, sire de Courtivron.
Guillaume, sire de Villecomte.
Aymon du Meix.

(1) Ordonnances d'avril et de mai 1315. (*Recueil général des anciennes lois françaises*, par Isambert, t. I, p. 60 et 75.) — La différence des mœurs et des races s'y fait nettement sentir. Tandis que les Bourguignons revendiquent le droit de porter les armes, les Normands réclament contre les avocats qui prennent plus de 30 livres pour une plaidoirie.

ils les avaient exigés à la fois pour eux et pour leurs hommes et *sougets*, pour les communes appelées à cette première ligue du bien public, pour la province tout entière, et le tiers sut bientôt en profiter. Jamais l'esprit d'innovation et de réforme n'éclata plus énergique que dans les Etats généraux de 1355. La démocratie y parla pour la première fois son langage par la bouche d'Etienne Marcel. On y vit l'autorité partagée entre le roi et les trois ordres de la nation représentés par une commission de neuf membres; l'assemblée s'ajournant d'elle-même à terme fixe; l'impôt réparti sur toutes les classes et atteignant jusqu'au roi; la perception des taxes remise aux Etats qui désignent « certaines personnes bonnes et honnestes, solables et loyauls et sans aucun souspeçon, » pour lever les impôts dans les provinces; l'établissement d'une milice nationale, et le droit conféré aux députés généraux de s'opposer «par voie de fait, » en recourant aux villes, à toute imposition qui n'aurait pas été librement consentie par les Etats.

Ce dernier principe fut de nouveau solennellement proclamé par le clergé, les nobles et les communiers de Bourgogne convoqués la même année par le roi Jean, en qualité de tuteur du jeune duc Philippe de Rouvres, pour établir la gabelle dans le duché. Le jour de l'octave de la Chandeleur, l'assemblée déclara que l'on ne pouvait « rien innover dans la province, ni introduire aucuns droits onéreux jusqu'alors inconnus. » Trois fois les Etats furent réunis, et trois fois ils exprimèrent le même refus. Cependant on était à la veille de la funeste bataille de Poitiers; la guerre au dehors et les dilapidations au dedans avaient vidé le trésor public; le royaume était en péril; mais les Etats qui « étaient appareillés de vivre et mourir avec le roi, » estimèrent qu'il valait mieux périr que de sacrifier la base de leurs libertés.

La noblesse périt en effet : réunie sous les ordres de Jean de Noyers, comte de Joigny, gouverneur de Bourgogne, elle courut se faire moissonner à Poitiers, et ses débris furent écrasés à Brion-sur-Ource par les Anglais qui, maîtres de la campagne, brûlèrent Châtillon, pillèrent Tonnerre, saccagèrent Saulieu et prirent Flavigny dont ils firent leur place d'armes. Pour acheter leur retraite, il fallut leur donner 200,000 moutons d'or, c'est-à-dire près de trois millions de notre monnaie, dont les Etats payèrent une partie comptant et leur livrèrent des otages pour le reste. Quinze nobles, Othe de Granson, Jacques, Hugues et Henri de Vienne, Hugues et Guillaume de Montaigu, Gibaut de Mello, Jean de Sombernon, Guy de Frolois, Jean de Senecey, Geoffroy de Blaisy, Simon de Châteauneuf, Jean de Montmartin, Guillaume du Pailly, Girard de Thurey et sept bourgeois se rendirent, comme garants du traité de Guillon, à Londres où ils demeurèrent captifs pendant deux ans, de 1359 à 1361. C'était la consommation du sacrifice : hommes, argent, trésors du sol et jeunesse des cités, tout avait été immolé; mais l'indépendance, mais les immunités de la province étaient sauves, et lorsque le roi Jean prit possession de la Bourgogne au décès de son duc Philippe, les Etats purent avec un légitime orgueil lui demander le serment de garder « tous les pays et subjectz dudit Duchie en leurs franchises et libertez raisonnablement tenues et gardées, » car ils en avaient bien chèrement payé la rançon.

Cet amour jaloux de leurs priviléges, les gens d'Eglise, nobles et bourgeois de Bourgogne le montrèrent en toute occasion. Quand Philippe-le-Hardi s'assit sur le trône ducal, il renouvela le serment de son père, et en transmit la formule à ses successeurs. Les Etats, plus larges parce que la prospérité générale était plus grande, accordèrent à ceux-ci des subsides plus considérables; mais ils n'omirent jamais de les accorder à titre d'*octroi* et de *pur don,* sous la réserve que cet *accord* ne « leur tourneroit à aucun préjudice et ne viendroit à conséquence au temps à venir. » De là le nom de don *gratuit* donné jusqu'en 1789 aux impositions votées par les Etats de la province ; de là aussi celui d'*octroi* passé par corruption aux taxes perçues à l'entrée des villes. Quand on parcourt la série des délibérations des trois ordres et les ordonnances qui en étaient la suite, on est frappé de l'esprit à la fois défiant et économe qui anime l'assemblée. Le 5 novembre 1384, elle accorde à Philippe-le-Hardi une somme de 40,000 fr. pour couvrir les frais de la guerre de Flandre. C'est un aide extraordinaire dont les anoblis et le clergé lui-même supporteront leur part (1). Mais à peine est-il voté, que les Etats s'inquiètent et se repentent d'être allés trop vite en besogne. Cinq jours après, ils députent au duc, alors en son châtel de Gray, et obtiennent de lui une déclaration portant que « ledit octroy ne tournera à préjudice ou conséquence aux habitants du pays. » Ils désignent toujours avec le plus grand soin leurs *élus* chargés de lever l'impôt et d'assister à la vérification des comptes, commettent eux-mêmes les receveurs, leur adressent des instructions détaillées que le duc se borne à revêtir d'un mandement officiel, et exigent de leurs préposés une telle indépendance que Jean-sans-Peur est contraint, « pour plaine-

---

(1) On a cru longtemps que la noblesse était exempte d'impôts au moyen âge. Cela est vrai en partie; mais il ne faut pas oublier que presque toutes les taxes établies à cette époque étaient *indirectes*, c'est-à-dire supportées par tous les consommateurs indistinctement. D'autres frappaient le revenu, et étaient acquittées à la fois par le clergé, les nobles et les bourgeois.

ment savoir et toutesfois qu'il lui plaira, où et par quelle manière les deniers des aydes ont esté convertis et employez, » de nommer lui-même un quatrième élu qui prit le titre d'*élu du duc* (1). En 1448, Philippe-le-Bon demande aux Etats 12,000 saluts d'or pour acheter la terre de Châteauvillain : cette somme lui est refusée parce que « ce seroit venir contre les droits, privilèges, franchises et libertés » du duché, et le prince qui a vainement représenté ses charges et frais pour le bien et conservation de ses sujets, est réduit à se contenter de 5,000 fr. seulement. En même temps, comme les mandataires du pays prennent leur rôle au sérieux et comme il importe que leur mission publique ne rencontre aucun obstacle privé, ils sollicitent et obtiennent du duc des lettres patentes portant défense à tous créanciers d'un député aux Etats de saisir la personne, les chevaux ou les biens de leur débiteur, depuis la convocation jusqu'à la dissolution de l'assemblée (2). C'est l'exemption de la contrainte en matière civile élevée à son plus haut degré.

Sans doute l'esprit d'ordre, d'économie, de scrupuleuse et méthodique comptabilité qui distingue la gestion municipale au moyen âge, entrait pour beaucoup dans ces votes dont la cour ducale, prodigue de ses richesses, accusait hautement la lésinerie. Mais parmi les hommes de mœurs intègres, d'intelligence nette et active, qui dominaient la bourgeoisie dans les conseils de la province, il en était peu d'assez autorisés et surtout d'assez robustes pour entamer la lutte et soutenir à eux seuls le poids des colères souveraines. La noblesse nourrie de fierté et d'honneur, constante gardienne des vieilles traditions germaniques, s'imposant le devoir du courage, et toujours prête en revanche à s'attribuer les droits politiques, turbulente dans son indépendance et hautaine jusque dans ses dévouements, la noblesse était le boulevard derrière lequel se retranchaient les résistances communales, et on la vit constamment, sous les ducs, protéger le tiers contre les augmentations d'impôts qu'elle n'avait point cependant à supporter. Lorsque Charles-le-Terrible, qui « ne mesuroit toutes choses qu'à l'aune de ses volontés, » demanda aux Etats l'établissement de taxes nouvelles, les sires de Charny, de Mirebeau qui appartenaient à la maison de Bauffremont, et les autres députés de la noblesse répondirent aux commissaires du duc : « Dites à Monseigneur que nous lui sommes très humbles et obéissants subjects et serviteurs ;

---

(1) Voy. l'ordonnance du 4 mars 1412, qui nomme Guillaume Courtot élu perpétuel du duc. (Dom Plancher, t. III, p. 288, aux preuves, n° 282.)

(2) Lettres patentes de Philippe-le-Bon, données à Bruxelles le 24 juin 1460. (Voy. le *Recueil des édits des Etats*, t. I, p. 118.)

mais que quant à ce que vous nous avez proposé de sa part, il ne se fist jamais, il ne se peut faire, et il ne se fera pas. » « Petits compaignons, ajoute Saint-Julien de Baleure, n'eussent pas osé tenir ce langage. » Ils répondirent de même quand le duc leur demanda un subside pour faire la guerre aux Suisses : « Cette guerre n'est pas nécessaire, il n'est pas besoin que les Etats y contribuent, ni que le peuple soit molesté pour une querelle si mal fondée, sans espérance de réussir à bonne fin (1). »

Les attributions des Etats n'étaient pas seulement financières : ils ne se bornaient pas à voter le don gratuit; ils exerçaient aussi en certains cas une partie de l'autorité législative. Dans son *Histoire du Nivernais,* comté voisin qui, pendant quelques années, fit partie de la Bourgogne, Guy Coquille remarque que « le pouvoir des Etats est au fait des coutumes, qui tiennent lieu et sont le vrai droit civil des provinces, en l'accordance de quelles coutumes est représentée l'ancienne liberté du peuple françois, en tant qu'il avoit et a encore aujourd'huy droit de faire loy sur soy-mesme. » Lorsque Charles VII eut ordonné en 1454 la rédaction de toutes les coutumes locales du royaume, cette rédaction fut confiée aux Etats de chaque province qui chargèrent une commission de recueillir, par écrit, les traditions du droit coutumier jusqu'alors abandonnées à la mémoire fugitive des hommes de loi. Cette commission, composée dans le duché d'un député de chaque ordre, M° Ferry de Clugny pour le clergé, M™ Jean de Bauffremont pour la noblesse, et M° Jean George pour le tiers, auxquels le duc donne pour suppléants : Guillaume de Sercey, Geoffroy de Thoisy, Pierre Baudot, Pierre Brandin et Jean de Vandenesse, dressa son travail, le communiqua au conseil ducal, et en poursuivit l'homologation devant Philippe-le-Bon qui, sur la supplication des Etats, le rendit exécutoire le 26 août 1459.

On procéda de même en 1570 pour la réformation de cette coutume. Elle donna même lieu à un incident assez curieux pour mériter d'être rapporté. Depuis près de dix ans, la noblesse demandait la modification de certains articles du droit coutumier de Bourgogne, notamment en ce qui touchait les partages nobles. Mais les guerres civiles avaient retardé la réalisation de ce vœu jusqu'en 1569, époque à laquelle les sieurs de la Guesle, de Vintimille, Bégat et Bretagne furent chargés de préparer un projet de réforme. L'année suivante, plusieurs députés se réunirent aux élus, examinèrent le projet, l'approuvèrent après y avoir introduit, sur l'invitation même des commissaires, quelques modifica-

(1) Saint-Julien de Baleure, *De l'origine des Bourgongnons,* p. 68 et 145.

tions de détail, et requirent qu'il fût autorisé et homologué selon la teneur des lettres patentes royales. Par un surcroît de prudence, la commission nommée par Charles IX pour procurer la réforme (elle se composait du président Hugon de la Reynie, de Vintimille et de Bégat), ordonna que les nouveaux articles seraient publiés dans chaque bailliage et soumis ainsi à l'examen populaire. C'était une véritable information *de commodo et incommodo*: le peuple lui-même était appelé à voter la loi civile; mais les gens d'Eglise et les nobles seuls répondirent. Le tiers entier, à part celui du bailliage de Chalon, qui produisit un mémoire, garda le plus profond silence; on donna défaut contre lui, et si trois ou quatre bourgeois, maires ou échevins, figurent dans la délibération approbative du projet comme députés des villes, on voit sans peine qu'ils y expriment moins une opinion commune qu'un suffrage purement individuel.

Quelle qu'ait été l'abstention du tiers dans cette circonstance, il importe de remarquer le zèle déployé par les Etats dans tous les changements de la législation civile et l'intelligence avec laquelle ils s'associèrent aux réformes de la procédure qui demeurent encore de nos jours le plus solide titre de gloire de Louis XIV. Nous n'en citerons qu'un exemple. Une des plaies vives de la province, ou plutôt du royaume tout entier, était la multiplicité des décrets judiciaires ou des expropriations forcées. Le régime hypothécaire, qu'on ne saurait assez perfectionner, surtout dans la forme des saisies, était loin d'offrir aux créanciers et aux débiteurs les garanties réciproques qu'une législation mûrie, quoique encore imparfaite, leur assure aujourd'hui. De ruineuses procédures, éternisées par les incidents de la chicane, absorbaient les biens saisis sans désintéresser aucun des saisissants. Aux assemblées de 1682, 1688, 1697, 1700, 1706, 1715, les Etats s'élèvent avec énergie contre ces abus qui appauvrissent la province sans profit pour les intérêts légitimes. Conformément à la jurisprudence du parlement de Paris, ils demandent que le roi autorise « les premiers créanciers, dès le moment de l'enregistrement de la saisie réelle, à mettre à prix et à prendre en paiement, par estimation, les biens de leurs débiteurs. » Ils réclament la suppression de l'usage des décrets dans l'expropriation des tiers détenteurs, et devinent les salutaires innovations de Colbert en sollicitant dès 1671 la publicité des hypothèques qui frappent les offices vénaux, dont la propriété était alors traitée comme un véritable immeuble.

Avec cette part d'attributions ainsi comprises et ainsi définies, avec leur composition libérale qui mettait sans cesse en contact les conditions et les personnes, les Etats de Bourgogne étaient, dans leur essence originelle, la plus exacte et la plus haute expression des besoins et des intérêts du pays. Si les sociétés ne sont pas seulement des collections numériques d'individus et de volontés, si elles ont un autre élément que le nombre, si elles ont un lien plus fort, le droit, si leur gouvernement doit tendre à la complète satisfaction de ce droit, avant celle des volontés qui ne sont pas toujours la raison, mais la force, ces Etats représentaient, en principe, tous les droits et tous les intérêts de la société provinciale au moyen âge. Le clergé, qui possédait presque un tiers du territoire, avait sa représentation ; la noblesse, qui détenait l'autre tiers, avait la sienne, et la bourgeoisie, qui formait l'élément autogène des villes, était également représentée par les magistrats municipaux, issus librement de l'élection. Mais le peuple, dira-t-on, le peuple, tel que nous l'entendons aujourd'hui, le peuple n'existait pas. Entre les vassaux représentés par leurs seigneurs, et les bourgeois représentés par leurs maires et leurs échevins, nous chercherions en vain une classe intermédiaire. Tout ce qui n'était pas prêtre, noble ou bourgeois, était tenancier ou vassal ; les droits de l'*homme de poeste* se confondaient avec ceux du seigneur qui le couvrait de sa tutelle, et qui avait non seulement le devoir, mais surtout le besoin de le défendre, puisque toute levée d'impôts, faite en apparence sur son vassal, s'opérait en réalité à son préjudice. Si cette classe n'était pas encore née, elle n'avait ni droits, ni intérêts à protéger, et ne réclamait par conséquent ni organes, ni garanties.

Les Etats n'offraient donc pas à l'origine, dans leur composition, cette inégalité choquante que le développement gigantesque des classes populaires, insuffisamment représentées à partir du XVII$^e$ siècle, manifesta depuis. Dans une société aussi fortement hiérarchisée que la féodalité, les volontés devaient se peser, mais ne se comptaient pas. On eût regardé comme le comble de l'absurde de placer dans la même balance le suffrage de l'homme qui n'exprimait qu'une pensée individuelle, sans relation avec les besoins et les pouvoirs sociaux, et celui d'un homme à qui appartenaient la terre, source de la richesse, et la force morale d'où naît l'autorité. Quand une assemblée politique réunissait l'expression de tous les droits et de tous les intérêts reconnus par la société, et que chacun de ses membres possédait en lui tous les intérêts de sa classe et pas un intérêt contraire, on tenait que celui-là les représentait parfaitement, puisqu'il ne pouvait en blesser aucun sans se blesser lui-même. C'est ce qui explique pourquoi les trois ordres prenaient part au vote des impôts publics, quoique l'un d'eux seulement dût en apparence les acquitter. C'est ce qui explique aussi cette règle, énergiquement formulée par les députés de Bourgogne aux Etats de Tours et plus tard par Bodin à ceux de Blois, que la majorité n'oblige pas la minorité dans les matières communes à chaque ordre en particulier, ce qui équivalait à dire que le clergé et la noblesse, par exemple, ne pouvaient à eux seuls rien décider au préjudice du tiers-état (1). C'est enfin ce que Philippe Pot, seigneur de la Roche, député de la noblesse bourguignonne aux Etats généraux de Tours en 1484, développait dans un discours dont la hardiesse a étonné tous nos historiens, quoiqu'il fût alors l'expression des sentiments les plus vivaces, et où l'on trouve nettement posé le principe de la souveraineté populaire, d'où devaient sortir nos révolutions modernes (2).

Mais insensiblement ces traditions, dont le sire de la Roche est l'un des derniers et des plus brillants échos, s'effacent sous le laborieux effort de la royauté qui travaille sans relâche à faire sortir de l'enveloppe féodale l'unité politique et civile de la France. En vain la Bourgogne réclame avec instance le maintien de ses vieilles libertés; en vain elle défend avec énergie le principe qu'aucune imposition ne sera établie sur le duché sans l'exprès consentement de ses Etats;

(1) On retrouve l'application de cette maxime jusqu'au XVII<sup>e</sup> siècle. En 1622, le clergé et la noblesse de Bourgogne prétendirent imposer seuls le don gratuit. Le tiers décida que la somme votée par lui (150,000 livres) serait seule levée, parce que les deux autres chambres n'avaient pas le droit de régler isolément les impôts que supportait seul le tiers-état.

(2) Ce discours est trop important pour ne pas être cité, par extraits du moins. L'assemblée discutait sur la régence pendant la minorité de Charles VIII. Les uns soutenaient que l'autorité suprême, *totam regni summam*, appartenait aux Etats. D'autres voulaient au contraire qu'elle fût de droit déléguée aux princes du sang, tuteurs naturels du roi mineur.

Philippe Pot monta à la tribune, *eminenti loco*, et dit :

« Si je ne savais, très illustre assemblée, que la plus pure et la meilleure partie d'entre vous a le bon esprit de comprendre et de défendre le libre pouvoir des Etats, je ne serais pas enhardi à vous en parler... La royauté est une dignité, non une hérédité, *regnum dignitas, et non hæreditas*; elle ne doit aucunement, comme les hérédités, passer toujours aux tuteurs naturels, savoir aux plus proches parents. Quoi donc ! me dira-t-on, est-ce que la chose publique restera dépourvue de directeur et exposée à l'anarchie? Non certes, car elle sera d'abord déférée à l'assemblée des Etats généraux, moins pour qu'ils l'administrent par eux-mêmes que pour mettre à la tête les gens qu'ils jugeront les plus dignes.... Comme l'histoire le raconte et comme je l'ai appris de mes pères, dans l'origine le peuple souverain créa des rois par son suffrage, et il préféra particulièrement les hommes qui surpassaient les autres en vertu et en habileté. En effet, chaque peuple a élu un roi pour son utilité... N'avez-vous pas lu souvent que l'Etat est la chose du peuple? Or, puisqu'il est sa chose, comment négligera-t-il ou ne soignera-t-il pas sa chose? Comment des flatteurs attribuent-ils la souveraineté au prince qui n'existe que par le peuple?... L'Etat est la chose du peuple; il l'a confiée aux rois, et ceux qui l'ont eue par force ou autrement, sans aucun consentement du peuple, sont censés tyrans et usurpateurs du bien d'autrui. Or, puisqu'il est constant que notre roi ne peut disposer lui-même de la chose publique, il est nécessaire qu'elle soit régie par le soin et par le ministère d'autres personnes. » Qui sera-ce? se demande l'orateur. Ce sera le peuple, c'est-à-dire la réunion des trois ordres, les Etats généraux. Ceux-ci ne prétendent pas à la propriété du gouvernement, mais à son administration. Ce discours, dit Masselin, fut accueilli très favorablement. (*Journal des Etats de 1484*, par Jehan Masselin. Paris, 1855, 1 vol. in-4°, impr. imp.)

en vain Charles VIII et ses successeurs renouvellent à cet égard les promesses solennelles que Louis XI, toujours libéral de serments, avait prodiguées à sa nouvelle province (1); le XVIe siècle arrive, la monarchie a secoué ses langes, elle touche à l'âge viril et essaie ses premières forces contre l'assemblée qui, en 1526, avait donné une preuve éclatante de son patriotisme en refusant de ratifier la cession de la Bourgogne au victorieux Charles-Quint (2). Fidèle à sa prudence séculaire, elle réforme discrètement la pratique avant de rompre en face avec la théorie : elle impose, sous de spécieux prétextes, de nouvelles taxes sans le concours des Etats, et ne les supprime que lorsque les clameurs deviennent trop énergiques; elle proteste que celles dont la sécurité du pays lui arrache l'initiative ne tireront pas à conséquence; mais, en fait, elle parvient à les maintenir, et lorsque les guerres de François Ier d'abord, les discordes religieuses ensuite absorbent l'attention publique, des jurisconsultes nourris des maximes de la Rome impériale, et le parlement dont l'ambition jalouse se déguise sous la servilité, légitiment les envahissements de la monarchie en professant cette doctrine jusqu'alors inconnue, que les Etats n'ont aucune autorité par eux-mêmes; qu'ils n'existent que sous le bon plaisir royal; que leurs cahiers sont de simples doléances dépourvues de toute sanction, d'humbles vœux, de respectueuses supplications, telles que des enfants en adressent à leur père, et qui n'ont pas même la valeur d'un conseil; qu'ils n'ont pas le droit de voter l'impôt, mais seulement de le répartir; qu'enfin le don gratuit, qu'il est coutume de leur demander, est un secours extraordinaire, indépendant des autres impositions établies par le souverain dans le royaume et communes à toutes les provinces (3).

Aux Etats généraux de 1560, Etienne Bernard, député de Bourgogne et orateur du tiers-état, s'écriait encore avec une énergie que Philippe Pot n'aurait

---

(1) Voy. les déclarations de 1476, 1483, 1484, 1492, 1497, 1498, 1514, 1523, 1547, etc.

(2) En 1530, les Etats de Bourgogne votent 50,000 livres pour la rançon de François Ier et pour payer ses dettes à l'Angleterre.

(3) Voy. Pasquier, *Recherches*, liv. II, ch. 7; du Tillet, *passim*; Dupuy, *De la majorité dans les preuves*, p. 337, et surtout les *Mémoires pour servir à l'histoire du Languedoc*, de M. de Basville. En 1566, les Etats d'Auxonne députèrent à Paris Jean Regnard, leur greffier, pour consulter le savant du Tillet sur leurs priviléges et franchises. L'oracle répondit « que la forme de tenir Estats s'est practiquée principalement ès pays qui avoient seigneurs particuliers comme en Dauphiné et Provence et au duché de Bourgongne, conté d'Auxonne et en Bretaigne, où cela a esté encore retenu après la réduction desdits pays à la couronne et se faisoit quand il falloit faire quelque remonstrance au seigneur ou au roy ou qu'il leur estoit mandé ainsi le faire, et *ce non pour auctorité qu'ils eussent plus grande*, ains d'aultant qu'on ne pouvoit autrement avoir l'advis du peuple sinon ainsi;.... depuis on a continué lesdits Estats.... mais il n'y a de cela autre privilége *sinon la tollérance du roy* et la continuation d'iceux Estats telle qu'elle a esté trouvée, quand les roys de France ont succédé à la couronne et auxdits pays. » (*Registres des Estats d'Auxonne*, I, fol. 58.)

pas désavouée : « Les plus grands ennemis du peuple, ce sont les partisans qui l'ont mis à la besace, ce sont les courtiers et maquignons d'offices, vermine d'hommes et couvée d'arpies écloses en une nuit, lesquels par leurs recherches ont fureté votre royaume jusqu'aux cendres de nos maisons. » Il déclarait hautement qu'il fallait *comprimer l'éponge trop remplie* et réduire les impôts à leur modération primitive. Un siècle après, en 1659, l'évêque d'Autun, député par les Etats de Bourgogne à Louis XIV, n'hésitait pas à dire en face au grand roi que la province avait le droit de mettre des conditions à ses libéralités, et qu'elle lui avait donné mission de représenter à S. M. que les franchises du duché étaient depuis longtemps violées. Mais, quelques années plus tard, la puissance royale atteignait son apogée, et il ne restait plus aux Etats qu'à s'abandonner sans réserve aux volontés du monarque « dans la confiance que S. M. ménagera mieux les intérêts de ses sujets, qu'ils ne pourroient faire. » (*Etats de* 1694.) Et l'on votait sans mot dire, ou si l'on discutait, c'était pour marchander au roi la quotité du don gratuit, afin de s'en tirer à meilleur compte.

On refusera peut-être de le croire, et cependant rien n'est plus exact : la déchéance politique des Etats provinciaux eut pour conséquence la rupture sociale des trois ordres, notamment celle de la noblesse et du peuple. En perdant toute initiative dans les affaires du pays, le gentilhomme et le bourgeois qui avaient jusqu'alors vécu, côte à côte, de la vie publique, et qui se confondaient dans la défense des intérêts locaux, cessèrent de se rapprocher et de s'entendre; ils n'éprouvèrent plus le besoin d'une mutuelle estime et de concessions réciproques ; ils devinrent chaque jour plus indépendants l'un de l'autre, et aussi plus étrangers l'un à l'autre. Le gentilhomme se consola de la perte de son influence avec ses priviléges, funestes présents dont la royauté se montra trop prodigue, et le bourgeois s'absorba dans la recherche des offices judiciaires qui satisfaisaient à la fois sa vanité, son amour du pouvoir et ses intérêts. Les membres s'enrichirent des dépouilles du corps, mais les classes ne se rencontrèrent plus ; elles s'isolèrent avec soin, comme nous le verrons tout à l'heure pour la noblesse; elles s'enfermèrent aux Etats dans leurs chambres, où des ombres de députés discutaient sur la fin sans l'ombre d'un sourire des ombres de règlements; bien plus, en s'éloignant, elles se rendirent jalousie pour mépris, et quand le vent de 89 déchaîna ses haineuses tempêtes, il précipita l'une contre l'autre, non plus seulement deux rivales, mais deux irréconciliables ennemies.

Le duché de Bourgogne n'avait pas seul des Etats. Les provinces qui y étaient annexées possédaient aussi les leurs, dont nous devons dire quelques mots.

— LXXVII —

Le comté de Charollais, acquis de Bernard d'Armagnac par Philippe-le-Hardi en 1390, conserva ses Etats particuliers de 1392, date de leur première convocation, jusqu'en 1751, époque à laquelle ils furent réunis à ceux du duché. Ils se tenaient à Charolles, dans l'auditoire du bailliage, depuis Louis XIII qui rétablit en 1613 cette juridiction, et votèrent souvent des dons gratuits considérables au duc ou au roi. Parmi les familles dont les noms figurent le plus souvent sur les listes de ces Etats, on peut citer, dans les rangs de la noblesse : les Digoine, les la Guiche, les la Magdeleine de Ragny, les Fautrières, les la Cour de Moulin, les Saillant, les Busseul, les Marcilly-Cypierre, les du Bois, les Rabutin ; et dans le tiers : les Quarré, Ganay, Saint-Anthost, Maleteste, Dagoneau, des Autels, Motin, Baudinot, Saulnier.

Le comté d'Auxonne, originairement compris dans le comté de Bourgogne, puis cédé en 1237 au duc Hugues IV, fut également administré par des Etats particuliers à partir de 1417. Ils s'assemblaient tous les trois ans à l'hôtel de ville d'Auxonne et faisaient choix de trois élus pour le clergé, la noblesse et le tiers (1). C'était l'image affaiblie des Etats de la province. Mais ils avaient grand soin de s'en distinguer, et faisaient toujours ressortir avec orgueil leur indépendance, quelque amoindrie qu'elle fût (2). Leur plus grande affaire était la collecte et la répartition de la taille, sur laquelle ils délibéraient à peu près comme un conseil d'arrondissement de nos jours délibère sur le contingent à fournir par les communes dans les contributions directes. Le reste de la session s'épuisait en des disputes de préséance (3), en des plaintes exprimées contre l'arrêté

(1) Voici la liste des bourgs qui députaient à ces Etats, dans l'ordre fixé par les Etats eux-mêmes. Pour la recette : Sagy, Auxonne, Seurre, Louhans, Cuisery, Saint-Laurent-les-Chalon, Verdun, Bellevèvre, Cuiseau, Chaussin, Pontailler. Pour l'élection : Auxonne, Louhans, Cuiseau, Verdun, Saint-Laurent, Bellevèvre, Cuisery, Sagy, Pontailler, Chaussin, Seurre.
(2) Ils en donnèrent une preuve en 1565 lorsqu'ils furent convoqués pour délibérer sur la coutume. On lit dans leurs registres les remontrances suivantes : « Les élus et depputés louent le projet de réformation, d'autant que la coutume du duché est commune à la plupart de ceux du comté qui n'usent de droit écrit. Mais ils observent que la commission dressée à cet effet par le roi... impétrée à la postulation des Etats du duché, *ne fait pas mention du comté*: que ceux du duché leur ont fait savoir cette assignation par lettres missives sans qu'ils soient mandés par la commission ni par les commis du parlement... Comme le comté d'Auxonne est pays distinct et séparé dudict duché, et qui en tout tems a Etats à part, *qui ne recognoissent en rien ceux dudict duché*, il leur semble que ladite commission ne les a pu lier; mais pour le zèle qu'ils ont au bien public, ils protestent seulement que ladite commission ne peut nuire à leurs droits, et qu'ils conféreront seulement avec ceux du duché *comme de pays à pays et d'Etats à Etats*, sans estre meslés ni confondus avec eux. » Les pauvres gens avaient été tout simplement oubliés. Mais leur protestation ne servit guère, et on ne se souvint de leur antique indépendance que pour les supprimer.
(3) En 1570, un débat s'éleva entre Charles Lallemand, baron de Longepierre, qui soutenait avoir le droit d'opiner le premier, parce que sa baronnie était la première du comté, et le seigneur de Bosjan

des receveurs ou en des félicitations de politesse adressées aux élus (1). Ils étaient généralement peu suivis, surtout par le clergé, car on voit qu'en 1566 il ne se présenta pour l'ordre ecclésiastique que le prieur de Pontailler, Claude Boissière et Antoine Finet, sous-prieur de Saint-Marcel, « qui par raison ne se pouvant élire et nommer l'un l'autre à cause de la négligence des gens dudit Etat, ont délibéré que ceux de la noblesse et du tiers fissent l'élection (2). » La plus belle page de leurs annales est assurément la délibération du 8 juin 1526, par laquelle ils déclarèrent être liés indissolublement à la couronne malgré la cession du comté d'Auxonne faite à l'Espagne par François I<sup>er</sup> dans le traité de Madrid, et envoyèrent quatre députés à la régente pour lui faire part de leur résolution (3).

Dans les derniers temps de leur existence, on leur imposa, malgré leurs réclamations, un élu du roi chargé de soutenir, dans la chambre des élus des trois ordres, de même que l'élu du roi dans celle des Etats généraux du duché, les intérêts de la couronne. C'est un Bossuet qui remplit les fonctions de cette charge éphémère.

Les Etats d'Auxonne, réunis une première fois à ceux du duché en 1552 par un édit qui ne reçut pas d'exécution, ne le furent définitivement qu'en 1639. Ils supportaient alors la 18<sup>e</sup> partie des subsides de la province.

Le Mâconnais avait aussi ses Etats particuliers depuis la cession du comté de Mâcon par Charles VII à Philippe-le-Bon en 1435. Ils se réunissaient à Mâcon tous les trois ans, un peu avant la convocation des Etats du duché, où leurs députés devaient se rendre. Le palais épiscopal était affecté à leurs séances que présidait l'évêque. Ils avaient, comme les Etats sur lesquels ils se modelaient, leurs élus, leur syndic, leur secrétaire et deux receveurs qui exerçaient alternativement leur charge. Enfin leurs membres recevaient, quand ils se rendaient aux Etats généraux, une indemnité de voyage ainsi fixée : à ceux de l'Eglise et

---

qui prétendait au même droit, parce qu'il était inscrit le premier sur le rôle du greffier. Celui-ci eut gain de cause. (V. Registres, fol. 112.)

(1) Presque à la même époque, ils soutinrent un gros procès à l'occasion du taillon contre les Etats du duché. Malheureusement les finances leur firent défaut. On lit dans les Registres qu'on ne put trouver à Auxonne une somme de 50 écus qui était nécessaire, et que le maire, Antoine Viard, dut avancer.

(2) *Registres des délibérations faictes par messieurs des Estats du comté d'Auxonne, terre d'Oultre-Saône et ressort de Saint-Laurens-les-Chalon*, aux Archives de la Côte-d'Or.

(3) Parmi les nobles qui prirent part à cette patriotique résistance, figurent Claude de la Baume-Montrevel, Cl. de Tenarre, Chr. de Rochechouart de Chandenier, Jean de Lugny, Charles Bouton du Fay, Claude de Salins, Jean de Montconis, Jean de Courcelles d'Auvillars, Jean de Montrichard de Flammerans, etc.

de la noblesse, 15 livres par jour; au député du tiers et à l'officier de l'élection qui l'accompagnait, 7 livres 10 sols. Cette assemblée délibérante se réunit, à travers des vicissitudes diverses, jusqu'en 1789 et disparut de la scène politique avec tous les Etats provinciaux.

Le comté d'Auxerre possédait enfin des Etats que le prince de Condé fit réunir en 1668 à ceux du duché, sous la condition « que toutes les villes de ce comté seroient administrées et régies sous les mêmes règles de police et d'économie que les autres villes et communautés du duché, sans aucune différence. » C'était, sur un coin isolé du territoire, l'accomplissement du but centralisateur que poursuivait sans relâche la royauté.

Jetons maintenant un coup d'œil sur la composition intérieure des Etats, et en particulier sur celle de la chambre de la noblesse.

Les Etats, d'abord réunis à des époques indéterminées, souvent même d'un an à l'autre, ne devinrent triennaux qu'après la déclaration du 20 décembre 1668. Ils s'assemblaient ordinairement à Dijon, dans les abbayes de Saint-Bénigne et de Saint-Etienne, aux monastères des Jacobins ou des Cordeliers, et ne s'établirent qu'en 1702 dans le palais qui porte encore aujourd'hui leur nom. Mais ils se tinrent aussi quelquefois, par suite de la guerre, de la peste, etc., dans d'autres villes de la province : à Beaune, en 1576; à Semur-en-Auxois, en 1593; à Châtillon-sur-Seine, en 1596; à Noyers, en 1639; à Autun, en 1763.

Ils ne pouvaient se réunir sans une convocation expresse du roi qui adressait une lettre de cachet à chacun de leurs membres. Après la messe du Saint-Esprit, célébrée en grande pompe à la Sainte-Chapelle, en présence du gouverneur, des lieutenants-généraux et de l'intendant de la province, entourés de leurs gardes et de leurs huissiers, du premier président du parlement, de deux trésoriers du bureau des finances et de toute la maison du gouverneur, les Etats se rendaient processionnellement dans la salle de leurs délibérations précédés de leurs syndics, de leurs conseils en robes, de leurs secrétaires et de leur trésorier général. Le gouverneur prenait séance dans un fauteuil de velours bleu, semé de fleurs de lys d'or, sous un dais portant le portrait du roi. Le premier président et l'intendant se plaçaient sur des fauteuils à sa droite, du côté du clergé; les lieutenants-généraux à sa gauche, du côté de la noblesse, et à côté d'eux, sur des sièges sans bras, les deux trésoriers de France, porteurs des lettres patentes qui avaient convoqué l'assemblée; au pied de l'estrade, les secrétaires et le trésorier des Etats. Le tiers, présidé par le maire de Dijon, était assis en face du gouverneur et des deux autres ordres.

Le plus ancien des trésoriers ouvrait la séance par un discours. Le gouverneur prenait ensuite la parole pour faire connaître « les intentions royales et sa bonne volonté particulière pour la province. » Le premier président et l'intendant leur succédaient, l'un pour vanter l'administration de la justice, et l'autre pour « faire des réquisitions conformes à ses ordres. » Enfin, l'évêque d'Autun, président ecclésiastique des Etats, leur répondait à tous en protestant « du zèle de la province pour la gloire et le service du roy, » sans omettre de se plaindre « des malheurs des temps et de représenter son impuissance (1). »

Les trois ordres se retiraient ensuite dans leurs salles respectives et procédaient à la nomination de leurs élus, chargés de présenter au roi les *cahiers* ou remontrances de la province (2) et de répartir les impositions votées par les Etats. Dans l'intervalle d'une assemblée à l'autre, ces élus réunis à celui du roi, à deux membres de la chambre des comptes, au vicomte maïeur de Dijon, aux secrétaires en chef et au trésorier général, composaient la chambre de l'élection qui surveillait la gestion des deniers publics, la perception de la taille et du taillon, la liquidation des étapes, octrois de la Saône, crues de sel, la construction et la réparation des ponts et chaussées, les approvisionnements de l'armée, l'établissement des manufactures, l'entretien des haras, la levée et la dépense des milices, en un mot toute l'administration de la province.

L'élu de la noblesse était, comme son nom l'indique, choisi, à la majorité des suffrages, parmi les anciens gentilshommes possédant seigneurie ou fief dans le duché (3). On attachait avec raison une grande importance à cette élection si bruyamment disputée, qu'elle fit plusieurs fois sortir l'épée du fourreau. Plusieurs fois la chambre fit prêter à ses membres sur les évangiles, entre les mains du gardien des Cordeliers, le serment d'y procéder « libres de volonté et

---

(1) Citations empruntées au mémoire de l'intendant Ferrand.

(2) C'est ce qu'on appelait le *voyage d'honneur*. Les élus des trois ordres, accompagnés d'un secrétaire des Etats, du trésorier et de l'un des syndics, se rendaient à Paris dans l'année qui suivait chaque assemblée. Ils étaient présentés au roi par le gouverneur et par le secrétaire d'Etat ayant le département de la Bourgogne.

(3) En 1578, la chambre avait décidé que l'on suivrait l'ordre des bailliages pour l'élection de l'élu ; mais cette décision fut rapportée en 1596. (*Décrets des Etats*, t. II, f° 346, v°.) Il y avait bien des abus. En voici un que nous révèle le président de Brosses : « Un gentilhomme étranger, soutenu d'une protection puissante, achète un fief en Bourgogne par un contrat fictif, dont la convention tacite est qu'après la reprise du fief, la vente demeurera sans effet. Il se fait recevoir aux Etats. On a vu plus d'une fois des personnes étrangères à la province, sans y posséder réellement un pouce de terre, arriver ainsi aux Etats, y être reçues, et sur le champ élues par la noblesse pour la triennalité qui commence, jouir d'une grosse somme pour le bénéfice de leur place, et disparaître pour jamais à l'expiration de la jouissance. » (*Troisièmes remontrances sur l'affaire Varenne*, par le président de Brosses. *Le Président de Brosses*, par Th. Foisset.)

d'affection, sans jamais enharrer ny promettre son suffrage à qui que ce soit, » et déclara indignes du titre de gentilhomme et déchus de leur droit d'entrée aux Etats ceux qui auraient directement ou indirectement sollicité les votes. (*Délibér*. de 1608-1614) (1). Il devint d'usage sous Louis XIV de soumettre ce choix à l'approbation du gouverneur qui l'agréait presque toujours, mais qui cependant en 1665 continua dans ses fonctions le comte de Chamilly, élu de la triennalité précédente, malgré l'opposition de la noblesse. Les anciens élus, ainsi que les plus anciens seigneurs et chevaliers, avaient, en vertu de plusieurs décrets de 1578 et de 1611, un banc séparé dans la chambre et donnaient les premiers leur opinion, « afin que ceux qui devaient opiner après en puissent estre mieux instruits (2). »

L'élu de la dernière triennalité présidait les assemblées de la chambre. Il avait ainsi, outre ses fonctions particulières dans l'intervalle des Etats, un pouvoir assez étendu pour qu'on dût le choisir parmi les hommes les plus considérables et les plus intelligents du corps de la noblesse. Les listes qui suivent les feront connaître : on remarquera surtout les noms des Bauffremont, des Damas, des Saulx, des Dyo, des Villers-la-Faye, des Choiseul, des Bouton, des Pernes, des du Ban, des Thyard, des Vienne, des la Tournelle, des Bourbon-Busset, des Chastellux, qui furent plusieurs fois chargés de la direction de l'assemblée.

Chaque ordre nommait ensuite ses *alcades*, c'est-à-dire des commissaires chargés de contrôler la gestion des élus et de rendre compte de cette censure à l'assemblée suivante. La noblesse et le clergé en désignaient chacun deux, et les villes trois. Ils vérifiaient les registres des élus et dressaient de leurs observations un mémoire qui était lu aux Etats. On les voit apparaître pour la première fois en 1622.

Les présidents de chaque chambre désignaient enfin deux orateurs qui portaient la parole quand il en était besoin, et deux rapporteurs des requêtes qui recevaient toutes les pétitions adressées aux représentants de la province. Les

---

(1) D'après une délibération de 1611, on votait par *bullettes* et billets placés dans un chapeau. (V. t. XV, f° 281, v°.)

(2) La charge de l'élu était l'objet de vives compétitions et l'occasion de fréquents désordres. Une délibération de 1622 en accuse « la corruption laissée par les guerres civiles et la Ligue qui ont beaucoup éloigné les hommes de l'honneur, franchise et amour du pays. » Pour éviter les brigues, on avait décidé en 1614, malgré l'opposition de l'abbé de Cîteaux qui protesta au nom du clergé, que l'élu serait choisi entre neuf gentilshommes préalablement désignés par le sort. Quatre ans plus tard, on abolit ce décret qui abandonnait au hasard « ce qui doibt estre seullement donné à la vertu, » et l'on revint au mode primitif d'élection, c'est-à-dire au vote pur et simple. Enfin en 1622, cela fut modifié encore. Chaque gentilhomme dut déposer après son serment une liste de six personnes parmi lesquelles on tirait au sort le nom de l'élu.

deux secrétaires en chef rédigeaient les délibérations du clergé et de la noblesse : un de leurs commis remplissait les mêmes fonctions près du tiers. Enfin un officier, choisi parmi les gentilshommes avec le titre de *Capitaine de la porte*, était, indépendamment de l'huissier qui veillait à l'extérieur, chargé de garder la chambre de la noblesse et d'en refuser l'entrée à ceux qui n'avaient pas droit d'y être admis.

On a déjà compris par ce qui précède que tous les gentilshommes possesseurs de fiefs dans le duché, faisaient originairement partie de la chambre de la noblesse. Il suffisait de justifier de cette double qualité pour être admis aux délibérations. C'était l'unique règle des Etats sous les ducs. Mais la chambre chercha de bonne heure à rendre son accès plus difficile. Elle y avait à la fois un intérêt populaire et un intérêt aristocratique : elle déchargeait par là le peuple « que foulait la multiplicité des privilégiés, » et elle conservait dans un petit nombre de familles l'influence politique et administrative. Dès l'année 1573, il avait été délibéré que le bailli de chaque bailliage et deux membres de la noblesse dresseraient un rôle des gentilshommes qui serait remis au capitaine de la porte pour les appeler et ne laisser entrer que ceux qui y seraient inscrits. En 1587, les Etats demandèrent la révocation des lettres de noblesse accordées dans les cinq années précédentes à plusieurs particuliers de Bourgogne, « à la grande charge du peuple (1), » et, leur démarche n'ayant pas abouti, ils décidèrent en 1596 qu'on s'opposerait à la vérification de ces lettres (2). Cette fois ils eurent plus de succès, car un édit de 1602, qu'on fit sans retard enregistrer au parlement, prononça la révocation si ardemment sollicitée. La chambre s'empressa alors de faire un règlement et de nommer des commissaires chargés de dresser dans chaque bailliage le rôle des nobles, possesseurs de fiefs, qui seraient désormais admis dans son sein (3).

(1) *Délibér. des Etats*, t. IX, fol. 170.
(2) *Décrets des Etats*, t. II, fol. 307. — *Délibér.*, t. XII, fol. 138.
(3) « Affin qu'il n'entre cy-après en la chambre de la noblesse personne qui ne soit gentilhomme et de la qualité requise, lesdicts Estats ont conclud que rolle sera faict par le bailly et deux gentilshommes en chacun bailliage et comté qui sont du corps des Estats ou par deux d'entre eux qui y pourront plus commodément vacquer en absence ou empeschement du tiers, de tous les gentilshommes qui sont esdicts bailliages et comtés, qui se peuvent treuver en l'assemblée des Estats, lequel rolle sera signé dudict bailly et deux gentilshommes, et envoyé au greffier des Estats six mois avant la prochaine assemblée d'iceux, pour en mettre une coppie entre les mains des sieurs trésoriers à qui le roy envoye ses lettres pour les faire distribuer aux ecclésiastiques, gentilshommes et aux villes, affin que suyvant ledict rolle tous les gentilshommes qui seront compris en icelny soient convoquez, sans toutefois que l'entrée de ladicte chambre puisse estre desniée à ceux d'ancienne race et noblesse du pays, qui par erreur auroient esté oubliés audict rolle, ou qui ne posséderoient

Cela ne suffit pas. Aux Etats de septembre 1608, plus de trois cents personnes se présentèrent à la chambre de la noblesse pour y prendre séance. L'assemblée s'effraya et recourut à des formalités nouvelles. Elle exigea que chaque candidat inscrirait ses noms, surnoms, ceux de son père et de son aïeul et ceux de ses fiefs sur un rôle tenu par le bailli de son bailliage, et prouverait dans le cours de l'année suivante, devant les commissaires de la chambre, que son père et son aïeul avaient vécu noblement. En même temps, afin d'éviter toute surprise et toute erreur, elle supplia le roi de faire remettre les lettres de convocation adressées par les trésoriers de France aux nobles de la province entre les mains du greffier des Etats qui les ferait parvenir seulement aux gentilshommes inscrits sur les rôles (1).

Henri IV qui aimait peu les Etats, et qui avait peut-être de bonnes raisons pour ne pas être très affectionné à une partie de sa noblesse de Bourgogne, repoussa la demande. Le seigneur de Ragny, élu, qui était allé à Paris porter les doléances de ses collègues, revint en 1609 avec une réponse défavorable; mais la chambre ne perdit point courage. Elle ordonna en 1611 de nouvelles remontrances et, trois ans après, elle profita de la convocation des Etats généraux de 1614 pour charger ses députés et son élu de poursuivre « comme chose importante à son honneur » la confirmation de son décret, qu'elle déclara exécutoire par provision (2), dès l'année 1616.

Il est permis de croire que Louis XIII persista dans la résistance de son père, car, en 1622, une délibération particulière de la chambre porte la disposition suivante :

« Afin que personne ne s'ingère cy-après d'entrer en la chambre de la noblesse, qui ne soit de la qualité requise pour y avoir entrée et voix, MM. de la noblesse ont conclu que les gentilshommes de chacun bailliage et comté cy-après nommés dresseront rolles des gentilshommes plus aucung fief, et sera ledict rolle mis ès mains du capitaine de la porte de ladicte chambre de la noblesse, lequel à la première entrée nommera ou appellera les gentilshommes mentionnés en ycelluy. Et pour esclaircir quelques difficultés qui pourroient survenir en dressant ledict rolle, a esté par lesdicts sieurs de la noblesse résolu que ceux desquels les père et grand-père auront vescu noblement, pourront entrer en ladicte chambre, et que ceux qui ne sont gentilshommes, qui néantmoins ont espousé des héritières gentilsfemmes de bonne maison, n'auront aucune entrée en ladicte chambre ny leurs enfans, mais bien les enfans de leurs enfans vivans noblement ensuitte; sur quoy le tiers-estat a protesté que ladicte résolution ne puisse préjudicier au privilège qu'ont les habitants de Dijon, Ostun, Chalon et autres villes de ce pays de tenir des fiefs, ny aux édicts du roy concernant les contribuables aux tailles, ne pouvant consentir que la noblesse soit tirée des femmes. Et pour dresser ledit rolle ont esté choisis par lesdits sieurs de la noblesse les cy-après nommés. »
(*Décrets des Etats*, t. III, fol. 3, v°.) Nous avons donné la liste des commissaires ci-après, p. 22.

(1) *Délibér. des Etats*, t. XV, fol. 99, v°.
(2) *Décrets des Etats*, t. III, p. 187.

de leurs bailliages y résidans ou ayant fiefs, qu'ils cognoistront et afirmeront par leur serment estre de la qualité requise suyvant les décrets...; et si quelques-uns n'estant dénommés audict rolle prétendent y debvoir estre mis, aporteront les tiltres et enseignements de leur noblesse auxdicts gentilshommes ou à l'un d'eux, et en cas qu'iceux gentilshommes y trouveroient de la difficulté, ceux qui auront subjet de plainte pourront se pourvoir à l'assemblée des Etats (1)... »

Cette délibération est approuvée et complétée en 1626 : « Les commissaires auront principalement égard à l'extraction des gentilshommes sans s'arrester aux fiefs et rière-fiefs; » ils seront présidés par le plus ancien d'entre eux, à défaut du bailli, et pourront délibérer au nombre de trois ; le décret sera publié dans les bailliages, et un extrait du rôle remis au capitaine de la porte qui refusera l'entrée de la chambre à tous ceux qui n'y figureront pas, à peine d'être privé de sa charge. On la résume de nouveau en 1636 en disant « que personne n'aura entrée en la chambre qu'il ne soit gentilhomme et faisant profession des armes (2). » On la renouvelle enfin aux Etats de 1653, 1659 et 1665, époque à laquelle la chambre déclare que, « jalouse de la conservation de la pureté de son corps et pour empescher qu'à l'advenir aucune personne qui ne soit pas de la qualité requise puisse entrer, » les sieurs de Roche, de Musigny, de Pradines, de Bragny, de Beaurepaire et de Sercey, commissaires, passeront un mois dans chacune des cinq principales villes de la province pour recevoir les preuves des aspirants à la chambre, et que de très humbles remontrances seront faites au roi qui n'a pas encore confirmé les précédents décrets (3).

Si la chambre défendait ainsi vivement l'intégrité de sa composition, elle rencontrait une résistance non moins ardente dans l'autorité royale qu'elle mettait en suspicion, dans la petite noblesse dont elle heurtait la vanité, et dans le tiers lui-même qui s'accommodait peu du privilége de juridiction que les gentilshommes s'attribuaient sur eux-mêmes (4). Le roi prétendait au droit exclusif de rechercher les faux nobles, et c'est ce qui explique ses refus persistants de sanctionner les délibérations particulières de l'assemblée. Il fermait l'oreille à toutes les remontrances qui lui étaient adressées à cet égard, soit qu'on le sollicitât de révoquer les lettres de noblesse prodiguées sous le règne de Louis XIV, soit

---

(1) *Délibérations*, t. XVI, fol. 26, v°. — Voy. la liste des commissaires ci-après, p. 25.
(2) *Délibérations*, t. XX, fol. 204, v°. — Auparavant on avait vu plusieurs fois entrer aux Etats des gentilshommes possédant fiefs, quoique pourvus de charges de magistrature. Les listes en fournissent divers exemples. Les officiers de finance étaient également exclus.
(3) *Délibérations*, t. XLVIII, fol. 231, v°. — Pierre Palliot fut nommé greffier de la commission.
(4) Voy. sur le tribunal arbitral que les gentilshommes cherchaient à établir entre eux, pour juger leurs contestations privées, la curieuse délibération de 1626, t. XVI, fol. 381, v°.

qu'on lui demandât de réserver à la chambre la connaissance des questions nobiliaires (1). Certains nobles s'irritaient de voir impitoyablement fermée devant eux une porte qu'ils eussent aimé à franchir, ne fût-ce que par orgueil. Grâce à leur crédit, quelques-uns réussirent à s'y faire admettre « sans tirer à conséquence; » mais le plus souvent ces réceptions étaient l'occasion de violentes querelles. En 1656, Jacques de Georges ayant été reçu, Jean de Damas-Senailly, qui lui était hostile, prétendit qu'il ne réunissait pas les qualités requises et offrit de refaire lui-même ses preuves, pourvu qu'on les fît recommencer au nouvel admis. La chambre, sans accepter les offres du seigneur de Senailly, ordonna que Georges soumettrait ses titres à deux commissaires qui firent un rapport favorable. Piqué de cet insuccès, Jean de Damas forma opposition au parlement. C'était la plus cruelle insulte qu'il pût adresser à la chambre. Celle-ci se réunit aussitôt et obligea, sous menace d'être rayé des rôles, le fier baron de Villiers à se désister d'une opposition faite « contre l'honneur et le respect qu'il devoit au jugement de la chambre (2). »

De son côté, le tiers-état s'élevait, autant qu'il lui était loisible, non contre les épurations de la noblesse dont il profitait, mais contre des sentences auxquelles il n'avait aucune part. Il se trouvait ainsi d'accord avec le pouvoir royal pour refuser à la chambre le droit de reconnaître les vrais nobles. A la suite de la délibération de 1665 que nous avons citée plus haut, on lit cette phrase très significative : « MM. du tiers-état ont protesté que ce qui seroit dict par lesdicts sieurs *prétendus* commissaires pour déclarer gentilhomme celuy qui seroit proposé par aucuns d'eux ou rebuté, ne puisse servir à *autre chose* que pour l'entrée en ladicte chambre de la noblesse. » Mais que l'on ne s'y trompe pas : de telles paroles n'étaient pas un appel au droit commun; c'était uniquement l'envieuse protestation d'un rival moins heureux. Au XVII° siècle, le tiers ne sollicitait pas plus l'égalité que la liberté, parce qu'il ne comprenait ni l'une ni l'autre. La bourgeoisie qui le dirigeait n'avait pas dans sa sphère moins de hauteur que la noblesse; elle était la première à revendiquer, à son profit, les monopoles qu'elle refusait à sa voisine. Chaque classe élevait alors autel contre autel, privilége contre privilége, et, au lieu de la liberté pour tous, on n'aspirait qu'à une com-

---

(1) *Délibér.*, t. XLV, fol. 159, 1662. — Id., fol. 173. — Id., t. LI, fol. 32, v°, 1668. — Id., t. XLVIII, fol. 202, 1665.

(2) *Délibérat.*, t. XXXIX, fol. 194 et suivants.

En 1682, François de Charolles, seigneur de la Tour de Fontenay, fut repoussé de la chambre parce qu'il avait reçu des lettres de réhabilitation. On décida que son fils seul y serait admis, *s'il vivait noblement*. Philibert du Crest, seigneur de Saint-Léger, éprouva le même refus.

pensation pour chacun. Si la noblesse était quelquefois jusqu'à l'injustice jalouse gardienne de son intégrité, la bourgeoisie s'entourait à son exemple d'un cordon sanitaire et se mutilait elle-même à force d'exclusions et de préférences. Les gentilshommes faisaient la chasse aux anoblis et les grandes villes étouffaient les petites. La grande et la petite *roues*, qui réglaient l'ordre de la représentation populaire, n'étaient que des prérogatives fondées non sur le nombre ou les intérêts des représentés, mais sur des accidents comme l'ancienneté, la renommée, les souvenirs, le hasard ou la faveur de quelques lettres patentes arrachées à la concession royale. Un pauvre village situé aux portes de Dijon, qui avait autrefois possédé un château ducal, Talant était mieux traité que cinq gros bourgs du comté d'Auxonne. Le tiers, enrichi par le commerce, ne souffrait pas que l'on pût par la même voie s'enrichir à côté de lui. En 1691, il adressait des remontrances au roi pour faire contraindre les possesseurs de charges comme les secrétaires de la chancellerie à renoncer à tout négoce. Les petites existences font les petits esprits et les petites choses : il ne se doutait pas alors qu'il avait plus que personne à gagner à la liberté.

Nous avons assisté jusqu'à présent aux efforts persistants, mais isolés, faits par la chambre de la noblesse pour assurer l'indépendance de sa composition. Nous avons vu que ces tentatives remontaient à peine à la fin du XVI<sup>e</sup> siècle; jusqu'à cette époque, la noblesse avait été un fait plus qu'un droit : elle s'affirmait elle-même, sans avoir besoin de se prouver ni de se défendre. Mais la situation change à la fin du siècle suivant : la multiplicité des anoblissements et la fréquence des usurpations ont élargi les rangs de la classe privilégiée; tous les moyens sont bons pour s'y introduire :

« Plusieurs personnes des plus aisées de la province, d'une naissance médiocre, se voyans chargées d'un grand nombre d'enfans et petits-enfans, dans un aage fort avancé et caduque, pouvant à peine venir prester le serment accoustumé pour se faire recevoir aux charges de secrétaires en la chancellerie près le parlement de cette province sans exposer leur vie, se prévalans des privilèges qu'ils croyent attribués à ces charges, s'y font recevoir à la veille de leur mort pour enrichir leur épitaphe d'un vain titre d'écuyer et laisser autant de gentilshommes à la province qu'il en faudroit pour composer la chambre entière de la noblesse, ce qui fait que le peuple demeure dans l'impuissance de supporter les charges ordinaires (1). »

L'axiome féodal : *la terre fait l'homme*, n'est plus une vérité; une noblesse de fraîche date, issue des charges privilégiées, prétend s'implanter au sein de la noblesse d'extraction : celle-ci ouvre la lutte et renverse hardiment pour sa

---

(1) *Mémoires et remarques des conseils et procureurs-syndics des Etats en* 1685.

défense les principes sur lesquels elle s'était jusqu'alors constamment appuyée. En 1679, les comtes de Chevigny, d'Eguilly, de Menneserre, de Vauteau, de Neuvy et de Bragny sont chargés de préparer, de concert avec le duc de Bourbon, un règlement pour « remédier aux abus et conserver la dignité et pureté de leur corps. » Sur leur rapport, la chambre décide qu'elle n'admettra plus désormais aucun membre *qui ne soit gentilhomme et non noble seulement*, et qui n'ait une terre ou fief en justice dans la province. Elle fait mieux; elle abolit les preuves par écrit qu'elle exigeait si impérieusement naguère, et déclare :

« Que pour empescher les preuves par escrit qui causeroient des longueurs et des embarras fascheux, personne n'entreroit dans ladicte chambre dont les pères ou les collatéraux de mesme nom et de mesmes armes n'y soient entrés avant 30 ans passés tout au moins; ou bien celuy qui prétend cest honneur et pour cest effet chaque gentilhomme sera tenu de se présenter par devant les commissaires de son bailliage qui seront nommés cy-après, et rapporter d'eux ou du moins de deux d'iceux un certificat en bonne forme comme ils sont de la qualité cy-dessus, possédant une terre ou fief en justice en la province, qui sera spéciffiée audit certificat, et qu'eux ou leurs autheurs ou collatéraux de mesmes noms et de mesmes armes sont entrés auxdicts Estats et y ont donné leurs voix avant 30 ans; et affin que lesdicts sieurs commissaires en puissent attester seurement, il leur sera remis des extraits fidèles et signés du greffier de la chambre, des rolles et des noms des gentilshommes qui sont entrés auxdicts Estats depuis l'année 1620 jusqu'en 1630. Quant aux gentilshommes nouvellement establis au duché de Bourgogne et pays adjacens dont les autheurs n'ont peu entrer en ladicte chambre pour estre estrangers, ils se représenteront aussy pardevant lesdicts commissaires de leurs bailliages et en rapporteront un certificat attesté et signé d'eux, comme ils sont tous gentilshommes de la qualité requise, non nobles simplement, ayans une terre ou fief en justice audit pays, ce qui sera expressément spéciffié audit certificat.

« Pour les autres gentilshommes qui tirent leur noblesse de la robbe, ils seront tenus aussi de rapporter un certifficat desdicts sieurs commissaires de leur bailliage, comme ils font actuellement profession des armes et non de la robbe, et qu'ils sont de la qualité cy-dessus spéciffiée.

« Tous lesquels dicts sieurs commissaires cy-dessus se rendront le 15e du mois de janvier de l'année prochaine 1680, sçavoir ceux du bailliage de Dijon en la ville de Beaune, et les autres en la ville principalle de leur bailliage ou comté, et y demeureront jusqu'au 19e dudit mois, et apareillement les autres années 1681, 1682, où tous les gentilshommes qui prétendront entrée dans ladicte chambre, se rendront pendant ledict temps pour retirer desdicts sieurs commissaires les certificats dont ils auront besoin, et conformément à la délibération cy-dessus, et affin que personne n'en puisse prétendre cause d'ignorance, la présente délibération sera imprimée et envoyée par le greffier de la chambre à l'un desdicts sieurs commissaires de chacun bailliage pour estre par lui distribuée et envoyée à tous les autres gentilshommes de son bailliage, pour qu'ils ne puissent prétendre aucune excuse, et soient avertis d'exécuter ladicte délibération.

« Et en ce cas qu'il arrivast que quelqu'un voulust inquiéter lesdicts sieurs commissaires pour raison de leur susdicte commission, le syndicq des Estats prendra le faict et cause en main pour eux et poursuivra les instances qui leurs pourroient estre intentées aux frais de la province, ce qui a esté consenti par les Estats et dont il a esté dressé un décret séparé. » (*Délibér.*, t. VI, p. 59.)

C'était une audacieuse transformation du corps en chambre héréditaire. L'admissibilité aux Etats n'était plus un droit inhérent à la possession noble d'un fief ou à la qualité de noble conférée par la munificence royale; elle devenait l'apanage exclusif d'un petit nombre de familles qui s'immobilisaient dans l'administration de la province.

Les clameurs de la noblesse inférieure n'arrêtent point la chambre dans la voie nouvelle où elle est entrée. Elle confirme en 1682 la délibération de 1679; elle affiche à sa porte le catalogue des familles dont elle a prononcé l'admission, et défend qu'on l'ouvre à toute autre. Le prince de Condé l'appuie dans cette réforme, et les conseils des Etats, qui représentent au sein de l'assemblée l'opinion du dehors, l'opinion populaire, obtiennent sans peine des décrets qui frappent d'exclusion les nouveaux nobles ou atteignent par contrecoup, en leur faisant imposer la résidence, les bourgeois du duché qui allaient chercher dans les cours supérieures de la Comté, plus favorisées que celles de Dijon, un anoblissement *de plein vol* (1). Elle décide en 1712 qu'à l'avenir on ne recevra aucune personne qui ne soit de sang noble ou dont l'aïeul n'ait acquis la noblesse par charges ou par lettres depuis 60 ans au moins (2). Elle explique enfin en 1727 ce qu'elle entend par *bon gentilhomme, non noble simplement*, c'est-à-dire « un gentilhomme de quatre races en comptant le degré de celui qui aura obtenu le premier la noblesse et celui qui se présente; » et comme elle ne saurait repousser absolument les descendants des parlementaires qui grossissent les rangs de l'aristocratie nouvelle, elle veut que l'on compte pour eux le degré du bisaïeul qui aura le premier possédé une charge de judicature, lorsque son fils en aura lui-même possédé une (3).

---

(1) *Carnots de la noblesse*, t. II, p. 34 et suiv. — *Décrets des Etats*, t. VII, p. 59, v°, 1697. — Id., p. 77 v°, 1700. Les charges des cours souveraines de Franche-Comté conféraient la noblesse héréditaire à leurs possesseurs, tandis que celles du duché ne la donnaient qu'à la seconde génération ou après un service de 20 années.

(2) *Décrets des Etats*, t. VII, p. 310.

(3) Le gouverneur de la province approuva cette délibération comme il suit :

A Bourbon, ce 18 may 1727.

J'ai reçu, Monsieur, la lettre que vous m'avez escritte comme président de la chambre de la noblesse de Bourgogne au sujet de la délibération qu'elle a faite en interprétation de celle de 1679,

Est-ce tout? Non vraiment. Plus les Etats approchent de leur fin, et plus la chambre de la noblesse devient exigeante et difficile. En 1754, elle s'aperçoit « qu'il pourroit arriver qu'un homme né roturier et ayant vécu plusieurs années dans cet état, se prétende néanmoins gentilhomme de quatre races et demande à être reçu en cette qualité peu de temps aprez que son bisayeul, parvenu à un âge fort avancé, se seroit fait pourvoir et seroit mort revêtu de quelqu'un de ces offices qui donnent à une seule vie la noblesse tant au titulaire qu'à sa postérité née et à naître. » (*Décrets des Etats,* t. IX, p. 455.) Pour y obvier, elle veut que nul ne puisse désormais être admis dans son sein s'il n'est gentilhomme d'extraction et ne prouve cent ans de noblesse, y compris le premier anobli. On prouvera sa noblesse à l'aide du titre qui l'a conférée ou de tout autre acte public et authentique, comme contrat de mariage, partage, testament, dénombrement, etc. Aucun membre n'aura voix délibérative s'il n'a rendu hommage pour un fief de haute ou moyenne justice, et comme il importe de fixer une limite d'âge, afin d'exclure les enfants de la chambre, on ne tiendra compte que des reprises de fief faites personnellement ou par procureur, c'est-à-dire qu'aucun mineur n'aura voix délibérative. (*Délibér.* du 17 juillet 1766; *Décrets,* t. X, p. 215.) Enfin, pour remettre en lumière toutes les dispositions antérieures, et pour éviter qu'on ne puisse arguer de leur ignorance, la chambre, sous la présidence du comte de Bourbon-Busset, dresse le 25 novembre 1769 un règlement qui résume toutes les formalités prescrites depuis le siècle précédent, et formera désormais le code des entrées de la noblesse aux Etats de Bourgogne.

Nous résumons ici ce règlement, en y comprenant les modifications qui y furent apportées, sous la présidence du comte de Damas d'Antigny, le 16 mai 1778 :

Nul ne peut être admis dans la chambre des nobles qu'il ne prouve cent ans de noblesse, en quatre générations au moins, sans y comprendre le présenté, et qu'il ne fasse profession des armes. Dans le cas où celui-ci descend d'un anobli

---

concernant les degrés qu'il faut avoir pour y entrer, et sur laquelle vous me demandez mon agrément. Je vous l'accorde avec bien de la satisfaction, puisque cette délibération tend à conserver la dignité des Etats en soutenant le corps de la noblesse qui, dans touttes les occasions, montre l'exemple par son zèle pour le service du roy, et c'est un puissant motif pour m'engager à la favoriser en tout ce que je pourray. Je vous prie d'en assurer la chambre de ma part, et que j'auray toujours un vray plaisir à luy en donner des marques; l'estime singulière que j'ay pour vous, vous répond de mes sentimens en particulier, et soyez bien seur, Monsieur, qu'ils ne changeront jamais.

L.-H. DE BOURBON.

Au marquis de Langheac.

(*Carnots des Etats,* V, 17 bis.)

par lettres ou par charges, il ne peut compter que le premier de ses ascendants qui aura joui de la noblesse entière, en omettant les générations de l'anobli et de ceux qui ont joui seulement d'un privilége nobiliaire personnel et non transmissible.

Les gentilshommes revêtus de charges de judicature ou de finances ne peuvent entrer aux Etats qu'après avoir vendu ou résigné leurs offices. Ceux qui ont obtenu des lettres de vétérance ou d'honneur sont exclus comme les membres actifs des cours souveraines (1). Les démissionnaires prouvent leur démission à l'aide d'un certificat du commandant en chef de la province dans laquelle ils résident, et d'une attestation du greffier de leur ancienne compagnie portant qu'ils n'ont fait enregistrer aucune lettre de vétérance. Ils doivent de plus s'engager par écrit à faire profession des armes, à peine d'être privés de leur entrée dans la chambre.

Pour procéder à ses preuves, l'aspirant remet ses titres dans la quinzaine qui précède l'ouverture des Etats entre les mains des commissaires vérificateurs. Ces pièces sont : 1° un arbre généalogique dressé d'après un modèle fourni par la chambre, avec les armes de la famille, les noms et qualités de ses père, aïeul, bisaïeul et même trisaïeul, s'il est nécessaire de remonter à cet ascendant pour prouver cent ans de noblesse; 2° son extrait de baptême légalisé par le lieutenant-général du bailliage; 3° outre le contrat de mariage de chaque ascendant, un titre original en forme probante, par chaque génération, tels que lettres de convocation ou de dispense d'arrière-ban, reprises de fiefs, aveux, dénombrements fournis aux chambres des comptes et bureaux des finances, pourvu que ces titres donnent la qualité de chevalier ou d'écuyer aux ascendants du présenté; arrêts de maintenue, partages nobles, testaments, tutelles, actes de fondation, etc.; les contrats de mariage et les extraits baptismaux ne servant qu'à établir la filiation; 4° une attestation de deux gentilshommes de son bailliage, membres de la chambre, qui reconnaissent le présenté pour un gentilhomme faisant profession des armes.

Le présenté doit justifier de la possession d'une terre ou d'un fief, au moins de moyenne et basse justice, situé dans l'étendue du duché ou de ses annexes.

---

(1) Ceci explique pourquoi un grand nombre de familles nobles appartenant au parlement ne figurent point dans les listes des Etats. Nous pourrions citer parmi elles les Perreney, les Cirey, les Beuverand, les Gravier, les Rigoley, les Languet, qui portent : *d'azur à un triangle d'or cliché et renversé, chargé de trois molettes d'éperon de gueules posées à chaque extrémité du triangle* ; les Mucie, les Chartraire, les Frémyot, les Verchère, les Villedieu de Torcy, les Suremain, les Carrelet de Loisy, les Lorenchet, les Cortois, etc.

Il ne peut avoir voix délibérative avant l'âge de 25 ans, et ne prend séance que le lendemain de la réception de ses preuves, du rapport des commissaires et de la délibération de la chambre.

Les fils sont reçus sur les preuves de leurs ascendants en ligne directe, en rapportant la justification de leur filiation; mais ce privilége ne s'applique en aucun cas aux collatéraux.

Si le présenté possède quelque charge d'épée ou quelque gouvernement dans la province, il doit déclarer avant sa réception qu'il ne prétend en vertu de ses fonctions à aucune place honorifique au sein de la chambre.

Qu'ajouterons-nous à ce règlement? Le lecteur en a déjà fait la remarque : c'est à la veille de sa chute que la chambre de la noblesse donne la dernière main à son organisation intérieure. Elle ne prête du reste qu'une oreille inattentive aux murmures du dehors. Les temps approchent, selon l'expression sacrée; un vent de réformes fait frissonner le royaume; les passions populaires, surexcitées par la presse, par la scène, par les parlements — un autre théâtre — s'agitent sourdement jusqu'à l'heure prochaine où elles éclateront; l'assemblée des nobles de Bourgogne semble indifférente à tout. Elle se complaît exclusivement dans ses priviléges, dans son rang, dans ses droits honorifiques et de préséance; elle dresse les arbres généalogiques de ses membres; elle leur confère une décoration particulière (1); elle rêve la création d'un chapitre noble dans la province pour placer ses filles (2); et lorsque la Révolution arrive, elle s'éva-

---

(1) Décret du 18 mai 1775, t. X, fol. 515, v°. Cette décoration consistait en une croix d'or figurée comme l'ancienne croix de Bourgogne, et que chaque gentilhomme était tenu de porter à la boutonnière pendant les Etats.

(2) Délibération du 4 août 1784, prise sur la proposition de M. Richard de Bligny dont le mémoire fut renvoyé à l'examen d'une commission. Des lettres patentes du roi, en date du 13 octobre 1787, autorisèrent l'ordre de la noblesse à se pourvoir pour obtenir la création de ce chapitre. (*Carnots*, t. X, fol. 87, v°.)

Un mot sur les preuves exigées pour l'entrée dans les chapitres nobles, qui reçurent, surtout aux deux derniers siècles, un si grand nombre de membres des familles privilégiées du duché. Dans la généralité de Bourgogne, il n'existait à vrai dire que deux chapitres de cette nature, ceux de Saint-Pierre de Mâcon et de Neuville en Bresse, et un prieuré, celui de Marcigny-sur-Loire, mais les provinces voisines en possédaient plusieurs autres non moins fréquentés par les Bourguignons; voici les principaux :

CHAPITRES NOBLES D'HOMMES.

Saint-Pierre de Mâcon, 4 degrés de noblesse, tant paternels que maternels(*).
Saint-Jean de Lyon, 8 degrés, la ligne paternelle remontant à 1400 sans anoblissement connu.
Aînay, 100 ans de noblesse paternelle.

(*) Voir, pour ce chapitre noble, le registre manuscrit des preuves de noblesse des chanoines qui y ont été reçus, avec un précis historique par Pierre de Saint-Julien. Nous devons communication d'une intéressante analyse de ce manuscrit à M. Marcel Canat de Chigy, président de la Société d'histoire et d'archéologie de Chalon-sur-Saône.

nouit sans résistance, sans émotion, on pourrait presque ajouter sans regrets. C'est que depuis longtemps la vie s'était retirée du corps : la représentation provinciale, ailleurs restaurée et vivifiée pour un jour par un monarque libéral, n'avait plus ici qu'une existence factice ; de stériles honneurs rappelaient à peine à la noblesse bourguignonne sa primitive indépendance, et les plus intelligents de ses membres sentaient bien qu'ils eussent en vain disputé aux vainqueurs de la Bastille les derniers souvenirs d'une institution que la monarchie n'avait cessé de combattre, et qui allait cependant s'écrouler avec elle.

Baume-les-Messieurs, 16 quartiers, 8 paternels et 8 maternels.
Besançon, id.
Brioude, id.
Saint-Claude, id.
Lure, id.
Saint-Pierre de Vienne, 9 degrés.

CHAPITRES NOBLES DE FEMMES.

Neuville, 9 degrés paternels.
Baume-les-Dames, 16 quartiers.
Migette, id.
Château-Chalon, id.
Lons-le-Saulnier, 9 degrés paternels et 4 maternels.
Bouxières-aux-Dames, preuves remontant à 1400, sans anoblissement connu, et 8 degrés maternels.
Poulangy, 10 degrés paternels et 4 maternels.
Remiremont, 200 ans de noblesse.
Epinal, id.
Alix, 8 degrés paternels sans anoblissement, et 3 degrés maternels.
Marcigny, 4 degrés paternels et la mère noble.

Quant aux maisons d'éducation, elles exigeaient les preuves suivantes : l'Ecole militaire et le collège de la Flèche, 4 degrés de noblesse ; Saint-Cyr, 140 ans ; l'Enfant-Jésus, 200 ans.

La confrérie de Saint-Georges en Franche-Comté exigeait 16 quartiers, l'ordre de Malte 8, et celui du Saint-Esprit 4.

# CATALOGUE

DES

# GENTILSHOMMES

QUI ONT ASSISTÉ AUX ÉTATS GÉNÉRAUX DE BOURGOGNE

### de 1350 à 1789 [1].

---

### 1350

Guillaume de BLAISY, bailli d'Autun.

### 1352

Guillaume de VERGY, seigneur de Mirebeau.
Guillaume de GRANCEY, seigneur de Larrey.
Hugues de PONTAILLER, seigneur de Talmay.
Henri d'ALIGNY, chevalier.
Jean de VERGY, sénéchal de Bourgogne.
Othon de GRANCEY, chevalier.
Robert de LARREY, seigneur de Meursault,
Geoffroy de BLAISY, seigneur de Marcellois,
Etienne de MUSIGNY, chevalier,
    Ces trois derniers commissaires pour s'opposer à la levée de six deniers pour livre que le Roi voulait imposer sur le duché de Bourgogne.

### 1355-6 (Janvier et Mars)

<small>Etats tenus à Châtillon, à Dijon, à Sens, puis à Beaune.</small>

Hugues de VIENNE, seigneur de St-Georges.
Jean de CRUX, chevalier bachelier, seigneur de Trouhans.

Jacques de VIENNE, seigneur de Longvy.
Regnault, seigneur de MEURSAULT, écuyer.
Hugues, seigneur de COUCHES.
Guillaume, sire de SENECEY, chevalier.
Jean de BOURGOGNE, seigneur de Montaigu.
Huguenin de VIENNE, seigneur de Til-Châtel.
Jacques de GRANSON, seigneur de Pesme.
Othon ou Hugues, seigneur de GRANSON.
Jean de CHALON, s[gr] d'Arlay et de Cusel.
Jean de NOYERS, comte de Joigny.
Miles, seigneur de NOYERS, chevalier bachelier, bouteiller de France.
Huguenin, sire de MONT-SAINT-JEAN.
Poinceot ou Poinsard, s[gr] de CHATEAUNEUF.
Jean de MONTAIGU, sire de Sombernon.
Miles de FROLOIS.
Jean de FROLOIS.
Gibaut de MELLO, seigneur d'Epoisses.
Guillaume de JUILLY, chevalier.
Robert, seigneur de LARREY.
Jean de THIL, sire de Châteauvillain.
Jean de CHALON, seigneur de Viteaux.
N. de CHOISEUL.
Geoffroy de BLAISY, seigneur de Mauvilly.

---

[1] Les registres de la Chambre de la noblesse n'existent pas pour la période de 1350 à 1548. On a cherché à y suppléer en recomposant, à l'aide des documents conservés aux Archives, la liste des gentilshommes qui ont pris séance aux Etats. Malheureusement ce travail, si péniblement qu'il ait été suivi, n'a peut-être complet.

Jean, seigneur du FAY.
Hugues, seigneur de JANLY.
Guillaume de VERGY, seigneur de Mirebeau.
Jean de VERGY, chevalier banneret, seigneur de Fouvans.
Guillaume de VERGY, seigneur de Champlitte, sénéchal de Bourgogne.
Jean de SAINT-JULIEN, écuyer.
Philippe de VIENNE, seigneur de Pimont et de Chagny.
Guillaume d'ANTIGNY, s$^{gr}$ de Sainte-Croix.
Eudes, seigneur de CHAUDENAY, capitaine de Frolois.
Guillaume, seigneur de TROUHANS.
Herne, seigneur de MOLIN.
Simon, seigneur de BUXY, chevalier.
Guichard de BEAUJEU, seigneur de Perreux.
N. de BOURBON, seigneur de Montperroux.
Guigues DAMAS, seigneur de Marcilly.

Dans cette liste figurent aussi la dame de THIL et la comtesse de TONNERRE, qui ont envoyé leurs représentants.

### 1362
Etats convoqués pour payer la rançon du roi Jean.

Jean de MONTAIGU, sire de Sombernon.
Guy de FROLOIS, sire de Molinot.
Guillaume de CHOISEUL, s$^{gr}$ d'Aigremont.
Geoffroy de BLAISY, seigneur de Mauvilly.
Guillaume du PAILLY.
Jacques de VIENNE.

Un grand nombre de nobles fit défaut à cette réunion ou s'excusa à cause des *pilleries*, dit le registre de la Chambre des comptes.

### 1363 (février)

Hugues AUBRIOT, bailli de Dijon, *élu*.
Philibert PAILLART, chancelier de Bourgogne, *commissaire du duc*.
Sance de LA FERTÉ, chevalier.
Girard de LONGCHAMP, chevalier.
Gilles de CRÈVECOEUR, maître des ponts et passages du Mâconnais.

Guy de MONTIGNY, bailli d'Autun.
Guillaume de CLUGNY, bailli d'Auxois.

### 1373
Gibaut de MELLO, seigneur d'Epoisses, *élu*.
Pierre de MONTAIGU, s$^{gr}$ de Mâlain, *élu*.
Louis QUINART, chevalier, *élu*.
Jean de COURTIAMBLE, chevalier, *élu*.

### 1373
Jean de BAUBIGNY, conseiller et *élu du duc*.
Jean de PONTAILLER, seigneur de Magny, *élu*.
Pierre de MONTAIGU, chevalier, *élu*.

### 1375 et 1379
Pierre de MONTAIGU, seigneur de Mâlain, *élu*.

### 1384
Etats tenus à Dijon, au mois de novembre, pour voter des subsides destinés à réduire les révoltés des Flandres.

Jean de BAUBIGNY, *élu*.
Thomas de SAULX, dit *le Loup*, sire de Vantoux, *élu*.
Richard de SAULX, sire de Fontaines, *élu*.
Jean de ROCHEFORT, écuyer.

### 1385 (mai)
Thomas de SAULX, dit *le Loup*, *élu*.

### 1387
Jean, sire de GRANCEY.
Le sire de COUCHES.
Le sire de SOMBERNON.
Guy de PONTAILLER, sire de Talmay, maréchal de Bourgogne.
Ancel de SALINS, sire de Montferrand.
Olivier de JUSSEY, seigneur de Rochefort, chevalier, conseiller du duc.

### 1389 (avril)
Thomas de SAULX, dit *le Loup*, écuyer, sire de Vantoux, *élu*.

### 1390 (février)
Jacques PARIS de la Jaysse, bailli de Dijon, *élu*.

Nicolas de CRÉCY, écuyer, seigneur de Percey-le-Grand.
Jean de ROCHEFORT, bailli d'Auxois.

### 1392 (novembre)

Jacques PARIS de la Jaysse, bailli de Dijon, *élu*.

### 1397
Etats tenus pour payer la rançon du comte de Nevers.

Josserand, seigneur de SERCEY, écuyer, bailli du Charolais, *élu*.
Guillaume de VIENNE, s$^{gr}$ de Longepierre et de Saint-Georges, chambellan du duc.

### 1402 (février)

Antoine CHUFFAING, bailli de Dijon, *élu*.

### 1405 (décembre)

Pierre de MONTAIGU, sire de Mâlain.
Jacques de COURTIAMBLE, s$^{gr}$ de Commarin.
Antoine CHUFFAING, bailli de Dijon.
Guillaume BATAILLE, gruyer d'Autun.

### 1412
Assemblée tenue à l'abbaye de Saint-Bénigne, à Dijon, pour délibérer sur le traité fait par Jean sans Peur avec la ville de Besançon.

Jean de CHALON, s$^{gr}$ d'Arlay, prince d'Orange.
Jean de VERGY, maréchal de Bourgogne.
Jean de NEUFCHATEL.
Jean de VIENNE, seigneur de Pagny.
Guy de SALINS, chevalier d'honneur de la duchesse.
Jacques de COURTIAMBLE.
Richard de CHANCEY, bailli de Dijon.
Hugues de MONTJEU, bailli d'Autun.
Jean de SAINT-HILAIRE, seigneur d'Auvillars, bailli de Chalon.
Guy de BAR, s$^{gr}$ de Presles, bailli d'Auxois.
Jean de CHAPPES, bailli de la Montagne.
Guy ARMENIER, bailli d'Aval.
Hugues de LANTENNES, gruyer de la Comté.
Jean PALOUSET, chevalier de la duchesse.
Humbert de VILLARS, chevalier.
Amé de BAUDONCOURT, écuyer d'écurie du duc.

### 1417
Etats tenus séparément dans chaque bailliage.

Philibert de CHANTEMERLE, commissaires
Jacques, s$^{gr}$ de BUSSEUL, du duc.
Regnault GASTELIER, *élu de l'Auxois*.
Etienne GUYARDON, lieutenant du bailli de Chalon, *élu du Chalonnais*.
Guillaume de CHENILLY, *élu du Dijonnais*, nommé par la duchesse sur la proposition des Etats du bailliage.

### 1421
Etats du Duché et du Comté assemblés à Auxonne pour s'occuper des monnaies.

Jacques de COURTIAMBLE, s$^{gr}$ de Commarin.
Richard de CHANCEY, bailli de Dijon.
Jean de SAULX, conseiller et secrétaire du duc.
Le sire de COUCHES.
Le sire de THIL.
Guy de PONTAILLER, seigneur de Talmay.
Antoine de VERGY, seigneur de Champlitte.
Guillaume de GRANSON, seigneur de Pesme.
Guy d'AMANGES, bailli d'Amont.
Jean de COTTEBRUNE, maréchal de Bourgogne.
Guillaume de VIENNE, sire de S.-Georges.
Le sire de SAINT-MARC.
Jean de TOULONGEON.
Guy ARMENIER.

### 1422
Etats tenus à Dole pour le Duché et le Comté (1).

Jean de SAULX, s$^{gr}$ de Courtivron, *élu*.
Hugues de L'AUBESPIN.
Etienne de MONTAIGU.
Guillaume de CHAUFFOUR.
Regnault de MONTCONIS.
Ancel de LA SARRÉE.
Huguenin de SALINS.
Jacques, seigneur de ROCHEFORT.
Regnault, seigneur de BRESSEY.
Charles de CHOISEUL, s$^{gr}$ de Clefmont.

(1) On n'indique dans cette liste que les nobles du Duché.

### 1430

Jean de Bauffremont, chevalier, seigneur de Mirebeau.
Guillaume de Sercey, bailli de Chalon, premier écuyer d'écurie du duc.
Geoffroy de Thoisy, bailli d'Auxois, chambellan du duc.

### 1431

Jean de la Trémouille, s$^{gr}$ de Jonvelle.
N. de Jaucourt, seigneur de Villarnoult, députés au duc.

### 1433

Philippe de Ternant, seigneur de la Motte, chevalier de la Toison-d'Or, chambellan du duc, *élu*.

### 1438

Jean de Puligny, dit *Chapelain*, chevalier, s$^{gr}$ de la Motte, capitaine de Talant, *élu*.
Pierre de Traves, s$^{gr}$ de la Porcheresse, *élu*.

### 1440

Philippe de Courcelles, seigneur de Bousselange, bailli de Dijon.
Girard de la Guiche.
Guillaume de Sercey.

### 1443

États convoqués pour repousser les *Écorcheurs*.
Robert de Thoisy, *élu*.

### 1448

Jacques de Villers, chevalier, conseiller et chambellan du duc, *élu*.

### 1454

Jean Mairet, s$^{gr}$ de Château-Regnault, écuyer, chambellan du duc, gruyer d'Autun et Chalon, *élu*.

### 1459

Jean de Bauffremont, *élu*.
Guy Poinceot, seigneur d'Eguilly, chambellan du duc.
Claude de Montaigu, sire de Couches.

### 1460

Claude de Montaigu, sire de Couches et de Longvy, chevalier, *cousin du duc*.
Antoine de Croy, grand chambellan du duc.
Thibaut, seigneur de Neufchatel, maréchal de Bourgogne.
Pierre de Bauffremont, s$^{gr}$ de Charny (1).
Jean de Chalon, seigneur de Viteaux.
Jean de Bauffremont, s$^{gr}$ de Mirebeau.
Guillaume de Bauffremont, seigneur de Sombernon et de Scey.
Jean de Thil, seigneur de Châteauvillain, de Grancey et de Thil.
Claude, seigneur de Chastellux.
Jean, seigneur de Villers-la-Faye.
Guillaume de Pontailler, s$^{gr}$ de Talmay.
Charles de Mello, seigneur de Saint-Bris et de Bonnencontre.
Ferry de Cusance, seigneur de Beauvoir.
Claude de Dinteville, s$^{gr}$ de Commarin.
Jean de Tenarre, seigneur de Genlis.
Thibaut de Plecis, seigneur de Chevigny.
Claude de Toulongeon.
Tristan de Toulongeon.
Etienne de Mailly, seigneur de Maizières, d'Arceau et d'Arcelot.
Antoine, seigneur de Rochefort.
Jacques Bouton, seigneur de Corberon.
Girard Poinceot, seigneur d'Eguilly.
Amblart de Neuville.
Jean Perron, seigneur de Mypont.
Jean de Marcilly, seigneur de Roussay.
Claude de Giellan, seigneur de Mailly.
Girard de Roussillon, seigneur de Clomot.
Antoine Dubois, seigneur de Posange.
Jean de Fontette, seigneur de Verrey.
Jacques Regnard, seigneur de la Chaume.
Jacques de Buxy, seigneur d'Oyes.
Etienne de Salins, seigneur de Corabœuf.
Amé, seigneur de Tanlay.

### 1473

Michel de Chaugy, seigneur de Chissey, conseiller, chambellan du duc, *élu*.

(1) La terre de Charny fut érigée en comté en 1456; mais les lettres patentes ne furent enregistrées qu'en 1461.

Claude de Toulongeon, sgr de la Bâtie, *élu*.
Pierre de Bauffremont, seigneur de Jonvelle et de Charny.
Jean de Bauffremont, sgr de Mirebeau.

**1474**

Guillaume de Bauffremont, sgr de Scey, *élu*.
Claude de Toulongeon, chambellan du duc.
Michel de Chaugy.

**1476**

Etats convoqués à Salins pour le Duché et le Comté (1).

Jean de la Guiche, chevalier.
Hugues de Chantemerle, sgr de la Clayette.
Philippe de Saint-Léger.
Jean Perron, seigneur de Mypont.
Antoine de Dyo, seigneur de Saint-Beury.
Le commandeur de Belle-Croix.
Girard de Roussillon, seigneur de Clomot.
Guillaume de Bauffremont, seigneur de Sombernon et de Scey-sur-Saône.
Claude Poinceot, seigneur d'Eguilly.
Louis de Chalon, chevalier, baron de l'Isle.
Claude, seigneur de Ternant.
Guy de la Baume, sgr de la Roche-Vanneau.
Geoffroy d'Auxerre, seigneur de Beauvoir.
Antoine Dubois, seigneur de Posange.
P. de Bournonville, seigneur de Verrey.
Claude de Neufchatel.
Antoine de Roussillon, chevalier, seigneur de Savigny-lès-Beaune.
Le seigneur de Pierreclos.
Tristan de Toulongeon.
Jean de Neufchatel, seigneur de Montaigu.
Jacques de Chemilly.
Jacques de Choiseul-Traves.
Claude de Toulongeon, seigneur de la Bâtie, gruyer de Bourgogne.
Antoine de Ray.
Le seigneur de Conflandé.
Jacques Bouton, seigneur de Corberon.
Guillaume de Vienne.
Claude de Lugny, seigneur de Ruffey.

(1) Nous ne citons dans cette liste que les noms des nobles originaires du Duché ou y possédant fief.

N. de Montconis.
N. de l'Aubespin.
Jean Damas, seigneur de Clessy.
N. de Sercey.
Guyot de Salins, seigneur de Vinzelles.
Jean de Bauffremont, seigneur de Soye.
Hugues Rabutin, seigneur d'Epiry.
Humbert de Verdun, écuyer.
Etienne de Salins, seigneur de Corabœuf.
Philippe Pot, seigneur de la Roche de Nolay, grand sénéchal de Bourgogne.
Jean de Lugny, maréchal-des-logis de l'armée.
Jean de Chalon, prince d'Orange.
Philippe de Chux, chevalier, sgr de Trouhans.
Hugues de Thoisy, bailli d'Auxois, seigneur de Longecourt.
Olivier de la Marche.
Philippe de Vienne, sgr de Bonnencontre.
Claude de Mailly, seigneur d'Arcelot.
Simon de Mailly, seigneur d'Arc-sur-Tille.
Simon de Loges, chevalier.
Pierre de Neufchatel, seigneur du Fay.

**1477**

Jean de Jaucourt, seigneur de Villarnoult.
Aymard Bouton.

**1480**

Philippe Pot, sgr de la Roche de Nolay.

**1483**

Etats assemblés à Beaune.

Philippe de Hochberg, seigneur de Bandreville, maréchal de Bourgogne,
Philippe Pot, seigneur de la Roche, députés vers le Roi pour protester contre une imposition mise sur le Duché sans le consentement des Etats.
Charles de Bauffremont, chevalier, sire de Sombernon, *élu*.
Claude de Lugny, seigneur de Ruffey.
Jean de Janly, seigneur de Montille.
Simon de Loges, chevalier.
Hugues de Rabutin, seigneur d'Epiry.

### 1484

Simon de MAILLY, chevalier, *élu*.
BAUFFREMONT, député aux Etats généraux de Tours.
Hugues de RABUTIN, s<sup>gr</sup> d'Epiry, *id*.
Jean de THENAY, *id*.
Philippe POT, *id*.

### 1491

Jean de BAISSEY, gruyer de Bourgogne, député par les Etats vers le Gouverneur de la Province.

### 1524

Louis de BRESCHE, seigneur dudit lieu, *élu*.
Jean des BRUYÈRES, écuyer, s<sup>gr</sup> de Chazelles.
Jean de SAULX, seigneur d'Arc-sur-Tille.

### 1530

DAMAS, seigneur de Marcilly, *élu*.

### 1539

Jean de LUGNY, s<sup>gr</sup> de Ruffey, bailli de Chalon.
Guillaume de SAULX, s<sup>gr</sup> de Villefrancon.
Louis de LONGUEVILLE, marquis de Rothelin.
Philippe CHABOT, seigneur de Brion, baron de Mirebeau et de Beaumont, amiral de France.
Jean de PLUVOT, capitaine de Dijon.
Philippe de MONTHOLON, seigneur d'Orain.
Le seigneur de Theuance-aux-Moulins.
Claude de BAISSEY, seigneur de Longecourt.
François de VIENNE, seigneur de Lamarche.
Jean de CRUX, chevalier, s<sup>gr</sup> de Trouhans.
Claude REGNARD, chevalier, s<sup>gr</sup> de Soirans.
Claude de TENARRE, seigneur de Genlis.
Jean de COURCELLES, seigneur d'Auvillars.
Alexandre de SAULX, seigneur de Vantoux.
N. des MAILLOTS, s<sup>r</sup> de Chevigny-S.-Sauveur.
Louis des BAUGIS, seigneur de Bretenière.
Africain de MAILLY, seigneur de Villers-les-Pots et bailli de Dijon.

### 1545

Claude de MAILLY, seigneur de Courtivron.
Philippe de SAINT-LÉGER, seigneur de Rully.

### 1548

Hardy de JAUCOURT, seigneur de Vaux, *élu*.
Gérard de VIENNE, seigneur de Ruffey.

### 1549

Jean de JAUCOURT, s<sup>gr</sup> de Villarnoult, *élu*.
Henri de MALAIN, seigneur de Lux.
Geoffroy de ROCHEBARON, s<sup>gr</sup> de Rochetaillée.
François POT, seigneur de Blaisy.
Denis de GIELLAN, seigneur de Thenissey.
N. de CHANDYO, seigneur de Bussy.
N. de COLOMBIER, seigneur d'Aligny.
Philippe de SAINT-LÉGER, seigneur de Rully.
Jean DAMAS, seigneur de Meilly.
René de FOUDRAS, s<sup>gr</sup> de Saint-Huruge.
Jean de SENEVOY, écuyer, seigneur de Villiers-les-Haut.
N. de PLAINES, seigneur de Magny.
Philibert de MYPONT.
Sébastien de VILLERS-LA-FAYE, écuyer.
DYO, seigneur de Montmort.
Charles des MAILLOTS, seigneur de Beire.
Jacques BOUTON, seigneur de Chamilly.
Girard de LANTAGE, seigneur de Belan.
Claude GENTIL, seigneur de Sainte-Hélène.
Philibert de BUSSEUL.
TISSERAND, seigneur d'Oisilly.
Marc DAMAS le jeune, s<sup>gr</sup> de Meilly.
Claude de GIELLAN.
J. de XAINTONGE, conseiller au Parlement.
Le baron de BUSSEUL.
Pierre de COURCELLES, baron d'Auvillars.
Hugues du BLÉ, seigneur de Cormatin.

### 1551

Geoffroy de ROCHEBARON, s<sup>gr</sup> de Rochetaillée, *élu*.
Gérard de VIENNE, seigneur de Ruffey.
Pierre d'AUMONT.
Gaspard de SAULX-TAVANNES.
René de ROCHECHOUARD, baron de Couches.
George de LA GUICHE, bailli de Chalon.
Geoffroy de ROCHEBARON, chevalier, seigneur de Berzé.
VALLEROT, commandeur de Bellecroix.
Nicolas de BAUFFREMONT, baron de Senecey.

Claude GENTIL, seigneur de Sainte-Hélène.
Philippe de SAINT-LÉGER, seigneur de Rully.
François POT, seigneur de Blaisy.
Gaspard de SAILLANT, écuyer, sʳ de Crusilles.
Henri de MALAIN, baron de Lux.
Jacques de FOISSY, seigneur de Chamesson.
Humbert de MALAIN, seigneur de Voudenay.
Guillaume de SAULX, sʳ de Villefrancon.
Jean de BAISSEY, seigneur de Beaumont.
Jean du VERNE, sʳ d'Etaule-les-Avallon.
Du CHATELET, seigneur de Til-Châtel.

### 1554

Nicolas de BAUFFREMONT, baron de Senecey, *élu.*
Henri de MALAIN, baron de Lux.
Jacques de BELLECOMBE, baron de Vinzelle.
George de LA GUICHE, bailli de Chalon.
Girard de LANTAGE, seigneur de Belan.
Sébastien de VILLERS-LA-FAYE.

### 1555

Nicolas de BAUFFREMONT, baron de Senecey.
George de LA GUICHE, bailli de Chalon.
Henri de MALAIN, baron de Lux.
Jacques de BELLECOMBE, baron de Vinzelle.
Claude de BRESCHE.
Arthus de COLOMBIER, seigneur d'Aligny.
TISSERAND, seigneur d'Oisilly.
Jacques de VINTIMILLE, des Comtes de Marseille.

### 1557

George de LA GUICHE, bailli de Chalon, *élu.*
Henri d'ANGLURE, seigneur de Jours.
Pierre d'AUMONT.
Nicolas de BAUFFREMONT, baron de Senecey.
Alexandre de SAULX, seigneur de Vantoux.
Jacques de FOISSY, seigneur de Chamesson.
CRUSSY, seigneur de Villargoix.
Jean de LA FIN, seigneur de Beauvoir.
Christophe BOUTON, baron de Pierre.
Jean DAMAS, seigneur de Saint-Bonnet.
Du CHATELET, seigneur de Til-Châtel.
Pierre de MONTIGNY, seigneur de Villeberny.
Charles de MALAIN, seigneur de Missery.

Jean de LA COLLONGE, seigneur de la Motte-sur-Dheune.
N. de VALORRE.
Jacques de VINTIMILLE.
Guillaume de CHATENAY, seigneur de Villers-en-Auxois.
Antoine de CHATENAY, sʳ de Saint-Vincent.
Jean de BAISSEY.
Claude de MAILLY.
Le seigneur de Chevancey.
Sébastien de VILLERS-LA-FAYE, gentilhomme ordinaire de la Chambre du roi.
Edme JULIEN, seigneur de Verchisy.
BERTREAU.
N. de LA BOUTIÈRE.
Pierre des FORGES, écuyer.
Antoine d'ORGE, seigneur du Deffend.
N. de CHOISEUL, seigneur d'Eguilly.
Hugues de CHAUGY.
N. de SAINT-BELIN, sʳ de Clairey-Fontaine.
Arthus de COLOMBIER, seigneur d'Aligny.
Guillaume de MALAIN, commandeur de Belle-Croix.
Guillaume de COLOMBIER.
LE GOUX, seigneur de Boncourt.
Jean de LA RIVIÈRE, chevalier, sʳ dudit lieu.
FAUTRIÈRES, seigneur de Courcheval.
N. de CHOISEUL, seigneur de Traves.
Henri de MALAIN, baron de Lux.
Le seigneur de Sainte-Croix.
Anatole DUROZ, sʳ de Saviange et du Rousset.
N. de MAILLY, seigneur de Trouhans.
CLUGNY, seigneur de Champéculon.
Africain de MAILLY, seigneur d'Arc-sur-Tille.
Guy de CLUGNY, seigneur de Conforgien.
Hugues de VEZON, seigneur de Chevannay.
Marc DAMAS, seigneur de Meilly.
Simon de LOGES, seigneur de la Boulaye.
Jean de BAISSEY, seigneur de Beaumont.
Gaspard de TORCY.
Antoine de CHISSEY, seigneur de Varanges.
Cyprien de RABUTIN, seigneur de Balore.
LA GAILLARDIÈRE.
Jean de CLUGNY, sʳ du Brullart ou Brouillard.
René de JAUCOURT, sʳ du Vaux-de-Lugny.
CHOISEUL, seigneur de Chevigny.

Humbert de MALAIN, seigneur de Voudenay.
Albert de MOREAUL, seigneur de Villenotte.
Jean LE GOUX, seigneur de la Berchère.
N. de CLUGNY.
Gérard de VIENNE, seigneur de Ruffey.
Pierre de COURCELLES, baron d'Auvillars.
Denis de GIELLAN, seigneur de Thenissey.
Antoine de CHANDYO, seigneur de Bussy.
SAUVAGE.
TISSERAND, seigneur d'Oisilly.
Joachim de CHATENAY, seigneur de Lanty, gentilhomme ordinaire de la maison du Roi.

## 1560

Georges de LA GUICHE, seigneur de Sevignon, bailli de Chalon, député aux Etats généraux de Melun, *élu*.
Nicolas de BAUFFREMONT, *élu* et député aux Etats généraux.
Henri d'ANGLURE, seigneur de Jours, chevalier de l'ordre du Roi.
Pierre d'AUMONT.
Claude de SAULX, seigneur de Vantoux, député aux Etats généraux.
Charles de MALAIN, seigneur de Missery.
Jacques de FOISSY, seigneur de Chamesson.
PERNES, seigneur de Villargeau.
Jean de LA FIN, seigneur de Beauvoir, chambellan du Roi.
Christophe BOUTON, baron de Pierre.
Jean DAMAS, seigneur de Saint-Bonnet.
Du CHATELET, seigneur de Til-Châtel.
Jean de MALAIN, seigneur de Montigny.
Charles de MALAIN, seigneur de Missery.
Guillaume de LA COLLONGE, conseiller au Parlement de Bourgogne.
Jacques de VINTIMILLE, conseiller au Parlement de Bourgogne.
Hugues LE MARLET, seigneur de Ternant, bailli de Dijon.
Gaspard de VILLERS-LA-FAYE.
Sébastien de VILLERS-LA-FAYE.
Antoine de CHATENAY, s$^{gr}$ de Saint-Vincent.
Antoine de CHISSEY, seigneur de Varanges.
Jean de BAISSEY, seigneur de Beaumont.
F. de MAILLY, seigneur de Trouhans.

N. BOUTON, seigneur de Pierre.
Edme JULIEN, seigneur de Verchisy.
François de LIVRON, seigneur de Bourbonne.
Antoine de BAISSEY, s$^{gr}$ de Longecourt.
Philippe des FORGES, écuyer.
Antoine d'ORGE, seigneur du Deffend.
CHOISEUL, seigneur d'Eguilly.
Hugues de CHAUGY.
SAINT-BELIN, seigneur de Clairey-Fontaine.
Arthus de COLOMBIER, seigneur d'Aligny.
Guillaume de MALAIN, commandeur de Belle-Croix.
Guillaume de COLOMBIER, s$^{gr}$ de Saint-Loup.
Jean de LA RIVIÈRE, chevalier.
FAUTRIÈRES, seigneur de Courcheval.
Jean de L'AUBESPIN, vicomte de Chigy.
Bernard des BARRES, seigneur de Ruffey.
Denis de BRAZEY.
Antoine DAMAS, baron de Digoine.
Guy de LA TOURNELLE, s$^{gr}$ de Montjardin.
Marc DAMAS, seigneur de Meilly.
N. de LONGEVILLE, seigneur de Chassagne.
Jean de CHISSEY.
Philippe de SAINT-LÉGER, s$^{gr}$ de Rully.
Joachim de MALAIN, seigneur de Lux.
MILLETOT, seigneur de Champrenault.
René de JAUCOURT, seigneur de Vaux.
BATAILLE, seigneur de Premeaux.
Antoine de SERCEY, seigneur de Venarey.
Jacques de SALINS, seigneur de Corabœuf.
Barnabé de GIELLAN.
Jean de CLUGNY, seigneur du Brouillard.
Guy de CLUGNY, seigneur de Conforgien.
Michel de CHAUGY, seigneur de Savigny-en-Autunois.
Claude de MAILLY, seigneur d'Arcelot.
Barthélemy de SIVRY, seigneur dudit lieu.
LE GOUX, seigneur de Boncourt.
Antoine de SAILLANT.
Hugues de GASSE, seigneur de Rouvray.
Claude de VICHY, seigneur d'Agencourt.
Claude de BRESCHE.
Hugues ARCELIN, seigneur de Villeferry.
Prudence BATAILLE.
Didier d'AUXY, seigneur de Marcellois.
N. de BOUY.

Charles de STAINVILLE, seigneur de Pouilly.
Antoine de CHOISEUL, seigneur de Traves.

### 1561

Georges de LA GUICHE, seigneur de Sevignon, bailli de Chalon, *élu*.
Pierre d'AUMONT.
Nicolas de BAUFFREMONT, baron de Senecey.
Jean de RICEY, écuyer.
Charles de SAINT-LÉGER, seigneur de Rully.
Théodore de SAULX, s$^{gr}$ d'Arc-sur-Tille.
Jean d'AMONCOURT, seigneur de Montigny-sur-Aube.
Hugues de CHAUGY.
Jean de SENEVOY, seigneur de Villiers.
Jean DAMAS, seigneur de Saint-Bonnet.
Humbert de TENARRE, seigneur de Genlis.
François de LIVRON, seigneur de Bourbonne.
Jean BOUTON, seigneur de Bosjan.
Prudence BATAILLE, seigneur de Varennes.
SAUMAISE, seigneur des Bâties.
PERNES, seigneur de Villargeau.
Antoine de BAISSEY, seigneur de Longecourt.
Guillaume de DRÉE, s$^{gr}$ de Gissey-le-Vieil.
Marc DAMAS, seigneur de Meilly.
Denis de BRAZEY.
Claude de BRESCHE.
Christophe BOUTON, baron de Pierre.
Philibert de JANLY, seigneur de Dracy.
Jacques d'ORGE, seigneur du Deffend.
Claude de SAULX, seigneur de Vantoux.
N. de LA BRETÈCHE.
BACHERET.
Jacques de FOISSY, seigneur de Chamesson.
Nicolas CHAMBELLAN, seigneur d'Oisilly.
Jean de BAISSEY, seigneur de Beaumont.
Guy de CLUGNY, seigneur de Conforgien.
Michel de CHAUGY, seigneur de Savigny.
Antoine de TENARRE, seigneur de Souterrain.
Hugues LE MAILET, s$^{gr}$ de Ternant, gouverneur de la Chancellerie et bailli de Dijon,
Et plusieurs autres, dit le registre.

### 1562

Georges de LA GUICHE, s$^{gr}$ de Sevignon, *élu*.
Nicolas de BAUFFREMONT, baron de Senecey.
Philippe de ROCHECHOUARD, baron de Couches.
Jean de MARTIGNY, seigneur de Montigny.
Antoine de CHOISEUL, seigneur de Traves.
Hugues de GASSE, seigneur de Rouvray.
Antoine DAMAS, baron de Digoine.
Pierre de COURCELLES, baron d'Auvillars.
Antoine de BAISSEY, seigneur de Longecourt.
Philippe de VICHY, seigneur du Jeu.
Arthus de COLOMBIER, seigneur d'Aligny.
Jean de LA RIVIÈRE.
Hugues LE MAILET, bailli de Dijon.
Jean de BAISSEY, seigneur de Beaumont.
Christophe BOUTON, baron de Pierre.
Jean de L'AUBESPIN, vicomte de Chigy, *élu du Mâconnais*.
Jacques de FOISSY, seigneur de Chamesson.
Du BLÉ, seigneur de Cormatin.
Charles de MOROGES, seigneur de Fixey.
FAUTRIÈRES, seigneur de Courcheval.
Jacques de VINTIMILLE.
Guillaume de LA COLLONGE,
Et plusieurs autres.

### 1563

Georges de LA GUICHE, bailli de Chalon, *élu*.
Nicolas de BAUFFREMONT, baron de Senecey.
Philippe de ROCHECHOUARD, baron de Couches.
Jean LALLEMAND, seigneur de Bouclans.
Du BLÉ, seigneur de Cormatin.
Charles de MALAIN, seigneur de Missery.
Antoine de SEMUR, seigneur de Trémont-en-Mâconnais.
Hugues LE MAILET, seigneur de Ternant, bailli de Dijon.
LE GOUX, seigneur de Boncourt.
Hélion de VILLE-SUR-ARCE.
PERNES, seigneur de Villargeau.
Jean de MALAIN, seigneur de Montigny.
LA MARCK.
N. de LOGES, s$^{gr}$ de la Boulaye, bailli d'Autun.
Antoine du BLÉ, seigneur de Mauvilly.
Jean de BAISSEY, seigneur de Beaumont.
Jean de MARTIGNY, chevalier.
N. de CHOISEUL, seigneur d'Eguilly.
Antoine de BAISSEY, seigneur de Longecourt.
Nicolas CHAMBELLAN, seigneur d'Oisilly.

Marceau de CHOISEUL, seigneur de Chevigny.
NAGU, seigneur de Longecourt.
Barnabé de GIELLAN.
Le seigneur de Doncourt.
MILLETOT, seigneur de Champrenault.
Denis de BRAZEY.
Guy de CLUGNY, seigneur de Conforgien.
N. de BALATHIER, s$^{gr}$ de Villargoix et de Lantage.
CONIGHAN, seigneur d'Arcenay.
Jean DAMAS, seigneur de Meilly.
PERNES, seigneur d'Epinac.
FAUTRIÈRES, seigneur de Courcheval.
Jacques de FOISSY, seigneur de Chamesson.
Jean de LA RIVIÈRE.
Philibert VALLEROT, seigneur de Buxillon.
Jean BORDE, seigneur de Maulvoisin.
André de LAVAL, seigneur du Bassin,
Et plusieurs autres.

## 1566

Charles de MALAIN, chevalier, seigneur de Missery, *élu*.
D'AUMONT.
Nicolas de BAUFFREMONT, s$^{gr}$ de Senecey.
Philippe de ROCHECHOUARD, baron de Couches.
Alexandre de SAULX, seigneur de Torpes, gouverneur d'Auxonne.
Georges de LA GUICHE, seigneur de Sevignon.
Hugues de GASSE, seigneur de Rouvray.
N. de CHOISEUL, seigneur d'Eguilly.
Jean DAMAS, seigneur de Meilly.
Guillaume de MALAIN, commandeur de Belle-Croix.
Bernard du MEIX, baron d'Aubigny.
N. de LOGES, seigneur de la Boulaye et bailli d'Autun.
Henri de MALAIN.
Antoine de SEMUR, seigneur de Trémont.
Jean BOUTON, seigneur de Bosjan.
Antoine de BAISSEY.
Antoine de CHATENAY, s$^{gr}$ de Saint-Vincent.
Jean de LA PERRIÈRE, écuyer.
Antoine de CHANDYO, seigneur de Bussy.
Joachim de MALAIN, seigneur de Lux.
Claude de VICHY, seigneur d'Agencourt.
Jean de MARTIGNY, seigneur de Ménèble.

Jean de BOUSSEVAL, seigneur de Villiers-les-Haut, capitaine du Château de Dijon.
Claude de MARCHEVILLE, seigneur de la Salle, gentilhomme de la chambre du Roi.
Jacques d'ORGE, seigneur du Deffend.
Denis de BRAZEY, s$^{gr}$ de Gissey en partie.
J. de FUSSEY, seigneur de Chazelles.
Marceau de CHOISEUL, seigneur de Chevigny.
Edme JULIEN, seigneur de Verchisy.
Joachim de CHATENAY, s$^{gr}$ de Gissey en partie.
Guillaume de LA COLLONGE.
N. du VAULX DE CHOISEUL, s$^{gr}$ de Charnay.
CLUGNY, seigneur de Champéculon.
Laurent de JANLY, seigneur de Dracy.
N. de VAUCELLES.
NATUREL, seigneur de Plaines.

## 1568

Nicolas de BAUFFREMONT, s$^{gr}$ de Senecey, *élu*.
N. de DYO, baron de Montperroux.
Jean de LA PERRIÈRE, chevalier de l'Ordre.
Georges de LA GUICHE, seigneur de Sevignon.
Charles de MALAIN, seigneur de Missery.
Marceau de CHOISEUL, seigneur de Chevigny.
Pétrarque du BLÉ, seigneur de Cormatin, chevalier de l'ordre du Roi.
N. de CHOISEUL, seigneur d'Eguilly.
Jean d'AMONCOURT, s$^{gr}$ de Montigny-sur-Aube.
Guy PETIT, écuyer, s$^{gr}$ de Villiers-sur-Suize.
Antoine de CHANDYO.
Claude de LA CHAMBRE, seigneur de Montfort et baron de Ruffey.
Jean de LA CHAMBRE, seigneur de Montfort.
Denis de BRAZEY.
Claude de FERRIÈRE, seigneur de Chassagne, conseiller au Parlement de Dijon.
LE GOUX, seigneur de Santenay.
BAUFFREMONT fils, baron de Senecey.
Jean BORDE, seigneur de Maulvoisin.
Philippe de VICHY, seigneur du Jeu.

Le registre porte que les seigneurs de Ruffey, de Couches, de Torpes, d'Epinac, d'Auvillars, de la Boulaye, de la Nocle, de Mâlain, de Rouvray, de Bussy, de Chamesson, de Montmoyen, n'ont point paru à l'Assemblée, quoique convoqués.

## 1570

Charles de MALAIN, seigneur de Missery, chevalier de l'Ordre, *élu*.
Nicolas de BAUFFREMONT, chevalier de l'Ordre, baron de Senecey.
Philippe de ROCHECHOUARD, baron de Couches.
Claude de LA CHAMBRE, seigneur de Montfort et baron de Ruffey.
Jacques de VIENNE, baron de Commarin.
Henri de MALAIN, baron de Lux.
Charles de SAINT-LÉGER, seigneur de Rully.
Guillaume de MALAIN, commandeur de Belle-Croix.
Girard de BAISSEY, seigneur de Beaumont.
Philibert de MONTCONIS, chevalier, capitaine de la citadelle de Chalon.
Jean DAMAS, seigneur de Meilly.
Antoine de CHATENAY, s$^{gr}$ de Saint-Vincent.
Jean de LA FIN, chevalier de l'Ordre, seigneur de la Nocle, chambellan du Roi.
Jean de MALAIN, seigneur de Montigny.
Antoine de CHISSEY, seigneur de Varanges.
LA MAGDELAINE, seigneur de Marcilly.
Marceau de CHOISEUL, seigneur de Chevigny.
Le seigneur de Vitry.
Antoine de TENARRE, seigneur de Souterrain.
N. de CHAUGY.
Charles de MONTCONIS, seigneur de Montcoy.
N. de BALATHIER, seigneur de Villargoix.
Antoine de SEMUR, seigneur de Trémont.
Jacques de VINTIMILLE.
Gaspard de SAULX, seigneur de Saulon, chevalier de l'Ordre.
N. de TRESTONDAN.
François de CIRY, seigneur de Charnaille.
Denis de BRAZEY, seigneur de Gissey.
Claude de THYARD, seigneur de Bragny.
Guy de TOURNES, seigneur de Thôte.
François de CHOISEUL, baron de Clefmont.
René de JAUCOURT, seigneur du Vaux.
Jean de SAULX-TAVANNES fils.
Louis de VILLERS-LA-FAYE.
N. de ROSTAIN.
Christophe de RABUTIN, s$^{gr}$ de Bourbilly.
Humbert de TENARRE, seigneur de Genlis.
BAUFFREMONT fils, seigneur de Senecey.

François POT, seigneur de Chassingrimont.
Didier d'AUXY, seigneur de Marcellois.
Claude de LESTOUF, seigneur de Pradines.
Jean BRANDIN, seigneur de Massène.
Jean de CHISSEY, écuyer.
Philippe de MESSEY, seigneur de Sassangy.
Antoine de CHANDYO.
PERNES, seigneur de Villargeau.
Jean de NAGU.
PERNES, seigneur de Monetoy ou Epinac.
Léonard DAMAS, baron de Thianges.
Philibert de CHEVRIER, s$^{gr}$ de Saint-Mauris.
Girard de BAISSEY, seigneur de Noiron.
Hugues de GASSE, seigneur de Rouvray.
Georges de LA GUICHE, chevalier de l'Ordre, seigneur de Sevignon.
Jean de MARTIGNY, seigneur de la Villeneuve.
Jean DAMAS, seigneur de Saint-Riran.
François de CHOISEUL, baron de Clefmont.
Philippe d'ANDELOT, seigneur de Demigny.
Jean BOUTON, s$^{gr}$ de Bosjan et de Corberon.
Claude de CHANDYO, seigneur de Bussy.
Antoine de SERCEY, seigneur de Venarey.
Pierre de COURCELLES, seigneur d'Auvillars, chevalier de l'Ordre.
Antoine de COLOMBIER.
Jean de THYARD, seigneur de Bissy,
Et plusieurs autres.

## 1572

François CHABOT, seigneur de Brion, *élu*.
Philippe de ROCHECHOUARD, baron de Couches.
Marceau de CHOISEUL, seigneur de Chevigny.
Claude de CHOISEUL, seigneur de la Meure.
Guillaume de MALAIN, commandeur de Belle-Croix.
Hugues de GASSE, seigneur de Rouvray, chevalier de l'Ordre.
Antoine DAMAS, baron de Digoine, chevalier de l'Ordre.
Jacques de VINTIMILLE.
Guillaume de LA COLLONGE.
Antoine de CHOISEUL, seigneur de Traves.
Girard de BAISSEY, seigneur de Beaumont.
Jacques de FOISSY, seigneur de Chamesson.
Jean de MALAIN, seigneur de Montigny.

Jean de Fussey, seigneur de Sarrigny.
Jean d'Orge, seigneur de Villeberny.
Louis de Villers-la-Faye.
N. de Verneusse, *élu du Mâconnais*.
Girard de Baissey, seigneur de Noiron, chevalier de l'Ordre, capitaine de la porte.
N. de Baissey, seigneur de la Motte.
De la Rogue.
Didier d'Auxy, seigneur de Marcellois.
Théodore de Saulx, seigneur d'Arc-sur-Tille.
François de la Magdelaine, seigneur de Ragny, bailli d'Auxois.
Claude de Valenciennes, écuyer, s^r de Ballo.
Gaspard de Saulx-Tavannes, bailli de Dijon.
Jean de Saulx-Tavannes, vicomte de Ligny.
Charles de Stainville, seigneur de Pouilly.
Pétrarque du Blé, seigneur de Cormatin.
Jean de Beauvoisin, écuyer.
Jean Damas, seigneur de Saint-Riran, gouverneur de Beaune.
N. de Mailly, seigneur de Trouhans.
Plaines, seigneur de Tart.
N. de la Rivière.
Philibert de Janly, seigneur de Dracy.
Charles de Montconis, seigneur de Montcoy.
Simon de Saint-Belin, s^r de Clairey-Fontaine.
Perrault de Montrevost, s^r de la Chapelle.
Guillaume de Drée, chevalier de l'Ordre, seigneur de Gissey.
Laurent de Pracontal, seigneur de Soussey.
Denis de Brazey, s^r de Gissey-les-Flavigny.
Louis de Rochechouard, s^r de Chandenier.
Jacques de Courcelles, seigneur de Pourlans.
Jean de Martigny fils, écuyer.

### 1573

François Chabot, seigneur de Brion, *élu*.
Charles de Stainville, seigneur de Pouilly, chevalier de l'Ordre.
Jean de Malain, seigneur de Montigny.
Jean de Lantage, seigneur de Belan.
Antoine de Vichy, seigneur de Champrond.
Jacques de Vintimille, conseiller du Roi, *quoique sans convocation expresse*, dit le registre.

### 1575

François Chabot, marquis de Mirebeau, seigneur de Brion, *élu*.
Guillaume de Saulx, vicomte de Tavannes.
Georges de la Guiche, seigneur de Sevignon.
Antoine de Semur, seigneur de Trémont, *élu du Mâconnais*.
Hugues de Gasse, seigneur de Rouvray.
Charles de Saint-Léger, seigneur de Rully.
Pétrarque du Blé, seigneur de Cormatin.
Jacques de Vintimille.
Guillaume de la Collonge.
Antoine de Vichy, seigneur de Champrond, *élu du Charollais*.
Jean Le Marlet, seigneur de Gemeaux.
François de Choiseul, seigneur de Chevigny.
André de Franay, écuyer.
Claude de Choiseul, seigneur de la Meure.
René de Rochefort, chevalier de l'Ordre.
Baissey frères, seigneurs de Beaumont.
Louis de Beauvoir-Chastellux.
Louis de Rochechouard, s^r de Chandenier.
Guillaume de Malain, commandeur de Belle-Croix.
Jean de Nagu.
Simon de Saint-Belin.
Jean de Montconis, seigneur de Montcoy.
Jean de Fussey, seigneur de Sarrigny.
Claude de Martigny, seigneur de Rocheprise.
Claude Bouton, seigneur de Bosjan.
Georges de Vingles, seigneur de Drée.
Bernard, seigneur de Montessus.
Villers-la-Faye, seigneur de Vonge.
Bénigne Le Compasseur, s^r de Jancigny.
NN. de Fussey frères, seigneurs de Chazelles.
Plaines, seigneur de Tart.
Jacques de Foissy, seigneur de Chamesson.
Pélissier.
Jean d'Orge, seigneur de Villeberny.

### 1576

François Chabot, marquis de Mirebeau, seigneur de Brion, *élu*.
Nicolas de Bauffremont, s^r de Senecey.
Antoine de Vienne, seigneur de Commarin.
Jean de Vienne, seigneur de Ruffey.

Claude de Dyo, seigneur de Montperroux.
Pierre de Courcelles, seigneur d'Auvillars.
Pernes, seigneur de Monetoy ou Epinac.
N. de Senevoy.
Charles de Malain, seigneur de Missery, gouverneur de Vézelay.
Philippe-Guy de la Fin, dit de Salins, seigneur de la Nocle.
Antoine Damas, baron de Digoine.
Joachim de Rochefort, sgr de Pluvault.
Louis de Beauvoir-Chastellux, chevalier de l'Ordre.
René de Rochefort, chevalier de l'Ordre.
Jean de Fussey, seigneur de Sarrigny.
Lazare de la Tournelle, seigneur de Fangy.
Jean de Beauvoisin.
Beaufort.
Plaines, seigneur de Tart.
Pétrarque du Blé, seigneur de Cormatin.
Jean Borde, seigneur de Maulvoisin.
Charles de la Boutière.
N. de Villars.
Jean de Digoine, seigneur d'Estroyes.
Lazare de Breschard, seigneur de Thury.
François de la Magdelaine, sgr de Ragny.
J. de Fussey, seigneur de Chazelles.
François de Mailly, seigneur de Mimande.
NN. de Mailly père et fils.
Jean Damas, seigneur de Saint-Riran.
Jacques de Foissy, seigneur de Chamesson.
Antoine du Blé, seigneur de Mandelot.
N. Damas, seigneur de la Motte-Marcilly.
Pierre de Bauffremont.
Gaspard de Tintry.
Jean-Guillaume Damas, seigneur de Passilly.
Philibert de Janly, seigneur de Dracy.
François de Clugny, seigneur du Brouillard.
Guillaume des Bruyères, lieutenant du bailli de Dijon.
Humbert Le Goux, seigneur de la Berchère.
Le seigneur de Themoley.
Charles de la Boutière, sgr de Chassagne.
N. de Drée, seigneur de la Serrée.
Guillaume des Baugis.
N. de Vidal.
Barthélemy de Clugny, sgr de Montachon.

## 1577 [1]

François Chabot, seigneur de Brion, *élu*.
Antoine de Vienne, seigneur de Commarin.
Marceau de Choiseul, seigneur de Chevigny.
Georges de la Guiche, seigneur de Sevignon.
Michel de Chaugy, sgr de Savigny-l'Etang.
Etienne Dubois, seigneur de la Rochette.
Dubois, seigneur de la Tour-du-Pré.
Charles de Saint-Léger, seigneur de Rully.
Guillaume de Drée, chevalier de l'Ordre.
François de Choiseul, seigneur de Frénoy.
N. de Vidal.
Antoine du Blé, seigneur de Mandelot.
Vienne-Gevrole, seigneur de Marnay.
Jean de Fussey, seigneur de Sarrigny.
Christophe Pot, baron de Blaisy, chevalier de l'Ordre.
Nicolas de Bauffremont, baron de Sennecey.
Guy de Tournes, seigneur de Thôte.
Guillaume de Ramilly, seigneur d'Essanlets.
Jean de Montconis, seigneur de Montcoy.
René de Rochefort.
Jean Borde, seigneur de Maulvoisin.
Jean de Chauviret, seigneur de Gemeaux.
Philibert de Pontailler, seigneur de la Motte-Ternant.
NN. Damas, seigneurs de Meilly.
Joachim de Chatenay, sgr de Saint-Vincent.
Charles de Malain, seigneur de Missery.
Louis et Humbert de Malain frères, seigneurs de Voudenay.
Pétrarque du Blé, seigneur de Cormatin.
Denis de Brazey, seigneur de Gissey.
Pierre de Saulx, seigneur de Vantoux.
Denis de Sercey.
N. de Rabutin, seigneur de Sancy.
Louis de Rochechouard, sgr de Chandenier.
Guillaume de Chatenay, chevalier de l'Ordre.
J. de Fussey, seigneur de Chazelles.
Gabriel Damas d'Anlezy, sgr de Montagnerot.
Jean de Tirevolet, écuyer.
NN. de Choiseul frères, sgrs de Chevigny.
Gabriel de la Guiche.

(1) Il y eut deux réunions des Etats cette année.

Philippe Papin, seigneur de la Bussière et de
  Néronde, bailli de Mâcon.
Jean Damas, seigneur de Saint-Riran, chevalier de l'Ordre.
Dyo, seigneur de Montmort.
Lazare de Breschard, seigneur de Thury.
Etienne Thirion, seigneur de Barges.
Jean de Nagu, seigneur de Varennes.
Louis de Villers-la-Faye, chev. de l'Ordre.
Jacques Chappelain, seigneur d'Agey.
Guillaume de Montconis, s$^{gr}$ de Dampierre.
N. de Bernault, seigneur de Marnay.
N. Borde, seigneur de Maulvoisin.
N. de Ricey.
Le Blond, seigneur de la Borde.
Léonard Damas, chevalier de l'Ordre, baron
  de Thianges.
Michel Moisson, seigneur de Cessey.
Claude de Dyo, seigneur de Montperroux.
Pernes, seigneur de Mouctoy.
La Marck.
N. de Loges, s$^{gr}$ de la Boulaye, bailli d'Autun.
François de Clugny, seigneur du Brouillard.
Courcelles, seigneur de Tart.
N. Damas, seigneur de la Motte-Marcilly.
René de Rochebaron, seigneur de Berzé.
Louis d'Eguilly, commandeur de la Romagne.
Philippe de Messey, seigneur de Sassangy.
Melchior Bernard, seigneur de Montessus.
Lazare de la Tournelle.
Jean de Martigny, écuyer.
Pierre de Chissey, seigneur de Vonges.
N. de Loges.
Jacques de Foissy, seigneur de Chamesson.
Guillaume de la Collonge, seigneur de la
  Motte-sur-Dheune.
Louis de Beauvoir-Chastellux.
N. d'Aullenay, seigneur d'Arcy-sur-Cure.
François de Ciry, seigneur de Charnaille.
Simon de Saint-Belin, s$^{gr}$ de Clairey-Fontaine.
Moisson, seigneur de Renève.
N. de Martigny.
Le Compasseur, seigneur de Vitrey.
N. de Lantage, seigneur de Belan.
Le seigneur d'Uchon.
N. de Reclaines.

Jacques de Vintimille.
Perrault de Montrevost, s$^{sr}$ de la Chapelle.
Claude de Saubiez, seigneur des Bâtis.
Guillaume des Bruyères.
Alexandre de Crux, seigneur de Trouhans.
Antoine de Semur, seigneur de Trémont.
Milletot, seigneur de Champrenault.

## 1578

François Chabot, seigneur de Brion, *élu*.
Rochechouard, baron de Couches, chevalier
  de l'Ordre.
Claude de Bauffremont, baron de Senecey.
Philippe-Claude de Dyo, seigneur de Montperroux, chevalier de l'Ordre.
Antoine de Vienne, seigneur de Commarin.
François de la Magdelaine, s$^{gr}$ de Ragny.
Philibert Bernard de Montessus, seigneur
  de Brandon.
Le seigneur de Pussey.
Guillaume de la Collonge.
Melchior Bernard de Montessus.
N. Damas de Marcilly, seigneur de la Motte.
Jean Damas, seigneur de Saint-Riran.
Philippe de Rochechouard, chevalier, seigneur de Crécey.
Jean de Beauvoisin.
Antoine de Vichy, seigneur de Champrond.
Antoine de Salins, seigneur de Corabœuf.
Guy Petit, seigneur de Villiers.
Guillaume de Clugny, seigneur de Conforgien.
Guy de Tournes, seigneur de Thôte.
Jean de Lestouf, seigneur de Semoutiers.
Claude de Sauldon, seigneur de Chanceaux.
Marceau de Choiseul, seigneur de Chevigny.
Guillaume de Malain, commandeur de Nancy,
  Pont-Aubert et Normier.
Jean de Saulx, vicomte de Tavannes.
N. de Loges, s$^{gr}$ de la Boulaye, bailli d'Autun.
Charles de Malain, seigneur de Missery.
Pétrarque du Blé, seigneur de Cormatin.
Joachim de Chatenay, seigneur de Saint-
  Vincent, et son fils.
Antoine Damas, baron de Digoine, chevalier
  de l'Ordre.
Guy de la Fin, *dit* de Salins, s$^{gr}$ de la Nocle.

Antoine du BLÉ, seigneur de Mandelot.
Jean BORDE, seigneur de Maulvoisin.
NN. DAMAS, seigneurs de Meilly, père et fils.
Michel de CHAUGY, s<sup>gr</sup> de Savigny-l'Etang.
Lazare de LA TOURNELLE.
Jean de DIGOINE, seigneur d'Estroyes.
N. de SAINT-GOBERT.
Antoine de SEMUR, seigneur de Trémont, chevalier de l'Ordre.
Jacques de FOISSY, seigneur de Chamesson.
Louis d'EGUILLY, commandeur de la Romagne.
Philippe d'ANDELOT, seigneur de Demigny.
Gaspard de LANTAGE, seigneur de Toire.
THYARD, seigneur de Bissy.
Edme de THENAY, seigneur de Besanceuil.
BOUVOT, seigneur de Cormaillon.
Louis du BATTUT.
Claude GENTIL, seigneur de Sainte-Hélène.
Louis de VILLERS-LA-FAYE, baron dudit lieu, chevalier de l'Ordre.
LE GOUX, seigneur de Boncourt.
François de MAILLY, s<sup>gr</sup> de Mimande, et son fils.
Antoine de COLOMBIER, seigneur d'Aligny.
Philippe de MESSEY, seigneur de Sassangy.
Charles DAMAS, seigneur de Marcilly.
N. de SIVRY, seigneur dudit lieu.
NATUREL, seigneur de Plaines.
Claude de CHANDYO, seigneur de Bussy.
Guy de RABUTIN, seigneur de Bourbilly.
Jean de RABUTIN, seigneur d'Athie.
FUSSEY frères, seigneurs de Chazelles.
Louis de MALAIN, seigneur de Spoy.
NN. de MESSEY frères.
N. de CONIGHAN.
Charles de SAINT-LÉGER, seigneur de Rully.
Charles de LA BOUTIÈRE, écuyer.
N. de BRESCHE, seigneur de Moloy.
Claude de LA TRÉMOUILLE, écuyer, seigneur de Bresche.
Blaise de LA TRÉMOUILLE, s<sup>gr</sup> de Beauregard.
Philibert de JANLY, seigneur de Dracy.
Denis de BRAZEY, seigneur de Gissey.
François de CLUGNY, seigneur du Brouillard.
JAUCOURT, seigneur de Rouvray.
JAUCOURT, seigneur de Villarnoult.
Claude de CHOISEUL, seigneur de la Meure.

Claude BOUTON, seigneur de Frangy.
N. d'ESTAGNY.
ROCHEBARON, seigneur de Joncy.
Guillaume de DRÉE, seigneur de Gissey.
Joachim de ROCHEFORT, seigneur de Pluvault, chevalier de l'Ordre.
Joachim DAMAS, seigneur de Commune.
Jacques de MIOLANS, chevalier de l'Ordre, baron de la Salle.
Philibert, baron de MONTCONIS.
Christophe POT, seigneur de Blaisy.
Philippe de DRÉE.
Georges de LA BAUME.
Jean de L'AUBESPIN, vicomte de Chigy.
Alexandre de CRUX, seigneur de Trouhans.
Claude RÉGNIER, seigneur de Montmoyen.
N. de MOROGES.
Jean de LA CROIX.
Gabriel DAMAS D'ANLEZY, s<sup>gr</sup> de Montagnerot.
Jean de GAND.
MOISSON, seigneur de Renève.
Philibert de NAGU, seigneur de Varennes.
Jean de NAGU.
René de ROCHEBARON, seigneur de Berzé.
Michel de CLUGNY, seigneur de Montachon.
François de CIRY, seigneur de Charnaille.
Jean de SALORNAY.
Robert d'AUBETERRE.
Joseph de VEZON, seigneur d'Annoul.
N. de RECLAINES.
Jacques de BOUY.
Emiland JULIEN, seigneur de la Cosne.
N. de CHATENAY, seigneur de Lanty.
Georges de SAINT-BELIN.
Jean de MARTIGNY.
Jean de CHISSEY, seigneur de Varanges.
Balthazar de LA TOURNELLE.
COLOMBIER, seigneur de Savigny-sur-Grosne.
Girard de BAISSEY, seigneur de Beaumont.
François DORMY, seigneur de Vinzelle.
CLUGNY frères, seigneurs de Champéculon.
NAGU.
Antoine MILLOT, commandeur de Norges.

**1579**

Philippe-Claude de DYO, seigneur de Montperroux, chevalier de l'Ordre, *élu*.

Nicolas de BAUFFREMONT, seigneur de Senecey, chevalier de l'Ordre.
Charles de MALAIN, seigneur de Missery, chevalier de l'Ordre.
Joachim de CHATENAY, seigneur de Mauvilly, chevalier de l'Ordre.
Louis d'EGUILLY, commandeur de la Romagne.
Jacques de FOISSY, seigneur de Chamesson.
Jean DAMAS, seigneur de Villiers.
Joachim de ROCHEFORT, chevalier de l'Ordre, seigneur de Pluvault.
Louis de BEAUVOIR-CHASTELLUX.
Antoine de SALINS, seigneur de Corabœuf.
N. de CHOISEUL, seigneur de la Meure.
Cl. DAMAS, seigneur de la Motte-Marcilly.
Jean DAMAS, seigneur de Sassangy.
Jacques de VINTIMILLE.
Antoine de VICHY, seigneur de Champrond.
Louis de VILLERS-LA-FAYE, s$^{gr}$ du Rousset.
J. de FUSSEY, seigneur de Chazelles.
Antoine de CHATENAY, s$^{gr}$ de Saint-Vincent.
Antoine DAMAS, seigneur de Digoine, chevalier de l'Ordre.
Jean BRANDIN, seigneur de Massène.
Simon de SAINT-BELIN, s$^{gr}$ de Clairey-Fontaine.
Michel de CLUGNY, ch$^{er}$, s$^{gr}$ de Montachon.
Guillaume de MONTCONIS, s$^{gr}$ de Dampierre.
Antoine du BLÉ, seigneur de Mandelot.
N. de BRESCHE, seigneur de Moloy.
Le seigneur de Gerland.
N. de BAUFFREMONT.
Jean de MALAIN, seigneur de Voudenay.
Hugues de VEZON, seigneur d'Annoul.
N. de RECLAINES.
N. d'ABRICARDOT.
Le seigneur d'ALLERAC.
Guillaume de LA COLLONGE.
Jacques de CHAUGY, seigneur de Roussillon.
René de ROCHEBARON, seigneur de Berzé.

### 1580

Philippe-Claude de DYO, seigneur de Montperroux, *élu.*
Nicolas de BAUFFREMONT, seigneur de Senecey.
Charles de MALAIN, seigneur de Missery.
Jacques de VINTIMILLE.

Guillaume de LA COLLONGE.
Pétrarque du BLÉ, seigneur de Cormatin.
Antoine de CHATENAY, s$^{gr}$ de Saint-Vincent et de Ville-sur-Arce.
Jean DAMAS, seigneur de Villiers.
Louis de VILLERS-LA-FAYE.
Antoine de VICHY, seigneur de Champrond.
Antoine du BLÉ, seigneur de Mandelot.
Christophe de RABUTIN, s$^{gr}$ de Bourbilly.
Girard de BAISSEY, seigneur de Beaumont.
Charles de MONTCONIS.
N. de RECLAINES.
Olivier THIRION, seigneur de Barges.
Claude de GAND.

### 1581

Philippe-Claude de DYO, seigneur de Montperroux, *élu.*
Marceau de CHOISEUL et son fils, seigneurs de Chevigny.
Léonard DAMAS, baron de Thianges.
Jean DAMAS, seigneur de Villiers.
François CHABOT, seigneur de Brion, marquis de Mirebeau.
Cl. DAMAS, seigneur de la Motte-Marcilly.
Louis de VILLERS-LA-FAYE.
Nicolas de BAUFFREMONT, seigneur de Senecey.
Louis de BEAUVOIR-CHASTELLUX.
Melchior BERNARD, seigneur de Montessus.
Jean de SAULX, vicomte de Tavannes.
Michel de CLUGNY, seigneur de Montachon.
François de RABUTIN, seigneur de la Vaulx.
Charles de MALAIN, seigneur de Missery.
Emiland JULIEN, seigneur de la Cosne.
François de CHOISEUL, seigneur d'Eguilly.
COURCELLES, seigneur de Tart.
N. du BLÉ fils, seigneur de Cormatin.
Le seigneur de Gerland.
Guillaume de MONTCONIS, s$^{gr}$ de Dampierre.
N. de LENONCOURT, seigneur d'Athée.
Lazare de LA TOURNELLE.
Louis d'EGUILLY, commandeur de la Romagne.
Guillaume de MALAIN, command$^{r}$ de Nancy.
BEAUVOIR-CHASTELLUX.
Philibert, baron de MONTCONIS.
René de ROCHEBARON, seigneur de Berzé.

N. de Messey.
Antoine du Blé, seigneur de Mandelot.
Barnabé de Giellan, seigneur de Thenissey.
Charles de Vesvre.
N. de Moroges, seigneur de la Tour-du-Boz.
Joachim Damas, seigneur de Communes.
Le seigneur d'Aisey.
Jean de Rabutin, seigneur d'Athie.
Jean Damas, seigneur de Saint-Riran.
Antoine de Semur, seigneur de Trémont.

### 1582

Claude de Bauffremont, chevalier de l'Ordre, baron de Senecey, *élu*.
Marceau de Choiseul et ses deux fils, seigneurs de Chevigny.
Jean Damas, seigneur de Villiers.
J. de Fussey, seigneur de Chazelles.
Guillaume de Montconis, s$^r$ de Dampierre.
Guillaume de Ramilly, seigneur d'Essanlets.
Antoine de Vichy, seigneur de Champrond.
Antoine du Blé, seigneur de Mandelot.
Le seigneur de Gerland.
Humbert de Bresche, seigneur du Montet.
N. du Vaulx, bailli d'Auxerre.
Jacques de Foissy, seigneur de Chamesson.
Philippe d'Andelot, seigneur de Demigny.
Louis, baron de Villers-la-Faye.
Emiland Julien, seigneur de la Cosne.
Joachim Damas, seigneur de Communes.
Jean Berthot, seigneur de Vignolles.
Claude Bouton, seigneur de Bosjan.
N. Damas, seigneur de la Motte-Marcilly.
Girard de Baissey, s$^r$ de la Motte-Beaumont.
Simon de Saint-Belin, s$^{gr}$ de Clairey-Fontaine.

### 1584

Claude de Bauffremont, baron de Senecey, *élu* absent.
Jean Damas, chevalier, seigneur de Villiers, *nouvel élu* et président.
Philippe d'Andelot, seigneur de Demigny.
Guillaume de la Collonge.
Jean de Foissy, seigneur de Chamesson.
Marceau de Choiseul, seigneur de Chevigny.
Gaspard de Lantage, seigneur de Toire.

N. de Lantage, seigneur de Belan, bailli de la Montagne.
Antoine de Chatenay, s$^{gr}$ de Saint-Vincent.
Jean de Fussey, seigneur de Sarrigny.
Jean de Malain, seigneur de Voudenay.
Michel de Clugny, seigneur de Montachon.
Jean de l'Aubespin, vicomte de Chigy.
Joachim Damas, seigneur de Communes.
Lazare de Brazey, seigneur dudit lieu.
Philibert de Janly, chevalier, s$^r$ de Dracy.
Du Blé, seigneur de Cormatin.
Léonard Damas, seigneur de Thianges.
Antoine du Blé, seigneur de Mandelot.
Pierre de la Tournelle.
Charles de Moroges, seigneur de Diombe.
Denis de Sercey.
Le seigneur de la Chaulx.
François de Rabutin, seigneur de la Vaulx.
Jacques Chappelain, seigneur d'Agey.
N. de Vidal.
Melchior Bernard, seigneur de Montessus.
Simon de Saint-Belin, s$^{gr}$ de Clairey-Fontaine.
Jean de Villers-la-Faye, *alcade*.
Jean-Baptiste Le Goux, s$^{gr}$ de Boncourt.
N. de Reclaines.
N. d'Aullenay, seigneur d'Arcy.
Guillaume de Montconis, s$^{gr}$ de Dampierre.
Joachim Damas, seigneur du Rousset.
Le seigneur de Gerland.
Guillaume de Drée, chevalier de l'Ordre.
Claude de Choiseul, seigneur de la Meure.
Jean d'Eguilly, seigneur en partie de Gissey.
Valentin de Brancion, seigneur de Charnay.
François de Sautour, seigneur d'Yrouer.
Humbert de Bresche.
Antoine d'Amanzé, seigneur de Fouchères, *élu du Mâconnais*.
N. de Saint-Gobert.
Thenay, seigneur de Saint-Christophe.
Courcelles, seigneur de Pourlans.
François Damas fils, seigneur de Thianges.
Louis du Battut, capitaine de la porte.

### 1587

Jean Damas, seigneur de Villiers, *élu* des trois années précédentes et président.

Jacques Chabot fils, marquis de Mirebeau.
Philippe-Claude de Dyo, s<sup>gr</sup> de Montperroux.
Claude de Bauffremont, baron de Senecey.
René de Rochebaron, seigneur de Berzé.
Olivier de Beauvoir-Chastellux.
Jean de Foissy, chevalier, seigneur de Chamesson, *élu nommé*.
Gaspard de Lantage, seigneur de Toire.
Jacques d'Eguilly.
Simon de Saint-Belin, s<sup>gr</sup> de Clairey-Fontaine.
Africain de Baissey, s<sup>gr</sup> de la Motte-Beaumont.
Jean d'Eguilly, seigneur en partie de Gissey.
Antoine d'Amanzé, chevalier, seigneur de Fouchères, d'Anglure, etc.
Marceau de Choiseul, seigneur de Chevigny.
Pierre de la Tournelle.
N. de Neufchéze, baron d'Effrans.
Courcelles, seigneur de Pourlans.
Moisy, seigneur du Folet.
Le seigneur de Gerland.
Jean Borde, seigneur de Maulvoisin.
Georges de Bauffremont, comte de Cruzilles en Chalonnais.
Charles de Montconis.
N. de Senizi.
Claude de Syrot.
N. de Vidal.
Du Blé, seigneur de Cormatin.
Jacques de Chaugy, seigneur de Roussillon.
N. de Fussey, seigneur de Chazelles.
Louis du Battut.

## 1588

Jean de Foissy, seigneur de Chamesson, *élu*, député aux Etats de Blois.
François Chabot, marquis de Mirebeau, et son fils.
Claude de Bauffremont, baron de Senecey, député aux Etats de Blois.
Jean Damas, seigneur de Villiers, député aux Etats de Blois.
Joachim de Chatenay, seigneur de Mauvilly et Lanty.
François de Clugny, seigneur du Brouillard.
Léonard Damas, b<sup>on</sup> de Thianges, et son fils.
N. de Neufchéze, seigneur d'Effrans.

Thyard, seigneur de Bissy.
Joachim de Chatenay, s<sup>gr</sup> de Saint-Vincent.
Melchior Bernard, seigneur de Montessus.
Philippe de Foissy, seigneur de Toire.
Antoine du Blé, seigneur de Mandelot.
Africain de Baissey, s<sup>gr</sup> de la Motte-Beaumont.
François de Rabutin, seigneur de la Vaulx, député aux Etats de Blois.
Jacques Chappelain, seigneur d'Agey, lieutenant de la Compagnie du m<sup>is</sup> de Mirebeau.
Saint-Belin, seigneur de Clairey-Fontaine.
Courcelles, seigneur de Tart.
Jean de Blondefontaine, s<sup>gr</sup> de Mussiot.
Charles de Vesvre.
Claude de la Trémouille, seigneur de la Motte-Ternant.
Philibert de Pontailler, s<sup>gr</sup> de Chazelles, en Morvan et de Montagnerot.
Charles du Verne, seigneur de Serrigny.
Claude de Lenoncourt, seigneur de Loches, bailli de Bar-sur-Seine, député aux Etats de Blois.
N. de Senizi.
Humbert de Marcilly, baron de Cypierre.
François de Cléron, seigneur de Posange.
François de Tuppin, seigneur de Landreville.
Antoine de Vichy, seigneur de Champrond, député aux Etats de Blois.
Jean de la Guiche, seigneur de Sevignon, député aux Etats de Blois.
Edme de Malain, baron de Lux, député aux Etats de Blois.
N. de Sauldon.
Le seigneur de Blesneau, député aux Etats de Blois.

## 1589

Etats de la Ligue à Dijon.

Louis de Villers-la-Faye.
Claude de Lenoncourt, seigneur de Loches.
Claude de Lestouf, seigneur de Poinsson.
Jean de Boyault, seigneur de Franchesse.
Africain de Baissey, s<sup>gr</sup> de la Motte-Beaumont, gouverneur de Beaune.
François de Clugny, seigneur du Brouillard.
Thyard, seigneur de Bissy.

Claude de Lenoncourt, s<sup>gr</sup> de Chauffour.
Pierre Régnier, seigneur de Montmoyen, président à la Chambre des comptes.
Jean Boyer de Champlecy.
Claude de Digoine, seigneur du Palais.
Remberg Le Pardessus, seigneur de Marcilly-les-Viteaux.
Saint-Belin fils, seigneur de Clairey-Fontaine.

### 1590
*Etats de la Ligue à Dijon.*

Claude de Lestouf, seigneur de Poinsson, président.
Jean de Boyault, seigneur de Franchesse.
Jean Boyer de Champlecy.
N. de Chissey, gouverneur d'Autun.
Philibert Jaquot, s<sup>gr</sup> d'Esbarres, écuyer.
Girard Jaquot, seigneur du Magny, écuyer, fils du précédent.
Le Maire de la Bondue, trésorier de France.
Jean de Martigny, seigneur de la Villeneuve.
Conighan, seigneur de la Cour d'Arcenay.
Anne Pélissier, écuyer.
Georges de Vingles, chevalier, s<sup>gr</sup> de Drée.
Le Maire.

L'élu nommé était Antoine du Blé, chevalier de l'Ordre du Roi, baron d'Uxelles, remplacé en novembre 1590 par Claude de Lestouf, seigneur de Pradines et de Poinsson. En avril 1592, le baron d'Uxelles reprit ses fonctions, puis les céda à Lestouf.

### 1590
*Etats royalistes à Semur.*

Antoine Damas, seigneur et baron de Digoine, *élu* en fonctions.
Jean de Rabutin, seigneur d'Athie.
Guy de Rabutin, seigneur de Bourbilly.
Christophe de Rabutin, seigneur et baron de Chantal.
Guy de La Fin, *dit* de Salins, s<sup>gr</sup> de la Nocle.
Denis des Barres, s<sup>gr</sup> de Saint-Martin.
Nazare de Tuppin, seigneur de Corcelles.
François de Cléron, seigneur de Posange.
Charles Couthier, seigneur de Juilly.
Barnabé de Giellan, seigneur de Thenissey.
Jean de Traves, seigneur dudit lieu.

Guillaume de Clugny, s<sup>gr</sup> de Conforgien.
André-Edmond de Pracontal, s<sup>gr</sup> de Soussey.
Antoine de Humes, seigneur de Cherisy.
Jean Damas, seigneur de Saint-Riran.
Claude de Syrot, seigneur dudit lieu.
Guy de Sivry, seigneur de Villargoix.
Octavien de Longueval.
Gabriel Damas, seigneur de Morande.
François de Briquemault, baron de Ruère.
Claude de Choiseul, seigneur de la Meure.
Georges de La Baume, seigneur d'Este.
Denis du Crest, baron de Sigy.
Philibert de Lanty, seigneur de Railly.
Lazare de Brazey, seigneur dudit lieu.
Henri de Balfoug, exempt des gardes écossaises du Roi.
Alexandre de Béthoulal, sieur d'Arcy.
Pierre de Marcilly, sieur de Crécy.
Antoine de Humes, sieur de Sancy.
Joseph de Hénay, seigneur de Thôte.
Melchior du Bois, seigneur de Barjon.
Jean de Gand, seigneur de Chalvoisson.
Guillaume Damas, seigneur de Sanvigne.
François de Choiseul, seigneur de Fresnoy.
François de Balidan, seigneur de Charost.
Philibert de Thoisy, sieur de Poligny.
Charles de La Boutière, seigneur dudit lieu.
Philibert de Janly, seigneur de Dracy.
Michel de Clugny, seigneur de Montachon.
Claude de Chandyo, s<sup>gr</sup> et baron de Bussy.
Le sieur de Ferry.
Le sieur de Blanchefort.
Le sieur d'Argoloin.
Le sieur de Cicon.
Jean de Chargères, seigneur de la Goutte.
Le sieur de Lorme.
Humbert de Marcilly, seigneur de Cypierre, chevalier de l'Ordre, capitaine de cinquante hommes d'armes et bailli du Charollais, fut nommé *élu*. Le baron de Digoine lui fut substitué en attendant son retour.

### GENTILSHOMMES NOTABLES
*assemblés par les Elus à Semur, le 21 octobre 1590.*

François de La Magdelaine, chevalier de l'Ordre, seigneur de Ragny.

Humbert de MARCILLY, baron de Cypierre.
Le marquis de NESLE.
Christophe de RABUTIN, seigneur de Chantal.
Jean de RABUTIN, seigneur d'Athie.
Olivier de BEAUVOIR-CHASTELLUX.
COUTHIER, seigneur de Grésigny.
Louis de JAUCOURT, seigneur de Villarnoult.
Léonor de LA MAGDELAINE, sʳ de Savigny.
Marceau de CHOISEUL, seigneur de Chevigny.
François de CHOISEUL, seigneur de Fresnoy.
Philibert de THOISY, seigneur de Poligny.
Antoine d'AMANZÉ.
Joseph de HÉNAY, seigneur de Thôte.
Guy de RABUTIN-CHANTAL fils.
Claude de CHOISEUL, seigneur de la Meure.
Jacques d'EGUILLY.
Pierre de GOBILLON.
Charles COUTHIER, seigneur de Juilly.
Olivier THIRION, seigneur de Barges.

## 1593
### Etats de la Ligue à Dijon.

François de RABUTIN, seigneur de la Vaulx et d'Epiry, *élu* et président.
Claude de LESTOUF, seigneur de Poinsson.
Jean DAMAS, seigneur de Villiers.
Philippe de FOISSY, seigneur de Toire, député aux Etats de la Ligue à Paris, en 1593.
THENAY, seigneur de Fougère, député de la noblesse du Mâconnais.
Joachim DAMAS, seigneur de Communes.
Henri de LA PALU, seigneur de Lailly.
Jean de LA PALU, seigneur de Meilly.
THENAY, seigneur de Saint-Christophe.
Philibert de MONTCONIS.
Claude de LENONCOURT, seigneur de Loches, député aux Etats généraux en 1593.
Girard JAQUOT, seigneur du Magny.
NATUREL de Valetine.
Charles LALLEMAND, baron de Longepierre.
Louis de PONTAILLER, baron de Talmay, député aux Etats de 1593.

## 1596

Humbert de MARCILLY, *élu* et président.
Jacques CHABOT, marquis de Mirebeau.
René de ROCHEBARON, chevalier de l'Ordre, baron de Joncy.
N. de NEUFCHÈZE, baron d'Effrans.
Olivier de BEAUVOIR-CHASTELLUX,
Et plusieurs autres.

## 1597
### Assemblée de députés par bailliages.

*Dijon.* — Jean DAMAS, seigneur de Saint-Riran.
*Autun.* — François de RABUTIN.
*Chalon.* — Antoine du BLÉ, baron d'Uxelles.
*Auxois.* — François de CHOISEUL, seigneur de Chevigny.
*La Montagne.* — Jean de FOISSY, seigneur de Chamesson.
*Charolles.* — Antoine de VICHY, seigneur de Champrond.
*Mâcon.* — L. de POIZIEUX, sʳ de Varennes.
*Auxonne.* — Joachim de CHATENAY.
*Bar-sur-Seine.* — Claude de LENONCOURT.

## 1599

Jean DAMAS, chevalier de l'Ordre, capitaine de cinquante hommes d'armes, seigneur de Saint-Riran, baron de Chaudenay et Châtel, *élu*.
Antoine du PRAT, baron de Viteaux.
BOUHIER, seigneur de Pouilly.
Henri de LANNEAU, seigneur de Marey.

## 1601 (janvier)
### Assemblée de députés par bailliages.

*Dijon.* — Hugues PICARDET, procureur général au Parlement de Bourgogne.
*Autun.* — Edme de ROCHEFORT, bailli d'Autun, seigneur de Pluvault.
*Chalon.* — Philippe de FOISSY, sʳ de Jours et de Demigny.
*Auxois.* — Jacques-François de VIENNE, comte de Comarin.
*La Montagne.* — Josias d'ANGLURE, seigneur d'Autricourt.
*Charolles.* — Jean de LA COUR, seigneur de Moulin, *élu du Charollais*.
*Mâcon.* — René de ROCHEBARON.

*Auxerre.* — Louis de Malain, s⁼ʳ de Seignelay.
*Auxonne.* — Joachim de Chatenay, seigneur de Saint-Vincent.
*Bar-sur-Seine.* — N. de Senevoy.

### 1601 (février)
#### Assemblée de députés.

Jean Damas, seigneur de Saint-Riran, *élu* et président.
Jacques-François de Vienne, cᵗᵉ de Comarin.
René de Rochebaron.
Philippe de Foissy, seigneur de Jours.
Josias d'Anglure, seigneur d'Autricourt.
Hugues Picardet, procureur général du Roi.
Joachim de Chatenay.
Edme de Rochefort, seigneur de Pluvault.
Jean de la Cour, seigneur de Moulin.
Louis de Malain, seigneur de Seignelay.
N. de Senevoy.

Les quatre derniers n'ont pas comparu, quoique convoqués.

### 1602

Jean Damas, seigneur de Saint-Riran, *ancien élu.*
Edme de Rochefort, *nouvel élu.*
Jacques Chabot, comte de Charny.
N. de Foissy, grand prieur de Champagne.
Josias d'Anglure, seigneur d'Autricourt.
Nicolas de Bauffremont, baron de Senecey.
Claude de Chantemerle, sᵉʳ de la Clayette.
Nagu, seigneur de Varennes.
Philippe de Foissy, seigneur de Toire.
René de Rochebaron.
Bernard de Fussey, seigneur dudit lieu.
Philippe Bouton, seigneur de Chamilly.
Damas, seigneur de Villiers.
François de Rabutin, seigneur de la Vaulx, chevalier de l'Ordre.
Charles Chabot, seigneur de Charroux.
Antoine de Rochefort, seigneur de Frolois.
Le seigneur de Maulvoisin.
Henri de la Palu, seigneur de Lailly.
Claude de la Borde, sᵉʳ de Montmançon.
Charles de la Palu, seigneur de Bouligneux.
Courcelles, seigneur de Pourlans.

Daniel d'Edouard, seigneur de Jouancy.
Antoine de Pracontal, seigneur de Soussey.
Jacques de Gand, sᵉʳ de Chalvoisson.
Hugues Picardet, procureur général.
N. de Morgeot.
Etienne de Chissey, seigneur de Varanges.
Léonor de Chissey, seigneur de Vonges.
Léonard de Semur, seigneur de Trémont.
Le Compasseur, seigneur de Vitrey.
Jacques de Croisier, seigneur de Dampierre.
Chatenay, seigneur de Villemorien.
Jean de la Cour, seigneur de Moulin, *élu de la noblesse du Charollais.*

### 1605

Edme de Rochefort, baron de Pluvault, *ancien élu.*
Henri de Bauffremont, baron de Senecey, *nouvel élu.*
La Chambre, comte de Montfort.
François Damas, baron de Thianges.
Jean de Foissy, seigneur de Jours.
Jean Damas, seigneur de Saint-Riran.
Claude de Chantemerle, sᵉʳ de la Clayette.
François de Choiseul, seigneur de Chevigny.
Louis de Jaucourt, seigneur de Villarnoult.
Edme de Jaucourt, seigneur de Rouvray.
Erard Bouton, seigneur de Chamilly.
Josias d'Anglure, seigneur d'Autricourt.
Gabriel de Saint-Belin, seigneur de Biesles.
François de Rabutin, seigneur de la Vaulx.
Antoine de Rochefort, seigneur de Frolois.
Daniel d'Edouard, seigneur de Jouancy.
Joachim de Chatenay, sᵉʳ de Saint-Vincent.
Marc de Thenay, sᵉʳ de Saint-Christophe.
Cl.-Palatin de Dyo, sᵉʳ de Montperroux.
Charles de la Palu, sᵉʳ de Bouligneux.
N. de Saint-Léger.
N. de Clugny, seigneur de Conforgien.
N. de Choiseul, seigneur de Couches.
Du Puy-Montbrun, seigneur de la Nocle.
Louis Damas d'Anlezy, sᵉʳ de Montagnerot.
Léonard de Semur, seigneur de Trémont, gouverneur de Mâcon.
François de Rabutte, seigneur de Saint-Aubin et de Givry.

Antoine de Pracontal, seigneur de Soussey.
Jean de la Cour, seigneur de Moulin.
Hugues Picardet, procureur général.
Tenarre, seigneur de Montmain.
Pelletier des Crots.
N. de Cussigny, seigneur de Vianges.
Jacques de Courcelles, seigneur d'Auvillars.
N. de Drée.
Le commandeur de Beaune.
Chatenay, seigneur de Bricon,
  Et plusieurs autres.

COMMISSAIRES DÉPUTÉS EN 1605
pour la vérification des titres (1).

*Dijon.* — Guillaume de Saulx, bailli.
Jean Damas, seigneur de Saint-Riran.
N. de Tenarre, seigneur de Montmain.
*Autun.* — Edme de Rochefort, bailli.
N. de Clugny, seigneur de Conforgien.
François Damas, baron de Thianges.
Du Puy-Montbrun, seigneur de la Nocle.
*Chalon.* — Henri de Bauffremont, bailli.
La Chambre, comte de Montfort.
La Chambre, seigneur de la Saugeraye.
*Auxois.* — François de la Magdelaine, seigneur de Ragny, bailli.
François de Rabutin, seigneur de la Vaulx.
Edme de Jaucourt, seigneur de Rouvray.
*La Montagne.* — Anne de Lantage, seigneur de Chelcy, bailli.
Jean de Foissy, seigneur de Jours.
Josias d'Anglure, seigneur d'Autricourt.
*Charollais.* — Charles de Marcilly, seigneur de Cypierre, bailli.
Marc de Coligny, *dit* Lourdin, baron de Saligny, seigneur de la Motte-Saint-Jean.
Jean de la Cour, seigneur de Moulin.
*Mâcon.* — François Dormy, seigneur de Vinzelles, bailli.

(1) Nous indiquerons dorénavant les noms des commissaires nommés pour vérifier dans chaque bailliage les titres produits par les gentilshommes qui sollicitaient l'entrée de la Chambre de la noblesse. Nous les donnerons tantôt séparément, tantôt dans le cours des listes, selon leur nombre. Dans ce dernier cas, ils seront suivis du mot : *Commissaire,* ou simplement de la lettre C.

René de Rochebaron, comte de Berzé.
Claude de Chantemerle, baron de la Clayette.
*Auxerre.* — Jacques de la Rivière, bailli.
Louis de Malain, seigneur de Seignelay.
Le seigneur de Bazerne.
*Bar-sur-Seine.* — Antoine de Lenoncourt, seigneur de Marolles, bailli.
Joachim de Chatenay, s$^{gr}$ de Saint-Vincent.
Le commandeur d'Avaleure.

## 1608

Henri de Bauffremont, baron de Senecey, *ancien élu, président, Commissaire.*
François de la Magdelaine, seigneur de Ragny, *nouvel élu,* C.
Jacques Chabot, comte de Charny.
N. d'Aumont.
Jean de Saulx, vicomte de Tavannes, C.
François Damas, baron de Thianges, C.
François de Rabutin, seigneur de la Vaulx, C.
Jean de Choiseul, seigneur de Francières, C.
Clugny, seigneur de Conforgien, C.
Du Puy-Montbrun, seigneur de la Nocle, C.
La Chambre, comte de Montfort.
François de Choiseul, s$^{gr}$ de Chevigny, C.
Olivier de Beauvoir-Chastellux, C.
Jean de Jaucourt, seigneur de Villarneult, C.
Jacques de Jaucourt, seigneur de Rouvray, C.
Josias d'Anglure, seigneur d'Autricourt, C.
Philippe de Foissy, baron de Lux, C.
Gabriel de Saint-Belin, s$^{gr}$ de Biesles, C.
Chatenay, seigneur de Bricon.
Antoine Damas, baron de Digoine, C.
René de Rochebaron, C.
Claude de Chantemerle, s$^{gr}$ de la Clayette, C.
N. de Drée, seigneur de la Sarrée, C.
Léonard de Semur, seigneur de Trémont, C.
Le seigneur de Bazerne, C.
N. de la Ferté-Meun, s$^{gr}$ de Fouronne, C.
Claude d'Aullenay, seigneur de Louze, C.
David de Clugny, seigneur de Travoisy, C.
Courcelles, seigneur de Pourlans, C.
Vichy, seigneur de Champrond, C.
François de Moroges, s$^{gr}$ de la Tour-du-Boz, C.
Charles de Marcilly, seigneur de Cypierre, C.
Jean de la Cour, seigneur de Moulin, C.

René de CHOISEUL, baron de Clefmont, *C.*
Philippe de LA COLLONGE, seigneur de Moux.
TENARRE, seigneur de Montmain, *C.*
Edme de ROCHEFORT, s$^{gr}$ de la Boulaye, *C.*
Claude-Palatin de DYO, s$^{gr}$ de Montperroux.
N. de CUSSIGNY, seigneur de Vianges.
Jean DAMAS, seigneur de Marcilly.
Guy de CHAUGY, seigneur de Roussillon.
CHOISEUL, seigneur de Couches.
Pontus de THYARD, seigneur de Bissy.
Erard BOUTON, seigneur de Chamilly.
Hercule de VILLERS-LA-FAYE, s$^{gr}$ de Villeneuve.
Georges de CLUGNY, s$^{gr}$ de Sauvigny-le-Bois, *C.*
Antoine de PRACONTAL, seigneur de Soussey.
Claude de FUSSEY, seigneur de Chazelles.
Charles de LA PALU, s$^{gr}$ de Bouligneux, *C.*
Antoine de SERCEY, seigneur d'Arconcey.
Daniel d'EDOUARD, seigneur de Jouancy, *C.*
N. d'AMANZÉ, seigneur de Chauffailles, *C.*
Bénigne JAQUOT, seigneur du Magny, premier président de la Chambre des comptes de Dijon.
COIGNET de la Tuilerie-de-Courson.
Antoine DAMAS, s$^{gr}$ de Molin-sur-l'Arconce.
Claude de LENONCOURT, écuyer, seigneur de Chauffour.
Léonard de CHATENAY, s$^{gr}$ de Ville-sur-Arce, *C.*
Antoine de ROCHEFORT, seigneur de Frolois.
François de VESVRE, s$^{gr}$ de la Motte-des-Bois,
Et plusieurs autres.

Outre les gentilshommes dont les noms précèdent et qui furent presque tous désignés cette année pour procéder dans leurs bailliages à la vérification des titres, on trouve dans la liste des commissaires les noms suivants :

Guillaume de SAULX, bailli de Dijon.
LA CHAMBRE, seigneur de la Saugeraye.
Le seigneur de la Motte-sur-Dheune.
N. de HUMES, seigneur de Chérisy.
Anne de LANTAGE, s$^{gr}$ de Cheley, bailli.
N. du VAL.
Marc de COLIGNY, *dit* LOURDIN.
Le commandeur de Marcilly.
Le seigneur de Coulanges.

N. de ROUGEMONT.
Jacques de LA RIVIÈRE, bailli d'Auxerre.
A. de LENONCOURT, bailli de Bar-sur-Seine.
N. de SENEVOY.
Le commandeur d'Avaleure.
N. de GOUREAU du Mont, s$^{gr}$ d'Avirey.

## 1611

François de la MAGDELAINE, marquis de Ragny, chevalier des ordres du Roi, *ancien élu*, président.
François DAMAS, b$^{on}$ de Thianges, *nouvel élu*.
Henri de BAUFFREMONT, baron de Senecey.
Edme de ROCHEFORT, baron de Pluvault.
François de CHOISEUL, seigneur de Chevigny.
Josias d'ANGLURE, seigneur d'Autricourt.

## 1614

François DAMAS, baron de Thianges, *ancien élu*, président.
E. de ROCHEFORT, s$^{gr}$ de la Boulaye, *nouvel élu*.
François de LA MAGDELAINE, m$^{is}$ de Ragny.
Jean, baron d'AMANZÉ.
François de CHOISEUL, seigneur de Chevigny.
Josias d'ANGLURE, seigneur d'Autricourt.
Jean de JAUCOURT, seigneur de Villarnoult.
Jean de CHOISEUL, seigneur de Francières.
Le commandeur de Talmay, *C.* (1)
René de ROCHEBARON.
DYO, seigneur de Montperroux.
Du PUY-MONTBRUN, seigneur de la Nocle, *C.*
THENAY, seigneur de Saint-Christophe, *C.*
N. de CUSSIGNY, seigneur de Vianges.
N. de MOROGES, seigneur de la Tour-du-Boz.
René de TENARRE, s$^{gr}$ et baron dudit lieu.
BOUTON, seigneur de Chamilly.
Léonard de SEMUR, seigneur de Trémont.
Claude de FUSSEY, seigneur de Chazelles.
Antoine de LENONCOURT, s$^{gr}$ de Marolles.
FOISSY, seigneur de Jours.
Antoine de ROCHEFORT, seigneur de Frolois.
Gabriel de SAINT-BELIN, seigneur de Biesles.
Joachim de CHATENAY, s$^{gr}$ de Ville-sur-Arce.

(1) Nous indiquons les noms des Commissaires députés en remplacement de ceux qui étaient morts depuis 1608.

Claude de Lenoncourt, s<sup>r</sup> de Chauffour.
David de Clugny, seigneur de Travoisy.
Simon de Villers-la-Faye, s<sup>r</sup> de Chevigny.
H. de Villers-la-Faye, s<sup>gr</sup> de Villeneuve.
Tenarre, seigneur de Souterrain.
Daniel d'Edouard, seigneur de Jouancy,
N. de Fussey, seigneur de Sarrigny, C.
Le baron de Ricey, C.
   Et plusieurs autres.

### 1618

Edme de Rochefort, seigneur de la Boulaye, conseiller du Roi en son Conseil d'Etat, *ancien élu*, président (1).
Claude de Saulx, comte de Beaumont et de Tavannes, *nouvel élu*.
César-Auguste de Saint-Lary de Bellegarde, seigneur de Terme et de Montbard.
François de Choiseul, seigneur de Chevigny.
Josias d'Anglure, seigneur d'Autricourt.
Jean, baron d'Amanzé.
Charles de Saulx, baron de Tavannes.
Jacques Chabot, comte de Charny.
Le vicomte des Bordes.
Charles de Vienne, comte de Comarin.
Jacques de Vienne, baron de Ruffey.
Antoine de Rochefort, seigneur de Frolois.
Léonor de Rabutin, baron de Bussy.
Henri de Neufchèze, baron d'Effrans.
Guillaume Bourgeois de Crespy, baron d'Origny.
Charles Chabot, baron de Charroux.
Antoine de Lenoncourt, seigneur de Marolles.
Damas, seigneur de Communes.
André Bernard, s<sup>gr</sup> de Soirans et de la Vesvre.
Gabriel de Saint-Belin, seigneur de Biesles.
Sercey, seigneur d'Arconcey.
Jean Damas, seigneur de Senailly.
N. de Buncey.
Le vicomte de la Rivière.
Charles de Senailly, chevalier.
Léonard de Semur, seigneur de Trémont.

(1) La terre de la Boulaye, d'abord baronnie, fut érigée en marquisat en 1619, pour Edme de Rochefort, lieutenant-général du Nivernais.

Charles de Tenarre, seigneur de Montmain.
Simon de Villers-la-Faye, seigneur de Chevigny près Dijon.
Fussey, seigneur de Sarrigny-en-Bresse.
Joachim de Sommièvre, seigneur de Magny.
Claude de Lenoncourt, s<sup>gr</sup> de Chauffour.
Celse-Bénigne de Rabutin, baron de Chantal.
Chatenay, seigneur de Lanty.
Calendel, seigneur de Vonges.
Jaucourt, seigneur de Vaux-de-Lugny.
Louis de Villers-la-Faye, s<sup>gr</sup> du Rousset.
Pontus de Thyard, seigneur de Bissy.
Jacques de Fussey, seigneur de Menesserre.
Louis de Thyard, seigneur de Bragny.
Boyer de Champlecy,
   Et plusieurs autres.

### 1621

Assemblée de députés par bailliages.

*Dijon.* — Claude de Saulx, comte de Tavannes, *élu*.
*Autun.* — Léonor de Rabutin, baron de Bussy et d'Epiry.
*Chalon.* — Pontus de Thyard, seigneur de Bissy.
*Auxois.* — Saint-Belin, seigneur de Biesles.
*La Montagne.* — Hercule de Villers-la-Faye, seigneur de Villeneuve.
*Mâcon.* — Saulx, baron de Tavannes.
*Auxerre.* — Le vicomte de la Rivière.
N. de Brancion.
*Bar-sur-Seine.* — Antoine de Lenoncourt, seigneur de Marolles.

### 1622

Claude de Saulx, comte de Tavannes, *ancien élu*, président.
Jacques-Palatin de Dyo, seigneur de Montperroux, *nouvel élu*.
Jean de Choiseul, seigneur de Francières.
Le seigneur de Montigny.
Charles de Saulx, baron de Tavannes.
Jaucourt, seigneur de Rouvray.
François Damas, baron de Thianges.

Charles de VIENNE, comte de Comarin.
Léonor de LA MAGDELAINE, marquis de Ragny.
Charles de MARCILLY, comte de Cypierre, bailli du Charollais.
DYO de Montperroux.
Léonor de RABUTIN, baron de Bussy.
Charles CHABOT, baron de Charroux.
ROCHEFORT, seigneur de Frolois.
Henri de NEUFCHÈZE, baron d'Effrans.
Guillaume BOURGEOIS DE CRESPY, baron d'O-rigny.
Charles de TENARRE, seigneur de Montmain.
Claude de LENONCOURT, seigneur de Chauffour.
François de MOROGES, seigneur de la Tour-du-Boz.
LESTOUF, baron de Sirot.
Pontus de THYARD, seigneur de Bissy.
Louis de THYARD, seigneur de Bragny.
Joachim de BAUFFREMONT, b$^{on}$ de Châteauneuf.
Simon de VILLERS-LA-FAYE, s$^{gr}$ de Chevigny.
François de CHOISEUL, seigneur de Chevigny près Semur.
Hercule de VILLERS-LA-FAYE, s$^{gr}$ de Villeneuve.
François de VESVRE.
CHATENAY, seigneur de Saint-Vincent.
CHAUGY, seigneur de Liman.
Le vicomte de LA RIVIÈRE.
LA PALU, seigneur de Bouligneux.
André BERNARD, s$^{gr}$ de Soirans et de la Vesvre.
Claude d'ANDELOT, s$^{gr}$ de Pressia, *alcade*.
LESTOUF de Pradines, seigneur de Poinsson,
    Et plusieurs autres.

### COMMISSAIRES
à la vérification des titres dans les bailliages
(Juin 1622).

*Dijon.* — SAULX-TAVANNES, bailli de Dijon.
CHABOT, seigneur de Charroux.
TENARRE, seigneur de Montmain.
VILLERS-LA-FAYE, seigneur de Chevigny.
LENONCOURT, seigneur de Chauffour.
THYARD, seigneur de Bragny.
*Autun.* — ROCHEFORT, m$^{is}$ de la Boulaye, bailli.
RABUTIN, baron de Bussy.
MOROGES, seigneur de la Tour-du-Boz.
MONTMORILLON, seigneur d'Essanlets.

Le seigneur de Chansigny.
MALAIN, seigneur de Voudenay.
*Chalon.* — BAUFFREMONT, m$^{is}$ de Senecey, bailli.
CHATENAY, seigneur de Saint-Vincent.
THYARD, seigneur de Bissy.
D'ANDELOT, seigneur de Pressia.
FUSSEY, seigneur de Sarrigny.
SIVRY, seigneur de Villargoix.
*Auxois.* — LA MAGDELAINE de Ragny, bailli.
VIENNE, comte de Comarin.
JAUCOURT, seigneur de Rouvray.
LA PALU, seigneur de Bouligneux.
CHOISEUL, seigneur de Chevigny.
CLUGNY, seigneur d'Aisy.
*La Montagne.* — LANTAGE de Belan, bailli.
ROCHEFORT, seigneur de Frolois.
VILLERS-LA-FAYE, seigneur de Villeneuve.
N. de VESVRE.
SOMMIÈVRE, seigneur de Juilly.
LESTOUF, seigneur de Poinsson.
*Charollais.* — Le comte de Cypierre, bailli.
DAMAS, seigneur de Clessy.
CHAUGY, seigneur de Liman.
LA RIVIÈRE, seigneur de Martenay.
LA COUR, seigneur de Moulin.
PERNES, commandeur d'Epinac.
*Mâconnais.* — BOUHIER, bailli.
SAULX, baron de Tavannes.
DRÉE fils, seigneur de la Sarrée.
DAMAS, baron de Thianges.
VIENNE, seigneur de Châteauneuf.
MONTJOUVENT.
*Auxerre.* — Le vicomte de LA RIVIÈRE, bailli.
COIGNET de Courson.
Le seigneur de Coulanges.
N. de PESSELIÈRE.
N. de CHAMPLEMIS.
MALAIN, seigneur de Seignelay.
*Bar-sur-S.* — LENONCOURT de Marolles, bailli.
CHATENAY, seigneur de Ville-sur-Arce.
CONIGHAN, seigneur d'Avirey.

### 1622 (août)
Assemblée spéciale de députés.

Jacques-Palatin de DYO, seigneur de Montperroux, *élu* et président.

Claude de SAULX, comte de Tavannes.
NEUFCHÈZE, seigneur d'Effrans, *alcade*.
François de MOROGES, s<sup>gr</sup> de la Tour-du-Boz.
Charles de TENARRE, seigneur de Montmain.
Léonor de RABUTIN, seigneur de Bussy.
SAINT-BELIN, seigneur de Biesles.
Simon de VILLERS-LA-FAYE, s<sup>gr</sup> de Chevigny.
JAUCOURT, seigneur de Rouvray.
Pontus de THYARD, seigneur de Bissy.
CHATENAY, seigneur de Saint-Vincent.
Alain de LA COUSSE, seigneur d'Arcelot.
Louis de THYARD, seigneur de Bragny.
Jean-Charles de LA PALU, s<sup>gr</sup> de Bouligneux.
Le vicomte de LA RIVIÈRE.
D'EDOUARD, seigneur de Jouancy.
Edme CHENU, s<sup>gr</sup> de Nuits-sous-Ravière.
H. de VILLERS-LA-FAYE, s<sup>gr</sup> de Villeneuve.
Jean de MALAIN.
Saladin de MONTMORILLON.
Antoine de PRACONTAL, s<sup>gr</sup> de Saint-Thibaut,
Et plusieurs autres.

### 1626

Jacques-Palatin de DYO, baron de Montperroux, *ancien élu*, président.
Charles de SAULX, baron de Tavannes, *nouvel élu*.
*Dijon.* — Claude de SAULX, comte de Tavannes.
Simon de VILLERS-LA-FAYE, s<sup>gr</sup> de Chevigny.
Alain de LA COUSSE, seigneur d'Arcelot.
Pierre de TENARRE, s<sup>gr</sup> de Grosbois, *C.* (1).
JAUCOURT, seigneur de Vaux.
Léonor CHABOT, seigneur de Brion, *C.*
LENONCOURT, seigneur de Chauffour.
BOUHIER, seigneur de Pouilly.
TRESTONDAN, et autres.
*Autun.* — CHAUGY, baron de Roussillon.
Antoine de MONTMORILLON, s<sup>gr</sup> d'Essanlets.
Louis de PERNES d'Epinac.
Pierre de CHOISEUL-TRAVES, *C.*
Le seigneur de Chansigny-en-Autunois.
PELLETIER des Crots.
Anne BERNARD, seigneur de Marcilly.

(1) Commissaires députés en remplacement de ceux qui étaient morts depuis 1622.

N. JOSIAN DE GRANDVAL, seigneur de Fraise.
J. BERNARD DE MONTESSUS, s<sup>gr</sup> de Brandon.
Bénigne BERNARD, seigneur de Marcheseuil.
D'AULLENAY d'Arcy, seigneur des Baugis,
Et autres.
*Chalon.* — CHATENAY, s<sup>gr</sup> de Saint-Vincent.
Pontus de THYARD, seigneur de Bissy.
FUSSEY, seigneur de Sarrigny.
MONTCONIS, seigneur de Bellefond.
N. de MOROGES.
N. de MONTCONIS.
DAMAS de Digoine, seigneur de Saint-Bonnet.
N. de BRANCION-VISARGENT, *C.*
CLUGNY, seigneur de Rancy, *C.*, et autres.
*Auxois.* — CHOISEUL, seigneur de Chevigny.
JAUCOURT, seigneur de Villarnoult.
JAUCOURT, seigneur de Rouvray.
Le seigneur de Vesigneux.
SAINT-BELIN, seigneur de Biesles.
Marc de BRIQUEMAULT, baron de Ruère.
Jean de CHOISEUL, seigneur d'Eguilly.
Jean DAMAS, seigneur de Senailly.
Jean-Charles de LA PALU, s<sup>gr</sup> de Bouligneux.
Le commandeur de la Vaulx.
SERCEY, seigneur d'Arconcey, *C.*, et autres.
*La Montagne.* — Le baron de Ricey, *C.*, bailli.
H. de VILLERS-LA-FAYE de Villeneuve, *alcade*.
François de VESVRE.
D'EDOUARD, seigneur de Thenissey.
Philibert de CONCLOYE.
CHATENAY, seigneur de Bricon, *C.*, et autres.
*Charolles.* — TENARRE, s<sup>gr</sup> de Souterrain, *alcade*, *C.*
Le commandeur de Mâcon.
Jean LEROUX, seigneur du Terreau.
Gilbert de LA RIVIÈRE, s<sup>gr</sup> de Martenay.
DAMAS, seigneur de Molin-sur-l'Arconce, *C.*
Le seigneur de Pressy, et autres..
*Mâcon.* — Charles de SAULX, b<sup>on</sup> de Tavannes.
Philibert de LA GUICHE, s<sup>gr</sup> de Sevignon.
DRÉE, seigneur de la Sarrée.
DIGOINE, seigneur du Palais.
Jean SEYVERT D'HURIGNY, écuyer.
N. de PÉRONNE.
ROUGEMONT (?), seigneur de Pierreclos, *C.*
CHEVRIER, seigneur de Saint-Mauris, *C.*

*Auxerre*. — Le vicomte d'Auvet, bailli, C.
Malain, seigneur de Seignelay.
N. d'Esterling, s<sup>gr</sup> de Sainte-Palais, C.
*Bar-sur-Seine*. — Lenoncourt, seigneur de Marolles.
N. d'Anglure, seigneur d'Autricourt.

### 1629

Henri de Saulx, marquis de Tavannes, *élu* nommé pour les seize premiers mois.
Jean-Charles de la Palu, seigneur de Bouligneux, *élu* nommé pour le reste du temps.
Jacques Rouxel de Médavi.
Damas, seigneur de Thianges.
Claude de Saulx, comte de Tavannes.
Joachim de Saulx, s<sup>gr</sup> d'Arc-sur-Tille.
H. de Villers-la-Faye, s<sup>gr</sup> de Villeneuve.
Simon de Villers-la-Faye, seigneur de Chevigny près Dijon.
Laurent de Thenay, seigneur de Saint-Christophe et baron de Montanay.
Damas, comte de Thianges.
N. de Pesselière, *alcade*.
Jaucourt, seigneur de Rouvray.
Jaucourt, seigneur de Villarnoult.
Hercule de Beauvoir, comte de Chastellux(1).
Jacques de Vienne, baron de Ruffey.
La Magdelaine, baron de Marcilly.
Léonor de Rabutin, baron de Bussy.
Melchior de Moroges.
Jean de Choiseul, seigneur d'Eguilly.
Jacques de Dyo, seigneur de Montperroux.
Lestouf de Pradines, seigneur de Poinsson.
Marie-François de Montjouvent.
Philibert de la Guiche, s<sup>gr</sup> de Sevignon.
N. Josian de Grandval, seigneur de Fraise.
Drée, seigneur de la Sarrée.
Chatenay, seigneur de Lanty.
N. de Cussigny.
Gilbert de la Rivière, seigneur de Martenay.
La Magdelaine, commandeur de Marcilly.
Bouton, seigneur de Chamilly.
N. de Montconis.
Jacques de Fussey, seigneur de Menesserre.

(1) La terre de Chastellux fut érigée en comté en 1621.

N. de Bennay, *alcade*.
Saladin de Cussigny, seigneur de Vianges.
Chissey, seigneur de Varanges.
N. de Trestondan.
N. de Moroges, et plusieurs autres.

Le procès-verbal cite encore :
Jacques de Choiseul, seigneur de Chevigny.
Louis de Villers-la-Faye, s<sup>gr</sup> du Rousset.
Defranc d'Esserteaux, seigneur de Louaise en Mâconnais.
Claude de Chandyo.
Saint-Belin, seigneur de Biesles.
François de Tenarre, seigneur de Souterrain.

### 1631

Jean-Charles de la Palu, seigneur de Bouligneux, *élu*, président.
Jaucourt, seigneur de Villarnoult.
Philippe de Jaucourt, seigneur de Rouvray.
Simon de Villers-la-Faye, s<sup>gr</sup> de Chevigny.
Michel du Faur de Pibrac.
J.-B. d'Andelot, seigneur de Pressia.
Hercule de Villers-la-Faye, s<sup>gr</sup> de Villeneuve.
Jacques de Choiseul, s<sup>gr</sup> de Chevigny.
Saint-Belin, seigneur de Biesles.
Louis de Thyard, seigneur de Bragny.
Pontus de Thyard, seigneur de Bissy.
Louis de la Plume, seigneur de Missery.
N. de Messey.
Lestouf de Pradines.
Drée, seigneur de la Sarrée.
Régnier de Montmoyen, seigneur de Villecomte, deuxième président à la Chambre des comptes de Dijon.
La Magdelaine, baron de Marcilly,
Et plusieurs autres.

### 1631-1632
#### Assemblée de députés.

Jean-Charles de la Palu, s<sup>gr</sup> de Bouligneux.
Philippe de Jaucourt, seigneur de Rouvray.
Georges de Saint-Belin, seigneur de Biesles.
Michel du Faur de Pibrac.
Hercule de Villers-la-Faye.
J.-B. d'Andelot, seigneur de Pressia.

Louis de THYARD, seigneur de Bragny.
Jacques de CHOISEUL, seigneur de Chevigny.

### 1632

Jean-Charles de LA PALU, *ancien élu*, président.
Hercule de VILLERS-LA-FAYE, *nouvel élu*.
Claude de SAULX, comte de Tavannes.
Nicolas de SAULX, chevalier de Tavannes.
Georges de SAINT-BELIN, seigneur de Biesles.
Philippe de JAUCOURT, seigneur de Rouvray.
Simon de VILLERS-LA-FAYE, seigneur de Chevigny-les-Dijon, *alcade*.
Jacques de CHOISEUL, seigneur de Chevigny-les-Semur.
Jean-Baptiste d'ANDELOT, seigneur de Pressia.
Antoine de PRACONTAL, seigneur de Soussey.
CHATENAY, seigneur de Lanty.
Erard BOUTON, seigneur de Chamilly.
LESTOUF, seigneur de Poinsson.
MALAIN, seigneur de Seignelay.
DAMAS-CORMAILLON, seigneur de Morande.
CLUGNY, seigneur de Colombier.
Louis de THYARD, seigneur de Bragny.
Philippe d'ANDELOT, command$^r$ de Pressia.
Louis d'ESTERLING, seigneur de Sainte-Palais.
Joachim de LENONCOURT, baron de Marolles.
Charles de MALAIN.
Charles COUTHIER, seigneur de Juilly.
N. de VESVRE.
JAUCOURT, seigneur de Vaux.
Philippe COLOMBET, seigneur de Gissey.
Joachim de SAULX, marquis d'Arc-sur-Tille.
Le commandeur de Vesvre.
Jacques RICHARD, seigneur de **Curtil**.
Louis de LA PLUME, seigneur de Missery.
Edme de LONGUEVAL.
N. BERGER de Charancy.
N. de MOROGES, seigneur de la Tour-du-Boz.
Toussaint de MALAIN, seigneur de Sivry.
CHAUGY, seigneur de Roussillon.
Antoine CARONDELET, seigneur de Vonges.
Jean DAMAS, s$^{gr}$ de Senailly et de Villiers.
Claude de LESTOUF, baron de Sirot.
N. d'EDOUARD, seigneur de Thenissey.

Simon de SOMMIÈVRE, seigneur d'Ampilly.
Joachim de VILLERS-LA-FAYE, s$^{gr}$ de Mauvilly.
N. de SAINT-LÉGER.
D'HUGON père et fils.
Pierre de SAYVE, s$^{gr}$ de Les Davrées.
JAUCOURT, seigneur de Ménetreux.
LE CAMUS, bailli d'Auxerre.
N. de GAND, seigneur de Chalvoisson.
Philibert MAILLOT, seigneur de Villeferry,
Et plusieurs autres.

### 1633

Hercule de VILLERS-LA-FAYE, seigneur de Villeneuve, *élu*.
Simon de VILLERS-LA-FAYE, seigneur de Chevigny, *alcade*.
Joachim de LENONCOURT, seigneur de Marolles, *alcade*.
Le comte de CHAUGY.
Gaspard d'AMANZÉ.
Georges de SAINT-BELIN, seigneur de Biesles.
Philippe de JAUCOURT, seigneur de Rouvray.
JAUCOURT fils, seigneur de Villarnoult.
Louis de PERNES, comte d'Epinac.
Louis de THYARD, seigneur de Bragny.
Joachim de SAULX, marquis d'Arc-sur-Tille.
Hercule de BEAUVOIR, comte de Chastellux.
Antoine de PRACONTAL, seigneur de Soussey.
Saladin de CUSSIGNY, seigneur de Vianges.
VILLERS-LA-FAYE, seigneur du Rousset.
N. de VANLEY.
Jacques de CHOISEUL, seigneur de Chevigny.
Jean de CHAMPLECY, seigneur de Pluvault.
N. de CLÉRON, seigneur de Posange.
N. de FUSSEY, seigneur de Chazelles.
Jean SEYVERT D'HURIGNY.
André-Edmond de FONTETTE.
N. de CHOISEUL.
Jacques de COURCELLES, baron d'Auvillars.
N. de GAND, seigneur de Chalvoisson.
Charles de CLUGNY, seigneur d'Aisy et de Grignon.
Jacques de MALAIN, seigneur de la Canche.
Jean de NICEY, seigneur dudit lieu.
Joachim de VILLERS-LA-FAYE, baron d'Anesy.

N. de Malassis, seigneur de Cléry.
Antoine de Vaux, écuyer, sgr de Boussenois.
Jacques de Sommièvre, seigneur de Juilly.
Simon de Sommièvre, seigneur d'Ampilly.
Edme de Malain, seigneur de Seignelay.
Guy de Chaugy, baron de Roussillon.
Jean-Auguste de Chaugy, sgr de Musigny.
Jean de Foissy, seigneur de Jours.
N. de Sercey, seigneur d'Arconcey.
La Magdelaine, seigneur de Marcilly.
Jean de la Cousse, seigneur de Trouhans.
D'Edouard, seigneur de Thenissey.
Jaquot, seigneur de Neuilly.

### 1636

Hercule de Villers-la-Faye, seigneur de Villeneuve, *ancien élu* et président.
Louis de Pernes, comte d'Epinac, *nouvel élu*.
Pierre de Choiseul-Traves, seigneur de Vauteau, *alcade*.
Antoine Damas, baron de Marcilly, *alcade*.
Jacques de Saulx, comte de Beaumont.
Jean de la Palu, seigneur de Bouligneux.
Nicolas de Saulx, chevalier de Tavannes.
Georges de Saint-Belin, seigneur de Biesles.
Philippe de Jaucourt, seigneur de Rouvray.
N. de Peyrat.
Erard Bouton, seigneur de Chamilly.
Jacques de Choiseul, seigneur de Chevigny.
Simon de Villers-la-Faye, sgr de Chevigny.
Antoine de Pracontal, seigneur de Soussey.
Joachim de Lenoncourt, sgr de Marolles.
Louis d'Esterling, cher, sgr de Sainte-Palais.
Jacques de Sommièvre, seigneur de Juilly.
Jaucourt, seigneur de Vaux.
Louis de la Plume, seigneur de Missery.
Hugues de Chaugy, seigneur de Roussillon.
D'Edouard, seigneur de Thenissey.
Bernard de Montessus, sgr de Balore.
Charles de Clugny, seigneur d'Aisy.
Daniel de Belluchon, baron de Coppet, gentilhomme ordinaire de la chambre du Roi.
Philibert de la Guiche, sgr de Sevignon.
Le commandeur de la Vaulx.
N. Gros d'Agey.
Foissy, chevalier de Chamesson.

Philibert Maillot, seigneur de Villeferry,
Et plusieurs autres.

### 1636 (novembre)

Assemblée de députés à Beaune, à cause de la peste.

Louis de Pernes, *élu*.
Le comte de Saulx-Tavannes.
Gaspard de Saulx, chevalier de Tavannes.
Philippe de Coligny-d'Andelot, commandeur de Pressia.
Jacques de Choiseul-Chevigny.
Joachim de Lenoncourt de Marolles.
Louis d'Esterling de Sainte-Palais.
Régnier, seigneur de Bussière.

### 1639

Etienne de Pernes, *élu*, président.
Gaspard de Saulx, *nommé élu*, mort en 1640, et remplacé par le précédent.
Choiseul, seigneur de Ménetreux, *alcade*.
Hercule de Beauvoir, comte de Chastellux.
Simon de Villers-la-Faye, bon de Chevigny.
Damas, baron de Marey.
Hercule de Villers-la-Faye.
Antoine de Pracontal, seigneur de Soussey.
Joachim de Villers-la-Faye, sgr de Mauvilly.
Choiseul, baron de Lanques.
Antoine Damas, baron de Marcilly.
N. de la Tournelle.
Pierre de Choiseul-Traves.
Charles de Clugny, seigneur d'Aisy.
Jaucourt, seigneur de Vaux.
Jean de la Cousse, seigneur de Trouhans.
César-Philippe de Beauvoir, vicomte de Chastellux.
La Magdelaine, seigneur de Bressy.
Simon de Sommièvre, seigneur d'Ampilly.
Jean-Léonard Damas, sgr de la Clayette.
Bernard de Montessus, seigneur de Balore.
Pontus de Champlecy, seigneur de Pluvault.
Roger de Rabutin.
Le seigneur de Pressy.
N. de Messey.
Antoine Coquet, seigneur de Montmoyen.
Du Montet, seigneur de Grandmont.

Hugues de CHAUGY, baron de Roussillon.
LESTOUF, seigneur de Pradines.
René de MONTCONIS.
Edme de LONGUEVAL.
Charles-Emmanuel de BOUVENS, écuyer.
François de TENARRE, seigneur de Montmain.
JAUCOURT, seigneur de Villarnoult.
Nicolas BOUTON, baron de Chamilly.
François de SENEVOY, et plusieurs autres.

## 1642

Etienne de PERNES, président.
Louis de CHOISEUL, marquis de Francières, *élu.*
FAUTRIÈRES, seigneur de Courcheval, *alcade.*
DRÉE de la Sarrée, *alcade.*
Hercule de VILLERS-LA-FAYE.
Antoine de PRACONTAL, seigneur de Soussey.
HÉNIN-LIÉTARD, comte de Roche.
CHOISEUL, seigneur de Ménetreux.
Barthélemy de CLUGNY, seigneur d'Aisy.
Jacques CHABOT, comte de Charny.
René d'ANGLURE, baron d'Autricourt.
Le chevalier de CHASTELLUX.
Jacques de CHOISEUL-CHEVIGNY.
JAUCOURT, seigneur de Vaux.
François du MONTET, seigneur de Lusigny.
Philibert MAILLOT, seigneur de Villeferry, capitaine de la porte.
Jean-Auguste de CHAUGY, s$^{gr}$ de Musigny.
Roland de MESSEY.
Gaspard de PRA-BALAYSAULX.
Toussaint de MALAIN, seigneur de Sivry.
Charles de VICHY, seigneur d'Agencourt.
SAULX, seigneur de Blagny.
Hercule de BEAUVOIR, comte de CHASTELLUX.
Hugues de CHAUGY, baron de Roussillon.
COUTHIER du Terrail.
N. de CLÉRON, seigneur de Posange.
Joachim de LENONCOURT, baron de Marolles.
Pierre de CHOISEUL-TRAVES, s$^{gr}$ de Vauteau.
Claude JAQUOT, seigneur de Trémont, baron d'Esbarres (1).

(1) Cette terre fut érigée pour lui en baronnie en 1642.

Roland de FOUDRAS, comte de Matour.
Charles de VICHY, seigneur de Seigny.

## 1642 (décembre)
### Assemblée de députés.

Louis de CHOISEUL, marquis de Francières, *élu absent.*
Simon de VILLERS-LA-FAYE, seigneur de Chevigny, président en l'absence de l'Elu.
Hercule de VILLERS-LA-FAYE, s$^{gr}$ de Villeneuve.
Antoine de PRACONTAL, seigneur de Soussey.
BERNARD DE MONTESSUS, seigneur de Rully.
Simon de SOMMIÈVRE, seigneur d'Ampilly.
Barthélemy de CLUGNY, seigneur d'Aisy.
Pierre de CHOISEUL-TRAVES, s$^{gr}$ de Vauteau.
FAUTRIÈRES, seigneur de Courcheval.
DRÉE, seigneur de la Sarrée.
Louis d'ESTERLING, s$^{gr}$ de Sainte-Palais.

## 1643 (décembre)
### Assemblée de députés.

Louis de CHOISEUL, m$^{is}$ de Francières, *élu.*
VILLERS-LA-FAYE, seigneur de Villeneuve.
Etienne de PERNES.
Antoine de PRACONTAL, seigneur de Soussey.
Simon de SOMMIÈVRE, seigneur d'Ampilly.
Barthélemy de CLUGNY, seigneur d'Aisy.
Pierre de CHOISEUL-TRAVES.
FAUTRIÈRES, seigneur de Courcheval.
Louis d'ESTERLING, chevalier.
N. de BRANCION.

## 1645

Hercule de VILLERS-LA-FAYE, baron de Villeneuve, président en l'absence du marquis de Francières, retenu au siége de la Mothe.
Nicolas BOUTON, comte de Chamilly, *nouvel élu,* absent (1).
Charles DAMAS, marquis de Thianges.
Jacques de CHOISEUL-CHEVIGNY.
Etienne de PERNES.

(1) Le comte de Chamilly, commandant à Stenay, fut nommé *élu,* quoique absent, sur la recommandation du prince de Condé; on décida pourtant que la présence serait désormais nécessaire pour être élu.

Pontus de CHAMPLÉCY, seigneur de Pluvault.
Antoine DAMAS, baron de Marcilly.
Barthélemy de CLUGNY, seigneur d'Aisy.
Hugues de CHAUGY, baron de Roussillon.
VILLERS-LA-FAYE, seigneur du Rousset.
Pierre de CHOISEUL-TRAVES, s$^{gr}$ de Vauteau.
André PELLETIER, seigneur des Crots.
Claude MOUCHET, seigneur de Communi.
CHEVRIER, seigneur de Saint-Mauris.
DRÉE, seigneur de la Sarrée.
FAUTRIÈRES, seigneur de Courcheval.
Fr. DAMAS DE CRUX, seigneur de Soussey.
Nicolas de SERCEY, seigneur d'Arconcey.
Le seigneur de la Prée.
DUBOIS, seigneur de la Rochette.
N. de GAND.
Edme de SOMMIÈVRE, seigneur d'Ampilly.
CHATENAY, seigneur de Saint-Vincent.
Jean BERBIS, seigneur de Cromey.
N. de GANAY, seigneur de Villey.
Gaspard de PRA-BALAYSAULX.
Louis de FOUDRAS.
Claude de SAYVE, comte de la Motte.
GARNIER du Vouchot.
Barthélemy BRUNEAU, seigneur de Vizerny.
BOUHIER, seigneur de Pouilly.
N. de LA COUSSE, seigneur d'Arcelot.
Maximilien de CLUGNY, s$^{gr}$ du Brouillard,
  Et plusieurs autres.

### 1648

Jacques de SAULX, comte de Tavannes, *élu nommé*.
Roger de NAGU, marquis de Varennes.
Pontus de CHAMPLÉCY, seigneur de Pluvault.
N. de MONTCONIS.
N. de FRAGO?
SAYVE, seigneur de Neuilly.
Le seigneur de la Prée, *alcade*.
Edme de SOMMIÈVRE, seigneur d'Ampilly.
Roger de RABUTIN, comte de Bussy.
César-Philippe de BEAUVOIR, comte de CHASTELLUX.
Pierre du VAL DE MUSSIOT.
CLUGNY, seigneur de Dracy.
Jean de GRANDMONT, seigneur de Varanges.

N. de CLÉRON, seigneur de Posange.
Didier de LA VERNE, écuyer, s$^{gr}$ de Corbeton.
N. de ROUGEMONT.
FAUTRIÈRES, seigneur de Courcheval.
BOUHIER, seigneur de Pouilly.
ROYER, seigneur de Saint-Micault.
Du FAUR de Pibrac.
Henri de SAYVE, chevalier de Thil.
Georges de SAINT-BELIN, baron de Biesles.
JAUCOURT, baron d'Ausson.
Jean-Louis de JAUCOURT, chevalier d'Ausson.
François CHENU, s$^{gr}$ de Nuits-sous-Ravière.
Antoine de CUSSIGNY, seigneur de Villars.
N. de LA BAUME.
Raphaël de LA PERRIÈRE.
Antoine CARONDELET, seigneur de Vonges.
Claude de CLÉRON, baron de Saffres.
Claude de LA MAGDELAINE, comte de Ragny.
N. du MONTET, seigneur de Montoy.
N. de SAULX, chevalier de Tavannes.
N. de FONTETTE, seigneur de Sommery.
N. de FONTETTE, seigneur de Chevance.
François RÉGNIER, seigneur de Bussière.
Le chevalier de FRAGO ?
HÉNIN-LIÉTARD, comte de Roche.
André PELLETIER des Crots, s$^{gr}$ de Fréty.
François du MONTET, seigneur de Lusigny.
N. de VISÉ.
François de TENARRE, ch$^{er}$ de Montmain.
N. de FOUDRAS, seigneur de Pressia.
N. de COLIGNY-SALIGNY, s$^{gr}$ de la Brosse.
Noël de SAULX, comte de Beaumont.
N. de SURDY.
Alexandre de MAGNIEN, seigneur de Chailly.
FUSSEY, seigneur de Chazelles.
Jacques de CHOISEUL, seigneur de Chevigny, *alcade*.
SAINT-MARTIN, seigneur de Montjalin,
  Et plusieurs autres.

### 1650 (février)

Assemblée de gentilshommes pour nommer un élu à la place
du comte de Tavannes, révolté.

Jacques de CHOISEUL-CHEVIGNY, et son fils.
Henri de BUADE.
François de CHAMPLECY, seigneur de Pluvault.

Georges de Saint-Belin, baron de Biesles, nommé élu.
Antoine de Cussigny, seigneur de Villars.
Daniel de Belluchon, baron de Coppet.
N. de Sommièvre, seigneur d'Ampilly.
Joachim de Villers-la-Faye, baron de Vanzey et d'Anesy.
François du Montet, seigneur de Lusigny.
François de Sercey, seigneur d'Arconcey.
Dubois, seigneur de la Rochette.
Claude Jaquot, baron de Trémont.
Antoine de Clugny, seigneur de Dracy.
Jacques de Clugny, seigneur d'Etaule.
N. de la Cousse, seigneur d'Arcelot.
N. de Rougemont.
François de Senevoy.
Achille de la Grange, comte de Maligny.
Toussaint de Malain, seigneur de Sivry.
Maximilien de Clugny, sgr du Brouillard.
Saladin de Cussigny, seigneur de Vianges.
Charles-François de Vienne, comte de Ruffey.
Jean-Baptiste de Montrichard, seigneur de Flammerans.
Fussey, seigneur de Chazelles.
Louis de Pernes, comte d'Epinac.
Jacques-François du Faur, seigneur de la Roche-Pibrac.
N. de Longueval.
Barthélemy Bruneau, seigneur de Vizerny.
Du Boutet, seigneur de Sancy.
N. d'Iverny.
Courcelles, sgr de Pourlans, et autres.

### 1650 (avril)

Georges de Saint-Belin, baron de Biesles.
Joachim de Lenoncourt, baron de Marolles.
François de Champlecy, baron de Pluvault.
Villers-la-Faye, comte du Rousset.
Antoine de Cussigny, seigneur de Villars.
François Damas, comte de Crux.
Jacques de Choiseul-Chevigny.
Claude de Lestouf, baron de Sirot, lieutenant-général des armées du Roi.
Pierre de Choiseul-Traves, sgr de Vauteau.
N. d'Amanzé.
François de Dyo, comte de Montperroux.
Louis de Pernes, comte d'Epinac.
Du Faur de Pibrac.
N. de Cussigny.
Choiseul, seigneur de Ménetreux.
N. de Mailly.
Hector Andrault de Langeron.
Jean Pelletier des Crots, sgr d'Estrey.
Achille de la Grange, comte de Maligny.
Chatenay, seigneur de Lanty.
Le seigneur de Saint-Florent.
François de Sercey, seigneur d'Arconcey.
Hugues de Chaugy, baron de Roussillon.
Le seigneur de la Prée.
N. de Vesvre.
Saladin de Cussigny, seigneur de Vianges.
Fautrières, seigneur de Courcheval.
Pierre du Val de Mussiot.
N. de Fontette cadet.
Jacques de Saint-Martin, sgr d'Agencourt.
Philippe le Bel, sieur de Montvinet.
Jean de Malain.
N. de Fontette.
Bernard de Montessus, seigneur de Balore.
Barthélemy de Clugny, seigneur d'Aisy.
Valon.
Jean-Baptiste de Montrichard, seigneur de Flammerans.
Maximilien de Clugny, sgr du Brouillard.
François du Montet, seigneur de Lusigny.
N. de Cléron, seigneur de Posange.
Jean de Grandmont, seigneur de Varanges.
Jacques de Clugny, seigneur d'Etaule.
N. du Montet, seigneur de Saint-Aubin.
Villers-la-Faye, seigneur d'Anesy.
Vallerot, seigneur de Masoncle.
Jean Pelletier des Crots, seigneur d'Estrey.
François de Tenarre, seigneur de Montmain.
Pierre Damas de Cormaillon, sgr de Morande.
Claude de Saint-Léger, sgr de Montregard.
Alexandre de Magnien, seigneur de Chailly.
Jaucourt, seigneur de Rouvray.
N. de Vidal.
Le seigneur de Genelard.
Marc de Bricquemault.
François de Choiseul, seigneur d'Eguilly.
Antoine Coquet, seigneur de Montmoyen.

Gabriel GIRARD, seigneur de Lavaux, écuyer.
N. de GRAIN, seigneur de Montjay.
Jean-Léonard de ROCHECHOUARD-MORTEMART, seigneur de Layé.
N. de MESSEY.
Ch. DAMAS DE CORMAILLON, seigneur de Fain.
JAUCOURT, seigneur d'Ausson.
Joachim de VILLERS-LA-FAYE, baron de Vauzey.
Jean de CROISIER, seigneur de Sainte-Segros.
Philibert de CHALON, seigneur de Sully.
Daniel de BELLUCHON, baron de Coppet.
CLUGNY, seigneur de Saint-André.
N. de LA GRANGE.
Pierre DAMAS DE CORMAILLON.
Jean de LAURENCIN, seigneur de la Bussière.
Claude MOUCHET, seigneur de Communi.
Antoine de RIOLLET.
Bernard des BARRES, seigneur de Ruffey.
Jean de COLIGNY-SALIGNY, s$^{gr}$ de Digoin.
PELLETIER des Crots frères, s$^{grs}$ d'Uchon.
André PELLETIER des Crots, s$^{gr}$ de Martenay.
Jean BERDIS, seigneur des Maillys.
Roland de SAINTE-COLOMBE, s$^{gr}$ de l'Aubespin.
DIGOINE, seigneur du Bourg.
N. de CHEVIGNY.
Charles de VICHY, seigneur d'Agencourt et de Seigny.
MATHIEU, chevalier d'Essertines.
Laurent de THENAY, s$^{gr}$ de Saint-Christophe.
Jean de CHOISEUL, seigneur d'Eguilly.
Jean-Léonard DAMAS, baron de Clessy et de la Clayette.
NATUREL, seigneur de Baleure.
MONTCHANIN, seigneur de la Garde-Malzac.
E. de LONGUEVAL.
CHOISEUL, seigneur d'Eguilly.
HÉNIN-LIÉTARD, comte de Roche.

### 1651
Assemblée de députés.

Georges de SAINT-BELIN, baron de Biesles.
N. de SAINT-BELIN de Biesles.
Pierre de CHOISEUL-TRAVES, s$^{gr}$ de Vauteau.
Edme de SOMMIÈVRE, seigneur d'Ampilly.
Antoine de CHAUGY, seigneur de Musigny.
N. d'ESTERLING, seigneur de Sainte-Palais.

N. de LONGUEVILLE.
N. de CHAUGY.
François du MONTET, seigneur de Lusigny.

### 1653

Gaspard d'AMANZÉ-DESCARS, comte d'Amanzé, élu.
Edme de SOMMIÈVRE, s$^{gr}$ d'Ampilly, alcade.
Claude-Saladin de MONTMORILLON, seigneur d'Essanlets, alcade.
François de CHAMPLECY, baron de Pluvault.
Barthélemy de CLUGNY, seigneur d'Aisy.
Claude-Léonor DAMAS, marquis de Thianges.
Hugues de CHAUGY, seigneur de Roussillon.
Antoine de CHAUGY, seigneur de Musigny.
Pierre de CHOISEUL-TRAVES, s$^{gr}$ de Vauteau.
François de SERCEY, seigneur d'Arconcey.
Hector ANDRAULT de Langeron.
N. de SERCEY.
François COUTHIER, seigneur de Souhey.
Bernard des BARRES, seigneur de Ruffey.
Antoine JOSIAN DE GRANDVAL, s$^{gr}$ de Fraise.
Laurent de THENAY, comte de S$^{t}$-Christophe.
Hugues DUBOIS, seigneur de la Rochette.
René, baron de MONTCONIS.
Jean de GAND, seigneur de Chalvoisson.
François de SENEVOY.
Claude de CLÉRON, baron de Saffres.
Claude de VALLEROT, s$^{gr}$ de Flammerans.
Claude de VALLEROT, s$^{gr}$ de Masoncle.
N. de FONTETTE.
Antoine COQUET, seigneur de Montmoyen.
Louis de LA BAUME, seigneur d'Etais.
Charles de L'ESTRADE DE LA COUSSE, seigneur d'Arcelot.
Melchior de FONTETTE, seigneur de Chavance.
Claude-Simon de BRANCION-VISARGENT.
N. de CLUGNY.
Henri de BUADE.
Jean de MASSET, seigneur de Sauzey.
Roland de FOUDRAS, s$^{gr}$ de Châteautiers.
Salomon de DRÉE, seigneur de la Serrée.
Roland de MESSEY, s$^{gr}$ de Sainte-Sabine.
N. de CONIGHAN, seigneur de Landreville.
Georges MARTIN, seigneur de Barjon.
Antoine de GASSE, seigneur de Rouvray.

N. de Fontette.
Le seigneur de Senecey.
Antoine d'Amanzé, seigneur de Chauffailles.
Jean Pelletier des Crots, s$^{gr}$ d'Estrey.
Jourdan de Scorrailles, s$^{gr}$ de la Barre.
Hugues-François de Mathieu, seigneur d'Essertines.
Claude de Fautrière, s$^{gr}$ de Courcheval.
Antoine Damas de Marcilly.
Melchior Bernard de Montessus, seigneur de Balore.
N. de Neuville.
N. de la Souche de Terzey.
N. de Priouzac.
Jean de Laurencin, seigneur de la Bussière.
N. Garnier de Toulongeon.
N. des Millets.
Laurent de Laube, seigneur de Corcelles.
N. de Saint-Georges.
N. de Carbonnet, seigneur de la Motte.
Jean Legrand, seigneur d'Aluze.
François Armynot, seigneur de Beauregard.
N. de Fussey.
Jean-Baptiste de Montrichard, seigneur de Flammerans.
Théophile de la Menue, s$^{gr}$ de Saint-Privé.
Claude Damas, comte de Thianges.
Auguste de Cullon, seigneur de Sery.
Gaspard de Chevrier, s$^{gr}$ de la Saugeraye.
Claude de Bellecombe, s$^{gr}$ de Chasselas.
N. de Pra-Balaysaulx.
Jacques de Chaugy, seigneur de Lantilly.
Charles de la Tournelle.
Charles de Ramilly, seigneur de Perrigny.
Claude de la Rodde, seigneur de Charnay.
Charles de Montconis.
Jean de Grandmont, seigneur de Varanges.
N. de Boyault, seigneur de Franchesse.
Antoine de Beugre, seigneur de la Chapelle.
Charles de Naturel, seigneur de Baleure.
N. de Saint-Mauris.
Jean de Choiseul, seigneur d'Eguilly.
Gaspard de Franay, seigneur des Baugis.
Le seigneur de la Motte-Plessis.
Le seigneur de Givry.
Claude Mouchet, seigneur de Communi.

N. Berger, seigneur de Charancy.
N. de Villars.
Allerand de Magnien, seigneur de Chailly.
N. d'Esterling, seigneur de Sainte-Palais.
Hugues de la Cour, seigneur de Moulin.
Charles de Goureau, seigneur de Saucy.
Louis de Foudras.
David Berthot, seigneur de Montigny.
N. de Senevoy.
Jacques de Malain, seigneur de la Canche.
Jean de Choiseul, seigneur de Chevigny.
Roger de Nagu, marquis de Varennes.
Denis Le Goux, marquis de Santenay.
Louis d'Ancienville-Bourdillon, marquis d'Epoisses.
François de Chastellux-Moroges, baron d'Uchon.
Daniel de Belluchon, baron de Coppet.
Nicolas de Chatenay, seigneur de Lanty.
Alphonse d'Haranguier, s$^{gr}$ de Quincerot.
François de Faubert, seigneur de la Perrière.

### GENTILSHOMMES
nommés en 1653 pour la vérification des titres, avec indication des changements opérés dans la liste en 1658.

*Dijon.* — Villers-la-Faye de Chevigny, père et fils, rempl. en 1658 par N. du Montet de Lusigny.
Cussigny.
Cléron, seigneur de Saffres.
Champlecy, seigneur de Pluvault.
*Autun.* — Choiseul-Traves, s$^{gr}$ de Vauteau, rempl. par N. de Pernes d'Epinac.
Chaugy de Roussillon.
Sercey.
Gasse de Rouvray.
*Chalon.* — Brancion-Visargent, père et fils.
Chatenay de Saint-Vincent.
Thiard de Bissy.
Fussey de Sarrigny.
*Semur.* — Clugny, seigneur d'Aisy.
Jaucourt de Ménetreux.
Choiseul de Chevigny.
Sercey d'Arconcey.
*La Montagne.* — Lestouf de Pradines, seigneur de Poinsson.
Sommièvre d'Ampilly.

SENEVOY de Balot, rempl. par N. de MESSEY de Mauvilly.
COUTHIER de Souhey.
*Charollais.* — CHAUGY.
COLLONGES, seigneur de Pressy, rempl. par N. de DIGOINE.
Le commandeur d'Epinac, rempl. par N. VALLEROT de Masoncle.
LA COUR, seigneur de Moulin, rempl. par N. de LA COUR de Boyer.
*Mâcon.* — SAINT-MAURIS.
DRÉE de la Serrée, rempl. par N. de BOUGNES.
DAMAS de la Clayette, rempl. par le seigneur de Champerny.
LAURENCIN de la Bussière, rempl. par N. de LESTOUF de Pradines-Sirot.
*Auxerre.* — D'ESTERLING de Sainte-Palais.
CHASTELLUX, baron de Coulanges, rempl. par N. de BOULAINVILLIERS.
LA COUDRE, seigneur de Vincelles.
CULLON de LA MOTTE, seigneur de Sery.
*Bar-sur-Seine.*—SENEVOY, s$^{gr}$ de Villemorien.
LONGUEVILLE.

### 1656

Pierre de CHOISEUL-TRAVES, seigneur de Vauteau, *élu*, remplacé après sa mort, en octobre 1656, par le baron de la Tournelle.
Hippolyte de MONTCHANIN, seigneur de la Garde-Malzac, *alcade*.
Charles de BOULAINVILLIERS, *alcade*.
Charles de LA TOURNELLE.
Charles de TENARRE, seigneur de Montmain.
Louis de PERNES, seigneur d'Epinac.
N. de LESTOUF de Pradines.
Edme de SOMMIÈVRE, seigneur d'Ampilly.
Roland de MESSEY, seigneur de Mauvilly.
Hugues de LA COUR, seigneur de Moulin.
Jacques-François de LESTOUF de Pradines fils.
N. de VICHY, seigneur de Ligny.
N. de SAINT-PHAL.
René, baron de MONTCONIS.
Jean-Baptiste de MONTRICHARD, seigneur de Flammerans.
Jean DAMAS de Senailly, baron de Villiers.

Jacques de GEORGES.
Philippe BATAILLE, seigneur de Cussy.

### 1658

Charles, comte de LA TOURNELLE, *élu*.
Hugues de CHAUGY, baron de Roussillon, *alcade*.
Claude-Baptiste de MONTRICHARD, seigneur de Flammerans et d'Estroye, *alcade*.
Achille de LA GRANGE-D'ARQUIEN, marquis d'Epoisses.
Joachim de JAUCOURT, s$^{gr}$ de Ménetreux.
François de SERCEY, seigneur d'Arconcey.
N. de LA COUR de Boyer.
N. de SAINT-MAURIS.
Antoine de CHAUGY, seigneur de Musigny.
Charles de BOULAINVILLIERS.
Jacques de THYARD, seigneur de Bragny.
Benoît de FUSSEY, seigneur de Chazelles.
Charles de LA RIVIÈRE.
Pierre QUARRÉ.
Antoine MORISOT, seigneur de Taniot.
N. TALLOT.
N. d'ESTERLING, seigneur de Sainte-Palais.
N. de VILLARS.
Antoine RÉGNIER, seigneur de Bussière.
Claude de CARBONNET, seigneur de la Motte.
Philippe LE BEL, seigneur de Montvinet.
Roland de MESSEY, s$^{gr}$ de Sainte-Sabine.
François de LONGUEVILLE. s$^{gr}$ de Domecy.
Antoine d'EDOUARD, baron de Thenissey.
N. BOUCHER, baron de Milly.
N. de CHEVIGNY.
N. de CHEVIGNY, seigneur de Saint-Léger.
Charles de CLUGNY, seigneur de Darcey.
Louis de LA BAUME, seigneur d'Etais.
Marc-Antoine de SAUMAISE.
François et Claude du MONTET de Lusigny, père et fils.
Claude de VALLEROT-BUXILLON, seigneur de Flammerans.
Jacques de CHAUGY, seigneur de Lantilly.
N. de THENAY.
Claude de FUSSEY, seigneur de Chazelles.
Michel-Clériac du FAUR DE PIBRAC, comte de Marigny.

Hippolyte de Montchanin, seigneur de la Garde-Malzac.
Charles de Naturel, seigneur de Baleure.
N. de la Tour.
Alphonse d'Haranguier, s<sup>gr</sup> de Quincerot.
Pierre de Buatier, seigneur de Charrey.
François Couthier, seigneur de Souhey.
Philippe Bernard de Montessus, s<sup>gr</sup> de Rully.
Philibert de Chalon, seigneur de Sully.
Roland de Foudras, seigneur de Châteautiers.
Jacques-François de Lestouf, s<sup>gr</sup> de Pradines.
Nicolas de Fussey, seigneur de Menesserre.
N. des Boutaus, et autres.

### 1662

Erard de Bouton, comte de Chamilly, marquis de Nonan, baron de Beaumesnil, Montaigu, Nanton et autres lieux, lieutenant-général des armées du Roi, mestre de camp de cavalerie du régiment de M<sup>gr</sup> le Prince, capitaine-lieutenant de la compagnie de chevau-légers d'ordonnance du duc d'Enghien, *élu*.
Jacques de Thyard, s<sup>gr</sup> de Bragny, *alcade*.
Antoine de Chaugy, s<sup>gr</sup> de Musigny, *alcade*.
Charles, comte de la Tournelle, *élu ancien*, président.
François de Baglion, comte de la Salle, *élu du Charollais*.
Jacques de la Fage, seigneur de Clermont, *élu du Mâconnais*.
Nicolas de Bouton, comte de Chamilly, père.
Nicolas de Bouton de Chamilly, baron de Saint-Léger.
Le chevalier de Chamilly.
Guillaume de Pescheperroux, comte de Guitaut, chevalier des ordres du Roi.
Hugues de Chaugy, baron de Roussillon.
Claude-Baptiste de Montrichard, seigneur de Flammerans.
Jean de la Palu, comte de Meilly.
Henri-François de la Guiche, comte de Sevignon.
Roland de Foudras, s<sup>gr</sup> de Châteautiers.

Charles de Montsaulnin du Montal, seigneur de Venarey.
Jean de Choiseul, comte d'Eguilly.
Jean-Léonard Damas, seigneur de la Clayette.
François et Antoine-Roland de Sercey d'Arconcey, père et fils.
Henri de Ruade.
Claude-Jacques de Saint-Mauris, comte de Bosjan.
Jacques-François de Lestouf, s<sup>gr</sup> de Pradines.
Charles de Clugny, seigneur de Darcey.
Noël de Saulx, comte de Beaumont.
Louis de Pernes, comte d'Epinac.
Claude de Thyard, seigneur de Bissy.
Claude du Montet, seigneur de Lusigny.
Charles de la Tournelle, fils.
Louis de la Baume, seigneur d'Etais.
Nicolas de Goureau du Mont.
François Couthier, baron de Souhey.
Jean-François de Champlecy, marquis de Pluvault.
Charles, comte de la Rivière, bailli et gouverneur d'Auxerre.
N. de la Magdelaine de Ragny.
Louis de Villers-la-Faye, s<sup>gr</sup> du Rousset.
Antoine de Gasse, seigneur de Rouvray.
Antoine Régnier, seigneur de Bussière.
Marcelin Damas, baron de Digoine.
Daniel de Chatenay, baron de Lanty.
Michel-Clériac du Faur de Pibrac, comte de Marigny.
Charles de Hénin-Liétard, seigneur de Roche, et son fils Charles.
Claude-Eléonor Damas, marquis de Thianges.
N. Andrault, marquis de Langeron.
Bénigne Jaquot de Neuilly.
N. de Pra-Balaysaulx fils.
Jérôme Chenu, seigneur de Nuits.
Hippolyte de Montchanin, seigneur de la Garde-Malzac.
Jacques de Choiseul, comte de Chevigny, et son fils.
Philippe Bernard de Montessus, s<sup>gr</sup> de Rully.
Girard de Franay, seigneur des Baugis.
Pierre Sayve, comte de la Motte.
Le chevalier Brulart.

Le chevalier QUARRÉ.
Philippe LE BEL, seigneur de Montvinet.
Jacques de SAINT-MARTIN de Montjalin, seigneur d'Agencourt.
Claude de VALLEROT-BUXILLON, seigneur de Flammerans.
Philibert de MAILLOT, seigneur de Villeferry.
Melchior BERNARD DE MONTESSUS, seigneur de Balore.
Charles de VICHY, seigneur d'Agencourt et de Seigny.
François DAMAS DE CORMAILLON, sgr du Fain.
François GARNIER, comte de Toulongeon.
Pierre BERBIS de Dracy, baron d'Esbarres.
N. de MESSEY.
N. de CHATENAY-LANTY.
Georges de SAINT-BELIN, baron de Biesles.
Jean PELLETIER des Crots, seigneur d'Estrey.
Charles de NATUREL, seigneur de Baleure.
Louis de LA FAGE de Clermont fils.
Jean de GRANDMONT, seigneur de Varanges.
Louis de GRAIN, seigneur de Montjay.
Charles de SAINT-MARTIN de Montjalin fils.
N. des FOURNEAUX.
Anselme MENARD, sgr de Villiers-sur-Suize.
François de SCORRAILLES, sgr de Saubertier.
Claude-Léonor de RECLAINE-Tenarre-Verdun, écuyer, seigneur de Flandres.
Charles de L'ESTRADE DE LA COUSSE d'Arcelot.
Le chevalier de TAVANNES.
N. BERNARD DE MONTESSUS, sgr de Bellefond.
Le seigneur d'AHUY ?
Pierre de TRUCHY et son fils.
Louis de PLAINES, seigneur de Foucherans.
Charles de SENEVOY, seigneur de Balot.
N. de BIZE.
Antoine de CULLON de la Motte, sgr de Sery.
N. BOUCHER, baron de Milly.
Claude-Simon de BRANCION-VISARGENT.
Jean-François de CHAUGY, sgr de Massingy.
Antoine de CLUGNY, seigneur de Colombier.
Hugues DUBOIS, seigneur de la Rochette.
Arvier de CLÉRON, seigneur de Posange.
Charles LE ROBERT, seigneur de Pancy.
Henri-Joseph JARRY de la Jarrye, seigneur de Cessey.

N. de VICHY d'Agencourt, sgr de Fresnoy.
Jean de GOUREAU, seigneur de Montjalin.
Charles de GOUREAU, seigneur d'Avirey.
Charles-François DORMY de Neuvy.
N. de JAUCOURT.
Philippe-Emmanuel de ROYEN, seigneur de Saint-Micault.
Pierre de BUATIER, seigneur de Charrey.
Sébastien de GOUREAU, sgr de Marcilly.
N. DU MARCHÉ, seigneur de Saint-Martin, et N. DU MARCHÉ, frères.
Jean de BUATIER.
Louis de FOUDRAS.
Philippe de BATAILLE, seigneur de Cussy.
Edme de CHANTERAY.
Jean-Baptiste de BILLY, ou le sgr de Billy.
N. de BLUETTE.

## 1665

Erard de BOUTON, comte de Chamilly, *élu continué*.
Daniel de CHATENAY, baron de Lanty, *alcade*.
Antoine DAMAS, baron de Marcilly, *alcade*.
François de BAGLION, comte de la Salle, *élu du Charollais*.
Hippolyte de MONTCHANIN, seigneur de la Garde-Malzac, *élu du Mâconnais*.
Marcelin DAMAS, baron de Digoine.
Jean-Claude de CUSSIGNY, sgr de Vianges.
Henri SAYVE, comte de Thil.
Jacques de CHOISEUL, comte de Chevigny.
Jacques-François de LESTOUF, seigneur de Pradines, *Commissaire*.
Jean de CHOISEUL, comte d'Eguilly.
Antoine de GASSE, comte de Rouvray.
Melchior BERNARD DE MONTESSUS, seigneur de Balore.
Claude de THYARD, seigneur de Bissy.
Charles de MONTSAULNIN du Montal.
Charles de LA TOURNELLE.
Jacques de THYARD, seigneur de Bragny, C.
Antoine de CHAUGY, seigneur de Musigny, C.
Henri-François de LA GUICHE, sgr de Sevignon.
Charles de TENARRE, seigneur de Montmain.
François de SERCEY, seigneur d'Arconcey.
Jean de LA PALU, comte de Meilly.

Claude-Baptiste de MONTRICHARD, s<sup>gr</sup> de Flammerans et d'Estroye.
N. de CHEVIGNY père.
François de MONTMORILLON, s<sup>gr</sup> de Chazelot.
Le chevalier de LA GUICHE.
N. LE BRUN, marquis du Breuil.
Brocard de GYANY, comte de Rispe.
Henri GIROUX, marquis de Vessey.
Hugues de CHAUGY, seigneur de Roussillon.
Philippe LE BEL, seigneur de Montvinet.
Hugues-François de MATHIEU, seigneur d'Essertines.
Daniel de BELLUCHON, baron de Villeneuve.
Antoine COMEAU, seigneur de Créancey.
N. de CHOISEUL, baron de Meuvy.
Louis de LA FAGE, seigneur de Clermont.
Charles de MATHIEU, sieur d'Epoisses.
N. de MONTCHANIN de la Garde-Malzac.
René d'AULLENAY, seigneur d'Arcy.
Nicolas de GOUREAU du Mont.
Roland de FOUDRAS, seigneur de Châteautiers.
Philippe ANDRAULT de Langeron.
Louis de VILLERS-LA-FAYE, s<sup>gr</sup> du Rousset.
Antoine-Roland de SERCEY d'Arconcey fils.
Antoine RÉGNIER, seigneur de Bussière.
N. de HÉNIN-LIÉTARD, seigneur de Roche, C.
N. de BARD.
Jean de GRANDMONT, seigneur de Varanges.
Michel BATAILLE, seigneur de Mandelot.
René de LORON, seigneur de Tarot.
Jacques de SAINT-MARTIN, s<sup>gr</sup> d'Agencourt.
Jean-Baptiste de RIOLLET l'aîné.
Pierre SAYVE, comte de la Motte.
Claude de RIOLLET, puiné.
Claude de THYARD, seigneur de Bissy.
Le chevalier ANDRAULT de Langeron.
Jacques de SERCEY, C.
Le chevalier de SAINT-MAURIS.
N. de LONGUEVILLE.
Jean de BUATIER de Réal.
J.-Léonor de CHOISEUL-TRAVES, s<sup>gr</sup> de Vauteau.
Philippe-Emmanuel de ROYER, seigneur de Saint-Micault.
Louis de PERNES, comte d'Epinac.
N. de LA RIVIÈRE.
Jérôme CHENU, s<sup>gr</sup> de Nuits-sous-Ravière.

Pierre du VAL.
Claude de VALLEROT-BUXILLON, s<sup>gr</sup> de Flammerans.
N. GARNIER DE TOULONGEON.
Noël d'EDOUARD, seigneur de Jouancy.
Philippe BERNARD DE MONTESSUS, s<sup>gr</sup> de Rully.
Hugues DUBOIS, seigneur de la Rochette.
Jean-Nicolas de FULIGNY-DAMAS de Saudancourt.
Charles de CLÉRON, seigneur de Posange.
Claude de CHEVIGNY, s<sup>gr</sup> de Saint-Léger.
Le chevalier de SAINT-BELIN.
Antoine de FOLIE, s<sup>gr</sup> de Belles-Epines.
CREMEAUX-D'ENTRAIGUES, s<sup>gr</sup> de la Grange.
Théophile de LA MENUE, s<sup>gr</sup> de Saint-Privé.
Georges de SAINT-BELIN, comte de Biesles.
Benoit de FUSSEY, seigneur de Chazelles.
Charles de NATUREL, seigneur de Baleure.
Lazare de CROISIER, s<sup>gr</sup> de Sainte-Segros.
N. de VERNE.
François COUTHIER, seigneur de Souhey.
LONGUEVILLE, seigneur de Domecy.
François de FAUBERT, s<sup>gr</sup> de la Perrière.
Daniel de CHATENAY, baron de Lanty.
Georges-Bénigne de TRESTONDAN.
N. de LA GRANGE.
Bénigne d'EDOUARD, baron de Thenissey.
François du MONTET, seigneur du Brouillard.
N. de CHAUGY, seigneur de Cussy.
N. de CHAMBERAN.
Clair-Alexandre de CHATENAY, baron de Saint-Vincent.
Elie du GOND.
Michel-Clériac du FAUR DE PIBRAC, comte de Marigny.
N. de COLOMBET de Gissey.
David BERTHOT, seigneur de Montigny.
Salomon de DRÉE, seigneur de la Serrée.
Le seigneur de Villiers.
Antoine de CLUGNY, seigneur de Colombier
Joachim de BEAUREPAIRE, C.
N. de SOMMIÈVRE, seigneur de Juilly.
Antoine DAMAS, baron de Marcilly.
Philippe BATAILLE, seigneur de Cussy.
Jacques de SAINT-MARTIN.
N. de COURCELLES, seigneur de Pourlans.

N. Pages, seigneur de Rodailles.
N. de Foudras.
Louis de la Baume, seigneur d'Etais.
Charles de Clugny, seigneur de Darcey.
N. de Messey.
N. de Pra-Balaysaulx.
Nicolas de Folin, seigneur de Vernot.
Le chevalier de Sercey.
Antoine de Beugre, seigneur de la Chapelle.
Charles de Saint-Martin.
François de Chevigny, s<sup>gr</sup> de Montaugé.
Le chevalier Quarré.
N. de Montigny.
Charles de l'Estrade de la Cousse d'Arcelot.
Marc-Antoine Martin de Barjon.
Claude le Robert, seigneur de Pancy.
Jourdan de Scorrailles.
Claude de la Rodde.
Du Boutet, seigneur de Sancy.
Philibert de Maillot, seigneur de Villeferry.

## 1668

Claude de Thyard, chevalier, seigneur de Bissy, baron de Pierre, lieutenant-général des armées du Roi, mestre-de-camp de cavalerie, *élu*.
Charles de Naturel, s<sup>gr</sup> de Baleure, *alcade*.
Charles, vicomte de la Rivière, *alcade*.
Erard Bouton, comte de Chamilly, *élu ancien* et président.
Philippe-Emmanuel de Royer, seigneur de Saint-Micault, *élu du Mâconnais*.
Antoine Damas, comte de Marcilly, *élu du Charollais*.
Charles, comte de la Tournelle.
Louis-Antoine du Prat, baron de Viteaux.
Marie-Beaune Bernard de Montessus, seigneur de Bellevêvre.
Jacques-François de Lestouf de Pradines.
Louis de Pernes.
N. de Sercey.
Hugues-Antoine de Gasse de Rouvray.
Salomon de Drée, seigneur de la Serrée.
N. Damas.
Nicolas de Chatenay, seigneur de Bricon.
Antoine Régnier, seigneur de Bussière.

Pierre de Truchy et son fils.
N. de Damas-Morot.
Hugues Dubois, seigneur de la Rochette.
Edme de Chanteray, seigneur de Terrans.
Pierre Sayve de Thil.
Charles-François Dormy, seigneur de Neuvy.
N. de Bard.
Jacques de Thyard, seigneur de Bragny.
N. d'Hotel-Ecot.
N. de Riollet.
Philippe de Bernard de Montessus de Rully, et son fils.
Philippe Andrault de Langeron.
Claude Le Robert, seigneur de Pancy.
Charles de Clugny, seigneur de Darcey.
Philippe Bataille, seigneur de Cussy.
N. de Courcelles.
N. de Courcelles, s<sup>gr</sup> de Pourlans.
Pierre Berbis, baron d'Esbarres.
Charles de l'Estrade de la Cousse.
Claude de Vallerot, seigneur de Buxillon et de Flammerans.
Jourdan de Scorrailles, s<sup>gr</sup> de la Barre.
N. de Scorrailles de Charmoy.
Benoît de Fussey, seigneur de Chazelles.
Jean-Baptiste de Vidal, seigneur de Crusilles.
François de Montmorillon, s<sup>gr</sup> de Chazelot.
David Marchand de Montbéliard.
Michel Bataille, seigneur de Mandelot.
Jean-Gaspard Marchand du Maulgny.
François de Sevelinge, s<sup>gr</sup> de la Charmée.
Charles de Marcelange, s<sup>gr</sup> de la Grange-Cossaye et des Crots.
Philippe de Raffin, seigneur de Pommier.
Marc-Antoine, Jean-Baptiste, Claude et Georges Martin de Choisey-Barjon, frères.
Claude de la Rodde, seigneur de Fressinet.
Gaspard Le Gastelier.
Louis de Plaines, seigneur de Foucherans.
Charles de Tenarre, baron de Montmain.
Charles Damas de Cormaillon.
François Couthier, seigneur de Souhey.
N. du Crest, seigneur de Montigny.
Théophile de la Menue, s<sup>gr</sup> de Saint-Privé.
Henri-Jean-Baptiste de Magnien, seigneur de Chailly.

Bénigne Jaquot de Trémont.
Antoine Comeau, seigneur de Créancey.
Claude de Saint-Belin, s<sup>gr</sup> de Cussigny.
N. Valon de Saint-Seine.
François Garnier, comte de Toulongeon.
N. de Chappet.
N. de Truffery, seigneur de Trapenard.
N. de Chamberan.
N. Morelet.
Jean-Baptiste de Montrichard, seigneur de Flammerans.
Nicolas de Goureau du Mont et son fils.
Jean de Grandmont, seigneur de Varanges.
N. du Marché.
Antoine de Folie, s<sup>gr</sup> de Belles-Epines.
Antoine Morisot, seigneur de Taniot.
N. de la Verne, seigneur d'Athée.
Marc-Antoine de Saumaise, s<sup>gr</sup> de Villars.
Théodet Tarourot, s<sup>gr</sup> de Saint-Apollinaire.
Charles de Cléron, seigneur de Posange.
Gabriel de Cléron.
N. de Messey.
Georges de Saint-Belin, comte de Biesles.
Lazare de Croisier, s<sup>gr</sup> de Sainte-Segros.
Clair-Alexandre de Chatenay de S.-Vincent.
N. d'Estagny.
Jacques de Cronambourg, seigneur de Saint-Genois.
Alexandre de Périeux, s<sup>gr</sup> de Duretal.
Georges-Bénigne, baron de Trestondan.
Simon de Chaugy, seigneur de Lantilly.
N. de Moyria, seigneur de Saint-Jérôme.
Claude du Montet, seigneur de Lusigny.
N. des Barres.
Jacques de Saint-Martin, s<sup>gr</sup> d'Agencourt.
Antoine du Perron, seigneur de Corcelles-sous-Grignon.
Charles de Goureau d'Avirey, seigneur de Saucy, et son fils Claude.
Le chevalier de Soissons.
Roger de Balathier, seigneur de Lantage.
Michel-Clériac du Faur de Pibrac, comte de Marigny.
N. Darrefay.
François Régnier de Romprey, seigneur de Bussière.

N. Régnier de Romprey.
N. Martin de Choisey de Pottenet.
Daniel de Chatenay-Lanty, s<sup>gr</sup> de Rochefort.
François de Scorrailles, s<sup>gr</sup> de Saubertier.
Jean-François de Mesgrigny, marquis de Vandœuvre, seigneur de Morey.
Elie du Gond.
N. de Villers-la-Faye.
Jean de Gand, seigneur de la Rochette.
N. de Cléron, s<sup>gr</sup> de Posange.
Gabriel de Cléron.
Joachim de Beaurepaire.
Claude de la Rodde, s<sup>gr</sup> de Fressinet.
N. de la Menue, s<sup>gr</sup> de Perrigny.
François d'Hotel, marquis d'Ecot, seigneur de Semoutiers.
Pierre Venot, seigneur de Bousot.
Antoine-Roland de Sercey, s<sup>gr</sup> d'Arconcey.
Claude-Simon de Brancion, s<sup>gr</sup> de Visargent.
Antoine de Clugny, seigneur de Colombier.
François du Crest, seigneur de Cersot.
François de Faubert, s<sup>gr</sup> de la Perrière.
N. des Ulmes, seigneur de Trogny.
N. de Bernard de Montessus de Balore, seigneur de Bellefond.
N. des Fourneaux.
Decl-Antoine de Veyny, seigneur de Cherette, convoqué, n'a pas comparu.

**1671**

Louis de Pernes, comte d'Epinac, *élu.*
N. de Longueville, *alcade.*
Georges-Bénigne, comte de Trestondan, *alcade.*
Claude de Thyard, comte de Bissy, *élu sortant* et président.
Hugues-François de Mathieu, seigneur de Champvigy, *élu du Charollais.*
Jacques de la Fage, seigneur de Clermont, *élu du Mâconnais.*
Charles, comte de la Tournelle.
Philippe Andrault, comte de Langeron.
Charles de Hénin-Liétard, comte de Roche.
Marc-Antoine Martin de Choisey-Barjon.
François de Choiseul, comte de Chevigny.
Hugues-Antoine de Gasse, comte de Rouvray.

Nicolas de Goureau du Mont.
Antoine Damas, baron de Marcilly.
Pierre de la Marre, seigneur de Chevigny.
Antoine de Chaugy, seigneur de Musigny.
Henri Coignet de la Thuilerie, comte de Courson.
Jean-Madelon du Montet, s<sup>gr</sup> de Lusigny.
Le chevalier de Pernes.
François Garnier, comte de Toulongeon.
Antoine de Clugny, seigneur de Colombier.
Jean de Choiseul, comte d'Eguilly.
Éléonor de Choiseul, seigneur de Vauteau.
Jacques-François de Lestouf de Pradines.
Charles de Tenarre, comte de Montmain.
Daniel de Belluchon, comte de Villeneuve.
Jérôme de Chenu, seigneur de Nuits.
Charles, comte de la Rivière.
Nicolas de Fussey, marquis de Menesserre.
Hugues de Chaugy, comte de Roussillon.
Michel-Clériac du Faur de Pibrac, comte de Marigny.
Jean-Louis de Villers-la-Faye, comte du Rousset.
Charles de Clugny, seigneur de Darcey.
Le commandeur Brulart.
Daniel de Chatenay-Lanty, s<sup>gr</sup> de Rochefort.
N. de la Motte, seigneur de Vellerot.
N. du Fresne.
N. de Villers-la-Faye.
N. d'Aulon.
Louis de Rovoré, seigneur d'Attignat.
Philippe Bernard de Montessus, seigneur de Rully.
Le baron de Villars.
Nicolas Jeannin de Castille, m<sup>is</sup> de Montjeu.
Louis de la Baume, baron d'Etais.
Claude de la Rodde, seigneur de Fressinet.
Charles de Naturel, seigneur de Baleure.
Jacques de Chaugy, s<sup>gr</sup> de Savigny-l'Etang.
Jean-François de Chaugy de Lantilly, seigneur de Massingy.
Louis-François de Bougnes.
Gaspard de l'Estrade de la Cousse.
François Couthier, baron de Souhey.
Benoît de Fussey, seigneur de Chazelles.
Claude de la Rodde, s<sup>gr</sup> de Charnay.

Antoine Damas, comte de la Clayette.
Joachim de Jaucourt, s<sup>gr</sup> de Saint-Germain.
Philippe de Jaucourt, seigneur de la Forêt.
Timothée de Truchy.
Le baron de Trestondan fils.
Charles-Bénigne d'Anchemant, seigneur de Verrey.
Jacques de Thoisy.
Rémond de la Vergne-Bouy, s<sup>gr</sup> de Ladignac.
Claude de Chevigny, s<sup>gr</sup> de Saint-Léger.
Edme de la Barre.
Prudent Tabourot, seigneur de Véronnes.
François de Baglion, comte de la Salle.
Jean-Baptiste Martin de Choisey, s<sup>gr</sup> d'Avot.
Pelletier des Crots, baron de Neuvy.
N. de Chalus, seigneur de Fontette.
N. Le Sein.
Claude-Hippolyte de Thénay, comte de Saint-Christophe.
Jean-Baptiste de Billy, ou le s<sup>r</sup> de Billy.
Antoine et Clément Régnier de Bussière, père et fils.
Antoine Comeau, seigneur de Créancey.
Charles de Vichy d'Agencourt.
Claude-Antoine Palatin de Dyo, comte de Montmort.
Jacob de Truchy.
François Andrault de Langeron, marquis de Maulevrier.
Charles de Goureau, seigneur de Saucy.
Martin de Choisey, seigneur de Pottenet.
Le seigneur de Gissey.
Charles de Marcelange, s<sup>gr</sup> de la Grange et des Crots.
Le chevalier du Guay.
Philippe de Pélissier, seigneur de Flavignerot, et L. de Pélissier-Montpallier frères.
Gaspard de Vichy, marquis de Champrond.
Charles de Cléron, seigneur de Posange.
Jean-Baptiste et Claude de Riollet frères.
Louis Damas, comte de Crux.
Antoine-Marcelin Damas, baron de Digoine.
Charles Damas de Cormaillon, s<sup>gr</sup> du Fain.
N. des Barres.
Claude de Carbonnet, seigneur de la Motte.
Théophile de la Menue, s<sup>gr</sup> de Saint-Privé.

6

Jean-Gaspard MARCHAND du Maulgny.
Bénigne JAQUOT de Neuilly.
Louis de FOUDRAS.
N. BERNARDON.
Pierre de CHARGÈRE, seigneur du Breuil.
Prosper de GEORGES, seigneur de Romanay.
François de ROYER, s<sup>gr</sup> de Saint-Micault.
Antoine-Roland de SERCEY d'Arconcey.
Jacques de DAMOISEAU, seigneur de la Motte-d'Hubine.
Marie-Beaune BERNARD DE MONTESSUS, seigneur de Bellevèvre.
Marc-François de QUANTÉAL.
N. de LONGUEVILLE, s<sup>gr</sup> de Ville-sur-Arce.
Bénigne d'EDOUARD, baron de Thenissey.
Jean BERBIS, seigneur de Cromey.
Michel BATAILLE, seigneur de Mandelot.
N. de COURCELLES, l'aîné.
N. de LA MENUE, seigneur de Chatelmoron.
N. d'ANSTRUDE.
N. de BARD.
Jacques de SAINT-MARTIN, s<sup>gr</sup> d'Agencourt.
N. des ULMES, seigneur de Trogny.
N. de SAUMAISE.
N. de BRANCION.
N. de TRUFFERY, seigneur de Trapenard.
N. de CHESNE.
Antoine MORISOT, seigneur de Taniot.
Elie DUGON.
Claude de VALLEROT-Buxillon, seigneur de Flammerans.
Claude de VALLEROT, seigneur de Masoncle.
Salomon et Charles de DRÉE de la Serrée, père et fils.
Bernard GONTHIER du Sauvement.
NN. de COURVAULT, père et fils.
François du BOULAY, sieur de Courtison.
François de BEAUREPAIRE, s<sup>gr</sup> de Varey.
Louis de GRAIN, seigneur de Montjay.
Jacques-François de BAGNIARD.
Jean-Baptiste des PRINGLES, s<sup>gr</sup> de Loges.
Jean-Claude COMEAU, s<sup>gr</sup> de Pont-de-Vaux.
Bénigne MORELET.
Zacharie de DROUAS, seigneur de Boussey.
Abraham DUPUIS, seigneur de Saint-Gervais.
Claude de SAINT-LIGIER, s<sup>gr</sup> de Montregard.

N. de VIENNE.
Lazare de CROISIER, s<sup>gr</sup> de Sainte-Segros.
Antoine de FOLIE, s<sup>gr</sup> de Belles-Epines.
Jean RICHARD, s<sup>gr</sup> de Bligny-sous-Beaune.
N. de GOUAN. (N. de CHALUS, seigneur de Godan ?)
N. d'ESTAGNY.
Henri-Jean-Baptiste de MAGNIEN, s<sup>gr</sup> de Chailly.
Eléonor de CHOISEUL-TRAVES.
Antoine de MONTCHANIN, seigneur de la Garde-Malzac.
N. de CONIGHAN, seigneur d'Arcenay.
N. BERBIS.
Joachim de BEAUREPAIRE.
Pierre du BAN, seigneur de la Feuillée.
N. de SAINT-MAURIS.
N. TOULORGE.
N. de LA BARRE.
N. de BLUETTE.
Pierre-Louis de VALLETIER.
N. du COURROY.
N. de VIDART.
François-Saladin de MONTMORILLON, seigneur d'Essanlets.
N. de MONTFERRAND.
Nicolas de FRASANS, l'aîné.
Claude MOUCHET de Communi, et son fils.
Lazare-Bénigne FLEUTELOT, s<sup>gr</sup> de Larçon.
Charles de SAINT-MARTIN, s<sup>gr</sup> d'Agencourt.
N. de LA COUR de Boyer.
Charles de NOGENT, l'aîné.
N. MOUCHET de la Beluse.
N. BRETAGNE.
Pierre BERBIS de Dracy, baron d'Esbarres.
Gabriel de SAINT-BELIN, comte de Biesles.
Claude MILLETOT de Villy.
Pierre PETIT de Bressey.
Jules-Marguerite-Philippe de ROCHEMONT, seigneur des Buissons.
N. de LA VERNE d'Athée.
N. PETIT, l'aîné.
(N. de THOIRÉ ?) comte de Villars.
Georges MARTIN de Choisey.
N. de LA SALLE de Buis.
Philippe ou Jacques de CRONAMBOURG de Saint-Genois.

Jacques-Guillaume de Frasans.
Louis de Goureau du Mont de la Perrière fils.
Clair-Alexandre de Chatenay, baron de Saint-Vincent.
Henri-Joseph de Jarry de la Jarrye.
N. d'Estiennot de la Serrée.
N. de Ganay.
Alexandre de Colombet, seigneur de la Borde et de Gissey.
René de Loron.
François de Faubert, seigneur de la Perrière.

## 1674

Philippe Andrault, chevalier, seigneur comte de Langeron, baron de Vaux et de Congnié, seigneur de Bigu et de Champlas, bailli des pays de Nivernais et de Donziais, maréchal des camps et armées du Roi, premier gentilhomme de la chambre de Mgr le Duc, *élu*.
Jacques de Chaugy, seigneur de Savigny-l'Etang, *alcade*.
Michel Bataille de Mandelot, *alcade*.
Louis de Pernes, comte d'Epinac, *élu sortant* et président.
Claude de la Cour, seigneur de Moulin, *élu du Charollais*.
Jacques de la Fage, seigneur de Clermont, *élu du Mâconnais*, pour N. de Varenne-Grandmaison.
Noël de Saulx de Tavannes, mis de Mirebeau.
Philippe Andrault, comte de Langeron.
Jacques-François de Lestouf de Pradines.
Le commandeur Brulart.
Charles, vicomte de la Rivière.
Pelletier des Crots, baron de Neuvy.
Georges-Bénigne, comte de Trestondan, et son fils.
N. de Longueville.
Charles de Boulainvilliers.
François Garnier, comte de Toulongeon.
Roland de Messey de Sainte-Sabine.
Pierre Petit de Bressey.
Charles-Bénigne d'Anchemant, sgr de Verrey.
Gaspard de l'Estrade de la Cousse.
Charles, comte de la Tournelle.

Joachim de Beaurepaire.
N. de Courcelles, baron de Pourlans.
Charles de Tenarre de Montmain.
Nicolas de Fussey, marquis de Menesserre.
Jérôme de Chenu, baron de Nuits.
Claude de Thyard, baron de Bragny.
N. Bernardon.
Pierre Berbis, seigneur de Champvans.
Antoine de Clugny, seigneur de Colombier.
Louis de la Fage de Clermont fils.
N. d'Anstrude.
N. d'Aulon.
Louis de Clugny, baron de Grignon.
Nicolas Jeannin de Castille, mis de Montjeu.
N. de Goureau du Mont fils.
Antoine et Clément Régnier de Bussière, père et fils.
N. Brulart, commandeur d'Arbot.
Guy Bernard de Montessus, baron de Rully.
N. de Sommièvre.
Michel-Clériac du Faur de Pibrac, comte de Marigny.
Hector-François d'Aullenay, marquis d'Arcy.
Claude de la Ronde, seigneur de Fressinet.
François Andrault de Langeron, marquis de Maulevrier.
Antoine Damas, comte de Marcilly.
Louis-Antoine du Prat, marquis de Vitoaux.
Bénigne Morelet.
Pierre Berbis, baron d'Esbarres.
Nicolas de Chaugy de Roussillon.
N. de Bluette.
N. Chesne.
Hugues Dubois de la Rochette, seigneur de Bresche.
Charles de Clugny, seigneur de Darcey.
Claude de Vallerot-Buxillon, seigneur de Flammerans.
Claude Mouchet père, seigneur de Communi.
N. Mouchet, seigneur de la Beluse.
Le seigneur de Genevrey.
Dominique de Longueville, seigneur de la Maison-Blanche.
N. de la Salle de Buis.
Nicolas de Frasans, l'aîné.
François d'Estiennot, seigneur de Vassy.

N. de la Marre.
Jean Berbis, chevalier d'honneur de la Chambre des comptes.
Hercule de Messey, seigneur de Mauvilly.
Rémond de la Vergne-Bouy, seigneur de Ladignac et son fils.
Claude Couthier, baron de Souhey.
François de Fussey, seigneur de Sarrigny.
N. de Truffery, seigneur de Trapenard.
N. de la Menue, seigneur de Saint-Privé.
Gabriel de Cléron.
Antoine de Conighan, seigneur d'Arcenay.
Jean-Baptiste de Vienne, s<sup>gr</sup> de Gevrolle.
Charles de Saint-Martin, s<sup>gr</sup> d'Agencourt.
Edme-Bernard Filzjan, s<sup>gr</sup> de Ste-Colombe.
César Millotet.
Jean-Baptiste Millière, seigneur d'Aiserey.
N. Martin de Choisey-Barjon, s<sup>gr</sup> d'Avot.
N. Millière.
Louis de Pélissier, seigneur de Ternant.
Théodet Tabourot, s<sup>gr</sup> de Saint-Apollinaire.
N. de Cussigny.
N. de la Marre fils.
N. de Pra-Balaysaulx.
Antoine de Gand, seigneur de la Rochette.
Le chevalier de la Serve.
N. de Folin.
Le chevalier du Guay.
N. de Jaucourt.
Jean de Buatier de Réal.
Prudent Tabourot, seigneur de Véronnes.
Maurice Berbis, seigneur de Cromey.
N. de Vienne, seigneur de Busserolle.
Bernard Gonthier du Sauvement.
Le seigneur de Montoux?
Marie-Beaune Bernard de Montessus, seigneur de Bellevêvre.
N. Bernard de Montessus de Bellefond.
Claude Milletot.
Jean de Choiseul d'Eguilly.
Jean-Baptiste et Pierre Martin de Choisey-Barjon, père et fils.
Pierre de Forteau.
Philippe de Pélissier.
N. Perreau du Buisson.
Eléonor de Choiseul-Traves, s<sup>gr</sup> de Vauteau.

Marc-François de Quantéal.
Jean Richard, seigneur de Bligny.
NN. de Courvault, père et fils.
N. de Montmorillon, seigneur de Chazelot.
N. de Goureau.
Claude de la Rodde, seigneur de Charnay.
Louis de Scorrailles, seigneur de Reure.
Charles de Nogent.
N. Guenot de Vousol.
Charles de Tenarre, comte de Montmain.
Jean-Louis de Villers-la-Faye, comte du Rousset.
Claude-Charles-Philippe de Saint-Mauris de Montbarrey, comte de Bosjan.
André des Barres, seigneur de Cussigny.
Bénigne d'Edouard, baron de Thenissey.
Bénigne de Cirey, seigneur du Magny.
François-Saladin de Montmorillon, baron d'Essanlets.
N. de Foudras.
Le chevalier du Prat.
Lazare de Croisier, seigneur de Sainte-Segros.
Antoine-Roland de Sercey, s<sup>gr</sup> d'Arconcey.
Roger de Balathier de Lantage.
Jean de Lanneau, seigneur de Bard.
Pierre Comeau, seigneur de Créancey.
Jean-Claude Comeau, s<sup>gr</sup> de Pont-de-Vaux.
Paul-Salomon de Digoine, seigneur du Palais.
Michel de Grimauldet, écuyer, seigneur de Motheux, capitaine et gouverneur du château et du marquisat de Seignelay, de son chef, et ayant la procuration de Jean-Baptiste de Colbert, marquis de Seignelay (1).

**1677**

Pierre du Ban, chevalier, comte de la Feuillée, maréchal des camps et armées du roi, gouverneur des villes de Dole et de Châtillon-sur-Seine, *élu*.
Lazare de Croisier, seigneur de Sainte-Segros, *alcade*.
Charles de Clugny, s<sup>gr</sup> de Darcey, *alcade*.

(1) C'est le seul exemple d'un vote par procuration dans la Chambre de la noblesse.

Louis de PERNES, comte d'Epinac, *élu sortant,* président.
Louis de THÉSUT, seigneur de Champoussot, *élu du Charollais.*
Gabriel, comte de BRIORD, *élu du Mâconnais.*
Charles, comte de LA TOURNELLE.
Charles, vicomte de LA RIVIÈRE.
Jacques de THYARD, comte de Bragny.
Charles de TENARRE, comte de Montmain.
Louis de PERNES, comte d'Epinac, fils.
Antoine MORISOT, seigneur de Taniot.
Nicolas de FUSSEY, marquis de Menesserre.
Jean de CHOISEUL, comte d'Eguilly.
Edme de CHANTERAY.
N. de COURCELLES de Pourlans.
Michel-Clériac du FAUR DE PIBRAC, comte de Marigny.
N. de CLÉRON.
Bénigne de CIREY, seigneur du Magny.
Jean-Baptiste de CIREY.
N. BRULART, commandeur d'Arbot.
Michel BATAILLE, seigneur de Mandelot.
Gaspard de L'ESTRADE DE LA COUSSE.
N. RÉGNIER de Bussière-Romprey.
N. d'ANSTRUDE.
N. de THÉSUT.
Jean BERBIS, chevalier d'honneur de la Chambre des comptes.
Le chevalier BERBIS.
Clément RÉGNIER de Bussière, chevalier d'honneur de la Chambre des comptes.
Marc-Antoine MARTIN de Barjon, l'aîné.
François ANDRAULT, marquis de Maulevrier.
Abraham DUPUIS, s$^{gr}$ de Saint-Gervais.
N. BERNARDON.
N. de SAINT-MARTIN.
Jean-Madelon du MONTET, s$^{gr}$ de Lusigny.
Hugues DUBOIS de la Rochette, seigneur de la mairie d'Argilly.
Pierre de LA MARRE, seigneur de Chevigny.
Hugues de MATHIEU, seigneur d'Essertines.
N. de SAINT-BELIN, chevalier de Biesles.
Jean-Gaspard MARCHAND du Maulgny, s$^{gr}$ de Montbéliard.
N. CATIN de Richemond.
Sylvestre de RIOLLET, seigneur de Morteuil.

N COMEAU de Créancey, seigneur de Nuits.
Pierre CATHERINE, seigneur de Saint-Usage.
Pierre-Louis de VALLETIER, s$^{gr}$ de la Noue.
Jean-Claude COMEAU, s$^{gr}$ de Pont-de-Vaux.
Prudent TABOUROT, seigneur de Véronnes.
Jean-Charles de RAGUET, s$^{gr}$ des Fossés.
Jean de LANNEAU, seigneur de Bard.
Jean-Baptiste de LA MARRE d'Aluse.
Etienne de LA MARRE, puîné.
N. de TRUFFERY, seigneur de Trapenard.
Hector-François d'AULLENAY d'Arcy.
Philippe de JAUCOURT, seigneur de la Forêt-d'Ausson.
N. BERNARD DE MONTESSUS, chevalier de Rully.
Antoine COLIN de Flavignerot, et ses deux frères.
Antoine de VALLEROT, seigneur de Masoncle.
N. FOLIN, seigneur d'Echenon.
Jean-Baptiste MARTIN de Choisey-Barjon.
N. de LA GRANGE de Vaubusin.
Pierre MARTIN de Choisey-Barjon, fils.
André LE FÈVRE, écuyer, seigneur de Fontaine-Croix et Plomby.
Jean-Marie BRETAGNE de Nan-sous-Thil.
Bénigne et Bernard JAQUOT de Neuilly, père et fils.
N. de COURVAULT, seigneur de Saint-Romain.
Louis de CLUGNY, seigneur de Grignon.
Jean-Baptiste de VIENNE, s$^{gr}$ de Gevrolle.
Bénigne MORELET.
Jean RICHARD, s$^{gr}$ de Bligny-sous-Beaune.
Pierre RICHARD, seigneur de Curtil.
N. CHESNE de Chalon.
N. DEFRANC, seigneur d'Esserteaux.
Bénigne JAQUOT de Trémont.
Eléonor de LONGUEVILLE, s$^{gr}$ de Millery.
François GARNIER de Toulongeon.
N. de VIENNE de Busserolle.
Jacques-Guillaume de FRASANS, l'aîné.
NN. JAQUOT frères.
Jean-Baptiste des PRINGLES, s$^{gr}$ de Loges.
Théodet TABOUROT, s$^{gr}$ de Saint-Apollinaire.
N. SOIROT.
Jacques-Philibert de NATUREL, seigneur de Baleure.
Simon de CHAUGY, seigneur de Lantilly.

Charles de CLÉRON, seigneur de Posange.
Gabriel de CLÉRON.
N. de LA VERNE.
Bernard GONTHIER du Sauvement.
Jean du BOURGDIEU, seigneur de Promenois.
Claude de CARBONNET, seigneur de la Motte.
Charles et Antoine de SAINT-MARTIN d'Agencourt, père et fils.
Charles de VICHY.
Louis de FOUDRAS.
Gaspard LE GASTELIER, seigneur de Mosson.
N. JOLY.
Jacob de TRUCHY.
N. de CHOISY de Vic.
Léonard VENOT, seigneur de Noisy.
Pierre BERBIS, seigneur de Champvans.
N. BERBIS, le cadet.
Bénigne BERBIS, baron d'Esbarres.
Le chevalier du GUAY.
Hercule de MESSEY, seigneur de Mauvilly.
N. de CLUGNY de Saint-André.
Claude COUTHIER, baron de Souhey.
N. FERRAND, seigneur de Marcelois.
Jean-Baptiste de LA MARRE, seigneur d'Aluse.
Claude MILLETOT, seigneur de Villy.
Antoine de CLUGNY, seigneur de Colombier.
Lazare de CROISIER, sgr de Sainte-Segros.
Maurice BERBIS, seigneur de Cromey.
Edme-Bernard FILZJAN, seigneur de Sainte-Colombe.
Charles de NOGENT.
N. de MASSOL, comte du Tremblay.
N. MOUCHET, seigneur de la Beluse.
Jean-Baptiste MILLIÈRE, seigneur d'Aiserey.
Philippe de PÉLISSIER, sgr de Flavignerot.
Louis de PÉLISSIER, seigneur de Ternant.
Gaspard JEANNIN DE CASTILLE, marquis de Montjeu.
Eléonor de CHOISEUL-TRAVES, sgr de Vauteau.
Rémond de LA VERGNE-BOUY, seigneur de Ladignac.
Daniel de CHATENAY-LANTY, comte de Rochefort.
Le chevalier de CHATENAY.
Pierre PETIT, seigneur de Bressey.
N. de MONTMORILLON, seigneur de Chazelot.

François de FAUBERT de la Perrière, seigneur de Cressy.
N. de RIOLLET de Mâlain.
N. de CHAMBRE. (De CHAMBE ou de LA CHAMBRE.)
MERVILLE, seigneur de Fausecourt.
N. de SENEVOY, seigneur de Balot.
Antoine-François de CLÉRON-SAFFRES.
N. de PONCY.
N. de BLUETTE.
Abraham de BESCH, seigneur de Drambon.
François de CHAROLLES puîné, écuyer.
François de SCORRAILLES, seigneur de la Barre et de Bouan.
Jean-Baptiste BRETAGNE, seigneur de la Borde.

## 1679

Gabriel de BRIOUD, chevalier, marquis de Senozan, baron de la Salle et de la Sarra, seigneur de Lessou et de Lacras, premier écuyer de Mgr le duc, *élu*.
Claude de CARBONNET, seigneur de la Motte, *alcade et C.*
Louis de FOUDRAS, *alcade et commissaire*.
Pierre du BAN, comte de la Feuillée, *élu sortant*.
Eléonor de CHOISEUL-TRAVES, comte de Vauteau, *élu du Charollais, C.*
Jean-Baptiste de ROCHEFORT-D'AILLY, comte de Saint-Point et de Montferrand, *élu du Mâconnais*.
Charles, comte de LA TOURNELLE.
Louis de PERNES, comte d'Epinac.
François ANDRAULT de Maulevrier.
Henri COIGNET de la Thuilerie, comte de Courson.
Louis, comte de DAMAS-CRUX.
Gabriel de CLÉRON, seigneur de Posange.
Marie-Beaune BERNARD DE MONTESSUS, seigneur de Bellevêvre.
Michel de BATAILLE, seigneur de Mandelot.
Philibert de PRA-BALAYSAULX.
Michel-Clériac du FAUR DE PIBRAC, comte de Marigny, *C.*
Jean de CHOISEUL, comte d'Eguilly, *C.*

Antoine de la Magdelaine, comte de Ragny, bailli de la Montagne, C.
Jacques de Thyard, comte de Bragny, C.
Félicien de Sommièvre.
Charles de Clugny, seigneur de Darcey, C.
Lazare de Croisier, seigneur de Sainte-Segros, C., et son fils Philibert.
Jean-Baptiste de Vienne, s$^{gr}$ de Gevrolle, C.
Charles de Drée, seigneur de la Serrée, C.
Sylvestre de Riollet, seigneur de Morteuil.
Jacques-Philibert de Naturel, s$^{gr}$ de Baleure.
François Garnier, comte de Toulongeon, bailli de l'Autunois.
Laurent de Laube.
Nicolas de Fussey, marquis de Menesserre.
Antoine-Hugues de Gasse, comte de Rouvray, C., et François-Paul, son fils.
Louis Damas, comte de Sassangy.
N. de Senevoy, seigneur de Balot.
Louis de Clugny, comte de Grignon.
Jean-Gaspard Marchand du Maulgny, seigneur de Montbéliard.
Charles de Saint-Martin, seigneur d'Agencourt, C.
Jean-Baptiste de la Marre, s$^{gr}$ d'Aluse.
Prudent Tabourot, seigneur de Véronnes.
Pierre de Chargère, seigneur du Breuil.
Antoine Morisot, seigneur de Taniot.
Jean-Baptiste Bretagne, s$^{gr}$ de la Borde.
Pierre de Chamberan et son fils.
François Damas, seigneur de Vellerot.
François Bretagne, seigneur d'Orain.
Antoine Bretagne, seigneur de Marcilly.
N. Bernardon.
N. de Ganay.
Philibert de Cret, seigneur de Saint-Léger.
Bénigne et Bernard Jaquot de Neuilly, père et fils.
Jacques-Guillaume et Nicolas de Frasans, aîné et puiné.
Abraham Dupuis, seigneur de Saint-Gervais.
Claude Valon.
Alexandre de Périeux, s$^{gr}$ de Durestal.
N. Filzjan.
Pierre Quarré d'Aligny, colonel d'infanterie.
Claude de Thésut, seigneur de Verrey.

François de Vezon, seigneur d'Annoux.
Henri Rémond et son fils.
Bénigne Jaquot de Trémont.
Pierre Petit, seigneur de Bressey.
Eléonor de Longueville, s$^{gr}$ de Millery, C.
Michel de Grimauldet, seigneur de Motheux, porteur de la procuration du marquis de Seignelay.
Jean Berbis, chevalier d'honneur de la Chambre des comptes.
Bénigne Berbis, baron d'Esbarres.
N. Berbis, seigneur de Marteret.
Claude-Nicolas d'Arlay, seigneur de Meunot.
Roger de Balathier de Lantage.
N. Thiroux.
Pierre Comeau, seigneur de Créancey.
NN. d'Orsans, père et fils.
N. du Marché, seigneur de Saint-Martin.
Jean-Baptiste des Pringles de Loges, et son frère.
Clément Régnier de Bussière.
Lazare-Bénigne Fleutelot, s$^{gr}$ de Larçon.
Antoine Colin de Flavignerot, et ses deux frères.
Jean-Baptiste de Mellin, s$^{gr}$ de S$^t$-Seine.
Louis de Pélissier, seigneur de Ternant.
Jean-David de Ganay, seigneur de Génclard.
Gabriel de Beugre, seigneur de la Chapelle.
Bénigne de Ciry, seigneur du Magny.
Jean-Baptiste de Cirey.
Simon de Villers-la-Faye.
Bénigne Morelet, seigneur de Couchey.
N. de Courcelles.
Charles de Hénin-Liétard, comte de Roche.
N. des Barres.
Louis de Grain, seigneur de Montjay.
Nicolas de la Verne.
Philippe de Jaucourt, seigneur d'Ausson.
Jean-Claude Comeau, s$^{gr}$ de Pont-de-Vaux.
N. de Clugny de Saint-André.
Henri-Joseph Jarry de la Jarrye, seigneur de Cessey.
Antoine de Clugny, seigneur de Colombier.
N. Gaillard.
Jean-Baptiste Massol, seigneur de Colonge.
Marc de Quantéal.

Théodet Tabourot, s<sup>er</sup> de Saint-Apollinaire.
François de Faubert de la Perrière, seigneur de Cressy.
Jacques-Louis Valon de Mimeure.
Charles de Ramilly, seigneur de Périgny.
N. Regnier de Bussière, seigneur de Chasey.
André Le Fèvre de Fontaine-Croix.
Antoine Févret, seigneur de Saint-Mesmin.
Jean Joly, seigneur d'Ecutigny.
François d'Haranguier, s<sup>er</sup> de Quincerot.
Pierre Martin de Choisey, s<sup>gr</sup> de Barjon.
Claude Viard, seigneur de Quemigny.
N. Chesne de Chalon.
Charles-Bénigne d'Anchemant, s<sup>er</sup> de Verrey.
Charles de Marcelange, s<sup>gr</sup> des Crots.
Bernard Conthier, seigneur du Sauvement.
N. Soirot.
Edme-Bernard Filzjan, s<sup>gr</sup> de Ste-Colombe.
Léonard Venot de Noisy.
François de Royer, s<sup>gr</sup> de Saint-Micault.
N. des Barres.
Elie Dugon, seigneur de Joursanvaux.
Maurice Berbis, seigneur de Cromey.
Hugues Dubois de la Rochette, seigneur de la mairie d'Argilly.
Jean-Baptiste de Montrichard, seigneur de Flammerans.
Jean-Bernard Blanot, seigneur de Bornay.
Antoine de Cléron-Saffres, *C.*
Charles de la Tournelle, s<sup>gr</sup> de Layer.
Antoine de Vallerot, seigneur de Masoncle.
François Espiard de Saux.
Charles de Champagne de Lours, seigneur de Cussigny.
Simon de Chaugy, seigneur de Lantilly, *C.*
Jean-Baptiste Millière, seigneur d'Aisercy.
François *ou* Daniel de Chatenay, comte de Rochefort.
N. de Chaugy de Lantilly.
N. Rémond.
Philippe de Pélissier, s<sup>gr</sup> de Flavignerot.
Claude Martin de Choisey, seigneur d'Avot.
Pelletier des Crots, comte de Neuvy, *C.*
Louis de Rovoré, seigneur d'Attignat.
N. de Choisy.
Claude Milletot, seigneur de Villy.

Benoît de Fussey, seigneur de Chazelles.
François de Choiseul, seigneur de Chevigny.
Jérôme de Chenu, seigneur de Nuits.
Nicolas de Chaugy, comte de Roussillon.
Alexandre de Saint-Quentin, comte de Blet.
Claude de la Rodde, baron de Montconis, seigneur de Charnay.

Autres commissaires à la vérification des titres :

Chatenay, seigneur de Bricon.
Le comte de Busseul.
Le comte de la Guiche.
Le comte de Saint-Mauris.
D'Aullenay, comte d'Arcy.
N. de la Rivière.
N. de Boulainvilliers.
Damas de la Clayette.
Fussey, seigneur de Sarrigny.

## 1682

Claude-Eléonor Damas, duc de Pont-de-Vaux, marquis de Thianges, comte palatin de Dyo et de Chalancey, *élu.*
Hector-François d'Aullenay, seigneur d'Arcy, *alcade.*
Antoine de Cléron-Saffres, s<sup>gr</sup> de Meuilley et autres lieux, *alcade.*
François-Eléonor de Choiseul, comte d'Eguilly, *C.*
Louis de Foudras, seigneur de Demigny, *C.*
Gabriel, comte de Briord, *élu sortant* et président.
Claude-Henri-Philibert Damas, seigneur de Chalancey, fils du marquis de Thianges.
Jacques de Gasse de Rouvray, fils.
Charles de Saint-Martin d'Agencourt.
Charles de Tenarre, seigneur de Montmain.
Guy Bernard de Montessus de Rully.
N. Brulart, commandeur d'Arbot.
Jean-Baptiste Dugon fils, s<sup>er</sup> de Joursanvaux.
Michel Bataille, seigneur de Mandelot.
Sylvestre de Riollet, seigneur de Morteuil.
Louis de Pélissier-Montpallier, seigneur de Ternant.

Jean RICHARD, sr de Bligny-sous-Beaune.
Antoine COLIN de Flavignerot et son frère.
Claude VALON, seigneur de Genlis et d'Uchey.
Antoine MORISOT, seigneur de Taniot.
Antoine MORISOT, seigneur de Cheuge.
Jean-François MORISOT, seigneur des Brosses.
Bénigne de CIREY, seigneur de Gerland.
Jean JOLY, seigneur d'Ecutigny.
Antoine de SAINT-MARTIN d'Agencourt fils, seigneur de Corabœuf.
Bénigne MORELET, seigneur de Couchey.
Louis de PERNES, seigneur de Cheilly.
Claude MILLETOT, seigneur de Villy.
Pierre de LA MARRE, sr du Port-de-Paleau.
Claude BERNARD-MAILLARD, sr de Rozières.
Prudent TABOUROT, seigneur de Véronnes.
N. du MOUCHET, sr du Petit-Taperey.
Jacques BERBIS, seigneur de Longecourt.
Pierre PETIT, seigneur de Bressey.
Jean-Bernard BLANOT, seigneur de Bornay.
Philibert RICHARD, seigneur de Grandmont.
Jacques-Guillaume de FRASANS, sr d'Orain.
Charles de CHAMPAGNE de Lours, seigneur de Cussigny.
Bénigne JAQUOT, seigneur de Daix.
N. BERBIS, seigneur de Dracy.
François-Joseph DAMAS du Breuil, seigneur d'Antigny.
Bénigne BERBIS, seigneur d'Esbarres.
Théodet TABOUROT, sr de Saint-Apollinaire.
Pierre de BEAUFFREMONT-LISTENOIS, seigneur de Mirebeau.
Charles de LA TOURNELLE, seigneur de Layer.
Jean-Madelaine du MONTET, sr de Lusigny.
Clément RÉGNIER de Bussière.
Eléonor de CHOISEUL de Vauteau, seigneur de la Vesvre.
Nicolas de LA VERNE, sr de Chasilly.
Pierre BERBIS, seigneur de Dracy et Grangy.
Bernardin de GANAY, seigneur des Champs.
Claude de SAINT-LIGIER, sr de Montregard.
François GARNIER DE TOULONGEON, seigneur de Monthelon.
Pierre de CHARGÈRE, seigneur du Breuil.
Pierre QUARRÉ, seigneur d'Aligny.
Claude-Nicolas d'ARLAY, seigneur de Meunot.

Roland de FOUDRAS, sr de Châteautiers.
Saladin de FONTETTE, seigneur de Sommery.
Bénigne JAQUOT de Trémont, seigneur de Vesigneux.
Charles LE BRUN du Breuil, seigneur de Champignolle.
Claude-Antoine-Palatin de DYO, seigneur de Montmort.
François-Saladin de MONTMORILLON, seigneur d'Essanlets.
François ANDRAULT de Langeron, seigneur de Maulevrier.
Jean de THYARD, seigneur de Bragny.
François de FUSSEY de Sarrigny.
François de SCORRAILLES, sr de Saubertier.
Louis de SCORRAILLES, seigneur de Reure.
Claude de LA RODDE, seigneur de Charnay.
Louis de GRAIN, seigneur de Montjay.
Aymé de CHANTERAY, seigneur de Terrans.
Jean-Gaspard MARCHAND du Maulgny, seigneur de Rosey.
Jacques-Philibert de NATUREL, sr de Baleure.
Louis de DAMAS, seigneur de Sassangy.
François de ROYER de Saint-Micault, seigneur de Cersot.
Alexandre de PÉRIEUX, seigneur de Durestal.
Jean-Baptiste de LA MARRE, seigneur d'Aluse.
Barthélemy d'ARLAY, sr de la Boulaye.
Jean-Baptiste MASSOL, seigneur de Colonge.
Benoît de FUSSEY, seigneur de Chazelles.
Gabriel de BEUGRE, seigneur de la Chapelle-de-Bragny.
Michel du FAUR DE PIBRAC, sr de Marigny.
Jacques de THOISY.
Lazare de CROISIER, sr de Sainte-Segros.
Antoine de CLUGNY-Colombier, sr de Dracy.
Simon de VILLERS-LA-FAYE, sr du Rousset.
Eustache de VILLERS-LA-FAYE, sr d'Allerey.
François et Joachim d'HARANGUIER, frères, seigneurs de Quincerot.
François ESPIARD de Saux, seigneur de Notre-Dame-d'Is.
Denis BRULART, commandeur de Normier.
Pierre COMEAU, sr de Créancey.
Claude de COUTHIER, seigneur de Souhey.
François DAMAS, seigneur de Vellerot.

7

Antoine de Conighan d'Arcenay.
Edme-Bernard Filzjan de Sainte-Colombe.
Roger de Balathier, s$^{gr}$ de Villargoix.
François de Choiseul, s$^{gr}$ de Chevigny.
Louis de Clugny, seigneur de Grignon.
Barthélemy de Beaulieu, s$^{gr}$ du Brouillard.
Gabriel de Cléron, seigneur de Posange.
Antoine-Louis Damas, seigneur de Soussey.
Antoine-Roland de Sercey, s$^{gr}$ d'Arconcey.
René-Bernard de Sayve, s$^{gr}$ de la Motte.
François Bretagne, seigneur d'Orain.
François Colombet, seigneur de Gissey.
Jean-Marie Bretagne, s$^{gr}$ de Nan-sous-Thil.
Alexandre de Saint-Quentin, seigneur de Villeneuve.
Jean-Baptiste Bretagne, seigneur de la Borde en partie.
Guillaume Massol, seigneur de Serville.
Jean-Nicolas de Fuligny-Damas, s$^{gr}$ de Dettey.
Charles de Vichy, seigneur d'Agencourt.
Antoine de la Magdelaine, s$^{gr}$ de Ragny.
Charles de Clugny, seigneur de Darcey.
Charles de Nogent, seigneur du Breuil.
François et Joseph de Saint-Belin, frères, s$^{grs}$ en partie de Fontaines-en-Duesmois.
Jean-Jacques de Ligneville, s$^{gr}$ d'Autricourt.
François de Chatenay, s$^{gr}$ de Rochefort.
Gaspard Le Gastelier, seigneur de Mosson.
François Régnier, seigneur de Bussière.
Alexandre Legrand, s$^{gr}$ de Sainte-Colombe.
Alexandre de Ponchenot, s$^{gr}$ de Mignot.
Gabriel de Saint-Belin, s$^{gr}$ de Villeberny.
Roland de Messey fils, seigneur de Mauvilly.
Claude Viard, seigneur de Chalvoisson.
Charles-Bénigne d'Anchemant, s$^{gr}$ de Verrey.
Jules-César Catin, seigneur de Villotte.
Louis-Anne d'Auvet, seigneur de Belan.
Pierre Martin de Choisey, s$^{gr}$ de Barjon.
Claude de Carbonnet, seigneur de la Motte.
Nicolas de la Guiche-Sevignon, seigneur de Martigny.
François de Royer de Saint-Micault.
François de Bais-Damas, seigneur de Digoine.
François de Fautrières, s$^{gr}$ de Courcheval.
Hugues de Mathieu d'Essertines, seigneur de Champvigy.

Jean-Charles de Raguet, seigneur de Liman.
Antoine Bretagne, seigneur de Marcilly.
Antoine Damas, seigneur de la Clayette.
Claude-Joseph de Chevrier de Saint-Mauris.
Jean-Baptiste de Prisque, s$^{gr}$ de la Tour.
Antoine de Montchanin, seigneur de la Garde-Malzac.
Laurent de Laube, seigneur de Corcelles.
Philippe de Champier, seigneur de Chissey.
Charles de la Rivière, seigneur de Quincy.
Charles de Boulainvilliers, s$^{gr}$ de Fouronne.
Henri Coignet de la Thuilerie, s$^{gr}$ de Courson.
Michel de Grimauldet, s$^{gr}$ de Motheux, chargé de la procuration du marquis de Seignelay.
Jean-Baptiste de Vienne, seigneur de Gevrolle, du fief de Bouverot à Landreville et de Mailly.
Eléonor de Longueville, seigneur de Millery et Ville-sur-Arce.
Pierre de Longueville, s$^{gr}$ de Ville-sur-Arce.

---

**1682**

LISTE DES GENTILSHOMMES

qui ont été reconnus avoir les qualités nécessaires pour entrer en la Chambre de la noblesse, suivant le règlement du 18 août 1679.

*Dijon.* — Antoine de Cléron-Saffres, s$^{gr}$ de Villy-le-Moutier.
Antoine-Hugues de Gasse de Rouvray, s$^{gr}$ de Rouvray et de Chaudenay.
Charles de Saint-Martin, s$^{gr}$ d'Agencourt.
Claude-Eléonor Damas, marquis de Thianges, seigneur de Pont-de-Vaux et de Chalancey.
Claude-Henri-Philibert Damas, marquis de Thianges, seigneur de Quincey.
Charles de Tenarre, seigneur de Montmain.
Le comte de Saulx.
Marie-Beaune Bernard de Montessus, s$^{gr}$ de Bellevèvre et de Soirans.
Guy Bernard de Montessus, s$^{gr}$ de Rully.
Philibert de Pra-Balaysaulx, s$^{gr}$ de Baissey.
N. Brulart, commandeur d'Arbot.
Claude de Saumaise, seigneur de Bouze.
Jean-Baptiste Dugon, s$^{gr}$ de Joursanvaux.
Michel Bataille, seigneur de Mandelot.
Philippe de Pélissier, s$^{gr}$ de Flavignerot.

Sylvestre de Riollet, seigneur de Morteuil.
Louis de Pélissieu-Montpallier, seigneur de Ternant.
Jean Richard, seigneur de Bligny.
Antoine Colin, seigneur de Flavignerot.
N. Colin, seigneur de Flavignerot en partie.
Claude et Antoine Valon, seigneurs par moitié de Genlis et d'Uchey.
Antoine Morisot, seigneur de Taniot.
Antoine Morisot, seigneur de Cheuge.
Jean-François Morisot, seigneur des Brosses.
Bénigne de Cirey, seigneur du Magny.
Jean-Baptiste de Cirey, seigneur de Gerland.
Jean Joly, seigneur d'Ecutigny.
Antoine de Saint-Martin d'Agencourt fils, seigneur de Corabœuf.
Bénigne Morelet, seigneur de Couchey.
Louis de Pernes, seigneur de Cheilly.
André des Barres, seigneur de Cussigny.
Claude Milletot, seigneur de Villy.
Pierre de la Marre, s$^{gr}$ du Port-de-Paleau.
Nicolas de Frasans, s$^{gr}$ de Saint-Romain.
Claude Bernard-Maillard, s$^{gr}$ de Rozières.
Prudent Tabourot, seigneur de Véronnes.
César Millotet, seigneur de Chaugey.
N. du Mouchet, seigneur du Petit-Tapercy.
Jacques Berbis, seigneur de Longecourt.
Antoine Bretagne, seigneur de Marcilly.
Pierre Petit, seigneur de Bressey.
Jean-Baptiste Millière, seigneur d'Aiserey.
Jean-Baptiste Massol, seigneur de Colonge.
Guillaume Massol, seigneur de Serville.
Jean-Bernard Blanot, seigneur de Bornay.
Philibert Richard, seigneur de Grandmont.
Jean-Baptiste Berbis des Maillys, seigneur de la Serve et d'Auxey.
Jacques-Guillaume de Frasans, s$^{gr}$ d'Orain.
Charles de Champagne de Lours, seigneur de Cussigny.
Bénigne Jaquot, seigneur de Daix.
N. Berbis, seigneur de Dracy.
Fr.-Joseph Damas du Breuil, s$^{gr}$ d'Antigny.
Bénigne Berbis, seigneur d'Esbarres.
Théodet Tabourot, s$^{gr}$ de Saint-Apollinaire.
Pierre de Bauffremont-Listenois, seigneur de Mirebeau.

Charles de la Tournelle, seigneur de Layer et de la Motte-Montferrand.
Jean-Magdelaine du Montet, s$^{gr}$ de Lusigny.
Clément Régnier, s$^{gr}$ en partie de Gissey.
*Autun.* — François-Eléonor de Choiseul, seigneur d'Eguilly.
Pelletier des Crots, seigneur de Neuvy.
Eléonor de Traves-Choiseul de Vauteau, seigneur de la Vesvre.
Nicolas de la Verne, seigneur de Chansigny et de Champéculon.
Louis de l'Isle du Gas, chevalier, seigneur de Conforgien.
Pierre Berbis, écuyer, seigneur de Dracy et de Grangy.
Maurice Berbis, écuyer, s$^{gr}$ de Cromey.
Jean-Claude Comeau, écuyer, seigneur de Pont-de-Vaux.
Louis de Pernes, chevalier, marquis d'Epinac.
Bernardin de Ganay, écuyer, s$^{gr}$ des Champs.
François-Eléonor du Crest, écuyer, seigneur de la Tour-du-Bois et de Vandenesse.
Claude de Saint-Ligier, écuyer, seigneur de Montregard et de Cherchilly.
François Garnier de Toulongeon, bailli d'Autun, seigneur de Monthelon, Alonne et Bourdeau, baron d'Uchon en chef.
Pierre de Chargère, chevalier de Saint-Lazare, baron du Breuil.
Philibert d'Anguy, écuyer, s$^{gr}$ de Patigny.
Philippe de Jaucourt, chevalier, seigneur de Vaux et de Brazey.
Pierre Quarré, seigneur d'Aligny.
Cl.-Nicolas d'Arlay, écuyer, s$^{gr}$ de Meunot.
Gaspard Jeannin de Castille, m$^{is}$ de Montjeu.
Roland de Foudras, s$^{gr}$ de Châteautiers.
Saladin de Fontette, seigneur de Sommery.
Bénigne Jaquot de Trémont, s$^{gr}$ de Vesigneux.
René de Loriol, baron de Digoine.
Charles Le Brun, chevalier, comte du Breuil, seigneur de Champignolle.
Cl.-Antoine-Palatin de Dyo, s$^{gr}$ de Montmort.
Saladin de Montmorillon, seigneur d'Essanlets et de Lucenier.
François Andrault de Langeron, seigneur de Maulevrier.

Henri de Magnien, seigneur de Chailly.
*Chalon.* — Gabriel de Briord, s<sup>gr</sup> de Lessou.
Jean de Thyard, s<sup>gr</sup> de Bragny et de Damerey.
François de Fussey, seigneur de Sarrigny.
Louis de Foudras, seigneur de Demigny.
Jean de Sirvinge de Sevelinge, écuyer, s<sup>gr</sup> de la Charmée.
Pierre de Chamberan, écuyer, seigneur de Bretonnière.
François de Scorrailles, écuyer, seigneur de Saubertier et de la Balme.
Louis de Scorrailles, écuyer, s<sup>gr</sup> de Reure.
Louis de la Rodde, écuyer, s<sup>gr</sup> de Condes.
Claude de la Rodde, écuyer, s<sup>gr</sup> de Charnay.
Louis de Grain, seigneur de Montjay.
Philippe Bernard de Montessus, écuyer, seigneur de Rully.
Aimé de Chanteray, écuyer, s<sup>gr</sup> de Terrans.
N. Marchand du Maulgny, écuyer, seigneur de Rosey et du Maulgny.
Claude de Thyard, chevalier, comte de Bissy, Pierre et Vauvry, lieutenant-général des armées du Roi.
Jean-Baptiste de Montrichard, écuyer, seigneur de Flammerans.
Charles du Blé, chevalier, marquis d'Uxelles, seigneur de Cormatin, Tenarre et Bussy, lieutenant de Roi du Charollais.
N. de Choiseul, commandeur de Bellecroix.
Humbert de Brancion-Visargent, écuyer, seigneur de Visargent.
Jacques-Philibert de Naturel, écuyer, seigneur de Baleure.
Louis Damas, écuyer, seigneur de Sassangy.
François de Royer de Saint-Micault, écuyer, seigneur de Cersot.
N. de Hénin-Liétard, écuyer, s<sup>gr</sup> de Vinzelles.
Jean-François-Gabriel de Hénin-Liétard, écuyer, s<sup>gr</sup> de Roche, Saules et la Rochette.
Antoine de Folie de Belles-Epines, écuyer, seigneur de la Brosse.
Alexandre de Périeux, écuyer, s<sup>gr</sup> de Durestal.
Jean-Baptiste de la Marre, écuyer, s<sup>gr</sup> d'Aluse.
Barthélemy d'Arlay, écuyer, s<sup>gr</sup> de la Boulaye.
Claude Bernard de Montessus, écuyer, seigneur de Bellefond.

Jean Berbis, écuyer, seigneur de Molaise-sur-la-Seille, chevalier d'honneur de la Chambre des comptes.
Gaspard du Prat, écuyer, s<sup>gr</sup> du Perrolet.
Jacques de Cronambourg, seigneur en partie de Vougeot.
Benoît de Fussey, seigneur de Chazelles.
Gabriel de Beugre, seigneur de la Chapelle-de-Bragny.
Gaspard de Beaurepaire, seigneur de Beaurepaire et de Varey.
*Auxois.* — Michel du Faur de Pibrac, seigneur de Marigny-le-Cahouet.
Simon de Chaugy, seigneur de Lantilly.
Lazare de Croisier, s<sup>gr</sup> de Sainte-Segros.
Erard du Chatelet, seigneur de Montachon, Villenotte et Saint-Eufrêne.
Antoine de Clugny, seigneur de Dracy.
Marc de Briquemault, seigneur de Ruère.
Simon de Villers-la-Faye, comte du Rousset.
Eustache de Villers-la-Faye, s<sup>gr</sup> d'Allerey.
Jean-François de Chaugy, s<sup>gr</sup> de Massingy.
Philibert de Croisier, s<sup>gr</sup> de Sainte-Segros.
François et Joachim d'Haranguier frères, seigneurs de Quincerot.
François Espiard de Saux, seigneur de Notre-Dame-d'Is.
François d'Estiennot, seigneur de Vassy.
Claude d'Anstrude, seigneur de Bierry.
Jean de Lanneau, seigneur de Bard.
Bernard de Sommièvre, seigneur de Juilly.
Artus Viand, seigneur de Montilles.
Louis de Montsaulnin, seigneur de Venarcy et de Courcelles.
Denis Brulart, commandeur de Normier et de Pont-Aubert.
Edme-Antoine de Boucher, seigneur de Milly.
Pierre de Comeau, seigneur de Créancey.
Claude de Couthier, seigneur de Souhey.
François Damas, seigneur de Vellerot.
Antoine de Conighan, seigneur d'Arcenay.
Charles de la Baume, seigneur d'Etais.
Edme-Roger du Perron, seigneur de Corcelles-en-Auxois.
Jacques de Thoisy, seigneur de Torcy.

Edme-Bernard Filzjan, seigneur de Sainte-Colombe.
Antoine de Gand, seigneur de la Rochette.
Roger de Balathier, seigneur de Villargoix.
François de Choiseul, seigneur de Chevigny.
Louis de Clugny, seigneur de Grignon.
Barthélemy de Beaulieu, s$^{gr}$ du Brouillard.
Jules-Pierre de Bretagne, s$^{gr}$ de la Borde.
Gabriel de Cléron, seigneur de Posange.
Antoine-Louis Damas, seigneur de Soussey.
Antoine-Roland de Sercey, s$^{gr}$ d'Arconcey.
René-Bernard de Sayve, seigneur de la Motte.
François Bretagne, seigneur d'Orain.
Jean-Marie Bretagne, s$^{gr}$ de Nan-sous-Thil.
François Colombet, seigneur de Gissey.
Alexandre de Saint-Quentin, seigneur de Villeneuve.
Jean-Baptiste Bretagne, seigneur en partie de la Borde.
Jean-Nicolas de Fuligny-Damas.
Charles de Vichy, seigneur d'Agencourt.
Nicolas de Fromager, seigneur de Nogent-les-Montbard.
*La Montagne.* — Nicolas de Chatenay, seigneur de Bricon.
Antoine de la Magdelaine, s$^{gr}$ de Ragny.
Charles de Clugny, seigneur de Darcey.
Charles de Nogent, seigneur du Breuil.
François de Saint-Belin, chevalier de Malte, s$^{gr}$ en partie de Fontaines-en-Duesmois.
Joseph de Saint-Belin, chevalier de Malte, s$^{gr}$ en partie de Fontaines-en-Duesmois.
Jean-Jacques de Ligneville, s$^{gr}$ d'Autricourt.
François de Chatenay, s$^{gr}$ de Rochefort.
Gaspard de Gastelier, seigneur de Mosson.
Charles de Senevoy, seigneur de Viserny.
François Régnier, seigneur de Bussière.
Alexandre Legrand, s$^{gr}$ de Sainte-Colombe.
Alexandre de Porcherot, s$^{gr}$ de Mignot.
Gabriel de Saint-Belin, s$^{gr}$ de Villeberny.
Bertrand de Menard, seigneur de Villiers-sur-Suize.
Félicien de Sommièvre, seigneur d'Ampilly.
Charles de Favier, seigneur de Bains et de Rocheprise.
Roland de Messey, seigneur de Mauvilly.

Lazare-Bénigne Fleutelot de Larçon, seigneur du Meix.
Philippe-Bernard d'Hôtel-Ecot, seigneur en partie de Semoutiers.
Claude Viard, seigneur de Chalvoisson.
Charles-Bénigne d'Anchemant, seigneur de Verrey-sous-Salmaise.
François Chevalier, seigneur de Corcelles-les-Rangs.
Jules-César Catin, seigneur de Villotte.
Louis-Anne d'Auvet, seigneur de Belan.
Pierre Martin de Choisey, s$^{gr}$ de Barjon.
Pierre du Ban, seigneur de la Feuillée.
Philippe Berbis, seigneur de Vesvrottes.
*Charolles.* — Jean-François de Busseul, seigneur de Moulin-sur-l'Arconce.
Ferdinand de la Guiche, s$^{gr}$ de Souterrain.
Claude de Carbonnet, seigneur de la Motte-des-Bois.
François de Grandchamp, seigneur de la Tagnerette.
Nicolas de la Guiche, comte de Sevignon, seigneur de Martigny.
Henri de Villars, s$^{gr}$ de la Chapelle-des-Bois.
François de Royer, s$^{gr}$ de Saint-Micault.
Simon de Thésut, seigneur des Puits.
Théophile de Thésut, seigneur d'Aumont.
François de Bais-Damas, seigneur de Digoine.
François de Fautrières, s$^{gr}$ de Courcheval.
Hugues de Mathieu d'Essertines, seigneur de Champvigy.
Jean-Charles de Raguet des Fossés, seigneur de Liman.
Hugues Dubois de la Rochette, seigneur de Bresche.
Antoine de Vallerot, seigneur de Masonele.
René de Maritain, seigneur d'Availly.
Bernard Gonthier, seigneur du Sauvement.
*Mâcon.* — Antoine Damas, seigneur de la Clayette.
Charles de Drée, seigneur de la Serrée.
Claude-Joseph de Chevrier, seigneur de Saint-Mauris.
Jean-Baptiste Prisque, seigneur de la Tour.
Antoine de Montchanin, seigneur de la Garde-Malzac.

Laurent de Laube, seigneur de Corcelles.
Claude-Hippolyte de Thenay, seigneur de Saint-Christophe.
Philippe de Champier, seigneur de Chissey.
*Auxerre.* — Charles de la Rivière, seigneur de Quincy, bailli et gouverneur d'Auxerre.
Hector-François d'Aullenay, seigneur d'Arcy.
Charles de Boulainvilliers, seigneur de Fouronne, Beauchery et Chateloup.
Jean-Baptiste Colbert, marquis de Seignelay, secrétaire d'Etat.
Henri de Lambert, seigneur de Saint-Bris.
Henri Coignet de la Thuilerie, seigneur de Courson, Migé et Méry-le-Sec.
Gabriel d'Esterling, seigneur de Sainte-Palais, Fontaine et Prégilbert.
Louis de Cullon, seigneur de Sery.
Jacques d'Assigny, seigneur de Peteau.
Charles-Maurice Aubert de la Ferrière, seigneur de Vincelles.
David de Loron, seigneur de Châtenay.
Michel de Grimauldet, seigneur de Motheux, chargé de la procuration du marquis de Seignelay.
N. de Bourgoin, seigneur de Faulin.
*Bar-sur-Seine.* — Jean-Baptiste de Vienne, seigneur de Gevrolle, du fief de Bouverot à Landreville et de Mailly.
Eléonor de Longueville, seigneur de Millery et de Ville-sur-Arce.
Pierre de Longueville, seigneur de Ville-sur-Arce.
Antoine de Vienne, seigneur en partie de Clairanton.

## GENTILSHOMMES REÇUS EN 1682
#### après la clôture de la liste précédente.

*Dijon.* — Claude Martin de Choisey, seigneur d'Avot, Barjon, Potteney et du fief de Chervin.
Gilbert de Gadagne d'Hostun, seigneur de Verdun.
*Autun.* — Abraham Dupuis, seigneur de Saint-Gervais et de Croisy, capitaine et major d'un régiment de cavalerie.
*Auxois.* — Jean de Morot, s$^{gr}$ de Grésigny.

*Mâcon.* — Moïse de la Salle, seigneur de Vigousset.
Nicolas Defranc, s$^{gr}$ de la Salle-de-Grenaux.
François du Rousset, s$^{gr}$ de Malfontaine.

---

## 1685 [1]

Charles, marquis de la Tournelle, seigneur de Layer, *élu.*
Pierre de Changère du Breuil, *alcade.*
Louis de Clugny, comte de Grignon, *alcade.*
Charles de Clugny, baron de Darcey, *commissaire.*
Lazare de Croisier, écuyer, seigneur de Sainte-Segros, *commissaire.*
*Dijon.* — Nicolas de Comeau, chevalier, lieutenant au régiment des gardes-françaises, seigneur du Bassin et de Senecey.
Nicolas Folin, écuyer, seigneur de Villecomte.
Jean-Baptiste de Mellin, écuyer, seigneur de Saint-Seine-sur-Vingeanne.
*Autun.* — Jean de Martigny, marquis d'Uchon et de la Tour-du-Boz, chevalier de Saint-Lazare.
Charles de Soret, écuyer, seigneur de Grandchamp et de Mazenay.
Michel de Chaugy, comte de Roussillon, seigneur d'Anot.
René Berger de Charancy, s$^{gr}$ dudit lieu.
Simon Buffot, écuyer, seigneur de Millery, cornette au régiment de la Reine.
*Chalon.* — Philippe Lantin, écuyer, seigneur de Montcoy.
Joseph de Xaintrailles, chevalier de Malte, mestre de camp de cavalerie, seigneur des Montots et de Navilly.
Claude-Charles de Saint-Mauris, seigneur de Savigny.

---

(1) Jusqu'ici nous avons donné les noms de tous les gentilshommes qui ont assisté aux diverses assemblées d'Etats; à partir de 1685, nos listes ne comprendront plus, pour chaque triennalité, que les noms de l'élu, des alcades, des commissaires députés à la vérification des titres et des gentilshommes reçus sur preuves.

*Auxois.* — Jacques Savot, seigneur d'Ogny et de Tharoiseau.

Anselme-Bernard Fyot, seigneur de Vaugimois, Tharoiseau et Menade.

Chrysante de Moyria, chevalier, comte de Châtillon, seigneur de Marcy.

Christophe de la Baume, ch<sup>er</sup>, s<sup>gr</sup> d'Etais.

Jean Catin de Genoux, seigneur de Richemont et de Railly.

Philibert de Jarry de la Jarrye, écuyer, seigneur de Grandpré, lieutenant-colonel au régiment de Négron-infanterie.

Charles de Senevoy, seigneur de Balot.

### 1688

Joseph de Xaintrailles, s<sup>gr</sup> des Montots, *élu.*
Gabriel du Montet, s<sup>gr</sup> de Villargeau, *alcade.*
Philibert de Croisier, seigneur de Sainte-Segros, *alcade.*
Antoine de Montchanin, chevalier, comte de Malzac, seigneur de la Garde, *commissaire.*
François de Royer, écuyer, seigneur de Saint-Micault, *commissaire.*
*Dijon.* — Mathieu de Berbisey, chevalier de Malte, seigneur de Varennes.
Pierre La Verne, s<sup>gr</sup> en partie d'Avot.
*Autun.* — Claude de Chaugy, s<sup>gr</sup> de Sivry.
Philibert-François de Cussigny, seigneur de Vianges.
François de Faubert, seigneur de la Perrière et de Cressy.
François Dormy, baron de Vinzelles et de Beauchamp.
*Chalon.* — Gilbert de Chamberan, seigneur de Bretonnière.
Armand de Prisque, s<sup>gr</sup> de la Tour-Serville.
Pontus de Thyard, seigneur de Damerey et de Bragny, chevalier de Malte.
Charles de Thoisy, seigneur de Joude et de Villars-sous-Joude, ancien maréchal des logis de la compagnie des gendarmes du prince de Condé.
*Auxois.* — Charles Legouz-Morin, maître de la garde-robe de la Dauphine, seigneur de Godan.
Jean-Louis de Jaucourt, seigneur de Vaux.

Charles Févret, s<sup>gr</sup> de Verrey-sous-Drée.
André d'Anstrude, seigneur de Bierry.
Claude-Joseph Damas, seigneur de Vellerot et de Saint-Pierre-en-Vaux.
Claude de Thibaut de Jussey, s<sup>gr</sup> de Longvoy.
*La Montagne.* — Nicolas de Frasans, écuyer, seigneur de Turcey.
Nicolas de Chatenay, seigneur d'Echalot et de Lochères.
Nicolas Rémond, seigneur de Romprey.
*Charolles.* — Nicolas de Chaugy, seigneur de Fontenaille, Ange et Oudry.
*Mâcon.* — Henry de Masset, s<sup>gr</sup> de Davayé.

### 1691

Gabriel de Briord, chevalier, marquis de Senozan, baron de la Salle et de la Sarra, seigneur de Lesson et de Lacras, premier écuyer de M<sup>gr</sup> le Prince, *élu.*
Hugues de Mathieu, s<sup>gr</sup> d'Essertines, *alcade.*
Philippe Berbis, seigneur de Vesvrottes, Avelanges et Villey, *alcade.*
Louis de Clugny, chevalier, comte de Grignon, *commissaire.*
Hector d'Aullenay, chevalier, comte d'Arcy, *commissaire.*
*Dijon.* — Etienne Filzjan, s<sup>gr</sup> de Marliens.
*Autun.* — Antoine de Paulat de la Tour, chevalier, seigneur de la Faye.
Eléonor-Palatin de Dyo, s<sup>gr</sup> de Montperroux.
*Chalon.* — Charles de Chatenay, seigneur de Saint-Vincent et de Baudrières.
Jean de Thésut, seigneur de Simard et de Besandrey.
*Auxois.* — Edme de Saulcier, chevalier, baron de Thenance, seigneur de Serrigny.
*Charolles.* — François Durand, écuyer, seigneur de Fontenay et de la Forêt-Ronde, capitaine d'infanterie, major du château de Dijon.
*Mâcon.* — Edme de Salornay de Champerny, seigneur de Brusilly.
*Auxerre.* — Nicolas-François de La Tournelle, seigneur de Cussy-le-Haut et le-Bas.

### 1694

Gilbert de GADAGNE d'HOSTUN, chevalier, comte de Verdun, *élu*.
Henri de MASSET, seigneur de Davayé et de Rosant, *alcade*.
Louis de CLUGNY, sᵉʳ de Grignon, *alcade*.
Michel BATAILLE, seigneur de Mandelot, Mavilly, la Chaux et Dampierre, *commissaire*.
Eléonor de CHOISEUL-TRAVES, seigneur de Vauteau et de la Vesvre, *commissaire*.
*Dijon.* — François FLEUTELOT, sʳ de Larçon.
Jacques de THYARD, seigneur de Bragny.
*Auxois.* — César de FRESNE, sʳ du Puy.
*La Montagne.* — Charles de CLUGNY, chevalier, seigneur de Darcey.
Georges de SAINT-PHAL, chevalier, seigneur de Munois.
*Mâcon.* — Antoine DESBOIS, écuyer, seigneur de Choiseau, grand bailli du Mâconnais.

### 1697

François de CHOISEUL, *élu*.
Jean de THÉSUT, seigneur de Ragy et de Verrey, *alcade*.
Eléonor de CHOISEUL-TRAVES, seigneur de Vauteau et de la Vesvre, *alcade*.
Guy BERNARD DE MONTESSUS, chevalier, comte de Rully, *commissaire*.
Chrysanthe de MOYRIA, chevalier, comte de Châtillon, *commissaire*.
*Dijon.* — Bernard BERNARD, seigneur de Thorey et de Missery.
Joachim BOITOUSET, sʳ de Poinson-les-Fays.
Louis de LA TOUR DU PIN, marquis de la Charce, baron de Cournillon, seigneur de Fontaine-Française, etc., capitaine de cavalerie au régiment de Richelieu.
Jean de PÉLISSIER, seigneur de Flavignerot.
*Chalon.* — Armand de MADAILLAN de Lesparre, marquis de Lassay, seigneur de Sermesse, lieutenant général de Bresse, Bugey et Gex.
*Auxois.* — Nicolas de VILLERS-LA-FAYE, seigneur du Rousset.

### 1700

Armand de MADAILLAN de Lesparre, lieutenant général de Bresse, Bugey et Gex, marquis de Lassay, seigneur de Sermesse, *élu*.
Guy BERNARD DE MONTESSUS, seigneur de Rully, *alcade*, remplacé après sa mort par Louis de LA RODDE, seigneur de Charnay et de Condes.
Elie de JAUCOURT, seigneur de Tressolle et de Chazelles-l'Escot, *alcade*.
Maurice-Antoine de CHATENAY, chevalier, seigneur de Bricon, *commissaire*.
Jean de THÉSUT, écuyer, sʳ de Ragy, *commissaire*.
*Dijon.* — Jacques DROUAS, écuyer, seigneur de Joursanvaux, lieutenant au régiment d'infanterie du Roi.
Joseph-Philibert de PRA-BALAYSAULX, chevalier, seigneur de Vornes.
Henry des BARRES, seigneur de Moux, capitaine de cavalerie dans le régiment d'Imécourt.
Bénigne de SAUMAISE, écuyer, sʳ de Bouze.
Clériadus-Antoine, comte de CHOISEUL, seigneur d'Aillecourt, Montigny-sur-Aube et Meuvy, colonel du régiment d'infanterie d'Agénois.
*Autun.* — François de CHAUGY, écuyer, seigneur de la Chazotte.
*Chalon.* — Claude de MILLET, écuyer, seigneur de Cercy, capitaine aide-major de cavalerie dans le régiment de Villequier.
Hardoin-Gaspard de COURCELLES, chevalier, sʳ de Bousselange, Montagny et Sᵗ-Julien.
Claude de GRAIN, écuyer, seigneur de l'Isle-en-Bresse et de Saint-Marceau.
Alexandre de THOISY, sʳ de Joude et de Villars.
Philibert ARVISET, écuyer, sʳ de Montconis.
Jean-Bénigne de NATUREL, sʳ de Baleure.
*Auxois.* — Michel de LAS, seigneur de Vallotte et de Bierry.
Elie de JAUCOURT-Tressolle, cᵗᵉ de Chazelles.
Claude de FUSSEY, marquis de Menesserre.
Pierre DAMAS, chevalier, comte de Cormaillon et de Fain-les-Montbard.
François-Bernard de SAYVE, comte de Thil.

César d'Humes de Chérisy, s<sup>gr</sup> d'Annoux.
*La Montagne.*—Jacques Guénebault, écuyer, seigneur d'Arbois et de Buncey, capitaine au rég<sup>t</sup> d'inf<sup>ie</sup> de la milice de Bourgogne.
Jacques de l'Estrade de la Cousse, chevalier, capitaine au régiment de Poitou, seigneur de la Tour-Charotte.
Jean-Baptiste Lemoine, écuyer, chevalier de Saint-Michel, conseiller du Roi en ses Conseils d'Etat et privé, s<sup>gr</sup> d'Autricourt.
Philibert Piétrequin, chevalier d'honneur au présidial de Langres, ci-devant capitaine de dragons, seigneur de Prangey, Vesvre et la Borde.
Aimé de Rabutin, chevalier, comte de Bussy.
Nicolas-Alexandre Legrand, écuyer, seigneur de Sainte-Colombe et de Malmont, conseiller du Roi en ses Conseils, bailli de la Montagne.
François du Ban de la Feuillée, comte de Frolois, seigneur de Vannaire, Chaumont-le-Bois et Monliot, gouverneur des villes de Dôle et Châtillon-sur-Seine, lieutenant-général des armées du Roi, grand'croix de l'ordre de Saint-Louis.
François de Clugny, comte de Thenissey.
*Charolles.* — Philippe Thomassin, écuyer, seigneur de Bourgueil.
Pontus de Grandchamp, écuyer, seigneur de la Tagnerette.
Nicolas de Bais-Damas, marquis de Digoine, maréchal de camp.
*Mâcon.*—Jean-Joseph de Berthet, chevalier, s<sup>gr</sup> de Gorze, Senecey, la Salle, et autres lieux.
Gilbert Damas, seigneur de Barnay, Vertpré, et autres lieux, colonel d'infanterie.
*Auxerre.* — Pierre-Paul de Coignet de la Thuilerie, comte de Courson.

### 1703

Louis de Foudras, comte de Demigny, s<sup>gr</sup> de Maupart et de Crusilles en partie, *élu.*
Charles de Clugny, s<sup>gr</sup> de Darcey, *alcade.*
Claude-Marc de Fautrières, seigneur de Courcheval, *alcade.*

Antoine Desbois, chevalier, seigneur de Choiseau, grand bailli du Mâconnais, *commissaire.*
Louis de Clugny, comte de Grignon, de Châtenay et de Saint-Pierre, *commissaire.*
*Dijon.*—Jean-Baptiste-François Petit, écuyer, seigneur de Bressey.
Jean-Claude Dubois, écuyer, seigneur en partie d'Orain.
*Autun.* — Claude de Fautrières, seigneur de Chailly et de Montregard.
Jean-Charles Dormy, chevalier, baron de Vinzelles.
*Chalon.* — Louis Marlout, écuyer, seigneur de Charnailles et en partie de Jambles.
Jacques de Chamberan, écuyer, seigneur de Bretonnière.
*Auxois.* — Etienne Thomas, écuyer, seigneur d'Islan, Prédefond, Champ-Gachot, la Guichette et la Motte.
Lazare-Bénigne de Porcherot, chevalier, seigneur de Thorey, la Chaleur, Geligny et Vermoulin.
*Mâcon.* — Bernard de Noblet, chevalier, comte de Chenelette, seigneur du Montgesson et de Grandvaux, lieutenant des maréchaux de France.

### 1706

Antoine-Roland de Sercey, seigneur d'Arconcey, baron du Jeu et de la Vaulx, *élu.*
René de Drée, seigneur de Moulin, Lebault et Viry, *alcade.*
Gabriel-Hector de Cullon, s<sup>gr</sup> d'Arcy, *alcade.*
Bénigne Berbis, chevalier, baron d'Esbarres, s<sup>gr</sup> de Lezeux et de Brain, *commissaire.*
Jacques de la Cousse, chevalier, baron d'Arcelot, seigneur de Boux, Presily, les Bordes et Ville-sur-Arce, *commissaire.*
*Dijon.* — Antoine-Marie de Pra-Balaysaulx, chevalier, seigneur de Gassey, les Argillières et autres lieux, comte de Pezeux, gouverneur et grand bailli de Langres.
*Autun.* — Edme de Faubert, s<sup>gr</sup> de Cressy.
*Chalon.* — Joseph Tapin, écuyer, seigneur de Serville.

Claude-Elisée Badoux, écuyer, seigneur de Promby.

*Auxois.* — Charles de Romécourt, chevalier, seigneur du Hautoy, Villiers-les-Haut et Méréville, lieutenant-colonel du régiment d'Aligny.

Jean-Baptiste Jarry de la Jarrye, écuyer, 1$^{er}$ lieutenant du 1$^{er}$ bataillon du régiment de Normandie, s$^{gr}$ de la Jarrye et de Cessey.

Charles de Jaucourt, seigneur en partie de Saint-Andeux, marquis de Jaucourt, colonel d'un régiment de son nom.

François du Faur de Pibrac, s$^{gr}$ de Marigny.

Louis de Vienne, seigneur de Châteauneuf.

*La Montagne.* — Louis de Thésut, s$^{gr}$ de Verrey.

*Mâcon.* — Victor-Amédée de la Fage, écuyer, seigneur de Vaux-sous-Targe, ancien capitaine dans le régiment de Saulx-infanterie.

*Auxerre.* — Gabriel-Hector de Cullon, écuyer, seigneur d'Arcy.

### 1709

Georges-Anne de Pernes, comte d'Epinac, premier gentilhomme de M$^{gr}$ le Duc, *élu.*

Louis de Vienne, seigneur de Gevrolle, Mailly et Bouverot, *alcade.*

François de Clugny, s$^{gr}$ de Thenissey, *alcade.*

Jean de Thésut, chevalier, seigneur de Ragy, Simard, Besandrey et des trois Tarts, *commissaire.*

Jean Morelet, chevalier, seigneur de Morelet, Couchey et Colonges, *commissaire.*

*Dijon.* — Jacques Mochot, écuyer, seigneur de Gemeaux et de Preigney.

Victor-Amédée de Choiseul, chevalier, marquis de Lanques, baron de Fouvans, la Ferté et autres lieux.

André Fleutelot, écuyer, s$^{gr}$ de Marliens.

Alexandre de Bard, seigneur de Bagnot.

Claude de Thyard, comte de Bissy, seigneur de Saint-Maurice et de Vauvry.

*Autun.* — Henri de Truchy, chevalier, seigneur du Mole et de Communes.

Roland de Foudras, chevalier, comte de Châteautiers et de Matour.

Christophe de Foudras, chevalier de Malte.

Marc de Thenay, chevalier, comte de Saint-Christophe, capitaine de gendarmerie.

*Chalon.* — Philippe de Cronambourg, chevalier, seigneur de Jambles et de Vougeot.

François de Truchy, chevalier, seigneur de Terrans.

Benoit de Truchy, chevalier, s$^{gr}$ de Lays.

Gabriel du Montet, seigneur de Villargeau.

*Auxois.* — Henri de Balathier, chevalier, seigneur comte de Lantage, Villargoix et Cormaillon.

Philippe de la Toison, écuyer, baron de Bussy et Courgy, seigneur de Charmelieu et autres lieux.

Elie Dugon, chevalier, seigneur de la Rochette et de Posange.

*Mâcon.* — Jean-Claude de la Salle, seigneur de Vigousset et de Lavaux.

*Auxerre* — Louis de Boulainvilliers, chevalier, seigneur de Fouronne.

### 1712

Léon de Madaillan de Lesparre, comte de Lassay, *élu.*

Philippe de Cronambourg, seigneur de Jambles, *alcade.*

Claude de Fautrières, seigneur de Cherchilly, *alcade.*

Charles de Chaugy, chevalier, comte de Lantilly, *commissaire.*

François de Chatenay, chevalier, comte de Rochefort et de Lanty, *commissaire.*

*Dijon.* — Léon de Madaillan de Lesparre, comte de Lassay, seigneur de Layer-le-Franc, colonel du régiment d'Enghien-infanterie, chevalier des ordres du Roi.

Claude-François de Damedor, chevalier, seigneur baron de Molans, Bourguignon, Charmes, Oisilly, etc.

Renaud-Constant, marquis de Pons, seigneur de Verdun-sur-Saône, mestre de camp, guidon des gendarmes de la maison du Roi.

Nicolas-Bénigne Févret, écuyer, s$^{gr}$ de Daix.

Charles de CLUGNY, chevalier, seigneur de Colombier, chevalier de Malte.

Guillaume de SIMONY, écuyer, seigneur de Barault, Varanges, Champfroid et dépendances.

Barthélemy MILLIÈRE, écuyer, seigneur de la Chapelle-de-Villars et d'Aiserey.

Claude-Bénigne LENET de Larrey, chevalier, seigneur de Corgengoux, écuyer ordinaire du Roi, ci-devant lieutenant dans le régiment des gardes-françaises.

Jean BERDIS, seigneur de Longecourt.

*Autun.* — Humbert HUMBELOT, écuyer, seigneur de Villiers et des fiefs de Champchanoux et Meix-Varanges.

*Chalon.* — Jean-François-Antoine de CLERMONT-MONTOISON, seigneur de Chagny.

Philippe BATAILLE, chevalier, seigneur de Mandelot, Mavilly et Laucey.

Melchior de LA BAUME, comte de Montrevel, seigneur de Bois.

Maximilien BERNARD DE MONTESSUS, seigneur de Valotte.

Paul-Henri BERNARD DE MONTESSUS, seigneur de Rully.

Jacques de FOUDRAS, seigneur de Rion.

*Auxois.* — Jean de FROMAGER, écuyer, seigneur de Nogent-les-Montbard.

Guy-Louis BERNARD DE MONTESSUS, seigneur de Culêtre.

*Charolles.* — Paul de LORIOL de Chandieu, chevalier, seigneur comte de Digoine.

François de POUILLY, écuyer, s$^{gr}$ de Nuzilly.

Antoine DUBOIS de la Rochette, seigneur de Bresche.

Nicolas de LOMBARD, seigneur de Millery.

*Auxerre.* — Claude de VIOLAINE, ingénieur du Roi en chef aux fortifications de Besançon, chevalier de Saint-Louis, capitaine réformé au régiment de Normandie, seigneur en partie de la Cour-les-Mailly.

**1715**

Claude de THYARD, comte de Bissy, seigneur de Saint-Maurice et de Vauvry, *élu*.

Pontus de THYARD, seigneur de Juilly et de Massingy, *alcade*.

Jacques de LA COUSSE d'Arcelot, seigneur de Boux, *alcade*.

Victor-Amédée de LA FAGE, chevalier, seigneur de Péronne, *commissaire*.

Claude-Marie de FAUTRIÈRES, chevalier, seigneur de Courcheval, *commissaire*.

*Dijon.* — François FOLIN, écuyer, seigneur de Villecomte.

Pierre-Désiré BOITOUSET, écuyer, seigneur de Poinson-les-Fays.

Joseph-Antoine de LA CLEY, écuyer, seigneur de Saint-Cyr, Villeneuve et le Seuil.

*Autun.* — Jacques COMEAU, écuyer, seigneur de Pont-de-Vaux, Baruaux, Marly et le Douat.

Pierre de FAUBERT, écuyer, seigneur de Cressy, Montpetit, Terrenoire et la Perrière.

Jacques DUCREST, écuyer, seigneur de Villaine et de la Tour-du-Bois.

Jean-Bernard de LA MARRE, écuyer, seigneur de la Roche-Vausandrey, capitaine au régiment d'Enghien.

*Auxois.* — Frédéric-François de FRESNE, seigneur de Verchisy.

René-Bénigne de CROISIER, s$^{gr}$ de Sancy.

Jean-François de LA LOGE, écuyer, seigneur de Chatellenot et de Dionne.

Elie de SERCEY, chevalier, seigneur de Railly, Saint-Léger-de-Foucheret et autres lieux.

Jacques VALON, marquis de Mimeure, seigneur de Vonges, Boussol et Couchey, maréchal des camps et armées du Roi.

*La Montagne.* — Guillaume CATIN, seigneur en partie de Richemont et de Villotte.

*Mâcon.* — Philippe BRIDET, écuyer, seigneur des Miards et de Burnanceaux, cornette dans le régiment de cavalerie de Condé.

François du ROUSSET, écuyer, seigneur de Malfontaine.

Claude-Hyacinthe de BERTHET de Gorze, écuyer, capitaine de dragons, chevalier de Saint-Louis, seigneur de Chavannes.

*Bar-sur-Seine.* — Jacques d'AUBETERRE, seigneur d'Aubeterre, Vaux, Fouchère, Vou-

grées, les Bordes, Lantage et autres lieux, ancien capitaine de cavalerie au régiment de Montperroux.
Louis de Vienne, seigneur de Gevrolle.

### 1718

René-Constant, comte de Pons, seigneur de Verdun et de Sermesse, *élu*.
Hugues Dubois, seigneur de la Rochette et de Masonele, *alcade*.
Hyacinthe de Berthet, s<sup>gr</sup> de Gorze, *alcade*.
Louis-Victor de Marlout, chevalier, seigneur de Roailly et de la Brosse, colonel d'un régiment d'infanterie, chevalier de Saint-Louis, *commissaire*.
Jacques d'Aubeterre, chevalier, seigneur et comte de Juilly-le-Châtel, *commissaire*.
*Dijon*. — Marc-Antoine Valon, écuyer, seigneur de Montmain, Genlis, Uchey et Grosbois.
Bénigne-Charles-Claude Févret, écuyer, seigneur de Bligny et de Curtil-sous-Beaune.
Bénigne Legouz-Morin, écuyer, grand bailli de Dijon, seigneur de Magny-sur-Tille et de Gerland.
Pierre-Gabriel Berbis, seigneur en partie des Maillys.
*Chalon*. — Philippe de Laurencin, chevalier, seigneur de Beaufort, Crèvecœur, Flacey et autres lieux, ancien capitaine de cavalerie au régiment du prince de Marsillac.
François de Royer, marquis de Saint-Micault, seigneur de Saint-Germain-des-Bois.
Jules-Mathieu de Rochemont, écuyer, seigneur de la Motte-sur-Dheune et des Buissons, l'un des gendarmes du Roi.
Louis-Marie de Prisque, chevalier, seigneur de la Tour-de-Verre.
*Auxois*. — Nicolas Thomas, écuyer, seigneur du Saulçois et d'Islan.
François-Antoine de Saulcier de Thenance, baron et seigneur de Serrigny.
Claude-Chrysanthe de Moyria, chevalier, comte de Châtillon, seigneur de Marcy.
Claude Drouas, écuyer, seigneur de Joursan-vaux et de Notre-Dame-d'Is, capitaine au régiment de Guitaut.
*La Montagne*. — Charles-Henri de Saulx, v<sup>te</sup> de Tavannes, comte de Saulx, seigneur de Vesvre, colonel d'infanterie et capitaine des gardes du gouvernement de Bourgogne.

MM. de Langheac, de Spada, de Thenance, de Damas, de Choiseul-d'Eguilly, Châtillon de Moyria, le marquis de Scorrailles, Charles-Nicolas Le Bascle de Moulins, seigneur de Sancy, le chevalier de Saint-Micault et le chevalier d'Argence furent reçus à charge d'avoir à présenter leurs reprises de fiefs.

### 1721

Louis, marquis de Vienne, baron de Châteauneuf, chevalier d'honneur au Parlement de Dijon, *élu*.
Louis-Victor de Marlout, seigneur de la Brosse, *alcade*.
Louis de Vienne, s<sup>gr</sup> de Gevrolle, *alcade*.
Philippe de Cronambourg, chevalier, seigneur de Vougeot, Morey, Chambolle et Broin, *commissaire*.
Paul de Loriol, chevalier, comte de Digoine, baron de Couches et de Proprières, seigneur de Poulle et autres lieux, *commissaire*.
*Dijon*. — Bénigne Bouhier, chevalier, s<sup>gr</sup> de Fontaine-les-Dijon et de Pouilly, colonel réformé d'un régiment d'infanterie.
Georges-Marie de Massol, chevalier, seigneur de Colonge, Vergy, Magny-la-Ville et Genay, gentilhomme ordinaire de la chambre du Roi.
Jean-Baptiste de Mellin, écuyer, seigneur de Saint-Seine-la-Tour-sur-Vingeanne.
*Autun*. — François-Guillaume de la Valade de Truffin, chevalier de Saint-Louis, capitaine de cavalerie dans le régiment d'Orléans, seigneur de Patigny.
*Chalon*. — Louis-Joseph, chevalier, marquis de Rose, seigneur d'Avrécourt, Forfilières, etc., et du fief de Fontenelle.
Jean Bernard, chevalier, seigneur du Tartre, Gomerand et Soisarre.

Louis GONTHIER, chevalier, comte du Perroux, seigneur de Saint-Bonnet, de Toutenant et du fief de la Recule.

Jean JULIEN, écuyer, seigneur du fief de la Chaume, ancien capitaine dans le régiment de la Chênelaye.

N. de LA RODDE, seigneur de Montconis.

*Auxois.* — Claude-Charles BERNARD de Chintré, seigneur de Blancey et de Trémont.

Barthélemy BERNARD-MAILLARD, chevalier, seigneur de Marcilly.

N. de JOUMARD de Tison, marquis d'Argence, seigneur de Thorey, ci-devant lieutenant du Roi dans la province.

N. de FRASANS, seigneur de Turcey.

*La Montagne.* — Claude de THÉSUT, s<sup>gr</sup> de Verrey.

Claude-Maurice de CHATENAY, chevalier, seigneur de Bricon.

Antoine-Bernard de MASSOL, chevalier, seigneur de Montmoyen, Hierce et Grand-Bois, capitaine au régiment Royal-Cravate.

*Charolles.* — Etienne de THOMASSIN, écuyer, seigneur de Bourgueil.

*Mâcon.* — Nicolas de BELLEPERCHE, écuyer, seigneur de Chassignole et d'Aynard, capitaine-major du régiment d'Angoumois.

### 1724

Marie-Roger de LANGHEAC, marquis de Coligny, seigneur de Chaseul, *élu.*

Jean-Bernard de LA MARRE, seigneur de Champigny, *alcade.*

Jacques COMEAU, seigneur de Pont-de-Vaux et de Marly, *alcade.*

Jean JULIEN, chevalier, seigneur de la Chaume, *commissaire.*

Charles de CHAUGY, chevalier, seigneur de Lantilly, *commissaire.*

*Dijon.* — Charles-Henri de SAULX-TAVANNES, chevalier, marquis de Saulx, enseigne de la compagnie des gendarmes du Roi, seigneur du fief du Clos-de-Gemeaux.

Jacques BRETAGNE, chevalier d'honneur de la Chambre des comptes, s<sup>gr</sup> d'Is-sur-Tille.

Jacques ESPIARD, écuyer, s<sup>gr</sup> de Vernot.

Jacques-Auguste-Philippe de LA TOUR DU PIN, chevalier, marquis de la Charce, comte de Montmorin, coseigneur et gouverneur de la ville de Nyons, baron de la Cerce, de Rozé et de Berthault, seigneur de Fontaine-Française et autres lieux, mestre de camp de dragons, chevalier de S<sup>t</sup>-Louis.

Antoine de BRETAGNE, chevalier, seigneur d'Is-sur-Tille.

N. de MASSOL fils.

*Autun.* — Gilbert LE BRUN, chevalier, baron d'Uchon, seigneur de Champignolle, la Tanière, Chaumont, Saint-Nizier et autres lieux.

Jacques-Gabriel de MAGNIEN, s<sup>gr</sup> de Chailly.

*Chalon.* — François de TRUCHY, écuyer, seigneur du Mole et autres lieux.

Rémond de SAUMAISE, écuyer, lieutenant pour le Roi des ville et citadelle de Chalon-sur-Saône, seigneur du fief de la Minutte.

Etienne CHIRAT, écuyer, seigneur de Fredière et de la Maison-Forte, mestre de camp de cavalerie, chevalier de Saint-Louis.

Bernard MORISOT, chevalier, seigneur en partie de Bousselange.

Jacques de BEAUREPAIRE, chevalier, seigneur et comte de Beaurepaire, Varey, Soillenard, les Villerots, Quintigny, les Repos et autres lieux.

*Auxois.* — Roger DAMOISEAU, chevalier, seigneur de Provency, Vizerny, Rivière, les Fosses et autres lieux, lieutenant-colonel d'infanterie au régiment de Navarre, chevalier de S<sup>t</sup>-Louis.

Charles-Antoine de CLUGNY, chevalier, seigneur de Dracy, l'Epervière et dépendances.

Pierre COEURDEROY, chevalier, s<sup>gr</sup> de Crépan.

*La Montagne.* — François-Nicolas PIÉTREQUIN, écuyer, sieur du Braban, seigneur en partie du Mont et de Prangey.

*Charolles.* — Robert de SIRVINGE, chevalier, s<sup>gr</sup> de Sirvinge, Sevelinge et Génelard.

Louis-Antoine de LA ROCHE-FONTENILLE, chevalier, marquis de Rambures, mestre de camp du régiment de Navarre, seigneur de la Cône et d'Azu.

*Mâcon.* — Antoine-Ignace LENET, écuyer, seigneur de Selorre, Puthière et la Brosse.

Lazare de NATUREL, chevalier, seigneur de Valetine, du Verdier et autres lieux.

François-Laurent BARTHELOT, écuyer, seigneur d'Ozenay, Gratey et Montcrain.

Claude-Elisabeth, marquis de LA GUICHE, comte de Sevignon, baron du Rousset.

### 1727

Henri-Charles de SAULX-TAVANNES, marquis de Saulx, seigneur du fief du Clos-de-Gemeaux, *élu.*

Antoine MOUSOT de Jancigny, seigneur de Bousselange, *alcade.*

Charles FÉVRET, seigneur de Verrey, *alcade.*

Jacques de L'ESTRADE DE LA COUSSE, chevalier, baron d'Arcelot, seigneur de Boux, Presily, les Bordes et Bouzot, *commissaire.*

Jacques DROUAS, écuyer, seigneur de la Plante, *commissaire.*

*Dijon.* — Jacques BERBIS, écuyer, seigneur de Corcelles-les-Ars, ancien capitaine aux régiments du Dauphin et de Catinat.

Charles-Gaspard-Michel de SAULX, chevalier, inscrit sur les registres en 1736 et qualifié colonel du régiment d'infanterie de Quercy, baron de Lux, marquis d'Arc-sur-Tille.

*Autun.* — Hector-Antoine-Saladin de MONTMORILLON, chevalier, seigneur d'Essanlets, Lucenier, Neuzelier, Busserolles et autres lieux.

*Auxois.* — N. de CHOISEUL d'Eguilly, seigneur de Sivry-en-Montagne, la tour de Créancey, Eguilly, Blancey, Martrois et d'une partie de Sauceau.

Florent-Claude du CHATELET, chevalier, marquis de Cirey, mestre de camp du régiment de Hainaut-infanterie, gouverneur de Semur, seigneur de Bussière et autres lieux.

André de GUIJON, écuyer, lieutenant-colonel d'infanterie, chevalier de Saint-Louis, seigneur du fief de Conighan.

Joachim d'HARANGUIER, écuyer, seigneur de Quincerot.

Gabriel de CHATENAY, chevalier, comte de Rochefort, seigneur de Gissey, Benoisey et autres lieux.

Louis-Athanase de PESCHEPERROUX de Comminges, chevalier, comte de Guitaut, marquis d'Epoisses, maréchal des camps et armées du Roi, inspecteur général de l'infanterie de France.

*Mâcon.* — Nicolas BARTHELOT, écuyer, seigneur de Murseau, Saudon et autres lieux, capitaine au régiment d'infanterie d'Auxerrois.

Claude-Joseph de DIGOINE du Palais, seigneur du Palais, Mailly et autres lieux.

*Auxerre.* — Antoine-François, chevalier, comte de LA TOURNELLE, seigneur de Cussy-le-Haut et le-Bas, le Moulin-Mignon et autres lieux, capitaine de cavalerie dans le régiment Royal-Etranger.

*Bar-sur-Seine.* — Claude-Joseph de FRASANS, écuyer, seigneur en partie d'Avirey et de Lingey-le-Bois.

Le chevalier BOURRÉE de Corberon, convoqué, n'a pas comparu.

### 1730

Louis-Athanase de PESCHEPERROUX de Comminges, chevalier, comte de Guitaut, marquis d'Epoisses, maréchal des camps et armées du Roi, *élu.*

N. de MASSOL, S<sup>r</sup> de Montmoyen, *alcade.*

Antoine-François, comte de LA TOURNELLE, *alcade.*

Victor-Amédée de LA FAGE, chevalier, baron de Péronne et de Saint-Huruge, seigneur de Vaux-sous-Targe, Saint-Martin, Bierzy, Malfontaine et Vallecot, *commissaire.*

François FOLIN, chevalier, marquis de Folin, seigneur de Villecomte, Vernot, Saussy, Morlière, Bizy et autres lieux, *commissaire.*

*Dijon.* — Jean-Mathurin BAILLET, chevalier, baron de Saint-Julien, Brognon et dépendances, ancien capitaine au régiment de Valence-infanterie.

Joseph-François Damas, chevalier, marquis d'Antigny, mestre de camp du régiment de Boulonnais-infanterie, seigneur du fief de Ruffey.
François Folin, écuyer, sgr de Bussière.
Charles-Marie de Choiseul, lieutenant-général de Champagne, mestre de camp de cavalerie, guidon de gendarmerie, baron de Meuvy.
Louis-Henri de Saulx-Tavannes, chevalier, marquis de Mirebeau.
*Autun.* — Nicolas de Ganay, écuyer, seigneur de Vesigneux et des Grands-Jours, ancien capitaine d'infanterie au régiment du Dauphin.
*Chalon.* — François Bataille, écuyer, seigneur de Dampierre, qualifié en 1736 chevalier de Saint-Louis, ancien capitaine au régiment de Poitou.
Philippe-Claude Fyot de la Marche, seigneur de Clémencey, guidon des gendarmes de Flandre.
*Auxois.* — Richard Fyot de Mimeure, chevalier, seigneur de Vaugimois, Tharoiseau, et Ménade, capitaine en pied au régiment de Luynes-cavalerie.
Charles-Henri de Croisier, capitaine de cavalerie au régiment de Lorraine, baron et seigneur de Sainte-Segros.
Jean-Louis de Jaucourt, chevalier, seigneur de Vaux.
Charles-Louis de Montsaulnin, chevalier, comte du Montal, baron de Courcelles et d'Islan, seigneur de Donjon, Thôte et autres lieux, maréchal des camps et armées du Roi.
Esprit-Frédéric Dubois, écuyer, seigneur d'Aisy, Pont-d'Aisy et Dompierre-en-Morvan.
Claude-Henri-Palatin de Dyo, chevalier, marquis de Montperroux, seigneur d'Yrouer et autres lieux.
Pierre-François de Joumard de Tison, chr, marquis d'Argence, seigneur de Thorey et autres lieux, capitaine de dragons au régiment de Condé.

*La Montagne.* — Claude-Marie Viard, écuyer, seigneur de Quemigny, Quemignerot et en partie de Chalvoisson.
*Charolles.* — Mathieu-Ignace-Alexandre de Baglion, chevalier, comte de la Salle, seigneur de Saillans et autres lieux, capitaine de cavalerie au régiment de Bourbon.
*Mâcon.* — Jean-Marc de Thenay, comte de Saint-Christophe.

## 1733

Charles-Louis de Montsaulnin, chevalier, comte du Montal, seigneur de Thôte, baron de Saint-Brisson, maréchal des camps et armées du Roi, chevalier des Ordres, *élu.*
Antoine Dubois de la Rochette, *alcade.*
Philibert-Joseph de la Fage de Péronne, *alcade.*
Claude-Joseph de Frasans, chevalier, seigneur d'Avirey, *commissaire.*
Bernard Morisot de Jancigny, chevalier, seigneur en partie de Bousselange, *commissaire.*
*Dijon.* — Joseph-Hyacinthe de Bereur, chevalier, seigneur de Mâlain, Saint-Ylie et Foucherans, brigadier des armées du Roi, mestre de camp de cavalerie, enseigne des gardes de S. M. et chevalier de St-Louis.
Germain Richard de Montaugé, écuyer, seigneur de Quemigny et de Poisot, ancien capitaine au régiment d'infanterie de Poitou.
Jacques Richard, écuyer, seigneur de Bligny et de Curtil-sous-Beaune, ancien major de la ville de Beaune.
Claude Berbis, écuyer, seigneur en partie de Corcelles-les-Ars.
Félix Simony, écuyer, seigneur de Varanges et Champfroid, capitaine d'infanterie.
César de Cronambourg, chevalier, capitaine de dragons, seigneur de Vougeot.
Philippe Durand d'Auxy, chevalier, seigneur dudit lieu, Saint-Vrain, la Feuillée, Villars, Bonneville, Baby, Briot, Chambolle et autres lieux, grand maître des eaux et forêts au département du duché et

comté de Bourgogne, Bresse, Bugey, haute et basse Alsace.

*Autun.* — Abraham de THÉLIS, baron de Chambost, s⁓ʳ du Breuil et de la Vesvre.

Bernard de FONTETTE, chevalier, seigneur de Sommery et d'Echevanne, capitaine d'une galère du Roi.

François de LA MAGDELAINE, sᵉʳ de Monnay.

Jacques de SERCEY, seigneur du Jeu.

*Chalon.* — Jean-Baptiste de LA MARRE, écuyer, sᵍʳ d'Aluse, grand bailli du Dijonnais.

François-Marie de SCORRAILLES, chevalier, seigneur de Reure.

Antoine de DAMAS, chevalier, marquis de Thianges, sᵍʳ de Sassangy et autres lieux.

Henri-Louis FILZJAN, écuyer, seigneur de Ponneau et de la Coudre.

Claude-François-Eléonor de SAINT-MAURIS, comte de Montbarrey, sᵍʳ de Savigny.

*Auxois.* — Charles FÉVRET, écuyer, seigneur de Fontette.

Joseph-André de BRETAGNE, chevalier, seigneur de Ruère.

Joseph JARRY de la Jarrye, écuyer, seigneur de Cessey.

François-Charles de VICHY, écuyer, seigneur en partie dudit lieu et de Scigny.

François de MOROT, écuyer, seigneur de Gresigny, Villars-les-Potots, Plémont, etc., capitaine d'infanterie au régiment d'Artois.

Georges de BLANOT, écuyer, seigneur en partie de Champrenault et de Bornay, major du château de Dijon.

Guillaume-Antoine de CHASTELLUX, brigadier des armées du Roi, capitaine de la compagnie des gendarmes de Flandre, seigneur et comte de Chastellux, vicomte d'Avalon.

N. de VIENNE fils, sᵉʳ de Châteauneuf.

*La Montagne.* — François-Elie de CHATENAY, marquis de Lanty, seigneur d'Essarois, lieutenant-colonel du régiment de la Reine, mestre de camp de cavalerie, chevalier de Saint-Louis.

François-Henri de SAINT-BELIN, marquis de Saint-Belin, seigneur de Fontaines-en-Duesmois et autres lieux.

Jean-Baptiste CATIN de Richemont, seigneur de Villotte.

*Charolles.* — Paul-Charles DUCREST, écuyer, seigneur des fiefs de Chevreau, Villaine, la Malleville et Souley.

Louis-Anne de LA GARDE de Chambonas, marquis de Saint-Thomé, seigneur de Précy.

*Mâcon.* — Philibert-Joseph de LA FAGE, seigneur de Vallecot.

Claude-Joseph de BERTHET, chevalier, seigneur de Verrey-les-Mâcon, capitaine de cavalerie.

Antoine-Marie DUCREST, chevalier, seigneur du Montceau et de Fortunet.

*Auxerre.* — François de DAMAS, chevalier, marquis d'Anlezy, seigneur de Fetigny, colonel du régiment de Nice.

## 1736

Antoine-François de LA TOURNELLE, seigneur de Cussy et autres lieux, *élu*, remplacé, après sa mort, par Charles-Louis de MONTSAULNIN, marquis du Montal.

Claude-Joseph de FRASANS, seigneur d'Avirey, *alcade.*

Jean-François PETIT, sᵉʳ de Bressey, *alcade.*

Nicolas de GANAY, chevalier, seigneur de Vesigneux et des Grands et Petits-Jours, ancien capitaine au régiment d'infanterie du Dauphin, *commissaire.*

François BATAILLE, chevalier, seigneur de Dampierre, Taperey et autres lieux, chevalier de Saint-Louis, ancien capitaine au régiment de Poitou, *commissaire.*

*Dijon.* — Henri de RIOLLET, écuyer, seigneur de Morteuil.

Hector-Bernard JOLY, écuyer, seigneur de la Grange-du-Pré.

Nicolas MALPOIS, écuyer, seigneur de Beire-la-Ville et en partie de Beire-le-Châtel.

Michel-Gaspard de SAULX, chevalier, colonel du régiment d'infanterie de Quercy, baron de Lux, marquis d'Arc-sur-Tille.

Henri de SAULX, chevalier, seigneur des Grandes et Petites-Véronnes.

Etienne QUARRÉ d'Aligny de Châteauregnault, chevalier, grand bailli du Charollais, chevalier de Saint-Louis, ancien capitaine au régiment de Souvré-infanterie, seigneur de Bouze et autres lieux.
Jean-Baptiste FLEUTELOT, écuyer, seigneur de Chazan.
N. de MONTFERRAND.
*Autun.* — François DUCREST, chevalier, ci-devant mousquetaire du Roi et aide-de-camp de l'armée du Rhin, s<sup>gr</sup> de Champcery et Perrigny.
Marie-François de LA MAGDELAINE, chevalier, marquis de Ragny, capitaine au régiment de cavalerie Royal-Piémont, seigneur et baron de Marcilly, Epiry et autres lieux.
Gilbert BAUDINOT de la Salle, écuyer, seigneur de l'Espinasse et des Colins.
*Chalon.* — Jacques de BRANCION, chevalier, seigneur de Visargent et autres lieux.
Pierre-Louis d'AILLY, chevalier, comte d'Ailly, marquis de Senecey.
Charles-Marguerite DESCHAMPS, chevalier, seigneur et baron de la Villeneuve.
Henri BATAILLE, écuyer.
Louis de FOUDRAS, chevalier.
*Auxois.* — Edme de JAUCOURT, chevalier, marquis de Chazelles-l'Escot, seigneur de Montagnerot.
Pierre-Louis de VILLERS-LA-FAYE, chevalier, seigneur du Rousset, Clomot, Buxillon et autres lieux.
Jean de BRACHET, écuyer, seigneur en partie de Magny, Saint-Andeux, et Saint-Germain-de-Modéon.
Alexandre de SAINT-QUENTIN, comte de Blet, seigneur de Villeneuve, Essey, Rouvre en partie, Chasilly haut et bas et dépendances, capitaine de la gendarmerie.
*La Montagne.* — Armand-Jean de SENEVOY, chevalier, comte de Senevoy, seigneur de Balot, Jouancy, Grimaudet et des Ecuyers.
Daniel-François GUÉNEBAULT, écuyer, seigneur de Bunccey et d'Arbois.
*Mâcon.* — Pierre-Salomon DESBOIS, chevalier, s<sup>gr</sup> de Choiseau, grand bailli du Mâconnais.

*Auxerre.* — Henri-Jacques de COIGNET, chevalier, comte de Courson, grand bailli de l'Auxerrois.
Gabriel-Alphonse d'ESTUD, chevalier, seigneur d'Assey, Châtenay, Lac-Sauvain et des Arcys, chevalier de Saint-Louis, capitaine au régiment de Flandre.

## 1739

Nicolas de CHAUGY, chevalier, comte de Roussillon, seigneur de Cussy, Anot, Marcy et autres lieux, colonel du régiment de Gâtinais, brigadier des armées du Roi, *élu.*
Nicolas de GANAY, s<sup>gr</sup> de Vesigneux, *alcade.*
Jacques, comte de BRANCION, seigneur de Visargent, *alcade.*
Jacques de L'ESTRADE d'Arcelot, baron de la Cousse, seigneur de Boux, Presily, les Bordes et autres lieux, *commissaire.*
Jean de FROMAGER, seigneur de Nogent, *commissaire.*
*Dijon.* — Jean-Bénigne de BAGNIARD, seigneur en partie de Renève et autres lieux.
François-Hubert HUDELOT, écuyer, seigneur et baron de Pressigny, la Grande-Résie et Poinson-les-Fays, ancien lieutenant dans le régiment du Commissaire-général-artillerie.
Barthélemy JOLY, écuyer, seigneur de Drambon, la Borde-Montmançon, les Grands-Moulins et la mairie d'Heuilley.
Jean-Joseph-Albert de QUESSE, chevalier, seigneur de Valcour, Marcilly, Broin et autres lieux, major de carabiniers.
Pierre BERBIS, écuyer, seigneur des Maillys.
Louis-Hector-François-Bernard de MASSOL de Colonge, gentilhomme de la cour du roi de Pologne.
François-Benoît MILLET, écuyer, lieutenant réformé au régiment de cavalerie de Chabrillan, seigneur du fief du Battu à Is-sur-Tille.
*Autun.* — Alexandre-Humbert HUMBELOT, écuyer, seigneur de Villiers et des fiefs de Champchanoux et Varouche, capitaine au régiment Royal-Roussillon-infanterie.

Nicolas de CHAUGY, colonel du régiment de Gâtinais, brigadier des armées du Roi, chevalier, comte de Roussillon, seigneur de Cussy, Anot, Marey, Rolle, Aigrevaux, Siron, Droux et Longecourt.

*Chalon.* — Louis-Gabriel de BATZ de Castelmore, comte d'Artagnan, baron de Sainte-Croix, seigneur de Champlecy, Baron, Espas, Ocron, Lupiac et autres lieux.

Louis de CARDEVAC d'Avrincourt, chevalier, colonel du régiment de cuirassiers du Roi, gouverneur de Hesdin, seigneur et comte de Gergy et autres lieux.

*Auxois.* — Jean-Baptiste-Antoine de BRETAGNE, écuyer, baron de Grignon, seigneur d'Orain, les Granges, Seigny, Benoisey et dépendances.

Louis de MONTSAULNIN du Montal, chevalier, seigneur de Ménetreux-le-Pitois et autres lieux, mestre de camp de cavalerie à la suite du régiment du comte de Clermont.

Léopold-Charles de FUSSEY, marquis de Menesserre.

Claude-Charles DAMAS, chevalier, seigneur comte de Crux, seigneur de Lantilly.

Claude-Guitard-Palatin de DYO, comte de Montperroux, seigneur de Bresse et de Thorey.

*Charolles.* — Camille de BARONNAT, écuyer, seigneur de Theillière et du fief de Bourasse.

*Bar-sur-Seine.* — Jean-Jacques d'AUBETERRE, chevalier, seigneur et comte de Juilly-le-Châtel et autres lieux.

## 1742

Claude-Elisabeth de LA GUICHE, comte de Sevignon, *élu.*

Jean de FROMAGER, s<sup>gr</sup> de Nogent, *alcade.*

Pierre-François de FRASANS, *alcade.*

Joseph-André de BRETAGNE, chevalier, seigneur de Ruère et de Beauchâteau, *commissaire.*

Paul-Charles du CREST, chevalier, seigneur de Chevreau, la Malleville et la Tour-du-Bois, *commissaire.*

*Dijon.* — François de DAMOISEAU, seigneur de Colombier, Nantoux, Froideville et Chaudenay-la-Ville, chevalier de Saint-Louis, ancien directeur des fortifications des places maritimes de Flandre, brigadier des armées du Roi.

Philibert PETIT, écuyer, seigneur de Bressey.

Philippe de CRONAMBOURG, chevalier, capitaine au régiment de Quercy-infanterie, seigneur de Vougeot.

Aimé-Marie GONTHIER, chevalier, seigneur baron d'Auvillars, seigneur de Glanon, le Grand-Taperey, le Buisson-au-Chêne, Lochères et autres lieux, premier lieutenant du Roi au gouvernement de Bourgogne.

*Autun.* — Jean-Baptiste de CUGNAC, chevalier, marquis de Dampierre, baron d'Huisseau, seigneur de Richeville, Fluxeau, Toulongeon, Monthelon et autres lieux, mestre de camp de cavalerie.

Charles-François de BOIVEAU, écuyer, seigneur de S<sup>t</sup>-Gervais, Croisy et Lauvernée.

*Chalon.* — Charles-François BERNARD de MONTESSUS, chevalier, seigneur de Bellevesvre, Dissey, Soirans, Fouffrans et en partie de Pluvet, Servignat, Beauregard, et Montalègre.

Charles-Louis de LA RODDE, chevalier, baron de Montconis, seigneur de Charnay et autres lieux.

Antoine-Palatin de BEUGRE, écuyer, seigneur de la Chapelle-de-Bragny, capitaine de milice.

*Auxois.* — Claude-Robert DUGON, écuyer, capitaine au régiment de Boulonnais, seigneur de la Rochette et autres lieux.

Louis-François de LA COSTE, écuyer, seigneur de Buy, Ruissel, Chaumière, la Prée et autres lieux.

Frédéric de FRESNE, chevalier, seigneur de Fresnoy, Chérisy et dépendances.

Jean-Baptiste-Anthide FÉVRET, écuyer, capitaine d'infanterie.

François THOMAS d'Islan, écuyer.

Georges-Louis de FRASANS, écuyer, seigneur de Turcey.

*La Montagne*. — Guillaume de Thésut, écuyer, seigneur de Verrey.
*Charolles*. — Marc-Antoine de Lévis, chevalier, seigneur de Lugny et autres lieux.
*Mâcon*. — Alphonse des Royers, chevalier, seigneur de la Matrouille.
*Auxerre*. — Dieudonné de Montcorps, chevalier, seigneur de Chéry et de Coulangeron.
Joseph-André de Bretagne, chevalier, seigneur de Ruère, Beauchâteau et Clos-du Roi.

## 1745

Anne-Claude de Thyard, marquis de Bissy, lieutenant-général, *élu*.
Joseph-André de Bretagne, seigneur de Beauchâteau, *alcade*.
Paul-Charles du Crest, seigneur de Chevreau et la Malleville, *alcade*.
Jean-Claude de la Salle, chevalier, seigneur de Vigousset, le Palais et Pierreux, ancien élu de la noblesse du Mâconnais, *commissaire*.
Claude-Joseph de Frasans, chevalier, seigneur d'Avirey, *commissaire*.
*Dijon*. — Louis-François de Morisot des Brosses, écuyer, seigneur de Jancigny.
Marc-Antoine de Ricaud, chevalier, seigneur de Courgy, Montmain, Grosbois, Mazerotte et autres lieux.
Jacques-Guillaume Canabelin, écuyer, seigneur d'Ancey.
Gaspard Le Compasseur, marquis de Courtivron.
Philippe Bouhier, seigneur de Chevigny.
Jean-Baptiste Dubois, seigneur d'Orain.
*Chalon*. — Louis de Pons, chevalier, comte de Verdun, seigneur de Sermesse.
Anne-Claude de Thyard, chevalier, marquis de Bissy et de Faulquemont, comte de Dalem, baron d'Authume, seigneur d'Haraucourt, Pierre, Charnay, Fretterans, Roméourt, etc., lieutenant-général des armées du Roi, gouverneur d'Auxonne.
*Auxois*. — Claude-Charles de Brosses, comte de Tournay, seigneur de Preigny, Chambézy, Pouilly et Godan, grand bailli de Gex, capitaine dans le régiment de Nice.
André-Jean-Baptiste Bernard, écuyer, seigneur des étang et moulin de Cassin.
Gaspard-Pontus de Thyard, chevalier, comte de Bragny, seigneur de Clirey et coseigneur de Sainte-Colombe.
Elie-Antoine de Balathier, chevalier, comte de Lantage, seigneur de Villargoix et de Cormaillon, capitaine au régiment d'Artois.
Joseph-André de Bretagne, chevalier, seigneur de Missery.
Louis-Antoine de Bourbon, comte de Busset, seigneur de Serée et d'Urbigny.
*La Montagne*. — Jules-César Catin de Richemont, écuyer, seigneur de Villotte.
*Auxerre*. — Edme-Charles de la Villette, écuyer, seigneur de Fontenaille et autres lieux.
*Bar-sur-Seine*. — Pierre-Emmanuel, marquis de Crussol, brigadier des armées du Roi, colonel du régiment de l'Ile-de-France, seigneur de Bailly-les-Chauffour.

## 1748

Louis-François de Damas, marquis d'Anlezy, comte et vicomte de Druge, baron de Ferrière, seigneur de la châtellenie de Festigny, de Bourgueval et de Quessonville-les-Paris, maréchal des camps et armées du Roi, premier gentilhomme de la chambre du prince de Condé, *élu*.
Jean-Claude de la Salle, seigneur de Vigousset, *alcade*.
Claude-Joseph de Frasans-Coquet, seigneur d'Avirey, *alcade*.
Jean-Baptiste Fleutelot, chevalier, seigneur de Chasan, *commissaire*.
Alexandre-Humbert Humbelot, chevalier, seigneur de Villiers, ancien capitaine au régiment Royal-Roussillon, *commissaire*.
*Dijon*. — Jean Fourneret, écuyer, s$^{gr}$ en partie de Bligny et de Curtil-sous-Beaune.
Anselme-Michel-Laurent de Migieu, cheva-

lier, seigneur de Varennes-sous-Beaune, lieutenant aux gardes.
André de Chonambourg, chevalier, seigneur de Vougeot, capitaine de dragons au régiment de la Reine.
Nicolas-Philippe Bernis de Longecourt, capitaine de cavalerie au régiment de Grammont.
N. Bernis de Rancy fils.
*Chalon.* — Jean-Baptiste-Marie Bernard de Montessus, chevalier, seigneur de Balore et autres lieux.
*Auxois.* — Philibert Fourneret, écuyer, seigneur en partie de Champrenault.
Antoine-Nicolas de Saulcier, marquis de Thenance, seigneur de Serrigny, Fontaine, Gery et autres lieux.
Etienne-Marie Champion, écuyer, seigneur en partie de Nan-sous-Thil, capitaine d'infanterie au régiment de Bourgogne.
Jacques Drouas, écuyer, seigneur de Boussey, officier au régiment de Rohan-cavalerie.
N. Filzjan de Rully.
*Mâcon.* — Louis-François de Lamartine, chevalier, seigneur de Montceau et de la Tour-Mailly, ancien capitaine au régiment de Monaco, chevalier de Saint-Louis.
Jean-Baptiste de Lamartine, chevalier, seigneur d'Hurigny, officier dans le régiment du Roi-cavalerie.
*Auxerre.* — André-Zacharie Marie d'Avigneau, chevalier, seigneur des fiefs de Nantau et de Cruzy.
Isaac-Claude de Violaine, écuyer, seigneur en partie de la Cour-les-Mailly.
*Bar-sur-Seine.* — Germain-Antoine de Conighan, écuyer, seigneur en partie d'Avirey, et de Lingey, capitaine au régiment de Quercy.

## 1751

Charles-Michel-Gaspard de Saulx-Tavannes, comte de Saulx, lieutenant-général des armées du Roi, menin de monseigneur le Dauphin, gouverneur du fort du Taureau, seigneur d'Arc-sur-Tille, *élu.*

Jean-Baptiste Fleutelot, seigneur de Chasan, *alcade.*
Alexandre-Humbert Humbelot, seigneur de Villiers, *alcade.*
Antoine-Palatin de Beugre, chevalier, seigneur de la Chapelle-de-Bragny, Chasson, Hauterive et en partie de Magnien, *commissaire.*
Claude-Charles Damas, chevalier, marquis de Crux, seigneur de Lantilly, Chasselambert, Saint-Beury, Beurisot, Laives et Lignière, *commissaire.*
*Dijon.* — Claude-Joseph Barbier, seigneur d'Entre-deux-Monts et de Reulle.
Jacques-Henri Richard, écuyer, chevalier de Saint-Louis, ancien capitaine au régiment de Provence, seigneur en partie de Bligny et de Curtil-sous-Beaune.
Sébastien-Charles-Antoine, marquis de Spada, seigneur d'Agencourt, Corabœuf, Ivry, Corcelles, la Canche, Baraudain, Serve et partie de Vernusse.
Lazare-Guillaume de Ganay, chevalier d'honneur de la Chambre des comptes, seigneur de Lusigny.
Jean-Claude Bernard, écuyer, seigneur de Saint-Aubin et de Gamay.
Jean-Baptiste-Marie Petit, écuyer.
Louis-Guillaume Baillet, chevalier, baron de Saint-Julien, seigneur d'Echigey, Brazey, de la prévôté de Saint-Jean-de-Losne et autres lieux.
*Autun.* — Charles-Henri-Jules de Clermont-Tonnerre, chevalier, brigadier des armées du Roi, mestre de camp d'un régiment de cavalerie, seigneur du Tillot.
Charles-Antoine de la Magdelaine-Ragny, chevalier, marquis de la Magdelaine.
*Chalon.* — Jean-Baptiste Lantin, écuyer, seigneur de Planche et en partie de Damerey.
François-Emmanuel de Naturel, chevalier, s$^{gr}$ de Baleure, Dulphey, Vers, Nanton, Champlieu et de la prévôté de Brancion.
Henri-Nicolas de Truchy, chevalier de Saint-Louis, capitaine dans le régiment de la marine-infanterie.

Claude-Henri-Louis FILZJAN de Ponneau, écuyer.

*Auxois.* — Jean-Baptiste de BRACHET, chevalier, seigneur du fief de la Motte-de-Joux, ancien officier de cavalerie.

Jean-Victor de LANNEAU, chevalier, seigneur de Bard et de la Prée.

Jacques JARRY de la Jarrye, chevalier de Saint-Louis, capitaine au régiment de Ségur-infanterie, seigneur de la prévôté de Cessey.

Gabriel de BRACHET, ancien officier au régiment d'Egmond-cavalerie, s<sup>gr</sup> de Villars.

Jean de MONTCRIF, écuyer, seigneur de Verneuil et autres lieux, capitaine au régiment de Navarre.

*La Montagne.* — Jacques-Joseph de L'ESTRADE DE LA COUSSE, chevalier, marquis d'Arcelot, capitaine au régiment de Poitou, chevalier de Saint-Louis, seigneur de Boux, Presily, et les Bordes.

*Mâcon.* — Jacques-Philippe-Sébastien LE PRESTRE, chevalier, comte de Vauban, maréchal des camps et armées du Roi, lieutenant pour le Roi en Franche-Comté, seigneur de Magny et autres lieux.

*Auxerre.* — Gabriel-Hector de CULLON, chevalier, comte et s<sup>gr</sup> d'Arcy-sur-Cure.

Louis de CULLON, chevalier, baron de Digoine, capitaine de cavalerie au régiment de la Vieuville, chevalier de Saint-Louis, seigneur en partie d'Arcy.

Alexis-Jean, marquis du CHATELET, chevalier, seigneur du Châtelet et des châtellenies de la Ferté-les-Saint-Riquier et de Vermanton, grand voyer de Picardie, gouverneur de Braye-sur-Somme.

*Bar-sur-Seine.* — Philibert-Claude-Joseph de FRASANS, écuyer, commissaire ordinaire des guerres en Bourgogne, s<sup>gr</sup> d'Avirey.

### 1754

Etienne-Marie de SCORRAILLES, marquis de Scorrailles, maréchal des camps et armées du Roi, seigneur de l'Isle et autres lieux, sous-lieutenant des chevau-légers de la garde du Roi, *élu*.

Antoine-Palatin de BEUGRE, seigneur de la Chapelle-de-Bragny, *alcade*.

Etienne-Marie CHAMPION, seigneur de Nan-sous-Thil, *alcade*.

Guillaume de THÉSUT, chevalier, seigneur des Giboux, Verrey et Charancey, *commissaire*.

Gabriel-Hector de CULLON, chevalier, comte et seigneur d'Arcy, *commissaire*.

*Dijon.* — Hubert-Toussaint GUYARD, seigneur de Changey et d'Echevronne, capitaine de cavalerie au régiment de Marcieux.

Nicolas BATAILLE, chevalier de Mandelot, capitaine au régiment de Picardie.

Jean-Baptiste-Claude RICHARD de Curtil.

Alexandre de MOYRIA, chevalier, marquis de Châtillon, ancien capitaine de cavalerie au régiment de Fouquet, chevalier de Saint-Louis, seigneur de Taniot.

Jean-Baptiste-Théodore, marquis de FOLIN, officier de cavalerie, seigneur d'Ogny.

Jacques-Henri-Claude-Ange de TRUCHY, baron de Lays.

Claude GUYE, écuyer, ancien mousquetaire du Roi, seigneur de l'Abergement-les-Auxonne, Billey et Villers-Rotin.

Jacques-Elisabeth BERBIS de Corcelles, éc<sup>er</sup>.

Jacques-André de BRETAGNE, seigneur d'Is-sur-Tille.

Henri-Prosper BAUYN, chevalier, capitaine de grenadiers au régiment de Monaco, seigneur de Quemigny et de Poisot.

Gaspard-Constance-Hugues de MARRON, écuyer, seigneur en partie de Pichange et de la Tour-de-Neuville-sur-Ain.

*Autun.* — Lazare BUFFOT, écuyer, seigneur de Sivry-les-Voudenay, ancien capitaine d'infanterie.

Pierre-César DUCREST, chevalier, seigneur de Saint-Aubin-sur-Loire et de la baronnie de Bourbon-Lancy.

Melchior COMEAU, chevalier, seigneur de Pont-de-Vaux, Marly, Barnault, Perrigny, Urly, etc.

Barthélemy de BAR, chevalier, comte de

Bar, seigneur de Limanton, Sauzay, Bernay, Mont, Marquerceau, Lalys, Nantilly, la Boutière et autres lieux, capitaine au régiment de Bourbon, chevalier de Saint-Louis.

Barthélemy de BAR, chevalier de Malte, capitaine au régiment de Fleury-cavalerie.

Jacques-Anne-François de GANAY, chevalier, colonel d'infanterie à la suite du régiment de Forez, gouverneur d'Autun.

Claude ANDRAULT, chevalier, marquis de Langeron, colonel du régiment de Condé.

*Chalon.* — Alexandre-Henri-François de ROCHEMONT, chevalier, gendarme ordinaire de la garde du Roi, chevalier de l'ordre de Saint-Jean du Saint-Empire.

Etienne-Marie, marquis de SCORRAILLES, chevalier, sous-lieutenant des chevau-légers de la garde du Roi, maréchal de ses camps et armées, seigneur de Saubertier, Saint-Germain-du-Bois, l'Isle et autres lieux.

Louis de THÉSUT, chevalier, seigneur de Moroges et autres lieux.

Rémond de THÉSUT, chevalier, capitaine au régiment d'infanterie d'Orléans.

Edme-Jean-Baptiste de LA MARRE d'Aluze, chevalier, mousquetaire du Roi.

Louis-Claude, comte de CLERMONT-MONTOISON, baron de Chagny et autres lieux, capitaine de gendarmerie.

*Auxois.* — Etienne BOUILLET, écuyer, seigneur de Godan.

Jean THEVENIN, marquis de Tanlay.

Olympe-Philippe, chevalier, comte de CONIGHAN, seigneur d'Arcenay, Vougrey, et en partie d'Avirey.

François-Jacques DAMAS, chevalier, comte de Ruffey, baron de Chevreau, marquis d'Antigny, gouverneur du pays de Dombes.

Antoine-Alphonse DAMOISEAU, chevalier, seigneur de Provency, la Tour-du-Pré, Bois-Bureau, Vizerny et Rougemont, ancien cornette au régiment de la Reine-dragons.

Jean-Baptiste de CHATENAY, chevalier, baron de Lanty, seigneur du fief de Tonnerre.

Charles-Claude BATAILLE de Mandelot, chevalier, seigneur du fief du Petit-Bois.

*La Montagne.* — Charles-Abraham MILLET, écer, seigneur de la Grande-Dame-Guye.

Joseph de SAINT-PHAL, chevalier, seigneur de Munois, ancien capitaine d'infanterie, chevalier de Saint-Louis.

François-Henri du BAN, chevalier, marquis de la Feuillée, capitaine de dragons au régiment d'Harcourt, chevalier de Saint-Louis.

Charles-Antoine-Marguerite de MASSOL, chevalier, seigneur de Montmoyen.

*Charolles.* — Edme de SCORRAILLES, chevalier, seigneur des Puits.

Antoine de SCORRAILLES, chevalier, seigneur de Liman et de Railly.

Henri-Bernard de ROYER, chevalier, marquis de Saint-Micault, capitaine au régiment de Montmorin.

Anne-Jacques DUBOIS, chevalier, seigneur de Masoncle, capitaine de cavalerie au régiment de Moustiers.

Claude-François de MARITAIN, chevalier, seigneur d'Availly, Montrond-les-Combes et autres lieux.

*Mâcon.* — Louis-Gabriel LE PRESTRE, marquis de Vauban, chevalier de Saint-Louis, colonel d'infanterie, capitaine des grenadiers au régiment du Roi, gouverneur de Châtillon-les-Dombes, seigneur de la Bâtie et autres lieux.

Gilbert, marquis de DRÉE, chevalier de Saint-Louis, lieutenant au régiment des gardes-françaises.

Pierre-Marie de NATUREL, chevalier, seigneur de Valetine, le Pas, le Verdier et autres lieux, capitaine au régiment Royal-Lorraine, chevalier de Saint-Louis.

Pierre BRIDET des Miards, écuyer.

*Auxerre.* — Philippe-Louis de BEAUVOIR, comte de CHASTELLUX, chevalier, colonel du régiment d'Auvergne-infanterie.

## 1757

Charles-Henri-Jules de CLERMONT, comte de Tonnerre, brigadier des armées du Roi, seigneur d'Epinac et autres lieux, *élu.*
Jean-Baptiste CATIN de Richemont, *alcade.*
Gabriel-Hector de CULLON, chevalier, comte d'Arcy, *alcade.*
Paul-Charles DUCREST, chevalier, seigneur de la Tour-du-Bois, Chevreau et la Malleville, *commissaire.*
Pierre-Marie de NATUREL, chevalier, seigneur de Valetine et du Verdier, *commissaire.*
*Dijon.* — Nicolas d'ESTAGNY, écuyer, capitaine au régiment de Condé-infanterie, chevalier de Saint-Louis, s<sup>gr</sup> de Chambœuf.
Charles THOMAS d'Islan, écuyer, chevalier de Saint-Louis, ancien capitaine au régiment de Nice-infanterie, seigneur de la Motte-sous-Flaccy.
Charles-François-Casimir de TAVANNES, marquis de Saulx, chevalier, seigneur de Spoix, lieutenant au régiment du Roi-infanterie.
Louis BERBIS, chevalier.
Pierre-René-Marie GONTHIER, chevalier, comte d'Auvillars, ancien capitaine de dragons.
Michel-Bénigne JAQUOT de Neuilly, chevalier, capitaine au régiment de Bauffremont-dragons, chevalier de Saint-Louis.
*Autun.* — Jean-Baptiste de MAC-MAHON d'Eguilly, chevalier, seigneur de Voudenay et de Sivry.
*Chalon.* — Antoine-Nicolas, marquis LE CAMUS, chevalier, marquis de Branges, lieutenant au régiment des gardes-françaises, chevalier de Saint-Louis, colonel d'infanterie.
Jean-Baptiste de BEAUREPAIRE, chevalier, capitaine au régiment du Roi-infanterie.
Edme-Nicolas de THÉSUT, chevalier, capitaine au régiment d'Orléans-infanterie, chevalier de Saint-Louis, seigneur de Moroges.
*Auxois.* — Louis DUBOIS, chevalier, major de cavalerie du régiment d'Egmond, chevalier de Saint-Louis, seigneur d'Aisy, Pont-d'Aisy et Dompierre-en-Morvan.
*La Montagne.* — Guy-Bernard VIARD de Chalvoisson.
*Mâcon.* — Philibert-Eléonor de BARTHELOT, seigneur d'Ozenay.
Jean PÉRARD-FLORIET, écuyer, seigneur de Saint-Marcelin.
*Auxerre.* — Jacques-Armand de ROGRES de Champignelle, chevalier profès de l'ordre de Malte, commandeur de la commanderie de justice d'Auxerre, capitaine au régiment des gardes-françaises.

## 1760

Louis-Henri, comte de VIENNE, chevalier, baron de Châteauneuf, mestre de camp de cavalerie, *élu.*
Claude-François de MARITAIN, seigneur d'Availly, *alcade.*
Pierre-Marie de NATUREL, seigneur de Valetine, *alcade.*
Claude-Joseph de FRASANS, écuyer, seigneur d'Avirey, *commissaire.*
Michel JAQUOT de Neuilly, chevalier, ancien capitaine de dragons, chevalier de Saint-Louis, *commissaire.*
*Dijon.* — Louis-Innocent de TUDERT, chevalier de Malte, commandeur de Beaune.
Gabriel-Antoine de MORISOT, chevalier de Saint-Louis, capitaine au régiment d'Enghien-infanterie.
Omer-Louis-François JOLY de Fleury, chevalier, seigneur de Pichange.
Antoine DUVIGNEAU, écuyer, ancien officier au régiment du Roi, s<sup>gr</sup> en partie de Curley.
*Chalon.* — Joseph-François de THOMAS, chevalier, marquis de la Valette, seigneur de Sarrigny, lieutenant de vaisseau.
Claude-François de RENOUARD, chevalier, seigneur du marquisat de Sainte-Croix, comte de Fleury-Villayer, vicomte de Boisherpin, ancien grand maître des eaux et forêts au département des duché et comté de Bourgogne.
*Auxois.* — Louis-Henri, comte de VIENNE,

mestre de camp de cavalerie, chevalier, seigneur et baron de Châteauneuf.
François-Philibert de Morot, chevalier, capitaine au régiment d'Artois, chevalier de Saint-Louis, s<sup>gr</sup> en partie de Grésigny.
Joseph-Nicolas Comeau, chevalier, seigneur de Créancey et autres lieux, chevalier de Saint-Louis, ancien officier au régiment d'Egmond-dragons.
Maurice Mac-Mahon, chevalier, capitaine au régiment de Fitz-James-cavalerie, seigneur de Magnien, le Puiset et Lauronne.
*La Montagne.* — Gérard Catin de Richemont, ancien officier au régiment d'Auvergne, seigneur de Richemont.
*Bar-sur-Seine.* — Guy-Louis-Claude-Nicolas Guenichon, chevalier, seigneur de Ville-sur-Arce et autres lieux.

### 1763

Louis-Philippe, marquis de Chastellux, chevalier, seigneur de Nemois et autres lieux, maréchal des camps et armées du Roi, gouverneur de la ville et de la citadelle de Seyne, *élu.*
Claude-Joseph de Frasans, écuyer, seigneur d'Avirey, *alcade.*
Félix de Simony, écuyer, chevalier de Saint-Louis, *alcade.*
Melchior Comeau, chevalier, seigneur de Pont-de-Vaux, *commissaire.*
Raymond de Thésut, chevalier, seigneur de Fissey-les-Moroges, *commissaire.*
*Dijon.* — Antoine-Nicolas-Philippe-Tanneguy-Gaspard Le Compasseur-Créqui-Montfort, seigneur de Luxerrois.
Jacques Richard de Bligny de Valoreille, chevalier.
Patrice Wall, comte Wall, seigneur de Crugey, Bouhey et Sainte-Sabine, maréchal des camps et armées du Roi.
*Autun.* — Charles-François Quarré de Châteauregnault d'Aligny, chevalier, seigneur de Montregard, Visernoux, Versole et partie de Manlay, ancien capitaine d'infanterie.

Charles-François-Gabriel de Magnien, chevalier, seigneur de Chailly, baron de Bouhy, officier aux gardes-françaises.
Louis-Casimir Le Brun du Breuil, chevalier de Saint-Louis, ancien commandant d'une compagnie d'élèves gentilshommes de l'école militaire, capitaine réformé à la suite du régiment de Picardie, s<sup>gr</sup> des Pougains.
Georges Buffot, écuyer, s<sup>gr</sup> du grand Millery.
Louis-Marie-Gabriel-César, marquis de Choiseul, capitaine-lieutenant de la compagnie des gendarmes-Dauphin, s<sup>gr</sup> de Cheilly.
Alexandre Le Brun du Breuil, chevalier, seigneur de Champignolle et en partie de la baronnie d'Uchon.
Jean-Baptiste Boyveau, chevalier, sous-lieutenant au régiment de Bourbon-cavalerie.
Jean-Baptiste-Auguste Dormy, chevalier, seigneur de Vesvre, Neuvy, Beauchamp, la Chapelle-au-Mans, Mont-Brion et autres lieux.
Paul-Louis de Ganay, chevalier, seigneur de Vesigneux et des Grands et Petits-Jours, capitaine au régiment de Lorraine, chevalier de Saint-Louis.
Pierre-Marie-Thérèse Dormy, chevalier.
Anne-Claude de Montcrif, chevalier.
Jean-Prosper, marquis de Falletans, chevalier de Saint-Georges, seigneur de Digoine et de Sauturne.
Jean-François de Faubert, chevalier, seigneur de la Perrière et du fief du Mouceau, bailli d'épée du bailliage de Bourbon-Lancy.
François, comte de Fussey, s<sup>gr</sup> de Villars.
Nicolas-Antoine-Lazare-Xavier-François, marquis de Fussey.
Jean-Léopold de Fussey, chevalier.
Louis-François de Muzy, chevalier, seigneur de Vanzelle, Communes, Villars et Couches en partie, officier de carabiniers.
Camille de Muzy de Vauzelle, chevalier, seigneur de l'Hôpital et de la Barre.
Charles, lord Mac-Mahon, chevalier, seigneur d'Eguilly, Voudenay et autres lieux.
Maurice-François Mac-Mahon, chevalier.
N. de Scorrailles.

*Chalon.* — Antoine-Louis Deschamps, chevalier, baron de la Villeneuve et autres lieux, lieutenant au régiment Dauphin-infanterie.
Guillaume de Truchy, seigneur de Serville, chevalier de Saint-Louis, lieutenant de Roi de la citadelle de Chalon-sur-Saône.
Jean-Pierre Damas, comte de Thianges, seigneur de Sassangy et de Cersot, lieutenant au régiment du Roi-infanterie.
Le comte de la Baume-Montrevel.

*Auxois.* — Louis-Charles de Jaucourt, chevalier, seigneur d'Arconcey, Lagneau et dépendances.
Armand-Edme de Riollet de Colombet, chevalier, seigneur de Gissey-le-Vieil.
Gaspard-Antoine Prévost de la Croix, chevalier, seigneur de Préjailly, chevalier de Saint-Louis, ancien capitaine au régiment de Touraine.
André-François d'Anstrude, chevalier, baron d'Anstrude.

*Charolles.* — Louis-Marie-Joseph Frottier, chevalier, comte de la Coste-Messelière, seigneur de Saint-Vincent, brigadier des armées du Roi.
Hector-Antoine-Dominique de la Garde-Chambonas, chevalier, marquis de Saint-Thomé, seigneur de Pressy, ancien officier au régiment des gardes, chevalier de Saint-Louis.
Marc-Antoine, comte de Lévis, reçu provisoirement.

*Mâcon.* — Claude-Marie Ducrest, chevalier, seigneur du Montceau.
Jean-Salomon Bernard de Châtenay, chevalier, seigneur de Joux et du Vigneau.
Claude-Philibert Bernard, chevalier, seigneur de la Vernette, Villars, Cloudeau, la Rochette, Saint-Maurice, Saint-Martin-du-Tartre, Saule, Collongette et la Serrée, chevalier de Saint-Louis, chevalier d'honneur au bailliage de Mâcon, lieutenant du Roi au département du Mâconnais, gouverneur et commandant de Mâcon.
François-Jean-Marie Bernard de Châtenay, seigneur dudit lieu.

**1766**

François-Louis-Antoine de Bourbon, comte de Busset et de Chalus, baron de Saint-Martin-du-Puits, seigneur de Vesigneux, Bragny, Chalaux, Serée, Villurbin et de la Grange-Loisclot, maréchal des camps et armées du Roi, *élu*.
Melchior Comeau, chevalier, seigneur de Pont-de-Vaux, Barnault, Marly et autres lieux, *alcade*.
Raymond de Thésut, seigneur de Fissey-les-Moroges, ancien capitaine au régiment d'Orléans, *alcade*.
Gaspard-Pontus de Thyard, chevalier, marquis de Thyard, seigneur de Juilly, Villenote et Saint-Euphrène, *commissaire*.
Pierre-François-Hubert, marquis de Chatenay, chevalier, ancien enseigne des gendarmes anglais, gouverneur de la ville et du château de Semur-en-Brionnais, chevalier de Saint-Louis, *commissaire*.

*Dijon.* — Antoine-Nicolas-Bernard Duvigneau, seigneur de Curley, chevalier de Saint-Louis, lieutenant-colonel d'infanterie, ingénieur en chef et commandant en second l'école royale du génie à Mézières.
Jacques-Henri Rémond, écuyer, s$^\text{gr}$ de Rolle.
Etienne-Louis Champion de Nan-sous-Thil, écuyer.
Bénigne-Bernard Legouz, chevalier.
Jean-Baptiste de la Marre, écuyer, capitaine au régiment d'Artois, chevalier de Saint-Louis, seigneur du Bassin.
Ferdinand, marquis de Moyria-Châtillon.
Antoine-Gaspard de Moyria-Châtillon, chevalier de Malte, officier dans le régiment de la Reine-dragons.
Henri Gautier de Brevant, seigneur de Pichange, écuyer, gendarme de la garde du Roi.
Claude Hocquart, écuyer, seigneur de Pressigny, capitaine au régiment d'Orléans.
Jean-Marie Bouhier de Bernardon, seigneur d'Angoulevant.
Alexandre-Louis-François Le Fèvre de Cau-

martin, chevalier de Malte, seigneur et prieur commandataire de Saint-Léger.

*Autun.* — Louis-Pierre, comte de JAUCOURT, seigneur du fief de Verneuil, maréchal des camps et armées du Roi.

Ferdinand de GRAMMONT, comte de Dracy, maréchal des camps et armées du Roi.

*Chalon.* — Théodore-Philibert PERRAULT, écuyer, seigneur de Montrevost.

Claude-Marie-Philippe PERRAULT de Montrevost fils, écuyer, ancien officier au régiment de Nice.

Louis-Joseph, chevalier, comte d'AILLY, marquis de Seneccy, capitaine de cavalerie.

François-Victor de CLUGNY, chevalier, seigneur de Thenissey, l'Epervière et Dracy.

Marie-François-Jérôme du RAQUET de Lorme, écuyer, seigneur de la baronnie de Montjay et autres lieux.

Alexandre-Eléonor-Marie de SAINT-MAURIS, comte de Montbarrey, seigneur du Fay et du comté de Savigny-en-Revermont, chevalier de Saint-Louis, maréchal de camp et inspecteur d'infanterie.

*Auxois.* — Georges-François de MASSOL, chevalier.

Louis-César-Auguste DAMOISEAU, écuyer.

Marie-Eustache d'ESTIENNOT, chevalier, seigneur de Vassy.

Antoine-Claude d'ESTIENNOT, écuyer, seigneur de la Borde, ancien capitaine au régiment de Condé-infanterie, chevalier de St-Louis.

Hugues de LA LOGE, écuyer, sgr de Dionne.

Barthélemy GUILLAUME, chevalier, seigneur de Sermizelles, conseiller du Roi, lieutt-général d'épée aux bailliage et chancellerie d'Avallon, capitaine d'infanterie au régimt d'Artois, chevalier de Saint-Louis.

Edme de BOUCHER, chevalier, seigneur de Milly et autres lieux.

François, comte de CHATENAY, chevalier, seigneur de Gissey et en partie de Saint-Léger-de-Foucheret, Ruère et Saint-Aubin, ancien capitaine dans le régiment de la Tour du Pin.

Louis-François-Joseph de BOURBON-BUSSET, fils.

Abel-Claude-Marie de VICHY, chevalier, comte de Champrond, marquis de la Borde, seigneur de Reuilley, Meursanges, Géange, Poil, Sainte-Marie-la-Blanche, Bourguignon, Travoisy, Grandchamp, Sombernon, Remilly, Mesmont, Mâlain, Chamesson, etc., guidon des gendarmes de Berry.

Charles-Marie de FONTETTE, chevalier, officier au régiment du Roi-infanterie.

Le chevalier de BRACHET.

*La Montagne.* — Pierre-François-Hubert, chevalier, marquis de CHATENAY, enseigne des gendarmes anglais du Roi, chevalier de Saint-Louis, seigneur de Polisy, Polisot, Buxeuil, Bourguignon, vicomté de Foolz, Charmoy, Celles, Balnot et la Feuillée.

*Charolles.* — Louis-Victor de FOLIN, chevalier de justice de l'ordre de Malte.

Guillaume THOMASSIN, écuyer, seigneur de Bourgueil.

Gaspard de VICHY, marquis de Champrond, seigneur de l'Etang-Villeret et autres lieux, maréchal des camps et armées du Roi.

*Mâcon.* — Jean-Claude-Marie, marquis de LA QUEUILLE et de Châteaugay, cte d'Amanzé, baron de Vandat, sgr de Chitain et Noailly, capitaine de cavalerie au régiment Royal-Picardie.

*Bar-sur-Seine.* — Joseph-Yacinthe-Delphine de CONIGHAN, écuyer, seigneur d'Avirey.

## 1769

Charles-François-Casimir de SAULX, comte de Tavannes, menin de Mgr le Dauphin, brigadier des armées du Roi, colonel du régiment de la Reine, *élu.*

Gaspard-Pontus de THYARD, chevalier, marquis de Thyard, *alcade.*

Pierre-François-Hubert, marquis de CHATENAY, *alcade.*

Marc-Antoine, comte de LÉVIS, chevalier, baron de Lugny, colonel du régiment de Picardie, *commissaire.*

Jacques de JAUCOURT, chevalier, comte de

Jaucourt, seigneur de Villefargeau, commissaire.

Dijon. — Antoine-Jean GAGNE de Perrigny, chevalier, comte de Perrigny.

Chalon. — Lazare de THÉSUT de Saint-Maurice, chevalier, seigneur de Mortière, officier au régiment des grenadiers royaux de Cambis.

Anne-Gabriel-Pierre de CARDEVAC, chevalier, marquis d'Avrincourt, seigneur de Villeneuve, colonel au corps des grenadiers de France, gouverneur d'Hesdin.

Charles-François de CLUGNY, chevalier, brigadier des armées du Roi, colonel du régiment de Beauvaisis-infanterie et chevalier de Malte.

Charles-Joseph-Marie-Etienne de TRUCHY, chevalier, seigneur de Lays, chevau-léger de la garde du Roi.

Philippe-Anne-Marie GONTHIER, chevalier d'Auvillars, seigneur de Taperey, lieutenant-colonel d'infanterie.

François-Louis-Clair de THOMAS, chevalier, comte de la Valette, officier au régiment d'infanterie du Roi.

Auxois. — Jacques de FOUDRAS, chevalier, bailli, grand-croix de l'ordre de Malte, commandeur de Thors, Corgebin, Pont-Aubert et Normier.

Edme-François-Roger de CERTAINES, chevalier, chevau-léger de la garde du Roi.

Charles-Philippe-Aymard de FONTAINES, chevalier, baron de Moulins, seigneur de Sancy, mestre de camp de cavalerie, exempt des gardes du corps du Roi.

Denis de PAMPELUNE, chevalier, seigneur de Genouilly, Villiers-les-Haut, Mercœuil en partie et du fief d'Averly, chevalier de Saint-Louis, gouverneur de Vezelay, ancien aide-major des chevau-légers de la garde du Roi, ancien écuyer du Roi, écuyer cavalcadour commandant les écuries de feu Mme la Dauphine.

Antoine-François-Henri, vicomte de DAMAS-CRUX, chevalier, capitaine de dragons au régiment de Damas.

La Montagne. — Louis-Hubert-Plécard-Gilbert-Armand, comte de CHATENAY, chevalier de Malte, officier dans le corps des grenadiers de France.

Edme LE BASCLE, chevalier, marquis d'Argenteuil, seigneur d'Obtrée et de Montliot, brigadier des armées du Roi, mestre de camp de cavalerie, enseigne aide-major des gardes du corps.

Charolles. — François-Marie de SENEVOY, colonel du régiment d'infanterie de Boulonnais, chevalier de Saint-Louis, chevalier d'honneur au Parlement de Bourgogne.

Marc-Antoine, comte de LÉVIS, chevalier, baron de Lugny, colonel du régiment de Picardie.

Antoine-Aimé de ROYER de Saint-Micault, lieutenant de dragons dans la légion de Condé.

Louis-Marguerite-Claude de SAULCIER, marquis de Thenance, chevalier, lieutenant au régiment d'infanterie du Roi.

Claude-François-Eugène BERNARD DE MONTESSUS de Rully, chevalier, capitaine réformé de cavalerie.

Claude-Antoine MORISOT, chevalier, lieutenant de cavalerie dans le régiment de Bourbon.

Mâcon. — Louis-Henri de MONTRICHARD, chevalier, seigneur de la Brosse et de la Barnaudière, chevalier de Saint-Louis, ancien capitaine d'infanterie.

Victor-Amédée de LA FAGE, chevalier, baron de Saint-Huruge-sur-Guye, Saint-Martin-sur-Guye et Cray-Saint-Paul en partie, ancien officier de la maison du Roi.

Michel MARCHAND, écuyer, seigneur du Maulgny, capitaine des grenadiers royaux, chevalier de Saint-Louis.

Claude-Palamède-Antoine de THÉLIS, chevalier, comte de Thélis, officier au régiment des gardes-françaises.

Auxerre. — Jacques de JAUCOURT, chevalier, comte de Jaucourt, seigneur du Vaux-de-Lugny, Villefargeau et autres lieux.

Bar-sur-Seine. — Jean-Louis LE LIEUR, chevalier, seigneur de Ville-sur-Arce, officier de grenadiers au régiment de Méhégant.

## 1772

Louis-Pierre, comte de JAUCOURT, maréchal des camps et armées du Roi, *élu*.

Louis de CULLON, chevalier, baron de Digoine, ancien capitaine de cavalerie au régiment de Viéville, chevalier de S<sup>t</sup>-Louis, *alcade*.

Charles-Antoine, comte de RAGUET de Brancion, chevalier, seigneur de Liman, des Fossés et autres lieux, colonel d'infanterie et capitaine au régiment de la Marck, chevalier de Saint-Louis, *alcade*.

Claude-Philibert BERNARD, chevalier, seigneur de la Vernette, Villars, du comté d'Enain et autres lieux, chevalier de Saint-Louis, *commissaire*.

Joseph-Marie, comte de FAUDOAS, ancien capitaine au régiment de Viéville-cavalerie, chevalier de Saint-Louis, du Mont-Carmel et de Saint-Lazare, *commissaire*.

*Autun.* — Claude-Bernard-Jean-Magdelaine-Germain LOPPIN, seigneur de Montmort, la Boulaye, Blanot et Givry, mousquetaire de la garde ordinaire du Roi.

*Auxois.* — Jacques-Marie-Charles DROUAS, écuyer, officier d'artillerie, seigneur de Velogny.

Bénigne-Charles FÉVRET de Saint-Mesmin.

*Charolles.* — Charles-Antoine de RAGUET de Brancion, seigneur de Liman, des Fossés, l'Abergement et autres lieux, lieutenant-colonel et capitaine au régiment de la Marck, chevalier de Saint-Louis.

Pierre-Anne-Charles de RAGUET des Fossés, chevalier des ordres de Notre-Dame du Mont-Carmel et de Saint-Lazare de Jérusalem, capitaine au corps du génie.

*Mâcon.* — Pierre-Salomon-Antoine DESBOIS, écuyer, ancien mousquetaire, grand bailli du Mâconnais, seigneur de Choiseau et de la Cailloterie.

*Bar-sur-Seine.* — Joseph-Marie, comte de FAUDOAS, seigneur, gouverneur et commandant de la ville et du comté de Bar-sur-Seine.

## 1775

Jacques-François, marquis de DAMAS d'Antigny, *élu*.

Claude-Philibert BERNARD de la Vernette, *alcade*.

Guy-Louis GUENICHON de Quemigny, *alcade*.

Gaspard LE COMPASSEUR - CRÉQUI - MONTFORT, marquis de Courtivron, *commissaire*.

Jean-Eustache-Marie-Alexandre, comte de SCORRAILLES, *commissaire*.

*Dijon.* — Guy-Hugues de MACHECO, chevalier, seigneur de Ternet, lieutenant au régiment Royal-vaisseaux.

Louis-Armand-Désiré de DAMOISEAU, chevalier, ingénieur ordinaire du Roi et brigadier de ses armées.

Alexandre-Bénigne-Didier de FOLIN.

Le comte de VOGUÉ, le vicomte de VIRIEU, chevalier de Malte, reçus provisoirement.

*Autun.* — Jacques-Marguerite de JARSAILLON, officier d'artillerie au régiment de Grenoble.

Charles-Louis de MAUROY, chevalier, lieutenant-colonel des grenadiers de Bourgogne, chevalier de S<sup>t</sup>-Louis, s<sup>gr</sup> du grand Millery.

Jean-Eustache-Marie-Alexandre, comte de SCORRAILLES, s<sup>gr</sup> de Vergoncey, Alonne et du fief de Villiers.

Antoine de VILLERS-LA-FAYE, mestre de camp de dragons, chevalier de Saint-Louis, seigneur de la baronnie d'Uchon.

Jean-Marie de SERCEY, vicomte de Sercey, aide-de-camp des troupes du Roi à Saint-Domingue, seigneur du fief de Champeery.

Alphonse-Jacques-Pierre COMEAU de Pont-de-Vaux, officier dans le régiment Royal-Pologne-cavalerie.

*Chalon.* — Claude-Henri-Etienne BERNARD de Sassenay, chevalier, vicomte de Chalon-sur-Saône, seigneur de Sassenay, Perrey, Virey, Chemenot et Bougerot.

Jean FYOT de la Marche, comte de Dracy, chevalier.

Charles PERRAULT de Montrevost.

Auguste-Louis-Zacharie ESPIARD, seigneur de la baronnie d'Allerey et autres lieux, ch<sup>er</sup>.

Alexandre-Henri, comte de FOUDRAS, sous-lieutenant au régiment Royal-Picardie-cavalerie.

*Auxois.* — Henri-Anne BATAILLE, chevalier, capitaine de cavalerie au régiment Dauphin.

Henri-Camille BATAILLE, chevalier, capitaine de dragons.

François-Charles BATAILLE, chevalier, enseigne des vaisseaux du Roi, ch<sup>er</sup> de Malte.

*Charolles.* — Amable-Charles, marquis de LA GUICHE, seigneur de la baronnie du Roussel, colonel du régiment de Bourbon-cavalerie.

*Mâcon.* — Florent-Melchior-Alexandre de LA BAUME, chevalier, comte du Saint-Empire, chevalier de Saint-Louis, maréchal des camps et armées du Roi, comte seigneur de Montrevel, Bonrepos, Crusilles et Noble.

Louis-François de LAMARTINE, chevau-léger de la garde du Roi.

Pierre de LAMARTINE, chevalier, sous-aide major dans le régiment Dauphin-cavalerie.

Jean-Baptiste-Antoine BERNARD, chevalier de la Vernette, officier d'artillerie.

## 1778

Edme LE BASCLE, marquis d'Argenteuil, maréchal de camp, *élu*.

Jean-Baptiste-Théodore, marquis de FOLIN, *alcade*.

Pierre-Marie-Thérèse DORMY, baron de Vesvre et de Neuvy, *alcade*.

Marie-François-Jérôme du RAQUET de Lorme, chevalier, seigneur de Moisenans, Serley, Montjay et autres lieux, *commissaire*.

Antoine-François-Henri, vicomte de DAMAS-CRUX, chevalier, ancien capitaine de dragons, seigneur de Lantilly, Massingy et Cormaillon, *commissaire*.

*Dijon.* — Gaspard LE COMPASSEUR-CRÉQUI-MONTFORT de Courtivron, lieutenant en second au régiment d'Orléans-cavalerie.

Gaspard-François LE COMPASSEUR-CRÉQUI-MONTFORT de Courtivron, lieutenant en second au régiment du Roi-infanterie.

Claude-Antoine-François, marquis de JAQUOT d'Andelarre, substitué aux nom et armes de Rouhier, seigneur de Jaquot, Rosey, la Coste, Citey, le Vernois, la forêt de Vergy, Levrecey, Charantenay et du fief de Ternet, capitaine de dragons au régiment de Lorraine, chevalier de Saint-Louis.

Antoine-François-Eléonor-Angélique, marquis de JAQUOT d'Andelarre, capitaine de dragons au régiment de Noailles.

Jean-Louis-Aynard de JAQUOT d'Andelarre, chevalier de justice de l'ordre de Malte, capitaine d'infanterie au régiment de Malte.

François-Eléonor-Prosper, chevalier de JAQUOT d'Andelarre, chevalier de justice de l'ordre de Malte, sous-lieutenant au régiment d'Artois-infanterie.

Claude-Philibert-Marie-Casimir FYOT de Mimeure.

Damien de GRENAUD, écuyer, seigneur de Giriac, Beauregard, Echalon et du fief de la Combe-Langardière, gouverneur de Belley et de Nantua, lieutenant des maréchaux de France.

Nicolas RICHARD de Curtil, marquis de Richard d'Ivry.

René-Jean-Mans, marquis de LA TOUR DU PIN, colonel d'infanterie, s<sup>gr</sup> de Fouvans-la-Ville.

Henri-Jules BERBIS, seigneur de Corcelles-les-Ars, capitaine au régiment de Navarre.

Louis-Charles-Edme-François-Gabriel-Alphonse de DAMOISEAU, sous-lieutenant au régiment de Conti-dragons.

Jean-Baptiste-Joseph-Louis-Armand-Désiré de DAMOISEAU, sous-lieutenant au régiment de Bourbon-dragons.

N. BERTON DES BALBES, comte de Crillon, reçu provisoirement.

*Autun.* — Anne-Philippe de GANAY, capitaine de cavalerie au régiment Dauphin.

Le comte de MONTMORILLON, reçu provisoirement.

*Chalon.* — André-Philibert QUARRÉ de Russilly, lieutenant-colonel du régiment de Bourgogne.

*Auxois.* — François-Jules de CROISIER de Sainte-Segros, capitaine au régiment de Navarre.

Le comte de la Salle et le baron de Milly, reçus provisoirement.

*La Montagne.* — Jacques-Magdelaine de L'ESTRADE DE LA COUSSE, officier au régiment de Poitou-infanterie.

Pierre-Jacques de FRAMERY, reçu provis$^t$.

*Charolles.* — Pierre-Louis-Marie de THOMASSIN, écuyer, lieutenant de cavalerie, seigneur du fief du grand Bourgueil.

*Mâcon.* — Abel-Michel BERNARD de la Vernette, capitaine au régiment d'Orléans-cavalerie, lieutenant de Roi de Mâcon en survivance.

Philibert-Joseph de THY, chevalier, seigneur de Thoiriat.

Michel DUCREST, écuyer, ancien officier aux gardes, seigneur de Chigy-l'Aubépin et autres lieux.

*Auxerre.* — Louis-François de GRILLET de Sery, ancien mousquetaire de la garde du Roi.

*Bar-sur-Seine.* — Charles-Guy GUENICHON, page du Roi en sa petite écurie.

### 1781

Nicolas-Alexandre, vicomte de VIRIEU, maréchal de camp, *élu.*

Marie-François-Jérôme du RAQUET de Lorme, *alcade.*

Antoine-François-Henri, vicomte de DAMAS-CRUX, *alcade.*

Claude HOCQUART, au lieu du marquis de Châtenay, absent, *commissaire.*

François-Louis de CULLON, chevalier d'Arcy, *commissaire.*

*Dijon.* — Guillaume-Joseph de BAGNIARD, éc$^{er}$.

Charles RICHARD de Vesvrotte, chevalier.

Marie-Jacques-Charles-Gustave RICHARD de Bligny.

Nicolas-Alexandre, vicomte de VIRIEU, chevalier de Saint-Louis, gentilhomme d'honneur de Monsieur, colonel de son régiment d'infanterie.

Jean-Etienne de MASSON, chevalier, marquis d'Authume.

Jean-Chrétien de MACHECO, chevalier, seigneur de Premeaux, Corgengoux, Mazerotte et Parué.

Joseph-Etienne BERNARD de Sassenay, ch$^{er}$.

*Autun.* — Louis-François-Claude-Saladin de MONTMORILLON.

Louis-Charles, comte de BONNAY, chevalier, seigneur du fief du Breuil.

Charles-Gaspard, marquis de CLERMONT-TONNERRE, seigneur du comté d'Epinac, mestre de camp de cavalerie et gouverneur de Belfort.

*Chalon.* — Antoine-Charles-Gabriel BERNARD DE MONTESSUS, comte de Rully, chevalier.

Georges-Marie de THOISY, chevalier, capitaine de cavalerie, s$^{gr}$ de Joude et de Villars.

François-Marie BERNARD de Sassenay, vicomte de Chalon, seigneur de Sassenay, du Tartre, Perrey, Chemenot et Bougerot.

*Auxois.* — Jean-Nicolas-Antoine de BOUCHER, baron de Milly, chevalier.

Antoine-Louis-Marie d'ESTIENNOT, chevalier, comte de Vassy.

Ferdinand-Alphonse-Honoré de DIGOINE, marquis du Palais.

Louis-Jules de BALATHIER, chevalier, comte de Lantage, seigneur de Villargoix, commandant de la compagnie de chasseurs à cheval du régiment de dragons d'Artois.

Jean-Charlemagne de MAYGNIER, comte de la Salle, seigneur de Saint-Anthot.

Antoine-Alexandre-César, marquis de FULIGNY-DAMAS, seigneur baron d'Aubigny, Agey et autres lieux.

Henri-Georges-César, comte de CHASTELLUX.

Claude-Edme DROUAS de la Plante, chevalier, capitaine de chasseurs au régiment de Bourgogne-infanterie.

Robert-François-Xavier DROUAS de la Plante, chevalier, officier au régiment de Bourgogne-infanterie.

Angélique-Louis-Marie, marquis de REMIGNY,

seigneur de Joux et du fief de Saint-Martin, capitaine de cavalerie.

Frédéric-Edme de FRESNE, chevalier, seigneur en partie de Fontaines-en-Duesmois et de Savoisy.

*La Montagne.* — Pierre-Théodore CATIN de Richemont, écuyer.

Marie-Joseph-François DUC de Surville, chevalier, seigneur de Meixmoron.

François de FRESNE, chevalier, seigneur en partie de Fontaines-en-Duesmois et de Savoisy.

Pierre-Jacques de FRAMERY, écuyer, seigneur de la Fosse et de Montliot.

*Auxerre.* — Edme-Antoine de MONTCORPS de Chéry, chevalier de Saint-Louis, capitaine au régiment d'Auvergne, seigneur de Coulangeron.

### 1784

Henri-Georges-César, comte de CHASTELLUX, brigadier des armées du Roi, *élu.*

François, baron de FRESNE, *alcade.*

François-Louis de CULLON, chevalier d'Arcy, *alcade.*

Ferdinand-Alphonse-Honoré de DIGOINE, marquis du Palais, *commissaire.*

Jean-François-Marie PETIT, baron de Meurville, *commissaire.*

*Dijon.* — Bénigne-Philippe-Marie BERBIS de Rancy, chevalier.

Pierre-Joseph-Désiré de RICHARDOT de Choisey, chevalier, seigneur de Véronnes-les-Grandes et les-Petites.

Barthélemy-Philippe-Félix FYOT de la Marche.

François-Pierre de MACHECO de Premeaux, chevalier.

Louis-Mémie HOCQUART, chevalier.

Armand-Pierre de BRETAGNE, chevalier, sous-lieutenant au régiment de Condé-dragons.

*Autun.* — Andoche RICHARD des Crots, écuyer, seigneur des Crots et de Montaugé.

*Chalon.* — Achille-François-Louis-Henri-Gabriel de TRUCHY, chevalier, officier au régiment Royal-Picardie, seigneur de Baudrières, Moley et Vonan.

*Auxois.* — Louis-Antoine-Paul de BOURBON, vicomte de Bourbon-Busset, seigneur de Serée, mestre de camp en second du régiment d'Anjou-infanterie et premier gentilhomme en survivance de la chambre du comte d'Artois.

Jean-François DAVOUST, écuyer, chevalier de Saint-Louis, ancien capitaine aide-major des carabiniers, s$^{gr}$ en partie d'Annoux.

Charles-Esprit DUBOIS, chevalier, seigneur baron d'Aisy, Dompierre, etc., capitaine de cavalerie au régiment Royal-étranger.

Jean-Charles FILZJAN de Sainte-Colombe, écuyer.

Louis-Marie de BRACHET, chevalier, sous-lieutenant au régiment Royal-étranger-cavalerie, chevalier de Malte.

Jean-Etienne de PAMPELUNE de Genouilly, chevalier.

*Charolles.* — Benjamin-Eléonor-Louis FROTTIER, comte de la Coste-Messelière, chevalier, mestre de camp de cavalerie, enseigne des chevau-légers de la garde du Roi, seigneur de Saint-Aubin.

*Auxerre.* — Alexandre-Jean-Baptiste-Anne-Gabriel de CULLON, chevalier, comte d'Arcy, baron de Digoine, Champloix, Saint-Phal, etc., lieutenant-colonel d'infanterie, capitaine exempt des cent suisses de la gardes du corps de Monsieur.

*Bar-sur-Seine.* — Jacques-Benoît, comte de CONIGHAN, chevalier, capitaine d'infanterie au régiment d'Artois, chevalier de Saint-Louis, seigneur en partie d'Avirey et de Lingey, reçu provisoirement en 1778.

### 1787

Louis-Antoine-Paul, vicomte de BOURBON-BUSSET, *élu.*

Le marquis de DIGOINE, *alcade.*

Le marquis de LA GARDE-Chambonas, *alcade.*

Le marquis de VILLERS-LA-FAYE, *commissaire.*

Le marquis BERNARD de Sassenay, *commissaire.*

*Dijon.* — Louis-César LABBEY, chevalier, lieutenant en second des chasseurs du régiment d'Artois-infanterie, seigneur en partie de Fays-Billot.

Claude-Anne de BERBIS, chevalier, lieutenant au régiment de Navarre-infanterie.

Pierre-Charles RICHARD de Curtil, marquis d'Ivry.

*Autun.* — Jean-Jacques de LA COSTE de Buy, chevalier, seigneur de Buy et autres lieux, baron de Rochetaillée.

Henri-Charles-Louis, comte DUGON, chevalier, seigneur de Cherchilly.

Charles RICHARD de Montaugé, seigneur de Vauteau et de la Vesvre.

Elie, vicomte DUGON, chevalier honoraire de l'ordre de Saint-Jean de Jérusalem.

Louis-Charles, chevalier DUGON.

Jacques-Augustin DUPUY de Saint-Martin, seigneur de Lafay, baron de Semur-en-Brionnais, lieutenant de Roi en Bourbonnais.

*Chalon.* — Gaspard-Etienne BERNARD de Sassenay, chevalier.

Maurice-Théodule-Pierre-Louis-Philippe-Marc-Georges de CHAIGNON, chevalier, officier au régiment de Courtin, seigneur de la Motte.

*Auxois.* — César-François-Edme, comte de FRESNE, chevalier, seigneur de Sully, Saint-Aubin, Montjalin et autres lieux.

Louis-Marie-Cécile, comte de SAINTE-MAURE, chevalier, capitaine de cavalerie, seigneur de Ruère, Corcelles et Flée, ancien capitaine de cavalerie, lieutenant pour le Roi en Bourgogne.

Charles-François de MOROT de Grésigny, sous-lieutenant.

Frédéric-François-Louis de BIEN de Chevigny, seigneur du Monceau, de Lignière, etc., ancien capitaine commandant du régiment de Soissonnais.

Louis-Nicolas, comte de SAINT-BELIN-MALAIN, chevalier, seigneur de Villeberny.

Marie-Magdelaine-Simon, vicomte de VILLERS-LA-FAYE, chevalier, capitaine au régiment des chasseurs des Cévennes.

*La Montagne.* — Erard-Louis-Guy, comte de CHATENAY-LANTY, chevalier, mestre de camp de dragons.

*Charolles.* — François-Camille-Elisabeth, baron de DRÉE, lieutenant des vaisseaux du Roi, seigneur de Charancy.

*Mâcon.* — Etienne, comte de DRÉE, chevalier, capitaine au régiment de Bourbon-dragons, seigneur de Vertpré.

# NOMS DES GENTILSHOMMES
## DE BOURGOGNE

qui ont pris part ou envoyé leur procuration aux Assemblées de la Noblesse pour l'élection des députés aux Etats généraux de 1789 (*).

## BAILLIAGE DE DIJON
### 28 mars 1789.

Philippe-Antoine-Gabriel-Victor de la Tour du Pin de Gouvernet, commandant en chef en Bourgogne, s$^{gr}$ de Fouvans-la-Ville.
Antoine Fremy, seigneur d'Argillières.
Bénigne Quillardet(1), écuyer, s$^{gr}$ d'Avot.
Louis-Henri, comte de Vienne.
Monseigneur Louis-Joseph de Bourbon, prince de Condé, gouverneur des provinces de Bourgogne et Bresse, seigneur du fief de la Colombière.
Charles-Casimir de Saulx, duc de Saulx-Tavannes, seigneur de Beaumont, etc., marquis d'Arc-sur-Tille.
Antoine-Nicolas-Philippe-Tanneguy-Gaspard Le Compasseur-Créqui-Montfort, marquis de Courtivron et de la terre d'Avot.
Guillaume, comte de Thésut, s$^{gr}$ de Norges.
Anne-Charles-Sigismond de Montmorency-Luxembourg, duc de Luxembourg, seigneur de Cressey et de Foncegrive.
Jean-Claude Bernard de Saint-Aubin, éc$^{er}$.

Marie-Bénigne-Féréol-Xavier Chifflet d'Orchamps (1), seigneur d'Esbarres.
Ferdinand-Denis, comte de Crécy, seigneur de Chavannes.
Jean-François-Marie Petit, baron de Meurville, seigneur de Norges-le-Pont.
Etienne Le Belin (2), écuyer, chevalier de Saint-Louis.
Pierre-René-Marie Gonthier, comte d'Auvillars, seigneur d'Auvillars et de Glanon.
Antoine Gallet de Pluvault, seigneur des terres de Soirans et de Fouffrans.
Thérèse-Narcisse, comtesse de Poli, dame du marquisat de Chaussin.
Jean-Marie Bouhier de Bernardon, seigneur d'Angoulevant.
Antoine Esmonin de Dampierre, seigneur d'Aubigny et de Magny.
Cérice-François-Melchior, comte de Vogué, seigneur de Chevigny.

(1) CHIFFLET. — Ecartelé : aux 1 et 4, de gueules au sautoir d'argent, accompagné en chef d'un serpent plié en rond d'or; aux 2 et 3, parti de gueules à la bande engrêlée d'or, et d'or fretté de gueules.
(2) BELIN (LE). — De sinople à trois béliers d'argent, les deux du chef affrontés.

(1) QUILLARDET. — D'argent à trois trèfles de sable.

(*) Nous donnons ici, à titre de renseignements, cette liste de gentilshommes, quoiqu'ils n'aient pas eu tous entrée aux Etats de la province, afin de compléter notre travail et de fournir une idée plus exacte de l'état général de la Noblesse bourguignonne en 1789. On trouvera en note les armoiries de quelques unes des familles qui appartiennent plus spécialement à la Bourgogne, et qui sont inscrites, pour la plupart, dans l'*Armorial général de 1692*, demeuré jusqu'à ce jour inédit. — MM. Louis de la Roque et Edouard de Barthélemy ont bien voulu nous autoriser à nous servir, pour cette nomenclature, du *Catalogue des Gentilshommes de Bourgogne, Bresse, Bugey, Valromey, et de la principauté de Dombes*, Paris, 1862, qu'ils ont publié d'après les procès-verbaux officiels conservés aux Archives impériales, B. III.

Bénigne Bouhier, seigneur de Lantenay, Pâques, Pouilly, Fontaines et Ruffey.

Claude Hocquart, écuyer, seigneur de Pressigny, ancien capitaine commandant au régiment d'Orléans, chevalier de S<sup>t</sup>-Louis.

Jean-Louis Maleteste (1), écuyer, seigneur de Quétigny et Villey-sur-Tille.

Louis Fardel de Daix (2), président aux requêtes du Parlement de Dijon, s<sup>gr</sup> de Daix.

Jean-Baptiste Gagne, écuyer, s<sup>gr</sup> de Pouilly.

Vivant-Mathieu-Léonard-Raphaël Villedieu de Torcy, seigneur d'Aiserey, Belleneuve et la Motte.

Charles-François Verchère d'Arcelot (3), chevalier de Saint-Louis, ancien capitaine d'infanterie.

André de Crouambourg, écuyer, seigneur de Vougeot.

Antoine-Louis de Verchère, seigneur d'Arcelot, Arceau, Fouchanges et Magny-Saint-Médard, président à mortier au Parlement de Dijon.

Nicolas Jannon, président à mortier au Parlement de Dijon.

Joseph-Delphine-Hyacinthe de Conighan, capitaine au régiment de Bourbon-infanterie.

Pierre Verchère d'Arcelot, chevalier, ancien major de cavalerie.

François-Camille-Elisabeth, baron de Drée, capitaine des vaisseaux du Roi.

Charles-André-Hector Grossard de Virly (4), président à la Chambre des comptes de Bourgogne.

Jacques Cottin de Joncy (5), conseiller au Parlement de Dijon.

(1) MALETESTE. — Tiercé en fasce : au 1, d'azur à la fleur de lys d'or; au 2, d'or plein; au 3, de gueules au croissant d'argent.

(2) FARDEL. — De gueules à trois bandes d'argent.

(3) VERCHÈRE. — De gueules à une croix potencée d'or, accompagnée en pointe d'un croissant d'argent; au chef cousu d'azur, chargé de trois étoiles d'or.

(4) GROSSARD. — De gueules à deux épées d'argent, garnies d'or, en sautoir, les pointes en bas, accompagnées de deux lévriers courants d'argent, l'un en chef, l'autre en pointe.

(5) COTTIN. — D'azur à deux colonnes d'or.

Odette Rigoley de Juvigny (1), dame de Chevigny-Saint-Sauveur et de Corcelles-en-Montvaux.

Claude de la Troche (2), maître en la Chambre des comptes de Bourgogne et Bresse.

Guillaume de la Troche, écuyer.

Barthélemy Cortois, écuyer, seigneur de Quincey et Pressigny.

Louis-Arnoult Le Seure de Mussey (3) éc<sup>er</sup>.

Joseph-Etienne Bernard de Sassenay, chevalier de Malte non profès, capitaine au régiment de Colonel-général-infanterie, seigneur de la Chaume et de Beire.

Jean-Baptiste-François Champion de Beauregard, capitaine au régiment de Guienne.

Charles Richard de Vesvrotte, président à la Chambre des comptes de Bourgogne et Bresse.

Ferdinande-Henriette-Gabrielle, marquise de Brun et dame de la Marche et la Marchotte.

Marie-Jacques-Charles-Gustave Richard de Bligny, seigneur de Bligny.

Charles Richard de Montaugé, seigneur de Savigny-sous-Beaune.

Bénigne-Charles Févret de Saint-Mesmin, grand bailli d'épée de Châtillon-sur-Seine, seigneur de Couchey, Semessange, etc.

Jean Poulletier de Suzenet (4), seigneur d'Echigey, Billey et Villers.

François Jobard du Mesnil (5), ancien gen-

(1) RIGOLEY. — D'azur au chevron d'or, accompagné en chef de deux étoiles de même, et en pointe d'un faisan aussi d'or.

(2) TROCHE (LA). — D'azur à un vol d'or, surmonté d'une étoile d'argent et soutenu d'un croissant de même.

(3) SEURE (LE). — D'or à un chêne de sinople, ayant ses racines de même, et empoigné au milieu de la tige par la main d'un bras droit de gueules, mouvant de la partie senestre.

(4) POULLETIER. — D'argent à la fasce d'azur, accompagnée en chef de trois poules]de sable, crêtées et membrées de gueules, et en pointe d'un lion léopardé de sable, armé et lampassé de gueules.

(5) JOBARD. — D'azur à la bande d'argent, chargée de trois quintefeuilles de gueules, accostée en chef d'une étoile du second, et en pointe d'un cygne nageant aussi d'argent.

— 83 —

darme de la garde, seigneur des fiefs du Mesnil et d'Igornay.
Jean-Baptiste-Bénigne-Alexis Charpy de Jugny (1), conseiller au Parlement de Dijon, seigneur de Saint-Usage, etc.
Joseph-Louis-Bernard, comte de Cléron d'Haussonville, s<sup>r</sup> de Villy-le-Moutier.
François-Toussaint-Xavier David de la Martinière (2), chevalier, officier au régiment de Navarre.
Pierre-François Gauthier (3), seigneur d'Ancize et de Taniot, conseiller au Parlement de Dijon.
Claude Fyot, marquis de Mimeure, seigneur de Genlis et d'Uchey.
Patrice, comte de Wall, lieutenant-général des armées du Roi, seigneur de Crugey, Bouhey et Sainte-Sabine.
François-Jacques, marquis de Damas, seigneur d'Antigny.
Hubert-Toussaint-Joseph Barbier de Reulle, seigneur de Reulle, président à la Chambre des comptes.
Pierre-Bernard Ranfer de Bretenière (4), seigneur de Bretenière et de Monteeau.
Claude-Marie de Pize (5) de Reulle, dame d'Entre-Deux-Monts, Concœur et Corboin.
Edme Cautain, écuyer.
Joseph-Bénigne Lallemant de Villers (6), écuyer.
Marie-Joseph, comte de Drée, seigneur en partie de Fays-Billot.

(1) CHARPY. — D'or à une aigle éployée de sable, chargée d'un écusson d'azur à trois épis d'or mouvant d'un croissant d'argent; au chef d'azur, chargé d'une croix potencée d'argent.
(2) DAVID. — D'azur à une harpe d'or, accompagnée de trois étoiles; alius : de trois grelots de même.
(3) GAUTHIER. — D'azur au chevron d'or, accompagné de deux trèfles en chef et d'une étoile en pointe, le tout d'argent.
(4) RANFER. — D'azur à une fasce d'argent, accompagnée en chef d'un croissant de même, et d'un chérubin d'or en pointe.
(5) PIZE. — D'argent au chevron de gueules, accompagné de trois roses de même.
(6) LALLEMANT. — D'azur au chevron d'or, accompagné de trois étoiles d'argent, celle de la pointe soutenue d'un lévrier courant de même.

Jean-Jérôme Canabelin de Lantilière, écuyer.
Etienne de Bouillet, écuyer.
Damien de Grenaud, écuyer, seigneur de la Combe-Langardière.
Jean Pérard, seigneur de Saint-Julien, Brognon, Clénay et Norges-le-Pont.
Jean-Chrétien de Machecco, seigneur de Corgengoux, Parué, Mazerotte et Grosbois.
Jean-Baptiste-Anne-Geneviève Ganiare (1), seigneur de Joursanvaux et Baissey.
Charles-Henry-Gaspard-André, marquis de Massol, seigneur de Colonge.
Joseph Tardy, écuyer (2).
Michel Tardy, écuyer.
Antoine Cortois de Charnailles, maréchal des camps et armées du Roi, s<sup>r</sup> de Quincey.
Jean Lemulier de Bressey, s<sup>r</sup> de Bressey.
Claude-Marie Bouhier, veuve de M. Philibert-André Fleutelot de Marliens, dame de Marliens, Varanges et Champfroy.
Bernard-Dominique Courtot de Cissey (3), écuyer, chevalier de Saint-Louis, lieutenant-colonel, commandant du bataillon de garnison du maréchal de Turenne, seigneur de Bouillant.
Anne Seguenot, veuve de Nicolas d'Estagny, dame de Chambœuf.
François-Elisabeth Chauvelot (4), s<sup>r</sup> de Corberon.
Jean Fyot de la Marche, marquis de la Marche, comte de Dracy, seigneur de Neuilly et Drambon.
Charles Thomas de la Vesvre, écuyer.
Gérard Catin de Richemont, écuyer.
Marc-Antoine-Claude de Pradier (5), marquis d'Agrain, s<sup>r</sup> du Pasquier et de Puligny.
Claude-Charles de Brosses, comte de Tournay, seigneur du Bassin.

(1) GANIARE. — De gueules à la Foi d'argent.
(2) TARDY. — D'azur à trois étoiles d'argent; au chef d'or.
(3) COURTOT. — De gueules à la licorne d'argent.
(4) CHAUVELOT. — D'azur à un sauvage d'or, tenant en sa main dextre une massue de même en pal.
(5) PRADIER D'AGRAIN. — D'azur à trois lions d'argent, lampassés de gueules et couronnés d'or.

René-Augustin de Brosses, seigneur de Magny-sur-Tille.
Jean-Baptiste-Antide Févret de Fontette, écuyer.
Pierre Filzjan, baron de Talmay, seigneur de Bas-Fossé.
Chrétien-Gaspard de Machéco, seigneur de Premeaux.
Guy-Hugues de Machéco, capitaine au régiment de Condé-dragons.
Jean-Jacques, marquis de Gallet et de Montdragon, s⁺ʳ de Pluvault et Villers-les-Pots.
Henriette-Louise-Madeleine du Tillet (1), marquise de Montoison, veuve de Louis-Claude de Clermont-Montoison, en qualité de tutrice d'Anne-Claude de Clermont, seigneur de Serrigny.
Nicolas-Philippe Berbis, marquis de Longecourt.
Marie-Claude-Bernarde de Froment, veuve de Jacques-Hugues Michel d'Attricourt, dame en partie de Fays-Billot.
Marie-Aimée Berbis, veuve de Philippe Bereur, seigneur de Malan.
Marie Bezens, comtesse de Marsans, dame d'Esbarres.
Augustin Martin de la Motte, seigneur d'Oizilly, écuyer.
Louis de la Loge, écuyer.
Geneviève-Antoinette Le Verrier de Plancey, relicte de Pierre, comte de Berbis, dame des Maillys.
Henri Gault (2), écuyer.
Nicolas-Eugène Armynot du Châtelet, éc⁺ʳ.
Jean-Baptiste Loppin d'Azincourt, écuyer.
Antoine-Bernard Vautrin, écuyer.
Gérard-François-Henri Parigot (3), écuyer, seigneur de Santenay.

(1) TILLET (DU). — D'or à la croix patée et alaisée de gueules. D. *Nihil parum, nihil nimis.*
(2) GAULT. — D'argent à deux pals d'azur, accompagnés de trois molettes de sable posées en fasce ; au chef d'argent chargé d'un lion naissant de sable.
(3) PARIGOT. — D'azur à une tige de pois d'argent, mouvant d'un croissant de même, et deux étoiles d'or en chef ; *alias :* de gueules à un chevron accompagné en chef de deux roses, et en pointe d'un croissant duquel sort un pois en cosse, le tout d'or.

Louis-Charles Petit, écuyer.
Etienne David de Beaufort (1), seigneur du fief de la Motte-Valentin.
Charles Viénot de Vaublanc (2), seigneur de Mimande, maréchal des camps et armées du Roi.
Jean-Severin-François Gravier de Chamandrey (3), capitaine au régiment de chasseurs de Hainault.
Louis Moussier (4), écuyer, seigneur d'Athée, Magny, Vornes, le Poiset et les Hayes.
Pierre Routy (5), écuyer, s⁺ʳ de Charodon.
Jacques Courtot de Martenot, écuyer.
Casimir Fyot de Mimeure, conseiller au Parlement.
Philippe Gouthier, chevalier d'Auvillars, éc⁺ʳ.
Jean-Severin Gravier de la Gellière, écuyer.
Louis-François de Lamartine, seigneur d'Ursy, Montculot, Charmoy, Poisot et Quemigny.
Anne-Philippe de Ganay, comte et seigneur de Lusigny.
Edme Guillemier, écuyer, seigneur de Féraude, colonel de cavalerie.
Jeanne-Agathe Chapeau, veuve de Philibert-Bernard Brunet (6), seigneur de la Bordeau-Bureau.
Louis-Fortuné Quarré d'Aligny, écuyer.
Nicolas, marquis de Richard d'Ivry, écuyer, capitaine de cavalerie.
Henri-Camille-Sophie Bataille de Mandelot, chevalier, premier chef d'escadron du ré-

(1) DAVID. — D'azur à une bande d'argent, accompagnée en chef d'une harpe d'or, et en pointe d'une croix de Malte d'argent.
(2) VIÉNOT. — D'azur au lion léopardé d'or ; au chef d'argent, chargé d'un soleil de gueules, accosté de deux raisins de pourpre.
(3) GRAVIER. — De gueules à trois oiseaux essorants d'argent, les deux du chef affrontés.
(4) MOUSSIER. — D'azur au chevron d'or, accompagné de trois mousserons de même.
(5) ROUTY. — D'azur au chevron d'argent, accompagné en chef de deux étoiles de même, et en pointe d'un croissant aussi d'argent.
(6) BRUNET. — Ecartelé : aux 1 et 4, d'or au lévrier rampant de gueules, colleté du champ, et à la bordure crénelée de sable ; aux 2 et 3, d'argent à une tête de More tortillée d'argent.

giment d'Artois, seigneur de Mandelot ; et Françoise-Etienne de Damas, sa mère, veuve en secondes noces de Louis-Claude de Clermont-Montoison, brigadier des armées du Roi, dame de Bouze.
Claude-Joseph-Jean Courtot, écuyer.
Gérard Brunet, écuyer, seigneur de Monthelie et Marjollet.
Joseph-Charles Courtot de Cissey, écuyer.
Bernard Loppin du Châtelain, écuyer, coseigneur de la Motte-Martenot.
Anne-Jeanne-Baptiste-Lazare Loppin, veuve d'Antoine Loppin du Champ.
Jean-Baptiste-Joseph Baillyat (1), écuyer.
Nicolas-Jean-Baptiste Baillyat de Broindon, seigneur de Broindon.
Hugues-Bénigne de la Folye de Joux (2), écuyer, chevalier de Saint-Louis.
Jacques-Gabriel Lorenchet, écuyer, coseigneur de Bligny et Curtil.
Claude-Philibert Marey (3), écuyer.
Claude-François Boucheron (4), écuyer.
Joseph-Henri-Noël Blancheton (5), comte de la Rochepot.
Jeanne-Louise-Théodule Gagniare, relicte de Jean-Baptiste-François Blancheton, comte de la Rochepot, dame de Meursault.
Guillaume-Alexandre de Guillermin, seigneur de Saint-Romain.
Vivant-Etienne Grozelier (6), écuyer.
Henri-Jules, comte de Berbis, seigneur de Corcelles-les-Ars.
Jean-Baptiste Andra, écuyer.

(1) BAILLYAT. — D'azur au lion d'or, armé et lampassé de gueules ; au chef d'or.
(2) FOLYE (LA). — De sable à une croix ancrée d'argent.
(3) MAREY. — D'azur au mât d'or câblé d'argent, accompagné en chef de deux raies d'or. Famille anoblie par office de secrétaire du Roi (9 juin 1762).
(4) BOUCHERON. — D'azur à un bouc rampant d'or, accompagné en chef de deux étoiles d'argent.
(5) BLANCHETON — D'azur à un lion d'or, tenant un épi de blé d'argent.
(6) GROZELIER. — D'azur au chevron d'or, accompagné de trois petits groseliers d'argent fruités, et d'un croissant de même en chef.

Jean-Baptiste-Marie-Thérèse Gillet de Thorey (1), écuyer.
Pierre-Anne-Jean Gillet de Grandmont, écr, ancien capitaine au régiment Royal-Roussillon-infanterie.
Frédéric-Henri Richard, président à mortier au Parlement de Dijon, seigneur du fief de Trouhans situé à Fixey, et de Ruffey.
Jean-Baptiste du Tillet, marquis de la Bussière, seigneur de Serrigny.
Galiot-Jean-Marie Mandat, seigneur de Marey et Vernois.

31 mars 1789.

Joseph Basset, marquis de Montchal, maréchal des camps et armées du Roi.
Magdeleine-Louise-Charlotte-Auguste de la Tour du Pin, veuve de François-David Bollioud (2), écuyer, seigneur de Fontaine-Française.
Hubert-Toussaint Guyard de Changey, chevalier de Saint-Louis, mestre de camp de cavalerie, commandant du château de Dijon, seigneur d'Echevronne, Changey, Fussey et Grandmont.
Antoine de Villers-la-Faye, mestre de camp de dragons, sr de Villers-la-Faye et Magny.
Antoine-François-Eléonor-Angélique, marquis de Jaquot d'Andelarre, chef d'escadron au régiment de Noailles-dragons, seigneur du quart du fief de Terreney, ou Ternet.
Louis-César Labbey de Sauvigney, aide-maréchal-général des logis de l'armée, seigneur en partie de Fays-Billot.
Dame Claude Cotheret (3), relicte d'Antoine-Bénigne Lami de Samerey, dame de Flagey.
Charles Perreney de Baleure, ancien mousquetaire de la garde du Roi, seigneur de Tailly et Ebatty.

(1) GILLET. — D'azur au chevron d'or, accompagné en pointe d'un croissant d'argent ; au chef d'or, chargé de deux étoiles de.....
(2) BOLLIOUD. — D'azur au chevron d'or ; au chef cousu de gueules, chargé de trois besans du second.
(3) COTHERET. — D'azur à trois cotices d'argent.

Jacques-Henri-Philibert Blancheton, vicomte de la Rochepot, seigneur de Morteuil et de Baleure.

Hubert Léauté (1), écuyer, demeurant à Renève.

Jacqueline Michel, veuve de Jean-Baptiste de Chanteau (2), seigneur d'Attricourt, dame du quart du fief de Nuits.

Laurent Royer (3), écuyer, demeurant à Pontailler.

Firmin Royer, écuyer, demeurant à Pontailler.

François-Bénigne de Cœurderoy, écuyer.

Claude-Aimé de Berlin, officier au régiment de Navarre, écuyer.

François-Jean-Baptiste Clopin (4), seigneur de Bessey.

François-Alexandre Suremain, écuyer.

Jean-François Pasquier de Messange (5), écuyer, seigneur de Villars et Messange.

Guillaume-Bernard Perreney de Charrey, seigneur dudit lieu.

Bénigne-Alexandre-Victor-Barthélemy Legouz de Saint-Seine, écuyer.

Bénigne Legouz de Saint-Seine, père, chevalier, seigneur de Saint-Seine et Vantoux.

Jean-François-César de Valloux, chevalier de Saint-Louis, seigneur en partie d'Orain.

Jean-Baptiste-Claude, marquis de Richard d'Ivry, lieutenant des maréchaux de France, seigneur d'Ivry, Corabeuf et Corcelles-sous-Rouvray.

Nicolas Perrin, écuyer, demeurant à Dijon.

Antoine Perrin, fils, écuyer.

Pierre-Louis Martenne (1), écuyer.

Charles Desormes du Plessis, écuyer, seigneur d'Ageucourt.

Jean-Baptiste-Bernard Desormes du Plessis, écuyer.

Edme Genot, écuyer, officier au rég<sup>t</sup> de Rohan.

Alexandre Bouguet, seigneur de Franxault.

François-André Jobert de Chambertin (2), chevalier de Saint-Louis, ancien capitaine de cavalerie.

Bénigne-Alexis Jobert de Chambertin, ancien gendarme de la garde, écuyer.

Hugues-Alexandre Suremain, seigneur de Flammerans.

Dame Elisabeth Butard des Montots (3), relicte et usufruitière de François Pelletier de Cléry (4), conseiller au Parlement, dame de Morey, Chambolle et Cléry.

Louis-Arnould Le Seure de Mussey.

Dame Marie-Constance, comtesse de Moyria, dame de Reulle.

Nicolas Durand du Meix (5), s<sup>r</sup> de Diénay.

Dame Perreney d'Athesans, mère, relicte de Jacques Durand du Meix, écuyer, seigneur dudit lieu.

Jacques-André de Bretagne, s<sup>r</sup> d'Is-sur-Tille.

Alexandre de Mairetet de Malmont, seigneur du fief de Champigny.

Claude Brondeault (6), président en la Chambre des comptes, seigneur de Lhée.

Jean Surget (7) puîné, maître en la Chambre des comptes, écuyer.

---

(1) LÉAUTÉ. — De gueules à une Foi d'argent posée en fasce, surmontée d'un cœur de même, et accompagnée en pointe d'un croissant aussi d'argent.

(2) CHANTEAU. — De gueules à trois pals d'argent; au chef d'azur, chargé d'une rose du second entre deux étoiles du troisième, et soutenu d'une divise d'or.

(3) ROYER. — Gironné de gueules et d'or de huit pièces.

(4) CLOPIN. — D'or au pin de sinople; au chef d'azur, chargé de deux étoiles d'argent.

(5) PASQUIER. — D'azur au chevron d'or, accompagné de trois étoiles d'argent; au chef d'argent chargé de trois roses de gueules.

(1) MARTENNE. — D'azur à une épée d'argent posée en pal, la pointe en haut, et ayant la poignée d'or, accompagnée en chef de deux étoiles aussi d'argent, et en pointe d'un croissant de même.

(2) JOBERT. — D'argent à la fasce de gueules, de laquelle naît un homme les bras étendus, et en pointe un lion surmonté d'un chevron abaissé de gueules.

(3) BUTARD. — D'argent à l'aigle de sable.

(4) PELLETIER. — De gueules à la fasce d'hermine.

(5) DURAND DU MEIX. — D'argent au chevron de gueules, accompagné de trois coquilles d'azur.

(6) BRONDEAULT. — D'argent à un hêtre de sinople terrassé de même, au chef d'azur chargé de trois étoiles d'argent.

(7) SURGET. — D'azur à deux coutelas d'argent passés en sautoir, la garde en pointe, surmontés d'un geai aussi d'argent.

César-Antoine Pelletier, écuyer.
Hugues-Claude Suremain.
Jean-Baptiste-Claude Suremain de Flammerans, père, seigneur d'Arcey.
Nicolas Richard d'Ivry, fils, cap<sup>ne</sup> de cavalerie.
Claude-Marie-Philippe Perrault de Montrevost, seigneur de Masse.
Jean-Claude Courtot, écuyer, à Beaune.
Jean-Joseph de la Borde, s<sup>gr</sup> dudit lieu.
Nicolas Quirot de Selongey (1).

*Députés nommés :* Le comte de Lévis et Jean Lemulier de Bressey.

## BAILLIAGE D'AUTUN
### 28 mars 1789.

Ferdinand, comte de Grammont, grand bailli.
François, c<sup>te</sup> de la Ferté-Meun, s<sup>gr</sup> d'Epinay.
Claude Nault de Champagny, seigneur de la Chaumelle.
Jean-Julien de Chargères, s<sup>gr</sup> des Planches.
Charles, marquis de Chargères du Breuil, seigneur du Breuil.
Denis-François de Champeau de Saucy (2), seigneur de la Boulaye.
Georges Buffot de Millery, seigneur de Millery et des Champs.
Jean-Jacques-Philibert Bureau, coseigneur de Moreau.
Augustin Germain, s<sup>gr</sup> de Montagnerot (3).
Antoine, marquis de Villers-la-Faye, s<sup>gr</sup> de Champignolle.
Henri-Georges-César, comte de Chastellux-Chaugy-Roussillon, s<sup>gr</sup> de Roussillon.

(1) Ce dernier figure seulement dans la liste imprimée des Membres de la noblesse qui ont signé le cahier des pouvoirs et instructions de leur ordre le 8 avril 1789.— QUIROT DE SELONGEY ET DE POLIGNY: d'azur au chevron d'or, accompagné en pointe d'un pélican avec ses petits en son nid, le tout d'or; au chef d'argent.

(2) CHAMPEAU DE SAUCY. — D'azur au cœur d'argent, accompagné de trois étoiles d'or.

(3) GERMAIN. — D'azur au chevron d'or, accompagné de trois étoiles de même.

Guy Chauveau de Quercize, s<sup>sr</sup> d'Amancey.
Jacques de la Goutte (1), seigneur du Vivier.
Anne-Paul Cheval de Fontenay, seigneur de Sommant (2).
Andoche-Charles, baron des Crots, seigneur des Crots.
Antoine-Michel-Melchior Cochet, coseigneur de Trelague (3).
Jacques-Marguerite, baron de Jarsaillon, seigneur de Jarsaillon.
François-Louis, comte de Muzy, seigneur de Villars-les-Tintry et Communes.
Nicolas-Antoine-Lazare-François-Xavier, marquis de Fussey, seigneur des Baugis.
Philibert de Montagu, seigneur de Pauvrey et de la Tour-Guérin (4).
Paul-Louis de Ganay, seigneur de Vesigneux.
Sébastien de la Goutte, seigneur de Pouriot.
Jean-Baptiste Boiveau, seigneur de Villers.
Ferdinand-Alphonse-Honoré, marquis de Digoine, seigneur de Mailly.
Pierre-Claude des Jours de Mazille, seigneur dudit lieu (5).

Tous les susnommés ont été assignés.

Ne l'ont pas été :

Louis-Casimir Le Brun du Breuil, chevalier de Champignolle.
Pierre-François Aymond de Montépin (6).
Henri-René Aymond de Montépin.
Jean-Eustache-Marie-Alexandre, comte de Scorrailles.
Philippe-Charles de Bernard, comte de Montessus.

(1) GOUTTE (LA). — D'azur au chevron ondé d'or, accompagné en chef de deux glands de chêne aussi d'or, et en pointe d'un croissant d'argent.

(2) CHEVAL DE FONTENAY. — D'azur au cheval passant d'argent; au chef cousu de gueules, chargé de trois étoiles d'or.

(3) COCHET. — D'argent au coq de gueules, becqué, membré, barbé et crêté d'or. *Alias :* d'argent au coq de gueules.

(4) MONTAGU. — D'azur à trois têtes de lion arrachées d'or, lampassées de sable.

(5) JOURS (DES). — D'or au lion d'azur; au chef échiqueté d'azur de trois tires.

(6) AYMOND DE MONTÉPIN. — D'azur au besant d'or.

François Buffot de Millery, fils.
Denis-Anne de Champeau-Saucy, fils.
Pierre Chevalier de Montrouant de Bresse (1).
Jean-Claude des Places de Charmasse (2).
Bénigne de la Roche.
Jean-Olivier Lemulier (3).
Maurice, chevalier de Mac-Mahon.
Alexandre-Bénigne-Didier, m$^{is}$ de Folin, fils.
Louis-Jacques de Champs de Saint-Léger (4).
Etienne-Claude Martenne (5).
Pierre-François de Breschard.
Jacques de la Goutte de Montrézy.
Jean-Baptiste-Lazare de Champeau.
Charles des Places.
Christophe Perrin de Daron (6).
Gaspard-François, vicomte de Courtivron.
Jean-Anne-Guillaume, chevalier Espiard de Meixpinot.
Charles-Pierre Blanchet (7).
François-Germain Guillemain du Pavillon.
Marc-Antoine-Charles de Fontenay.
Jules-François, marquis d'Hugon.
Jacques-Odet-Claude de Montagu.
Louis-Charles-Henri, chevalier d'Hugon.
Claude de Virgile.
Claude de Martenne.
Louis-Antoine, chevalier de la Ferté-Meun.
Jacques-Louis de la Ferté-Meun.

Ont voté par procuration :

Louis-Marie-Gabriel-César, baron de Choiseul.
Joseph Alexandre, curé de la Roche-Milay.

(1) CHEVALIER.— D'azur à la fasce d'or chargée d'une molette de gueules.

(2) PLACES (DES) DE CHARMASSE.—Écartelé : aux 1 et 4 d'azur au soleil d'or; aux 2 et 3 d'hermine ; à la croix d'or brochant sur le tout.

(3) LEMULIER. — D'azur à deux cigognes affrontées d'argent.

(4) CHAMPS. — D'azur à cinq plantes de mandragore d'argent; au franc-quartier de même, chargé de cinq mouchetures d'hermine de sable. *Alias :* au franc-quartier d'hermine.

(5) MARTENNE. — D'azur à la croix d'argent.

(6) PERRIN DE DARON.—D'or au lion de sable rampant contre une colonne de gueules.

(7) BLANCHET.— De sable à un cygne; *alias :* à trois cygnes d'argent.

André de la Collonge, seigneur de Charancy.
Maurice-François, comte de Mac-Mahon, seigneur de Chazeu.
Henri-Charles-Louis, comte d'Hugon, seigneur de Cherchilly.
Paul-Bonaventure, comte de Falletans, seigneur de Digoine et de Lusigny.
Marie-Anne, marquise de la Magdelaine, dame d'Epiry.
Marie-Anne-Simonne de Scorrailles, comtesse de Busseul, dame de Gissy.
Louis-Hercule-Timoléon, duc de Cossé-Brissac, seigneur de la Motte-Saint-Jean.
Charles Richard de Montaugé, seigneur de la Vesvre.
Jean-Baptiste-Joseph, marquis de Beaurepaire, seigneur de Braudon.
Antoine Chartraire de Montigny (1), seigneur de Monthelon.
Louis-Michel Le Pelletier de Saint-Fargeau, seigneur de Montjeu.
François-Louis, vicomte de Damoiseau, seigneur de Montregard.
Cérice-François-Melchior, comte de Vogué, seigneur de Morelet.
Catherine de Chaugy, comtesse de Damas, dame d'Ornée.
Catherine-Henriette de Fieubet, comtesse de Gaucourt, dame de Sivry.
Charlotte de Belin, marquise d'Eguilly, dame de Sully.
Nicolas-Alexandre, vicomte de Virieu, seigneur de Vaux.
Pierre-Marie-Thérèse, baron de Dormy, seigneur de Neuvy.
Jacques-Antoine de Dormy, s$^{gr}$ de Brion.
Charles-Laure, marquis de Mac-Mahon, seigneur de Voudenay.
Louis-Charles, comte de Boussey, seigneur du Breuil.
Jean-Baptiste-Théodore, marquis de Folin, père.
Eléonore-Bernarde de Faubert, vicomtesse du Buisson, dame de Cressy.

(1) CHARTRAIRE. — De gueules à une tour d'or.

Imberte-Jeanne-Marie-Anne de Faubert, dame de Cressy.
Pierre-Anne Gaudry du Bost (1), s^r du Bost.
François-Amable, comte du Buisson, seigneur des Loges.
Joseph, marquis de Monteynard, seigneur de Sclorre.
Jacques-Augustin Dupuy, s^r b^on de Semur.
François-Louis Larcher, s^r marquis d'Arcy.
Charles-Claude Andrault, marquis de Langeron, seigneur de Maulevrier.
F. Thouvant de Boyer (2), s^r de la Vallée.
Louis-Melchior de Comeau, s^r de Forges.
Marie-Françoise-Catherine de Charbonnière, dame et marquise de Saint-Christophe.
Jacques-Bénigne Quarré de Verneuil, seigneur de Champeaux.
Dame Claude-Marguerite de Brosses de Chassereux.
Amable-Charles, marquis de la Guiche, seigneur de Sevignon.
Etienne Bruneau, baron de Vitry.
Jean-Baptiste-Claude, marquis de Richard d'Ivry, seigneur de Chevigny.
Jean-Baptiste Rougeot, seigneur de Perigas.
Jacques-Odon-Isidore-François, marquis de Sivry, seigneur de Savigny.
Claude-Palamède-Antoine, comte de Thélis, seigneur du Breuil.
Pierre-Marie de Naturel de Valetine, seigneur de Marigny.
Etiennette d'Estagny, veuve Boiveau de Saint-Gervais.
Mathias-Léonard-Raphaël Villedieu (3), seigneur de Torcy.
Jean-Philibert Bouillet de la Faye, seigneur de Maupertuis.
Philiberte Guichot, veuve Thevenot de Francy, dame de Vergoncey.

(1) GAUDRY DU BOST. — D'azur au chevron d'or, accompagné de trois moutons d'argent.
(2) THOUVANT. — D'azur à deux lièvres en laisse affrontés d'or, les laisses tenues par une main de carnation mouvant de l'angle senestre de l'écu, d'un nuage de même.
(3) VILLEDIEU. — D'azur à deux pals d'or ; au chef d'hermine.

Antoine-Théodore Chevignard (1), seigneur de la Palu.
Jean-Pierre Delglat, s^r de la Tour-du-Boz.
Philippe-Emmanuel, marquis de Salive (2), seigneur de Cromey.
Blaise Florin, seigneur de Mont-Patey.
Anne-Joseph de la Venue-Doley, veuve Cochet de Trelague.
Jacques-François des Places de Martigny, seigneur de Martigny.
Edme Guillemier, seigneur de Serandey.
Louise-Jeanne-Guyonne Ogier d'Ivry, comtesse Ducrest.
Joseph de Finance Dufey (3), s^r de Chenault.
Marguerite-Marie-Félicité de la Ramisse (4), dame de Bussière.
François Maublanc de Martenet (5), seigneur de Beauserrin.
Charles-Léopold, marquis de Jaucourt, seigneur de Crécy.
Charles-François-Gabriel de Maguien, seigneur de Chailly.

*Député nommé* : Le marquis de Digoine du Palais.

## BAILLIAGE DE CHALON-S.-S.
### 28 mars 1789.

Jean-Louis Bernigaud (6), écuyer, seigneur de Granges, lieutenant-général du bailliage et siége présidial de Chalon-sur-Saône.

(1) CHEVIGNARD. — D'or au raisin de gueules, feuillé de sinople ; au chef d'azur, chargé d'un soleil d'or.
(2) SALIVE. — Palé d'argent et de gueules, à une croix nillée de sable brochant sur le tout ; au chef d'or, chargé de trois coquilles d'azur.
(3) FINANCE. — D'azur à trois cloches d'or, bataillées de sable.
(4) RAMISSE (LA). — D'azur à un pigeon volant d'argent, becqué et onglé de gueules, tenant dans son bec un rameau d'olivier de sinople.
(5) MAUBLANC. — De contre-hermine plein.
(6) BERNIGAUD. — D'azur au chevron d'or, accompagné en chef de deux vases de même, et en pointe d'un arbre terrassé sur lequel est perché un oiseau, le tout d'or.

Le procès-verbal mentionne l'appel de tous les gentilshommes, d'abord de ceux possédant fiefs et seigneuries non titrés, et ensuite des simples gentilshommes, mais sans donner leurs noms. On ne trouve dans le cours du procès-verbal que ceux de :

MM. le comte de Foudras ;
le marquis de Châteaurenaud ;
Bertauld-Ville (1) ;
Perruchot de la Bussière (2).

Pour combler cette lacune, nous donnons ici, d'après les registres de la Chambre des comptes de Dijon, une liste des familles nobles qui possédaient des fiefs dans le bailliage de Chalon au moment de la Révolution.

Ailly.
Anthès (d') (3).
Arnoux de Romphans (4).
Bataille de Mandelot.
Batailhe de Francès (5).
Baume-Montrevel (la).
Baudean de Parabère.
Beaurepaire.
Berbis de Longecourt.
Béringhen de Villeneuve.
Bernard de Montessus.
Bernard de Sassenay.
Bernigaud de Chardonnet.
Béthune de Charost.
Beuverand de la Loyère (6).

Boisserand (1).
Boussard de la Chapelle (2).
Bretagne.
Burignot de Varenne (3).
Burgat de Taisé (4).
Cardevac d'Havrincourt.
Châtenay.
Châtillon de Jalamonde.
Chiquet (5).
Chiquier.
Clerguet de Loisey (6).
Clermont-Montoison.
Clugny.
Colmont de Vaugrenant (7).
Cœurderoy.
Cortois de Quincey (8).
Barberie de Courteilles.
Crozet (du) (9).
Damas d'Anlezy et de Sassangy.
Denon.
Desbarres.

(1) BERTAULD. — D'azur à une tête de lion arrachée d'or.

(2) PERRUCHOT. — D'azur à une ruche d'argent, *alias*, d'or, accompagnée de trois abeilles d'or posées en pairle, les deux en chef descendantes et celle de la pointe ascendante.

(3) ANTHÈS. — De gueules à trois épées d'argent, garnies d'or, liées de sinople, posées deux en sautoir, les pointes en bas, la troisième brochant en pal, la pointe en haut.

(4) ARNOUX. — De gueules à l'arc d'or en fasce, accompagné de trois étoiles d'argent.

(5) BATAILHE. — D'or à l'arbre de sinople terrassé de même.

(6) BEUVERAND. — D'azur au bœuf passant d'or, couronné de gueules.

(1) BOISSERAND. — De sable à la croix ancrée d'argent.

(2) BOUSSARD. — D'azur à la fasce d'or, chargée d'une rose de gueules, et accompagnée de trois têtes de cerf d'argent.

(3) BURIGNOT. — D'azur au chevron abaissé d'or, surmonté d'une trangle de même et accompagné de quatre besants aussi d'or, trois rangés en chef et un en pointe.

(4) BURGAT. — D'azur au château d'argent ; au chef d'or, chargé de deux rameaux d'olivier de sinople, passés en double sautoir.

(5) CHIQUET. — D'azur au chevron d'or, accompagné de trois roses d'argent ; au chef échiqueté d'or et de gueules de trois traits.

(6) CLERGUET. — D'argent à trois fusées rangées de sable.

(7) COLMONT. — Parti : au 1, d'azur au lion d'argent ; au 2, d'azur au chevron d'or, accompagné en chef d'une étoile entre deux quintefeuilles tigées et feuillées d'argent, et en pointe d'une quintefeuille soutenue d'un croissant de même.

(8) CORTOIS. — Ecartelé : aux 1 et 4, d'argent au rinceau de lierre de sinople mis en fasce ; au chef cousu d'or, chargé d'une aigle de sable, *qui est Cortois* ; aux 2 et 3, de gueules à deux lions léopardés d'or à une seule tête, mis en chevron, et une étoile d'argent en pointe.

(9) CROZET (DU). — D'azur à la bande d'argent, chargée de trois roses de gueules.

Deschamps.
Desgland de Cessiat.
Dumont du Thil.
Esmonin de Dampierre (1).
Espiard d'Allerey.
Espiard-Humbert.
Fage (la) de Péronne.
Filzjan de Sainte-Colombe.
Florin.
Foudras.
Fyot de la Marche.
Gagne de Perrigny.
Gaillard d'Avanche.
Galoche.
Girard (2).
Gontaut-Biron (3).
Goutte (la).
Gravier de Vergennes (4).
Gueret de Granos.
Guiche (la).
Lantin de Montcoy (5).
Laubespin.
Laurencin de Beaufort.
Leclerc d'Ambérieux.
Leschenault (6).
Loppin du Châtelain.
Lorenchet (7).
Loyseau de Charréconduit (8).
Mac-Mahon.
Mailly.

Marchand du Maulgny.
Marre (la).
Mesmes d'Avaux.
Molan (1).
Monginot (2).
Montcrif.
Morel de Corberon (3).
Moyria.
Naturel de Baleure et de Valetine
Parent.
Perrault de Montrevost.
Perreney de Grosbois (4).
Perrin de Cypierre (5).
Pesseau de la Mayollette.
Pons d'Hostun.
Prisque de Bezanceuil.
Prost de Royer (6).
Quarré de Russilly.
Raquet (du) de l'Orme.
Renouard de Fleury.
Rochemont.
Rodde (la).
Royer de Saint-Micault.
Ryard.
Saint-Mauris-Montbarrey.
Scorrailles.
Soucelier de la Charmée (7).
Tavernier de Boulogne.
Tayssonnière (la).
Thésut du Parc.
Thyard de Bissy.

(1) ESMONIN. — Tiercé en fasce : au 1, de sable à trois merlettes d'or ; au 2, d'or plein ; au 3, d'azur à trois fers de lance d'argent.

(2) GIRARD. — D'azur à trois trèfles d'or.

(3) GONTAUT-BIRON. — Ecartelé d'or et de gueules.

(4) GRAVIER. — Parti : au 1, de gueules à trois oiseaux essorants d'argent, les deux du chef affrontés ; au 2, de gueules, à la croix d'argent chargée d'un écusson d'azur à la fleur d'or, tigée et feuillée de sinople.

(5) LANTIN. — D'azur à la bisse d'argent en pal, au chef d'or.

(6) LESCHENAULT. — Coupé : au 1, d'argent à deux chênes de sinople ; au 2, d'azur à la tour d'argent.

(7) LORENCHET. — D'azur à la fasce d'argent, accompaguée en chef de trois molettes rangées d'argent, et en pointe d'un chat de même.

(8) LOYSEAU. — De gueules à l'aigle d'or ; au chef de même.

(1) MOLAN. — Coupé d'or et d'argent, au lion coupé de gueules sur l'or et d'azur sur l'argent.

(2) MONGINOT. — De gueules au chevron d'or, accompagné en chef de deux flammes d'argent, et en pointe d'un lion de même ; au chef cousu d'azur, chargé d'une cloche d'or entre deux trefles d'argent.

(3) BICHOT-MOREL DE CORBERON et DE DUESME. — D'argent à deux coutelas de gueules passés en sautoir, accompagnés de trois têtes de More posées 2 et 1.

(4) PERRENEY. — D'azur semé d'étoiles d'or.

(5) PERRIN. — D'or au lion rampant de sable contre une colonne de gueules du côté senestre.

(6) PROST DE ROYER. — De gueules au rencontre de bœuf d'or, accompagné de trois flammes de même.

(7) SOUCELIER. — D'azur au chevron d'or, accompagné de trois soucis au naturel.

Thierriat de Crusilles.
Thoisy.
Truchy.
Valette (la).
Venot de Noisy.
Vignot de Vaublanc.
Villedieu de Torcy.
Vitte (1).

*Députés nommés* : Le marquis Bernard de Sassenay et N. Burignot de Varenne.

## BAILLIAGE D'AUXOIS
### 28 mars 1789.

Le vicomte de Châtenay, *commissaire*.
Damas d'Antigny, *id*.
Constantin (2), *id*.
Le chevalier de Bonnard, *id*.
Le marquis de Bataille, *id*.
Le baron Dubois d'Aisy, *id*.
Le vicomte de Bourbon-Busset, *id*.
Baudenet (3).
Berthier (4).
De Viviers.
Jordan (5).
De Guyon.
Le baron de Vichy.
Le marquis de Massol.
Le baron de Damas.
Guillot de Villars (6).

(1) VITTE. — D'azur au sautoir d'or, cantonné en chef d'un croissant d'argent.

(2) CONSTANTIN. — D'or à une bande d'azur, chargée de deux étoiles d'or et accompagnée de deux casques de sable.

(3) BAUDENET. — De gueules à une fasce d'or, accompagnée en chef de deux croissants d'argent et en pointe d'un lion passant de même.

(4) BERTHIER. — D'or au bœuf effaré de gueules, chargé de cinq étoiles d'argent rangées en bande.

(5) JORDAN. — D'azur à l'ancre d'... brochant sur deux bâtons passés en sautoir; au chef cousu du champ, chargé de trois étoiles d'or.

(6) GUILLOT. — D'azur à un massacre de cerf d'or; au chef d'argent, chargé de trois grains de guy de neules.

Mollerat de Souhey (1).
Henry de Chassey (2).
Le comte de Saint-Belin-Mâlain.
Bouillet d'Arlod.
Reuillon de Brain.
Le vicomte de Damas-Crux.
Filzjan de Sainte-Colombe.
Arcelot de Dracy (3).
Violet de la Faye (4).
Le comte de Brachet.
De Drouas.
Champeau de Soussey.
Champeau de Biard.
Perrin de Saux (5).
Chartraire de Montigny.
Le comte de Sainte-Maure.
Le chevalier de Valcour.
Le chevalier du Potet (6).
D'Estiennot.
Le chevalier de Vassy.
Le marquis de Précy.
Barbuot (7).
Le baron de Brachet.
De Seguenot (8).
De Bretagne.
De Bien de Chevigny.
Le vicomte Dubois d'Aisy.
Baudenet d'Annoux.
D'Avout.

(1) MOLLERAT. — D'argent à la bande d'azur, chargée de trois étoiles de ... et accompagnée de deux cotices de...

(2) HENRY. — D'azur à un chevron d'or, accompagné en chef de deux demi-losanges d'argent et en pointe d'une losange entière de même.

(3) ARCELOT. — D'argent à l'aigle s'essorant de sable sur une terrasse de sinople, au chef d'azur chargé de trois étoiles d'argent.

(4) VIOLET. — D'azur à une croix dentelée d'or, cantonnée de quatre quintefeuilles de même.

(5) PERRIN. — D'azur à un agneau pascal d'argent, à la banderolle d'or; coupé de gueules à trois bandes d'or.

(6) POTET (DU). — D'azur à trois vases d'or remplis de trois lis d'argent.

(7) BARBUOT. — De sinople à la fasce d'argent, accompagnée de trois épis d'or.

(8) SEGUENOT. — D'argent, à trois taux ou croix de Saint-Antoine de sable.

De Grésigny.
De Fresne.
De Montjalin.
Le chevalier de Drouas.
De Guerchy.
Le baron de Milly.
De Drouas de Savigny.
Le comte de Bourbon-Chalus.
De Créancey.
Sermizelles.
Champion de Créancey.
Suremain de Flammerans (1).
Croisier, vicomte de Sainte-Segros.
Languet de Sivry.
Le vicomte Dugon.
Espiard de Mâcon.
De Montcrif.
Cœurderoy de Corsaint.
Champion de Montigny.
Le vicomte de Conighan d'Arcenay.
De Badier de Jullenay (2).
Le chevalier de Lantage.
De Jaucourt.
Le vicomte de Fresne.

*Signé* : D'Argenteuil, le vicomte de Virieu, présidents; Sallier et Gueneau d'Aumont (3), secrétaires.

*Député nommé* : Le marquis d'Argenteuil.

## BAILLIAGE DE LA MONTAGNE
### 18 mars 1789.

Bénigne-Charles Févret de Saint-Mesmin, grand bailli d'épée, baron de Couchey, s<sup>gr</sup> de Fontette, Ternant, Semessange, Rolle.

(1) SUREMAIN. — D'azur au chevron d'or, accompagné en pointe d'une main d'argent. D. *Certa manus, certa fides.*
(2) BADIER. — D'azur au chevron d'argent, accompagné de trois étoiles de même.
(3) GUENEAU D'AUMONT, DE MUSSY et DE MONTBÉLIARD. — D'azur au chevron d'or, accompagné en chef de trois étoiles de même posées 1 et 2, et en pointe d'une rose d'or feuillée de même et soutenue d'un croissant d'argent.

Chartraire de Montigny.
Edme Le Bascle d'Argenteuil, chevalier, maréchal des camps et armées du Roi, seigneur de Corcelles-les-Rangs.
S. A. S. le prince de Condé.
Pierre-Jean de Las Cases, chevalier, marquis de Las Cases, commandeur des ordres de Saint-Lazare de Jérusalem et de Notre-Dame-du-Mont-Carmel, colonel du régiment d'infanterie de Languedoc, chevalier de Saint-Louis, baron de Gelas, s<sup>gr</sup> de Mazière et le Perré, premier gentilhomme de la chambre de S. A. S. M<sup>gr</sup> le duc de Penthièvre et porteur de sa procuration.
Bernard-Joseph Thomassin, baron de Juilly, chevalier de Saint-Louis, sous-lieutenant des gardes du Roi, colonel de cavalerie, gouverneur des ville et château de Nogent-le-Roi, seigneur de Villiers-le-Sec, Beuzé et Saint-Lanère.
Claude-Etienne de Marivetz (1), baron de Marivetz, chevalier, seigneur de Rouelle et de Charmoy.
Le baron de la Coste, chevalier, seigneur et baron de Rochetaillée.
Charles-Antoine-Marguerite, marquis de Massol de Rebetz, chevalier, seigneur de Montmoyen, Hierce, Grandbois, etc.
Guy-Bernard Baudouin de Chamoux (2), éc<sup>er</sup>, ancien 1<sup>er</sup> lieut<sup>t</sup> au rég<sup>t</sup> Dauphin-infanterie.
Le marquis de la Cousse de l'Estrade, seigneur de Boux et de Bouzot.
La marquise de Sommièvre et ses enfants, dame et seigneurs d'Ampilly-le-Sec.
Hermand-François-Guy-Joseph de Ligny, écuyer, garde-du-corps du Roi, capitaine de cavalerie.
Jannon (3), seigneur de Beneuvre.

(1) MARIVETZ. — D'argent au chevron de gueules, chargé de trois lionceaux du champ; au franc-quartier d'azur, chargé d'un bouc rampant d'argent, adextré d'un croissant de même.
(2) BAUDOUIN. — D'argent à l'arbre au pied coupé de sinople; au chef de gueules chargé d'un croissant du champ entre deux étoiles.
(3) JANNON. — De gueules à trois quintefeuilles d'argent.

Mairetet de Malmont (1).
Nicolas-Edme Viesse de Marmont (2), écuyer, chevalier de Saint-Louis, ancien capitaine au régiment de Hainaut-infanterie, seigneur de Sainte-Colombe et du Moulin-Rouge.
Piétrequin père et fils.
Jules-Pierre de Cette de Réveillon, ancien officier au régiment des gardes-françaises.
De Bellombre.
Le marquis de Sauvebœuf.
Charles-Abraham Millet, chevalier, seigneur de Guye, ancien officier au régiment d'infanterie de la Reine.
Viard de Chalvoisson, frères.
Jean-Gaspard Morel (3), écuyer, conseiller du Roi en ses conseils, avocat général honoraire en la Chambre des comptes de Bourgogne et Bresse.
Hector-Joseph-Elisabeth Morel, écuyer, fils du précédent.
M$^{me}$ de Salins de Marcilly (4).
De Ligny, seigneur de Wint.
François-Corneille-Honoré, chevalier de Ligny, capitaine au régiment Dauphin-infanterie.
Le marquis de Senevoy, maréchal des camps et armées du Roi.
Le comte de Thésut, seigneur de Verrey.
François-Antoine, marquis de Saint-Belin, chevalier, ancien officier d'infanterie.
Charles-Guy de Guenichon de Duesme, capitaine au rég$^t$ Royal-Cravatte-cavalerie.
Louis de Thomassin, chevalier de Montbel, ancien brigadier des gardes-du-corps du Roi, chevalier de Saint-Louis.

De Guenichon père, seigneur de Quemigny.
Le marquis de Capisuchi de Bologne (1).
M$^{lle}$ Le Roy de la Grange.
Charles Richard de Vesvrotte, chevalier, conseiller du Roi en ses conseils, président à la Chambre des comptes de Bourgogne et Bresse.
Le chevalier du Val d'Essertennes.
Catin de Villotte.
Claude Bougeot de Merissy, écuyer, chevalier de Saint-Louis, capitaine au 4$^e$ régiment de l'état-major.
Le comte du Ban de la Feuillée.
Alexandre Jouard, seigneur de Gissey (2).
Le marquis de Mandat (3).
Claude Cadot, écuyer (4).
Febvre de Gurgy, seigneur de Mauvilly.
Perrin de Neuilly.
Pierre-Jacques de Faucery, chevalier, seigneur de la Fosse, chevalier de Saint-Louis, ancien brigadier des gardes-du-corps du Roi.
Le chevalier Le Bascle d'Argenteuil.
De Bruère de Rocheprise (5), conseiller au Parlement de Bourgogne.
François-Daniel Guénebaut d'Arbois, écuyer.
Vaillant de Savoisy (6).
De Bruère de Vaurois.
Claude Morel de Villiers, écuyer, seigneur de Vauvey et Villiers.
De Ligny, capitaine de chasseurs.
Ebaudy de Fresne, seigneur de Bricon.
Guy de Cadouche, écuyer.
Pierre de Cadouche, écuyer.
Erard-Louis-Guy, comte de Châtenay-Lanty,

(1) MAIRETET. — D'argent à l'olivier de sinople; au chef d'azur, chargé de trois étoiles du champ.
(2) VIESSE. — D'azur à la croix de Lorraine d'or; parti de gueules à une main de carnation sortant d'une nuée d'argent mouvant de la partition, et tenant une épée flamboyante d'argent.
(3) MOREL. — D'argent au chevron d'azur, accompagné de trois têtes de Mores naturelles, tortillées d'argent. — MOREL DE VILLIERS. — Mêmes armes, sauf que les têtes de Mores sont bandées.
(4) SALINS. — D'azur à une tour d'or.

(1) CAPISUCHI. — D'azur à la bande d'or.
(2) JOUARD. — D'or à un chef de gueules et une bande componée d'argent et de sable brochant sur le tout.
(3) MANDAT. — D'azur au lion d'or; au chef d'argent, chargé d'une hure de sanglier de sable, défendue d'argent, accostée de deux roses de gueules. D. *Quò te fata trahunt*.
(4) CADOT. — De gueules à un pal d'or.
(5) BRUÈRE. — D'or à la rose de gueules, feuillée et tigée de sinople.
(6) VAILLANT. — D'azur au chevron d'or, accompagné de trois merlettes de même.

seigneur d'Essarois, mestre de camp de dragons, chevalier de Saint-Louis.
Le comte de Vichy.
Le marquis de Compiègne.
Guy de Châtenay, comte de Romprey, seigneur d'Echalot, etc., chevalier de Saint-Louis.
De Blic (1).
De Girval (2).
Jean-Philibert, chevalier de Fresne, chevalier de Saint-Louis, ancien lieutenant des vaisseaux du Roi.
M<sup>lle</sup> de Saint-Phal.
La marquise de Clugny de Thenissey.
François-Gabriel Vittier (3), écuyer, ancien officier au régiment de Comines.
Claude-Antoine Vittier, écuyer.
François, baron de Fresne, chevalier de Saint-Louis, ancien capitaine au régiment de Navarre-infanterie.
Le vicomte de Châtenay.
De Baudry (4).
Denis-Joseph, chevalier du Potet de Charmoy.
Germain d'Huillier d'Agencourt, chevalier.
Louis-Marie Siredey (5) des Sallières, écuyer, ancien officier des troupes de l'Inde.

*Député nommé :* Le comte de Châtenay-Lanty.

---

# BAILLIAGE DE CHAROLLES
## 20 mars 1789.

Le comte de Montessus de Balore, président.
Le comte de Lévis, baron de Lugny.
Le comte de Brancion.

(1) BLIC. — D'azur à la bande d'argent, chargée de trois quintefeuilles de gueules.
(2) GIRVAL. — D'azur à la bande d'or, chargée de trois croisettes ancrées de.....
(3) VITTIER. — D'azur à un chevron d'or, accompagné de trois pommes de pin de même ; au chef d'or chargé de trois croix alaisées de gueules.
(4) BAUDRY. — D'or à trois mains senestres de gueules.
(5) SIREDEY. — D'argent à trois arbres rangés en pal de sinople, terrassés de même.

De Guillermin (1).
De la Baille, père (2).
Delglat du Plessis.
Le chevalier de Rochemont.
De Champvigy.
Malard (3).
De Pezerat (4).
Le chevalier de Finance.
Thouvant de Boyer.
Louis-Philippe Chevalier des Raviers, brigadier de la garde écossaise.
Ribailler l'aîné.
De la Baille, fils aîné.
Maublanc de Chiseuil.
Du Mouchet.
Quarré de Verneuil.
Malard de Sermaise.
De Ribailler.
Maublanc de la Vesvre.
De la Baille.
De la Baille le cadet.
Pezerat le cadet.
Voirey de Marcilly.
Le vicomte de Saint-Micault.
De Thésut d'Aumont.
De Finance.
Le comte de Busseul.
De Léonardy.
Malard de Sermaise.
De Veyny d'Arbouse.
De Thésut de Gourdon.
Mayneaud de Lavaux, secrétaire.

*Député nommé :* Le marquis de la Coste.

(1) GUILLERMIN. — D'azur à un lion d'or, tenant de sa patte dextre une épée d'argent, la poignée d'or.
(2) BAILLE [LA]. — D'argent à quatre roses de gueules, tigées et feuillées de sinople, les tiges appointées et mouvant d'un pot de même, accosté à dextre de la lettre capitale P et à senestre de la lettre capitale L, chacune surmontée d'une étoile, le tout de sable.
(3) MALARD. — D'or à deux fasces d'azur, surmontées de trois alérions de sable.
(4) PEZERAT. — D'argent à un chevron de gueules, accompagné en chef de deux roses et en pointe d'une feuille de chêne de même.

## BAILLIAGE DE MACON (*)

### 16-30 mars 1789.

Pierrre-Antoine-Salomon Desbois, grand bailli d'épée du Mâconnais, capitaine du château de Mâcon, seigneur de Choiseau, la Cailloterie et autres places.

### Banlieue de Mâcon.

Florent-Alexandre-Melchior de la Baume, comte de Montrevel, baron de Lugny, comte de Crusilles.
Marie-Etienne-Charles-Louis, comte de la Rodde, seigneur de Comon et de Liciat.
Pierre-Anne Chesnard de Layé (1).
De Saint-Point, seigneur dudit lieu, de Châteautiers, Matour, La Bussière, etc.
Jean-Marie-Eustache-Alexandre, comte de Scorrailles, seigneur de Flacey.
N. de Briord de Senozan, seigneur de Saint-Martin et la Salle.
François-Charles-Marie Perrié de Marigny.
N. de Chevrier de Saint-Mauris (absent).
Le baron de Couelles (absent).
N. Sevré de Saint-Romain du Breuil (absent).
François-Charles-Albert de la Bletonnière (2), seigneur de Salornay, Chevagny, Sathonay et Epierre.
Claude-Philibert-Marie Bomarel de Senecey de Châtenay, seigneur dudit lieu et des Ecuyers.
Jean-Etienne-Claude Bernard, chevalier, seigneur de Senecey.
De Saint-Romain-sur-Saône (absent).

### Châtellenie de Davayé.

Pierre-Anne Chesnard de Layé, seigneur de Fuissé.

(*) Dans la liste de ce bailliage, nous avons ajouté un assez grand nombre de noms de familles aux noms de fiefs qui figurent seuls le plus souvent dans le procès-verbal officiel.

(1) CHESNARD. — D'argent au chêne de sinople ardent de gueules ; au chef d'azur, chargé de trois coquilles d'or.

(2) BLETONNIÈRE (LA). — D'or à une ancre de sable.

Jean-Baptiste-Marie Desvignes de Davayé (1) chevalier, seigneur dudit lieu.
Marc-Antoine Pâtissier de la Forestille, ancien capitaine d'infanterie.
Dame Françoise Bellou, veuve de M. Jacques Raton, secrétaire du Roi, dame de Saint-Léger.
Claude-Antoine-Laborier (2) père, écuyer.

### Châtellenies de Chânes et Crêche.

Pierre-Elisabeth Chesnard de Layé, baron de Vinzelles.
Louis Charrier de la Roche (3), seigneur de Crêche, Chânes et dépendances, curé d'Ainay de Lyon.
Jean-Baptiste Michon de Pierreclos (4).
Jean-Marie Cellard, s<sup>r</sup> de Prusilly et Chasselas.
Etienne-Marie Cellard de Chasselas, fils.
Pierre-Anne Chesnard de Layé, seigneur de la Tour-de-Romanèche.
Philibert-Joseph de Thy, seigneur de Thoiriat.
De Varennes (absent).
Claude-Philibert Bernard de la Vernette, seigneur dudit lieu, S<sup>t</sup>-Maurice, la Rochette, Saint-Martin-du-Tartre, Saules, la Serrée et Germoles.
Jacques-Antonin Bernard de la Vernette, seigneur de Villars et Cloudeau.
Antoine-Marie-Augustin Palesse, seigneur de Chintré.

### Châtellenie de Nérizet.

Lavaux de Grenot (absent).
Marc-Antoine Pâtissier de la Forestille, pour son fief de Vaux-Serré.

(1) DESVIGNES. — D'argent au cep de vigne de sinople, tigé et feuillé de même, fruité de pourpre, sur un tertre de sable.
(2) LABORIER. — De gueules à une fasce d'argent, chargée de trois losanges de sable.
(3) CHARIER. — D'azur à la roue d'or
(4) MICHON. — D'azur à trois besants d'argent et une losange d'or posée en cœur ; *alias* d'azur à la fasce d'or, accompagnée de trois besants d'argent.—
Autres MICHON. — D'azur au chevron d'argent, accompagné en chef de deux étoiles de même et en pointe d'un monde aussi d'argent.

— 97 —

Philibert-Etienne Barthelot d'Ozenay, seigneur dudit lieu et de Gratay.
Claude Barthelot de Rambuteau.
De Sagelé (absent).
Georges-Marie Giraud, seigneur de Montbelet, Malfontaine et Lys.
Pierre-Anne Chesnard de Layé.
François-Charles-Marie Perrin, sgr de Magny.
Pierre-Salomon-Antoine Desbois, seigneur de Choiseau, la Cailloterie et Chabotte.
De Moyria (absent).
De Biolay (1) (absent).
Amable-Charles de la Guiche, seigneur dudit lieu et de la baronnie du Rousset.
Le comte de Scorrailles.
D'Effondré (absent).
Despréaux (absent).
De Curtil-Milly (absent).
De Sirot (absent).

*Châtellenie du Bois-Sainte-Marie.*

Dame Magdeleine-Angélique de Gassion, comtesse palatine de Dyo, dame du Vaulx-de-Chizeul.
Emmanuel-Aimé-Marie Chesnard de Montrouge.
N. de Noblet de la Clayette (absent).
N. Berthet de Gorze.
Jacques-Antoine Bernard de la Vernette, seigneur de Villars.
D'Amanzé (absent).
De Chaneron (absent).
N. de Vichy, seigneur de l'Etoile (absent).
Du Petit-Bois (absent).
De Voize (absent).
Jacques-Antoine Bernard, sgr de Villars.
Perrault de Montrevost (absent).
Mathieu-Claude, comte de Damas, sgr d'Andour, Tramayes, Dompierre et la Motte.
Barthelot de Rambuteau.
De Lestang.
N. de Galland de Chavanne.
Antoine-Louis de Prisque de Besanceuil.

Claude-Barthélemy-Joseph, baron de Brosse, seigneur de Chavanne.
De Somiaize (absent).
Pierre-Emmanuel Dumirat, seigneur de Crary, du Côté, Gibles, Colombier, partie de Saint-Jean-d'Ozolles.
N. de Montchanin, seigneur de Chassigny et la Garde-Malzac (absent).
De Vaux-Saint-Louis (absent).
Claude-Marie-René-François Thibaud de la Roche-Tulon (1), seigneur du Terreau, la Roche, le Mont-de-France.
N. de Bridet, baron des Miards ou d'Esmiards.
Claude de Rambuteau de Chassagne.
Pierre-Louis de Bridet, chevalier, baron des Miards, seigneur dudit lieu, Burnanceaux et Montillet.
Ducros (absent).
Ducerf (absent).
De la Fage (absent).
Du Bief (absent).
Gilbert, marquis de Drée, seigneur dudit lieu, Bosdemont, Vareilles, Saint-Laurent, Mussy, le Bois-Sainte-Marie et la Matrouille.

*Châtellenie de Châteauneuf.*

Jacques-Anne-Joseph Le Prêtre, comte de Vauban.
Antoine-Philibert Chapuy (2).
Etienne, comte de Drée, seigneur de Châteauneuf-le-Blanchet, Vertpré et Moulin.
N. de Saint-Georges, seigneur de Chauffailles (absent).
N. de Digoine du Palais (absent).
De Molan (absent).
De la Tannière (absent).
N. de la Magdelaine de Ragny.
De Bernage (absent).
De Rozé (absent).
Chesnard de Layé.
Dame Marie-Catherine-Françoise Charbon-

(1) BIOLAY. — D'or au chevron de gueules, accompagné en chef de deux étoiles de même et en pointe d'un croissant aussi de gueules.

(1) THIBAUD. — D'argent, écartelé d'azur à un chevron d'or en chef, et un sautoir de même en pointe.
(2) CHAPUY, CHAPUIS. — De gueules au chevron d'argent, accompagné en chef de deux roses d'argent et en pointe d'un lion de même.

13

nier de Crangeac (1), dame de S¹-Christophe.
De Fougères (absent).
De la Guillermière (absent).

*Châtellenie de Marigny.*
De la Brosse (2) (absent).
De la Platière (3) (absent).

*Châtellenie de Prissey.*
Jean-Baptiste Michon, seigneur de Pierreclos et Berzé-le-Châtel.
—Charles-Etienne de Noblet, marquis d'Anglure, seigneur d'Esserteaux, Serrières, Anglure, Massy, Montchanin et engagiste de la châtellenie de Vergisson.
N. Michon de Pierreclos, seigneur de Massy.
Pierre de Montherot, seigneur d'Hurigny.
Chambe de Givry.
De Mirabeau (absent).

*Châtellenie d'Igé et Domange.*
N. Dumoulin de la Bruyère (absent).
De Vaux-sur-Aynes.
Desgranges (absent).
De Montigny (absent).
Louis-François de Lamartine, père.

*Châtellenie de Saint-Gengoux.*
De Saint-Gengoux (absent).
N. Viard de Sercy, ou N. Perroy de la Forestille, seigneur de Sercy (absent).
Chambe de Givry (absent).
De Savigny.
Florent-Alexandre-Melchior de la Baume, comte de Montrevel et du Saint-Empire.
De Messey.
N. de laFage de Saint-Huruge (absent).

(1) CHARBONNIER.—De sable au sautoir d'or; *alias:* accompagné en chef d'une étoile et en pointe d'un croissant aussi d'or.
(2) BROSSE (LA). — D'argent au chevron de gueules, accompagné de trois merlettes de sable.
(3) PLATIÈRE (LA). — D'argent au chevron de gueules, accompagné de trois anilles de sable.
(4) MONTHEROT. — De gueules à l'aigle d'argent, essorant d'un mont de même et accompagnée en chef d'un soleil d'or à dextre et d'une étoile d'argent à senestre.

De la Serre.
N. Pérard-Floriet, seigneur de Saint-Marcelin (absent).
Jean-Elisabeth Barthelot de Bellefond, seigneur de Moizeaux.
Antoine Le Prêtre, chevalier de Bordes, capitaine au régiment des chasseurs bretons.
N. de Lamartine, seigneur d'Escole (absent.)
Jeanne Raffin, dame de la Chapelle-de-Bragny, veuve du comte de Beugre.
Philippe de Bridet des Miards.
Descamps (absent).
N. de Thésut de Moroges (absent).
De Thésut (absent).
De la Rochette et Saint-Maurice.
N. de Thyard, sgr de Bissy et Fley (absent).
De Marcilly (absent).
De Genouilly (absent).
De Cussigny (absent).
Ducrest de Montigny (absent).

*Prévôté de Saint-André-le-Désert.*
De la Guiche du Rousset.
Ducrest de Chigy.
De Vallerot (absent).
N. Verne, seigneur de Cormatin et d'Amugny (absent).
Antoine-Louis de Prisque, chevalier, seigneur de Besanceuil et Angoin.
N. de la Fage de Péronne (absent).
Du Petit-Bussy (absent).
N. Bourgeois de Sailly (absent).
De Salornay-sur-Guye (absent).
De Massy-sous-la-Vineuse (absent).
Deshotel ou Deshautels (absent).
N. Raffin de Pommier.
D<sup>lle</sup> de Simon de Raffin de Sermaize, dame en partie de Pommier.
De la Mothe.
De Beugre (absent).
N. de la Porte, seigneur de Chassignolle et Aynard (absent).
François Pelletrat de Bordes (1).

(1) PELLETRAT. — D'azur au chevron d'or, accompagné de trois croissants d'argent. D. *Fides et patria.*

Louis-Gérard Pelletrat de Bordes, fils aîné.

Qui sont les noms de tous les fiefs ou possesseurs de fiefs appelés et portés au rôle.

Edme-Jean-Nicolas Serié, écuyer, en son nom et pour :
Christophe Perrin de Daron, seigneur de Joux et du Vigneau.
François, chevalier de Franclieu, seigneur dudit lieu.
Louis-Etienne de Prisque, chevalier, ancien major de dragons, chevalier de Saint-Louis.
Claude-Marie Defranc de la Salle.
Marc-Antoine Defranc de la Salle.
François-Philibert de la Balmondière (1).
Jacques-Constance de la Balmondière.
Joseph de la Balmondière, chevalier de Saint-Louis.
Emmanuel-Aimé-Marie Chesnard de Montrouge.
François-Louis de Lamartine, fils aîné.
Pierre de Lamartine, capitaine de cavalerie.
Gilbert-Bruno Canat (2), sr de Corcelles.
Louis-Gérard Pelletrat, chevalier de Bordes.
Claude-Antoine Laborier, père.
Philibert Laborier, fils.
Claude Chevalier, seigneur de Montrouant.
Le marquis d'Anglure.
Abel-Michel Chesnard de Layé, chevalier de Saint-Louis.
Salomon Duvernay.
André Pâtissier de la Presle, chev. de Saint-Louis, capitaine au régiment de Vintimille.
Marc-Antoine Pâtissier de la Forestille.
Antoine-Philibert Chapuy, puîné.
Jean-Marie Cellard de Pruzilly.
Etienne-Marie Cellard de Chasselas.

*Député nommé* : Le comte de Montrevel, maréchal de camp.

(1) BALMONDIÈRE (LA). — De gueules à une croix d'or.
(2) CANAT. — D'azur semé de croissants d'argent.

## BAILLIAGE D'AUXERRE

7-8 avril 1789.

André-Thomas-Alexandre Marie d'Avigneau, grand bailli d'Auxerre.
L'Enfernat de Marnay (1).
Le duc de Montmorency.
L'Enfernat de Gurgy.
Baudesson de Vieuxchamps (2).
De Corvol.
Le seigneur de Beauche.
Baudesson de Boisscaux.
Baudesson, père.
Régnier, marquis de Guerchy.
Le chevalier de Boisscaux.
Le chevalier de Marie.
Bomesgole (?)
D'Arbouse (3).
Clément de Sainte-Palaye.
De Coulanges.
Le chevalier d'Avigneau.
Le comte de Pont.
Le comte d'Arquier.
Parisot (4).
D'Assigny.
De Larmane.
Marie d'Avigneau de Villery.
De Menon.
De Molesme.
Le Muet de Bellombre (5).
De Poily, *alias* de Poully.
Le chevalier de Boucher.

(1) L'ENFERNAT. — D'azur à trois losanges d'or.
(2) BAUDESSON. — D'argent à deux corneilles de sable tenant en leurs becs un épi d'orge d'or. — Famille issue des Baudesson de Champagne qui furent maintenus par Caumartin, sur preuve de sept degrés. La branche de Bourgogne a aussi porté : D'or à une branche d'olivier de sinople; au chef de gueules, chargé de trois roses d'argent.
(3) ARBOUSE. — D'or à un arbousier de sinople.
(4) PARISOT. — D'azur au lion d'argent, accompagné en chef à dextre d'une étoile de même.
(5) MUET (LE). — D'azur à un cygne d'argent, ayant en son col une écharpe nouée dont les deux bouts flottent par derrière, de même ; au chef d'or chargé de trois roses de gueules.

— 100 —

De Bernage (1).
Boucher de la Rupelle, père.
De Châteauvieux.
Le chevalier de la Rupelle.
De Chenu.
De Chenu, fils.
De la Rupelle de Tréfontaine.
De Drouas.
Rousseau de Vermol (2).
De Corvol.
Cullon, comte d'Arcy.
Le marquis de Massol.
De la Bassière d'Angeliers.
De Druays (3).
Duverne d'Arnis.
Berthier de Grandry (4).
Berthier.
D'Orléans.
Le chevalier d'Estud.
Grillet de Sery.
De Montcorps.
Le marquis de Loires.
Le chevalier de Montcorps.
Le comte d'Assay.
Grillet de Sery.
Le chevalier d'Assay.
Le baron d'Avigneau, fils.
De la Vilernot.
D'Harley.
Le Carruyer de Lainsel (5).
De la Maisonfort.
De Saint-Fargeau.
De Villenot.
De Villenot.
Le seigneur du Fay.
Rondé.
Le marquis de la Maisonfort.

Le comte d'Haussonville.
Du Deffand (1).
Le marquis de la Tournelle.
Le marquis de Graveseron.
De la Breuille.
M<sup>lle</sup> de la Bussière.
De Monparé.
Le chevalier de la Bussière.
De Guerchy.
De la Bussière.
Vathaire (2).
Du Faur de Pibrac.
La comtesse de Villefranche.
Le comte de la Ferté-Meun.
Dupertuis de Lailleveau.
Nigot de Saint-Sauveur (3).
M<sup>me</sup> de la Porterie.
De l'Enfernat de la Resle.
Villetard de Prunière.
Villetard de Pomard.
De Pagis.
Le comte de Baillet.
De Chancourt.
Boyard d'Egriselles.
Imbert de Nangis.
Le Muet.
La Bussière de Sambreve.
Maure d'Estud.
De la Chasse de Vezigny.
De Montigny (4).
Villetard de Prunières.
Le chevalier du Serre (5).
De Busquet (6).
L'abbé d'Avigneau.
Parisot, fils.
Creté de la Barcelle.

(1) BERNAGE. — D'argent à trois lévriers courant de sable.
(2) ROUSSEAU. — D'azur à trois bandes d'or.
(3) DRUAYS. — D'argent à une moucheture d'hermine de sable.
(4) BERTHIER DE GRANDRY. — D'azur au chevron d'or, accompagné en chef de trois étoiles mal ordonnées d'argent et en pointe d'un lion du second.
(5) CARRUYER (LE). — D'azur à trois gerbes de blé d'or.

(1) DEFFAND (DU). — D'argent à une bande de sable, accompagnée en chef d'une merlette de même.
(2) VATHAIRE. — D'azur au chevron d'or, accompagné de trois roses de même.
(3) NIGOT. — D'azur à deux fasces d'or.
(4) MONTIGNY. — De gueules à cinq trangles d'or.
(5) SERRE. — D'azur à la bande d'or, chargée de trois annelets de gueules.
(6) BUSQUET. — D'argent à deux bisses de sinople entrelacées en forme d'une cordelière et accompagnées en pointe d'un lionceau d'azur.

Martineau de Solcine (1).
L'Enfernat de Cizelle.
Le Merle de Beaufond.
Le Carruyer de Beauvais.
Le baron de Bouy.
De Torchebeuf.
Thierriat de la Maisonblanche (2).
Thierriat de Mirelle
Despense de Pomblin.
Despense de Railly.
Rondé de Signy.
Marie d'Avigneau de Cotard.
De la Barre.
De Morache.
Robinet de Grenon.
Marie, père.
Le chevalier de Minières.
Villetard de la Guérie.
Villetard de Vincelles.
De Chenu de Souchet.
De Mulot.
Mulot de Jussy.
De la Croisette.
Le chevalier de Drouard.
Du Motet (3).
De Courbeton.
De Draup.
Duverne.
Montcorps de Chéry.
De Montcorps.

*Député nommé* : Le comte de Montcorps du Chesnoi.

---

(1) MARTINEAU. — D'azur à un vol d'argent, soutenu d'un croissant de même ; au chef d'or, chargé de trois étoiles de sable.

(2) THIERRIAT. — D'argent à une bande de sinople, accompagnée en chef d'une étoile de gueules et en pointe d'une moucheture d'hermine, et accostée en fasce de deux trèfles de sinople.

(3) MOTET (DU). — D'azur à la tour d'argent posée sur une colline d'or, et accompagnée en chef de deux étoiles de même.

## BAILLIAGE DE BAR-S.-SEINE.

28 mars 1789.

Emmanuel-Charles-Henry, baron de Crussol-d'Uzès, chevalier de Saint-Louis, de N.-D.-du-Mont-Carmel et de Saint-Lazare de Jérusalem, gouverneur-châtelain de la grosse tour de Laon, grand bailli d'épée au bailliage et siége royal de Bar-sur-Seine.
Joseph-Marie, comte de Faudoas, seigneur de Bar-sur-Seine.
Guillaume-Armand-François de Gourgue, président à mortier au Parlement de Paris, tuteur de Michel-Marie de Pomereu (1), mineur, seigneur marquis des trois bourgs des Riceys.
Jean-Yves-François, vicomte de Coetlosquet, seigneur de Balnot-le-Châtel, chevalier de Saint-Louis, mestre de camp d'infanterie.
François de Fargès (2), conseiller d'Etat, seigneur de Polisy, Polisot, Buxeuil, Bourguignon, Foolz et du fief de Charmoy.
Louis-François-Marie de Fargès, lieutenant-général des armées du Roi, seigneur du fief de la Cour situé à Polisy.
Charles-Louis Legendre d'Avirey, seigneur de Villemorien et en partie d'Avirey et Lingey.
Edme-Charles Le Bascle, marquis d'Argenteuil, seigneur de Loches.
Dame Olympe-Elisabeth Jubert, marquise de Thil, dame foncière de Bourguignon, Foolz et la Grange-au-Chevalier, veuve de César-François, comte de Chastellux.
Bertrand-Joseph Bady, comte de Normond, seigneur de Chauffour et du fief de Bidan.
Dame Charlotte Fleuriau de Morville, marquise de Crussol, dame de Bailly.

---

(1) POMEREU. — D'azur au chevron d'argent, accompagné de trois pommes d'or, tigées et feuillées de même.

(2) FARGÈS. — Ecartelé : au 1, d'or à l'if de sinople; au 2, d'azur à un agneau d'argent attaché à une colonne de même ; au 3, d'azur au lion d'argent ; au 4, de gueules à une cloche d'argent.

Louis-Guy Guenichon, seigneur en partie de Ville-sur-Arce.
Dame Charlotte-Marguerite-Julie Chapperon, veuve de Jean-Louis Le Lieur, dame en partie de Ville-sur-Arce, comme tutrice de leurs enfants mineurs.
Dame Charlotte-Nicole Dubar, veuve de Nicolas Hauffroy, dame en partie de Ville-sur-Arce.
Louis-Gaspard de Vaverey de Menonville, seigneur en partie d'Avirey et Lingey.
Charles-Henri Bourlon de Sarty (1), secrétaire du Roi, seigneur du fief de la Forest.
Laurent Choson du Colombier, vicaire général et grand archidiacre de Troyes, seigneur

(1) BOURLON. — D'or à une bande d'azur, chargée de trois annelets du champ.

du fief de Clairenton, situé à Foolz, et de celui de Planney, situé à Bourguignon.
Claude-Anne Dupotest, chevalier de Saint-Louis, maréchal des logis des gardes du corps du Roi, major de cavalerie.
Edme-Valentin Thierry, chevalier de Saint-Lazare, capitaine commandant au régiment de Picardie-infanterie.
Charles-Adrien d'Hoitteville, chevalier de Saint-Louis, capitaine de cavalerie, ancien brigadier des gardes du Roi.
Thomas-François Bluguet, écuyer.
Thomas Bluguet de Valdemin, écuyer.
Louis Armynot, écuyer.
Claude Armynot, écuyer.
Gabriel Vautier, écuyer.
Claude-Bernard Vautier, écuyer.

# PARLEMENT DE BOURGOGNE (1)

EN 1789.

### GRAND'CHAMBRE.
*Présidents.*
1777. Bénigne Legouz de Saint-Seine, premier.
1777. Louis-Philibert-Joseph Joly de Bévy.
1777. Antoine-Louis Verchère d'Arcelot.
1780. Jean Pérard.

*Conseillers d'honneur.*
René des Montiers de Mérinville, évêque de Dijon, conseiller d'honneur-né.
Gabriel Cortois de Quincey, évêque de Belley.
Yves-Alexandre de Marbeuf, archevêque de Lyon, ancien évêque d'Autun.
Jean-Baptiste du Chilleau, évêque de Chalon-sur-Saône.

François Trouvé, abbé de Cîteaux, premier conseiller d'honneur-né.

*Chevaliers d'honneur.*
1752. François-Marie de Senevoy.
1767. Charles-Marie de Fontette de Sommery.
1736. Pierre Filzjan de Talmay, conseiller d'honneur laïque.

*Conseillers.*
1748. Vivant-Mathias-Léonard-Raphaël Villedieu de Torcy.
1747. Louis-François Verchère d'Arceau.
1748. Henri Mairetet de Thorey.
1766. Alexandre-André Girau de Vesvre.
1775. Jacques Cottin de Joncy.

(1) Cet état du Parlement, de la Chancellerie, de la Chambre des comptes et du Bureau des finances, est tiré : 1° de l'*Histoire du Parlement de Bourgogne*, de 1733 à 1790, par A. S. des Marches; Chalon-sur-Saône, 1851, in-folio ; 2° des *Registres de la Chambre des comptes et du Bureau des finances* (archives de la Côte-d'Or). Il comprend la liste de toutes les familles qui possédaient des charges nobles dans la province au moment de la Révolution. Nous donnons les armoiries de la plupart d'entre elles; pour celles des membres du Parlement qui n'ont point paru dans les assemblées des bailliages, nous renvoyons à l'ouvrage de M. des Marches.

1776. Nicolas Quirot de Poligny.
1777. Bénigne-Antoine Carrelet de Loisy.
1778. François Bizouard de Montille.
1781. Pierre-Bénigne-Anne Guyard de Bâlon.
1782. Jean-Baptiste-Alexandre-François Godeau d'Entraigues.
1783. Antoine-Bernard Carrelet de Loisy, fils.
1783. Louis-Pierre Bellet de Tavernost de St-Trivier.
1784. Claude Le Belin.
1785. Charles-Elisabeth Loppin de Preigney.
1784. Edme-Joseph-Rosalie de Bruère de Rocheprise.
1785. Joseph-Vivant Micault de Courbeton, fils.
1785. Simon-Pierre-Bernard-Marie Ranfer de Monceau de Bretenière.
1786. Edme-Vivant-Joseph Chevignard de la Palu.

*Conseillers honoraires.*

Jean-Baptiste-Claude Suremain de Flammerans.
Charles Gravier de Vergennes.
Jean-Marie Begin d'Orgeux.

## CHAMBRE DE LA TOURNELLE.

*Présidents.*

1767. François-Henri d'Anthès de Longepierre.
1776. Frédéric-Henri Richard de Ruffey.
1782. Jean-Baptiste-François Mayneaud de Pancemont.
1783. Jean-Vivant Micault de Courbeton.

*Conseillers.*

1751. Philippe Barbuot de Palaiseau.
1762. Jean-Baptiste de Beuverand.
1770. Charles-Claude Dévoyo.
1766. Etienne Genreau.
1770. Jean-Antoine Raviot.
1775. Nicolas-Jean-Baptiste Baillyat de Broindon.
1775. Jacques-Henri Boussard de la Chapelle.

1776. Jean-Baptiste-Bénigne-Alexis Charpy de Jugny.
1778. Jean-Baptiste Deforest.
1779. Jean-Philibert Constantin de Surjoux.
1782. Joseph-Gabriel Juillet de Saint-Pierre.
1784. Bénigne-Alexandre-Victor-Barthélemy Legouz de Saint-Seine, fils.
1783. Claude-Jacques-François Vincent de Montarcher.
1783. Claude-Marie-Philibert-Casimir Fyot de Mimeure.
1784. Bruno-Clément de Colmont.
1785. Claude-Louis-Marguerite Poulletier de Suzenet.
1785. Pierre-Théodore Catin de Richemont de Villotte.
1786. Louis-François Brunet de Monthelie.
François Maublanc de Martenet, honoraire.
Jean-Baptiste-François Jehannin de Chamblanc, honoraire.

## CHAMBRE DES ENQUÊTES.

*Présidents.*

1777. Nicolas Jannon.
N....., office vacant.

*Conseillers.*

1749. Pierre-François Gauthier.
1757. Jacques-Philibert Guenichot de Nogent.
1762. Louis-Etienne Lorenchet de Melonde.
1763. Melchior-Bénigne-Marie Cochet du Magny.
1775. Claude de la Loge, puiné.
1775. Joseph-Etienne-Jean de la Goutte.
1779. Louis-Hyacinthe Verchère d'Arceau.
1780. Alexandre Mairetet de Thorey.
1779. Jacques-Pierre Quarré de Monay.
1780. François Boulard de Gatellier.
1782. Jean-Baptiste Bouthier de Rochefort.
1782. Anne-Philibert-François de Bastard.
1783. Claude-Antoine Vouty de la Tour.
1784. Louis-Victor-Elisabeth Pelletier de Cléry.
1785. Jean-Marie-Raphaël Villedieu de Torcy, fils.

1786. Pierre-Jacques-Barthélemy Guenichot de Nogent, fils.
1788. Jean-Henri-Bernard Joly de Bévy, fils.

*Conseillers honoraires.*

Jean-Claude Perreney de Grosbois, premier président au Parlement de Besançon.
Louis-Marie-Nicolas d'Arlay.
Claude Varenne de Longvoy.
Hugues de la Loge, aîné.
Jean Lemulier de Bressey.

## CHAMBRE DES REQUÊTES DU PALAIS.

*Président.*
1769. Louis Fardel de Daix.

*Conseillers.*
1730. Denis Barbuot de Palaiseau.
1754. Antoine Juillet de Saint-Pierre.
1769. Jean Chiquet de Champ-Renard.
1770. Benjamin-Edme Nadault.
1776. Charles Joleau de Saint-Maurice.
1777. Gilbert Balard de la Chapelle.
1780. Jacques-Antoine-Louis Venot.
1780. Claude André de Champcour.

*Gens du roi.*
1753. Etienne-Henri Colas, avocat général.
1763. Bernard-Etienne Pérard, procureur général.
1783. Louis-Joseph Poissonnier de Prusley, avocat général.
Charles-Catherine Loppin de Gemeaux, avocat général honoraire.
Louis-Bernard Guyton de Morveau, avocat général honoraire.

## CHANCELLERIE.

1782. Jean-Baptiste Bouthier de Rochefort, conser au Parlemt, garde des sceaux.

*Secrétaires du Roi.*
1773. Charles-Louis Bizoton de St-Martin, à Liancourt.
1778. Bernard Mollerat, à Nuits.
1782. Ch.-Christophe Millereau, à Vauban.

1782. Sébastien Ligeret de Beauvais, à Dijon.
1782. Jean-Edouard Cousin, à Dijon.
1782. Claude-Antoine Plaise, à Casteljaloux.
1783. Bernard Belot, à Dijon.
1784. Jacques-Pierre Champy (1), à Dijon.
1784. Etienne-Philibert Debon, à Saint-Eugène.
N. Constant.
1789. Jean-Baptiste Perrot.

*Secrétaires du roi* (création de 1713).
1766. Marc-Antoine Nicole, à Chartres.
1770. Gilbert Bernigaud du Chardonnet, à Charolles.
1770. Lazare Calard d'Azu (2), à Mont-Saint-Vincent.
1773. Pierre Tixier, à Clermont-Ferrand.
1775. René-François-Théodore Tiget de Rouffigny, à Paris.
1775. Antoine-Marie Dumas, à Beaujeu.
1776. Jean Bourgeois, à Beaune.
1777. Claude-Théodore Leschenault, à Chalon-sur-Saône.
1779. Anne-Nicolas Lequesne, à Paris.
1780. Claude-Marie Megret de Méricourt, à Saint-Quentin.
1783. Pierre-Denis Hébert, à Dijon, office vacant.
1785. Jacques-Charles Lecarpentier.

*Payeurs des gages, commués en Secrétaires du Roi.*
1768. N. Bichain de Montigny.
1783. François Fournier de Servant.

## GRANDS BAILLIS D'ÉPÉE.

*Autun et Montcenis.* — Le comte de Grammont.
*Auxerre.* — Marie d'Avigneau.
*Bar-sur-Seine.* — Le baron de Crussol.

---

(1) CHAMPY. — D'azur au chevron d'or, accompagné de trois merlettes de
(2) CALARD D'AZU. — D'azur à un chevron d'argent, accompagné de trois étoiles de même.

*Bourbon-Lancy.* — De Faubert.
*Chalon-sur-Saône.* — Le marquis de Monteynard.
*Charolles.* — Quarré d'Aligny. Le chevalier de Prez de Crassier, en survivance.

*Châtillon-sur-Seine.* — Févret de Fontette.
*Dijon.* — De la Marre d'Aluze, chevalier de Saint-Louis.
*Mâcon.* — Desbois.
*Semur.* — Le marquis du Châtelet.

# CHAMBRE DES COMPTES DE BOURGOGNE

### Premier Président.
1771. Marc-Antoine-Claude de Pradier, marquis d'Agrain.

### Présidents.
1757. Claude Brondeault.
1777. Jean-François-Luc Dirisson.
1778. Joseph-Louis-François Choulx de Bussy.
1781. Charles-André-Hector Grossard de Virly.
1781. Hubert-Joseph-Toussaint Barbier de Reulle.
1784. Charles Richard de Vesvrotte.
1786. Bénigne-Charles Vaillant de Meixmoron.

### Chevaliers d'honneur.
1740. Arnoult-René-Toussaint Hudelot de Lettancourt.
1749. Jean Giraud de Montbellet.
1779. Charles-François Le Febvre (1), vicomte de la Maillardière, lieutenant de Roi au gouvernement de Picardie, capitaine d'infanterie.

### Conseillers Maîtres.
1740. Philibert Papillon de Flavignerot (2), doyen, trésorier-garde des chartes.
1742. Nicolas Surget.
1745. Nicolas-Claude Rousselot (1), ancien maire de Dijon.
1755. Jean-Bernard Gautier.
1758. Jean-Baptiste Vergnette de la Mothe (2).
1759. Jean-Baptiste Perret de Flavignerot (3).
1760. Claude Gallier.
1762. Pierre-Bernard Ranfer de Bretenière.
1769. François-Philibert Laureau de Lavault (4).
1770. Nicolas Surget, fils.
1772. Jean-Bernard Cocquard (5).
1775. Jean Surget, puîné.
1775. Augustin de la Ramisse.
1776. Jean-François-Marie Jordan.
1777. Charles-François Febvre (6).
1778. Louis-Arnould Le Seure de Mussey.
1778. Antoine-Nicolas Joly (7).

(1) ROUSSELOT. — D'azur au chevron d'or, accompagné en chef de deux étoiles de même et en pointe d'un croissant d'argent.

(2) VERGNETTE DE LA MOTHE. — D'argent à un aulne de sinople, accompagné en chef de deux étoiles d'azur et en pointe d'une couleuvre rampante de gueules.

(3) PERRET DE FLAVIGNEROT. — De gueules à trois roues d'argent.

(4) LAUREAU DE LAVAULT. — D'argent au laurier terrassé et accosté de deux troncs d'arbres, le tout de sinople.

(5) COCQUARD. — D'azur au coq d'argent et un soleil d'or posé au premier canton.

(6) FEBVRE. — D'or au chef de gueules, et une bande componée d'or et de sable brochant sur le tout.

(7) JOLY. — D'azur à un lys de trois tiges d'argent, soutenu d'un croissant de même.

(1) LE FEBVRE DE LA MAILLARDIÈRE. — D'azur à trois maillets d'or, emmanchés et pommetés d'argent.

(2) PAPILLON. — De gueules au papillon d'argent.

1779. Claude de la Troche.
1780. Toussaint Michel.
1780. Louis-Adrien Demanche (1).
1781. Pierre-Jean Moreau.
1782. Claude Perroy de la Forestille.
1785. Charles-Marie Perroy de la Forestille et de Sercy, fils.
1786. Anne-François-Archambault Commerson.
1788. Bernard-Louis Vergnette de la Mothe, fils de Jean-Baptiste.

*Offices vacants par décès.*

Claude Nicaise (2).
Barthélemy-Simon Jomard (3).
Jacques-Pierre Ligier, sr du Bois-St-Pierre (4), fils de Simon-Louis, auditeur honoraire.

*Conseillers Maîtres honoraires.*

Pierre Brusson (5).
Florent Joly.
Nicolas Quirot de Selongey.

*Conseillers Correcteurs.*

1751. Pierre Petitjean.
1760. Denis-Prudent Lardillon (6).
1762. Bernard Lejeune.
1763. Jean-Jacques Desaille.
1764. Joseph-Marie Metrillot du Fayol.
1777. Lazare Chervau.

*Offices vacants par décès.*

Etienne Pancy.

François Gay de Chassenard.
Charles-Louis-Michel Bergier.

*Conseillers Correcteurs honoraires.*

Bernard Dromard.
Etienne Jacquinot de Chazan (1).

*Conseillers Auditeurs.*

1751. Gilbert Martin (2).
1753. Louis-François Anglard.
1767. Jacques Godard.
1768. Jean Vaudremont.
1774. Louis-Melchior Petitot.
1775. Etienne Demermety.
1776. Nicolas-Gabriel Bourée.
1781. Claude Gelyot.
1781. Augustin-Louis Hucherot.
1784. Antoine-Marie Mandonet.
1785. Claude-Adrien-Benoît Gauthier.
1786. Claude-Xavier Girault.
1787. Guillaume Maître.

*Conseillers Auditeurs honoraires.*

Henri de la Troche.
Simon-Louis Ligier.
Dominique Joly.
Hugues Monin de la Cour.

*Gens du Roi.*

1782. Claude-François-Nicolas Boutillon de la Servette, avocat général.
1788. Etienne Vergnette de la Mothe, avocat général.
1776. Charles-Guillaume-Philibert Bouillet, baron d'Arlod, procureur général.

*Greffier en chef.*

1745. Jean de Cinqfonds (3).

---

(1) DEMANCHE. — D'azur à une manche d'or.
(2) NICAISE. — D'azur au chevron d'or, accompagné de trois étoiles de même.
(3) JOMARD. — D'azur à une fasce d'or, accompagnée en chef d'un croissant d'argent accosté de deux étoiles d'or, et en pointe de trois roses d'argent.
(4) LIGIER. — D'azur à trois guidons d'or dressés en pal. — Cette famille a aussi porté : d'azur à un oiseau d'or essorant d'un rocher d...; *alias :* d'argent à trois chênes de sinople, posés en pal 2 et 1, ou terrassés, celui du milieu plus haut que les deux autres.
(5) BRUSSON. — D'azur à un chevron brisé d'argent, accompagné en chef de deux étoiles de même et en pointe d'un croissant aussi d'argent, surmonté d'un roseau de même.
(6) LARDILLON. — D'azur au lion d'or, accompagné de trois étoiles de même.

(1) JACQUINOT DE CHAZAN. — D'or au chevron de sable, accompagné en chef de deux roses feuillées et tigées de... et en pointe d'un croissant de...
(2) MARTIN. — D'azur à un chevron d'argent, accompagné de trois alérions d'or; au chef de même, chargé d'un lion de sable, lampassé et armé de gueules.
(3) CINQFONDS. — D'argent au chevron d'azur, surmonté d'une croix patée de sable et accompagné en chef de deux roses de gueules et en pointe d'une coquille de même.

# GÉNÉRALITÉ DE DIJON

Antoine-Léon-Anne Amelot de Chaillou, conseiller du Roi en ses conseils, maître des requêtes, intendant de justice, police et finances dans les provinces de Bourgogne, Bresse, Dombes, Bugey, Valromey et Gex.

## BUREAU DES FINANCES ET CHAMBRE DU DOMAINE.

### Présidents.

1750. Jean-Antoine Piffond de Pressy, élu du Roi aux Etats de Bourgogne de 1772.
1752. Alexandre Jouard de Gissey.
Jacques Millot de la Craye, président honoraire.

### Chevalier d'honneur.

1759. Claude-Louis Brondeault.

### Trésoriers de France.

1754. Henri Maulbon d'Arbaumont (1), élu du Roi en 1784.
1757. Jacques Febvre, élu du Roi en 1784.
1761. Gabriel-Marie de la Grange, élu du Roi en 1787.
1763. Jean-Claude Jobard.
1764. Emilian-Jean Meney.
1764. Nicolas Pierre (2).
1767. Emilian-Marthe Morel.
1770. Philippe Deschamps.
1770. Léonard de Mortières.
1774. Pierre-Joseph-Hilaire de Bruère de Vaurois.
1775. Georges Mathieu.
1777. Pierre-Marie Montchanin de Champoux.
1779. Jean-Philibert Bouillet de la Faye.
1781. Louis Joanin.
1781. Barthélemy Trouvé (1).
1782. Louis Ozannon.
1783. Louis-Charles Maulbon d'Arbaumont, fils de Henri.
1784. Charles-Marguerite Simon de Calvi (2).
1786. Jean-Baptiste Quarré.
1787. Vincent-Simon Moreau.
1780. Claude-Nicolas Perret, avocat du Roi.
1781. Auguste-Théodore Bazard, procureur du Roi.

### Greffiers en chef.

1770. Claude Florens.
1773. Claude Chaudon.
1782. Jean-Baptiste Collin.

(1) MAULBON D'ARBAUMONT. — D'azur au chevron d'or, accompagné de trois croissants d'argent, celui de la pointe surmonté d'un hêtre de sinople.

(2) PIERRE. —D'azur à une clef d'or en pal; *alias :* d'azur à une grange d'or.

(1) TROUVÉ. — D'azur au chevron d'argent, accompagné de trois trèfles de même.

(2) SIMON DE CALVI ET DE GRANDCHAMP. — D'azur à une montagne de six coupeaux d'or, accompagnée en chef de deux étoiles de même; *alias :* d'azur à la tour d'argent.

# GOUVERNEMENT MILITAIRE

*Gouverneur général.*
Mgr le prince de Condé.

*Commandant en chef.*
M. le marquis de la Tour du Pin Gouvernet.

*Lieutenants généraux.*
Le comte de Monteynard.
Le duc de Saulx-Tavannes.
Le marquis de la Valette.
Le marquis de Gouvernet.
Le comte de Tavannes.

*Lieutenants de Roi.*
Bernard de la Vernette.
Le comte de la Touraille.
Le comte de Créancé.
Le comte de Fautrières.
Le comte du Peron.
Le comte de Ferrary de Romans.
Le comte de Sainte-Maure.
Le marquis de Croisy-Montalan.

*Lieutenants des maréchaux de France.*
Le marquis de Noblet de la Clayette, à Mâcon.
Le marquis d'Ozenay et de Milly, à Mâcon.
De Champeaux de Saucy, à Autun.
Le vicomte de Bar, à Autun.
De Pommard, à Auxerre.
Créthé de Labarcelle, à Auxerre.
Merc de Beauford, à Auxerre.
Richard d'Ivry, à Beaune.
Dormy, baron de Vesvre, à Bourbon-Lancy.
De Drouas, à Semur.
Espiard de Macon, à Semur.
De Bazasne, à Avallon.
Le marquis de Savoisy, à Châtillon-sur-Seine.
Bernard de la Vernette, à Châtillon-sur-Seine.

LA TRÉMOUILLE.

# NOTICES HISTORIQUES

SUR

# LES FAMILLES

ENTRÉES AUX ÉTATS DE BOURGOGNE

de 1350 à 1789.

---

## A

**ABRICARDOT** ou **BRICARDOT.** — Cette famille, à laquelle appartenait Alexandre Bricardot, qualifié écuyer en 1562, a possédé le fief de Marnay, près Nuits-sous-Ravières, et s'est alliée aux Le Garennier, Dampierre, etc. E. 1579 (1).

**AILLY.** — *D'azur à deux branches d'alisier d'or, passées en double sautoir; au chef échiqueté d'azur et d'argent de trois tires.* — Les d'Ailly, seigneurs de Louville et marquis d'Annery, sont une branche de l'ancienne et illustre maison d'Ailly, des vidames d'Amiens et marquis d'Annebaut, dont le nom est connu en Picardie depuis 1040. A cette branche, qui a fourni un lieutenant des gendarmes, un capitaine des chevau-légers, des chevaliers de Malte et un maréchal de camp, appartenait Pierre-Louis d'Ailly, qui reprit de fief du marquisat de Senecey en 1729, et se fit recevoir aux Etats de 1736. La terre de Senecey est sortie de cette famille en 1777.

**ALIGNY.** — *De. . . . . à l'aigle de . . . . . .* — Parmi les anciens seigneurs d'Aligny, village du bailliage de Saulieu, on peut citer Jean, écuyer en 1260; Ancel en 1280; Philibert, qui accompagna Philippe-le-Hardi dans le comté de Montbéliard en 1378; Guillaume I$^{er}$, écuyer de la compagnie de la Guiche en 1417; Jean, qui fit périr dans son château un grand gruyer et donna, *en rémission de ses péchés*, la terre d'Auxan à la collégiale de Saulieu. Une de ses filles porta celle d'Aligny dans la famille Quarré au XV$^e$ siècle. E. 1352.

**ALLERAC.** — *D'argent à l'aigle éployée de sable.* E. 1579.

---

(1) La date précédée de la lettre E indique l'année où chaque famille est entrée pour la première fois aux Etats. La date précédée de la lettre M est celle de la maintenue.

**AMANGES.** — *D'argent fretté de sable; au chef de gueules.* — Cette famille est originaire du comté de Bourgogne, où elle tenait un rang élevé dès le commencement du XII° siècle. On remarque parmi ses membres Guy, seigneur d'Amanges, chambellan du duc et son bailli d'Amont en 1426; elle subsistait encore dans le duché en 1680, en la personne de Guillaume, seigneur d'Amanges et de la Chapelle-Saint-Sauveur. — Alliances : Montconis, Thoisy, Cicon, Saulx, Saint-Seine. E. 1421.

**AMANZÉ.** — *De gueules à trois coquilles d'or.* — Le chef de cette illustre maison, Jean de Villon, damoiseau, fit hommage en 1265 pour le château d'Amanzé en Brionnais, qu'il tenait du chef de sa mère Alix, héritière de la première maison d'Amanzé, connue dès le XI° siècle, et dont il releva le nom. Sa descendance s'est partagée en deux branches principales, dont l'aînée, éteinte en 1706, a fourni des chevaliers de Malte, des chanoines-comtes de Lyon, des abbesses de Soyon en Nivernais et de Chazaulx, et un grand nombre de militaires. Parmi ceux-ci on remarque Jacques et ses deux frères, Guillaume et Jean, tués, le premier, à Pavie, sous les yeux du roi, les deux autres à Renty et à Saint-Quentin ; Jean, maréchal de camp, gouverneur de Bourbon-Lancy en 1595 ; Gaspard, lieutenant-général au gouvernement de Bourgogne, gouverneur de Bourbon-Lancy et de Talant, chevalier d'honneur au parlement de Dijon en 1653, et Louis, son fils, aussi lieutenant-général en Bourgogne. — Alliances : la Bussière, Marcilly, Brancion, Vergy, Busseul, Villon, Semur, Chantemerle, Damas-Digoine, Coligny, Escars, l'Aubespin, Jaquot de Mypont, Chandieu, Dyo, Vichy, la Queuille. — Fiefs : baronnie d'Amanzé, érigée en vicomté en 1617, puis en comté; Puligny, Mypont, Marault, Magny, Etrées, Villeneuve-les-Prêles, Villiers-Nonain, Prizy, Champagny, Logère, Lessertot, Chemenoi, Virey. La terre de Chauffailles, apportée en dot à Jean d'Amanzé, par Antoinette de Villon en 1415, a donné son nom à la branche des barons de Chauffailles et d'Estinges, formée au XVI° siècle, qui s'est alliée aux Semur, Montchanin, Damas, Choiseul-Traves, et a fourni des chevaliers de Malte, deux abbesses de Chazaulx et deux chanoines-comtes de Lyon. La branche des seigneurs de Bois-du-Mont, issue des Chauffailles, s'est fixée dans le Gévaudan. M. 1669. E. 1584.

**AMONCOURT.** — *De gueules au sautoir d'or.* — Cette famille, originaire du Bassigny, a été très affectionnée aux ducs de Bourgogne. On signale, parmi ses membres, Hervé d'Amoncourt, exécuteur testamentaire d'Hugues, fils d'un comte de Bourgogne, en 1301 ; Jean, seigneur de Villey-sur-Tille en 1372, longtemps capitaine de Saulx-le-Duc; un abbé de Molesme en 1427 ; un chanoine de Lyon en 1490 ; un évêque de Poitiers, un grand gruyer de Bourgogne et un chevalier de l'ordre du roi au XVI° siècle. Cette famille, divisée en deux branches, celles de Piépape et de Montigny, s'est éteinte en la personne de Philiberte, fille de René d'Amoncourt, gentilhomme ordinaire du roi, mariée à Antoine Barillon de Morangis, marquis de Branges, et morte en 1677.— Fiefs : Fleurey, Raucourt, Chargey, Villey-sur-Tille, Piépape, Tanay, Montigny-sur-Aube, Brion, Avelanges, Cussey, Longeau, Fresnoy.— Alliances : Chauvirey, Conflandé, Saint-Aubin, Saulx, du Châtelet, Maugeron, la Chambre. E. 1561.

**ANCHEMANT.** — *D'azur au chevron d'or, accompagné de trois rocs d'échec de même, aliàs de trois anilles ou fers de moulin.* — Jean d'Anchemant vivait en 1469. Parmi ses descendants on remarque : Jean, conseiller du duc, lieutenant du bailli de Chalon en 1490 ; Pierre, secrétaire du roi de Castille et de l'empereur Maximilien en 1507 ; Charles-Bénigne, capitaine de cent hommes de pied en 1646. Après avoir subi deux condamnations comme usurpatrice de noblesse, cette famille fut définitivement maintenue en 1669 et 1698. Branche en Flandre. — Alliances : Julien, Saint-Privat, Bizouard, Paradin. — Fief de Verrey-sous-Salmaise. E. 1671.

**ANCIENVILLE.** — *De gueules à trois marteaux de maçon d'argent, dentelés et emboutés d'or.* — Famille originaire de Champagne. Louis d'Ancienville, chevalier de l'ordre du roi, baron de Reveillon et de Baleines, reprit de fief en 1583, de la baronnie d'Epoisses, qu'il tenait du chef de sa femme, Françoise de la Platière, nièce et héritière du maréchal de Bourdillon. Son fils, Louis, chevalier de l'ordre du roi, gentilhomme de la chambre, obtint en janvier 1613 l'érection de cette terre en marquisat, et la laissa à son neveu, Achille de la Grange, comte de Maligny. E. 1653.

**ANDELOT.** — *De gueules à une fleur de lys d'or.* — Famille originaire de Bresse, qui remonte à Achard d'Andelot, chevalier en 1200. Elle posséda la terre de Pressia, de 1372 à 1635, et fournit un gouverneur de Mâcon en 1421, un chambellan de Charles-le-Téméraire, créé chevalier en 1468, deux maitres d'hôtel des ducs de Savoie au XVI$^e$ siècle, un chevalier de Malte, commandeur de Bellecroix, et un lieutenant-général du comté de Nice en 1536. Jean-Baptiste d'Andelot, baron de Pressia, seigneur de Marmont et de la Vernée, dernier du nom, mourut en 1635, laissant deux filles dont l'une porta la terre de Pressia à Jean de Foudras. — Alliances : Loysia, Serve, la Vernée, Fitigny, Oncieux, Vergier, Rochebaron, Montjouvent, Clugny, Cléron, Foissy, Vaudrey, d'Apchon. E. 1570.

**ANDRAULT.** — *D'azur à trois étoiles d'argent, écartelé d'argent à trois fasces vivrées de gueules, à la bande d'azur semée de fleurs de lys brochante.* — Famille du Nivernais, dont l'auteur est Laurent Andrault, écuyer en 1400, qui épousa Jeannette de Villon, dame de Langeron. Ses principaux descendants furent : Laurent, écuyer du duc de Bourbonnais en 1471 ; Pierre, gouverneur de la Charité-sur-Loire en 1572 ; Jean, vicomte de Langeron, bailli du Nivernais, gentilhomme ordinaire de la chambre ; Hector, comte de Maulevrier, baron d'Hoye ; Philippe, gouverneur de la Charité, maréchal de camp, pour qui la terre de Langeron fut érigée en comté en 1656 ; Charles, abbé de Maigemont, élu du clergé en 1686 ; Joseph, lieutenant-général des armées navales, lieutenant de roi en Bretagne, gouverneur de la Charité, et Louis-Théodore, lieutenant-général des armées en 1744. De la branche de Maulevrier sont issus François, marquis de Maulevrier (1) ; Jean-Baptiste-Louis, chevalier de la Toison-d'Or, maréchal de France en 1745, et Christophe, premier chef d'escadre des galères de France. — Fiefs : Ménardière, Beaucresson, Saint-Haon, Chauvignières, Cougny, Aligny, Champlois, etc. — Alliances : Martigny, Raquet, Cremeaux, Colombier, du Maine, de Faye, Gourai de la Coste, Thyard de Bissy, Le Camus, la Tournelle, etc. M. 1668. E. 1650.

**ANGLURE.** — Portait d'abord : *D'or à la croix ancrée de gueules ;* puis : *d'or semé de grelots d'argent, soutenus de croissants de gueules.* — Ancienne maison, originaire de Champagne. Oger de Saint-Chéron, seigneur de Marchangy et du Mesnil, épousa au XIII$^e$ siècle

---

(1) Le marquisat de Maulevrier fut érigé pour cette famille par lettres de 1625 et 1660.

Helwide, dame d'Anglure, issue des premiers seigneurs de ce nom qui fut relevé par son mari. On connaît la légende à l'aide de laquelle les membres de cette famille expliquaient le changement de leurs armes et le prénom de Saladin donné aux aînés de la maison. Les descendants d'Oger furent avoués de Thérouanne pendant plusieurs siècles. Ils se divisèrent en plusieurs branches : celle des comtes d'Estoges ; celle des seigneurs de Bourlemont, princes d'Amblise, ducs d'Atri, d'où est sorti Louis-Saladin, lieutenant-général en Champagne en 1682 ; celle des comtes de Bourlemont, dont le chef fut Nicolas, marquis de Busancy, lieutenant-général des armées en 1650 ; celle des barons de Givry, et enfin celle des marquis de Coublanc, seigneurs de Jours, qui produisit le rameau des seigneurs de Guyonvelle, Bonnecourt et Meuvy. En Bourgogne, on trouve : Lambert d'Anglure, chevalier, qui vend au duc, en 1251, ses droits sur la monnaie du duché ; Jean, seigneur de Melisy en 1391 ; Henri, seigneur de Melay et de Saint-Seine-sur-Vingeanne, grand maître d'hôtel du duc de Lorraine en 1537 ; René, baron d'Autricourt en 1630 ; Charles, abbé de la Chassagne, seigneur de Villers en 1650, etc. — Autres fiefs : Colmier, Ampilly-le-Sec, Massingy, Recey en partie, Riel-les-Eaux, Boussenois, Rozay, etc. — Alliances : Joinville, Vergy, Chastellux, Ligneville, du Châtelet, Dinteville, Choiseul, Lascaris, Neufchâtel, Pontailler, Ornaison, Chabot, Rochebaron, Rouville, Toulongeon, Mailly, Livron, Saulx, Damas-Fuligny, Trestondan, Rouhier. E. 1557.

**ANGUY.** — *D'azur à la croix ancrée d'or.* — E. 1682.

**ANSTRUDE.** — *Coupé emmanché de sable sur argent de trois pièces.* — Ancienne famille, originaire d'Ecosse où elle possédait la baronnie d'Anstruther. Deux de ses membres, Robert et David, vinrent s'établir en France en 1515, et servirent dans la garde écossaise de François I$^{er}$ ; le second est la tige de la branche fixée en Bourgogne. Cette famille a fourni, en Ecosse, plusieurs maîtres d'hôtel et écuyers tranchants des rois et trois chevaliers de la Toison-d'Or ; en France, plusieurs gentilshommes de la garde écossaise, un capitaine exempt des gardes du roi en 1597, et un capitaine des grenadiers du régiment d'Aligny en 1695. — Fiefs : Anstrude, anciennement Bierry, érigé en baronnie en 1737, Huilly, Laignes, Marenil en partie, Pacy et Villiers-les-Haut. — Alliances : Cléry, Chargères, Mussy, Quarré d'Aligny, Thélis et Thomassin. M. 1669. E. 1671.

**ANTIGNY.** — *D'azur au lion issant de sable.* — Maison considérable et puissante dès le XII$^e$ siècle, qui possédait en propre les terres de Pagny, d'Antigny, de Sainte-Croix, de Louhans, de Cuisery, de Sagy, de Montpont, de Loisy, etc. Philippe d'Antigny, seigneur de Pagny, eut deux fils, dont l'aîné, Guillaume, fut père de Hugues qui, ayant épousé Béatrix de Vienne, se substitua, dit-on, en 1257, au nom et aux armes de cette illustre famille (Voy. VIENNE). Le cadet eut une fille mariée à Philippe de Montaigu, à qui elle porta le nom et la terre d'Antigny en 1240. Cette terre revint plus tard dans la maison de Vienne, par le mariage d'une de ses descendantes avec Philippe de Vienne, seigneur de Pimont, bisaïeul d'Alexandrine, qui la transmit en 1631 à son mari, Claude de Damas. E. 1355.

**ARCELIN.** — Cette famille a fourni plusieurs officiers à l'élection de Mâcon et un gouverneur de Cluny. — Alliances : Chissey, Croisier, Ferrière. E. 1560.

**ARLAY.** — *D'argent à la fasce de sable.* — Famille originaire du bourg d'Arlay, en Franche-Comté, où elle possédait un franc-alleu, et qui remonte à Hugues, écuyer en 1289. Jean d'Arlay figure parmi les écuyers placés sous les ordres de Jean de Toulongeon, à Châtillon, en 1414. En 1668, Jean, lieutenant-général en la chancellerie d'Autun, Charles, grand archidiacre de cette ville, et François, maître des comptes à Dijon, descendants de Barthélemy, *vierg* d'Autun, obtinrent des lettres de relief de noblesse. Cette famille donna plusieurs conseillers au parlement de Dijon en 1672, 1687 et 1736. — Elle posséda les fiefs de la Boulaye, Morcoux, Meunot, Collonges, et s'honora de l'alliance du président Chasseneuz, qui fit en partie sa fortune. E. 1679.

**ARMENIER.** — *D'argent à la fasce de gueules, accompagnée de trois mouchetures d'hermine de sable.* — Guy Armenier, d'une obscure famille de Gray, s'éleva rapidement aux plus hautes charges de Bourgogne. Docteur-ès-lois, maître des requêtes, chambellan, ambassadeur en Autriche en 1405, président du parlement tenu à Besançon en 1408, élu du duc et envoyé vers le roi en 1414, bailli d'Aval en 1420, président au parlement de Paris la même année, il fut nommé chef du conseil du duc en 1422. Son fils, Etienne, ambassadeur au concile de Bâle en 1433, présida le parlement du duché et du comté en 1438, et devint également chef du conseil en 1443. Il fut l'aïeul de Jean, seigneur de Belmont, qui mourut sans postérité. E. 1412.

**ARMINOT** ou **ARMYNOT DU CHATELET.** — *D'argent à trois mouchetures d'hermine de sable.* — Louis Armynot, échanson de la duchesse Anne de Bretagne, né vers 1440, eut un fils, Jean, qui s'établit en Champagne et assista au ban de la noblesse de cette province en 1511. On remarque parmi ses descendants, Claude, bailli de l'évêque de Langres en 1585; Edme, enseigne au régiment de Francières, blessé au siège de La Mothe en 1645; François, seigneur de Montrichard, Beauregard et Bonchemin, homme d'armes de la compagnie d'ordonnance du marquis d'Andelot, entré aux Etats de 1653. M. 1718, 1736. — La branche de Préfontaine, éteinte au dernier siècle, d'abord condamnée en 1665, puis maintenue en 1672 et 1674, par délibération du maire de Dijon et par sentence du bailliage de Langres, a fourni un secrétaire du cabinet de Louis XIII. — Alliances: Rémond, Ailly, la Baume-Mont-Saint-Léger, Morant, Mallion, Bouvot, la Loge de la Barre, Avrillot, Champeau, Mergey, Jaquotot, Martin. — Fiefs: Santenoge, Beauregard, Fée, Montrichard, le Châtel, Préfontaine.

**ARVISET.** — *D'azur au chevron d'or, accompagné en chef de deux larmes d'argent, et en pointe d'une étoile d'or.* — Cette famille, originaire de Dijon, était divisée en deux branches, anoblies au XVIe siècle par des charges de secrétaires du roi. On compte en outre parmi ses membres, deux avocats généraux à la chambre des comptes en 1572 et en 1600, un vicomte-mayeur de Dijon en 1616, et un trésorier de France, honoré du titre de conseiller d'Etat. — Alliances: Valon, Julien, Fyot, Jehannin, Drouas. — Fiefs: la Cosme, Colonge, Marcilly-les-Mont-Saint-Jean, Montconis, le fief d'Arviset, érigé sous ce nom en 1672. M. 1669, 1697. E. 1700.

**ASSIGNY.** — *D'hermine au chef de gueules, chargé d'une fasce vivrée d'or.* — Guillaume d'Assigny, écuyer, originaire de l'Auxerrois, fut chargé en 1518 de mettre sur pied une compagnie de cent arquebusiers; Artus, gouverneur de l'Auxerrois, vivait en 1554; Antoine était capitaine aux chevau-légers en 1651. — Fiefs : les Agnous, le Fort, Guerrins, Maulin, le Pichon et Pont-Marqués. — Alliances : Le Bourgoin, Campigny, le Chantier, Chaumont-Quitry, Dauvet, la Grange, Louvier et Ouette. — Cette famille a fait ses preuves pour Malte. M. 1697. E. 1682.

**AUBERT.** — *D'or à trois têtes de chien braque coupées, de sable.* — Pierre Aubert, écuyer, seigneur de la Ferrière et Vincelotte, secrétaire du roi en 1664, reprit de fief pour Vincelles en Auxerrois en 1669. Parmi ses descendants, on cite Claude-Pierre, lieutenant de vaisseau en 1703, et Charles-Maurice, brigadier des armées en 1719. E. 1682.

**AUBESPIN (L').** — *D'azur au sautoir d'or, accompagné de quatre billettes de même.* — Famille du comté de Bourgogne, qui remonte à Jean, secrétaire de Hugues III, duc de Bourgogne et comte d'Albon, en 1199, et dont un cadet, Guillaume de l'Aubespin, ayant épousé Claude du Vaulx de Choiseul, dame de Chigy et de Layé, vint s'établir dans le Mâconnais. Parmi ses descendants, on peut citer Jean, chevalier de l'ordre du roi, vicomte de Chigy, seigneur de Greusse et de Lessertot, marié à Guillemette de Giresme. — Alliances : Bernauld, Dyo, Buffot, Groslée, Oyselet, la Rochette. — Cette famille contribua beaucoup à la fondation de l'abbaye du Miroir, de l'ordre de Citeaux. E. 1422.

**AUBETERRE.** — *D'azur à trois fasces d'or, accompagnées en chef de trois étoiles de même, et en pointe d'une rose aussi d'or.* — Parmi les membres de cette famille on peut citer : François d'Aubeterre, époux d'Isabeau de Saint-Seine, seigneur et baron de Saint-Seine-sur-Vingeanne en 1549; Marie, femme d'Antoine Jaquot en 1630, et Jacques, établi à Juilly en 1708. Ses descendants portèrent le titre de comtes de Juilly. M. 1673. — Alliances : Hennequin, du Bellay. E. 1578.

**AUBRIOT.** — *De gueules à l'étoile d'or; au chef de Bourgogne ancien.* — Un bourgeois de Dijon a illustré ce nom au XIVe siècle. On connaît la fortune d'Hugues Aubriot, bailli de Dijon de 1360 à 1367, intendant des finances de Charles V, prévôt de Paris, constructeur de la Bastille en 1369, mort dans la disgrâce en 1382. Sa femme était Marguerite de Pommard, qui lui apporta les terres de Bouze et de Savigny-les-Beaune. Un de ses frères, Jean, chancelier de Bourgogne en 1332, mourut sur le siège épiscopal de Chalon. en 1350. Un autre, Nicolas, chanoine de la chapelle du duc, décéda en 1373. Leur sœur Marie épousa Jean de Saulx, sire de Courtivron, grand gruyer de Bourgogne. Le nom périt avec eux. E. 1363.

**AULLENAY.** — *D'argent au lion de sable, armé et lampassé de gueules.* — Geoffroy d'Aullenay, originaire du Nivernais, fils de Simon, est qualifié de chevalier dans un acte de 1335. On trouve après lui : Pierre, *écuyer ès-chaussons* du roi en 1405; Philibert, seigneur de Fougères en 1460; Claude, seigneur de Vitry et d'Arcy en 1475; Etienne, seigneur de Quincerot, et Adrien, seigneur de Vallecourt et Frampas en 1580; Claude, seigneur d'Arcy-sur-Cure, de Loze, Vermanton, Joux, Courtenay, dans le comté d'Auxerre en 1598; son fils René, seigneur de Merrey et de Champien en 1641, et Hector-François, qualifié comte d'Arcy en 1669. Cette famille a possédé aussi le château de Digoine, près Arcy. — Alliances : Carroble, Balavoyne, Chissey, Edouard, Veilhan, Loron, Grillet. E. 1577.

**AUMONT.** — *Ecartelé : aux 1 et 4 de Villequier, aux 2 et 3 de Mazarin, sur le tout d'Aumont, qui est d'argent au chevron de gueules, accompagné de sept merlettes de même, 4 en chef et 3 en pointe, mal ordonnées.* — La maison d'Aumont, d'ancienne chevalerie, est originaire de Picardie, et remonte à Jean I, sire d'Aumont, chevalier croisé en 1248, pour les descendants duquel la duché-pairie d'Aumont fut créée en 1665. Elle s'établit en Bourgogne en 1405, à la suite du mariage de Jean VI, sire d'Aumont, avec Yolande de Châteauvillain, dont le fils aîné, Jacques, fut conseiller de Philippe-le-Bon. Elle y a possédé le marquisat de Nolay, les seigneuries d'Aubigny, de Molinot et de Thury qui en dépendaient, et les baronnies de Couches et d'Estrabonne. E. 1551.

**AUVET** ou **DAUVET.** — *Bandé de gueules et d'argent de six pièces, la deuxième bande d'argent chargée d'un lion de sable.* — Cette famille, originaire de Picardie, où elle était connue dès l'année 1206, a fourni un chambellan de Charles V, des conseillers d'état, des maîtres des requêtes, des ambassadeurs, des gouverneurs du Beauvoisis, des chevaliers des ordres du roi, des chevaliers et commandeurs de Malte, des officiers supérieurs, un gentilhomme de la chambre, etc. La branche des comtes Desmarest a possédé héréditairement la charge de grand fauconnier de France, et est entrée dans la noblesse de Bourgogne par le mariage de Nicolas Dauvet, gouverneur du Beauvoisis et grand fauconnier, avec Christine de Lantage. Les terres de Belan et d'Eguilly lui ont appartenu par suite de cette alliance, et on trouve de ce nom un grand bailli de l'Auxerrois au XVIIe siècle. E. 1626.

**AUXERRE.** — Voy. CHASTELLUX.

**AUXY.** — *Echiqueté d'or et d'azur.* — Colard d'Auxy, chevalier banneret, accompagne en 1384 Philippe-le-Hardi en Brabant. David, chevalier, est chambellan du duc en 1397. Hugues d'Auxy, écuyer, est envoyé au duc de Bar en 1449. Didier d'Auxy, seigneur de Marcelpois, vend en 1561 la terre de Villeferry à Hugues Arcelin. E. 1560.

# B

**BABUTTE** ou **BABUT.** — *D'argent à trois fleurs de pensée, feuillées et soutenues d'azur.* — Famille originaire du Nivernais, où l'on trouve en 1541 Gaspard de Babutte, seigneur de Brederont, marié à Philiberte de Fontenay, qui lui apporta en dot la baronnie de Saint-Pierre-du-Mont. Une branche de cette famille, établie au bailliage d'Avallon, a possédé au XVIe siècle les terres de Saint-Aubin, Villiers-le-Comte, Chassigny et la Motte-d'Illan en Auxois. — Alliances : Fontenay, Lanneau. E. 1605.

**BADOUX.** — *De gueules au chevron, accompagné en chef de deux étoiles et en pointe d'une roue, le tout d'or, aliàs d'argent.* — Famille originaire de Bresse. Pour prouver sa noblesse aux Etats de 1706, Claude-Elisée Badoux produisit les provisions de son aïeul, trésorier du bureau des finances, vétéran en 1665, et de son père, successivement trésorier de France (1660) et président à la chambre des comptes (1680). François fut aussi président aux comptes en 1698. — Alliances : Millière, la Marre, Guignes, Donzieu, Filzjan. — Fiefs : Promby, la Rue, Beire.

**BAGLION.** — *D'azur au lion léopardé d'or, appuyant la patte dextre sur un tronc écoté de même en pal; le tout accompagné de trois fleurs de lys d'or, rangées en chef et surmontées d'un lambel de quatre pendants de même.* — Devise : *Omne solum forti patria est.* — Famille originaire d'Italie; branches dans le Lyonnais, l'Artois et le Charollais. On remarque : Pierre, chevalier de l'ordre; Léonard, l'un des cent gentilshommes de la maison du roi en 1617; François, élu du Charollais en 1662 et 1665, gentilhomme de la chambre du prince de Condé et capitaine des gendarmes de Montrevel; François, évêque d'Arras en 1725, abbé de Saint-Vincent de Laon en 1732. — Alliances : Guerrier, Henry, la Grange de la Praye, Beauvoir de Grimoard, Allonville, etc. — Fiefs : comté de la Salle, baronnie de Jours, Montessus, la Vatte. M. 1699. E. 1662.

**BAGNIARD, BAGNARD, BAIGNARD.** — *D'argent à la fasce de gueules, chargée de trois fers à cheval du champ, aliàs d'or, cloués de sable, et accompagnés de trois molettes aussi de sable.* — Famille militaire, originaire de Normandie, où elle était connue dès l'année 1472. Une de ses branches s'est fixée en Bourgogne au XVIIe siècle; on remarque parmi ses membres Jacques-François, gouverneur du fort d'Arlot en Bugey, aïeul de Jean-Claude-Bénigne, chevalier de Saint-Louis, capitaine des grenadiers royaux de Coincy, reçu aux Etats de 1739. M. 1667, 1668, 1669, 1715. — Alliances : Espiard, Bichot, Soirot, Rey. — Fiefs : Pradines, Estrabonne. E. 1671.

**BAILLET.** — *D'argent à trois chardons de gueules, tigés, feuillés et soutenus de sinople.* — Pierre Baillet était grenetier du grenier à sel de Paray en 1412, et devint, quelques années plus tard, receveur du Charollais. Son fils, Jean, s'établit à Dijon, où il fut reçu avocat général au parlement en 1486. Depuis lors, cette famille n'a pas cessé de remplir les charges les plus distinguées dans les cours souveraines de la province. On remarque : Jean et Pierre, premiers présidents du parlement en 1531 et en 1653; Lazare, président à mortier en 1710; six conseillers; Jean, premier président de la chambre des comptes en 1693; Pierre, président aux comptes en 1633, après avoir été trésorier de France; Jean, doyen de la Sainte-Chapelle et élu du clergé en 1632. La branche de Vaugrenant fut formée par Jacques Baillet, avocat général aux comptes en 1554, puis conseiller au grand conseil, dont le fils, Philippe, aussi conseiller au grand conseil, puis président aux requêtes du palais à Dijon en 1585, chevalier de Saint-Michel, capitaine de cinquante hommes d'armes et gouverneur de Saint-Jean-de-Losne, fut l'un des plus fermes soutiens du parti royaliste pendant les troubles de la Ligue. A la même branche appartenait Philippe, maître aux comptes, puis prêtre et élu du clergé en 1632. — Alliances : Dumay, Perrault, Foucault, Ocquidem, Millière, la Boutière, Burgat, Fyot, Villers, Boubier, Bretagne, Mathieu, la Michodière, Lebeau, Noblet, Brûlart. — Fiefs : baronnies de Saint-Germain-du-Plain, de Saint-Julien, de Cressey, de Vaugrenant ; seigneuries de Brognon, Foncegrive, Brazey, Echigey, Is-sur-Tille, Maison-Rouge, l'Epervier, Givry, Saint-Désert, Villeneuve, Autune, Lesme. — Les comtes de Baillet, en Belgique, sortis de Bourgogne, sont, croyons-nous, de la même famille. Ils ont changé les *chardons* de leurs armes en *trois fleurs de souci d'azur*, avec une partition. E. 1730.

**BAIS-DAMAS**. — *D'azur à la fasce d'or, chargée de trois tourteaux de sable remplis d'argent* (dits *yeux de faucon*). — Cette famille, originaire du Lyonnais, remonte à André de Bais, qui vivait en 1596, et eut deux fils : André, lieutenant-général des armées du roi, mort au siége d'Alexandrie, sans laisser de postérité, et Jean-Edouard, seigneur du Colombier, maréchal de bataille des armées du roi, lieutenant-colonel au régiment de Lyonnais en 1657. Un fils de ce dernier, nommé François, épousa une fille d'Henri-François de la Guiche, comte de Sevignon, et d'Elisabeth Damas de Montmort. Par suite de cette alliance, les Bais ajoutèrent à leur nom celui de Damas et devinrent propriétaires de la baronnie de Digoine. E. 1682.

**BAISSEY**. — *D'azur à trois quintefeuilles d'argent, posées deux et une*. — Guillaume, fils de Hosterdam, originaire de Hollande, vint s'établir en Bourgogne et reprit de fief de Baissey en 1229. Jacques, son fils, périt à la bataille de Bourve en 1273. On trouve encore, à la même époque, Miles de Baissey, chevalier en 1258, et Guy, seigneur d'Avelanges en 1294 ; Antoine dit le Borgne, petit-fils de Jacques, achète Saint-Thibaut et Thil en Auxois en 1314. Jean était grand écuyer de Bourgogne sous Jean-sans-Peur. Un autre Jean, seigneur de Beaumont, fut nommé louvetier en 1484 et grand gruyer de Bourgogne en 1508. On peut citer en outre : Antoine, chevalier, chambellan du roi et bailli de Dijon en 1501 ; Charles, qui vendit une partie de la terre de Beaumont-sur-Vingeanne aux Chabot en 1528 ; Louis, chevalier de l'ordre, seigneur de la Tour-du-Bois en 1573 ; André, chevalier de l'ordre, seigneur de Tart à la même date, et son fils Antoine, en 1620. Cette famille fournit à l'Eglise un archevêque de Besançon au XIVe siècle ; un abbé de Cîteaux et un abbé de Saint-Bénigne au XVIe. Outre la baronnie de Til-Châtel, qui passa ensuite aux d'Escars et aux du Châtelet, elle posséda les terres de Chaux, Beire, Longecourt, Orville, la Chaume, Daix, Charmes, Bretenière, Véronnes, la Gorge dans l'Autunois, etc. Elle s'allia aux Croy, Imbercourt, Lannoy, Lambertye, Saint-Seine, Nanteuil, Trestondan, Virey, Crux, Ocquidem, Saillant, Nagu, d'Escars, Marmier, Mochet, la Cousse, Lenoncourt. Une branche alliée à cette famille subsistait encore au XVIIIe siècle en Lorraine. E. 1491.

**BALATHIER**. — *De sable à la fasce d'or*. — On trouve cette famille établie en Champagne, en Dauphiné et en Bourgogne, où elle paraît ne s'être fixée qu'en 1624. Le premier que l'on connaisse est Raoul, qui vivait en 1372. Edme de Balathier a été maintenu dans sa noblesse par les élus de Bar-sur-Aube en 1634; sa postérité a fourni trois chevaliers de Malte en 1649, 1687 et 1718; Jacques, élu lieutenant de la noblesse dans l'assemblée du ban et arrière-ban de Troyes en 1674; Armand-Joseph et Guy-Claude, capitaines au régiment de Rouergue; Elie-Antoine, capitaine d'infanterie au régiment d'Artois. — Fiefs : Conclois, Cormaillon, Mirebeau et Villargoix depuis 1624. — Alliances : Amoncourt, Conigham, Feydeau, Foulcq, Lannoy, Montdragon, Riollet, Sivry, Thieffries et Torcy. — Titres : Chevalier, baron et comte de Lantage. E. 1563.

**BALFOUG.** — *D'argent au chevron de sable, chargé d'une tête de loutre du champ.* — Devise : *Omne solum forti patria*. — On suppose qu'Henri de Balfoug, entré aux Etats royalistes de Semur en 1590, appartenait à la branche française de l'illustre maison des Balfour, barons de Burleigh, en Ecosse, dont nous donnons ici les armes.

**BALIDAN.** — Ne serait-ce pas Balidart en Champagne : *d'argent à la fasce de sinople, accompagnée de sept merlettes de même, 4 en chef et 3 en pointe?* E. 1590.

**BAN (du).** — *Ecartelé : aux 1 et 4, d'azur à la bande emmanchée d'argent et de gueules l'un dans l'autre, et aux 2 et 3, d'azur au chevron d'or, accompagné de trois pélicans de même; sur le tout d'azur à trois feuilles de houx d'or.* — Ancienne famille, originaire de Champagne, dont la filiation remonte à Hardi du Ban, qui, au retour de la dernière croisade de Saint-Louis, épousa Alphonsine de la Feuillée en 1276. Parmi ses descendants, on peut citer : Guillaume, bailli d'Auxois en 1429; Raymond, René, Auguste, qui figurent à tous les combats du XIVe et du XVe siècle; Jacques, seigneur de la moitié de la Feuillée en 1518; Hardi, tué avec Bayard à la retraite de Rebec en 1524; Jean, mort à la bataille de Cerisoles en 1544; Jacques, qui se distingua à la défense de Metz en 1553; Jean, blessé à la journée d'Ivry, et dont les quatre fils périrent au service d'Henri IV; Pierre, lieutenant-général des armées du roi, gouverneur de Dole et de Châtillon-sur-Seine, grand'croix de Saint-Louis, baron de Morvilliers, qui fit ériger en comté sa terre de Frolois en 1684; Antoine, son fils, mort en 1759, et François-Henri, capitaine de dragons en 1748. — Principaux fiefs : Chaumont-le-Bois, Vannaire, Valentigny, Maizière, la Feuillée vendue par eux en 1766. — Alliances : Masille, Bretel, le Bascle. E. 1671.

**BAR.** — Plusieurs familles ont porté ce nom en Bourgogne, quoiqu'elles fussent d'origine et d'armes différentes. Les comtes de Bar-sur-Seine portaient : *d'azur à trois bars d'or posés l'un sur l'autre en demi cercle, à la bordure componée de neuf pièces d'or et de sable.* Henri de Bar, sire de Pierrefort, gouverneur du duché de Bourgogne en 1362, portait : *d'azur semé de croix d'or recroisetées, au pied fiché, l'écu chargé de deux bars d'or adossés, à la bordure d'or.* Edouard de Bar, marquis de Pont en 1410, neveu du duc de Bourgogne, portait de même, mais avec la *bordure endenchée.* Guy de Bar, chevalier, seigneur de Pracles, bailli d'Auxois, puis de Sens en 1433, appartenait vraisemblablement à la même maison. Une autre famille, qui a fourni un chambrier à l'abbaye de Saint-Seine en 1460, portait : *d'argent à une emmanchure de deux pièces de gueules.* Enfin, une quatrième maison du même nom blasonnait son écu *d'une croix d'or cantonnée de trois quintefeuilles, et à dextre d'une étoile.* Plusieurs chanoines de Langres et de la Sainte-Chapelle de Dijon ont aussi porté ce nom, qui était sans doute celui du lieu de leur naissance. E. 1412.

**BAR-LIMANTON.** — *Ecartelé : aux 1 et 4, d'azur semé de croix recroisetées, au pied fiché d'or, à deux bars adossés de même, brochant sur le tout ; aux 2 et 3, retiercé en fasce d'or, d'argent et d'azur de neuf pièces; alias : aux 2 et 3, d'or plein.* — Ancienne et illustre famille du Berry qui s'est divisée en trois branches, celles de Baugy, de Villemenard et de Buranlure. Cette dernière branche, formée au XVIe siècle par Antoine, chevalier de l'ordre du roi, gentilhomme de sa maison et gouverneur du comté de Sancerre, a été reçue aux Etats de 1754, sur preuves remontant à l'an 1538 ; elle a fourni des chevaliers de Malte, des comtes de Lyon, une chanoinesse de Remiremont, des chevaliers de l'ordre, un chancelier de l'ordre de Saint-Lazare, et ses membres ont pris les titres de comtes de Bar, barons de Limanton et de Sansay. Elle a possédé en Bourgogne les fiefs de la Boutière et du Bouchet-les-Cravant, et s'est alliée aux Loron, Las, Arlay. — M. à Bourges et Moulins, 1667.

**BARBIER.** — *D'azur au chevron d'or, accompagné de trois roses de même; au chef d'argent chargé d'un lion léopardé de sable.* — Cette famille remonte à Jean Barbier, châtelain de la ville de Moras en Dauphiné, anobli par Charles VII en 1430. Une de ses branches, établie en Bourgogne au XVIe siècle, a produit deux contrôleurs généraux du taillon (1575, 1614), un correcteur (1554), deux maîtres des comptes (1647, 1674), deux trésoriers de France (1699, 1714), et un président aux comptes en 1781. — Alliances : Damotte, Regnard, Loppin, Seguin, Pérard, Nicolas. — Fiefs : Reulle, Entre-Deux-Monts, Concœur, Corboin, Saint-Léger-de-Foucheret. M. 1698. E. 1751.

**BARD.** — Ce nom figure dans les listes de 1665, 1668 et 1671. Alexandre de Bard, Bart ou Bar, entré aux Etats de 1709 (1), était qualifié vers le même temps seigneur de Bagnot, chevalier de Saint-Louis, brigadier des armées du roi, ancien gouverneur de Modène. — Bart, à Autun, portait : *d'azur, au chevron d'or, accompagné de deux étoiles de même en chef, et en pointe d'un lion aussi d'or, armé et lampassé de gueules.*

**BARONNAT.** — *D'or à trois guidons d'azur, dressés en pal ; au chef de gueules chargé d'un lion léopardé d'argent.* — Devise : *Vertu à l'honneur guide.* — Cette famille, établie dans le Dauphiné et le Lyonnais, a fourni plusieurs échevins de Lyon au XVe siècle ; un maître d'hôtel des rois Charles VIII et Louis XII ; un gentilhomme de la chambre d'Henri II ; un premier président du parlement de Domhes. M. Lyon : 1667. — Alliances : Simiane, Gaspard. — Fiefs : Theillière, Bourasse. E. 1739.

**BARRE (LA).** — *D'azur à la bande d'or.* — Famille originaire de Touraine, issue de Guillaume, homme d'armes du marquis de Rothelin en 1485, et à laquelle appartenait sans doute Thiercelet, chevalier, maître d'hôtel du duc de Bourgogne en 1392, qui portait *une bande* dans son sceau. Un de ses membres, Jacques, juge-prévôt d'Argilly, obtint en 1623 des lettres de relief de noblesse. M. 1669. — Fiefs : Chevanne et Messange. — Nous supposons que

---

(1) Nous n'avons point trouvé le procès-verbal de sa réception.

les seigneurs de Fouronne et d'Anns en Auxerrois, issus de Jacques de la Barre, seigneur de Fouronne vers 1630, étaient de la même famille. E. 1671

**BARRES (DES).** — *D'azur au chevron d'or, accompagné de trois coquilles de même.* — Cette famille, originaire de Champagne, fait remonter son origine à Guillaume des Barres, qui accompagna Philippe-Auguste à la croisade, et fut l'un des chefs de la cavalerie française. Ses descendants se sont partagés en plusieurs branches : celle des seigneurs de Saint-Martin, de Dommarien et de Bréchainville, formée au XVe siècle, a porté les titres de comtes des Barres et baron de Marac, et s'est alliée aux Chauffour, Gand, Lemoyne, Delecey de Changey, Piétrequin de Prangey, Masblanc de Velles. On remarque parmi ses membres : Denis, capitaine de chevau-légers et gouverneur de Saulieu, qui vivait en 1615 ; Claude, d'abord aumônier du roi, mort en 1695 lieutenant des maréchaux et juge du point d'honneur, et Pierre-Antoine, tué avec un de ses fils au combat de Donawerth en 1742. E. 1590.

**BARRES (DES).** — *D'azur à la fasce d'or, chargée d'une étoile de gueules et accompagnée de trois croissants d'argent.* — Regnault des Barres, châtelain de Brazey en 1386, eut deux fils : Perrault, qui succéda à son père dans la châtellenie de Brazey en 1422, et Thibaut, garde de la monnaie d'Auxonne en 1428. La descendance de Perrault s'est divisée en deux branches principales : celle des seigneurs de Massingy, Ampilly, Cissey, Romprey, Couchey et Verrey s'est éteinte au commencement du XVIIIe siècle, après avoir produit trois élus du roi aux Etats de Bourgogne en 1500, 1535 et 1568 ; des maîtres des comptes ; un receveur général des Etats ; un trésorier de France, et un conseiller au parlement en 1611. Elle s'est alliée aux Contault, Bryois, Frémiot, Lambert, Moisson, Berbisey, Boudier, Gagne, Cazotte, Frasans, Alixand, Dévoyo, Le Blond, Florin, Fourneret. La branche des comtes de Cussigny, formée au XVIe siècle et réhabilitée en 1574, a fait preuve pour Malte en 1630. On remarque parmi ses membres : Bernard, vicomte-mayeur de Dijon en 1573, pourvu d'une charge de conseiller au parlement en récompense de ses services pendant la Ligue, président en 1578 ; Pierre et Bernard, présidents du parlement en 1611 et 1644 ; André, gentilhomme ordinaire du roi en 1671, et, au dernier siècle, un lieutenant-colonel de cavalerie et deux chevaliers de Malte. —Alliances : Cirey, Tabourot, Fyot, Berbisey, Digoine, Bourgeois, du Prat, Montagu, Saint-Belin, Villers-la-Faye, Bretagne, Bauffremont, Legouz. — Fiefs : Ruffey, Charancey, Boussenois, Epiry, Prissey, Moux, Montot, Tanay, Charmes, Vanvey, marquisat de Mirebeau. M. 1666, 1699. E. 1560.

**BARTHELOT DE MURSEAU.** — *D'azur au chevron d'or, accompagné de trois trèfles de même.* — Cette famille, originaire du Mâconnais, est issue de Jean Barthelot, seigneur d'Ecuisse, qualifié noble homme et écuyer en 1546. Après avoir été condamnée par l'intendant Bouchu, elle fut maintenue par arrêt du conseil au commencement du XVIIIe siècle. Elle s'est alliée aux Bailly, Bougard, Gerbault, du Rousset, et a possédé les seigneuries de Murseau, Saudon et Bellefond. E. 1727.

**BARTHELOT D'OZENAY.** — Mêmes armes que les précédentes. — Issue de Claude Barthelot, contrôleur du domaine et des aides en l'élection de Mâcon, lequel testa en 1603, cette famille fut maintenue en 1667, en conséquence de la charge de secrétaire du roi, dont Henri Barthelot était mort revêtu en 1665, après avoir été précédemment maître des comptes à Dijon. On remarque dans cette famille un lieutenant de roi à Chalon en 1678, et, dans la branche de Rambuteau qui en est sortie : deux lieutenants de roi à Mâcon, dont l'un brigadier des armées du roi ; quatre chevaliers de Saint-Louis ; Philibert, tué à Malplaquet ; François, tué à Luzara. — Alliances : Rymond, Bullion, Chapuis, Pianello de la Valette, Bernard, Dormy, Chesnard, Villedieu de Torcy, etc. — Fiefs : Ozenay, Grattey, Monterain, les Blancs, Villars. — Il est à croire que cette famille n'est qu'un rameau détaché de la précédente. E. 1724.

**BASCLE** ou **BACLE (LE)**. — *D'or à l'aigle de sable ; alias : de gueules à trois macles d'argent*. — Devise : *Et sine macula macla*. — Cette famille tire son origine de Jean Le Bacle, écuyer, seigneur du Puy-Bacle et de Saint-Loup en Touraine, père de Jean, prévôt de Paris en 1358. Froissard cite un chevalier de ce nom qui prit part à la bataille de Crécy. Parmi ses descendants, on peut citer Jean, échanson du duc de Normandie, frère de Louis XI, qui acquit la terre d'Argenteuil ; Louis, comte d'Epineuil, gentilhomme ordinaire de Louis XIII, grand-père de Louis, quatrième comte d'Epineuil, marquis d'Argenteuil, lieutenant-général de Champagne, gouverneur de Troyes en 1712, et le fils de celui-ci, qui hérita des dignités de son père et épousa, en 1748, Angélique Leveneur de Tillières. Outre les terres ci-dessus dénommées, cette famille posséda les fiefs de Varennes, des Moulins et de Saint-Louan. Elle s'allia aux Manœuil, Puyguyon, Saint-Remi, Bousseval, Lenoncourt, la Rivière, Le Nain, Milly, Mandelot, Faye, Colbert de Torcy, Rogues, Châtenay. E. 1718.

**BATAILLE**. — *D'argent à trois flammes de gueules mouvant de la pointe*. — Guillaume Bataille, licencié ès-lois, maître des requêtes du duc, gruyer de Bourgogne à Chalon et Autun en 1396, seigneur de Drosson et du Tillet, est l'auteur de cette famille. Parmi ses descendants, on remarque Jean, écuyer, conseiller du roi et son trésorier à Dole en 1490 ; Guillaume, conseiller au parlement de Dijon à la même époque, et dont la devise était : *Ex bello pax* ; Jean seigneur de Chaume, de Premeaux et de Varennes-les-Beaune, conseiller au même parlement en 1553, puis au grand conseil ; Prudence, seigneur de Varennes, capitaine de quatre cents hommes de pied en 1587 ; Philippe, seigneur de Cussy-la-Colonne, major de la citadelle de Chalon en 1646, à qui Marguerite du Blé, sa femme, porta les terres de Mavilly, Mandelot, Laucey, etc. ; Jacques, capitaine au régiment de Senneterre en 1701 ; Philippe, seigneur de Mandelot, capitaine dans Berry-cavalerie, père de Charles-Claude, seigneur du Petit-Bois en 1754 ; Henri-Charles, comte de Mandelot, lieutenant de vaisseau et lieutenant de roi à Chalon, dont le fils Henri-Camille entra aux Etats en 1775. Cette famille a en outre produit plusieurs chevaliers de Malte et de Saint-Louis. — Alliances : Bonvalot, Le Goux, Thyard, Royer de Saint-Micault, Vallerot, Damas. M. 1666. E. 1405.

**BATTUT (DU)**. — Cette famille remonte à Pierre du Battut, qualifié écuyer, seigneur de Chamlevey en 1543. Ses descendants se sont alliés aux Colombet, Pélissier, Cullon ; l'un d'eux a été capitaine de la porte de la chambre de la noblesse. E. 1578. — On trouve dans le Limousin une famille du même nom, anoblie en 1593, qui portait : *d'azur au lion d'or ; au chef d'argent chargé d'une étoile de gueules*.

**BATZ-CASTELMORE.** — *De sable à trois tours d'argent ajourées du champ.* — Louis de Batz-Castelmore, comte d'Artagnan, baron de Sainte-Croix, seigneur de Champlecy, Baron, Epas, Ocron, Luppiac, etc., donna en 1685 dénombrement de la baronnie de Sainte-Croix, au bailliage de Chalon, qui lui venait de sa mère, Charlotte de Champlecy, femme de Charles, comte d'Artagnan, capitaine lieutenant des mousquetaires. Son fils fut reçu aux Etats de 1739. C'est le seul lien qui rattache la famille de Batz-Castelmore à la noblesse de Bourgogne.

**BAUBIGNY.** — Cette famille a produit Jean, clerc des comptes en 1327, conseiller du duc de Bourgogne en 1366, et Robert, dit de Courbeton, abbé de Saint-Etienne de Dijon, de 1387 à 1428. E. 1373.

**BAUDINOT.** — *De gueules à trois fasces d'or et trois croissants d'argent rangés en chef.* — Cette famille, originaire du Charollais, remonte à Jean Baudinot, juge-bailli d'Anzy-le-Duc, dont le fils Guillaume, secrétaire intime du cardinal de Lorraine, fut député aux Etats assemblés en 1569 pour la réformation de la coutume. Elle a fourni un grand prieur de Cluny; un conseiller d'état, secrétaire du cabinet de Henri IV; un gentilhomme de la chambre, plusieurs officiers au bailliage de Charolles; trois conseillers au parlement en 1641, 1663 et 1693, dont l'un, Benoît-Palamède, fut en outre vicomte-mayeur de Dijon en 1647 et en 1679; plusieurs officiers de tous grades, dont deux chevaliers de Saint-Louis tués à Fontenoy. — Alliances : Moreau, la Curée, Masse, Lenet, Guyot de la Faye, Gouvenain, Raffin, Callard, Macheco, Thélis, Blanchet, Perrin. — Fiefs : Châteauvert, Selorre, la Brosse, Putières, Pouilly, Champ-Jacob, le Breuil, la Salle, l'Espinasse, Villorbaine. E. 1736.

**BAUDONCOURT.** — *De. . . . . à une bande de. . . . . accompagnée de sept billettes mises en orle, trois en chef et quatre en pointe.* — Jacques de Baudoncourt, chevalier, possédait au XIV⁰ siècle la moitié de la terre de Beire-le-Châtel, dont il fut dépouillé pour ses *forfaitures et démérites.* Mais ses descendants, Aimé et Nicolas, rentrèrent bientôt en possession de ce fief, qu'ils possédèrent jusqu'en 1450 environ, avec les terres de Vesvres et de Prangey. E. 1412.

**BAUFFREMONT.** — *Vairé d'or et de gueules.* — Cette maison, originaire du bailliage de Saint-Mihiel en Barrois, n'apparaît en Bourgogne qu'à la fin du XIII⁰ siècle. Liébault, fils de Philibert de Bauffremont, seigneur de Valengin et de Vauvillars, fut choisi comme exécuteur testamentaire par Robert, duc de Bourgogne, en 1297. Son fils, Vauthier, fut témoin de la ratification du contrat de mariage de Marie de Bourgogne avec Edouard de Bar en 1306. L'histoire cite après lui : Huard, seigneur de Chaux-sur-Saône en 1347; Philibert, seigneur de Leugny en 1391; Gauthier, dit de Ruppe, seigneur de Soye, chambellan du duc en 1417; Pierre, gouverneur de Bourgogne en 1432, époux de Marie, fille légitimée de Philippe-le-Bon, en 1448, qui tint en 1443, à Marsannay près Dijon, le célèbre *pas* décrit par Olivier de la Marche, et en faveur duquel le duc érigea la terre de Charny en comté en 1456; Pierre, baron de Senecey et de Scey, son neveu, qui donna le jour à Nicolas, bailli de Chalon en 1564, chevalier de l'ordre et député aux Etats de Blois, dont le fils fut la tige de la branche de Crusilles et de Scey; Claude, bailli de Chalon, gouverneur d'Auxonne, lieutenant-général du duché, mort en 1596; Henri, bailli de Chalon en 1597, lieutenant de roi en Mâconnais, décédé en 1622; Claude-Charles-Roger, qui lui succéda dans ses charges; Louis, comte de Randan, tué à la bataille de Sedan en 1641; Antoine, chef de la branche de Listenois, marquis d'Arc-en-Barrois, conseiller d'état, gentilhomme de la chambre de Henri III, chevalier d'honneur au parlement de Bourgogne en 1560, grand gruyer du duché en 1565; Charles-Louis, marquis de Meximieux, grand d'Espagne, chevalier de la Toison-d'Or, commandant des troupes espagnoles au XVII° siècle; Jacques-Antoine, marquis de Listenois, grand bailli d'Aval, chevalier de la Toison-d'Or en 1709, maréchal de camp en 1710, tué à Aire la même année; Louis, seigneur du duché de Pont-de-Vaux, grand bailli d'Aval, gouverneur de Seyssel, lieutenant-général des armées du roi, substitué aux noms et armes de Villelume et de Gorrevod, créé prince du St-Empire en 1757, mort en 1769; Joseph, chevalier de Malte, chef d'escadre en 1755, lieutenant-général des armées navales, connu sous le nom de prince de Listenois, etc. — Cette illustre maison a fourni des évêques, des grands-prieurs, des chevaliers de la Toison-d'Or, des ordres du roi, et d'Alcantara, des conseillers d'honneur au parlement de Besançon, des lieutenants-généraux de provinces. En 1461, Philippe-le-Bon lui avait donné héréditairement la sénéchaussée de Bourgogne, que Louis XI lui retira en 1477 pour la remettre à Guillaume de Vergy. Elle s'est alliée aux Longvy, Cusance, Choiseul, Vaudrey, Poligny, Rupt, Lugny, Toulongeon, Vergy, Vienne, Brichanteau, Pot, du Blé, Patarin, la Rochefoucault, Foix, Chalon, Mailly, Courtenay, Dampmartin, Mâlain, Tenarre, Amboise, Pontailler, des Barres, Luxembourg, Villelume, Drée, etc. Elle a possédé les baronnies de Scey-sur-Saône, Sombernon, Meximieux, Couches, Bourbonne, Clairvaux, Mirebeau, Senecey, et les terres de Molinot, Santosse, Sarrigny, Oroux, la Borde, Couchey, Grosbois, Bonnencontre, Gemeaux, Tanay, Charmes, Cuisery, Echirey, Ruffey, Marigny, Remilly, Châteauvillain. E. 1430.

**BAUGIS (DES).** — *De. . . . . à une bande chargée de deux tourteaux et d'une étoile à six rais et accompagnée en chef d'une étoile de même, et d'un tourteau en pointe.* — Cette famille, qui tire son nom du *châtel* des Baugis, près Dracy-le-Fort en Autunois, paraît remonter à Pierre, écuyer, bailli de Dijon en 1370. On trouve après lui : Guillaume, damoiseau, seigneur de la Commelle et de Saint-Léger-sous-Beuvray en 1424; Jean, seigneur de Gissey-sous-Flavigny en 1450; Michel, qui figure dans une *montre* de 1498; Guiot, seigneur de Montagnerot en 1543. — Autres fiefs : Thenissey, Bretenière, Reclaines. — Alliances : Humières, Le Garennier, Martin, Senevoy, Provenchères. E. 1539.

**BAUME-MONTREVEL (LA).** — *D'or à la bande vivrée d'azur.* — Ancienne et illustre famille de Bresse, qui tire son origine de Sigebald de la Baume, chevalier en 1140. Elle a fourni deux cardinaux archevêques de Besançon; deux grands maîtres des arbalétriers; deux maréchaux de France; un maréchal et amiral de Savoie; un régent de Savoie et tuteur du comte Amé VI; un vice-roi de Naples; dix-sept gouverneurs et lieutenants-généraux de provinces; plusieurs baillis d'Amont et comtes de Lyon; deux chevaliers de Saint-Michel sous Louis XII et François I$^{er}$; deux du Saint-Esprit, quatre de la Toison-d'Or et autant de l'Annonciade. En 1427 la seigneurie de Montrevel fut érigée en comté par le duc de Savoie, Amé VIII, en faveur de Jean de la Baume, maréchal de France, avec la faculté d'avoir un juge d'appel dont les sentences ressortiraient directement au parlement. Les membres de cette famille se qualifiaient de comtes de Montrevel et de Châteauvillain (Voy. THIL), marquis de Saint-Martin, vicomtes de Ligny-le-Châtel, barons du Mont-Saint-Sorlin, de Grancey et de Pesmes. Ils possédèrent les terres de Montrevel, de Chassignole, de Valufin, de la Brosse, de Ciriez, de Chatenay, de Bon-Repos, de Montagny, de Montriblod, de l'Abergement, de Marboz, de Saint-Romain, de Darcey, de Saint-Hippolyte, etc. — Alliances : Beynières, Châtillon, Beauregard, Allemant, Viry, la Palu, Saint-Amour, Chalon, Luyrieux, Montluel, Seyssel, Colomb, Dinteville, Lugny, Longvy, Savoisy, Rye, Toulongeon, Correvod, Avaugour, Grillet, Saulx-Tavannes, la Chambre, Montmartin, Nointel, Ligne, Agoult, Rietperg, du Châtelet. — Eteinte aujourd'hui. E. 1476.

**BAUYN.** — *D'azur au chevron d'or, accompagné de trois mains couchées d'argent.* — Cette famille, originaire de Paris, remonte à Jean, écuyer, vicomte de Villiers, écuyer de l'écurie du roi en 1551, dont le fils Prosper, doyen du parlement de Paris, fut un des juges de Ravaillac. Un des fils de Prosper, nommé Achille, s'établit à Dijon, où il fit branche, et fut pourvu en 1609 d'un office de trésorier du bureau des finances de Bourgogne et Bresse. On remarque, parmi ses descendants, un maître des comptes, élu du roi aux Etats en 1682, et un conseiller au parlement en 1674. — Alliances : Griguette, Bouchu, Rémond, Espiard d'Allerey. — Fiefs : Quemigny, Poisot, Colonge, Messange en partie, Bévy, Arcey, Sainte-Marie-sur-Ouche, Pont-de-Pany. La branche des seigneurs de Bersan et d'Angervilliers, et celle des marquis de Perreuse ont fourni des intendants, des conseillers au grand conseil, à la cour des aides et au parlement de Paris, des officiers généraux, un chevalier de Malte et un secrétaire d'état en 1730. E. 1754.

**BEAUFORT.** — *De. . . . . à une croix de. . . . .* — Cette famille, connue dès le XIIe siècle, paraît avoir tiré son nom de la terre de Beaufort, paroisse de Cuisia en Franche-Comté. Elle a possédé en outre les seigneuries de Flacey, Frontenay-les-Sagy, Chichevière, Savianges, et s'est alliée aux Crux, Chauvirey, Saulx. On remarque parmi ses membres Jean, chambellan du duc de Bourgogne en 1432. E. 1576.

**BEAUJEU.** — *Burelé d'argent et de gueules de dix pièces.* — Cette famille tirait son nom d'un village situé près de Gray. Elle fournit Hugues, signataire d'une charte de l'abbaye de Bèze en 1130; Ferrution, maréchal de Bourgogne en 1246; Guillaume, grand-maître du Temple, qui périt au siège de Saint-Jean-d'Acre en 1297; Geoffroy, seigneur de Beaujeu en 1361. Une branche de cette maison s'établit en Franche-Comté sous le nom de *Montot*, releva les armes de Guierche et de Groson, et s'éteignit à la fin du XVIIe siècle. E. 1355.

**BEAULIEU-RUSÉ.** — *De gueules au chevron fascé-cordé d'argent et d'azur, accompagné de trois lions d'or; aliàs : d'or, à trois corneilles de sable, becquées et membrées de gueules.* — Cette famille, originaire de Provence, remonte à Gaston de Beaulieu, gouverneur de Toulon et de Sisteron au XVIe siècle, lequel fut père de trente-deux enfants; de ses vingt fils, onze furent tués au service. Un de ses descendants, Barthélemy de Beaulieu-Rusé, seigneur de Razac, capitaine au régiment de la marine, posséda la seigneurie du Brouillard en Auxois, et parut aux États de 1682. C'est le seul lien que cette famille, éteinte au dernier siècle, ait eu avec la Bourgogne.

**BEAUREPAIRE.** — *D'argent au chevron d'azur.* — On trouve en 1398 un Guillaume de Beaurepaire, qualifié châtelain de la baronnie de Beaurepaire dans la Bresse chalonnaise. Néanmoins la filiation de cette famille n'est établie que depuis Jacques, écuyer, dont le fils Jean confesse en 1503 tenir sa maison de Beaurepaire en franc-alleu. On remarque parmi ses membres plusieurs militaires, des chevaliers de Saint-Louis, des chanoinesses à Lons-le-Saulnier et à Neuville. Philippe de Beaurepaire fut élu de la noblesse aux États d'Auxonne en 1636. Titres de marquis de Beaurepaire et de Saint-Martin, barons de Chandée et de Brandon; fiefs de Soillenard, Varcy, Villeroty, Quintigny, les Repots, Chichenière, la Chaux, Jujurieu, Poisot, Vornes-en-Perrolais en partie, le Magny, Fes, Saint-Pierre-de-Varennes, Montagny, etc. Alliances : Duguié, la Coste, Montgeffon, Brancion, Henin-Liétard, Laurencin, Buisson, Lantenne. E. 1665.

**BEAUVOIR.** — Voy. CHASTELLUX.

**BEAUVOISIN.** — *D'azur au chevron d'argent, accompagné de trois roses de même.* — Cette famille tire son nom du château de Beauvoisin dans le marquisat de Chaussin et remonte à Perrin de Beauvoisin, écuyer, qui rendit hommage au duc en 1371 pour le fief de Châtellenot. Ses membres, qui portaient la qualité d'écuyer, ont en outre possédé dans le Chalonnais quelques arrière-fiefs, à Chaussin, par exemple, Longepierre, Anan, Neuville, Navilly, Terrans, la Villeneuve, le Tartre dont l'église a été enrichie par leurs fondations. — Alliances : Rouhaut, Olivier, la Taverne. E. 1572.

**BEL (LE).** — *D'argent à la fasce d'azur, chargée de trois fermaux d'or, accompagnée en chef de deux hures de sanglier de sable, défendues du champ et en pointe d'une étoile de gueules.* — Nous donnons ici les armes d'une famille champenoise à laquelle appartenait sans doute Philippe Le Bel, sieur de Montvinet, lieutenant pour le roi au gouvernement de Bellegarde en 1645, qui parut plusieurs fois aux États de Bourgogne depuis 1632. — On trouve encore Le Bel : *de gueules à trois bars d'argent rangés en pal.*

**BELLECOMBE.** — *De gueules à la fasce d'or chargée de trois fleurs de lys d'azur, au lion issant en chef d'argent, armé et lampassé de gueules; aliàs de sable.* — Famille originaire du Dauphiné, qui vint s'établir dans le Mâconnais avec Godefroy de Bellecombe, chevalier, baron de Vinzelles, sieur de Germoles et de la Rosière, marié à Antoinette de Garil. Outre ces terres, elle posséda les fiefs de Chasselas, de Poilly, de Cruzilles, de Vellières et de Banans. Elle fournit un moine à Cluny, une religieuse au prieuré de Sales, un mestre de camp de cavalerie, mort vers 1630, et un bailli du Mâconnais. M. 1669; aujourd'hui éteinte. — Alliances : Nanton, Germoles, Feurs, Sayve, Gabriel. E. 1555.

**BELLEPERCHE.** — *D'argent au lion de sable, armé et lampassé de gueules.* — Jean, Regnault et Raoulet de Belleperche, écuyers, figurent dans une montre d'armes de 1372. Le procès-verbal de réception de Nicolas en 1721, est borné à trois degrés de noblesse. — Alliances : la Menue, Cussigny, Chassignole, Colombet, Chardonnet, Martigny. — Fiefs : Chassignole, Aynard, Belleperche, Nardeaugne, Chizeul-la-Bièrette, la Tour-du-Boz, le Battan, Charmoy et une partie d'Uchon.

**BELLUCHON** ou **BELLUJON**. — *D'azur à la fasce d'argent surmontée de trois étoiles d'or, et en pointe trois pals cometés de même.* — Famille originaire d'Orange, qui devint protestante et dérogea au XVIe siècle. Daniel Belluchon, réhabilité en 1610, fut capitaine et gouverneur de la ville et château de Villemur, baron de Villeneuve et de Coppet, conseiller d'état en 1613. Il est la principale illustration de cette famille, qui posséda les terres de Villeneuve près Arnay-le-Duc, de Chasilly, d'Essey, de Bouhey, de Crugey, de Rouvre-sous-Meilly, et qui s'allia aux Châtenay, Mauléon, Girard de Basoge. M. 1669. E. 1636.

**BERBIS**. — *D'azur au chevron d'or, accompagné en pointe d'une brebis d'argent.* — Cette famille est originaire de Seurre, où l'on trouve un maire de ce nom en 1378. Philippe Berbis, seigneur de Marliens, conseiller du duc en 1430, lieutenant du chancelier de Bourgogne, vicomte-mayeur de Dijon de 1435 à 1436, maître des requêtes en 1447, prit part aux négociations du traité d'Arras et fut anobli par lettres de 1435, enregistrées à la chambre des comptes sur lettres de jussion de 1443. Il fut marié deux fois : de sa première femme, Henriette Dagville, naquit un fils Charles, dont la descendance, après avoir fourni encore deux maires à la ville de Seurre, s'établit à Beaune au XVIe siècle. De lui descendait au 4e degré Bénigne Berbis, contrôleur au grenier à sel de Beaune, auteur des branches des Maillys et de Corcelles, la première maintenue par arrêt du conseil, après avoir été condamnée comme usurpatrice en 1665 ; la seconde, réhabilitée par arrêt du conseil en 1717. Ces deux branches ont fourni plusieurs militaires et chevaliers de Saint-Louis ; elles se sont alliées aux du Buchard, Taronot, Morelet, Coussot, de la Marre, Brunet, Heuretet de Casenove, Prévost, Guyard de Bàlon, etc. Charles, fils de Pierre Berbis, fut également aïeul de Philibert, auteur des barons d'Esbarres, des comtes de Dracy et seigneurs de Cromey, des marquis de Rancy et de Longecourt, qui n'ont pas cessé de tenir le rang le plus distingué dans la noblesse sénatoriale de la province. On remarque dans les divers rameaux de cette branche, six conseillers au parlement, entre autres Philibert, pourvu en 1521, et Philippe, conseiller clerc, doyen de la Sainte-Chapelle en 1570, élu des Etats de Bourgogne, député aux Etats généraux de Blois en 1576 ; un second doyen de la Sainte-Chapelle en 1586 ; Pierre, gentilhomme ordinaire du duc d'Orléans en 1636 ; Jean, chevalier d'honneur de la chambre des comptes en 1672 ; Claude-Etienne, chevalier de Malte ; plusieurs militaires et chevaliers de Saint-Louis. — Alliances : Mazilles, Le Lièvre, Quarré, Boursault, Baillet, Ocquidem, Arviset, la Marre, Massol, Rigoley, Scorrailles, Chifflet, Bereur, du Faur de Pibrac, Riolet, Lami de Samerey, etc., etc. — Fiefs dans les deux branches : les Maillys, la Serre, Bagnot, Martray, baronnie d'Esbarres, Dracy-sous-Couches, Grangy, Cromey, Rancy, Longecourt, Champvans, Molaise, Marliens, Benoisey, Vesvrottes, Molaise, Frangy, Thorey, Leseul, Potangey, les trois Tarts, Saint-Aubin, Gamay, Arcey, Grandmont, fief de Gemeaux, etc. E. 1645.

**BERBISEY**. — *D'azur à une brebis paissante d'argent.* — Cette famille, l'une des plus distinguées du parlement de Bourgogne, remonte à Perrenot Berbisey, qualifié marchand, qui vivait à la fin du XIVe siècle et occupait un rang honorable dans la bourgeoisie dijonnaise. Un de ses fils, nommé Guy, fut vicomte-mayeur de Dijon en 1437; d'un autre de ses fils naquit Etienne, aussi vicomte-mayeur de 1475 à 1484. Ce dernier se signala comme un zélé partisan de Louis XI, lors de la réunion du duché à la couronne. Son fils, Thomas, nommé greffier civil, criminel et des présentations au parlement pour le Comté, dès l'établissement de cette cour souveraine, fut pourvu d'une charge de secrétaire du même roi Louis XI, ce qui n'empêcha pas ses trois fils d'être anoblis en 1551. Il y eut encore des lettres de confirmation de noblesse en 1585. Depuis, on remarque dans cette famille plusieurs officiers au bailliage de Dijon, un maître des comptes en 1554, un trésorier du bureau des finances en 1628, un chevalier de Malte, commandeur de Beaune et de Chalon-sur-Saône en 1682; enfin un grand nombre d'officiers au parlement, savoir : cinq conseillers en 1534, 1595, 1624, 1637 et 1678; Thomas, procureur général en 1558; Perpétue, président à mortier en 1597; Jean, d'abord conseiller, puis président en 1674; Jean, le dernier du nom, premier président en 1716, mort en 1756. — Alliances : Normant, Vion, Poissonier, Bonvilain, la Perrière, des Barres, Moisson, Brocard, la Verne, Fyot, Catherine, la Michodière, Le Belin, Maillard, Bouhier, la Motte. — Fiefs : Mypont, Puligny, Belleneuve, Sainte-Marie-la-Blanche, Hauteville, Tart-le-Bas, Varanges, Charancey, la Basole, Vonges et Sancy en partie, baronnie de Vantoux, léguée avec son hôtel par le dernier des Berbisey à ses successeurs dans la charge de premier président. M. 1669. E. 1688.

**BEREUR.** — *D'azur au chevron d'or, accompagné en chef de deux quintefeuilles d'argent, et en pointe de trois croissants adossés de même.* — Joseph-Hyacinthe de Bereur, reçu aux Etats de 1733, fit preuve de quatre degrés de noblesse depuis Nicolas, mayeur de la ville de Dole. Son aïeul avait été conseiller du roi d'Espagne en ses conseils des Pays-Bas, et son bisaïeul conseiller au parlement de Dole. Preuves pour l'abbaye noble de femmes de Lons-le-Saulnier en 1726. — Alliances : Matherot, Petremand, Berbis de Rancy, etc.

**BERGER.** — *D'azur à un mouton passant d'argent, couronné d'or et surmonté de trois étoiles d'or rangées en chef.* — Cette famille a pris son surnom de la terre de Charancy en Autunois, qu'elle possédait déjà au milieu du XVIe siècle. Plusieurs de ses membres ont été militaires et elle a donné un évêque à l'église de Montpellier. — Alliances : du Crest, du Bouchet, Touzain, Charpentier de la Barre. — Fiefs : l'Etang-Verdeau, Gissy, Rivière, etc.

**BERNARD,** sgrs de la Vernette, de Chintré, de Chanteau et de Blancey. — *De gueules à la bande d'or, chargée de trois étoiles d'azur et accompagnée en chef d'un cor de chasse du second, enguiché et virolé du troisième.* — Famille originaire de Mâcon, qui remonte à Nicolas, mort vers 1566. Un de ses fils, Jean, fut capitaine d'une compagnie de gens de pied, écuyer de la reine Catherine de Médicis en 1580 et contribua beaucoup à maintenir Mâcon dans l'obéissance du roi pendant la Ligue. Il fut la tige de la branche des seigneurs de Chatenay et de la Vernette, qui fournit plusieurs chevaliers d'honneur au bailliage et présidial de Mâcon, et deux lieutenants de roi du Mâconnais. Cette branche s'allia aux Chandon, Dormy, Prisque, la Porte, Bauderon, Lamartine, la Bletonnière, Chappuis de Rozières. — De Vincent, quatrième fils de Nicolas, capitaine de Mâcon en 1560, sortirent les seigneurs de Vaux, de Chintré, Chanteau et Blancey, qui donnèrent plusieurs maîtres des comptes de Bourgogne, deux conseillers au parlement de Dijon en 1686 et 1714, et deux secrétaires des Etats de Bourgogne au XVIII° siècle. Cette branche, qui posséda les fiefs de Valenton, Vaux, Varanges, la Salle, Varennes, Chintré, Saint-Didier, Droux, Chanteau, Corcelles-en-Morvan, Maison-Blanche, Cussain, etc., s'allia aux Meaux, Desbrosses, Bretagne, Maire, Fourneret, Joly de Blaisy, Julien, Cottin de Joncy, etc. — Lettres de noblesse en 1550. M. 1698. E. 1721.

**BERNARD DE MONTESSUS.** — *D'azur au chevron d'or, accompagné de trois étoiles d'argent.* — Cette famille remonte à Edme Bernard, de Montcenis, qui devint propriétaire en 1420 de la seigneurie de Montessus, par son alliance avec Jeanne Sarrazin. Sa descendance, anoblie en 1470, s'est divisée en deux branches principales : les Montessus de Balore et les Montessus de Rully. A la première appartenait Melchior, gentilhomme de la chambre, gouverneur de la citadelle de Chalon, dont le fils Philibert, gouverneur de Beaune et mestre de camp d'infanterie, mourut en 1630 ; son petit-fils Melchior fut aussi gouverneur de Beaune et enseigne de la compagnie de gendarmes du marquis de Tavannes. On trouve encore Marie-Baune, gouverneur de Beaune au XVIII° siècle. La branche de Rully a produit un grand nombre de militaires, entre autres Philibert, l'un des cent gentilshommes de la maison du roi Charles IX en 1569, enseigne d'une compagnie de cinquante hommes d'armes des ordonnances du roi, des chevaliers de Malte et de St-Louis, des chanoines-comtes de Lyon et des chanoinesses de Neuville. — Alliances : Sarrazin du Meine, Vintimille, Buade, Montcenis, Chigny, Fussey, la Tournelle, Fauquier, Couthier, Tintry, Choiseul, Pinsonnat, la Tourière, Thyard, Chabot, Vaudrey. — Fiefs : baronnie de Vitrey érigée en 1740, baronnies de Rully et de Bellevesvre, seigneuries de Balore, Dissey, Soirans, Fouffrans, Pasquier, Pluvier en partie, Cussey-le-Châtel, Culètre, Rion, Brandon, Châtelmoron, Travoisy, Paimblanc, Beauregard, Montaleigre, Saint-Martin d'Ozolle, Moulin-la-Cour, Sarrigny, Villars-Chappey. M. 1698. E. 1575.

**BERNARD**, seigneurs de Trouhans et de Sassenay. — *D'azur à une fasce d'or, chargée d'une molette d'éperon d'azur, accompagnée en chef de deux coutelas d'argent garnis d'or et passés en sautoir, et en pointe d'un étendard d'argent posé en bande, la hampe et le fer d'or.* — Palliot fait remonter l'origine de cette famille à Jean Bernard, clerc des auditeurs aux causes d'appeaulx de Beaune et juge de Lux en 1437. Un de ses descendants acquit une charge de secrétaire du roi en 1521, et eut pour petit-fils Etienne, né à Dijon le 5 mars 1553, qui devint conseiller au parlement de Bourgogne, président en la chambre souveraine de Marseille, lieutenant-général au bailliage de Chalon, et vicomte-mayeur de Dijon en 1592. C'est à ce personnage considérable, député de Bourgogne et orateur du Tiers aux Etats généraux de Blois en 1588, que remonte vraiment l'illustration de cette famille. Parmi ses descendants, on peut citer Claude, surnommé *le Pauvre Prêtre*, né en 1588 et mort en 1641, que sa charité rendit célèbre ; Jean, conseiller du roi, comte consistorial et vicomte de Chalon, lieutenant-général au bailliage de cette ville en 1616 ; Bénigne, seigneur de Trouhans, conseiller au parlement de Bourgogne en 1631 ; Jean, seigneur de Thorey, Bernard, seigneur de Trouhans, également conseillers au même parlement, et Claude, écuyer, seigneur de Marcilly-les-Viteaux, qui joignit en 1675 à son nom de famille celui de Maillard. — La branche des seigneurs de Sassenay descend de Bernard, vicomte de Chalon, président au parlement de Dijon en 1652, père d'Etienne, qui lui succéda dans sa charge en 1682 ; elle a fourni plusieurs magistrats de la même cour, des chevaliers de Malte et des chanoinesses au chapitre d'Alix. — Fiefs : Sainte-Hélène, le Tartre, Baudrières, Marcheseuil, Thorey, le vicomté de Chalon-sur-Saône, Missery, Buisson, Fixey, Gamay, Virey, Saint-Aubin, Sassenay, etc. — Alliances : Legrain, Rabustel, Paradin, Tabourot, Pontoux, Thésut, Massol, Berbisey, la Plume, Ponsard, Dumay, Joly de Bévy, Fyot, Feydeau de Brou. E. 1626.

**BERNARDON.** — *D'azur au sautoir d'or, accompagné d'un croissant de même en chef et de trois étoiles, deux aux flancs et une en pointe, aussi d'or.* — Cette famille, originaire du Chalonnais, remonte à Etienne Bernardon, qualifié honorable homme, châtelain de Demigny, père de Philibert, procureur du roi au bailliage de Chalon en 1568. On remarque parmi ses descendants : Etienne et Guillaume, conseillers au parlement en 1580 et 1627 ; Guillaume, doyen de la cathédrale de Chalon, élu du clergé en 1611 ; Philibert et André-Bernard, présidents à la chambre des comptes en 1619 et 1680. Elle s'est éteinte au milieu du XVIII° siècle dans les Bouhier-Bernardon. — Alliances : Perrault, Remond, Lenet, Marlout, Poligny, Cirey, Joly, Perreney, Moisson, Lantin, Bouhier. — Fiefs : Saint-Micault, Grosbois, Corcelles-les-Ars, Renève, Beauregard, Montagny. M. 1669. E. 1674.

**BERNAULT.** — *De sable à la croix d'or.* — L'acte le plus ancien concernant cette maison est une vente par Perreau de Bernault, écuyer, à Geoffroy de Germoles de tout ce qu'il possédait à Chatenay-le-Larron, Courcelles et Champforgeuil en 1295. On remarque depuis lors Pierre, qualifié chevalier en 1395 ; Girard, damoiseau en 1441 ; Jean, chevalier de l'ordre du roi en 1576 ; Elie, capitaine au régiment de Vermandois en 1676, et Joseph, capitaine commandant un bataillon du régiment de Champagne en 1683. — Alliances : Saint-Seine, Damas, Thoisy, Loron, Moroges, Chandyo, Bouton, Haranguier, Guierche. — Fiefs : Châtenay, Lessertot, Montmort, Darcey, Marcilly, Montagu, la Tessonnière, Saint-Martin-sur-Guye, Givry en partie, Maxilly, Chassy, Marnay, Fongerotte, Montagny, Chichevière et autres, situés au bailliage de Chalon. M. 1669. E. 1577.

**BERNAY.** — *D'azur à une fasce vivrée d'or.* — E. 1629.

**BERTHET.** — *D'azur à trois épis d'orge d'or, rangés en pal ; alias : trois épis de blé.* — La filiation de cette famille est établie depuis 1537. Elle a fourni un colonel d'infanterie, gentilhomme du prince de Condé, chevalier de Saint-Lazare, et plusieurs chevaliers de Saint-Louis. M. par arrêt du conseil en 1667, après condamnation. — Alliances : Molle, Charreton, Thibaud de Thulon, Bauderon. — Fiefs : marquisat de Gorze par lettres de 1707, Combes, la Salle, Senecey-les-Mâcon, Nagu, Germoles, le Clairon. E. 1733.

**BERTHOT.** — Jean Berthot, écuyer, époux de Jeanne Sayve, possédait Vignolles et Serrigny en 1596. Peut-être était-il issu d'une famille du Mâconnais, où l'on trouve Olivier Berthot, procureur du duc au bailliage de Mâcon en 1422. La terre de Vignolles était déjà dans cette famille en 1474. E. 1582. Jean et Guillaume Berthot, panetiers du duc de Bourgogne en 1393 et 1395, portaient dans leurs armes : *deux cotices accompagnées de six étoiles à six rais, mises en orle, trois en chef et trois en pointe.*

**BERTON DES BALBES.** — *D'or à cinq cotices d'azur.* — Devise : *Fais ton devoir.*
— La maison de Berton des Balbes, originaire de Quiers en Piémont, a fourni un chevalier croisé en 1202. Une de ses branches, établie au Comtat-Venaissin, s'est illustrée sous le nom de Crillon et a été honorée du titre de duc par diplôme papal de 1725 et de la grandesse d'Espagne. Le comte de Crillon, colonel d'infanterie, reçu provisoirement aux Etats de 1778, a possédé les seigneuries du Vaulx-de-Lugny, Valoux, Vermoiron, Champien et la Grange-du-Bois, au bailliage d'Avallon, ancien domaine de la maison de Jaucourt.

**BESCH.** — Louis XIV, voulant augmenter l'armement de sa flotte et ne trouvant pas dans son royaume de lieu qui fût *plus commode* que la terre de Drambon, en Bourgogne, *pour faire fondre et fabriquer des canons de fer*, remboursa le prix de cette terre à un gentilhomme qui venait de l'acheter, et en fit don, par lettres du 9 décembre 1669, à Abraham de Besch, Suédois de nation, lequel venait d'y établir une usine, *pour l'obliger à s'arrêter avec sa famille dans son royaume et à s'appliquer à perfectionner la fonte des canons de fer.* — Abraham de Besch ne parut qu'une fois aux Etats de Bourgogne, en 1677.

**BETHOULAL.** — Ne serait-ce pas Bethoulat, en Champagne : *de gueules au lion d'or, surmonté en chef de trois étoiles d'argent?* — Autre famille : *de sable au chevron d'argent, accompagné de trois chardons d'or, feuillés et tigés de sinople.* E. 1590.

**BEUGRE.** — *D'or au bœuf de sable, accorné de gueules.* — Le premier de ce nom est Pierre de Beugre, seigneur de la Rougière, de la Charmée et de la Chapelle-de-Bragny, qui obtint de Charles-Quint le titre de comte en 1530. Parmi ses descendants, on trouve Guillaume, gentilhomme de la reine Marguerite de Navarre; Jacques, chevalier de Saint-Michel, gouverneur de Chalon en 1568; François, abbé de la Ferté en 1576; François, le dernier du nom, mort le 22 septembre 1786. — Alliances : Symon, Croisier, Raffin, Montservier, Magnien. — M. par arrêt du 13 juin 1670, et aussi en 1698. E. 1653.

**BIEN.** — *De gueules à trois fasces ondées d'argent.* — Ce nom figure dans les montres d'armes du XV<sup>e</sup> siècle. En 1658, Jacques de Bien obtint, contradictoirement avec le syndic des Etats, un arrêt du parlement qui l'exemptait des tailles, sur preuve de sept degrés de noblesse. — Alliances : Blondefontaine, Fresne, Monceau, Soret, Damoiseau. — Fiefs : la Tour-de-Prey, Lignière, le Monceau, la Vallée. E. 1787.

**BILLY.** — E. 1662. On trouve en Bourgogne plusieurs familles de ce nom. — Huot de Billey, écuyer en 1349, portait : *une croix chargée de cinq besants ou tourteaux.* — Gautier de Billy, chevalier en 1390, portait : *de... au chef chargé à dextre d'une tierce-feuille.* — Une famille de Billy, originaire du duché de Bourgogne et depuis fixée en Franche-Comté, a fourni plusieurs officiers à la cour des comptes de Dole, et portait : *de gueules, à six billettes d'or, posées 3, 2 et 1.* C'est sans doute à cette dernière famille qu'appartenait Jean-Baptiste de Billy, écuyer, seigneur des Echelles, qui vendit en 1663 le fief du Mouton, paroisse de Charnay, et que nous avons inscrit dans les listes de 1662 et 1671 (1).

(1) Peut-être faut-il lire : le seigneur de Billy. La terre de Billy en Châtillonnais a appartenu au XVII<sup>e</sup> siècle aux Porcherot (Voy. ce nom), et aux Souvest, famille du parlement qui portait : *de gueules à l'aigle essorante*

**BIZE.** — Il est probable que le gentilhomme inscrit sous ce nom dans la liste de 1662 appartenait à la famille de Vaux, maintenue en 1666, sur preuves remontées à Jacques de Vaux, qui figure dans un partage de 1338. Elle a possédé les seigneuries de Vaux, Bize, Léé, Cussy-le-Châtel et Vergoncey, et s'est alliée aux Menesserre, Mâlain et Breschard. Elle était de même nom et armes que les Vaux de Boussenois (Voy. VAUX).

**BLAISY.** — *D'or à la fasce de sable, accompagnée de six coquilles de même.* — Les Blaisy de la maison de Bourgogne portaient : *cotticé d'or et d'azur de six pièces.* — Cette famille remonte à une haute antiquité. Dès 1060, on trouve un de ses membres, Hugues, moine à Salmaise, et un autre, Garnier, abbé de Saint-Etienne de Dijon en 1098. Le neveu de celui-ci, qui portait le même nom, bienfaiteur de l'abbaye de Saint-Seine, reprit de fief de l'abbé en 1229 pour la terre de Chevannay. Alexandre figure au contrat de mariage du duc Eudes IV en 1316; Jean fut abbé de Saint-Seine en 1339; Guillaume était châtelain d'Auxonne en 1356; Geoffroy, sire de Mauvilly, gruyer de Bourgogne, gouverna le duché en l'absence de Philippe de Rouvres, et fut caution du traité de Guillon avec les Anglais en 1360. Deux autres Jean furent abbés de Saint-Seine en 1388 et de Morimont en 1441. Suzanne de Blaisy épousa François Pot en 1565. — Alliances : Fontaines, Salives, Chaudenay, Montoillot. Famille éteinte. E. 1350.

**BLANCHEFORT.** — *D'or, à deux léopards de gueules l'un sur l'autre.* — Cette famille, issue des vicomtes de Comborn, en Limousin, est connue sous le nom de Blanchefort depuis le XIIIe siècle. La branche des barons d'Asnois établie en Nivernais, a fourni deux gentilshommes de la chambre, dont l'un fut député de la noblesse du Nivernais aux Etats de Blois en 1576, et en outre un député aux Etats de Paris en 1614. Un rameau, sorti de cette branche, a fait souche en Bourgogne, où il a possédé les seigneuries de Sainte-Colombe et d'Annoux, et s'est allié aux Dupont, Minard, Estiennot, Marchand, Pot. M. par Bouchu en 1669. On remarque encore de ce nom deux gouverneurs du pays de Gex en 1697 et en 1710. — La branche du Nivernais a aussi porté : *d'or, à six cotices de gueules.* — On trouve également Blanchefort : *bandé d'azur et d'or de douze pièces.* E. 1590.

**BLANOT.** — *D'azur, à trois épis de blé sortant d'une même racine d'or, et en pointe un croissant d'argent.* — Devise : *Tandem flavescent.* — Cette famille est originaire de l'Auxois et paraît remonter à Edme Blanot, bourgeois de Liernais, père de Charles, docteur en droit et avocat au parlement en 1571. On remarque parmi ses membres Charles, maire de Semur, député de cette ville aux Etats généraux de 1593, un lieutenant-général criminel au bailliage d'Auxois en 1627, deux conseillers au parlement en 1628 et en 1672, et deux avocats du roi au bureau des finances en 1647 et 1683; l'un d'eux était chevalier du Mont-Carmel et de Saint-Lazare. — Alliances : David, Filzjan, Vittier, Fourneret, Drouas.— Fiefs : Bornay, Champrenault en partie, Préjailly, Santigny, Savey. E. 1679.

**BLÉ (DU).** — *De gueules à trois chevrons d'or superposés.* — Famille originaire de Bourgogne, qui remonte à Geoffroy du Blé, seigneur de Cormatin et de Massilly, vivant vers 1235.

*d'or; au chef de même*; devise : *Altum petit, ima relinquens.* — On trouve aussi Despence, seigneur de Billy, la Loge, Touillon et Pomblain : *d'azur à la gerbe d'or, accompagnée en chef d'un lévrier courant du même, et en pointe d'un croissant d'argent.* Famille originaire du comté de Tonnerre, d'après Chevillard.

Elle a fourni un évêque de Chalon en 1273; un échanson du duc de Bourgogne en 1402; un chevalier de Saint-Jean-de-Jérusalem au commencement du XV⁰ siècle; plusieurs chapelains et capitaines des ducs. Elle s'éteignit au XV⁰ siècle dans la personne de Catherine, qui épousa Claude de Laye, seigneur de Rothilia; mais leur petit-fils, Huguenin, fut substitué aux biens, nom et armes du Blé. Parmi les descendants de celui-ci on peut citer : Pétrarque, chevalier des ordres du roi, baron d'Uxelles en 1537; Jean, chevalier de Malte en 1571; deux abbesses de Sainte-Menoux en Bourbonnais; Jacques, conseiller d'honneur au parlement de Bourgogne en 1604, mestre de camp d'infanterie en 1613, conseiller d'Etat en 1615; plusieurs lieutenants des armées du roi en Bourgogne pour le Chalonnais, gouverneurs de la ville et du château de Chalon; enfin Nicolas du Blé, marquis d'Uxelles, chevalier des ordres, maréchal de France en 1703, gouverneur d'Alsace, membre du conseil des affaires étrangères et du conseil de régence sous la minorité de Louis XV, ministre d'Etat, mort en 1730, et en qui s'éteignit la famille. — Fiefs : Bussy, comté de Tenarre, baronnie d'Uxelles érigée avec Cormatin en marquisat en 1618. — Alliances : Bauffremont, Beringhen, la Grange, Maigny, Mandelot, Montfaucon, Nagu, Phelyppeaux, Rabutin et Villars. E. 1549.

**BLOND (LE).** — *D'argent à trois portes de gueules.* — Famille originaire du Vermandois, à laquelle appartenaient Guérard Le Blond, maréchal des logis de la compagnie du maréchal de Gyé, et Guillaume, seigneur des Ostreux près Doullens, au XV⁰ siècle. — Jean Le Blond, qualifié maître-ès-arts, fils de Pierre, bourgeois de Noyon, dans son contrat de mariage passé à Beaune en 1479, devint conseiller au parlement de Dijon en 1493; son fils fut reçu en une semblable charge de conseiller en 1538. Marguerite Le Blond, veuve de Nicolas des Barres, obtint en 1608 des lettres de reconnaissance de noblesse comme fille et petite-fille de conseillers. — Fiefs : Couchey, la Cour, Corbigny, la Borde, Quincey, Vieil-Châtel en Auxois. — Alliances : Murgault, des Barres, Morelet, de Sains, Milletot, Bretagne, Boudier, Le Pitois. E. 1577.

**BLONDEFONTAINE.** — *De.... au lion de....* — Ces armes sont figurées sur la tombe de Louis de Blondefontaine, prieur de Bonvaux près Dijon et prévôt de Saint-Bénigne, lequel fut inhumé en 1575 dans l'église de son prieuré. On trouve plusieurs personnages de ce nom : au XIV⁰ siècle, parmi les vassaux des sires de Jouvelle au comté de Bourgogne; au XV⁰, dans les montres d'armes des ducs; au XVI⁰, dans les compagnies d'ordonnances et dans les rôles de l'arrière-ban. Cette famille, alliée aux Montigny, Montereul, Lespal, Bien, Nicaise, paraît s'être éteinte au commencement du XVII⁰ siècle; elle possédait alors la terre de Musseau ou Mussiot, où il y avait un fief du nom de Blondefontaine. E. 1588.

**BLUETTE** ou **BLUET.** — N. de Bluet fut reçu aux Etats de 1662 à la vue de son arbre généalogique dressé en Angleterre, d'où il était natif, et remontant à l'an 1066.

**BOIS (DU).** — Voir Dubois de la Rochette.

**BOITOUSET.** — *D'azur à la fasce d'argent, accompagnée en chef de deux losanges d'or et en pointe d'une rose de même.* — Famille originaire de Besançon, à laquelle appartenaient

Regnault, coquâtre de cette ville en 1438, et Philippe, seigneur d'Epenoy, co-gouverneur de la même cité de 1643 à 1648. La terre de Loulans fut érigée en marquisat pour Pierre-Désiré Boitouset en 1719. Outre la branche de Loulans, qui fut substituée au nom et aux armes des Raguz, et a donné plusieurs officiers et chevaliers de Saint-Louis, cette famille a détaché en Bourgogne un rameau qui a possédé la terre de Poinsson de 1634 à la fin du XVIIIe siècle, et d'où est issu Charles-Alexandre, marquis d'Ormenans, mort général à Saint-Domingue. — Alliances : Mongeot de Boisset, Mesmay, Petremand, Alepy de Vaux, Perrot d'Amoires, Germigney, Gonne. E. 1697.

**BOIVEAU.** — Voyez BOYVEAU.

**BONNAY.** — *D'azur au chef d'or; au lion de gueules couronné d'argent brochant sur le tout.* — Devise : *Oncques ne devies.* — Cette famille, originaire du Nivernais, a été reçue aux Etats de 1781 sur preuve de cinq degrés de noblesse depuis Thomas de Bonnay, chevalier de l'ordre du roi, conseiller d'Etat, capitaine de cinquante hommes d'armes au service du prince de Savoie, au commencement du XVIIe siècle. — Alliances : Dorne, Blondet, Dormy de la Chapelle, Gommier-Desperichons. — Fiefs : Baronnies du Bessay et du Peron, le Breuil, Presle.

**BORDE.** — Cette famille, établie au bailliage de Montcenis dès le milieu du XIVe siècle, a possédé les fiefs de Maulvoisin, la Crotte et Renier et s'est alliée aux Clugny et aux Cirey. On remarque parmi ses membres Jean, écuyer, lieutenant du bailli de Montcenis en 1438, et Huguenin, aussi écuyer et châtelain de la même ville, mort avant 1462. E. 1563.

**BORDE (LA).** — Cette famille remonte à Jean de la Borde, damoiseau, seigneur de Montmançon près Pontailler, dont le fils Odet figure dans un acte de 1303. Ses descendants sont restés seigneurs de Montmançon jusqu'au commencement du XVIIe siècle et ont en outre possédé la maison de la Borde près Pontailler et plusieurs fiefs à Trochères, Vielverge, Soissons et Baissey. Parmi eux on remarque Oudot de la Borde, capitaine de Pontailler en 1385 ; c'est le même sans doute qui donna quittance en 1366 de ses gages pour avoir servi au château de ce lieu ; son sceau portait *un lion à tête d'aigle avec un bâton brochant sur le tout.* — Alliances : Saudon, Thibrand, Dubois, Carrenet. E. 1602.

**BORDES (DES).** — On présume que le gentilhomme inscrit sous le nom de vicomte des Bordes dans la liste de 1618 était Achille d'Ancienville, vicomte des Bordes, dont la fille épousa Achille de la Grange, comte d'Arquien et marquis d'Epoisses. — Voy. ANCIENVILLE et GRANGE (LA) de Maligny.

**BOUCHER.** — *D'argent à trois écrevisses de gueules.* — Famille originaire de Champagne, où elle était connue dès le XIIe siècle, et dont la filiation remonte, d'après la Chesnaye des Bois, à Guillaume Boucher, écuyer en 1304. On remarque parmi ses descendants un gouverneur de Chaumont-en-Bassigny, deux lieutenants-généraux du bailliage d'Auxerre, un député de la noblesse du comté de Tonnerre à l'assemblée des Etats pour la rédaction de la coutume de Sens en 1506, et un ambassadeur à Rome. Cette famille s'est ensuite partagée en plusieurs branches : celle des comtes de la Rupelle, qui figure à l'assemblée de la noblesse du bailliage d'Auxerre en 1789; celle des comtes de Boucher, seigneur du Paslis et de Lignière, maintenue en 1670; celle des barons de Flogny, qui a fourni des officiers de divers grades, chevaliers de Saint-Louis et de Malte, et celle des barons de Milly formée par Nicolas, qui se trouva aux siéges de Laon et d'Amiens sous Henri IV, et dont plusieurs descendants se distinguèrent dans les guerres de Louis XIV et de Louis XV. — Cette dernière branche a possédé comme fiefs en Bourgogne : Milly, la Roche, Montecaux, et s'est alliée aux du Brouillard, Le Bascle d'Argenteuil, Gauthier du Tronchois, Damoiseau, Marie d'Avigneau et Guijon. M. par arrêt du conseil en 1660, et par Ferrand en 1699. Preuves pour la grande écurie en 1731. E. 1658.

**BOUGNES.** — *De sable au cerf élevé d'argent, sommé sans nombre.* — Famille maintenue en 1669 sur preuves remontant à Jean de Bougnes, marié en 1530. Louis-François, ancien capitaine de cent hommes d'armes, obtint en 1682 l'érection en marquisat de la baronnie d'Uchon et la Tour-du-Boz. — Alliances : Regnier de Romprey, Messey, etc. Ce nom figure dans la liste des commissaires vérificateurs en 1653-1658.

**BOUHIER.** — *D'azur au bœuf d'or* ; anciennement : *coupé de gueules à trois molettes d'éperon d'or, qui est de Champluey.* — Cette famille, originaire d'Autun (d'Artois, d'après la Chesnaye des Bois), et l'une des plus distinguées du parlement de Dijon, est issue de Jean Bouhier, pourvu d'une charge de conseiller en 1512, et que nous présumons fils de Thomas Bohier, qualifié notaire et secrétaire du roi en 1491. A la fin du XVI<sup>e</sup> siècle, sa descendance s'est partagée en deux branches principales, celle des Bouhier-Bernardon, de qui sont issus les Bouhier de Versalieux, et celle des Bouhier de Lantenay, à laquelle appartenait le président Bouhier de l'académie française. Dix-huit Bouhier ont siégé sur les fleurs de lys, dont cinq avec le mortier de président. Enfin cette famille, dans laquelle on remarque encore un commandeur de Malte et un brigadier des armées du roi, a eu l'honneur de donner ses deux premiers évêques au diocèse de Dijon : Jean et Claude. Jean avait été auparavant doyen de la Sainte-Chapelle, et tous deux figurent comme élus du clergé, le premier aux Etats de 1721, le second à ceux de 1731. — Fiefs : Lantenay, érigé en marquisat en 1677 sous le nom de Beaumanoir, en faveur de N. Bouhier, conseiller au grand conseil, et commué au nom de Bouhier en 1709, Pasques, Pouilly, Layer, Vougeot, Buffon, Savigny, Fontaines-les-Dijon, Ruffey, la Motte-Marcilly, Chevigny, Angoulevant, Mus. — Alliances : Tixier, Cirey, Millière, Giroux, Bernardon, la Marre, Berbis, Massol, Poligny, la Toison, Gagne, Juret, Gasse de Rouvray, Fleutelot, etc. E. 1599.

**BOUILLET.** — *D'azur au chevron d'or, accompagné de trois besants de même; au chef de gueules, soutenu d'or et chargé d'un croissant d'argent entre deux étoiles de même.* — *Pro patria mori pulcherrimum. Hic jacet nobilis Claudius Bouillet qui obiit anno domini 1555, quorumdam militum in suos cives violentiam repressurus.* Cette inscription fut gravée dans l'église Saint-Nicolas de Paray sur la tombe du premier auteur de la famille Bouillet, laquelle s'est divisée en plusieurs branches. De Guillaume, maître des comptes à Dijon en 1617, sont issues : 1° la branche reçue aux Etats de 1754, sur preuve de deux générations de maîtres des comptes; 2° la branche de la Boissière, condamnée en 1665, et qui a produit un chevalier de Saint-Louis;

3° une branche établie dans le Bugey, et reçue en 1691 dans la noblesse de ce pays à laquelle elle a fourni un syndic général et un conseiller ; elle a produit aussi deux procureurs généraux à la chambre des comptes de Dijon en 1727 et en 1776. Une autre branche, issue de Claude, s'est éteinte en 1732 ; elle a fourni un grand bailli du Charollais, mort en 1695, et un chevalier de Saint-Louis, commandant à Québec. Enfin, signalons les branches de la Faye et des Halliers, restées au berceau de la famille. — Alliances : Baudinot, Margeret, Guelaud, Burgat, Calon, Millière, Legendre, Migieu, Athose. — Fiefs : Godan, la Boissière, Aiserey, la Bourlière, baronnie d'Arlod. M. 1697.

**BOULAINVILLIERS.** — *D'argent, à trois fasces de gueules.* — Cette famille, originaire du Vexin, remonte à Pierre de Boulainvilliers, écuyer, sieur de Fromille et de Montigny, maître d'hôtel du duc de Bourbon en 1491. Son petit-fils, Claude, épousa Marie de la Rivière en 1550. Preuves pour Saint-Cyr en 1686. Une branche de cette famille a possédé au comté d'Auxerre quelques portions des seigneuries de Crain, Fouronne et Seignelay, cette dernière vendue en 1643 par Jean de Boulainvilliers, chevalier, baron de Besancourt. E. 1658.

**BOULAY (DU).** — François du Boulay, écuyer, sieur de Courtizon, reprit de fief en 1656 des seigneuries de Planches et la Vacherie dans le bailliage de Chalon ; il avait épousé Claude de Villey, fille d'un bourgeois de cette ville. E. 1674.

**BOURBON.** — *D'or au lion de gueules, accompagné de huit coquilles d'azur mises en orle.* — Ces armes sont celles des anciens sires de Bourbon, desquels était issu Jean de Bourbon, seigneur de Montperroux, qui parut aux Etats de 1355 et qui peu auparavant avait fait hommage pour les terres de Chastellux, Marigny et Basoche, en son nom et au nom de sa femme, Laure de Bordeaux, veuve en premières noces de Robert de Tanlay, et en secondes de Guillaume de Montagu.

**BOURBON-BUSSET.** — *D'azur à trois fleurs de lys d'or, à la cotice de gueules pèrie en bande, qui est de Bourbon, et au chef d'argent, chargé d'une croix potencée et contrepotencée d'or, cantonnée de quatre croisettes de même, qui est de Bouillon-Jérusalem.* — Pierre de Bourbon, dit le bâtard de Liége, était fils de Louis, évêque de Liége, cinquième des enfants de Charles 1er, duc de Bourbon et d'Auvergne, et d'Agnès de Bourgogne. Son père l'avait eu, avant sa promotion à l'évêché de Liége (1467), d'une fille de la maison de Gueldres. Pierre fut chambellan de Louis XII et devint propriétaire de l'ancienne baronnie de Busset en Auvergne qui donna son nom à ses descendants. Philippe, son fils, sénéchal du Bazadois et lieutenant d'une compagnie sous la charge de Charles de Bourbon, fut tué à Saint-Quentin en 1557 ; son petit-fils, Claude, fut chevalier de l'ordre, panetier et gentilhomme ordinaire du roi, lieutenant-général en Limousin, mort en 1588 ; son arrière-petit-fils, César, chevalier de l'ordre, mourut en 1631. Tous trois étaient en même temps gouverneurs héréditaires des vicomtés de Carlat et de Murat. On remarque encore dans cette famille deux chevaliers de l'ordre, un lieutenant-général de l'artillerie de France, tué au siége de Fribourg en 1677 ; un maréchal des camps et armées du roi en 1764. Les Bourbon-Busset ont porté les titres de comtes et marquis de Busset, barons de Chalus et de Vesigneux et se sont alliés aux Tourzel, la Queuille, Chavigny,

Albret, Borgia, la Brosse, Chabannes, la Rochefoucaud, la Fayette, Pracontal, Villers-la-Faye, Andrault de Langeron, Saulx-Tavannes, Gouffier, Clermont-Tonnerre, Thomassin, Montmorillon. E. 1745.

**BOURGDIEU (DU).** — Famille issue de Jean du Bourgdieu, greffier en chef des requêtes du palais à Dijon en 1585. Un de ses descendants fut condamné en 1667 comme usurpateur du titre de noblesse en une amende de 2,000 livres. — Alliances : Soyrot, Bretagne, Dardault. — Fiefs : le Promenois, Lauronne. E. 1677.

**BOURGEOIS DE CRESPY.** — *D'azur, au lion d'or, accompagné de trois étoiles de même.* — Cette famille, originaire de Semur-en-Auxois, a fourni, au XVIe siècle, des maires et des officiers au grenier à sel de cette ville, et deux présidents au parlement de Bourgogne (1553 et 1576). On remarque en outre parmi ses membres, Guillaume, conseiller du roi en ses conseils, gentilhomme de la chambre en 1641, mestre de camp d'infanterie, gouverneur de Semur, qualifié baron de Crespy et comte d'Origny, et Pierre, aussi gouverneur de Semur et maréchal de camp. — Alliances : Villepenet, Montholon, du Châtelet, Juliot, Ancienville, Le Charron, Brûlart. — Fiefs : Vy, Chassenay, Menetoy, Menetreux, Saint-Léger-de-Foucheret, Bellenod, Vaux, Allerey, parties de Quemigny, Quemignerot, Bremur, Vaurois, etc. E. 1618.

**BOURGOGNE.** — E. 1355. Voy. MONTAIGU.

**BOURGOIN, BOURGOING, LE BOURGOING.** — *D'argent à trois tourteaux de gueules.* — Ancienne famille du Nivernais, à laquelle appartenaient Guillaume Le Borgoinne, chevalier en 1314; Guyot Bourgoing, écuyer, qui fut commis, avec plusieurs autres gentilshommes, par lettres du duc Philippe le Bon, de l'an 1431, pour renouveler les trêves entre la Bourgogne, le Charollais, le Bourbonnais et le Forez, et Philippe, écuyer d'écurie du même prince en 1441. Elle s'est partagée en deux branches principales, dont la filiation est établie depuis 1370, celle des barons et comtes de Bourgoing, qui portent : *d'azur à la croix ancrée d'or*, et celle des marquis de Faulain ou Folin, dont nous avons blasonné les armes plus haut et qui s'est fixée dans l'Auxerrois où elle a possédé les seigneuries de Coulanges-sur-Yonne, Misery et la Grange-Folle. Cette branche, reçue aux Etats de 1682, s'est alliée aux Montmorillon, Chantelot, la Motte, etc.

**BOURNONVILLE.** — *De sable au lion d'argent, armé, lampassé et couronné d'or, la queue fourchée et passée en sautoir.* — Cette maison, d'où sont issus les ducs et princes de Bournonville, descend de Hues de Burreneville, seigneur de Pichange, Gemeaux, Barjon, le Meix, Lailly et Saisey en 1389. Galiot, son fils, fut envoyé par Philippe le Hardi au devant de la reine d'Angleterre en 1401. Jean suivit le duc à Paris en 1409, avec deux chevaliers bacheliers et dix-huit écuyers. Enguerrand, écuyer d'écurie du duc en 1407, pris par les Florentins au siège de Pise, accompagna son maître dans sa campagne contre les Liégeois. Devenu chambellan et capitaine de cinquante hommes d'armes, il commanda l'escorte de Jean sans Peur dans son voyage à Paris en 1414. Guillaume, chevalier, seigneur de Bellenod, Vaux, Origny et la Montagne en 1443, était de la même famille. On trouve après lui, mais d'une autre branche : Robert et Philippe, seigneurs de Chansigny au bailliage d'Autun, Volnay et Auxey en 1528, dont la postérité posséda ces terres jusqu'au XVII° siècle. — Alliances : Preys, Breschard, Rouvray, Thoisy, du Vernoy, Vaux. E. 1476.

**BOURRÉE.** — *D'azur à trois gerbes d'or;* Palliot donne *trois bourrées ou sarments d'or.* — Famille originaire de Bligny-sur-Ouche, et qui, anoblie par une charge de secrétaire du roi au XVII° siècle, a fourni des officiers aux parlements de Dijon et de Paris. — Fiefs : Corberon, Mimande et Vaublanc, Tailly, Chorey, Villy-le-Brûlé, Lessard, Paimblanc. — Alliances : Bernard, Bouchin, Brunet, Cazotte, Espiard, Derequeleyne, Richard, Thiroux, Suremain, Migieu, Truchy, Valon. E. 1727, sans procès-verbal de preuves.

**BOUSSEVAL.** — Jean de Bousseval, écuyer, seigneur de Nuits-sous-Ravières, épousa en 1493 Françoise Vignier, dame de Villiers-sur-Suize, dont il eut six fils et une fille. Son fils aîné, Philippe de Bousseval, seigneur de Villiers-les-Haut, fut père de Jean, capitaine du château de Dijon, marié à Hélène Le Courtois et à Claude Chabut. Il mourut en 1574. De ses deux fils, aucun ne laissa postérité. — Alliances : Antilly, Serre, Barge, Le Garennier, Senevoy, Chaugy, Le Bascle, Bourgoing. E. 1566.

**BOUTET (DU).** — *De gueules à trois croissants montants d'argent.* — La terre de Sancy, relevant du comté de Noyers, est entrée dans cette famille en 1514 par le mariage de Philiberte de Barges avec Jean du Boutet, qualifié noble homme, écuyer et homme d'armes de la compagnie de messire Robinet de Framezelles. Ses descendants ont presque tous porté les armes, soit dans les compagnies d'ordonnances, soit avec des brevets de capitaines ou d'officiers dans divers régiments. Parmi eux nous citerons Louis du Boutet, chevalier, capitaine de cavalerie, qui vendit Sancy en 1698 à N. Le Bascle de Moulins. — Alliances : Scorrailles, Tespes, Beauchâteau, Courthant, Longueval, Karandefex, Gevigny, Morel de Monteval, Profillet de Dardenay. — Fiefs : la Motte-de-Vauxaulles, Bussière, Marnay. E. 1650.

**BOUTIÈRE (LA).** — *D'azur à une fasce d'or, accompagnée de trois croissants de même.* — En 1326, Mathieu de la Boutière, damoiseau, fils de Hugon, décédé avant 1348, reprend de fief de ce qu'il possède au lieu de la Boutière en Autunois; nous ne connaissons point de titres plus anciens concernant cette famille, qui a donné trois conseillers au parlement de Dijon en 1486, 1636 et 1676. On remarque encore : Jacques, abbé de Sainte-Marguerite d'Autun en 1502; Charles, maître des requêtes en 1687; plusieurs militaires, etc. — Alliances : Edouard, du Blé, Brienne, Baillet, Franay, Chissey, Moroges, Ferrière, Brenot. — Fiefs : baronnie de Chagny, la Boutière, Chassagne, le Châtel-des-Prés, l'Espervier, Saint-Désert, la Verne, la Chaume, Reul, Villechièse, le Jeu. E. 1557.

**BOUTON.** — *De gueules à une fasce d'or.* — Palliot prétend que cette maison est originaire de Brabant et qu'elle portait primitivement le nom de Jauche, qu'elle échangea vers 1354 contre celui de Bouton. Quoiqu'il en soit, c'est à cette époque qu'elle vint s'établir en Bourgogne avec Jean, seigneur d'Aunoy, conseiller et maître d'hôtel de la comtesse de Savoie. Son frère Philippe, seigneur de Savigny, ayant épousé Marguerite du Fay en 1358, transmit la terre de ce nom à ses descendants, parmi lesquels on remarque : Jean-Genevois, chambellan

— 138 —

du duc, bailli de Dole en 1423; Jacques, seigneur de Corberon, chambellan, capitaine de Sagy, gouverneur du bailliage de Dijon en 1470, qui suivit le parti de Marie de Bourgogne; Anselme, chevalier d'honneur au parlement de Dijon en 1477; Claude, gouverneur du prince d'Orange en 1544, maître d'hôtel de Ferdinand, roi de Bohême; Emart, bailli de Chalon-sur-Saône, fait chevalier à Montlhéry en 1467; Jacques-Nicolas, chef de la branche de Chamilly, mort en 1560, père d'Erard, gentilhomme ordinaire de Henri IV en 1603, et aïeul de Nicolas, pour qui la terre de Chamilly fut érigée en comté en 1644. Le plus illustre membre de cette famille est assurément Noël, qui parcourut presque tous les champs de bataille de l'Europe de 1667 à 1705. Brigadier des armées royales en 1673, gouverneur de Graves en 1674, il soutint dans cette place un siége mémorable qui lui valut le brevet de maréchal de camp et le gouvernement d'Oudenarde; lieutenant-général en 1678, il fut créé maréchal de France en 1703, chevalier des ordres en 1705, et mourut en 1715. Son frère Erard, maréchal de camp en 1658 et gouverneur de Dijon en 1660, donna le jour à François, ambassadeur en Danemarck en 1698, et lieutenant-général en 1704. — Fiefs : le Fay, Corberon, Bragny, Grandmont, Pierre, Frangy, Bosjan, Villy-le-Brûlé, Saint-Micault, la Tournelle, Moroges, Montaigu, Nantoux, Bourgneuf, Mimande, Chamirey, Gamay, etc.— Alliances : Champagne, Salins, la Marche, Lannoy, Courcelles, Oyselet, Brancion, Rochefort, Moroges, Tenarre, Garadeur, Brûlart, Cirey, Le Conte de Nonant, Poncet de la Rivière, etc. — Famille éteinte. E. 1460.

**BOUVENS.** — *De gueules à la croix dentelée d'argent.* — Devise : *Plus n'est possible.* — Cette famille remonte à Henri de Bouvens, juge-mage de Bresse de 1306 à 1320. On remarque parmi ses descendants : Jean-Amé, comte de Saint-Pierre au marquisat de Saluces, gouverneur de la citadelle de Bourg, qu'il défendit pendant sept mois contre Henri IV ; un chambellan et un gentilhomme de la chambre du duc de Savoie en 1511 et en 1606; un syndic général de la noblesse du Bugey en 1769. — Fiefs : Châtillon-de-Michaille, baronnie de Saint-Julien-sur-Cerdon, Ceziez, la maison-forte de Bouvant ou Bouvens. — Alliances : Feillens, Dubois, Châteauvieux, Lantenay, la Palu, Barnaut, Gingin, Moyria, Plaines, Châtillon, Angeville, Miremont, Dumolard. M. 1669, 1699. — Branches de Musinens, de Bois et Ruffieu, et du Bois de la Roche; cette dernière établie en Basse-Bretagne. E. 1639.

**BOUVOT.** — *D'azur, au griffon d'or, armé et lampassé de gueules.* — Ces armes sont celles de Jean Bouvot, écuyer tranchant de la duchesse Marguerite d'Autriche en 1527, bailli de Hal en Hainaut en 1540, fait chevalier par Charles V en 1549. Sa famille s'est alliée aux Thyard, la Trémouille, Bragny, Damas, et a possédé les fiefs de Cormaillon, Chasselambert, et Villers-Pautras-les-Semur. E. 1578.

**BOUY (DU)** ou **BOUY.** — *De gueules à trois fasces d'argent, à la bande d'azur brochant sur le tout.* — Famille du Limousin à laquelle on présume que pouvait appartenir N. de Bouy entré aux Etats de 1560 et 1578. La famille de la Vergne de Ladignac ajouta ce nom au sien. (Voy. VERGNE (LA). Cette attribution est très incertaine.

**BOYAULT.** — Jean de Boyault, seigneur de Franchesse en Bourbonnais et du Maltray, capitaine et gouverneur du château de Dijon, présenta requête en 1593 à la chambre des comptes de Bourgogne pour reprendre de fief de la seigneurie de Neuilly, au bailliage de Dijon. Le rôle du capitaine Franchesse pendant les troubles de la Ligue est trop connu pour que nous ayons à en parler ici. E. 1589.

**BOYER DE CHAMPLECY.** — Voy. CHAMPLECY.

**BOYVEAU, BOIVEAU.** — *D'azur à trois têtes de bœuf d'or, posées de front.* — Charles Boyveau, seigneur de Pralon, chevalier de Saint-Louis, commandant en Alsace, chevalier d'honneur au conseil souverain de la même province, fut confirmé dans sa noblesse d'extraction et anobli en tant que de besoin par lettres de 1737. Il était fils d'un lieutenant au bailliage de Montcenis, conseiller d'état en 1657; deux de ses frères furent tués en Italie, un autre mourut gouverneur des Invalides, grand'croix de Saint-Louis. Son fils fut reçu aux Etats de 1742. A une autre branche de cette famille appartenaient Jean, secrétaire du roi en 1650, et Jacques, successivement gentilhomme du prince de Condé, trésorier de France et président aux comptes en 1663. — Alliances : Bretagne, Lesné, Calard, Bureau de Pralon, Maublanc. — Fiefs : Saint-Gervais, Croisy, Lauvernée, Blanzy, Cypierre, la Motte-Loisy. M. 1698 et 1699.

**BRACHET.** — *Ecartelé : aux 1 et 4, d'azur à deux chiens braques d'argent, passant l'un sur l'autre; aux 2 et 3, d'azur semé de molettes d'or, au lion de même brochant sur le tout.* — Cette famille fut reçue aux Etats de 1736, sur preuves de quatre degrés de noblesse. Courtépée la fait descendre d'une ancienne maison du Limousin qui remonte à Guillaume Brachet, châtelain de Raymond, prince d'Antioche en 1140, et à laquelle appartenaient Catherine, dame de Salignac, mariée à Jean Pothon de Xaintrailles, maréchal de France, et Mathieu, sénéchal du Limousin, bailli de Troyes, allié en 1452 à une d'Aubusson. La branche de cette famille établie en Auxois a porté le titre de comte et a fourni un grand nombre de militaires, parmi lesquels on remarque Jean-Baptiste, chevalier de Saint-Louis en 1765, et son fils Louis-Marie, chevalier de Malte en 1784. — Alliances: Conighan, Prix, Villars, Lespicier, Traveau, Bureau, la Tournelle. — Fiefs : Magny, Saint-Andeux, la Jarrousse, Palleau, Saint-Germain-de-Modéon, Villars-Dompierre, la Motte-de-Joux, Saint-Beury, Beurizot, Lée, Lignières, Ferrière, Montjasson.

**BRANCION.** — *D'azur à trois fasces ondées d'or.* — Cette maison, l'une des plus puissantes et des plus illustres de la Bourgogne, tire son nom du bourg de Brancion dans le Chalonnais et remonte à Varulphe, comte de Brancion en 960. Letbaud était évêque de Mâcon en 996. Varulphe, frère de Gauthier, prévôt de Mâcon en 1027, fut père de Gérard qui fonda le prieuré de Blanzy en 1051. Bernard I<sup>er</sup> se croisa en 1116, s'unit à une fille du comte de Chalon et mourut en Orient. Bernard II épousa une fille du duc de Lorraine, et se croisa également en 1150. Josserand III, fils de Henri, dit *le Gros*, périt à la bataille de la Massoure en 1250; ses exploits furent célébrés par le sire de Joinville, son neveu. L'un de ses fils, Pierre, seigneur de Visargent en Bresse, fut la tige de la branche de ce nom, qui se perpétua jusqu'au XVIII<sup>e</sup> siècle, et s'éteignit en la personne de Madeleine-Gasparde de Brancion, mariée en 1749 à Jean-Claude de Clermont-Mont-Saint-Jean. Cette famille a fourni un évêque de Langres en 1125, un abbé de Cluny en 1230, plusieurs capitaines, brigadiers généraux, chevaliers de Malte, et un chevalier d'honneur au parlement de Bourgogne de 1756 à 1762. Elle a possédé les terres de Brancion en franc-alleu, d'Uxelles, de Beaumont, d'Aignay, de Sanvignes, d'Etalante, de Marcilly, de Jours, de Pâques, etc. Elle s'est alliée aux Chalon, Vienne, Genève, Salins, Choiseul-Traves, Lugny, Montconis, Bouton, Montjeu, Poligny, Villers-la-Faye, Montrichard, Le Compasseur, etc. — La famille de Raguet, qui en descend par les femmes, a relevé ce nom. (Voy. RAGUET.) E. 1584.

**BRANDIN.** — Le premier de ce nom est Jean Brandin, lieutenant du chancelier à Semur en Auxois en 1405. Un autre Jean, écuyer, était seigneur de Massène en 1550. Pierre Brandin était conseiller et maître des requêtes du duc de Bourgogne en 1432. — Fiefs : Massène, Ménetreux, Souhey. — Alliances : Faulquier, la Molie. E. 1570.

**BRAZEY.** — *De gueules à la croix d'hermines.* — Ce nom a été porté par deux familles, l'une originaire de Brazey-en-Montagne près de Saulieu, l'autre de Brazey-en-Plaine près de Saint-Jean-de-Losne. La première remonte à Labaudus qui vivait en 1180, et a donné plusieurs bienfaiteurs du prieuré de Bar en 1285, des abbesses de Saint-Jean-d'Autun et des seigneurs de Gissey-sous-Salmaise, de Nanteul, de Cussigny, d'Aubigny, de la Roche-Vanneau et de Brazey. Elle s'allia aux Nanteul, Sercey, Vingles, Cussigny, Menesserre, Edouard, Clugny, Robbée. — La seconde remonte à Guy, chevalier en 1260, et a fourni un maire de Dijon, Humbert de Brazey, en 1288, un abbé de Morimont en 1504, et plusieurs clercs ou écuyers des ducs. E. 1560.

**BRESCHARD.** — *D'argent à trois bandes d'azur.* — Ancienne famille originaire du Bourbonnais, qui remonte à *Radulfus Brecardi* cité sous l'année 1174 dans le cartulaire de la Charité-sur-Loire. On trouve après lui Raoul *Broischard*, sire de Bruilles en 1306 ; Jean, chevalier, écuyer tranchant du comte de Nevers en 1376 ; Guiot, damoiseau, seigneur de Thury en 1378 ; Louis, seigneur de Saint-Ligier en 1423 ; Philippe, seigneur de Santronnes, et Guichard, seigneur de Chavance en 1474 ; Nicolas, seigneur de Thury en 1502 ; Jean et Lazare, tous deux chevaliers de l'ordre en 1579, etc. Cette famille a donné plusieurs moines à l'abbaye de Saint-Seine, et à la Visitation une religieuse, illustre compagne et parente de sainte Chantal, Charlotte de Breschard, morte en 1637. — Fiefs : Thury, Lailly, Vignaulx, Tintry, Saint-Martin-de-Communes, Lucenay-l'Evêque, Joursenvaulx, la Grange-de-Buxy, Vellerot, Saint-Pierre-de-Vaux, etc. — Alliances : Bourbon, du Vernay, Myard, d'Orge, Bournonville, Vingles, Vaux. E. 1576.

**BRESCHE** ou **BRÈCHE.** — *De. . . . . à un léopard de. . . . . ; au chef d'azur chargé de deux fleurs de lys d'or.* — Gélyot leur donne pour armes : *d'azur à un écusson d'argent, accompagné de huit croix recroisetées d'or.* — Barthélemy de Vanveix, dit de Bresche, écuyer en 1270, est l'auteur de cette famille. On trouve ses descendants établis dans le Charollais en 1388, et à Bresche, dont ils possédèrent la terre jusqu'au XVII$^e$ siècle. Claude était seigneur de Venarey et de Ménetreux-le-Pitois en 1549. Jacques était encore seigneur de Bresche en 1508. E. 1524.

**BRESSEY**. — Famille peu connue, originaire du village de ce nom, qui a donné Jacques, seigneur dudit lieu en 1527, et Antoine, seigneur de Saint-Germain-du-Bois en 1551. E. 1422.

**BRETAGNE, BRETAIGNE**. — *D'azur à la fasce ondée d'or, accompagnée en chef de trois grelots du même et en pointe d'un croissant d'argent*. — On ne trouve point de trace de cette famille avant Philibert, père de Jacques Bretagne, qualifié bailli de Saulieu en 1530. Ce dernier devint lieutenant de la chancellerie et vierg d'Autun qu'il représenta comme député aux Etats généraux d'Orléans en 1560. Un de ses frères, Claude, conseiller au parlement en 1555, eut entr'autres enfants trois fils : Jules, aussi conseiller en 1587; Antoine, baron de Loisy, successivement conseiller à Dijon, premier président du parlement de Metz et par commission de celui de Dijon en 1637, dont le fils Claude fut aussi premier président à Metz, et enfin Claude, conseiller au parlement de Dijon en 1602, auteur de la branche de Ruère, où l'on compte encore un conseiller et un trésorier de France, et de celle des marquis d'Is-sur-Tille, qui a fourni deux chevaliers d'honneur à la chambre des comptes en 1694 et en 1728. La branche des seigneurs de Nan-sous-Thil et d'Orain, barons de Grignon, reçue aux Etats de 1739, est sortie de Claude, neveu de Jacques et de Claude plus haut nommés; après avoir été conseiller au parlement, il succéda à un de ses oncles, nommé François, dans la lieutenance générale du bailliage d'Auxois en 1573. On remarque parmi ses descendants deux lieutenants-généraux au même bailliage, dont l'un fut en outre conseiller d'état et élu du tiers-état en 1674; trois conseillers au parlement, trois receveurs généraux des finances en Bourgogne, et plusieurs militaires de divers grades, entre autres François-Bernard, capitaine-enseigne des cent-gardes suisses, mort en 1714. Divers membres de la famille Bretagne, l'une des plus distinguées du parlement de Bourgogne, ont laissé des ouvrages de droit et de jurisprudence. M. par arrêt du conseil en 1669. — Alliances: Barjot, Milletot, Comeau, Filzjan, Gonthier, Cœurderoy, Pérard, Bernard-Maillard, des Barres, Baillet, Guijon, Massol, la Plume, Morin, Jacob, Estiennot, Deschamps, Lenet, Bossuet, Boyveau, Baudouin de Pleneuf, Champion. — Fiefs : la Villeneuve, Marcilly, les Granges, Saint-Didier, Chantaulx, la Borde, le Meix, Benoisey, Précy-le-Moux, Chauvirey, Missery, Corcelotte, etc., etc. Cette famille est aujourd'hui représentée par une branche qui, après avoir embrassé le calvinisme, s'était réfugiée à Sedan au commencement du XVII siècle. E. 1671. — Une autre famille du même nom, condamnée comme usurpatrice à 300 livres d'amende, fut maintenue en 1669. C'est, croyons-nous, un de ses membres qui figure dans la liste du bailliage d'Auxois en 1789.

**BRETÈCHE (LA)**. — On trouve un Jean de la Bretèche, alias : *Poulaillier*, mari de Guyotte Sarrazin en 1447. C'est tout ce que l'on connaît de cette famille. E. 1561.

**BRICQUEMAULT, BRIQUEMAULT**. — *Fascé d'or et de gueules de six pièces, à la bande d'hermine brochant sur le tout.* — Cette famille, originaire des environs de Montargis, et qui remonte à 1285, tire son nom d'un vieux château appelé Pré-Grimault; elle a donné plusieurs gentilshommes ordinaires de la chambre du roi, un capitaine d'hommes de pied sous Henri IV, un capitaine au régiment de Rambures en 1646, un colonel de cavalerie en 1664, et plusieurs chevaliers. — Elle posséda les fiefs de Pré-Grimault, Dannemarie-sur-Loing, Millezon, Tauvernay, Ruère. — Alliances : Jaucourt, Robert, Spifame. M. 1669. E. 1590.

**BRIDET**. — *D'azur au chevron d'or, accompagné en pointe d'un bélier passant d'argent.*
— Cette famille, originaire de Cluny, remonte à Claude Bridet, qualifié écuyer, seigneur des Miards en 1537, dont le petit-fils Thomas, juge et capitaine de la ville de Cluny, fut anobli en 1658. On remarque parmi ses membres Philippe, premier page du duc de Bourbon, capitaine de cavalerie, mort en 1763, et Pierre, élu de la noblesse du Mâconnais en 1768. — Alliances : Barthelot, Boyer, Mercier, Belouze. — Fiefs : les Miards, Burnanceaux, Montillet. M. 1716 après condamnation en 1669. E. 1715.

**BRIORD**. — *D'or à la bande de sable.* — Girard de Briord, sur le point de partir pour la Terre-Sainte, fit une fondation au prieuré d'Inimont en Bugey en 1112. Ses descendants ont fourni plusieurs chanoines-comtes de Lyon, un bailli du Grésivaudan en 1340, un écuyer d'écurie de Louis de Savoie, comte de Genève en 1459. On remarque encore Jean-Jacques, page de François I$^{er}$, fait prisonnier à Pavie ; Gabriel, qui prit service en France pendant la Ligue et dont le fils Claude servit dans les guerres du règne de Louis XIII et de la minorité de Louis XIV, et fut nommé major du régiment du duc d'Enghien le lendemain de la bataille de Nordlingen, où il avait été blessé, et enfin Gabriel, premier écuyer du prince de Condé, élu de la noblesse de Bourgogne, qui obtint en 1690 l'érection en marquisat des terres de Senozan, la Sarra, la Cras, Saint-Martin et la Salle. — Alliances : Bochailles, Chassipol, Montdragon-Grolée, la Poype, Tansin, le Saix, Fausche. E. 1677.

**BRIQUEMAULT**. — Voy. BRICQUEMAULT.

**BROSSES**. — *D'azur à trois trèfles d'or.* — Cette famille remonte à Théobald de Brosses, seigneur de Daperi, inhumé à Montechiaro (Montferrat) en 1448, dont le fils Barthélemy fut blessé à mort à la bataille de Fornoue, où il commandait cent hommes d'armes. Depuis Barthélemy, on trouve un commandant de deux cents hommes d'armes, un conseiller d'état du duc de Savoie, et deux grands baillis d'épée du pays de Gex, dont le second, Charles, baron de Montfalcon, fut, en outre, député de la noblesse de ce bailliage aux Etats généraux de 1649 et 1651. Pierre, fils de Charles, reçu conseiller au parlement de Dijon en 1676, fut père de Charles, aussi conseiller au parlement en 1704, et aïeul du célèbre Charles de Brosses, qui fut successivement conseiller au parlement en 1730, président à mortier en 1741, premier président en 1775. Le président avait un frère, Claude-Charles, comte de Tournay, grand bailli d'épée du pays de Gex, capitaine au régiment de Nice, et deux sœurs chanoinesses à Neuville. — Alliances : Pas de Feuquières, Favre, Bullion, Bellegarde, Moisson, Févret de Saint-Mémin, Castel de Saint-Pierre, Legouz de Saint-Seine. — Fiefs : Tournay, Confrançon, le Bassin, Senecey, Meziriac, Montfalcon, Chambezy, Pouilly. Une branche, formée par Pierre de Brosses, lieutenant-général de l'artillerie de France sous Louis XIII, frère de Charles, baron de Montfalcon, s'est éteinte dès le XVII$^e$ siècle. M. 1667. E. 1745.

**BRULART**. — *De gueules à la bande d'or, chargée d'une traînée de cinq barillets de poudre de sable.* — Cette famille, qui a prétendu, malgré son blason, tirer son origine de Geoffroy Brûlart, bouteiller de Thibaud de Champagne en 1165, s'est divisée en trois branches, dont la première, celle des marquis et ducs de Sillery, a fourni des conseillers et présidents au parlement de Paris, un chancelier de France en 1607, un secrétaire d'état, plusieurs ambassadeurs, chevaliers des ordres, lieutenants-généraux, gouverneurs de provinces, et un évêque de Soissons, membre de l'académie française. La seconde branche, celle des seigneurs de la Borde, s'établit en Bourgogne avec Denis, nommé en 1560 premier président du parlement de cette province. Son fils Nicolas lui succéda dans cette charge jusqu'en 1627; il eut pour fils Denis, qui fit en 1645 ériger la baronnie de la Borde en marquisat, et pour petit-fils Nicolas II, premier président du même parlement de 1657 à 1692, dont la veuve épousa le duc de Choiseul. Cette branche s'est alliée aux Baillet, Le Goux, Bourgeois de Crespy, Massol, Bouthillier, Loménie, Vichy, Béthune, Albert de Luynes, Mallet. — Fiefs : Sombernon, Rouvres, Mâlain. Elle était éteinte à la fin du XVIII<sup>e</sup> siècle. — Le troisième rameau, celui des marquis de Genlis, seigneurs de Crône, n'a pas eu d'établissements en Bourgogne. La célèbre comtesse de Genlis avait épousé l'un de ses représentants. E. 1662.

**BRUN (LE).** — *De gueules à trois chardons fleuris d'or, à courte queue et sans feuilles.* — Cette famille, originaire du Bourbonnais, remonte à Gilbert Le Brun, seigneur de la Montagne, qui épousa en 1509 Jeanne du Breuil. Ses descendants, parmi lesquels on remarque un aumônier du roi et un lieutenant aux gardes, entré aux Etats de 1682, se sont alliés aux Vigeron, Saint-Quentin, la Tournelle, Mathieu d'Essertines, du Montet, Balathier, et ont porté les titres de comtes du Breuil, barons d'Uchon, comtes et marquis de Champignolle. La branche des marquis de Dinteville a été formée par Jean, président au grand conseil, qui épousa en 1673 une du Plessis-Besançon, et en eut un fils, mestre de camp du colonel-général-dragons. E. 1665.

**BRUNEAU.** — *D'azur à la fasce d'argent, chargée de trois molettes de sable et accompagnée de trois étoiles du second.* — Barthélemy Bruneau, seigneur de Vizerny en 1648, et condamné comme usurpateur en 1665, appartenait sans doute à la famille Bruneau de Vitry dont nous donnons les armes. Cette famille, originaire du Nivernais, a pris son surnom de la baronnie de Vitry-sur-Loire, qu'elle possédait au dernier siècle. E. 1645.

**BRUYÈRES (DES).** — *D'or au lion de sable, la queue fourchue, nouée et passée en sautoir.* — Guillaume des Bruyères, lieutenant du bailli de Dijon à Nuits en 1487, est l'auteur de cette famille. Son fils et son petit-fils lui succédèrent dans cette charge. Jean, seigneur de la Choselle, était lieutenant-général en la gruerie de Bourgogne en 1546. Son fils acheta la baronnie de Longepierre en 1578. — Alliances : Récourt, Valletier, Tirevolet, Boycellet. E. 1524.

**BUADE.** — *D'azur à trois membres d'oie ou de griffon d'or.* — Famille originaire de Gascogne, alliée en Bourgogne aux Bernard de Montessus de Rully. — Fiefs : comté de Palluau, seigneuries de Frontenac, Culêtre, Cussy-le-Chatel et Léc. M. 1667. E. 1650.

**BUATIER.** — *D'or au sanglier de sable, colleté par un limier de gueules.* — Jean Buatier, bourgeois de Saint-Trivier en Lyonnais, fut père de Jean qui vint s'établir à Dijon, où il fut reçu maître aux comptes en 1536. Cette famille a fourni un second maître aux comptes en 1589; deux procureurs du roi en la gruerie de Dijon, pourvus en même temps d'offices d'audienciers en la grande chancellerie de Dijon ; deux généraux des monnaies en Bourgogne, etc. — Alliances : Longueval, Milletot, Bouchardet, Richard. — Fiefs : Barge, Charrey, la Motte-Réal, Arbois. E. 1638.

**BUFFOT.** — *D'argent à la croix fleurdelisée et alaisée de gueules, cantonnée de quatre mouchetures d'hermine de sable; au chef d'azur, chargé d'un lion issant d'or, armé et lampassé de gueules.* — Cette famille, originaire d'Autun, tire sa noblesse de Simon Buffot, secrétaire du roi en 1680. On remarque parmi ses descendants : André, capitaine au régiment royal-vaisseau ; Gabriel, capitaine au régiment de la Sarre ; Georges, commissaire d'artillerie, tué devant Plaisance en 1746, et plusieurs autres militaires. — Alliances : Ganay, Bouy, Dupin, Rabyot, Quarré d'Aligny, Pillot de Fougerette, Bony, Dupré, Beaumont. — Fiefs : Millery, Sivry-les-Voudenay, Juilly, Corbon, Malpertuis. M. 1703. E. 1685.

**BUSSEUL.** — *Fascé d'or et de sable de six pièces.* — Artaud de Busseul, signataire d'une charte pour Cluny en 1120, est le premier membre connu de cette famille qui a donné plusieurs moines et bienfaiteurs de Cluny et du prieuré de Marcigny, un gouverneur de Montcenis en 1382, un bailli d'Autun en 1420, plusieurs officiers de la cour de Jean-sans-Peur et de Philippe-le-Bon, et un bailli de Mâcon, chevalier de l'ordre en 1559. Cette riche maison a possédé de nombreuses terres dans le Charollais, son pays d'origine, et dans le Mâconnais. Moulins-sur-la-Reconce, le Parc, Saint-Martin, Senozan, Prisey, Tornas, Germoles, la Bastie, Courcelles, la Tour-de-Mailly, Saint-Sernin, Sarril lui ont successivement appartenu. Elle s'est alliée aux Véré, Grolée, Tenarre, Fougières, Lespinasse, Sercey, Dyo, Bernault, Digoine, Gorrevod. Cette dernière famille lui a transmis le titre de comte. E. 1417.

**BUXY** et **BUSSY.** — Plusieurs familles ont porté ce nom, quoiqu'elles soient étrangères les unes aux autres. — Buxy-le-Roi, près Chalon, a eu d'anciens seigneurs, bienfaiteurs de la Ferté en 1166 et 1180, qui s'éteignirent à la fin du XIIIe siècle. — De Bussy-le-Grand sortit aussi une famille à laquelle appartinrent : Renaudin de Bussy, bienfaiteur de Fontenet en 1174 ; Fruget, chevalier, et Eudes, qui firent des dons aux Templiers de Bure en 1228 ; Raoul qui vivait en 1300 ; Loys, écuyer, qui figure dans la montre de Jacques de Vienne en 1367 ; Jeanne, comtesse d'Etampes, dame de Bussy en 1370. — Les comtes de Bussy-Mignot, en Autriche, originaires de Bourgogne, portent : *écartelé : aux 1 et 4 d'argent à trois merlettes mal ordonnées de sable ; aux 2 et 3, d'azur au pal d'argent, chargé de trois mouchetures d'hermine de sable.* — Une famille du même nom existait au XVIe siècle en Bresse, où elle possédait les terres de Montjay, de Neublans et de Fretterans. Elle se substitua en 1643 aux nom et armes des Montberthod, et fut maintenue en 1670. Elle portait : *écartelé d'argent et d'azur.* — Enfin Bussy, près d'Izernore en Bugey, a produit des seigneurs de ce nom qui ont joué un certain rôle dans l'histoire de cette province, et qui portaient les mêmes armes. E. 1355.

# C

**CALENDEL.** — Cette famille, dont le nom s'écrit aussi Calendoel, Kalendel, Calender, a possédé, aux XVIᵉ et XVIIᵉ siècles, une partie des seigneuries de Vonges, près Pontailler, et de Fontaines-les-Dijon; elle s'est alliée aux Thoisy, Venot, Marconnet. — Peut-être issue des Callander de Westertown (Ecosse) qui portaient : *de sable à la bande échiquetée d'or et de gueules de trois tires, accompagnée de six billettes du second, posées en orle.* Devise : *Mean well.* E. 1618.

**CAMUS (LE).** — *De gueules au pélican d'argent avec sa piété de gueules dans son aire; au chef cousu d'azur, chargé d'une fleur de lys d'or.* — Cette famille, originaire de Champagne, a possédé en Bourgogne le marquisat de Branges. On remarque parmi ses membres : Nicolas, seigneur de Beaulieu, en Poitou, assassiné en 1426 par le connétable de Richemont; un cardinal évêque de Grenoble; un procureur général et un premier président de la cour des aides de Paris; des chevaliers de Malte, etc. Titre de marquis. — Alliances : Colbert, Larcher, Barillon, etc. Preuves pour l'ordre du Saint-Esprit. E. 1632.

**CANABELIN.** — *D'azur au chef d'argent, chargé de trois merlettes de sable.* — Famille anoblie dans ses deux branches de la Borde et de Lantillière par les charges dont furent successivement pourvus Bénigne-Bernard, maître des comptes à Dijon en 1660, et ses deux fils : Jean-Baptiste, qui succéda à son père en 1690 et Jean-Jérôme, président à la chambre des comptes de Dole en 1697. — Alliances : Mouhy, Thésut, Derequeleyne, Cothenot. — Fiefs : Ancey, Longepierre, Lantillière, Montot, Gerland, la Borde. E. 1745.

**CARBONNET.** — *De gueules à trois panaches d'or.* — Cette famille, issue, suivant lettres patentes données par François Iᵉʳ en 1541, de la maison de Carbonnet, en Gascogne, et anciennement établie en Auvergne, a fourni plusieurs chanoines-comtes au chapitre de Saint-Julien-de-Brioude. Une de ses branches, fixée en Bourgogne au XVIIᵉ siècle, y a possédé les seigneuries de la Motte-des-Bois et de Montpatey. M. 1668 et 1698. E. 1653.

**CARDEVAC D'HAVRINCOURT** (1). — *D'hermine au chef de sable.* — Louis de Cardevac, reçu aux Etats de 1739, avait pris rang dans la noblesse de Bourgogne par son mariage avec l'héritière des Languet de Gergy, qui lui apporta la terre de ce nom. Deux de ses frères étaient chevaliers de Malte; son père, François-Dominique, gouverneur de Hesdin, brigadier des armées du roi, colonel du régiment des dragons d'Artois, avait obtenu en 1693 l'érection en marquisat de la baronnie d'Havrincourt, qui était ancienne dans la famille et lui donnait depuis plusieurs générations entrée aux Etats d'Artois. Lettres de noblesse du 12 juin 1596 (2).

(1) On trouve aussi Avrincourt.
(2) Un jugement de l'élection du comté d'Artois, rendu en 1769, fait remonter jusqu'au XVᵉ siècle la filiation noble de cette famille, qui aurait été obligée de demander en 1596 des lettres de noblesse, par suite de la perte de ses titres. Elle se dit originaire de Bretagne et issue de Huart Kardevak, sergent d'armes de saint Louis.

**CARONDELET**. — *D'azur à la bande d'or, accompagnée de six besants de même en orle.*
— Devise: *Aquila et leo.* — Guichenon fait descendre cette famille de Guillaume, surnommé Caronde, fils puiné d'un baron de Chandée, en Bresse, qui vivait en 1201; son fils Jean fut surnommé Carondelet à cause de sa taille petite et ronde. Leurs descendants s'établirent au comté de Bourgogne. On remarque parmi eux: Jean, fait prisonnier à la bataille de Nicopolis en 1397; Jean, juge à Besançon en 1469, commissaire à la rédaction de la Coutume et chancelier du comté de Bourgogne en 1478, lequel se retira dans les Pays-Bas; et Paul de Carondelet, seigneur de Maulde, gouverneur de Bouchain, lieutenant-général des armées du roi catholique à la bataille d'Ivry, créé chevalier en 1597. Une branche, restée en Franche-Comté et éteinte à la fin du XVIe siècle, portait le titre de vicomte d'Haërlebeque. Un membre de la même famille, Jacques Carondelet, habitant Salornay, fut condamné comme usurpateur en 1665, ce qui était une grossière erreur. E. 1632.

**CATHERINE**. — *D'azur à trois roues garnies de rasoirs d'or.* — Famille originaire de Saint-Jean-de-Losne, qui a fourni des officiers au bailliage de cette ville, quatre conseillers au parlement de Dijon en 1543, 1574, 1580 et 1602, et deux trésoriers du bureau des finances. — Alliances: Ganay, Gaillard, Sommièvre, Bonnot, Parise, Berbisey, Comeau, David. — Fiefs: Saint-Usage, Varanges, Echenon, Sainte-Marie, Pont-de-Pany, Arcey. M. 1698. E. 1677.

**CATIN**. — *D'azur au heaume d'argent; au chef de même, chargé de trois merlettes de sable.*
— Cette famille remonte à Audebert, substitut du procureur général au parlement de Paris au XVIe siècle, et a fourni un trésorier de France en 1628, deux conseillers au parlement de Bourgogne en 1635 et 1660, un vicomte-mayeur de Dijon en 1670 et plusieurs officiers des armées du roi, entre autres Jules-César, capitaine dans Picardie, qui fut chargé de ramener en France le corps du maréchal de Turenne et dont le petit-fils eut une pareille commission pour ramener à Strasbourg celui du maréchal de Berwick. — Fiefs: Richemont, Vernot, Villotte, Genoux. — Alliances: Morillon, Venot, Jornot, Chevignard, Gaultier, Robert. M. 1698. E. 1677.

**CERTAINES**. — *D'azur au cerf passant d'or.* — Le procès-verbal de réception de Roger-François de Certaines, aux Etats de 1769, constate que la noblesse de cette famille, originaire du Nivernais, remonte sur preuves jusqu'à l'année 1327. On remarque parmi ses membres Pierre, chef d'escadron au XVIIe siècle, et Gabriel-François, chevalier de Saint-Louis, major de dragons au régiment de Condé en 1751. — Alliances: Chalon, L'Enfernat, Cotignon.

**CHABOT**. — *D'or à trois chabots de gueules.* Devises: *Concussus surgo* et *Potius mori quam fœdari.* — Cette maison, originaire du Poitou, remonte à Guillaume Chabot, appelé fils de Pierre, que des titres de 1008, 1018, 1020 et 1030 disent le troisième enfant de Guillaume IV, duc d'Aquitaine. Elle a fourni deux évêques de Limoges en 1052 et en 1177; un cardinal; un grand prieur de France, de l'ordre de Saint-Jean-de-Jérusalem; des chambellans, des gentilshommes et des premiers gentilshommes de la chambre du roi; un amiral de France en 1525; un ambassadeur en 1532; un grand écuyer mort en 1597; un ministre; des conseillers d'état;

des gouverneurs et lieutenants-généraux de provinces; des maréchaux héréditaires de Bourgogne; des lieutenants-généraux des armées du roi; des maréchaux de camp; un général en chef des armées de France; des chevaliers du Saint-Esprit, de Saint-Michel, de la Jarretière, etc. Cette maison s'est partagée en plusieurs branches, dont deux seulement subsistent aujourd'hui : celle des comtes de Jarnac, vicomtes de Chabot, et celle des ducs de Rohan, princes de Léon et de Soubise, ducs de Frontenay et comtes de Porrhoët, substitués en 1648 aux nom et armes des anciens Rohan. Une branche de cette famille porta le surnom de Charny en Bourgogne. Elle avait pour auteur Philippe Chabot-Brion, grand amiral de France, à qui une Luxembourg, sa tante, donna le comté de Charny, et qui, par son mariage avec Françoise de Longvy, acquit la seigneurie de Pagny et la baronnie de Mirebeau, érigée en marquisat en 1574. Son fils, Léonor Chabot, comte de Charny, grand écuyer de France et lieutenant-général du roi en Bourgogne, refusa, sur l'avis de Pierre Jeannin, conseiller au parlement, de faire exécuter en 1572 les ordres du roi pour la Saint-Barthélemy. — Alliances : Lorraine, Luxembourg, Souabe, Lusignan. Mélusine Chabot, femme de Geoffroy de Lusignan, comte de la Marche et de Césarée en 1190, est l'aïeule de tous les rois de France des branches de Valois et de Bourbon. — Principales terres : comtés de Charny, de Charroux, marquisat de Mirebeau, seigneurie de Pagny. Le duché de Chabot fut érigé en 1775. E. 1539.

**CHAIGNON.** — *D'azur au lion d'or, armé et lampassé de sable, tenant une épée d'argent garnie d'or.* — Maurice de Chaignon, reçu aux Etats de 1787, était fils d'un résident du roi de France près la république du Valais. Sa famille avait été maintenue en Guyenne en 1667 sur titres remontant à 1522 et prouvant une noblesse immémoriale. — Fief des Lans.

**CHALON.** — *De gueules à la bande d'or.* — Cette illustre maison descend des comtes de Chalon-sur-Saône, dont le plus ancien est Adalard, qui vivait de 763 à 771. Sa filiation peut s'établir d'une manière presque certaine à partir de Guérin, comte d'Auvergne, Chalon et Mâcon en 834, dont le petit-fils Manassès, comte de Chalon, Beaune, Dijon et d'Auxois, mort vers 919, fut la souche des seigneurs de Vergy. Celui-ci eut pour fils Gislebert, comte de Chalon, puis duc de Bourgogne en 950, dont la fille Adélaïde fut aïeule de Mathilde, épouse de Geoffroy de Semur, père de Thibaud, comte de Chalon de 1039 à 1065. Le comté passa ensuite par les femmes aux seigneurs de Thiern, de la maison de Vergy, dont la descendante Béatrix fut femme d'Etienne, comte de Bourgogne, mort en 1240, et mère de Jean, comte de Chalon et d'Auxonne, qui échangea en 1228 ses comtés contre les seigneuries de Salins, Vuillafrans et Bracon, avec Hugues IV, duc de Bourgogne. La postérité de Jean de Bourgogne retint le nom de Chalon; son fils, surnommé Brichemel, baron d'Arlay, fut gouverneur du comté de Bourgogne de 1303 à 1316; il donna le jour à Hugues, seigneur d'Arlay, Cusel et Viteaux, qui épousa la fille d'Humbert, dauphin du Viennois, dont il eut Jean, père de Louis, seigneur d'Arguel et de Cusel, et aïeul de Jean III, chambrier de France, prince d'Orange à la mort de Raymond de Baux, son beau-père, en 1393, et lieutenant-général de Bourgogne en 1412. Louis II succéda à son père Jean III dans la principauté d'Orange de 1418 à 1462, et eut pour fils Guillaume, que Louis XI fit prisonnier en 1473 et qu'il ne relâcha qu'après lui avoir arraché sa souveraineté, restituée seulement en 1498 par Louis XII à Jean IV, son héritier. Celui-ci mourut en 1502, laissant un fils, Philibert, prince d'Orange et de Melphe, duc de Gravines, successeur du connétable de Bourbon à la tête de l'armée qui fit le siége de Rome, vice-roi de Naples, mort en 1530 sans alliance ; et une fille, Claude, mariée en 1515 à Henri, comte de Nassau, dont le fils René recueillit le riche héritage de son oncle, à la condition de porter son nom et ses armes. C'est ainsi que la maison royale des Pays-Bas, descendante des Nassau, représente aujourd'hui à la fois la maison de Bourgogne et celle de Chalon. Cette dernière famille a possédé des richesses territoriales immenses, parmi lesquelles ont figuré les comtés de Bourgogne, Auxerre, Joigny, Tonnerre, Auxonne ; les seigneuries de Rochefort, Vignory, Arlay, Arguel, Salins, Bracon, Ornans, Château-Chalon, Oyselet, Vitteaux, Neufchâtel, Cuiseau, Montmorot, Crusy, Valencey, Mirebel-en-Montagne, Laignes, l'Ile-sous-Montréal, la vicomté de Besançon, Châteauguyon, etc. — Elle s'est alliée aux maisons de Bourgogne, Bourbon, Courtenay, Savoie, Nevers, Montbéliard, Mello, Vienne, Armagnac, Bretagne, Genève, Luxembourg, la Tour du Pin, la Trémouille, Gamache, Sainte-Maure, Touteville. E. 1355.

**CHALON.** — Une famille de mêmes nom et armes que la précédente a possédé les seigneuries de Sully en Avallonais, Saint-Aubin, Landreville, le Rost, Beauvilliers, Ville-sur-Arce en partie, et s'est alliée aux Gonreau, Certaines, Perret, Landreville, Longeville, Fresne, Crécy, Bourgoin, Béthoulal, etc. On remarque parmi ses membres : Jean, archer de la compagnie de M. de Rothelin en 1545 ; Philippe, maître d'hôtel du roi, lieutenant-colonel du régiment de l'Ile-de-France en 1647, et Charles, capitaine au régiment de la reine-cavalerie en 1665. M. 1669. E. 1650.

**CHALUS.** — *D'azur à trois étoiles d'or.* — Il est probable que Louis de Chalus, seigneur de Fontette, qui parut aux Etats de 1671, était issu de Claude de Chalus, gentilhomme d'Auvergne, qui s'établit en Bourgogne au XVIe siècle, par suite de son mariage avec Guyonne Brigandet, d'une famille qui, d'après Chevillard, a possédé la terre de *Fontelts*, qu'il faut lire sans doute Fontette. On trouve en Auvergne plusieurs familles du nom de Chalus ou Chaslus, portant des armes différentes.

**CHAMBE** ou **CHAMBES.** — *D'azur semé de fleurs de lys d'argent sans nombre, au lion de même, armé, lampassé et couronné de gueules, brochant sur le tout.* — Cette famille, dont les membres ont porté les titres de barons et de comtes de Montsoreau, est originaire de l'Angoumois et a produit un grand nombre de militaires, parmi lesquels on remarque : Jean de Chambes tué à la bataille de Poitiers en 1356 ; Philippe, commandant dans les ports, hâvres et forteresses de Bretagne vers 1530 ; Jean, capitaine de cent chevau-légers en 1574 ; Charles, chambellan et grand veneur du duc d'Alençon, conseiller d'état, maréchal de camp, nommé chevalier du Saint-Esprit en 1613 et mort avant sa réception, etc. — Alliances : Chabot, Polignac, Commines, Châteaubriant, Laval-Montmorency, Maridor, Fortia, Boivin, Dauvet, du Bouchet, Musy. — Filiation depuis 1051, d'après la Chesnaye des Bois. M. 1669. E. 1677, incertain. Une branche de cette famille, établie au dernier siècle dans le Mâconnais, était connue sous le nom de Givry.

**CHAMBELLAN.** — *D'azur à deux pattes de griffon d'or en chef, et en pointe une tête de léopard arrachée de même, lampassée de gueules.* — Cette famille remonte à Etienne Chambellan, bourgeois de Dijon, qui vivait encore en 1400, et dont le fils Jean fonda la chapelle de la Sainte-

Croix à Notre-Dame. On remarque parmi ses descendants : Guillemot, receveur des aides et capitaine de la ville de Dijon en 1439; Etienne, contrôleur au grenier à sel, trois fois vicomte-mayeur de Dijon de 1422 à 1434; Guillaume, conseiller du duc, vicomte-mayeur de 1450 à 1453; Henri, aussi vicomte-mayeur après son père et son aïeul, de 1490 à 1493 (1), général des monnaies et maître des comptes en 1500; Richard et Nicolas, abbés de Saint-Etienne en 1456 et 1495; Guillaume, conseiller au parlement en 1490. Famille éteinte. — Alliances : Esperonnets, Berbisey, Rochefort, Pillot, Gauthiot, Leval, Bouesseau. — Fiefs : Oisilly, Silly, Perrigny, Domois, Pichange, Monetoy. E. 1561.

**CHAMBERAN.** — *D'or à la bande d'azur, chargée de trois cloches d'argent.* — Cette famille, originaire du Dauphiné et maintenue en 1669, a possédé les fiefs de Bretonnière, Rien, Pommère, la Goulte et Guillanche. E. 1665.

**CHAMBRE.** — E. 1677. Renvoi à Chambes ou la Chambre.

**CHAMBRE (LA).** — *Semé de France, à la bande de gueules.* — Maison ancienne et considérable, dont Guichenon fait remonter la généalogie à Richard, seigneur de la Chambre en Savoie et vicomte de Maurienne en 1200. Elle a pris ses alliances dans les maisons de Bourgogne, Viennois, Flandre, Saxe, Thoiré de Villars, etc., et s'est éteinte en la personne de Gaspard de la Chambre, comte de Luille et vicomte de Maurienne, qui, n'ayant aucun enfant de sa femme Anne de Saluces, substitua son neveu Aymé de Seyssel aux nom et armes de la Chambre. — Aymé, premier comte de la Chambre, de Luille et de Dammartin, vicomte de Maurienne et vidame de Genève, fut fait comte de la Chambre en 1456 et épousa une fille de la maison de Savoie. Sa descendance s'est partagée en quatre branches : celle des vicomtes de Maurienne, éteinte au XVIe siècle; celle des marquis d'Aix et comtes de Montréal; celle des seigneurs de Sermoyé et de la Cueille, marquis de Meximieux, et enfin celle des barons de Ruffey, comtes de Savigny-en-Revermont (2) et de Montfort. Cette dernière branche a eu pour auteur Philibert de la Chambre, baron de Ruffey et de Montfort, seigneur de Tramclay, Arinthod, Saint-Trivier en Dombes, Verdun-sur-Saône, Branges, Savigny, Cersot et Beaurepaire, premier écuyer de la reine, qui épousa Anne de Lugny, fille du baron de Saint-Trivier en Dombes, dont il eut deux fils : l'aîné mourut sans postérité de son alliance avec une Champlemis-la-Rivière; le second, Jean, gentilhomme de la chambre et capitaine de cinquante hommes d'armes, marié à Claudine Baronnat, fille d'un premier président du parlement de Dombes, et en secondes noces à Claudine de Nanton, ne laissa de ces deux alliances qu'un fils mort sans enfants et plusieurs filles qui portèrent les biens de cette branche des la Chambre dans les maisons de Damas, de Saint-Mauris et d'Amoncourt. E. 1568.

**CHAMPAGNE.** — *D'azur à la bande d'argent, cotoyée de deux cotices potencées et contrepotencées de trois pièces d'or.* — L'antique maison de Champagne-la-Suze, originaire de

---

(1) Pendant la magistrature d'Henri Chambellan, Charles VII lui accorda, en qualité de mayeur de Dijon, et à tous ceux qui le seraient par la suite, les titres, prérogatives, dignités et privilèges de la noblesse. Le parlement et la chambre des comptes refusèrent longtemps de reconnaître ce privilège.

(2) Lettres d'érection en comté, en faveur de Jean de la Chambre, de la seigneurie de Savigny-en-Revermont, avec union des baronnies de Beaurepaire, Branges et Ruffey en Chalonnais (1596).

Champagne, remonte, d'après le continuateur du père Anselme, à l'an 980. Sa filiation est suivie depuis le XIII° siècle, et on compte parmi ses membres les plus remarquables un vice-roi de Naples en 1280, un capitaine de cent hommes d'armes en 1331, un sénéchal du Maine en 1357. La branche des seigneurs, barons et comtes de Lours, formée en 1579, s'est alliée aux Le Goux, qui lui ont apporté la terre de Lours, Hodoart, Saint-Belin. — Fiefs : Cussigny, la Tour-de-l'Echelle. M. par arrêt du conseil en 1668. Preuves de Malte en 1695. E. 1679.

**CHAMPIER.** — *D'azur à une étoile d'or.* — Devise : *Tu ne cede malis, sed contra audentior ito.* — La filiation de cette famille que Guichenon fait sortir du Dauphiné, est établie depuis Symphorien de Champier, créé chevalier par le duc de Lorraine à la bataille de Marignan. On remarque parmi ses descendants : Claude, chevalier de l'ordre, gouverneur et bailli du pays de Dombes en 1580 ; Jacques, baron de la Bâtie, chevalier de l'ordre, bailli de Bresse ; François, conseiller au parlement de Dombes ; et dans la branche des seigneurs de la Faverge et de Feillens, deux gouverneurs généraux, baillis de Bresse, Bugey, Valromey et Gex, dont l'un, Guillaume, fut député du Bugey aux Etats convoqués à Orléans en 1649, et deux baillis du Beaujolais. — Comtes et barons de Chigy, de Juix et de la Bâtie, seigneurs de la Roche-Varange, Chissey, Moroges, Saint-André-le-Désert, Menthenay, Feillens. — Alliances : du Peyrat, Talaru, Villeneuve, Chabeu, Angeville, Seyssel, Rabutin, Ducrest, Mathieu, la Menue. M. 1699. E. 1682.

**CHAMPION.** — *D'azur à un homme courant, armé et cuirassé de toutes pièces d'or, tenant une épée et un bouclier de même.* — Cette famille, originaire d'Avallon, où l'on trouve Claude et Antoine Champion, maires et élus du tiers-état en 1715 et 1751, a été anoblie par une charge de secrétaire du roi, dont Etienne est mort revêtu en 1699. On remarque parmi ses descendants un conseiller au parlement en 1768, et plusieurs capitaines au régiment de Bourgogne. Le général comte de Nan-sous-Thil était de cette famille. — Alliances : Boulard, Huguet, Guijon, Bretagne, Filzjan, Beuverand. — Fiefs : Nan-sous-Thil, Annéot, Chausseroze, Précy-sous-Pierrepertuis, Tharoiseau, le Meix, Menades. M. 1745. E. 1748.

**CHAMPLECY** ou **CHANLECY.** — *D'or à une colonne d'azur.* — Devise : *Virtus mihi et ensis.* — Ancienne famille du Charollais qui portait originairement le nom de Boyer, changé en 1602 contre celui de Chanlecy par un édit d'Henri IV. Jean de Chanlecy, seigneur de Saillant, fils de N. Boyer, seigneur de Trémolles, capitaine du château d'Artus en 1520, mourut en 1585. Jean, chevalier de l'ordre, conseiller d'état, fut inhumé avec sa femme Minerve de Semur à Premières en 1634. François, grand maître de la garde-robe, gentilhomme de *Monsieur*, chevalier d'honneur au parlement de Dijon, fut enterré à Pluvault en 1711. Louis-Joseph, son fils, chevalier d'honneur, mourut en 1749. Jean-François, conseiller au parlement de Metz, collabora à la première édition de cet ouvrage en 1760. — Fiefs : baronnie de Pluvault, Savigny. — Alliances : la Magdelaine, Thyard de Bissy, Choiseul, Pontailler, Damas, Chandon, Semur. Famille éteinte. E. 1633.

**CHAMPLEMIS, CHAMPLEMY.** — Ancienne maison du Nivernais, très puissante aux XIV° et XV° siècles, et qui portait dans ses armes *une fasce frettée*, comme on le voit sur le sceau de Guillaume de Champlemis, chevalier, gouverneur du Nivernais et du Donziais en 1392. La terre de Champlemis passa dans une branche de la maison de la Rivière qui en prit le nom, par le mariage de Philiberte, fille de Jacques, seigneur de Perchain, et de Marguerite de Seigny-Saffres, avec Bureau de la Rivière, chambellan du roi et du comte de Nevers, gouverneur du Nivernais, mort à la bataille d'Azincourt. C'est un membre de cette branche des la Rivière qui figure dans la liste des commissaires vérificateurs de 1622. (Voy. Rivière (La).)

**CHANCEY.** — *Trois pieds de cheval ferrés et montrant les fers, l'écu brisé d'une bordure.* — Famille de robe, d'une origine obscure, qui remonte à Guillaume de Chancey, docteur ès-lois en 1263. Son membre le plus illustre est Richard de Chancey, mayeur de Dijon, anobli par Jean-sans-Peur en 1406, chef du conseil du duc en 1411, bailli de Dijon de 1412 à 1423, président de la chambre du conseil de Bourgogne en 1426, chargé de la collecte des impôts dans plusieurs circonstances. On trouve à la même époque Guillaume, châtelain de Chaussin en 1407, clerc des comptes en 1409; Etienne, conseiller du duc en 1420; Hugues, écuyer en 1428; Jean, conseiller du duc en 1484; Charles, seigneur de Cheuges, conseiller au parlement de Paris en 1507. Un membre de cette famille exerçait modestement le métier de tanneur à Mirebeau au moment de la plus grande fortune de ses autres parents. — Alliances : Visen, Vandenesse. E. 1421.

**CHANDYO.**— *D'hermine à la fasce de gueules.* — Le plus ancien de ce nom qui soit venu à notre connaissance est Jean de Chandyo, gouverneur du Donziais en 1360. On remarque parmi ses descendants : Pierre, capitaine de gens d'armes sous le gouverneur de Bourgogne en 1472, puis gouverneur d'Auxerre, mort en 1490; Georges, seigneur de Saint-Marc, qui prêta serment au roi avec les nobles du bailliage de la Montagne en 1478; Antoine, chevalier de l'ordre en 1562; Jean, abbé d'Ogny, vers le même temps, et Claude, aussi chevalier de l'ordre, capitaine de cinquante hommes d'armes en 1577. — Alliances : Pontailler, Bernault, Rochefort, Chabannes, la Tournelle, Bauffremont, Vienne, Laval, Damas. — Fiefs : Lessertot, Origny, Bellenod, Vaux, Chevigny-Saint-Sauveur, Massingy, Ampilly-le-Sec, Perrigny, Rochefort, Crépan, Arcelot. Les Chandyo ont porté les titres de barons de Bussy et comtes de Jouancy. E. 1549.

**CHANTEMERLE.**— *D'or à deux fasces de gueules, accompagnées de neuf merlettes de même.*—Cette famille tire son nom d'une terre du Bourbonnais possédée au XIV° siècle par Pierre, chevalier, dont le fils Philibert fut successivement écuyer tranchant de Jean-sans-Peur, conseiller et chambellan du duc, chambellan de Charles VII, gouverneur de la maison de Philippe-le-Bon, alors comte de Charollais, qu'il accompagna dans sa retraite à Aire en 1415. Thibaut fut appelé au conseil du Dauphin en 1411. Louis, chambellan du duc en 1432, bailli de Mâcon en 1452, eut pour fils Hugues, seigneur de la Clayette, premier gentilhomme de la chambre de Charles-le-Téméraire, père d'Humbert, maître d'hôtel de Louis XII et de François Ier, qui eut plusieurs enfants, parmi lesquels Charles, filleul du connétable de Bourbon, François, tenu sur les fonts par Marguerite d'Angoulême, et Marc, chevalier de l'ordre, baron de la Clayette en 1610. Un bâtard d'Hugues, Emart, capitaine de l'une des compagnies du connétable de Bourbon, fut gouverneur de l'Auxerrois sous François Iᵉʳ. — Fiefs : Treslun, Chenay, Saint-Christophe, Vougy, Nay, Montprésentin, le châtellenie du Bois-Sainte-Marie. — Alliances : l'Espinasse, Chastellux, Amanzé, Mâlain, Dyo, Bresches, Bellenave, Damas. E. 1417.

**CHANTERAY.** — *D'or au chevron de gueules, accompagné de trois trèfles de sable.* — Famille alliée aux Truchy, Chassinot, Vaudrey. Elle a possédé quelques fiefs dans le bailliage de Chalon, entre autres Terrans et une partie de Frontenay. On remarque parmi ses membres : Mathey de Chanteray, écuyer, capitaine de Bellefond vers 1490, inhumé dans l'église de Terrans ; Antoine, qui possédait en 1523 un tiers de la seigneurie de Terrans ; François, commandant pour le roi au château de Pierre, mort en sauvant cette place attaquée par les Comtois en 1642, et Catherine, qui porta Terrans au dernier siècle dans la famille de Truchy. E. 1662.

**CHAPPELAIN.** — *D'azur au chevron d'or; au chef d'argent, chargé de trois roses de gueules et surmonté du champ.* — Cette famille doit sa fortune à Zacharie Chappelain, greffier au parlement de Dijon de 1529 à 1549. Elle a, en outre, fourni sous la Ligue un gouverneur de Saulieu et de Flavigny, lieutenant de la compagnie des gens d'armes du marquis de Mirebeau. — Fiefs : Agey, Ancey. E. 1577.

**CHAPPES.** — *D'azur à une croix fleurdelisée d'or.* — Jean de Chappes, chevalier, gruyer de Bourgogne, figure en 1412 dans une armée convoquée à Montbard par Jean-sans-Peur. Il fut pourvu la même année des offices de bailli de la Montagne et capitaine de Châtillon, puis révoqué. On trouve encore Martin de Chappes, clerc des comptes en 1414 et Pierre, clerc des offices de la duchesse en 1417, anobli en 1453. E. 1412.

**CHAPPET.** — Nous ne connaissons de cette famille que N. Chappet, procureur du roi à Autun, dont la fille Guillemette épousa Nicolas de Montholon, d'abord procureur du roi au même bailliage d'Autun, puis lieutenant-général à Beaune et enfin avocat général au parlement de Dijon en 1493. E. 1668.

**CHARGÈRES.** — *D'azur au lion léopardé d'or, lampassé de gueules, surmonté de trois trèfles d'argent.* — Cette famille, originaire de Savoie, vint s'établir en Nivernais au commencement du XVᵉ siècle. Elle remonte sur titres à Antoine de Chargères, vivant en 1424, père de Durand, tous deux capitaines de cent hommes d'armes. Leur postérité s'est divisée en plusieurs branches. La branche aînée, maintenue par l'intendant de Moulins, et entrée à Saint-Cyr, a produit plusieurs militaires de divers grades et s'est alliée aux des Vernois, la Menue, Vingles, Bataille, Mathieu, Ponard, Charry, Jacquinet, Montcrif. — Fiefs : Tourny, Montigny, Roche, la Croix-Marnay, le Breuil, etc. Eteinte. Les branches des seigneurs de la Goute, de Vaux, de Pomeray et des premiers marquis du Breuil sont aussi éteintes. A cette dernière appartenait Pierre, commandeur de Saint-Lazare, aïeul de Bernard, chevalier de Malte et de Pierre, élu de la noblesse aux Etats de 1682. Les principales alliances de ces diverses branches sont avec les Balard, du Crest, Gand, Vallerot, Damas-Marcilly, Bougard, la Boutière, Vichy, Damoiseau, Anstrude. La branche des seigneurs de Magny, la Cœudre, la Creuzille, etc., s'est alliée aux familles Bourguignon, du Crest, des Prés ; l'un de ses membres, Charles, chevalier, comte du Breuil, marquis de Curdin, baron de la Motte et Beaudésir, lieutenant au régiment d'Austrasie et garde du corps du roi, né en 1757, a hérité par testament du marquisat du Breuil, qui avait été érigé pour la première branche des seigneurs du Breuil par lettres de 1670. Sa descendance subsiste, ainsi que celle de Claude de Chargères, seigneur des Gris, auteur de la branche d'Arcenay, qui est fixée en Auxerrois et s'est alliée aux Baudoin, d'Orville, Angeli, Framery de la Fosse ; elle a fait ses preuves pour l'école militaire d'Auxerre. M. 1698. E. 1590.

**CHARROLES** ou **CHAROLLES**. — *D'azur au bourdon de pèlerin d'or, accosté de deux coquilles de même.* — François de Charolles, entré aux Etats de 1677, ne fut pas maintenu sur la liste de 1682, parce qu'ayant obtenu des lettres de réhabilitation en 1675, la chambre décida que son fils seulement serait admis dans son sein. Il appartenait à une famille dont nous donnons les armes d'après Chevillard et qui, maintenue en 1669 et 1699, est peut-être issue d'une ancienne maison originaire de Charolles, où elle était connue dès le XIV° siècle (1). On remarque parmi ses membres Jean *de Kadrellis*, qualifié *miles, consiliarius domini regis*, en 1342, Philibert, clerc tenant le scel commun du comté de Charollais en 1384, puis procureur du duc dans le même comté, père de Jean, grenetier de Charolles en 1406. On trouve encore depuis : Pierre, grenetier de Charolles en 1555; Etienne, qui figure dans un arrière-ban de 1608. — Alliances : la Clayette, Bouton, Salornay, Trémolle, Montchanin. — Fiefs : Saint-Aubin, Leurtière, Vilaine, la Tour-de-Fontenay. — Jean de Charolles, peut-être de la même famille, fut nommé receveur des impositions du bailliage de Châtillon en 1767.

**CHASTELLUX, CHATELUS, CHATELUX**. — *D'azur à la bande d'or, accompagnée de sept billettes de même, quatre en chef et trois en pointe.* — Très ancienne maison, du nom de *Beauvoir*, dont un des membres, Artaud, bienfaiteur de Rigny en 1147, suivit Louis VII à la deuxième croisade. Artaud II fonda les Cordeliers de Vézelay en 1232 et se croisa avec saint Louis. Guillaume de Beauvoir, fils de Jean de Bordeaux, seigneur d'Auxerre en 1340, et de Jacquette d'Ostun, dame de Beauvoir, fut père de Claude de Chastellux, maréchal de France en 1418, qui gagna la bataille de Cravant et obtint, en reconnaissance de ses services, pour lui et ses descendants, le droit d'entrer au chœur de la cathédrale d'Auxerre *l'épée au côté, revêtu d'un surplis et l'aumusse sur le bras*. Son frère, Georges, fut amiral de France en 1420. Cette famille, qui posséda pendant cinq siècles le titre de vicomte d'Avallon, avait hérité la terre de Chastellux de Laure de Bordeaux, proche parente de Guillaume, cité plus haut. En 1621, cette baronnie, qui avait cinq lieues de long sur trois de large, fut érigée en comté pour Hercule, baron de Quarré et de Marigny, descendant au septième degré de Guillaume de Beauvoir. Il eut pour fils César-Pierre, tué à la bataille de Nordlingen en 1645, et César-Philippe, maréchal de camp, père de Guillaume-Antoine, lieutenant-général des armées, commandant du Roussillon, mort en 1742. Un des fils de celui-ci, auteur du traité de la *Félicité publique*, entra à l'académie française. Une branche de cette maison a possédé la terre de Coulanges. — Fiefs : Baserne, Bazoche, Island, le Vaux, Prégilbert, Saint-Palais, Avigneau, Alonne, le Val-de-Merci, Vesigneux, etc. — Alliances : Bourbon-Montperroux,

---

(1) Nous devons dire cependant que sur le sceau d'un membre de cette ancienne famille figure *un lévrier passant et colleté*.

Saint-Vérain, Grancey, Longvy, Aullenay, Follet, Montmorillon, Conflans, Esterling, Moroges, Hochberg, Clermont-d'Amboise, Le Genevois, Le Sueur, Vienne, Savoisy, Barillon, Jubert du Thil, la Tournelle, d'Aguesseau, Durfort-Duras, etc. E. 1460.

**CHATEAUNEUF.**—*D'argent à la fasce de. . . ., accompagnée en chef de trois coquilles.*— Cette famille parut à la cour des ducs de Bourgogne dès le XII<sup>e</sup> siècle. Jean, donné pour *pleige* à Philippe-Auguste par Alix de Vergy, figure dans un acte de 1202. Son fils, du même nom, fonda en 1292 l'hôpital de Sainte-Madeleine à Châteauneuf. Alix, abbesse de Molaise en 1286; Girard, chevalier, arbitre des différends du duc Hugues V et de Robert, évêque de Chalon en 1314; Guy, abbé de la Bussière, mort en 1343; Poinsard, caution de Philippe de Rouvres pour l'exécution du traité de Guillon en 1359; Guy, échanson de Jean-sans-Peur en 1412, continuèrent sa lignée. Catherine, unique héritière de ce dernier, ayant été condamnée à mort pour avoir empoisonné son mari, Jacques d'Haussonville, en 1455, la baronnie de Châteauneuf passa à Hugues Grasset, puis à Philippe Pot, et des Pot aux Montmorency. E. 1355.

**CHATELET (DU).** — *D'or à la bande de gueules, chargée de trois fleurs de lys d'argent posées dans le sens de la bande.* — La très ancienne et très illustre maison du Châtelet en Lorraine, issue des ducs de Lorraine de la maison d'Alsace, est trop connue pour que nous en parlions ici. Rappelons seulement qu'une de ses branches a possédé plusieurs seigneuries en Bourgogne : c'est celle des seigneurs de Thons, formée au XVI<sup>e</sup> siècle par Jean du Châtelet, chevalier des ordres, gentilhomme ordinaire de la chambre et lieutenant de cent hommes d'armes, dont le fils Jean, marquis de Tréchâteau, mourut sans postérité, laissant Tréchâteau ou Til-Châtel à son frère Erard, maréchal de Lorraine, chef du rameau des marquis de Tréchâteau-Bonney. Un petit-fils de ce dernier, du prénom d'Erard, colonel des gardes du corps du duc de Lorraine, puis major général des troupes de l'électeur de Cologne, ne laissa point d'enfants de Marguerite Bourgeois, fille de Guillaume Bourgeois, laquelle lui donna par testament, vers 1679, la terre d'Origny et ses dépendances : Bellenod, la Maison, Vaux, la Montagne, la Borde, parties de Quemigny, Quemignerot, Bremur et Vaurois. Erard mourut revêtu des charges de grand bailli d'Auxois et gouverneur de Semur, qui passèrent à l'un de ses frères Florent, chef des comtes de Lomont, tandis que le marquisat de Tréchâteau fut recueilli par un autre de ses frères, dont le fils unique, chambellan du grand duc de Toscane, mourut sans alliance en 1740. — Autres fiefs en Bourgogne : baronnie de Bourberain, Véronnes-les-Grandes et les-Petites, le Clos de Gemeaux, Jours et Seigny. E. 1551.

**CHATELET-VERMANTON (DU).** — *De gueules à la fasce d'argent, accompagnée de trois châteaux d'or, girouettés de même et maçonnés de sable; alias :* **crénelés et maçonnés de sable.** — Alexis-Jean, marquis du Châtelet, issu d'une famille très distinguée de Picardie, acheta vers le milieu du siècle dernier la seigneurie de Vermanton, au comté d'Auxerre, et se fit recevoir aux Etats de 1751 sur preuves remontant à son treizième aïeul, Camille du Châtelet, seigneur dudit lieu, chevalier, lequel épousa en 993 Anne Willibeck. On remarque parmi les alliances de cette famille : Fiennes, Hallwin, Moyencourt, Favier, Talon, etc.

**CHATENAY.** — *D'argent au coq de sinople, crêté, becqué, barbé, armé et couronné de gueules, accompagné de trois roses de même, deux en chef et une en pointe.* — Emart de Châtenay reprit de fief de la terre de Lanty en 1286. Un de ses descendants, Jean, seigneur de Ville-sur-Arce, de Lanty et de Villars-en-Azois, porte-étendard du roi René, fut tué à la bataille de Bulgnéville en 1431. Son fils Thibaut eut deux enfants qui furent les tiges des branches de Lanty et d'Aizanville, dont la dernière prit en 1584 le nom de Bricon. Celle de Lanty a fourni Guillaume, seigneur de Lanty, Mauvilly, Aignay-le-Duc, Billy et Etalante, chevalier des ordres du roi, gentilhomme ordinaire de sa chambre, père de Joachim, baron de Lanty, seigneur d'Echalot, Meulson, chevalier des ordres, gouverneur de Châtillon vers 1580. En 1789, le comte Gérard-Louis-Guy de Châtenay de Lanty fut député aux Etats généraux par la noblesse du bailliage de Châtillon. — Alliances : Saffres, Marchainville, Arquien, Foissy, Senailly, Dinteville, Bouton, Belluchon, Blic. — Autres fiefs : Essarois, Maisey, Saint-Vincent, Vaudremont. E. 1557.

**CHAUDENAY.** — Portait les mêmes armes que la maison de Blaisy avec un lambel. (Voy. ce nom.) — Jean, sire de Chaudenay, épousa en 1120 la fille d'Hugues de Mont-Saint-Jean. Guy de Chaudenay est caution d'Etienne de Mont-Saint-Jean en 1196. Sa femme, Pétronille de Blaisy, vend Salives au duc en 1258. Après lui on trouve : Jean II, sire de Blaisy, mort en 1310 ; Alexandre, chevalier du duc en 1322 ; Guy II, seigneur de Chaudenay, mort en 1321 ; Eudes, seigneur de Champrenault, capitaine de Frolois, qui figure dans une *montre* à Avallon en 1358 ; Jean III, chevalier en 1337 ; Guy, abbé de Tulley au comté de Bourgogne, mort en 1343 ; Jean, trente-troisième abbé de Cîteaux ; Guillaume, moine à Saint-Seine au XIVe siècle ; Agnès, dame de Chaudenay et de Darcey en 1410, qui laissa ses biens à Charles de Mello en 1439 ; Philiberte, veuve d'Hugues de Gasse dit de Rouvray en 1582. Plusieurs membres de cette famille furent inhumés à l'abbaye de la Bussière. — Fiefs : Chevigny-Fénay, Magny, Lusigny, Blaisy. — Alliances : Ancey, Grancey, Trainel, Vienne, Lignières, Grenant, Mâlain, Gasse. E. 1355.

**CHAUFFOUR.** — *D'argent au chef de gueules, chargé de deux roses d'or.* — Jean de Chauffour, chevalier, accompagna Philippe-le-Hardi en Picardie en 1377. Un autre Jean était écuyer d'écurie de Jacques de Vergy en 1378. On trouve encore : Guillaume, écuyer, seigneur de Cusey, Marac et Villiers-sur-Suize en 1377, capitaine de Vesoul en 1399 ; Garnier, mort en *Barbarie* en 1390 ; Raillard, écuyer du duc en 1391 ; Henri, échanson du duc en 1410, seigneur de Billy en 1415 ; N. de Chauffour, garde des clefs de la porte Guillaume à Dijon en 1488. Cette famille posséda, en outre, les terres d'Echalot, de Mignot, de Gissey et de Lochères. E. 1422.

**CHAUGY.** — *Ecartelé d'or et de gueules.* — Cette famille remonte à Gilbert de Chaugy, qui vivait au milieu du XIIIe siècle. Le plus remarquable de ses membres, Michaud de Chaugy, surnommé *le Brave*, seigneur de Chissey, fut autorisé à timbrer son écu d'un casque d'or taré de front, couronné d'une couronne royale, comme les enfants de France ; il fut plusieurs fois chargé de missions importantes par les ducs de Bourgogne ; on le trouve successivement qualifié conseiller, chambellan du duc, son premier maître d'hôtel, bailli de Mâcon en 1465, conseiller et chambellan du roi après la réunion du duché, et chevalier d'honneur du parlement en 1477. Il fut inhumé dans le chœur de la Sainte-Chapelle. En 1479, le roi lui avait accordé le rachat et retrait de la *gaigière* de la tour de Roussillon en Autunois, *comme proche parent et* *lignager des feus seigneurs et dames de Roussillon.* Ces lettres n'eurent point d'effet, mais sa descendance obtint au XVI° siècle d'entrer en possession de cette seigneurie, qui a donné son nom à la branche des barons et comtes de Roussillon. Celle-ci a fourni des chambellans des rois de France, un gentilhomme ordinaire de la chambre, et des chevaliers de Malte ; on y remarque, en outre, Nicolas, gouverneur d'Autun, lieutenant-général en Bourgogne en 1684 ; un autre Nicolas, brigadier des armées du roi en 1739, et Nicolas-Etienne, maréchal de camp, élu de la noblesse en 1739, dernier de sa branche, qui a laissé la baronnie de Roussillon aux aînés des Chastellux, à charge de porter les nom et armes de Chaugy-Roussillon. A la branche de Vezanne appartenait Louis, chevalier de Saint-Louis, capitaine dans le régiment de Lorraine. La branche des comtes de Lantilly, qui a fourni un chevalier de Malte et un chanoine-comte de Lyon, tire son nom de la terre de Lantilly, portée en 1578 par Cl. de Crécy à Jacques de Chaugy, et passée au dernier siècle dans la maison de Damas-Crux. Notons encore la Mère de Chaugy, l'une des fondatrices de la Visitation.—Alliances : Roussillon, Digoine, Cléron, Saint-Belin, du Châtelet, Lantage, Brienne, Bousseval, du Faur de Pibrac, Naturel de Baleure, Messey, Marey, Daubenton, Rochefort, Jaucourt, Toulongeon, Clugny, Saint-Léger, Chevigny, Moisson, Thirion. — Fiefs : Cussy, Anot, Marey, Rolle, Chissey, Chenay, Clomot, Sauvigny-le-Bois, Corcelles-les-Laumes, Massingy, Musigny, Gien-sur-Cure, Villiers-les-Haut, Fontenailles, Masoncle, etc. E. 1473.

**CHAUVIREY, CHAVIRÉ.** — *D'azur à la fasce d'or, accompagnée de trois feuilles de chêne d'argent, la fasce chargée d'un lion de sable passant.* On trouve aussi : *de. . . . à une quintefeuille ; au chef chargé d'un lion naissant, avec un bâton brochant sur le tout.* — Ces dernières armes sont celles d'Hugues ou Huguenin de Chauvirey, capitaine du château d'Aignay-le-Duc en 1363, d'une ancienne famille noble, originaire de Salins, à laquelle appartenaient aussi, croyons-nous, Guillaume, natif de Monthard, prévôt de Dole en 1357 ; Jean, conseiller aux parlements de Beaune et de Saint-Laurent en 1474, et Jean, chevalier de l'ordre en 1579. Elle a possédé plusieurs fiefs dans les bailliages de Dijon et de la Montagne aux XIV°, XV° et XVI° siècles, entr'autres Bissey-la-Pierre, Mauvilly, Rouelle, Aprey, Grattedos, Montmoyen, partie d'Is-sur-Tille, Gemeaux et Preigney, s'est alliée aux Saulx, Thirion, Le Mairet, et s'est éteinte en 1734. Cette famille ne doit pas être confondue avec les Chauvirey de Franche-Comté, qui portaient : *d'azur à une bande d'or, accompagnée de sept billettes de même, quatre en chef et trois en pointe.* E. 1577.

**CHEMILLY, CHENILLY.** — *D'or à huit merlettes de gueules, mises en orle.* — Famille du duché qui remonte à 1298, et qui a fourni plusieurs greniers, receveurs des finances, trésoriers et maîtres des comptes. Le plus connu de ses membres est Guillaume, receveur du bailliage de Dijon en 1391, gouverneur de la mairie de cette ville en 1396, receveur général du duché en 1405, et maître des comptes en 1410. On trouve un Michel de Chemilly, écuyer, seigneur de Pommier en 1640, mais on ne sait s'il appartient à la même famille. E. 1417.

**CHENU.** — *D'azur au chevron d'argent, accompagné de trois hures de sanglier de même.* — D'après la Chesnaye des Bois cette famille, originaire du Berry, remonte à Louis Chenu, dont le fils Jean passa une transaction en 1481. Une branche établie en Bourgogne au

XVI° siècle a été maintenue sur preuves remontées à Pierre, écuyer, seigneur de Charantonay en Berry et en partie de Ravières, de Nuits-sous-Ravières et de Villiers-les-Haut, qui vivait en 1533, et dont le fils Claude, lieutenant de cinquante hommes d'armes et chevalier de l'ordre du roi, fut tué au siége de Poitiers en 1569. Leurs descendants ont porté les titres de barons de Nuits-sous-Ravières et de Fulvy. Il y a encore eu d'autres branches toutes militaires dont l'une a fait des preuves pour l'école militaire en 1766. — Alliances : Durestal, Le Bourgoing, Moisy, Rouvray, du Broc, Le Fèvre, Le Boucher, Sautour, Canelle de Bernoul, etc. M. 1666, 1669. E. 1622.

**CHESNE.** — *Ecartelé : aux 1 et 4, d'argent à un chêne de sinople, surmonté de trois étoiles de gueules ; aux 2 et 3, d'argent à trois corbeaux de sable tenant chacun par le bec et les pattes une cigale de sinople.* — Nicolas Chesne, servant près la personne du duc de Mercœur, gouverneur de Provence, fut anobli en mai 1656 pour services militaires rendus dans cette province pendant les troubles de la Fronde. Confirmation de noblesse en 1668. E. 1671.

**CHEVALIER.** — *Tiercé en chevron : au 1, d'azur à deux bustes de femme habillés d'argent ; au 2, d'argent à deux lions affrontés de sable ; au dernier, de gueules à une aigle d'or.* — Cette famille, originaire d'Auxerre, a fourni des officiers au bailliage et à la prévôté de cette ville, entre autres Claude Chevalier, lieutenant-général au bailliage et siège présidial, député aux Etats généraux de 1614. On trouve un Chevalier dans le rôle de l'arrière-ban de l'Auxerrois en 1574. — Alliances : Mauny, Marchand, Girardin. — Fiefs : Ris, Coulanges-sur-Yonne, Corcelles-les-Rangs. E. 1682.

**CHEVIGNY.** — *D'azur au lion d'or, lampassé de gueules, accompagné en pointe d'un croissant d'argent.* — Cette famille, originaire de Saint-Léger-sous-Beuvray, où l'on trouve un Jacques de Chevigny, qualifié marchand en 1622, a été maintenue en 1669, après avoir été condamnée comme usurpatrice par Bouchu en 1665. On remarque parmi ses membres un colonel d'infanterie en 1688. — Alliances : Berthier, Soyrot, Chaugy, Laguille. — Fiefs : Saint-Léger en partie, Montaugé, Courcelles, le Meix-Courlon, Molnay, etc. E. 1650. — On trouve un Robert de Chevigny, écuyer, capitaine de la Tour-du-Sauvement en 1468.

**CHEVRIER.** — *D'argent à trois chevrons de gueules, à la bordure engrêlée d'azur.* — Famille originaire du Bugey, qui remonte à 1170 et posséda de haute antiquité une partie du péage du pont de Mâcon. Guy Chevrier vivait en 1386. Josse Chevrier était fourrier du roi en 1489. Leurs descendants devinrent barons de Cornod, vicomtes du Thil en Beaujolais, seigneurs de Saint-Mauris-des-Prés, de la Saugeraye et de Talant en Chalonnais. — Alliances : Marmont (de Bresse), Grolée, Lugny, Thenay, Nagu, Parpillon, Vaucouleurs. M. 1669 et 1698. E. 1570. Dans les listes de 1653, 1658, 1671 et 1679, nous avons attribué à cette famille le seul nom de Saint-Mauris, sous lequel elle était presque exclusivement connue.

**CHIRAT.** — *D'azur au lion d'or.* — Cette famille, quoique condamnée comme usurpatrice en 1665, entra aux Etats de 1724, sur preuves de trois degrés de noblesse depuis Annibal Chirat, qualifié écuyer en 1603. On remarque parmi ses membres un prévôt général des armées navales sous Louis XIII et sous Louis XIV, un prévôt des maréchaux de France dans le Chajonnais en 1654, un gentilhomme du duc d'Orléans, maître d'hôtel ordinaire du roi, et un mestre de camp de cavalerie, chevalier de Saint-Louis, au dernier siècle. — Alliances : la Rivière, du Coignet, Monin, etc. — Fiefs : Fredière, la Maison-Forte, Montagny, la Motte-Valentin, Boussol, Vonges. — Une branche établie dans le Lyonnais porte : *d'azur au lion d'or, gravissant un mont d'argent*.

**CHISSEY.** — *D'azur à trois tours d'or, maçonnées de sable*. — Cette famille, originaire du duché de Bourgogne, remonte à Barthélemy de Chissey, écuyer, mort avant 1371, héritier de Guillaume de Varanges, son beau-frère. Jean I$^{er}$, son fils, fut maître d'hôtel du duc de Bourgogne et mourut de 1404 à 1410. Antoine de Chissey, seigneur de Varanges, était lieutenant pour le roi au château de Dijon en 1561. Les Chissey possédèrent pendant plusieurs siècles, en franc-alleu, la terre de Varanges, et l'une de leurs branches y joignit en fief une partie de celle de Vonges. — Alliances : Varanges, Magny, Ruffey, Brazey, Boudier, Saint-Andoche, Arcelin, Ferrière, Vichy, des Barres, Bouveret, Sercey, Régnier, Damas-Senailly, etc. — Une branche de cette famille posséda au XV$^e$ siècle la terre des Barres d'Orsans. E. 1557.

**CHOISEUL.** — *D'azur à la croix d'or, cantonnée de dix-huit billettes de même, cinq et cinq, quatre et quatre*. — Illustre maison, originaire de Champagne, qui a pour auteur Rénier, sire de Choiseul au XI$^e$ siècle. Son fils Roger prit la croix en 1095, et fut trisaïeul de Raynard, qui épousa en 1221 Alix de Dreux, petite-fille de Louis-le-Gros, roi de France. Ses descendants formèrent la branche de Choiseul, d'où sortit Jean II, connétable de Bourgogne en 1272, et inhumé en 1308 à l'abbaye de Morimond ; celle de Traves, qui a pour auteur Robert, seigneur dudit lieu en 1272, dont la postérité posséda les terres de la Porcheresse, de Vautour, de Saint-Huruge et de Dracy-le-Fort ; celle d'Aigremont, qui s'éteignit au XVI$^e$ siècle ; celle de Clefmont, issue de Girard, mari de Raoline de Clefmont en 1395, et éteinte en 1621 ; celle de Langues, dont le dernier représentant mourut au XVIII$^e$ siècle ; et celles de Fresnoy, de Meuse, de Daillecourt, d'Hôtel, de Gouffier, de Praslin, qui n'appartiennent pas à la Bourgogne. Dans cette province, deux rameaux, ceux du Vaux de Choiseul et de Chevigny, issus des seigneurs de Traves, possédèrent de nombreux fiefs, et, pour se distinguer des autres branches, enlevaient dans leurs armes une billette de chacun des cantons inférieurs. On sait que deux duchés furent créés en faveur de cette maison, celui de Choiseul en 1665, et celui de Praslin en 1762. Elle s'allia en Bourgogne aux Vergy, Vienne, Grancey, Noyers, Brancion, Damas, Oyselet, Chastellux, la Guiche, Mâlain, Rochebaron, Lenoncourt, l'Aubespin, Foudras, Saulx, Rouxel, Clugny, etc. — Elle y a possédé les terres de Chevigny, érigée en comté pour François de Choiseul en 1699, d'Eguilly, de Meuvy, de Thorey, de Bussières, de Voudenay, des Bordes, de Créancey et de Gissey. Preuves pour le chapitre de Neuville en 1740. E. 1355.

**CHOISY.** — *D'azur au chef emmanché de quatre pointes et de deux demies d'or*. — Cette famille, originaire de Franche-Comté, remonte à Guillaume de Choisy, qui vivait en 1363. On remarque parmi ses membres, Pierre, gruyer du comté de Bourgogne en 1393, châtelain d'Ornans en 1395 ; Huguenin, capitaine de Saint-Aubin en 1413 ; Geoffroy, chevalier, qui reçut en don du duc de Bourgogne en 1445 la seigneurie de la Serrée, en la châtellenie de Cuisery, avec faculté de rachat sur ses héritiers ; Hélion, maître fauconnier du duc pour le duché et le

— 159 —

comté en 1468; Pierre, écuyer, capitaine du château de Fouvans en 1474. Les Choisy figurent fréquemment dans les montres d'armes du XIVᵉ et du XVᵉ siècle; ils furent maintenus en 1668 et passèrent depuis en Champagne où ils prirent le nom de Choisy de Tiéblemont. — Ils ont possédé quelques fiefs dans l'Auxonnois et le Dijonnais, à Pluvault, Pluvet, Longeault, Colonge, Longchamps, Beire, Premières, Vonges, et se sont alliés aux Moissey, Sagey, Martin. E. 1677.

**CHUFFAING.** — Antoine Chuffaing, docteur ès-lois, président du parlement de Beaune en 1397, bailli de Dijon et président du conseil du duc en 1400, envoyé en Autriche pour payer la dot de la sœur de Philippe-le-Hardi en 1405, fut un des conseillers les plus intelligents et les plus intègres de ce prince. On ne sait s'il laissa postérité. E. 1402.

**CICON.** — *D'or à la fasce de sable.* — Cette famille a pris son nom du château de Cicon qui était un fief situé au bailliage d'Ornans, en Franche-Comté, et relevant de l'archevêque de Besançon. Elle remonte à Lambert, qui vivait en 1080, et s'est divisée en plusieurs branches toutes éteintes, savoir : celles de Châtillon-Guyotte, de Nans, de Sauvagney et de Willafans. Elle a fourni un écuyer d'écurie du duc Philippe-le-Hardi, deux gentilshommes de la bouche de l'empereur Charles V, un chambellan du duc de Lorraine. Guy de Cicon, châtelain de Rochefort, portait ses armes ainsi modifiées : *une bande accompagnée de deux cotices et une bordure engrêlée ou endenchée.* — Alliances : Ray, Choiseul, Vergy, Senailly, Vienne, Saux, Giellan, Poinceot, Champdivers. — Fiefs : Champdivers, Quemigny, Beaumont-sur-Vingeanne. E. 1590.

**CIREY.** — *D'azur à deux lévriers rampants et affrontés d'argent, accolés de gueules, bouclés et cloués d'or.* — La filiation de cette famille, ancienne dans la bourgeoisie dijonnaise, remonte à N. de Cirey, dont le fils Jean fut nommé abbé de Citeaux en 1476. Un neveu de ce dernier, Bénigne, treize fois élu vicomte-mayeur de Dijon, fut anobli en 1509. Sa descendance a fourni deux auditeurs des comptes au XVIᵉ siècle et cinq conseillers au parlement de 1543 à 1693. — Alliances : Jacqueron, Borde, Jaquot, Perret, Legouz-Morin, Bouhier, Tisserand, Bouton, Le Marlet, des Barres, Bernardon, Odebert, Rochefort, Milletot, Regnier, Legrand, Chaumelis. — Fiefs : la Motte-d'Aiscrey, Pouilly, Villecomte, la Tour-d'Is-sur-Tille, Magny-sur-Tille, Gerland, Quincey, Bâlon, Sancy, Tarsul en partie. — Maison éteinte au dernier siècle. E. 1674.

**CIRY** ou **SIRY.** — Famille originaire de Montcenis et qui a fourni deux présidents aux enquêtes du parlement de Paris, dont l'un, Hugues de Siry, baron de Couches et seigneur du Pasquier, avait d'abord été pourvu d'une charge de président en la chambre des comptes de Dijon (1718). On trouve encore François, gendarme de la compagnie du prince de Condé en 1638, un capitaine de chevau-légers et un exempt des gardes du corps à la fin du XVIIᵉ siècle. Claude de Ciry, écuyer, était seigneur de Charnailles en 1506. — Nous ne savons si Antoine de Ciry, envoyé par Philippe-le-Bon au duc de Brabant en 1424, et Hugues de Ciry, qualifié noble dans un rôle des feux de Dijon en 1484, étaient de cette famille ou de la précédente.—Alliances : la Baume, Lyon, Girod, Rigoley, Mirebeau, Chaussin, Legendre. — Fiefs : baronnie de Montfalconnet, le Perrex, Vignolles, Marigny, Ocle, Saint-Eusèbe, Corcassey, Champlong, Serandey. E. 1570.

**CLERMONT.** — *De gueules à deux clefs d'argent, passées en sautoir.* — Une filiation établie depuis 1080, un titre de duc et pair, un maréchal de France, un grand maître des eaux et forêts, des chevaliers des ordres du roi, un grand maître de Saint-Jean-de-Jérusalem, un cardinal, tel est en somme le bilan de cette illustre famille dont plusieurs branches ont possédé des fiefs en Bourgogne. Jean-François-Antoine de Clermont-Montoison reprit de fief en 1710, comme héritier de Charles de la Boutière, conseiller du roi en ses conseils et maître ordinaire des requêtes de l'hôtel, de la baronnie de Chagny et de ses dépendances, savoir: Bouzeron, Remigny, Chassagne, Corpeau et la rue de Poiseul à Puligny. La branche des Clermont-Tonnerre a possédé le comté d'Epinac en Autunois et les baronnies et châtellenies de Cruzy, Laignes, Griselles, Ancy-le-Franc, Chassignelles, Cusy, portion de Villon et Fulvy, seigneuries situées en Champagne, mais qui relevaient de Châtillon-sur-Seine. Enfin, Larrey, Poinson et Cerilly ont appartenu à la même branche. M. 1666. E. 1712.

**CLÉRON.** — *De gueules à la croix d'argent, cantonnée de quatre croisettes tréflées de même; sur le tout de gueules chargé de cinq saffres ou aiglettes de mer d'argent, posées en sautoir.* — Devise : *Sonne haut clairon.* — Le premier membre de cette famille en Bourgogne est Othenin de Cléron, attaché au service de Jean de Fribourg en 1421; son fils Simon, écuyer, fut un actif serviteur de Charles-le-Téméraire. On trouve après lui : Joachim, chevalier de l'ordre, gentilhomme ordinaire du roi, baron de Saffres en 1584; Antoine, son fils, substitué aux nom et armes des Moisy (Voy. Moisy), et père de Claude, baron de Saffres et de Chaudenay, qui donna le jour à Antoine, comte de Meuilley, seigneur souverain de Fougerolles et capitaine aux gardes du duc de Savoie en 1668; Charles, dit le comte d'Haussonville, maréchal de camp, grand louvetier de Stanislas, roi de Pologne; et Joseph, colonel du régiment de la marine, brigadier des armées du roi et bailli d'épée de la Montagne en 1779. Cette famille, dont une branche s'était établie au comté de Bourgogne, à Besmont, a fourni plusieurs chevaliers de Malte et un grand louvetier de Lorraine. — Fiefs : Grésigny, Fontaines-les-Dijon, Vernoul, Posange, Villy-le-Moutier, le Pasquier, Vignolles, Varennes, Congey, Saffres, acquis en 1499, et Haussonville en 1620. — Alliances : Saigny, Pontailler, Rochefort, Moisy, Chaugy, Fiquelmont, Pracontal, Damas, Andelot, Concloye, Raigecourt, Guerchy, Lenoncourt, etc. M. 1669, 1697. E. 1588.

**CLEY (LA).** — *D'azur à la fasce d'or, chargée d'un lion passant de gueules.* — Joseph-Antoine de la Cley, reçu aux Etats de 1715, était fils d'un conseiller à la cour des comptes de Dole; il fit preuve jusqu'à son quatrième aïeul, Pierre, anobli en 1539 par l'empereur Charles-Quint en récompenses de ses services militaires. — Alliances : Raclet, Thomassy, Berbis. — Fiefs : Saint-Cyr, Villeneuve.

**CLUGNY.** — *D'azur à deux clefs d'or adossées, les anneaux en losange, pommetés et enlacés.* — Munier donne pour auteur à cette antique famille Symphorien, qui fit en 1083 hommage de sa maison de Clugny à l'autel de saint Symphorien d'Autun. Il cite aussi un

Huguenin de Clugny qui se croisa en 1230. Ce qu'il y a de certain, c'est que Guillaume de Clugny, seigneur de Conforgien et époux de N. de Semur, était bailli de Dijon en 1368. Cette maison se divisa en plusieurs branches, celles d'Alonne et de Champéculon, de Menesserre, de Conforgien, de Saint-André, de Colombier et de Thenissey. Parmi ses illustrations, on remarque : Jean, conseiller des ducs, ambassadeur près de Charles VII ; Guillaume, évêque de Poitiers, ambassadeur de Charles-le-Téméraire en Angleterre ; Ferry, évêque de Tournay, chancelier de la Toison-d'Or et cardinal, mort en 1483 ; Louis, seigneur de Conforgien, créé chevalier par Louis XII en 1509 ; Guillaume, baron dudit lieu, général des troupes de Genève contre le duc de Savoie sous Henri IV ; Antoine, aide de camp de Louis XIII, gouverneur de Saint-Quentin ; François, prêtre de l'Oratoire de Dijon, mort en odeur de sainteté en 1694 ; Jean-Etienne-Bernard, conseiller au parlement de Bourgogne, intendant général de la marine et des colonies en 1778, et contrôleur général des finances en 1776. On compte en outre dans cette famille plusieurs autres conseillers au parlement, deux députés d'Auxois aux Etats généraux de 1576 et 1614, un élu du tiers-état en 1618, et deux trésoriers de France en 1640 et 1646. — Principaux fiefs : Chailly, Vergoncey, Monthelon, Ragny, Saint-Romain, le Brouillard, Sagy, Montachon, Aisy, Darcey, Châtenay, Colombier, Thenissey, Grignon, Menesserre, Travoisy, etc. — Alliances : Bourgogne, Semur, Montgommery, Busseul, Drée, Chaugy, Chastellux, Salins, Damas, Colombier, Oyselet, Pracontal, Saint-Phal, Tenarre, Saint-Belin, Choiseul, Jaucourt, Brancion, Tardieu, etc. M. 1669. 1697 et 1698. E. 1363.

**CŒURDEROY.** — *D'azur à un cœur d'or, surmonté d'une couronne de même et accosté de deux palmes aussi d'or.* — Ancienne famille qui a produit un trésorier de France au bureau des finances de Dijon en 1651, quatre conseillers au parlement, présidents aux requêtes du palais de père en fils en 1656, 1684, 1723, 1758, deux maîtres des comptes en 1686 et 1694, un correcteur en 1731, un premier président à Nancy et plusieurs militaires. On trouve à Semur un maire de ce nom en 1629 et 1645. — Alliances : Vaussin, Villers-la-Faye, Henry, Mailly, Reuillon de Brain, Pillot de Fougerette, Languet. — Fiefs : Crépan, Mercey, Santigny en partie, Chevigny. E. 1724.

**COIGNET.** — *D'azur à deux épées d'argent, les gardes d'or, posées en sautoir et accompagnées de quatre croissants d'argent, un en chef, deux en flancs et un en pointe.* — Le nom de cette famille figure dans les montres d'armes du XIVe et du XVe siècle. Au siècle dernier elle a fourni trois baillis gouverneurs d'Auxerre et de l'Auxerrois. — Alliance : Colbert de Villacerf. — Fiefs : baronnie de Courson, érigée en comté par lettres de 1650, baronnie de Migé, fief de la Thuilerie. E. 1608.

**COLBERT.** — *D'or à la couleuvre ondoyante en pal d'azur.* — Devise : *Servat et abstinet.* — Jean-Baptiste Colbert, le célèbre contrôleur général des finances, se rendit acquéreur en 1657 de la baronnie de Seignelay en Auxerrois et en obtint l'érection en marquisat-pairie par lettres de 1668 enregistrées en 1671. Le nouveau marquisat fut en même temps soustrait à la mouvance du comté d'Auxerre à charge de rendre foi et hommage directement à la couronne, avec ressort direct de la justice au parlement de Paris. Jean-Baptiste Colbert, en qualité de marquis de Seignelay, obtint l'autorisation *unique* d'assister par procureur aux Etats de Bourgogne depuis 1674. André Colbert, évêque d'Auxerre, fut élu du clergé aux Etats de 1679. Les Colbert de Seignelay ont encore possédé Saint-Cyr en Auxerrois, et les Colbert de Saint-Pouange, la Motte-Merrey au comté de Bar-sur-Seine dès 1633 (1).

**COLIGNY.** — *De gueules à l'aigle d'argent, becquée, membrée et couronnée d'azur.* — Cette illustre maison, originaire de Bresse, remonte, selon quelques auteurs, aux anciens comtes de Bourgogne, en tous cas, à Manassès, seigneur de Coligny, qui vivait en 1086. Parmi ses illustrations on peut citer un maréchal de France, deux amiraux de Guyenne, un cardinal, plusieurs chevaliers de l'ordre et le célèbre amiral de Coligny, qui périt à la Saint-Barthélemy. Le petit-fils de ce dernier fut créé duc de Châtillon en 1643 et mourut en 1649. La maison de Coligny se divisa en plusieurs branches : celle des seigneurs d'Andelot, comtes de Laval; celle de Cressia et celle de Saligny, qui remonte à Jacques, dit Lourdin, substitué aux nom, armes et biens de la famille de Saligny (2) en 1444. De cette branche, qui possèda les titres de baron de la Motte-Saint-Jean, de marquis d'Orne et de comte de Saligny, sont issus : Renaud, chambellan de Charles VIII et de François Iᵉʳ, né en 1478, mort en 1547; Marc, chevalier de l'ordre, mort en 1597; Gaspard, maréchal de camp en 1637 et commandant en Normandie en 1640; Jean, connu sous le nom de comte de Coligny, lieutenant-général, gouverneur d'Autun, auteur de Mémoires estimés, et mort en 1686. Son fils Gaspard fut le dernier de sa maison. — Alliances : Courcelles, Chabannes, Tournon, Montmorency, Laval, Montbel, Polignac, Châtenay, Rieux, Salm, Alègre, Ternant, Montboissier, la Guiche, Montmorin, Cauchon de Maupas, Mailly, Madaillan, Wurtemberg. Nom relevé par les Pillot-Chenecey et les Faucigny. E. 1605.

**COLIN, COLLIN.** — *D'azur à trois colonnes d'or mises en pal.* — Cette famille remonte à Philibert Colin, né en 1507, qui, après avoir exercé avec distinction la profession d'avocat, fut pourvu d'un office de conseiller au parlement en 1537. Il a laissé des poésies imprimées et manuscrites. De ses trois fils, l'aîné, Thibaud, avocat général à la chambre des comptes en 1571, mourut sans postérité; le second, Bénigne, fut maître des comptes en 1573; ses descendants entrèrent aux Etats de 1677 après avoir obtenu en 1673 des lettres de réhabilitation. — Alliances : Millière, Dimanche, Le Corcenet, Garnier, Pélissier. — Fiefs : Chenault, Flavignerot. M. 1698.

**COLLONGE (LA).** — *D'argent à trois merlettes d'azur.* — Le premier membre connu de cette famille est Guillaume de la Collonge qui vivait en 1404. Son fils, Pierre de la Collonge, écuyer, épousa Catherine de la Cosne en 1437. Ses descendants possédèrent successivement les terres de la Motte-sur-Dheune, de la Cosne, d'Aligny, de Corabœuf, de Moux et de Lantenay. Parmi eux, on peut citer : Philibert, qui vivait en 1484; Guillaume, docteur en droit en 1536, conseiller au parlement de Dijon, marié en 1572 à Françoise de Rochechouart; Jean, seigneur de Charrey en 1631. — Ils s'allièrent aux Colombier, Salins, Cléron, Rimon, Moroges, Chatelregnault. E. 1557.

---

(1) Nous avons relevé dans les registres de la chambre des comptes les lettres de provisions, en décembre 1594, des offices de contrôleur général provincial, ancien et alternatif des gabelles de la généralité de Bourgogne, nouvellement créés, pour Jean Colbert.
(2) Saligny ou Lourdin de Saligny portait : *de gueules à trois tours d'argent*.

**COLLONGES.** — *D'azur à une fasce d'or, chargée de trois têtes de lion de gueules.* — Cette famille, maintenue en 1700, a possédé les fiefs de Pressy-sous-Dondain, Cherizet, la Tour-du-Boz, Curtil, Royrult et Curbigny. Elle est sans doute issue de l'ancienne maison de Collonges que l'on trouve établie en Autunois dès l'année 1271. E. 1653.

**COLOMBET.** — *De gueules*, alias *d'azur au sautoir d'or, accompagné de quatre coquilles d'argent*, alias *d'or*. — Cette famille est issue d'André de Colombet, fils d'un conseiller au parlement de Grenoble, qui vint se fixer en Bourgogne à la fin du XVIe siècle et acheta la baronnie de Gissey-le-Vieux en Auxois; elle a fourni deux capitaines de Flavigny. M. 1669, sur preuves remontées à 1563. — Alliances : Belleperche, Saint-Belin, Fontette, Berbis, Fyot, Soirot, Millotet. — Fiefs : Gissey, la Borde, Lantillière, Loronne, Magnien. E. 1632.

**COLOMBIER.** — *De gueules au chef d'argent, chargé de trois coquilles du champ.* — La terre de Colombier, au bailliage de Beaune, a donné son nom à une très ancienne famille noble qui remonte à *J. de Colombex*, lequel légua deux poules et douze deniers à l'abbé de la Bussière sur ses fonds de Vandenesse en 1259. On remarque parmi ses membres : Guérin, écuyer, l'un des nobles donnés pour caution du traité de Guillon en 1359; Guillaume, châtelain de la Colonne, puis bailli d'Auxois, qui passa en 1426 une revue d'hommes d'armes dans laquelle il figurait avec vingt-deux écuyers. En 1474 un autre Guillaume de Colombier fut chargé avec plusieurs autres par les Etats du comté de traiter avec les chefs allemands qui voulaient envahir cette province pendant le siége de Nus par le duc Charles. Gabrielle de Colombier, fille d'Antoine, chevalier de l'ordre, et de Louise de Mandelot, porta la terre de Colombier dans la maison de Clugny par son mariage avec Michel de Clugny en 1572.—Alliances: Vingles, Janly, Mandelot, Robin, Charnot, Andrault, Cicon, Clugny. — Fiefs : Blanzy, Oigny, le Quarré, Châtellenot, Drée, Aligny, Mons, Champlois, Saint-Loup-de-Varenne, Serville, Bircy, Crécy, Cercenay, Perrey, Saint-Remy, Savigny. E. 1549.

**COMEAU.** — *D'azur à la fasce d'or, accompagnée de trois étoiles de même à six rais, cometées d'argent.* — Cette famille remonte à Guiot Comeau, qualifié châtelain et receveur de Pouilly-en-Auxois en 1520, dont le fils, Claude, eut entre autres enfants, Jean Ier, lieutenant-général criminel au bailliage de Dijon, et un autre Jean, homme d'armes de la compagnie du comte de Charny, puis maréchal des logis de celle du sieur de Souhey, anobli en 1603, auteur de la branche de la Serrée et de Thoisy. On remarque dans cette branche Claude, gentilhomme ordinaire du roi; Antoine, chancelier de la Sainte-Chapelle, conseiller clerc en 1630, et garde des sceaux du parlement de Dijon; et Pierre, lieutenant criminel à Dijon, vicomte-mayeur en 1643 et 1659. Elle s'est alliée aux Colombet, Colard et Valon en qui elle s'est éteinte. Jean Ier est l'auteur des branches de la Choselle, de Pontdevaux et de Créancey, qui ont fourni deux conseillers au parlement en 1674 et en 1716, un premier président du bureau des finances en 1706, et plusieurs militaires. Parmi ces derniers, on remarque un capitaine de cavalerie tué à la bataille de Dettingen, et un gouverneur de Nuits, commandant de Dijon, dont le fils, le petit-fils et l'arrière-petit-fils ont successivement rempli la charge de lieutenant de roi en Bourgogne: l'un d'eux, Nicolas, dit le comte de Créancey, était en outre commandant au régiment de Médoc et chevalier de Saint-Louis. — Alliances : Morin, Jant, Bretagne, Jacob,

Vienne, Cochet, Gravier de Vergennes, Royer de Saint-Micault, la Ferté-Meun, Charry-Beuvron, Gissey, Ocquidem, Maniquet, Joumard d'Argence, Catherine, Pelletier de Cléry, Aubert de la Ferrière, Brocard, Valon. — Fiefs, outre ceux déjà nommés : Montmançon, la Borde, Meuilley, Baume-la-Roche, la Lochère, Panthier, Villeneuve-près-Rouvray, Thorey-sous-Charny, Vincelles, Mimeure, Flassellière, le Bassin, Senecey, etc. M. 1666 et 1669. E. 1665.

**COMPASSEUR (LE).** — *Coupé : au 1, parti d'azur à trois compas ouverts d'or, et d'or au créquier de gueules; au 2, d'azur à trois bandes d'or.* — Devise : *Cuncta ad amussim.* — Le titre le plus ancien produit par cette famille devant les commissaires vérificateurs aux Etats de 1763 est une sentence de reconnaissance de noblesse rendue par le bailliage de Troyes en 1491 en faveur de Pierre Le Bey, comme étant issu, par les femmes, de Guillaume Le Compasseur, fils de Bernard, natif de la ville d'Elne, tous deux tenus pour nobles et gentilshommes et usant de tous les droits dont jouissaient les nobles du comté de Champagne. Si l'on en croit les renseignements généalogiques fournis à cette époque, Gilles, fils de Guillaume, qualifié en 1498 écuyer et capitaine de la ville et du château de Joinville, fut père d'Edme, qui s'établit en Bourgogne où il acheta en 1504 une partie de la terre de Tarsul. On remarque parmi les descendants de ce dernier : Claude, d'abord maître des comptes, puis premier président au bureau des finances en 1586; Bénigne, greffier des requêtes du parlement, vicomte-mayeur de Dijon; un autre Bénigne, écuyer ordinaire de la reine Marguerite en 1611, dont la descendance n'a pas cessé de tenir un rang distingué dans la robe et dans l'épée, ayant fourni un conseiller au parlement de Dijon en 1620, honoré du titre de conseiller d'état en 1656, deux présidents au même parlement en 1692 et 1698, un mestre de camp de cavalerie, chevalier de Saint-Louis, membre de l'académie des sciences, mort en 1785, etc. — Alliances : Senesterra, Ferrette, Origny, Hennequin, la Perrière, Demonge, Maillard, Martin, Frémyot, Bout, Le Sec, Brocard, Blondeau, Gagne, Petit, du May, Fyot, Joly de Blaisy, Clermont-Tonnerre, Brancion, Cornette de Saint-Cyr, Fussey. — Fiefs : la terre de Courtivron, portée en dot par Françoise de Mâlain à Claude Le Compasseur de Vitrey, tué au service du roi en 1592, et érigée d'abord en baronnie, puis en marquisat en 1598 pour le président Jean Le Compasseur; celle de Tarsul, changée au nom de Compasseur-Créqui-Montfort par lettres de 1758, la Chaume, Beire en partie, Alchen, Jancigny, Heuilley, la Motte-d'Ahuy, Saulx-le-Duc, Ruffey, Avot, Poiseul, Lusseroy, etc. M. 1698. E. 1575.

**CONCLOYE, CONCLOIS.** — *De gueules à la fasce d'or.* — Famille d'Auxois qui posséda au XVIIe siècle les fiefs du Verger, de Munois et de Sancery, et s'allia aux Gand, Méquin, Cléron, Lescuier et Merceuil. On remarque parmi ses membres Antoine de Conclois, archer de la compagnie de Mgr de Nevers en 1554. E. 1626.

**CONIGHAN, CONYGHAM.** — *De sable au pairle alaisé d'argent, surmonté d'une étoile de même.* — Robert de Conighan, originaire d'Ecosse, passa au service de Charles VII en 1450 : il était capitaine de la garde écossaise. Son fils Jean lui succéda dans cette charge et fut en outre chambellan de Louis XI et de Charles VIII. Parmi leurs descendants, tous militaires, on remarque : Jacques, capitaine de cinquante hommes d'armes, maître de la garde-robe de *Monsieur*, frère du roi, en 1583; un chevalier de l'ordre en 1581; des chevaliers de Malte et de Saint-Louis; un bailli d'Amiens, et un brigadier-colonel de Flandre. Branches d'Arcenay, d'Avirey et de Landreville, maintenues en 1669, 1689 et 1698. La branche de Cangez portait : *d'argent à un pairle de sable, écartelé d'azur à trois fermaux d'argent*. — Alliances : Chastellux, Balathier, Longvoy, Saint-Claude, Beaulieu, Rémond, Montmerqué, Tupin, Coquet, Bouvard, Poitiers, Brachet, Longueville, Frasans, Humes, Scorrailles, Coucy, Montagu, Contades. — Fiefs : Cramail, Lingey, Santigny, Chavannes. E. 1563.

**COQUET.** — *D'azur à deux croissants adossés d'argent, accompagnés de trois étoiles d'or.* — François Coquet, fils d'un notaire de Pontailler, mérita la confiance d'Henri IV, qui le fit conseiller d'état et contrôleur général de sa maison. Cette dernière charge resta pendant trois générations dans sa famille, qui a encore fourni un secrétaire-contrôleur de la chancellerie de Dijon en 1585, un conseiller d'état, un secrétaire de la chambre du roi, un trésorier-payeur des gages du parlement en 1677. — Fiefs : Montmoyen, Hierce. — Alliances : Bouhier, Regnault, Le Goux, Conighan, Massol. Famille éteinte au dernier siècle dans les Frasans. E. 1639.

**COSTE (LA).** — *De gueules au lion d'or, lampassé d'argent, à la bande d'azur, engrêlée d'argent, brochant sur le tout.* — Cette famille, originaire de Savoie, s'est établie en France en 1656. Louis-François de la Coste, reçu aux Etats de 1742, prouva sept degrés de noblesse depuis Prosper qui vivait en 1492. Jugements de franc-fief en 1702 et 1708. — Alliances : Beaufort, Descostes, Cléron, Damoiseau, Lanneau, Drouas. — Fiefs : ancienne baronnie de Rochetaillée, la Prée, Chamien, Vercey.

**COTTEBRUNE.** — *De gueules au sautoir d'or.* — Jean, sire de Cottebrune et de Charin, chevalier, chambellan du roi de France et des ducs Jean et Philippe-le-Bon, maréchal de Bourgogne en 1418, mort en 1422, laissa une fille qui épousa Philibert de Rye en 1424. Il tirait son nom d'un village du bailliage de Baume-les-Dames. E. 1421.

**COUCHES.** — Les sires de Couches, inscrits dans quelques-unes des premières listes, depuis 1355, appartenaient à la branche des Bourgogne-Montaigu. (Voy. MONTAIGU.)

**COUDRE (LA).** — *D'azur à deux chevrons d'or, bordés de sable.* — Cette famille, qui paraît remonter à Pierre de la Coudre, successivement receveur et procureur des grueries de Chalon en 1404, d'Autun et Montcenis avant 1420, a possédé les seigneuries de la Coudre, Maurepas, la Genette, Beauran, Vincelles en Auxerrois, et Goudreville. M. 1698. E. 1653.

**COUR (LA).** — *D'argent à trois bandes de sable, celle du milieu chargée de trois étoiles d'argent.* — Cette famille remonte à Jean de la Cour, qualifié écuyer, sommelier de l'échansonnerie du duc de Bourgogne, et seigneur de Molin ou Moulin en la paroisse de Vaux, au bailliage de Charolles, mort en 1469. On remarque encore parmi ses membres : Jean, gendarme de la compagnie du marquis de Thianges en 1597, et plusieurs élus du Charollais. — Alliances : Gaspard de Marcilly, Petitjean, Lestouf. — Fiefs : Saint-Martin-d'Ozole, Laisne, la Vernette, Sommery, les Ponts, les Gaux, Chassagne, Lavaux, Cypierre. M. 1667, 1698. E. 1601. — On trouve Jean de la Cour, seigneur de la Motte-Reuillon et de Glux, gouverneur de Marigny-les-

Nonains sous Mayenne. — C'est, croyons-nous, une branche de cette famille qui figure dans la liste des commissaires-vérificateurs de 1653 à 1658, sous le nom de la Cour de Boyer.

**COURCELLES.** — *D'azur à la fasce d'or, et en chef trois étoiles de même*, qui est de Courcelles; *écartelé de gueules à deux épées d'argent, les pointes en bas, passées en sautoir, les gardes et poignées d'or*, qui est de Saint-Hilaire; *sur le tout, de gueules à une aigle d'or*, qui est de Vienne; *brisé d'une divise en bande componée d'argent et d'azur*. — Devise: *Pour jamais*. — Cette famille, qui a tenu un rang distingué dans la noblesse de la province, remonte à Guillaume de Courcelles, clerc, licencié ès-lois, conseiller du duc et vicomte-mayeur de Dijon en 1418 (1). De son mariage avec Henriette de Saint-Hilaire, Guillaume eut, entre autres enfants, deux fils : Jean de Saint-Hilaire, dit de Courcelles, seigneur d'Auvillars, dont le fils Jean mourut sans postérité; et Philippe, successivement écuyer tranchant, conseiller, chambellan des ducs Philippe-le-Bon et Charles-le-Téméraire, bailli de Dijon en 1439, et gardien de l'ordre de la Toison-d'Or. Philippe de Courcelles joua un rôle considérable dans plusieurs négociations et ambassades, et fonda à la Sainte-Chapelle la chapelle d'Auvillars où il fut inhumé en 1479. On remarque parmi ses descendants : Jean, son fils, chevalier d'honneur au parlement de Bourgogne en 1514, qui signa comme témoin le traité de neutralité pour le comté de Bourgogne en 1522; Charles, qui remplaça son père dans la charge de chevalier d'honneur; Pierre, aussi chevalier d'honneur en 1571, et chevalier de l'ordre du roi; et Jacques, baron de Pourlans, père de Jeanne, abbesse de Tart, qui introduisit la réforme dans son abbaye, et la transféra à Dijon en 1623. Les Courcelles, après avoir été maintenus en 1698 et 1699, se sont éteints au dernier siècle dans les Moyria-Châtillon. — Alliances: Tenarre, Bouton, Châtenay, Fussey, Dugon, Morisot, Loges, Gros, la Tournelle, Languet, Balay, Drée, etc. — Fiefs : baronnie de Saint-Julien, Lantenay, donné par Philippe-le-Bon à Philippe de Courcelles en 1431, en considération de son prochain mariage avec Guymard Rodrigues, damoiselle d'honneur de la duchesse Isabelle de Portugal, Lochères, Bousselange, Aiserey, Chorey, Grosbois-les-Tichey, Montagny, Taniot, etc. E. 1440.

**COURROY (DU)** ou **COUROY**. — *D'or au chevron de sable, accompagné de trois merlettes de même*. — Famille maintenue en 1669 et 1698 sur preuves remontées à 1483. On trouve de ce nom un secrétaire du duc de Bourgogne, mort en 1485, et un gentilhomme du prince de Condé en 1620. — Alliances : la Motte-Beaujeu, Bouillot, Thésut. — Fiefs : la Chaume, Piéblanc, Cousin. E. 1671.

**COURTIAMBLE.** — Tantôt *six étoiles*, tantôt *trois étoiles à six rais*. — Palliot leur donne par erreur les armes des Pot. — Jean de Courtiamble, chevalier, arrière-petit-fils de

---

(1) Il est probable que Guillaume de Courcelles était issu d'une vieille famille dijonnaise du nom de Courcelles ou Corcelles, qui a fourni plusieurs maires de Dijon : Guillaume en 1271, Pierre en 1325, Richard en 1351, ce dernier conseiller au parlement de Beaune, et parmi les membres de laquelle on remarque encore : Perrenot, bourgeois de Dijon en 1333, et Monin, aussi bourgeois, inhumé aux Cordeliers en 1349. Nous ne croyons pas qu'il faille confondre cette famille, comme l'ont fait D. Plancher et Courtépée, avec les anciens sires de Courcelles, dont étaient Renaud, qui reconnut en 1259 que sa maison de Corcelles était jurable et rendable au duc, et Jean, maréchal de Bourgogne en 1311; ce dernier portait pour armes : *trois lions chargés chacun comme de deux besants, avec un filet mis en bande, brochant sur le tout*.

Gauthier de Cortiamble qui vivait en 1265, fut au nombre des seigneurs qui s'engagèrent en 1359, pour le duc de Bourgogne, à payer la rançon du roi Jean. Son fils, Jacques, seigneur de Comarin et de Nesles, conseiller et chambellan du duc, officier de la maison du comte de Nevers, porte-bannière du duc dans sa campagne contre les Liégeois en 1408, capitaine-général du Charollais en 1411, bailli d'Auxois en 1412, ambassadeur en Savoie en 1414 et en Brabant en 1415, fut un des capitaines les plus distingués du duché au XV° siècle. Il eut la gloire de prendre en 1409 la place de Valexon qui avait résisté à Jean de Vergy, maréchal de Bourgogne. Son fils Jacques fut échanson du comte de Charollais et périt en Hongrie sans laisser de postérité. — Alliances : Nesles, Pot, Blaisy, Dinteville. E. 1373.

**COURVAULT.** — *D'azur à trois coquilles d'or.* — Etienne de Courvault ou Corvault, conseiller, maître d'hôtel du roi, commissaire général provincial des guerres, fut anobli en 1670 en récompense de ses nombreux services, étant à l'armée depuis 1627. — Fief de Saint-Romain. E. 1671.

**COUSSE (LA)** (Voy. Estrade (l') de la Cousse).

**COUTHIER.** — *De gueules à la fasce d'or, alias d'argent, accompagnée de trois têtes de léopard de même, lampassées de gueules.* — Devise : *A l'abry Couthier.* — La famille Couthier avait sa sépulture dans l'église Saint-Pierre de la ville de Flavigny d'où elle est originaire. Elle remonte à André Couthier, dont le fils Jean, avocat des trois premiers ducs de la seconde race au bailliage d'Auxois, depuis 1387, fut déclaré *noble à posséder fiefs* en 1406. Le petit-fils de ce dernier, Jean Couthier, conseiller du duc en 1445, seigneur de Souhey en 1465, eut trois fils dont l'un fut le célèbre Jacques Couthier, médecin de Louis XI, premier président de la chambre des comptes de Paris, auquel le roi fit don en 1482 des châtellenies de Brasey et de Saint-Jean-de-Losne, du grenier à sel de cette ville et d'une maison sise à Dijon. Parmi ses descendants on remarque : Philibert, conseiller d'état en 1555; François, chevalier d'honneur de la chambre des comptes de Dijon en 1639, conseiller d'état en 1651 ; et Claude, gouverneur de Flavigny, qui paraît être le dernier du nom de Couthier. — Alliances : Laval, Marlan, Boutechoux, Prudon, Nouyer, Espiard, Brigandet, Longueil, Bernard de Montessus, Damas-Crux, ces derniers héritiers des Couthier. — Fiefs : Souhey, érigé en baronnie en 1643, et en marquisat en 1679 ; Grésigny en partie, Munois, Sonnotte, Château-Bornay, la Roche-Vanneau, baronnie de Lugny, Boux, Bouzot, Salmaise, Juilly, Buffon, Dompierre en partie, Saint-Eufrêne, Biarne, Soirans. M. 1669. E. 1590.

**CRÉCY.** — *D'argent au lion de sable, langué, onglé et couronné de gueules, à la bordure dentelée de même.* — Les plus anciens membres de cette famille que l'on connaisse sont Jean et Eudes de Crécey, chevaliers, qui figurent dans la charte d'affranchissement du bourg de Saulx en 1246. Simon, fils d'Eudes, alla en Terre-Sainte et mourut en 1333. Ses descendants qui allèrent s'établir au comté de Bourgogne après la mort de Charles-le-Téméraire, ont fourni plusieurs archidiacres de Langres, un abbé de Flavigny, des chevaliers et des écuyers des ducs et un aumônier de Charles de Bourgogne. On peut citer parmi eux : Henri, chevalier de Malte en 1545; Guy, seigneur de Houssay en Vermandois, capitaine de deux cents hommes d'armes au régiment de Champlitte en 1595; Ferdinand-Denis, dit le comte de Crécy, baron de Rye, lieutenant-colonel du 1er régiment de chevau-légers, chevalier de Saint-Georges et de Saint-Louis en 1780, dont la postérité subsiste encore. — Fiefs : Percey-le-Grand, Crécey, Courchamp, Grenant, Blaisy, Thenance-aux-Moulins, Venarey, Saint-Martin près Langres, le Trembloy, la Grande-Résie, Chaumergy, Chavanne. — Alliances : Grenant, du Bois, Blaisy, du Trembloy, Lisac, Beaujeu, Rosières, Balay, Mornay, Tricornot, Grangebeuse. E. 1390.

**CREMEAUX**. — *Parti d'un trait, coupé de deux, ce qui forme six quartiers. Au 1, d'argent à la fasce ondée d'azur ; au 2, d'or à trois sautoirs d'azur rangés en fasce ; au 3, de gueules à trois croix recroisetées, au pied fiché d'or ; au 4, d'azur à trois sautoirs d'argent ; au 5, de gueules au lion d'or, naissant d'une terrasse de sinople ; au 6, d'or à deux massues de sable passées en sautoir, liées de gueules.* — Ancienne et illustre famille du Lyonnais qui remonte à Pierre, seigneur de Cremeaux, chevalier, marié en Forez à Isabeau de Grognieu. Parmi ses descendants on remarque: Antoine, chevalier de Saint-Michel, marié en 1560 à Françoise de Prunel ; Claude, député de la noblesse du Lyonnais aux Etats généraux de Paris en 1614, allié à Isabeau d'Urfé, fille du baron d'Entragues ou d'Entraigues, par laquelle la terre de ce nom entra dans la maison de Cremeaux. Sa postérité a fourni un mestre de camp d'infanterie, deux gouverneurs de Mâcon dont l'un était maréchal de camp, et un lieutenant-général du Mâconnais, mort en 1747. On remarque encore dans cette famille des chevaliers et commandeurs de Malte dont un grand prieur d'Auvergne, général des galères de la religion, et des chanoines-comtes de Lyon et de Mâcon. — Alliances : Rollat, Busseville, Rochebaron, Saint-Georges, Fougères, Grillet, Chevalier, Courtarvel, Héron, etc. — La branche des seigneurs de la Grange et de Saint-Verax a fourni un gouverneur de Bellegarde, maréchal de camp des armées du roi ; elle a été maintenue en 1669. E. 1665.

**CREST (DU), DUCREST** ou **DUCRET**. — *D'azur à trois bandes d'or, au chef d'argent, chargé d'un lion issant de sable, armé et lampassé de gueules.* — L'auteur de l'*Armorial de la Chambre des comptes* fait descendre cette famille de Léonard Ducrest, citoyen d'Autun et auditeur des comptes, anobli par Philippe-le-Bon en 1435, dont les deux fils Drouhin et Etienne furent, le premier, maître, le second, auditeur des comptes. — La famille tient au contraire par tradition que Jacques Ducrest, gentilhomme savoisien, vint s'établir en France à la suite de Charlotte de Savoie, femme de Louis XI. Il était accompagné de ses deux frères : Henry, mort sans postérité, et Anne, auteur de la branche de Vandenesse, qui s'est alliée aux Valette, Murat, Las, Brisson. — Fiefs : Valette, Vandenesse, la Tour-du-Bois, Villaine, la Malleville, Chevreau, Souley, le Montceau, la Chapelle-de-Villars, Cersot, Sigy ou Chigy-l'Aubépin, Montigny. De Jacques sont sorties trois branches : 1° la branche de Chigy qui a produit un chevalier de Malte en 1632 et dont la comtesse de Genlis a été le dernier rejeton. — Alliances: Vichy, Berthelon, Scorrailles, Chaussin. — Fiefs : marquisat de Saint-Aubin, Bourbon-Lancy, Champeery, Perrigny ; 2° la branche de Ponay qui s'est alliée aux Chargères, Lanvaut, Ponard, Paroy, Mugnier, Virgile, Rabiot. On compte dans cette branche plusieurs militaires, dont un chevalier de Saint-Louis; 3° enfin la branche du Breuil encore existante, qui s'est alliée aux Barnault, Berger, Grandval, le Prestre de Vauban, Ramilly, Dormy. M. 1669, 1698, 1700. E. 1590.

**CRET (DE)** ou **DECRET**. — *D'azur au chevron d'or, accompagné en chef de deux mouchetures d'hermine d'argent, et en pointe d'une ancre de même.* — Cette famille, dont la filiation est établie depuis Philippe de Cret, écuyer en 1482, dérogea en la personne de Claude de Cret, dont le fils Jean, gendarme de la compagnie de Brézé, fut condamné comme usurpateur du titre de noblesse en 1665. Philibert, seigneur de Lys et de Saint-Léger obtint des lettres de réhabilitation en 1676 ; mais quoiqu'entré aux Etats de 1679, il ne fut pas compris dans la grande liste de 1682, la chambre de la noblesse ayant décidé par délibération spéciale que son fils seulement serait inscrit au catalogue. La famille de Cret s'est alliée aux Cozan, du Terrail, Mucie, Boyer.

**CRÈVECŒUR**. — *De... à la fasce accompagnée en chef de trois croisettes pattées, et d'une quintefeuille en pointe.* — Cette famille tire son nom du châtel de Crèvecœur en Chalonnais. Guillaume de Crèvecœur, damoiseau en 1310, seigneur du Fay, eut pour fils Jean, père de Guiot, seigneur de Sagy en 1345. On trouve encore Gilles, maître des ponts et passages du Mâconnais en 1364, et Guigne, chevalier en 1473. Il ne faut pas confondre cette famille avec celle de Philippe de Crèvecœur, maréchal et grand chambellan de France, mort en 1494, qui portait *de gueules à trois chevrons d'or.* E. 1363.

**CROISIER (DE, DU** ou **LE)**. — *De gueules au sautoir d'argent.* — Cette famille, dont on trouve le nom en Auxois dès l'année 1438, a été maintenue en 1669 sur preuves remontées à 1547. On remarque parmi ses membres : Amé, commandeur de Bellecroix en 1470; Guillaume, capitaine de Posange en 1478; Jean, clerc et libellance de la châtellenie de Viteaux en 1485 ; Albin, châtelain de Semur-en-Auxois en remplacement de Jean, son père, en 1535 ; Jacques, lieutenant de M. de Bragny, décédé en 1617 et appelé dans son épitaphe le *parangon des bons gendarmes*; le chevalier de Sainte-Segros, maréchal de camp au dernier siècle, des chanoinesses de Poulangy, un grand nombre de militaires de divers grades, dont plusieurs chevaliers de Saint-Louis. — Alliances : Chauvin, Mâlain, Vaulx, Conighan, Beugre, Fremyot, Sainte-Segros, Auxy, Arcelin, Martinet, Languet. — Fiefs : Sainte-Segros, le Verger, Lauronne, Chasson, Arnay-sous-Viteaux, Poligny-les-Semur, Dompierre-en-Morvan, Chevannay, Saucy, Villeferry. E. 1602.

**CROIX (LA)**. — *D'azur à la croix pattée et alaisée d'or ; écartelé de gueules à un coq d'or ; sur le tout un écusson aussi d'or.* — Jean de la Croix, conseiller et secrétaire de la reine-mère en 1586, était sans doute le même qui entra aux Etats de 1578 (1) ; il appartenait à une ancienne famille d'Auxonne qui a fourni des officiers au bailliage et au grenier à sel de cette ville, deux secrétaires du roi, vétérans en 1665 et 1672, un conseiller au parlement de Dijon en 1646, et s'est divisée au dernier siècle en deux branches établies l'une à Paris, l'autre à Metz. — Fiefs : Billey, Villers-Rotin, l'Abergement-les-Auxonne, Villers-les-Pots, Flagey, la

---

(1) Peut-être, au lieu de Jean, faudrait-il lire Jacques de la Croix, écuyer, homme d'armes de la compagnie du duc de Nemours, seigneur en partie d'Allerey. — On trouve encore Pierre de la Croix, seigneur de Beauregard, garde des sceaux de la prévôté de Crusy-le-Châtel en 1577. — Nous ne croyons pas que ces deux gentilshommes aient appartenu à la même famille que Jean de la Croix, dont nous donnons la notice.

Grange-Rosotte. — Alliances : Boillaud, Jannel, Jannon, Morel, Suremain. M. par arrêt du conseil en 1693.

**CRONAMBOURG, CRONEMBOURG.** — *D'argent à deux fasces bretessées et contrebretessées de sable.* — Famille originaire d'Utrecht, anoblie en 1610 et naturalisée en Bourgogne par lettres-patentes de 1631. Elle a donné des militaires de divers grades, un lieutenant-colonel d'infanterie en 1678, des chevaliers de Saint-Louis. — Alliances : Hubert, Venot, Derequeleyne, Valon. — Fiefs : Saint-Genois, Broin, Morey, Vougeot. M. 1669. E. 1668.

**CROY.** — *Ecartelé : aux 1 et 4, d'argent à trois fasces de gueules,* qui est Croy; *aux 2 et 3, d'argent à trois doloires de gueules, les deux du chef adossées,* qui est Renty ; *chargé sur le tout de l'écu de Hongrie.* — Cette maison, que quatre diplômes impériaux (1486, 1510, 1594 et 1664) reconnaissent pour être issue des rois de Hongrie, tire son nom de la terre de Croy en Picardie. Un de ses membres, Jean de Croy, chevalier, appelé à la cour de Philippe-le-Hardi, duc de Bourgogne, devint son conseiller et son chambellan, grand bouteiller de France en 1411, et fut père d'Antoine, surnommé *le Grand*, premier ministre de Philippe-le-Bon, et gouverneur du Luxembourg. Cette famille a fourni un cardinal en 1517, sept évêques, un grand-maître et un maréchal de France, six chevaliers du Saint-Esprit, un gouverneur général des Pays-Bas, un surintendant des finances d'Espagne, vingt généraux et vingt-huit chevaliers de la Toison-d'Or. Elle se divisa en plusieurs branches, celles de Chimay, de Solre, d'Havré et de Dulmen. Elle a possédé la ville de Chimay érigée pour elle en comté en 1470 et en principauté en 1486, le comté de Beaumont, le marquisat d'Arschot transformé en duché en 1533 ; le comté de Rœux, le marquisat de Renty, le comté de Château-Porcien, la principauté de Solre érigée en 1677, les seigneuries de Chièvres, de Montcornet, Tour-sur-Marne, Quiévrain, Avesnes, Wailly, etc. Ses principales alliances sont : Lorraine, Bavière-Deux-Ponts, Albret, Luxembourg, Clèves, Bourgogne, Ligne, Poméranie, Nassau, Bournonville, Egmont, Hesse, Montmorency, Harcourt, Salm, etc. E. 1460.

**CRUSSOL.** — *Ecartelé : aux 1 et 4, parti : a, fascé d'or et de sinople,* qui est de Crussol ; *b, d'or à trois chevrons de sable,* qui est de Lévis ; *aux 2 et 3, contre-écartelé d'azur à trois étoiles d'or, rangées en pal,* qui est de Gourdon ; *et d'or à trois bandes de gueules,* qui est de Genouillac ; *sur le tout, de gueules à trois bandes d'or,* qui est d'Uzès. — Cette illustre maison, originaire du Vivarais, remonte à Géraud Bastet, sire de Crussol, qui vivait en 1110. On remarque parmi ses illustrations, un chevalier croisé en 1194, un général de l'artillerie de France, un chambellan, des chevaliers d'honneur des reines de France, des gouverneurs de provinces, un grand panetier de France, des lieutenants-généraux et sept chevaliers des ordres du roi. Honorée des titres de vicomte d'Uzès en 1483, duc d'Uzès en 1505, pair de France en 1572, cette famille est restée trop étrangère à la Bourgogne, pour que nous en parlions davantage ; nous nous bornerons à citer parmi ses fiefs celui de Bailly-les-Chauffour, au bailliage de Bar-sur-Seine, qui lui a procuré l'entrée de la chambre de la noblesse en 1745.

**CRUSSY.** — E. 1557. Peut-être faut-il lire Civry ou Sivry, seigneur de Villargoix.

**CRUX.** — *D'argent à trois mouchetures d'hermine de sable; coupé, fascé de sable et d'or.*
— Jean de Crux reprit de fief en 1331 de la maison forte de Trouhans qui lui provenait du chef de sa femme. Ses descendants possédèrent cette terre jusqu'au XVIe siècle. François, sire de Trouhans, chevalier, était porte-enseigne de la compagnie du duc de Guise en 1543. Alexandre rendit à Henri IV de grands services pendant la Ligue, et laissa un fils *donné* qui continua pendant quelque temps le nom de la famille. Une autre branche établie dans le comté d'Auxerre, s'éteignit en la personne d'Edmée, fille de Jean de Crux, vicomte de Druye, qui épousa Jean de Damas d'Anlezy, dont les descendants prirent le titre de comtes de Crux. — Fiefs : Arcelot, Orgeux, Fouchanges, Ancey, Féligny, Sardi-les-Forges, la Tour-Laurent, Bossavril, Montputois. — Alliances : Trouhans, Vienne, du Châtelet, Baissey, Gros, la Rivière, Musigny, Lignières, Mâlain, Damas. E. 1355.

**CUGNAC.** — *Gironné d'argent et de gueules de huit pièces.* — Devises : *Comme il nous plaît*, et : *Ingratis servire nefas.* — Famille originaire du Périgord où est situé le château de Cugnac, et connue dès le XIe siècle. Elle a fourni un chevalier croisé en 1190, plusieurs officiers généraux, des conseillers d'état, deux chevaliers des ordres, un évêque de Lectoure, des chevaliers de Saint-Louis et de Malte et un grand nombre d'officiers de divers grades. Elle s'est partagée en plusieurs branches, celles des barons et marquis de Dampierre, des marquis du Bourdet, des marquis et vicomtes de Cugnac-Giversac, etc. La branche des marquis de Dampierre, aujourd'hui éteinte, remonte à Antoine de Cugnac, chambellan de Charles VII, mort en 1436. On remarque parmi ses descendants : Antoine, premier maître d'hôtel de Louis XII; François, capitaine de cinquante hommes d'armes, lieutenant-général au gouvernement de l'Orléanais, maréchal de camp et chevalier du Saint-Esprit, qui accompagna Henri IV dans toutes ses expéditions militaires ; Antoine, conseiller d'état, mort en 1666 ; François, aussi lieutenant-général au gouvernement de l'Orléanais; François, brigadier des armées du roi, grand bailli honoraire de l'ordre de Saint-Jean-de-Jérusalem; François, mestre de camp de cavalerie en 1724, et Jean-Baptiste, reçu aux Etats de 1742 comme propriétaire des terres de Toulongeon et de Monthelon, qu'il tenait du chef de sa femme, Charlotte de Langheac, héritière de la branche autunoise des Toulongeon, etc. — Alliances : Boucard, Rabutin, Rolin, Vérail, Lagny, la Trémouille, Absac, la Châtre, Hautefort. Preuves de cour en 1784.

**CULLON.** — *De gueules au chef cousu d'azur, chargé de trois targes ou boucliers à l'antique d'argent, chargés chacun d'un pal de sable.* — Famille militaire dont plusieurs membres figurent dans les montres d'armes de Bourgogne; elle a fourni au dernier siècle un mestre de camp de cavalerie et des chevaliers de Saint-Louis. — Alliances : Le Tellier, Aullenay, du Battut, Mathieu. — Fiefs : comté d'Arcy, baronnie de Digoine, seigneuries de la Motte-Trucy, Sery, Magny, Champlois, Saint-Phal, Chevanne, la Chapelle-les-Senevoy, Quincerot. M. par arrêt du conseil en 1669. E. 1653.

**CUSANCE.** — *D'or à l'aigle de gueules, becquée et pattée d'azur.* — Le premier membre de cette famille qui apparaît dans l'histoire est Jacquard de Cusance, témoin du testament de Geoffroy d'Ancel en 1302. On voit ensuite : Girard, caution du sire de Rupt en 1376; Jean, chevalier au siége de Valexon en 1409; Guichard, seigneur de Saint-Julien et de Foucherans, oncle de Jean de Bauffremont, en 1445; Ferry, seigneur de Beauvoir, chambellan du duc, *conducteur* de cent lances, gouverneur de Vendeuvre et de Château-Chinon en 1473; Claude, baron de Beauvoir en 1556; Simon, époux de Béatrix de Vergy en 1596; Hermanfroy, seigneur de Beauvoir, de Darcey, d'Allerey, baron de Saint-Julien, gentilhomme ordinaire de la maison du roi en 1623. — Autres fiefs : Mailly, Missery, Coligny, Flagey, Vauvillers. — Alliances : Bauffremont, Vergy, Neufchâtel, Witthem, Ray, Oyselet, Beaujeu. Famille éteinte. E. 1460.

**CUSSIGNY.** — *De gueules à la fasce d'argent, chargée de trois écussons d'azur.* — Cette famille, originaire de Lorraine d'après Chevillard, semble avoir tiré son nom du village de Cussigny au bailliage de Nuits et remonte à Guillaume qui en était seigneur en 1200. On remarque parmi ses descendants : Simon, châtelain de Vergy en 1354 et garde des foires de Chalon; J., chevalier, bailli d'Auxois en 1418; Jacques, abbé de Moutier-Saint-Jean en 1463, élu du clergé en 1483; Guillaume, chevalier de Rhodes en 1503; Philippe-Saladin, baron de Vianges en 1607; Jean, abbé d'Ambournay, aumônier de Monsieur, frère de Louis XIII. Au XV<sup>e</sup> siècle, la terre de Cussigny était sortie de cette famille, qui a possédé en outre les seigneuries de Vianges avec titre de comté, la baronnie de Villars (1), la Rochette, Marcey, Saint-Prix, Chauvirey, Sancerey, Marcilly-les-Avallon, Reuillon, Chappes, Pont-d'Aisy, Villers, Blanneau, Passavant, Boncourt en partie. — Alliances : Poincçot, Goux, Montilles, Nesles, Brazey, Alonne, Torcy, Fussey, Busseul, Lugny, Alixant, Belleperche, Ferrières, Bassompierre, Marcoussay, Montrichard, Saint-Belin, Mypont, Mornay, Beaumont, Ferrières, Senailly. M. en Champagne en 1670. E. 1605.

# D

**DAMAS.** — *D'or à la croix ancrée de gueules.* — Le P. Anselme fait remonter cette maison à Elziran Damas, chevalier, seigneur de Cousan en Forez, qui vivait en 1063. Son petit-fils Robert fit plusieurs dons à l'abbaye de Cluny avant son départ pour la Terre-Sainte en 1106, et fut aïeul de Hugues II, vicomte de Chalon, seigneur de Marcilly, premier baron du Forez en 1208. Ses descendants se partagèrent en plusieurs branches dont les plus connues sont les suivantes : 1° celle de Cousan, qui a fourni un évêque de Mâcon en 1262 et un grand chambellan de France en 1392 ; 2° celle de Marcilly, qui posséda les terres de Marcilly, Saint-Bonnet, Sassenay, Savigny-le-Bois, Sassangy, le Vaulx de Chiseuil et la vicomté de Chalon, s'allia aux Montaigu, Crux, Avenières, Mello, Digoine, Busseul, Rochechouart, Renty, Messey, la Magdelaine, la Menue, Ganay, et fournit plusieurs chambellans, chevaliers des ordres et de

---

(1) Il serait possible que le gentilhomme que nous avons inscrit dans les listes de 1653 et 1658, sous le seul nom de Villars, ait appartenu à la branche de Cussigny-Villars. Quant à celui qui figure parmi les commissaires-vérificateurs du bailliage de Dijon en 1653, c'est sans doute un seigneur de Cussigny du nom de Saint-Belin.

— 173 —

Malte, gouverneurs de provinces, un mestre de camp et un grand veneur de Lorraine; 3° celle des marquis de Thianges, seigneurs de Fleury, du Deffend, la Tour, Chalancey, alliés aux d'Orge, Dyo, la Vieuville, la Chambre, Rochechouart, Mancini, Sforce, Harlay, et qui produisirent plusieurs chevaliers des ordres, lieutenants-généraux et gouverneurs de places ; 4° celle des comtes et marquis d'Anlezy, seigneurs de Crux, Montigny, Devain, Saint-Parize, Fétigny, etc., d'où sont sortis des maréchaux de camp, gentilshommes de la chambre du roi, un lieutenant-général mort en 1763, et qui s'allièrent aux Bar, Crux, Gassion, Le Veneur de Tillières, Vaux, Ferrero, etc.; 5° celle des comtes de Crux, alliés aux Pracontal, Couthier, Chaugy, Menou et d'Achey ; 6° celle des barons de Digoine, seigneurs de Clessy, la Clayette et Beaudéduit, qui remonte à Robert, époux de Marie de Digoine en 1390, dont les descendants s'allièrent aux Bourbon, la Guiche, Saint-Amour, Saint-Palais, Rochebaron, Chantemerle, Bouton, Saint-Vidal, Servin; cette branche a donné plusieurs chevaliers des ordres et de la Toison-d'Or, un lieutenant-général de Bresse et deux baillis du Mâconnais ; 7° celle des seigneurs de Villiers, la Bazole, la Bastie-Vertpré, Vanoise, Saint-Riran et du Rousset, qui contractèrent des alliances avec les Amanzé, Grandmont, Mailly, Andrault de Langeron, Choiseul, Montchanin, Berthelot et Arcy, et qui furent eux-mêmes la souche des comtes de Ruffey, barons de Chevreau et marquis d'Antigny, pour qui cette dernière terre, précédemment baronnie, fut érigée en marquisat en 1654. Les Damas d'Antigny, alliés aux Nagu, Vienne, la Baume, Talleyrand, Rochechouart, ont fourni deux lieutenants-généraux, un maréchal de camp et un brigadier des armées au XVIII° siècle. Il est inutile d'ajouter que cette illustre maison existe encore. M. 1669. Preuves pour le chapitre de Neuville en 1756. E. 1355.

**DAMAS D'ATHIE-VILLIERS** et **DE CORMAILLON**. — *D'argent à une hie de sable, à l'orle de six roses de gueules.* — Cette famille, dont on ne sait rien avant Jacques Damas qui vivait au commencement du XIV° siècle, semble avoir porté primitivement les mêmes armes que l'illustre maison dont la notice précède. On les voit encore en effet dans l'église de l'abbaye de Saint-Seine, sculptées avec un lambel pour marque de branche cadette, sur la tombe de Jeanne Damas, arrière-petite-fille de Jacques et femme de Jean de Fontette. L'oncle de cette dernière, Guillaume, épousa vers 1407 Catherine d'Athie et devint seigneur du chef de sa femme de la terre d'Athic-Villiers dont ses descendants ont porté le nom. On remarque parmi eux : Joachim, chevalier de l'ordre, et Jean, aussi chevalier de l'ordre, gentilhomme de la chambre, capitaine de cent hommes d'armes et gouverneur d'Auxerre, marié en 1566 à Nicolle, fille de Claude de Beauvau, seigneur de Sandaucourt, sénéchal du Barrois. De ce mariage vinrent cinq filles dont deux furent reçues à Remiremont, tandis que l'aînée Marie fut mariée à Nicolas de Fuligny, dit du Fay, qui reçut par substitution de son beau-père les seigneuries d'Allercy, Lochey et Reuillon, à charge de prendre le nom de Damas. — Autres fiefs : Champlain, Bussière, Sancerey, Missery, Thenissey, Champdoiseau, Lantilly, Jouancy, Pasilly, Saint-Nizier, Vaugrenant. — Alliances : Vaux, Fontette, Nanteuil, Clugny, Digoine, Salins, Oyselet, Cirey, Villers, Pontailler, Cressey. — La branche des seigneurs de Cormaillon, Morande, le Fain et Courcelles-sous-Grignon, a été formée par Pierre Damas, marié à Marguerite de Crécy en 1505 et inhumé dans l'église du Fain. Elle s'est alliée aux Fontaines, Bouvot, Armstorf, Grand, Perrot de la Malmaison, a fourni un lieutenant-général des troupes du Danemarck, gouverneur de Copenhague au XVIIe siècle, et a fait ses preuves pour Saint-Cyr en 1687. E. 1576.

**DAMEDOR.** — *De gueules à une croix patriarchale d'or, cantonnée de quatre trèfles de même.* — Famille originaire de Vesoul, qui remonte sur titres à 1231, et dont un des plus anciens membres est *noble* Pierre-Gabriel Damedor, vivant en 1314. Elle fournit au XVe siècle un cardinal. En 1619, François Damedor fut créé chevalier par Philippe IV, roi d'Espagne. En 1713, Louis XIV érigea en comté les terres de Mollans et de Bourguignon pour Claude-François, seigneur de Mollans, Oisilly, Piépape, Tournans, Vaivre et Baudoncourt, dont un fils entra dans l'ordre de Malte. Ses descendants, parmi lesquels figure un colonel, chevalier de Saint-Louis, possédèrent, outre le comté de Mollans, la baronnie de Chemilly, Renève, Charmes, Gratery, Montesson et Saint-Gand. — Alliances : Rye, Saint-Seine, Terrier, Trestondan, Salives, Jacquinot, Buade, Simon, Brissac, Blie, Lavaulx, Planta de Wildenberg, famille qui descend de Conrad, comte de Rauzen, maréchal de France. E. 1712.

**DAMOISEAU.** — *D'azur à l'aigle d'or, becquée et onglée de gueules.* — Cette famille, originaire de Champagne, remonte à Guillaume Damoiseau qui vivait en 1488. On remarque parmi ses descendants un brigadier des armées du roi, directeur des fortifications de Flandre à la fin du XVIIe siècle, un lieutenant-colonel d'infanterie au régiment de Navarre en 1724, et plusieurs chevaliers de Saint-Louis. — Alliances : Daubenton, Nogent, Hubines, Chargères, Davot, la Perrière, Lanneau, Duval, Cullon. — Fiefs : la Motte, Colombier, Provency, Viserny, Bois-Bureau, la Tour de Pré, Nantoux, Villars-Dompierre. Arrêts de maintenue de la chambre des francs-fiefs (1660), et de la cour des aides de Paris (1665). Autres maintenues en 1669 et 1698. Barons du Saint-Empire. E. 1671.

**DAVOUT.** — *De gueules,* alias *d'azur à la croix d'or, chargée de cinq molettes d'éperon de sable.* — La famille Davout ou de Davout, d'Avot, d'Avoul, a pris son nom du village d'Avot, au bailliage de Dijon. Huguenin et Jacot d'Avou figurent vers 1340 parmi les féodaux de Saulx-le-Duc; en 1411, Itier, Jean et Antoine reçoivent du duc 125 francs d'or *en considération des bons et agréables services qu'ils lui ont faits en plusieurs de ses voyages et armées et mesmement à la bataille de Liége*, etc.; en 1414 Itier et Jean donnent dénombrement de leur maison forte d'Avoul. Une branche de cette famille était anciennement établie dans l'Avallonnais; Courtépée cite plusieurs de ses membres inhumés dans l'abbaye de Marcilly-les-Avallon aux XIIIe et XIVe siècles. Jean, chevalier, prêta serment avec les nobles du bailliage d'Auxois lors de la réunion du duché à la couronne. Cette branche, maintenue en 1637 par jugement de franc-fief et en 1698, est entrée aux Etats de 1784. Le maréchal Davoust était de cette famille. — Alliances : Brion, Chambornay, Cussigny, Reffay, Muxy, Drouard, Chappes, Vaussin, Sainte-Maure, Labbé, Potrelot de Grillon, Laureau de Lavault. — Seigneuries d'Annoux, Mailly, Vigne, Romanay et grand nombre de fiefs à Baissey, Villars-Dompierre, Boussenois, Orville, Brion, Fontaines-en-Duesmois, Etaule, Senailly, Domecy, Thorey, Santigny, Sainte-Colombe, etc.

**DEFRANC, DE FRANC.** — *D'azur à trois barres d'argent; à la bande de gueules brochant sur le tout.* — Charles Defranc, seigneur d'Essertaux en Mâconnais en 1514, est la souche de cette famille qui a possédé les terres de Louaise, de la Salle, d'Aumont et de Serrières et a porté les titres de baron d'Essertaux et d'Anglure. — Alliances : Chassipol, Chevrel, Lugny, Candie, Foudras, Rougemont. E. 1629.

**DESBOIS.** — *D'argent à un chêne de sinople englanté d'or ; parti de gueules à un lion d'or.* — Famille originaire de Mâcon où l'on trouve un élu de ce nom en 1622. Elle a été anoblie par une charge de secrétaire du roi dont Pierre Desbois obtint des lettres de vétérance en 1665 et qui passa par survivance à son fils. Elle a fourni trois grands baillis du Mâconnais en 1693, 1736 et 1764. — Fiefs : Choiseau, la Tour-de-Mailly, la Cailloterie, Genost. — Alliances : Tupinier, Pize, Vallier, Fabry, Lamartine, Rousselot. E. 1694.

**DESCHAMPS.** — *D'azur à trois chardons fleuris d'or, tigés et feuillés de même, posés un et deux.* — Charles-Marguerite Deschamps, reçu aux Etats de 1736, prouva par titres trois générations nobles et y joignit un arbre généalogique comprenant huit degrés. M. par Caumartin, intendant de Champagne en 1667. — Alliances : Bretagne, Petitjean, Dubois de la Rochette, Saint-Belin. — Fiefs : baronnie de la Villeneuve, Riel-Dessus, Masoncle, Montot, Grandveau, Brèche, Martray, Oudry, la Chassagne, les Champs, etc. E. 1736.

**DIGOINE.** — *Echiqueté d'argent et de sable de sept tires de six points.* — Devise : *Virtuti fortuna comes.* — Cette maison considérable tire son nom de la baronnie de Digoine en Charollais et remonte à Liébaud qui épousa en 1040 une fille de la maison de Beaujeu. La plupart de ses descendants ont porté les armes ; parmi eux on remarque : Guillaume, chevalier croisé en 1205 ; Hugues, qui fit hommage au duc en 1242 ; Robert, chambellan du duc de Bourgogne, dont le frère Guillaume fut tué avec son fils à la bataille de Poitiers en 1356 ; Jean, aussi chambellan du duc, bailli d'Auxois en 1424 ; Chrétien, conseiller et chambellan du duc, chevalier de la Toison-d'Or, qui fut décapité par ordre de Louis XI pour avoir pris le parti de Marie de Bourgogne en 1481. Anne, fille unique de Chrétien, porta tous les biens de cette branche aînée à Jean Damas de Marcilly, chevalier de la Toison-d'Or en 1460. La branche de Digoine du Palais a eu pour chef Jean de Digoine qui épousa en 1359 Guyette de Pouilly, dame du Palais. On distingue dans cette branche : Claude, commandant de la compagnie d'hommes d'armes du duc de Guise et de l'arrière-ban du Mâconnais au XVIe siècle ; Camille, commandeur de Malte, chef d'escadre, mort en 1721. Elle s'est éteinte en 1727 et ses biens ont passé à une branche cadette, aujourd'hui existante en Charollais et à laquelle appartenait Ferdinand-Alphonse-Honoré, marquis de Digoine, maréchal de camp, chevalier de Saint-Louis, député de la noblesse du bailliage d'Autun aux Etats généraux de 1789. M. 1669. — Il existe deux autres branches établies en Languedoc, l'une d'elles maintenue en 1671. La maison de Digoine a encore produit un grand nombre d'officiers de divers grades, des chanoines-comtes des chapitres nobles de Lyon, de Brioude, de Saint-Pierre de Mâcon, des chevaliers de Saint-Louis et de Saint-Jean de Jérusalem. Elle s'est alliée aux la Guiche, Semur, Mello, Ventadour, Damas, Thenay, des Barres, Chissey, Clugny, Pouilly, Busseul, Saint-Priest, Villers-la-Faye, Jaucourt, Saulx-Tavannes, Fontenay, Montrichard, la Chambre, Albon, Blanchefort, Drée, Villers, etc. — Fiefs : baronnie du Bourg-Saint-Christophe, prévôté de Brancion et de Balleure, Arcy-sur-

Cure, Estroye, Mercurey, Perrey, Sassenay, Saint-Seine, le Bourgneuf en partie, Eguilly, Mailly, Martenet, Saint-Romain-de-Vesine, Charmoy, Oudry, Anges, le Palais, le Colombier, Champin, la Pallu. E. 1576.

**DINTEVILLE.** — *De sable à deux léopards d'or.* — Pierre de Jaucourt, seigneur d'Ormoy, ayant hérité en 1249 de la terre de Dinteville, près Chateauvillain, la transmit à son fils qui en prit le nom en retenant les armes de Jaucourt. (Voy. JAUCOURT.) Sa postérité se divisa en deux branches, celle de Spoix et celle d'Echanay et de Dammartin. Dans la première, on remarque : Antoine, baron de Meurville, mort en 1515 des blessures qu'il avait reçues à Marignan; Jean, tué en 1552 au siége de Metz ; Joachim, chevalier des ordres, lieutenant-général au gouvernement de Champagne de 1579 à 1607, et qui fut le dernier de cette branche. Dans la seconde, l'histoire cite les noms de Jean, bailli de Dijon et de Chalon-sur-Saône au XIV° siècle; Claude, surintendant des finances de Charles-le-Téméraire, tué avec lui devant Nancy ; François, évêque de Sisteron, d'Autun, d'Auxerre, aumônier de Louis XII et de François I$^{er}$ ; Jacques, grand veneur de France; Gaucher, attaché à la cour de François I$^{er}$, mort en 1550, ne laissant qu'une fille qui épousa son cousin Joachim. Les membres de cette branche étaient tous baillis de Troyes. — Alliances : Fontette, Pontailler, Vergy, Sainte-Maure, Haraucourt, Stainville, Châtenay, Saulx-Tavannes, Choiseul, Chateauvillain, Rochechouart, Lenoncourt, Coligny. E. 1460.

**DORMY.** — *D'argent au chevron de gueules, supportant deux perroquets affrontés et montants de sinople, et accompagné en pointe d'un tourteau de sable.* — François Dormy, chevalier, président aux enquêtes du parlement de Paris, acheta en 1545 la châtellenie de Verizet au bailliage de Mâcon. Il eut deux fils : Charles-François, secrétaire du roi, et Jean, receveur général en Picardie, auteur de la branche dont plusieurs membres sont entrés aux Etats à la fin du XVII° et au XVIII° siècle. Cette famille a encore fourni un gentilhomme ordinaire de la maison du frère du roi en 1579, bailli de Mâcon en 1594, un évêque de Boulogne en 1613, et plusieurs militaires. — Alliances : Fèvre, Oudart, Seyssel, Damedor, Faubert, des Crots, Scorrailles. — Fiefs : marquisat de Vesvre, baronnie et comté de Vinzelles, baronnies de la Salle, Beauchamp et Banan ; seigneuries de Neuvy, la Chapelle-au-Mont, Brion, Fontette, Grandchamp. M. 1668, 1698. E. 1578.

**DRÉE.** — *De gueules à cinq merlettes d'argent, posées deux, deux et une.* — Cette famille tire son nom de la terre de Drée, au bailliage de Semur-en-Auxois, et remonte à Albert de Drée, témoin, en 1131, de la fondation de l'abbaye de la Bussière par Garnier de Sombernon. Jean et Guillaume de Drée prirent part à la croisade de 1191. Plus récemment on trouve : Guillaume, capitaine de cent arquebusiers, chevalier de l'ordre du Saint-Esprit sous Henri III, chargé par la noblesse des Etats de Bourgogne de présenter ses mémoires aux Etats généraux de 1614; Antoine, maréchal de camp, commandeur de Saint-Louis au XVII° siècle; Antoine, capitaine des vaisseaux du roi, commandant de la marine à Mahon; Gilbert, lieutenant aux gardes-françaises, chevalier de Saint-Louis en 1746, élu de la noblesse aux Etats de Bourgogne; deux chevaliers de Malte en 1671 et en 1772. — Fiefs :

Colombier, Drée, Gissey, Lux, Remilly, Saint-Loup-de-Varennes, Saint-Marcellin, la Serrée et Varennes. Le comté de la Bazole en Brionnais fut érigé en marquisat en 1767, sous le nom de Drée, en faveur d'Etienne, comte de Drée, et de ses descendants. — Alliances : Albon, du Blé d'Uxelles, Choiseul, Damas-Thianges, Digoine, Dyo, Foudras, Giellan, la Guiche, Maillé, Mâlain, Montmorin, Rochebaron, Rochechouart, Saulx, Senneterre, Thyard, la Tour-Vinay, Salins, Vaudrey et Vergy. M. 1666, 1669, 1698. E. 1561.

**DROUAS.** — *D'azur au chevron d'or, accompagné de trois fers de lance d'argent; au chef d'or chargé de trois molettes d'éperon de sable.* — Guillaume Drouas de la Plante, natif de Dreux et qualifié noble et écuyer, se fixa en Bourgogne vers la fin du XVIe siècle. Placé par le baron de Viteaux à la tête de cinq cents hommes d'armes, il devint l'un des plus fermes soutiens de la Ligue dans la province, et lors de la réduction du château de Viteaux dont il était gouverneur, il fut expressément compris dans l'article deuxième de la capitulation. De son mariage avec Marceline Pivert, veuve d'un Languet, premier valet de chambre de la reine, vinrent entre autres enfants deux fils qui épousèrent deux tantes de Bossuet et formèrent deux branches dont l'aînée s'est éteinte après deux générations de maîtres des comptes à Dijon en 1618 et 1650. Zacharie, chef de la seconde branche et secrétaire du roi en la grande chancellerie de Bourgogne, obtint en 1631 du baron de Viteaux l'érection en fief du domaine de Boussey près Viteaux sous le nom de la Plante. On remarque parmi ses descendants : Zacharie, son fils, écuyer de la grande écurie du roi, entré aux Etats de 1671; plusieurs capitaines dans Bourgogne, Guitaut, Rohan et Royal-Artillerie, entre autres Richard et Jacques, blessés, le premier, au combat de la Forêt-Noire, sous Louis XIV, le second à Fontenoy; des chevaliers de Saint-Louis; un lieutenant des maréchaux de France en 1783; un vicaire-général d'Autun, abbé de Saint-Rigaud en 1782 et un évêque-comte de Toul, prince du Saint-Empire en 1754. — Alliances : Arviset, Francques de Guillerville, Blanot, Thibaut de Jussey, Espiard, Simon de Grandchamp, la Coste de Buy, Jarry de la Jarrye, Massé de Saint-Martin, Suremain de Flammerans, Lemire, Guijon. — Fiefs : Velogny, Savigny, Mardilly, Joursanvaux, Roche-d'Is.

**DUBOIS D'AISY.** — *D'azur à la fasce d'or, surmontée d'une étoile du même entre deux fleurs de lys d'argent, et accompagnée en pointe d'un porc-épic d'argent* (1). — Famille originaire du Nivernais. Le premier de ce nom qui vint s'établir en Bourgogne, nommé Philippe, fut maintenu en 1634 par les élus de Vezelay sur titres remontant à 1443. On remarque parmi ses descendants : François, gouverneur de Lautrec et d'Ebernbourg; Louis, major de cavalerie en 1757, et plusieurs chevaliers de Saint-Louis. M. par arrêt du conseil en 1668, par Ferrand en 1698. Preuves pour monter dans les carosses du roi en 1787. Titres de comte et de baron.— Alliances : Montsaulnin, Humes de Cherisy, Thoisy, Damas-Cormaillon, la Ferté-Meun, Brosses. E. 1730.

**DUBOIS DE LA ROCHETTE.** — *D'azur au sautoir d'argent; au chef de même, chargé de trois balustres avec leurs bases d'or, mis en pal.* — Le premier membre connu de

---

(1) Dans Chevillard et dans la première édition de cet ouvrage toutes les pièces sont d'argent.

cette famille est un écuyer nommé Dubois, à qui Henri de Vergy donna la Rochette au XIVe siècle. Ses descendants se divisèrent en deux branches : l'une alliée aux Sacquenay, Bourgoin, Hubine, Montbezon, Charancy, Chaugy, Montsaulnin, a possédé les fiefs de Bresche, Montot, Masoncle, la mairie d'Argilly; l'autre a possédé la Rochette, Orain, Saint-Seine, Oisilly, Renève et s'est alliée aux Montigny, Mellin de Saint-Seine, Valloux, etc. Un major du régiment de Conti en 1627; plusieurs capitaines. M. 1669, 1670 et 1698. E. 1577. Famille éteinte à la fin du XVIIIe siècle.

**DUBOIS DE POSANGE.** — *De gueules à deux bandes d'or.* — Par lettres de 1423 le duc Philippe-le-Bon fit don de la terre de Longecourt à Guillaume Dubois, son conseiller et maître d'hôtel, qui, ayant perdu tous les biens qu'il possédait en Berry, d'où il était natif, vint s'établir en Bourgogne avec sa femme et ses enfants, dont *trois grandes filles à marier*. Devenu bailli d'Auxois, capitaine, puis seigneur de Salmaise par don du duc, Guillaume Dubois fit reconstruire le château de Posange dont il était seigneur et fut inhumé dans l'église de ce village en 1434. Ses descendants ont possédé les seigneuries de Boux, Bouzot, Blacey, Sauveterre, Fouchange, Dampierre-les-Viteaux, Allerey en franc-alleu, le Châtelet, etc., et se sont alliés aux la Troillière, Marpin, la Perrière, Longuay, Cléron, qui achetèrent Posange en 1561. On remarque parmi eux deux chanoines-comtes de Lyon et deux chevaliers de Malte. E. 1460.

**DUBOZ, DU BOZ** ou **DU BOST.** — *Ecartelé de gueules et d'hermine.* — Cette famille, qui possédait au XVIe siècle les seigneuries de la Tour-du-Boz, Communes, Savianges, le Rousset, Moillon, Sancerey, Plomb, parties d'Allerey et de Saiserey, et s'est alliée aux du Rousset, Saint-Point, Saulx-Tavannes, Damas-Cormaillon, la Tournelle, portait primitivement le nom de du Bois (*de Bosco*), et paraît remonter à Geoffroy, seigneur de la Maison-du-Bois en Charollais en 1315. On remarque parmi ses membres Guillaume, damoiseau, qui donna dénombrement de la maison-forte de Marry et de la terre de Communes au nom de sa femme Agnès de Communes, en 1368; Huguenin ou Hugues son fils, seigneur de Marry et d'Auxerain, écuyer d'écurie, gruyer d'Autun, Montcenis et Charolles, chambellan, bailli du Charollais en 1419, fait prisonnier en 1423 et remplacé dans cette dernière charge, pendant sa captivité, par son frère Jacques, sr du Bois; enfin Guillaume, abbé de Saint-Martin d'Autun. E. 1557.

**DUC.** — *Ecartelé : aux 1 et 4, coupé de gueules et d'or, au lion d'argent brochant sur le tout; aux 2 et 3, écartelé d'or et de gueules.* — Marie Duc de Surville, originaire de Franche-Comté et fils d'un chevalier de Saint-Louis, fit preuve de quatre générations nobles en entrant aux Etats de 1781. — Alliances : Bancenel, Pélissonnier, du Saix. — Fief de Meixmoron.

**DUCREST.** — Voy. CREST (DU).

**DUGON.** — Voy. HUGON (D').

**DUPUIS DE SAINT-GERVAIS.** — *De sinople à une tour d'argent, maçonnée de sable et soutenue de deux lions affrontés d'or.* — Jacques Dupuis, lieutenant de la mestre de camp, major du régiment de Feuquières, major de Verdun, et son frère Abraham, major du régiment de cavalerie du cardinal Mazarin, furent anoblis par lettres de 1664, confirmées en 1668. On y lit qu'Abraham Dupuis, plusieurs fois blessé, avait fait vingt et une campagnes et assisté à trente-trois siéges et à douze batailles ou combats. Il entra aux Etats de 1671 et ses services distingués lui valurent d'être maintenu sur la liste de 1682 *quoique simplement anobli*, en vertu d'une délibération spéciale de la chambre de la noblesse *et sans tirer à conséquence*. — Fiefs : Saint-Gervais, Croisy, Lauvernée, Saint-Apollinaire, Fleury, Marcel. M. 1669.

**DUPUY DE SAINT-MARTIN.** — *D'or à la bande de sable, chargée de trois roses d'argent; au chef d'azur, chargé de trois étoiles d'or.* — Famille originaire du Berry, dont la Chesnaye des Bois donne la généalogie depuis Pierre Dupuy, sr de Châteaudame, mort en 1348, aïeul de Pierre, qui s'établit à Saint-Galmier en Forez. Sa descendance a fourni des gouverneurs de cette ville, des chevaliers de Malte, un commissaire général de l'artillerie, des conseillers au parlement de Paris, des conseillers d'état en France et en Lorraine, entre autres Pierre, garde de la bibliothèque du roi, connu, de même que son père Jacques, prieur de Saint-Sauveur-en-Brie, par sa vaste érudition. Louis, auteur de la branche des seigneurs de Saint-Martin-du-Lac, s'établit vers 1560 à Marcigny-sur-Loire ; on remarque dans sa descendance un médecin de la reine de Pologne, un gentilhomme servant du prince de Condé en 1664, des mousquetaires de la garde du roi et plusieurs autres militaires de divers grades. Lettres de relief en 1692. — Fiefs : baronnie de Semur-en-Brionnais depuis 1693, le Champceau, Montmegin, Lafay, Bécheron, l'Hôpital, Verdet, la Barre, les Falcons, Versaugues, la Vallée. — Alliances : Montaudry, Rosselin, Aumaître, Vaux, Bustat, Chalmoux, Bresson, Joly, Gregaigne, Berthet, Courtin, la Motte, Bailly, Musy, Dormy, Digoine, Buffot, Geffier, Cudel. E. 1787.

**DURAND.** — *D'or à la fasce de gueules, chargée de trois têtes de lion d'or arrachées, à la bordure engrêlée,* alias *dentelée de gueules.* — Cette famille remonte à Martin Durand, écuyer, capitaine du château d'Auxonne en 1508, dont le petit-fils Pierre vint s'établir à Montcenis où il fut d'abord lieutenant du château, puis procureur du roi au bailliage en 1598. Sa descendance s'est partagée en deux branches principales. Celle des seigneurs de Chalas et de Saint-Eugène, maintenue en 1743, a fourni des officiers au bailliage de Montcenis, trois présidents à la chambre des comptes de Dijon en 1706, 1708, et 1734, des receveurs généraux des finances, un chevalier de justice de Notre-Dame du Mont-Carmel. Dans la branche des Durand d'Auxy, deux fois reçue aux Etats, on remarque un maréchal-des-logis des gendarmes de Monsieur en 1652, un conseiller au parlement de Dijon pourvu plus tard d'une charge de grand-maître des eaux et forêts et reçu dans la confrérie de Saint-Georges ; plusieurs militaires, etc. — Alliances : Malassis, du Sellier, Potillon, Arlay, Brunet, Siry, Durey, Masson, Bonnard, Tournebulle, Cullant, Jouffroy, Rougeot. — Fiefs : Chaumont, Trouhans, Romilly, la Tour-du-Boz, Montessus, Lagny, Pringey, Mathougues, Fontenay, la Forêt-Ronde, Saint-Vérain, Scrut, la Feuillée, Villers-Bonneuil, Baby, Briotte, Chambolle, Estroye, la Jonchère, Bourgneuf, Saint-Marcelin. M. 1694, 1697, 1698. E. 1691.

**DUVIGNEAU.** — *Parti d'or à l'aigle de sable percée d'une flèche du même et empiétant une épée de gueules, la garde de sable, et de gueules à quatre croisettes d'argent posées une, deux et une.* — Cette famille, originaire du Bordelais, a été reçue aux Etats de 1760 sur preuve de cinq degrés de noblesse. — Alliances : Cazambicle, du Tret, Leclerc, Barollet. — Fiefs : le Vigneau, Curley en partie.

**DYO**. — *Fascé d'or et d'azur de six pièces, à la bordure de gueules.* — D'après Saint-Julien de Baleure, cette illustre maison descend des anciens comtes de Bourgogne dont elle portait les armes. Elle tire son nom d'un village du Brionnais qui touche à Saint-Germain-du-Bois, dont elle fonda le prieuré vers 1095. Geoffroy de Dyo épousa en 1280 Marie de Châteauvillain, fille de Simon, baron de Semur. Guy de Dyo, époux d'Alix Palaine ou Palatin en 1336, eut pour fils Antoine qui reprit le nom et les armes de sa mère ; ce qui parut autoriser ses descendants à porter le titre de *comtes-palatins* qui n'a pas d'autre origine. Philibert de Bourbon, oncle de Jean de Dyo, seigneur de Saint-Beury, Bresse et Regny, lui donna les deux tiers de la baronnie de Montperroux et la terre de Vesvre à condition qu'elles seraient le partage du second fils de la maison. Jacques, fils de Jean, fut un des gentilshommes les plus accomplis de son temps ; parmi ses enfants, on peut citer : Claude, chevalier de l'ordre, élu de la noblesse en 1581, Philibert, seigneur de la Roche-en-Brenil, président au parlement de Paris, Jacques et Georges, chevaliers de Malte. Cette famille a conservé jusqu'au XVIIIe siècle le rang élevé qu'elle occupait en Bourgogne. Elle s'allia aux Bourbon, Bresse, Maubec, Choiseul, Coligny, Bigny, Cambis, Achard de Joumard, Traves, l'Aubespin, Busseul, la Guiche, Chantemerle, Mâlain, Rochebaron, Montaigny, Damas, etc. — Fiefs : baronnie de Flécheres, Thorey, Clamerey, Beurizot, Saint-Thibaud, Montmort, Marly, le Douhat, Essanlets, la Coudraye, Valette, Rochefort, Vandenesse, baronnie de la Clayette. E. 1476.

# E

**EDOUARD** ou **HEDOUARD**. — *D'or à deux jumelles d'azur, supportant chacune un lion léopardé de gueules.* — Cette famille, originaire d'Angleterre, paraît en Bourgogne au commencement du XVIe siècle. Parmi ses membres on remarque : Daniel d'Edouard, chevalier de l'ordre et grand prévôt des maréchaux en Bourgogne ; Léonard, son fils, aussi grand prévôt en 1627 ; Bénigne, chevalier de Saint-Jean-de-Jérusalem en 1667. — Alliances : la Boutière, Clugny, Senevoy, Gand, Crécy, Vichy, Giellan, Brazey, la Tournelle, Humes. — Fiefs : baronnies de Jouancy et de Thenissey, seigneuries d'Aignay-le-Duc, Etalante, Corabœuf, Ivry, Corcelles-sous-Rouvray, Grimault, Annoux, Arnay-sous-Viteaux, Nuits-sous-Ravières en partie, Santenay en partie, Vallecot, Cersot, Brain, Villey, Champrenault. E. 1602.

**EGUILLY**. — Voy. Poinceot d'Eguilly.

**ESPIARD**. — *D'azur à trois épis de blé d'or, ardents de gueules.* — Jean Espiard, seigneur de Sonnotte, maître des arbalétriers d'Eudes IV, duc de Bourgogne, à Jussey en 1343, châtelain de Pouilly-en-Auxois, est la souche de cette famille. Son fils Jean, écuyer dans la compagnie de Thomas de Voudenay en 1358, chambellan de Philippe-le-Hardi, fut chargé par ce prince de diverses missions diplomatiques. Parmi ses descendants on peut citer : Jacques, grenetier à Arnay-le-Duc en 1403, receveur du bailliage d'Auxois en 1417; Guy, lieutenant-général au bailliage de Charolles en 1446; Melchior, porte-épée de parement du roi, bailli du comté de Charny vers 1593; un autre Melchior, seigneur de Genay, Pasques et Lantenay, mestre de camp, gouverneur de Noyers, élu du roi en 1595; Philibert, député de Semur aux états de Blois en 1576, et Charles, mayeur de Semur, élu du tiers aux Etats de 1611; Claude, secrétaire du roi, député de Semur aux Etats généraux de 1614; Zacharie, seigneur de Varennes, maître d'hôtel du roi en 1620 ; Claude, abbé de Saint-Pierre de Chalon-sur-Saône, élu du clergé en 1639, nommé en 1669 évêque de Sisteron ; un autre Claude, élu en 1642 abbé de Cluny et depuis grand visiteur des Bénédictins en Bourgogne. Cette famille, qui s'est divisée en plusieurs branches, celles de Vernot, de Saux, de Sonnotte, de la Cour, de Mâcon, a produit dix conseillers aux parlements de Dijon, Besançon et Metz, plusieurs militaires et officiers des comptes, un général de la monnaie à Paris, dix ou onze chevaliers de Saint-Louis, un général d'artillerie mort en 1788, etc. Elle a fait ses preuves pour Malte. — Fiefs : Blanot, Clamerey, Genoux, Collonge, Chassagne, la Courtine, Vernot, Allerey, Véronnes, Auxange, la Cour d'Arcenay, Clamerey, etc. — Alliances : Cordesse, Poinceot d'Eguilly, la Vesvre, Damas, Saulx, Arcy, la Boutière, Couthier, Languet, Catin, Estiennot, la Marre, Chaugy, Comeau, du Ban, Bouhier, Berbisey, Tapin, Drouas, Terrier, Lenet, Pouffier, Févret, Bauyn, etc. M. 1669. E. 1679.

**ESTAGNY, ESTANY.** — *D'azur au lion d'or, armé d'un bouclier d'argent et d'un sabre de même.* — Cette famille tire son origine de Mathieu d'Estany, écuyer, époux de Madeleine de Maisoncourt, qui vivait au XV<sup>e</sup> siècle. On voit un Jacques d'Estagny rentier de la saunerie de Salins en 1447. Leurs descendants, parmi lesquels un chevalier de Saint-Louis, possédèrent les fiefs d'Estany, du Breuil, de Créat, de Frénoy, de Chambœuf. Ils furent maintenus dans leur noblesse en 1669 et en 1698. — Alliances : Menessier, Bataille, Chanteray, Chevrier, Perrault de la Serrée, Lorenchet, Seguenot. E. 1578.

**ESTERLING, ISTERLING.** — *D'argent à la bande engrêlée de sable, chargée de trois ardillons d'or.* — Cette famille, sans doute d'origine anglaise, était établie au comté d'Auxerre dès le milieu du XVI<sup>e</sup> siècle. On trouve Girard d'Esterling, écuyer, seigneur du fief du Bouchet en 1549; Olivier, seigneur de Sainte-Palais en 1577; Louis, son fils, chevalier, capitaine des gardes, maître d'hôtel de la reine Marguerite de Valois, inhumé en 1645 dans l'église de Sainte-Palais. Cette famille, maintenue par arrêt du conseil en 1660 et par Ferrand en 1697, a encore possédé les fiefs de Chemilly, Arcy, Prégilbert et Fontenoy, et s'est alliée aux Montagu, Aullenay, Veilhan, Chastellux. E. 1626.

**ESTIENNOT.** — *D'azur au chevron d'or, accompagné en chef de deux roses*, alias *de deux quintefeuilles de même, et en pointe d'une perdrix aussi d'or.* — Cette famille remonte à François Estiennot, qualifié écuyer, seigneur de Montferrand en 1531; ses deux fils Claude et François furent contrôleurs au grenier à sel de Semur. Les descendants de Claude prirent le parti des armes; on remarque parmi eux un maître d'hôtel du roi, capitaine de Noyers en 1607 et plusieurs capitaines. Ils prenaient au dernier siècle les titres de marquis et comtes de Vassy.

Jugement de décharge du droit de franc-fief en 1742. — Alliances : Caillet, Loppin, Comeau, Blanchefort, du Deffend, Bretagne, Chaugy. — Fiefs : Vassy, Velogny, la Serrée, Pisy, la Borde, Richebourg. M. 1669. E. 1671.

**ESTRADE (L') DE LA COUSSE.** — *D'argent à la fasce d'azur, chargée de trois étoiles d'or et accompagnée de trois mouchetures d'hermine de sable.* — Famille originaire du Périgord, et dont la Chesnaye des Bois donne la généalogie depuis Bernard de l'Estrade, qualifié chevalier dans son contrat de mariage d'avril 1439, avec Marie de Jaubertie. Au cinquième degré elle s'est partagée en deux branches, dont l'une a fait souche en Bourgogne, où elle a possédé la baronnie d'Arcelot et les seigneuries d'Arceau, Orgeux, Fouchy, Fouchange, Trouhans, la Tour-Charotte, Boux, la Chaume, Presily, les Bordes-sous-Salmaise, Bouzot, Chevigny, etc. On remarque parmi ses membres Alain, qui fut amené en Bourgogne en qualité de capitaine de cent reitres en 1581 ; Charles son fils, capitaine au régiment de Trailly, qui se jeta dans Saint-Jean-de-Losne assiégé par Galas, prit une grande part à la glorieuse défense de cette ville et vit son château de Trouhans pris et brûlé, tandis que son frère Gaspard, qui le défendait, était tué par les Impériaux; Joseph-François, colonel du régiment de Poitou, grand-croix de Saint-Louis, qui servit pendant cinquante-deux ans avec distinction et se retira du service en 1748, après avoir assisté aux actions les plus mémorables de son temps; Jacques-Joseph, chevalier de Saint-Louis, capitaine au régiment de Poitou, qui fit toutes les campagnes de 1722 à 1746, et plusieurs autres militaires. Preuves pour Malte. — Alliances : Marsillyon, la Tour-d'Auvergne, Baissey, Pontailler, Mâlain, Jarry de la Jarrye, Orsans, Pousy, Lambertye, Richard de Curtil, Pillemier de Montfort. M. 1700. E. 1622.

**ESTUD (D'), DESTUD, DESTUT.** — *Ecartelé : aux 1ᵉʳ et 4, d'or à trois pals de sable ; aux 2 et 3, d'or au cœur de gueules.* — Walter Destud, officier de la garde écossaise de Charles VII et naturalisé en 1474, est la souche de cette famille qui s'établit dans l'Avallonais où elle posséda la terre d'Assey pendant plus de trois cents ans. Elle a fourni un chevalier de l'ordre en 1569, plusieurs chevaliers de Malte et de Saint-Louis, gardes du corps et capitaines, un mestre de camp de cavalerie en 1639. La terre de Tracy fut érigée en comté en sa faveur. Le célèbre philosophe de ce nom descend de cette famille. — Alliances : Loron, Bernault, Damoiseau, Bonin, Brice, la Platière, le Roy, Bar, Bufferant, Caroble, la Magdelaine, Marion de Druy, Verzure. — Fiefs : Courtenay-en-Vermanton, Girelle, Châtenay, le Vaux-Sainte-Marie-les-Arcy, Flée, Allerey, la Ronce. Preuves pour Malte. M. 1698. E. 1736.

# F

**FAGE (LA).** — *D'azur au lion d'argent, armé et lampassé de gueules* (1). — Cette famille prouve sa filiation depuis Claude de la Fage, qualifié écuyer, seigneur du Clos en 1497.

---

(1) L'*Armorial* de 1692 porte : *d'azur au lion contourné d'or, lampassé et armé de gueules.*

Condamnée comme usurpatrice en 1667, il est probable qu'elle fut depuis maintenue par arrêt du conseil, car ses membres continuèrent à porter le titre d'écuyer, et à entrer aux Etats. On remarque parmi eux un gouverneur de Cluny en 1680.—Alliances : Saumaise, Thy, Bérail, Lachart. — Fiefs : baronnie de Saint-Huruge, Péronne, Vaux-sous-Farge, Clermont, Saint-Martin-sur-Guye, Vallecot, Burzy (1), Malfontaine, Cray-Saint-Paul. E. 1662.

**FALLETANS.** — *De gueules à l'aigle éployée d'argent.* Devise : *une fois Falletans.* — La terre de Falletans, au bailliage de Dole, a donné son nom à cette famille dont le premier auteur connu est Renaud, chevalier, qui vivait en 1269. Sa descendance directe s'est éteinte au XIVe siècle. D'une branche cadette établie à Salins vers le même temps, sont issus : Jean, chevalier de Rhodes au XVe siècle; Alain, créé chevalier en 1593 ; Claude-Louis, quartier-maître-général de camp au comté de Bourgogne en 1664, gouverneur de la confrérie de Saint-Georges, et Philippe-Joseph, chevalier de Saint-Georges, capitaine de cent cuirassiers au service du roi d'Espagne, qui obtint en 1712 l'érection en marquisat, sous le nom de Falletans, des terres de Thieffrans, Busy et Fontenelle. Une autre branche, éteinte au XVIIe siècle, a fourni des conseillers des ducs, un écuyer tranchant de Philippe-le-Bon et de Charles-le-Téméraire, reçu à Saint-Georges en 1463, deux receveurs-généraux des finances en Bourgogne et deux maîtres extraordinaires à la chambre des comptes de Dijon, dont l'un fut en outre échanson de Louis XI. Citons encore un doyen de Chalon en 1525. — Alliances : Aubigny, Quantéal, Jouard, Patornay, Chissey, Loriol, Thomassin, Jouffroy, Froissard de Broissia, Moyria, Neuville, etc. E. 1763.

**FAUBERT.** — *De gueules à deux lions d'argent affrontés et surmontés d'une couronne d'or.* — Famille originaire de l'Autunois qui fut déclarée usurpatrice de noblesse par l'intendant Bouchu, mais reconnue depuis noble par arrêt du conseil en 1668. Jean-François de Faubert, bailli d'épée de Bourbon-Lancy en 1762, appartenait à cette famille. — Fiefs : la Perrière, Pont-Petit, Cressy, Noireterre, Biry. — Alliances : Voisin, Beugre, Ponard. E. 1653.

**FAUDOAS.** — *Ecartelé : aux 1 et 4, d'azur à la croix d'or ; aux 2 et 3, de France, sans brisure.* — Cette illustre maison a pris son nom du bourg de Faudoas, première baronnie du vicomté de Lomagne, au diocèse de Montauban, et remonte à Raymond-Arnaud de Faudoas, l'un des barons du pays de Lomagne, qui figure dans un acte de donation faite à l'abbaye d'Uzerche en 1091 par le vicomte de Lomagne. Elle est aussi distinguée par ses alliances et par les hauts emplois militaires qu'elle a occupés que par son ancienneté ; mais étant restée à peu près étrangère à la Bourgogne, nous nous bornerons à mentionner ici la branche des barons de Sérillac en Gascogne, formée au commencement du XVIIe siècle et à laquelle appartenait Joseph-Marie de Faudoas qui acheta en 1767 la seigneurie du comté de Bar-sur-Seine et se fit en conséquence recevoir aux Etats de 1772.

**FAUR (DU).** — *D'azur à deux fasces d'or, accompagnées de six besants d'argent, trois en chef et trois en pointe; alias, trois, deux et un.* — Cette famille, originaire de l'Armagnac,

---

(1) On lit Bierzy dans le procès-verbal de réception de Victor-Amédée de la Fage aux Etats de 1730.

remonte à Jean du Faur, sénéchal d'Armagnac qui testa en 1372. Elle s'est partagée en plusieurs branches qui toutes se sont élevées aux plus hautes dignités ; elles ont fourni un grand nombre d'officiers aux parlements de Toulouse et de Paris, des conseillers au grand conseil, des ambassadeurs, des capitouls de Toulouse, des officiers généraux, etc. La branche des seigneurs de Pibrac a été formée par Guy du Faur, le célèbre auteur des *Quatrains*, né en 1528 et successivement conseiller au grand conseil, juge-mage de Toulouse, président au parlement de Paris, conseiller d'état au conseil privé du roi. Son fils Michel, gentilhomme ordinaire de la chambre du roi, mestre de camp de cavalerie, fut tué au siége de Montauban. Il avait épousé Claude d'Estampes dont il eut plusieurs fils auxquels il laissa les seigneuries de Marigny-le-Cahouet, la Roche, Sainte-Colombe, Ligny et Brain-en-Auxois dont il avait repris de fief en 1605. L'un de ses fils, Michel-Clériadus, réunit toute la seigneurie, épousa Charlotte d'Arlay en 1645 et en eut une fille mariée à Bénigne Berbis, marquis d'Esbarres, et un fils François, allié à Marie de Chaugy, qui mourut sans enfant mâle, après avoir vendu le comté de Marigny à Philibert Lorenchet, conseiller au parlement de Paris. E. 1631.

**FAUTRIÈRES.** — *D'argent au sautoir de sable, chargé de cinq coquilles d'or.* — Devise : *Tendre et fidèle.* — Très ancienne famille du Charollais qui reconnaît pour auteur Anselme de Fautrières, témoin de l'acte de fondation du doyenné de Blanzy en 1060. Son fils Girard suivit Godefroy de Bouillon en Terre-Sainte. Henri était abbé de Cluny en 1308 et évêque de Saint-Flour en 1320. Léothaud, damoiseau, était seigneur du Petit-Bois en 1404; Philibert, écuyer, faisait partie de la compagnie du seigneur de la Guiche en 1447. Cette famille, qui posséda la terre de Courcheval en franc-alleu depuis 1230 jusqu'au XVIIIᵉ siècle, et qui y joignait quatorze châteaux, eut treize de ses membres tués sur le champ de bataille pendant le règne de Louis XIV. Louis-Marie de Fautrières, filleul de Louis XV, chevalier de Saint-Louis, capitaine de cavalerie, était seigneur de Baubery en 1770.—Autres fiefs: Audour, la Boutière, Goudard, Salornay. — Alliances : Salornay, Saint-Amour, Chapon, Laurencin. M. 1669. E. 1557.

**FAVIER.** — *D'azur au croissant d'argent mis en abîme, accompagné de trois étoiles d'or.* — Cette famille a produit un conseiller au parlement de Paris, maître des requêtes en 1605, baron de Saint-Méry-sur-Seine, seigneur de Maison-Rouge, dont le fils Noël fut reçu conseiller au parlement de Bourgogne en 1632. Elle a possédé pendant quelque temps la terre de Rocheprise par suite du mariage de Charles Favier, chevalier, seigneur de Bains, Mesnil et Allard, capitaine de chevau-légers et plus tard commandant du régiment de cavalerie de Tilladet, avec Catherine de Sommièvre en 1676. E. 1682.

**FAY (DU).** — La seigneurie du Fay au bailliage de Chalon est entrée dans la maison de Bouton par le mariage de Marguerite du Fay, fille unique de Jean, avec Philippe Bouton, en 1358. Marguerite appartenait à une ancienne famille qui a produit un bailli de Mâcon pour le duc de Berry en 1367 et qui semble s'être continuée dans une branche cadette, propriétaire au XVIᵉ siècle des seigneuries de Longepierre, l'Abergement-en-Bresse, Avelanges. — Alliances : Chauvirey, Mâlain, Tintry, Berquam.—Fay d'Estable portait : *de gueules à trois pals d'or ; au chef de même, chargé d'une fouine d'azur.* E. 1355.

**FERRAND.** — *D'azur à la fasce d'or, accompagnée de trois épées d'argent, posées en pal, les pointes en haut.* — Famille originaire de Bourgogne, dont la Chesnaye des Bois fait remonter la généalogie à Philippe Ferrand, baron de Montigny, qui épousa Claudine de Cléron, et fut père de Salomon, aussi baron de Montigny, marié à Bénigne Gagne. Georges, fils de Salomon, seigneur de Marcellois en partie, épousa une Despotots et en eut plusieurs enfants, dont deux fils, l'un mort sans postérité, l'autre qui passa en Allemagne où il fit souche. — L'intendant Ferrand était d'une famille différente de celle-ci, quoiqu'elles eussent des armes analogues. E. 1677.

**FERRIÈRE** ou **FERRIÈRES.** — *D'...... à une tour d'......* — Nous croyons cette famille originaire de Franche-Comté, où l'on trouve Perrin de Ferrières, qualifié écuyer vers 1400, et Jean de Villers, dit de Ferrières, sire en partie de Chargey, près Gray. Etablie en Bourgogne à la fin du XVᵉ siècle, elle a possédé de nombreux fiefs dans les bailliages de Chalon, Dijon et Semur, savoir : Chassagne, Tailly, Mortenil, Santenay, Mypont, Puligny, Villargeau, Cussigny, l'Epervière, la Colonne, Presle, Saffres, Bierry-les-Avallon, Saudon, Digoine, le Saulçois d'Islan, etc. On remarque parmi ses membres : François, écuyer, qui reçut du roi Louis XI en 1476 les offices de capitaineries des châtellenies de Germoles et de Montagu qu'il tenait précédemment du duc de Bourgogne; François, peut-être le même, que l'on trouve qualifié maître d'hôtel du maréchal de Bourgogne et homme d'armes des ordonnances sous M. le marquis de Rothelin, et auquel le roi fit don en 1480 de la seigneurie de la Toison pour lui et ses successeurs sans rachat, et en 1495 des revenus de la prévôté de Mâcon; Jean, écuyer d'écurie du roi en 1478; François, châtelain de Chagny en 1503; Claude, conseiller au parlement de Dijon en 1554, et Jacques, lieutenant de la compagnie du seigneur de Montperroux, en garnison à Auxerre en 1571. — Alliances : Aux Epaules, Vendôme, Clugny, Saint-Trivier, Charnoux, Thyard, Moroges, Cussigny, Odax, Bosseran, Chissey, Drée, Lugny, Damas, etc. E. 1568.

**FERTÉ (LA).** — Plusieurs familles ont porté ce nom en Bourgogne. On trouve un Geoffroy de la Ferté, chevalier, seigneur de Magny-la-Ville en 1275; Jean, maréchal de Normandie en 1367; Perrin, écuyer en 1424; Jean, écuyer à l'armée convoquée à Auxerre en 1432; enfin Philibert de la Ferté du Mont, seigneur de Blaigny, originaire de Mâcon, avocat du roi au bailliage de cette ville en 1491, conseiller, puis premier président du parlement de Bourgogne en 1504. Mais il est difficile d'établir entre ces divers personnages un lien généalogique. La Ferté du Mont portait : *écartelé : aux 1 et 4, d'or au lion de sable, brisé en fasce d'un lambel de gueules; au chef bandé d'argent et d'azur; aux 2 et 3, de gueules à une tour donjonnée d'argent, accompagnée de trois étoiles d'or.*

**FERTÉ-MEUN (LA).** — Voy. Meun.

**FÈVRE (LE).** — Ce nom qui figure dans plusieurs montres d'armes du XVᵉ siècle, est commun à un certain nombre de familles de Bourgogne. Nous citerons : Martin Le Fèvre, commis à la recette du grenier à sel de Dijon en 1421; Bonaventure, grenetier au même grenier à sel en 1572; Claude, écuyer, seigneur de Marigny et de Villy-le-Brûlé en 1582;

Jean, seigneur de Chanteau en Auxois et son fils Claude, écuyer, en 1593 et 1630 ; Jean-Jacques, seigneur de Lestang et en partie de Nuits-sous-Ravières en 1678 ; Claude, prévôt des maréchaux à Charolles en 1697 ; François, sieur des Fonceaux en 1720 ; Claude, originaire de Paris, seigneur de Pouilly et premier président du parlement de Dijon en 1554, qui portait : *écartelé : aux 1 et 4, une croix ; aux 2 et 3, cinq couronnes à l'antique, posées trois et deux*. Nous ne savons si André Le Fèvre, seigneur de Plomby et de Fontaine-Croix ou Croix-Fontaine, entré aux Etats de 1677, appartenait à l'une de ces familles.

**FÈVRE (LE) DE CAUMARTIN.** — *D'azur à cinq trangles d'argent.* — Maison originaire du Ponthieu, qui remonte à Jean Le Fèvre, seigneur de Caumartin, au commencement du XVI° siècle. Elle s'est rendue considérable dans la robe, ayant rempli de hautes charges dans les cours souveraines de Paris et fourni un garde des sceaux de France en 1622. Mais comme elle est restée à peu près étrangère à la Bourgogne, nous nous bornerons à mentionner ici Alexandre-Louis-François, chevalier de Malte, qui fut reçu aux Etats de 1766 sur la simple présentation de son acte de prise de possession du prieuré de commande de Saint-Léger au bailliage de Dijon, et fit transcrire sur le registre des preuves le procès-verbal de celles qu'il avait faites devant les commissaires de l'ordre de Malte le 5 mai 1758.

**FÉVRET.** — *D'azur à une bande d'or de trois pièces : écartelé d'argent à une hure de sanglier arrachée de sable, armée et allumée d'argent et lampassée d'une flamme de gueules*, qui est de Gorgiard. — Originaire de Semur-en-Auxois, cette famille a pour auteur Claude Févret, licencié ès-lois en 1383. Son fils Jean, receveur général de Bourgogne, mort en 1460, fut père de Gérard, juge des prévôtés de Semur et d'Avallon, et bisaïeul de Jacques, conseiller au parlement de Dijon, décédé en 1626. Celui-ci donna le jour à Charles, né en 1583, secrétaire du roi en 1630, mort en 1661, jurisconsulte célèbre qui laissa le *Traité de l'abus* et dix-neuf enfants. La famille Févret se divisa à partir du XVII° siècle en plusieurs branches auxquelles le parlement, la chambre des comptes et le barreau de Dijon durent un grand nombre de membres distingués. Elle a fourni en outre deux grands baillis d'épée au bailliage de Châtillon, un grand prévôt de Bourgogne, un commandant d'Ajaccio en Corse, plusieurs officiers d'artillerie et de cavalerie, un commandant à Saint-Domingue, un aumônier du roi en 1650 et un prieur commandataire de Marsais, au diocèse de Bourges, alcade des Etats en 1748. Charles-Marie Févret de Fontette, conseiller au parlement de Dijon, éditeur de la *Bibliothèque historique de France* du P. Le Long, mort en 1772, était le descendant au IV° degré du savant auteur du *Traité de l'abus*. — Alliances : Gorgiard, Boursault, Guichard, Brunet, Bretagne, Legouz-Morin, Petit, Loppin, Richard, Jaquot, Perreney, Mochot, Quillardet, Chartraire, Jehannin, Chalus, Brosses, Migieu, Rémond, Motmans, Grozelier, Hénin-Liétard, Wlay. — Fiefs : Saint-Mémin, Godan, le Magny, Aubigny, Charrey, Fontette, la Bourlière, Verrey-sous-Drée, Beligny, Curtil, Daix. — M. 1669, 1717. E. 1679.

**FILZJAN, FILSJEAN.** — *D'azur au chevron d'or, accompagné de trois étoiles de même ; au chef d'or, chargé de trois croix pattées de gueules.* — Cette famille, originaire

— 187 —

d'Avallon, et remontant à Jean, seigneur de Brécy et Lucy-le-Bois, qui testa le 21 novembre 1420, a fourni au XVIe siècle trois lieutenants-généraux et quatre avocats du roi au bailliage de cette ville. L'un de ces lieutenants-généraux se distingua pendant la Ligue et fut père de Georges Filzjan, conseiller d'état, bailli d'Auxerre et d'Avallon, gentilhomme ordinaire et capitaine des gardes du prince de Condé, anobli en 1645 pour services éminents rendus aux rois Louis XIII et Louis XIV. Diverses charges de robe et de chancellerie ont procuré la noblesse à d'autres branches de cette famille dans laquelle on compte deux élus du tiers aux Etats de 1563 et de 1590, un trésorier de France, deux gouverneurs de la chancellerie, un secrétaire du roi, onze officiers de la chambre des comptes, dont un correcteur, neuf conseillers maîtres et un président, quatre conseillers au parlement, un grand nombre de chanoines et plusieurs officiers de divers grades. — Alliances : Gallois, Henriot, Morin, Juliot, Gautier, Parisot, Montholon, Sallier, Seurot, Sayve, Julien, Badoux, Massol, Longueville, Clugny, Lantin, Fresne, Champion, Morot, du Blé, Mucie, Las, Petitot, Bretagne. — Fiefs : Brécy, Lucy-le-Bois, Sainte-Colombe, Talmay, Marliens, Mimande, Vaublanc, Prédefond, la Chaume, Grandmaison, Chassigny, Annost, la Coudre, Ponneau, Cussy-les-Forges. M. 1666. E. 1674.

**FIN (LA).** — *D'argent à trois fasces de sable, à la bordure engrêlée de gueules.* — On ne trouve point de traces de cette famille avant Antoine de la Fin, seigneur de Pluviers en 1498. Jean, sans doute son fils, seigneur de Beauvoir, chevalier de l'ordre et chambellan du roi, vivait encore en 1567 ; il avait épousé Magdelaine de Salins, fille et héritière de Guy, seigneur de la Nocle, conseiller au parlement, dernier représentant d'une des branches de la maison de Salins-la-Bande (Voy. SALINS.) De ce mariage vinrent deux fils qui furent substitués au nom de Salins : 1° Guy ou Jacques-Guy, seigneur de la Nocle, gentilhomme du duc d'Anjou en 1571, le même sans doute qui devint gentilhomme ordinaire de la chambre du roi et mourut au château de la Nocle en 1611 ; et 2° Philippe-Guy, seigneur de la Nocle et de Ferrière, baron de Ternant, dont la fille, Magdeleine-Louise de Salins, restée veuve d'Alexandre du Puy, marquis de Saint-André-Montbrun, conseiller du roi en ses conseils, capitaine-général de ses armées et de celles de la république de Venise, vendit en 1691 toutes les seigneuries de sa maison à son beau-fils Jacques du Puy de Tournon, marquis de Montbrun. — Fiefs : la Fin, Pluviers, Brion, Mont, Mazenay, Santenay, Saint-Ciagre, Chavance, Chancery ou Champ-cery, Fontette, Perrigny-la-Plaine, Aupont, la Tour de Bourbon-Lancy. E. 1557 (1).

**FLEUTELOT.** — *D'argent à trois trèfles de sable ; au chef de gueules chargé d'un soleil d'or.* Alias *d'argent à trois trèfles d'azur.* — Cette famille remonte à Jean Fleutelot, praticien, syndic de la ville de Dijon en 1559, dont le fils René, procureur au parlement, syndic de la ville, vicomte-mayeur en 1594, fut anobli l'année suivante par Henri IV *pour s'être beaucoup employé en la réduction de la ville.* Il fut en même temps gratifié d'une charge de président aux comptes dans laquelle la mort l'empêcha de se faire recevoir. Il ne laissa que deux filles qui firent enregistrer ses lettres de noblesse. D'autres branches de la même famille ont fourni

(1) C'est un membre de cette famille qui figure sous le nom de seigneur de la Nocle dans les listes de 1605, 1608 et 1614, et auquel nous avons attribué par erreur, sur la foi de Courtépée, le nom de du Puy-Montbrun.

un auditeur, trois conseillers maîtres à la chambre des comptes en 1583, 1607, 1608 et 1611, un maître d'hôtel du roi en 1633, et six conseillers au parlement de 1649 à 1733. L'un d'eux, Claude Fleutelot, devint doyen des conseillers en 1769. — Alliances : Derequeleyne, Jacotot, Rosay, Bourrelier, Soirot, Millière, Pérard, Régnier, Sevré, Bouhier, Laube, Loisie, Le Compasseur, Gruzot, Creusevault, Canabelin. — Fiefs : Beneuvre, Marliens, Larçon, Torcy, Romprey, Masse, Chazans, Thorey, Chambœuf, Varange, Champfroy, le Meix, partie de Labergement-les-Auxonne. M. 1669, 1698. E. 1671.

**FOISSY.** — *D'azur au cygne d'argent, becqué de gueules et membré de sable.* — Cette ancienne famille, établie dans le Châtillonnais, a fourni : Jean, maître des foires de Chalon en 1366, bailli de la Montagne en 1387, membre du parlement de Beaune en 1393, maître-veneur de Philippe-le-Hardi en 1405; Guillaume, receveur des aides au bailliage de Chalon en 1402; Pierre, seigneur de Chamesson, mort en 1419 dont les descendants possédèrent cette terre jusqu'au milieu du XVII$^e$ siècle. — Autres fiefs : Jours, Thoire. — Alliances : Pâris de la Jaysse, Saint-Belin, Rémond. E. 1551.

**FOLIE** ou **FOLYE**, en Champagne. — *D'azur à trois roseaux d'or rangés en pal, chargés d'une merlette de sable.* — E. 1665.

**FOLIN.** — *De gueules au hêtre d'or, et en pointe un croissant d'argent.* Devise : *Folium ejus nunquam defluet.* — Cette famille est originaire de Saulx-le-Duc où l'on trouve en 1503 et 1549 Jean Folin et noble Nicolas Folin, receveurs de la châtellenie. Elle a fourni deux conseillers au parlement de Dijon en 1593 et 1615, un secrétaire du roi en 1638, deux présidents à la chambre des comptes de Dole, et au dernier siècle deux chevaliers de Malte, l'un commandeur et grand chambellan du grand-maître, et plusieurs militaires. — Alliances : Thomas, la Marre, Lebault, Matherot, Gagne, Belrien, Sordoillet, Challemoux du Vigneau. — Fiefs : marquisat de Folin, érigé en 1717, Villecomte, Bussière, Vernot, Ogny, le Vignaud, Pleure, Saulcy, Chevagneret, partie de Tart-le-Bas, Tart-l'Abbaye et Varange. M. 1669. E. 1665.

**FONTAINES.** — *D'or à trois écussons de vair.* — Cette maison, l'une des plus anciennes et des plus illustres de la province de Picardie, passe pour être issue d'un puîné des comtes d'Abbeville. Sa filiation est établie depuis Guillaume, chevalier, seigneur de Fontaines-sur-Somme en Ponthieu qui prit part à la première croisade et vivait encore en 1119. Ses descendants, parmi lesquels on distingue le célèbre jurisconsulte Pierre de Fontaines, n'ont pas cessé d'occuper des charges importantes dans les armées et à la cour, et ont pris leurs alliances dans les meilleures maisons du royaume : Estourmel, Hénin-Liétard, Joyeuse, Lannoy, Ligne, Mailly, Matignon, Montesquiou, Montmorency, Pas-Feuquières, Saint-Valery, Sarcus, Soissons-Morcul, etc. A la branche des seigneurs de Cerisy et de Woincourt, maintenue en 1718, appartenait Charles-Philippe Aymard, marquis de Fontaines, mestre de camp de cavalerie qui acheta la baronnie de Moulins, relevant du comté de Tonnerre et entra aux Etats de 1769 comme propriétaire des deux fiefs de Sancy et de la Faulle en Auxois, qui dépendaient de cette baronnie.

**FONTETTE, FONTÈTE.** — *D'azur à trois fasces d'or* (1). — La terre de Fontette en Auxois, l'une des quatre anciennes grandes baronnies du duché de Bourgogne, a donné son nom à cette famille dont le premier membre connu, Barthélemy de *Fontoytes* (*de Fontetis*), vivait en 1152. On trouve après lui Guillaume, bienfaiteur de la Bussière en 1259 ; Jean, damoiseau en 1332; Hugues, qui paraît à la montre d'Avallon en 1358; deux abbés de Saint-Seine du prénom de Pierre, morts en 1484 et 1498. Pierre I<sup>er</sup> avait deux frères : Jean, seigneur de Fontette et de Verrey en 1445, qui vendit en 1463 à Jean Le Lièvre, conseiller et procureur du duc au bailliage de la Montagne, l'office de chambellan héréditaire de l'abbaye de Saint-Seine et dont le fils Jean fut fait chevalier à la bataille de Liége en 1468 ; 2° Georges, seigneur de la Motte d'Aligny, auteur de la branche des seigneurs de Vauxmain et du Boispréaux, établie en Vexin et à laquelle appartenaient : Jacques, hommes d'armes de l'arrière-ban en 1551 ; Charles, capitaine au régiment de Flavacourt en 1630, et Charles-Antoine, marquis de Vauxmain en 1743. De Florent de Fontette, seigneur de Vauxroux en 1605, est sorti le rameau des seigneurs d'Herville, de Vauxroux et de Theméricourt, qui a fourni plusieurs militaires dont N. de Fontette, tué à Sénef. Enfin dans la branche des seigneurs de Fontette (2) et de Sommery, restée en Bourgogne et issue de Jean, seigneur de Fontette plus haut nommé, nous citerons Andremont, major d'infanterie, tué au siége de Thionville en 1643 ; Hélène et Jacquette, abbesses de Pralon ; Pierre-Bernard, chevalier de Saint-Louis, chef d'escadre des armées navales, chevalier d'honneur au parlement de Bourgogne en 1734, qui fut remplacé dans cette dernière charge en 1768 par son fils Charles-Marie de Fontette, ancien page de la Dauphine, capitaine dans Damas-Anlezy. — Alliances : Damas, Agey, Oyselet, Plaisance, Salcey, Cussigny, Vingles, Seyssel, Beauvoisin, Neuilly, Despotots, Boulainvilliers, Harville-Palaiseau, Mauléon, Lamy de Samerey, Chalus, Suremain de Flammerans, Vincent de Montjustin, Grandval, Mochot, Béthoual, Aligny, Pracontal. — Fiefs : la Tour de Chevance ou Chavance, la Faye, le Vignaud, Verrey-sous-Drée, Civry, la Borde-sous-Châteauneuf, Lantillière, Mons, Champlois, Remilly, Raconnay, Gilly. — Preuves pour Malte et pour Neuville. M. 1669. E. 1460.

**FORGES (DES).** — *D'azur à six châteaux d'or, posés trois, deux et un.* — Jean des Forges, se disant noble en 1397, capitaine du châtel de la Motte, est l'auteur de cette famille qui a fourni plusieurs membres des Etats et s'est alliée aux Martin et aux Pluvot. E. 1557.

**FORTEAU.** — *D'azur au chevron d'or, accompagné de trois éperviers d'argent.* — Pierre de Forteau, garde du corps, a été maintenu en 1670 sur preuves remontées à son trisaïeul qualifié seigneur de Thôtes. Cette famille a fourni un capitaine de vaisseau vers 1545, un capitaine du château de Dijon, un exempt des gardes du corps, décédé en 1646 et un grand prieur de Saint-Seine. — Alliances : Buard, Vauterant, Martin de Choisey, Tardivot. — Fief de Cossé. M. par arrêt du conseil en 1669 et par Bouchu en 1670. E. 1670.

---

(1) Sur plusieurs tombes du XV<sup>e</sup> siècle, dans l'abbaye de Saint-Seine, ces armes sont ainsi figurées : *fascé d'or et d'azur de six pièces; écartelé ou coupé d'or à l'aigle de......*

(2) La terre de Fontette en Auxois, successivement démembrée, était entièrement sortie de la famille en 1635. Son nom fut donné à une portion de la terre de Sommery au bailliage de Bourbon-Lancy.

**FOUDRAS.** — *D'azur à trois fasces d'argent.* — Devise : *Sunt mihi in custodiam.* — Famille ancienne et distinguée du Lyonnais dont on trouve la trace dès la fin du X° siècle. Néanmoins sa filiation n'est établie que depuis Hugues, qualifié *miles*, qui rendit en 1080 aux chanoines de Saint-Vincent de Mâcon la quatrième partie des dîmes de Sainte-Marie *de Agrilla* (la Grelle), *in quo inique fruebatur.* Son fils Hugues accompagna Guichard de Beaujeu dans son ambassade à Constantinople et à Rome, contribua à la fondation des Franciscains de Villefranche en 1216, et laissa deux fils. La descendance de l'aîné s'éteignit au XIV° siècle après six générations; le cadet, Pierre, qualifié *potens vir* et *miles* est l'auteur de la branche des seigneurs de Courcenay qui s'est subdivisée en plusieurs rameaux. On remarque dans cette branche Jean, bailli d'Agen, fait prisonnier à la bataille de Poitiers en 1356; Antoine, gouverneur d'Amiens, capitaine de cent arquebusiers; un autre Antoine, maître d'hôtel de Louis XI et de Charles VIII; Jean, chevalier de l'ordre, bailli d'Agen, aussi maître d'hôtel du roi, marié en 1510; Jean, chevalier de l'ordre, capitaine de cinquante hommes d'armes; Mathieu, enseigne de la compagnie colonelle du régiment de Condé, tué à la bataille de la Montagne-Noire; Roland, capitaine de chevau-légers dans le régiment d'Epernon, qui obtint en 1680 l'érection en comté des seigneuries de Châteautiers et de Matour, et Louis, capitaine dans les gardes-françaises en 1691, qui ne laissa que deux filles. La seconde branche de Courcenay, formée par Antoine, capitaine de cent hommes d'armes, qui testa en 1621, s'est éteinte au dernier siècle; elle a fourni un lieutenant-colonel dans Cussigny. Six autres branches sont sorties des premiers Courcenay : 1° Morlan; 2° Beaulieu; 3° Bouillon; 4° Saint-Huruge, puis Eminy; 5° Souternon et Contenson; 6° Rontalon, dont les biens ont passé par mariage en 1644 à Jean Perins, généralissime des troupes de l'empereur Mathias. Ces diverses branches ont fourni un grand nombre de militaires de divers grades parmi lesquels on peut citer, dans celle des barons de Saint-Huruge, un lieutenant-colonel du régiment d'Enghien, et dans celle de Beaulieu, un colonel du régiment Lyonnais. Ajoutons enfin à cette nomenclature un archevêque de Lyon en 1113, un évêque de Poitiers, mort en 1748, un grand prieur de Savigny, des chanoines à Saint-Pierre de Mâcon et à Lyon, un comte et doyen de Tournus, des chanoinesses d'Alix et de Neuville, plusieurs chevaliers de Saint-Louis, enfin plus de quinze chevaliers de Malte dont un grand maréchal de l'ordre à la fin du XVII° siècle. — Alliances : Thianges, Sarron, la Basole, Ogerolles, Thélis, Ars, Sallemart, des Serpens ou d'Esserpens, Mathieu, Bonnan, Nagu, Agrain, Langheac, Senneterre, Vichy, Choiseul-Traves, Lestouf, Fautrières, Laurencin, Montchanin, Montaynard, Sirvinge, Tiercelin, Revol, Busseul, Severac, la Rochefoucault, Thyard, Damas, Defranc, Andelot, Berbis, Choiseul, Drée, Capisuchi, Albon, etc., etc. — Fiefs : Bagnaus ou les Bagnots, la Farge, Ogerolles, Matour, Contenson, Marigny, Saint-Etienne, Saint-Pierre-le-Vieux, le Colombier, Cran, baronnie de la Bussière, la Chapelle, la Tour-Demigny, Bragny, Bissy, Saint-Martin-sur-Guye, la Grange, le Maupas, Crusilles, Eminy, Pierrelas, Saint-Germain, Tigny, etc. Titre de marquis. Cette famille existe encore. M. 1664, 1665 à Dijon, 1667 à Lyon, 1669, 1698. Preuves pour Neuville en 1739. E. 1549.

**FOURNEAUX (DES).** — *D'azur à la bande d'or, accompagnée de six billettes de même, mises en orle.* — On trouve ce nom dans une montre d'armes de 1382, et aux Etats de 1662 et de 1668.

**FOURNERET.** — *D'azur à trois mûres de pourpre et une croisette d'or en abîme.* — Cette famille remonte à Jean Fourneret, seigneur de Bellevesvre en 1454. Plusieurs de ses membres ont occupé en Bourgogne des charges de judicature et de finances. On trouve : Pierre, auditeur des comptes (1554), Jean, correcteur (1643), Claude et Nicolas, trésoriers de France (1640 et 1666), deux receveurs généraux des Etats de Bourgogne dont l'un fut en outre vicomte-mayeur de Dijon en 1637. — Alliances : Millière, Verne, Godran, Joly, Le Compasseur, Frasans, des Barres, Bernard de Chintré, Blanot, Richard. — Fiefs : Bellevesvre, Athée, le Magny, Massé, Beligny, Curtil, Champrenault. E. 1748.

**FRAGO.** — On trouve deux fois ce nom dans la liste de 1648. Peut-être faudrait-il lire la première fois Fraizo ou Fraize.

**FRAMERY.** — *D'azur au chevron d'or, accompagné en pointe d'un chandelier de même, accosté de deux étoiles aussi d'or et surmonté d'un croissant d'argent. Alias : le chevron accompagné en chef d'un croissant d'argent, soutenu de deux étoiles d'or, et en pointe d'un chandelier aussi d'or.* — La famille de Framery de la Fosse, encore existante, est originaire de Flandre. Etablie dans le Châtillonnais au XVIe siècle, elle a été reçue aux Etats de 1778 sur preuve de quatre degrés de noblesse. Une de ses branches était établie dans l'Ile-de-France. M. par arrêt du conseil en 1667, et à Paris en 1698. — Alliances : du Lyon, Grancey, Larcher, Noirot, Guibert, Garnuchot, Cizey. — Fief de Montliot.

**FRANAY** ou **FRASNAY.** — *D'azur à trois pals d'argent.* — L'auteur de cette famille est Pierre de Frasnay, écuyer, sire de Montigny en 1392. Parmi ses descendants on peut citer : Pontus, gouverneur de Moulins en 1493 ; Antoine, seigneur des Baugis en 1528 ; Michel, maréchal des logis ; Jean, Philippe et Claude, hommes d'armes dans la compagnie du vidame de Chartres en 1552 ; Gaspard, capitaine d'infanterie en 1611 ; Claude, capitaine au régiment d'Uxelles ; René, baron de Montconis du chef de sa mère, gentilhomme ordinaire du duc d'Orléans, capitaine au régiment de la Mothe-Houdancourt en 1650 ; Jean, prieur commandataire de Saint-Vertu en Champagne en 1668. — Fiefs : Reclaine, la Comue, Genelard, Bellefond, la Chaume, Cusance, les Grands-Jours, Anisy, Montconis. — Alliances : Champdieu, des Baugis, la Tournelle, Digoine, Busseul, Laval, la Forêt, Foucault, Quarré, Brazey. E. 1575.

**FRASANS.** — *D'or au cerf de gueules, sommé sans nombre.* — Nicolas de Frasans, reçu aux Etats de 1688, a prouvé sept degrés de noblesse depuis Girard, dit Bauvalot, au comté de Bourgogne, anobli par Philippe-le-Bon en 1437. Jean et Jacques ont été vicomtes-mayeurs de Dijon, le premier en 1604. Le second fut revêtu huit fois de cette charge ; à sa septième élection il prit cette devise : *in septimo non licuit requiescere.* On remarque encore dans cette famille un secrétaire du roi qui obtint des lettres de confirmation de noblesse en 1513, quatre greffiers en chef au bureau des finances de Dijon depuis la fin du XVIe siècle jusqu'en 1639, un maître des comptes en 1524, un chevalier d'honneur à la chambre des comptes en 1714, et plusieurs commissaires des guerres. Au dernier siècle cette famille était établie en Franche-Comté. — Alliances : des Barres, Saint-Seine, Morel, Bouton, Coquet, Thomas, Morelet. — Fiefs : Orain, Ternant, Turcey, Brion, Daix, Labergement, Verrey-sous-Salmaise, Saint-

Romain-sous-Gourdon, Charancey, Varenne-Dampierre, Avirey-le-Bois et Lingey en partie. M. 1666, 1669, 1698. E. 1671.

**FRESNE, FRESNES.** — *D'or au lion passant de sable, armé et lampassé de gueules* (1).
— Cette famille, originaire d'Artois, paraît remonter à Thibaut, sire de Fresnes, qui était au service du duc de Bourgogne avec huit écuyers en 1358 et dont le sceau porte *un lion couronné et chargé d'un lambel*. On trouve de même *un lion, écartelé d'une croix ancrée*, sur le sceau de Colart de Fresne, chevalier bachelier qui toucha en 1410 ses gages et ceux de vingt-deux écuyers et de vingt-neuf archers, venus avec lui en la compagnie du comte de Saint-Pol pour servir le duc de Bourgogne en l'armée que le roi de France réunissait à Paris et dans les environs. Néanmoins la filiation ne commence qu'à Claude de Fresne, seigneur de Fresne et de Fleurey en 1472, parmi les descendants duquel on remarque : Etienne, chevalier de Malte, commandeur de Vaufranche en Berry au XVIe siècle; Chrétien, capitaine de cent hommes d'armes, tué à la bataille de Saint-Quentin : François, capitaine de Montbard; un autre François, maréchal de bataille en 1652, capitaine du château de Montréal, tué au siège de Tarascon ; René, capitaine de vaisseau, marié en 1689, plusieurs capitaines, etc. Titres de barons et comtes de Fresne, barons de Saint-Beury et de Villiers. — Alliances : la Rivière, Saint-Anthost, la Forêt, Thirion , Filzjan, Languet, Chalon, Viesse, la Loge, Henry de Chassey, Damas-Cormaillon. — Fiefs]: Fresnoy, Chérisy, Suilly ou Sully, Montjalin, Saint-Aubin , Beauvilliers, Prey, Verchisy, Savoisy, Fontaines-en-Duesmois , Annoux, Remilly, Ruère, Bois-Bureau, Fleurey, Seigny, le Puy. E. 1694. M. 1669.

**FRESNE (DU).** — Le village de Fresne au bailliage de Noyers a donné son nom à une famille à laquelle appartenaient Hue du Fraigne qui vivait en 1253 ; Guillemin qui vendit plusieurs pièces de terre au sire de Tanlay en 1270, et Regnault, écuyer en 1315.—On trouve des de Fraigne ou du Frayne (*de Fraxino*) en Charollais et dans l'Autunois, entre autres : Jean qui donne dénombrement au nom de ses enfants en 1372 de plusieurs meix et cens situés à Fresne, paroisse de Geugnon ; Guillaume, damoiseau, qui tient en fief à Geugnon et à Vendenesse en 1392 et 1397 ; Barthélemy, chanoine d'Autun en 1404; Jean, écuyer, seigneur de Saint-Albin, et Philibert, commis en 1411 à la garde du château de Semur-en-Brionnais. Le sceau de Jean porte *une croix losangée, endenchée ou fuselée, cantonnée d'un croissant*. —Enfin on peut citer Huguenin du Fraigne demeurant à Cuiseau en 1473, et Pierre, écuyer, capitaine de Touillon au XVIe siècle. — N. du Fresne figure aux Etats de 1761. Incertain.

**FROLOIS.** — *Bandé d'or et d'azur de six pièces, à la bordure engrêlée de gueules.* — Miles de Frolois vivait en 1038; son fils, témoin de la fondation de Cîteaux en 1098, assista à la dédicace de l'église Saint-Bénigne en 1106, et fonda l'abbaye d'Ogny. Hotmond comparut à l'assembée des nobles à Semur en 1113. Eudes, connétable de Bourgogne sous Hugues IV,

---

(1) Ce sont là sans doute les armes pleines de la famille de Fresne; elles sont ainsi gravées dans la première édition de cet ouvrage. Chevillard et l'*Armorial* de 1692 blasonnent: *coupé : au 1, d'or au lion passant de sable, armé et lampassé de gueules ; au 2, d'azur à trois coquilles d'argent ; et une fasce d'argent brochant sur le coupé*. — Du Fresne, en Artois et Champagne, porte : *d'argent au lion de sable, à la bordure crénelée de même*. C'est sans doute la même famille.

marié à Alix de Juilly, fut père de Miles, sire de Frolois, bienfaiteur de Fontenet, qui fit le voyage de Terre-Sainte, et de Miles, 42ᵉ abbé de Flavigny en 1231. Eudes II, chevalier, seigneur de Molinot, mourut en 1308. Son frère, Guy, était abbé de Flavigny en 1290. Jean II, qualifié d'*amé et cousin* du duc Eudes IV, assista au mariage de Jeanne de Bourgogne et d'Amé, comte de Savoie en 1347. Il bâtit le château de Molinot et possédait les terres de Cussy-la-Colonne, Sarrigny, Magny, Gergy, Chorey, Posange, Pernant, Demigny, Montigny-Montfort, Rougemont, Poncey, Charrey, etc., que le duc réunit en sa faveur en un seul fief. Guy, l'un des ôtages du traité de Guillon, fut nommé en 1363 capitaine-général de Bourgogne et assista l'année suivante à la bataille de Cocherel. Vauthier, seigneur de Saint-Germain-du-Plain, laissa un fils qui vivait en 1407. La maison de Frolois subsistait encore à la fin du XVIIIᵉ siècle dans deux branches, l'une du nom de Portier, issue de Pierre de Frolois en 1350, et établie en Franche-Comté, l'autre fondue dans la maison de Ludre, en Lorraine, par le mariage de Ferry de Frolois avec Cécile d'Amance au XIIIᵉ siècle, pour les descendants duquel le marquisat de Frolois fut érigé en 1737. — Alliances : Mailly, Asnel, Saligny, la Rochette, Oyselet, Neuville. E. 1355.

**FROMAGER.** — *D'azur à trois dauphins d'or adossés* (armes primitives) ; on y a ajouté : *un chef cousu de gueules, chargé de trois fasces d'or.* — Cette famille remonte à Edme Fromager, seigneur de Nogent-les-Montbard, héraut d'armes de France au titre de Berry en 1621, dont les trois fils Jean, capitaine de dragons, lieutenant de roi de l'île d'Oléron en 1676, Jacques et Nicolas furent anoblis en récompense de services militaires par lettres de 1660, confirmées en 1666. Plusieurs capitaines d'infanterie. — Alliances : la Verne, Laurencie. — Fiefs : Nogent-les-Montbard, Beauvais. M. 1669. E. 1682.

**FROTTIER.** — *D'argent au pal de gueules, accosté de dix losanges de même, posées deux, deux et une, de chaque côté.* — Les Frottier, comtes et marquis de la Coste-Messelière, comtes de Vivonne et de Cercigny, sont originaires du Poitou, et remontent à Jean Frottier, premier écuyer du corps du comte de Valois en 1393. On remarque parmi ses descendants trois chevaliers de l'ordre au XVIᵉ siècle et un grand écuyer de France. Une branche de cette famille, formée au XVIIᵉ siècle par Benjamin Frottier, troisième fils de Gaspard, mestre de camp d'infanterie, député de la noblesse de la Marche aux Etats généraux de 1614 et d'Elisabeth de la Rochefoucault, a été reçue aux Etats de 1763 sur preuve de cinq degrés de noblesse. Elle a fourni au dernier siècle deux lieutenants de roi en Poitou, dont un lieutenant-général, et deux maréchaux de camp, ces trois derniers cornettes des chevau-légers de la garde du roi. — Alliances : Courault, du Bois, Guillaumet, la Barde, Bernard, Mesgrigny, Saint-Georges de Vérac, Reclaine de Digoine, Perry. — Fiefs : Saint-Vincent, Saint-Aubin. M. à Tours en 1665, à Poitiers en 1667.

**FULIGNY.** — *D'or à la croix ancrée*, alias *resarcelée de sable, chargée de cinq écussons d'argent, bordés et engrêlés de gueules.* — La terre de Fuligny, relevant de la châtellenie de Soulaine en Champagne, a donné son nom à cette ancienne et noble famille qui remonte à François, chevalier banneret, inhumé dans l'église de Fuligny en 1100. Son fils Thibaut, chevalier, fit don en 1178 à la Maison-Dieu de Bar-sur-Aube, pour le salut des âmes de ses ancêtres, d'autant de terre qu'une charrue en pouvait labourer dans l'étendue de sa seigneurie. On remarque parmi ses descendants : Guillaume, qui accompagna Saint-Louis à la Terre-Sainte; Guillaume, capitaine du château de Brienne en 1367; Guillaume et Robert, tués, le premier au siége d'Oyselet sous Louis XI, le second à la bataille de Ravenne en 1512, et Nicolas, chevalier de l'ordre, dont le fils Jean-Nicolas, fut substitué au nom de Damas-d'Athie par le testament de Jean Damas, son aïeul maternel, en 1612. Du mariage de Jean-Nicolas avec une Pot-Rochechouart naquit un fils, Henry-Anne, qui prit le titre de comte de Rochechouart par substitution de son grand-oncle Philippe de Rochechouart-Chandenier. Enfin cette famille qui est entrée à Malte et aux chapitres de Lyon et de Remiremont, s'est encore alliée aux Bauffremont, Anglure, Guigne, du Fay, Vignoles, Ligneville, Bonnot de Lantage, Berteau, Balidart, Bongards, Haussonville, Pons-Rennepont, Maygnier de la Salle, etc. — Fiefs : Allerey, Sandaucourt, baronnies d'Aubigny, de Marigny et de Couches, Barbirey, Agey, Gissey, Saint-Victor, Athie-Villiers. Titre de marquis. E. 1665.

**FUSSEY.** — *D'argent à la fasce de gueules, accompagnée de six merlettes de sable, trois en chef et trois en pointe.* — Cette ancienne famille tire son nom du village de Fussey, situé dans le bailliage de Beaune, et dont Jean dit *Seichaux* était seigneur en 1257. Elle s'est divisée en trois branches, celles de Menesserre, de Serrigny et de Melay. La première parmi ses illustrations peut citer Claude-Nicolas, marquis de Menesserre, seigneur de Moux et de la Motte-Chissey en 1698, et son fils Léopold-Charles, chevalier, chambellan du roi Stanislas, duc de Lorraine en 1749. — Fiefs : Neuvelle, Serrigny, Courcelles, Meuilley, Marcy, Frangy, Varennes-les-Beaune, Chorey, la Canche, Chazelles, Montagny, Baudrières, etc. — Alliances : Epernay, Mypont, Courcelles, Vaux, Trestondan, Cussigny, Bernard de Montessus, Mâlain, Sauldon, Sercey, Ligneville, Reugny, Choiseul, Saint-André, Beauvau, Bouton, Régnier de Montmoyen, Le Compasseur. — M. 1669 et 1698. E. 1566.

**FYOT.** — *D'azur au chevron d'or, accompagné de trois losanges de même.* — Originaires de Châtillon-sur-Seine, les Fyot étaient connus dès 1382 en Bourgogne. Jean Fyot, précepteur et confesseur de Charles VII en 1398, était frère de Thibaut, père de Jean, chevalier de Malte en 1429, de Guillaume, maître d'hôtel de Philippe-le-Bon en 1431, et d'Edme, secrétaire du duc en 1432. Le fils de celui-ci, Jean, conseiller du duc en 1468, eut trois enfants qui formèrent les branches de Vaugimois, de la Marche et de Chevannay. La première a fourni : Jacques, greffier en chef du parlement de Dijon, mort en 1528 ; François, conseiller au même parlement et conseiller d'état en 1625 ; Pierre et Jacques, écuyers d'Anne d'Autriche ; Anselme, président aux requêtes, époux d'Anne Valon de Mimeure en 1687, et Claude, marquis de Mimeure (1), seigneur de Genlis, conseiller au parlement, dont la postérité subsiste encore. Cette branche s'allia aux Gros, Bégat, Macheco, Montholon, des Barres, Sayve, Massol, Berbisey, Legouz-Morin, Vienne, Perreney de Grosbois, Bernard de Sassenay, Chaillot, et posséda les terres de Bàrain, Tharoiseau, Ménades et Vaugimois. La branche de la Marche a produit : François Fyot, seigneur d'Arbois, homme d'armes des ordonnances, qui reçut en 1594 des lettres de noblesse dont il ne put profiter, étant mort avant leur enregistrement, et qui furent

---

(1) La terre de Mimeure, érigée en marquisat en 1697 pour Emilian Valon, passa en 1719 dans la famille Fyot.

renouvelées en 1596 pour son fils Jean, conseiller au parlement; Philippe, seigneur de la Marche, président au parlement de Dijon en 1637; Claude, comte de Bosjan (1), abbé commendataire de Saint-Etienne de Dijon, conseiller d'état et conseiller d'honneur au parlement, élu du clergé, aumônier du roi, mort en 1721; plusieurs conseillers aux parlements de Metz, de Dijon et de Paris; Jacques-Philippe, comte de Dracy (2) et de Neuilly, chevalier des ordres, ministre plénipotentiaire à Gênes; Claude, comte de Clémencey, lieutenant-général des armées, chevalier des ordres; Claude-Philibert et Jean-Philippe, marquis de la Marche (3) comtes de Bosjan, barons de Montpont et de Montjey, premiers présidents du parlement de Bourgogne l'un après l'autre, de 1745 à 1772. Elle s'est alliée aux Thomassin, Morelet, Lenoncourt, Jacquotot, la Toison, Le Compasseur, Valon, Mucie, Thomas d'Island, Alleman de Champier, Baillet, Berbis, Perreney de Grosbois, Barberye de Courteille, Voyer d'Argenson, et a possédé les terres de Saint-Martin-en-Bresse, Diconne, Outreconne, la Serrée, Villegaudin, Frangy, Sens, Beauvoir, Sanes, Denizet, la Chapelle-Tècle, Montreuil, Châtenay, Ménetreux, l'élégant château de Montmusard près Dijon, etc. — La branche de Chevannay a produit deux conseillers au parlement de Dijon et s'est éteinte au XVII° siècle. M. 1669. E. 1685.

# G

**GADAGNE.** — *De gueules à la croix endentelée d'or.* — Grande maison, originaire de Florence, où elle a fourni douze gonfaloniers et vingt-quatre prieurs de la république. Une de ses branches, établie en France, a porté son nom et ses armes dans l'illustre famille d'Hostun de la Baume, par le mariage en 1584 de Diane de Gadagne, fille de Guillaume, chevalier des ordres, capitaine de cinquante hommes d'armes, sénéchal de Lyon, comte de Verdun-sur-Saône (4) et de Jeanne de Sugny, avec Antoine d'Hostun de la Baume, conseiller du roi en ses conseils, capitaine de cinquante hommes d'armes, sénéchal de Lyon, maréchal de camp en 1614, chevalier des ordres du roi, mort avant sa réception, dont le fils aîné Balthazar, marquis de la Baume d'Hostun, comte de Verdun-sur-Saône, baron de Mirabel, etc., fut institué par son aïeul maternel, à charge de relever le nom de Gadagne. Sa descendance s'éteignit au deuxième degré en la personne de Gilbert, lieutenant de roi, commandant en Forez, dont la fille unique, Charlotte-Louise, d'abord mariée à son cousin François d'Hostun, marquis de la Baume, épousa en 1710 Renaud-Constant, marquis de Pons, auquel elle porta le comté de Verdun. E. 1682. (Voy. PONS.)

**GAGNE.** — *D'azur à trois molettes d'éperon colletées d'or.* Anciennement: *d'azur au chevron d'or, accompagné de trois molettes d'éperon de même, celle de la pointe surmontant un croissant d'argent.* — Devise: *Recalcitrantem cogo.* — Cette famille tire son origine de

---

(1) Le comté de Bosjau fut érigé en sa faveur en 1680. C'est l'auteur de l'*Histoire de S.-Etienne de Dijon*.
(2) Le comté de Dracy-le-Fort fut érigé en sa faveur en 1754.
(3) Le marquisat de la Marche fut érigé en 1762 pour Claude-Philibert Fyot.
(4) Le comté de Verdun fut érigé en sa faveur en 1593, confirmé en 1648.

Barthélemy Gagne, d'abord procureur du roi à Autun, puis procureur-général au parlement de Bourgogne en 1516. Son fils Barthélemy fut aussi procureur-général, puis conseiller au même parlement en 1552 ; il eut deux fils : André, maître des comptes en 1579 et Jean, conseiller au parlement en 1576. De ce dernier est issue la branche des comtes de Perrigny et de Saulon, éteinte en la personne d'Antoine-Jean, pourvu d'un office de maître des requêtes, après avoir été reçu aux Etats de 1769. Cette branche a encore fourni un trésorier de France en 1611, deux conseillers et deux présidents au parlement en 1645, 1674, 1675 et 1715, un capitaine aux gardes, tué au siège de Fribourg, et un abbé de Châtillon et de Livry, chanoine de Notre-Dame de Paris, élu du clergé aux Etats de Bourgogne en 1727 et 1736. A la branche des barons de Pouilly appartenait Jean-Baptiste, président à la chambre des comptes en 1685, dont le fils et le petit-fils furent tous deux conseillers au parlement en 1712 et en 1737. — Alliances : Jaquot, Bouhier, Lenet, Legrand, Millotot, des Barres, Carnot, Ferrand, Jannon, Lamoignon, Folin, Baudean de Parabère, Legouz de Saint-Seine. Ces deux dernières familles ont hérité de la branche de Perrigny. — Fiefs : Perrigny, érigé en comté en 1768, comté de Saulon, baronnies de Paumiers et de Pouilly, Bantanges, anciennement marquisat, Domois, Simard, Besandrey, Quin, Chevanne, Noiron-les-Cîteaux, Fénay, Barge, Layer-le-Franc, Chevigny-Fénay, Toutenant, le Perroux, ancien comté de Louhans, Saint-Germain-du-Plain, Ouroux, Saint-Martin-du-Mont, Simandre, la Recule, le Sauvement, Efflaix. E. 1769.

**GAILLARD.** — *D'azur à deux coutelas en sautoir d'argent, les gardes et poignées d'or.* — Devise : *Virtus ornat.* — Originaire d'Autun, cette famille a fourni un conseiller du duc Philippe en 1422 et un général des finances en Bourgogne à la fin du XV⁰ siècle. Sa filiation n'est établie que depuis Jean Gaillard, bourgeois de Châtillon qui obtint en 1577 permission de tenir fief, ce qui était une espèce de relief de noblesse, et dans la descendance duquel on remarque Claude, maître, puis président aux comptes en 1606, Galleran, aussi président aux comptes, conseiller d'état en 1630, deux conseillers au parlement en 1633 et 1666 et deux lieutenants-généraux au bailliage de Dijon. — Alliances : Legrand, Montholon, Cicon, Brigandet, Ferrand, Porcherot. — Fiefs : Messey-le-Duc, Montigny, Essarois, Montfort, Broindon. E. 1679.

**GANAY.** — *D'or à l'aigle mornée de sable.* — Devise : *Non rostro, non ungue, sed alis itur ad astra* (1). — La famille de Ganay, originaire du Nivernais, remonte à Girard, qualifié chevalier en 1300, dont la descendance s'est partagée au troisième degré en deux branches principales. De Guichard de Ganay, auditeur des causes d'appeaux, conseiller du duc de Bourgogne en 1422 et chef de la branche aînée, sont sorties trois autres branches qui toutes ont remplacé les armes primitives de la famille par un écu : *d'argent à une fasce de gueules, chargée d'une aigle mornée de sable et de deux roses d'or, l'une à senestre, l'autre en pointe, le tout accosté de deux coquilles aussi d'or.* L'une de ces branches s'est établie en Berry; une autre a été illustrée par Jean, chancelier de France en 1507; la troisième s'est fixée dans le

---

(1) Ce sont là, d'après Palliot, les armes primitives de la famille de Ganay; nous devons cependant faire remarquer que quelques auteurs les attribuent exclusivement à la branche des seigneurs des Champs et de Lusigny.

Charollais. On remarque parmi ses membres trois lieutenants-généraux au bailliage de Charolles, dont l'un député aux Etats généraux de 1614; deux trésoriers de France à Dijon en 1628 et 1633; François-Germain, entré aux Etats de 1679 (1); Etienne, commandant de la noblesse du Charollais en 1689, entré aux Etats de 1671 et triennalités suivantes (2); Etienne, mestre de camp de cavalerie au dernier siècle, et plusieurs autres militaires. Lettres de relief de noblesse en 1615. M. 1668, 1670, 1699. — Alliances : Rapioust, la Forêt, Chopart, Montholon, Boislève, Régnier, Guillart, Charolles, Ferrières, Thyard, Geoffroy, Loisie, Presle, Chisseret, la Place, Grandylan, Catherine, Pérard, Damas-Marcilly, Noblet, Sirvinge, Truchy. — Fiefs : Chaumont, la Vesvre, Fautronne, Savigny, Montaguillon, Laugère, le Seuil, Génelard, Fontenay, Tremblay, les Bomblais et Bellefond dont la branche du Charollais portait le nom au dernier siècle. — A la branche cadette issue de Guy, seigneur de Chassenay, et établie dans l'Autunois, appartenaient : Jules, avocat général à Chambéry, puis conseiller au parlement de Bourgogne en 1568; Jean, seigneur des Champs, procureur du roi au bailliage d'Autun; Jacques, seigneur de Velée ou Velley reçu aux Etats de 1645 (3); Jacques, chevalier d'honneur à la chambre des comptes en 1696, entré sans preuves aux Etats de 1727, et François-Xavier, aide-major général de l'armée d'Italie avec brevet de colonel et gouverneur d'Autun. De cette branche des seigneurs des Champs est sorti le rameau des seigneurs de Vesigneux et de Lusigny qui a produit plusieurs militaires et deux chevaliers d'honneur à la chambre des comptes en 1744 et 1751. — Alliances : Montholon, Vion, Jacquinot, Saumaise, Brunet, Salonnier, Morey, Vestu, Denisot, la Verne, du Bourg, la Ferté-Meun. — Fief de Levault.

**GAND.** — *D'azur au chef d'argent, chargé de trois merlettes de sable* (4). — Dès l'année 1238, on trouve un Sehiers de Gand, chevalier, homme lige du sire de Noyers, *sauve la ligée lou chastellain de Gans*, et depuis, Erard, qualifié *armiger* en 1307. Néanmoins la filiation de cette famille n'est établie que depuis Jean de Gand, écuyer d'écurie du duc de Bourgogne en 1385; elle a fourni en outre un secrétaire et un veneur du duc en 1420 et 1440, et au XVIe siècle, plusieurs capitaines des châteaux de Maisey-le-Duc, de Vergy, d'Argilly et de Villaines, des gentilshommes de la vénerie, un capitaine de cent vingt hommes d'armes et deux grands louvetiers de Bourgogne. La branche aînée s'est éteinte en la personne de Charles-François, chevalier de Malte, fils de Jean-François, conseiller au parlement en 1612, lequel avait été

(1) Dans la liste on lui a attribué par erreur les prénoms de Jean-David.
(2-3) On a omis dans les listes les prénoms de ces deux gentilshommes. — Velée est écrit Villey dans le registre de la chambre de la noblesse.
(4) Les anciennes armes de cette famille étaient *un chef chargé à dextre d'un lion*. — Nous croyons devoir signaler un rapport remarquable entre ces armes et celles de l'illustre maison de Villain-XIIII, en Belgique, qui porte : *de sable au chef d'argent*, et qui est issue, de même que les comtes d'Alost et de Guines et les princes d'Ysenghien, des anciens comtes et *châtelains* de Gand, lesquels remontent par filiation suivie à Wichmanns, établi en 949 par l'empereur Othon-le-Grand dans le *Château-Neuf* que ce prince venait de faire construire sur un fonds du monastère de Saint-Bavon. Le onzième degré de filiation de cette puissante maison est occupé par Siger de Gand, qui mourut vers 1227, laissant, entre autres enfants, *Siger*, dont l'alliance et la postérité ne sont pas indiquées. Ce doit être le même personnage que le Sehiers de notre notice, homme lige du sire de Noyers, *sauve la ligée ou ligetté du chatelain de Gand*, ce qui nous autorise à ne voir que de simples brisures dans le champ d'azur des de Gand de Bourgogne et dans les pièces diverses dont ils ont successivement chargé le chef de leur écu.

substitué au nom de Rémond du chef de sa mère Marie Rémond. La branche des seigneurs de Chalvoisson, maintenue en 1669, s'est éteinte dans les Viart. — Alliances : la Baume, Villiers, Duval, Edouard, Concloye, Daubenton, du Buisson, Chandyo, Cléry, Robelin, des Barres, Alichamp, d'Hugon, Mont-Saint-Léger, etc. — Fiefs : Villemorien, Avirey, Vernot, la Rousse, la Oultre, la Rochette, Munois, Saulon-la-Chapelle, la Grosse-Tour d'Arc-sur-Tille, Villotte, Maisey-le-Duc, Fontaine, Magny, Alleville, Moustier, partie d'Avelanges, Bricon, Quemigny, Quemignerot, Tanay, Courtenay. E. 1578.

**GARDE - CHAMBONAS (LA).** — *D'azur au chef d'argent.* — Ancienne famille qui a pris son nom des seigneuries de la Garde-Guérin et de Chambonas, aux diocèses de Mende et d'Uzès. Ses membres ont porté les titres de marquis de Chambonas (1683) et barons de Saint-Félix. Charles, comte de Saint-Thomé, maintenu avec son frère en 1668, s'établit en Bourgogne où il fit branche. Il avait épousé une Rochefort d'Ailly. E. 1733.

**GARNIER DE TOULONGEON.** — Voy. Toulongeon.

**GARNIER DU VOUCHOT.** — *D'azur au chevron d'or, accompagné de trois molettes d'éperon de même* (1). — Pierre Garnier, clerc, figure comme noble à Verrières-sous-Glennes, dans un rôle de feux de 1461. On trouve ensuite : Jean, châtelain de Glennes en 1470; Antoine, lieutenant-général au bailliage d'Autun en 1504; Pierre, seigneur du Vouchot, maréchal des logis de la compagnie du seigneur de Vantoux, qui donna dénombrement en 1551 de plusieurs cens et rentes dans la paroisse de Verrières; Pierre, qui acheta en 1621 de Jean et d'Antoine Damas frères la baronnie de la Motte-Marcilly; Philibert, lieutenant-colonel du régiment d'Aligny en 1696. Outre la Motte-Marcilly qui passa par substitution vers la fin du XVIIe siècle aux Chargères du Breuil, cette famille a possédé les fiefs de Pourriot, Senavelle et Boussevaux près de Glennes et de Verrières. Elle s'est alliée aux Coulanges, Doyen, Bourrée, Malard, Thésut, Gand, Traves, Lestouf, Gravier. M. 1667. E. 1645.

**GASSE** ou **GAZE DE ROUVRAY.** — *De gueules au croissant d'argent, accompagné de sept billettes de même, mises en orle.* — L'ancienne maison de Rouvray, au bailliage de Beaune, s'est fondue dans celle de Gasse qui est originaire de Flandre et vint s'établir en Bourgogne au XVe siècle. On remarque dans cette dernière famille Guillaume, écuyer en 1413; Claude, capitaine de la ville d'Auxonne en 1545; Maximilien, conseiller et aumônier du roi, archidiacre de l'église de Langres en 1575; Hugues, chevalier de l'ordre du roi en 1582; François-Paul, maréchal des camps et armées du roi. Les Gasse portaient le titre de comte de Rouvray. Le dernier du nom a été tué en Italie en 1733. — Alliances : Chaudenay, Pitois, Chissey, Damas, Pernes, Bataille, Saint-Léger, Chenu, Bouhier. — Fiefs : Santenay, Flacey, Coiffan, Saint-Germain-du-Bois, Chaudenay-sur-Dheune, Blanot, Tigny, Vaublanc en partie, Villars, Joursanvaux. E. 1560.

---

(1) Chevillard attribue ces armoiries aux Garnier, marquis de Salins et de Chanleu, qui sont sans doute une branche des Garnier du Vouchot.

**GASTELIER** ou **LE GASTELIER**. — *D'azur au chevron d'or, accompagné de trois grelots de même.* — Pierre Gastelier, receveur de l'Auxois en 1404, est la tige de cette famille. Son fils Regnault, gouverneur de la châtellenie de Beaune en 1412, fondateur d'une chapelle à Saint-Thibaut en Auxois en 1405 et bienfaiteur de la Sainte-Chapelle de Dijon, rendit des services importants au duc. Etienne, son fils, habitait Genlis en 1440. On doit rattacher à cette famille Alexandre Le Gastelier, chevalier de Saint-Jean-de-Jérusalem, seigneur de Mousson et de Toire en 1650, quoiqu'il fût originaire de Brie. — Fiefs : Courbons, la Thuilerie, Tincourt. M. par arrêt du conseil en 1667 et par Ferrand en 1698. E. 1417.

**GAUTIER**. — *D'argent au chevron d'azur, accompagné de trois abeilles de sable.* — Cette famille tire son origine de Jean Gautier, qualifié noble en 1550, et sa noblesse, d'une charge de référendaire en la chancellerie du parlement de Dijon dont un autre Jean Gautier, petit-fils du premier, obtint des lettres d'honneur en 1647. Henri Gautier de Brevand, reçu aux Etats de 1766, présenta en effet, comme preuve de noblesse, une délibération de la chambre du conseil de la ville de Dijon en 1667, qui ordonnait que ces lettres d'honneur obtenues par Jean seraient registrées, que ses enfants jouiraient du bénéfice de ces lettres et qu'ils seraient en conséquence déchargés des tailles auxquelles ils avaient été imposés (1). Cette famille a produit encore un lieutenant-général au bailliage de Dijon, un chanoine de la Sainte-Chapelle et trois officiers à la chambre des comptes, savoir : un auditeur en 1679 et deux conseillers maîtres en 1728 et 1755. — Alliances: Taisand, Maire, Dumay, Larcher, Guppillot, Morel de Corberon. — Fiefs : Brevand, Pichange.

**GENTIL**. — On sait peu de choses sur cette famille qui était établie au XVI° siècle dans le bailliage de Chalon et a possédé les seigneuries de Sainte-Hélène, dont elle a porté le nom, de Saint-Privé et de Villaines. Elle s'est alliée aux du Rousset. On remarque parmi ses membres Philippe Gentil, seigneur de Châtelmoron en 1473. E. 1549.

**GEORGES (DE), DESGEORGES**. — *Ecartelé : aux 1 et 4, de gueules à la fasce d'or, chargée d'un cœur d'argent bordé de gueules, la fasce accompagnée de trois étoiles d'or ; aux 2 et 3, d'azur au dragon couronné d'or.* — Famille maintenue par arrêt du conseil en 1669 et par Ferrand en 1698, sur preuves remontées à noble Laurent de Georges qui habitait Orange en 1574. Son fils Jacques fut viguier de cette ville et parmi ses descendants on trouve plusieurs militaires de divers grades. — Alliances : Davot, Riveran, Branches, Grandry, Damoiseau. — Fiefs : Romanay, Villars-Dompierre. E. 1656.

**GIELLAN, GELAN, GELLANS, GERLAND**. — *D'or à deux étoiles de sable, coupé de gueules. Alias de... à l'aigle de...* — Le plus ancien membre connu de cette famille est Regnault de Giellan, dit *le clerc de la Faye*, condamné en 1292 à une amende pour avoir maltraité des gens de l'évêque de Chalon. En 1347, Eudes, duc de Bourgogne, donna à un autre Regnault de Giellan et à ses hoirs mâles à perpétuité la charge de gruyer de Bourgogne, aux gages de cent quarante livres. On trouve ensuite : Robert, chevalier en 1371 ; Pierre,

---

(1) Cette délibération était contraire à un arrêt du parlement de Dijon du 5 décembre 1672, par lequel il fut décidé, contre les conclusions de l'avocat général Millotet, que la charge de référendaire ne faisait pas une vie pour acquérir la noblesse.

chambellan du duc en 1415; Guillaume, seigneur de Léc en 1437: un autre Guillaume, seigneur de Thenissey, les Davrées et Courcelles-sous-Grignon en 1510 ; Jean, prieur commendataire de Beaulieu dans l'Autunois en 1587 ; Barnabé, chevalier, seigneur de Thenissey, Rochefort, Nogent, etc., mort en 1595; Antoine, gouverneur de Châtillon-sur-Seine, seigneur d'Essarois et d'Aignay-le-Duc en 1595; Denis, seigneur d'Origny en 1555 et de Nogent en 1597, etc. Cette riche famille, qui possédait Gerland dès 1317, conserva longtemps la terre de Thenissey qui passa par alliance aux Edouard (*Voy. ce nom*). — Autres fiefs : Nully, Buxy, Mailly, Maisey, Villotte. — Alliances : Aurey, Cicon, Tintry, Saint-Anthost, Drée, Poinceot, Vingles, Tenarre, Saint-Georges. — Famille éteinte. E. 1460.

**GIRARD.** — *D'azur à trois trèfles d'or*. — Guillaume Girard de la Magdelaine était bailli du comté de Charollais dès l'année 1325. Néanmoins la filiation de cette famille n'est établie que depuis Etienne Girard, de Perrecy, qui reconnut en 1370 tenir du seigneur de Charollais tout ce qu'il possédait à Courain, paroisse de Saint-Vallier. On remarque parmi ses descendants Guyot, conseiller de l'archiduchesse d'Autriche en 1518 ; Jacques, conseiller au parlement en 1528; Guyot, capitaine d'une compagnie de carabiniers sous Henri II, et Denis, lieutenant-général du bailliage de Charolles, dont le fils Gabriel, homme d'armes des ordonnances du roi, obtint en 1648 des lettres de relief de noblesse, à cause de la dérogeance de son aïeul. — Fiefs : Lavaux, la Vesvre-sur-Arroux, Moulin-les-Saint-Aubin, etc. — Alliances : la Magdelaine, Clugny, Ganay, Aubert, Fautrières, Gévaudan. E. 1650.

**GIROUX.** — *D'azur à la bande ondée d'or, accompagnée en chef d'une étoile de même, et en pointe d'un croissant d'argent*. — Robert Giroux, d'une famille depuis longtemps connue dans le notariat de Chalon-sur-Saône et lui-même notaire et procureur aux cours royales de cette ville, eut deux fils : Jacques, procureur du roi aux bailliage, gruerie et grenier à sel de Chalon en 1606, après avoir été un instant conseiller au présidial de Bourg en Bresse, et Benoît, président au parlement de Bourgogne en 1610. On connaît la fin tragique du fils de ce dernier Philippe, qui en 1627 avait remplacé son père dans sa charge de président. Henri Giroux, fils de Philippe, qualifié marquis de Vessey, aide de camp des armées du roi, mourut sans enfants à Chalon-sur-Saône en 1681. — Alliances : Ferret, Vadot, Sayve, la Ronce, Baillet, Bouhier, Le Goux de la Berchère. — Fiefs : Vessey, Marigny, Ocle, Corcassey. E. 1665.

**GOBILLON.** — Famille dijonnaise qui grandit au temps de la Ligue. Gaspard La Verne avait épousé une Gobillon en 1573. Elle s'est alliée aux Devenet et Bourgin. E. 1590.

**GOND (DU).** — Voy. Hugon (d').

**GONTHIER.** — *D'azur à la fasce d'or, chargée d'une étoile de gueules, accostée de deux hures de sanglier arrachées et affrontées de sable, et accompagnée de trois gonds ou de trois croissants d'argent*. — La filiation de cette famille, dont le nom paraît dans les montres d'armes du XIVe et du XVe siècle (1), est établie depuis Jean Gonthier, écuyer, lieutenant-général du bail-

---

(1) Miles Gonthier, citoyen de Joigny, est cité dans une charte de Louis X en 1313. Il eut pour fils Jean, commissaire au fait des nouvelles ordonnances dans la ville et banlieue de Paris, qualifié vicomte de Breteuil, et probablement aïeul de Jean, dont nous parlons plus haut.

liage d'Auxerre en 1410. Un de ses descendants, conseiller au parlement de Paris, est l'auteur d'une branche établie dans cette ville. Une autre branche devenue dijonnaise remonte à Palamède qui suivit l'amiral Chabot dans son ambassade d'Angleterre, et fut successivement trésorier de France en Bretagne, secrétaire de la chambre et des commandements du roi, greffier civil, criminel et des présentations au parlement de Dijon en 1549. Son fils Jean le remplaça dans cette dernière charge en 1554. On remarque parmi ses descendants : Palamède, élu pour le roi aux Etats en 1614, quatre conseillers au parlement en 1604, 1620, 1668 et 1693, et un premier lieutenant de roi en Bourgogne en 1729. — Alliances : Régnier, Corbery, Jaquot, Brisay, Robelin, Bourgeois, Montferrand, Gagne, Dubois, Morisot, Perreney, Fleury, Millière, Grammont, Reculot, Gallois. — Fiefs : comté du Perroux, confirmé en 1714 pour Louis Gonthier, héritier de son oncle Louis Gallois, comte du Perroux ; baronnies de Semur-en-Brionnais et d'Auvillars ; seigneuries de Saint-Bonnet, le Sauvement, Ebatis, le Suchaut, Toutenant, Glanon, le Buisson, Lochères, le Grand-Taperey, le Breuil, Corcelles-les-Ars, Saint-Vallier, Choisy-sur-Seine, Mirebel, la Motte, Efflais. E. 1671.

**GOUAN.** — E. 1671. Incertain. Peut-être Chalus de Godan.

**GOUREAU.** — *D'or à l'aigle éployée de sable, becquée et membrée de gueules*, alias *une aigle à deux têtes*. — Famille originaire d'Anjou et dont le nom se lit dans un acte d'août 1074 inséré au cartulaire de l'abbaye de Vendôme. Elle a fourni des officiers au présidial d'Angers et aux cours souveraines de Bretagne et de Paris. Philippe, seigneur de la Proustière, maître des requêtes, fut chargé de négocier le mariage de Marguerite de Valois avec Henri de Navarre. Une branche de cette famille, connue sous le nom de Goureau du Mont et établie en Bourgogne au XVIIe siècle, y a possédé le marquisat de la Perrière et les terres d'Avirey, Lingey et Marcilly. Elle s'est alliée aux Vezon, Despence, Chalon, du Hautoy, Bonnenfant. E. 1608.

**GOUX (LE).** — *D'argent à une tête de more de sable, tortillée d'argent, accompagnée de trois molettes de gueules*. — Famille originaire de Nuits où l'on trouve Jean Le Goux, échevin en 1450. C'est sans doute le même personnage qui fut lieutenant du bailli de Dijon au siège de Nuits et acheta en 1463 la terre de la Berchère dont ses descendants ont porté le nom. L'un d'eux, Philippe, était capitaine et lieutenant de Nuits en 1510. Jean-Baptiste (1) fut pourvu en 1595 d'un office de président aux requêtes du parlement de Dijon. Second président en 1604, député par sa compagnie près le roi Henri IV, pour l'assurer de sa fidélité, il fut chargé de régler avec les plénipotentiaires du roi d'Espagne les limites du comté et du duché de Bourgogne, et succéda en 1627 à son beau-frère Nicolas Brulart, dans la charge de premier président du parlement qui passa à son fils Pierre Le Goux en 1631. Ce dernier, nommé depuis premier président du parlement de Grenoble, épousa Louise Joly, fille d'Antoine, baron de Blaisy, greffier en chef du parlement, dont il eut plusieurs enfants. Sa descendance mâle s'est éteinte en la personne de son petit-fils, Louis Le Goux de la Berchère, conseiller au parlement de Paris, maître des requêtes et conseiller d'état, mort en 1737 sans enfants. On remarque encore

(1) En 1593, une enquête constata que Jean Le Goux était issu de gens nobles, son père et son aïeul habitant Nuits.

dans cette famille Charles, aumônier du roi, successivement évêque de Lavaur, archevêque d'Aix, d'Alby et de Narbonne, président de l'assemblée du clergé en 1715, et Urbain, intendant de plusieurs généralités. — Alliances : Paisseau, Moreau, Thésut, Ocquidem, Sayve, Brulart, Alixant, Bataille, Fyot, Estaing, Le Cocq, Pellevé, Le Fèvre-d'Eaubonne, Voisin. — Fiefs : marquisats de Dinteville et de Santenay (1), comté de la Rochepot, baronnies de Thoisy, de Cypierre et de Meursault, seigneuries de Corboin, Curley, Concœur, Charréconduit, Boncour, Flagey, Pouilly, Vosne, Censcrey, partie d'Agencourt, Corsaint. E. 1557.

**GRAIN.** — *De gueules*, alias *d'azur, à trois demi-vols d'or.* — Famille entrée aux Etats dès l'année 1650 et reçue à ceux de 1700 sur preuve de deux degrés de noblesse depuis Jean de Grain, seigneur de Saint-Marsault, capitaine du château de Dijon en 1597. — Alliances : Vaudrey, Ragot, Culle. — Fiefs : Saint-Marsault, l'Isle-en-Bresse, baronnie de Montjay ou Moisenans, Selley, Loisey, Commaillet, Dampierre en partie, baronnie de Rochemaux, érigée en vicomté par lettres de janvier 1599 pour Jean de Grain, baron de Parcoul, cité plus haut.

**GRAMMONT.** — *D'azur à trois bustes de reine de carnation, couronnées à l'antique d'or.* — Devise : *Lo soy que soy.* — Michel-Dorothée de Grammont, marquis de Villers-Sexel, épousa Barbe-Maurice Berbis de Dracy, héritière de la branche des comtes de Dracy qui lui apporta la terre de ce nom. Il succéda en outre à son beau-père dans la charge de grand bailli de l'Autunois dont il fut pourvu en 1749 et qui était encore dans sa famille au moment de la Révolution. Son fils Ferdinand entra aux Etats de 1766, après s'être fait précédemment recevoir à Malte en 1733 et dans la confrérie de Saint-Georges en 1751, sur preuve de seize quartiers de noblesse. On lit dans son procès-verbal de réception que sa famille était entrée à Remiremont et qu'elle avait produit trente-deux chevaliers de Saint-Georges de 1461 à 1722. On connaît du reste assez son illustration pour qu'il soit inutile d'insister davantage. Notons seulement que cette maison, l'une des plus anciennes de Franche-Comté, était une branche de celle de Granges connue dans cette province dès le XIIe siècle. Titre de marquis depuis 1718.

**GRANCEY.** — *D'or au lion d'azur, couronné, armé et lampassé de gueules.* — Jobert de Grancey, chevalier, 3e vicomte héréditaire de Dijon, présent à la charte donnée par Hugues II en 1142 en faveur de l'abbaye de Saint-Seine, fut père de Ponce, connétable de Bourgogne de 1193 à 1212. Ses descendants furent Guillaume, lieutenant du duc à Dijon en 1300; Eudes, seigneur de Grancey, de Prangey, de Vesvrottes, de Pichange, de Bures, de Busserolles en 1303, mort en 1328; Eudes, époux de Mahaut de Noyers en 1361, gouverneur de Bourgogne en 1370, chambellan de Philippe-le-Hardi en 1382; Milon et Ferry, évêques d'Autun, aux XIVe et XVe siècles; Guillaume, seigneur de Larrey, etc. Cette maison a possédé les terres de Selongey, Magny-sur-Tille, Cussy-les-Forges, Beneuvre, Beire, Gemeaux, Villers, Boussenois, Meursault, etc. Elle s'éteignit en la personne de Jeanne, fille d'Eudes, qui porta la terre de Grancey à Jean de Thil, son mari. E. 1352.

**GRANDCHAMP.** — *D'azur à trois bandes d'or.* — Le nom de cette famille, originaire du Nivernais, figure dans les montres d'armes du XVe siècle; François de Grandchamp fut

---

(1) Marquisat de Santenay érigé en 1644 pour N. Le Goux, maître des requêtes.

inscrit en 1682 au catalogue des gentilshommes ayant droit d'entrer aux Etats, après avoir prouvé qu'il était le cinquième de sa maison portant le titre d'écuyer. — Fiefs : Grandchamp, Estée, Menaton, la Tagnerette. — Alliances : Mandelot, Martenay, Riollet. M. 1667, 1698.

**GRANDMONT.** — Jean de Grandmont, entré aux Etats de 1648, avait hérité en 1638, en vertu du testament de son oncle Jean de Chissey, des seigneuries de Varange, Champfroy et partie de Tart-le-Châtel. D'après les auteurs de l'*Armorial des Etats*, il était du nom de Grammont en Franche-Comté. Au XIV<sup>e</sup> et au XV<sup>e</sup> siècle, une famille du nom de Grandmont possédait plusieurs fiefs dans les châtellenies de Châteauneuf en Valromey et de Roussillon ; elle paraît être issue de François de Grandmont (*de Grandimonte*), damoiseau, qui affranchit en 1328 Peronet, *son homme taillable à miséricorde*. — On trouve encore Jean de Grantmont, valet de chambre de la duchesse de Bourgogne en 1396, dont le sceau portait *trois épées mises en bande, les pointes en bas, et une bordure engrêlée*.

**GRANGE (LA)** — *D'azur au chevron d'or, accompagné de trois quintefeuilles d'argent.* — Devise : *Conscientia et fama*. — Cette famille, issue de Jean de la Grange, procureur du roi à Montcenis en 1370, s'est divisée en plusieurs branches. Celle des seigneurs de Villeberny et de Vaubusin, dont les armes sont blasonnées en tête de cette notice, a fourni un conseiller au parlement en 1581. Celle des seigneurs de Montille, Magny-les-Semur et Saint-Anthost, dont Antoine, maître des comptes en 1573, puis conseiller au parlement, et Bernard, aussi maître des comptes en 1608, portait : *d'azur au chevron d'or, chargé d'un croissant de gueules et accompagné de deux étoiles d'or en chef, et en pointe d'une rose d'argent*.— Devise : *In spe et consilio*. Une troisième branche, restée à Montcenis, a fourni des officiers aux juridictions de cette ville et un trésorier de France à Dijon en 1764. Enfin cette famille, dans laquelle on remarque encore un chevalier de Saint-Louis, s'est alliée aux Porcherot, Sommièvre, Languet, Montot, Berbisey. E. 1650 (1).

**GRANGE (LA) DE MALIGNY.** — *D'azur à trois renchiers d'or.* — A cette famille, connue en Berry dès la première moitié du XV<sup>e</sup> siècle, appartenait Charles de la Grange, chevalier de l'ordre, qui eut entr'autres enfants deux fils : François, maréchal de France en 1616, et Antoine, gentilhomme de la chambre et capitaine des gardes de la porte, auteur de la branche des marquis d'Arquien. De son mariage en troisièmes noces avec Anne d'Ancienville, il laissa Achille de la Grange marié à sa cousine germaine Louise d'Ancienville, fille d'Achille, vicomte des Bordes et de Madelaine Bourgeois de Crespy. Achille de la Grange hérita en 1632 du marquisat d'Epoisses par suite du testament de son oncle Louis d'Ancienville et le laissa à sa fille unique qui le porta en 1661 dans la maison de Pescheperroux. Enfin cette branche des marquis d'Arquien dans laquelle on remarque encore deux gentilshommes de la chambre et plusieurs officiers de divers grades dont un chevalier de Saint-Louis, a eu l'honneur de donner une reine à la Pologne : Marie-Casimir de la Grange, mariée en 1665 à l'illustre Jean Sobieski. — Alliances : Rochechouart, Assigny, Esterling, Morand, Jousselin-Melfort, etc. E. 1650.

(1) Germain-Henri de la Grange, conseiller au parlement en 1781, fils d'un maître des comptes à Dole, était sans doute de la même famille. Il portait : *d'azur au chevron d'or, accompagné en chef de deux étoiles d'argent et en pointe d'une gerbe d'or*.

**GRANSON.** — *Palé d'argent et d'azur de six pièces, chargé d'un collier d'argent surchargé de trois coquilles d'or.* — Devise : *A petite cloche grand son.* — Le premier de ce nom est Othon, sire de Granson, chevalier en 1290, dont le fils Pierre, marié à Blanche de Savoie, fut la tige des seigneurs de Granson établis en Angleterre et ancêtres du roi Henri VIII par les femmes. Odo de Granson, fils de Pierre, épousa Jeanne de Pesmes qui lui apporta en 1327 la terre de ce nom demeurée pendant plusieurs siècles dans cette famille. Jacques de Granson, seigneur de Beaumont en 1310, fut la souche d'une autre branche qui donna plusieurs officiers aux ducs de Bourgogne. L'un d'eux, seigneur de Pesmes, convaincu d'avoir voulu soulever la Franche-Comté, fut en 1455 condamné à être étouffé entre deux matelas (1). Hélion de Granson, seigneur de Poix, eut un fils naturel légitimé en 1530. — Alliances : Oyselet, Pesmes, Vergy, Neufchâtel, Vienne, du Châtelet, Blaisy, Montbéliard, Toulongeon, Bauffremont. — Fiefs : Pesmes, Vaux de Saint-Julien, la Marche, Poix, Fresne, Mirebeau, Brochon, Fouchanges. E. 1355.

**GRENAUD.** — *De gueules à deux bandes ondées d'argent.* — Famille originaire du Bugey, qui remonte à Guichard de Grenaud anobli en 1559 par Emmanuel-Philibert, duc de Savoie. On remarque parmi ses descendants : Bertrand, gentilhomme du prince de Condé, qui testa en 1658 ; Joseph, premier élu de la noblesse du Bugey, conseiller au parlement de Bourgogne en 1672 ; Jean-Louis et Jean-Pierre, frères, tous deux grands baillis du Bugey au commencement du dernier siècle. — Alliances : Cheminau, Sarrasin, Redelet, la Fléchère, Moyria, Montillet. — Fiefs : marquisat de Rougemont érigé en 1694, baronnie de Coliex, seigneuries de Lantenay, Montillet, la Balme, Beauregard, la Combe-Langardière. Arrêt de confirmation de noblesse du parlement de Dijon en 1608. Les nom, armes et titre des Grenaud de Rougemont ont passé par substitution aux aînés de la famille de Montillet, originaire du Bugey et dont une branche s'est établie en Bourgogne à la fin du siècle dernier. M. 1669. E. 1778.

**GRILLET.** — *D'azur à la fasce d'argent, accompagnée d'un grillon en chef et d'une étoile de même en pointe.* — Cette famille, originaire de l'Auxerrois, a été maintenue en 1707, sur preuves remontées à l'année 1541. On remarque parmi ses membres Jean, sieur des Essarts, sergent-major des ville et château de Bard en 1639, et N., lieutenant-général d'épée au bailliage d'Auxerre, au dernier siècle. — Alliances : Le Riche, Pion, Aullenay, Cullon. — Fiefs : Sery, Berthereau, le Moulin-Colas, Trucy. Décharge de franc-fief en 1676. E. 1778. — Armes incertaines.

**GRIMAULDET, GRIMAUDET.** — *D'or à trois lions de gueules, posés un et deux.* — Ancienne famille originaire de l'Anjou et qui s'est divisée en plusieurs branches établies en Bretagne, dans le Blaisois et en Bourgogne. Elle a fourni des officiers au parlement de

---

(1) On lira peut-être avec intérêt un extrait de la sentence rendue par Philippe-le-Bon contre le seigneur de Granson : « Faites, écrit-il à Girard de Plaines, président des parlements de Bourgogne, incontinent procéder à son exécution, laquelle exécution pour l'honneur de ses parens voulons estre faitte secrettement et au regard de la manière, voulons qu'après qu'il sera confessé, comme dit est, on le dessende en la fosse et prison basse dessous celle où il est de présent, et que illec on lui lie les mains derrière le dos et aussy les piés et soit mis ainsi lié que dit est entre deux coictes de lit pour le étoffer et faire morir. Et après volons que son procez soit monstré à ses parens et amis qui voir le vodrons et leur disant, comme la vérité sera, qu'il est mort en laditte fosse..... »

Bretagne, un évêque de Rennes, un procureur du roi au présidial de Blois. A la branche de Bourgogne, connue sous le nom terrien de Motheux, appartenait Michel de Grimauldet, écuyer, seigneur de Motheux, capitaine et gouverneur du château et du marquisat de Seignelay, qui entra aux Etats de 1674, *de son chef*, et comme porteur de la procuration du marquis de Seignelay. C'est en cette dernière qualité seulement qu'il fut inscrit dans la liste de 1682.

**GROS.** — *D'azur à la fasce d'or, accompagnée de trois sautoirs d'argent.* — Cette famille tire son origine de Pierre Gros, sommelier de la paneterie de Philippe-le-Hardi. Son petit-fils fut conseiller du duc et maître des requêtes en 1419. On trouve ensuite plusieurs maîtres des comptes, élus pour le duc aux Etats, et trois greffiers en chef du parlement de Bourgogne à la fin du XVe siècle. L'un d'eux, Antoine, mort en 1499, avait acquis la terre d'Agey, dont sa postérité prit le nom. Jacques, seigneur de Bremur, était capitaine de Saulx-le-Duc en 1588. Melchior, écuyer, gentilhomme ordinaire de la chambre du roi en 1601, était petit-fils de Jean, seigneur d'Agey, mort en 1557. — Cette famille a dû s'éteindre à la fin du XVIIe siècle. — Fiefs : Ancey, Rocheprise. — Alliances : Bastier, Fontette, d'Ambly, des Barres, Vintimille, des Maillots, Crux, Martigny, Plaines, Courcelles, Fyot, Porcelet, Villers, Machéco, Richard. E. 1636.

**GUAY (DU).** — *D'azur au coq d'or, crêté et becqué de gueules.* — Devise : *Fidelis et audax.* — Philibert du Guay, originaire de Beaune et propriétaire des greffes du bailliage et de la chancellerie de cette ville en 1575, s'étant signalé par son zèle pour la faire rentrer sous l'obéissance du roi, fut récompensé de ses services par une charge de maître des comptes en 1595. On remarque parmi ses descendants : Jean, contrôleur général du taillon en 1612, maître des comptes en 1629, et Nicolas-Bénigne, d'abord conseiller au parlement, puis premier président de la chambre des comptes en 1656, intendant de la marine pour la Bourgogne, investi pendant longtemps de la confiance de Colbert dont il fut un des agents les plus actifs dans la province et mort disgrâcié à la Bastille, sans laisser d'enfants mariés. — Alliances : Pouilly, Brunet, Le Belin, Jacotot. — Fief de Chasans. E. 1671.

**GUÉNEBAULT.** — *D'azur au sanglier d'argent; au chef d'or, chargé d'un lévrier de sable colleté d'argent.* — Jacques Guénebault, reçu aux Etats de 1700, prouva sa filiation depuis son trisaïeul Jean, qualifié écuyer, homme d'armes de la compagnie de M. de Lautrec en 1547. Son père, chevau-léger de la garde, avait été tué à Sénef, et son bisaïeul était secrétaire de la reine-mère Catherine de Médicis. On remarque encore dans cette famille Jean, député de Châtillon aux Etats généraux de 1588. — Alliances : Ganay, Milletot, Bichot, Angeville, Viard, Morel, Arcelot, Logerot, Tremisot. — Fiefs : Champ-Chevalier, Arbois, Buncey. M. 1699, après condamnation en 1665.

**GUENICHON.** — *D'azur au pont d'argent, maçonné de sable, mouvant d'une rivière du second.* — Famille originaire de Champagne et dont la filiation est établie depuis noble homme Maurice Guenichon, seigneur de Létigny, qui parut en 1490 à l'assemblée des nobles convoqués à Bar-sur-Aube, pour l'arrière-ban, et épousa en 1506 Barthélemie de Mesgrigny. Elle a fourni des prévôts de Bar-sur-Aube, et a été reçue aux Etats de 1760 sur preuve de trois degrés de noblesse. M. par la cour des aides de Paris en 1663, et en Champagne en 1667. Preuves pour Saint-Cyr (1686) et pour les pages (1772). — Alliances : Colletier, Origny, Piétrequin, Largentiene, Rabigois, Le Lieur, Morel de Villiers, Girardot. — Fiefs : Ville-sur-Arce, Duesme, Quemigny, Quemignerot, Cosne, Nuisement, Suzennecourt, Blumerie, Fouchères.

**GUICHE (LA).** — *De sinople au sautoir d'or.* — Cette maison remonte à Renaud, seigneur de la Guiche en Mâconnais, qui vivait en 1200. Parmi ses descendants, on peut citer : Gérard, seigneur de la Guiche, Nanton et Chaumont, bailli du Charollais en 1410, chambellan du roi, capitaine général en Bourgogne et en Lyonnais en 1419 ; Claude et Pierre, baillis de Mâcon ; Gabriel, seigneur de Saint-Géran, chevalier de l'ordre, gouverneur de Bresse en 1547 ; Philibert, grand-maître de l'artillerie en 1578 ; Claude, chevalier de l'ordre, seigneur de Saint-Géran, mort en 1592; Jean-François, comte de la Palice, gouverneur du Bourbonnais, maréchal de France en 1619, mort en 1632 ; Claude-Maximilien, comte de Saint-Géran, gouverneur et maréchal du Bourbonnais, mort en 1659 ; Bernard, lieutenant-général des armées du roi en 1670, chevalier de l'ordre en 1689, qui fut le dernier mâle de sa branche. Une autre branche de la même famille, celle des seigneurs de Sevignon et de Nanton, issus de Georges de la Guiche, bailli de Chalon en 1549, s'est perpétuée jusqu'à nos jours. Jacques, député aux Etats de Blois en 1588; Philibert, mestre de camp d'infanterie, mort en 1636; Henri-François, comte de Sevignon, décédé en 1668 ; Nicolas, capitaine au régiment d'Anjou ; Claude-Elisabeth, marquis de la Guiche, comte de Sevignon, baron du Rousset, qui reçut vingt-quatre blessures à la bataille de Malplaquet ; Jean, lieutenant-général des armées en 1759, commandant de la province de Bourgogne, mort en 1770; plusieurs chevaliers de Malte et de l'ordre du Saint-Esprit, ont successivement illustré cette branche. — Alliances : Nanton, l'Espinasse, Pocquières, Damas, la Baume, Jaucourt, Choiseul, Vienne, Chazeron, Dyo, Montmorin, Chabannes, Goyon, Schomberg, la Rochefoucault, Albon, Coligny, d'Esserpens, Tournon, Bouillé, Lévis, Beauvau, Chateauvieux, Baye, Brun, Langheac, Bourbon-Verneuil. E. 1440.

**GUIJON.** — *D'or,* alias *d'argent à trois têtes d'ours de sable, emmuselées d'argent.* — Le fief Guijon, tenu en franc-alleu, dans la paroisse de Saint-Léger-de-Fourches, au bailliage de Saulieu, est le berceau de cette famille, dont le premier auteur connu, écuyer de Philippe-le-Hardi, fut fait prisonnier par les Anglais vers 1380. Son petit-fils Hugues, qualifié écuyer, seigneur de Saint-Léger en 1497, laissa entre autres enfants : Philippe, tué au siège de la Rochelle en 1573, et Jean, d'abord médecin à Saulieu, puis fixé en 1535 à Autun où il exerça sa profession avec éloge. Ses quatre fils se firent un nom dans les lettres et dans les sciences. L'un d'eux fut procureur du roi à Autun, un autre vierg de la même ville et élu du tiers-état en 1596. On remarque encore dans cette famille plusieurs officiers au bailliage et à la chancellerie d'Autun, deux lieutenants criminels au bailliage d'Avallon et un certain nombre de militaires parmi lesquels nous citerons André, lieutenant-colonel d'infanterie, chevalier de Saint-Louis en 1715. — Alliances : Goux, Paradin, Rouvoire, Dévoyo, Rollet, Segaut, Berbisey, Filzjan, Minard, Leviston, Thoisy, Viart, Boucher, Autrey, Bretagne, Champion, Damoiseau, Le Tellier, Jodot, Cromot, Drouas. — Fiefs : Précy-le-Moux, Chérisy, Fresne, Conighan, la Vaire. M. 1666, 1669. E. 1727.

**GUILLAUME.** — *D'azur à la croix pattée alaisée d'or, embrassée dans deux palmes du même.* — En 1731, Barthélemy Guillaume de Sermizelles remplaça son aïeul Antoine dans la charge de lieutenant-général d'épée du bailliage d'Avallon; en 1766 il entra aux Etats sur preuves remontées à son trisaïeul Pierre-Guillaume, conseil de la ville de Dijon, vicomte-mayeur en 1665, dont le fils Barthélemy fut pourvu en 1644 d'une charge de secrétaire du roi et en obtint des lettres d'honneur en 1665. On remarque encore dans cette famille, pendant le XVIIe siècle, deux secrétaires du roi en la chancellerie et deux substituts du procureur général au parlement de Dijon. Au dernier siècle, les Guillaume étaient d'épée et ont produit plusieurs chevaliers de Saint-Louis. — Alliances : Cortois-Humbert, Dubuisson, la Michodière, Fyot, Morisot, Germinot, Fouquet, Merat. — Fiefs : Sermizelles, Lautreville, Orbigny, la Brosse, Couches, Quemigny, Pressigny, la Verdière, Villiers-le-Comte, Villers-les-Potots. M. 1669, 1699.

**GUYARD.** — *D'azur à une croix latine denchée d'argent, accompagnée à chacune des extrémités supérieures d'une étoile de même.* — Cette famille a fourni plusieurs maires à la ville de Beaune où elle est ancienne. Hubert-Toussaint Guyard de Changey, reçu aux Etats de 1754, établit sa filiation depuis Etienne, contrôleur des guerres en 1581 et sa noblesse en suite d'une charge de secrétaire du roi dont son bisaïeul était mort revêtu en 1677. Son aïeul et son père avaient été conseillers au parlement en 1671 et 1704. On remarque encore dans cette famille deux secrétaires de la chambre des comptes au XVIIe siècle, un lieutenant-général d'épée au bailliage de Beaune en 1707, et un mestre de camp de cavalerie, chevalier de Saint-Louis, commandant du château de Dijon. — Alliances : Salins, Gosseman, Tassinot, Pize, Germain, Bizouard, Paget, Salins, Le Belin, Moreau, Rousseau, Berbis, Lorenchet. — Fiefs : Changey, Echevronne, Vignolles, Bagnot, Grandmont. La branche des Guyard de Bâlon, qui a fourni un conseiller au parlement en 1781, portait : *d'azur à la fasce d'or, chargée d'une croix de gueules et accompagnée en chef d'un soleil d'or et en pointe d'une mûre de pourpre.*

**GUYE.** — *D'or à la fasce d'azur, accompagnée de trois roses de gueules.* — La famille Guye, originaire d'Auxonne, a fourni plusieurs officiers au bailliage et au grenier à sel de cette ville. Claude Guye, reçu aux Etats de 1754, était petit-fils de Simon, capitaine au régiment de Normandie, maître d'hôtel et premier gentilhomme de la chambre de Monsieur, frère du roi en 1688, et petit-fils de Claude, président au parlement de Dombes. On remarque encore dans cette famille Philibert, maître aux comptes en 1632; Antoine-Claude, Claude-Joseph et Claude, conseillers au parlement de Bourgogne en 1675, 1695 et 1710, et N. lieutenant de roi à Chalon en 1754. — Alliances : Martenne, Naturel, Comeau, Mucie, la Ramisse. — Fiefs : une maison au village de Montot, érigée en fief en 1639, l'Abergement-les-Auxonne, Vornes, Billey, Villers-Rotin. Renvoi de franc-fief en 1702.

**GIANY, GIANNY.** — *D'argent au chef d'azur, chargé de deux aigles du champ.* — Famille originaire de Toscane, dont une branche s'est établie en Provence, et à laquelle appartenait messire Brocard de Gianny, chevalier, comte de Rispe, vicomte de Ligny, qui reprit de fief en 1665 des baronnies de Sully et d'Igornay en Autunois, comme mari de dame Melchiore de Bœuf de Grimaldi, héritière pour une moitié d'Henri de Saulx, marquis de Tavannes, lieutenant-général pour le roi en Bourgogne. La même Melchiore de Bœuil, restée veuve, reprit de fief, au même titre en 1686, de la baronnie de Vitry-sur-Loire. E. 1665.

# H

**HARANGUIER.** — *D'azur à la fasce d'or, accompagnée en chef de trois croix de chevalier avec leurs anneaux d'argent, et en pointe de trois fers de dard renversés aussi d'argent.* Alias : *De gueules, à la fasce d'or, accompagnée en chef de trois croisettes pattées d'argent et de deux besants d'or, et en pointe de trois fers de dard renversés de même.* — Cette famille a été reçue aux États de 1727 sur preuve de cinq degrés de noblesse depuis Jacques d'Haranguier, qualifié écuyer, seigneur d'Haineville en 1526. Parmi ses membres on remarque Roland, capitaine de gens de pied au château de Semur en 1582 ; Alphonse, lieutenant-colonel du régiment de Navarre avant 1656 ; Charles, capitaine au régiment de Normandie en 1694 et Charles-Anne, écuyer du comte de Provence, capitaine de cavalerie en 1773. — Alliances : Hénain, Chambly, Morillon, Régnier de Romprey, Saint-Belin, Vichy, Senevoy, Thésut, Bernault. — Fiefs : Quincerot, Chassey, Haineville. M. 1669.

**HÉNAY.** — Michel de Hénay, écuyer, vivait dans l'Autunois en 1500. Sa postérité tint en fief les terres de Thôte, de Beauregard et de Charrey-sur-Saône, et s'éteignit au XVIIe siècle. — Alliances : Romécourt, Delorme, Ruffey, Tournes, Longueval. E. 1590.

**HÉNIN-LIÉTARD.** — *De gueules à la bande d'or.* — Une branche de cette illustre maison, originaire de Flandre (1) et qui compta plusieurs princes de l'Empire, était établie en Bourgogne au commencement du XVIIe siècle et s'y distingua par ses services militaires. Ses membres portèrent le titre de comtes de Roche. En 1730, les terres de la Rochette, Saint-Maurice, Saint-Germain-du-Tartre, Saulles et Collongette furent érigées en comté, sous le nom d'Hénin, pour Jean-Louis d'Hénin-Liétard, lieutenant au régiment Royal-infanterie, héritier de Marie d'Hénin, sa tante, veuve de Claude de la Toison, conseiller au parlement de Dijon. Les lettres d'érection rappellent les services de son bisaïeul, tué à la bataille de Sedan, de son aïeul et de son père, *gens d'armes bourguignons*, et de ses deux frères, chevaliers de Malte. Charles d'Hénin, chevalier d'honneur au parlement de Bourgogne en 1682, et les seigneurs de Vincelles appartenaient à la même famille. — Alliance : Thésut. E. 1642.

**HOCHBERG.** — *De gueules à la bande d'argent*; alias : *d'or à la bande de gueules.* — Branche de la maison de Neufchâtel, qui tirait son nom du château de Hochberg dans le Bris-

---

(1) Les généalogistes les plus autorisés la font descendre de Simon d'Alsace, second fils de Thierry d'Alsace, duc de Lorraine, et de Gertrude, comtesse de Flandre, dont le fils Baudouin, marié à Isabelle de Hainaut, quitta le nom d'Alsace pour prendre celui de sa mère, Marguerite, dame et comtesse de Hénin-Liétard. Ses descendants ont depuis repris le nom d'Alsace.

gau, et qui a fourni de vaillants capitaines aux ducs de Bourgogne. Rodolphe, marquis de Hochberg, seigneur de Rothelin et d'Usemberg, fut en 1428 témoin du traité conclu entre Frédéric, duc d'Autriche, et Catherine de Bourgogne, sa belle-sœur, à l'occasion de son douaire. Philippe, marquis de Hochberg, comte de Neufchâtel, seigneur de Rothelin, de Seurre et de Saint-Georges, maréchal de Bourgogne, reçut du roi en 1498 la terre d'Epoisses. Sa fille unique, Jeanne, épousa Louis d'Orléans, duc de Longueville. E. 1483.

**HOCQUART.** — *De gueules à trois roses d'argent.* — Claude Hocquart, seigneur du fief de Pressigny en Bourgogne, fut reçu aux Etats de 1766 sur preuves de cinq degrés de noblesse. Parmi les titres présentés à l'appui de sa demande, on remarque un arrêt de la cour des aides de Paris rendu en 1760, par lequel Louis et Jean Hocquart, ses cousins, furent maintenus dans leur noblesse de race prouvée depuis 1502. La famille Hocquart, d'origine champenoise, a fourni onze chevaliers de Saint-Louis, parmi lesquels figurent un officier général des armées de terre sous Louis XIV, un chef d'escadre sous Louis XV, et deux chevaliers de Malte. D'autres membres de la même famille se sont distingués au conseil d'état, dans les intendances et dans les hautes charges de la magistrature. L'un d'eux était premier président du parlement de Metz au moment de la Révolution. — Alliances : Chevrot, Raulin, Hacqueteau, Pinteville.

**HOTEL-ÉCOT.** — *D'azur à l'aigle éployée d'or.* — Cette famille a pris son surnom du marquisat d'Ecot, au bailliage de Chaumont-en-Bassigny, qui lui venait des Mailly. Eteinte au dernier siècle, les Brichanteau-Nangis, qui lui étaient alliés, ont hérité d'une partie de ses biens. E. 1668.

**HUDELOT, HEUDELOT.** — *De sable à la croix d'argent, accompagnée de seize fleurs de lys d'or* (1). — Cette famille a été reçue aux Etats de 1739, sur preuve de cinq degrés de noblesse depuis Richard Hudelot, seigneur des Noms, capitaine d'une compagnie de gens de pied, qui descendait par plusieurs degrés de Robert, sieur du Mesnil, homme d'armes du duc d'Orléans au XV<sup>e</sup> siècle, et dont le fils Claude était élu en l'élection de Langres en 1594. Arnoulphe-René-Toussaint Hudelot de Létancourt fut reçu chevalier d'honneur à la chambre des comptes de Dijon en 1740. Lettres de maintenue en 1598. — Alliances : Benoist, Perrin, Petit de la Marnotte, Hémery, Giraud, Gillet, Aubert, Fournier. — Fiefs : baronnie de Pressigny, Poinsson-les-Fays, Musseau, la Maison-du-Bois, Grandchamp.

**HUGON (D') DU GOND, DUGON.** — *D'argent à trois merlettes de sable.* — Le premier de ce nom qui paraisse en Bourgogne est Elie d'Hugon, gouverneur de Nuits en 1575. On trouve après lui deux autres gouverneurs de la même ville : Joseph en 1595 et Robert en 1625, ce dernier fils d'Elie, gouverneur et lieutenant pour le roi de la ville de Bellegarde, qui exerçait encore cette charge en 1627 et à partir duquel la filiation a été régulièrement établie devant les commissaires vérificateurs aux Etats de 1742. Cette famille toute militaire a encore produit plusieurs officiers de divers grades; elle a fait ses preuves pour Malte et ses membres figurent au dernier siècle dans les registres de la chambre de la noblesse avec les

---

(1) La Chesnaye-des-Bois blasonne : *de gueules au chevron d'or, accompagné de trois trèfles d'argent.*

titres de comtes de la Rochette, comtes et vicomtes Dugon.— Alliances: Grandry, Courcelles, Franay, Villers-la-Faye, Gand, Balathier, Feydeau, Le Bascle d'Argenteuil. — Fiefs : la Rochette, Posange, Joursanvault, Mouche, Visargent, Premeaux, la Chaulme, Cherchilly, Jonchery, Puligny, Prost, le Tremblay, l'étang de Cussigny, Boislamy. E. 1632.

**HUMBELOT.** — *D'argent à trois pals de gueules; au chef cousu d'or, chargé de trois coquilles de sable.* — Cette famille a fourni des officiers à la gruerie et au grenier à sel d'Autun d'où elle est originaire. Elle a été anoblie par une charge de secrétaire du roi audiencier en la chancellerie du parlement de Bourgogne, dont Jean Humbelot obtint des lettres d'honoraire en 1649. — Alliances : Chifflot, Scorrailles, Roux, Derepas. — Fiefs : Villiers, Champchanoux, Meix-Varange. M. 1698. E. 1712.

**HUMES.** — *De sinople au lion d'argent, armé et lampassé de gueules.* — Devise : *Fidèle jusqu'au bout.* — Cette famille prétend descendre de l'illustre maison des comtes de Merch, Mers, Marr ou Merchie en Ecosse. La branche française remonte à Georges de Humes, homme d'armes des ordonnances sous la charge du seigneur d'Aubigny, puis archer de la garde écossaise de François I<sup>er</sup>, qui obtint de ce prince en 1534 l'autorisation de demeurer dans le royaume et d'y acquérir sans que sa femme et ses enfants pussent être soumis au droit d'aubaine. On remarque parmi ses descendants : Jean, comte de Humes-Chérisy, gentilhomme ordinaire du roi en 1596, lieutenant des gardes du corps; Claude-Antoine, maréchal des camps et armées, gouverneur de Clermont et du Catelet, tué en 1658; Louis, gentilhomme du duc d'Orléans vers la fin du XVII<sup>e</sup> siècle, capitaine dans Bourbonnais, et plusieurs autres militaires. — Alliances : la Boissière, Stuart, la Croix, Conighan, Sivry, Origny, Fresne, Hue de Miroménil, Dupé, du Perron, la Motte, Jaquot, Dubois d'Aisy, Braque, Pringles, Hamilton. — Fiefs : Chérisy, la Gesse, Villedieu, Saint-Par, les Minots, Quincerot, Sancy, M. 1682, 1698, 1699. E. 1590.

# I

**ISLE (L') DU GAS** ou **DU GAST.** — *De gueules à la croix d'argent frettée d'azur.* — Famille du Maine, qui s'est alliée aux Jaucourt et a possédé en Bourgogne les seigneuries de Conforgien, Beaumont près Saulieu et Saulx-sous-Montréal en partie. Ses membres portaient le titre de chevalier. E. 1682.

# J

**JANLY, GENLIS.** — *D'azur à la fasce d'argent, accompagnée de trois quintefeuilles de même.* — Hugues de Janly, chevalier, s'engagea pour la rançon du roi Jean en 1359. Sa postérité a fourni deux chanoines de Chalon en 1365 et en 1484, un conseiller au parlement de

Bourgogne de 1486 à 1503, un receveur de Chalon en 1454 et plusieurs chevaliers et écuyers.
—Terres : Genlis, anciennement *Janly*, Saulon-la-Chapelle, Uchey, Montille et Dracy-les-Viteaux en franc-alleu, Verchisy, Marcilly-les-Nonnains, Magny-la-Ville près Semur. — Alliances : Vaux, Mâlain, Balay, Sercey, Senevoy, Le Fèvre. E. 1355.

**JAQUOT.** — *D'azur à la fasce d'or, accompagnée de trois étoiles de même* (1). — La filiation de cette famille est établie depuis Paris, écuyer, avocat du roi au bailliage de Dijon en 1526, avocat général au parlement la même année, puis conseiller au grand conseil, dont le fils Philibert, premier président de la chambre des comptes de Dijon, obtint en 1571 du roi Charles IX des lettres de confirmation de noblesse. Philibert Jaquot, son fils Bénigne, et son petit-fils Philibert-Bernard, n'ont pas cessé de remplir la charge de premier président de la chambre des comptes pendant près d'un siècle, de 1549 à 1628. Cette branche aînée, qui a fait preuve à Malte en 1829, s'est éteinte au dernier siècle en la personne de Michel Jaquot, lieutenant-colonel du régiment de Bauffremont, chevalier de Saint-Louis.—Alliances : Sayve, Gagne, Serre, Bourgeois, Macheco, Menard, Le Secq, Dargent.—Fiefs : baronnie d'Esbarres, érigée en 1642 pour Claude Jaquot, gentilhomme ordinaire du roi, seigneuries de Neuilly, Daix, le Magny, Courcelles, Gevrey. La baronnie de Trémont a donné son nom à une branche sortie du premier président Bénigne et éteinte après deux générations. Une autre branche, formée par Jean, frère de Paris, a fourni deux maîtres des comptes en 1529 et 1553, le premier vicomte-mayeur de Dijon en 1547, un trésorier de France en 1578, un maître extraordinaire à la chambre des comptes en 1594, passé à un office de conseiller au parlement en 1600, et deux autres conseillers au parlement en 1603 et 1620. — Alliances : Joly, Gontier, Cirey, Bourgeois, Amanzé en qui cette branche s'est éteinte. — Fiefs : baronnie de Blaisy, Ecutigny, Puligny, Mypont. E. 1590.

**JAQUOT D'ANDELARRE.**—*Ecartelé : aux 1 et 4, d'azur à la fasce d'or, accompagnée de trois étoiles de même ; aux 2 et 3 d'argent à trois pensées ou fleurs de violette au naturel, tigées et feuillées de sinople.* Alias : *écartelé : aux 1 et 4, d'argent à trois pensées ou fleurs de violette au naturel, tigées et feuillées de sinople ; aux 2 et 3, d'argent à la bande d'azur, chargée de trois roues d'or ; sur le tout, d'azur à la fasce d'or, accompagnée de trois étoiles de même.* — Cette famille a fourni un conseiller au parlement de Dole en 1621, dont le fils Claude, lieutenant-général au bailliage d'Amont, conseiller au même parlement en 1626, fut pourvu en 1674 de la charge de premier président. Substituée aux nom et armes de Rouhier, elle s'est alliée aux Landry, Othenin, Nardin, Mairot de Mutigny, Berbis, Brunet, a obtenu en 1760 l'érection en marquisat de la terre d'Andelarre changée en 1777 au nom de Jaquot d'Andelarre, et est entrée aux Etats de 1778. Preuves pour Malte.

**JARRY.** — *Tiercé en fasce : au 1, d'azur à trois étoiles d'or ; au 2, d'or, alias d'argent plein ; au 3, de gueules à une tête de lévrier d'or, alias d'argent, colletée de sable* (2). —

---

(1) Quelques membres de cette famille ont brisé leur écu *d'une bordure engrêlée de gueules*, et *sur la fasce un croissant de sable*, ou *un écusson de...., au chef endenché de...., et à la bordure de....*
(2) Robert Jarry, conseiller au grand conseil en 1527, fils de Robert, seigneur de Douesnart, portait : *de gueules à la fasce d'argent, accompagnée en chef de deux étoiles d'or, et en pointe d'une tête de lévrier d'argent, colletée de gueules.*

La filiation de cette famille est établie depuis Jacques Jarry de la Jarrye, qualifié écuyer en 1490. Ses descendants continuèrent de porter le titre d'écuyer, ce qui n'empêcha pas son petit-fils Antoine d'être anobli en 1648 en récompense de services militaires rendus pendant cinquante ans. On remarque encore dans cette famille : Philibert, lieutenant-colonel de Négron, reçu aux Etats de 1685 ; Henri-Joseph, écuyer de la grande écurie du roi, et Jacques, chevalier de Saint-Louis (1749). — Alliances : Leval, Languet, Lemulier, David, Simon, Champeau de Thoisy, Drouas. — Fiefs : prévôté de Cessey, Grandpré. Lettres de confirmation en 1668. M. 1669. E. 1662.

**JARSAILLON.** — *Tiercé en fasce : au 1, de gueules au lion léopardé d'or ; au 2, d'or à trois trèfles de sinople ; au 3, d'argent à trois bandes de sinople.* — Jacques-Marguerite de Jarsaillon, reçu aux Etats de 1775, a fait preuve de quatre générations nobles depuis Côme de Jarsaillon, capitaine d'infanterie sous Henri IV. Son aïeul Denis-François, porte-étendard de la compagnie des chevau-légers de la garde du roi, avait été confirmé dans sa noblesse de race en 1706. — Alliances : Simonin, Blondat, Bruneau, la Goutte, Ducrest de Chigy. — Fiefs : baronnie de Villars changée au nom de Jarsaillon en 1719, Grury, Brion, Saint-Ciagre, la Tour-Saint-Marc, les Blanches, Chigy-le-Monial, Challemoux en partie.

**JAUCOURT.** — *De sable à deux léopards d'or.* — Pierre, sire de Jaucourt, panetier de Champagne en 1224, est le plus ancien membre connu de cette famille, qui tire son nom d'une terre située près de Bar-sur-Aube. Elle s'est divisée en plusieurs branches dont trois seulement, établies en Bourgogne, doivent fixer notre attention. (Voy. Dinteville.) A celle des seigneurs de Villarnoult appartiennent : Philippe, conseiller du duc Philippe-le-Hardi, gouverneur du comte de Nevers, son troisième fils, mort vers 1392 ; Guy, seigneur de Marault, du Vaux, de Saint-Léger-de-Foucheret, Rouvray, Aulnay, Montjalin, etc., père de Philibert, gouverneur de l'Auxerrois en 1453 ; Jean, capitaine de cent lances sous Charles-le-Téméraire, chambellan de Louis XI, bailli de Dijon, qui passa au service de Marie de Bourgogne et devint capitaine général des armées de Maximilien jusqu'en 1493 ; Hardi, lieutenant-général du roi en Bourgogne, gouverneur de Seurre et bailli de Mâcon au XVIe siècle ; Jean, chevalier des ordres, enseigne de la maison du roi, mort en 1552 ; Zacharie, seigneur d'Ausson, premier gentilhomme de la chambre de Frédéric V, roi de Bohême, en 1619 ; Jean III, conseiller du roi en ses conseils d'état et privé, chevalier des ordres, gentilhomme de la chambre vers 1599 ; Paul, tué à Nerwinde au service de l'électeur de Brandebourg en 1693 ; François, chevalier d'honneur de la première reine de Prusse en 1701 ; Jean-Philippe, marquis de Villarnoult, baron de la Forêt, qui passa en Hollande après la révocation de l'édit de Nantes et dont la postérité s'est fondue dans la maison de Montmorency. Cette branche s'est alliée aux Villarnoult, Chastellux, Damas, la Trémouille, la Platière, Hamon, la Guiche, Bar, Courtenay, du Plessis-Mornay, du Bellay. La branche des barons du Vaux, formée au XVIIe siècle, a produit un alcade des Etats de Bourgogne et plusieurs militaires. Celle des seigneurs de Ménetreux, issue de Jacques, deuxième fils de Louis, chevalier des ordres en 1570, a possédé les terres de Ménetreux, Rouvray, Saint-Andeux, et s'est alliée aux la Rivière, Mathy, Aubonne. Elle a produit un conseiller du roi en ses conseils d'état et privé, et deux officiers tués sur les champs de bataille. Enfin un quatrième rameau, celui des seigneurs de Chazelles, détaché également en Bourgogne, a donné au XVIIIe siècle un lieutenant-colonel au régiment de Guitaut, un capitaine dans Bourbon-infanterie, un chevalier de Malte et plusieurs chanoinesses. Il a contracté alliance avec les Montrichard, Anlezy, Arlay, Riécé. Cette maison existe encore. M. 1667, 1668, 1699. E. 1431.

**JEANNIN DE CASTILLE.** — *Ecartelé : aux 1 et 4, d'azur au château sommé de trois tours d'or, qui est Castille; aux 2 et 3, d'azur au croissant d'argent, surmonté d'une flamme d'or.* — Nicolas Jeannin de Castille, trésorier de l'épargne et greffier des ordres du roi, obtint en 1655 l'érection en marquisat de la baronnie de Montjeu au bailliage d'Autun qu'il tenait de sa mère Charlotte Jeannin, fille unique du célèbre président Jeannin (1), « le ministre d'état au dehors et au dedans » comme dit Saint-Simon. Elle avait épousé Pierre de Castille, qui, issu d'une famille enrichie par le commerce, fut ambassadeur de Henri IV en Suisse, et devint contrôleur général et intendant des finances. De son mariage avec Claude Ficubet, Nicolas Jeannin de Castille eut entre autres enfants Nicolas, abbé de Saint-Bénigne, et Gaspard, conseiller au parlement de Metz, héritier du marquisat de Montjeu, que sa fille porta par mariage dans la maison de Lorraine-Harcourt en 1705. E. 1671.

**JOLY.** — *D'azur à un lys naturel d'argent ; au chef d'or chargé d'une croix pattée de sable.* Quelques branches ont ajouté à cet écu un *écartelé d'azur à un léopard d'or, armé de gueules.* — Cette famille, considérable par ses alliances et par les charges de robe qu'elle a occupées, remonte à Demongeot Joly qui habitait Nuits vers la fin du XIVe siècle et devint en 1410 lieutenant du bailli de Dijon. Son fils Regnault, écuyer, conseiller du duc Philippe-le-Bon en 1420, fut de même lieutenant du bailli de Dijon et du chancelier de Bourgogne. On trouve ensuite Jean, conseiller du duc en 1462 et son procureur au bailliage de Dijon et à la chambre des comptes en 1472, dont un fils Barthélemy, avocat au parlement, a continué la postérité, ayant eu lui-même deux fils, Barthélemy et Jacques, auteurs de plusieurs branches toutes éteintes aujourd'hui. La descendance de Jacques a fourni un secrétaire du parlement, un trésorier de France en 1677, un chanoine de Saint-Etienne, docteur en théologie, connu par son dévouement aux pauvres, deux présidents aux comptes en 1695 et 1730, deux greffiers en chef du parlement en 1687 et 1696, et un chevalier de Saint-Jean-de-Jérusalem. Barthélemy, frère aîné de Jacques Joly, d'abord procureur du roi au bailliage de Beaune, puis secrétaire du roi, greffier en chef du parlement et secrétaire des Etats de Bourgogne, eut quatorze enfants dont quatre fils qui ont fait branche : 1° Edme, maître aux comptes en 1595, vicomte-mayeur de Dijon en 1605, 1614 et 1615, dont la descendance a fourni un maître aux comptes en 1623, vicomte-mayeur de Dijon, un avocat général aux comptes en 1634, et un conseiller au parlement de Metz, mort sans postérité ; 2° François, établi à Paris, auteur de la branche des Joly de Fleury qui s'est élevée aux plus hautes charges de la robe et dont un membre a été pourvu en 1754 de celle d'élu du roi aux Etats de Bourgogne ; 3° Zacharie, de qui sont issus les Joly de la Borde, parmi lesquels on compte trois maîtres des comptes en 1616, 1660 et 1672, et un conseiller au parlement en 1691 ; 4° enfin Antoine Joly, baron de Blaisy,

---

(1) Le président Jeannin possédait en outre les baronnies de Chagny et de Dracy-Saint-Loup.

greffier en chef du parlement et des Etats de Bourgogne, député de Dijon aux Etats généraux de 1614, dont la descendance s'est éteinte en 1728 dans les Joly de la Borde, après avoir fourni un second greffier en chef du parlement et des Etats, un président à mortier en 1644, trois conseillers au parlement en 1674, 1717 et 1719, et un président au grand conseil qui obtint en 1695 l'érection en marquisat de la terre de Blaisy. — Alliances : Demongeot, Champagne, Verne, Rozerot, Crestin, Le Belin, Arlay, Clopin, Ferrand, Joly de Bévy, Malpois, Fourneret, Jeant, Savot, Pérard, Morel, Valot, Monin, Jaquot, Gagne, Le Goux, Bernardon, Maleteste, Le Compasseur, Bossuet, Pouffier, Comeau, Bernard, Legouz, Fyot, Thésut. — Fiefs : Norges, Montmançon, Drambon, la Grange-du-Pré, Velogny en partie, la mairie d'Heuilley, Ecutigny, etc. M. 1669. E. 1677.

**JOSIAN, JOZIAN, JOSSEAU DE GRANDVAL.** — *D'azur à trois coquilles d'argent, et une tête de léopard d'or mise en abime.* — Cette famille à laquelle appartenait Philippe de Grandval, capitaine de Vitry-sur-Loire en 1568, s'est alliée aux du Merle, Berthot, Buard, du Crest, Fontette, et a possédé les seigneuries de Cressy, Fraise et Montpetit. Cette famille ne doit pas être confondue avec celle de Grandval dont le nom figure dans les montres d'armes du XV° siècle et qui portait pour armes *une croix ancrée, avec une bordure*, comme on le voit sur le sceau de Girard de Grandval, chevalier, seigneur de Mornay, chambellan du roi et du duc de Bourgogne en 1392. E. 1626.

**JOUMARD-DES-ACHARDS-DE-TISON.** — *Ecartelé : aux 1 et 4, d'azur à trois besants d'or ; aux 2 et 3, d'or à deux lions passants de gueules, l'un sur l'autre ; sur le tout un écu coupé : au 1, d'argent à trois triangles de sable, au 2, aussi d'argent à trois fasces de gueules.* — La famille Achard, qui se disait issue des anciens princes de Montpellier, remonte à Pierre Achard, gouverneur de Poitiers au XII° siècle. Un de ses descendants, Jacques, épousa Jeanne Joumard, dame de Sufferte, dont il eut entre autres enfants un fils qui fut substitué aux nom et armes de Joumard par Andouin Joumard, son oncle paternel et son parrain. La descendance d'Andouin de Joumard-Achard s'est divisée en plusieurs branches, entre autres celle des seigneurs de Sufferte, formée à la fin du XV° siècle et qui fut elle-même substituée en 1608 aux nom et armes des Tison-d'Argence par le mariage de Gaspard de Joumard avec l'unique héritière de cette ancienne maison originaire de l'Angoumois. Pierre de Joumard d'Argence, lieutenant de roi en Bourgogne, fut reçu aux Etats de 1721 ; il épousa Philiberte Lami de la Laperrière, dont un fils reçu aux Etats de 1730. Les Joumard ont possédé le fief de Thorey en Auxois.

**JUILLY.** — *Un sautoir bretessé ou dentelé.* — Guyot de Juilly était écuyer de Louis, fils du duc Robert II en 1304. Guillaume, maître d'hôtel du duc Eudes en 1345, fut chargé de rassembler les troupes pour l'armée de Châtillon. Il fut depuis gruyer de Bourgogne et bailli d'Auxois en 1356. E. 1355.

**JULIEN.** — *D'azur au lion d'or, lampassé de gueules.* — Cette famille, originaire de Pouilly-en-Auxois, remonte à Girard Julien, écuyer, seigneur en partie de Vaubusin et de Frolois en 1370. On remarque parmi ses descendants : Huguenin, capitaine de Pouilly, la Motte-Ternant et Châteauneuf, homme d'armes des ordonnances en 1462 ; Edme, conseiller au parlement en 1516 ; Etienne, maître aux comptes en 1518, puis conseiller au parlement en 1524 ; Emiland, avocat général à la chambre des comptes en 1549 ; Edme, conseiller au parlement en 1537, auteur de la branche des Julien de Verchisy qui s'est éteinte dans les d'Anlezy. — Alliances : Carrière de Pons, Montmégin, Valon, Chamilly, Berbisey, Brocard, Martenne, Thésut, Baumont, Beuverand, Anchemant, David, Giraud, Girard. — Fiefs : Reclaines, Verrey-sous-Salmaise, Villotte, Turcey, Clamerey, la Cosme, Arcenay, Chavannay, Collonges, Marcilly. Une autre branche établie dans le Chalonnais au commencement du XVIᵉ siècle a fourni plusieurs officiers au bailliage de Chalon, des maires de cette ville, un député aux Etats généraux de Blois en 1576, trois élus du tiers aux Etats de 1581, 1639 et 1671, deux trésoriers du chapitre de la cathédrale, plusieurs militaires et deux greffiers-secrétaires des Etats de Bourgogne, Benoît en 1674 et Jacques en 1685. Elle s'est alliée aux Perrin, du Cornet, Perrault, Mucie, Marlout, Tapin, Vittier, Bernard de Blancey et a possédé la seigneurie de la Chapelle-sous-Brancion. M. 1698. E. 1557.

**JUSSEY.** — *Burelé de douze pièces, à la bordure de.....* — Cette famille produisit plusieurs chevaliers sous les ducs Eudes IV et Philippe de Rouvres. Olivier, l'un d'eux, devenu maître d'hôtel de Philippe-le-Hardi, puis maréchal de Bourgogne, fit partie du conseil secret de son fils, le comte de Nevers. Il était seigneur de Rochefort et entra aux Etats de 1387.

# L

**LABBEY.** — *D'argent au sautoir de sinople.* — Devise : *Sine labe.* — Labbey de Billy, dans son *Histoire de l'Université du comté de Bourgogne*, a donné la généalogie de sa famille depuis Colin de la Haye, *alias* Labbey, bailli de Neufchâtel en Normandie vers 1350, qui servit sous les ordres du connétable du Guesclin. Un de ses descendants se fixa au XVIᵉ siècle dans le comté de Bourgogne. Les titres produits par Jules-César Labbey aux Etats de 1787 prouvent cinq degrés de noblesse depuis Claude Labbey, dont le fils Jean-César fut reçu aux Etats du comté de Bourgogne en 1662 comme possédant fief et ayant justifié de titres qui établissaient son ancienne noblesse. En 1786, en reprenant de fief du Fays-Billot, le même Jules-César Labbey avait obtenu de la chambre des comptes de Dijon un arrêt qui lui reconnaissait la qualité de chevalier comme issu de Colin de la Haye dit Labbey. — Alliances : Bichin, Cordemoy, Jaquot, Robardey, Carmantran, Melbot, Dufay. — Nous ne dirons rien des autres branches restées en Normandie, qui ont fourni un conseiller au parlement de cette province et un chevalier de l'ordre du roi, des militaires de divers grades, et qui sont entrées à Malte.

**LALLEMAND.** — *D'argent à la fasce de sable, accompagnée de trois trèfles de gueules.* — Ancienne maison de Franche-Comté, dont la Chesnaye-des-Bois fait remonter l'origine à Hugues de Lallemand, chevalier, nommé dans une charte de l'abbaye de Bellevaux en 1222, et dont la filiation est établie depuis le commencement du XIVᵉ siècle. On remarque parmi ses membres : Jean, écuyer tranchant d'Othon, comte de Bourgogne; Hugues, créé chevalier par Philippe, duc de Bourgogne; Pierre, conseiller du conseil secret de Charles-le-Téméraire, et Jean, baron de Bouclans, de Waitte et de Longepierre, garde des sceaux de l'empereur Charles-Quint, ministre et secrétaire d'état, ambassadeur pour le traité de Madrid qu'il signa avec François I$^{er}$, créé comte en 1523. De son mariage avec Anne d'Anneton, comtesse d'Ascot, Jean de Lallemand eut entre autres enfants Jean, baron de Longepierre, capitaine de cent arquebusiers à cheval, tué en 1565 sans laisser d'enfants, et Claude dont la descendance fréquemment entrée à Saint-Georges, à Saint-Claude et à Malte, s'est alliée aux premières maisons du comté de Bourgogne, mais resta étrangère au duché. E. 1563.

**LAMARTINE**, anciennement **ALAMARTINE**. — *De gueules à deux fasces, alias deux cotices d'or, accompagnées en cœur d'un trèfle de même.* — Cette famille, originaire du Mâconnais, remonte à Etienne de Lamartine, juge-mage de Cluny, puis secrétaire du roi au commencement du XVII$^e$ siècle. Il eut deux fils : 1° Philippe-Etienne, sieur d'Hurigny, secrétaire du roi, marié en 1659 à Claudine de la Roue et dont la descendance s'est éteinte au siècle dernier en la personne de Jeanne-Sibylle-Philippine, femme de Pierre de Montherot, prévôt général des maréchaussées de Bourgogne et de Bresse ; 2° Jean-Baptiste, conseiller à Mâcon, auteur de la branche à laquelle appartenait Pierre de Lamartine, capitaine au régiment Dauphin, qui épousa Françoise-Alexis Desroys et fut père de l'illustre chantre des *Méditations*. Les deux branches ont fourni plusieurs capitaines et chevaliers de Saint-Louis, entre autres Louis-François, élu de la noblesse du Mâconnais en 1760. — Alliances : Galoche, Galopin, Albert, Montaillet, Desroys, Drosnier de Prat. — Fiefs : Monceau, Montculot, la Tour-Mailly, Urcy, Charmoy, Poisot, Quemigny. M. 1669, 1699. E. 1748 pour les deux branches.

**LAMBERT**. — *D'azur au lion d'or; au chef d'argent, chargé de trois étoiles de gueules.* D'après la Chesnaye-des-Bois, les seigneurs de Bonnes, en Angoumois, connus dès la fin du XIII$^e$ siècle, seraient les auteurs communs des marquis de Saint-Bris en Bourgogne et des seigneurs de la Mazardie en Périgord, tous du surnom de Lambert. Nous ne parlerons que de la première de ces branches dont la filiation est établie depuis Pierre de Lambert, damoiseau, seigneur de Lamourat, autrement de la Filolie, de la Mazardie et de la Jarissie, vivant en 1441. On remarque parmi ses descendants : Jean, seigneur de la Filolie et des Ecuyers, maître d'hôtel de la maison de Henri IV en 1591 et gentilhomme ordinaire de sa chambre ; Gaston, aussi gentilhomme de la chambre en 1610, capitaine lieutenant de la compagnie des gendarmes du prince de Nassau; François, mestre de camp, gouverneur de Noyon, mort au siége de Montauban en 1621 ; Henri, abbé de Saint-Pierre d'Auxerre; Jean, baron de Chitry, lieutenant-général, chevalier du Saint-Esprit, et gouverneur de Metz, qui obtint en 1644 la confirmation du marquisat de Saint-Bris en Auxerrois érigé en 1619 pour Charles de Coligny; Henri et Henri-François, son fils et son petit-fils, tous deux lieutenants-généraux, le premier gouverneur du duché de Luxembourg, le second gouverneur d'Auxerre, mort en 1754, ne laissant qu'un fils qui mourut enfant. — Alliances : Lamourat, Chasserel, Arnal de la Faye, Laux de la Coste, Robinet de la Serre, Champagne, Denard, Gentils, Apremont, Marguenat, Beaupoil, Larlan-de-Kercadio de Rochefort, la Taste, Menou. — Fiefs : Goix, Augy, Grésy. E. 1682.

**LANGHEAC, LANGEAC.** — *D'or à trois pals de vair.* — La baronnie de Langheac, capitale du Langeadais, petit pays limitrophe du Gévaudan et de l'Auvergne, a donné son nom à une ancienne et illustre famille qui remonte, d'après la Chesnaye-des-Bois, à Bernard, seigneur de Langheac et de Brassac au XII<sup>e</sup> siècle, et dont la branche aînée, après avoir fourni plusieurs sénéchaux d'Auvergne et un chambellan de Charles VIII, s'est éteinte en 1586 dans les la Rochefoucault. La branche des seigneurs de Dalet, formée au XV<sup>e</sup> siècle, s'est alliée aux Coligny-Cressia, Rabutin, Dyo, Estaing, Rochette, Melun, la Queuille, la Guiche, Cugnac, Lenoncourt, a fait ses preuves pour Malte, Remiremont et Brioude, et a porté les titres de comte de Dalet et marquis de Coligny. On remarque parmi ses membres un sénéchal d'Auvergne, une abbesse de Saint-Julien à Dijon et deux brigadiers des armées du roi. E. 1718.

**LANNEAU.** — *D'azur à un barbeau d'argent posé en fasce; au chef cousu d'azur, chargé de trois besants d'or.* — François-Lombard de Lanneau, seigneur de Marey et de Montfort, maître de l'hôtel de la princesse d'Orange, est le premier membre connu de cette famille; il vivait en 1531. Plusieurs de ses descendants ont porté les armes; on remarque parmi eux Charles, capitaine au régiment de Souvré, qui reçut la croix de Saint-Louis à la bataille de Fontenoy de la main de Louis XV. — Alliances : Saint-Martin, Changy, Guillet, Vaussin, Damoiseau, Mouhard, Dampierre, Gayot de Lamotte, Prénieux. — Fiefs : Marey, Montfort, Marchiseul, Corombles, Bard, Nogent. M. 1669, 1698. Décharge de franc-fief en 1700. E. 1599.

**LANTAGE.** — *De gueules à la croix d'or.* — Famille originaire du bailliage de Bar-sur-Seine, dont le premier membre connu, Antoine, épousa Alix de Charrecey. Alliée à la maison de Feligny, elle écartela son écusson des armes de celle-ci, qui sont *d'azur à une nelle d'argent.* Guy de Lantage, bailli de Bar-sur-Seine, fut héritier de Guyot Bonnot, dont il prit le nom. Parmi ses descendants, on peut citer : Jacques, chevalier, seigneur de Belan, marié à Jeanne de Mello; Jean, son fils, chevalier de l'ordre du roi, bailli de la Montagne, enseigne de la compagnie des hommes d'armes de François de Lorraine, duc de Guise, tué à la bataille de Dreux; Gaspard, chevalier de l'ordre du roi, enseigne de la compagnie du duc de Guise, etc. Cette famille posséda les fiefs de Belan, Polizot, Villecomte, Récourt, Latrecey, Dommarien, Vitry, Molinot, Roussillon, Toire, Esturny. — Alliances : Montbéliard, Turgey, Drée, Thoisy, Saint-Julien, Chaumont, Brancion, Chaugy. Aujourd'hui éteinte. E. 1549.

**LANTENNES.** — *De sable à la croix d'argent.* — Henri de Lantennes, qui tirait son nom d'un village près de Dole, fut témoin d'un traité conclu entre le duc de Bourgogne et Etienne, comte d'Auxonne, en 1197. Guillaume, damoiseau d'Henri de Bourgogne, est cité dans le testament de ce prince. Etienne, fils d'Hugues et d'Alix de Quingey, était abbé de Lure en 1449. Cette famille s'éteignit en la personne de Jean, seigneur d'Amange, qui laissa ses biens à sa nièce. E. 1412.

**LANTIN.** — *D'azur à la givre d'argent; au chef d'or.* — Cette famille, originaire de Chalon-sur-Saône et anoblie au XVII<sup>e</sup> siècle par des charges de robe, s'est divisée en deux branches entrées aux Etats, l'une en 1685, l'autre en 1751. Elle a fourni cinq conseillers au parlement de 1607 à 1692, un maître des comptes en 1635, et plusieurs militaires dont deux chevaliers de Saint-Louis au dernier siècle. — Alliances : Dubois, Gloton du Pré, Filzjan, Perret, Bernardon, Vestu de Saint-Denis, Ocquidem. — Fiefs : Montagny, Montcoy, Planche, Damerey, partie de Menesserre et de la Motte-Chissey. M. 1698.

**LANTY.** — Famille qui a possédé au XVIᵉ siècle une partie de la seigneurie de Railly dans la prévôté d'Avallon et dont le nom figure dans les rôles d'arrière-ban de cette époque. On trouve : Henri de Lanty, écuyer, lieutenant du gruyer du Nivernais pour le duc en 1395, dont le sceau porte *losangé* ; Guiot, écuyer, seigneur en partie de Saulcy en 1416 ; Charles, écuyer en 1624 ; Jeanne, fille de Michelle de Boissenet, qui reprend de fief en 1647 de la Cour-les-Mailly. E. 1590.

**LARREY.** — *Armes de Crancey.* — Les sires de Larrey descendent de Robert, frère d'Eudes, sire de Grancey, qui reçut en fief la terre de Larrey dans le Châtillonnais en 1301. Ils possédèrent les terres de Courcelles, Sainte-Colombe, Bâlon, Bissey, Gravières, Cussey, Loches et Meursault. E. 1352.

**LAS.** — *De sable à trois coquilles d'argent.* — Originaire du Nivernais, cette famille paraît remonter à Jean de Las, qualifié écuyer en 1380. Elle est entrée aux Etats de 1700 sur preuve de quatre degrés de noblesse et a possédé les fiefs de Valotte, dont elle portait le nom, et de Bierry.

**LAUBE.** — *D'azur au rocher à trois pointes d'argent, posé à la pointe de l'écu et surmonté d'un cerf d'or élancé.* — Famille originaire du Dauphiné et qui remonte à noble Daniel de Laube vivant en 1390. Parmi ses descendants on remarque au XVIᵉ siècle : Thomas, Christophe et Lyonnet, commandants de bandes d'infanterie, tous trois tués dans les guerres d'Italie sous François Iᵉʳ ; Louis, trésorier de France à Lyon en 1558, à Dijon en 1569 ; Louis et Gaspard, gentilshommes ordinaires de la chambre, le premier pourvu en outre de la charge de grand maître des eaux et forêts. La branche des barons de Corcelles en Mâconnais, entrée à Malte, s'est alliée aux Naturel, la Martinière, Châtelard, Fleutelot de Beneuvre, Menou, etc., et a possédé les seigneuries de Pierreclos, l'Artoire et Chevannes. Le chef de cette branche, Laurent, colonel du régiment de Rebecq, gouverneur de la ville et du château de Boulard, commanda l'infanterie française en 1635. Nous mentionnerons encore Jacques, commandant du ban de la noblesse du Dauphiné en 1692. — Autres fiefs : la Tour-Curtin, Beaumont, le Coudray, Brou, la Motte, Saint-Trivier, Saint-Jean-en-Forez. — Alliances : Thy, Peyrat, Rouël, Rossillon, Camus de Chavaignieu, la Porte, Bouvet, Beaumont d'Autichamp. M. 1698. E. 1653.

**LAURENCIN.** — *De sable au chevron d'or, accompagné de trois étoiles d'argent.* — Devise : *Lux in tenebris, et post tenebras spero lucem.* — Ancienne famille du Beaujolais, qui a fourni un grand nombre d'échevins de Lyon de 1471 à 1563, entre autres, Claude, baron de la Riverie en 1527, et est entrée à Malte dès le milieu du XVIᵉ siècle. On remarque parmi ses membres des gouverneurs de places, des officiers supérieurs, un brigadier des armées du roi, des chevaliers de Saint-Louis, un premier aumônier du roi, deux prieurs de Saint-Irénée de Lyon, plusieurs chanoinesses de Neuville. Philippe de Laurencin, baron de la Bussière, seigneur de la Garde et de Flacey, obtint en 1742 l'érection en comté des terres de Beaufort et de Crèvecœur. — Alliances : Amboise, Beaurepaire, Buatier, Charbonnier de Crangeac, Paphy, Cropet, Berton, Foudras, Chandieu, Maygnier de la Salle, Saint-Point, Fautrières, Champagne, Saint-Germain, Remigny, Lespinasse, Virieu. — Fiefs : Riverge, la Garde, Saint-Liger et Tremblay. Lettres de maintenue et d'anoblissement en tant que de besoin en 1665 ; preuves de six degrés aux Etats de 1718. M. 1668, 1699.

**LAVAL, LEVAL.** — *De sable à deux fasces d'argent ; au chef de même, chargé de trois étoiles de gueules.* — Devise : *Eadem mensura.* — Famille originaire d'Artois où elle portait le nom de Hardeberque, dont le premier membre connu, Hennequin, vivait au commencement du XVe siècle. Adrien de Hardeberque, son fils, mort en 1444, fut père de Jean qui, marié à Pasques de Laval, prit le nom de sa femme en 1474. Le fils de ce dernier, Guillaume, vint s'établir en Bourgogne où, après la réunion du duché à la couronne, il fut nommé contrôleur général des finances en 1495. Cette famille donna deux conseillers au parlement de Dijon, dont un doyen de la Sainte-Chapelle en 1515, qui fut depuis abbé d'Ogny ; un chanoine d'Arras et un de Langres, un religieux de Clairvaux, etc. Ses membres ont porté le surnom de du Bassin. — Fiefs : le Bassin, Senecey, Bressey, Cissey, Biarne, Carisey, et une partie du comté de Tonnerre. — Alliances : Chambellan, Le Parmentier, Alixand, Chandyo, Noël, Moisson, Couthier, l'Espine, Châtenay. E. 1563.

**LEGOUZ, GOUZ (LE).** — *De gueules à la croix endenchée d'or, cantonnée de quatre fers de lance d'argent.* — Il résulte des titres produits en 1688 devant les commissaires vérificateurs de la chambre de la noblesse que cette famille qui n'a pas cessé depuis le XVIe siècle de tenir un rang considérable dans la noblesse sénatoriale de la province, est issue de René Legouz, écuyer, capitaine de la ville de Langres, qui servait en 1491 dans la compagnie d'ordonnance de Jean de Baudricourt, gouverneur de Bourgogne, et fit hommage en 1494 de la terre de Vellepesle au prieur de Saint-Geosme (1). Son fils Thibaut, gentilhomme du duc de Wurtemberg, employé par François Ier auprès de ce duc et autres princes allemands, laissa entre autres enfants Pierre, maître des comptes à Dijon en 1554, de qui sont issus : 1° Guillaume, d'abord maître des comptes, puis avocat général au parlement en 1586, qui joua un rôle à l'époque de la Ligue sous le nom de Vellepesle et fut l'auteur de la branche des Legouz de Gerland ; 2° Pierre, trésorier de France en 1602, auteur des Legouz de Saint-Seine. La première de ces branches a fourni un gentilhomme ordinaire de la chambre du roi, un conseiller au parlement, substitué en 1646 aux nom et armes de Morin (2), deux maîtres de la garde-robe de la dauphine, et s'est éteinte au dernier siècle en la personne de Bénigne Legouz de Gerland, grand bailli du Dijonnais, qui s'est fait connaître par ses travaux sur les antiquités de sa patrie. La seconde branche avait pour chef au moment de la Révolution Bénigne Legouz de Saint-Seine, premier président du parlement de Bourgogne. On compte

(1) Dans la généalogie manuscrite de la famille Legouz-Morin conservée à la bibliothèque de l'Arsenal, Palliot rapporte un acte de la chambre des comptes de Bretagne du 17 avril 1539, rendu à la requête de Guillaume Le Gouz et de sa sœur Anne, constatant que dans le livre des réformations de l'évêché de Rennes, comprenant les hôtels des nobles, on trouve mentionnés Jehan Le Gouz en 1427, et Robin en 1445.

(2) MORIN. — *D'argent à trois mûres de pourpre.*

parmi ses membres deux présidents et six conseillers au même parlement, entre autres : Benoît, président à mortier en 1686, institué héritier par Jean Maillard, conseiller au parlement, à charge de porter son nom et ses armes (1), mort sans enfants mâles, et Jean, conseiller clerc au parlement, doyen de Chalon, élu du clergé aux Etats de 1703. Cette famille, qui a fait ses preuves pour Neuville en 1761, s'est alliée aux Saulx, Chabut, Mallion, Berthier, Maillard, Bonhier, Richard, Giey, Turgot, Cirey, Brosses, Févret, Pérard, des Barres, Févret, Rouillé, Bouthillier de Chavigny, Montholon, Joly, Gagne de Perrigny, etc. — Outre les fiefs déjà cités, elle a possédé les terres de Verseilles, Coublanc, Briannay, Simard, Curgy-la-Ville, Magny-sur-Tille, Godan, Lucey, la Choselle, Saint-Huruge, Saint-Bonnet, Sagy, Charangeroux, Rozières, Villeferry, Arnay-sous-Viteaux, Dampierre, Saint-Seine, Jancigny, la Tour-d'Is-sur-Tille, le Verger, et, par suite de son alliance avec l'héritière des Gagne de Perrigny, les seigneuries du marquisat de Bantange et du comté de Louhans. E. 1688.

**LEGRAND.** — *Vairé d'or et de gueules.* — Devise : *In variis nunquam varius.* — La famille Legrand, originaire de Baigneux, a fourni plusieurs officiers au bailliage, à la chancellerie, à la prévôté et au grenier à sel de Châtillon. On remarque parmi eux Guillaume Legrand, greffier en chef du bailliage, mort en 1572 et inhumé dans le chœur de l'église des Cordeliers de Châtillon où l'on voyait sa tombe décorée de ses armes et de celles de sa femme Guillemette Saumaise. N. Legrand, maire de Châtillon, était élu du tiers-état en 1537 ; Jean fut député aux Etats généraux d'Orléans en 1560. Une branche de cette famille, établie à Dijon, a donné un assez grand nombre d'officiers aux cours souveraines de la province, savoir : un auditeur des comptes, trois maîtres aux comptes en 1521, 1545, 1555, trois trésoriers du bureau des finances en 1598, 1626 et 1669, deux présidents à la chambre des comptes en 1582 et 1655, deux premiers présidents de la même compagnie : Jean en 1641, Bénigne en 1644. Ce dernier avait précédemment rempli une charge de conseiller au parlement. Pierre-François-Bernard fut reçu président au même parlement en 1685. Notons encore Claude, fait chevalier par Philippe-le-Bon et gouverneur de ses deux fils Antoine et Baudouin lorsqu'il les envoya contre le Turc, un abbé commendataire d'Epoisses en 1698 et un grand bailli d'épée du bailliage de la Montagne au XVIIIe siècle. — Alliances : Saumaise, Gagne, Tisserand, Sayve, Lenet, Rémond, Pontoux, Maillot, Boudier, Jaquot, Cirey, Bonnot, Chasan. — Fiefs : Saulon-la-Rue, érigé en comté en 1657, avec Barges, Fénay, Noiron et Chevigny-Fénay en partie, pour Jacques Legrand, président aux comptes, Aluze, Marnay, la Tour-d'Is-sur-Tille, Corcelles-les-Rangs, Sainte-Colombe, Malmont, Layer-le-Franc, Darcey, Bréviande, Pré-Faneau, Seigny et Renève en partie, Saint-Germain, le Châtelet. M. 1699. E. 1653.

**LEMOINE.** — *D'or au pal de gueules, chargé de trois croix du champ.* — Famille champenoise qui a possédé la seigneurie d'Autricourt-sur-Ource au bailliage de la Montagne et a été reçue au Etats de 1700 sur preuves remontant à Pierre Lemoine, qualifié écuyer, sieur de Millière en 1526.

---

(3) MAILLARD. — *D'azur au chevron d'argent, chargé à la pointe d'un tourteau de sable surchargé d'une croix d'or et accompagné de deux quintefeuilles aussi d'or en chef, et d'une étoile de même en pointe.*

**LENET.** — *D'azur à la fasce ondée d'argent, accompagnée de trois quintefeuilles d'or.* — Cette famille, issue de Guillaume Lenet, commensal du duc Philippe-le-Bon, a fourni deux secrétaires du roi, un gouverneur de la chancellerie de Bourgogne, deux présidents à la chambre des comptes en 1597 et 1641, trois conseillers au parlement et un procureur général près la même cour en 1641. Ce dernier, connu par ses *Mémoires* et par son attachement au prince de Condé, obtint en 1657 la confirmation en sa faveur, sous le nom de Lenet, du marquisat de Lurrey, érigé en 1652 sous le nom de Fabert. On remarque encore dans cette famille : Henri, abbé de Châtillon; Louis, chevalier de Malte en 1660; N., lieutenant-général des armées du roi; Claude-Bénigne, lieutenant aux gardes-françaises au dernier siècle. — Alliances : des Barres, Fyot, Gauthier, Gand, du Prat, Chaumelis, Espiard, Gagne, Sallier, Macheco. — Fiefs : Chassey, le Meix, Charette, Quintin, Longbois, Villotte, Boussenois, Corgengoux, Selorre, Puttier, la Brosse. E. 1712.

**LENONCOURT.** — *D'argent à la croix engrêlée de gueules.* — Cette famille, l'une des quatre premières de Lorraine, a porté à l'origine le nom de Nancey ou plutôt Nancy et a pris celui de Lenoncourt après l'acquisition d'une partie de la seigneurie de ce nom au commencement du XIV$^e$ siècle. Elle remonte à Odelric de Nancy, appelé père du duc Gérard dans une charte de 1065, et a fourni un évêque de Chalon, un archevêque de Rheims qui sacra François I$^{er}$, deux cardinaux, des chambellans et des gentilshommes de la chambre du roi, un maître d'hôtel du roi, deux écuyers de l'écurie du roi, des gouverneurs de provinces, des baillis et des capitaines de villes et de châteaux, deux colonels, un maréchal de camp, un lieutenant-général des armées du roi, un grand écuyer de Sicile et plusieurs grands officiers de Lorraine, un commandeur et des chevaliers du Saint-Esprit, de Saint-Michel et du Croissant de Sicile. Eteinte vers 1700, son nom a passé avec ses armes, par substitution, aux Sublet d'Heudicourt, dont un membre épousa une fille de la branche dite de Serres. Un autre rameau distingué par le surnom de Loches se fixa en Bourgogne vers le milieu du XIV$^e$ siècle. Il eut pour auteur Nicolas de Lenoncourt, second fils de Gérard II de Nancy et s'éteignit au XVII$^e$ siècle après s'être subdivisé dans les seigneurs de Marolles et de Chauffour. — Alliances : du Châtelet, Haraucourt, Luxembourg-la-Tour, Laval, Harcourt, Beauvau, la Marck, Choiseul, Joyeuse, Netancourt, Ligneville, Raigecourt, etc. La branche de Loches s'allia avec les Vienne, Ludre, la Marche, Cusance, Meligny, Mâlain, Chauvirey, Saulx-Tavannes, Marmier, Fyot, Canisy, Brancion, Villers-la-Faye, Laumont, Maumont, Le Bascle d'Argenteuil, Angennes, Brancas-Villars. — Terres en Bourgogne : Is-sur-Tille, Athée, Loches et Chauffour dont dépendait Marolles en Champagne. E. 1581.

**LEROUX.** — *D'or à quatre pals de sinople.* — Ces armes sont celles d'une famille de Bourgogne à laquelle nous présumons que devait appartenir Jean Leroux, seigneur du Terreau, entré aux Etats de 1626.

**LESTOUF, L'ESTOUF, LE TOUF, DE TOUX.** — *Ecartelé : aux 1 et 4, d'or à deux chevrons de sable, ou de sable à deux chevrons d'or, surmontés d'un lambel à trois pendants de gueules; aux 2 et 3, écartelé d'argent et de sable, à la bordure engrêlée ou endenchée de gueules.* — Nous présumons que cette famille, qui se disait sortie des Tofo d'Italie, a pour auteur *Hugo dictus Busseillat de Toiz, domicellus*, qui reconnut en 1266 tenir en fief-lige du duc de Bourgogne sa maison *de Toz* et tout ce qu'il possédait à Champeau, le tout situé dans la paroisse de Gueugnon en Charollais. On trouve après lui Sibylle de Toux qui reprit de fief de la même maison de Toux en 1315; Hugues Le Toux, écuyer, vivant en 1368; Hugues, damoiseau, qui donne dénombrement en 1380 de la Motte de Varennes-Reuillon, relevant de Semur-en-Brionnais; Jacquot de Toux, seigneur d'Echalot en 1390; Louis Le Toul, seigneur de Reuillon en 1430. Au XVIe siècle, les Lestouf se sont partagés en deux branches : celle des barons de Conflans, seigneurs de Semoutier, formée par Jean, chevalier de l'ordre du roi en 1521, et celle des barons de Pradines et de Sirot qui a fourni un grand nombre de militaires, parmi lesquels on remarque Jacques, gentilhomme de la chambre, chevalier de l'ordre en 1558; Philibert, colonel d'infanterie en 1626, et Claude, le célèbre baron de Sirot, qui fit ses premières armes dans la guerre de Trente-Ans, se distingua dans plusieurs rencontres et particulièrement à Rocroy, fut nommé lieutenant-général des armées du roi, et ayant pris le parti de la Fronde, trouva la mort à Gergeau en 1652. Ses *Mémoires* ont été imprimés en 1683. — Alliances : Angoulevant, Saint-Romain, Gallois, Fautrières, Martigny, Foudras, Martin de Choisey, Bouesseau, Garnier du Vouchot, etc. — Fiefs : — Baronnie de la Motte-Marcilly, seigneuries de Maulvoisin, Hurigny, la Clayette, la Croste, Poinsson-les-Grancey, Poinssenot, Barjon, Semoutier, partie de Recey et de Ville-sur-Arce. Filiation depuis Guillaume en 1316. M. 1669. E. 1570.

**LÉVIS.** — *D'or à trois chevrons de sable.* — Devise : *Aide Dieu au second chrétien Lévis.* — Il ne rentre pas dans notre cadre de donner la généalogie de la maison de Lévis, dont l'illustration et l'ancienneté sont bien connues. Nous nous bornerons à rappeler que la branche de Lugny, la seule qui ait eu des rapports suivis avec la Bourgogne et soit entrée aux Etats de la province, a été formée au XVe siècle par Eustache de Lévis, deuxième fils de Philippe, seigneur de Florensac et d'Alix de Quélus, lequel épousa Alix, dame de Cousan, fille de Hugues Damas, seigneur de Cousan et d'Alix de Beaujeu. Par suite de cette alliance, il devint propriétaire de la terre de Lugny en Charollais, qui était une des quatre grandes baronnies de ce comté et que ses descendants possédaient encore au dernier siècle. Les villages d'Hautefond, Changy et Nochize en dépendaient. — Autres fiefs possédés en Bourgogne par les Lévis-Lugny, Ventadour et Châteaumorand : la Perrière, le Plessis, Bragny, Ecuelle, Châtelet, la Barre, Saint-Germain-du-Plain, Ouroux, Limon, Thorey, Servigny, Talant en Chalonnais, baronnies de Bernon, Savoisy, Lignière. E. 1742.

**LIEUR (LE).** — *D'or à la croix pleine, la traverse denchée de gueules et d'argent, le montant denché d'argent et de gueules; ladite croix cantonnée de quatre têtes de léopards d'azur, lampassées de gueules.* — Jean-Louis Le Lieur, seigneur de Ville-sur-Arce en partie, reçu aux Etats de 1769, a prouvé sa filiation depuis son bisaïeul Guy, maintenu en 1668 par Caumartin, intendant de Champagne, sur preuves remontées à Jacques Le Lieur, maître général des eaux et forêts de Normandie, maire de Rouen en 1558, et capitaine du château de cette ville, anobli en 1560. Cette famille était établie dans le comté de Bar-sur-Seine dès la fin du XVe siècle. D'autres branches se sont fixées en Bretagne, Picardie, Ile-de-France, Maine. — Alliances : Gorron, Longeville, Le Breton, Guenichon, Chappron, Armynot du Châtelet.

**LIGNEVILLE, LIGNIVILLE.** — *Losangé d'or et de sable.* — En 1673, Jean-Jacques de Ligneville, seigneur d'Autreville, Buxières et autres lieux, lieutenant-colonel dans les troupes du duc de Bavière, reprit de fief de la seigneurie d'Autricourt, au bailliage de la Montagne, à lui échue par partage avec Daniel de Ligneville, son frère, et dame Catherine de Savigny, leur mère, veuve en premières noces de Henri, comte de Ligneville, et en deuxièmes de Gaspard d'Anglure, seigneur dudit Autricourt. Jean-Jacques, entré aux Etats de 1682, avait épousé Gabrielle Lemoine dont il n'eut pas d'enfants; en 1699, il vendit la terre d'Autricourt à Jean-Baptiste Lemoine, de la même famille que sa femme. C'est le seul lien qu'ait eu avec la Bourgogne l'illustre maison de Ligneville, l'une des quatre de la grande chevalerie de Lorraine.

**LIVRON.** — *D'argent à trois fasces de gueules, au franc-quartier d'argent chargé d'un roc de gueules.* — Famille du Dauphiné qui vint s'établir en Bourgogne et Champagne au XVe siècle. Bertrand, capitaine de Coiffy, épousa en 1477 Françoise de Bauffremont qui lui apporta les terres de Bourbonne, Parnot, Chézeaux, Torcenay, etc. Son fils Nicolas, baron de Bourbonne, gouverneur de Coiffy et de Montigny, chevalier de l'ordre, capitaine du château de Dijon et grand gruyer général réformateur des eaux et forêts du royaume, mourut en 1552. Erard, petit-fils du précédent, fut souverain de Vauvillars, seigneur de Torcenay, Parnot, Chézeaux, Hortes, Fresne-sur-Apance, gentilhomme ordinaire de la chambre, capitaine de cinquante hommes d'armes et grand chambellan du duc de Lorraine en 1618. Son fils Charles prit le titre de marquis de Bourbonne et devint successivement chevalier des ordres, maréchal de camp et lieutenant de roi en Champagne. Sa postérité s'éteignit en la personne de son petit-fils Erard en 1728. — Alliances : Noailles, Ray, du Châtelet, Orges, Bassompierre, Savigny d'Anglure. E. 1560.

**LOGE (LA).** — *D'azur à un ours d'or et trois pommes de pin de même en chef.* — Cette famille, originaire de Saulieu, s'est partagée en deux branches principales. L'une d'elles, issue de Pierre de la Loge, qui vivait à Semur en 1610, et anoblie par une charge de secrétaire du roi en 1671, a fourni un maître aux comptes en 1703 et un premier président du présidial de Semur. Jean-François, qui appartenait à l'autre branche, produisit pour prouver sa noblesse, lors de sa réception aux Etats de 1715, les provisions de l'office de secrétaire du roi successivement exercé par son aïeul et son père en 1654 et 1669, et en outre un jugement de maintenue rendu en 1698 au profit d'Andoche de la Loge, son oncle, capitaine au régiment de Bourgogne. Cette branche a fourni quatre conseillers au parlement en 1714, 1750, 1751 et 1775 et des militaires. — Alliances : Baudenet, Lemulier, Manin, Thierry, Thirion, Monginot, Bérard-Demonge, Fresne, Forestier, Martenot, Durand, Genreau, Le Belin, la Marre, Pérard. — Fiefs : Châtellenot, le Bassin, la Fontenelle, Broindon, Clomot, les Baumes, Dyonne, la rente de Bray.

**LOGES.** — *D'or au sautoir d'azur.* — Devise : *A ce coup.* — Guillaume de Loges, originaire de Bresse, vint s'établir vers 1400 en Bourgogne, après avoir épousé Agnès de Bourbon, qui lui apporta la terre de la Boulaye. Son fils Jean s'allia à Louise Rabutin d'Epiry en 1450, dont

Simon, gruyer de Bourgogne, père de Hugues, en 1495. Parmi leurs descendants, on peut citer: Christophe, gentilhomme de la maison du roi; Simon, bailli d'Autun; Aymé, qui épousa en 1640 Marie de Michal, fille du baron du Donjon, lieutenant-général de cavalerie en Savoie. — Autres alliances : Nagu, Montconis, Rouhaut de Gamaches, Jaquot, Courcelles, Trestondan, Lyathod. M. 1670. E. 1476.

**LOMBARD.** — *D'argent au chevron de gueules, accompagné de trois fleurs de lys de sable; au chef d'azur.* — Guillaume Lombard, seigneur de Millery, était frère de Simon, écuyer d'écurie de Charles-le-Téméraire en 1472. Ses descendants, Nazaire, Jean, Claude et Joachim, possédèrent la terre de Millery jusqu'à la fin du XVII$^e$ siècle. — Autre fief : Réglois. — Alliances : Arcelin, Garnier, Franay, la Garde, Ferroux, Navetier. M. 1637, 1669, 1698. E. 1712.

**LONGCHAMP.** — *Une bande de... chargée en chef d'un tourteau ou d'une étoile.* — On trouve Hugues de Longchamp, qualifié chevalier en 1299. Girard de Longchamp, chevalier, châtelain de Rouvres en 1357, était bailli de Chalon cinq ans après et maitre des foires de cette ville. C'est le même sans doute qui est qualifié en 1371 bailli de Chaumont, seigneur de Brainville et de Marey-sur-Tille. Robert, écuyer, seigneur en partie d'Oisilly, bailli de Langres et capitaine de Nogent-le-Roi, fut chargé de la garde des weuglaires (espèce de canons) du duc à Dijon en 1417. — Alliances : Montclerc, Comblanc. E. 1363.

**LONGEVILLE** ou **LONGUEVILLE DE VILLE-SUR-ARCE.** — *D'argent à l'aigle de sable.* — Cette famille, originaire de Franche-Comté, parait remonter à Jacob de Longeville, écuyer, qui fit hommage au duc en 1397. Elle a possédé pendant plus de deux cents ans la terre de Ville-sur-Arce, au bailliage de Bar-sur-Seine, et en outre les seigneuries de Bessey, Pouilly et Millery. — Alliances : Ville-sur-Arce, Visemal, Bissey, la Maisonneuve, Chalon, Cléron, Gervaise, etc. On remarque parmi ses membres un grand nombre d'hommes d'armes des ordonnances, particulièrement dans la compagnie de Nemours, un maréchal-des-logis de cinquante hommes d'armes des ordonnances sous la charge de M. de Ruffey en 1579, et plusieurs autres militaires de divers grades (1). M. 1670. E. 1560.

**LONGUEVAL.** — *De gueules à trois bandes d'argent, vairées de sinople, et une croix de même sur le tout d'en haut de la bande du milieu.* — Ces armes sont celles d'Octavien de Longueval, seigneur d'Anières-sous-Vézelay, entré aux Etats de 1590, dont le fils Gabriel fut chevalier de l'ordre, et dont la fille Jeanne épousa en 1598 Cyre du Boutet, seigneur de Sancy et de la Faulle. Il appartenait à une branche de l'ancienne et illustre maison de Longueval, originaire de Picardie ou d'Artois qui portait *bandé de vair et de gueules*, et d'où sont sortis les comtes et princes de Bucquoy en Autriche. — Autres fiefs en Bourgogne : Mailly, Charrey, Billy, Vaubusin. Jean-Jacques de Longueval, gentilhomme ordinaire de la chambre, ayant eu

---

(1) C'est un de ses membres, major de cavalerie, qui écrivit aux moines de Mores, qui avaient saisi le bétail de ses vassaux, cette lettre plaisante où il les menaçait de leur couper les oreilles s'ils ne restituaient le troupeau : *Messioribus les moinibus de Moribus, coupantibus rasibus, etc.* Le bétail fut immédiatement rendu.

son château de Rigny près Gray détruit par les Impériaux, le roi lui donna en dédommagement les seigneuries de Mignot et Thorey au bailliage de la Montagne, et celle de Montfalconnet en Bresse, cette dernière saisie sur le comte de Saint-Amour, gentilhomme franc-comtois qui était devenu possesseur de la terre de Rigny. La fille de Jean-Jacques de Longueval porta Mignot et Thorey dans la famille de Porcherot. E. 1590.

**LONGUEVILLE DE LA MAISON-BLANCHE.** — *D'argent au chevron d'azur.* — Cette famille remonte à Etienne de Longueville, seigneur de Fautigny en 1464. On remarque parmi ses membres : François, premier maître d'hôtel du duc de Nemours, écuyer de son écurie, cornette des chevau-légers de sa garde en 1617, depuis gouverneur de Montbard; Edme, capitaine d'une compagnie entretenue pour le roi sur le Mein, gendarme des deux cents chevau-légers en 1646; Dominique, écuyer de la petite écurie du roi en 1656, deux capitaines au régiment de Nice en 1746 et 1747. — Alliances : Ragny, Robbée, Loron, Blondeau, Villiers, Filzjan, Compain. — Fiefs : la Maison-Blanche, Domecy-sur-le-Vaux, Joux, Islan, Champ-Gachot, Prédefond, la Guichette, Crain, Champmorot, la Chaume. M. 1668, 1670. E. 1658.

**LONGUEVILLE DE VILLE-SUR-ARCE.** — (Voy. LONGEVILLE.)

**LONGUEVILLE-ROTHELIN.** — D'Orléans, *au bâton péri en abîme.* — François de Longueville, marquis de Rothelin, entré aux Etats de 1539 (1), était le troisième fils de Louis d'Orléans, duc de Longueville et grand chambellan de France, et de Jeanne de Hochberg. Les biens de sa mère ayant été partagés entre lui et son neveu François, fils de Louis, puîné de Longueville, mort en 1537, il eut dans sa part les seigneuries de Noyers, Villaines-en-Duesmois, Louhans, Mervans et Ormes que sa fille Françoise d'Orléans porta dans la maison de Bourbon-Condé.

**LOPPIN.** — *D'azur à la croix ancrée d'or.* — Cette famille, originaire de Beaune, s'est divisée en plusieurs branches. La première, restée à Beaune, a fourni des maires et des officiers aux diverses juridictions de cette ville : la seconde a donné plusieurs conseillers au parlement de Paris au XVI⁰ siècle ; la troisième s'est établie à Seurre où l'on trouve un maire de ce nom en 1645; la quatrième, fixée à Dijon, s'est elle-même subdivisée au dernier siècle en deux branches, celle des Loppin de Montmort, marquis de la Boulaye, et celle des Loppin de Gemeaux. Dans la branche dijonnaise on compte quatre maîtres des comptes de 1585 à 1674, trois conseillers au parlement dont l'un, Germain-Anne, marquis de la Boulaye, devint président en 1752, un avocat général au même parlement en 1736, et plusieurs militaires de divers grades, entre autres Jean-Etienne, capitaine de carabiniers, tué à Fontenoy. — Alliances : Joly, Chauveau, Lorenchet, Estiennot, Fourneret, Barbier, Févret, Espiard, Chartraire, Begon, Soret, Brunet, Tixier, Pontoux, Blanot, Moulins. — Fiefs : Morteuil, Masse, le Châtelain, Givry, Marcellois, baronnie de Gemeaux, Pichange, Preigney, le Champ, Blanot. E. 1772.

(1) Dans la liste on lui a par erreur donné le prénom de Louis.

**LORIOL.** — *D'azur à la tour d'argent, avec son avant-mur de même* (1). — Ancienne maison noble de Bresse. Piganiol de la Force la fait remonter à Jean de Loriol, damoiseau, vivant en 1400, dont la descendance a fourni des conseillers et un chambellan, maître d'hôtel des ducs de Savoie. Elle s'est partagée en plusieurs branches, celle des seigneurs de la Tour-de-Neuville-sur-Ain, celle des seigneurs de Saint-André-du-Bouchoux, d'Asnières et de Chamergy, alliée aux Chandieu, et celle des seigneurs de Gerlan, formée par Antoine de Loriol, qui de son mariage avec Hélène Bergier, dame de Corrobert, laissa un fils, Pierre, mort en 1625. Ce dernier avait épousé Françoise Le Loup, fille de René Le Loup, baron de Digoine, et en eut plusieurs enfants parmi lesquels nous nous bornerons à citer René, chef de la branche des Loriol-Chandieu qui est entrée aux Etats de 1682 et a possédé en Bourgogne la seigneurie de Morey et les baronnies de Couches et de Digoine, cette dernière située au bailliage de Montcenis. — Alliances en Bourgogne : Saulx-Tavannes, la Magdelaine, Falletans, etc.

**LORON.** — *De sable à la fasce d'or*, alias *d'argent* (2). — La filiation de cette famille, originaire du Nivernais, n'est régulièrement établie que depuis la fin du XVe siècle. Elle remonte néanmoins plus haut, puisque ses armes sont figurées sur un sceau appendu à une quittance délivrée en 1423 par Jacques Loron, conseiller et maître d'hôtel de la duchesse de Bourgogne. On remarque encore parmi ses membres François, gentilhomme ordinaire de la chambre du roi en 1575. — Alliances : Gamaches, Clugny, Courtenay, Aullenay, Janly, Conquérant, Barnault, Rieux, Jaucourt, Montjeu, la Rivière, la Tournelle, Lavault, Boulainvilliers, d'Estut d'Assay. — Fiefs : baronnies de Limanton et de Domecy-sur-Cure, seigneuries de Châtenay, Argoulay, Crain, Vilaine, Ferrière, Tarot depuis 1488 par alliance avec les Chuffaing. M. 1669, 1698. E. 1665.

**LOURDIN.** — Voy. COLIGNY.

**LUGNY.** — *D'azur à trois quintefeuilles d'or, accompagnées de sept billettes de même, trois en chef, une en cœur et trois en pointe, posées deux et une.* — Devises : 1° *Le content est riche*; 2° *Il n'y a oiseau de bon nid qui n'ait une plume de Lugny.* — Robert de Lugny, chanoine de Chalon, puis trésorier de la même ville, chancelier de Bourgogne en 1360, président du parlement, fut l'illustration principale de cette famille, originaire de l'Auxois, et dont une branche s'était anciennement établie dans le Mâconnais. Parmi ses membres on remarque encore : Seguin, évêque de Mâcon, mort en 1262; un autre chancelier de Bourgogne en 1349; deux gouverneurs de Chalon; Guillaume, échanson du duc en 1394; Huguenin, qui suivit le comte de Nevers en Hongrie; André, châtelain de Sarrières en 1417; Jean, baron de Ruffey, bailli de Chalon au XVIe siècle.— Fiefs : Montmoyen, Maiserotte, Monetoy, Saint-Trivier, Bellefond, Montcouct — Alliances: Villers, Tenarre, la Chambre, Bauffremont, la Baume, Saint-Trivier, Ferrières, Roussillon, Polignac; éteinte dans les Chabot. E. 1476.

(1) Alias : *d'azur à la tour carrée d'argent, avec son avant-mur de même.* —Nous ferons remarquer la ressemblance de ces armes avec celles des Loriol en Bugey, qui portaient : *d'azur au château d'or*, et qui se sont éteints au siècle dernier dans les Duport de Loriol, branche des Duport de Montplaisant et de Pontcharra, par le mariage de Marie-Charlotte de Loriol avec Louis-Alexandre-Catherin Duport de Montplaisant, comte de Loriol par lettres de 1743, ancien président au parlement de Bourgogne.

(2) Chevillard blasonne : *de sable à trois fasces d'or.*

# M

**MACHECO.** — *D'azur au chevron d'or, accompagné de trois têtes de perdrix arrachées de même.* — Devise : *J'ai bon bec et bon ongle.* — Famille originaire de Nuits et considérable par ses alliances et les charges qu'elle a occupées. Elle est issue de Jean Macheco qui paraît s'être fixé à Dijon vers 1445 et dont le fils Arnoult, maître extraordinaire à la chambre des comptes, mourut en 1482. Richard, fils d'Arnoult, d'abord fourrier des troupes du roi, grenetier au grenier à sel de Dijon en 1485, puis maître aux comptes en 1497, avait reçu en 1484 des lettres de noblesse pour services rendus à Louis XI. Il laissa trois enfants : Arnoulet, qui continua la postérité; Guillaume, abbé de Moutier-Saint-Jean, conseiller clerc au parlement en 1488 et doyen de la Sainte-Chapelle, et Jean, dont le fils unique Odo ou Eudes remplaça son oncle dans cette dernière charge. Parmi les descendants d'Arnoulet on remarque : Chrétien, maire de Nuits, élu du tiers-état en 1602; Girard, doyen de Saint-Denis-de-Vergy, élu du clergé aux Etats de 1642; Bénigne, successivement lieutenant civil et criminel à Nuits, maître des comptes, conseiller au parlement en 1631, doyen de Nuits, trésorier de la Sainte-Chapelle et conseiller d'état ; Jean-François, évêque de Conserans ; Chrétien, évêque de Périgueux en 1743 ; Bénigne, tué au siége de Landau en 1713 ; des officiers au bailliage de Nuits ; un auditeur des comptes en 1553 ; six conseillers au parlement de 1523 à 1749, etc. Cette famille, qui a fait ses preuves au dernier siècle pour Malte et Poulangy, s'est alliée aux Juif, Salomon, Esperonnet, Le Goux, Leval, Godran, Serre, Brégille, Chisseret, Humbert, Fyot, Moreau, Carmone, Millière, Vaussin, Barjod, Bouthillier, Tisserand, Ocquidem, des Barres, Milletot, Jaquot, Villers, Baudinot, Valon, Le Coq, Le Belin, Lenet.— Fiefs : la Grange-du-Pré, Vougeot, Marcilly, Montigny, Creusot, Segrois, Ternet, Premeaux, Villy, Champrenault, Corgengoux, Parué, Mazerotte, Crépan, Visargent. — Lettres de confirmation de noblesse en 1609, dans l'exposé desquelles on lit que cette famille était issue des Macheco de Bretagne. E. 1773.

**MAC-MAHON.**—*D'argent à trois lions léopardés de gueules, armés et lampassés d'azur, la tête contournée, posés l'un sur l'autre.*—Jean-Baptiste Mac-Mahon, entré aux Etats de 1757, était originaire de Limerick, en Irlande. Il vint s'établir dans l'Autunois au milieu du siècle dernier et obtint en 1750 un arrêt du conseil qui le maintenait dans sa noblesse d'extraction au vu d'une carte généalogique délivrée à son oncle, Maurice Mac-Mahon, chevalier de l'ordre du Christ, major de cavalerie de la garde du roi de Portugal, par Jean Hakins, roi d'armes à Dublin. Cette carte constatait que le septième aïeul de Maurice, Térence Mac-Mahon, prince de Cloindirala, avait été inhumé au monastère d'Hashelin où l'on voyait encore son superbe tombeau ; que Bernard, son sixième aïeul, avait eu ses biens confisqués sous Elisabeth et que ses ancêtres avaient pris leurs alliances dans les meilleures familles d'Irlande. Il résulte en outre du même arrêt de 1750 que le nom de Mac-Mahon, dans des branches différentes, était connu en France depuis les malheurs de Jacques II et n'avait plus dès lors cessé de figurer dans nos armées. Jean-Baptiste Mac-Mahon acquit par alliance et autrement l'ancien marquisat de Viange, les baronnies de Sully et d'Igornay, les seigneuries d'Eguilly, Voudenay, Sivry, Chazeu et plusieurs autres terres qui, réunies en grande partie, furent érigées en marquisat sous le nom d'Eguilly par lettres de 1763. Jean-Baptiste Mac-Mahon avait un frère chevalier de Malte, non profès, et mestre de camp de cavalerie, reçu aux Etats de 1760, et deux fils qui y furent reçus à la triennalité suivante.

**MADAILLAN.** — *Ecartelé : aux 1 et 4, tranché d'or et de gueules ; aux 2 et 3, d'azur au lion d'or, couronné de même*, qui est Lesparre. — Cette illustre maison tire son nom de la baronnie de Madaillan, située en Agénois, et remonte à Guillaume de Madaillan, sire de Lesparre en Médoc, qui fit hommage de ses terres en 1202 au roi Philippe-Auguste. A la branche des seigneurs de Montviel et de Montataire, marquis de Lassay (1), appartenaient : Louis, gentilhomme ordinaire de la chambre, colonel des compagnies françaises entretenues par le roi en Languedoc en 1574 ; Jean, capitaine de cent hommes d'armes, gouverneur de Touraine, qui servit utilement le roi Henri IV, particulièrement au combat d'Arques ; Louis, maréchal de camp à 22 ans, capitaine-lieutenant des chevau-légers du prince de Condé, à la fortune duquel il s'attacha pendant la Fronde, sans le suivre à l'étranger, étant resté au service du roi jusqu'à la paix de Nimègue ; Armand, chevalier des ordres, lieutenant-général au gouvernement de Bresse, Bugey et Valromey, qui commença à servir en 1672 et se signala dans plusieurs rencontres. En 1697 il acheta la seigneurie de Sermesse faisant partie de la terre de Verdun, et entra en conséquence aux Etats de Bourgogne la même année. Son fils Léon, colonel du régiment d'Enghien, acheta Layer-le-Franc en 1712. — Alliances : du Fay, Chauvigny, Vipart, Rabutin, Le Veneur, Sibour, Pajot, Bourbon, Coligny, d'O. E. 1697.

**MAGDELAINE, MADELEINE (LA).** — *Ecartelé : au 1er, d'hermine à trois bandes de gueules, celle du milieu chargée de cinq vannets ou coquilles d'or, et les deux autres de trois ; au 2, d'or à la croix ancrée de gueules*, qui est Damas ; *au 3, de gueules à trois bandes d'argent et au 4, de Bourgogne ancien.* — Ancienne maison du Charollais dont Thomas de la Magdelaine était bailli en 1275. Jean, sieur de la Magdelaine, fit une fondation pieuse à l'église de Charolles en 1390. Parmi leurs descendants, on peut citer : Jean, conseiller au parlement de Dole, abbé de Saint-Rigaud dans le Mâconnais après la mort de son frère Claude, grand prieur de Cluny, élu abbé de l'ordre en 1518 et vicaire-général du cardinal de Lorraine à qui il céda cette abbaye ; Jacques, abbé de Sainte-Marguerite, nommé à l'évêché de Paris ; Edouard, seigneur de Chogne, Blanchet et Saint-Didier, dont le fils Girard, conseiller du roi, bailli d'Auxois, chevalier de l'ordre, épousa en 1524 Claude Damas, qui lui apporta la terre de Ragny ; François, page de Henri II, lieutenant de cent hommes d'armes, conseiller d'état, gentilhomme ordinaire de la chambre, gouverneur du Nivernais, lieutenant de roi en Bresse, Bugey et Charollais, maréchal de camp, chevalier de l'ordre en 1595, pour qui la terre de Ragny fut érigée en marquisat le 29 novembre 1597 ; Léonor, son fils, chevalier de l'ordre,

---

(1) Erection de la terre de Lassay en marquisat en 1647 pour Isaac de Madaillan, et de celle de Manicamp en comté en 1693 pour Louis de Madaillan de Lesparre, marquis de Montataire.

lieutenant-général en Bresse, mort en 1628, père d'Anne, femme de François de Créqui, duc de Lesdiguières, et de Claude, évêque d'Autun, élu du clergé en 1626 et 1645; Jacques, Claude et Anne-Bernard, successivement baillis de la Montagne au XVII° siècle; Marie-François, marquis de Ragny, capitaine de cavalerie en 1747, et plusieurs commandeurs et chevaliers de Malte. — Alliances : Rosset, Courtenay, Hochberg, Marcilly-Cypierre, Boyer de Trémolles, Gondi-Retz, Ricey, Sommièvre, Loriol, Saint-Belin, Thyard. — Fiefs : Coulanges, Epiry, Tintry, Châteauneuf, Morache, Sougny, Cisery, Tanay, etc. E. 1570.

**MAGNIEN.** — *D'azur à deux palmes d'or mises en pal.* — Le château et les titres de cette famille ayant, paraît-il, été brûlés au XIV° siècle, ce n'est que depuis le siècle suivant que la filiation en est régulièrement établie; presque tous ses membres ont porté les armes. — Fiefs : baronnie de Bouhy, Drosson, la Charbonnière, Chailly-les-Peauldoye depuis le XVI° siècle jusqu'en 1789. — Alliances : Bataille, des Buissons, Lachère, Bazelle, Dubois, Bragny, Sauldon, Truchy. Preuves pour les pages en 1753. M. 1669. E. 1648.

**MAILLOT, DES MAILLOTS.** — *D'azur à trois maillets d'or.* — Cette famille, originaire de Normandie et que l'on trouve fixée en Bourgogne vers la fin du XV° siècle, paraît remonter à Henri, seigneur de Maillot, écuyer et capitaine de Bracon, qui reprit de fief de Juilly-le-Châtel en 1488, et de Chevigny-Saint-Sauveur en 1491. Elle s'est divisée en deux branches, à la première desquelles appartenait Robert des Maillots, capitaine de Talant au commencement du XVI° siècle, dont la fille porta par mariage la terre de Chevigny dans la maison de Villers-la-Faye. Le dernier représentant de la seconde branche, Philibert, sieur de Villeferry et capitaine de la porte de la chambre de la noblesse, substitua en 1628, aux nom et armes de Maillot, son neveu Philibert de la Meuzard, capitaine du château de Vitcaux, écuyer de la grande écurie du roi, chevalier de Saint-Michel, et capitaine de la porte après son oncle en 1645. Philibert de la Meuzard de Maillot portait : *d'azur à deux lances passées en sautoir et brisées d'or, accompagnées en chef d'une étoile*, qui est la Meuzard; *le champ chargé de trois maillets d'or*, qui est Maillot. — Alliances : Robelin, Croizier, Gros, Barangier, Montgommery, Bernezel, Saulx, Brigidey, Piget, Drée. — Fiefs : Malleville, Beire, le Mont, Châtain, Arnay-sous-Vitcaux, Vallois, Brain en partie. E. 1632.

**MAILLY.** — *De gueules à trois maillets d'or.* — Cette maison, que l'on croit une branche détachée des Mailly de Picardie, était établie en Bourgogne dès le XI° siècle. Humbert de Mailly, seigneur d'Arceau, gouverneur de Dijon, défendit cette ville contre le roi Robert qui l'assiégea inutilement en 1003. Son fils Garnier, 10° abbé de Saint-Etienne de Dijon, mourut en 1050. Pierre, chevalier, sire de Longeault, tenait en fief du duc vers 1277 les terres de Beire, Collonges, Pluvet et Pluvault. Jean, sire de Mailly, reprit de fief du duc pour Poncey-sur-Saône en 1295. Geoffroy était archidiacre de Beaune en 1284. Richard, époux de la comtesse de Maizières, était en 1369 seigneur de Mailly, Mypont et Puligny. Jean et Robert, conseillers et chambellans du duc en 1418, brisaient leurs armes d'un lambel. Claude possédait en 1474 les terres d'Arceau et d'Arcelot, tandis que son frère Simon, chambellan du roi en 1491, tenait en fief Arc-sur-Tille et Villers-les-Pots. Africain de Mailly, baron d'Ecot, seigneur de Saint-

Seine et de Villers-les-Pots, chevalier de l'ordre, panetier ordinaire du roi, bailli de Dijon en 1541, et Hélion, seigneur d'Arc-sur-Tille, Clomot et Savigny-les-Beaune, furent chevaliers d'honneur du parlement en 1532 et 1545. François, baron d'Ecot et de Clinchamp en 1573, laissa la plupart de ses biens aux Crux. — Autres fiefs : Fouchanges, Courtivron, Bousselange, Lantenay donné par Louis XI en 1479, Orgeux, Mirebel. — Alliances : Baudot, Anglure, Villers, Perrigny, Conflandé, Maisey, Ecutigny, Vuchey. — Une autre famille du même pays et du même nom, mais étrangère à celle-ci, portait : *trois fasces ondées avec une cotice brochant sur le tout.* E. 1460.

**MAIRE (LE).** — *D'or à deux fouets mis en pal et adossés d'azur; au chef de même chargé de deux étoiles d'or à six pointes.* — On trouve en 1350 Gilot Le Maire, de Bligny, et son frère Monin, qui tiennent en fief des terres à Corberon et à Joncy. C'est de l'un d'eux sans doute que descendait la famille qui nous occupe et qui a possédé aux XV° et XVI° siècles une portion de la seigneurie de Bligny. Elle paraît s'être élevée avec Jean Le Maire, seigneur de la Bondue, qualifié noble homme, dont le fils Jean, procureur fiscal aux bailliages d'Autun et de Montcenis, fut anobli par lettres de 1469; il devint procureur général du duc Charles en ses duché et comté de Bourgogne et pays adjacents, charge qu'il continua à exercer, sauf un court moment d'interruption après la réunion du duché à la couronne. Parmi ses descendants, dont on ne trouve plus de traces après le commencement du XVII° siècle, nous nous bornerons à citer : Jean Le Maire, écuyer, son fils, qui reçut en 1486 une gratification à cause des services de son père; Jules, trésorier de France et général des finances en 1586, président ancien du bureau des trésoriers en 1587, et Robert, aumônier de Saint-Bénigne en 1602. — Alliances : Garin, Châtelain, Martin, Bernard, la Tour, Mandelot, Bailleul. — Fiefs, outre ceux déjà cités : la Porcheresse, Fley, Collonges, Etoulles, portion de Chaudenay, francs-alleux à Chercy et Denevy. E. 1590.

**MAIRET.** — *Trois lances en pal, la pointe en bas.* — Jean Mairet, seigneur de Châtel-Regnault, vivait sous Philippe-le-Bon. Il fut élu aux Etats de 1454.

**MALAIN.** — *D'azur au sauvage d'or tenant une massue élevée, parti de gueules au lion d'or.* — Cette famille tire son origine de Jean Maire, dit Molain, chaudronnier à Dijon, dont le fils Oudot, garde de la monnaie de Chalon, fut anobli en 1433 par Philippe-le-Bon et devint son conseiller en 1439. Il changea alors son surnom en celui de Mâlain, et ses descendants s'efforcèrent d'acquérir la terre de ce nom dont les premiers seigneurs étaient éteints, pour rattacher à eux leur filiation. Leur fortune et leur mérite les élevèrent rapidement au niveau des plus anciennes maisons, qui recherchèrent leur alliance. Oudot, seigneur de Lux et de Demigny, fut la tige de la branche de Lux qui s'éteignit par la mort des deux barons de Lux tués en duel en 1613 par le chevalier de Guise. L'un d'eux, Edme, était lieutenant-général, commandant en chef au gouvernement de Bourgogne, chevalier des ordres du roi, conseiller en ses conseils et capitaine de cinquante hommes d'armes. Un de ses frères, seigneur de Tarsul et de Courtivron, grand'croix de l'ordre de Saint-Jean-de-Jérusalem, posséda les commanderies de Nancy, Saint-Jean-de-Vaux, Pont-Aubert et Normier. D'autres branches, celles de Demigny, de Digoine, de Missery, de Voudenay, de Montigny-sur-Armançon et de la Canche perpétuèrent le nom jusqu'au XVIIe siècle. — Fiefs : Màlain en partie, Spoix, Mimande, Meursault, etc. — Alliances : Savoisy, Rye, Pernes d'Epinac, Bauffremont, Choiseul, Simiane, Talaru, Villers-la-Faye, Faulquier, Damas-Crux, Saint-Belin, Thyard, Sommièvre, Bouvot, l'Estrade de la Cousse, Vincent, Gorrevod. E. 1549.

**MALASSIS.** — *De gueules à la croix engrêlée d'argent.* — Famille établie à Auxonne dès le commencement du XVIe siècle et qui a possédé pendant longtemps la seigneurie de Cléry vendue en 1688 aux Pelletier. Elle s'est alliée aux Moreau, Plaines, Jannon, Esmonin, Le Compasseur. E. 1633.

**MALPOIS, MALPOY.** — *D'azur au chevron d'or, accompagné en chef de deux étoiles d'argent et en pointe d'une motte de sinople surmontée d'une touffe de pois d'argent.* — Famille qui tire sans doute son origine de Jean Maulpoy, sergent de la chancellerie de Bourgogne en 1367, et fut anobli par des charges de trésoriers au bureau des finances en 1676, 1697, et 1725. — Alliances : Joly, Vitu, Espiard. — Fiefs : Beire-la-Ville et partie de Beire-le-Châtel. E. 1736.

**MARCELANGE.** — *D'or au lion de sable, armé, lampassé et couronné de gueules.* — Ancienne famille du Bourbonnais qui remonte à Hugues de Marcelange, damoiseau, vivant en 1404. Elle s'est alliée aux du Breuil, du Chastel-d'Ussel, Saunier, Murat, Gentils, Girard, Roffignac, Laudan, Saint-Hilaire, et a fait ses preuves pour Saint-Cyr en 1686. Un de ses membres, Charles de Marcelange, est entré aux Etats de 1668, comme possesseur de la seigneurie des Crots qu'il tenait du chef de sa femme, Marie Pelletier des Crots.

**MARCHAND, MARCHANT.** — *D'azur à deux chevrons d'or, accompagnés de six étoiles de même, posées deux en chef, trois entre les deux chevrons, posées une et deux, et la dernière en pointe.* — Parmi les descendants de Louis Marchand de Vers, anobli par Charles-Quint en 1531, on remarque : David, gentilhomme ordinaire de la chambre du roi, colonel de cavalerie étrangère, maréchal de camp en 1637; Michel, major d'Auxonne en 1734, capitaine de grenadiers dans Thésut; Bernard, capitaine de milice, mort à Ingolstadt en 1743; Michel, chevalier de Saint-Louis. Cette famille, qui s'est alliée aux Bourrelier, Margeret, Cléron, Pontoux, Messein, Brunet, Monginot, Merle, etc., a possédé les seigneuries du Maulgny, Rosey, Montbéliard, partie de Grange et de Loisey. E. 1668.

**MARCHE (LA).** — *De sable bandé d'or de trois pièces* (1). — Cette maison, originaire de Bresse, remonte à Renaud, témoin en 1174 du traité de paix conclu entre le duc de Bourgogne et le comte de Nevers. Parmi ses descendants, l'histoire cite : Guillaume, seigneur de la Marche en 1221; Simon en 1279; Guillaume, chevalier, bailli et maître des foires de Chalon en 1384, châtelain de la Colonne en 1391, qui céda la vicomté de Chalon au duc en 1400; Vautier, envoyé à Mâcon pour défendre la ville contre les Armagnacs en 1424; Antoine, seigneur de Château-Regnault en 1430, chambellan du duc, mort en 1438; Philippe,

---

(1) D'après Petitot, ces armes ont passé par héritage aux Fyot de la Marche, qui en écartelaient leur écusson.

gouverneur de Joux, et son fils Olivier, né en 1422, écuyer panetier de Philippe-le-Bon en 1447, armé chevalier à la bataille de Montlhéry, maître d'hôtel et capitaine des gardes de Charles-le-Téméraire, bailli d'Amont, mort à Bruxelles en 1501. Tout le monde connaît ses curieux *Mémoires*. Un de ses neveux, Charles de la Marche, existait encore en 1503, mais ne paraît pas avoir laissé de postérité mâle. — Terres : la Marche, Louhans acheté aux Vienne en 1449, Saint-Loup, Villargeau, Mervans, Villegaudin, Diombe, Nantoul, Chassey. — Alliances : Ayne, Bouton, Dommartin, Le Mairet, Saulx, Moroges, Lenoncourt, Machefoin. E. 1476.

**MARCHÉ (DU).** — *Parti d'azur et d'argent, à un soleil parti d'or et de gueules, l'or sur l'azur et le gueules sur l'argent.* — Devise : *Forti fide.* — Jean-François du Marché, originaire du Val d'Aoste, fut anobli par le duc de Savoie en 1598, en récompense de ses services militaires. Ses descendants ont possédé les terres de la Tour, de Noue et de Saint-Martin. M. 1666, 1699. E. 1662.

**MARCHEVILLE.** — Famille de Champagne qui portait : *d'azur à cinq besants d'argent, posés deux, deux et un.* E. 1566.

**MARCILLY.** — *Six pièces d'or et de sable à une bordure de gueules.* — Quoique plusieurs familles aient porté ce nom en Bourgogne, une seule a été admise aux Etats et mérite notre attention. Elle tire son origine du village de Marcilly près Charolles, qu'elle possédait de haute antiquité, dit Saint-Julien de Balcure, et dont elle prit le nom, après avoir quitté celui de Gulces ou Gueurche, sous lequel elle était d'abord connue. Ses premiers membres que l'histoire puisse mentionner sont : Artaud, chevalier en 1254 ; Aynard, chevalier, seigneur de l'Etang en 1362 ; Jean et Hugues, damoiseaux, fils de Robert, qui habitait le Mâconnais en 1367 ; *honorable, discrette et saige personne* Guillaume de Marcilly, *bourgeois* et maire de Dijon en 1374, bailli et maître des eaux et forêts du Charollais ; Vauthier, son fils, écuyer et seigneur de Gergy, Raconnay, Baudrières, le Champ-Saint-Pierre en 1413 ; Jean, seigneur de Marcilly, l'Etang et Nochises en 1397 ; Guillaume, châtelain de Pontailler en 1420 ; un autre Jean, seigneur de Crissey, la Nocle et Marly près Issy-l'Evêque en 1435 ; Claude, qui *tint parti contraire à M. le duc* en 1473, etc. Le dernier de cette branche laissa une fille unique, mariée à N. Martel, du Dauphiné, dont les enfants prirent le nom de leur mère. Une autre branche, dite du Breuil, donna naissance aux Marcilly-Cypierre, par le mariage de Pierre du Breuil avec une Sainte-Amour, héritière de la maison de Cypierre, dont il eut quatre fils : Philibert, gentilhomme ordinaire de la chambre du roi, gouverneur de Charles IX, commandant à Orléans, bailli du Charollais en 1554 ; Pierre, abbé de Mortemer en Normandie, évêque d'Autun en 1560 ; le troisième, abbé de Chéry en Normandie, et le quatrième, chevalier de Malte. Imbert, chevalier des ordres, fils de Philibert, lui succéda dans sa charge de bailli en 1568, et la transmit en 1604 à son fils Charles, gentilhomme de la chambre, depuis gouverneur d'Autun, pour qui la terre de la Motte-Ternant fut érigée en comté en 1616. — Alliances : Pierrechamp, Cussigny, la Cour de Moulin, Brion, Gondi, Thibaud. — Autres fiefs : baronnie de Thoisy, Varennes, le Vernois, Goix, Thaumirey, Censerey, Roussay. E. 1460.

**MARIE.** — *D'azur à la bande d'or, chargée de trois fers de dard de gueules et accompagnée de deux têtes de cerf d'or, posées de profil.* — Cette famille a fourni un grand nombre d'officiers aux bailliage et siége présidial d'Auxerre, entre autres Thomas Marie, qui fut anobli en 1661, en récompense de ses services signalés dans la charge de lieutenant-général au bailliage et dans celle de maire d'Auxerre qu'il avait exercée pendant dix ans. Ses descendants ont porté le titre de barons d'Avigneau et possédé les seigneuries de Merry, les Chesnaies, Coulanges-sur-Yonne, Nanteau, le Maulnoir, Saint-Georges, Sublenne, Montmercy, etc. Lettres de confirmation en 1667. E. 1748.

**MARITAIN.** — *Parti d'azur et de gueules, au chevron d'or brochant sur le tout;* alias : *à un chevron brisé d'argent;* alias : *à trois chevrons d'or.* — Noble Pierre Maritain, écuyer, seigneur des Combes, vivait au commencement du XVI° siècle. Un de ses descendants, Georges, commissaire d'artillerie, assista à la bataille d'Ivry comme homme d'armes dans la compagnie du marquis de la Guiche et devint capitaine de cent hommes de pied au régiment du duc de Bellegarde en 1617. On remarque encore René, gentilhomme ordinaire de la chambre, lieutenant dans Uxelles, condamné comme usurpateur en 1665, anobli en 1668, maintenu par arrêt du conseil en 1678, et tué au siége de Sainte-Menehould. — Alliances : la Garde, Veyny, du Crest, Bonamour, Thomassin, Patural, Villars-Vaux, la Fond. — Fiefs : Availly pendant plus d'un siècle et demi, Montrond, les Combes. M. 1669, 1698. E. 1682.

**MARLET (LE).** — Famille anoblie en 1509 dans la personne de Claude Le Marlet, licencié ès-lois, demeurant à Dijon, à qui elle fournit un vicomte-mayeur, député de cette ville aux Etats généraux d'Orléans en 1560, et un bailli d'épée, quoique la charge de grand bailli ne se conférât le plus souvent qu'aux gentilshommes de haute lignée. — Fiefs : Gemeaux, Ternant. — Alliance : Baillet. E. 1560.

**MARLOUT.** — *D'azur à deux aigles d'or affrontées, s'essorants sur une roche de même mouvant de la pointe, surmontées d'un soleil aussi d'or.* — Cette famille est originaire de Chalon où l'on trouve en 1550 deux frères de ce nom, Guillaume, échevin, et Philibert, grenetier au grenier à sel. La descendance de Philibert a été anoblie par deux offices, l'un de maître, l'autre de président aux comptes dont furent pourvus Jean-Baptiste et Etienne Marlout en 1613 et 1642. Depuis lors on remarque Louis-Guillaume, colonel d'un régiment de son nom, et Louis-Victor, chevalier de Saint-Louis, brigadier des armées du roi. — Alliances : Barbotte, Julien, Bernardon, Guelaud, Courvault, Perret, la Boulaye. — Fiefs : fief de Marlout, anciennement dit de la Rode, Cruzilles, Roailly, la Brosse, Charnailles, Jamble. M. 1698. E. 1703.

**MARRE (LA).** — *De gueules au chevron d'or, accompagné de trois coquilles d'argent, lignées de sable.* — D'après l'*Armorial de la Chambre des comptes*, cette famille, originaire du Charollais, remonte à Henri de la Marre, écuyer, seigneur d'Oisy au XIV° siècle, dont le petit-fils Jean, devenu gouverneur de Beaune, se fixa dans cette ville et y épousa Philiberte Billiard. Deux de ses petits-fils, Philibert et Pierre, auteur des diverses branches qui ont perpétué le nom jusqu'au dernier siècle, furent anoblis en 1585 en récompense des services qu'ils avaient rendus pour la réduction de Beaune sous l'obéissance de Henri IV (1). La branche directe, éteinte en la personne de Guillaume de la Marre, trésorier de France à Dijon, élu du tiers aux Etats de 1629, a fourni deux maires de Beaune, dont l'un était en outre lieutenant criminel au bailliage de cette ville. Dans la branche des seigneurs d'Aluze, on remarque plusieurs officiers au bailliage et à la chancellerie de Beaune et quelques militaires, entre autres Jean, lieutenant des maréchaux de France en Bourgogne au dernier siècle. Enfin les deux autres branches ont fourni des maires et des officiers au bailliage de Beaune, un maître des requêtes de la reine Marie de Médicis, un chevalier de Saint-Lazare, un doyen de Beaune, élu du clergé en 1766, un avocat général, puis maître ordinaire à la chambre des comptes en 1610, un célèbre avocat au parlement de Dijon, mort en 1680, un président à mortier en 1696 et cinq conseillers au même parlement en 1637, 1653, 1674, 1712 et 1738. L'un d'eux, Philibert, connu par ses travaux d'érudition et d'histoire, reçut l'ordre de Saint-Michel en 1660. — Alliances : Le Blanc, Rozerot, Richard, Alixant, Micault, Bernardon, Bouchin, Saumaise, Riollet, Berbis, Thiroux, Brunet, Souvert, Tisserand, Giroux, Folin, Loppin, Migieu, Mucie, Bouhier, Jacquotot, Ocquidem, Millet, Badoux, Verchère, Mairetet, Charpy, la Loge, Bérardier, Lostende. — Fiefs : Chevigny, Meursault, Ruffey, Auxey, Billy, le bois de Montby, Varennes, Champigny-sur-Tille, etc. M. 1669, 1697, 1698. E. 1671.

**MARRON.** — *D'or au marronnier de sinople, terrassé de sable, et placé entre deux fontaines jaillissantes d'argent et deux marrons de sinople.* — En récompense de ses services, Nicolas Marron obtint en 1653 de Charles-Emmanuel de Savoie, pour lui et pour son fils Cyprien, des lettres qui les reconnaissaient nobles, comme s'ils eussent été procréés de race noble et de quatre aïeuls paternels et maternels. Onze ans plus tard, Cyprien, qualifié gentilhomme piémontais, fut naturalisé par Louis XIV, à cause des services qu'il avait rendus pendant vingt ans dans les armées françaises, comme capitaine de cavalerie dans Royal-Piémont. On trouve après lui Nicolas, chevalier de Saint-Louis et capitaine au régiment de Saillant en 1750, et Marie-Agricol, baron de Belvey et de Dompierre en 1751. — Alliances : Cansons, Argent, Carrelet. — Fiefs : Pichange en partie, la Tour-de-Neuville-sur-Ain, Meillonas. — M. 1716. E. 1754.

**MARTIGNY.** — Plusieurs familles ont porté ce nom en Bourgogne. L'une d'elles, originaire d'Anjou, descendait d'un frère de Renaud de Martigny, archevêque de Reims, mort en 1139. Un de ses membres, Robert, écuyer de Philippe-le-Hardi, fut tué sur le pont de Montereau en voulant défendre Jean-sans-Peur. Elle portait : *d'or au chevron d'azur, accompagné de trois quintefeuilles de gueules*, et détacha une branche en Flandre. Une seconde famille de ce nom, originaire du Faucigny et fixée dans le Charollais, blasonnait son écu de *trois pals et d'un chef chargé de trois coquilles*. Parmi ses membres on peut citer : Guillaume, gruyer du Charollais en 1358, et un autre Guillaume, chevalier, qui figure dans une montre d'armes en 1419. Mais on ignore si Jean, procureur du duc au bailliage d'Aval, et Guy, conseil-

---

(1) En 1676, Etienne de la Marre, lieutenant-général et maire de Beaune, auteur de la branche des seigneurs d'Aluze, et son fils Jean-Baptiste, lieutenant-criminel au même bailliage, obtinrent des lettres de relief de noblesse, motivées sur ce qu'ils avaient indûment payé la taille.

ler au parlement de Dole en 1450, étaient issus de la même race. Il est probable toutefois que Guillaume, capitaine d'Aisey en 1524; Jean, chevalier de l'ordre, seigneur de la Villeneuve et de Rocheprise, mort en 1576, et ses deux fils Jean et Claude, écuyers en 1593, appartenaient à cette famille qui posséda les fiefs de Martigny-le-Comte, Bremur, Vaurois, Mornay, Ménèble, Montigny, etc., s'allia aux la Bruyère, Faulquier, Lestouf, Estrac et entra aux Etats en 1562. Citons enfin une dernière famille de Martigny, originaire du Poitou et maintenue en 1699, qui portait : *écartelé : aux 1 et 4, d'argent à la croix de sable; aux 2 et 3, d'azur à trois cloches d'argent*, et dont était issu Jean, chevalier de Saint-Lazare, époux d'Anne de Boigne, pour qui la baronnie d'Uchon et la terre de la Tour du Boz furent érigées en marquisat en 1682. Il était neveu d'un conseiller au parlement de Bordeaux. — Fiefs : la Goymière, Martigny, la Barre.

**MARTIN.** — *D'argent à trois perdrix de sable; au chef de sable, chargé de trois coquilles du champ.* — Quelques auteurs font remonter cette famille à Humbelot Martin qui obtint en 1365 du roi Charles V des lettres qui l'autorisaient à recevoir tous ordres de chevalerie et autres titres et dignités des nobles. D'autres, peut-être mieux informés, lui donnent pour auteur Jacquot Martin, seigneur de Bretenières, valet de chambre de Philippe-le-Bon, anobli par ce prince en 1435, élu du roi aux Etats de 1483, qui laissa deux fils : Jean, valet de chambre, sommelier et conseiller du duc, gruyer de Bourgogne, seigneur de Partay et de Choisey; et Philippe, seigneur de Bretenières, élu du roi en 1484, maître d'hôtel du roi, capitaine de Rouvres, décédé maire de Dijon en 1489. Parmi les descendants de Philippe, on remarque : Charles, fait chevalier par Charles-Quint dans un combat contre Barberousse; Bénigne, vicomte-mayeur de Dijon de 1557 à 1560 et de 1561 à 1565; Antoine, seigneur de Choisey, qui testa en 1567; Jean, prieur de Vignory en 1561; Pierre, prieur commendataire de Fays-Billot en 1723, et plusieurs militaires. Au dernier siècle, cette famille était établie au comté de Bourgogne. Outre les fiefs déjà nommés, elle a possédé Barjon, Avot, Pottenet, Courlon, Charmoy, Rivière-les-Fosses. — Alliances : Machefoin, Guedon, Jaquelin, Vernier, Moucherot, Bouesseau, Roussel, du Lyon, Hugon, Vauthereau, des Baugis, Millotet, Floris, Baudot, Doroz, Saconay, Petit, Vittier, Louvet. M. 1666, 1669. E. 1653.

**MASSET, MACET.** — *De sable à la fasce d'argent, accompagnée de trois têtes de bélier de même.* — Devise : *Tousiours verd de Macet.* — Issu d'une ancienne famille de Quiers en Piémont, Jacques de Masset se retira en Bresse au XIVe siècle et fut conseiller du comte de Savoie et châtelain de Bourg. Un de ses descendants fut promu à l'évêché de Mâcon vers 1440. D'après Guichenon, il faut considérer comme sortis d'une même souche les Masset, seigneurs de Davayé, Rosan et la Roche de Solutré en Mâconnais, de Sauzey ou du Sauzey et de Chapponod en Bresse, connus depuis Pierre de Masset, damoiseau en 1400 et qui se sont alliés aux Correvod, Colomb, Say, Chapponod, Chales, Perrachon. Plusieurs membres de cette branche ont porté les armes, entre autres Henri de Masset, chevalier, maréchal de bataille ès camps et armées du roi, capitaine de cavalerie en 1673. M. 1669, 1698, 1699. E. 1653.

**MASSOL.** — *D'or à l'aigle à deux têtes éployée de sable; coupé de gueules au dextrochère armé d'une massue, et mouvant d'une nuée à sénestre, le tout d'argent.* — L'auteur de cette famille est Augustin Massol, médecin, né à Casal en Italie et mort à Dijon en 1504. Ses descendants fournirent un député du tiers aux Etats généraux d'Orléans en 1560, cinq présidents à la chambre des comptes de Dijon, trois conseillers au parlement de Bourgogne, un avocat général à la chambre des comptes de Paris, un lieutenant-général et un maréchal des camps et armées et plusieurs gentilshommes de la chambre du roi. Ils possédèrent les terres de Collonges, de Loisy, de Champeau, de Savigny-sous-Beaune, de Messange, de Bévy, de Travoisy, du Tremblay, de Montmoyen, de Marcilly-les-Vitcaux, de Serville et de Garenne, avec les titres de marquis de Serville et de Rebez. Ils s'allièrent aux Le Blanc, Ferrières, Curley, Juret, Maillard, Grozelier, Brûlart, Languet, Clermont-Crusil, Berbisey, Millière, Morin, Le Goux de la Berchère, Bretagne, des Hayes, Fyot de Vaugimois, Filzjan, Bernard, Berbis, Muzeau, Morelet, Courtot, etc. Cette famille existe encore. E. 1677.

**MASSON.** — *D'azur au chevron d'or, accompagné de trois glands de chêne d'argent.* — Famille franc-comtoise issue de Claude Masson, écuyer de Philippe-le-Bon et partagée en deux branches principales. A celle des seigneurs d'Authume et d'Eclans appartenait Jean-Etienne, marquis de Masson d'Authume (1), ancien conseiller au parlement de Besançon, qui, pour obtenir l'entrée de la chambre de la noblesse aux Etats de 1781, présenta la reprise du fief du Pré-Molay, situé au territoire de Tart-le-Haut, et fit preuve de cinq degrés de noblesse dans lesquels on remarque son père Jean-Léger, chevalier non-profès de l'ordre de Saint-Jean-de-Jérusalem, chevalier d'honneur de la chambre des comptes de Dole; Claude-François, son aïeul, qualifié baron de Longvy; et deux lieutenants-généraux au bailliage de Poligny. La seconde branche établie à Dole a fourni des conseillers maîtres à la cour des comptes de cette ville. — Alliances : Regnaudot, Choux, Froissard, Bontemps, Rateau, Mayrot de Mutigney, Billy, Franchet, Terrier, Basirette, Chappeaux en Franche-Comté. Famille encore existante.

**MATHIEU.** — *De gueules au chevron d'or, accompagné de trois croissants d'argent.* — Cette famille, originaire du Nivernais, remonte à Pierre Mathieu qui vivait à la fin du XVe siècle. On remarque parmi ses membres Hugues, élu du Charollais en 1682, et Henri, qualifié comte de Champvigy en 1721. — Autres fiefs : Essertines, Chevigny ou Chavigny, Epoisses, Plomb, Moroges, la Chassagne, Hauteserve, la Vallée, Varennes. — Alliances : Bougard, Ragny, Moroges, Rabutin, Champier, Le Brun du Breuil, la Souche, Nuis, Molière. M. 1682, 1698, 1700. E. 1650.

**MAUROY.** — *D'azur au chevron d'or, accompagné de trois couronnes ducales d'argent ou d'or.* — Devise : *Dampné n'es pas, sy ne le crois.* — Famille originaire de Troyes, où l'on trouve Nicolas Mauroy, qualifié avocat du roi au bailliage en 1444. Etabli dans l'Autunois au XVIe siècle, elle a été condamnée comme usurpatrice en 1665; mais il est probable qu'elle obtint depuis un arrêt de maintenue puisqu'elle entra aux Etats de 1775 sur preuve de cinq degrés de noblesse. Elle a fourni un grand nombre de militaires, entre autres un lieutenant-colonel de Condé-cavalerie, un colonel de Médoc, deux lieutenants-généraux en 1718 et 1748,

---

(1) Authume en Franche-Comté fut érigé en marquisat en 1750 sous le nom de Masson.

qualifiés marquis de Mauroy, fils et petit-fils d'un auditeur à la chambre des comptes de Paris, un lieutenant-colonel des grenadiers de France, passé en Amérique au dernier siècle, avec le grade de brigadier des armées du roi. On trouve encore de ce nom et sans doute de la même famille deux grands maîtres des eaux et forêts en Bourgogne. — Alliances : Festuot, Saudon, Scorrailles, la Rivière, Bault, Lemaire, Pleure. — Fiefs : Buffon, Marchesenil, Vésigneux, la Garde, Fontaines-les-Arnay, Saint-Félix en partie.

**MAYGNIER, — MEYNIER.** — *D'azur au griffon d'or, langué et onglé de gueules.* — Devise : *Major fama.* — Cette famille, originaire de Franche-Comté, se dit issue de Jean Meynier, anobli par Charles-Quint en 1522. Elle a possédé en Bourgogne le fief de Saint-Anthost et s'est alliée aux Lezay, Froissard, Béthisy, Manse, Massol. Convocations aux Etats de Franche-Comté de 1654 à 1666. Cinq degrés de noblesse prouvés aux Etats de Bourgogne en 1781. Preuves pour la grande écurie en 1769. Titre de comte de la Salle.

**MEIX (DU).** — Famille qui a possédé au XVI$^e$ siècle les seigneuries de Magny, Aubigny près Saint-Jean-de-Losne, Escloies, Epoisses, Chaumont et la baronnie d'Aubigny en Auxois. Philibert du Meix, baron d'Aubigny, vivait en 1508 ; il laissa trois fils : Jean, Charles, grand aumônier de Saint-Claude et Bernard, gentilhomme de la maison du roi, dont la fille Anne épousa en 1575 Christophe Pot, baron de Blaisy, chevalier des ordres du roi, auquel elle apporta la baronnie d'Aubigny (1). E. 1566.

**MELLIN.** — *D'or à deux lions couronnés et affrontés de sable ; au chef cousu d'or, chargé de trois merlettes de sable.* — Cette famille remonte à Henri de Mellin qui habitait le pays de Liège en 1526, et dont le fils Thomas passa au service de France. Son petit-fils est qualifié en 1574 homme d'armes et seigneur de Saint-Seine-la-Tour-sur-Vingeanne. On trouve après lui N. de Mellin, colonel du régiment de cavalerie étranger en 1631, et Louis, major de carabiniers et gentilhomme ordinaire de la chambre en 1645. — Alliances : Monthon, Le Cerf, Andrieux, Roujoux, Emery, etc. — Fiefs : Francileu, Fontenelle, la Craye. Le titre d'écuyer a été reconnu à cette famille par arrêt du parlement en 1655. M. 1666, 1697. E. 1679.

**MELLO, MERLO.**—*D'or à deux fasces de gueules, à un orle de neuf merlettes de même.* — Originaire de Picardie, cette famille illustre vint s'établir en Bourgogne à la suite du mariage de Dreux de Mello, seigneur de Saint-Bris et de Château-Chinon, avec Eustachia de Montbard,

---

(1) Nous croyons cette famille issue des anciens seigneurs du Meix, terre qui relevait de Saulx-le-Duc. Parmi eux nous citerons : messire Jacon Dumeix, qui vivait en 1268 ; Emonin, seigneur d'Autricourt, qui figure parmi les féodaux de Saulx-le-Duc en 1340 ; Geoffroy, seigneur en partie du Meix et d'Autricourt en 1370, le même sans doute qui est qualifié capitaine de Talant en 1365, et sur le sceau duquel est figuré *un lion, accompagné d'une bordure de besants.* — Girard du Meix de Moroges, châtelain de Volnay en 1346, portait : *une bande dentelée, accompagnée en chef d'un oiseau ou merlette.* — Enguerrand du Mes, archer du duc en 1408, portait : *une fasce accompagnée en chef de trois annelets ou cercles, et en pointe d'une molette ou étoile à six rais.* — Roger du Mez, écuyer en 1410 : *écartelé : aux 1 et 4, de gueules ou d'or au canton de..... ; aux 2 et 3, une croix chargée en cœur d'un tourteau ou besant.* — Jean du Meix, chapelain du comte de Nevers en 1394 : *un cœur couronné et une bordure de huit étoiles en orle.* — Alliances : Blaisy, Courtivron, Menesserre, Maisoncomte, Montagu, Saint-Seine, Desgranges.

dernière héritière de la maison d'Epoisses, qui lui apporta la terre de ce nom. Dreux eut pour héritier son frère Guillaume, dont le fils Guillaume II, inhumé à Fontenet en 1326, donna le jour à Gibaut, marié en 1365 à Isabelle de la Tour-d'Auvergne. Le nom s'éteignit en 1419 dans la personne de Guillaume de Mello, dont la riche succession tomba, par Jeanne sa sœur, entre les mains des Montaigu de Couches. Parmi les illustrations de la famille, on peut citer Dreux IV, croisé en 1191, connétable de France en 1218; Jean, évêque de Chalon-sur-Saône en 1354, puis de Clermont; Isabeau, comtesse de Joigny, femme du connétable Imbert de Beaujeu, Jeanne, comtesse d'Eu, etc. — Principales alliances : Saint-Vérain, Châteauvillain-Luzy, la Trémouille, Rosny, Aumont, Bourbon, Noyers, Montaigu, Thil. E. 1355.

**MENARD.** — *D'or à la fasce d'azur, chargée de deux roses d'argent ou d'or et accompagnée de trois roses de gueules.* Alias : *d'azur, à la fasce d'argent, accompagnée de cinq roses posées deux en chef et trois en pointe, celles-ci 2 et 1.* — Cette famille, originaire de Champagne, a possédé la seigneurie de Villiers-sur-Suize, au bailliage de Châtillon, et a été maintenue en 1698. E. 1662.

**MENUE (LA).** — *De gueules au griffon d'or.* — Cette famille a possédé les seigneuries de Saint-Privé, Châtelmoron, la Tour-Baudin, Saint-Etienne-le-Grand, Perrigny, Molleron, Munot, Sommery, Chevance, Nardeaugne, le Petit-Limon, et s'est alliée aux Perrigny, Vidal, Damas de Sassangy, Belleperche, Champier. On remarque parmi ses membres Philippe de la Menue, commandant d'une compagnie de gens de pied au régiment de Champagne en 1599; Jean, capitaine au régiment de Vaubécourt en 1642, et Antoine, capitaine au régiment de S. A. R. en 1647. M. 1698. E. 1653.

**MESGRIGNY.** — *D'azur au lion de sable; alias: d'argent au lion lampassé de gueules.* — Famille champenoise dont un membre, Jean, seigneur de Chosques, prévôt puis président de Troyes, acquit en 1536 la terre de Villeneuve. Sa postérité se divisa en deux branches, celle de Villeneuve et celle de Villebertin. La première fournit plusieurs vicomtes de Troyes, un général de la cour des aides et un premier président du parlement de Provence, en faveur duquel la baronnie de Villeneuve et la seigneurie de Vandœuvre furent érigées en marquisat en 1646. Cette branche qui s'allia aux Grené, Bouguier, Bussy, du Mesnil-Simon, Bouthillier de Chavigny, s'éteignit dans les mâles au XVIIIe siècle. Celle de Villebertin a fourni un procureur général au parlement de Châlons en 1589, plusieurs gentilshommes de la chambre du roi, mestres et maréchaux de camp, vicomtes de Troyes et chevaliers de Malte. Elle s'est alliée aux Le Meyrat, Coiffart de Marcilly, Régnier de Guerchy, Fradel de Chaligny, Courtois, Le Fèvre de Saint-Benoît, Guenichon. Elle a possédé les terres de Villebertin, Marcilly, Chevillette, Moussey, etc. E. 1668.

**MESSEY.** — *D'azur au sautoir d'or.* — Famille originaire du Charollais, à laquelle appartenaient Robert de Messey qui prit part à la croisade de 1191; Guillaume, qui accompagna Hugues de Bourgogne en Terre-Sainte en 1240; Humbert, chevalier en 1255; Guillaume, époux de Philiberte de Buxy, qui vivait en 1280; Edouard, abbé de l'Ile-Barbe près Lyon en 1458; Guillaume, seigneur de Rains près Joncy, et Françoise sa fille, femme de Guillaume de Clugny en 1477 ; Claude, seigneur de Sassangy en 1511 ; son fils Philippe, seigneur de la Motte, époux de Philiberte de Clugny et de Jeanne de Saint-Julien, et sa fille qui s'unit en 1555 à Jean de Torcy. En 1536 Claudine de Messey, fille de Jean, seigneur de Sainte-Sabine, et de Gislette de Vesvres, épousa Germain de Vaugoulay, écuyer, archer des ordonnances du roi, qui releva le nom et les armes de Messey. Ses descendants ont fourni un grand nombre de militaires de divers grades, des chevaliers de Malte, de Saint-Georges et de Saint-Louis, et sont entrés aux chapitres de Lyon, de Lons-le-Saulnier, de Buxières, de Poulangy et de Remiremont. Parmi eux nous citerons : Antoine, seigneur de Sainte-Sabine, baron de Braux, capitaine au régiment d'Albret, puis dans celui du duc d'Enghien en 1646, qui de sa femme Edmée de Saint-Belin laissa deux fils : Jean, mestre de camp, lieutenant du régiment de Chartres en 1705, auteur de la branche des marquis de Messey, et François, comte de Biesle, du chef de sa femme Henriette-Françoise de Saint-Belin, cornette aux chevau-légers de Grignan, qui laissa un fils Gabriel, seigneur de Quincerot, chambellan du roi de Pologne, duc de Lorraine et premier gentilhomme de sa chambre. De ce dernier sont sortis deux rameaux : celui des comtes de Messey de Biesle établis en Hongrie, dans lequel on remarque un maréchal de camp en 1781, et celui des comtes de Messey en Lorraine. Signalons encore la branche des barons de Mauvilly. — Alliances : Feillens, Châteauvieux, Rabutin, Montjouvent, Tenarre, Vaux, Mathieu, Balidart, Geffroy d'Alencourt, Ligneville, Bussy-Castelnau, Talleyrand-Périgord, Capisuchi-Bologne, etc., etc. M. par arrêts du conseil en 1669 et 1672. Preuves pour Neuville en 1789. E. 1570.

**MEUN DE LA FERTÉ, LA FERTÉ-MEUNG.** — *Ecartelé : aux 1 et 4, d'hermine au sautoir de gueules ; aux 2 et 3, contre-écartelés d'argent et de gueules.* — Hubert, chevalier, sire de la Ferté-Hubert, mort en 1092, est le premier membre connu de cette famille. Ses descendants portèrent les armes et deux d'entre eux furent tués à la bataille de Crécy. En 1480, Jean, seigneur d'Alosse, des Granges et de Villedegard, fut substitué par son cousin Jean de Meung aux nom et armes de cette dernière famille. Il mourut avant 1528 laissant plusieurs enfants, auteurs de diverses branches, dont l'une, celle des seigneurs de Fouronne, d'Anus et de Villiers-le-Sec, se fixa en Bourgogne peu après cette époque et s'éteignit au siècle dernier. Elle a possédé les terres de Doye, de Minières et a fourni un gouverneur du château de Dijon en 1630. Plusieurs autres membres de cette maison se sont établis dans le duché par suite d'alliances. Nous citerons ainsi : Jacques, seigneur de Challemant et de Leugny (1542-1612) ; Jean-François, seigneur d'Etevaux et du Monceau, qui reprit de fief de l'Epinay en 1728 ; Jacques-Alphonse, seigneur de Challemant, capitaine, qui reprit de fief de Villars-Dompierre en 1737, et plusieurs chevaliers de Saint-Louis. — Alliances : Du Verne, Charry, Chéry, Grillet, Cullon, Chastellux, Aullenay, Damas-Anlezy, Foissy, Salonnier, du Clairoy, Comeau, Breschard, Busseul, Clermont-Tonnerre, Bernault, la Coudre, Gentil, Desgeorges, Dubois d'Aisy, Chaugy, Chargères. Titres de marquis et de comte. Preuves pour Malte. M. 1698. E. 1608.

**MEURSAULT.** — Cette famille, originaire du village de ce nom, près Beaune, a eu peu d'illustration. On en connaît trois membres : Perronet, époux de Guillemette de Gergy en 1277 ; Regnault, châtelain de Vergy en 1357, et Colas, châtelain de Verdun en 1370. E. 1355.

**MIGIEU.** — *De sable à trois étoiles d'argent, alias, d'or.* — Famille originaire du Bugey et qui remonte à Léonard de Migieu, anobli par le duc de Savoie en 1520. Elle s'est divisée en quatre branches, dont les trois premières, connues sous les noms de seigneurs de Migieu et d'Isclet, se sont éteintes au XVIIe siècle. Celle des seigneurs d'Andert reconnaît pour auteur noble Antide de Migieu, receveur des finances de l'élection de Belley en 1621, dont le fils Guy fut pourvu en 1643 d'une charge de président aux requêtes du palais du parlement de Dijon. Sa descendance a fourni deux présidents à mortier et un conseiller au même parlement en 1689, 1717 et 1738; l'un d'eux, Antide, obtint en 1706 l'érection en marquisat de la seigneurie de Savigny-sous-Beaune. Signalons encore le marquis de Migieu, chevalier de Saint-Louis au dernier siècle. — Alliances : Mongey, la Marre, Briord, Moyria, Fenoyl, Gayardon, Richard, Bourée, Févret, Bouillet, Cherière, Portail. — Fiefs : comté de Rossillon, Athée, Varennes, Chorey, Vimpelle, la Trembleraie. M. 1670, 1699. E. 1748.

**MILLET.** — *De gueules à cinq losanges d'argent ou d'or aboutées et accolées en croix.* — Alias : *de gueules à une croix losangée d'argent de cinq pièces.* — Jean Millet, vivant à Seurre au milieu du XVe siècle, est le premier auteur connu de cette famille. Il eut deux fils : Jean, secrétaire de Philippe-le-Bon en 1450, et Pierre qui fit branche. On compte dans la descendance de ce dernier deux clercs et auditeurs des comptes, dont l'un devint maître des comptes en 1539, un conseiller au parlement en 1572, un autre maître des comptes en 1582 et plusieurs militaires, dont un lieutenant-colonel de cavalerie en 1686 et un prévôt des maréchaux à Châtillon en 1719. — Alliances : Màlain, Milletot, Demartinécourt, la Ronce, Seurrot, Viesse, Charles. — Fiefs : Germigny, Oizilly, Marcilly-les-Til-Châtel, la Cosne, le Vergy, Cercy, Montarby, la Grande-Dame-Guye, le Battu. M. 1669, et par jugement de francs-fiefs en 1674. E. 1700.

**MILLETOT.** — *D'argent au lion de sable, armé et lampassé de gueules, tenant de la patte dextre une rose feuillée et soutenue de même. Elle écartelait souvent des Le Blond.* — Cette famille, originaire de Flavigny, s'est établie à Dijon au commencement du XVIe siècle. Sa filiation remonte à Guy Milletot, receveur général en Bourgogne en 1528, dont la descendance a fourni un maître des comptes en 1555 et trois conseillers au parlement, dont l'un, Bénigne, eut en outre une charge de conseiller d'état. Guy Milletot, avocat du roi au bailliage de Semur, en récompense de ses services pendant les troubles, obtint en 1619 l'autorisation de jouir du privilège de noblesse qui avait été accordé en 1574 à son père Joseph, lieutenant en la chancellerie de Semur, lequel n'avait pu en profiter à cause d'un édit de suppression des lettres de noblesse. — Alliances : Millet, Cirey, Bretagne, Macheco, Richard, Le Blond. — Fiefs : Villy, Champrenault, Bornay, Orain, la Borde, la Grange-sous-Grignon. M. 1697. E. 1560.

**MILLIÈRE.** — *D'azur à trois épis de millet d'or.* — Odinot Millière, premier auteur connu de cette famille, vivait à Beaune en 1448. Sa descendance anoblie par charges de robe s'est divisée en trois branches principales : celle des barons de la Villeneuve, seigneurs d'Aisercy, a produit un commissaire des fortifications en Bourgogne, d'abord marchand, au XVIe siècle; deux maîtres des comptes dont l'un fut en outre vicomte-mayeur de Dijon en 1571; deux conseillers au parlement, parmi lesquels Guillaume, en 1591, fut honoré d'un brevet de conseiller d'état; elle s'est éteinte en la personne de Jean-Baptiste Millière, lieutenant-colonel de cavalerie. On compte dans la branche des barons de Saint-Germain et dans une seconde branche de seigneurs d'Aiserey, deux conseillers au parlement, dont un prieur commendataire d'Epoisses en 1680, un maître des comptes et deux capitaines de cavalerie. — Alliances : Héricourt, Moisson, Maillard, Baissey, Fyot, Bouhier, Boisselier, Petit, Poligny, Badoux, Baillet, Gonthier, Fleutelot, Saumaise, Ricard, David, Morisot, Bouillet, Boulier, Dagoneau. — Autres fiefs : Bretenières, Saulon, Travoisy, Fénay, Baissey, Champeau, la Chapelle-de-Villars, Epoisses. M. 1698. E. 1674.

**MILLOT.** — E. 1578. — En 1514, Jean Millot, licencié ès-lois, bailli du temporel de l'évêché d'Autun, issu de bons et notables parents et lignée, reçut des lettres de noblesse sur la supplication de l'évêque d'Autun.

**MILLOTET.** — *D'azur au sautoir d'or, cantonné en chef d'une croix alaisée d'or ou d'argent.* — Devise : *Invitat mellitus honos.* — Famille qui remonte à Guy Millotet, avocat du roi à Semur-en-Brionnais, anobli par lettres de 1574. On trouve après lui un receveur général des finances en Bourgogne en 1598 et deux avocats généraux au parlement en 1594 et 1635, tous deux du prénom de Marc-Antoine. Le second, vicomte-mayeur de Dijon de 1651 à 1654, est connu par sa conduite énergique pendant les troubles de la Fronde et par les curieux *Mémoires* qu'il a laissés sur cette période de l'histoire municipale et parlementaire de Dijon. On remarque encore plusieurs militaires de ce nom. — Alliances : Auboys, Dupuis, Peley, Colombet, Valon, Jurain, Derequeleyne. — Fiefs : Vignoles, Brazey-Saint-Georges, baronnies de Magnien, Changey, la Villeneuve, Aisey. M. 1614, 1667, 1698. E. 1674. — La branche des seigneurs de Préau et de la Dezadière brisait ses armes d'une *bordure de gueules et d'un cœur aussi de gueules placé sur le sautoir.*

**MIOLANS.** — *Bandé d'or et de gueules.* — Devise : *Force m'est.* — Famille de Savoie à laquelle appartenait sans doute Jacques de Miolans, chevalier de l'ordre, baron de la Salle, entré aux Etats de 1578. En 1477 et 1478, Anterme, seigneur de Miolans, sénéchal de Valentinois, conseiller et chambellan du roi, reçut en don de Louis XI les seigneuries de Cormatin, Charny, Saint-Germain, Louhans, Cuisery, partie de Vauvry, etc., confisquées sur différents seigneurs tenant le parti de Marie de Bourgogne.

**MOCHOT.** — *D'azur à trois roses d'or, feuillées et soutenues de même, supportées par un croissant d'argent.* — Pour prouver sa noblesse aux Etats de 1709, Jacques Mochot présenta les provisions de son père Jean, notaire, puis secrétaire du roi et trésorier de France à Dijon, vétéran en 1687, et de son aïeul, Jean, décédé maître des comptes en 1652. On remarque encore dans cette famille Jacques, maître aux comptes en 1677 et François, capitaine au régiment Dupuy-Espagnol. — Alliances : Jacob, Espiard, Descrots, Lelade, Coppin, Fontette. — Fiefs : Gemeaux, Preigney, la Courtine, Urcy, Montculot, Montbéliard.

**MOISSON.** — *De sinople à la bande ondée d'argent de trois pièces ; au chef d'azur, chargé de trois étoiles d'or.* — Devises : *Sine messe fames,* et : *En moisson loyauté.* — Famille originaire

— 242 —

de Chambolle et qui remonte à noble Jean Moisson (1), secrétaire du roi, échevin de Dijon et receveur général des finances de Bourgogne en 1389, puis grenetier au grenier à sel et receveur du bailliage de Dijon en 1394 et 1401. Parmi ses membres on remarque : Jean, qualifié bourgeois de Dijon en 1435; Jacques, vicomte-mayeur de la même ville en 1539 et 1542, et gouverneur de la chancellerie aux contrats du duché, dont le fils Jean et le petit-fils André furent maîtres des requêtes de l'hôtel, celui-ci ayant précédemment exercé une charge de conseiller au parlement de Bourgogne en 1605; Elie, avocat général, Philippe et Bernard, conseillers au même parlement en 1520, 1529 et 1634. — Alliances : Léry, Boudier, Millière, Anlezy, Julien, Malion, des Barres, Montholon, la Haye, Berbisey, Beugre, Sayve, Chaugy, Vandenesse, Bernardon, Alixant, Morel, Leval, Parpas, Maillot, Breschard, Fleurey, Brosses. — Fiefs : Cessey, Senecey, le Bassin, Renève, la Motte-les-Talmay. — Cette famille a fourni aussi un doyen de Saint-Etienne de Dijon, grand-vicaire de Langres. M. 1669. E. 1577.

**MOISY.** — *De gueules à trois croissants d'or.* — Cette famille, dont le plus ancien membre connu est Jean de Moisy, châtelain et capitaine du château de la Colonne au bailliage de Chalon en 1426, a possédé un grand nombre de seigneuries, savoir : Châteauregnault, Grosbois, Mons-les-Sagy, la Tournelle, Mont-Saint-Martin, Vergoncey, Igornay, Joude, Villars, Varennes, Chalonge, Marcilly-les-Louhans, Montconis, Cornigeux, Bouloy, Chanteau, Crespy, la Roche-en-Brenil, Travoisy, Villy-le-Moutier. Un grand nombre de ces fiefs étant situés dans le bailliage de Chalon, c'est pour nous un motif de croire que la famille de Moisy tire son nom du petit village de Moisy, dont une partie dépendait de Dommartin-les-Cuiseaux, au même bailliage. En 1571 Philiberte de Moisy, dame de Villy-le-Moutier et de Clémencey, et veuve en premières noces de Guy de Cléron, seigneur de Besmont et de Saffres en partie, donna par testament à son petit-fils Antoine de Cléron, fils de Joachim, chevalier de l'ordre, sa terre de Villy-le-Moutier, sa maison de Beaune et diverses autres choses, à charge de porter le nom et les armes de Moisy, lui et ses descendants mâles, seigneurs de Villy, à perpétuité. — Alliances : Chanuz, Choisy, Sainte-Croix, Villers, Daules, Falerans (2). E. 1587.

**MOLIN.** — Plusieurs familles du duché ont porté ce nom, quoiqu'elles eussent des armes distinctes. Thibaut de Molin ou des Molins, prévôt de Dijon en 1311, avait *une croix ancrée* sur son sceau. D'autres portaient un écu *fascé de six pièces.* Hervé ou Herne de Molin, écuyer, figure dans une montre de 1367. E. 1355.

---

(1) Le sceau de Jean Moisson portait *cinq épis posés trois et deux.* — Nous ne savons s'il faut attribuer à la même famille Guyot Moisson, écuyer, seigneur en partie d'Arcey près Noyers en 1412; Guillaume, écuyer de cuisine et contrôleur de l'artillerie du duc en 1456, et Georges, *chief de chambre* dans la compagnie du sire d'Igny en 1476.

(2) En 1474, Jean de Moisy, écuyer, et Antoine de Colombey, chevalier, seigneurs de Villy-le-Moutier, obtinrent la remise partielle d'une amende de 100 livres à laquelle ils avaient été condamnés, à la requête du procureur ducal, pour avoir fait attacher à un arbre, parce que les fourches patibulaires de Villy étaient tombées de vieillesse et de pourriture, un individu qui avait mis le feu à une de leurs granges. On lit dans la requête présentée par les deux seigneurs qu'Antoine de Colombey, fait prisonnier à Buxy, avait été mis à grande rançon, et que Jean de Moisy, *détroussé* à la journée de Montlhéry, avait perdu tout son harnois, ses chevaux et ses *bagues.*

— 243 —

**MONT-SAINT-JEAN.** — *De gueules à trois écussons d'or.* — Les seigneurs de Mont-Saint-Jean en Auxois sortent de la maison de Vergy, car Flodoard rapporte qu'en 924 le comte Raynaud ayant occupé injustement le château de Mont-Saint-Jean, le remit, sur le conseil de Valon et Gilbert de Vergy, ses neveux, entre les mains de Raoul de Bourgogne. En 1098, Hugues signe la charte de fondation de l'abbaye de Citeaux. En 1149 et 1153, les papes Eugène III et Anastase IV recommandent à Hugues II, sire de Mont-Saint-Jean, de Charny et de Salmaise, la liberté et les biens de l'église de Vézelay menacés par le comte de Nevers. Parmi les descendants de ce chevalier *saige et puissant*, nous nous bornerons à citer : Etienne I*er*, sénéchal de Bourgogne en 1188 ; Guillaume I*er*, co-seigneur de Vergy en 1198 ; Ponce, sire de Mont-Saint-Jean et de Toire en 1222 ; Guillaume II, qui cède en 1239 le châtel de Vergy à Hugues, duc de Bourgogne, à la condition que celui-ci donnera sa fille Marguerite en mariage à son fils avec 500 livres de dot ; Etienne II, sire de Salmaise, mort après 1294, dont le fils épousa Mahaut, sœur du comte de Boulogne ; Etienne III, dont les dissensions avec le duc de Bourgogne sont trop connues pour être rapportées ici et qui mourut en 1333, laissant deux fils, Huguenin et Barthélemy, décédés sans postérité masculine au milieu du XIV*e* siècle. Ponce, fils puiné de Hugues II, sire de Mont-Saint-Jean en 1215, fut la tige de la branche de Charny, qui après avoir donné plusieurs conseillers et chambellans des ducs et des rois de France, un gouverneur de Picardie, porte-oriflamme à la bataille de Poitiers, s'éteignit en 1460 dans la personne de Marguerite de Charny, dame de Beaumont, Montfort, Savoisy et Lirey, femme de Jean de Bauffremont, dans la maison duquel passa la baronnie de Charny, érigée en comté en 1450. Les sires de Charny possédaient la dignité héréditaire de grands sénéchaux de Bourgogne. Outre les châteaux de Mont-Saint-Jean, de Charny et de Salmaise, cette chevaleresque maison posséda les terres de Thoisy, Châtellenot, Charencey, Arconcey, Auvillars, Fangy, Morey, Orsans, Ancy-le-Franc, Joncy, Arcy, Lugny, Pierrefite, etc. Elle s'allia aux Saulx, Blaisy, Chaudenay, Vergy, Pontailler, Sabran, Marigny, Til-Châtel, des Barres, Limoges, Trainel, Vellexon, Montfaucon, la Tour, Thil, Beauvoir de Chastellux, Noyers, Joinville, Poitiers, Bauffremont, Roche. E. 1355.

**MONTAIGU, MONTAGU.** — *Bandé d'or et d'azur de six pièces, à la bordure de gueules, qui est de Bourgogne ancien, brisé d'un quartier d'argent au premier canton.* — Alexandre, deuxième fils d'Hugues III, duc de Bourgogne, mort en 1192 et frère d'Eudes III qui succéda à son père, est l'auteur des seigneurs de Montaigu, dont sont issues les branches de Sombernon et de Couches. Il eut pour fils Eudes, seigneur de Montaigu et de Chagny, qui épousa en 1220 Elisabeth de Courtenay, et Alexandre, évêque de Chalon en 1245. Guillaume I*er*, son petit-fils, seigneur de Montaigu, Sombernon et Mâlain par sa femme Jacquette, fut père de Guillaume II, exécuteur testamentaire du duc Robert II en 1297, et d'Alexandre qui commença la branche des seigneurs de Sombernon. Eudes II, fils de Guillaume II, banni du royaume par Philippe-le-Bel en 1308 à la suite d'une querelle avec Erard de Saint-Vérain, prit part à la confédération des nobles bourguignons en 1314, et laissa un seul fils, Henri, mort après 1349 sans postérité masculine. Le rameau des seigneurs de Sombernon, qui brisaient leur écu d'*un canton d'argent engrêlé et chargé de cinq hermines en sautoir*, subsista jusqu'en 1470, époque à laquelle Claude de Montaigu, chevalier de la Toison-d'Or, son dernier représentant, fut tué au combat de Buxy, ne laissant qu'une fille naturelle, Jeanne, légitimée en 1461 et mariée à Hugues Rabutin. Cette branche, à laquelle appartenait Hugues de Montaigu, qui alla comme ôtage en Angleterre avec un sire de Sombernon, pour racheter la liberté du roi Jean, a possédé les terres de Marigny, de Mâlain, de Couches, d'Epoisses, de Massingy, de Bellevèvre, de Longvy et de la Ferté-Chaudron. Elle a fourni un abbé à Saint-Bénigne de Dijon en 1381. — Alliances : Antigny, Montbéliard, Sombernon, des Barres, Joigny, Sainte-Croix, des Ursins, Damas, Neufchâtel, Dracy, Bauffremont, Verdun, Bordeaux, Beaujeu, Villers-Seixel, Mello, la Tour. — E. 1314, 1373.

**MONTCHANIN.** — *De gueules au chevron d'or.* — Cette famille qui a fourni des militaires de divers grades et plusieurs députés de la noblesse du Mâconnais, a été maintenue en 1669 sur preuves remontées à Girin de Montchanin, écuyer en 1530. Elle paraît être sortie du village de Montchanin en Charollais où l'on trouve au XV<sup>e</sup> siècle plusieurs personnes de ce nom, entre autres Pierre *de Montecanino* qui fit une donation à l'église d'Issy-l'Evêque en 1439. — Alliances : Canan, Lemoyne, Amanzé, Sainte-Colombe, Civriac, la Salle, Foudras, Charolles, Fay-Maubourg, Saint-Georges. — Fiefs : la Garde-Malzac, Tronchis, la Feuillée, Coulanges, Chassigny-sous-Dun-le-Roi. M. 669, 1698. E. 1650.

**MONTCONIS, MONTCONNIS.** — *De gueules à la fasce d'argent, abaissée sous une fasce ondée d'or.* — Cette famille tire son origine de Renaud, seigneur de Montconis en 1290. Son arrière petit-fils, Renaud, était bailli du comté de Bourgogne en 1381. Philibert, chevalier de l'ordre du roi, était gouverneur de Chalon en 1573. Outre plusieurs hommes d'épée, cette maison fournit un grand nombre de religieux aux abbayes de Baume, Molaise, Saint-Claude, Lons-le-Saulnier. Elle posséda les fiefs de Montconis, Dampierre, Moncouet, Sagy, Saint-Etienne-en-Bresse, Bellefond, Cersot, Champrougeroux, et s'allia aux Arinthot, Toulongeon, la Grange, Oyselet, Brancion-Visargent, Salins, Chissey, Clermont, Lugny, Mâlain, Saubiez, Saint-Belin, Franay. Eteinte dans la personne de Charles, baron de Montconis, assassiné le 17 août 1657. E. 1422.

**MONTCORPS, MONCORPS.** — *D'argent à sept mouchetures d'hermine, posées trois, trois et une.* — Famille originaire du Bourbonnais, dont la Chesnaye-des-Bois fait remonter la filiation à Henri de Montcorps, écuyer, seigneur de Beauvais et des Bruères, gouverneur de Saint-Malo en 1380. On remarque parmi ses descendants : Charles, gentilhomme ordinaire de la chambre, capitaine de gens de pied, et gouverneur de Saint-Liébeau, marié en 1487 ; Jacques son fils, aussi gentilhomme de la chambre et capitaine de gens de pied ; Edme, maréchal des logis de la compagnie du connétable de Montmorency au XVI<sup>e</sup> siècle ; Jean-Baptiste-Lazare-René, capitaine dans Conti, gouverneur de Montluel, chevalier de Saint-Louis au dernier siècle, et plusieurs autres militaires. — Alliances : Langheac, Gisors, Montreuil, Ribatton, Boyault, l'Etang, des Paillards, la Bussière, Cure, Assigny, Sauvage, Corvol, Baron. — Fiefs : Chéry, Coulangeron, Migny, Lévis, le Chesnoy, Saint-Bonnet, Saully. M. par arrêt du conseil en 1668, et à Paris en 1702. E. 1742.

**MONTCRIF, MONCRIF.** — *D'or au lion de gueules, armé et lampassé d'azur; au chef d'hermine.* — Famille issue des Moncreiff d'Écosse qui se sont séparés en deux branches : Moncreiff de Tullibole, baronnets en 1626, et Moncreiffe de Moncreiffe, baronnets en 1685, qui portent toutes deux les armes plus haut blasonnées, sauf que le champ est d'argent, avec la devise : *Sur Espérance*. Jean de Montcrif, chef de la branche française, était seigneur de Balnot ou Ballenot-les-Origny et archer de la garde écossaise en 1516. On trouve après lui un autre archer de la garde écossaise, des hommes d'armes, des capitaines, etc. — Alliances : des Fossés, Morat, la Maison, Folleville, Espiard, Chappet, Riollet, Cléron, Prévost, Goureau. — Fiefs : Saucy, Millery, Verneuil. Lettres de confirmation en 1671. M. 1669, après condamnation, et par arrêt du conseil en 1706. E. 1751, sur preuve de huit degrés.

**MONTET (DU).** — *D'argent au chef d'azur, chargé de trois fermeaux d'or, l'ardillon en fasce, alias l'ardillon en pal, la pointe bas.* — Devise : *Ferme et loyal*. — Famille originaire du Quercy et maintenue en 1669 sur preuves remontant à Jean du Montet, écuyer, vivant en 1548. Parmi ses membres, on remarque : Bernard, fait chevalier sur le champ de bataille de Renty en 1554; Jean, commandant à Beaune en 1597; Jean-Madelon, qualifié chevalier, comte de Lusigny en 1677 et Jean du Montet de la Terrade, capitaine de cavalerie, tué à la bataille de Fridlingue. Elle a possédé en Bourgogne les seigneuries de Lusigny, Grandmont, Villy, Magnien, le Brouillard, le Grand-Balole, Villargeau, Athée, le Magny, partie de Saint-Aubin et de Gamay et s'est alliée aux Berthaud, Griffeuil, Clugny, Lenoncourt, Humbert, Saint-Belin, Macon. Au dernier siècle elle était fixée en Franche-Comté. Prouvée dans plusieurs lignes à Malte, à Saint-Georges, à Migette, Baume et Lons-le-Saunier. M. 1669, 1697. E. 1639.

**MONTFERRAND.** — *Palé d'argent et de sable de six pièces; au chef de gueules.* — Ancienne maison du Bugey qui tire son origine, suivant Guichenon, de Berlio de Montferrand, qualifié chevalier au commencement du XIIIe siècle. Sa descendance s'est divisée en deux branches, celle des seigneurs d'Attignat, éteinte vers 1570, et celle des seigneurs de Châteaugaillard, de Montferrand et de Martigniat, à laquelle appartenait Charles-François-Amédée de Montferrand, dont la fille unique porta par mariage ses différentes seigneuries dans la maison de Valernod au milieu du siècle dernier. Signalons dans cette dernière branche qui était l'aînée : Jean, chevalier, conseiller et chambellan du duc de Bourgogne en 1469; Benoît, évêque de Lausanne et de Constance, prieur de Gigny et de Lustrin en 1483; François, écuyer ordinaire et chambellan des ducs Philippe et Charles de Savoie, guidon de la compagnie des cent gentilshommes de la maison de Louis XII; Pierre, capitaine au régiment d'Enghien, décédé au siége de Salses; des chevaliers de Malte et de Saint-Louis, etc. — Alliances : Rogemont, Pélerin, Grolée, Montfalcon, Lucinge, Arlos, Bonnivard, Montgrillet, la Poype, Bellegarde, Seyssel, Marzé, Guyot, Châtenay, Rovoré, etc. M. 1669. E. 1671.

**MONTHOLON.** — *D'azur à un mouton passant d'or, surmonté de trois roses de même.* — Blanchard, en son *Histoire des présidents à mortier du parlement de Paris*, fait remonter la généalogie de cette maison illustre dans la robe à Jacques de Montholon, seigneur de la terre et châtellenie de Montholon, qui fit une fondation à l'église cathédrale d'Autun en 1213. Parmi ses descendants on remarque: Guillaume, à partir duquel la filiation est régulièrement établie et qui vivait en 1326; Guillaume, cardinal en 1348; Jean, docteur de Sorbonne, secrétaire des ducs Philippe-le-Hardi et Jean-sans-Peur; Tristan, tué à la bataille d'Azincourt en 1415; Charles, chevalier de Rhodes au XVe siècle; Nicolas, successivement procureur du roi aux bailliages d'Autun et de Montcenis, lieutenant-général au bailliage de Beaune et second avocat général au parlement de Dijon en 1493. Marié deux fois, sa descendance s'est partagée en plusieurs branches; l'une d'elles, encore subsistante et subdivisée en divers rameaux, a fourni un grand nombre d'officiers aux cours souveraines de Paris, deux gardes des sceaux de France en 1542 et 1588 et un premier président à chacun des parlements de Rouen, Pau et Metz. Dans les branches restées en Bourgogne, on compte un conseiller au parlement en 1523, et trois avocats généraux, dont deux portèrent depuis le mortier de président en 1581 et 1585. L'une de ces branches s'est éteinte dans les Bourgeois de Crespy. A celle des seigneurs de Pluviers appartenait Guillaume de Montholon, successivement conseiller au grand conseil, maître des requêtes, intendant de Lyon, ambassadeur extraordinaire en Suisse vers 1621 (1), dont la fille Éléonore épousa le premier président Bouchu et dont les trois fils portèrent les armes et ne laissèrent point d'enfants. — Alliances en Bourgogne : Silly, Vauthion, Toulongeon, Aubusson, Ganay, Marcilly, la Done, Chappet, Moisson, Brocard, Bretagne, Fyot, Brigandet, Chantepinot, Tixier, Maréchal, Pouffier, Juliot, Prisque. — Fiefs : Saint-Ilde, Boistirant, Torsy, Beauvoir, Mussy-la-Fosse, Chassey, Dracy-le-Fort, Flée, Montjay, Orain, Lessard, Bey. E. 1539.

**MONTIGNY**. — Ce nom a été porté en Bourgogne par plusieurs familles distinctes auxquelles appartenaient: Simon, grand bailli d'Auxerre en 1291; Guy, bailli d'Autun et de Montcenis en 1363, qui avait pour armes *un lion avec un bâton en cotice brochant sur le tout*; Fouquet, panetier du duc en 1391, qui portait *deux fasces surmontées d'un lambel*; et Girard, grand prieur de Champagne, envoyé par Philippe de Rouvres vers le pape en 1360. Une autre famille du même nom portait : *fascé d'or et de gueules de douze pièces*. La Chesnaye-des-Bois la fait remonter à Giraud de Montigny, vivant en 1236, dont le fils Guillaume était en 1278 seigneur de Montigny-sur-Vingeanne, et en donne la filiation depuis Foulques, seigneur de Montigny et de de Chaumont-le-Bois en 1420. Un de ses fils, Jean, fut conseiller du duc de Bourgogne et son avocat aux bailliages de Sens et de Villeneuve-le-Roi en 1404. Cette famille s'est éteinte au XVIe siècle dans les Le Mercier qui en relevèrent le nom et héritèrent de parties de Montigny et Chaumont-le-Bois. — Alliances : des Moulins, Blondefontaine, Brabant, Carendefex, la Haye, Cléron, Pampelune, Pointes, Juvigny, Saint-Claude. Les marquis de Montigny, établis en Champagne et Bourgogne, et maintenus en 1667, portent: *échiqueté d'argent et d'azur, à la bande engrêlée de gueules.* E. 1363, 1557, 1665.

**MONTJEU**. — *D'or semé de billettes de sable; au lion de même brochant sur le tout.* — Perrin de Montjeu, écuyer, était seigneur du petit Montjeu près Autun en 1310. Son fils Hugues, maître d'hôtel du duc Hugues V, fut père d'Odilon, chevalier, seigneur de Champitault en 1381, et aïeul d'Hugues, bailli d'Autun en 1412, député du duc lors de la trêve con-

---

(1) Il obtint en 1599 des lettres de déclaration pour le faire jouir des priviléges attribués aux nobles.

due entre la Bourgogne et le Bourbonnais en 1444. Cette famille possédait aussi le château de Montjeu à Pommard. Aujourd'hui éteinte. E. 1412.

**MONTJOUVENT.** — *De gueules au sautoir engrêlé d'argent.* — Devise : *Dieu seul mon jouet.* — Guichenon pense que cette maison est issue d'un puîné de celle de Montjouet au Val d'Aoste, mais il n'en donne la filiation que depuis Etienne, qui fit bâtir le château de Montjouvent en Bresse vers 1280. Sa descendance s'est divisée en deux branches : celle des seigneurs de Joudes, Villars-sous-Joudes, Vault, Bohas, le Chaney, Balanos, Montagnat, Echalon et Rochefort, a fourni plusieurs chevaliers de Saint-Jean-de-Jérusalem, entre autres François, commandeur de la Musse en Bresse au commencement du XVIe siècle, et un maréchal de camp, chevalier de l'ordre, mort en 1644. Elle existait encore au dernier siècle. M. 1669. — Alliances : la Tournelle, Varennes, Chevrel, Nancuyse, Lay, Seyturier, Arcy, Sainte-Colombe. Dans la branche cadette, celle des seigneurs de Montjouvent, la Perrouse, Broyère, alliée aux Oncieux, Gorrevod, Andelot, Grillet, Montconis, Saint-Julien, on remarque Antoine, gentilhomme ordinaire de Louis XI et bailli de Bresse, et Philibert, chambellan du duc de Savoie, gouverneur de Bourg et de Turin et capitaine de cent chevau-légers, en qui elle s'est éteinte. Sa sœur Catherine avait épousé Jean de Messey en Chalonnais, dont un fils Charles qui prit le nom et les armes de Montjouvent en quittant celles de Messey. Sa descendance, a possédé les seigneuries de Montjouvent, Messey, Nan, Saint-Nizier-le-Bouchoux, Talant en Chalonnais, Bresche, Famechon, l'Abergement-les-Chasne et s'est alliée aux Damas-Thianges, Vienne et Lévis en qui elle s'est éteinte au milieu du XVIIe siècle. E. 1622.

**MONTMORILLON.** — *D'or à l'aigle éployée de gueules.* — On connaît le trait de chevaleresque loyauté qui a autorisé les aînés des maisons de Montmorillon et d'Anglure à porter héréditairement le prénom de Saladin. Celle de Montmorillon paraît avoir pris son nom de la petite ville de Montmorillon en Poitou et remonte, d'après la Chesnaye-des-Bois, à Bernard, surnommé *Quatre-Barbes*, qui vivait à la fin du Xe siècle et dont le fils, Ranulphe, épousa Agnès de la Marche. On trouve ensuite : Albert, abbé de Dol et archevêque de Bourges vers 1093 ; Garnier, compris dans le rôle des gentilshommes normands depuis Guillaume-le-Conquérant jusqu'en 1212 ; Jean et son fils, tués à Poitiers en 1356 et Soudan-Saladin, chevalier de l'ordre du roi, baron de Saint-Martin-du-Puits, qui possédait plusieurs fiefs en Bourgogne et n'eut de son mariage avec Anne de l'Hôpital-Choisy qu'une fille, Louise, qui porta ses biens dans la maison de Bourbon-Busset au commencement du XVIIe siècle. La filiation de la branche cadette est établie depuis Louis de Montmorillon dont le fils Antoine épousa avant 1439 Louise d'Essanlets, propriétaire de la baronnie de ce nom que ses descendants possédaient encore au dernier siècle. On remarque parmi eux : Claude, chevalier de Malte, grand-prieur d'Auvergne en 1595 ; Florent, grand-prieur de Saint-Martin d'Autun vers le même temps ; et, au dernier siècle, des chanoines-comtes de Lyon, des chanoinesses du chapitre noble d'Epinal et plusieurs militaires, parmi lesquels nous citerons N., lieutenant-colonel du régiment de Sainte-Hermine, major du Château-Trompette à Bordeaux ; Hector-Antoine-Saladin, capitaine aide-major au même régiment et Laurent-François, page de la reine en 1725, puis officier dans Champagne, mort à Landy. Titre de comte au dernier siècle. —

Alliances : Choux, la Cour, Fougères, Saint-Trivier, du Fay, Camus d'Arginy, Cussigny, Apchon, des Gentils, Busseul, Monssarin, Bouton, Mortagne, de Franc d'Anglure, la Garde, Vesigneux, la Perrière, des Roches. — Fiefs : Busserolles, Neuzelier, Lucenier, Gueugnon, Thoux, la Roche, Rochefort, Terzey, Magny, Bierry, Vesigneux, Estrées, Saulx, Montigny, la Ronce, le Saulçois-d'Islan, Islan-les-Saulieu, Villurbin, Uzy, la Grange-Loiselot, Valette, la Coudraye, la Motte-Plessis, le Tronchy, Montagnet, Maupertuis, Chazelot, Vandenesse-sur-Arroux, baronnie de Villers. E. 1622.

**MONTRICHARD.** — *Vairé à la croix de gueules.* — Ancienne et noble maison du comté de Bourgogne dont la filiation est établie depuis Girard de Montrichard, chevalier, qui testa en 1285. La postérité de son arrière-petit-fils Guillaume, qualifié damoiseau et établi à Salins par suite de son mariage en 1352 avec Marguerite Merceret, s'est divisée en neuf branches dont une seule subsistait au dernier siècle et portait le titre de marquis (1). Elle s'allia aux Andelot, Coligny, Salins, Groson, Esterno, Viremont, Quingey, Falletans, Lantennes, Tournon, Visemal, du Saix, Scey, Vaudrey, Poligny, Jaucourt, Rougrave, Saint-Belin, Vallerot, Digoine, Saint-Mauris, Brancion. Une branche des Montrichard a possédé plusieurs fiefs en Bourgogne, savoir : Flammerans, depuis le XVIe jusqu'au milieu du XVIIe siècle, par suite d'une alliance avec l'héritière de l'ancienne maison de Flammerans, Estroye, Mercurey, partie de Varennes et Franxault. Parmi ses membres nous nous bornerons à citer Claude-Baptiste de Montrichard, lieutenant de roi et commandant à Auxonne en 1673. Preuves pour la confrérie de Saint-Georges. E. 1650.

**MONTRICHARD DE LA BROSSE.** — *De sable au chevron d'or, accompagné en pointe d'un mont de même ; au chef du second, chargé de trois étoiles de gueules.* — Famille condamnée en 1665, maintenue à Lyon en 1667, et entrée aux Etats de 1769 sur preuve de trois degrés de noblesse. On remarque parmi ses membres Louis de Montrichard de la Brosse, mort en 1770, chevalier de Saint-Louis, élu de la noblesse du Mâconnais, père d'Henri, page de la Dauphine. — Alliances : Paulat de la Tour, Mathieu d'Essertines, Guillin du Montel, Donguy. — Fiefs : la Brosse, la Barnaudière.

**MONTSAULNIN.** — *De gueules à trois léopards d'or l'un sur l'autre.* — Cette famille tire son origine de Guillaume de Montsaulnin, écuyer, marié en 1407 à Philiberte de Vasso. Parmi ses descendants, on peut citer : Adrien, à qui sa femme Gabrielle de Rabutin apporta en 1645 la baronnie du Montal ; Charles, comte du Montal, lieutenant-général, chevalier des ordres, gouverneur de Charleroi en 1686 ; Charles-Louis, marquis du Montal, baron de Courcelles, également lieutenant-général et chevalier des ordres en 1745. — Autres fiefs : les Aubuez, Saubris, Saint-Brisson, Ménetreux. — Alliances : Buffevant, Charry, Rabutin, Solages, Saulx-Tavannes, Colbert, Dubois de la Rochette, la Rivière, Brun, Baillet, Marion. Branche des Montsaulnin-Fontenai, en Berry. M. 1670 et 1699. E. 1662.

---

(1) La terre de Frontenai en Franche-Comté fut érigée en marquisat en 1748 pour Gabriel de Montrichard de Visemal, qui l'avait eu du chef de sa mère et par héritage de la maison éteinte de Visemal.

**MOREAUL.** — *De gueules à la fasce d'argent, accompagnée de trois étoiles de même.* — Guiot de Moreaul, bourgeois de Flavigny, dont le fils Thevenet demeurait à Grancey-le-Châtel en 1386, est le premier membre de cette famille qui soit venu à notre connaissance. On sait peu de choses de ses descendants avant Guy de Moreaul qui, après avoir exercé les charges d'avocat du roi à Autun et de lieutenant-général au bailliage de Dijon, fut reçu en 1522 en celle de conseiller au parlement de Bourgogne et devint peu d'années après second président de la même compagnie. Ayant *terminé vie par trépas* à Dijon le 1ᵉʳ juin 1540, ses entrailles furent enterrées à l'église Saint-Jean-Baptiste et son corps inhumé en celle de Flavigny où l'on voyait son effigie à genoux et en robe rouge près du grand autel. — Alliances : Rabutin, Jacqueron, Charnot, Haranguier, Saigny, Daubenton, la Vesvre, Grant, Vingles, Lescuyer, Saint-Anthost, Macheco. — Fiefs : Vicomté d'Avallon, Souhey, Saigny, Chassey, Saint-Eufrêne, Villenotte, Magny, Allerey. On trouve des Moreau ou Moreaul dans l'Autunois et le Charollais aux XIVᵉ et XVᵉ siècle. E. 1557.

**MORELET.** — *D'azur à une tête de more d'argent, liée de gueules.* — Jean Morelet, écuyer, seigneur de Couchey et ses deux neveux Jean, conseiller du roi en ses conseils, doyen de Beaune, chanoine de la Sainte-Chapelle de Dijon et élu du clergé, et Bénigne, écuyer, obtinrent en 1669 des lettres patentes qui leur permettaient de reprendre les armes pleines de leur famille qu'un de leurs ancêtres avait brisées de *deux coquilles d'or au chef de l'écu*. On voit dans ces lettres que les requérants étaient issus par sept et huit degrés de Guillaume Morelet, chevalier croisé en 1246, parmi les descendants duquel on remarque Jean, chevalier, seigneur de Bettancourt et Jean, conseiller, maître en ordonnance de l'hôtel de Philippe-le-Bon et écuyer de la duchesse Isabelle. Ce dernier eut deux fils, l'un connétable de l'artillerie du roi de Portugal, l'autre secrétaire de la chancellerie du parlement en 1563, procureur du roi au bailliage de Dijon, auteur d'une branche restée en Bourgogne, et qui s'est éteinte au siècle dernier, après avoir fourni plusieurs militaires, deux maîtres des comptes et un trésorier de France. — Alliances : Bauffremont, Salives, Esperonnet, Le Blond, Baillet, etc. — Fiefs : Collonges-la-Tour, partie de Tintry, Loges, changé au nom de Morelet en 1700. E. 1668.

**MORGEOT.** — E. 1602. Il y a sans doute une erreur dans le registre et nous proposons de lire Mongeot. — C'est le nom d'une famille champenoise, qui portait : *d'azur à trois glands d'or et une coquille de même en chef*, et qui, maintenue en 1698 sur preuves remontées à l'an 1557, a fourni plusieurs chevau-légers de la garde du roi, des capitaines d'infanterie, des chevaliers de Saint-Louis, etc.

**MORISOT.** — *D'argent à la quintefeuille de gueules en cœur, accompagnée de trois mûres de sable.* — Cette famille remonte à Barthélemy Morisot, contrôleur des fortifications en Bourgogne au XVIᵉ siècle, dont le fils Antoine se fit un nom au barreau. Après avoir fourni un greffier en chef de la chambre des comptes en 1577, un conseiller à la cour des comptes de Dole et un conseiller au parlement de Dijon, elle s'est divisée en deux branches, celle des Brosses et celle de Jancigny, toutes deux reçues aux Etats et dans lesquelles on remarque deux conseillers au parlement et plusieurs militaires de divers grades, dont un chevalier de

Saint-Louis au dernier siècle. — Fiefs : Chaudenay, Marcy-sur-Tille, Vernot, Taniot, Bousselange en partie. — Alliances : Ranvial, Baillet, Pouffier, Daubenton, Laborey, Hacourt, Drouet de Saint-Livière, Gonthier, Espiard. M. 1669. E. 1658.

**MOROGES.** — *D'azur à trois bandes d'or, à la bordure de gueules.* — La terre de Moroges, au bailliage de Chalon, a donné son nom à cette famille qui l'a possédée depuis le commencement du XIII⁰ siècle jusqu'au milieu du XVII⁰. On remarque parmi ses membres : Jean, qui vivait en 1215 ; Odard, damoiseau, témoin dans un acte de 1365 ; Vauthier qui, en 1422, reconnaît tenir en fief du duc tout ce qu'il possède à Moroges et qui était auparavant de franc-alleu ; Erard, seigneur de Chamilly en 1477, dont la fille Claude porta cette terre dans la maison de Bouton ; Bernardine, abbesse du Lieu-Dieu en 1537 ; Anne, mariée à Léon de Chastellux, dont un fils, mort jeune vers 1639, après avoir été substitué au nom de Moroges. — Alliances : Rabutin, la Boutière, Barnault, Jacquelin, Montigny, Charencey, du Crest, Villers, Ferrières, Neuville, Roffignac. — Fiefs : baronnie d'Uchon, la Tour-du-Boz, Serandey, Villebœuf, Montaubry, la Bruyère, Montescot, Cussy-la-Colonne, Montperroux, Fixey, Beaudésir, Marley-les-Verdun, l'Etang-Verneau. E. 1562.

**MOROT.** — *D'argent au chevron d'azur, accompagné de trois molettes d'éperon de sable ; au chef d'azur chargé d'un lévrier passant d'argent.* — Famille originaire de Lorraine, établie dans l'Auxois sous Charles-le-Téméraire. Elle a fourni un écuyer de la grande écurie sous Henri IV, marié à l'héritière des Simon de Grésigny, un brigadier des armées du roi, lieutenant-colonel d'Artois, et plusieurs chevaliers de Saint-Louis, parmi lesquels François, surnommé par Vauban l'*Achille du Morvan*, gouverneur de Gironne et brigadier des armées en 1713. — Fiefs : Grésigny, Railly, Bois-la-Dame, Lantillière, Plémont. — Alliances : Chasan, Fitzjan, Bouhier, Dévoyo, Badier, Alleyrac, Cromot. M. 1664, 1698. E. 1682.

**MOTTE (LA).** — La Motte, seigneurs d'Islan au XVII⁰ siècle : *d'or à trois cyprès de sinople, rangés sur trois mottes de sable.* — La Motte, à Semur-en-Brionnais : *d'azur au chevron d'or, accompagné de trois glands de même.* — Famille à laquelle appartenaient : Charles de la Motte, secrétaire du roi, commis aux gabelles de Bourbon-Lancy en 1641 ; Antoine, grenetier ancien au grenier à sel de Semur-en-Brionnais en 1663, et un autre Antoine, receveur des impositions de la même ville, dont le fils Jean, conseiller au parlement de Dijon en 1673, ne laissa qu'une fille mariée au premier président Jean de Berbisey. C'est sans doute à l'une de ces deux familles et plus probablement à la seconde qu'il faut attribuer Jean de la Motte, seigneur de Vellerot, au bailliage d'Arnay-le-Duc, condamné comme usurpateur en 1665, et entré malgré cela, croyons-nous, aux Etats de 1671 sous le nom de la Motte de Vellerot.

**MOUCHET, DU MOUCHET, MOCHET.** — *De gueules à trois émouchets d'argent.* — Cette famille sort de Besançon où elle était connue dès le XIV⁰ siècle. Un de ses membres, doyen du chapitre métropolitain de cette ville fut ambassadeur du duc de Bourgogne au concile de Bâle en 1431. Elle posséda dans le comté les terres de Château-Rouillaud, d'Avillé, de

Lieffrans, de Savigny, et s'allia aux Montmartin, Voires, Saulx, Occors, Grammont, Rigny, Damas, Marey, Balay et Perrenot de Granvelle. Pierre Mouchet était en 1574 prieur de Saint-Nicolas de Salins et conseiller au grand conseil de Malines. Antoine était à la même époque bailli de Dole, chevalier d'honneur au parlement de cette ville et capitaine de deux cents lances. Une branche de cette famille, établie dans le duché, à Azu, fief dépendant de Saint-Romain-sous-Gourdon dans le Charollais, remonte à Guyon Mouchet, bailli et juge enquêteur de ce comté en 1359, dont la descendance s'est elle-même divisée en deux branches principales, celle des seigneurs de Communy, d'Azu et de Beaumont, et celle des seigneurs de la Beluze et de Vauxelles, à laquelle appartenait Daniel qui obtint en 1662 des lettres de réhabilitation. On remarque parmi ses membres un avocat distingué, Claude, conseil des Etats de Bourgogne et député du tiers aux Etats généraux de 1614, aïeul maternel de Bossuet, un lieutenant criminel, maire de Saint-Jean-de-Losne, élu du tiers-état en 1636, un gouverneur de la même ville, un capitaine de Seurre en 1564, un prévôt général des maréchaussées de France en Bourgogne, Bresse et Bugey, décédé en 1644, des gendarmes dans les compagnies d'ordonnances et plusieurs militaires de divers grades, dont un chevalier de Saint-Louis au dernier siècle. — Autres fiefs : Saint-Romain, Serrigny, le Pont, Taisey, Cortelain. — Alliances : Clermont, Legrand, Saint-Clément, Baissey, Pernot, Berthot, Thomassin, Porcherot, Carouge, Burnot, Gautier, Audegant. M. 1668, 1669, 1698, 1705. E. 1645.

**MOYRIA.** — *D'or à la bande d'azur, accompagnée en orle de six billettes de même.* — Devise : *Invia virtuti, nulla est via.* — Ancienne et noble maison du Bugey qui paraît remonter à Girard de Moyria, chevalier, nommé avec son frère Vaulchier dans un acte de 1110 environ, et dont la filiation est régulièrement établie, d'après Guichenon, depuis Guy de Moyria, chevalier vivant en 1220. Nous signalerons parmi ses descendants : Barthélemy, damoiseau, qui fit hommage en 1338 au sire de Thoire et de Villars de la maison forte de Cerdon, depuis appelée Moyria ; André, député en Lombardie par le pape Urbain V en 1366, gouverneur du Comtat-Venaissin en 1377; Jacques, abbé d'Hautecombe et de Saint-Sulpice en Bugey en 1430 ; Perceval, seigneur de Moyria, Mailla, Châtillon de Corneille, etc., bailli de Bugey et Valromey en 1402; André qui jura avec deux cents gentilshommes le traité de confédération fait en 1452 entre Louis, duc de Savoie et le roi Charles VII ; François, grand veneur du duc de Savoie deçà les Monts en 1570 ; Claude-Marin, capitaine de cavalerie, gentilhomme ordinaire de S. A. de Savoie. De cette branche aînée sont sorties deux branches, celle des seigneurs de Velogna, Beauregard, la Tour de Nuyriel, barons de Mornay, et celle des barons de Châtillon de Corneille, seigneurs de Mérigna et de Montgriffon. Cette dernière branche s'est elle-même divisée en deux rameaux, fondus au XVI$^e$ siècle par le mariage de Jeanne-Claudine de Moyria, héritière de Châtillon de Corneille, avec Claude de Moyria, seigneur de Chevelu. Parmi les descendants de Claude, nous citerons : Jean-Pierre, qui fit toutes les campagnes de son temps et était en 1674 lieutenant-colonel du régiment de la Motte-Houdancourt et aide de camp des armées du roi ; Chrysanthe, page du duc d'Enghien, gouverneur de Bresse et Bugey en 1675, qui reprit de fief en 1688 de la terre de Marey en Auxois ; Léandre-Auguste, marquis de Châtillon, lieutenant-général des armées du roi, gouverneur de Saintonge et d'Auxois sous Louis XIV ; Alexandre, lieutenant-colonel du régiment de Fouquet-cavalerie, chevalier de

Saint-Louis, seigneur de Taniot et de Montagny, marié à Elisabeth de Courcelles, héritière de l'ancienne maison de ce nom en Bourgogne; Ferdinand-Bernard, maréchal de camp en 1788, ancien page de Louis XV, officier supérieur de la gendarmerie de Lunéville. Enfin dans une autre, on trouve un lieutenant-colonel du régiment provincial d'Autun en 1771, un chevalier des Saints Maurice et Lazare en 1778, et un procureur général de l'ordre de Cîteaux. La famille de Moyria, entrée aux chapitres nobles de Saint-Jean et d'Ainay de Lyon, s'est alliée aux Matafelon, Dorchis, Vaugrineuse, la Balme, Bussy, Dortans, Saint-Trivier, l'Aubespin, Rogemont, Chandée, la Forest, Oncieux, Grolée, Seyssel, Grenaud, Châtelard, Clermont, Villette, Gandelin, Migieu, la Croix, la Bretonnière, du Peloux, Chesnard de Layé, etc. M. 1669. E. 1668.

**MUSIGNY** ou **MUSSIGNY**. — *D'..... au sautoir d'..... accompagné de quatre coquilles*. — Famille considérable sous les ducs, qui a pris son nom de la terre de Mussigny près Arnay-le-Duc. Elle a fourni trois chambellans des ducs: Guillaume, mort en 1304, un autre Guillaume qui vivait en 1334 et figure en 1336 parmi les conseillers maîtres des comptes, et Jean qui accompagna Philippe-le-Hardi en Picardie en 1377. On trouve encore Etienne, chevalier, conseiller du duc, maître de son hôtel, maître aux comptes en 1353, bailli de Dijon, lieutenant du gouverneur de Bourgogne en 1356, châtelain de Pontailler et capitaine d'Argilly, et Gaucher, chanoine d'Autun, le dernier du nom, qui vendit en 1383 à Guy de la Trémouille la charge de chambellan de Bourgogne. — Fiefs : Antigny, Barjon, terres à Avot, Aiscrey, le Meix. — Alliances : Menans, Paillé. E. 1352.

**MUSY, MUZY.** — *De gueules à l'aigle d'or, couronnée de même*. — Ancienne maison de Bresse et Bugey, établie dans le duché en 1763 et reçue aux Etats de cette année, sur preuves de neuf degrés. Ses membres ont presque tous porté les armes; on remarque parmi eux : Rodolphe de Musy (*de Musiaco*), témoin du testament de Sybille, femme du comte de Savoie en 1294; Jean et Thibaud Musy, qui étaient au nombre des deux cents gentilshommes qui se portèrent avec Gallois de la Baume à la défense de Cambrai assiégé par les Anglais en 1339; Guillaume, Jean et Bruno Musy, chevaliers, qui accompagnèrent le comte de Savoie dans une chevauchée en Viennois (1354) ; Humbert, témoin du traité de Cuisery conclu par Amé de Savoie en 1358 avec le duc de Bourgogne ; Jean, écuyer, d'une branche cadette, qui fut payé de ses gages et de ceux de cinq écuyers qui avaient tenu avec lui garnison au château de Semur-en-Auxois: la quittance qu'il donna en cette occasion est scellée de son sceau qui porte une *aigle chargée d'un lambel à trois pendants* (1359) ; Thibaut Musit (*Musiti*), damoiseau en 1415 ; Estorge, prévôt de Saint-Pierre-les-Mâcon en 1453 ; Claude, damoiseau, seigneur de Sathonay en 1466; Jean de Musy, brûlé vif à Mâcon par les huguenots pour sa fermeté dans la foi catholique (1564); enfin François de Musy, page de Louis XV en 1755. — Fiefs : Saint-Etienne-du-Bois donné à Humbert de Musy par Amé V dit le *Comte-Vert*, comte de Savoie, par lettres patentes du 13 juillet 1360, Chaffaut, Pirajoux, Sathonay, la Roche-Milly, Vauzelles (dont la branche aînée a porté le nom), Mussery, Communes, Villars, Couches en partie, etc. — Alliances : Vaugrineuse, Montsimon, Sainte-Colombe-Montesquiou, Germoles, du Bec, Tirecuy de Corcelles, Uchard de Niermond, Truchy, Certaines, etc. M. 1635, 1641, 1668.

**MYPONT.** — Anciennement : *de... à une croix...* ; puis : *d'azur au chevron d'or.* — Devise : *Mypont difficile à passer.* — Jean de Mypont fait hommage au duc en 1315. Oudart de Mypont, chevalier, était seigneur de Corberon en 1356. Jean, écuyer, tua un sergent du duc et fut pour ce meurtre dépossédé en 1389 de la terre de Mypont qu'il racheta l'année suivante des Chartreux de Dijon à qui le duc l'avait octroyée. Charles, seigneur d'Ecutigny et de Chassagne fut chevalier d'honneur du parlement de Dijon en 1500. Philibert, écuyer, était baron de Lezinnes en 1561. Alain, seigneur d'Aubigny-les-Beaune, fut condamné en 1532 par le parlement de Dijon à être décapité pour crimes de rapt, blessures mortelles et évasion. Cette famille, qui posséda aussi la terre de Bellenot, s'éteignit à la fin du XVIe siècle. Elle s'allia aux Salins, la Salle, Cussigny, Saillant, Villiers, Fussey, Jacquelin. E. 1549.

# N

**NAGU.** — *D'azur à trois fusées d'argent mises en fasce.* — Cette famille, dont un des plus anciens représentants, Jean, était chevalier en 1395, a fourni trois chevaliers d'honneur au parlement de Bourgogne de 1581 à 1682, un chevalier des ordres en 1633, un gentilhomme de la chambre du roi, capitaine de Mâcon en 1611, un maréchal de camp en 1644, un comte de Lyon, un chevalier de Malte, commandeur des Echelles en Savoie en 1553, deux abbesses de Chazeaux, deux lieutenants-généraux des armées du roi, un capitaine-colonel des gardes suisses de la reine d'Espagne, mort en 1730, des gouverneurs de places, plusieurs autres militaires. Ses membres étaient seigneurs de Varennes depuis 1300 environ, marquis du même lieu depuis 1618, et d'Ursy, barons de Marzé, seigneurs de Belleroche, Longecourt, Tart-le-Haut, Gemeaux, Marliens, Thorey, Layé, Huché, Potangé, Janly, etc. — Alliances : des Loges, Chevrier, Egletine, du Blé, Monteynard, Gadagne d'Hostun, Damy, du Lieu, Montholon, du Hamel. Famille éteinte. E. 1563.

**NATUREL.** — *D'or à la fasce d'azur, accompagnée de trois corbeaux de sable.* La branche cadette a remplacé les corbeaux par des merlettes. — D'après la Chesnaye-des-Bois, les Naturelli d'Italie seraient les auteurs de cette famille qui s'est divisée dès l'année 1480 en deux branches principales également entrées aux Etats : celle des Naturel de Baleure et celle des Naturel de Valetine. A la seconde appartenaient : Philibert de Naturel, seigneur de la Plaine en Lyonnais, dont le frère de même nom, prévôt d'Utrecht, abbé d'Ainay, chancelier de l'ordre de la Toison-d'Or en 1504 et ambassadeur en France pour les empereurs Maximilien et Charles-Quint, testa en 1529 ; Benoit, maréchal des logis dans la compagnie du duc de Nevers en 1543 ; Pierre-Marie, chevalier de Saint-Louis, lieutenant de roi de la ville de Chalon-sur-Saône en 1759 ; plusieurs autres militaires et un chanoine-comte de Saint-Pierre de Mâcon.

La terre de Baleure entra dans la branche aînée de cette famille par le mariage d'Isabeau de Saint-Julien, fille de Guy, seigneur de Baleure, avec Charles de Naturel en 1613. On trouve dans la même branche un capitaine au régiment d'infanterie du marquis d'Uxelles en 1642 et au dernier siècle plusieurs militaires, entre autres Jean-Bénigne, capitaine au régiment d'Humières. Signalons encore Pierre, chanoine de Chalon, qui écrivit en latin l'histoire ecclésiastique de Chalon et assista à la rédaction de la coutume de Bourgogne. — Alliances : Mazilles-Vaubresson, Petit-l'Argillière, Billot, Jordain du Chavet, Saint-Amour-Genost, Chargères, Joly de Bévy, Guye, Rodde, Laube, Changy, Canay de Bellefond. — Fiefs : Valetine, le Verdier, le Pas, Corgengoux, Parué, Saint-Martin, Plaines, Corcelles-sous-Grignon, Nanton, Champlieu, Vers, Chazeu, Dulphey, Saint-Didier, la Tour, Saint-Giraud, Ocle, Marigny, Saint-Eusèbe-des-Bois, Montagny, Corcassey, Chavannes, prévôté-de Brancion. M. 1667, 1669, 1698. E. 1566.

**NESLE.** — Guy de Laval, marquis de Nesle, comte de Joigny et de Maillé, seigneur de Loué, etc., gentilhomme du roi et capitaine de cinquante hommes d'armes de ses ordonnances, mourut d'une blessure qu'il reçut à la bataille d'Ivry en mars 1590. Le marquisat de Nesle passa à sa tante Gabrielle de Laval-Loué, femme de François Aux-Epaules, chevalier, seigneur de Pizy, Presles et Ferrières, dont le fils René, marquis de Nesles, maréchal de camp, gouverneur de la Fère et chevalier des ordres, fut substitué aux nom et armes de Laval et épousa la fille du maréchal de Montluc, d'où vinrent Renée de Laval, première femme de César d'Aumont, marquis de Clervaux, et Magdelaine, marquise de Nesle, mariée : 1° à Bertrand-André de Monchy; 2° à René, baron de Mailly. — Le marquis de Nesle, qui assista à l'assemblée de gentilshommes notables réunis à Semur en octobre 1590, est sans doute François Aux-Epaules, investi du marquisat de Nesle du chef de sa femme après la mort de Guy de Laval. — Autres fiefs en Bourgogne : Précy-sous-Pierrepertuis, Menades, parties de Pont-de-Cussy, Melusien, Vesvres, Grange-aux-Pannas, Bierry-les-Avallon, Beauvilliers et Chevannes. — Laval-Aux-Epaules portait : *de Laval-Montmorency, brisé en cœur d'une étoile d'or*, qui est Aux-Epaules.

**NEUFCHATEL.** — *De gueules à la bande d'argent.* — Thibaud, seigneur de Neufchâtel dans le comté de Bourgogne en 1165, est la souche de cette maison qui s'est élevée aux plus hautes dignités de la province et du royaume. Parmi ses descendants nous nous bornerons à citer : Thibaut III, dit *le Grand*, à qui Jean de Chalon donna en 1251 la terre de Montbard ; Thibaut V, qui lutta contre le duc de Bourgogne en 1345, et fut nommé gouverneur du comté de 1354 à 1359; Jean, évêque de Nevers et de Toul, cardinal en 1385; Humbert, évêque de Bâle; Jean, seigneur de Montaigu, grand bouteiller de France, chevalier de la Toison-d'Or, dont la postérité naturelle forma les branches des seigneurs de Nanteuil et de Rambercourt; Thibaud VII, tué à Nicopolis en 1396 et son fils Thibaud VIII, grand-maître de la maison du roi, chevalier de la Toison-d'Or ; Thibaud IX, maréchal et bailli du comté de Bourgogne, mort en 1469, père de Claude, seigneur du Fay et de Grancey, gouverneur du Luxembourg, décédé en 1505 sans postérité masculine. Jean de Neufchâtel, deuxième fils de Thibaud VIII, chambellan du roi et du duc, lieutenant-général en Bourgogne, forma la branche des seigneurs

de Montaigu qui a produit un archevêque de Besançon en 1498, et s'est éteinte au XVIe siècle.
— Fiefs : Amance, Blamont, Villafans, Châtelot, Châtel-sur-Moselle, Héricourt, Marnay, Fontenay, Pesmes, Risnel, etc. — Alliances : Châteauvillain, Montbéliard, Commercy, Chalon, Bourgogne-Montaigu, Granson, Joinville, Vienne, Vergy, Furstemberg, Castro, la Palu, Fenestrange, la Baume, Tenarre. E. 1412.

**NEUFCHÈZE, NEUCHÈZES.** — *De gueules à neuf molettes d'éperon d'argent à cinq pointes, posées en bannière.* — Ancienne famille du Poitou qui a projeté des rameaux en Angoumois, dans le Bourbonnais, la Marche, le Nivernais, la Bourgogne, etc., et qui est aussi distinguée par ses alliances que par les charges qu'elle a remplies. On compte parmi ses membres des chevaliers et écuyers bannerets, des capitaines de cent hommes d'armes, des gouverneurs de provinces, des chevaliers de l'ordre du roi, des chambellans et gentilshommes ordinaires de la chambre, un vice-amiral, intendant général de la marine, qui se signala dans plusieurs rencontres et seconda puissamment Colbert dans son œuvre d'organisation de la marine française, des chevaliers et commandeurs de Malte, un grand prieur d'Aquitaine en 1559, etc., etc. Nous nous bornerons à mentionner ici Jean-Jacques de Neufchèze, baron des Francs ou d'Effrancs, seigneur de Neuchèze, Brain et Bussy, chevalier de l'ordre du roi, qui obtint en 1595 l'érection en baronnie de la terre de Bussy-la-Pèle, en Auxois, avec union des seigneuries de Drée et de Saverauge. Il mourut des blessures qu'il avait reçues au combat de Fontaine-Française, laissant de son mariage avec Marguerite Frémiot, sœur de la fondatrice de la Visitation, deux fils : Bénigne, baron d'Effrancs, mort en 1629 sans avoir été marié, et Jacques qui occupa pendant trente-trois ans le siège épiscopal de Chalon-sur-Saône et fut deux fois élu du clergé. La seigneurie de Brain fut érigée en comté en sa faveur en 1637. E. 1587.

**NEUVILLE.** — *De gueules à trois faucons d'argent, becqués et griffés d'or.* — Cette famille a donné aux ducs de Bourgogne de nombreux officiers parmi lesquels on remarque : Hugues et Bernard, baillis d'Autun en 1353 et 1354 ; Guillaume, dit *le Moine*, écuyer tranchant de Jean-sans-Peur qui lui donna la terre de la Serrée en 1425 ; Jean, écuyer du duc en 1403, envoyé sur *la mer de Venise* après le désastre de Nicopolis, capitaine du Mont-Saint-Vincent en 1423 ; Marc, écuyer tranchant de Philippe-le-Bon en 1442 ; Amblard, seigneur de Savigny, châtelain de Cuisery, chambellan du duc et gruyer de Bourgogne en 1465. En 1579, il existait encore un descendant de cette famille. — Alliances : Bernault, Colombier. — Fiefs : Uxelles, Saint-Germain-du-Plain. E. 1460.

**NICEY.** — Famille qui a possédé depuis le milieu du XIVe siècle jusqu'au XVIIe la seigneurie de Nicey, relevant de la châtellenie de Crusy située en Champagne, mais dans la mouvance du duché de Bourgogne. Parmi ses membres nous citerons Pierre, écuyer, qui toucha ses gages en 1410 pour avoir accompagné la duchesse de Bourgogne en France. — Autres fiefs : Ancy-le-Serveux en partie, Tucbœuf, fief à Laignes. E. 1633.

**NOBLET.** — *D'azur au sautoir d'or.* — Famille originaire du Mâconnais et qui remonte à Jean, qualifié *nobilis vir* et *domicellus* en 1439. On remarque parmi ses descendants : Benoît, capitaine du château de Beaujeu en 1588; Jean, abbé de Fontfroide en 1650; Etienne-Charles, chevalier de Saint-Louis et du Mont-Carmel, maréchal de camp en 1734; Antoine, chevalier de Malte en 1699; un comte de Saint-Pierre de Chalon et une chanoinesse de Neuville. Marquis de Noblet d'Anglure par lettres de 1715; comtes de Chenelette. — Fiefs : baronnie de la Clayette, érigée en comté en 1730, Montchanin, Anglure, Avaize, les Prés, Ancise, Grand-Vaux, Fremont, Montgesson, Pommier, la Tour-de-Romanèche. — Alliances : Laurain, Mirebel, Barjod, Seyturier, Ganay, Ongni-d'Origny, Martin de Punetis, du Bost de Petithourg. Preuves pour les pages du roi en 1723. M. 1669, 1698. E. 1703.

**NOGENT.** — *De gueules au chevron d'argent.* — La filiation de cette famille est établie depuis Renault de Nogent qui comparut à la revue de la noblesse de Bassigny en 1470 et que le P. Vignier, dans sa *Décade historique du diocèse de Langres*, fait descendre des anciens seigneurs de Nogent-le-Roi en Bassigny. On trouve anciennement des membres de cette famille dans la noblesse bourguignonne; ainsi au commencement du XVe siècle : Thibaut de Nogent, capitaine de Châtillon-sur-Seine; Simon de Nogent, grand gruyer de Bourgogne en 1454; Thibaut, qui prêta serment avec les nobles du bailliage de la Montagne après la réunion du duché à la couronne en 1478. Depuis lors les Nogent n'ont pas cessé de figurer dans les montres des compagnies d'hommes d'armes et dans les rôles de l'arrière-ban du Châtillonnais. A la branche des Nogent du Breuil appartenait Charles de Nogent, lieutenant de la mestre de camp du régiment de cavalerie de Hombourg-Landgrave, ancien maréchal des logis de la noblesse du bailliage de la Montagne, reçu aux Etats sur preuves en 1680. Cette branche, maintenue en 1698, subsiste encore. — Fiefs : le Breuil, Ballot, Millery, Aubetrée, la Motte, Ville-sur-Arce, Gevrolle, Veuxaulle, le château de Brion, Saint-Antoine-aux-Bois, etc. — Alliances : Châtillon, Charpail, Aquin, Vignier, Tremisot, Landreville, Bricquet, du Ban, Le Maygnier, Martin de Choisey, Castres, Louis, Rémond, Labbé, Pons de Bourgneuf. Titres de comte et de baron. Militaires, chevaliers de Saint-Louis. E. 1671.

**NOYERS.** — *D'azur à l'aigle d'or.* — Miles, seigneur de Noyers en 1104, et Guy, fondateur du monastère de Fontenoy près Joux dans l'Avallonnais, sont les premiers membres connus de cette illustre maison, qui donna un archevêque de Sens en 1177, un évêque d'Auxerre en 1183, un croisé en 1190, plusieurs bouteillers de Bourgogne, un garde des foires de Champagne et Brie, maréchal, porte-oriflamme et grand bouteiller de France en 1302, et dont la branche principale s'éteignit en 1394 par le décès de Jeanne, fille de Miles VII, seigneur de Montcornet, mort en 1349. Une seconde branche, celle des comtes de Joigny, eut pour chef Jean, né en 1322, gouverneur de Bourgogne pendant la minorité de Philippe de Rouvres, tué par les Tard-Venus à Brignais en 1361. A cette branche appartenait Miles IX, l'un des chefs de l'armée française à Auray en 1364, qui y fut pris avec Du Guesclin par le chevalier anglais Robert Canole, et dont la postérité s'éteignit en 1415 dans la personne de Louis, comte de Joigny, doyen des sept comtes-pairs de Champagne. Sa sœur Marguerite porta le comté de Joigny dans la maison de la Trémouille. Une troisième branche, celle des seigneurs de Maisy, tire son origine de Jean, bouteiller de Bourgogne de 1274 à 1296, et disparut vers 1430. Cette puissante maison posséda outre Noyers les terres de Melleny, Rimaucourt, Valence, Vermanton, Joux, Hertonges, Eclaron, Sancy, Jouancy, Aigney, Sarrigny, Vandœuvre, Villebertin, Lucy, Villiers-les-Haut. Elle s'allia aux Chappes, Courtenay, Brienne, Mont-Saint-Jean, Conflans, Etampes, Vergy, Plancy, Châtillon-Crécy, Flandre, Remigny, Grancey, Montbéliard, Melun, Ventadour, etc. La bouteillerie de Bourgogne était attachée comme fief à la terre de Noyers depuis 1296. E. 1355.

# O

**ORGE, ORGES.** — *D'azur au lion couronné d'or, armé et lampassé de gueules.* — Jean d'Orge, damoiseau en 1311, est le premier membre de cette famille qui apparaisse en Bourgogne. Son petit-fils Guiot était en 1381 écuyer d'écurie de Philippe-le-Hardi, et donna le jour à Regnault, écuyer de la femme de Jean-sans-Peur en 1412, qui fit en 1428 construire l'église de Villeberny. Celui-ci fut père d'Hugues, successivement chanoine de Chalon, archidiacre d'Auxerre, évêque de Chalon en 1416, qui monta sur le siége archiépiscopal de Rouen en 1432, peu après le supplice de Jeanne d'Arc. Bénigne, seigneur de Villy-le-Moutier et de Bâlon, frère d'Hugues, eut une fille Jacquette, qui épousa avant 1455 Guillaume Poinceot d'Eguilly, dont les enfants prirent le nom et les armes de leur mère. Ils possédèrent les fiefs de Villeberny, Villy, Munois, Chalvoisson, le Deffend, Quincey, Boux, Montreuil-sur-Saône, Chevannay, Salmaise, le Martrois, Champeaux, Bussières, Chascul, Viévy, Chalancey, la Oultre, Quemigny, Poisot, et s'allièrent aux Drée, Rolin, Montmoyen, Sancy, Livron, Boucicault, Breschard, Saint-Belin, Damas, Bénier, Martin, Siclier, Languet, Frémyet, Heuvrard, Forneron. Cette famille a fourni une abbesse du Lieu-Dieu en 1558, un chanoine de Saint-Etienne de Dijon en 1580, un auditeur à la chambre des comptes en 1622 et plusieurs militaires. Il ne faut pas la confondre avec les d'Orges de Champagne qui portaient *d'argent à trois fasces de sable.* E. 1557.

**ORSANS.** — *D'argent au sautoir de gueules.* — Lambert d'Orsans, qui vivait en 1088, est l'auteur de cette famille ainsi nommée d'une châtellenie du bailliage de Baume-les-Dames au comté de Bourgogne. Au nombre de ses descendants on cite : Simon, seigneur de Lomont et de la Neuvelle, échanson de Philippe-le-Bon en 1440; Jacques, chambellan et maître de l'artillerie de Charles-le-Téméraire, tué devant Beauvais en 1472; Antoine, bailli du Charollais en 1580, aïeul d'Elisabeth, femme du marquis du Châtelet, à qui elle laissa les terres d'Orsans et de Landresse. Un autre Antoine, seigneur d'Antorpe et de Roset, fut reçu dans la confrérie de Saint-Georges en 1578 et mourut sans postérité. Citons encore : Marc-Antoine, chevalier de Saint-Georges en 1665, et Claude, baron d'Orvain, seigneur de Rosey, capitaine au régiment de la Couronne, dont la fille Claire-Joseph reprit de fief en 1753 de la seigneurie d'Ampilly-les-Bordes dans le Châtillonnais. Cette famille posséda de 1424 à 1547 l'office héréditaire de maréchal de l'archevêché de Besançon, qu'elle vendit aux Perrenot de Granvelle. — Fiefs :

Nans, Vernois, Montdoré, le Magny, Til-Châtel, Bourberain. — Alliances : Leugny, Cléron, Montureux, Haraucourt, Vaudrey, la Palu, Chauvirey, Achey, Perrot, Marmier, Courtier, Parisot. M. 1669. E. 1679.

# P

**PAGES.** — *Ecartelé : aux 1 et 4, de gueules au lion d'or ; aux 2 et 3, d'argent au chef de gueules.* — Cette famille a possédé la seigneurie de Vitrac et une partie de celles de Mauren et de Rodailles. Elle portait communément le nom de cette dernière terre. M. 1667, 1698. E. 1665.

**PAILLART.** — *D'argent à trois tourteaux de sable; au chef de gueules.* Alias : *d'argent à une étoile à six rais de sable; au chef de gueules, chargé de trois roses d'or.* — Philibert Paillart, bourgeois de Beaune, fut successivement bailli de Dijon, bailli d'Auxois en 1357, chancelier de Bourgogne en 1363, président aux parlements de Paris et de Bourgogne, ambassadeur de Charles VI et de Charles VII en Autriche et près de l'empereur Wenceslas. Il avait épousé Jeanne de Dormans, avec laquelle il acheta la terre de Germolles en 1378. Jean, son fils, fut conseiller aux parlements de Paris et de Bourgogne. Miles Paillart, seigneur de Meursault, chambellan de Philippe-le-Bon et gouverneur du Nivernais, épousa en 1439 Alix de Bourbon. Cette famille a donné en outre deux autres chambellans des ducs et un évêque de Limoges en 1418. — Fiefs : Thorigny, Lisy-sur-Ourcq. E. 1363.

**PAILLY (DU).** — *De...., ; au chef vairé de deux tires.* — Les premiers seigneurs du Pailly, près Langres, apparaissent au XIIIe siècle. Guy, l'un d'eux, fut bienfaiteur de Belmont et de Grosse-Sauve en 1226. Jacques de Pailly, dit *Fortépice*, capitaine au service du comte de Vaudemont sous Charles VII, était un cadet de cette famille. On trouve enfin Guillaume, gruyer de Bourgogne en 1363. — Alliances : Saint-Seine, Chailly, Epernay, la Rochelle, Lugny. E. 1362.

**PALOUSET.** — *De gueules à trois losanges d'or, rangées en fasce.* — Famille de Salins qui a donné plusieurs chevaliers à la Bourgogne. L'un d'eux, Nicolas, périt dans la campagne de Hongrie à la suite du comte de Nevers. — Alliances : Noseroy, Quingey, Saint-Mauris. E. 1412.

**PALU (LA).** — *De gueules à la croix d'hermine.* — Pierre de la Palu, chevalier, seigneur de Varembon, qui vivait en 1131, est le premier auteur connu de cette illustre maison, l'une des plus considérables de la province de Bresse, par ses alliances et par les dignités dont elle a été honorée. Sa postérité s'est divisée en plusieurs branches. L'aînée, celle des seigneurs de Varembon et de Saint-Julien, s'est éteinte en la personne de Claude de la Palu, comte de la Roche, seigneur de Varembon et de Bouligneux, mort en 1517, sans enfants de sa femme Constance-Marie Sforza, fille du duc de Milan. Elle avait projeté deux rameaux : 1° celui des premiers seigneurs de Bouligneux éteint dans la branche aînée par le mariage d'Anne de la Palu avec son cousin François de la Palu-Varembon en 1431 ; 2° celui des seigneurs de Châtillon, Saint-Mauris et la Palu, comtes de Varax et de la Roche, auquel appartenait Hugues, qui, en mai 1479, promit au roi de France de le servir contre le duc d'Autriche, *fors contre le duc de Savoie dont il était vassal*, et de l'aider avec ses places pour la conquête du comté de Bourgogne. De ce second rameau, éteint en 1527, sortit la branche des seigneurs de Jarnosse, dont les biens, le nom et les armes passèrent par succession au XVI° siècle dans la maison de Rye, et celle des seigneurs de Meilly et de Bouligneux, plusieurs fois entrée aux Etats de Bourgogne. Formée au XV° siècle par Etienne, second fils d'Antoine, seigneur de Jarnosse, et d'Agnès de Gellan, dame de Meilly, cette dernière branche était représentée au commencement du XVII° siècle par Jacques-Claude, comte de Bouligneux et de Meilly, baron de Chaudenay-le-Château et la-Ville, lieutenant-général des armées du roi, et capitaine-lieutenant de deux cents hommes d'armes des ordonnances, dont les deux fils, Louis, marquis de Bouligneux, lieutenant-général, et Alexandre-Jacques-François, comte de Meilly, moururent sans héritiers directs, laissant leurs biens aux Rouxel de Médavy et aux Morel de Putange. La maison de la Palu, entrée à Malte, à Lyon et à Remiremont, a fourni deux abbés de Tournus, dont l'un fut ensuite évêque de Lausanne, puis cardinal en 1443 ; un bailli d'Amiens, Lille et Douai, sénéchal de Béziers et de Carcassonne, vivant en 1336 ; un bailli et un lieutenant-général de Bresse; un maréchal de Savoie, lieutenant-général en Dauphiné en 1594 ; des chevaliers de divers ordres, etc. — Alliances : Chandieu, Monthel, Vassalieu, Varax, Cossonnay, Luyrieux, la Chambre, la Baume, Raulin, Orsans, Chalant, Sassenage, Neufchâtel, Dyo, Oncieux, Miolans, Grolée, du Plantay, Cusance, Polignac, l'Aubespin, Charlieu, Vitry, Lannoy, Foucher, Mustel, Clutin, Clugny, Mâlain, Salives, Damas-Thianges, Joux, Le Hardy de la Trousse, etc. — Aux XIV° et XV° siècles, les la Palu-Varembon tenaient en fief soixante livres de rentes sur les foires chaudes de Chalon ; on les trouve depuis qualifiés seigneurs de la Poype, le Plantay, Lailly, Rouvres, Maconge, Blangy, Fontenelle, Fouchey, Esbordes, Ecome, etc. E. 1593.

**PAMPELUNE**. — *D'argent au loup ravissant de sable.* Alias : *d'argent au croissant d'azur, accompagné de trois étoiles de gueules.* — Denis de Pampelune, fils de Jean-François, marquis de Genouilly, fut reçu aux Etats de 1769, sur preuve de trois degrés de noblesse, depuis Alexandre, seigneur de Lury et de Genouilly, condamné comme usurpateur en 1665, et dont le fils Lazare fut maintenu à Paris en 1700. Denis présenta en outre un certificat de d'Hozier en 1760, pour la charge d'écuyer du Dauphin, dans lequel il était reconnu de très ancienne extraction militaire, ayant prouvé qu'un de ses ancêtres, Jean de Pampelune, était en 1267 chambellan de Thibaut, comte de Champagne. Citons encore dans la même famille Claude, commandant la compagnie des chevau-légers du duc d'Enghien. — Alliances : Sainte-Maure, Le Court de Béru, Romécourt, Doillet, Rousseau. — Fiefs : Villiers-les-Haut, Merceuil, Colombier, Averly, Châtel-Girard.

**PAPHI, PAFFI**. — *D'argent à deux vires concentriques de gueules.* — Cette famille, originaire de Lyon, a été représentée en Bourgogne par Philippe, seigneur de Néronde, bailli de Mâcon, qui acheta au XVI° siècle la terre de la Bussière en Mâconnais et la transmit aux Laurencin. E. 1577.

**PARDESSUS** ou **LE PARDESSUS**. — *D'or ou d'argent au chevron de sable, accompagné de trois coquilles de gueules.* — Guillaume, dit *Le Pardessus*, époux de Jeanne du Bois en 1335, est la tige de cette famille, originaire du comté de Bourgogne. Elle a donné un maitre d'hôtel du comte de Charny en 1572, un conseiller au parlement de Paris en 1581 et un grand prieur de Saint-Bénigne de Dijon en 1584. — Fiefs : Foucherans, Villers-Farlay, Nenon, Marcilly-les-Viteaux. — Alliances : Foucherans, Saint-Mauris, Beaujeu. E. 1589.

**PARIS DE LA JAYSSE**. — Cette famille, originaire du Châtillonnais, où elle remplit quelque temps des fonctions au grenier à sel, a produit : Pierre, bailli de la Montagne en 1358, exécuteur testamentaire de Jeanne de Chalon en 1370, conseiller du duc en 1382, bailli de Dijon en 1387 ; un autre Pierre, doyen de Chalon et conseiller du duc en 1384 ; Geoffroy, chanoine de Langres en 1396 ; Jacques, bailli d'Auxois en 1383, de Dijon en 1398, conseiller au parlement de Dole en 1390, et à celui de Beaune en 1393. Il avait pris le nom de la Jaysse, porté par la famille à laquelle appartenait sa femme. — Alliances : Châtillon, Foissy, Duret, Daubenton, Cerilley. — Fiefs : partie de Ville-sur-Arce et de Pichange, la maison Chauderon à Dijon. — Une famille du même nom existait à Verrey, mais il est douteux qu'elle ait eu la même origine. E. 1390.

**PAULAT DE LA TOUR**. — Famille maintenue en 1667 sur preuves remontées à Jean Paulat, qualifié écuyer en 1558. — Alliances : Guines, Rougeot. — Fiefs : la Tour en Jarreto, Montarvaux, la Faye. E. 1691.

**PÉLISSIER**. — *D'azur au héron d'or ; au chef d'argent, chargé de trois mouchetures d'hermine de sable.* — Famille militaire dont la filiation est établie depuis Anne de Pélissier, homme d'armes de la compagnie du maréchal de Tavannes en 1560, et depuis commissaire ordinaire des guerres et capitaine du château d'Auxonne. Plusieurs de ses membres ont été militaires. — Alliances : Plancy, Yvoire, Sayve, Richard, Riollet, du Battu. — Fiefs : Montpallier, Ternant, Bévy, Semessanges, Quemigny, Messange en partie, etc. M. 1669, 1698. E. 1575.

**PELLETIER D'ESCROTS** ou **DES CROTS**. — *D'azur à la bande d'or, chargée de trois écrevisses de gueules et accompagnée de trois merlettes du second.* — Le premier membre connu de cette famille est Pierre Pelletier, seigneur d'Escrots, la Vesvre, Gourmandoue, la Gorge et Saint-Nisy-sous-Charmoy, né en 1472, marié à Anne de Thyard et mort en 1505. Il eut de nombreux descendants parmi lesquels on peut citer : Arthur, conseiller au parlement de Dijon en 1558, mort à Troyes en 1579 ; son frère Pierre, curé de Montcenis ; Charles, chevalier de Malte, commandeur de Thorey ; un autre Charles, capitaine au régiment de Maugiron ; Antoine, tué au siége de Coni ; Gilbert, religieux à Saint-Martin d'Autun ; Pierre, cornette au régiment de Condé, tué au combat d'Etampes ; Simon, enseigne au régiment de Maugiron, tué au siége de Brême ; Philibert, capitaine au régiment de Condé à la fin du XVIIe siècle ; Philibert, lieutenant-général au bailliage d'Autun, vierg de cette ville, élu du tiers aux Etats de 1626, et plusieurs religieux aux abbayes de Saint-Bénigne de Dijon et de Saint-Ladre d'Autun. Outre les fiefs désignés ci-dessus, cette famille posséda les terres de Bussières, de Champignolles, d'Estrey ou Estrée, de la Motte des Prés, du Péage et la baronnie d'Uchon. — Alliances : Bernard, Belin, Busseul, Andrault de Langeron, Doyen, Lelong, Marcelange. E. 1605.

**PÉRARD.** — *De gueules à la bande d'argent, chargée d'un ours de sable; au chef d'or.* — Devise: *Victrix PER ARDua virtus.* — Cette famille, connue à Dijon depuis la fin du XVIe siècle, s'est partagée en plusieurs branches. L'une d'elles a eu pour chef Etienne Pérard, maître aux comptes en 1615, conseiller d'état, auteur du *Recueil de plusieurs pièces curieuses servant à l'histoire de Bourgogne*, qui mourut en 1663 et dont la postérité a fourni quatre conseillers au parlement en 1641, 1678, 1714 et 1751. Le dernier, Bernard-Etienne, devint procureur général en 1760. Le rameau des Pérard-Floriet, sorti de cette branche et entré aux Etats de 1757, a donné un président au même parlement en 1780. On compte également deux conseillers au parlement en 1653 et 1683 dans la branche des seigneurs de la Vaivre et de Messange, éteinte dans les Legouz de Saint-Seine. Enfin un neveu d'Etienne, Bénigne, avocat au parlement, laissa un fils, maître aux comptes en 1684 et mort sans enfants mâles. — Alliances : Macie, Riel, Scurrot, Morisot, Guyard, Clopin, Masson, Jannon, Fleutelot, Beuverand, Butard, la Loge, Vezon, Vittier, Canay. — Fiefs : Charmoy, Urcy, Santigny, Grusse, Saint-Marcelin, Moisy, Fresne, partie de Montculot.

**PÉRIEUX.** — *Ecartelé : aux 1 et 4, d'azur au paon d'or, perché sur une branche d'olivier aussi d'or, ou de sinople, et accompagné de trois corneilles ou choquettes du second ; aux 2 et 3, coupé d'or et d'azur, au lion de gueules sur l'or et d'or sur l'azur qui est Duretal.* — Famille issue de Bernard de Périeux, natif de Savoie, cadet des comtes de Périeux, qui se maria en 1460. Parmi ses descendants qui ont presque tous porté les armes, nous nous bornerons à citer Vincent de Périeux, marié en 1626 à Isabeau, fille et héritière de François de Duretal, qui lui apporta la terre de ce nom située au bailliage de Chalon. Cette seigneurie resta dans sa famille jusqu'au milieu du dernier siècle où elle passa à N. du Crozet, héritier d'Alexandre Périeux de Duretal, prêtre de l'Oratoire. — Autres alliances : Genoussin, la Garde, Sainte-Colombe, Chevrier de Saint-Mauris, la Porte, l'Hôpital-Bolery. M. par Bouchu. E. 1668.

**PERNES.** — *D'or au pal d'azur, chargé d'une croix ancrée d'argent. Alias : d'azur à la croix ancrée d'argent, entre deux pals d'or.* — Famille originaire du Vexin normand et qui remonte à Rodolphe du Coudray, seigneur de Pernes, vivant en l'an 1000. On remarque parmi ses membres : Guillaume, capitaine de deux cents hommes d'armes en 1606; Jacques, capitaine du château de Saintes, gentilhomme de la chambre en 1600 ; Louis, conseiller du roi en ses conseils, gouverneur des ville et citadelle de Saintes en 1627 ; Gaspard, chevalier de Malte en 1630 et Louis qui obtint en 1636 l'érection en comté sous le nom d'Epinac des terres et seigneuries de Monetoy, Ladrée, le Châtelet, le Grand-Vaux, Cheilly, etc. — Autres fiefs : baronnie de Rochefort, Perrigny, Thomirey, Antigny-la-Ville, Charmoy, Domoy, Tintry, Saint-Gervais, Loges, Collonges, etc. — Alliances : Le Tourneur, Boulainvilliers, Maréchal, Clermont-Tonnerre, Gasse de Rouvray, Toulongeon, Senevoy. Maison éteinte. E. 1560.

**PÉRONNE.** — Il est probable que le gentilhomme inscrit sous ce nom dans la liste de 1626 était un seigneur de Péronne, peut-être de la famille des la Fage-Péronne. (Voy. FAGE (LA).)

**PERRAULT.** — *Parti : au 1er, d'azur à la croix patriarchale d'or, élevée sur trois annelets de même ; au 2, d'azur à trois bandes d'or.* — En récompense de sa belle conduite et de son dévouement à la cause royale, noble Humbert Perrault, avocat à la cour, seigneur du Petit-Pont de Montrevost et l'un des notables habitants de Chalon, reçut d'Henri IV l'autorisation de placer dans ses armes les trois annelets d'or, qui sont les armoiries de la ville de Chalon. Il appartenait à une ancienne famille qui fait remonter sa filiation à Colin Perrault, vivant vers 1400 à Gahart, diocèse de Vannes, et dont le fils Etienne vint s'établir en Bourgogne. Ce dernier, qualifié noble homme et écuyer, sieur de Chanet, reprit de fief en 1450 des terres de Villemoy et du Verger, mouvantes de la seigneurie des Ormesseaux. Son fils, Antoine, conseiller du duc Charles, assista en 1474 aux parlements de Beaune et de Saint-Laurent. Au XVI° siècle, cette famille se partagea en deux branches, l'une établie au pays de Gex, l'autre restée en Bourgogne. A cette dernière appartenaient : Philibert, entré aux Etats de 1572 et de 1577 sous le nom de seigneur de la Chapelle, et Théodore-Philibert, reçu en 1766 après un intervalle de près de deux siècles sur preuves remontées à Etienne, son huitième aïeul. Devenue protestante, cette branche avait sans doute commis quelque dérogeance tacite par omission de qualité, car l'aïeul de Théodore-Philibert, le sieur de Sailly, gendarme du duc d'Anjou, ayant été condamné comme usurpateur en 1665, son fils Isaac, d'abord officier au service de Hollande et d'Angleterre, puis contrôleur des fortifications en Bourgogne, fut obligé de se faire pourvoir en 1706 d'une charge de secrétaire du roi pour recouvrer les priviléges de la noblesse. On trouve encore dans cette famille un autre secrétaire du roi en 1678, des militaires de divers grades, des officiers au bailliage, à la chancellerie, à la gruerie et au grenier à sel de Chalon, des maires de cette ville, entre autres Abraham, député du tiers aux Etats généraux de 1614. Citons enfin Jean Perrault, comte d'Angerville, baron de Chagny et de Milly, président à la chambre des comptes de Paris, chef du conseil de M<sup>gr</sup> le prince et son ami. — Alliances : Goyon, Quarré, Despotots, Saint-Julien, Macheco, Bourgeois, Gravier, Loppin de Masse, du Bourg, la Baille, Dallerey, Girard, Fautrières, Ernest, Lesage, Armet, Chanteray, Thésut, Baillet. — Fiefs : Marcy, Virey, Chérizet, Moisenans, Thil, les Filletières, Vergennes, Fortunet. Certificat d'armoiries en 1697.

**PERREAU.** — *De gueules au chevron d'or, accompagné en chef de deux molettes du même et en pointe d'un gland aussi d'or, alias d'argent.* — Famille maintenue en 1669 et 1698 sur preuves remontées à Jean de Perreau, écuyer, seigneur de la Serrée, père de René qui se maria en 1542. Elle a fourni plusieurs lieutenants et capitaines d'infanterie, entre autres Claude, auquel sa femme Suzanne des Buissons apporta en 1626 la terre de ce nom en Charollais, qu'il vendit en 1650 à François de Rochemont. — Autres alliances : Bouillard, la Vesvre, Neuilly, Estagny, la Perrière, Audinot. E. 1674, sous le nom de Perreau du Buisson.

**PERRIÈRE (LA)** ou **LA PIERRIÈRE**. — *D'azur à deux moutons affrontés d'argent, soutenant entre leurs pattes de devant un soleil d'or, et posés sur une terrasse de sinople.* — Ces armes figurent sur le sceau de Macey de la Perrière, conseiller et avocat du duc au bailliage de la Montagne en 1352 ; ce sont celles d'une ancienne famille du Châtillonnais qui a possédé au XIV° siècle les seigneuries de Bissey-les-Pierres en partie, Corpoyer-la-Chapelle, Balot et depuis celles de Billy, Bazoches, le Bouchet, Saint-Franchy, Fresne, vicomté d'Avallon. On trouve un de ses membres dans la liste des nobles du bailliage de Châtillon qui jurèrent fidélité

— 263 —

à Louis XI en 1478. — Alliances : Saigny, du Brouillard, Montmorillon, Bouvot, Damoiseau, Thomas, Gand, Branche. M. 1669, sur preuves remontant à Robert de la Perrière, qui vivait à la fin du XV<sup>e</sup> siècle. E. 1566.

**PERRON.** — Jean Perron, qualifié maître et conseiller du duc, vivait encore au commencement du XV<sup>e</sup> siècle. Son fils, aussi nommé Jean, épousa une fille de la maison de Baissey et devint propriétaire de la terre de Mypont, que les gens du conseil ducal voulurent faire tomber en commise malgré la reprise de fief qu'il en avait faite, prétendant qu'il n'était ni noble ni anobli. Jean Perron ne cessa pas néanmoins de porter les titres de chevalier et d'écuyer, et on le trouve encore en 1474 qualifié seigneur de Mypont et de Puligny en partie. — Autres fiefs : Aubigny, Corboin, Concœur, Epernay en partie. E. 1460.

**PERRON (DU).** — *D'azur à trois rochers d'argent.* — Ces armes sont celles d'Antoine du Perron de Tuppin, écuyer, seigneur de Corcelles-sous-Grignon et du fief du Val-Chevalier en Champagne, qui donna dénombrement en 1652 des seigneuries de Corcelles et Benoisey. La première lui était advenue par suite d'une alliance avec la famille de Tuppin, dont il paraît avoir relevé le nom (Voy. Tuppin). Condamné comme usurpateur du titre de noblesse en 1665, il obtint sans doute dans la suite un arrêt de maintenue, puisqu'on trouve dans la liste de 1682 un du Perron, sans doute son fils, qualifié seigneur de Corcelles.

**PESCHEPERROUX.** — *Ecartelé : aux 1 et 4, d'or au lion de sable, armé et lampassé de gueules*, qui est Pescheperroux ; *aux 2 et 3, de gueules à quatre otelles d'argent, adossées en sautoir*, qui est Comminges. — Le Quercy est le berceau de cette maison, dont la filiation remonte à Gaillard, vivant au commencement du XIII<sup>e</sup> siècle, et qui est considérable par ses alliances et par les charges dont elle a été revêtue. Elle s'est divisée en deux branches ; nous ne signalerons ici que la cadette, celle des Pescheperroux-Comminges, comtes et marquis de Guitaut, formée par Pons de Pescheperroux, marié en 1596 à Françoise de Comminges, fille et unique héritière de François de Comminges, seigneur de Guitaut, à condition que lui et ses enfants qui jouiraient des biens de sa femme porteraient les nom et armes de Comminges. Entré dans cette branche par le mariage en 1661 de Guillaume de Pescheperroux-Comminges, chevalier des ordres, avec Madeleine de la Grange de Maligny, le marquisat d'Epoisses lui appartenait encore à la fin du siècle dernier. Un chambellan du prince de Condé, capitaine de ses chevau-légers, et un lieutenant-général des armées du roi, élu de la noblesse aux Etats de 1731, sont les principales illustrations des Pescheperroux-Comminges, qui existent encore. E. 1662.

**PESSELIÈRE.** — Regnaud de Pesselière, Philippe, chevalier, Guillaume, écuyer, seigneur de Varennes, figurent en 1314, 1323 et 1331 parmi les vassaux du comte d'Auxerre ; ils possédaient un fief à Migé et la mouvance de Mouffy. Pierre de Pesselière, né à Gurgy, et prieur de Saint-Germain de 1544 à 1597, d'après Courtépée et Papillon, était sans doute de la même famille. E. 1622.

**PETIT DE BRESSEY.** — *D'azur au lion d'or.* — Famille issue d'Antoine Petit, *alias* Taupin, qualifié écuyer, homme d'armes, qui figure dans un arrière-ban de 1353, accompagné de cinq lances et de quinze hommes de trait et dont le fils Jean fut retenu châtelain de Montbard par le duc de Bourgogne en 1409. Le petit-fils de ce dernier, Jean Petit, *alias* Taupin, demeurant à Bourbon-Lancy, fut anobli avec Alix Morel sa femme en 1459, pour services rendus tant par lui que par ses ancêtres aux ducs et aux Etats de Bourgogne. Sa descendance a fourni un vicomte-mayeur de Dijon en 1577 et 1579, un commissaire d'artillerie en 1581, plusieurs receveurs généraux des finances en Bourgogne à la fin du XVIe et au commencement du XVIIe siècle, deux maîtres des comptes en 1603 et 1622, plusieurs officiers de divers grades et chevaliers de Saint-Louis, des membres du conseil supérieur de la Martinique et un écuyer de la reine Marie-Antoinette. Elle était divisée au dernier siècle en trois branches, celles de Viévignes, de Beire et de Bressey. — Alliances : Lugny, Brenel, Dubart, Poterat, Demonge. Joly, Vincent, Cothenot, Sauzey, Vittier, Millière, Régnier, Milletot, Villers, la Verne, Le Compasseur, Bichot, Soirot, du Buisson, Chasot, Malpoy, Collonges, Bailly, Perreney, Hudelot, Hémery, Bérard-Demonge, Folin. — Fiefs : Tivanche, Ambly, Ruffey-les-Dijon, Pouilly en Charollais, Courtivron, Tarsul, Chevannay, Pouilly-lès-Dijon, Montessus, Bressey, Ebatis, le Bassin, Meurville. M. 1669. Décharges de franc-fief en 1678 et 1693. Lettres de confirmation de 1597, en récompense de services rendus pendant la Ligue. E. 1671.

**PETIT DE LAVAUX.** — La Champagne est le pays d'origine de cette famille, qui n'a possédé en Bourgogne que la seigneurie de Villiers-sur-Suize, et dont la filiation est établie depuis Guyot Petit, vivant dans la seconde moitié du XVe siècle. Elle a fourni au XVIe siècle un maître des eaux et forêts de Chaumont et un gentilhomme ordinaire de la maison du roi et au siècle suivant un lieutenant au gouvernement de Nogent. Le dernier du nom, Gédéon-Claude Petit de Lavaux, baron de Mathault, bailli de Chaumont en 1768, laissa plusieurs enfants, dont une fille seule survivante, qui prit alliance dans la famille de Mandat. — Autres alliances : Montarby, Giey, Vassan, Paillette, la Dixmerie. En 1549, la noblesse fut disputée à Guy Petit, seigneur de Villiers-sur-Suize, par les habitants de ce village. C'est le même que nous avons inscrit dans les liste de 1568 et 1578.

**PEYRAT.** — *D'azur au château de trois tours d'or.* — Famille lyonnaise à laquelle nous croyons pouvoir attribuer le gentilhomme de ce nom entré aux Etats de 1636. On trouve encore Jean Peyrat ou du Peyrat, receveur général alternatif de Bourgogne en 1553 et Jean (peut-être le même), chevalier, d'abord capitaine châtelain de Rouvres, puis trésorier de France à Dijon, obligé de résigner cette dernière charge en 1569, parce qu'il était de la religion prétendue réformée. C'est le premier trésorier de France qui ait assisté en cette qualité aux Etats de Bourgogne (1560).

**PICARDET.** — *D'azur à la croix d'argent.* — Hugues Picardet, fils d'un conseiller audiencier en la chancellerie du parlement de Dijon, qui avait été, d'après Papillon, fermier du marquisat de Mirebeau, épousa une Berbisey, fille de Thomas, procureur général au parlement, et remplaça son beau-père dans cette charge en 1588. Il devint seigneur de Bellencuve près Mirebeau, obtint des lettres de noblesse en 1591, et mourut en 1641, laissant une fille mariée à Jacques-Auguste de Thou, président au parlement de Paris. On a de lui plusieurs recueils de plaidoyers et de remontrances faites en la cour du parlement. Son entrée dans la chambre de la noblesse donna lieu à des difficultés qui l'empêchèrent d'y paraître plus de trois fois. On trouve vers la fin du XVIe siècle deux Picardet, ses parents, pourvus d'offices de secrétaires du roi. E. 1601.

**PIÉTREQUIN.** — *D'azur au chevron, accompagné de trois croix recroisettées, au pied fiché, le tout d'or.* — Famille originaire de Bourgogne et dont les diverses branches se sont établies en Bourgogne, Champagne et Lorraine. Elle remonte à Guyon, seigneur d'Ozon, qui vivait à la fin du XIVe siècle et dont la descendance directe s'est éteinte au XVIIe. A la branche de Mont-sous-Aigremont appartenaient : Jean, dit Linot, écuyer, sergent d'armes du duc de Bourgogne; Jean, écuyer, capitaine de la ville de Langres, tué en 1589; Jean, prieur de Saint-Geosmes ; plusieurs chanoines de Langres; des militaires, entre autres Jean-Baptiste, garde du corps, mort en 1721. La branche des seigneurs de Gilley et de la Borde a fourni plusieurs officiers au présidial de Langres, des chanoines de la cathédrale de cette même ville, dont un archidiacre du Dijonnais à la fin du XVIIe siècle. Philibert, capitaine de dragons, d'abord chevalier d'honneur au présidial de Langres, puis lieutenant-général d'épée au bailliage de Châtillon, entré aux Etats de 1700, était de cette branche. Sa fille Bernarde épousa François-Nicolas Piétrequin, chevalier, son cousin, de la branche de Mont, reçu aux Etats de 1727 sur preuve de trois degrés de noblesse. De ce mariage vinrent Jean-Baptiste-Pierre, dont la postérité s'est éteinte dans les Trestondan, et Philibert-Charles-Nicolas, auteur de la branche de Prangey, seule subsistante aujourd'hui. — Alliances : Sauvage, Minette, Roussat, Lemoyne, Brabant, Lavaux, des Barres, Girault, Brottes, Hémery, Bouvot, Legros, Huguenin, Beaupoil, Hennequin, la Vallée, Roussart, Dubois de la Rochette, Hudelot, Autricourt, Courcelles, Delecey, Humbelot. — Fiefs : Mont, Gilley, Torcenay, Prangey, Vesvre, la Borde, le Brabant. M. par la cour des aides de Paris en 1664, et par arrêt du conseil en 1671. Preuves pour Malte et Saint-Cyr.

**PLAINES.** — *De gueules à la fasce d'argent, accompagnée de trois grelots de même, rangés en chef.* — Famille anoblie en 1436, en la personne de Jean de Plaines, trésorier de Dole en 1390, puis maître général des monnaies du duché de Bourgogne. Parmi ses descendants, on peut citer : Girard, président des parlements de Bourgogne en 1447, et Thomas, deuxième président au parlement de Dijon en 1492, grand chancelier de Castille. La famille se divisa ensuite en plusieurs branches, entre autres celle de la Roche, éteinte au XVIe siècle, et celle de Foucherans, maintenue en Bourgogne en 1669. Signalons enfin une branche établie à Anvers, et d'où sont sortis les Plaines de Terbruggen. — Fiefs : Magny-sur-Tille, Corcelles, Tart, Marliens, Gouhenans, la Roche-sur-l'Ognon. — Alliances : Ray, Oyselet, du Hantoi. E. 1549.

**PLUME (LA).** — *De gueules à trois bâtons noueux alaisés d'or, posés en pal deux et un.* — Famille qui paraît remonter à Pierre de la Plume, receveur ordinaire du Mâconnais en 1485, prévôt de Prissé en 1491, a possédé les seigneuries de Missery, Nogent-les-Montbard, le Jeu-les-Moutier-Saint-Jean, et s'est alliée aux Vernot, Fyot, Sivry, Bretagne, Guillet. Nous citerons parmi ses membres : Louis, écuyer, capitaine des château et donjon de Semur en 1598; François, écuyer, avocat au parlement, puis capitaine de cinquante chevau-légers en 1621; Anne, grand prieur et aumônier de Saint-Bénigne en 1625, et Louis, lieutenant d'une compagnie au régiment des gardes de S. M., mort de ses blessures en 1655, dont la sœur Odette porta Missery dans la famille Bernard de Thorey. E. 1631.

**PLUVOT.** — *De...., au lion de,....* ; alias : *au lion couronné*. — Jean de Pluvot était châtelain de Verdun-sur-Saône en 1354. On trouve ensuite un grenetier au grenier à sel de Saint-Jean-de-Lône en 1419, des capitaines de Villaines et de Frolois, un sommelier de l'échansonnerie dans l'état des officiers du comte de Charollais en 1407, et enfin Jean, écuyer, fils de Nicolas, capitaine de Dijon au XVIe siècle. Ce sont les seuls renseignements que l'on possède sur cette famille dont le nom figure fréquemment dans les montres d'armes du XVe siècle, et qui a possédé une partie des seigneuries de Pluvaut, Pluvet, Colonges, Longeault, Fouffrans et Soirans. — Alliances : Damy, Aigneaul, Salives. E. 1539.

**POINCEOT D'EGUILLY.** — *D'or à trois pals d'azur.* — Famille originaire de Saint-Seine, dont on trouve la première trace en 1370. Elle donna plusieurs chevaliers et seigneurs d'Eguilly, de Thenissey, de Charrigny, de Fontaines-en-Duesmois, de Quincey-les-Nuits et de Molin. Guillaume Poinceot, mort en 1488, fit bâtir avec sa femme, Jacquette d'Orge, une partie de l'église de Villy, où l'on voit encore son portrait sur un vitrail. Une branche de cette famille se fondit dans celle d'Orge. — Alliances : Drée, Ruffey, Mâlain, Cussigny, Vingles, Cléron, Stainville. — Fiefs : Thenissey, Drée, Montigny-les-Montbard, Charrigny, Villy-les-Viteaux. E. 1459.

**POIZIEUX.** — E. 1597. — Poizieux de Saint-Georges, en Dauphiné : *de gueules à deux chevrons d'argent, surmontés d'une trangle de même.* — Incertain.

**PONCY, PONTCY.** — *De gueules à trois flèches d'or, empennées de même, posées en pal, les pointes en bas.* — Famille maintenue en 1669 et 1698 et qui a fourni aux XVIe et XVIIe siècle trois capitaines du comté de Charny et du château de Mont-Saint-Jean, de père en fils. — Alliances : Panyot, Colombet, Duval, du Ban. — Fiefs : Gencey, la Trousse. E. 1677.

**PONS.** — *D'argent à la fasce coticée d'or et de gueules, de six pièces.* — Ancienne et illustre maison de Saintonge qui remonte à Renaud, chevalier, sire de Pons, vivant en 1067. Elle a fourni deux chevaliers croisés, un chevalier tué à Poitiers en 1356, des chambellans, des gentilshommes de la chambre, un grand nombre de militaires et a possédé la vicomté de Carlat pendant près d'un siècle, et celle de Turenne. La sirie de Pons est sortie de cette maison au milieu du XVIe siècle, époque où l'une des filles d'Antoine, sire de Pons, comte de Marennes, premier baron et lieutenant-général de Saintonge, capitaine de cent gentilshommes de la maison du roi et chevalier du Saint-Esprit, la porta dans la maison d'Albret. Parmi les branches puînées de cette maison répandues dans la Guyenne, le Poitou, le Dauphiné, le Forez et le Beaujolais, nous citerons celle des marquis de la Caze, comtes de Marsan, formée par Pons de Pons, trisaïeul de Renaud-Constant, comte de Pons, mort en 1741, qui avait épousé en 1709 Charlotte-Louise de Gadagne d'Hostun, veuve de François d'Hostun, marquis de la Baume, son cousin, et fille unique de Gilbert d'Hostun, dit de Gadagne (Voy. GADAGNE). Par suite de ce mariage, Renaud-Constant devint propriétaire du comté de Verdun-sur-Saône, qui lui procura l'entrée des Etats de Bourgogne en 1712. La branche des comtes de Pons, seigneurs de la Bâtie, est seule existante aujourd'hui. — Alliances : Rodez, Comminges, Tiercelin, Lannion, la Trémouille, Castelnau, Aydie, la Tour d'Auvergne, Bermond, Rostolan, la Croix de Ruffé, etc. Preuves de cour. M. 1740.

**PONTAILLER.** — *De gueules au lion d'or, couronné de même, armé et lampassé d'azur.* — Cette maison est issue, d'après Dunod, de Guillaume de Champlitte, des comtes de Champagne, seigneur de Pontailler, vicomte de Dijon, conquérant de la Morée et mort prince d'Achaïe en 1210. Son fils, Guillaume, vicomte de Dijon jusqu'en 1234, fondateur du prieuré de Sainte-Marie en 1246, transmit la vicomté de Dijon à son fils et à son petit-fils, Guillaume IV, qui la céda au duc Robert II en 1276. Jean de Pontailler, premier du nom, eut pour fils Guy, premier maréchal de Bourgogne, bisaïeul de Guy, seigneur de Talmay, chevalier de la Toison-d'Or, maréchal de Bourgogne en 1436. Guy I$^{er}$ fut la tige des seigneurs de Talmay qui s'allièrent aux Bourbon, Cusance, Vergy, Chandyo, Ray, Marmier, Clermont d'Amboise et s'éteignirent en la personne de Jean-Louis, baron de Talmay, tué à la bataille de Montcontour. La branche de Vaugrenant en Comté, alliée aux Vergy, Ternant, Poitiers et Villers-la-Faye, qui était issue de la même maison, finit en 1638 avec Thomas, baron de Vaugrenant, dont la fille unique épousa François, baron de Villers-la-Faye. Celle de Flagey, sortie de Claude, chambellan de Philippe-le-Bel en 1505, père d'Henri, chambellan de Charles-Quint, et aïeul de Claude-François, marié à N. de Thomassin, s'éteignit aussi à la même époque. — Alexandre de Pontailler, 22$^e$ abbé de Saint-Etienne de Dijon, fut inhumé dans cette église en 1464. Jacques, successivement abbé de Charlieu, de Charnis, de Morimond, et enfin de Citeaux en 1503, était de la même famille. E. 1352.

**PORCHEROT, POURCHEROT.** — *D'azur au chevron d'or, accompagné en chef de deux étoiles d'argent et en pointe d'un croissant de même.* — On trouve ce nom dans une montre d'armes de 1348. En 1478, Jean Pourcherot figure parmi les nobles du bailliage de la Montagne qui prêtèrent serment à Louis XI. A cette famille appartenaient encore : Louis, capitaine du château de Lantenay en 1557; Germain, qui fit reconstruire le château de Billy et dont la veuve Hélène de Vaivre fut réhabilitée en 1639, et Alexandre, gentilhomme ordinaire du prince de Condé, entré aux Etats de 1682. — Alliances : Valon, Brigandet, Gaillard, Mazilles, Longueval. — Fiefs : baronnies de Rigny-sur-Saône, la Chaleur, Geligny, Vermoulin, seigneuries de Billy, Mignot, Thorey. E. 1682.

**POT.** — *D'or à la fasce d'azur.* La branche de Bourgogne écartela depuis 1415: *aux 1 et 4, d'or à la fasce d'azur, et aux 2 et 3, échiqueté d'argent et de sable, chargé de deux épées mises en bande, la pointe en bas.* — Etablie dans le Berry dès 1230, cette famille se divisa en plusieurs branches, dont la principale s'éteignit en 1715 dans la fille de Charles, marquis de Rhodes, grand-maître des cérémonies de France. Elle détacha en Bourgogne un rameau dont le chef Jean, premier maître d'hôtel du comte de Nevers, fut fait prisonnier à la bataille de Nicopolis en 1396. Son fils Régnier, seigneur de la Roche de Nolay, conseiller et chambellan de Philippe-le-Hardi et de Jean-sans-Peur, gruyer de Bourgogne, gouverneur du Dauphiné, chevalier de la Toison-d'Or en 1430, fut aïeul de Philippe, né en 1428, premier chambellan de

Philippe-le-Bon, chevalier de la Toison-d'Or en 1461 et de Saint-Michel, pour qui Louis XI créa la charge de grand sénéchal de Bourgogne en 1477. Ce fut le chevalier le plus accompli de son temps. Il avait été successivement gouverneur du comté de Charollais, du roi Charles VIII et de Charles-Orland, son fils, ce qui lui valut le surnom de *gouverneur:* il fut inhumé à Cîteaux en 1494. (1). Son frère Guyot, comte de Saint-Pol, gouverneur de Touraine, sénéchal de Vermandois, fut père de Régnier, seigneur de la Roche, ambassadeur de Philippe-le-Bon près Charles VII, qui fut le dernier mâle de sa branche. — Alliances : Courtiamble, Angoisselle, Saulx, Bauffremont, Villiers-l'Ile-Adam, Montmorency. — Terres : Bourguignon, Neelles, la Roche-Pot, Châteauneuf, Saint-Romain, Givry, Thorey, Melisy, etc. E. 1476.

**POUILLY**. — *D'argent au lion d'azur, armé, lampassé et couronné de gueules.* — Devise : *Fortitudine et caritate.* — Cette famille fait remonter son origine aux anciens seigneurs de la châtellenie de Pouilly-sur-Saône, de la maison d'Ardenne, dont le nom figure dans plusieurs actes des XIe et XIIe siècle, notamment dans la charte de consécration de l'église Saint-Bénigne de Dijon en 1106, et parmi lesquels on cite deux chevaliers croisés en 1096 et 1230. Depuis le XVIe siècle elle a fourni un grand chambellan de France, un chambellan de François Ier, des mestres de camp, brigadiers et lieutenants-généraux des armées du roi, des gouverneurs de place, des conseillers des ducs de Lorraine, des maréchaux et des sénéchaux du Barrois, des chevaliers de Saint-Michel, de Malte, de Saint-Louis, de Saint-Lazare et du Mont-Carmel, et est entrée à Lyon, à Remiremont, à Poussay, à Brioude, etc. Elle a fait les preuves de cour en 1775. Une de ses branches a été maintenue en 1670 par Caumartin, intendant de Champagne, sur preuves remontées à Guillaume de Pouilly, qui donna dénombrement en 1443 au duc de Lorraine de la seigneurie de Pouilly-sur-Meuse située dans la mouvance de Stenay. La branche des seigneurs et marquis d'Esnes, au duché de Bar, a possédé en Bourgogne les seigneuries de Baissey, Nuzilly, Lingey et Avirey en partie, et s'est alliée aux Dort, Lavaux, Desautels. Parmi ses membres nous nous bornerons à citer Alexandre, écuyer, lieutenant des ville et château de Beaune en 1568, chargé par Henri IV de lever une compagnie de deux cents hommes de pied, et François, reçu aux Etats de 1712 sur production d'un arbre généalogique remontant à Huguenin de Pouilly, qui commandait en 1296 une compagnie de cinquante hommes d'armes des ordonnances du comte d'Artois. M. 1698.

**PRA-BALAYSAULX**. — *Ecartelé de* Choiseul *et de* Balay, *et sur le tout : de gueules à la bande d'argent, accompagnée de deux cornets de même.* — Cette famille tire son nom du village de Pra, près Saint-Claude, et remonte à Guillaume, chevalier en 1207. Elle fit de nombreux dons à l'abbaye de Saint-Claude dont la terre de Pra relevait. Philibert, descendant de Guillaume, seigneur de Civria, épousa en 1562 Marie de Balay, dont le fils Aimé ajouta le nom au sien. Ce dernier donna le jour à Antide-Marie, seigneur de Pescux, Balaysaulx, Gaté, etc., bailli et gouverneur de Langres, chevalier de Saint-Georges en 1708, et à Claude, lieutenant-général des armées, gouverneur de la citadelle de Lille. Un de leurs cousins, Gaspard, fut également reçu à la confrérie de Saint-Georges en 1727. — Alliances : Civria, Beaurepaire, Choiseul, Messey. Titre de vicomte de Pezeux. M, 1669. E. 1642.

---

(1) Son tombeau, échappé à la destruction, est déposé chez M. le comte de Vesvrotte, à Dijon.

**PRACONTAL, PRACOMTAL, PRÉCONTAL.** — *Tiercé en fasce : au 1, de gueules à trois fleurs de lys d'or; au 2, d'argent; au 3, d'azur.* — Alias : *De gueules à la fasce d'or, accompagnée de trois têtes de léopard de même, lampassées de gueules* (1). — Ancienne maison originaire de Montélimart et connue depuis Rostaing de Pracontal, qui vivait en 1258. Sa descendance s'est divisée en deux branches principales : 1° celle des seigneurs de Château-Sablier, autrement dit Pracontal, et d'Anconne, seule existante aujourd'hui; 2° celle des barons de Soussey. La première de ces branches, dont les représentants portaient au dernier siècle les titres de marquis et comtes de Pracontal, a fourni un lieutenant-général tué à la bataille de Spire en 1703, un lieutenant de roi en Nivernais, un chevalier de Malte en 1525 et d'autres militaires dont plusieurs se sont distingués dans les guerres du XVIe siècle. La branche cadette, établie en Bourgogne, y a possédé la baronnie de Soussey et les seigneuries de Beurizot, Saint-Beury, Saint-Thibaud, Verrey, Velogny, Lhée-sous-Saint-Beury, Bussière-les-Thil, etc. Elle a fourni un chevalier de l'ordre au XVIe siècle et s'est éteinte en 1648 par mariage dans les Damas-Crux. E. 1572.

**PRAT (DU).** — *D'or à la fasce de sable, accompagnée de trois trèfles de sinople.* — Devise : *Spes mea Deus.* — Cette maison, originaire d'Auvergne, où l'on trouve en 1243 Robert du Prat, chevalier, seigneur de Saint-Hilaire, tire sa principale illustration d'Antoine, né en 1463, seigneur de Nantouillet, créé comte de la Valteline par lettres de 1515, successivement lieutenant-général au bailliage de Montferrand, avocat général à Toulouse en 1495, premier président du parlement de Paris en 1507, chancelier de France en 1515, archevêque de Sens en 1525, cardinal en 1527, légat *a latere* en 1530 et mort en 1535. Avant d'entrer dans les ordres, le célèbre chancelier du Prat avait eu plusieurs enfants, dont l'un, Antoine, baron de Thiers et de Thoury-sur-l'Allier, prévôt de Paris en 1547, acquit en 1527 la baronnie de Viteaux, par son mariage avec Anne d'Alègre, dame de Précy et héritière de sa mère Charlotte de Chalon. Guillaume, fils d'Antoine, baron de Viteaux à la mort du baron d'Ancienville, son frère, se rendit célèbre par ses nombreux duels, rapportés en détail par Brantôme qui le surnomme le *Parangon de France*. Tué par Yves d'Alègre, son parent, en 1583, il laissa la terre de Viteaux à son neveu Antoine, baron de Formeries et de Thiers, fameux ligueur qui défendit Noyers contre les troupes d'Henri IV en 1595 (2). Celui-ci eut pour fils Antoine, gentilhomme de la chambre, mort en 1648, et aïeul de Louis-Antoine, dernier baron de Viteaux, qui survécut au marquis de Formeries, colonel d'infanterie, son fils aîné, et mourut en 1729. Cette branche, la seule qui se soit fixée en Bourgogne, y posséda les terres de Précy, Gemeaux, Faverolles, etc., et s'allia aux Alègre, Chabannes, des Essarts, Barbançon, Séguier, Cosnac, Sayve, des Barres, du Fay, Lenet, Bonneval, Bourgoing. Elle a fourni un abbé de Boulieu en 1583, un chanoine-comte de Brioude en 1662, des chevaliers de Malte, etc. La mai-

---

(1) Ces armes sont spéciales à la branche de Bourgogne. Armes pleines : *d'or au chef d'azur, chargé de trois fleurs de lys aussi d'or*. Devise : *Partout vit Anconne*.
(2) Celui-ci était fils de François du Prat, chambellan du duc d'Anjou, tué en duel par Antoine d'Alègre, baron de Milhau, qui périt lui-même en 1571, dans un combat singulier soutenu contre Guillaume du Prat. — Le célèbre baron de Viteaux ne rendit Noyers au maréchal d'Aumont qu'en recevant 12,000 écus comptant et 8,000 autres deux années plus tard.

son du Prat, qui a formé plusieurs autres branches et compte les plus illustres alliances, existe encore aujourd'hui. E. 1599.

**PRESTRE (LE).** — *D'azur au chevron d'or, surmonté d'un croissant d'argent et accompagné de trois trèfles d'or.* — Cette famille, originaire du Nivernais, remonte à Emery Le Prestre, écuyer, seigneur de Vauban en 1550. Ses deux petits-fils, Paul et Urbain, donnèrent le jour, l'aîné à Paul II, major de la citadelle de Lille en 1650, et le cadet à l'illustre maréchal de Vauban, Sébastien Le Prestre, né en 1633 à Saint-Léger-de-Foucheret, chevalier de Saint-Louis en 1693, maréchal de France en 1703, cordon bleu en 1705, mort en 1707, qui ne laissa que deux filles, dont la seconde porta la terre de Vauban au marquis d'Ussé. Quant à Paul II, il fut père d'Antoine, lieutenant-général des armées, grand-croix de Saint-Louis, gouverneur de Béthune, pour qui la terre de Saint-Sernin dans le Mâconnais fut érigée en comté sous le nom de Vauban en 1725. Celui-ci eut deux fils : Jacques-Philippe-Sébastien, maréchal de camp en 1748, lieutenant de roi en Franche-Comté, père d'Anne-Joseph, colonel du régiment d'Orléans en 1790, et Louis-Gabriel, chevalier de Vauban, capitaine au régiment du roi, et chevalier de Saint-Louis. — Alliances : Ville, la Perrière, Carmagnol, Mesgrigny, Busseul, la Queuille, Beaurepaire. — Fiefs : Bazoche, Magny, la Bâtie, le Puy-Vauban. E. 1751.

**PRÉVOST.** — *D'argent à trois hures de sanglier de sable, écartelé de Clermont-Tonnerre.* — Devise : *Magis ac magis.* — La famille Prévost de la Croix, originaire de Poitou, s'est établie en Bourgogne au XVIe siècle et a été reçue aux Etats de 1763, sur preuve de neuf degrés de noblesse. On remarque parmi ses membres un gentilhomme ordinaire du duc de Nivernais en 1564, plusieurs militaires, un substitut du procureur général au parlement de Bourgogne au XVIIe siècle, et deux chanoinesses du chapitre noble de Sainte-Marie de Leigneux en 1751. — Fiefs : Sonnotte, Préjailly, Villette, Bodes, la Pesse, Boutelière. — Alliances : Brèche, Petit, Fabry, Vittier, Mocquot, Clermont. M. 1667, 1697, 1698, 1715. Une branche établie à Beaune, et alliée aux Courtot, Navetier, Esmonin, a fourni un conseiller au bailliage de cette ville en 1682, et a possédé le fief de la Palue en Autunois. Autre branche en Nivernais.

**PRIEZAC, PRIOUZAC.** — *De gueules à l'aigle d'or, accompagnée d'une étoile de même, posée au premier canton.* — En 1603 Bertrand de Priezac, écuyer, seigneur dudit lieu en Limousin, et Léonard son fils, vendirent la terre de Lucenier aux Montmorillon. On trouve encore au XVIIe siècle Jean-Marc, seigneur de Laulmonerie, mari de dame Hippolyte de Moleron, qui lui apporta les terres de Moleron, Marcilly en Charollais, Taizé, Pomey, la Prée, la Vernette. Jean-Marc et Daniel de Priezac furent condamnés comme usurpateurs en 1665. E. 1653.

**PRINGLES (DE ou DES).** — *D'argent à la bande d'azur, chargée de trois coquilles d'or.* — Cette famille se disait originaire d'Ecosse. Ce qu'il y a de certain, c'est qu'on trouve un Geoffroy de Pringles huissier au parlement de Dijon en 1524. Son petit-fils Jean fut procureur-général à la chambre des comptes en 1576 et auteur d'un commentaire sur la coutume de Bourgogne. Il obtint un arrêt de réhabilitation en 1578 et mourut en 1626. Ses descendants occupèrent des charges à la chambre des comptes, aux Etats de la province, et l'un d'eux fut receveur général des décimes avant 1691. Ils s'allièrent aux Mongey, Morelot, Morisot, Derequeleyne, Simony, Catherine, Souvert. — Fiefs : Varange, Loges. M. 1668, 1669. E. 1671.

**PRIOUZAC.** — Voy. Priezac.

**PRISQUE.** — *D'or au chevron d'azur, accompagné de trois roses de même.* — Cette famille, originaire de Chalon-sur-Saône, où elle paraît dès l'année 1547, a donné des officiers au bailliage et à l'élection de cette ville, dont l'un, Guillaume, lieutenant criminel au bailliage, fut député du tiers aux Etats généraux de 1614. On remarque en outre Guillaume, maître d'hôtel ordinaire du roi, gouverneur des ville et château de Bletterans en 1654, un grand nombre de capitaines, et plusieurs chevaliers de Saint-Louis. — Alliances : Montholon, Burgat, Mincey, Parthenay, Perreney, Milly d'Ethy. — Fiefs : baronnie de Vauvry, seigneuries de la Tour de Vers, Serville, Besanceuil, Angoin. M. par Bouchu, après condamnation. E. 1682.

**PULIGNY.** — Jean de Puligny, dit *Chapelain*, chevalier, seigneur de la Motte de Tilly, garde des joyaux du roi en 1418, conseiller et chambellan du duc et du roi, capitaine du châtel de Talant en 1420, fonda une messe *matutinale* à Notre-Dame de Dijon en 1423. On croit qu'il se rendit en Terre-Sainte sur la fin de sa vie. Son fils Henri, chevalier, possédait la terre de la Motte en franc-alleu en 1450. E. 1438.

# Q

**QUANTÉAL.** — *De gueules à la croix d'or; chargée de neuf losanges du champ; sur le tout d'argent à trois bandes d'azur.* — Originaire de Franche-Comté, Humbert de Quantéal, écuyer et premier médecin de Philippe-le-Bon, fut anobli par ce prince en 1459. On compte après lui quatre générations de médecins jusqu'au milieu du XVIIe siècle, époque où cette famille fut simultanément maintenue en Champagne (1667) et en Bourgogne (1669). — Alliances : Falletans, Blondel, Marchand, Girard, etc. E. 1671.

**QUARRÉ.** — *Echiqueté d'argent et d'azur; au chef d'or chargé d'un lion léopardé de sable, armé et lampassé de gueules.* — Devise : *Quadrati æquales undique recti.* — Cette famille tire son origine d'Huguenin Quarré qui en 1290 épousa Guillemette de Melun-Maupertuis. Son petit-fils, Jean, sommelier de Jean-sans-Peur, fait prisonnier avec lui à Nicopolis, fut anobli par lettres de 1412. Parmi ses descendants, qui fournirent dix-sept membres du parlement de Bourgogne, des chevaliers de Malte, de Saint-Lazare et de Saint-Louis et des grands baillis d'épée, on peut citer : François, capitaine de chevau-légers en 1547; Jean, qui se rendit célèbre par son dévouement au roi pendant la Ligue; Gaspard, avocat général à Dijon en 1641, baron d'Aligny, auteur de *Harangues* autrefois estimées; Etienne, chevalier de Malte en 1665, attaché au grand Condé et rédacteur d'un traité sur l'art militaire; Pierre, capitaine de mousquetaires, brigadier des armées en 1693, grand bailli du Charollais, surnommé le brave d'Aligny, à cause de sa belle conduite devant Maëstrich et Valenciennes; François Quarré de

Quintin, procureur général au parlement de Dijon en 1709; Louis son fils, qui reçut les provisions de la même charge en 1724 et l'exerça jusqu'en 1763; Philippe, qui perdit une jambe à Malplaquet et mourut doyen des officiers de France à Arnay-le-Duc en 1776. Cette famille qui existe encore s'est divisée en deux branches principales : 1° celle des seigneurs de Châteauregnault, qualifiés comtes d'Aligny, d'où sont sortis quatre rameaux, ceux des seigneurs de Quintin et de Charrette, des seigneurs de Bouze, des seigneurs de Millery et des seigneurs de Givry, Dracy, Rusilly, Etroyes, etc.; 2° la branche des seigneurs de Cerveault, la Palus, Monnay et Verneuil, qui brisait ses armes d'une *fasce de pourpre* et qui a fourni des officiers aux bailliages d'Autun et de Charolles, des maires de cette dernière ville, un maître des comptes à Dole, plusieurs militaires, des conseillers au parlement compris dans les dix-sept plus haut cités, etc., etc. — Fiefs : Aligny, Châteauregnault, Dracy, Etroyes, Givry, Verneuil, Monnay, Gratoux, le Plessis, Réglois, Russilly, Gergy, Juilly, Livron et Quintin. — Alliances : Châteauregnault, Mâlain, Berbis, Langlois, Perrault, Beauvernois, Varenne, Perrency, Lorenchet, Beuverand, Anstrude, Champion, Thomas, Laison, Moroges, Cerveault, Simony, Morin, Nicolas, Bernard de Montessus, Joly de Bévy, Languet de Sivry, la Perrière, Mucie, Butard des Montots, Rigolley de Chevigny, Baillet, Charvot, la Boutière, Maleteste, Maublanc, la Goutte du Vivier, des Places de Charmasse, Moreau de Morcoux, Comeau, etc., etc. — Jean, conseiller au parlement, obtint en 1615 des lettres de relief de noblesse, à cause de la dérogeance de son père François Quarré, seigneur de Châteauregnault, qui avait fait le commerce en gros. M. 1667, 1698. E. 1658.

**QUESSE.**—*Ecartelé d'or à trois fusées d'azur, rangées en fasce, et d'azur au lion d'or*, alias *de sable, armé et lampassé de gueules*. — A cette famille appartenait Antoine de Quesse, chevalier, seigneur de Valcourt, lieutenant-colonel de cavalerie, tué à Fleurus en 1690. Son fils Jean-François, maréchal de camp, brigadier des carabiniers, chevalier de Saint-Louis, fut père de Jean-Joseph-Albert, reçu aux Etats de 1739. — Lettres de confirmation de noblesse en 1680. — Alliances : Regnault, Faverolles, la Haye, du Carrou. — Seigneurie d'Annoux en partie.

**QUEUILLE (LA).** — *De sable à la croix engrêlée d'or.* — Ancienne maison d'Auvergne, dont la Chesnaye-des-Bois fait remonter l'origine à Aymon de la Queuille, seigneur de Rochefort, au Mont-Dore, fils de Guillaume de la Queuille et de Marie de la Tour d'Oliergues, fille d'un comte d'Auvergne, et marié en 1220 à Blanche, fille du comte de Limoges. Parmi ses membres on remarque : Jean, sénéchal et commandant d'Auvergne en 1563, et au dernier siècle Gilbert-Gaspard, comte de la Queuille, brigadier des armées du roi, mort en 1758; Jacques-Philippe et Armand-Jean, chevaliers de Malte, et Jean-Claude, marquis de la Queuille, chevalier de Saint-Louis, successivement colonel de plusieurs régiments, qui épousa en 1773 la fille de Etienne-Marie, marquis de Scorrailles, lieutenant-général des armées du roi. La branche des comtes et marquis de Châteaugay, formée par Jacques de la Queuille, grand chambellan du duc de Bourbon, marié à une Guyac-Châteaugay, s'est établie en Bourgogne par suite du mariage de Gilbert, marquis de Châteaugay, exempt des gardes du corps, lieutenant-général au gouvernement de Bourgogne et gouverneur de Bourbon-Lancy, avec l'héritière du dernier comte d'Amanzé de la branche aînée, qui lui apporta le comté d'Amanzé à charge de relever le nom et les armes de sa famille. On remarque encore dans les la Queuille-Châteaugay: Jean, lieutenant-général des comtés d'Auvergne et de Clermont, sénéchal d'Auvergne au XVIe siècle; Claude, aide-de-camp des armées du roi, baron de Florac, comte de Vandat en 1669; Louis-Gilbert, capitaine au régiment du roi-infanterie et Jean-Claude-Marie, entré aux Etats de 1766 et devenu depuis colonel du régiment de Bresse et brigadier des armées du roi. — Alliances : Damas-Marcilly, Escars, Chabannes-Pionsac, Gadagne, Ronchirol de Damas, Lastic de Saint-Jal, Langheac, Cambis.

**QUINART.** — Branche de la famille de Thélis (Voy. ce nom), à laquelle appartenait Henri de Thélis, dit Quinart, chevalier, seigneur de Montputier, dont la femme, Marguerite de Marisy, était veuve en 1332. Il laissa deux enfants : Guillaume, dit Quinard, et Agnès, mariée à Guiot du Brouillard. C'est sans doute de Guillaume qu'est né Louis Quinart, chevalier, bailli d'Autun, capitaine et châtelain de Montcenis, membre du conseil ducal en 1367, mort avant 1370 et que nous supposons père de Louis Quinart, élu de la noblesse en 1373. Il portait les armes pleines des Thélis : *d'or à trois fasces de gueules*, comme on le voit sur son sceau.

# R

**RABUTIN.** — *Cinq points d'or équipolés à quatre de gueules*, qui est de Rabutin, écartelé *d'azur à une croix dentelée d'or*, qui est de Balore. — Devise : *Virescit vulnere virtus*. — Cette maison tire son nom du bois Rabutin dans le Charollais et remonte à Maycul, qui figure comme caution de Guillaume, comte de Mâcon, dans un traité de ce seigneur avec Pierre le Vénérable, abbé de Cluny en 1147. Parmi ses descendants, l'histoire cite : Amé, chevalier, seigneur d'Epiry, né en 1400, mort en 1472, dont Olivier de la Marche raconte les *esbattements et prouesses*; son fils Cyprien, dit *l'ancien*, mort en 1543; Sébastien, abbé de Moutier-Saint-Jean en 1492; Christophe, seigneur de Balore en 1477, tige de la branche de Chamvigny, qui s'allia à la maison royale de Danemarck; Hugues, conseiller et chambellan de Charles VIII, capitaine de cinquante lances, lieutenant-général en Bourgogne ; Claude, chambellan de Louis XII et colonel général des Suisses; Guy, baron de Chantal, blessé au combat de Renty en 1552, chevalier de l'ordre en 1570, capitaine de cinquante lances en 1589; Christophe, son fils, marié en 1592 à Jeanne-Françoise Frémyot, canonisée sous le nom de sainte Chantal; Celse-Bénigne, leur fils, né en 1596, tué à l'île de Rhé en 1627, père de M<sup>me</sup> de Sévigné ; François, seigneur de la Vaulx, chevalier de l'ordre, maréchal de camp en 1593, auteur de *Mémoires militaires*; Léonor, gentilhomme de la chambre d'Henri IV, lieutenant de roi en Nivernais, père du célèbre Roger, comte de Bussy, dont la vie est trop connue pour être rapportée ici. Un fils de Roger fut évêque de Luçon et s'assit, comme son père, à l'Académie française. — Fiefs : Balore, Epiry, Bourbilly, Chaseu, Sully, la Vaulx, Bussy. — Alliances : Loysia, Epinoux, Busseul, du Blé, du Saix, Choiseul-Traves, Balore, Chasans, Loges, Dyo, Stainville, Messey, Montaigu, Pontailler, Neufchâtel, Damas, Rochebaron, Cossay, Frémyot, Sales, Saint-Belin, Toulongeon, Coulanges, Sévigné, Cugnac, Langheac, Madaillan. M. 1670. E. 1476.

**RAFFIN.** — *D'azur au chevron d'or, accompagné de trois écrous de même.* — On ne trouve rien sur cette famille avant Jacquin *Raffini*, damoiseau, qui tenait en fief à Besanceuil, au bailliage de Chalon, au milieu du XIV<sup>e</sup> siècle. Citons encore : Guichard Raffin, seigneur de Lanceau dans la paroisse de Dyo et vassal de Pierre de Dyo vers 1400 ; Philippe qui donna en 1647 dénombrement de la seigneurie de Pommier, paroisse d'Ameugny en Mâconnais, comme mari de Claude de Chemilly et Charles, seigneur de Sermaise, vivant en 1667 avec sa femme Anne de Ponard. Les Beugre se sont aussi alliés à cette famille qui a encore possédé les seigneuries des Puits, la Prasle, Sermadre, la Roche, etc. M. 1698. E. 1668.

**RAGUET.** — *D'azur à la tour d'argent, surmontée d'un rat passant d'or, écartelé* de Brancion (V. ce nom). — Cette famille descend de Didelot de Raguet, seigneur des Fossés, ambassadeur du duc de Bar à la cour de Charles V, mort en 1379. Elle a fourni sous ce nom un gouverneur de Commercy, un capitaine des chevau-légers de Louis XI, tué à Montlhéry, un grand bailli du Charollais, un gouverneur de Remiremont et un alcade de la noblesse des Etats de Bourgogne en 1677. Celui-ci épousa Louise, fille de Philibert, comte de Brancion, dont il prit le nom et les armes. Depuis cette époque, elle a donné deux lieutenants-colonels au régiment de la Marck, plusieurs officiers dont l'un fut tué à la bataille de Deckendorf, un maréchal de camp, alcade de la noblesse, etc. Elle existe encore de nos jours. E. 1677.

**RAMILLY.** — *D'azur à trois roses d'argent.* — Cette famille est un ancien rameau de la maison de Breschard qui prit en 1301 le nom de Ramilly après l'union de Brémond Breschard, chevalier, avec Isabelle de Ramilly, fille de Gauthier, seigneur dudit lieu en Nivernais. Elle a fourni un évêque de Mâcon, plusieurs chevaliers de Saint-Jean-de-Jérusalem, un prieur de Montaubert, deux abbés de Sept-Fonds, un négociateur habile sous Henri IV, un gentilhomme ordinaire du duc d'Alençon mort en 1584 et un grand bailli d'épée du bailliage de Bourbon-Lancy. Elle a possédé les terres de Sommery, Saint-Agnan, Charnay, la Bondue, Saint-Aubin et Chavance. — Alliances : Anlezy, Bourbon, du Tillet, Toulongeon, la Vesvre, Aubigny, Chapelain d'Agey, Ambly, Thélis, Daval. E. 1577.

**RAQUET (DU).** — *Ecartelé : aux 1 et 4, d'azur au croissant d'or, accompagné de trois pattes d'aigle de même ; aux 2 et 3, de gueules à trois demi-vols d'or.* — Famille originaire de Franche-Comté. Marie-François-Jérôme du Raquet de Lorme, seigneur de la baronnie de Montjay au bailliage de Chalon-sur-Saône, reçu aux Etats de 1766, fit preuve de cinq degrés de noblesse depuis Antoine du Raquet, vivant en 1524. Parmi les pièces produites devant les commissaires figure un arrêt de la cour des comptes de Dole de 1698 par lequel il appert que les ayeux du présenté avaient toujours vécu noblement et joui des priviléges de la noblesse, comme étant issus d'une noble et ancienne famille. — Alliances : Sérodes, Massard, Jeunot,

Ramey, Perrin, Grain de Saint-Marsault. Une fille de cette dernière maison apporta la terre de Montjay aux du Raquet.

**RAY.** — *De gueules à l'escarboucle d'or, pommetée et fleuronnée de même.* — Maison originaire de Franche-Comté, dont l'auteur est Simon de Ray, qui vivait en 1098. Parmi ses principaux membres, on peut citer : Jean de Ray, gardien du comté de Bourgogne de 1306 à 1330; Jean, surnommé *Portepaix*, gardien dudit comté en 1380; Antoine, chevalier, chambellan de Charles-le-Téméraire, bailli d'Amont en 1470; Antoine, baron de Rolland en 1533; Claude, baron de Ray, chevalier de l'Annonciade, bailli d'Aval, lieutenant au gouvernement du comté de Bourgogne vers 1570; Claude-François, époux de Béatrix de Grammont, le dernier mâle de cette famille. Elle a possédé les fiefs de Ray, de la Ferté, de Pressigny, de Courcelles, de Rolland, de Vaudrey, du Pin, de Barsallin, etc. — Alliances : Tierstain, Neufchâtel, Châteauvillain, Estrabonne, Vergy, Viry, Vienne, Bauffremont, Vaudrey, la Chambre, Montmartin, Longvy. E. 1476.

**RECLAINES.** — *D'or à trois chevrons de sable, accompagnés de deux croix pattées de gueules en chef.* — Le village de Reclaines dans l'Autunois a sans doute donné son nom à cette famille fort ancienne, puisqu'on trouve un Savaric de *Roclène* au XIe siècle. Elle a possédé la terre des Regards et celle de Digoine acquise en 1700 par Eléonor de Reclaines, père de François, dont la fille s'allia aux Frottier de la Coste. Parmi ses membres nous citerons encore Léonor de Reclaines, seigneur de Flandres, la Chapelle d'Andelot et Baranguier, fils de Claude de Reclaines, seigneur de Flandres, lieutenant-colonel au régiment de Senneterre, et de Philiberte de Tenarre-Verdun, mariée en secondes noces à Pierre de Choiseul-Traves, élu de la noblesse. E. 1577.

**REGNARD.** — Cette famille qui possédait la terre de la Chaume en franc-alleu a produit plusieurs chevaliers, capitaines et hommes d'armes sous les ducs. Elle paraît être la même que celle des seigneurs de Soirans et Fouffrans, dont l'écu portait *une fasce accompagnée en chef d'un renard*. On peut citer parmi ces derniers : Amiot Regnard, bienfaiteur de l'hôpital d'Auxonne en 1435; Louis, chevalier, conseiller, chambellan du roi et son bailli d'Amont en 1490, après avoir été lieutenant de la compagnie de Châtel-Guyon en 1481, et Claude, correcteur à la chambre des comptes en 1594. — Fiefs : Antilly, Pluvet. E. 1460.

**RÉGNIER.** — *D'azur à trois branches de palme d'or, les deux du chef affrontées,* qui est Régnier ; *écartelé de sable à trois jumelles d'argent, à la bordure de même,* qui est la Ferté, au comté de Bourgogne. — Edme Régnier, époux de Jeanne de la Ferté, seigneur de Romprey, Montmoyen et Latrecey en partie, fut nommé lieutenant-général au bailliage de Châtillon en 1503. Sa descendance partagée en deux branches éteintes au XVIIe siècle, celle des seigneurs de Montmoyen et celle des seigneurs de Bussière, a fourni un second lieutenant-général au bailliage de Châtillon, un trésorier de France en 1628, deux présidents, un correcteur, un greffier en chef et trois chevaliers d'honneur à la chambre des comptes de Dijon de 1543 à 1673, deux de ces derniers pourvus en outre de la charge de prévôt général des maréchaussées en Bourgogne et Bresse. On remarque encore Jean, député de la Montagne aux

Etats généraux de 1560 et Edme, déterminé ligueur qui défendit contre Biron le château de Beaune pendant six semaines. Le neveu de celui-ci vendit en 1632 la terre de Montmoyen à Antoine Coquet. — Autres fiefs : Chissey, Movilleron, Grand-Bois, Hierce, Origny, Bellenod, Quincey, Buvery en partie, Monceau, Mandelot, Sassenay, Villecomte. — Alliances : Godran, Gand, Sercey, Cirey, Brigandet, du Blé, Catin, Fradel, Vion. M. 1669, 1698. E. 1578.

**REMIGNY.** — *D'azur à la fasce d'or, accompagnée en chef de trois étoiles de même.* — Ces armes sont celles d'une ancienne famille du Nivernais, à laquelle appartenait sans doute Jeanne de Remigny, veuve en 1303 de Miles de Noyers, maréchal de France, et qui a possédé pendant plusieurs siècles la seigneurie de Joux-le-Châtel, relevant du comté de Noyers. On remarque parmi ses membres : Paul-Léonard, qualifié marquis de Joux et maintenu à Moulins en 1667 sur preuves remontant à 1503; Paul-Louis, commandant de l'arrière-ban du bailliage de Saint-Pierre-le-Moutier en 1689; Louis, chevalier de Malte et Jean-Baptiste-François, qualifié marquis de Dunflung, grand bailli de Moulins, père du marquis de Remigny, reçu aux Etats de 1781. — Alliances : la Perrière, Bolacre, Savary de Brèves, Le Thuilier, Séguier, Feillens, du Brouillard. — Fiefs : Billy, Saint-Franchy, Saint-Martin, Champien-les-Avallon.

**RÉMOND.** — *D'or à trois roses de gueules.* — Jacot Rémond, d'Ampilly, reçut en 1347 d'Eudes IV, duc de Bourgogne, plusieurs sommes d'argent en récompense de ses services militaires. Cette famille a produit un conseiller de Charles-le-Téméraire, trois députés du tiers aux Etats généraux de 1484, 1576, 1593, deux conseillers au parlement de Bourgogne, deux secrétaires du pape Grégoire XIII en 1575 et en 1589, plusieurs officiers au bailliage de la Montagne, deux élus du tiers état en 1593 et 1651, plusieurs officiers à la chambre des comptes, un gouverneur de Saint-Domingue en 1663, un lieutenant-général des armées du roi, commandeur de Saint-Louis au dernier siècle, d'autres militaires, etc. Elle s'est divisée en sept branches dont quelques-unes se sont établies en Champagne. — Alliances : la Baume, Nogent, Bouvot, Conyghan, Ganay, Févret, Le Goux, Nicaise, Joly, Saumaise, Vidaud du Dognon, Vienne, Gand, Logerot, Mairetet, Chasot, Clugny, Bauyn, Languet. — Nicolas Rémond reçut en 1653 des lettres de noblesse confirmées en 1676 en faveur de son fils Joseph; on y lit que leurs ancêtres vivaient noblement depuis plusieurs générations. Lettres de relief pour cause de paiement indû de la taille accordées en 1674 à Joseph Rémond; en 1676 à Claude Rémond, lieutenant-général criminel du bailliage de la Montagne, et à Henri, receveur des impositions au même bailliage; en 1680 à Joseph Rémond, sieur d'Inseville, auditeur des comptes. Maintenues par arrêt du conseil et par les intendants de Champagne, Bourgogne et Paris; la dernière est de 1735. Fiefs : Bréviande, Fontenotte, Bénœuvre, le Magny, Massnot, Brion, la Colombière, Ormoy, Thoire, Echalot, Etrochey, Vaux-Fontaine, Verneuil, Reuillon, la baronnie de Couchey. E. 1679.

**RENOUARD.** — *D'argent au chevron de gueules, chargé d'un écusson d'argent à une quintefeuille de gueules; au chef d'azur, chargé de trois étoiles d'or.* — Claude-François Renouard, comte de Fleury-Villayer, ancien trésorier de France à Besançon et grand maître des eaux et forêts en Alsace, était fils d'un conseiller au parlement de Paris, grand bailli d'épée à Dreux et petit-fils d'un trésorier général de l'extraordinaire des guerres. Pour entrer aux

Etats de 1760, il fit preuve de quatre degrés de noblesse depuis Denis, secrétaire du roi et gouverneur de Meun, et présenta en outre un arrêt de maintenue de noblesse rendu contradictoirement au grand conseil en 1559 en faveur de Jean de Renouard, comme petit-fils d'un autre Jean, secrétaire du roi au XIV° siècle. Claude-François avait acheté en 1759 l'ancienne baronnie de Sainte-Croix au bailliage de Chalon érigée en marquisat en 1744 pour la famille de Venant. Dix ans auparavant il avait obtenu l'érection en comté sous le nom de Villayer de plusieurs terres situées en Franche-Comté, en considération des services de ses aïeux et pour rétablir le titre d'honneur qui était dans sa maison depuis 1655 que la terre de Villayer en Bretagne avait été érigée en comté pour Jean-Jacques de Renouard de Villayer, doyen des conseillers d'état et l'un de ses ancêtres, cette terre ayant depuis été vendue. On trouve aussi des militaires, entre autres deux officiers généraux qui se sont distingués au XVI° siècle dans les guerres du Piémont. — Alliances : Chevalier, Carpentier, Rose, Roger, Pépin de Boisherpin, Bosc, Baudoin de Chamoux.

**RICARD.** — *D'or au griffon de gueules; au chef d'azur, chargé d'une fleur de lys d'or.* — On voit apparaître aux Etats de 1745 Marc-Antoine de Ricard, marquis de Montmain, baron de Courgy, seigneur de Genlis en partie, fils de Jean-Baptiste-Jules, conseiller au parlement de Dijon en 1699, puis président à la cour des aides de Paris, petit-fils de François, maître des comptes à Dijon en 1670, qui avait lui-même pour aïeul Vincent, écuyer, conseiller du roi en ses conseils, lieutenant-général à l'amirauté de Toulon. La famille de Ricard, ancienne en Provence, a fourni cinq chevaliers de Malte, quatre commandeurs, dont deux baillis grand-croix, entre autres Jean-Etienne et Jean-Ferdinand, chevaliers de Malte en 1698, le premier commandeur de la Romagne, le second commandeur de la Neuville et de Pontaubert, un grand commandeur et deux grands prieurs de Saint-Gilles vers 1467 et en 1541. Elle obtint en 1651 le droit de porter une fleur de lys dans ses armes et en 1718 l'érection en marquisat des terres de Joyeuse-Garde, Vacquières et Sainte-Foi, sous le titre de marquisat de Ricard. Autres fiefs : Saint-Albin, Bréganson. — Alliances : Valon, Millière.

**RICEY.** — La baronnie de Ricey, au bailliage de Bar-sur-Seine, a donné son nom à une ancienne famille connue dès le XI° siècle, à laquelle appartenaient sans doute : Guillaume de Ricey, seigneur du four de Gicy-sur-Seine en 1303 ; Guillaume, chevalier, capitaine d'Aisey en 1360, et Jean, seigneur en partie de Balnot-le-Châtel en 1549, inscrit dans la liste de 1561. Ce nom figure en outre plusieurs fois dans les montres d'armes du XV° siècle. Quant à la baronnie de Ricey, elle fut possédée successivement par plusieurs familles et entra dans la maison de Créqui par le mariage de Georges de Créqui, fils de Jean VI, avec Marie d'Amboise, dame de Ricey. Ses descendants ont porté le nom de Ricey et se sont éteints en la personne d'Urbain de Créqui, seigneur de Ricey et de Bagneux, marié en 1617 à Marie Vignier, et tué en duel sans laisser d'enfants. Le gentilhomme inscrit deux fois dans nos listes sous le nom de baron de Ricey, était sans doute de cette famille.

**RICHARD.** — *D'azur au chef d'or, chargé de trois tourteaux de gueules ; alias : au chef cousu de gueules, chargé de trois besants d'or.* — Devise : *Quo justior eo ditior* (1). — D'après

---

(1) La branche des seigneurs de Bligny a brisé son écu de *trois sautoirs d'or sur l'azur.*

l'*Armorial de la chambre des comptes* de Dijon, cette famille serait issue de Jean Richard, fondateur des Cordeliers de Beaune, qualifié *nobilis vir, ducis Burgundiæ patronus*, dans la bulle de fondation de ce couvent en 1268. On trouve après lui un autre avocat général et deux conseillers des ducs, dont le dernier, Louis, laissa un fils, Floceau, seigneur de Ruffey (1), mort en 1540 et père de Nicolas, chef de la branche des seigneurs de Ruffey établie à Dijon et de Louis, auteur des seigneurs de Bligny et de Curtil. La première de ces branches a fourni un chevalier de Saint-Michel, maître des comptes en 1638, deux trésoriers de France en 1639 et 1650, un aumônier du roi en 1660 et six élus du roi aux Etats de Bourgogne de 1619 à 1748. Les deux derniers, Germain et son fils Germain-Gilles, furent ensuite pourvus de charges de présidents à la chambre des comptes. Germain-Gilles laissa entre autres enfants Frédéric-Henri, d'abord conseiller, puis président au parlement en 1776, et Charles, président aux comptes, après son père en 1784. Dans le rameau des seigneurs de Montaugé et des Crots, sorti de cette première branche, on compte cinq conseillers au parlement en 1642, 1688, 1716, 1754, et plusieurs militaires de divers grades. Louis, auteur des seigneurs de Bligny, eut pour fils Jacques, docteur-ès-droits, maire de Beaune, puis maître des eaux et forêts à Dijon, qui reçut en 1586 des lettres de noblesse. Sa descendance a fourni des maires et des échevins de Beaune, des officiers au bailliage de cette ville, un conseiller au parlement de Dijon en 1647, et un grand nombre de militaires parmi lesquels nous citerons : Jacques et Jean son fils, sergents-majors de Beaune, le premier, écuyer de la grande écurie en 1648 ; Jacques, lieutenant des maréchaux de France en 1698 ; Jacques, blessé à la bataille d'Hochstet ; Jean-Baptiste, mousquetaire de la garde du roi, pour qui les seigneuries de Corabœuf, Ivry et Corcelles-sous-Molinot furent érigées en marquisat en 1776 sous le nom de marquisat de Richard d'Ivry. — Alliances : Arbalête, Dubois, Plaines, Le Goux, Boilleau, Ocquidem, Chaumelis, Derequeleyne, Brenot, Jachiet, Filzjan, Sayve, Bossuet, Durand, la Forest, Lebœuf, Sallier, Cortelot, Pernot, Bouchin, Bourrée, Vaudrey, Milletot, Févret, Blanot, la Marre, Buatier, David, Soirot, Chisseret, Leblanc, Presle, Jehannin, Dachey, Rouhier, Migieu, Brunet, Lorenchet, Berbis, Belrien, Ravinet, Colin de Valoreille, Gauvain, des Jours. — Fiefs : Curtil-sous-Beaune, Vesvrotte, Trouhans, le Martray, Neublanc, Ervaux, Richetille, Damalix, Grandmont, Vienne à Auxey-le-Grand, la Serve, la Canche, Cussy-la-Colonne, le Maupas, parties de Varennes-les-Beaune, Vignolle, Quemigny et Poisot. M. 1669, 1697, 1698, après condamnation de Jean Richard, seigneur de Bligny en 1665. E. 1632.

**RICHARDOT.** — *D'azur à deux palmes d'or, passées en sautoir et cantonnées de quatre étoiles de même.* — Famille entrée aux Etats de 1784 et dont la ligne a été prouvée et jurée à Saint-Georges, Migette, Montigny, Lons-le-Saulnier et Besançon. Elle remonte à François Richardot, trésorier du roi à Vesoul, qui vivait à la fin du XVI$^e$ siècle et reprit de fief de la seigneurie de Molans sans avoir besoin de permission du prince, ce que les seuls nobles pouvaient faire en Franche-Comté. Sa descendance a fourni des officiers au parlement et à la cour des comptes de Dole. Pierre-Joseph-Désiré Richardot de Choisey, avant sa réception aux Etats de Bourgogne, avait exercé un office de président en cette dernière compagnie. — Fief

---

(1) Ruffey, franc-alleu noble, confirmé par arrêt de la chambre des comptes de 1665.

de Véronnes-les-Grandes et les Petites. — Alliances : Barressol, Magnien, Couldriet, Bourguignet de Saint-Bresson, Espiard d'Allerey (1).

**RIOLLET, RIOLET.** — *De gueules au chevron d'or, accompagné de trois étoiles de même.* — Cri de guerre : *A moi Riollet, c'est pour le duc.* — Devise : *Plus de sang que d'or.* — Cette famille, qui paraît tirer son origine du Poitou, était établie en Bourgogne dès le milieu du XVe siècle (2). Sa filiation remonte à Philippe de Riollet, qualifié écuyer, capitaine de la Roche-Nolay en 1461. Ses descendants ont presque tous porté les armes, dans l'arrière-ban, dans les compagnies d'ordonnance, ou avec brevets de lieutenants et de capitaines. Plusieurs d'entre eux ont été décorés de la croix de Saint-Louis. Ils se sont divisés en plusieurs branches. Parmi les membres de l'aînée nous citerons : Antoine, qui fut le second du baron de Lux dans son fameux duel avec le chevalier de Guise, et entra aux Etats de 1650 ; Marie-Elie, prieur commendataire du Val-Croissant en 1774, et Armand-Edme, substitué à la fin du siècle dernier aux nom et armes de Colombet. Des trois autres branches nous mentionnerons seulement celle des seigneurs de Riollet, fief situé à Mâlain, et celle des seigneurs de Morteuil, plusieurs fois entrée aux pages des écuries du roi. — Alliances : du Val, Hubines, Porcherot, du Bois, Le Bœuf, Champeaux, Colombet, Montcrif, Arcy, Pélissier, Balathier, Raille, Bernard, Siry, Croisier, Berbis, Perreney, Dardenet, la Marre. — Fiefs : Meloisey, Gissey-le-Vieil, Bellenod, partie de Vannaire, la Feuillée, Mâlain et Savigny. M. 1669 et 1698. E. 1650.

**RIVIÈRE (LA).** — *De sable à la bande d'argent.* — La baronnie de la Rivière en Nivernais a donné son nom à cette illustre famille dont on trouve la trace dès l'année 1147, mais dont la filiation n'est régulièrement établie depuis Bureau de la Rivière, vivant à la fin du XIIIe siècle. Son fils Jean Ier laissa entre autres enfants Jean II, dont la descendance a fourni quatre chambellans des rois de France, dont l'un, Bureau de la Rivière, fut en outre principal ministre et favori de Charles V et de Charles VI et joua un grand rôle à la cour de ces princes (3) ; elle s'éteignit en la personne de Charles de la Rivière, chambellan de Charles VI, grand maître et général réformateur des eaux et forêts de France, comte de Dampmartin, mort sans enfants en 1429. De Bonaventure, second fils de Jean Ier, est sortie la branche des seigneurs de Perchain et de Champlemis dont nous avons parlé ailleurs (Voy. CHAMPLEMIS), et qui a fourni des chambellans aux rois de France et aux princes de la maison de Bourgogne, des gouverneurs, des baillis et des lieutenants-généraux au gouvernement du Nivernais, des chevaliers de Malte et des ordres du roi, un lieutenant pour le roi au gouvernement de Bresse,

---

(1) Les Richardot, comtes de Garamage et princes de Steenhuysen, portaient les mêmes armes. Ils sont issus de Guillaume Grusset, de Champlitte au comté de Bourgogne, dont le fils Jean prit le nom de Marguerite Richardot, sa mère, sœur de l'évêque d'Arras. Créé chevalier en 1582, il devint président du conseil d'Artois, fut ambassadeur au congrès de Vervins et prit une part active aux négociations de La Haye entre l'Espagne et les Provinces-Unies en 1607. Sa descendance s'éteignit à la fin du XVIIe siècle.

(2) On conserve aux Archives de la Côte-d'Or les pièces d'une procédure faite en l'an 1455, pardevant les Elus de Bourgogne, entre les habitants de Painblanc et Jean Ryolet, écuyer, sur ce que les habitants de ce village avaient voulu imposer ledit Ryolet à la taille comme non noble. Parmi ces pièces figure une curieuse enquête dont le résultat fut favorable à Jean Ryolet.

(3) Il fut enterré à Saint-Denis aux pieds de Charles V, comme ce prince l'avait ordonné.

Bugey et Valromey, blessé à la bataille de Jarnac. De cette branche, éteinte au XVII⁰ siècle, est sortie celle des seigneurs de Corvol-le-Dampbernard, éteinte elle-même dans les Choiseul-Chevigny, héritiers de la baronnie de la Rivière et des autres terres de la branche aînée, après avoir projeté un dernier rameau, celui des vicomtes de Tonnerre et de Quincy. Ce rameau, formé par Jacques, dit le vicomte de la Rivière, gentilhomme de la chambre du roi, bailli et gouverneur de l'Auxerrois, mort en 1635, a fourni deux autres baillis de l'Auxerrois, dont l'un fut en outre lieutenant pour le roi au gouvernement de Bourgogne, et commanda la noblesse de cette province en 1689 et plusieurs autres militaires, entre autres un capitaine des gendarmes de Flandres, brigadier des armées du roi en 1770. Le grand-père de ce dernier, mort en 1709, portait le titre de marquis. — Alliances : Saint-Vérain, la Roche-Guyon, Châtillon, la Trémouille, Billy, Longueville, la Perrière, Digoine, Damas, la Ferté-Meun, Lestouf, Saint-Belin, Loron, Fontenay, Sommièvre, la Chambre, Rochefort, Hurault, Jaucourt, Mailly, la Magdelaine, Reugny, la Salle, Bouchu, Mauroy, Damoiseau, Montsaulnin, Chevalier, Savoisy, Dinteville, la Tournelle, Lenfernat, Roux d'Eagent, etc. — Fiefs : baronnie de Seignelay, Ménetreux-le-Pitois, Thôte, la Borde, Corcelles-les-Semur, Beaumont, Ormoy, Cheny, Bassou, Bonnencontre, Venarey, etc. E. 1557.

**ROBERT (LE).** — Lancelot Le Robert, seigneur de la Tour de Pancy et en partie d'Annoux, secrétaire du duc de Bourgogne, et successivement châtelain de Pontailler-sur-Saône et des châtellenies de Montréal et Châtel-Girard, fut anobli en 1445. Il mourut assassiné par sa femme, ce qui amena la confiscation de ses biens. Ses descendants y furent réintégrés, puisqu'on les trouve encore au XVII⁰ siècle possesseurs de la seigneurie de Pancy. — Alliances : Moisson, la Boissière, Dubreuil, Vezou. M. 1669. E. 1662.

**ROCHE-FONTENILLE (LA).** — *D'azur à trois rocs d'échiquier d'or.* — Devise : *Deo duce, ferro comite.* — Cri : *Guyenne.* — Le comté de Bigorre est le berceau de cette maison, distinguée par ses alliances et qui occupait au XII⁰ siècle un rang élevé dans la noblesse de sa province. Deux de ses membres ont pris part à la première croisade de Saint-Louis, mais sa filiation n'est établie que depuis Sanche de la Roche, seigneur de Fontenille, décédé avant l'an 1318. Elle était représentée au milieu du XVI⁰ siècle par trois frères : 1° Jean-Antoine, auteur des comtes et marquis de Gensac, éteints au dernier siècle; 2° Jean-Marc, chevalier de Malte; et 3° Philippe, gentilhomme de la chambre et chevalier de l'ordre du roi, dont la postérité subsiste. Elle a fourni plusieurs autres gentilshommes ordinaires de nos rois, des capitaines de cinquante hommes d'armes, des maréchaux de camp, etc., etc. François de la Roche obtint en 1658 l'érection en marquisat de la baronnie de Fontenille et épousa Charlotte de Rambure, fille d'un maréchal de camp dont ses descendants ont ajouté le nom au leur. L'un d'eux est entré aux Etats de 1724. — Fiefs en Bourgogne : la Cosne, Azu.

**ROCHEBARON.** — *De gueules à la bande d'argent, à la bordure d'azur, chargée de fleurs de lys d'or et bordée de même; écartelé d'argent à trois fasces d'azur.* — Cette famille, issue de Jean de Rochebaron, comte de Forez, seigneur si puissant, dit Froissart, qu'il lutta avec le roi de France, donna un évêque de Mâcon dès 1144. Bryen, fils de Jean, épousa la sœur de Robert, dauphin d'Auvergne. Le nom de Rochebaron fut porté par plusieurs branches de la même famille, et notamment par Louis de Polignac, époux d'Antoinette de Rochebaron, et tige de la maison de Chalançon en 1472. La branche établie en Bourgogne, qui posséda les terres de Joncy, de Cenves, de Berzé, s'allia à une fille naturelle de Philippe-le-Bon, aux Anglure, Saillant, Roussillon, Choiseul; les autres aux Damas, Apchon, Aumont, Pierre, Brion, Lévis, la Tour, Vienne, Esserpens, etc. Antoine de Rochebaron accompagna en 1449 Marie de Gueldres, nièce de Philippe-le-Bon, en Ecosse où elle allait épouser Jacques II. Claude de Rochebaron fit le vœu du *Faisan* à Lille en 1454. E. 1549.

**ROCHECHOUART.** — *Fascé-nébulé d'argent et de gueules.* — Devise : *Ante mare undæ.* — Cette illustre maison, sortie des vicomtes de Limoges, qui reconnaît pour auteur Aimery, vicomte de Rochechouart en 1018, s'est divisée en un grand nombre de branches dont l'une vint s'établir en Bourgogne à la suite du mariage de Christophe, seigneur de Chandenier, Javarzay, la Motte-de-Mauçay, etc., avec Suzanne de Blaisy, fille du baron de Couches, en 1508. Christophe fut chargé de tenir les Etats de cette province en 1544, et laissa la terre de Couches à ses descendants, parmi lesquels l'histoire cite : René, guidon des gendarmes du baron de Faudoas, son oncle, tué au siége de Metz en 1552 ; Claude, tué à Saint-Quentin en 1557; Christophe qui embrassa la religion réformée et périt à Jarnac en 1569; Louis, baron de Chandenier et de Brognon, chevalier de l'ordre, chambellan du duc d'Orléans, gentilhomme de la chambre du roi en 1580 ; Jean-Louis, comte de Chandenier, baron de la Tour-en-Auvergne, gentilhomme de la chambre et chevalier des ordres en 1629; François, marquis de Chandenier, premier capitaine des gardes du corps en 1642, dont le fils unique, connu sous le titre de comte de Limoges, périt au siége d'Ypres en 1678 sans postérité. Cette branche a fourni en outre plusieurs religieux, chevaliers de Malte et un abbé de Moutier-Saint-Jean, mort en 1710. Elle s'est alliée aux Vienne, Pot, Beaufort-Montboissier, Baudot, la Chambre, la Collonge, Drée, la Rochefoucault, Montberon, Bellenave. — Terres en Bourgogne : Cressey, Arc-sur-Tille, Arconcey, Marcy-sur-Tille. Titre de duc et pair en 1663. E. 1551.

**ROCHEFORT.** — *D'azur semé de billettes d'or; au chef d'argent, chargé d'un lion léopardé de gueules.* — Il est difficile d'indiquer l'origine précise de cette famille qui devait être ancienne en Bourgogne, puisqu'elle put faire sous Henri III ses preuves pour l'ordre du Saint-Esprit. Sainte-Foix affirme qu'elle a produit plusieurs maréchaux de Bourgogne sous les ducs : nous en avons rencontré un seul avec un sergent d'armes du roi en 1363, un chambellan de Philippe-le-Hardi en 1403, un grand-maître de l'artillerie et un capitaine à La Ferté-sur-Grosne en 1422. Quoiqu'il en soit, elle tire sa principale illustration de Guillaume, chancelier de France en 1483, et de son frère Guy, conseiller et chambellan de Charles-le-Téméraire, premier président du parlement de Dijon en 1488 et chancelier en 1497. Ce dernier reçut à Arras en 1499 l'hommage de Philippe, archiduc d'Autriche, pour les comtés de Flandre, d'Artois et de Charollais et fut inhumé à Cîteaux en 1507. Jean, son fils, bailli de Dijon, porta la cornette blanche à la bataille de Pavie et y fut fait prisonnier en 1525. Son petit-fils, également nommé Jean, capitaine de cinquante hommes d'armes, conseiller d'état, chevalier des ordres, baron de Pluvault, fut aïeul d'Edme, lieutenant-général du Nivernais, pour qui la baronnie de la Boullaye fut érigée en marquisat en 1619. Sa postérité s'est éteinte vers 1690.

La branche des barons et comtes de Luçay, marquis de Rochefort, seigneurs de Sigy, Suilly, Giey, Seignelay, Réveillon, etc., a fourni des chevaliers des ordres du roi et de Saint-Lazare. — Alliances : Vautravers, Cléron, Jussey, Chambellan, la Magdeleine, Pontailler, Foucquet de Chaslain, Chaugy, etc. — Fiefs : Flagey, Cuiseaux, Labergement, les quatre Rochefort et Foucherans. E. 1422. — Une autre famille du même nom, à laquelle appartenait Jean de Rochefort, licencié ès-lois, procureur du duc au comté de Bourgogne en 1378, bailli d'Auxois en 1399, portait, d'après le sceau de celui-ci, *quatre pals de gueules avec une bande sur le tout*. — Enfin un Guillaume de Rochefort, capitaine des gens d'armes et de trait en 1435, chargeait son écusson *d'une fasce accompagnée de trois coquilles*. E. 1384.

**ROCHEFORT D'AILLY.** — *De gueules à la bande ondée d'argent, accompagnée de six merlettes de sable mises en orle.* — Maison considérable d'Auvergne qui descend d'Antoine de Rochefort, mari de Marguerite d'Ailly, avec laquelle il fonda en 1004 le prieuré de Rochefort, dit de Bonnat. Hector de Rochefort, évêque de Bayonne, puis de Toul en 1524, chancelier du duc de Lorraine, était issu au dixième degré de Guillaume, seigneur d'Ailly en 1260. Cette famille a possédé les baronnies d'Ailly, de Jozeran, de Fortanier, de Saint-Vidal et de Sénaret en Gévaudan, les comtés de Montferrand et de Saint-Point, les seigneuries de Prades, du Pradel, de Pomperan et Thiolan. Elle s'est alliée aux Montboissier, la Tour-Saint-Vidal, Fradet, Vogué, Ginestoux, Lucinge, Allemand de Cantoinet, Apchon, la Garde-Chambonas, Brûlart de Sillery, Monciel, Charrié, d'André, Framond, Alleman de Montmartin. Elle a fourni des capitaines de cinquante hommes d'armes, des chevaliers de l'ordre, plusieurs brigadiers des armées du roi, un grand chambellan de Charles VII, un chambellan de Louis XI, des abbés, des prieurs, un grand nombre de chanoines-comtes de Brioude, et un évêque de Chalon, élu du clergé aux Etats de 1769. Le commandant de Saint-Jean-de-Losne, lors du siége de 1636, était un Rochefort d'Ailly, baron de Saint-Point, chevalier de l'ordre et lieutenant-colonel. M. 1670. Preuves à Neuville en 1756. E. 1679.

**ROCHEMONT.** — *De gueules au lion d'or.* — On ne sait rien de cette famille qui a sans doute une origine commune avec les Rougemont, avant François de Rochemont, écuyer, maître d'hôtel du roi, maréchal de bataille de ses armées, capitaine au régiment de Saint-André-Montbrun et employé dans les guerres d'Italie, lequel acheta en 1650 de Claude de Perreau la seigneurie des Buissons, paroisse de Marigny en Charollais. On remarque parmi ses descendants plusieurs gendarmes de la garde du roi, honorés de la croix de Saint-Louis, entre autres Jules-Mathieu, entré aux Etats de 1718 sur preuve de deux degrés ; il fut en outre élu de la noblesse du Charollais et mestre de camp de cavalerie. Une branche de cette famille se réfugia à Genève en 1692. — Alliances : Armet, Janthial, Coulon, Desprez, Boiveau, la Troche. — Fiefs : la Motte-sur-Dheune, baronnie de Montcenis, Avoisotte. E. 1671.

**RODDE (LA).** — *D'azur à une roue d'or, surmontée d'une fasce vivrée de trois pointes de même.* — Alias : *au chef d'argent, chargé de trois chevrons de gueules posés en fasce.* — Devise : *Audaces fortuna juvat.* — Ancienne famille noble qui remonte, d'après Courtépée, à Bertrand, seigneur du château de la Rodde en Gévaudan au XIIIe siècle. Sa postérité s'est partagée en deux branches; l'aînée, celle des seigneurs de Sénenjols, Rochefort, le Bouchet-Saint-Nicolas, Escublac, barons des Etats de Velay, de Châteauneuf et de Saint-Hâon, comtes de la Rodde-Saint-Hâon par lettres de 1770, subsistait encore à la fin du siècle dernier et a fourni plusieurs militaires de divers grades. La branche des comtes de la Rodde remonte à Benjamin, fils puîné de Jean, seigneur de Sénenjols, et de Jeanne de Sinzelles, dont le fils Claude, lieutenant-colonel du régiment de Listenois, se maria en Bourgogne en 1641 à Charlotte de Chastel, fille unique et héritière du seigneur de Conde et de Charnay. Parmi ses descendants, nous citerons un brigadier des armées du roi, inspecteur général de l'infanterie et gouverneur d'Abbeville, mort des suites des blessures qu'il avait reçues à la bataille de Steinkerque; un lieutenant-colonel de Royal-Comtois, des chevaliers de Saint-Louis et plusieurs chanoinesses de Neuville en 1751. — Alliances : André, Seydirac, Dinet de Chassempière, Reynel, Scorrailles, Ganay, Menthon, la Garde-Chambonas. — Autres fiefs : baronnie de Montconis, Fressinet, Beauvoir, le Grand-Balote, Saint-Romain, Villargeau, Châteauneuf, Conde, Charnay, Bellefond. M. 1669. Honneurs de la cour en 1776. E. 1653.

**ROGRES.** — *Gironné d'argent et de gueules de douze pièces.* — Maison distinguée du Poitou, connue depuis Guillaume de Rogres, grand sénéchal de cette province au XII<sup>e</sup> siècle et dont la filiation est établie depuis un autre Guillaume, chevalier, seigneur de Rouvre près Cherveux en 1283. Ses descendants, décorés depuis le XVII<sup>e</sup> siècle des titres de barons, comtes et marquis de Champignelle, par suite d'une alliance avec les Saulcier de Thenance, barons de Champignelle, ont fourni des gentilshommes de la chambre, deux lieutenants-généraux des armées du roi, dont l'un Charles-Casimir fut en outre lieutenant commandant des gardes du corps de Sa Majesté, compagnie de Villeroy, bailli, grand-croix de l'ordre de Malte, commandeur de Boux et de Merlan. Parmi les autres membres de cette famille entrés à Malte, nous nous bornerons à citer Jacques-Armand, reçu aux Etats de 1757 sur la simple présentation de son acte de nomination à la commanderie d'Auxerre en 1756.

**ROMÉCOURT, ROMMECOURT.** — *D'or à l'ours de sable.* — Famille originaire de Champagne et reçue aux Etats de 1706 sur preuve de six degrés de noblesse depuis Jean de Romécourt, qualifié écuyer et seigneur de Marotte en 1512. On remarque parmi ses membres : Jean, écuyer, gentilhomme de la maison du duc d'Anjou en 1584; François, gentilhomme de la chambre du roi en 1620 ; Alexandre, capitaine d'une compagnie de chevau-légers, et plusieurs autres militaires. — Alliances : Daillencourt, Braban, Escaldamache, Largentier, Houdry, des Armoises. — Fiefs : le marais de Saint-Gond érigé en comté en 1670, sous le nom de Romécourt, pour Antoine de Romécourt, premier lieutenant des gardes du corps, Suzemont, Rochecourt, le Fay, le Hautoy, Villiers-les-Haut, Méréville, Aurecourt. M. en Champagne 1641, 1669.

**ROSE.** — *D'azur au chevron d'or, accompagné de trois roses d'argent.* — La famille de Guillaume Rose, le célèbre évêque de Senlis, est originaire de Ligny en Lorraine et remonte à Henri Rose vivant en 1340. Etablie en Champagne vers la fin du XV<sup>e</sup> siècle, elle a fourni un grand nombre de magistrats aux diverses juridictions de Chaumont-en-Bassigny depuis Guillaume, que les Rose de Chaumont reconnaissaient pour leur auteur et qui fut successivement substitut du procureur du roi à Chaumont au commencement du XVIe siècle, bailli de Joinville et président à Saint-Mihiel. — Alliances : Lapérouse, Gondrecourt, Desfours, Jobelin, Dehault. La branche des seigneurs de Provenchères a pris quelques alliances en Bourgogne, savoir : Humbelot, Damoiseau, Rabutin, et a possédé le fief de Fontenelle au bailliage de Chalon. On remarque parmi ses membres François Rose de Provenchères, lieutenant-colonel du régiment de Vendôme, lieutenant de roi à Schélestat, dont le fils Louis-Joseph entra aux Etats de 1721 après avoir obtenu peu auparavant l'union de plusieurs terres situées au bailliage de Langres et leur érection en marquisat sous le titre de marquisat de Provenchères, en récompense de ses services, de ceux de son père et de ceux rendus à la monarchie par ses ancêtres depuis 1363.

**ROSTAIN, ROSTAING.** — *D'azur à la roue d'or et une fasce haussée de même.* — Originaire du Forez, cette famille a détaché en Bresse un rameau auquel appartenait Antoine, marquis de Treffort, seigneur d'Urre ou Eurre, de Cériziat, Jasseron et Pont-d'Ain, lieutenant-général des armées du roi en Italie en 1649. Tristan de Rostaing, seigneur de Thieux, chevalier des ordres, grand-maître et général réformateur des eaux et forêts de France, et son fils Charles, comte de la Guerche et de Villemomble, baron de Brou, créé comte de Rostaing en 1634, reconnaissent la même origine. Le gentilhomme inscrit dans la liste de 1570 appartenait sans doute à cette famille.

**ROUGEMONT, ROGEMONT.** — *De gueules au lion d'or.* — La terre de Rougemont en Bugey a donné son nom à une famille qui remonte à Guillaume, vivant en 1150 et s'est divisée en trois branches : 1° celle des seigneurs de Lentenay ; 2° celle des seigneurs de Pierreclos, barons de Chandée ; 3° celle des seigneurs de Verneaux et de la Tour-Priay. A la seconde branche appartenait N. de Rougemont, qui vint se fixer dans le Mâconnais, où il épousa l'héritière de Bletterans, dame de Pierreclos, qui laissa cette dernière terre à son fils. Celui-ci fut aïeul d'Antoine, chevalier de l'ordre, seigneur de Rougemont, Bussière, Pierreclos, etc., au XVIe siècle. Le péage de Mouge, qui se levait à Mâcon, appartint pendant longtemps à cette famille qui a fourni en outre un chanoine-comte de Lyon, un second chevalier de l'ordre, un capitaine de cinquante hommes d'armes, un enseigne de la compagnie d'ordonnance de Savoie au service de la France, administrateur de l'hospice du grand Saint-Bernard. — Alliances : Gigny, Viry, la Palu, Busseul, Albon, Villette, Rougemont, Defranc, la Forêt, Arlos, Clugny, Montferrand, Grolée, Montbel, Moyria et Chandée en Bresse. E. 1626, sous le nom de seigneur de Pierreclos. — Quant aux gentilshommes inscrits sous le nom de Rougemont dans les listes de 1608, 1648 et 1650, il faut peut-être les attribuer à la famille de Rougemont, des seigneurs de Chazeul en Champagne, originaire de Bourgogne d'après Chevillard, et maintenue en 1669. Ses armes : *d'or à l'aigle éployée de gueules, becquée et membrée d'azur*, sont les mêmes que celles de l'illustre maison de Rougemont en Franche-Comté, aujourd'hui éteinte, et qui a toujours possédé la terre de son nom dans cette province. Elle a fourni un archevêque de Besançon et s'est alliée aux Vienne, Chalon, Vergy, Oyselet, Neufchâtel, Rye, Ray, Bauffremont, Saulx.

**ROUSSET (DU).** — *D'azur à deux chevrons d'or, accompagnés de trois étoiles d'argent.*

Alias : *les chevrons et les étoiles d'argent*. — Famille maintenue en 1669 par l'intendant Bouchu sur preuves remontant à Thibaud du Roussel qui vivait en 1531, et parmi les descendants duquel nous nous bornerons à citer Bénigne, homme d'armes de la compagnie du maréchal de Tavannes en 1572, et Philibert, chevalier de l'ordre, marié à Claude Gentil de Sainte-Hélène, qui laissa à son fils Jean la terre de ce nom dépendant de la prévôté de Buxy en Chalonnais. — Alliances : Chaudon, Tardy de Montravel, Bordet. — Fiefs : Malfontaine ou Marfontaine, Burzy, Cherisel. Autre maintenue en 1698. E. 1682. *Barthelot de Murzeau*

**ROUSSILLON.** — *D'azur à l'aigle d'argent.* — La terre de Roussillon, près Autun, a donné son nom à d'anciens seigneurs qui la possédaient au XIII<sup>e</sup> siècle. En 1271, Jean de Rossillon reconnait tenir son châtel en fief du duc de Bourgogne. Eudes ou Odon, mari d'Alix de Frolois, lui succède en 1294. Jean et Pernette sa sœur partagent peu de temps après la même terre qui est partiellement engagée aux ducs Hugues V et Eudes IV en 1309 et 1317. Jean de Rossillon est qualifié de sire de Chessy ou Chassey en 1449. En 1479, Michaut de Chaugy, proche parent et lignager par les femmes des seigneurs de cette famille, présenta requête à Louis XII pour rentrer moyennant finance dans la partie aliénée de la baronnie, mais ses descendants seuls obtinrent cette faveur en 1531, et prirent depuis cette époque le surnom de Roussillon. Cette famille, qui n'a rien de commun avec le fameux Girard de Rossillon, comte du *pagus Latiscensis* avant 860, détacha un rameau dans le bailliage d'Arnay-le-Duc, où l'on trouve : Girard, seigneur de Clomot, chambellan du duc en 1468; Antoine, seigneur de Savigny-les-Beaune et de Rochetaillée en 1493, et Pierre, fils naturel de ce dernier, seigneur de Saint-Désert en 1538. — Alliances : Sancerre, Toulongeon, Sercey, Fétigny, Barangier, Rochebaron. — Fiefs : Meures, Menesserre, Chenay, Joux, Buxillon, Sarrey, Courtelin. — Il existait aussi dans la Bresse une famille du même nom qui portait : *d'or à deux fasces de sable.* E. 1460.

**ROUXEL.** — *D'argent à trois coqs de gueules, becqués et crêtés d'or.* — Illustre famille dont Moréri donne la généalogie depuis Jean Rouxel, seigneur du Plessis-Morvant, écuyer du duc de Bretagne, qui épousa Marie Larçonneur, fille du seigneur de Médavi, vers 1436. On remarque dans sa descendance : Georges, mort à la bataille de Graveline en 1558; Jacques, capitaine de cinquante lances, lieutenant-général au gouvernement du duché d'Alençon et du comté du Perche en 1584; François, évêque de Lisieux en 1600; Jacques, chevalier de Malte, grand prieur d'Aquitaine; Pierre, lieutenant-général en Normandie en 1594, conseiller d'état, qui épousa Charlotte de Hautemer, fille et héritière du comte de Grancey. De ce mariage sont venus entre autres enfants : 1° Jacques, maréchal de France, chevalier du Saint-Esprit en 1662, comte de Grancey, auteur des comtes de Médavi, comtes et marquis de Grancey, qui n'ont pas cessé, jusqu'à leur extinction au milieu du siècle dernier, de remplir les plus hautes charges militaires, ayant fourni deux maréchaux de camp, un lieutenant-général des armées navales et un second maréchal de France en 1724; 2° François, archevêque de Rouen; 3° Guillaume, comte de Marey-sur-Tille, maréchal de camp, capitaine-lieutenant des gendarmes du duc de Valois, mort en 1652, dont le fils Joseph, comte de Marey et de Clefmont, mestre de camp de cavalerie, fut tué au siège de Candie, sans laisser de descendant mâle. — Autres fiefs en Bourgogne : baronnie de Selongey, Foncegrive, Vernois, Busserotte, et, pendant deux ans, par suite d'une alliance avec les la Palu : Meilly, Rouvre, Maconge, Chaudenay, Lailly, Blangey, Fouchey, Fontenelle. — Alliances : Mouchy, Colbert de Maulevrier. E. 1629.

**ROVORÉ, ROVORÉE.** — *De gueules à la bande d'argent.* — Ancienne maison originaire du Faucigny, où était située la terre de ce nom. Elle paraît remonter à la fin du XII<sup>e</sup> siècle, mais Guichenon n'en donne la généalogie que depuis Jean de Rovoré, chevalier, nommé en 1291 gouverneur du château de l'Ile sur le Rhône à Genève, et remplacé dans cette charge par son fils Jean en 1320. Un de ses descendants, Guy, favori d'Amé 1<sup>er</sup>, duc de Savoie, et son écuyer ordinaire, porta l'écu des armes de ce prince à son enterrement et jura en 1455 le traité d'alliance conclu entre Louis, duc de Savoie et le roi Charles VII. Il laissa entre autres enfants : François, qui continua la ligne directe éteinte au XVI<sup>e</sup> siècle, et Jean, seigneur de Copet au pays de Vaud, auteur de la branche des seigneurs de Montburon et d'Attignat, entrée aux Etats de Bourgogne. On remarque parmi ses membres Martin de Rovoré, chevalier de Saint-Jean de Jérusalem au XVI<sup>e</sup> siècle ; Charlotte, qui porta la seigneurie de Rovoré en Faucigny dans la maison de la Fléchère par son mariage en 1549 avec Jacques de la Fléchère, écuyer, seigneur des Clés; Pierre, son neveu, capitaine de cent chevaux-légers, puis mestre de camp d'infanterie en Savoie, marié à Philiberte-Gasparde de Montferrand, dame d'Attignat ; Aaron, qui mourut au siége de Verdun, étant capitaine d'une compagnie de carabins sous le duc de Mayenne; René, tué à l'escalade de Genève; enfin Joseph-Guillaume, capitaine au régiment de la Motte-Houdancourt. — Alliances : Saint-Germain, Châteauvieux, Genève, Saleneuve, Champion, Montburon, la Balme, Bellegarde, Brugnon, Rogemont, Lyobard, Salornay, Vachon, Lucinge, Malyvert, Bouton. — Fiefs : Cursinges, la Vaulx-d'Aux, Balaison, Biol, Cervans, Grangette, Sarre, Brissogne, la Potière. M. 1669. E. 1671.

**ROYER**, anciennement **ROHIER**. — *Ecartelé : aux 1 et 4, d'azur au lion d'or, accompagné de trois étoiles de même, qui est Royer; aux 2 et 3, d'azur à la fasce d'argent, chargée de trois aiglettes de sable, et accompagnée de trois étoiles d'or.* — Philibert Rohier, clerc, licencié ès-lois, procureur du duc Philippe-le-Bon aux siéges de Nuits et de Beaune en 1427, reçut de ce prince des lettres de noblesse au mois de février 1434. Nous citerons parmi ses descendants : François Royer, bailli de Lyon, ambassadeur du roi Louis XI vers les Liégeois ; François, seigneur de la Tour-Saint-Micault, guidon de la compagnie de M. de Varennes-Nagu en 1596; Philippe-Emmanuel qui, étant lieutenant-colonel du régiment de Bourbon, commandait à Chalon pour le parti du prince de Condé en 1650 et ne voulut se rendre qu'en présence du roi dont il canonna les troupes. Devenu maréchal de camp, gentilhomme de la chambre du prince en 1672, colonel de son régiment et gouverneur du château de Dijon, il avait obtenu en 1667 des lettres confirmatives de noblesse, comme étant issu de Philibert, anobli par Philippe-le-Bon, avec dispense de rapporter les titres de sa filiation perdus lors de la prise de Saint-Gengoux dont son père était gouverneur. On trouve encore après lui : François-Emmanuel, dit le marquis de Saint-Micault, colonel du régiment de Bourbon-cavalerie, brigadier des armées du roi, mort en 1738, et Henri-Bernard, chevalier de Saint-Louis, major du régiment de Bourbon en 1750. — Alliances : Bataille, Colin de Serre, Thenance, Rouvray, Riquetti-Mirabeau. — Fiefs : Cersot, Cussy-la-Colonne, Lusigny, Saint-Aubin, Gamay, Villy,

Grandmont, Thil, les Filletières, Genouilly en partie, Effondré, Taisé, Cortelin, Saint-Germain-des-Bois, Sienne, Rains. M. 1698. E. 1648.

**ROYERS (DES)**. — Alphonse des Royers, seigneur de la Matrouille en Mâconnais, fils de Pierre des Royers, chevalier, et de Marie-Anne de Guillermin, dame de la Matrouille, fut reçu aux Etats de 1742, sur preuve de quatre degrés de noblesse depuis noble Michel-Antoine, dont le fils François est qualifié écuyer, seigneur de la Valfenière à Avignon, dans son contrat de mariage passé en 1610. — Alliances : Ferrière, Tourreau, Grosbois.

# S

**SAILLANT**. — *Vairé d'or et d'azur, à la bande de gueules.* — Devise : *Non plus.* — Ces armes sont celles de Guillaume Hugonet, seigneur de Saillant, de Lis et d'Epoisses, né à Mâcon où son oncle Etienne était évêque en 1431, et successivement page de Philippe-le-Bon, conseiller du duc, maître des requêtes de l'hôtel, chef du conseil et enfin chancelier sous Charles-le-Téméraire. On connaît sa fin tragique dans une révolte des Gantois qui le massacrèrent sous les yeux de la duchesse Marie. De son mariage avec Louise de Lays il laissa deux enfants qui quittèrent le nom d'Hugonet et retinrent celui de Saillant, fief du Charollais dans la paroisse de Viry. Ses filles Louise et Isabeau épousèrent, la première, François de Rochebaron, la seconde, Claude de Choiseul-Traves, seigneur de Saillant, Lis et Crusilles, marié à Marguerite de Saligny. Son fils Charles laissa : 1° Gaspard, marié à François de Nanton et en secondes noces à N. de Montpont ou Mypont; 2° Antoine, héritier de son frère, allié à Claire de Baissey et mort aussi sans enfants; 3° Isabelle, femme de N. de Moisy et de Jean de la Borderie, lequel hérita d'une partie de ses biens, entre autres de Saillant et de Crusilles. — Autres fiefs : Montpont, Lays-sur-le-Doubs, Noble, Dulphey, Gratey en partie. E. 1551.

**SAINT-BELIN**. — *D'azur à trois têtes de bélier d'argent, accornées d'or.* — Devise : *Ex utroque fortis.* — Le premier de ce nom est Robert de Saint-Belin, seigneur de Blaisy en 1148. On trouve après lui Artus qui accompagna saint Louis à la croisade de 1246. Geoffroy, l'un de ses descendants, bailli de Chaumont, chambellan de Louis XI, s'unit à Marguerite de Baudricourt, sœur du maréchal de ce nom. Il fonda la chapelle du Sépulcre à Saint-Jean-Baptiste de Chaumont, et *fut occiz et murtry piteusement* à Montlhéry. Charles de Saint-Belin, chevalier de Saint-Jean-de-Jérusalem, fut tué à la bataille de Ravennes en 1512. Georges, colonel d'infanterie, fut élu de la noblesse de Bourgogne au XVIIe siècle. Cette famille s'est divisée en plusieurs branches, celles de Blaisy-Vaudrémont, de Thivet-Biesles, de Biesles, de Villeberny qui prit après 1633 le nom de Mâlain, et de Fontaines-en-Duesmois. Elle a fourni un grand nombre d'hommes d'épée, une dame d'honneur de la duchesse d'Orléans, un prieur de Saint-Loup, un évêque de Poitiers, mort en 1611, un abbé de Morimont, des députés aux Etats généraux de France et plusieurs chevaliers de Malte. — Alliances : Amboise, Crécy,

Chaugy, la Rivière, Montconis, Orge, Bernault, Le Goux, Mâlain, Colombet, Rose, Fautrières, Montrichard, des Barres, la Magdeleine, Champagne de Lours, la Rozière, Haardelacq, Leclerc de Buffon, Le Prêtre de Neubourg, la Coste. — Fiefs : comtés de Biesles, érigé en 1631, et de Vaudrémont, Villeberny, Merville, baronnie de Bussière érigée en 1635 pour Simon de Saint-Belin ; Braux, Pont-Minard, Claireyfontaine, Cussigny, Voudenay. — Preuves de Malte en 1695, de Saint-Cyr en 1729. Famille encore existante. E. 1557.

**SAINT-GEORGES.** — *Ecartelé : aux 1 et 4, d'argent à la croix de gueules*, qui est Saint-Georges ; *aux 2 et 3, fascé-nébulé d'argent et de gueules*, qui est Rochechouart. — Devise : *Nititur per ardua virtus*. Famille originaire de la Marche, et qui a projeté plusieurs rameaux dans la Saintonge, l'Aunis, le Poitou, la Touraine et la Bourgogne. Un de ses membres prit part à la croisade de 1189 ; un autre fut tué à la bataille de Poitiers en 1356. Néanmoins les preuves faites de 1763 à 1784 pour les honneurs de la cour ne remontent qu'à Olivier, seigneur de Saint-Georges, qui épousa en 1403 une Rochechouart-Mortemart. Sa descendance a fourni des officiers supérieurs en grand nombre, des gouverneurs de provinces, plusieurs lieutenants-généraux en Poitou et en Bourbonnais, deux chevaliers des ordres en 1688 et 1724, un ambassadeur en Danemarck, en Hollande et en Suisse à la fin du siècle dernier, un évêque de Clermont, passé depuis aux siéges archiépiscopaux de Tours et de Lyon. Titre de marquis de Vérac en février 1652, etc. La branche établie dans le Mâconnais et maintenue en 1669 sur preuves remontant à Jean de Saint-Georges, qualifié écuyer en 1330, s'est alliée aux Fougières, Cremeaux, Vichy, Amanzé, Montchanin, etc., et a possédé les seigneuries de Saint-Liger, Montceau, le Verdet, Versaugne, Chauffailles, Chassigny-sous-Dun-le-Roi. E. 1653.

**SAINT-GOBERT.** — Nous ne connaissons en France qu'une famille de ce nom qui portait : *d'or à la croix tréflée de gueules*. Serait-ce un de ses membres qui figure aux Etats de 1578 et de 1584 ?

**SAINT-HILAIRE.** — *De gueules à deux épées d'argent, garnies d'or, passées en sautoir, les pointes en bas.* — Jean de Saint-Hilaire, dit *le borgne*, capitaine de Chaussin en 1373, eut pour fils Jean, chevalier, conseiller et chambellan du duc, bailli de Châlon en 1411, capitaine dans l'armée de Châtillon-sur-Seine la même année, commis aux emprunts du duc en 1415, envoyé aux bonnes villes par la veuve de Jean-sans-Peur pour les informer du meurtre de son mari en 1419. Cette famille posséda la terre d'Auvillars dont elle bâtit le château. — Alliances : Lugny, Courcelles. E. 1412.

**SAINT-JULIEN.** — *De gueules à trois jumelles d'argent.* — La terre de Saint-Julien dans le comté de Bourgogne a donné son nom à cette famille qui la possédait, dit Saint-Julien de Baleure, de haute antiquité. Engagée au XIII<sup>e</sup> siècle par un de ses seigneurs afin de subvenir aux frais de son voyage en Terre-Sainte, elle passa pour les deux tiers dans la maison de Châlon, et Antoine, seigneur de Saint-Julien et de Morval n'en conserva qu'un tiers qu'il laissa en 1298 à son fils Hugues. Parmi les descendants de celui-ci, on remarque : Louis, chevalier, seigneur de Simandre, capitaine d'une compagnie française au service du duc de Bretagne en 1342 ; Jean, gouverneur d'Auxerre en 1461 ; Claude, seigneur de Baleure, chevalier du

Porc-Epic d'Orléans en 1450; Gabriel, son fils, tué en Italie en 1495; Claude, page de Charles VIII, homme d'armes du connétable de Bourbon et du duc d'Alençon, fait prisonnier à la journée des Eperons en 1512, armé chevalier à Marignan; Pierre, son fils, protonotaire apostolique, doyen de Chalon, auteur du traité de l'*Origine des Bourguignons*; N., aussi doyen de Châlon avant Pierre, et élu du clergé en 1566; Jean et Pierre, chanoines de Mâcon, et Michel, commandeur de Charny en 1588. — Alliances : Charno, la Baume, Aceret, Chambut, Durestal, Cornon, Champvans, Murat, Châtenay, Drée, Toulongeon, Lantage. — Fiefs : Courtevaix, Chazault, Royer, Barbières, etc. E. 1355.

**SAINT-LARY**. — *Ecartelé : au 1, d'azur au lion couronné d'or*, qui est Saint-Lary; *au 2, d'or à quatre pals de gueules; au 3, de gueules au vase d'or*, qui est Orbessan; *au 4, d'azur à trois demi-pals flamboyants d'argent*, qui est Termes; sur le tout : *d'azur à la cloche d'argent*, qui est Lagoursan. — Ces armes sont celles de Roger de Saint-Lary, marquis de Versoy, seigneur et baron de Termes, pair et grand écuyer de France, chevalier des ordres du roi en 1595, gouverneur de Bourgogne et de Bresse, qui obtint en 1619 l'érection en duché-pairie sous le nom de Bellegarde, du marquisat de Seurre, déjà créé pour lui en 1611. Il était fils de Jean de Saint-Lary et de Anne de Villemur, et, n'ayant point eu d'enfants d'Anne de Bueil sa femme, sa duché-pairie s'éteignit par sa mort en 1646 (1). Son frère César-Auguste, d'abord grand prieur d'Auvergne, puis écuyer d'écurie du roi, le remplaça dans sa charge de grand écuyer de France et reçut les ordres du roi en 1619. Blessé au siège de Clérac en 1621, il fut enterré dans l'église des Jésuites de Dijon, étant le dernier de sa branche. Celle des seigneurs de Saintrailles subsistait encore au dernier siècle. La famille de Saint-Lary qui a pris son nom de la seigneurie de Saint-Lary, *de Sancto Hilario*, située en Comminges, était connue dès le commencement du XIII° siècle; elle a fourni un maréchal de France en 1574. E. 1618.

**SAINT-LÉGER, SAINT-LIGIER**. — *D'argent à la fasce de gueules, frettée d'or, accompagnée de trois étoiles ou molettes de sable*. — L'auteur de cette famille est Robert de Saint-Léger, époux d'Isabelle de Rully, qui lui apporta en dot la terre de ce nom au XIV° siècle. Un de ses fils, Philibert, marié à Jeanne de Grancey, mourut en 1398. La race se divisa en deux branches dont l'une posséda la terre de Rully jusqu'au XVII° siècle, et l'autre celles de Saint-Léger, de Mercey, de Glux, de Villiers, de Montregard. Charles de Saint-Léger, baron de Rully, capitaine de Chalon, fut tué par les ligueurs en 1593, et le mariage de sa petite-fille, Antoinette de Tintry, avec Nicolas Bernard de Montessus, fit passer en 1600 la terre de Rully dans cette dernière famille. Un autre Charles, issu de la seconde branche, fut capitaine au régiment de Tavannes de 1638 à 1647. On trouve en 1546 un Jean de Saint-Ligier, marchand apothicaire à Dijon, dont la sœur était mariée à Charles de Baissey, seigneur de Beaumont.— Alliances : Belle-Croix, Saint-Mesme, Choisy, Goux, Glugny, Mâlain, Chaugy, Amoncourt, Sigy, Tintry, Glux, Le Mairet, Rye, Corabœuf. E. 1476.

**SAINT-MARC**. — La terre de ce nom au bailliage de la Montagne, acquise par les ducs dès le XIII° siècle, a plusieurs fois depuis été engagée. Ainsi on voit que vers 1376 elle fut

(1) Elle avait été transférée en 1645 sur le marquisat de Choisy-aux-Loges en Gâtinais.

donnée à vie à Philippe de Chartres, chambellan du duc. En 1478, Georges de Chandyo, qualifié seigneur de Saint-Marc, figure parmi les nobles du bailliage de la Montagne qui prêtèrent serment à Louis XI. C'est peut-être un de ces deux personnages ou quelque membre de leur famille qui figure dans la liste de 1421.

**SAINT-MARTIN.** — *De gueules au sautoir d'or.* — Famille connue dès le XVe siècle et dont les membres ont principalement suivi la carrière des armes. Elle s'est alliée aux Hubine, Sarsure, Vichy, du Montet, Edouard, Spada, Chevrier, etc., et a possédé en Bourgogne les seigneuries d'Agencourt, Montjalin, parties de Premeaux, Magnien, Corabœuf, Ivry, Corcelles-sous-Rouvray, Santenay, la Canche, etc. M. 1666. E. 1648.

**SAINT-MAURIS.** — *De gueules à la croix fleuronnée d'argent ; au chef cousu d'azur, chargé d'une aigle éployée d'or.* — La branche de Falletans chargeait le chef de *trois cœurs d'or* au lieu de l'aigle. — Originaire de Dole, cette famille qui remonte au XIIIe siècle, s'est partagée en trois branches, celles de Montbarrey, d'Augerans et de Falletans, la dernière éteinte en la maison de Dortans. Jean de Saint-Mauris, seigneur de Montbarrey, conseiller au parlement de Dole, ambassadeur d'Espagne en France et président du conseil privé, mort en 1555, et Léonor-Alexandre, prince de Montbarrey, ministre de la guerre sous Louis XVI, sont les principales illustrations de cette famille. — Fiefs : Savigny-en-Revermont, érigé en comté en 1596; comté de Bosjan (1634); baronnie de Chatenoy, érigée en marquisat en 1705 sous le nom de Saint-Mauris, etc. — Alliances : Pontailler, Bouton, la Chambre, Watteville, du Bourg, Poitiers, Ligneville, Quadt, Duras. — L'aigle d'or que cette famille porte dans ses armes lui a été concédée en 1621 par l'empereur Ferdinand II, en mémoire de la bravoure déployée par un de ses membres à la bataille de Prague. E. 1662.

**SAINT-MAURIS (CHEVRIER DE).** Voy. Chevrier.

**SAINT-PHAL, SAINT-PHALLE.** — *D'or à la croix ancrée de sinople.* — Devise : *Cruce Deo, gladio regi jungor.* — Cri de guerre : *A moi, Saint-Phalle, c'est pour le roi !* — La terre de Saint-Phal ou Saint-Phalle, près de Troyes, a donné son nom à cette maison que Chérin fait remonter à Simon de Saint-Phal, vivant en 1096, et dont il a établi la filiation depuis Robert, marié en 1230 à Jeanne de Seignelay. Ses deux fils formèrent deux branches : l'aînée s'éteignit au XIVe siècle dans la maison de Vaudrey qui hérita de la seigneurie de Saint-Phal ; la branche des sires de Cudot se subdivisa elle-même en plusieurs rameaux, dont un seul subsiste aujourd'hui, celui des barons de Cudot, marquis de Saint-Phal. Parmi les autres, nous nous bornerons à mentionner celui des seigneurs de Neuilly et de la Ferté-Loupière et celui des seigneurs de Munois, formé à la fin du XVe siècle, et qui a possédé pendant longtemps la terre de ce nom au bailliage de la Montagne. Cette famille a fourni deux chevaliers croisés, André en 1239, et Pierre, qui accompagna saint Louis à Tunis, et, fait prisonnier, fut racheté par ses vassaux en 1296. Un de ses membres, Philippe, capitaine de cent hommes d'armes, passe pour avoir combattu en 1304 à la journée de Mons-en-Puelle, où il dégagea le roi Philippe-le-Bel, qui, se trouvant cerné par l'ennemi, et apercevant Saint-Phal, s'écria : *A moi, Saint-Phal ! c'est pour le roi.* Citons encore : Alexandre-Eustache, mestre de camp de cavalerie, mort au siège de Turin en 1706 ; Henri, colonel de cavalerie, mort en Espagne en 1744; un grand nombre d'autres officiers, des chevaliers de Malte et de Saint-Louis.—Fiefs : le Fain, Flogny, Villefranche, Coulanges-la-Vineuse, baronnies de Longepierre et de Munois. — Alliances : Saint-Julien, du Roux, Courtenay-Bleneau, Clugny-Grignon, Briçonnet, Vaux, Sailly, Ray, la Brosse, Bailly, Brichanteau, Montot, Chamigny. M. 1698. E. 1656.

**SAINT-QUENTIN, SAINT-QUINTIN.** — *D'or à la fleur de lys de gueules.* — Famille originaire du Berry et dont une branche, celle des comtes de Blet, a possédé en Bourgogne les seigneuries de Villeneuve, Essey, Rouvre-sous-Meilly et Chazilly-Haut et Bas. — Alliances : Gérard-Basoge, Hurault de Saint-Denis, Simiane, Vaux, Vacher de Belmont. Nous citerons parmi les membres de cette branche N., comte de Blet, lieutenant-général, mort gouverneur de Berg-Op-Zoom en 1748. E. 1679.

**SAINTE-COLOMBE.** — *D'or à la bande d'azur, chargée de trois colombes d'argent.* — Famille qui a possédé au XVIIe siècle les seigneuries de l'Aubespin, Sarrie et Saint-Didier en Brionnais, et s'est alliée aux Bourgeois de Moleron, la Guiche, Manthon, Montjouvent. Nous citerons parmi ses membres René, qualifié baron de l'Aubespin en 1622, et François, capitaine au régiment d'Harcourt en 1645, devenu depuis maréchal de camp des armées du roi. On trouve plusieurs personnages du même nom qualifiés écuyers ou chevaliers aux XIIIe, XIVe et XVe siècles, mais nous ne saurions dire s'ils appartenaient à la même famille. E. 1650.

**SAINTE-MAURE.** — *D'argent à la fasce de gueules.* — Les marquis de Sainte-Maure, seigneurs d'Origny, sont issus de Jean, fils légitimé en 1395 de Pierre de Sainte-Maure, chevalier, qui passe pour être sorti des Sainte-Maure-Montgaugier, marquis de Nesles et comtes de Joigny, dont l'origine est commune à l'illustre famille des ducs de Montausier. — Fiefs : Chasseigne, Provency, Corcelles-les-Semur, Flée, Ruère, Saint-Léger de Foucheret. — Alliances : Moisson, Lombard, Grasset, Dinteville, Saint-Martin, du Deffend, Thoisy, Guérin. M. 1663, 1665, 1668, 1669, 1700. Preuve de cinq degrés aux Etats de 1787.

**SALINS-LA-BANDE.** — *De gueules à la bande d'or.* — L'abbé Guillaume, dans son *Histoire de la ville de Salins*, fait descendre cette famille de Gérard, chevalier, fils naturel de Gaucher IVe du nom, sire de Salins, qui vivait en 1252. De lui descendait au sixième degré Guy de Salins dit Chambier, chevalier, seigneur du Pasquier, Nevy, Vincelles, Villers-Robert, Andelot, Frontenay, Champagnolle, etc., conseiller, chambellan et maître d'hôtel du duc de Bourgogne en 1411, chevalier d'honneur de la duchesse, qui testa en 1446. Il avait épousé Etiennette du Pasquier dont il portait les armes : *d'azur à trois fusées d'or mises en fasce.* — Il laissa entre autres enfants : 1° Huguenin, dont le fils Jean épousa en premières noces une bâtarde de Bavière (1), et en secondes Perronne de Laitre, et dont la descendance s'éteignit

---

(1) L'abbé Guillaume ne parle pas d'un autre fils de Jean et de la bâtarde de Bavière, qui fut maître d'hôtel de la duchesse Marie. Son fils Guy, conseiller au parlement de Dijon en 1492, seigneur de la Nocle, Chancery, Brion, Chavance, Leseul, Saint-Ciagre, Aupont, Fontette, Grandchamp, Mazenay-les-Couches, partie de Santenay, signa en 1522 le traité de neutralité entre les deux Bourgognes. Palliot blasonne ainsi ses armes :

au commencement du XVIe siècle ; 2° Jean, qui releva les armes de sa mère, en chargeant la fasce du milieu d'un écusson aux armes anciennes de sa maison (1). Il est l'auteur de la branche des seigneurs de Vincelles ou Vinzelles et fut conseiller, chambellan de Philippe-le-Bon, maître d'hôtel d'Isabelle de Portugal et bailli de Dole. On remarque dans sa descendance, qui s'est éteinte au XVIIe siècle, un second bailli de Dole et un bailli du Charollais, écuyer tranchant et capitaine des archers de la garde de Philippe, archiduc d'Autriche au commencement du XVIe siècle. — Alliances : Chambier, Estavayer, Deschamps, Montrichard, Chissey, Poligny, Tenarre, la Verchière, Chaumergy, Longeville, Bouton, Fétigny, Salins, Rochebaron, Vaugrineuse, Seyturier, Balay, Stainville, Bernard de Montessus, du Tartre. E. 1412.

**SALINS-LA-TOUR.** — *D'azur à une tour d'or, maçonnée de sable.* — Famille qui a pris son nom de la ville de Salins d'où elle était originaire. Elle paraît avoir pour auteur Humbert de Salins, dit de la Tour, qui figure dans un acte de 1170 avec Wide de Salins, son père. Dunod prétend que sa descendance établie en Lombardie n'est rentrée en Franche-Comté qu'au commencement du XIVe siècle. Elle s'est partagée en plusieurs branches : celle des seigneurs de Rans, de Poupet, de Montferrand et de Corabœuf qui ont fait souche, soit dans le duché, soit dans le comté de Bourgogne. Nous citerons dans ces divers rameaux : Henri, chambellan de Philippe-le-Hardi, qui échappa au massacre de Nicopolis; Anselme, conseiller du duc en 1357, chambellan de Philippe-le-Hardi, gouverneur du Nivernais en 1383, conseiller au parlement de Beaune en 1387; il fut un des six barons qui portèrent à l'église de Saint-Pierre de Lille le corps de Louis de Mâle ; Huguenin, dit *le bâtard de Salins*, écuyer, châtelain de Montmorot en 1411; Guigone, femme du célèbre chancelier Rolin; et quatre doyens de Beaune dont deux conseillers au parlement au XVIe siècle. La branche de Corabœuf qui tenait cette terre par suite d'une alliance avec l'ancienne maison de ce nom, s'est éteinte au XVIIe siècle dans les Rochefort. — Autres alliances : la Roche, Mailley, la Sarrée, Montconis, Champdivers, Oyselet, Granson, Rye, Clermont, Luyrieux, Bouton, Vergy, Montferrand, Gruères, Sauldon, Poncy, Faulquier, la Palu, la Collonge, Mypont, Saulx, Clugny, Choiseul. — Fiefs : Vaugrenant, Pleurre, Beaufort, Flacey, Prusilly, Ivry, Courcelles-sous-Molinot, Joursanvaux, Moux-les-Argilly, Mercey, Mypont, Ecutigny, Puligny, la Motte-sur-Dheune. — Preuves pour Remiremont. E. 1387. — Une famille de mêmes nom et armes existait encore en Bourgogne au dernier siècle; elle a fourni de père en fils un secrétaire du roi à la chambre des comptes de Dole et deux maîtres des comptes à Dijon en 1710 et 1742.

**SALLE (LA) DE BUIS.** — Famille entrée aux Etats de 1671 et 1674. Nous lui attribuons sans certitude les armes suivantes qui sont celles d'une famille du même nom de la Salle en Bourgogne : *fascé-ondé d'argent et de gueules de huit pièces.*

**SALLE (LA) DE VIGOUSSET.** — *De gueules à la tour d'argent, soutenue de deux billets d'or, les pieds fichés.* — Jean-Claude de la Salle, seigneur de Vigousset et de Lavaux en Mâconnais, fils de Moïse de la Salle, qui avait été inscrit dans la liste supplémentaire de 1682,

---

*de gueules à la bande d'or, accompagnée en chef d'une rencontre de cerf aussi d'or, et en pointe d'un huchet de même.* La fille unique de Guy, Madeleine, porta les nom et armes de Salins dans la famille de la Fin (Voyez ce nom).

(1) Son père Pierre, écuyer, châtelain de Montrond en 1435, portait de même les armes des du Pasquier.

fut lui-même reçu aux Etats de 1709 sur preuves de trois degrés de noblesse depuis son bisaïeul Guillaume, qualifié écuyer, qui habitait Roanne en 1608 et dont le fils, aussi nommé Guillaume, était en 1633 seigneur d'Amarante et de Genouilly, et gouverneur au duché de Roannais. Moïse de la Salle paraît s'être fixé en Bourgogne par suite de son mariage en 1670 avec Philiberte Magnien. Sa famille, originaire de l'Auvergne, remonte à Pierre, baron de la Salle en 1440. Un de ses membres, capitaine dans Anjou et chevalier de Saint-Louis, fut tué à la bataille de Guastalla. — Alliances : Gayardon, Nompère, Bauderon.

**SALORNAY.** — *Quatre points d'échiquier d'or, équipollés à cinq points de gueules.* — Famille du Mâconnais d'où étaient issus Jean, évêque de Châlon en 1373, et son frère Jean, chanoine de Mâcon, et qui a longtemps possédé la terre de Salornay. Elle a dû être nombreuse, car Saint-Julien de Balcure nous apprend qu'au XVIe siècle l'un de ses membres, François, fils de Pierre, avait 22 enfants. ⚔ Fiefs : Villeret, Manteney, Murseaul, Prusilly. — Alliances : Saint-Amour, Cremeaux, Drée, Albon, la Porte, Varigny, Ponceau, Oncieux. M. 1669. E. 1578.

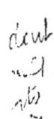

**SARRÉE (LA).** — *D'... à trois pals d'..., celui du milieu chargé d'un lambel; au che d'... chargé de trois quintefeuilles ou molettes d'...* — Ces armes sont figurées sur le sceau d'Anceau de la Sarrée, écuyer en 1423, d'une ancienne famille du Chalonnais qui possédait au XVe siècle une rente sur la saunerie de Salins, et s'est alliée aux Salins, Darbonnay, Moilleroncourt, Gingin. E. 1422.

**SAUBIER, SAUBIEZ.** — *De... à une fleur de lys de...* — Marquet de Saubiez, écuyer, prévôt et receveur de Montmorot près Lons-le-Saulnier en 1372, est le premier de ce nom qui soit venu à notre connaissance. Ses descendants ont possédé les seigneuries de Baissey, Chanceley, Chagny, Ebatis ou les Bâtis, Saint-Bonnet ou Bonnot, la Faye, la Recule, Denevy, Toutenans, Trenard, Frontenay-sur-le-Doubs, l'Abergement près Verdun, Chamblanc, et figurent jusqu'au XVIIe siècle dans la noblesse du bailliage de Chalon. On remarque parmi eux Jean de Saubiez auquel le roi fit don en 1479 de Frontenay et du tabellionage de Sagy et de Louhans, pour en jouir par lui et son fils aîné survivant. — Alliances : Visemal, la Baume, du Fay, Montarby. E. 1577.

**SAULCIER, SAUCIÈRES.** — *De gueules au lion d'or, armé et couronné de même.* — Cette famille, originaire de Champagne, a possédé en Bourgogne les seigneuries de Thenance-aux-Moulins et de Serrigny-en-Auxois. Elle a été maintenue par arrêt du conseil en 1668 sur preuves remontant à Nicolas de Saulcier, écuyer, seigneur de la Goutière, gentilhomme de nom et d'armes, qui vivait au commencement du XVIe siècle. Parmi ses membres, nous citerons Pierre, seigneur de Bazaincourt, qui eut deux fils : André, chevalier de Malte en 1546, commandeur de Chalon, et Christophe, chevalier de l'ordre, capitaine de trois cents arquebusiers à cheval en 1593. Elle a donné plusieurs autres militaires, dont François-Antoine, chevalier de Saint-Louis. — Alliances : Saulcier du Fèvre, la Tour, Brabant, Vieil-Châtel, Choiseul-Traves. Titres de marquis de Thenance et barons de Serrigny. E. 1691.

**SAULDON.** — *D'or à trois pals d'azur.* — Cette ancienne famille chevaleresque a pris son nom du fief de Sauldon en Chalonnais. Le plus ancien que l'on connaisse est Bertrand de Sauldon, qui jura avec plusieurs autres seigneurs les priviléges de la commune de Dijon en 1137, et fut, quelques années plus tard, garant d'Etienne de Mont-Saint-Jean envers le duc Eudes III. Il était seigneur de Savigny-sous-Beaune que ses descendants possédèrent pour la plus grande partie jusqu'au milieu du XIII° siècle. Citons encore Girard de Sauldon qui vivait en 1203, et Henri, doyen de Chalon en 1357. Les Sauldon ont en outre possédé les seigneuries de Montille, Chanceau, la Chapelle-de-Villars, partie de Sevrey et de Mépilly, et se sont alliés aux Buxillon, la Borde, des Prés, Granges, Fussey. Le fief de Sauldon, autrement la Tour-du-Bois, leur appartenait encore lorsqu'ils se sont éteints à la fin du XVI° siècle. E. 1578.

**SAULX.** — *D'azur au lion d'or*, alias, *au lion couronné d'or, armé et lampassé de gueules*. — Devise : *Semper leo*. — Ce nom a été porté par deux familles très distinctes l'une de l'autre. La première est celle des seigneurs de Saulx, dont le membre le plus anciennement connu est Guy, comte de Saulx et de Langres, mort avant 1057. Elle s'est divisée en trois branches : 1° Celle des sires de Saulx, éteinte en Ysabeau, femme de Philippe de Chauvirey, qui vendit en 1299 la châtellenie de Saulx à Philippe, roi de France. De cette branche sont sortis les rameaux des seigneurs de Vantoux et des seigneurs d'Arc-sur-Tille. 2° Celle des seigneurs de Fontaine, dont la dernière héritière, Marie, épousa avant 1388 Guillaume de Marey, seigneur de Giry. 3° Celle des seigneurs de Courtivron, éteinte en Isabelle de Saulx, qui vendit en 1364 la terre de Courtivron à Jean, dit Guerrier de Saulx, conseiller du duc de Bourgogne, issu de la famille qui suit. — Cette seconde maison a pour auteur Robelin, dit Au Prévôt de Saulx et dit aussi le Guerrier en 1267, homme mainmortable du seigneur de Saulx qui l'affranchit en 1283. Une information faite en 1385 contre Jean de Saulx, seigneur de Courtivron, et Aymonin son fils, constate à la fois leur filiation et la manière dont ils furent enrichis par le duc Eudes. Cet Aymonin prit le premier la qualité d'écuyer, après que son père eut été fait gruyer de Bourgogne. Il fut la tige des deuxièmes seigneurs de Courtivron et des seigneurs du Meix, dont les derniers s'éteignirent après 1503. — La maison de Saulx-Tavannes descend de la branche de Vantoux, cadette de la première famille, par Erard, seigneur de Vantoux, d'Orain et d'Arc-sur-Tille, époux d'Antoinette de Dinteville, et père de Jean, gruyer et grand louvetier de Bourgogne, qui s'allia en 1504 à Marguerite de Tavannes. Gaspard de Saulx, issu de ce mariage, ajouta le nom de sa mère au sien, et fut la tige du dernier rameau de la maison de Saulx, éteint au XIX° siècle. Gaspard fut successivement chevalier des ordres, conseiller du roi, chevalier d'honneur au parlement de Dijon, lieutenant-général en Bourgogne, bailli de Dijon, amiral des mers du Levant, maréchal de France et gouverneur de Provence. Il mourut en 1573 et fut frère des vicomtes et des comtes de Tavannes, qui donnèrent eux-mêmes naissance aux marquis de ce nom et aux comtes de Beaumont. Le 29 mars 1786, Charles-François-Casimir de Saulx-Tavannes obtint le titre de duc héréditaire. — Cette maison, illustrée par ses charges et ses possessions, s'est alliée aux Ruffey, Pontailler, Magny, Bauffremont, Pommard, Arc-sur-Tille, Villefrancon, Amanges, Rye, Pot, la Marche, Crux, Drée, Vergy, Balay, Lenoncourt, Anglure, Joyeuse, Ligneville, la Baume, Rochechouart, Chabot, Brûlart, Daguesseau, Froulay, Vienne, Grimaldi, Choiseul, Mailly, etc. Elle a possédé les terres de

Fontaine-lès-Dijon, Courtivron, Vantoux, Poiseul, Tarsul, Is-sur-Tille, Villefrancon, Prangey, Torpes, Beire, Mont-Saint-Vincent, Dampierre-sur-Vingeanne, baronnie de Beaumont érigée en comté en 1613, Clénay, le Pailly, Vitry-sur-Loire, Lux, Sully, etc. E. 1384.

**SAUMAISE.** — *D'azur au chevron ployé d'or, accompagné de trois glands de même, à la bordure de gueules.* — Ce nom, illustré au XVIIe siècle par l'un des représentants les plus éminents de l'érudition française, est celui d'une ancienne famille de Bourgogne qui remonte à Odot de Salmaria ou Salmazia, vicomte-mayeur de Dijon en 1277, fils sans doute de Barthélemy, qualifié bourgeois de la même ville en 1252. Sa descendance a fourni quatre conseillers-maîtres et un procureur général à la chambre des comptes de 1526 à 1629, un receveur du bailliage de Dijon en 1526, des lieutenants au bailliage d'Auxois, un secrétaire du roi, trois conseillers au parlement en 1569, 1594 et 1612, un conseiller d'état en 1645, un maître d'hôtel de Monsieur, frère du roi, en 1622, plusieurs militaires de divers grades, entre autres Rémond, chevalier de Saint-Louis, lieutenant de roi à Chalon en 1721, et trois chevaliers de Malte dont les preuves, dressées en 1640, comprenaient onze degrés dans la ligne des Saumaise. — Alliances : Scotefert, Jaqueron, Sayve, Brocard, Brijet, Bregis, Jaquotot, Scorrailles, la Tour, Martin, la Marre, Poligny, Rémond, Tuffery, Millière, Virey, la Fage, Saint-Léger, Virot, Petit, Berbisey, Ganay, etc. — Fiefs : Chasans, Chambœuf, Nanteuil, la Tour-Villars, Mazerotte, Chevannay, Messange, Clénay, Bouze, Morteuil, Curley, Corgengoux, Layer et Saint-Prix en partie, Grigny, Saint-Loup, Morsin, Villeneuve-la-Cormée en partie, Corbelin, Meligny, le Grand-Balole, Tailly, etc. E. 1561. (Voy. Tour (la).)

**SAUTOUR** ou **SOTOUR.** — Guy de Sautour partage en 1301 des hommes serfs avec le seigneur de Juilly-le-Château, au bailliage de Bar-sur-Seine, et plusieurs autres gentilshommes; on trouve encore Huguette de Sotour, femme en 1491 de Jean Davelly, écuyer, seigneur en partie de Villiers-les-Haut. — Fief d'Yrouer. E. 1584.

**SAUVAGE.** — *D'or à trois bandes d'azur, chargées chacune d'une étoile d'argent.* — Ces armes sont enregistrées dans l'Armorial de d'Hozier de 1692, généralité de Bourgogne. Nous les attribuons sans certitude à Pierre Saulvaige, écuyer, seigneur d'Augoulevant, en faveur duquel une constitution de rente fut consentie en 1557 et qui est probablement le gentilhomme inscrit sous le nom de Sauvage dans la liste de la même année.

**SAVOT.** — *D'or à trois merlettes de sable.* — Pour prouver sa noblesse aux Etats de 1685, Jacques Savot produisit les lettres de provisions de la charge de président aux comptes dont son père Vincent-Bernard était mort revêtu en 1663, et celles de son aïeul Guillaume-Nicolas, gouverneur de la chancellerie de Bourgogne, et maître des requêtes de la reine Marie de Médicis. Ce dernier, fils de Zacharie, greffier alternatif des Etats de Bourgogne en 1596, avait obtenu en 1631 un arrêt du parlement rendu contradictoirement avec le maire de Dijon, et ordonnant qu'il jouirait de tous les priviléges attribués aux nobles, à cause de ses charges. — Alliances : Forestier, Joly. — Fiefs : Ogny, Thoriseau, le Poix, la Croix, Dornay. M. 1669.

**SAYVE.** — *D'azur à la bande d'argent, chargée de trois couleuvres de gueules.* —

Famille originaire de Savoie et divisée en plusieurs branches qui ont fourni un grand nombre d'officiers aux cours souveraines de Bourgogne. L'un de ses premiers membres fut Pierre Sayve, seigneur de Flavignerot, clerc des comptes en 1491, et élu onze fois vicomte-mayeur de Dijon de 1514 à 1537. Il eut plusieurs enfants : 1° Girard, receveur général des finances en Bourgogne en 1543, dont la postérité a fourni deux présidents et un premier président aux comptes, ce dernier, Claude, baron de Chevannay, pourvu en 1629, et mort sans avoir laissé d'enfants; 2° Jean, avocat général, puis président au parlement en 1551, auteur des seigneurs de Bussy, comtes de Lamothe-Palliers ou au Pally et de Thil, parmi lesquels on remarque: Olivier, aussi avocat général au parlement; Pierre, brigadier des armées du roi, tué au passage du Rhin; Henri, mestre de camp de cavalerie, lieutenant-général en Bourgogne; René-Bernard et François-Bernard, chevaliers d'honneur au parlement de Dijon en 1685 et 1692; 3° Etienne, conseiller au parlement en 1527, de qui est sortie la branche des seigneurs de Vesvrotte, Echigey, Couchey et Chamblanc, dans laquelle on compte un président et cinq conseillers au parlement en 1615, 1570, 1566, 1595, 1629 et 1661. Citons encore Pierre Sayve, doyen de la Sainte-Chapelle de Dijon, abbé de Sainte-Marguerite, et élu du clergé en 1554 et 1570. — Alliances : Jaquot, Bouesseau, Récourt, Bouhier, Prisque, Filzjan, Vienne, Richard, Lenet, Bauyn. Preuves pour Malte en 1671. Le nom de Sayve a passé par substitution à une branche des la Croix de Chevrières. E. 1632.

**SCORAILLES, ESCORAILLE.** — *D'azur à trois bandes d'or.* — La maison des Comptours de Scorrailles, originaire de la Haute-Auvergne, remonte à Bégon 1er, seigneur de Scorraille, qui testa en 1030. Elle prit part à la première croisade, s'allia aux ducs de Rhodez et de Périgord, et fournit un grand nombre d'évêques, d'abbés, de chevaliers des ordres, de lieutenants-généraux, de sénéchaux de province et des officiers en si grand nombre, qu'on en comptait sous Louis XIV cinquante deux sous les drapeaux. Elle se divisa en plusieurs branches, celles de Lallo de la Vialle, de Chanterelles, de la Barre, de la Balme et de Langruère. L'une d'elles s'établit en Bourgogne dès le XVIe siècle, et s'y allia aux Thiangeo, Alixant, Chevrier, Villers-la-Faye, Raguet des Fossés, Royer de Saint-Micault, Langheac, Portia, Marescalchi. Parmi ses membres les plus distingués, on peut citer Etienne-Marie, marquis de Scorrailles, lieutenant-général en 1748, dont le fils, à défaut d'héritier mâle, adopta son gendre, Jean-Joseph de Scorrailles, de la branche Lallo, et le substitua à ses titres. La terre de Bouhans en Chalonnais, entrée dans cette famille par le mariage en 1658 de François de Scorrailles avec Jeanne de la Balme, dame de Saubertier et de Bouhans, fut érigée en marquisat par lettres de 1713. M. 1698. E. 1653.

**SEIN (LE).** — *D'azur au chevron d'or, accompagné en chef de deux coquilles d'or, et en pointe d'une rose de même; au chef de gueules, chargé d'un grelot d'or et de deux croissants d'argent.* — Famille originaire de Chaumont et qui remonte à Charles Le Sein, mort au siége de Gênes sous Louis XII. Elle a donné un capitaine de Joinville (1550), un prévôt de Vassy (1571), un bailli de Langres (1625), et un lieutenant-général au bailliage de la Montagne, député aux Etats généraux de 1614.—Alliances : Clerget, Le Bon, Piétrequin, Chabot, Mathieu. — Fiefs : Pré-sur-Marne, la Bergerie. M. 1667, 1698. E. 1671.

**SEMUR.** — *Coticé d'argent et de gueules.* — Cette maison tire son origine, d'après certains auteurs, des anciens rois de Bourgogne; d'après d'autres, de Guillaume, duc d'Aquitaine, fondateur ou restaurateur de l'abbaye de Cluny en 909. Ses premiers membres connus sont Froilaud et Josserand de Semur au Xe siècle. Dalmace de Semur, *prince illustre et seigneur consulaire*, fut père de Geoffroy, fondateur du prieuré de Marcigny, de Saint-Hugues, abbé de Cluny, et d'Alix, femme de Robert Ier, duc de Bourgogne. Rainald, abbé de Vézelay, mourut archevêque de Lyon en 1129. Simon, premier baron de Luzy, épousa Marie de Bourgogne, fille du duc Eudes IV, en 1196. Sa fille unique, Jeanne, porta la baronnie de Semur dans la maison de Broyes-Châteauvillain, qui se fondit à son tour en 1320 dans celle de Beaujeu. Pierre, chanoine d'Autun, fut chancelier de Bourgogne en 1315. Pierre, seigneur d'Arcy et de Saint-Christophe, était chambellan du duc en 1387. Cette famille se divisa en plusieurs branches, celles de l'Etang, d'Oyé, de Sancenier, de l'Aubespin, de Trémont. Claude, tige de cette dernière branche, fut aïeul d'Antoine de Trémont, gouverneur de Mâcon, élu de la noblesse. Le fils de celui-ci, Claude, capitaine des gardes du duc de Guise, fut tué devant Saint-Denis en 1592. Le dernier de ce nom, Henri, périt au siége de Dunkerque en 1659. — Autres alliances : Nevers, Vernay, Villers-la-Faye, Sercy, Damas, Jaquot, Gorrevod. E. 1563.

**SENAILLY.** — *De sable à trois chevrons d'or.* — Huguenin, écuyer, seigneur de Senailly en Auxois en 1314, est l'auteur de cette famille. Parmi ses descendants, on peut citer Antoine qui figure dans une montre de 1498, et Charles, chevalier en 1633, dont la fille porta la terre de Senailly aux Damas. — Fiefs : Rimaucourt, Colombey-les-deux-Eglises, Gurgy-la-Ville, Allerey, Récourt, Ravennefontaine, Avrecourt. — Alliances : Anglure, Pontailler, Choiseul, Damas. E. 1618.

**SENECEY.** — *De gueules à trois fasces ondées d'or.* — Ancienne et illustre famille du duché de Bourgogne. Richard de Senecey et Alard, son frère, sont cités parmi les bienfaiteurs de l'abbaye de la Ferté en 1164. Guy de Senecey lui céda un péage et fonda la Maison-Dieu de Grône au commencement du XIIIe siècle, avec le concours de Nicolas, son fils. Cette famille a donné un évêque de Chalon en 1265, un abbé de Tournus en 1306, un chantre de Chalon en 1318, et un grand nombre de chevaliers, parmi lesquels Guillaume de Senecey, seigneur de Chaumont et de Traves, convoqué en armes à Semur en 1361, et envoyé comme otage en Angleterre. Elle se fondit en 1407 dans la maison de Toulongeon par le mariage de Marguerite de Senecey avec J. de Toulongeon, maréchal de Bourgogne. E. 1355.

**SENEVOY.** — *De gueules à la bande d'or; au chef cousu d'azur; alias, au chef d'argent.* — La terre de Senevoy en Champagne a donné son nom à cette famille qui est entrée plusieurs fois aux Etats de Bourgogne. A ceux de 1736, Armand-Jean de Senevoy fit preuves de six générations nobles depuis Aubert de Senevoy qui vivait en 1531, et le procès-verbal ajoute qu'il produisit encore d'autres contrats de mariage, pour établir une filiation plus ancienne. Parmi ses membres on remarque un grand nombre de militaires, des chevaliers de Malte et de Saint-Louis, un abbé de Saint-Symphorien d'Autun vers 1719, et deux chevaliers d'honneur au parlement de Bourgogne en 1736 et 1753. Le second, François-Marie, qualifié marquis de Senevoy, fut nommé maréchal de camp en 1784. — Alliances : Le Garennier, Edouard, Janly,

38

Pernes, Sautour, Rabutin, Haranguier, des Baugis, Housse, Gand, Varlazel, Crèvecœur, Vassart, Saint-Belin, Maizière, Menard. — Fiefs : Balot, Jouancy, Grimaud, les Ecuyers, Athée, Villargeau, Villemorien, Germigny, Villiers-les-Haut, parties de Grignon, Annoux, Bretenière, etc. M. 1668, 1698. E. 1549.

**SENIZI, SENISI.** — Arvier de Senisey, chevalier, possédait en 1372 quelques héritages à Gissey, bailliage de la Montagne. En 1388, Philibert et Jean de Tenarre cèdent à Marguerite leur sœur, femme de Henry de Senisey, écuyer, la terre de Buxy, près Sombernon. On trouve encore Henry, écuyer, mari de Guillemette de Chamoy en 1422, et Jean, seigneur en partie de Talant en Chalonnais en 1442. E. 1587.

**SERCEY, SERCY, CERSY.** — *D'argent à la croix de gueules, chargée de quatre roses du champ, qui est Bar; sur le tout : d'argent à trois fasces ondées d'azur, qui est Sercey.* — Famille originaire du Mâconnais, dont le premier membre connu est Honoré, époux de Marie de Brancion en 1312. Après lui, on trouve Regnault, seigneur de Savigny en 1366, Josserand, capitaine du château de Charolles en 1397, et Girard, mari de Marguerite de Bar en 1435. Cette famille se divisa en deux branches ; l'une demeura dans le Mâconnais, et s'y éteignit au XVIe siècle; l'autre établie dans l'Auxois, fournit plusieurs capitaines de cavalerie, des gouverneurs des châteaux de Dijon et d'Auxonne, un aumônier du roi, et deux chevaliers d'honneur à la chambre des comptes de Dijon en 1645, etc. Ils se qualifiaient de seigneurs d'Arconcey, de Lavaux et de barons du Jeu. — Autres fiefs : Savigny-les-Màlain, Origny, Saint-Didier, Saint-Prix, Clomot, Buxillon en 1572. — Alliances : Estrées, Saint-Amour, Villers-la-Faye, Fussey, Régnier, Messey, Clugny, Gand, Pérard, du Crest, Belluchon, Jaucourt. Preuves pour Malte en 1665. M. 1666. E. 1397.

**SEVELINGE.** — Voy. SIRVINGE.

**SEYVERT D'HURIGNY.** — *Coupé, au 1, d'argent, à trois bandes de gueules; au 2, d'azur à trois roses d'argent.* — Thomas Seyvert, qualifié écuyer, juriste et bourgeois de Cherlieu, est mentionné avec son frère Jean dans un acte de 1488. Un de ses descendants, Etienne Seyvert, bourgeois de Cherlieu, se rendit acquéreur en 1537 de la terre et châtellenie domaniale d'Hurigny au bailliage de Mâcon. Cette seigneurie resta dans la famille Seyvert jusqu'au milieu du XVIIe siècle, époque à laquelle elle fut léguée aux Lestouf de Pradines par Jean d'Hurigny de la Vernée qui voulut, par son testament de 1656, être inhumé dans l'église d'Hurigny au tombeau de ses ancêtres. Les Seyvert d'Hurigny ont encore possédé les fiefs de Senoche et la Verpillière. M. 1670, 1698. E. 1626.

**SIMONY.** — *Ecartelé : au 1, d'or; au 2, de gueules à une étoile d'or; au 3, d'azur; au 4, d'argent; à une croix simple de sinople brochant sur le tout.* — Cette famille, établie en Lorraine sous René II, prit les armes de Combles après le mariage de Martin Simony, écuyer, un instant possesseur de la baronnie de la Fauche, avec Marguerite de Combles. Elle a formé plusieurs branches en France et en Belgique. Celle de Bourgogne a pour auteur Guillaume, seigneur de Varange, Champfroy et Barault, chevalier de Saint-Louis, capitaine de cavalerie au régiment de Poitou, dont le fils Félix porta également les armes. Pour entrer aux Etats de 1712, il présenta entre autres titres un extrait des lettres d'anoblissement accordées par le duc de Lorraine en 1571 à Hector Simony et à Claude, son frère, de qui il descendait au cinquième degré. Parmi les illustrations de cette famille, on peut citer : Camille, écuyer de Marguerite de Valois; Claude, chevalier de Saint-Michel, conseiller d'état, gentilhomme de la chambre de Louis XIV, président au parlement de Metz; Bernard, gentilhomme ordinaire de la grande fauconnerie du roi; deux contre-amiraux, plusieurs chanoines et un évêque de Soissons. — Fiefs : la Fauche, Orquevaux, Fresne, Villeneuve, la Tour d'Aigremont, Charmoy, Saint-Michel, Heuilley-Cotton, Saint-Léger, Bettoncourt, Rouelle, etc. — Alliances : Roussat, Mouginot, Longchamp de Montendre, Pringles, Mochet, Fardel, etc. — M. 1670.

**SIRVINGE.** — *D'azur au chevron d'or, accompagné de trois étoiles d'argent; au chef cousu de gueules, chargé de deux croissants d'argent.* — Cette famille, également connue sous le nom de Sevelinge que nous lui avons donné seul dans la liste de 1668, année de sa première entrée aux Etats, remonte à Benoît de Sirvinge, dont le fils, qualifié écuyer et avocat, se maria en 1547. Plusieurs de ses membres ont porté les armes. Les preuves fournies aux Etats de 1724 ne remontent qu'à Jean, écuyer en 1595. — Alliances : du Poulet, Arlaquin, Fraguier, Foudras, Brunot, Ganay de Bellefond. — Fiefs : Sirvinge, Sevelinge, la Charmée.

**SIVRY** ou **CIVRY.** — *D'azur au lion couronné d'or.* — On trouve : Etienne de Sivry, seigneur de Villargoix en 1376; Louis et Jacques, seigneurs du même village en 1470 et 1503; Edme, homme d'armes de la compagnie de M. de Rolles en 1554; Barthélemy, seigneur de Sivry-les-Villargoix en 1567, entré aux Etats de 1560; Guy de Sivry, qui affranchit Villargoix en 1603, et dont la fille Antoinette porta cette terre dans la famille de Balathier en 1624. — Autres alliances : la Plume, Orge, Montholon. — Fiefs : Sainte-Segros, Lessard.

**SOIROT, SOYROT.** — *D'azur à trois épis d'or; au soleil de même en chef.* — Famille originaire d'Arnay-le-Duc, où Gabriel Soirot vivait au milieu du XVIe siècle, et anoblie par des charges de robe. Elle s'est divisée en trois branches toutes éteintes. L'aînée a fourni quatre maîtres des comptes en 1581, 1599, 1632 et 1636, et un vicaire général de l'évêché de Langres. A la seconde, entrée aux Etats de 1677, appartenaient : Claude-Bernard, capitaine au régiment de Bourgogne, et Jacques, trésorier provincial de l'extraordinaire des guerres, grand-maître des eaux et forêts, vicomte-mayeur de Dijon en 1645, 1646 et 1654; ce dernier eut pour successeurs dans sa charge de grand-maître, son fils et son petit-fils en 1642 et 1682. On trouve enfin dans la troisième branche des officiers au bailliage, au grenier à sel et à la maîtrise des eaux et forêts de Châtillon-sur-Seine. — Alliances : Arviset, Blondeau, Gissey, Thoulouse, Morel, Perruchon, Rémond, Joly, Petit, etc. M. 1669. E. 1677.

**SOMBERNON.** — La terre de Sombernon donna son nom à une très ancienne famille qui se fondit en 1250 dans la maison de Montaigu, par le mariage de Jacquette, son unique héritière, avec Guillaume Ier de Montaigne. (V. ce nom.) Parmi les membres de cette famille, on peut citer : Warnier, fondateur du prieuré de Salmaise en 1020; Warnier II, son petit-fils, qui fonda l'abbaye de la Bussière en 1135; Guy, insigne bienfaiteur de Prâlon en 1149; Valère, témoin de la charte communale de Dijon en 1187. Les Sombernon, portés dans nos listes, sont des Montaigu. E. 1387.

**SOMMIÈVRE, SOMMYÈVRE.** — *D'azur à deux massacres de cerf d'or.* — Famille originaire de Champagne qui remonte à Etienne, seigneur de Sainte-Menehould en 1256. On trouve après lui : Aubert qui suivit saint Louis en Afrique, et mourut en 1299; Nicolas, commandeur de Corgebin au XIVe siècle; René, qui acheta la terre d'Ampilly en 1577; Jean-Auguste, capitaine de cavalerie en 1748, dont les deux fils suivirent aussi la carrière des armes. Les membres de cette famille, qui se qualifiaient de comtes de Lignon, barons d'Ampilly, seigneurs de Verpillière, d'Estoy, de Bussy, de Juilly, de Montbrais, de Massingy, furent maintenus dans leur noblesse en 1669 et en 1696. Ils s'allièrent aux Grancey, Fussey, Anglure, Choiseul, Saint-Belin, la Magdeleine. E. 1618.

**SORET.** — *D'argent à trois merlettes de sable.* — Cette famille, dont le nom figure dans une montre d'armes de 1417, a été maintenue en 1669 sur preuves remontées à Guillaume de Soret, qui vivait en 1516. — Alliances : Châtelain, Mourant, Guilleminot, Saint-Hilaire. — Fiefs : Grandchamp, Magny en partie, Mazenay. E. 1685.

**SOUCHE (LA).** — *D'argent à deux lions léopardés de sable, couronnés de même et posés l'un sur l'autre.* — Famille maintenue par Bouchu en 1667, et dont la filiation remonte à Jean de la Souche, mort en 1323. Elle a fourni un écuyer tranchant du duc de Bourgogne en 1384 et un chevalier de Malte au XVIe siècle. — Alliances : Murat, Tison, la Roche-Dragon, la Garde, Saint-Quentin, Beaufort, Sarre, du Peschin, Esserpens, Saint-Aubin, Lestouf. — Fiefs : Varenne, la Millette, la Neuville, Crary, Colombray, Terzey, Saint-Jean-d'Ozolles. Autre maintenue en 1698. E. 1653.

**SPADA.** — *De gueules à trois épées d'argent, mises en bande les pointes en haut, garnies d'or; au chef cousu d'azur, chargé de trois fleurs de lys d'or.* — Par suite du mariage de Sylvestre, marquis de Spada, chevalier d'honneur de la duchesse de Lorraine en 1723, avec Catherine-Gabrielle de Saint-Martin, une branche de cette illustre maison romaine, établie en Lorraine, a possédé en Bourgogne les seigneuries d'Agencourt, Magnien, Corabœuf, Ivry, Corcelles, la Canche, Baraudin, Serre et Vernus. E. 1718.

**STAINVILLE, ESTAINVILLE.** — *D'or à la croix ancrée de gueules.* — Jean de Stainville, écuyer, était seigneur de Montoillot en 1438. Il obtint du duc, en 1460, l'établissement de deux foires à Pouilly-sur-Saône, qui appartenait à sa famille. Charles en était seigneur en 1486. Un autre Charles était baron de Givry en partie, chevalier des ordres du roi et gentilhomme de sa chambre en 1634. Ce sont les seuls rapports qu'ait eus avec la Bourgogne la famille de Stainville, ancienne en Lorraine et aussi distinguée par ses alliances que par les hautes charges qu'elle a occupées. — Fiefs : la Villeneuve, Grandchamp, Ternant-sous-Vergy, Tapercy. E. 1560.

**SYROT.** — La seigneurie ou baronnie de Sirot, près de Clugny, après avoir appartenu à une ancienne famille de ce nom, a passé aux Lestouf, d'où sortait Claude de Syrot, seigneur dudit lieu, entré aux Etats de 1587 et 1590 (voy. Lestouf).—On trouve Jean Sirot, chevalier en 1336, qui possédait fief en Mâconnais; Marguerite Syrot, *relicte* de Jean de Lespinace en 1372;

Pierre, dit Sirot (*Siroti*), damoiseau en 1374 ; Perrin de Sirot, écuyer, châtelain de Fraisans en 1389, et Vautier de Sirot qui achète en 1432 une rente sur la saunerie de Salins. Le sceau de Perrin porte *une croix ancrée*.

# T

**TABOUROT.** — *D'azur au chevron d'or, accompagné de trois tambours d'or*, alias *d'argent ; au chef aussi d'argent, chargé d'un lion passant de sable.* — Devise : *A tous accords*. — Connue dès le XVe siècle, cette famille, originaire de Flandre, a fourni un secrétaire du duc Charles et un auditeur des comptes, vicomte-mayeur de Dijon en 1532, avant de se séparer en deux branches également entrées aux Etats. A la première, éteinte au XVIIe siècle, appartenaient Guillaume, maître extraordinaire à la chambre des comptes en 1544, et Etienne, *sieur des Accords*, avocat du roi au bailliage de Dijon, et si connu par ses *Bigarrures* et *Escraignes*. — Fief de Saint-Apollinaire. — La branche des seigneurs de Véronnes a produit deux auditeurs des comptes, deux lieutenants-généraux à la table de marbre, un grand prévôt de Chaumont-en-Bassigny, un conseiller d'état, etc. — Alliances : Morisot, Petit, des Barres, Cirey, Thierry, Coussin, Bernard de Sassenay, Rigoley, Papillon, Frémyot, Rose, Lestouf, Montarby, Humbert. — Autres fiefs : Saint-Maurice, Saint-Florant, Til-Châtel. M. 1669. E. 1668.

**TALLOT.** — En 1541, Martin Tallot, dit Boillot, héritier de Jean Tallot, dit Boillot, son frère, reprit de fief entre les mains du chancelier de France de l'étang de Villey, avec un moulin, le tout situé dans la justice de Torcy au bailliage de Montcenis. C'est la seule trace que nous ayions trouvée en Bourgogne de ce nom inscrit dans la liste de 1658.

**TANLAY.** — Mêmes armes que les Noyers. — Le bourg de Tanlay, situé dans le bailliage de Semur, était possédé au XIIe siècle par une branche de la maison de Noyers qui prit le nom de cette terre. A cette branche appartenaient Jean, bienfaiteur de Fontenet en 1122, et Robert qui cède au duc Villaines-en-Duesmois en 1253. Un écuyer du même nom, probablement son fils, vend ses terres de Clénayet de Saint-Julien au duc Robert en 1289. Jean, sire de Tanlay, fait don à son cousin Erard, évêque d'Auxerre, de ses droits sur Lezinnes en 1275. La terre de Tanlay passa à la même époque entre les mains de Guillaume de Courtenay par son mariage avec Marie de Tanlay, dont les descendants prirent le nom en conservant les armes paternelles, *d'or à trois tourteaux de gueules*, qu'ils brisèrent d'un lambel. Parmi eux, on remarque : Guillaume, sire de Tanlay et de Ravières en 1314, père de Robert, Jean et Philippe ; Pierre, écuyer qui figure dans une montre de 1367 à la tête de dix lances ; Edme ou Amé, qui reçoit du duc en 1471 un don considérable en récompense de ses services, et dont le fils, Philippe, laissa Tanlay à son unique héritière, Anne, mariée à Amé de Chavigny en 1481. — Alliances : Rochefort, Ravières, Chalus, Valery. — Fiefs : Plancey, Vinemer. E. 1460.

**TAPIN.** — *D'azur au chevron d'or, accompagné en chef de deux étoiles et en pointe d'un pin de même.* — Famille originaire de la ville de Chalon, à laquelle elle a fourni un maire au XVIIe siècle, et anoblie par une charge de secrétaire du roi, audiencier en la chancellerie du parlement de Dijon, dont Pierre Tapin obtint en 1674 des lettres d'honoraire. Elle a donné deux conseillers au parlement en 1661 et 1689, et s'est éteinte au dernier siècle. — Alliances : Julien, Burgat, Rigoley, Fleury, Pontoux, etc. — Fiefs : Perrigny, baronnie de Grignon, Guierfans, Chassignolle, Serville, etc. E. 1706.

**TENARRE.** — *D'azur à trois chevrons d'or.* — Huguenin de Tenarre, chevalier, fait en 1272 hommage au comte de Savoie. Ponce son fils fut inhumé à la Ferté en 1312. Philibert de Tenarre, sire de Verchisy, eut pour fils Philibert et Jean, écuyers en 1388. Parmi leurs descendants, on peut citer : Jean, chevalier, époux de Catherine de Lugny en 1430; son fils Etienne en 1444; Claude, mort en 1565, époux d'une Bauffremont; Humbert, son fils, chevalier de l'ordre, gentilhomme ordinaire de la chambre du roi, baron de Tenarre en 1569; René qui lui succéda dans ce titre en 1594. La terre de Tenarre passa en 1642 de cette famille à celle du Blé, puis aux Truchy. — Autres fiefs : Souterrain, la Bescherie, la Frette, Ramboz, Vannoise, Denizet, Norie, Montmain, la Serrée, Genlis, Montmoyen. — Alliances : Janly, Châtenay, Faulquier, Vichy, du Seetz. Ce nom s'éteignit au XVIIIe siècle en la personne de Marie-Suzanne, femme de Louis, prince de Bauffremont. E. 1460.

**TERNANT.** — *Echiqueté d'or et de gueules de quatre traits.* — Famille pendant longtemps attachée à la personne de nos ducs et honorée de leur confiance. On trouve : Pierre de Ternant, archidiacre de Beaune en 1303; Othenin, capitaine du château de Coiffy en 1361; Hugues, sire de la Motte-Ternant, chevalier, lieutenant du comte de Flandre dans le comté de Nevers en 1362; Jean, écuyer, échanson du duc en 1392; Hugues, chambellan du duc en 1408. Jean de Ternant, conseiller du duc et maître des requêtes de son hôtel, figure en 1432 parmi les ambassadeurs chargés de faire exécuter certaines trèves faites à Lille; en 1435 il assiste au serment prêté à Saint-Martin de Tours par le roi de France, entre les mains de l'archevêque de Trèves, pour l'exécution du traité d'Arras. Son frère Philippe, chevalier, chambellan du duc et le vingt-et-unième chevalier de la Toison d'or, fut envoyé en 1428 vers le comte et la comtesse de Clermont pour tenir sur les fonts au nom de Philippe-le-Bon un de leurs enfants. En 1435 il reçut en don du même prince la baronnie d'Apremont et la seigneurie de Gendrey au comté de Bourgogne, qui passèrent à son fils Charles, gouverneur, châtelain et capitaine de Château-Chinon, mort en 1472; donation confirmée en 1485 à son petit-fils Claude, écuyer, chambellan du roi, seigneur de la Motte et de Ternant. Au commencement du XVIe siècle, Claude de Ternant porta la baronnie de la Motte-Ternant ou la Motte-de-Thoisy à Guillaume de Pontailler qui était mort en 1526. Peu de temps après on perd la trace de cette famille. — Autres fiefs : Nan-sous-Thil, Venarey, Bretenière. — Alliances : Villers, Pouquières, la Trémouille, Norry, Saligny. E. 1433.

**THÉLIS.** — *D'or à trois fasces de gueules; au lambel à trois pendants de même.* — Ancienne famille du Beaujolais, qui a fourni au XIVe siècle deux chanoines-comtes de Lyon, et a pris vers le même temps quelques établissements en Bourgogne. Ainsi on trouve en 1391 Guichard de Thélis, damoiseau, seigneur de Crusilles, du chef de Marguerite de Châteauneuf, sa femme, et Milon de Thélis, époux de Marguerite de Communes en 1410. (Voy. ainsi QUINART.) Abraham de Thélis, baron de Chambost, reçu aux Etats de 1733, était fils d'un président au bureau des finances de Lyon, petit-fils d'un président trésorier de France au même bureau, et arrière petit-fils d'Etienne de Thélis, écuyer, sieur de Saint-Aubin, Lorme et Châtel, qui testa en 1623. Il était seigneur du Breuil et de la Vesvre, du chef de N. Baudinot du Breuil, sa femme. — Autres alliances : Lestouf, Bérand, Avisart, Picquet, Girard, etc.

**THENAY, TENAY.** — *D'or à la bande de sable.* — Famille originaire du Bugey et qui remonte à Josserand de Thenay, seigneur de la Tour-de-Vers et de Besanceuil, vivant en 1280. Après lui on trouve : Henri, bailli d'Autun et de Montcenis, tué à la bataille de Nicopolis ; Guillaume, panetier de la duchesse de Bourgogne ; Jean, premier panetier de Charles-le-Téméraire, écuyer d'écurie de Louis XI, élu de la noblesse du Charollais en 1500. La branche des seigneurs, comtes et marquis de Saint-Christophe en Brionnais, a possédé cette terre depuis 1466 jusqu'à son extinction à la fin du siècle dernier. Entrée à Malte, à Lyon et à Neuville, on remarque parmi ses membres : Marc, capitaine de cinquante chevau-légers des ordonnances en 1570 ; et au XVIIe siècle : Laurent, conseiller d'état d'épée ; Claude, commandeur de Malte ; Claude-Hippolyte, capitaine des chevau-légers ; Marc-Hilaire, capitaine des gendarmes d'Orléans ; deux abbesses de Sainte-Croix d'Apt, etc. — Alliances : Franchelin, Layé, Flachières, Thélis, Sercy, Fougères, Moyria, la Baume, Chavannes, Messey, Montagu, la Boutière, Digoine, Chevrier, du Molard, Lenoble, Salemard, Semur, Syvriac, du Bost, Lestouf, Chauvigny, Besserel-Marillat, la Rivière, de Fay-la-Tour-Maubourg. — Fiefs : baronnie de Montanay, Chevigny-sur-Arroux, Besanval, Saint-Cire, Vieilmoulin, Fougères, Noyers, Sancenay, la Nocle, le Molard, Chazaux, la Falconnière, la Loge, Maltaverne. M. 1669. E. 1484.

**THÉSUT.** — *D'or à la bande de gueules, chargée de trois sautoirs d'or.* — En 1330, Gérard de Thésut possédait au Mont-Saint-Vincent un fief érigé en sa faveur *ob res in bello præclare gestas.* Ses descendants le conservèrent jusqu'en 1694. Ils se partagèrent successivement en diverses branches. L'aînée, restée dans le Charollais, s'est subdivisée en plusieurs rameaux : ceux des seigneurs des Puits, Montmurger et Juchault ; de Thésut et des Essarts ; de Champoussot et de Juilly ; d'Aumont ; de Moroges, Fissey, Vingelles et Mortières. Les membres de cette branche se consacrèrent plus spécialement à la profession des armes ; l'un d'eux, Jean-Siméon, était en 1702 colonel d'un régiment d'infanterie de son nom. Les branches des seigneurs de Lans, de Ragy et de Verrey, sorties de Louis de Thésut qui vint s'établir à Chalon en 1464, ont fourni trois conseillers maîtres et un chevalier d'honneur à la chambre des comptes de 1516 à 1721, plusieurs conseillers au parlement, deux trésoriers de France en 1658 et 1680, des maires et des officiers au bailliage de Chalon (1), un député du tiers aux Etats généraux de 1588, un élu du clergé en 1678, deux prieurs de Gigny, un prédicateur de Louis XIV, des conseillers

---

(1) Louis de Thésut, avocat du roi et maire de Chalon, reçut en 1586 des lettres de noblesse pour s'être employé à la réduction de cette ville sous l'obéissance du roi. On trouve en outre des lettres de relief accordées en 1676 à François de Thésut, et motivées sur ce qu'il avait indûment payé la taille.

d'état, etc., etc. — Autres fiefs : Colombier, Charéconduit, Maupas, la Tour de Lux, Glantigny, Vessey, Simard, Saint-Clément, Juilly, Champoussot, Besandrey, Charency, Giboux, Châtelmoron, Moleron. — Alliances : Ocles, Bernard de Montessus, Beuverand, Le Goux de la Berchère, Bouhier, Julien, Tisserand, Gevalois, la Poype, Clermont-Montoison, Berbis, Chartraire, Jehannin, Clugny, David, Perrency, Chaillot, Tuffery, Lambert, Perrault de Montrevost, Pontoux, Chassepot, Gagne, Hénin-Liétard, Joly, Canabelin, Bourgeois de Moleron, Mouchet, Brocard, Brenot. M. 1667, 1698. E. 1677.

**THEVENIN.** — *De gueules au chevron d'argent, accompagné de trois lionceaux d'or, les deux du chef affrontés.* — Samuel Thevenin, maître de la monnaie de Poitiers et de la Rochelle, obtint en 1652 des lettres confirmatives de noblesse, comme issu de maires de la Rochelle. Deux de ses petits-fils, nommés tous deux Jean, furent pourvus d'offices de secrétaires du roi; l'un d'eux acheta du marquis de la Vrillière la terre de Tanlay dont le titre de marquisat lui fut confirmé en 1705. Sa branche s'étant éteinte à la seconde génération, Tanlay passa par substitution à son neveu Jean Thevenin, reçu aux Etats de 1754. Cette famille qui s'est alliée aux la Chage, Palme, Joly, etc., a fourni des maîtres des requêtes et des conseillers au parlement de Paris, un gentilhomme de la chambre en 1738, etc.

**THIBAUT.** — *De gueules à trois tours crénelées d'or et maçonnées de sable* (1). — Claude Thibaut de Jussey, reçu aux Etats de 1688, et depuis prévôt général des maréchaussées de Bourgogne et Bresse, était fils d'un gentilhomme de la grande vénerie du roi, capitaine au régiment de Bourgogne, et petit-fils de Pierre, seigneur de Promenoir, gentilhomme ordinaire du prince de Condé en 1629. — Alliances : Drouhot, Drouas de la Plante, Choiseul d'Eguilly. — Fiefs : Jussey, Longvoy. Condamnation pour usurpation de noblesse en 1668, sans doute rapportée depuis.

**THIL.** — *De..... à trois lions de.....* — Ancienne maison de l'Auxois. Le premier de ce nom est Miles de Thil, chevalier sous le roi Robert, fondateur du prieuré de Précy, inhumé à Flavigny en 1018. Hugues de Thil assista à la dédicace de Saint-Bénigne de Dijon en 1106; Guy était à la cour d'Eudes III en 1193, et reçut du pape Eugène III la mission de protéger Vezelay. Il avait épousé Bonne de Nolay, qui lui apporta en 1194 la terre de ce nom. Jean II, connétable de Bourgogne, sire de Thil, de Saint-Beury et de Marigny, fondateur de la collégiale de Thil, fut exécuteur testamentaire du duc Eudes en 1346. Il épousa successivement Agnès de Frolois et Jeanne de Châteauvillain, dont il eut un fils qui prit le nom et les armes de sa mère. Bernard de Châteauvillain, baron de Thil en 1451, fut père de Jean IV, dont la fille unique, Anne, ayant épousé Marc de la Baume-Montrevel en 1508, transmit à ses descendants la terre de Châteauvillain, qui fut érigée pour eux en comté en 1549. E. 1355.

**THIRION.** — *De... à un guerrier de carnation armé d'une massue et d'un bouclier.* — Etienne Thirion, licencié en droit, fils d'Etienne, procureur de Montréal en 1539, fut père d'Etienne, écuyer, seigneur de Barge, Saulon et Fénay, lieutenant au gouvernement d'Auxonne

---

(1) Mêmes armes que les Thibault de Guerchy en Berry.

en 1580. Antoine, frère de ce dernier, était capitaine du château de Rouvres en 1592. Cette famille dérogea aux XVIIe et XVIIIe siècles où elle fournit quelques procureurs au parlement de Dijon. — Alliances : Ramessel, Chauvirey, Doyen, Blondefontaine. E. 1577.

**THIROUX.** — *D'argent à la fasce d'azur, chargée de trois bandes d'or et accompagnée en chef d'une croisette ancrée de gueules, et en pointe de trois têtes de lion de même.* — Famille ancienne dans la bourgeoisie autunoise et qui a fourni plusieurs viergs à Autun, des receveurs des finances, des officiers au grenier à sel et au bailliage. On remarque parmi ses membres le jésuite Etienne Thiroux, connu par quelques ouvrages, dom Thiroux, de la congrégation de Saint-Maur, qui travailla à la nouvelle édition du *Gallia Christiana*, et Claude, avocat au parlement, enquêteur aux bailliages d'Autun et de Montcenis, vierg d'Autun, élu du tiers-état de Bourgogne en 1659, qui reçut la même année des lettres de noblesse confirmées en 1664. — Alliances : Grozelier, Moreau, Brunet, la Marre, Rabyot, Chavansot, Larcher, Bourrée de Corberon. — Fiefs : Tailly, Gerscuil, Ebatis, Montsauge, Fontaines-les-Arnay, Jussy, Biry, la Chaise, Saint-Félix, partie de Cressy. M. 1698. E. 1679.

**THOISY.** — *D'azur à trois glands d'or.* — Cette famille, selon Courtépée, remonterait à Jean de Thoisy qui, partant pour la croisade, céda une partie de la terre de ce nom à l'évêque d'Autun. Mais sa filiation n'est régulièrement établie que depuis Regnault, receveur des bailliages d'Autun et de Montcenis en 1399, père de Henri qui assista au parlement de Beaune en 1402. Geoffroy figure à celui de Dole en 1412; Jean, archidiacre d'Arras en 1406, évêque d'Auxerre puis de Tournay en 1403, chancelier de Philippe-le-Bon en 1419, mourut en 1433; Laurent (1) était gruyer de Bourgogne en 1413; Geoffroy, frère de Jean, nommé capitaine des *Naves* du duc en 1444, aux gages de trois cents francs, conduisit la flotte de Bourgogne contre les Turcs qui attaquaient Rhodes; il était bailli d'Auxois en 1462 et fut envoyé en ambassade à Rome en 1464; son fils, Hugues, écuyer d'écurie de Philippe-le-Bon, bailli d'Autun et de Montcenis en 1452, d'Auxois en 1468, fut ambassadeur du duc à Rome, en Sicile et à Florence, de 1457 à 1462; Godefroy, doyen d'Autun, fut député au concile de Constance en 1416; Jacques, seigneur de Varennes, était amiral de Bourgogne en 1467 (2). Charles, gentilhomme ordinaire de la maison du roi en 1661, obtint l'année suivante des lettres confirmatives de noblesse enregistrées au parlement en 1667, pour suppléer au défaut de ses titres de famille détruits dans un incendie. Cette maison, maintenue en 1668, 1669, 1698 et 1699, existe

---

(1) On trouve en 1423 des lettres de noblesse pour Regnault et Laurent de Thoisy frères.
(2) Voici le texte inédit, copié sur l'original, d'une lettre de Charles-le-Téméraire à Jacques de Thoisy :
« De par le duc de Bourgogne, de Brabant, de Limbourg et de Luxembourg, comte de Flandre, d'Artois, de Bourgogne, de Haynault, de Hollande, de Zellande et de Namur.
« Tres chier et bien amé cousin, nous avons consenti prester à notre tres chier et tres amé cousin Philippe de Savoye deux de nos galées gisant présentement au port de Marseille avec les apparaulx y appartenant. Si voulons et vous mandons que en prenant scelle de nostre dit cousin par lequel il vous promette rendre lesdites galées et apparaulx en aussi bon état qu'ils sont de présent en dedans un an à venir à compter du jour qu'elles lui seront délivrées, vous baillez et délivrez ou faites bailler et délivrer icelles deux galées et apparaulx à nostre dit cousin ou à celui qu'il ordonnera à les recevoir, pour et en nom de lui, et en rendant en la chambre de nos comptes à Dijon, avec ceste ledit scelle, vous en demorerez déchargé par tout où il appartiendra. Tres chier et bien amé, Nostre Seigneur soit garde de vous. Escript en nostre ville de Bruxelles le douzième jour de mars mil quatre cent soixante-sept. CHARLES. — GROS. »
« A nostre amé et féal écuyer Jacques de Thoisi, seigneur de Varennes. »

encore en Saône-et-Loire. — Fiefs : Gamay, Rancy, Molaise, Joude, Villars-sous-Joude, Pantières, Torcy, la Motte-Chissey, Mimeure.— Alliances : Sainte-Croix, Thorel, Colin, Ambly, etc. E. 1430.

**THOMAS DE LA VALETTE.** — *Ecartelé de gueules et d'azur, à la croix tréflée au pied fiché d'or, brochant sur les écartelures.* — Alias : *d'azur à trois croix tréflées au pied fiché d'argent, posées une et deux.* — Devise : *Godefridus mihi dedit.* — Joseph-François de Thomas, marquis de la Valette, étant devenu propriétaire de la seigneurie de Sarrigny ou Serrigny-en-Bresse, entra aux Etats de 1760 sur preuve de cinq degrés de noblesse depuis Henri, seigneur de la Valette, vivant en 1632. Il était petit-fils d'un capitaine de vaisseau, chevalier de Saint-Louis, et descendait d'une ancienne famille de Provence, anoblie en 1480, et alliée aux Forbin de Bonnevail, Tamarlet, Ripert de Carquerane, Bruny d'Entrecasteaux, Dalanée, etc. Gaspard de Thomas de la Valette, évêque d'Autun, fut élu du clergé aux Etats de 1733.

**THOMAS D'ISLAN.** — *D'azur à la fasce d'or, chargée en cœur d'une étoile de gueules, et accompagnée en chef de deux quintefeuilles aussi d'or, et en pointe d'un croissant d'argent.* — On sait peu de chose sur cette famille avant Jacques Thomas, châtelain et capitaine des gens d'armes de la garnison de Villaines-en-Duesmois au milieu du XIVe siècle. Son petit-fils, Simon, était en 1404 écuyer de Jean-sans-Peur. Sa descendance a fourni un secrétaire du roi au commencement du XVIe siècle et un grand nombre de magistrats parmi lesquels nous citerons : Jean, avocat général à la chambre des comptes en 1557 puis conseiller au parlement; deux autres conseillers en 1586 et 1675; trois maîtres des comptes en 1603, 1642 et 1679; Nicolas, d'abord maître des comptes, puis conseiller au parlement en 1710; et Etienne, pourvu en 1691 de l'office d'élu du roi aux Etats de Bourgogne, dans lequel il ne put se faire recevoir. Citons encore Edme, chanoine d'Autun, auteur de l'histoire de cette ville, et Charles, chevalier de Saint-Louis, marié en 1757, qui servit pendant vingt-deux ans dans le régiment de Nice. — Alliances : Courtoisie, Legendre, Billocard, Maillard, Belrient, Quartier, Bossuet, Demonge, Laurent, Rolot, Chantepinot, Folin, Frasans, des Barres, Vion, Berbisey, Chasot, Chavannes, Bretagne, Maire, Longueville, Petit, Cœurderoy, Févret, Pernot, Richard, Desmaillards, Fyot de la Marche. — Fiefs : Varennes-sur-le-Doubs, Charette, Terrans, Frontenard, Islan. M. 1697. E. 1703.

**THOMASSIN.** — *D'azur à la croix écotée d'or.* — Devise : *Fidelitas præmium.* — Famille originaire de Franche-Comté qui reconnaît pour auteur Jean Thomassin, lieutenant d'Amont, conseiller de Phillippe-le-Hardi en 1403. Parmi ses descendants, on trouve Jean, président au parlement de Dole en 1603, ambassadeur du roi catholique en Suisse. Un autre Jean, baron de Montboillon, fut grand gruyer de Lorraine (1). Les Thomassin de Provence, qui ont fourni des magistrats au parlement d'Aix, et pour qui la terre de Saint-Paul fut érigée en marquisat en 1682, descendent de Jean Thomassin, chevalier, capitaine des gens d'armes

---

(1) Les terres de Montboillon, Torpes, Pirey, Pin, Emagny, etc., furent unies et érigées en baronnies en 1608 pour Jean de Thomassin.

— 307 —

du roi René, issu de la même famille, dont ils portent les armes brisées. En 1700, Philippe de Thomassin était élu de la noblesse des Etats du Charollais. Sa branche a fourni un grand nombre de capitaines et baillis du Mont-Saint-Vincent où elle était anciennement établie; c'est la seule qui soit entrée aux Etats; elle s'est alliée aux Villedieu, Niepce, Montrichard, Thésut, Boiveau, Febvre. — Autres alliances : Chaffoi, Joyeuse, Cuves, Dubiez, Binans, Vaux, Chauvirey, Pierrefontaine, Scey, du Châtelet. — Fiefs : Mercey, Flemoy, Charnay, Virey, Serrigny, Serles, le Grand-Bourgueil. La branche des Thomassin de Juilly a obtenu des lettres de relief enregistrées à la chambre des comptes de Dijon en 1757. M. 1652 par arrêt du parlement, 1669, 1677 par délibération des Etats, 1698. E. 1700.

**THY.** — *D'argent à trois lions de gueules, celui du canton dextre en chef tenant dans sa patte droite une fleur de lys de...* (1) ? — Philibert-Joseph de Thy, fils d'Alexandre, chevalier, lieutenant de cavalerie au régiment de Toulouse, et petit-fils d'Antoine, capitaine au régiment du Plessis, issu d'une famille depuis longtemps habituée au bailliage de Mâcon, fut reçu aux Etats de 1778 sur preuve de cinq degrés de noblesse depuis noble Léonnet de Thy, dont la femme, Françoise de Servissac, testa en 1581. — Autres alliances : Collonges, Geoffroy, Viry, la Fage-Péronne, Prisque. — Fiefs : Thoiriat, Clavaison, Curtil-Milly. M. 1698. Preuves pour le chapitre noble de femmes de Legnieu en 1764.

**THYARD.** — *D'or à trois écrevisses de gueules.* — Devise : *Retrocedere nescit.* — Originaire de Saint-Gengoux en Mâconnais, cette famille remonte à Claude de Thyard, seigneur de Bissy, écuyer, aïeul d'Etienne, juge du comté de Charollais, maître des requêtes de l'archiduc Maximilien, puis président du parlement de Dole en 1502. Le fils de celui-ci, Jean, lieutenant-général du bailliage de Mâcon en 1513, fut père de Pontus, évêque de Chalon, élu du clergé en 1587 et aïeul de Cyrus, qui monta sur le même siége épiscopal, et fut aussi élu du clergé en 1605 et 1614. Le frère de Cyrus, Héliodore, gouverneur de Verdun, capitaine de deux cents hommes d'armes, eut pour fils Pontus, baron de Pierre, qui donna le jour à Claude, comte de Bissy, lieutenant-général, chevalier des ordres, gouverneur des Trois-Évêchés. Claude fut père de Jacques, marquis de Bissy, lieutenant-général, gouverneur d'Auxonne, et de Henri-Pontus, cardinal de Bissy, évêque de Meaux, commandeur des ordres du roi et abbé de Saint-Germain-des-Prés. Cette famille a donné en outre un général des galères de l'ordre de Malte, un mestre-de-camp de cavalerie tué en 1704 à Hochstet, deux autres lieutenants-généraux, un ambassadeur à Naples, un commissaire général de la cavalerie, chevalier des ordres, tué au siége de Maestricht, etc. La branche des comtes de Bissy a fourni deux maréchaux de camp, un chambellan du duc d'Orléans, et Claude de Thyard, né en 1721, maréchal de camp, membre de l'Académie française. — Alliances : Lugny, Viry, Ganay, Chanlecy, Montgommery, Busseul, Drée, Bernard de Montessus, Neuchèzes, Haraucourt, Chauvelin, Le Féron, Andrault de Langeron, Brissart, Tessier, Moreton de Chabrillan, du Faur de Pibrac, Bouton. — Fiefs : Bissy, Marcheseuil, Pierre, Juilly, Villenotte, Saint-Eufrène, baronnies de Bragny et de Vauvry. E. 1570.

(1) Ces armes sont celles des anciens sires de Thil.

— 308 —

**TINTRY.** — *D'... à la croix endenchée.* — La seigneurie de Tintry, au bailliage d'Autun, a donné son nom à une ancienne et noble famille qui paraît s'être éteinte au XVIe siècle. L'acte le plus ancien qui la concerne est un accord passé en 1290 par Aymonin de Tintry (*de Tintreyo*), damoiseau, et sa femme, avec l'abbé et le couvent de Sainte-Marguerite, au sujet de la moitié du four de Chailly à eux donnée en aumône par Ponce, seigneur de Charny. On trouve ensuite Odot de Tintry, qui déclare en 1330 devoir quarante jours de garde à Noyers à cause de ce qu'il tient à Jouancy, et Jean, chevalier, qui reprend de fief en 1365 de la maison forte de Gillans et de la maison de Rolonges, près Gilly, du chef d'Isabeau de Gillans sa femme. Le même Jean fut successivement bailli du Vermandois et de Chaumont-en-Bassigny, et c'est lui sans doute qui accompagna le duc Philippe au voyage qu'il fit pour le roi en Picardie en 1377. Gaspard était seigneur de Tintry et de Masse en 1585. — Autres fiefs : Buxy, Chassagne, Corcelles-les-Beaune, Rully, Denevy, Saint-Léger-sur-Dheune, Saint-Gilles, Sercy-les-Beaune, Taperey-le-Grand, Gergy, Luchey, Viécourt, Epertuilly. — Alliances : Griveaul, Saint-Léger, Perreau, Bernard de Montessus, de Goux. E. 1576.

**TIREVOLET.** — Jean de Tirevolet, écuyer, était archer de la compagnie de M. de Tavannes en 1566. — Alliances : Malpoy, Alouaise. E. 1577.

**TISON D'ARGENCE.** — Voy. JOUMARD.

**TISSERAND.** — *D'azur au chevron d'or, accompagné d'une coquille de même en pointe.* — Famille originaire de Dijon où l'on trouve un Pierre Tisserand, seigneur de Trochères, bourgeois, au commencement du XVIe siècle. Son fils, Jean, seigneur de Gergy, Is-sur-Tille, Sassenay, Lans et Oisilly, fut reçu conseiller au parlement en 1532, et mourut en 1554. Sa postérité compta un maire de Dijon en 1568, plusieurs officiers du parlement, de la chancellerie, de la chambre des comptes et du bailliage, ainsi que des chanoines de Nuits et de Chalon. A la même famille appartient le bienheureux Jean Tisserand, de l'ordre des frères mineurs, qui fonda l'établissement des filles repenties à Paris. — Autres fiefs : Courchamp, Chalonge, Arcelot. — Alliances : Cirey, Pontoux, Jacob, Ganay, Le Belin, Thésut, Legrand, Maillard, Pouffier, Macheco, Virot. M. 1670 et 1698. E. 1549.

**TOISON (LA).** — *De gueules à la bande d'or, chargée d'une quintefeuille d'azur.* — Ancienne famille d'Autun, anoblie au XVIIe siècle par des charges de robe. Elle a fourni un secrétaire du roi, reçu trésorier du bureau des finances en 1621, et deux conseillers au parlement de Dijon en 1646 et 1690. — Alliances : des Barres, Bouhier, Fyot, Hénin-Liétard, Pra-Balaysaulx, Jonchapt, Robin, Truchy. — Fiefs : baronnies de Bussy-la-Pêle et de Curgy, seigneuries de Charmelieu, Norges-le-Haut, Saveranges, Drée, Montaugé. E. 1709.

**TONNERRE.** — La comtesse de Tonnerre qui se fit représenter aux Etats de 1355 est Jeanne de Chalon, fille de Guillaume de Chalon et d'Eléonore, sa femme. Dans le partage des biens paternels elle eut pour sa part le comté de Tonnerre qu'elle apporta à son mari Robert de Bourgogne, fils de Robert II, duc de Bourgogne, et d'Agnès de France. Celui-ci étant mort en 1330, sa veuve continua à porter le titre de comtesse de Tonnerre qui passa, à sa mort, vers 1357, à son neveu Jean de Chalon, troisième du nom. (Voy. CHALON.)

**TORCY.** — Famille qui a pris son nom de la seigneurie et baronnie de Torcy au bailliage de Montcenis et a possédé en outre Champleau, Montvaltin, Genay, Chauvirey, Ocles, Billy, partie de Venarey, Reuillon et Marcigny-les-Nonains. En 1291 les filles de feu messire Robert de Torcy, chevalier, vendent au duc la haute justice d'une terre assise en la paroisse de Marmagne. Depuis on trouve : Guillaume, capitaine de Villaines en 1361 ; Guillaume, qui donne dénombrement en 1445 de la terre de Torcy en son nom et en celui de Guiot, son frère mineur ; Jean, homme d'armes de la compagnie d'Antoine de Luxembourg en 1472 ; Antoine, homme d'armes de la compagnie du seigneur de Bourdillon en 1554. — Alliances : Moilleroncourt, Mandelot, Espiard, Recey, Balathier, Desgeorges. Il est probable que les Torcy de Lantilly en Nivernais, qui ont possédé Saint-Nizier-le-Bouchoux en Bresse, et se sont alliés aux Damas et aux Chevrier, sont de la même famille. Leurs armes sont : *de gueules à la bande d'or*. E. 1557.

**TOULONGEON, TOULONJON.** — *De gueules à trois jumelles d'argent.* — Cette maison, originaire du comté de Bourgogne, tire son nom d'un château situé dans le bailliage d'Orgelet. Son premier membre connu est Etienne, sire de Toulonjon et de Germagna en 1270, aïeul de Fromond, sire de Chevigna et de la Bastie, lieutenant-général en Bourgogne de 1351 à 1355, dont les descendants formèrent plusieurs branches que nous indiquerons successivement. Celle de Senecey produisit Jean III, baron de Senecey, Germagna, Champrougeroux et la Villeneuve, près Seurre, maréchal, gouverneur et capitaine général de Bourgogne en 1422, qui gagna en 1423 la bataille de Crevant sur Jean Stuart, connétable d'Ecosse, et le comte de Ventadour, généraux de l'armée française, qui tombèrent en son pouvoir. Il avait pour devise : *A tout, à tout, à tout.* Son fils, Jean IV, mourut en 1462 sans enfants et laissa ses riches domaines à la maison de Bauffremont. — La branche de Traves eut pour chef Antoine, seigneur de Traves, Montrichard et la Bastie-sur-Serdon, maréchal, gardien, gouverneur et capitaine général de Bourgogne, chevalier de la Toison d'or, frère de Jean III, dont il recueillit les dignités. Ce fut lui qui gagna la bataille de Bulgnéville sur René de Lorraine, roi de Sicile et duc de Bar, qu'il amena prisonnier à Dijon. Il mourut quelque temps après en 1432. Son deuxième fils, Claude, seigneur de la Bastie, chambellan de Philippe-le-Bon, chevalier de la Toison d'or en 1481, se distingua par son attachement à Marie de Bourgogne, fidélité dont Louis XI le punit en rasant le château de ses ancêtres. Cette branche s'éteignit peu après dans la maison de Clermont d'Anjou, dont un membre épousa l'unique héritière de Claude, seigneur de Traves, Saint-Chéron et Larrey, neveu du précédent. Les Clermont prirent alors le nom et les armes des Toulongeon qui furent encore relevées plus tard en 1587 par la famille de Grammont. — Les branches de Vellexon, de Mornay et de Parcey comptèrent peu de représentants. A la première appartenait Marc, seigneur de Vellexon par sa mère Claudine de Blamont, et dont la fille unique épousa en 1502 Claude de la Baume, maréchal du comté de Bourgogne. André, grand écuyer de France en 1418, ambassadeur en Portugal, chevalier de la Toison d'or en 1432, décédé sans postérité, est le seul membre de la seconde. Quant à la troisième, qui brisait de *trois coquilles percées en chef*, elle s'éteignit dès le XVe siècle. — La branche de Chevigna sort de Jean Gaspard, *Gaspardi de Toulonjone*, établi en Bresse, et père de Claude, seigneur de Chevigna, qui fit le dénombrement de cette terre en 1443. Les descendants de celui-ci quittèrent bientôt le nom héréditaire de Gaspard pour ne porter que celui de Toulongeon, sous lequel l'un d'eux, François, acheta la baronnie de Walfin en 1548. Après lui, on trouve : Guillaume, seigneur de Montagna-le-Templier, créé chevalier en 1598 par Philippe II, roi d'Espagne, qui le reconnut issu de la maison de Toulongeon ; Lionel, son fils, capitaine au service de Philippe III, qui se distingua au siége de Dole en 1636 ; Marc, fils de Lionel, seigneur de Plousey et de Vitreux, capitaine de 200 fantassins, père de Joseph, comte de Toulongeon, lieutenant-général des armées d'Espagne, inspecteur général de la cavalerie en 1708, et de Lionel, seigneur de Raucourt, héritier des maisons de Grachaux et d'Emskerk. Jean-Baptiste, comte de Champlitte, mort en 1703, donna le jour à Jean-François-Joseph, chevalier de Saint-Louis, mestre de camp de cavalerie, cornette des gendarmes de la garde, brigadier en 1744. Enfin un rameau de cette famille établi dans l'Autunois a produit Antoine, seigneur de Bordeau, la Gorge, Monthelon et Alonne, gouverneur de Pignerol, pour qui la terre d'Alonne fut érigée en comté en 1631 sous le nom de Toulongeon, et François, son fils, bailli d'Autun et baron d'Uchon en 1686. Chevillard donne à ce rameau le nom de *Garnier* sous lequel il figure dans nos listes. François mourut sans enfants et laissa le comté de Toulongeon au marquis de Langheac, son neveu. — Fiefs : Chevannes, Messange, la Craye, Chasault, Saint-Cyr, Hauterive, Dracy-les-Viteaux, Lée et Linières-sous-Saint-Beury, Saint-Andeux-en-Morvan, Farincourt, Rimaucourt, Antorpe, etc. — Alliances : Saint-Julien, Rougemont, Mornay, Chalon, Roussillon, Bauffremont, Saint-Amour, Bourbon-Montperroux, Vergy, Granson, Grancey, Clermont, la Trémouille, Bachelard, Poligny, Montfort, Rabutin, la Chambre, Grachaux, Sommant, Cordier de Launay, etc. — Cette maison écartèle ses armes de Senecey. E. 1421.

**TOULORGE.** — *D'azur au chevron d'or, accompagné en chef de deux épis de blé aussi d'or, et en pointe d'une tête de lion de même, lampassée de gueules.* — Famille qui remonte à Jacques Toulorge, écuyer, capitaine de la Nivelle, homme d'armes de la compagnie de Chabot en 1547, capitaine d'Esbarres d'Orsans en 1559, dont le fils Michel, avocat du roi au bailliage de Saint-Jean-de-Losne, obtint en 1592 des lettres de confirmation de noblesse. Ce dernier était encore avocat du roi lors du siége de Saint-Jean-de-Losne, où on raconte qu'il pointait le canon ; il figure avec les sieurs Jannel, lieutenant civil, Pelletier, procureur du roi, Martenne, Desgranges, Lapre, Boisot, Dumay, Devillebichot, Delettre, Pierre, Vaudrey, parmi les premiers signataires de la fameuse délibération du 2 novembre 1636. — Alliances : Saint-Père, Perret, Gaillard. M. 1666. E. 1671.

**TOUR (LA).** — Nous présumons que le gentilhomme inscrit sous ce nom dans la liste de 1658, était Marc-Antoine de Saumaise-la-Tour, fils de Jérôme, conseiller au parlement, et de Catherine de la Tour, et héritier universel substitué après Pierre Saumaise, conseiller au parlement, son frère, par le testament de noble Marc-Antoine de la Tour, leur oncle. Celui-ci était sans doute fils d'Antoine de la Tour, docteur ès-droits, avocat à Beaune, qui reprit de fief en 1563 de quelques biens situés à Meuilley. Il possédait les seigneuries de Villars-Fontaines, Chevannes, Messange, Nanteuil et Saint-Prix, toutes advenues aux Saumaise. Après la mort de Marc-Antoine de Saumaise-la-Tour, les seigneuries de Villars et Nanteuil, dont il avait repris de fief en 1664, passèrent à un autre de ses frères, Bénigne (1), qui eut entrée aux Etats de 1658 avec Marc-Antoine et à ceux de 1668.

**TOUR (LA) DU PIN.** — *Ecartelé : aux 1 et 4, d'azur à la tour d'argent; au chef cousu de gueules, chargé de trois casques d'or, tarés de profil; aux 2 et 3, d'or au dauphin d'azur.* — Devises : *Turris fortitudo mea.* — *Nihil altius.* — Légende : *Courage et loyauté* (2).
— Des chevaliers croisés, des dauphins de Viennois, un grand nombre d'officiers généraux, des gouverneurs et commandants de place, des chevaliers de Saint-Louis et de Malte, un bailli, grand'croix de ce dernier ordre, général des galères de la religion, des sénéchaux du Dauphiné, des gentilshommes de la chambre et des grands officiers de la couronne, des archevêques et des évêques, des chanoines-comtes de Lyon : c'en est assez pour classer la maison de la Tour du Pin parmi la plus haute noblesse de France, quand même les généalogistes les plus autorisés ne lui auraient pas donné la plus illustre origine en la faisant descendre de la maison de la Tour d'Auvergne, issue elle-même des anciens ducs d'Aquitaine. Les la Tour, alliés aux maisons de France, de Savoie, de Bourgogne, de Hongrie, d'Autriche, de Vienne, de Montmorency, etc., se sont divisés en un grand nombre de branches : celles des marquis et des comtes de Gouvernet; des marquis de la Charce, créés par lettres patentes de 1619 et 1640; des comtes de la Charce, substitués aux Alcyrac; des marquis de Montauban, créés marquis de Soyans en 1718; des marquis de la Chaux, des barons de Verfeuil et des seigneurs de Verclause. La baronnie de Fontaine-Française entra dans cette maison au XVIIe siècle par le mariage de Claude de Mazel avec Louis de la Tour du Pin, marquis de la Charce; Claude était fille de Catherine Arnaud, épouse de Jacques de Mazel, colonel de cavalerie et héritier universel d'Antoine Arnaud, seigneur de Fontaine-Française. Cette terre passa depuis par alliance aux Bollioud de Saint-Julien. Au moment de la révolution, Philippe-Antoine-Gabriel-Victor de la Tour du Pin-Gouvernet, marquis de la Charce, était commandant en chef, et son frère commandant en second en Bourgogne. Le marquis possédait la baronnie de Fouvans-la-Ville qui était situé en partie en Bourgogne, et dont son fils, Jean-René-Mans, reprit de fief en 1778. Honneurs de la cour de 1756 à 1781. M. 1668. E. 1697.

**TOURNELLE (LA).** — *De gueules à trois tournelles d'or.* — Cette famille, qui a pris son nom du château de la Tournelle en Morvan, près Château-Chinon, remonte au XIe siècle. Pierre de la Tournelle assista à la bataille de Bouvines, où il s'empara du comte de Dammartin après une longue résistance. Guillaume, écuyer, panetier du duc, était capitaine de Châtillon et bailli de la Montagne en 1419. Ses descendants fournirent un gentilhomme de la chambre, chevalier de l'ordre en 1568, un doyen de l'église d'Autun en 1583, un gouverneur de Cravant en 1663, conseiller d'état en 1658, un gouverneur de Marsal et de Gravelines en 1687, un colonel du régiment étranger tué à Ramillies en 1706, plusieurs autres colonels, des capitaines aux gardes, etc., et firent en 1681 ériger en marquisat la terre de la Tournelle. — Fiefs : Corgengoux, Montjardin, Fangy, Athée, Fauverney, Beauregard, Layer-le-Franc, Leugny. —

---

(1) Dans les listes on lui a attribué par erreur les prénoms de Marc-Antoine.
(2) Pendant longtemps cette famille a porté ses armes sans écartelement et *la tour senestrée d'un avant-mur d'argent à trois créneaux*; c'est ainsi qu'elles sont gravées dans notre armorial.

Alliances : Gissey, Brachet, Lugny, Rabutin, Bernard de Montessus, Courcelles, la Loge du Bouchet, Marry, Digoine, la Rivière, Le Brun du Breuil, du Deffend, Baillon, Hautefeuille. E. 1560.

**TOURNES** ou **TORNES**. — Famille dont le nom figure dans des montres d'armes de 1410 et 1414 et dans plusieurs rôles d'arrière-ban au XVI° siècle, et qui a possédé les seigneuries de Dompierre-en-Morvan, Thôte, Beauregard, Genouilly et Ferrières, ces quatre dernières vendues vers 1586 par Guy de Tournes aux Frémyot. — En 1361, Jeanne de Tornes tenait un fief séant à Tornes dans la baillie de Boulogne-sur-Mer. — Alliances : Loron, Hénay. E. 1570.

**TRAVES**. — Branche de l'illustre maison de Choiseul, formée par Robert de Choiseul, chevalier, troisième fils de Raynard III° du nom, sire de Choiseul, et d'Alix de Dreux, qui vivait au commencement du XIII° siècle et fut sire de Traves, Scey-sur-Saône, Grandville, Bouz-le-Châtel et autres terres considérables dans le comté de Bourgogne. Sa postérité, connue sous le nom de Traves, a possédé les seigneuries de la Porcheresse, Diombes, Dracy-le-Fort, Aniot, Montjallin, Tollay, Vauteau, la Vesvre, le Vernoy, Collonges, Charbonnay, Montagny, Saint-Léger-sur-Dheune, Châtel-Moron, Souterrain, Savigny, Blanzy, et s'est alliée aux Rougemont, Brancion, Bourbon l'Archambault, Chamblanc, Rabutin, Pontailler, Ragny, Tenarre, Pouquières, Amanzé, Dyo, Hugonet de Saillant, Montjeu, Saint-Ligier, Damas, Rye, Mâlain, Chalon, des Aubuys, Rochebaron, Chastellux, Foudras du Plessis, Vichy, Garnier du Vouchot, Grasset, Papillon, Cochard, Villars, Andigné. De cette branche est sorti le rameau des seigneurs de Dracy-le-Fort et de Saint-Huruge, auquel appartenait Antoine de Choiseul, lieutenant-général en Bourgogne. E. 1438.

**TRÉMOUILLE (LA)**. — *D'or au chevron de gueules, accompagné de trois aiglettes d'azur, becquées et membrées de gueules.* — Devise : *Sans sortir de l'ornière.* — L'illustre maison de la Trémouille, que quelques généalogistes font descendre des anciens comtes de Poitiers, et dont on trouve certainement le nom dès l'année 1040, d'après le Père Anselme, prouve sa filiation depuis Guy, chevalier croisé en 1096. Un de ses descendants, Guy, grand panetier de France en 1353, laissa trois fils : 1° Guy, dont nous parlerons plus loin ; 2° Guillaume, chambellan de Charles V et de Charles VI, chambellan du duc de Bourgogne, maréchal de Bourgogne, fait prisonnier à Nicopolis, qui est l'auteur des comtes de Joigny, barons d'Uchon, de Bourbon-Lancy et d'Antigny, et dont le petit-fils Louis mourut en 1467 sans avoir été marié; et 3° Pierre, conseiller et chambellan de Charles VI et de Philippe-le-Bon, dont les descendants, seigneurs et barons de Dours, se sont éteints à la fin du XV° siècle. — Guy de la Trémouille, surnommé *le Vaillant*, épousa Marie de Sully, fille et héritière de Louis, dernier représentant des sires de Sully-sur-Loire et d'Isabeau de Craon. On le trouve qualifié seigneur de Sully, Craon, Jonvelle, comte de Guines, baron de Dracy-Saint-Loup, chambellan du roi et porte-oriflamme de France. En 1383, il acheta de Gaucher de Mussigny, chanoine d'Autun, l'office de grand chambellan héréditaire de Bourgogne, dont il fit hommage au duc quatre ans plus tard, et que ses descendants possédèrent pendant plusieurs générations. Enfin, Philippe-le-Hardi, qui fit de lui un des plus grands seigneurs du royaume, le choisit, avec son frère Guillaume, comme exécuteur testamentaire, et ordonna qu'il serait inhumé à ses pieds ou près de son tombeau dans le couvent des Chartreux (1). Guy de la Trémouille mourut à Rhodes au retour du funeste voyage de Hongrie où il avait été fait prisonnier, ce qui empêcha l'exécution du vœu de son maître. De ses deux fils, le cadet, Jean, sire de Jonvelle, suivit la fortune de la maison de Bourgogne, fut grand maître d'hôtel et premier chambellan de Jean-sans-Peur et de Philippe-le-Bon, et l'un des premiers chevaliers de la Toison d'or. Au contraire de son frère, l'aîné, Georges, s'attacha au roi de France, remplit les charges de grand chambellan et maître général réformateur des eaux et forêts de France, fut fait prisonnier à Azincourt, et devint en 1429 lieutenant-général pour le roi aux duché de Bourgogne et comté d'Auxerre. Parmi ses enfants, nous signalerons Georges, connu sous le nom de sire de Craon, premier chambellan héréditaire de Bourgogne, nommé gouverneur de cette province par Louis XI, destitué et disgracié après avoir été forcé de lever le siége de Dole, et Louis Iᵉʳ, l'aîné, vicomte de Thouars et prince de Talmont, dans la descendance duquel on compte encore deux gouverneurs et lieutenants-généraux en Bourgogne. L'un d'eux, Louis, qui partagea avec Bayard le surnom de *Chevalier-sans-Reproche*, gagna à vingt-six ans la bataille de Saint-Aubin-du-Cormier et mourut à Pavie; c'est le même qui défendit Dijon contre les Suisses en 1513. A partir de ce moment, les la Trémouille restent étrangers à la Bourgogne. Nous nous bornerons à rappeler que la branche aînée a porté les titres de ducs de Thouars (1563), ducs et pairs (1596), et princes de Tarente, et à mentionner la branche des marquis de Royan, comtes d'Olonne, et celles des marquis et ducs de Noirmoutiers (1584, 1650). La branche des seigneurs de Brèche et de Sully-sur-Loire en partie, issue d'un fils légitimé de Louis Iᵉʳ, s'est éteinte au bout de deux générations, après avoir fourni un abbé de la Bussière et un évêque de Coutances en 1520, abbé de Saint-Etienne, de Saint-Bénigne et de Flavigny. — Alliances : Amboise, Tourzel, Chalon, Pons, Auvergne, l'Isle-Bouchard, Mello, Montauban, Andrault, Bourbon, Chabannes, Borgia, Montmorency, Créqui, la Fayette, Ternant, Menon, Bonnot, Pot, Rouvray, Cottebrune, Gouffier, Toulongeon, Luxembourg, Crécy, Jaucourt, Valory, Vauberger, Longvilliers, etc. — Fiefs : Corcelles-les-Semur, Maligny, Montigny, Ruffey, Bierre, Villars-Dompierre, Lucenay, Pons, Romanay, Geligny, Beauregard, Monceau, Grignon, Semur-en-Brionnais, parties de Nan-sous-Thil, Chausseroze, Cormaillon, Ménetreux, Châtellambert, Marcey, la Canche, Charmoy, Serve, Baissey. E. 1431.

**TRESTONDAN, TRESTONDAM, TROTTEDAME.** — *D'azur à trois chevrons, couchés en bande d'or, cotoyés et soutenus de deux cotices de même.* — Famille originaire d'Allemagne qui s'établit en Bourgogne au XIVᵉ siècle. Gérard, damoiseau, père de Pierre, qui fonda la chapelle de son nom dans l'église de Belmont en 1325, est le premier membre connu de cette famille qui a donné plusieurs chevaliers de Saint-Jean-de-Jérusalem depuis 1448, des chevaliers de l'ordre du roi et de Saint-Georges, un capitaine de Montréal-en-Bugey en 1405, un bailli de Langres en 1429, un gentilhomme de la chambre, gouverneur du château de Dijon en 1572, des colonels et plusieurs religieux aux abbayes de Saint-Bénigne, Saint-Claude, Sainte-Claire-de-Seurre, Remiremont et Colonge. — Alliances : Achey, Saulx,

---

(1) Cette clause du testament de Philippe-le-Hardi se rapporte au sire de la Trémouille *et de Sully*, c'est-à-dire à Guy, époux de Marie de Sully, et non à son frère Guillaume, comme l'a dit le P. Anselme.

Saint-Seine, Moroges, Baissey, Senailly, Vouhet, Loges, Mandre, la Baume, Villers-la-Faye, Anglure, Nan, Gy, Changey, Reynel, Fussey, du Saix. — Fiefs : Pisseloup et Suaucourt érigés en marquisat sous le nom de Trestondan en 1714, Percey-le-Grand et le Petit, Grandchamp, Genevrières, Savigny, etc. — E. 1570.

**TROUHANS.** — Cette famille tire son nom du village de Trouhans qu'elle posséda aux XIII$^e$ et XIV$^e$ siècles. Elle a fourni plusieurs chevaliers, écuyers et un chanoine de Langres, a possédé les terres de Chevigny-Fénay, Ruffey, Fangy, et existait encore au XV$^e$ siècle. — Alliances : Mailly, Louaise, Vartes. — Une famille Petitjean a porté aussi ce surnom. E. 1355.

**TRUCHY, TRUCHIS.** — *D'azur à un palmier d'or, soutenu par deux lions de même affrontés.* — Devise : *Virtute et viribus* (1). — Samuel de Truchy, natif du lieu de Centale, au marquisat de Saluces, et petit-fils de Barthélemy qui vivait en 1518, fut obligé de se réfugier en France, lors de la cession par Henri IV au duc de Savoie de ce marquisat, où il remplissait les fonctions de conseiller assesseur général. En récompense de ses services, tant deçà que delà les monts, il reçut de ce monarque une pension de trois cents livres et fut en outre pourvu de l'office de conseiller assesseur, puis de lieutenant particulier, assesseur criminel au présidial de Bourg-en-Bresse. Son fils, Pierre, ayant été inquiété sur sa noblesse, obtint de la duchesse Christine, régente de Savoie, des lettres constatant, par suite d'une enquête, qu'il était né de parents d'origine noble et ancienne, et que sa famille était alliée à plusieurs maisons nobles du pays, comme celles des comtes Canali de Cumiana, de Cerruti et Biolati. En conséquence de cette déclaration, le roi de France accorda en 1648 à Pierre de Truchy des lettres de reconnaissance de noblesse. Pierre entra aux Etats de 1661, et laissa, entre autres enfants, deux fils : Jacob, auteur des deux branches des seigneurs du Mole, et Pierre, de qui sont sorties la branche des seigneurs de Terrans et de Varennes, barons de Tenarre, et celle des barons et comtes de Lays. On compte dans ces différentes branches plusieurs capitaines d'infanterie et de cavalerie, des chevau-légers de la garde, un lieutenant de roi à Chalon, et dans celle de Lays un colonel de cuirassiers, tué au siège de Breslau au dernier siècle, et un mestre de camp de cavalerie par commission de 1787, major des chevau-légers de la garde et écuyer de la reine Marie-Antoinette. Plusieurs d'entre eux ont porté la croix de Saint-Louis. — Alliances : Pincis, Ceaglia, Pélissonier, Commier, Armet, Bourrée, Lesage, Dupuy, Charlente, Musy, Regnault, la Croix, Cointot, Chanteray, la Forest, Thyard, Ganay, Guillier, Ferrette, la Toison. — Fiefs : Communes, Serville, Merzey, Couches, Bouze, Chailly, Frontenard et la Motte-de-Frontenard-sur-le-Doubs, Vannoise, Orme, Villars, Saugy, Baudrières, Vonant dit Béost, Serrigny, Moley. M. 1698. Preuves pour Saint-Cyr, pour les pages de la reine, pour Malte et pour Remiremont.

**TUDERT.** — *D'or à deux losanges d'azur; au chef d'azur, chargé de trois besants d'or.* — Moréri a donné la généalogie de cette famille depuis Jean Tudert, natif de Mirebeau en

---

(1) Anciennement : *au pin d'or*. Les comtes de Valdiggi, habitant le Piémont au dernier siècle, étaient du nom de Truchy.

Poitou, qui eut deux fils : Jean, conseiller au parlement de Paris, maître des requêtes, élevé au siége épiscopal de Châlons en 1439, après avoir pris part aux négociations du traité d'Arras, et Olivier, dont la descendance a fourni des officiers au présidial de Poitiers et aux cours souveraines de Paris. Louis-Innocent de Tudert fut reçu aux Etats de 1760 sur la présentation de son acte de nomination à la commanderie de Beaune en 1753. Du reste, cette famille est restée complétement étrangère à la Bourgogne.

**TUFFERY, TRUFFERY.** — *D'azur au lion d'or, accompagné de trois roses d'argent, pointées de gueules.* — Rémond de Tuffery, sieur de Trapenard, capitaine d'une compagnie du régiment d'Uxelles, enseigne dans la garnison de Chalon-sur-Saône, fut anobli pour services militaires en 1646. Confirmation en 1646. E. 1668.

**TUPPIN.** — Famille à laquelle appartenaient François de Tuppin, seigneur de Touchebœuf en 1543, et François, archer de la compagnie du comte de Vaudemont, qui reprit de fief en 1572 de quelques héritages situés à Landreville, au bailliage de Bar-sur-Seine. Elle a possédé en outre au XVI° siècle les seigneuries de Santigny, Corcelles-sous-Grignon, partie de Chevannes et de Beauvilliers, s'est alliée aux Dandreson, Saint-Anthost, Conighan, et paraît s'être éteinte au commencement du XVII° siècle dans les du Perron. (Voy. ce nom.) Il est à croire que l'auteur de cette famille est Etienne Tuepain, receveur à Langres des aides du roi en 1394, lequel portait dans son sceau *trois épées passées en sautoir, les pointes en bas et chargées comme d'une bourse.* E. 1588.

# U

**ULMES (DES).** — *De sinople au lion morné d'argent.* — Cette famille, dont on trouve le nom écrit : *des Heumes, des Heusmes, des Husmes, des Humes, des Usmes*, mais très généralement *des Ulmes*, est originaire du Nivernais, où elle paraît tout à coup au XV° siècle avec le titre d'écuyer parmi la noblesse du pays. Sa filiation remonte à Jean des Ulmes vivant en 1453. Elle a fourni un conseiller et un chambellan du roi (1471); un commandant de l'arrière-ban du bailliage d'Auxerre (XVII° siècle); un chevau-léger de la garde du roi (1773); preuves pour Malte et les chevau-légers en 1773. — Plusieurs membres de cette famille sont qualifiés chevaliers, comtes des Ulmes et marquis de Torcy. — Alliances : Beaujeu, la Ferrière, Frétoy, Boisselet, Frasnay, Dosnay ou Aulnay, Berthelon, du Verne, Breschard, Castel, Cotignon, Foullé, Tespes, Neuchèzes, la Venne, Chéry, Veillant, la Platière, Tenon, Champs, Digoine, l'Eveillé du Fournay, Moncrif, la Goutte. — Terres en Bourbonnais et Nivernais : la Maisonfort, Trougny ou Trogny, la Boube, Servandet, Beaulieu, Montifaut, Torcy, Beaulon, Garnat, Brion. M. 1634, 1667, 1715. E. 1668.

# V

**VAL (DU).** — *D'azur à la bande d'argent.* — Devise : *En tout candeur.* — Dès le XIVe siècle, cette famille, originaire de Champagne, possédait des fiefs dans le bailliage de la Montagne. On remarque parmi ses membres : Colinet Duval, écuyer, qui vivait à Grancey en 1540; Jacques, gentilhomme ordinaire de la chambre du roi, qui acquit partie de la seigneurie de Mussiot ou Musseau vers 1615; Pierre, son fils, aussi gentilhomme ordinaire de la chambre du roi; Jean, tué près de Joinville en 1644 à la tête d'une bande de partisans qu'il commandait; Claude-Pierre Duval d'Essertenne, conseiller au parlement de Dijon en 1780. — Alliances : Paviot, Hubines, Pontey, Changenet, Rémond, Cussigny, du Ban, Gand, Contet, Régnier de Romprey, Rougeot. — Fiefs : Rivière, Praslay, Villemoron, Mouilleron, Vivey, Cessey, Vannaire, la Feuillée, la Maison-du-Bois, Oligny, Musseau, Essertenne. M. 1641, 1664, 1669. E. 1608.

**VALADE (LA).** — *D'azur à trois cloches renversées d'argent.* — Famille originaire du Périgord et qui a fourni plusieurs militaires de divers grades, quelques-uns chevaliers de Saint-Louis. Pour entrer aux Etats de 1721, François-Guillaume de la Valade de Truffin fit preuve de cinq degrés de noblesse depuis Elie de la Valade, écuyer, licencié ès-lois, dont le fils René se maria en 1547. — Alliances : Durand, Roubert, Tessière, Simonin, Chaugy, Velle. — Fiefs : Patigny, Gissy, l'Etang-Verdeau.

**VALENCIENNES.** — Claude de Valenciennes, écuyer, seigneur de Balot en partie et de Chamagneulx, entré aux Etats de 1572, était archer de la compagnie de M. de Clermont. Nous ne savons rien sur sa famille.

**VALLEROT.** — *D'or à cinq oiseaux ou merlettes d'azur, deux, un et deux.* — Philibert Vallerot, écuyer, seigneur de Buxillon en 1496, eut pour fils Philibert II, homme d'armes des ordonnances, père de Jean, gentilhomme ordinaire du roi, dont la postérité posséda les terres de Rasilly, Buxillon, Masoncle, Monneau, Flammerans, Sennecey et Chassigneux. Cette famille est originaire du Charollais. — Alliances : Chaumergy, Mâlain, Saint-Anthost, Montrichard, Vidart, Tisserand. — M. 1669, 1698. E. 1551.

**VALLETIER** ou **VALTIER.** — *Coupé : au 1, de sinople à l'agneau pascal d'argent, la banderolle croisée de gueules, et une étoile d'or posée au premier canton; au 2, d'or à la tête de More de sable, tortillée d'argent.* — La filiation de cette famille (1) est établie depuis Sébastien Valletier, qualifié écuyer, receveur et seigneur en partie de la baronnie de Choiseul, qui demeurait à Langres au milieu du XVIe siècle, et dont le fils Jean-Baptiste, pourvu en

---

(1) On trouve en 1496 noble seigneur Matelin de Valetier ou Baletier, seigneur de Praslin et mari de Jeanne du Plessis.

1575 d'une charge de maître des comptes à Dijon, se défit de cet office avant sa réception. Leurs descendants habitaient encore le bailliage de Chalon à la fin du XVIIe siècle. — Fiefs : la Noue, la Vacherie, parties de Merrey, Bassoncourt, la Villeneuve et Longepierre. — Alliances : Magnien, Petit, des Bruyères, Guiolot, Chanteray. E. 1671.

**VALON.** — *D'azur à la licorne d'argent.* — Palliot fait remonter l'origine de cette famille à Régnier Walon, gouverneur d'Arleux en 1282, et cite un Guillaume Walon, confesseur de Philippe-le-Hardi en 1376. Mais sa filiation authentique ne commence qu'en 1394, avec Henri, Odon et Jean Walon, écuyers à Boux-sous-Salmaise, dont l'un d'eux donna le jour à Etienne, fourrier du duc en 1435, père de Jean, maréchal-des-logis de Philippe-le-Bon en 1483, et bisaïeul de Nicolas, seigneur de Bârain, conseiller au parlement de Dijon en 1554. Les descendants de celui-ci formèrent plusieurs branches, celles des marquis de Mimeure (1), des marquis de Genlis et de Montmain, des seigneurs de Bârain, des seigneurs de Rosey et de Clémencey, et des seigneurs de Beauvoir. La première a fourni deux conseillers au parlement de Bourgogne en 1575 et 1652, un trésorier du bureau des finances en 1623, un précepteur du dauphin, fils de Louis XIV, et plusieurs officiers et chevaliers de Malte. Le dernier représentant de cette branche fut Jacques-Louis, marquis de Mimeure, maréchal de camp, de l'Académie française, mort en 1719. Le rameau de Genlis et Montmain commence à Nicolas, seigneur d'Hauteroche, conseiller au parlement en 1630, et a donné un second conseiller en 1663, un major et un enseigne des gardes du roi. A celui de Bârain appartient Claude, gouverneur de Flavigny en 1590, capitaine de cent hommes d'armes, receveur général des finances en Bourgogne, père de François, capitaine de Salmaise en 1615. La branche de Rosey a donné un maître des comptes à Dijon en 1585 et un conseiller au parlement en 1616. Celle de Beauvoir a possédé les terres de la Cour d'Arcenay, Millery et la Bazole. Enfin, un dernier rameau, demeuré à Boux-sous-Salmaise, a fourni plusieurs secrétaires du roi, contrôleurs à la chancellerie. — Alliances : Humbert, Languet, Comeau, Arviset, Villers, Fyot, Macheco, Vandenesse, Mochot, Millotet, Morin, Bretagne, la Chambre, Julien, Cronembourg. M. 1697. E. 1650.

**VANLAY.** — E. 1633. Il s'agit sans doute ici d'un seigneur du village de Vanlay, situé près de Chaource en Champagne. Cette terre a donné anciennement son nom à une famille noble dont plusieurs membres ont possédé des fiefs dans le bailliage de la Montagne aux XIIIe et XIVe siècles. Au XVIe siècle, une branche des Dinteville portait le nom de Vanlay.

**VAUCELLES.** — E. 1566. Richard de Vaucelles, chevalier, était seigneur dudit lieu en 1525, et époux de Marie de Cugnac-Dampierre.

**VAULX (DU) DE CHOISEUL.** — E. 1566. Voy. CHOISEUL.

**VAUX.** — *D'azur à la croix d'or.* — Famille qui s'est partagée en deux branches : celle des seigneurs de Boussenois, Licey et Volnay, maintenue en 1669, et celle des seigneurs de

---

(1) Le marquisat de Mimeure fut érigé en 1697 pour Jacques-Louis Valon, gentilhomme ordinaire du Dauphin, mestre de camp et lieutenant des gendarmes anglais.

Bize, dont nous avons parlé ailleurs. (Voy. BIZE.) Nous n'oserions affirmer qu'elle soit issue de Jean de Vaux, écuyer, qui tenait un fief à Volnay en 1295, et qui avait vendu peu auparavant au duc de Bourgogne la mouvance de tout ce qu'il possédait au finage de Vaux-en-Montmoyen (*in Monte medio*) vers Antigny, terre de franc-alleu. On trouve encore Jean, seigneur de Menesserre, qui donna en 1555 la terre de Sarrigny à sa fille Françoise, à cause de son mariage avec Jean de Fussey. E. 1633.

**VENOT.** — *D'azur au sautoir d'or, cantonné de quatre croissants d'argent.* — Famille originaire de Montcenis et partagée en quatre branches principales. La première a fourni un vicomte-mayeur de Dijon en 1619, un vierg d'Autun, plusieurs officiers à la chambre des comptes et un gentilhomme du duc de Mayenne en 1598. De la branche des seigneurs de Vérissey et Noisy, près Louhans, sont sortis plusieurs officiers distingués, entre autres Léonard Venot de Noisy, capitaine au régiment de Champagne, anobli par lettres de 1674, et N., lieutenant de vaisseau, tué à l'expédition du Maroc. Les deux autres branches, restées à Montcenis, ont fourni des officiers au bailliage de cette ville et un conseiller au parlement en 1780. Citons encore trois députés d'Autun aux Etats généraux de 1588, 1593 et 1614. — Fiefs : Drosson, Donjon, Bousot ou Bouzot, Hauteroche, Chemenot, Bougerot, Chassey. — Alliances : Calendel, Valon, Bataille, Beuverand, Lesage, Levieux, Montagu. M. 1669, 1698. E. 1668.

**VERDUN.** — *D'argent à trois chevrons de sable.* — Cette famille tire son nom de Verdun-sur-le-Doubs, dont Guy était seigneur en 1272. Elle posséda une partie de cette terre jusqu'au XV⁰ siècle, et s'établit ensuite dans le Chalonnais et dans le pays de Gex où on la trouve encore deux cents ans plus tard à la Corbière. E. 1476.

**VERGNE (LA).** — Rémond de la Vergne-Bouy, seigneur de Ladignac, entré aux Etats de 1671, 1674 et 1677, portait un nom complétement étranger à la Bourgogne. Nous avons fait remarquer à l'article Bouy qu'il avait ajouté ce dernier nom au sien. Or, comme la famille Bouy était, croyons-nous, originaire du Limousin, nous attribuerons à Rémond les armes de la Vergne de Marginier, en Limousin : *d'azur à trois cygnes d'argent.*

**VERGY.** — *De gueules à trois roses ou quintefeuilles d'or.* — Devise : *Sans varier.* — Duchesne donne pour auteur à cette illustre maison Guérin, comte d'Auvergne, de Chalon et de Mâcon en 825. Ce qu'il y a de certain, c'est qu'elle remonte au moins à Manassès, dit *le Vieil*, comte d'Auxois, de Chalon, de Beaune et de Dijon, seigneur de Vergy et fondateur du prieuré de Saint-Vivant vers 890. (V. CHALON.) Son fils Gislebert, comte d'Autun, époux d'Hermengarde, sœur de Raoul, roi de France, fut duc de Bourgogne de 950 à 956. Manassès le jeune, frère de celui-ci, fut la tige des comtes de Chalon et des seigneurs de Vergy qui retinrent le nom de leur château situé près de Nuits. On trouvera dans Duchesne la liste détaillée des diverses branches formées par les descendants de Manassès jusqu'au XVIIᵉ siècle, comme celles des seigneurs d'Autrey, de Châtelcensoy, de Mirebeau, de Fouvans, de Champlitte, de Port-sur-Saône, Saint-Dizier, Vignory, des comtes de Dammartin, des seigneurs de Montferrand, Champvans, Montrichier et Mantoche, des comtes de Champlitte et de Gruyères, barons de Morey, Flagey, Arc, Leffonds et la Motte, des seigneurs de Bourbonne et de Fontaine-Française, des seigneurs de Beauvoir et de Saint-Julien, des seigneurs de Beaumont-sur-Vingeanne, des barons de Donzy, Cosne, Nevers, Gien et Montmirail, etc. Nous nous bornerons à citer ici les principales illustrations de cette vaillante race qui s'éteignit en 1625, à la mort de Cleriadus de Vergy, comte de Champlitte, chevalier de la Toison d'or, baron de Vaudrey, capitaine-général du comté de Bourgogne pour le roi catholique. Humbert, dit Aizelin, était évêque de Paris en 1030 ; Hervé était abbé de Saint-Étienne de Dijon en 1175 ; Hugues lutta contre le duc de Bourgogne en 1183 avec l'aide du roi de France, qu'il suivit en Terre-Sainte ; il se qualifiait de *seigneur de Vergy par la miséricorde de Dieu*, et maria sa fille Alix à Eudes, duc de Bourgogne ; Guillaume fut institué en 1219 sénéchal héréditaire du duché de Bourgogne, titre que ses descendants portèrent jusqu'en 1498 ; un autre Guillaume était archevêque de Besançon en 1370 ; Jean, gardien du comté en 1393, maréchal de Bourgogne en 1401, fut un des guerroyeurs les plus déterminés de son époque, et ne le céda qu'à son fils Antoine, comte de Dammartin, chevalier de la Toison d'or, gouverneur de Bourgogne et Champagne, maréchal de France en 1429 ; Guillaume, seigneur de Mirebeau, était lieutenant-général et gouverneur du Dauphiné en 1360 ; Guillaume IV, baron de Bourbon-Lancy, maréchal de Bourgogne, s'attacha, après la mort de Charles-le-Téméraire, au service de Maximilien, roi des Romains, qui le fit son ambassadeur en France, puis son lieutenant-général aux pays de Gueldres et de Zutphen en 1504 ; Antoine fut archevêque de Besançon de 1502 à 1541 ; Claude, chevalier de la Toison d'or, maréchal et gouverneur de Franche-Comté en 1537, eut pour héritier dans ces charges son neveu François, comte de Champlitte (1), père de Claude et de Cleriadus, chevaliers de la Toison d'or, gouverneurs de Franche-Comté, les derniers de leur race. — Cette maison s'allia aux Anglure, Bauffremont, Blaisy, Charny, Châtillon, Choiseul, Cicon, Coligny, Courtenay, Dinteville, Fouvans, Fribourg, Genève, Granson, Joinville, Longvy, Miolans, Montbéliard, Mont-Saint-Jean, Neufchâtel, Noyers, Oyselet, Poitiers, Pontailler, Rochechouart, Rupt, Salm, Saulx, Semur, Toulongeon, la Trémouille, Vaudemont, Vienne. E. 1352.

**VERNE (LA), LAVERNE** ou **VERNE**. — *D'azur à trois demi-vols d'or, mouvant d'une rose de gueules, posée en abîme*. — Jean la Verne, premier auteur connu de cette famille, était secrétaire du roi et procureur syndic de Dijon en 1499. Son fils, Sébastien, aussi secrétaire du roi, mort en 1520, laissa entre autres enfants, Didier, enquêteur au bailliage, et Bénigne, le même sans doute qui devint conseiller au parlement en 1535, puis président, fut créé chevalier par lettres de 1585 en récompense de ses services, et mourut sans postérité. Parmi les enfants de Didier, nous citerons : 1° Bénigne, homme d'armes de la compagnie du marquis de Tavannes en 1569, capitaine de la ville de Dijon en 1586, dont le fils unique était gendarme de la compagnie de M. de Pluvault en 1598, et dont les descendants sont entrés aux États depuis 1648 ; 2° Gaspard, greffier des États du comté d'Auxonne, et 3° Jacques, avocat au parlement, plusieurs fois vicomte-mayeur de Dijon de 1566 à 1593, qui reçut des lettres de noblesse en 1590 (2), et, longtemps partisan de Mayenne, périt sur l'échafaud pour avoir voulu livrer la ville à Henri IV. Mentionnons encore Jean Verne, procureur du roi à la

---

(1) Érection en comté de la terre de Champlitte en 1574.
(2) On trouve encore en 1617 des lettres de noblesse accordées à Bénigne et Didier La Verne frères.

chambre des comptes sous Charles VIII; Bénigne Laverne, conseiller au parlement en 1573, qui portait : *d'argent à un aulne de sinople;* Didier, correcteur des comptes en 1611, et plusieurs militaires. — Alliances : Belrient, Fautrey, Fourneret, Morelet, Joly, Aigneau, Desmoulins, Godran, Garnier, Derequeleyne, Gobillon, Martenne, Troyes, Marcheseuil, Le Febvre, la Cordère, Trémizot. — Fiefs : Athée, la Chapelle-de-Villars, le Magny, Avot en partie, la Vieille-Verrière, Morveau, Véronnes, Ruffey, Corbeton, Nogent-les-Montbard, Vernay, Couchey en partie. M. 1666, 1669.

**VERNE (DE)**. — On trouve : Hugues de Verne, écuyer, châtelain de Baume en 1338, dont le sceau porte *une croix ancrée;* noble Pierre de Verne, seigneur de Marisy en 1593; Charles et Marthe de Verne, seigneur et dame de Serrigny en Auxois en 1560 et 1602, cette dernière mariée à Claude de Dampierre. E. 1665.

**VERNE (DU)**. — *De..... à trois tours crénelées.* — Cette famille posséda aux XVe et XVIe siècles la terre d'Etaule. Elle s'allia aux la Rivière, Baucheron, Hauston, Villiers, la Motte, Meun de la Ferté, et paraît remonter à Philippe du Verne, écuyer, vassal de Philippe de Pressy à Arcy au bailliage de Noyers en 1334. Citons encore : Philibert et Philippe, grand prieur et aumônier de Saint-Seine au XVe siècle; Pierre, écuyer, seigneur d'Etaules en partie, Saint-Père et Mons, convoqué à l'arrière-ban d'Auxois en 1498; Guillaume du Verne, capitaine de Montréal en 1497, seigneur de la Tour en Berry, et Simon, son frère, seigneur de Chaleman en 1501. E. 1551. — On trouve ce nom au bailliage d'Auxerre en 1789.

**VESVRE** ou **VAIVRE**. — *D'argent au sautoir de sable, chargé de cinq mâcles d'or.* — Ces armes sont celles d'une famille de Franche-Comté, à laquelle appartenaient, croyons-nous, Jean et Charles de Vesvre, frères, écuyers, originaires de cette province et qui, établis au duché de Bourgogne, obtinrent en 1543 des lettres de naturalisation. Charles devint bailli de Langres et maître d'hôtel de la reine-mère en 1572; il ne laissa qu'un fils, Jean, écuyer, gentilhomme du comte de Charny en 1576, entré aux Etats de 1581 et 1588, appelé par erreur Charles dans les listes. — Alliances : Montcornet, Martigny, Hélion. — Fiefs : Vesvre, Saliénart, Mornay-sur-Vingeanne, Menèble, Recey. — Nous ne savons pas si François de Vesvre, plusieurs fois entré aux Etats depuis 1608, était de la même famille. Il possédait les seigneuries de la Motte-des-Bois et du Fragnay, au bailliage de Montcenis.

**VEYNY**. — *Ecartelé : aux 1 et 4, d'or à un arbousier de sinople,* qui est Arbouse; *aux 2 et 3, de gueules à la colombe d'argent fondant en bande; sur le tout d'azur à trois molettes d'éperon d'or et un bâton de gueules péri en bande.* — Avant 1527 : *d'or au lion de sable.* — Originaire d'Italie, cette famille paraît être une branche de la maison romaine *Vaini*, à laquelle appartenait Guy, prince de Cantaloup, duc de Selci, marquis de Vacone, chevalier du Saint-Esprit en 1699, et mort en 1720. On croit qu'elle vint s'établir en France au château de Fernoël en Auvergne avant 1353, date du testament de Jean-Robert *Veini*, chevalier de l'ordre de l'Etoile et gouverneur de Montlhéry. Divisée en trois branches, celles de Fernoël, de Villemont et de Cherette, cette maison, pour qui la terre de Villemont en Auvergne fut érigée en marquisat en 1720 et celle de Fernoël en 1721, a fourni un lieutenant-général des armées en

1627, deux grands baillis d'épée du duché de Montpensier, un ambassadeur à Rome, un abbé de Cluny, un évêque de Clermont, plusieurs officiers généraux et chevaliers de Saint-Louis. Elle se rattache à la Bourgogne par la branche de Cherette fixée dans le Charollais en 1534, et seule existante aujourd'hui. — Fiefs dans cette province : Cherette, Villorbaine, la Chapelle-des-Bois. — Alliances : Arbouse, Bayard, Chenilly, Colbert, Epinac, Espinchal, Livron, du Prat, Raffin, Rochefort d'Ailly, Saint-Belin, Saint-Julien, Senneterre, Villars-Vaux, etc. E. 1668.

**VEZON.** — *De gueules à la bande d'argent, accompagnée en chef de trois étoiles de même, et en pointe d'un lion aussi d'argent.* — La filiation suivie de cette famille remonte à Antoine Vezon, qui vivait en 1312. Il eut pour fils Claude, écuyer, seigneur d'Annoux, père d'Hugues, seigneur de Cussy-le-Châtel en 1535. On trouve de ce nom deux conseillers au parlement, Mathieu en 1401 et Joseph en 1581. Ce dernier était seigneur d'Annoux et de Chevannay en partie. Palliot lui donne pour armes : *d..... semé de billettes d..... et deux lions d..... brochant sur le tout;* écartelé de Sayve. — Alliances : Le Fèvre, Montchanin, Marsay, Millard, Ramizelle, Hervy, Avoux. M. 1669. E. 1557.

**VIARD, VIART.** — *D'or à un phénix de sable, posé sur un bûcher de gueules; au chef d'azur, chargé de trois coquilles d'argent ou d'or.* — Devise : VIvit et ARdeT, les majuscules d'azur. — Famille originaire de Blois où l'on trouve Jean Viart, qualifié bailli en 1342, et dont la filiation a été donnée par d'Hozier depuis Jean, écuyer de Charles, duc d'Orléans, père de Louis XII, et mort en 1458. Sa descendance a fourni des conseillers d'état et au grand conseil, des maîtres des requêtes, des présidents aux gouvernements de Metz, Toul et Verdun, un trésorier de France, des militaires de divers grades. La branche de Bourgogne a été formée par Raymond Viart, qui remplaça en 1580 son père, Jacques, dans la charge de bailli de Blois, et dont le fils Guillaume, capitaine d'une compagnie de soixante hommes d'armes, capitaine et gouverneur de Mirebeau, se distingua dans les guerres civiles sous Henri IV. De lui sont issus Artus-Alexandre, seigneur de Montille-près-Semur, gentilhomme servant du roi, maréchal-des-logis des cent Suisses, et François, gouverneur pour le roi des salines et domaines de Lorraine en 1643, auteur de la branche des seigneurs de Chalvoisson restée en Bourgogne et de celle des seigneurs de Pimelle. — Alliances en Bourgogne : Gand, Euvrard, Neveu, Leclerc, Mugnier. — Fiefs : Ancy-le-Serveux, Quemigny, Quemignerot. M. 1671, 1698, 1700. E. 1679.

**VICHY.** — *De vair.* — Deux branches de cette famille ont possédé des fiefs en Bourgogne, celle d'Agencourt et celle de Champrond ou Chamron. La première tire son origine de Philippe de Vichy, chevalier, dont la veuve, Marguerite de Navilly, donne un dénombrement de ses terres en 1365. Parmi ses descendants, on peut citer : Guillaume, seigneur d'Agencourt, échanson de Philippe-le-Bon en 1421; Claude, seigneur d'Agencourt et de Premeaux en 1567; Charles, admis aux Etats en 1642; un autre Charles, officier au régiment d'Artois, chevalier de Saint-Louis en 1728; Claude, son fils, capitaine dans Piémont-Infanterie en 1759. Ils s'allièrent aux Rully, Tenarre, Traves, Faulquier, Villers, Chissey, Ugny, Morot, Lezay-Marnézia, Morillon, Haranguier, Courtot. — La seconde descend de Robert, époux de Marguerite de Chamron en 1371. La terre de Chamron, près de la Loire, fut érigée en comté en 1644 pour Gaspard de Vichy, gouverneur du Pont-Saint-Esprit, père de Gaspard II, capitaine des gendarmes de Berry, et aïeul de Gaspard III, maréchal de camp, dont la sœur, Marie, veuve en 1750, fut la célèbre marquise du Deffend. En 1766, Abel-Claude-Marie de Vichy, guidon des gendarmes de Berry, est qualifié comte de Chamron, marquis de la Borde, baron de Sombernon et Mâlain, seigneur de la Borde, Reuilley, Meursauge, Sainte-Marie-la-Blanche, Bourguignon, Travoisy, Grandchamp, Remilly, la Villotte, Mémont, Savigny-sous-Mâlain et la Serrée. Cette branche qui existe encore s'allia aux Montorge, du Broc, Villeneuve, Rabutin, Bousseval, Gorrevod, la Boutière, Amanzé, Simiane, Albon, Brûlart, etc. — M. 1669. E. 1560.

**VIDAL.** — *D'or à un dragon parti de sinople et de gueules, écartelé d'azur à deux vaches d'or, accornées, clarinées et onglées d'argent, posées l'une sur l'autre; alias : d'or à deux vaches de gueules, accornées, clarinées et onglées d'azur, écartelé d'azur à un dragon d'argent.* — Cette famille, originaire de Picardie, a possédé en Bourgogne les seigneuries de Cruzilles, Senecey, Charsilly et Fleury. Elle s'est alliée aux la Menue. M. 1698. E. 1576.

**VIDART.** — Ponthus de Vidart, mari de Françoise Chabot, était en 1619 seigneur de Cruzilles et de Senecey en Bresse. Ne serait-ce pas son fils qui est inscrit dans la liste de 1671, et n'appartiendrait-il pas à la famille précédente?

**VIENNE.** — *De gueules à l'aigle éployée d'or, membrée d'azur.* — Devise : *Tout bien à Vienne.* — Cette maison, considérable par son antiquité et par les grands hommes qu'elle a produits, tire son origine de Philippe, seigneur d'Antigny, de Pagny et de Sainte-Croix, qui vivait en 1180. Son arrière-petit-fils, Hugues III, épousa Béatrix de Vienne, fille de Guillaume, comte de Vienne et de Mâcon, et en eut Hugues IV, seigneur de Pagny, Lons-le-Saulnier et Pimont, qui prit avant 1256 le nom et les armes de Guillaume de Vienne, son oncle maternel. (Voy. ANTIGNY.) Ses descendants se divisèrent en un grand nombre de branches, qu'il importe de faire connaître. — I. La branche de *Longvy* a fourni Jacques I*er*, fait prisonnier à la bataille de Brignais, et Jacques, tué à Nicopolis en 1396. — II. Celle des seigneurs de *Saint-Georges* et de *Sainte-Croix*, issue de Guillaume II, seigneur de Longvy en 1320, a produit Guillaume IV, surnommé *le Sage*, conseiller et chambellan du duc de Bourgogne, grand chambellan et gouverneur du dauphin, premier chevalier de la Toison d'or, mort en 1434. — III. Celle des seigneurs de *Pimont*, *Ruffey* et des comtes de *Commarin* descend de Philippe, fils de Hugues V, seigneur de Longvy en 1315, et a donné entre autres illustrations : Gérard, chevalier de l'ordre du roi et de la reine Éléonore d'Autriche, chevalier d'honneur au parlement de Dijon en 1515; Jean, baron de Ruffey, gouverneur du Bourbonnais et chevalier des ordres; Antoine, substitué aux nom et armes des Toulongeon, pour qui la terre de Commarin fut érigée en comté en 1588; Jacques-François, lieutenant-général en Bourgogne, père de Charles, baron de Châteauneuf et de Chevreau, lieutenant-général des armées, et aïeul d'Henri, comte de Commarin, lieutenant-général de la même province, qui se démit de ses fonctions en 1671; Louis, chevalier d'honneur au parlement de Dijon en 1697, et Louis-Henri, son fils, comte de Vienne, colonel de cavalerie, mort le 4 mai 1793 à Constance, dernier héritier mâle de ce nom glorieux. — IV. La branche de *Chevreau* commence à Jean, baron de Chevreau, père de Guillaume et aïeul d'Henri, maréchal de camp de l'armée espagnole, à qui Philippe II accorda plusieurs riches pensions en reconnaissance de ses services en Portugal et contre les Turcs. Il mourut en 1582, laissant un fils, François, décédé sans postérité. — V. La branche de *Pagny* remonte à Jean, fils de Philippe, sire de Pagny et de Pimont en 1283, et s'éteignit dans la personne de Gérard, seigneur de Neublans au XV° siècle. — VI. Celle des seigneurs de *Rollans* et de *Listenois* reconnaît pour chef Guillaume, fils puîné de l'auteur de la branche de Pagny, et tire sa principale illustration de Jean, amiral de France en 1373, tué à Nicopolis en 1396. Son petit-fils, du même nom, conseiller et chambellan du roi, maréchal de Bourbonnais, n'eut qu'un fils, Philippe, baron de la Roche-Nolay, décédé sans postérité masculine.—VII. Le rameau des seigneurs de *Montbis* et d'*Arc-en-Barrois* a produit un évêque d'Autun et deux sénéchaux de Bourbonnais et de Bourgogne aux XV° et XVI° siècles. Son dernier représentant mourut en 1537, laissant ses biens à Antoine de Bauffremont, son neveu, à la charge de porter le nom et les armes de Vienne. — VIII. La branche des barons de *Clairvaux*, issue de la précédente, a donné : Claude, chambellan de Charles-Quint, père de Nicolas, chef du rameau des seigneurs de Vauvillars et des comtes de Châteauvieux ; et Claude-Antoine, baron de Coppet, souverain de Courcelles et de Bettoncourt, colonel de cinq mille reîtres, chef des Huguenots français au XVI° siècle. — IX. Enfin celle de *Mirebeau* remonte à Jean, seigneur de Mirebel-en-Montagne vers 1283, et a produit un gardien du comté de Bourgogne en 1342 et un chambellan du duc en 1399. — Cette antique maison, qui a donné en outre des archevêques de Besançon et de Rouen, des évêques de Langres et de Chalon, des grands gruyers de Bourgogne, des lieutenants-généraux, etc., s'est alliée aux Bourgogne, Champagne, Genève, Vergy, Chalon, Montbéliard, Longvy, Granson, Rye, Dinteville, Chastellux, Bauffremont, la Baume, Rupt, Frolois, Pontailler, Clermont, Toulongeon, Luxembourg, la Rochefoucault, Damas, la Guiche, Choiseul, Jaucourt, Grolée, Rochechouart, Saint-Julien, Cusance, Fyot, Bouton, etc. — Elle a possédé entre autres terres Pagny, Louhans, Longepierre, Navilly, Saint-Seine, la Perrière, Sainte-Croix, Saint-Georges, Montmorot, Senecey, Bonnencontre, Châteauneuf, Commarin, Grosbois-en-Montagne, Dracy-le-Fort, Arc-en-Barrois, Pommard, etc. E. 1355.

**VIENNE-BUSSEROLLE** et **GEVROLLE**. — *D'argent à l'aigle éployée de sable.* — Une branche de la maison dont nous venons de parler existait dès le XIV° siècle en Champagne et dans le comté de Bar-sur-Seine ; c'est celle des seigneurs de Gevrolle et de Busserolle qui ont toujours été reconnus pour parents par les descendants des comtes de Vienne. Cette branche paraît remonter à Bertrand, chevalier en 1395, dont le fils Jean, seigneur du Pont-Saint-Vincent, eut un fils, Nicolas, capitaine de la ville de Ligny en 1449. Elle a produit un chambellan du comte de Brienne qui testa en 1505, plusieurs secrétaires et conseillers du roi à Bar-sur-Seine et Troyes, et un lieutenant particulier au châtelet de Paris en 1686. Un rameau détaché de cette branche et issu d'Antoine, gruyer du comté de Brienne en 1563, a possédé la terre de Marnay, et a fourni entre autres membres : Jean, capitaine en chef des arquebusiers de Troyes en 1596 ; François, gentilhomme ordinaire de la chambre, commandant d'une compagnie d'infanterie et capitaine de Bar-sur-Seine, marié en 1625 à Françoise

Vignier; Gabriel, lieutenant de chevau-légers, bailli de Bar-sur-Seine en 1667 ; Henri, maître d'hôtel du roi à la même époque, etc. — Alliances : Noroy, Maréchal, Largentier, Corberon, André, Mauclerc, Fleuriau, Turpin. — Fiefs : Plancy, Gevrolle, Reges, Girode, Presle, Torvilliers, Busserolle, Argentenay, Mailly, Bouvcrot, Bailly, Nuisement, Précy, Marnay. M. 1670. E. 1577.

**VILLARS.** — *Bandé d'or et de gueules de six pièces.* — Cri : *Villars.* — Illustre famille de Bresse que Guichenon fait remonter à Etienne, seigneur de Villars, vivant en 1030, et dont la descendance s'éteignit au cinquième degré en la personne d'Etienne II, seigneur de Villars et de Loyes en Bresse, du Châtelard en Dombes et de Rochetaillée en Lyonnais. Sa fille unique, Agnès, épousa au commencement du XIII° siècle Etienne de Thoire, qui prit le nom et les armes de Villars porté par ses descendants jusqu'à leur extinction. Guichenon estime que cette famille a donné son nom au château de Thoire ou Thoires en Bugey, et rapporte que ses membres ont porté les titres de : *Magnifiques, puissans seigneurs, illustres barons, princes, sires de Thoire et de Villars, comtes de Genève, d'Avelin et de Beaufort.* Elle a possédé trente-trois fiefs en Bresse, quarante-cinq en Bugey, quatre au comté de Bourgogne et quatorze au pays de Dombes, et s'est alliée aux Bourgogne, Viennois, Savoie, la Chambre, Clermont, Roussillon, Beaujeu, Coligny, Montaign, Chalon, Genève, Faucigny, Harcourt, Vienne, Lévis, Baux, Poitiers, la Tour-du-Pin, Aleman, la Roche, etc. On peut consulter au surplus sur cette famille Guichenon qui en a donné la filiation depuis Hugues, sire de Thoire, bienfaiteur de l'église de Saint-Pierre de Nantua en 1110, jusqu'à Humbert VII° du nom, mort en 1423. C'est ce dernier qui figure dans la liste de 1412. La branche des seigneurs du Montelier en Bresse et de Belvoir en Bugey, et celle de Lyarens s'éteignirent également au XV° siècle (1).

**VILLARS-VAUX.** — *D'azur au cornet d'argent, enguiché et lié en sautoir d'or.* — Famille du Charollais qui entra aux Etats de 1682 sur preuves remontées à Bernod de Villars, écuyer, père d'Antoine, qui épousa en 1546 Catherine du Crest. Ses descendants, alliés aux Raffin, Mole, Thésut, Maritain, possédèrent les seigneuries de la Chapelle-des-Bois, Vaux-sous-Suin (2), Saint-Branché, Mont, et s'éteignirent au XVIII° siècle. — Décharge de franc-fief par arrêt de 1640. M. 1698.

(1) Nous avons vu (art. CUSSIGNY) que le gentilhomme inscrit sous le seul nom de Villars, dans les listes de 1653 et 1658, était sans doute un Cussigny-Villars. Quant à N. de Villars, entré aux Etats de 1570, nous ne savons à quelle famille il appartenait. En 1385, Pierre de Villars ou Viliers, chevalier, chambellan de Philippe de Bar, portait : *semé de quintefeuilles de roses ou de fleurs avec un lambel.* En 1484, Guillaume de Villars résigna l'office de grand louvetier des duché et comté de Bourgogne. En 1621, Jean de Villars était contrôleur-général triennal des mortes-payes en Bourgogne (voy. VILLARS-VAUX). Enfin, dans la liste de 1671, on voit figurer un baron et un comte de Villars. C'est par erreur qu'on a proposé pour le second de lire Thoiré. Il est probable que ces deux gentilshommes appartenaient à la maison de Villers-la-Faye, dont le nom se trouve fréquemment écrit dans les anciens titres Villars-la-Faye, notamment dans la *Déclaration des biens des communes en* 1665.

(2) On trouve en 1496 un Jean de Villers, seigneur de Vaux-en-Beauvoisin. D'autre part nous devons faire remarquer que la seigneurie de Vaux-sous-Suin, possédée encore au XVII° siècle par les Villars-Vaux, avait donné son nom à une ancienne famille dont était Guy, chevalier, capitaine du château de Dondain en 1358, qui reconnut en 1373 que sa ville de Vaux-sous-Suin était de la garde, ressort et souveraineté du Charollais, au siège de Dondain. Vers le même temps, en 1366, on trouve une quittance de Guiot de Vaux ou du Vaux, écuyer, qui portait pour armes, comme les Villars-Vaux, *un cor enguiché.*

**VILLE-SUR-ARCE.** — *Burelé de quatorze pièces.* — La terre de Ville-sur-Arce, au bailliage de Bar-sur-Seine, a donné son nom à d'anciens seigneurs dont on trouve la trace dès le XIV° siècle. Geoffroy de Ville-sur-Arce, père de Gérard, vivait en 1380. Jean, châtelain de Gray, conseiller et chambellan du duc, était bailli d'Amont en 1384. Un autre Jean était seigneur de Ville-sur-Arce et de Noiron en 1473. Philippe est mentionné sous le titre d'écuyer dans l'arrière-ban de Bar-sur-Seine en 1545. Hélion laissa sa terre à sa fille, femme d'un Longeville, qui reprit de fief en 1611. Le sceau d'une Ysabeau de Ville-sur-Arce porte *trois besants surmontés d'un oiseau; au franc-quartier chargé de deux faucilles.* — Fiefs : Toire, Millery, Beaurepaire. — Alliances : Nogent, Saffres. E. 1563.

**VILLERS-LA-FAYE.** — *D'or à la fasce de gueules.* — Devise : *Fidèles de Villers-la-Faye.* Le plus ancien membre connu de cette famille est Aurat de Villers qui vivait en 1263. Mais on ne trouve une filiation suivie qu'à partir de Jean, maître d'hôtel du duc en 1380, aïeul de Jacques, conseiller, chambellan et échanson de Philippe-le-Bon, chevalier d'honneur au parlement de Bourgogne en 1447. Jacques eut pour petit-fils Sébastien, gentilhomme ordinaire de la chambre du roi en 1498. Après lui, on trouve : Louis, fils de Sébastien, chevalier de l'ordre, gentilhomme de la chambre, marié en 1559 à Françoise de Brancion; Philibert, seigneur de Gerland, époux de Jeanne de Lenoncourt en 1582 (1); François, capitaine de cent hommes d'armes, marié à Jacqueline de Pontailler en 1601; Louis II, marié à Madeleine de Bourbon-Busset en 1624; Jean-Louis, qui épousa en 1665 Eléonore Roussin de Crépan; Nicolas, marié à Antoinette des Barres, père de N., comte de Villers-la-Faye, capitaine au régiment du roi, qui épousa une de ses cousines. Cette famille a fourni un capitaine d'Argilly au XV° siècle, un abbé de Saint-Pierre de Chalon en 1534, plusieurs militaires et un aumônier du roi. Une de ses branches, issue de Jacques, a porté les titres de marquis et de comtes de Vaugrenans, et a fourni un chevalier des ordres, ambassadeur en Espagne. — Alliances : Breschard, Montjeu, Villeneuve, Sercey, Occors, Mâlain, Baissey, Maillot, Châtenay, Dugon, Damas, Clermont, Thyard, Tenarre, la Palu, Le Long, Cœurderoy, Saint-Belin. — Fiefs : Igornay, Magny, Arconcey, Boncourt, Culêtre, Echigey, Mauvilly, Chevigny-les-Dijon, Villeneuve, Châtelard et le comté du Rousset. Famille encore existante. E. 1448.

**VILLETTE (LA).** — *De gueules au lion passant d'argent.* — Cette famille, qui a possédé les terres de Fontenaille, Maisonneuve et la Motte-Chemilly, remonte à Bonaventure de la Villette, écuyer au commencement du XVII° siècle, et a été maintenue par l'intendant Ferrand en 1698. E. 1745.

**VINGLES.** — *D'or à la fasce d'azur; alias : d'azur à la fasce d'argent; écartelé d'azur à trois heaumes d'or.* — On remarque dans cette famille : Christophe, seigneur en partie de Quemignerot en 1520; Denis, capitaine de Châtillon; Etienne, chevalier de l'ordre, capitaine de Saulieu en 1577, et deux gouverneurs du château de Dijon, dont l'un, Georges, laissa deux fils : Denis, capitaine du château de Châtillon-sur-Seine et premier capitaine au régiment du baron de Thenissey en 1593, et Georges, qualifié la même année lieutenant de cent hommes

---

(1) Le seigneur de Gerland, porté sans nom patronymique à la page 16 de cet ouvrage dans la liste de 1579, était un Villers-la-Faye.

d'armes sous la charge du vicomte de Tavannes. — Alliances : Poinceot, Brazey, Remache, Colombier, Menesserre, Cressy, Le Maire de la Bondue, Daubenton, Longvay, Chargères, Breschard, Sercey, des Forges, Moreaul. — Fiefs : Saint-Broing-les-Fosses, Drée, Culêtre, Cussy-le-Châtel, Saverange, le Moulin-Rouge, parties de Clémencey, Quemigny, Quemignerot, Billy, Charrigny, Cosne. E. 1575.

**VINTIMILLE.** — *De sable, coupé d'or à trois épis de millet l'un dans l'autre.* Gélyot donne l'écu *d'or, coupé de gueules au lion d'argent, tenant à la patte droite une épée d'or, et couronné d'une couronne comtale de même, brochant sur le tout.* — Jacques de Vintimille, issu de la maison des comtes de Marseille, alliée aux Paléologue et Lascaris, et qui a fourni un grand nombre de chevaliers de Rhodes, fut obligé par des désastres de famille de se réfugier en Bourgogne, où il entra au parlement en 1549. Sa fille, Jeanne, épousa Melchior Bernard de Montessus. E. 1555.

**VIOLAINE.** — *D'azur à la fasce de gueules, accompagnée en chef de trois étoiles d'or, et en pointe d'un croissant sommé d'une étoile, tous deux d'or.* — Les titres de cette famille ayant disparu à Sézanne dans un incendie, on ne peut faire remonter sa filiation qu'à Hubert, seigneur de Montgallier au XVIe siècle. Son petit-fils, Hubert II, capitaine au régiment d'Aumale en 1622, fut aïeul de Daniel, capitaine au régiment de Persan en 1660, et bisaïeul de Claude, ingénieur en chef à Besançon, brigadier des armées du roi, entré aux Etats de 1712. — Alliances : Le Feroux, Le Normand, Gontaut, Damoiseau, Jussiard. — Fiefs : Montdaillon, la Cour-les-Maillys. M. 1668.

**VIRIEU.** — *D'azur à trois vires d'or.* — Devises : *Virescit vulnere virtus*, et : *Sine fine*. — Ancienne famille originaire du Dauphiné, connue dès le XIe siècle et partagée en plusieurs branches, dont on ne connaît pas le point de jonction. Celle des barons et marquis de Faverges et de la Palu, barons de Romagnieu, dont la filiation est établie depuis Martin, chevalier en 1252, a été substituée en 1477 aux nom et armes de Beauvoir, par suite du testament de François de Beauvoir, dont la fille Antoinette avait épousé Sibuet de Virieu (1). A cette branche appartenait Nicolas-Alexandre, fils et petit-fils de conseillers au parlement de Grenoble, qui entra aux Etats de 1781 comme propriétaire de quatre soitures de prés situées dans la prairie de Tart-le-Haut, dites le Pré-Molay, en fief et toutes justices ; il fit preuve de quatre degrés et présenta en outre les preuves qu'il avait faites en 1779 pour l'ordre de Saint-Lazare, comprenant huit races de noblesse paternelle sans principe. — Alliances : Florain, Vermenton, Grolée, Bouvard, Boffin, Sassenage, du Rouzier, Lostanges, Clavel, Luppé, la Tour-du-Pin, du Bouchet. M. 1668 en Dauphiné. Preuves pour Malte. E. 1775.

**VISÉ.** — E. 1648. — On trouve Visé en Brabant : *De gueules semé de billettes d'or ; au lion de même, brochant sur le tout.*

**VOGUÉ** ou **VAUGEUIL.** — *D'azur au coq d'or, le bec ouvert, barbé et crêté de gueules.* — Devise : *Sola vel voce leones terreo.* — Légende : *Fortitudine et vigilantia.* — « Il y a peu

---

(1) Par suite de cette alliance, cette branche des Virieu a longtemps écartelé ses armes ainsi : *aux 2 et 3, contrécartelé d'or et de gueules,* qui est Beauvoir.

de maisons dont l'ancienneté, les services, l'attachement constant à la religion, et surtout la fidélité à ses souverains soient constatés par un aussi grand nombre de titres que celle de Vogué. » On lit ces mots dans les preuves de cour faites en 1763 et 1770 par cette maison, l'une des plus distinguées du Languedoc, et qui possède depuis un temps immémorial les seigneuries de Vogué et de Rochecolombe en Vivarais. Connue dès l'an 1084, sa filiation est établie depuis Jean de Vogué, chevalier, dont le fils Audibert vivait en 1150. Un de ses membres, Raymond, fit partie de la troisième croisade, comme il résulte d'un acte d'emprunt souscrit en 1191 au camp devant Acre. Enfin, entrée de tout temps à Malte et alliée aux meilleures familles de sa province, elle a obtenu en 1671 un jugement de maintenue sur preuves remontant à Pierre de Vogué, fils d'Audibert, qui vivait au XV<sup>e</sup> siècle, et parmi les descendants duquel nous nous bornerons à signaler : Melchior, chevalier de l'ordre du roi et gentilhomme de sa chambre au XVI<sup>e</sup> siècle; Georges, Melchior et Cérice-François, grands baillis du Vivarais de père en fils, qui servirent tous trois dans les armées avec divers grades, et enfin Charles-François-Elzéar, marquis de Vogué, baron de four du Vivarais et des Etats de Languedoc, lieutenant-général des armées du roi en 1758, inspecteur général de cavalerie, commandant en Alsace et en Provence, chevalier commandeur des ordres du roi, qui mourut au moment de passer maréchal de France. Il hérita vers 1774 de Pierre, comte de Vogué, brigadier des armées du roi, dernier de la branche des seigneurs de Gourdan, qui lui laissa la grandesse d'Espagne de première classe et l'ancien marquisat de la Nocle, au bailliage de Bourbon-Lancy, qu'il avait recueillis lui-même dans la succession du duc de Villars, son cousin. Des trois fils de Charles-François-Elzéar, l'aîné, reçu provisoirement aux Etats de 1775, et depuis maréchal de camp et député du Vivarais aux Etats généraux de 1789, s'allia en secondes noces à l'héritière des Bouhier de Versalieux; le cadet, Jacques-Joseph-François, est monté en 1776 sur le siége épiscopal de Dijon.

**WALL.** — *D'argent à la croix de sable, chargée de cinq lionceaux du champ.* — Cette famille, originaire d'Angleterre, et connue dès le temps de Guillaume-le-Conquérant, s'est divisée au XII<sup>e</sup> siècle en deux branches, dont l'une, restée en Angleterre, a fourni un chevalier de la Jarretière lors de l'institution de cet ordre en 1349. Guillaume, chef de la seconde branche s'établit en Irlande après la conquête de cette île par les Anglais, et fut nommé grand maréchal d'une partie du pays, charge dans laquelle son fils lui succéda. On compte parmi ses descendants trois vicomtes de Carlow, cinq prélats d'Irlande, dont un grand trésorier du royaume, gouverneur général de la province de Munster en 1376, deux grands schérifs, etc. Plusieurs membres de cette famille, qui s'est alliée aux plus illustres maisons d'Angleterre et d'Irlande, passèrent en France, soit avec Jacques II, soit depuis, et y prirent du service. Ces faits sont constatés dans les lettres de reconnaissance de noblesse obtenues en 1747 par Barthélemy-François Wall, ancien lieutenant des gardes françaises, gouverneur des ville et château de Ham, et produites pour la réception de son parent Patrice Wall aux Etats de 1763. — Fiefs : Bouhey, Crugey, Sainte-Sabine.

# X

**XAINTONGE.** — *D'azur au chevron d'or, accompagné de deux étoiles de même en chef, et en pointe d'un croissant d'argent.* — Pierre de Xaintonge, d'abord gentilhomme de la chambre du roi, fut pourvu en 1510 d'un office de conseiller au parlement de Dijon. Son fils et l'un de ses petits-fils exercèrent de semblables offices en 1542 et 1579; un autre de ses petits-fils, Pierre, seigneur de Réglois et de Marnay, avocat général en 1615, est connu par ses harangues prononcées devant le parlement. Nous signalerons encore dans cette famille : N., poursuivant d'armes de l'écurie du roi en 1576; Jérôme, procureur du roi aux eaux et forêts du bailliage de Dijon en 1580, et Pierre, avocat à la cour, reconnu noble en troisième lignée en 1602. — Alliances : Piat, Virey, Collard, Gombault, Damotte, Devillebichot, Vaucouleurs, Bouillard, Murgault, Montholon. E. 1549.

**XAINTRAILLES.** — *D'argent à la croix alaisée de gueules.* — François, Nicolas et Joseph de Xaintrailles, frères, obtinrent en 1669 un arrêt du conseil qui, annulant une sentence de condamnation de l'intendant de Tours, les maintenait dans les qualités de nobles et écuyers, comme issus au troisième degré d'André de Xaintrailles, vicomte de Regnac, chambellan du roi et chevalier de son ordre. Cet André était un cadet de la maison de Xaintrailles en Gascogne, illustrée au XVe siècle par le maréchal Poton de Xaintrailles; il s'établit en Champagne où il épousa en 1516 Gabrielle de Lenoncourt, fille de Gabriel, baron de Rottelin, et d'Antoinette de Haraucourt, et s'engagea par son contrat à joindre à son nom celui de Rottelin. Son fils, Christophe, également chevalier de l'ordre et chambellan du roi, était en outre qualifié vicomte de Rotton, capitaine de cinquante chevau-légers et de deux cents arquebusiers à cheval. Tous ces détails sont tirés du procès-verbal de réception aux Etats de 1685 de Joseph de Xaintrailles, l'un des trois frères plus haut nommés, qui acheta en Bourgogne les seigneuries des Montots et de Navilly, et fut élu de la noblesse en 1688. — Erection en 1635 de la seigneurie de la Chapelle-Gaugain en vicomté sous le nom de la Chapelle-Xaintrailles, pour Jean de Rottelin de Xaintrailles, seigneur de Rotton.

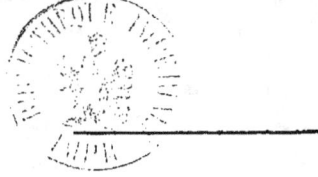

# TABLE ALPHABÉTIQUE

## DE TOUS LES NOMS DE FAMILLE

#### MENTIONNÉS DANS L'OUVRAGE

---

## A

Abricardot, p. 16, 109.
Absac, p. 171.
Aceret, p. 289.
Achard, p. 180, 214.
Achey, p. 173, 258, 313.
Agey, p. xxv. 189.
Agoult, p. 124.
Agrain, p. 190.
Aguesseau, p. 154.
Aignay, p. xxv, lxvii.
Aigneaul, p. 266, 320.
Aigremont, p. xxiv.
Ailly, p. 65, 74, 90, 109, 113, 282.
Aisey, p. xxv.
Alamartine, p. 216. Voy. Lamartine.
Albert, p. 143, 216.
Athon, p. 175, 177, 190, 206, 284, 293, 322.
Albret, p. 186, 170, 266.
Alègre, p. 162, 269.
Alépy, p. 183.
Alexandre, p. 88.
Alichamp, p. 198.
Aligny, p. 4, 109, 189.
Alixant, p. 172, 202, 234, 242, 296.
Alixand, p. 219.
Alleman de Cantoinet, p. 282.
Alleman de Champier, p. 193.
Alleman de Montmartin, p. 282.
Allemant, p. 124, 324.
Allerac, p. 16, 109, 250, 311.
Allonville, p. 116.
Atonne, p. 172.
Alost, p. 197.
Alouaise, p. 308.
Alsace, p. 154, 208.
Amance, p. 193.

Amanges, p. 8, 110, 294.
Amanzé, p. 17, 18, 20, 23, 24, 28, 32, 33, 34, 110, 152, 173, 211, 272, 288, 312, 322.
Amanzé, p. 97. Voy. Queuille (la).
Ambly, p. xxx, 205, 274, 306.
Amboise, p. 123, 219, 277, 287, 313.
Amelot, p. 107.
Amoncourt, p. 9, 10, 110, 118, 149, 289.
Ancel, p. 171.
Ancey, p. xxiii, 155.
Anchemant, p. 41, 43, 48, 50, 53, 110, 215.
Ancienville, p. 34, 111, 138, 136, 203, 269.
Andelot, p. 11, 15, 17, 25, 27, 28, 29, 111, 160, 190, 247, 248.
Andigné, p. 312.
Andrault, p. 32, 33, 36, 38, 39, 40, 41, 43, 45, 46, 49, 51, 70, 89, 111, 136, 163, 178, 260, 307, 318.
André, p. 104, 282, 283, 324.
Andrieux, p. 237.
Angeli, p. 153.
Angennes, p. 221.
Angeville, p. 138, 150, 205.
Anglard, p. 106.
Anglure, p. xxv, 7, 8, 20, 21, 22, 23, 24, 27, 30, 111, 194, 228, 230, 281, 294, 297, 300, 314, 319.
Anglure, p. 99. Voy. Defranc.
Angoisselle, p. 268.
Angoulême, p. 151.
Angoulevant, p. 222.
Anguy, p. 51, 112.
Anlezy, p. 213, 242, 274.
Anneton, p. 216.
Anstrude, p. 42, 43, 45, 52, 55, 73, 112, 152, 272.

Anthès, p. 90, 103.
Antigny, p. xv, xxxiv, lxv, 2, 112, 244, 322.
Antilly, p. lxvii, 137.
Antioche, p. 189.
Apchon, p. 111, 248, 281, 282.
Apremont, 216.
Aquin, p. 256.
Arbalète, p. 278.
Arbouse, p. 99, 321.
Arc-en-Barrois, p. lxvi.
Arc-sur-Tille, p. lxv, lxvi, lxvii, 294.
Arceau, p. xxv.
Arcelin, p. 8, 112, 115, 158, 169, 224.
Arcelot, p. 92, 205.
Arcy, p. 173, 181, 247, 279.
Ardenne, p. 268.
Argence. p. 60 Voy. Journard.
Argent, p. 234.
Argenteuil, p. 93. Voy. Bascle (le).
Arinthot, p. 244.
Arlaquin, p. 299.
Arlay, p. 47, 49, 51, 52, 104, 118, 119, 179, 184, 213, 214.
Arlos, p. 245, 284.
Armagnac, p. lxxvii, 148.
Armenier, p. xxxviii, 3, 113.
Armet, p. 262, 282, 314.
Armoises (des), p. 283.
Armstorf, p. 173.
Armynot, p. 84, 84, 102, 113, 222.
Arnal de la Faye, p. 216.
Arnaud, p. 311.
Arnoux, p. 90.
Arquien, p. 155. Voy. Grange (la).
Arquier, p. 99.
Ars, p. 190.
Arviset, p. 56, 113, 126, 177, 299, 317.
Asnel, p. 193.

Assay, p. 100. Voy. Estud.
Asselin, p. LI.
Assigny, p. 54, 99, 114, 203, 244.
Athic, p. 173.
Athose, p. 135.
Aubert, p. 54, 114, 164, 200, 209.
Aubespin (l'), p. 3, 5, 8, 9, 15, 17, 110, 114, 158, 180, 252, 259.
Aubeterre, p. 15, 59, 60, 66, 114.
Aubigny, p. 183, 274.
Aubonne, p. 212.
Auboys, p. 241.
Aubriot, p. 2, 114.
Aubusson, p. 139, 246.
Aubuys (des), p. 312.
Audegant, p. 251.
Audra, p. 85.
Aullenay, p. 14, 17, 22, 26, 38, 43, 45, 48, 54, 55, 114, 154, 171, 181, 204, 226, 239.
Aulnay ou Dosnay, p. 315.
Aulon, p. 41, 43.
Aumaitre, p. 179.
Aumay pour Damas, p. LXV, LXVI.
Aumont, p. 6, 7, 8, 9, 10, 22, 115, 238, 254, 281.
Aurey, p. 200.
Autels (des), p. LXXVII.
Autrey, p. 206.
Autriche, p. 138, 311.
Autricourt, p. 265.
Autun, p. LXVII.
Auvergne, p. 280, 313.
Auvet, p. 27, 50, 53, 115.
Aux Epaules, p. 185. 254. Voy. Nesle.
Auxerre, p. LXV, 5, 115. Voy. Chastellux.
Auxy, p. 8, 11, 12, 115, 169.
Avanches, p. XLI.
Avaugour, p. 134.
Avenières, p. 172.
Avigneau, p. 99, 100. Voy. Marie.
Avisart, p. 303.
Avot, Avout, p. XLIII, 174, 321. Voy. Davout.
Avrillot, p. 113.
Aydic, p. 267.
Aymond, p. 87.
Ayne, p. 232.

B

Babutte, p. 21, 115.
Bachelard, p. 310.
Bacheret, p. 9.
Badier, p. 93, 230.
Badoux, p. 58, 116, 187, 234, 241.
Bady, p. 101.
Bagé, p. XXX.
Baglion, p. 36, 37, 41, 63, 116.
Bagnard, p. 42, 65, 78, 116.

Baille (la), p. 95, 262.
Baillet, p. 62, 68, 100, 116, 117, 137, 141, 143, 195, 200, 233, 241, 248, 249, 250, 262, 272.
Bailleul, p. 230.
Baillon, p. 312.
Bailly, p. LV, 120, 179, 264, 291.
Baillyat, p. 85, 103.
Buis-Damas, p 50, 53, 57, 117, *errat.*
Baissey, p. XVIII, XLIV, 6, 7, 8. 9, 10, 11, 12, 13, 16, 17, 18, 117, 171, 182, 241, 251, 263, 287, 289, 314, 325.
Balard, p. 104. 152.
Balathier, p. 10, 11, 40, 44, 47, 50, 53, 58, 67, 78, 117, 143, 165, 210, 279, 299, 309.
Balavoyne, p. 115.
Balay, p. 166, 168, 211, 251, 268, 292, 294.
Balesmes, p. XXXVIII.
Baletier, p. 316.
Balfoug, p. 19, 118.
Balidan, p. 19, 118.
Balidart, p. 118, 194, 239.
Balme (la), p. 252, 286, 296.
Balmondière (la), p. 99.
Balore, p. 273, 274.
Baltazin, p. XLII.
Ban (du), p. LXXXI, 42, 44, 46, 53, 57, 70, 94, 118, 181, 256, 266, 316.
Bancenel, p. 178.
Bannelier, p. LIV.
Bar, p. XVIII, XXXIX, 3, 108, 118, 119, 122, 173, 182, 212, 298.
Bar-Limanton, p. 69, 70, 119.
Barangier, p. 229, 285.
Barbançon, p. 269.
Barbier, p. 68, 83, 105, 119, 225.
Barberie, p. 90, 195.
Barbotte, p. 233.
Barbuot, p. 92, 103, 104.
Bard, p. 38, 39, 42, 58, 119.
Barde (la), p. 193.
Barges, p. XLIV, 137.
Barillon, p. 110, 145, 154.
Barjod, p. 141, 227, 256.
Barnault, p. 188, 168, 220, 250.
Barollet, p. 180.
Baron, p. 244.
Baronnat, p. 66, 119, 149.
Barre (la), p. 41, 42, 101, 119, 120.
Barres (des), p. 8, 33, 40, 41, 44, 47, 48, 51, 56, 120, 127, 132, 141, 158, 159, 175, 191, 194, 196, 198, 205, 220, 221, 227, 242, 243, 244, 269, 301, 306, 308, 325.
Barres (des) de Saint-Martin, p. 19, 120, 123, 265, 288.
Barressol, p. 279.
Bart, p. 119.
Barthelot, p. 62, 71, 97, 98, 120, 121, 142.

Bascle (le), p. 60, 75, 77, 93, 94, 101, 118, 121, 134, 137, 210, 221.
Basirette, p. 236.
Basole (la), p. 190.
Basset, p. 85.
Bassière (la), p. 100.
Bassompierre, p. 172, 223.
Bastard, p. 103.
Bastet, p. 170. Voy. Crussol.
Bastier, p. 205.
Bataillhe, p. 90.
Bataille, p. XLIV, 3, 8, 9, 35, 37, 38, 39, 42, 43, 45, 46, 48, 50, 56, 59, 63, 64, 65, 69, 70, 77, 84, 90, 92, 121, 152, 181, 198, 202, 229, 286, 318.
Battut (du), p. 15, 17, 18, 121, 171, 260.
Batz-Castelmore, p. 66, 122.
Bauhigny, p. 2, 122.
Baucheron, p. 320.
Baudean, p. 80, 196.
Baudenet, p. 92, 223.
Bauderon, p. 127, 129, 293.
Baudesson, p. 99.
Baudinot, p. LXXVII, 65, 122, 135, 237, 303.
Baudoin, p. 93, 141, 153, 277.
Baudoccourt, p. 3, 122.
Baudot, p. XLV, LXXI, 230, 235, 281.
Baudricourt, p. 287.
Baudry, p. 95.
Bauffremont, p. XLI, XLII, LXX, LXXI, LXXXI, 4, 5, 6, 7, 8, 9, 10, 11, 12, 13, 14, 16, 17, 18, 21, 22, 23, 25, 49, 51, 120, 122, 132, 151, 172, 194, 204, 223, 226, 231, 243, 244, 249, 268, 275, 284, 294, 302, 309, 310, 319, 323.
Baugé, p. XV.
Baugis (des) p. 6, 13, 123, 191, 235, 298.
Bault, p. 237.
Baume (la), p. XXXVIII, LVII, LXXVIII, 5, 15, 19, 31, 33, 35, 36, 39, 41, 52, 55, 59, 73, 77, 90, 96, 98, 123, 159, 173, 198, 206, 226, 255, 259, 276, 289, 293, 294, 303, 309, 314, 323.
Baume-Mont-Saint-Léger (la), p. 113.
Baux, p. 147, 324.
Bauyn, p. 69, 124, 181, 276, 296.
Bavière, p. XXXIV, 170, 291, 292.
Bayard, p. 321.
Baye, p. 206.
Bazard, p. 107.
Bazasne, p. 108.
Bazelle, p. 229.
Bazerne, p. LXV, LXVII.
Beauchâteau, p. 137.
Beaufort, p. 13, 124, 165, 300.
Beaufort-Montboissier, p. 281.
Beaujeu, p. XXIV, XXXIII, 2, 124, 168,

— 331 —

172, 175, 190, 222, 238, 244, 260, 297, 315, 324.
Beaulieu, p. 165.
Beaulien-Rusé, p 50, 53, 124.
Beaumont, p. xxiv, xxx, 144, 172, 215, 218.
Beaune, p. xxxiv.
Beaupoil, p. 216, 265.
Beauregard, p. 124, 268.
Beaurepaire, p. lxxxiv, 38, 40, 42, 43, 52, 61, 71, 88, 90, 125, 219, 270.
Beauvau, p. 173, 194, 206, 221.
Beauvernois, p. 272.
Beauvoir-Chastellux, p. 12, 13, 14, 16, 18, 20, 22, 27, 28, 29, 30, 31, 70, 125, 153, 243.
Beauvoir de Grimoard, p. 116.
Beauvoir-Virieu, p. 326. Voy. Virieu.
Beauvoisin, p. 12, 13, 14, 125, 189.
Bec (du), p. 252.
Bégat, p. lxxi, lxxii, 194.
Begin, p. 103.
Begon, p. 225.
Beire, p. lxvi.
Bel (le), p. 32, 35, 37, 38, 125.
Belin, p. 88, 260.
Belin (le), p. 81, 103, 127, 205, 207, 214, 223, 227, 308.
Bellay (du), p. 114, 212.
Bellecombe, p. 7, 34, 125.
Belle-Croix, p. 289.
Bellegarde, p. 142, 245, 286.
Bellenave, p. 152, 281.
Belleperche, p. 61, 125, 168, 172, 248.
Bellet, p. 103.
Bellombre, p. 94.
Bellou, p. 96.
Belluchon, p. 29, 32, 33, 34, 38, 41, 126, 155, 298.
Belot, p. 104.
Belouze, p. 142.
Belrien, p. 188, 278, 306, 320.
Bénier, p. 257.
Bennist, p. 209.
Bérail, p. 183.
Bérard-Demonge, p. 223, 264.
Bérardier, p. 234.
Béraud, p. 303.
Berbis, p. liii, 31, 33, 37, 39, 42, 43, 44, 45, 46, 47, 48, 49, 51, 52, 53, 55, 57, 59, 60, 62, 63, 65, 68, 69, 71, 77, 79, 80, 84, 85, 90, 126, 127, 134, 160, 163, 184, 190, 195, 202, 207, 211, 234, 236, 272, 278, 279, 304.
Berbisey, p. xlv, 55, 120, 126, 129, 146, 149, 181, 194, 203, 206, 215, 236, 242, 250, 264, 295, 306.
Bereur, p. 63, 84, 126, 127.
Berger, p. 28, 34, 54, 127, 168.
Berghes, p. xxxviii.
Bergier, p. 106, 226.

Béringhen, p. 90, 132.
Berlin, p. 86.
Bermond, p. 267.
Bernage, p. 97, 100.
Bernard, p. 121, 137, 193, 214, 230, 236, 260, 279.
Bernard de Chanteau, p. 11, 60, 61, 68, 73, 76, 77, 78, 81, 96, 97, 108, 121, 127, 215.
Bernard de Montessus, p. 12, 14, 16, 17, 18, 24, 25, 26, 29, 30, 32, 34, 36, 37, 38, 39, 40, 41, 42, 43, 44, 45, 46, 48, 50, 52, 56, 59, 66, 68, 75, 78, 87, 90, 128, 143, 167, 194, 272, 289, 292, 304, 307, 308, 312, 326.
Bernard de Sassenay, p. lxxv, 26, 49, 51, 56, 60, 76, 78, 79, 80, 82, 90, 92, 128, 141, 194, 301.
Bernardon, p. 42, 43, 45, 47, 129, 134, 159, 214, 218, 233, 234, 242.
Bernault, p. 14, 114, 129, 144, 151, 182, 208, 239, 255, 288.
Bernay, p. 27, 129.
Bernezel, p. 229.
Bernigaud, p. 89, 90, 104.
Berquam, p. 184.
Bertauld, p. 90, 194, 245.
Berthelon, p. 168, 315.
Berthelot, p. 118.
Berthet, p. 57, 59, 60, 64, 97, 129, 179.
Berthier, p. 92, 100, 157, 220.
Berthot, p. 17, 34, 38, 129, 244, 251, 253.
Berthon, p. 77, 130, 219.
Bertreau, p. 7.
Berwick, p. 146.
Berzé, p. xviii, lxvi.
Besch, p. 46, 130.
Besserel-Marillat, p. 303.
Béthisy, p. 237.
Bethoulat, p. 19, 130, 189.
Béthune, p. 90, 143.
Beugre, p. 34, 39, 47, 49, 52, 66, 68, 69, 98, 130, 169, 183, 242, 274.
Beuverand, p. xc, 90, 103, 150, 215, 261, 272, 304, 318.
Beyn ères, p. 124.
Bey (le), p. 164.
Bèze, p. xlv.
Bezens, p. 84.
Bichain, p. 104, 215.
Bichot, p. liii, 116, 205, 264.
Bief (du), p. 97.
Bien, p. 80, 92, 130, 182.
Biguy, p. 180.
Billocart, p. 306.
Billot, p. 254.
Billy, p. 37, 41, 130, 236, 280.
Binans, p. 307.
Biolati, p. 314.
Biolay, p. 97.
Bissey, p. 224.

Bize, p. 37, 131, 318.
Bizoton, p. 104.
Bizouard, p. 103, 111, 207.
Blaisy, p. xxv, xxxviii, xxxix, lxvi, lxviii, 1, 2, 131, 155, 167, 168, 204, 237, 243, 281, 319.
Blamont, p. 309.
Blanc (le), p. 234, 236.
Blanchefort, p. 19, 131, 175, 182.
Blanchet, p. 88, 122.
Blancheton, p. 85, 86.
Blanot, p. 48, 49, 51, 64, 131, 177, 191, 225, 278.
Blé (du), p. lvii, 6, 9, 10, 12, 13, 14, 15, 16, 17, 18, 19, 20, 52, 121, 123, 131, 137, 177, 187, 253, 274, 276, 302.
Bletonnière (la), p. 96, 127.
Bletterans, p. 284.
Blic, p. 95, 155, 174.
Blond (le), p. 14, 132, 240, 249.
Bloudat, p. 212.
Blondeau, p. 164, 225, 299.
Blondefontaine, p. 18, 130, 132, 246, 305.
Blondel, p. 271.
Blondet, p. 133.
Bluette, p. 37, 42, 43, 46, 132.
Bluguet, p 102.
Bochailles, p. 142.
Bœuf (le), p. 279.
Bœuil, p. 207, 208.
Boffin, p. 326.
Boigne, p. 235.
Boillaud, p. 170, 278.
Bois (du), p. lxxvii, 19, 132, 168, 178, 193, 260, 279. Voy. Duboz.
Boislève, p. 197.
Boisot, p. xxxviii, 310.
Boisseaux, p. 99.
Boisselet, p. 313.
Boisselier, p. 241.
Boissenet, p. 218.
Boisserand, p. 90.
Boissière, p. lxxviii.
Boissière (la), p. 210, 280.
Boiteux (le) p. xlv, xlix.
Boitouset, p. 56, 59, 132.
Boiveau, p. 66, 72, 87, 89, 133, 139, 141, 282, 307.
Boivin, p. 148.
Bolacre, p. 276.
Bolliond, p. 85, 311.
Bomarcl, p. 96.
Bomesgole, p. 99.
Bon (le), p. 296.
Bonamour, p. 233.
Bonféal, p. xlv, xlix.
Bongards, p. 194.
Boniface, p xli.
Bonin, p. 182.
Bonnan, p. 190.
Bonnard, p. 92, 179.

Bonnay, p. 78, 133.
Bonne, p. XLVIII.
Bonnenfant, p. 201.
Bonneval, p. 269.
Bonnot, p. XXXVIII, 146, 194, 217, 220, 313.
Bonnivard, p. 245.
Bontemps, p. 236.
Bonvalot, p. 121.
Bonvilain, p. 127.
Bony, p. 144.
Borde, p. XLVI, 10, 13, 14, 15, 18, 133, 159.
Borde (la), p. 21, 87, 133, 294.
Bordeaux, p. 135, 153, 244.
Borderie (la), p. 287.
Bordes (des), p. 24, 133.
Bordet, p. 285.
Borgia, p. 136, 313.
Bosc, p. 277.
Bosseran, p. 185.
Bossuet, p. LVII, LXXVIII, 141, 177, 214, 251, 278, 306.
Bost (du), p. 178, 256, 303. Voy. Duboz.
Boucard, p. 171.
Bouchardet, p. 144.
Boncher, p. 35, 37, 52, 74, 78, 100, 183, 184, 206.
Bouclier (le), p. 157.
Boucheron, p. 85.
Bouchet (du), p. 127, 148, 326.
Bouchin, p. 124, 137, 234, 278.
Bouchu, p. 246, 280.
Boucicault, p. XXXIX, 257.
Boudier, p. 132, 158, 220, 242.
Bouesseau, p. 149, 222, 235, 296.
Bougard, p. 120, 152, 236.
Bougnes, p. 35, 41, 134.
Bouguet, p. 86.
Bouguier, p. 238.
Bouhier, p. LVII, 20, 23, 26, 31, 60, 67, 78, 81, 82, 83, 117, 127, 129, 134, 159, 165, 181, 188, 196, 198, 200, 220, 234, 241, 250, 296, 304, 308, 327.
Bouillard, p. 262, 328.
Bouillé, p. 206.
Bouilet, p. 70, 83, 89, 92, 106, 107, 184, 240, 241.
Bouillon-Jérusalem, p. 135.
Bouillot, p. 466.
Boulainvilliers, p. 35, 43, 48, 50, 54, 58, 135, 189, 226, 261.
Boulard, p. 103, 150.
Boulay (du), p. 42, 135.
Boulaye (la), p. 233.
Boulier, p. 241.
Boulogne, p. XXXII, 243.
Bourbon, p. XXII, LXXXIX, 81, 140, 142, 147, 148, 152, 173, 180, 206, 223, 228, 238, 258, 276, 274, 313.
Bourbon ancien, p. XXXVIII, 2, 135, 153, 310, 312.

Bourbon-Bussel, p. LXXXI, LXXXIX, 67, 73, 74, 79, 92, 93, 135, 247, 325.
Bourdillon, p. 111.
Bourg (du), p. 197, 262, 290.
Bourgdieu (du), p. 46, 136.
Bourgeois, p. 24, 25, 98, 104, 120, 136, 143, 154, 201, 203, 211, 246, 262, 291, 304.
Bourgin, p. 200.
Bourgogne, p. XV, XVII, XIX, XXII, XXVII, XXIX, XLII, XLVII, LXV, LXVI, 1, 122, 135, 136, 147, 148, 149, 161, 165, 170, 243, 255, 281, 297, 308, 311, 323, 324.
Bourgoin, p. 54, 114, 136, 137, 157, 178, 269.
Bourguignet, p. 279.
Bourgnignon, p. 132.
Bourlemont, p. LXV.
Bourlon, p. 102.
Bournonville, p. 5, 136, 140, 170.
Bourrée, p. 62, 106, 137, 198, 240, 278, 305, 314.
Bourrelier, p. 188, 231.
Boursault, p. 126, 186.
Boussard, p. 90, 103.
Bousseval, p. XLIII, 10, 121, 137, 156, 322.
Boussey, p. 88.
Bout, p. 164.
Boutards (des), p. 36.
Boutchoux, p. 167.
Boutet (du), p. 32, 39, 137, 224.
Bouthier, p. 103, 104.
Bonthillier, p. 143, 220, 227, 238.
Bontière (la), p. 7, 13, 15, 19, 117, 137, 152, 180, 181, 250, 272, 303, 322.
Boutillon, p. 106.
Bouton, p. LVII, LXXVIII, LXXXI, 4, 5, 6, 7, 8, 9, 10, 11, 12, 15, 17, 21, 23, 27, 28, 29, 30, 36, 37, 39, 129, 137, 140, 153, 155, 159, 166, 173, 184, 191, 194, 232, 248, 286, 290, 292, 307, 323.
Bouvard, p. 165, 326.
Bouvens, p. 30, 138.
Bouveret, p. 158.
Bouvet, p. 218.
Bouvot, p. 45, 113, 138, 173, 231, 263, 265, 276.
Bouy, p. 8, 15, 101, 138, 144, 318.
Boyard, p. 100.
Boyault, p. 18, 19, 34, 138, 244.
Boycellet, p. 143.
Boyer, p. 142, 169, 229.
Boyer de Champlecy, p. 19, 24, 139, 150.
Boz (du), p. 178. Voy. Duboz.
Brabant, p. 246, 265, 293.
Braban, p. 233.
Brachet, p. 65, 69, 74, 79, 92, 139, 165, 312.

Bragny, p. 138, 229.
Brancas-Villars, p. 221.
Branches, p. 199.
Branche, p. 263.
Brancion, p. XXII, XXV, XXIX, 17, 24, 26, 30, 33, 34, 37, 40, 42, 52, 65, 95, 110, 125, 138, 139, 158, 161, 164, 217, 221, 244, 248, 274, 298, 312, 325.
Brandin, p. LXXI, 11, 16, 140.
Branges, p. LXVI.
Braque, p. 210.
Brazey, p. 8, 9, 10, 11, 12, 13, 15, 17, 19, 140, 158, 172, 180, 191, 326.
Brégille, p. 227.
Bregis, p. 295.
Brenel, p. 264.
Brenot, p. 137, 278, 304.
Breschard, p. 13, 14, 88, 131, 137, 140, 239, 242, 257, 274, 315, 323, 326.
Bresche, p. 6, 7, 8, 9, 15, 16, 17, 140, 152, 270.
Bressey, p. 3, 141.
Bresson, p. 179.
Bretagne, Bretaigne, p. LXXI, 42, 45, 46, 47, 50, 51, 53, 61, 64, 66, 67, 69, 79, 86, 90, 92, 117, 120, 128, 132, 136, 139, 141, 148, 150, 163, 175, 182, 186, 187, 206, 236, 240, 246, 265, 306, 317.
Bretèche (la), p. 9, 141.
Bretel, p. 118.
Breton (le), p. 222.
Bretonnière (la), p. 252.
Breuil (du), p. 143, 231. Voy. Dubreuil.
Breuille (la), p. 100.
Brice, p. 182.
Brichanteau, p. 123, 209, 291.
Briçonnet, p. 291.
Bricquet, p. 256.
Bridet, p. 59, 70, 97, 98, 142.
Brienne, p. 137, 156, 257.
Brigandet, p. 148, 167, 196, 246, 267, 276.
Brigidey, p. 229.
Brijet, p. 295.
Brimeu, p. XL, XLI.
Brion, p. LIV, 174, 282, 284.
Briord, p. 45, 46, 48, 52, 55, 95, 142, 240.
Briqnemault, p. 19, 26, 32, 52, 142.
Brisay, p. 291.
Brissac, p. 174.
Brissart, p. 307.
Brisson, p. 168.
Broc (du), p. 157, 322.
Brocard, p. 127, 164, 213, 246, 295, 304.
Brondeault, p. 86, 105, 107.
Brosse, p. 97.
Brosse (la), p. 98, 136, 294.

— 333 —

Brosses, p. II, LVII, 67, 83, 84, 142, 177, 186, 220, 242.
Brosses de Chassereux, p. 89.
Brottes, p. 265.
Brouillard (du) p. 134, 263, 276.
Broyes-Châteauvillain, p. 297.
Bruchedan, XXXVIII.
Bruère, p. 94, 103, 107.
Brugnon, p. 286.
Brûlart, p. 36, 41, 43, 45, 48, 49, 50, 52, 117, 136, 138, 142, 201, 202, 236, 282, 294, 322.
Brun, p. 82, 206, 248.
Brun (le), p. 38, 49, 51, 61, 72, 87, 143, 236, 312.
Bruneau, p. 31, 32, 89, 143, 212.
Brunet, p. 84, 85, 103, 126, 137, 179, 186, 197, 205, 211, 225, 231, 234, 278, 305.
Brunot, p. 299.
Bruny d'Entrecasteaux, p. 306.
Brusson, p. 106.
Bruyères (des), p. 6, 13, 14, 143, 317.
Buade, p. 31, 33, 36, 128, 143, 174.
Buard, p. 189, 214.
Buatier, p. 37, 38, 44, 143, 219, 278.
Buchard (du), p. 126.
Bucil, p. 289.
Bufferant, p. 182, 248.
Buffot, p. 54, 69, 72, 87, 88, 114, 144, 179.
Buisson, p. 125.
Buisson (du), p. 89, 198, 264.
Buissons (des), p. 229, 262.
Bullion, p. 121, 142.
Bureau, p. 87, 139.
Burgat, p. 90, 117, 135, 271, 302.
Burignot, p. 90, 92.
Busquet, p. 100.
Busseville, p. 168.
Busseul, p. XXXIX, LXXVII, 3, 6, 48, 53, 95, 110, 154, 161, 172, 175, 180, 190, 191, 239, 248, 260, 270, 274, 284, 307.
Bussière (la), p. 100, 110, 244.
Bussy, Buxy, 1, 2, 4, 144, 238, 239, 252.
Bustat, p. 179.
Butard, p. 86, 261, 272.
Buxillon, p. 294.

C

Cadot, p. 94.
Cadouche, p. 94.
Cagand, p. XXXVIII.
Caillet, p. 182.
Calard, p, 104, 122, 139.
Calendel, p. 24, 145, 318.
Calon, p. 135.
Cambis, p. 180, 273.
Campigny, p. 114.

Campo-Basso, p. XLIII.
Camus (le), p. 28, 71, 111, 145.
Camus d'Arginy, p. 248.
Camus de Chavaignieu, p. 218.
Canabelin, p. 67, 83, 145, 188, 304.
Canali de Cumiana, p. 814.
Canan, p. 244.
Canat, p. 99.
Candie, p. 175.
Canelle, p. 157.
Canisy, p. 221.
Cansons, p. 234.
Capisuchi, p. 94, 190, 239.
Carbonnet, p. 34, 35, 41, 46, 50, 53, 145.
Cardevac d'Havriocourt, p. 66, 75, 90, 145.
Carendefex, p. 246.
Carmagnol, p. 270.
Carmantran, p. 215.
Carmone, p. 227.
Carondelet, p. LIII, 28, 31, 146.
Carnot, p. 196.
Caroble, p. 115, 182.
Carouge, p. 251.
Carpentier, p. 277.
Carrelet, p. XC, 103, 234.
Carrenet, p. 133.
Carrière, p. 215.
Carrou (du) p. 272.
Carruyer (le), p. 100, 101.
Castel, p. 142, 315.
Castelnau, p. 267.
Castille, p. 213.
Castres, p. 236.
Castro, p. 255.
Catherine, p. 45, 127, 146, 164, 197, 271.
Catin, p. 45, 50, 53, 55, 59, 64, 67, 71, 72, 79, 83, 94, 103, 146, 181, 276.
Cauchon de Maupas, p. 162.
Cautain, p. 83.
Cazambicle, p. 180.
Cazotte, p. 137.
Ceaglio, p. 314.
Cellard, p. 96, 99.
Cerf (le), p. 237.
Cerilley, p. 260.
Cerruti, p. 314.
Certaines, p. 75, 146, 252.
Cerveault, p. 272.
Cette, p. 94.
Chabannes, p. 136, 151, 162, 206, 269, 278, 313.
Chabeu, p. 150.
Chabot, p. LIII, 6, 11, 12, 13, 14, 16, 18, 20, 21, 24, 25, 26, 30, 112, 117, 128, 146, 147, 148, 226, 294, 296, 322.
Chabut, p. 137, 220.
Chaffoi, p. 307.
Chage (la), p. 304.

Chaignon, p. 80, 147.
Chaillot, p. 194, 304.
Chailly, p. 258.
Chalant, p. 259.
Chales, p. 235.
Chalis-en-Auxois, p. LXVII.
Challemoux, p. 188.
Chalmoux, p. 179.
Chalon, p. XV, XXII, XXIII, XXVI, XXX, XXXVIII, XXXIX, LXVI, 1, 3, 4, 5, 123, 124, 140, 147, 148, 255, 269, 284, 288, 308, 310, 312, 313, 318, 323, 324.
Chalon de Sully, p. 33, 36, 146, 148, 192, 201, 224.
Chalus, p. 41, 42, 148, 189, 201, 301.
Chambe, p. 46, 98, 148, 149.
Chambellan, p. 9, 148, 219, 282.
Chamberan, p. 38, 40, 47, 52, 55, 57, 149.
Chambier, p. 292.
Chambly, p. 208.
Chambornay, p. 174.
Chambre, p. 46, 149.
Chambre (la), p. 10, 11, 21, 22, 23, 46, 110, 124, 149, 173, 175, 226, 259, 275, 280, 281, 290, 310, 317, 324, errat.
Chambut, p. 289.
Chamigny, p. 291.
Chamoy, p. 298.
Champagne, p. 48, 49, 51, 138, 142, 149, 214, 216, 219, 267, 288, 323.
Champdieu, p. 191.
Champdivers, p. XLII, 159, 292.
Champeau, p. 87, 88, 92, 108, 113, 212, 279.
Champier, p. 50, 54, 150, 236, 238.
Champion, p. 68, 69, 73, 82, 93, 141, 150, 187, 206, 272, 286, errat.
Champlecy, p. 28, 29, 31, 32, 33, 34, 36, 122, 150, 307.
Champlemis, p. 25, 149, 150, 151, 279.
Champlitte, p. 267.
Champs, p. 88, 315.
Champvans, p. 289.
Champvigy, p. 95. Voy. Mathieu.
Champy, p. 104.
Chancey, p. 3, 151.
Chancourt, p. 100.
Chandée, p. 252, 284.
Chandieu, p. 110, 226, 259.
Chandon, p. 127, 150, 285.
Chandyo, p. XLI, XLIV, 6, 8, 10, 11, 15, 19, 27, 129, 151, 198, 219, 267, 290.
Chaneron, p. 97.
Changenet, p. 316.
Changey, p. 314.
Chanteau, p. 86.
Chantelot, p. 136.
Chantemerle, p. 3, 5, 21, 22, 110, 151, 173, 180.

— 334 —

Chantepinot, p. 246, 306.
Chanteray, p. 37, 39, 45, 49, 52, 152, 181, 262, 314, 317.
Chantier (le), p. 114.
Chanuz, p. 242.
Chapeau, p. 84, 236.
Chapon, p. 184.
Chappelain, p. 14, 17, 18, 152, 274.
Chapperon, p. 102, 222.
Chappes, p. XLVII, 3, 152, 174, 257.
Chappet, p. 40, 152, 245, 246.
Chapponod, p. 235.
Chapuy, Chapuis, p. 97, 99, 121, 127.
Charancy, p. 178.
Charbonnier, p. 97, 98, 219.
Charbonnière, p. 89.
Chardonnel, p. 126.
Charencey, p. 250.
Chargères, p. 19, 42, 47, 49, 51, 54, 87, 112, 152, 153, 168, 174, 198, 239, 254, 326.
Chargey, p. LXV, LXVI.
Charlente, p. 314.
Charlieu, p. 259.
Charnoi, p. 163, 249, 289.
Charnoux, p. 185.
Charny, p. XXXV, XXXIX, LXV, LXVI, 243, 319.
Charolles, p. LXXXV, 46, 153, 197, 244.
Charpail, p. 256.
Charpentier, p. 127.
Charpy, p. 83, 103, 234.
Charrecey, p. 217.
Charron (le), p. 136.
Charreton, p. 129.
Charrier, p. 96, 282.
Charry, p. 152, 164, 239, 248.
Chartraire, p. XC, 88, 92, 93, 186, 225, 304.
Chartres, p. 290.
Charvol, p. 272.
Chasan, p. 220, 250, 274.
Chasot, p. 264, 276, 306.
Chasse (la), p. 100.
Chassenay, p. LXVI.
Chasseneux, p. 113.
Chassepot, p. 304.
Chassevel, p. 216.
Chassignole, p. 126.
Chassinot, p. 152.
Chassipol, p. 142, 175.
Chastel (du) d'Ussel, p. 231.
Chastel (de), p. 283.
Chastellux, p. XXVIII, LIV, LVII, LXVII, LXXXI, 4, 30, 34, 35, 64, 72, 78, 79, 87, 101, 112, 115, 152, 153, 156, 158, 161, 165, 181, 212, 239, 312, 323. Voy. Auxerre et Beauvoir.
Chatelux, p. 153.
Chatelus, p. 153.
Châteaubriant, p. 148,
Château-Morand, p. XXXIX.

Châteauneuf, p. XXIII, XXIV, LXV, LXVI, LXVII, LXVIII, 1, 154, 303.
Châteaurenaud, p. 90, 162, 272.
Châteauvieux, p. 100, 138, 206, 239, 286.
Châteauvillain, p. LXVI, 115, 176, 180, 238, 255, 275, 304.
Châtelain, p. 280, 300.
Châtelard, p. 218, 252.
Châtelet (du), p. 7, 8, 52, 62, 105, 110, 112, 117, 124, 136, 154, 156, 171, 204, 221, 223, 257, 307.
Châtelet (du)-Vermanton, p. 69, 154.
Châtellenot, p. XXXII.
Châtenay, p. XXX, 7, 8, 10, 11, 13, 14, 15, 16, 17, 18, 20, 21, 22, 23, 24, 25, 26, 27, 28, 31, 32, 34, 36, 37, 38, 39, 40, 41, 43, 46, 48, 50, 53, 55, 56, 58, 61, 62, 63, 70, 73, 74, 75, 80, 90, 92, 94, 95, 121, 126, 154, 155, 162, 166, 176, 219, 245, 289, 302, 325.
Châtillon, p. XV, XXV, XXXII, XLIV, LXV, 90, 124, 138, 256, 257, 260, 280, 319.
Châtillon-de-Moyrià, p. 60. Voy. Moyrià.
Châtre (la), p. 171.
Chaudenay, p. XVIII, XXIII, XXV, XXXII, LXVI, LXVII, 2, 131, 155, 198, 243.
Chaudon, p. 107.
Chauffour, p. 3, 120, 155.
Chaugy, p. XXV, XLIV, XLVI, LIII, 4, 5, 7, 8, 9, 11, 13, 15, 16, 18, 23, 25, 26, 28, 29, 30, 31, 32, 33, 34, 35, 36, 37, 38, 40, 41, 43, 45, 48, 52, 54, 55, 56, 58, 61, 65, 66, 88, 137, 155, 156, 157, 160, 161, 178, 181, 182, 184, 217, 239, 242, 254, 282, 285, 288, 289, 316.
Chaumelis, p. 159, 221, 278.
Chaumergy, p. 292, 316.
Chaumont, p. XXV, 217.
Chaumont-Quitry, p. 114.
Chaussin, p. 159, 168.
Chauveau, p. 87, 225.
Chauvelin, p. 307.
Chauvelot, p. 83.
Chauvigny, p. 228, 303.
Chauvin, p. 169.
Chauvirey, p. LXVI, 13, 110, 124, 156, 184, 221, 258, 294, 305, 307.
Chavannes, p. 303, 306.
Chavansot, p. 305.
Chavigny, p. 135, 301.
Chazeron, p. 206.
Chemilly, p. 5, 156, 274.
Cheminau, p. 204.
Chenilly, p. 3, 156, 321.
Chenu, p. 26, 31, 36, 38, 41, 43, 48, 100, 101, 156, 198.
Cherière, p. 240.
Chervau, p. 106.

Chéry, p. 239, 315.
Chesnard, p. 96, 97, 99, 121, 252.
Chesne, p. 42, 43, 45, 48, 157.
Cheval de Fontenay, p. 87.
Chevalier, p. 53, 88, 95, 99, 157, 168, 277, 280.
Chevignard, p. 89, 103, 146.
Chevigny, p. LXXXVII. Voy. Choiseul.
Chevigny, p. LIII, 33, 35, 38, 39, 41, 156, 157.
Chevrel, p. 175, 247.
Chevrier, p. 11, 26, 31, 34, 50, 53, 96, 157, 181, 253, 261, 290, 296, 303, 309, errat.
Chevrot, p. 209.
Chiffet, p. 81, 126.
Chifflot, p. 210.
Chigny, p. 128.
Chilieau (du), p. 102.
Chi net, p. 90, 104.
Chiquier, p. 90.
Chirat, p. 61, 157.
Chisseret, p. 197, 227, 278.
Chissey, p. 7, 8, 11, 14, 15, 19, 21, 27, 112, 115, 137, 158, 175, 183, 185, 198, 203, 244, 292, 321.
Choiseul, p. XXIV, XXVI, XXXIV, LXVI, LXXXI, LXXXVII, 1, 2, 3, 5, 7, 8, 9, 10, 11, 12, 13, 14, 15, 16, 17, 18, 19, 20, 21, 22, 23, 24, 25, 26, 27, 28, 29, 30, 31, 32, 33, 34, 35, 36, 37, 38, 40, 41, 42, 44, 45, 46, 48, 49, 50, 51, 52, 53, 56, 58, 60, 62, 63, 72, 88, 110, 112, 114, 123, 128, 140, 143, 150, 158, 159, 161, 173, 176, 177, 180, 190, 194, 206, 221, 231, 268, 274, 275, 281, 287, 292, 293, 295, 297, 300, 304, 312, 317, 319, 323.
Choisy, p. 46, 48, 158, 159, 242, 289.
Chopart, p. 197.
Choux, p. 105, 236, 248.
Chuffaing, p. XXXVIII, 3, 159, 236.
Cicon, p. XLII, 19, 110, 159, 168, 196, 200, 319.
Cinqfonds, p. 106.
Cirey, p. XC, 44, 45, 47, 49, 54, 120, 129, 133, 134, 138, 159, 173, 211, 220, 240, 276, 301, 308.
Ciry, p. 11, 14, 15, 159.
Civriac, p. 244.
Civry, p. 170, 299. Voy. Sivry.
Cizey, 191.
Clairoy (du), p. 239.
Clayette (la), p. 153.
Clefmont, p. 158.
Clément, p. 99.
Clerguet, p. 90.
Clermont, p. 160, 244, 254, 252, 270, 292.
Clermont-d'Amboise, p. 154, 267.
Clermont-d'Anjou, p. 309.
Clermont-Crusil, p. 236.

— 335 —

Clermont-Tonnerre, Montoison, etc., p. 59, 68, 70, 71, 78, 84, 85, 90, 136, 139, 160, 239, 261, 304, 310, 323, 324, 325.
Cléron, p. XLVII, 18, 19, 28, 30, 31, 32, 33, 34, 37, 38, 40, 41, 44, 45, 46, 48, 50, 53, 88, 111, 156, 160, 162, 164, 165, 178, 185, 224, 231, 242, 245, 246, 258, 266, 282.
Cléry, p. 112, 198.
Cley (la), p. 59, 160.
Clopin, p. 86, 214, 261.
Clugny, p. XXXVIII, XLIV, XLVIII, LIII, LXXI, 2, 7, 8, 9, 10, 13, 14, 15, 16, 17, 18, 19, 21, 22, 23, 24, 25, 26, 28, 29, 30, 31, 32, 33, 34, 35, 36, 37, 38, 39, 40, 41, 43, 44, 45, 46, 47, 49, 50, 52, 53, 54, 55, 56, 57, 58, 59, 61, 74, 75, 90, 95, 141, 133, 140, 156, 158, 160, 161, 163, 173, 175, 180, 185, 187, 200, 226, 239, 245, 259, 276, 284, 289, 291, 292, 298, 304.
Clutin, p. 259.
Cochard, p. 312.
Cochet, p. 87, 89, 103, 164.
Cocq (le), p. 202, 227.
Cocquard, p. 105.
Coetlosquet, p. 101.
Cœurderoy, p. 61, 86, 90, 93, 141, 161, 306, 325.
Coiffard de Marcilly, p. 238.
Coignet, p. 23, 25, 41, 46, 50, 54, 57, 65, 161.
Coignet (du), p. 158.
Cointot, p. 314.
Colard, p. 163, 328.
Colas, p. 104.
Colbert, p. 44, 54, 121, 145, 161, 162, 248, 286, 321.
Coligny, p. XV, XXX, LVII, 22, 23, 31, 33, 110, 162, 176, 180, 206, 217, 226, 228, 248, 319, 324, errat.
Colin, p. 45, 47, 49, 51, 107, 162, 278, 286, 306.
Colletier, p. 206.
Collonge (la), p. 7, 8, 9, 10, 11, 12, 14, 16, 17, 23, 88, 162, 281, 292.
Collonges, p. 35, 163, 264, 307.
Colmont, p. 90, 103.
Colomb, p. 124, 235.
Colombet, p. 28, 38, 43, 50, 53, 121, 126, 163, 241, 266, 279, 288.
Colombey, p. 242.
Colombier, p. 6, 7, 8, 9, 11, 15, 102, 111, 161, 162, 163, 255, 326.
Comblanc, p. 224.
Combles, p. 298.
Comeau, p. 38, 40, 41, 42, 44, 45, 47, 49, 51, 52, 54, 59, 61, 69, 72, 73, 76, 89, 141, 146, 163, 181, 182, 207, 214, 289, 272, 317.
Commercy, p. XXX, 255.

Commerson, p. 106.
Commier, p. 314.
Commines, p. XL, LXIII, 148.
Comminges, p. 263, 267.
Communes, p. 178, 303.
Compain, p. 225.
Compasseur (le), p. II, III, XLV, 12, 14, 21, 67, 72, 76, 77, 81, 140, 164, 188, 191, 194, 195, 214, 231, 264.
Compiègne, p. 95.
Concloye, p. 26, 160, 164, 198.
Condé, p. LXXXVIII, 93, 108, 142. Voy. Bourbon.
Conelles, p. 96.
Conflandé, p. 110, 230.
Conflans, p. 154, 257.
Conighan, p. LVII, 10, 15, 19, 25, 33, 42, 44, 50, 52, 68, 70, 74, 79, 82, 93, 118, 139, 164, 169, 210, 276, 315.
Conquérant, p. 226.
Constant, p. 104.
Constantin, p. 92, 103,
Contades, p. 165.
Coppin, p. 241.
Coquet, p. 29, 32, 33, 165, 191, 276.
Corabœuf, p. 289, 292.
Corberon, p. 324.
Corbery, p. 201.
Corcenet (le), p. 162.
Cordesse, p. 181.
Cordemoy, p. 215.
Cordier de Launay, p. 310.
Cornet (du), p. 215.
Cornette, p. 164.
Cornon, p. 289.
Cortelot, p. 278.
Cortois, p. XC, 82, 83, 90, 102, 207.
Corvol, p. 99, 100, 244.
Cosnac, p. 269.
Cosne (la), p. 162.
Cossay, p. 274.
Cossé-Brissac, p. 88.
Cossonay, p. 259.
Coste (la), p. 66, 80, 93, 95, 125, 165, 177, 288.
Cothenot, p. 145, 264.
Cotheret, p. 85.
Cotignon, p. 315.
Cottebrune, p. 3, 165, 313.
Cottin, p. 82, 102, 128.
Couches, p. 1, 2, 3, 165.
Coucy, p. XXXIX, 165.
Coudray (du), p. 261.
Coudre (la), p. 35, 165, 239.
Coulanges, p. 99, 198, 274.
Couldriet, p. 279.
Coulon, p. 282.
Cour (la), p. LXXVII, 20, 21, 22, 25, 34, 35, 43, 165, 232, 248.
Cour (la) de Boyer, p. 35, 42, 166.
Courault, p. 193.
Courbeton, p. XXXVIII, 101.

Courcelles, p. XLV, LXV, LXVI, LXXVIII, 4, 6, 8, 9, 11, 12, 13, 14, 16, 17, 18, 21, 22, 28, 32, 38, 39, 42, 43, 45, 47, 56, 138, 162, 166, 194, 205, 210, 224, 252, 263, 288, 312.
Courroy (du), p. 42, 166.
Courtarvel, p. 168.
Court (le) de Béru, p. 259.
Courtenay, p. XXII, XXIV, 123, 148, 212, 226, 229, 243, 257, 291, 301, 319.
Courthaut, p. 137.
Courtiamble, p. XXXIX, 2, 3, 166, 167, 268.
Courtier, p. 258.
Courtin, p. 179.
Courtivron, p. LXVII, 88, 237. V. Compasseur (le).
Courtois, p. 238.
Courtois (le), p. 137.
Courtoisie, p. 306.
Courtot, p. XLV, XLVII, LXX, 83, 84, 85, 87, 236, 270, 321.
Courvault, p. 42, 44, 45, 167, 233.
Cousin, p. 104.
Coussin, p. 301.
Coustain, p. XXXV.
Cousse (la), p. 26, 29, 31, 32, 57, 59, 93, 117, 167. Voy. l'Estrade de la Cousse.
Couthier, p. XLIV, 19, 20, 28, 30, 33, 35, 36, 38, 39, 41, 44, 46, 49, 52, 128, 167, 173, 181, 219.
Cozan, p. 169.
Craon, p. 312.
Créancey, p. 93, 108. Voy. Comeau.
Crécey, Crécy, p. XLIV, LXVII, 3, 81, 156, 167, 168, 173, 180, 287, 313.
Cremeaux-d'Entraigues, p. 38, 111, 168, 288, 293.
Créquy, p. XLI, 229, 277, 313.
Crest (du), p. 19, 39, 40, 51, 66, 67, 73, 127, 152, 168, 178, 214, 233, 250, 324 errat.
Crestin, p. 214.
Cressy, p. 326.
Cret, p. LXXXV, 47, 169, errat.
Creté, p. 100.
Crethé, p. 108.
Creusevault, p. 188.
Crèvecœur, p. 2, 169, 298.
Croisette (la), p. 101.
Croisier, p. XLIV, 21, 33, 38, 40, 42, 44, 46, 47, 49, 52, 54, 55, 59, 68, 78, 93, 112, 169, 229, 279.
Croix (la), p. 15, 169, 210, 252, 267, 296, 314.
Cromot, p. 206, 250.
Cronambourg, p. 40, 42, 52, 58, 60, 63, 66, 68, 82, 170, 317.
Crots (des), p. 87, 176. Voy. Richard et Pelletier.
Croy, p. XXXVIII, XLI, XLII, 4, 117, 170.

— 336 —

Crozet (du), p. 90, 261.
Crussol, p. 67, 101, 104, 170.
Crussy, p. 7, 170.
Crux, p. xxxviii, 1, 5, 6, 14, 15, 117, 124, 171, 172, 173, 205, 230, 294.
Cudel, p. 179.
Cugnac, p. 66, 171, 217, 274, 317.
Cuillant, p. 179.
Cullon, p. 34, 35, 37, 54, 57, 58, 69, 71, 76, 78, 79, 100, 121, 171, 174, 204, 289.
Cure, p. 244.
Curée (la), p. 122.
Curley, p. 236.
Cusance, p. xlvii, 4, 123, 171, 221, 259, 267, 323.
Cussigny, p. 22, 23, 27, 28, 31, 32, 34, 37, 44, 55, 98, 126, 140, 172, 174, 185, 189, 194, 232, 248, 253, 266, 316, 324.
Cuves, p. 307.
Cypierre, p. 282.

**D**

Dachez, p. 278.
Dagonneau, p. lxxvii, 241.
Daguesseau, p. 294.
Dagville, p. 126.
Daillencourt, p. 288.
Damas, Damas-Cormaillon, p. xxii, xliv, xlvi, lxvi, lxxxi, lxxxv, lxxxix, 13, 15, 21, 28, 31, 32, 33, 35, 37, 39, 41, 46, 47, 48, 50, 51, 52, 53, 55, 56, 57, 60, 63, 64, 66, 67, 68, 70, 73, 75, 76, 77, 78, 83, 85, 90, 92, 97, 110, 112, 117, 121, 129, 138, 149, 150, 151, 152, 158, 160, 161, 167, 171, 172, 178, 175, 177, 178, 180, 181, 186, 189, 190, 194, 197, 198, 206, 212, 222, 228, 231, 238, 239, 244, 247, 251, 257, 259, 269, 273, 274, 280, 281, 297, 309, 312, 323, 325.
Damedor, p. 58, 174, 176.
Damoiseau, p. 42, 61, 66, 70, 74, 76, 77, 88, 130, 133, 152, 165, 174, 182, 199, 206, 217, 263, 280, 284, 326.
Damotte, p. 119, 328.
Dampierre, p. 109, 217, 320.
Dampmartin, p. 123.
Damy, p. 253, 266.
Dandresson, p. 315.
Danemarck, p. 273.
Darbonnay, p. 293.
Dardault, p. 136.
Dardenet, p. 279.
Dargent, p. 211.
Darrefay, p. 40.
Daubenton, p. xliv, xlvii, lvii, 156, 174, 198, 249, 250, 260, 326.

Daules, p. 242.
Dauvet, p. 114, 148.
Daval, p. 274.
Davelly, p. 295.
David, p. 83, 84, 131, 146, 212, 215, 241, 278, 304.
Davot, p. 174, 199.
Davoust, p. 79, 92, 174.
Dayne, p. xxxix.
Debon, p. 104.
Decret, p. 169.
Deffend (du), p. 100, 182, 291, 312.
Deforest, p. 103.
Defranc, p. 27, 45, 54, 99, 174, 190, 284.
Dehault, p. 284.
Delecey, p. 120, 265.
Delettre, p. 310.
Delplat, p. 89, 95.
Demanche, p. 106.
Delorme, p. 208.
Demartinécourt, p. 240.
Demerméty, p. 106.
Demonge, p. 164, 264, 306.
Demongeot, p. 214.
Denard, p. 216.
Denon, p. 90.
Derepas, p. 210.
Derequeleyne, p. 137, 145, 170, 186, 241, 271, 278, 320.
Desaille, p. 106.
Desautels, p. 268.
Desbarres, p. 90. Voy. Barres (des).
Desbois, p. 56, 57, 65, 76, 96, 97, 105, 175.
Desbrosses, p. 128.
Descamps, p. 98.
Deschamps, p. 65, 73, 91, 107, 141, 175, 292.
Descostes, p. 165.
Descrots, p. 241. Voy. Pelletier.
Desfours, p. 284.
Desgland, p. 91.
Desgeorges, p. 199, 239, 309. Voyez Georges.
Desgranges, p. 98, 237, 310.
Deshotel, Deshautels, p. 98.
Desmaillards, p. 306.
Desmoulins, p. 320.
Desormes, p. 86.
Despense, p. 101, 134, 201.
Despotots, p. 189, 262.
Despréaux, p. 97.
Desprez, p. 282.
Desroys, p. 216.
Destud, p. 182. Voy. Estud (d').
Desvignes, p. 96
Devenet, p. 200.
Devillebichot, p. 310, 328.
Dévoyo, p. 103, 206, 250.
Digoine, p. xxv, lxxvii, 13, 15, 19, 26, 33, 35, 44, 62, 78, 79, 87, 89, 97, 110, 120, 144, 156, 172, 173,
175, 177, 179, 191, 248, 280, 303, 312, 315.
Dimanche, p. 162.
Dinet de Chasselmpière, p. 283.
Dinteville, p. xliv, 4, 112, 124, 143, 155, 167, 176, 212, 280, 291, 294, 317, 319, 323.
Dirisson, p. 105.
Dixmerie (la), p. 264.
Dommartin, p. 232.
Done (la), p. 246.
Donguy, p. 248.
Donzieu, p. 116.
Donzy, p. xx.
Dorchis, p. 252.
Dormans, p. 258.
Dormy, p. 15, 22, 55, 57, 72, 77, 88, 108, 121, 127, 133, 168, 176, 179.
Dorne, p. 133.
Doroz, p. 235.
Dort, p. 268.
Dorlans, p. 252.
Dosnay, p. 315.
Doyen, p. 198, 260, 305.
Dozonville, p. xliv.
Dracy, p. 244.
Draup, p. 101.
Drée, p. xx, xxx, lvii, 9, 12, 13, 15, 17, 22, 25, 26, 27, 30, 31, 33, 35, 38, 39, 42, 47, 53, 57, 70, 80, 82, 83, 97, 123, 161, 166, 175, 185, 190, 200, 217, 229, 257, 266, 281, 289, 293, 294, 307.
Dreux, p. xv, 158, 312.
Dromard, p. 106.
Drosnier de Prat, p. 216.
Drouard, p. 101, 174.
Drouas, p. 42, 56, 60, 62, 68, 76, 78, 92, 93, 100, 108, 113, 131, 165, 176, 177, 181, 206, 212, 304.
Dronet de Saint-Livière, p. 250.
Drouhot, p. 304.
Druays, p. 100.
Dubar, p. 102.
Dubart, p. 264.
Dubiez, p. 307.
Dubois, p. 13, 133, 138, 201, 218, 229, 278.
Dubois d'Aisy, p. 63, 71, 79, 92, 177, 210, 239.
Dubois de la Rochette, p. 13, 31, 32, 33, 37, 38, 39, 43, 45, 48, 53, 57, 59, 60, 63, 67, 70, 175, 177, 248, 265.
Dubois de Posange, p. 4, 5, 178.
Duboz, p. 7, 178.
Dubreuil, p. 280. V. Breuil (du).
Dubuisson, p. 207.
Duc, p. 79, 178.
Ducerf, p. 97.
Ducrest, p. 59, 64, 65, 69, 71, 78, 89, 98, 150, 168, 178, 212. Voyez Crest (du).

Ducros, p. 97.
Dufay, p. 215.
Dugon, p. 42, 48, 50, 58, 66, 80, 93, 166, 178, 209, 210, 325.
Duguié, p. 125.
Dumas, p. 104.
Dumay, p. 117, 120, 199, 310.
Dumirat, p. 97.
Dumolard, p. 138.
Dumont, p. 91.
Dumoulin, p. 98.
Dupé, p. 210.
Duperluis, p. 100.
Dupin, p. 144.
Duport, p. 226.
Dupotesi, p. 102. Voy. Potet (du).
Dupré, p. 144.
Dupuis, p. 241, 314.
Dupuis de Saint-Gervais, p. 42, 45, 47, 54, 178, 179.
Dupuy de Saint-Martin, p. 80, 89, 179.
Durand, p. 55, 63, 86, 179, 223, 278, 316.
Duras, p. 290.
Durestal, p. 157, 261, 289.
Duret, Durcy, p. 179, 260.
Durfort-Duras, p. 154.
Duval, p. 174, 198, 266, 316.
Duvernay, p. 99.
Duverne, p. 100, 101.
Duvigneau, p. 71, 73, 179.
Dyo, p. LXXXI, 5, 6, 10, 13, 14, 15, 16, 18, 21, 23, 24, 25, 26, 27, 32, 41, 49, 51, 55, 63, 66, 110, 114, 144, 152, 173, 177, 180, 206, 217, 259, 274, 312.

# E

Ebaudy, p. 94.
Ecutigny, p. 230.
Edouard, p. 21, 23, 24, 26, 28, 29, 35, 38, 42, 44, 115, 137, 140, 180, 198, 200, 290, 297.
Egletine, p. 253.
Egmont, p. 170.
Eguilly, p. XXIV, LXXXVII, 14, 15, 16, 17, 18, 20, 180. Voyez Choiseul et Poinceot.
Emery, p. LVI, 237.
Enfernat (l'), p. 99, 100, 101, 146. Voy. Lenfernat.
Enghien, p. 142.
Epernay, p. 194, 258.
Epinac, p. 321.
Epinoux, p. 274.
Epoisses, p. XXXVIII, LXV, LXVI.
Erby, p. XXXVIII.
Escaldamache, p. 283.
Escars, p. 110, 117, 273.
Escoraille. V. Scorrailles.

Esmonin, p. 81, 91, 231, 270.
Esperonnels, p. 149, 227, 249.
Espiard, p. 48, 49, 52, 61, 77, 87, 91, 93, 108, 116, 124, 137, 167, 177, 180, 221, 225, 231, 241, 245, 250, 279, 309.
Espinasse (l'), p. 152, 206.
Espinchal, p. 321.
Espine (l'), p. 219.
Essanlets, p. 247.
Essarts (des), p. 269.
Esserpens, p. 206, 281, 300.
Estagny, p. 15, 40, 42, 71, 83, 89, 184, 262.
Estaing, p. 202, 217.
Estainville, p. 300. Voy. Stainville.
Estavayer, p. 292.
Esterling, p. 27, 28, 29, 30, 33, 34, 35, 54, 154, 181, 203.
Esterno, p. 248.
Estiennot, p. 48, 52, 74, 78, 92, 131, 141, 181, 225.
Estout (l'). Voy. Lestouf.
Estourmel, p. 188.
Estrabonne, p. XXV, LXVII, 275.
Estrade (l') de la Cousse, p. 33, 37, 39, 41, 43, 45, 57, 62, 65, 69, 78, 182, 231.
Estrées, p. 298.
Estud (d'), p. 65, 100, 182, 226.
Etampes, p. XLVII, 184, 237.
Etang (l'), p. 244.
Euvrard, p. 321.
Eveillé (l') du Fournay, p. 315.

# F

Fabry, p. 175, 270.
Fage (la), p. 36, 37, 38, 40, 43, 58, 59, 62, 63, 64, 75, 91, 97, 98, 182, 183, 261, 295, 307.
Falerans, p. 242.
Falletans, p. XLV, 72, 88, 183, 226, 248, 271.
Fardel, p. 82, 104, 299.
Fargès, p. 101.
Faubert, p. 34, 38, 40, 43, 46, 48, 55, 57, 59, 72, 88, 89, 105, 176, 183.
Faucery, p. 94.
Faucigny, p. 162, 324.
Faudoas, p. 76, 101, 188.
Faulquier, p. 140, 231, 292, 302, 321.
Fauquier, p. 128.
Faur (du), p. 27, 31, 32, 35, 36, 38, 40, 41, 43, 45, 46, 49, 51, 58, 100, 126, 156, 183, 184, 307.
Fausche, p. 142.
Fautrey, p. 101.
Fautrières, LVII, LXXVII, 7, 8, 9, 10, 30, 31, 32, 34, 50, 53, 57, 58, 59, 108, 184, 190, 200, 219, 222, 262, 288.

Faverolles, p. 272.
Favier, p. 53, 154, 184.
Favre, p. 142.
Fay (du), p. 2, 100, 137, 184, 194, 228, 248, 269, 293.
Fay-Maubourg, p. 244, 303.
Faye, p. 111, 121.
Fayette (la), p. 136, 313.
Febvre, p. 94, 105, 107, 307.
Febvre (le), p. 105, 320.
Feillens, p. 138, 239, 276.
Feligny, p. 217.
Fenestrange, p. 255.
Fenoyl, p. 240.
Féron (le), p. 307.
Feroux (le), p. 326.
Ferrand, p. 46, 185, 196, 214.
Ferrary, p. 108.
Ferrero, p. 173.
Ferret, p. 200.
Ferrette, p. 164, 314.
Ferrières, p. 10, 112, 137, 158, 172, 185, 197, 226, 236, 250, 287.
Ferrière (la), p. 315.
Ferroux, p. 224.
Ferté (la), p. 2, 185, 275.
Ferté-Meun (la), p. 22, 87, 88, 100, 164, 177, 185, 197, 239, 280.
Festuot, p. 237.
Fétigny, p. 285, 292.
Feuillée (la), p. 118.
Feurs, p. 125.
Fèvre, p. 176.
Fèvre (le), p. 45, 48, 157, 185, 186, 202, 211, 238, 321.
Fèvre (le) de Caumartin, p. 73, 186.
Févret, p. LVII, 48, 55, 58, 60, 62, 64, 66, 76, 82, 84, 93, 105, 142, 181, 186, 220, 225, 240, 276, 278, 306.
Feydeau, p. 118, 129, 210.
Fiennes, p. 154.
Fleubet, p. 88, 213.
Filzjan, p. 44, 46, 47, 48, 50, 53, 55, 64, 68, 69, 79, 84, 91, 92, 102, 116, 131, 141, 150, 186, 192, 206, 218, 225, 236, 250, 278, 296.
Fin (la), p. 7, 8, 11, 13, 14, 19, 187, 292.
Finance, p. 89, 95.
Finet, p. LXXVIII.
Fiquelmont, p. 160.
Fitigny, p. 111.
Flachières, p. 303.
Flandres, p. 149, 257.
Fléchère, p. 204, 286.
Fleurey, p. 242.
Fleuriau, p. 101, 321.
Fleury, p. 201, 302.
Fleutelot, p. 42, 47, 53, 56, 58, 65, 67, 68, 83, 134, 187, 188, 218, 241, 261.
Florain, p. 326.

— 338 —

Florens, p. 107.
Florin, p. 89, 91.
Floris, p. 235.
Foissy, p. xliv, 7, 8, 9, 10, 11, 12, 13, 14, 15, 16, 17, 18, 20, 21, 22, 23, 29, 111, 155, 188, 239, 260.
Foix, p. 123.
Folie, p. 38, 40, 42, 52, 188.
Folin, p. 39, 44, 45, 54, 59, 62, 63, 69, 74, 76, 77, 88, 188, 196, 234, 264, 306.
Follet, p. 154.
Folleville, p. 245.
Folye (la), p. 85.
Fond (la), p. 233.
Fontaines, p. xxiii, xxviii, 75, 131, 173, 188.
Fontenay, p. 88. Voy. Cheval.
Fontenay, p. 115, 116, 175, 280.
Fontette, p. xxv, xxx, lvii, 4, 28, 31, 32, 33, 34, 49, 51, 64, 74, 102, 163, 173, 176, 189, 205, 214, 241.
Forbin, p. 306.
Forest (la), p. 314.
Forestier, p. 223, 295.
Forêt (la), p. 191, 192, 197, 252, 278, 284.
Forges (des), p. 7, 8, 189, 326.
Forneron, p. 257.
Forteau, p. 44, 189.
Fortia, p. 148.
Fossé (du), p. lxvii.
Fossés (des), p. 245.
Foucault, p. 117, 191.
Foucher, p. 259.
Foucherans, p. 260.
Foudras, p. xxx, 6, 30, 31, 33, 34, 36, 37, 38, 39, 42, 44, 46, 48, 49, 51, 52, 57, 58, 59, 65, 75, 77, 90, 91, 111, 158, 175, 177, 190, 219, 222, 244, 299, 312.
Fougères, p. 98, 168, 248, 303.
Fougières, p. 144, 288.
Foulcq, p. 118.
Foullé, p. 315.
Fouquet, p. 207, 282.
Fourneaux (des), p. 37, 40, 190.
Fourneret, p. 67, 68, 128, 131, 191, 214, 225, 320.
Fournier, p. 104, 209.
Fouvans, p. lxii, 319.
Fradel, p. 238, 276.
Fradet, p. 282.
Frago, Fraize, p. 31, 191.
Fraguier, p. 299.
Framery, p. 78, 79, 153, 191.
Framezelles, p. 137.
Framond, p. 282.
Franay, p. 12, 34, 36, 137, 191, 210, 224, 244, 315.
Franc (de), p. 174, 248.
France, p. 308, 311, 318.
Franchelin, p. 303.

Franchet, p. 236.
Franclieu, p. 99.
Francques, p. 177.
Frazans, p. xlv, xlvii, 42, 43, 45, 47, 49, 51, 55, 61, 62, 63, 64, 66, 67, 69, 71, 72, 165, 191, 306.
Fremy, p. 81.
Frémyot, p. xc, 164, 169, 255, 273, 274, 301, 312.
Fresne, p. 56, 59, 66, 79, 80, 93, 95, 130, 187, 192, 210, 223.
Fresne (du), p. 41, 192.
Frétoy, p. 315.
Fribourg, p. 160, 319.
Froissard, p. 183, 236, 237.
Frolois, p. xxi, xxiii, xxx, lxv, lxvi, lxviii, 1, 2, 192, 193, 285, 304, 323.
Fromager, p. 53, 59, 65, 66, 193.
Froment, p. 84.
Frottier, p. 78, 79, 193, 275.
Froulay, p. 294.
Fuligny-Damas, p. 38, 50, 53, 78, 173, 193.
Furstemberg, p. 255.
Fussey, p. 11, 10, 12, 13, 15, 16, 17, 18, 21, 23, 24, 25, 26, 27, 28, 31, 32, 34, 35, 36, 38, 39, 41, 43, 44, 45, 47, 48, 49, 52, 56, 66, 72, 87, 128, 164, 166, 172, 194, 253, 294, 298, 300, 314, 318.
Fyot, p. 55, 63, 76, 77, 79, 83, 84, 91, 103, 113, 117, 120, 127, 129, 163, 164, 194, 195, 202, 205, 207, 214, 221, 227, 231, 236, 241, 246, 265, 306, 308, 317, 323.

## G

Gabriel, p. 125.
Gadagne-d'Hostun, p. 54, 56, 195, 253, 266, 273.
Gagne, p. 75, 82, 91, 134, 164, 185, 188, 195, 196, 201, 211, 214, 220, 221, 304.
Gaillard, p. 47, 91, 146, 196, 267, 310.
Gaillardière (la), p. 7.
Galland, p. 97.
Gallet, p. 81, 84.
Gallier, p. 105.
Gallois, p. 187, 201, 222.
Galoche, p. 91, 216.
Galopin, p. 216.
Gamache, p. 148, 226.
Ganay, p. lxxvii, 31, 43, 47, 49, 51, 68, 64, 65, 68, 70, 72, 77, 84, 87, 144, 146, 172, 196, 200, 203, 246, 254, 256, 261, 276, 283, 295, 299, 307, 308, 311.
Gand, p. xliv, 15, 16, 19, 21, 28, 31, 33, 34, 40, 44, 53, 120, 152, 164,

180, 197, 198, 210, 221, 263, 276, 298, 316, 321.
Gandelin, p. 252.
Ganiare, p. 83, 85.
Garadeur, p. 138.
Garde (la), p. 224, 233, 248, 261, 300.
Garde (la) Chambonas, p. 64, 73, 79, 198, 282, 283.
Garennier (le), p. 109, 123, 137, 297.
Garil, p. 125.
Garin, p. 230.
Garnier, p. 162, 224, 320.
Garnier de Toulongeon, p. 34, 37, 38, 40, 41, 43, 45, 47, 49, 51, 198, 310. Voy. Toulongeon.
Garnier du Vouchot, p. 31, 198, 222, 312.
Garnuchot, p. 191.
Gaspard, p. 119, 165.
Gaspard de Toulongeon, p. 309.
Gasse, p. 8, 9, 10, 11, 12, 33, 36, 37, 39, 40, 47, 48, 50, 134, 155, 198, 261.
Gassion, p. 97, 173.
Gastelier, p. 3, 39, 46, 50, 53, 199.
Gaudry, p. 89.
Gault, p. 84.
Gauthier, p. 83, 103, 106, 134, 146, 221.
Gauthiot, p. 149.
Gautier, p. 73, 105, 187, 199, 251.
Gauvain, p. 278.
Gay, p. 106.
Gayardon, p. 240, 293.
Gayot de la Motte, p. 217.
Geffier, p. 179.
Geffroy d'Alencourt, p. 239.
Gellan, p. 259. Voy. Giellan.
Gelyot, p. 106.
Genève, p. xxii, 140, 148, 286, 319, 323, 324.
Genevois (le), p. 154.
Genlis, p. 210. Voy. Janly.
Genot, p. 86.
Genouillac, p. 170.
Genoussin, p. 261.
Genreau, p. 103, 223.
Gentil, p. 6, 7, 15, 199, 239.
Gentils, p. 216, 231, 248.
Geoffroy, p. 197, 307.
George, p. xlix, lxxi.
Georges (de) ou Dégeorges, p. lxxxv, 35, 42, 199.
Gérard-Basoge, p. 291.
Gerbault, p. 120.
Gergy, p. 239.
Germain, p. 87, 207.
Germigney, p. 133.
Germinot, p. 207.
Germoles, p. 125, 252.
Gevalois, p. 304.

Gévaudan, p. 200.
Gevigny, p. 137.
Giellan, p. 4, 6, 8, 10, 17, 19, 159, 177, 180, 199, 239, 308.
Giey, p. 220, 264.
Gigny, p. 284.
Gillet, p. 85, 209.
Ginestoux, p. 282.
Gingin, p. 138, 293.
Girard, p. 33, 91, 126, 200, 215, 231, 262, 271, 303.
Girardin, p. 157.
Girardot, p. 206.
Girau, p. 102.
Giraud, p. 97, 105, 209, 215.
Girault, p. 106, 265.
Girod, p. 159.
Giroux, p. 38, 134, 200, 234.
Girval, p. 95, errat.
Gisors, p. 244.
Gissey, p. XXIII, 164, 299, 312.
Gianne, p. LXII.
Gloton du Pré, p. 218.
Glux, p. 289.
Gobillon, p. 20, 200, 320.
Godard, p. 106.
Godeau, p. 103.
Godran, p. 191, 227, 276, 320.
Gombault, p. 328.
Gommier, p. 133.
Gond (du), p. 38, 40, 200, 209. Voy. Hugon.
Gondi, p. 229, 232.
Gondrecourt, p. 284.
Gonne, p. 133.
Gontaut, p. 91, 326.
Gonthier, p. 42, 44, 46, 48, 53, 61, 66, 71, 75, 81, 84, 141, 200, 211, 241, 250.
Gorgiard, p. 186.
Gorrevod, p. 123, 124, 144, 231, 247, 297, 322.
Gorron, p. 222.
Gosseman, p. 207.
Gouan, p. 42, 201.
Gouffier, p. 136, 313.
Gourai, p. 111.
Gourdon, p. 170.
Goureau, p. 23, 34, 36, 37, 38, 40, 41, 43, 44, 201, 245.
Gourgue, p. 101.
Gournay, p. LXVII.
Goutte (la), p. 87, 88, 91, 103, 212, 272, 315.
Gouvenain, p. 122.
Gouvernet, p. 108. Voy. Tour (la) du Pin.
Goux, p. XLVII, 172, 206, 289, 308.
Goux (le), p. 7, 8, 9, 10, 13, 15, 17, 34, 121, 143, 150, 165, 200, 204, 214, 227, 236, 276, 278, 288, 304.
Gouz (le). V. Legouz.
Goyon, p. 206, 262.

Grachaux, p. 310.
Grain, p. 33, 37, 42, 47, 49, 52, 56, 202, 275.
Grammont, p. 74, 87, 104, 201, 202, 203, 251, 275, 309.
Grancey, p. XVIII, XXI, XXIII, XXV, XXXVIII, XLIV, LXV, LXVI, 1, 2, 154, 155, 158, 191, 202, 218, 257, 289, 300, 310.
Grandchamp, p. 53, 57, 202.
Grandmont, p. XLVII, 31, 32, 34, 37, 38, 40, 173, 203.
Grandry, p. 199, 210.
Grandval, p. 168, 189, 214. Voyez Josian.
Grandylan, p. 197.
Grange (la), p. LXVII, 33, 38, 45, 107, 114, 116, 132, 203, 244.
Grange (la) de Maligny, p. 32, 35, 111, 133, 203, 263.
Grangebeuse, p. 168.
Granges, p. 202, 294. Voy. Grammont.
Granson, p. XXXIX, LXVIII, 1, 3, 204, 255, 292, 310, 319, 323.
Grant, p. 249.
Grasset, p. 154, 291, 312.
Graveseron, p. 100.
Gravier, p. 84, 91, 103, 164, 198, 262.
Grenant, p. LXVI, 155, 168.
Grenaud, p. 77, 83, 204, 252.
Grésigny, p. 93. Voyez Morot ou Routy.
Griffeuil, p. 245.
Griguette, p. 124.
Grillet, p. 78, 100, 115, 124, 168, 204, 239, 247.
Grimaldi, p. 294.
Grimauldet, p. 44, 47, 50, 54, 204, 205, errat.
Griveaul, p. 308.
Grolée, p. 114, 144, 157, 245, 252, 259, 284, 323, 326.
Gros, p. 29, 166, 471, 194, 205, 229.
Grosbois, p. 287.
Groson, p. 124, 248.
Grossart, p. 82, 105.
Grozelier, p. 85, 186, 236, 305.
Gruères, p. 292.
Grusset, p. 279.
Gruthuse, p. XXXIX.
Gruzot, p. 188.
Guay (du), p. 41, 44, 46, 205.
Guedon, p. 235.
Guelaud, p. 135, 233.
Gueldres, p. 135.
Gueneau, p. 93.
Guénebault, p. LIII, 57, 65, 94, 205.
Guenichou, p. 72, 76, 78, 94, 102, 205, 222, 238.
Guenichot, p. L, 103, 104.
Guenot de Vousol, p. 44.

Guerchy, p. 93, 100, 160.
Gueret, p. 91.
Guérin, p. 291.
Guerrier, p. 116.
Guesle (la), p. LXXI.
Guibert, p. 191.
Guichard, p. 186.
Guiche (la), p. XXX, XXXVIII, LVII, LXXVII, 4, 5, 6, 7, 8, 9, 10, 11, 12, 13, 18, 26, 27, 29, 36, 37, 38, 48, 50, 53, 62, 66, 77, 89, 91, 97, 98, 117, 158, 162, 173, 175, 177, 180, 206, 212, 217, 291, 323.
Guichot, p. 89.
Guierche, p. 124, 129.
Guignes, p. 116, 194.
Guijon, p. 62, 134, 141, 150, 177, 206.
Guillart, p. 197.
Guillaume, p. 74, 207.
Guillaumet, p. 193.
Guillemain, p. 88.
Guillemier, p. 84, 89.
Guillermin, p. 85, 95, 287.
Guillermière (la), p. 98.
Guiller, p. 314.
Guillet, p. 217, 265.
Guillin du Montet, p. 248.
Guillot, p. 92.
Guines, p. 197, 260.
Gupillot, p. 199.
Guyac-Châteaugay, p. 272.
Guyard, p. 69, 85, 103, 126, 207, 261.
Guyardon, p. 3.
Guye, p. 69, 207, 254.
Guyon, p. 92. Voyez Guijon.
Guyot, p. L, 122, 245.
Guyton, p. 104.
Gy, p. 314.
Gyauy, p. 38, 207.

# H

Haardelacq, p. 288.
Hacourt, p. 250.
Hacqueteau, p. 209.
Hagembach, p. XLIII.
Hainant, p. 208.
Halwin, p. 154.
Hamel (du), p. 253.
Hamilton, p. 210.
Hamon, p. 212.
Haranguier, p. 34, 36, 48, 49, 52, 62, 129, 208, 249, 298, 321.
Haraucourt, p. 176, 221, 258, 307, 328.
Harcourt, p. 170, 221, 324.
Hardebecque, p. 219. Voy. Laval.
Hardy (la) de la Trousse, p. 259.
Harley, p. 100.

Harlay, p. 178.
Harville-Palaiseau, p. 189.
Hauffroy, p. 102.
Haussonville, p. 100, 154, 194.
Hauston, p. 320.
Hautefeuille, p. 312.
Hautefort, p. 171.
Hautemer, p. 285.
Hautoy (du), p. 201, 265.
Haye (la), p. 215, 242, 246, 272.
Hayes (des), p. 236.
Hébert, p. 164.
Hélion, p. 320.
Helly, p. xxxviii.
Hémery, p. 209, 264, 265.
Hénay, p. 19, 20, 208, 312.
Hénin-Liétard, p. 30, 31, 33, 36, 38, 40, 47, 52, 125, 186, 188, 208, 304, 308.
Hennequin, p. 114, 164, 265.
Henriot, p. 187.
Henry, p. 92, 116, 161, 192.
Héricourt, p. 241.
Héron, p. 168.
Hervy, p. 324.
Hesdin, p. LIII.
Hesse, p. 170.
Heudelot, p. 209.
Heuretet, p. 126.
Hochberg, p. XLIV, 5, 154, 208, 209, 225, 229.
Hocquart, p. 73, 78, 79, 82, 209.
Hodoart, p. 150.
Hoitteville, p. 102.
Hongrie, p. 170, 311.
Hôpital (l'), p. 247, 261.
Hostun de la Baume, p. 195, 266.
Hôtel-Ecot, p. 39, 40, 53, 209.
Houdry, p. 283.
Housse, p. 298.
Hubert, p. 170.
Hubines, p. 174, 178, 279, 290, 316.
Hucherot, p. 106.
Hudelot, p. 65, 105, 209, 264, 265.
Hue, p. 210.
Hugon, p. LXXII, 28, 88, 178, 198, 209, 235. Voy. Dugon.
Hugonet, p. 287, 312. Voy. Saillant.
Huguet, p. 150.
Huillier, p. 95.
Humbelot, p. 59, 65, 67, 68, 210, 265, 284.
Humbert, p. 227, 245, 301, 317.
Humes, p. 19, 23, 57, 165, 177, 180, 210.
Humières, p. 123.
Hurault, p. 280, 291.

## I

Imbercourt, p. 117.
Imbert, p. 100.

Isle-Bouchard (l'), p. 313.
Isle (l') du Gas, p. 51, 210.
Isterling, p. 181. Voy. Esterling.
Iverny, p. 82.

## J

Jachiet, p. 278.
Jacob, p. 141, 168, 241, 308.
Jacolot, p. 188, 205.
Jacquelin, p. 250, 253.
Jacqueron, p. 159, 249.
Jacquinot, p. 106, 174, 197.
Jacquotot, p. 113, 195, 234, 295.
Janly, p. XLVII, 2, 5, 9, 10, 12, 13, 15, 17, 19, 163, 210, 226, 297, 302.
Jannel, p. 170, 310.
Jannon, p. 82, 93, 103, 170, 196, 231, 261.
Jant, p. 163, 214.
Jantial, p. 282.
Jaquelin, p. 235.
Jaqueron, p. 295.
Jaquot, p. 19, 20, 23, 29, 30, 32, 36, 40, 42, 45, 47, 49, 51, 71, 110, 159, 186, 196, 201, 210, 211, 214, 215, 220, 224, 227, 296, 297.
Jaquot d'Audelarre, p. 77, 83, 211.
Jaubertie, p. 182.
Jauche, p. 137.
Jarry, p. 37, 43, 47, 55, 58, 64, 69, 177, 182, 211, 212.
Jarsaillon, p. 76, 87, 212.
Jaucourt, p. XXX, XXXVIII, XLIV, LVII, 4, 5, 6, 7, 8, 11, 15, 20, 21, 22, 23, 24, 25, 26, 27, 28, 29, 30, 31, 32, 33, 34, 35, 37, 41, 44, 45, 47, 51, 55, 56, 58, 63, 65, 73, 74, 75, 76, 89, 93, 141, 156, 161, 175, 176, 206, 212, 226, 248, 280, 298, 313, 323.
Jaysse (la), p. 260. Voy. Paris.
Jeannin de Castille, p. 41, 43, 46, 51, 147, 213.
Jehannin, p. 103, 113, 186, 278, 304.
Jeunot, p. 274.
Joanin, p. 107.
Jobard, p. 82, 107.
Jobelin, p. 284.
Jobert, p. L, 86.
Jodot, p. 206.
Joigny, p. 244.
Joinville, p. XXVIII, XXX, 111, 139, 243, 255, 319.
Joleau, p. 104.
Joly, p. 105.
Joly, p. 46, 48, 49, 54, 64, 65, 71, 106, 128, 129, 164, 179, 191, 201, 211, 213, 214, 220, 225, 231, 264, 276, 295, 299, 304, 320.

Joly de Bévy, p. 102, 104, 129, 214, 254, 272, 304.
Jomard, p. 106.
Jonchapt, p. 308.
Jordain du Chavet, p. 254.
Jordan, p. 92, 105.
Jornot, p. 146.
Josian de Grandval, p. 26, 27, 33, 214.
Jouard, p. 94, 107, 183.
Jouffroy, 179, 183.
Joumard des Achards de Tison, p. 61, 63, 164, 214, 308.
Jours (des), p. 87, 278.
Jousselin, p. 203.
Joux, p. XXV, 259.
Joyeuse, p. 188, 221, 294, 307.
Jubert, p. 101, 154.
Juillet, p. 103, 104.
Juilly, p. 1, 193, 214.
Julien, p. 7, 8, 10, 15, 16, 17, 61, 111, 113, 126, 187, 214, 215, 233, 242, 302, 304, 317.
Juliot, p. 136, 187, 246.
Jurain, p. 241.
Juret, p. 134, 236.
Jussey, p. 2, 215, 282.
Juvigny, p. 246.

## K

Karandefex, p. 137.

## L

Labbé, p. 174, 256.
Labbey, p. 79, 85, 215.
Laborey, p. 250.
Laborier, p. 96, 99.
Lachère, p. 229.
Lagny, p. 171.
Lagoursan, p. 289.
Laguille, p. 157.
Laitre, p. 291.
Lalaing, p. XXXVI, XLI, XLII.
Lallemand, p. LXXVII, 9, 20, 83, 215, 216.
Lamartine, p. 68, 77, 84, 98, 99, 127, 175, 216.
Lambert, p. 54, 216, 304.
Lambertye, p. 117, 182.
Lami, p. 85, 126, 189, 214.
Lamoignon, 196.
Lamourat, p. 216.
Landreville, p. 256.
Landry, p. 211.
Langheac, p. LXXXIX, 60, 61, 171, 190, 206, 217, 244, 273, 274, 296.
Langlois, p. 272.
Languet, p. XC, 93, 145, 161, 166, 169, 177, 181, 192, 203, 212, 236, 257, 272, 276, 317.

Lanneau, p. 20, 44, 45, 52, 69, 116, 165, 174, 217.
Lannion, p. 267.
Lannoy, p. xxxviii, xl, xli, 117, 118, 138, 188, 259.
Lantage, p. 6, 7, 12, 14, 15, 17, 18, 22, 23, 25, 93, 115, 156, 217, 289.
Lantenay, p. 138.
Lantennes, p. 3, 125, 217, 248.
Lantin, p. lvii, 54, 68, 91, 129, 187, 217.
Lanty, p. 19, 218.
Lanvant, p. 168.
Lapérouse, p. 284.
Lapre, p. 310.
Larcher, p. 89, 145, 191, 199, 305.
Larçonneur, p. 285.
Lardillon, p. 106.
Largentier, p. 283, 324.
Larlan de Kercadio, p. 216.
Larmane, p. 99.
Larrey, p. lxv, 1, 218.
Las, p. 56, 119, 168, 187, 218.
Lascaris, p. 112, 326.
Las-Cases, p. 93.
Lastic de Saint-Jal, p. 273.
Laube, p. 34, 47, 50, 54, 188, 218, 254.
Laubespin, p. 91. Voy. Aubespin (l').
Laumont, p. 221.
Laurain, p. 256.
Laureau, p. 105, 174.
Laurencie, p. 193.
Laurencin, p. 33, 34, 35, 60, 91, 125, 184, 190, 218, 259.
Laux de la Coste, p. 216.
Laval, p. 10, 148, 151, 162, 167, 191, 219, 221, 254.
Lavaux, p. 96, 174, 226, 265, 268.
Laverne, p. 319, 320. Voy. Verne (la).
Lay, p. 247, 287.
Laye, p. xxiv.
Layé, p. 303.
Léauté, p. 86.
Lebault, p. 188.
Lebeau, p. 117.
Leblanc, p. 278.
Lebœuf, 278.
Lecarpentier, p. 104.
Leclerc, p. 91, 180, 321.
Leclerc de Buffon, p. lvii, 288.
Legendre, p. 101, 135, 159, 306.
Legouz, p. 73, 86, 102, 103, 120, 142, 196, 214, 219.
Legouz-Morin, p. 55, 60, 159, 186, 194, 219.
Legrain, p. 129.
Legrand, p. 34, 50, 53, 57, 159, 196, 220, 251, 308.
Legros, p. 265.
Lejeune, p. 106.
Lelade, p. 241.
Lelong, p. 260.

Lemaire, p. 237.
Lemire, p. 177.
Lemoine, p. 57, 120, 220, 223, 244, 265.
Lemulier, p. 83, 87, 88, 104, 212, 223.
Lenet, p. 59, 62, 122, 129, 141, 181, 196, 220, 221, 227, 269, 296.
Lenfernat, p. 280. Voy. Enfernat (l').
Lenoble, p. 303.
Lenoncourt, p. 16, 18, 19, 20, 22, 23, 24, 25, 26, 27, 28, 29, 30, 32, 117, 121, 158, 160, 176, 195, 217, 221, 232, 245, 294, 325, 328.
Léonardy, p. 95.
Lequesne, p. 104.
Leroux, p. 26, 221.
Léry, p. 242.
Lesage, p. 262, 314, 318.
Leschenault, p. 91, 104.
Lescuyer, p. 164. 249.
Lespal, p. 132.
Lespicier, p. 139.
Lespinasse, p. 144, 219, 300.
Lestang, p. 97.
Lestouf, lvii, 11, 14, 18, 19, 20, 25, 27, 28, 30, 32, 34, 35, 36, 37, 39, 41, 43, 165, 190, 198, 221, 222, 280, 300, 301, 303.
Leuglé, p. lxvii.
Leugny, p. 258.
Leval, p. xlv, 149, 212, 219, 227, 242. Voy. Laval.
Leveneur, p. 121.
Levieux, p. 318.
Lévis, p. xxii, 67, 73, 74, 75, 87, 95, 170, 206, 222, 247, 281, 324.
Leviston, p. 206.
Lezay, p. 237, 321.
Lieu (du), p. 253.
Lieur (le), p. 75, 102, 206, 222.
Lièvre (le), p. xliv, 126, 188.
Ligeret, p. 104.
Ligier, p. 106.
Ligne, p. 121, 170, 188.
Ligneville, p. 50, 53, 112, 194, 221, 223, 239, 290, 294.
Lignières, p. 155, 171.
Ligny, p. 93, 94.
Limoges, p. 243, 272, 281.
Lisac, p. 168.
Livert, p. xxi.
Livron, p. 8, 9, 112, 223, 257, 321.
Loge (la), p. 59, 74, 84, 103, 104, 192, 223, 234, 264.
Loge (la) de la Barre, p. 113, 312.
Logerot, p. 205, 276.
Loges, p. xliv, 5, 7, 9, 10, 14, 166, 223, 253, 274, 314.
Loires, p. 100.
Loisie, p. 188, 197.
Lombard, p. 59, 224, 291.
Loménie, p. 143.

Long (le), p. 325.
Longchamp, p. 2, 224, 299.
Longeville, p. 8, 222, 224, 225, 292, 325.
Longuay, p. 178.
Longueil, p. 167.
Longueval, p. xlvii, 19, 28, 30, 32, 33, 137, 144, 208, 224, 225, 267.
Longueville, p. 165, 187, 209, 280, 306.
Longueville de la Maison-Blanche, p. 35, 38, 43, 225.
Longueville de Ville-sur-Arce, p. 33, 35, 38, 40, 42, 43, 45, 47, 50, 54, 224, 225. Voy. Longeville.
Longueville (Rothelin), p. 6, 225.
Longvay, p. 326.
Longvilliers, p. 313.
Longvoy, p. 165.
Longvy, p. lxv, lxvi, 123, 124, 154, 275, 319, 323.
Loppin, p. 76, 84, 85, 91, 103, 104, 119, 182, 186, 225, 234, 262.
Lorenchet, p. xc, 85, 91, 103, 181, 184, 207, 225, 272, 278.
Loriol, p. 51, 59, 60, 183, 226, 229.
Loron, p. 38, 43, 54, 115, 119, 129, 182, 225, 226, 280, 312.
Lorraine, p. 139, 147, 154, 170, 213.
Lostanges, p. 326.
Lostende, p. 234.
Louaise, p. 314.
Loup (le), p. 226.
Lourdin, p. 22, 23, 162, 226. Voy. Coligny.
Louvet, p. 235.
Louvier, p. 114.
Loyseau, p. 91.
Loysia, p. 111, 274.
Lucinge, p. 245, 282, 286.
Ludre, p. 193, 221.
Lugny, p. xxxix, lxxviii, 5, 6, 123, 124, 140, 149, 157, 172, 175, 185, 226, 244, 258, 264, 288, 302, 307, 312.
Luppé, p. 326.
Lusignan, p. 146.
Luxembourg, p. xxxviii, xl, xli, 123, 147, 148, 170, 221, 313, 323.
Luyrieux, p. 124, 259, 292.
Luzy, p. lxv.
Lyathod, p. 224.
Lyeder, p. xxxv.
Lyobard, p. 286.
Lyon, p. 159, 191, 235.

## M

Macet, p. 235.
Macheco, p. xlv, xlvii, 76, 78, 79, 83, 84, 122, 194, 205, 211, 221, 227, 240, 249, 262, 308, 317.

— 342 —

Machefoin, p. 232, 235.
Mac-Mahon, p. 71, 72, 88, 91, 227, 228.
Macon, p. LXII, 245.
Madaillan, p. 56, 58, 162, 228, 274.
Magdelaine (la), p. LVII, LXXVII, 11, 12, 13, 14, 19, 20, 22, 23, 25, 27, 29, 31, 36, 47, 50, 53, 64, 65, 68, 88, 97, 150, 172, 182, 200, 226, 228, 280, 282, 288, 300.
Magnien, p. 31, 32, 34, 39, 42, 52, 61, 72, 89, 130, 229, 279, 317.
Magny, p. 158, 294.
Maillard, p. 127, 128, 164, 220, 236, 241, 306, 308.
Maillé, p. 177, 292.
Maillot, p. 28, 29, 30, 37, 39, 220, 229, 242, 325.
Maillots (des), p. 6, 205, 229.
Mailly, p. XXIV, XXX, XLVII, LXV, LXVI, 4, 5, 6, 7, 8, 12, 13, 15, 32, 91, 112, 123, 161, 162, 173, 188, 193, 209, 229, 254, 280, 294, 814.
Maine (du), p. 111.
Maire, p. 128, 199, 230, 306.
Maire (le), p. 19, 230, 326.
Mairet, p. XLVII, 4, 230.
Mairet (le), p. 156, 232, 289.
Mairetet, p. 86, 94, 102, 103, 231, 276.
Mairot, p. 211.
Maisey, p. 230.
Maison (la), p. 245.
Maisoncomte, p. 237.
Maisoncourt, p. 181.
Maisonfort (la), p. 100.
Maisonneuve (la), p. 224.
Maisy, p. LXVI.
Maitre, p. 106.
Maizières, p. 229, 298.
Mâlain, p. 6, 7, 8, 9, 10, 11, 12, 13, 14, 15, 16, 17, 18, 21, 22, 25, 26, 27, 28, 29, 30, 32, 34, 123, 131, 152, 155, 158, 169, 174, 177, 180, 182, 184, 194, 211, 221, 230, 240, 259, 266, 272, 288, 289, 312, 316, 325.
Malard, p. 95, 198.
Malassis, p. 29, 179, 231.
Maleteste, p. LXXVII, 82, 214, 272.
Mallet, p. 143.
Mallion, p. 113, 220, 242.
Malpois, p. 64, 214, 231, 264, 308.
Malyvert, p. 286.
Mamines, p. XLI.
Mancini, p. 173.
Mandat, p. 85, 94, 264.
Mandelot, p. XLIV, 121, 132, 163, 203, 230, 309.
Mandonet, p. 106.
Mandre, p. 314.
Maneuil, p. 121.
Manin, p. 223.

Mannin, p. XXXV.
Manse, p. 237.
Marbœuf, p. 102.
Marcelange, p. 39, 41, 48, 231, 260.
Marchainville, p. 155.
Marchand, p. 39, 42, 45, 47, 49, 52, 75, 91, 131, 157, 231, 271.
Marche (la), p. XXV, XXXIX, 5, 138, 221, 231, 232, 247, 294.
Marché (du), p. 37, 40, 47, 232.
Marchesouil, p. 820.
Marcheville, p. 10, 232.
Marcilly, p. LXVII, LXXVII, 4, 18, 19, 20, 22, 25, 98, 110, 229, 232, 246.
Marck (la), p. 9, 14, 221.
Marconnet, p. 145.
Marcoussay, p. 172.
Maréchal, p. 246, 261, 324.
Mareschalchi, p. 296.
Marcy, p. L, 85, 294.
Marey (de), p. LXVII, 156, 251.
Margeret, p. 135, 231.
Marguenat, p. 216.
Maridor, p. 148.
Marie, p. 68, 99, 101, 104, 134, 233.
Marigny, p. XXIII, XXIV, 243.
Marion, p. 182, 248.
Marisy, p. 273.
Maritain, p. LIII, 53, 70, 71, 233, 324.
Marivetz, p. 93.
Marlet (le), p. 8, 9, 12, 159, 233.
Marlout, p. 57, 60, 129, 215, 233.
Marmeau, p. LXVI.
Marnier, p. 117, 221, 258, 267.
Marmont, p. 157.
Marpin, p. 178.
Marre (la), p. LVII, 41, 44, 45, 46, 47, 49, 51, 52, 59, 61, 64, 70, 73, 91, 103, 116, 126, 134, 181, 188, 223, 233, 234, 240, 278, 279, 295, 305.
Marron, p. 69, 234.
Marry, p. 312.
Marsay, p. 321.
Marsillyon, p. 182.
Martel, p. 232.
Martenay, p. 203.
Martenne, p. 86, 88, 207, 215, 310, 320.
Martenot, p. 323.
Martigny, p. 9, 10, 11, 12, 14, 15, 19, 54, 111, 126, 205, 223, 234, 235, 320.
Martin, p. XLV, 33, 39, 40, 41, 42, 44, 45, 48, 50, 53, 54, 84, 106, 113, 123, 164, 189, 222, 230, 235, 256, 257, 295.
Martineau, p. 101.
Martinet, p. 169.
Martinière (la), p. 218.
Masblanc, p. 120.
Massard, p. 274.

Masse, p. 122.
Massé, p. 177.
Masset, 83, 55, 56, 235.
Massol, p. 46, 47, 49, 50, 51, 60, 61, 62, 65, 70, 74, 83, 92, 93, 100, 126, 129, 134, 141, 143, 165, 187, 194, 236, 237.
Masson, p. 78, 179, 236, 261.
Massy-sous-la-Vineuse, p. 98.
Matafelon, p. 252.
Mathieu, p. 33, 34, 38, 40, 45, 50, 53, 55, 107, 117, 143, 150, 152, 171, 190, 236, 239, 248, 296.
Matherot, p. 127, 188.
Mathy, p. 212.
Matignon, p. 188.
Maubec, p. 180.
Maublanc, p. 89, 95, 103, 139, 272.
Mauclerc, p. 324.
Maugeron, p. 110.
Maulbon, p. 107.
Mauléon, p. 126, 189.
Maumont, p. LXVII, 221.
Mauny, p. 157.
Maupas, p. XLV.
Maure d'Estud, p. 100.
Mauroy, p. 76, 236, 237, 230.
May (du), p. 164.
Mayguier, p. 78, 194, 219, 237, 256.
Mayneaud, p. 95, 103.
Mazarin, p. 115.
Mazel, p. 311.
Mazilles, p. XLV, 118, 126, 254, 267.
Meaux, p. 128.
Megret, p. 104.
Meix (du), p. LXVII, 10, 237.
Mcligny, p. 221.
Mellin, p. 47, 54, 60, 178, 237.
Mello, p. XXX, XXXVIII, XXXIX, LXVIII, 1, 2, 4, 148, 155, 172, 175, 217, 237, 238, 244, 313.
Melun, p. 217, 257, 271.
Mémont, p. XXVI.
Menans, p. 252.
Menard, p. 37, 53, 211, 238, 298.
Meneserre, p. LXXXVII, 131, 140, 237, 326. Voy. Fussey.
Menessier, p. 181.
Mency, p. 107.
Menou, p. 99, 313.
Menou, p. 173, 216, 218.
Menthon, p. 283, 291.
Menue (la), p. 34, 38, 39, 40, 41, 42, 44, 126, 150, 152, 172, 238, 322.
Merceret, p. 248.
Merlo, p. 237. Voy. Mello.
Merville pour Merille, p. 46.
Mesgrigny, p. 40, 193, 205, 238, 270.
Messey, p. XXX, 11, 14, 15, 17, 27, 29, 30, 33, 85, 87, 39, 40, 43, 44, 46, 50, 53, 98, 134, 156, 172, 238, 239, 247, 268, 274, 298, 303.
Meun de la Ferté, p. 185, 239, 320.

Meursault, p. 1, 239.
Meyrat (le), p. 238.
Mayrot, p. 236.
Méquin, p. 164.
Meral, p. 207.
Merceuil, p. 164.
Merch, Mers, p. 210.
Mercier, p. 142.
Mercier (le), p. 246.
Mere, p. 108.
Mergey, p. 113.
Merle, p. 101, 214, 231.
Mesmay, 133.
Mesmes, p. 91.
Mesnil-Simon (du), p. 238.
Métrillot, p. 106.
Meuzard (la), p. 229.
Micault, p. 103, 234.
Michel, p. 84, 86, 106.
Michaudière (la), p. 117, 127, 207.
Michon, p. 96, 98.
Migieu, p. 67, 135, 137, 186, 234, 240, 252, 278.
Millard, p. 321.
Millereau, p. 104.
Millet, p. 56, 65, 70, 94, 234, 240.
Millets (des), p. 34.
Milletot, p. 8, 10, 14, 42, 44, 46, 48, 49, 51, 132, 141, 144, 159, 196, 205, 227, 240, 264, 278.
Millière, p. 44, 46, 48, 51, 59, 116, 117, 134, 135, 162, 188, 191, 201, 227, 236, 240, 241, 242, 264, 277, 293.
Millot, p. 15, 107, 241.
Millotet, p. LVII, 44, 51, 163, 235, 241, 317.
Minard, p. 131, 206.
Mily, p. 93, 121, 271.
Miolans, p. 15, 241, 259, 319.
Mochet, p. XLVII, 117, 250, 299.
Mochot, p. 58, 186, 189, 241, 317.
Minières, p. 101.
Mirabeau, p. 98.
Mirebel, p. 256.
Miremont, p. 138.
Moilleroncourt, p. 293, 309.
Moissey, p. LXV, LXVI, 159.
Moisson, p. XLIV, 14, 15, 127, 129, 142, 156, 219, 241, 242, 246, 280, 291.
Moisy, p. 18, 157, 160, 242, 287.
Molan, p. XXXVI, 91, 97.
Molard (du), p. 303.
Moleron, p. 270.
Molesme, p. XVI, 99.
Molin, p. 2, 242.
Molins (des), p. 242.
Molière, p. 236.
Molle, p. 129, 324.
Mollerat, p. L, 92, 104.
Monchy, p. 254, 286.
Monciel, p. 282.

Moncorps, p. 244.
Moneloy, p. LXVII.
Mongeot, p. 133, 249.
Mongey, p. 240, 270.
Monginot, p. 91, 223, 231, 299.
Monin, p. 106, 158, 214.
Monnoye (la), p. LVII.
Monparé, p. 100.
Mont-Saint-Jean, p. XX, XXII, XXIII, XXXI, XXXII, XXXIII, LXVI, 1, 155, 243, 257, 319.
Mont-Saint-Léger, p. 198.
Montaigu, p. XXXVIII, XLVI, XLVII, LXV, LXVIII, 1, 2, 3, 4, 112, 136, 165, 172, 238, 243, 244, 274, 299, 324.
Montagu, p. 87, 88, 120, 135, 165, 181, 237, 303, 318.
Montaigny, p. 180.
Montal, p. LVII.
Montarby, p. 264, 293, 301.
Montauban, p. 313.
Montaudry, p. 179.
Montbard, p. XVI, XXVII, 237.
Montbel, p. 162, 259, 284.
Montbéliard, p. 148, 204, 217, 244, 255, 257, 319, 323.
Montberon, p. 281.
Montberthod, p. 144.
Montbezon, p. 178.
Montboissier, p. 162, 282.
Monthuron, p. 286.
Montchanin, p. 33, 35, 36, 37, 38, 42, 50, 53, 55, 97, 107, 110, 153, 173, 190, 244, 288, 321.
Montconis, p. LXXVIII, 3, 5, 11, 12, 13, 14, 15, 16, 17, 18, 20, 26, 27, 30, 31, 33, 34, 35, 110, 128, 140, 224, 244, 247, 288, 292.
Montcornet, p. 320.
Montcorps, p. 67, 79, 100, 101, 244.
Montcrif, p. 69, 72, 91, 93, 152, 245, 279, 315.
Montdragon, p. 118, 142.
Montesquiou, p. 188.
Montet (du), p. 29, 30, 31, 32, 33, 34, 35, 36, 38, 40, 41, 45, 49, 51, 55, 58, 143, 245, 290.
Monteynard, p. 89, 105, 108, 190, 253.
Montfalcon, p. 245.
Montfaucon, p. 132, 243.
Montferrand, p. 42, 63, 201, 245, 284, 286, 292.
Montgeffon, p. 125.
Montgommery, p. 161, 229, 307.
Montgrillet, p. 245.
Montherot, p. 98, 216.
Montholon, p. 6, 136, 152, 187, 194, 196, 197, 220, 242, 245, 246, 253, 271, 299, 328.
Monthon, p. 237.
Montiers (des), p. 102.
Montigny, p. XLIV, LXVII, 2, 7, 39, 98, 100, 132, 178, 246, 250.

Montilles, p. 172.
Montillet, p. 204.
Montjatin, p. 93. Voy. Fresne.
Montjeu, p. 3, 140, 226, 246, 312, 325.
Montjouvent, p. 25, 27, 111, 239, 247, 291.
Montluc, p. 254.
Montluel, p. XV, 124.
Montmartin, p. XLVII, LXV, LXVIII, 124, 251, 275.
Montmégin, p. 215.
Montmerqué, p. 165.
Montmorency, p. XXXVIII, LVI, 81, 99, 154, 162, 170, 188, 212, 268, 311, 313.
Montmorillon, p. XLVI, p. 25, 26, 33, 38, 39, 42, 44, 46, 49, 51, 62, 77, 78, 136, 154, 247, 263, 270.
Montmorin, p. 162, 177, 206.
Montmoyen, p. 257.
Montoillot, p. 131.
Montot, p. LXVII, 124, 203, 291.
Montperroux, p. LXV. Voy. Dyo.
Montpont, p. 287.
Montréal, p. XXII, XXIII.
Montreuil, p. 244.
Montrichard, p. LXXVIII, 33, 34, 35, 36, 38, 40, 48, 52, 140, 172, 175, 213, 248, 288, 292, 316.
Montrichard de la Brosse, p. 75, 248, 307.
Montsaulnin, p. 36, 37, 52, 63, 64, 66, 177, 178, 248, 280.
Montservier, p. 180.
Montsimon, p. 252.
Montureux, p. 258.
Morache, p. 101.
Morand, p. 113, 203.
Moreau, p. 106, 107, 122, 202, 207, 227, 231, 249, 272, 305.
Moreaul, p. 8, 249, 326.
Morel, p. 94, 107, 137, 170, 191, 205, 206, 242, 259.
Morel de Corberon et de Duesme, p. 91, 199.
Morelet, p. 40, 42, 43, 45, 47, 49, 51, 58, 126, 132, 191, 195, 236, 249, 320.
Morelot, p. 271.
Moreton, p. 307.
Morey, p. 197.
Morgeot, p. 21, 249.
Morillon, p. 146, 208, 321.
Morin, p. 141, 163, 187, 219, 236, 272, 317.
Morisot, p. 35, 40, 42, 45, 47, 49, 51, 61, 62, 63, 67, 71, 75, 166, 201, 207, 241, 249, 261, 271, 301.
Mornay, p. 168, 172, 310.
Moroges, p. 9, 15, 17, 22, 23, 25, 26, 27, 28, 129, 137, 138, 154, 162, 185, 232, 236, 250, 272, 314.

— 344 —

Morot, p. 54, 64, 72, 80, 187, 250, 321.
Mortières, p. 107.
Mostervel, p. LXVII.
Motet (du), p. 101.
Mothe (la), p. 98.
Motin, p. LXXVII.
Motmans, p. 186.
Motte (la), p. 41, 127, 136, 179, 210, 250, 320.
Motte-Beaujeu (la), p. 166.
Motte-Saint-Jean (la), p. LXVII.
Mouchet. Du Mouchet, p. 31, 33, 34, 42, 43, 46, 49, 51, 95, 250, 251, 304.
Mouhard, p. 217.
Mouhy, p. 145.
Moulins, p. 225, 246.
Moussier, p. L, 84.
Moyria, p. LVII, 40, 55, 56, 60, 69, 73, 86, 91, 97, 138, 166, 188, 204, 240, 251, 252, 284, 303.
Mucher, p. XXIII.
Mucie, p. XC, 169, 187, 195, 207, 215, 234, 261, 272.
Muet (le), p. 99, 100.
Mugnier, p. 168, 321.
Mulot, p. 101.
Murat, p. 168, 231, 289, 300.
Murgault, p. 132, 328.
Musigny, p. LXXXIV, 1, 171, 252, 312.
Mussy, p. XXXIV, 112, 174.
Muxy, p. 174.
Muzeau, p. 236.
Muzy, Musy, p. 72, 87, 148, 179, 252, 314.
Myard, p. 140.
Mypont, p. 6, 172, 194, 253, 292.

**N**

Nadault, p. LVII, 104.
Nagu, p. LVII, 10, 11, 12, 14, 15, 21, 31, 34, 117, 132, 157, 178, 190, 224, 253.
Nain (le), p. 121.
Nan, p. 314.
Nancuyze, p. 247.
Nancy, p. 221.
Nanteuil, p. 117, 140, 173.
Nanton, p. XXXIX, LXVII, 125, 149, 206, 287.
Nantouillet, p. XXXVIII.
Nassau, p. XXX, 148, 170.
Naturel, p. 10, 15, 20, 33, 34, 36, 37, 38, 39, 41, 45, 47, 49, 52, 56, 62, 68, 70, 71, 89, 91, 156, 207, 218, 253, 254.
Nault, p. 87.
Navetier, p. 224, 270.
Navilly, p. LXVI.
Nesle, p. 20, 167, 172, 254.

Netancour, p. 221.
Neufchatel, p. XXII, XXXIX, 3, 4, 5, 112, 172, 204, 208, 244, 254, 259, 274, 275, 284, 319.
Neufchèze, p. 18, 20, 24, 25, 26, 255, 307, 315.
Nenilly, p. 189, 262.
Neuville, p. XLVII, 4, 34, 183, 193, 250, 255.
Nevers, p. XIX, XXI, XXII, 148, 297.
Nicaise, p. 106, 132, 276.
Nicey, p. 28, 255.
Nicolas, p. 119, 272.
Nicole, p. 104.
Niepce, p. 307.
Nieuwerkerke, p. XXXVIII.
Nigot, p. 100.
Noailles, p. 223.
Noblet, p. 57, 97, 98, 108, 117, 197, 255, 256.
Nogent, p. XLIV, 42, 44, 46, 50, 53, 174, 256, 276, 325.
Nointel, p. 124.
Noirot, p. 191.
Nolay, p. 304.
Nompère, p. 293.
Normant, p. 127.
Normand (le), p. 326.
Noroy, p. 324.
Norry, p. 302.
Noseroy, p. 258.
Novequerines, p. XXXVIII.
Noyers, p. XV, XXII, XXIII, XXX, XXXIV, LXVIII, 1, 158, 202, 238, 243, 256, 276, 301, 319.
Nuis, p. 236.

**O**

O (d'), p. 228.
Occey, p. LXVII.
Occors, p. 251, 325.
Ocquidem, p. 117, 126, 164, 202, 218, 227, 234, 278.
Odebert, p. 159.
Ogerolles, p. 190.
Ogier, p. 89.
Olivier, p. 125.
Oncieux, p. 111, 247, 252, 259, 293.
Ongny-d'Origny, p. 256.
Orbessan, p. 289.
Orge, p. XXV, 7, 8, 9, 10, 12, 140, 173, 223, 257, 266, 288, 299.
Orgemont, p. XXXVIII.
Origny, p. 164, 200, 210.
Orléans, p. 100, 225.
Ornaison, p. 112.
Orsans, p. 47, 182, 257, 259.
Orville, p. 153.
Ostun, p. 153.
Othenin, p. 211.
Oudart, p. 176.

Ouette, p. 114.
Oyselet, p. 114, 138, 158, 161, 172, 173, 189, 193, 204, 244, 265, 284, 292, 319.
Ozannon, p. 107.
Ozenay, p. 108. Voy. Barthelot.

**P**

Pages, p. 39, 258.
Paget, p. 207.
Pagis, p. 100.
Paillard, p. XXXVIII, 2, 258.
Paillards (des), p. 244.
Paillé, p. 252.
Paillette, p. 264.
Pailly (du), p. LXVII, LXVIII, 2, 258.
Pajot, p. 228.
Palaine, p. 180.
Palatin, p. 180.
Paléologue, p. 326.
Palesse, p. 96.
Palliot, p. LXXXIV.
Palluau, p. XXI, XXIV.
Palme, p. 304.
Palouset, p. 3, 258.
Palu (la), p. 20, 21, 23, 25, 26, 27, 28, 29, 36, 37, 124, 138, 255, 258, 259, 284, 286, 292, 325.
Pampelune, p. 75, 79, 246, 259.
Paney, p. 106.
Paphi, p. 14, 219, 259.
Papillon, p. 105, 301, 312.
Paradin, p. 111, 129, 206.
Pardessus, p. 19, 260.
Parent, p. 91.
Parigot, p. 84.
Parigny, p. LXVII.
Pâris de la Jaysse, p. 2, 3, 188, 260.
Parise, p. 146.
Parisot, p. 99, 100, 187, 258.
Parmentier (le), p. 219.
Parpas, p. 242.
Parpillon, p. 157.
Parthenay, p. 271.
Pas, p. 142, 188.
Pasquier, p. 86.
Pasquier (du), p. 291, 292.
Patarin, p. 128.
Pâtissier, p. 96, 99.
Patural, p. 289.
Paulat de la Tour, p. 35, 248, 260.
Pélissonnier, p. 178, 314.
Pélissier, p. 12, 19, 41, 44, 46, 47, 48, 50, 51, 56, 121, 102, 200, 279.
Pelletier, p. LXXXVII (Neuvy), 22, 26, 31, 32, 33, 34, 37, 41, 43, 48, 51, 86, 87, 103, 164, 231, 260, 310, *errat*.
Pelletier (le), p. 88.
Pelletrat, p. 98, 99.
Peloux (du), p. 252.

— 345 —

Penthièvre, p. 93.
Pépin de Boisherpin, p. 277.
Pérard, p. 71, 83, 98, 102, 104, 119, 141, 188, 197, 214, 220, 223, 261, 298.
Périeux, p. 40, 47, 49, 52, 261.
Perins, p. 190.
Pernes, p. LXXXI, 8, 9, 10, 11, 13, 14, 25, 26, 28, 29, 30, 32, 35, 36, 38, 39, 40, 41, 43, 45, 46, 49, 51, 58, 198, 231, 261, 298, *erratum*.
Pernot, p. 251, 278, 306.
Peron (du), p. 108. Voy. Ronnay.
Péronne, p. 26, 261.
Perrault, p. 12, 14, 74, 77, 87, 91, 97, 117, 129, 181, 215, 261, 262, 272, 304.
Perreau, p. 44, 262, 282, 308.
Perreney, p. 11, XC, 85, 91, 104, 129, 136, 194, 195, 201, 264, 271, 272, 279, 304.
Perrenot de Granvelle, p. 251, 257.
Perret, p. 105, 107, 159, 218, 233, 310.
Perrié, p. 96.
Perrière (la), p. 10, 31, 127, 164, 174, 178, 248, 262, 263, 270, 272, 276, 280.
Perrigny, p. 230, 238.
Perrin, p. 86, 97, 122, 209, 275.
Perrin de Cypierre, p. 91, 215.
Perrin de Daron, p. 88, 59.
Perrin de Neuilly, p. 94.
Perrin de Saux, p. 92.
Perron, p. 4, 5, 263.
Perron (du), p. 40, 52, 210, 263, 315.
Perrot, p. 104, 183, 173, 258.
Perroy, p. 98, 106.
Perruchot, p. 90.
Perry, p. 193.
Pescheperroux, p. 36, 62, 203, 263.
Peschin (du), p. 300.
Pesmes, p. LXV, LXVI, 204.
Pesseau, p. 91.
Pesselière, p. 25, 27, 263.
Petit, p. 42, 43, 46, 47, 49, 51, 57, 64, 66, 68, 79, 81, 84, 164, 185, 209, 235, 241, 254, 263, 264, 270, 295, 299, 301, 306, 316.
Petit de Lavaux, p. 10, 14, 264.
Petitjean, p. 106, 165, 173, 314.
Petitot, p. 106, 187.
Petremand, p. 127, 133.
Peyrat, p. 29, 150, 218, 264.
Pezerat, p. 95.
Phelyppeaux, p. 132.
Pianello, p. 121.
Picardet, p. 20, 21, 22, 264, 265.
Piépape, p. LXVII.
Pierre, p. 107, 281, 310.
Pierrechamp, p. 282.
Pierrefontaine, p. 307.

Piétrequin, p. 57, 61, 94, 120, 206, 255, 296.
Picet, p. 229.
Pimeel, p. XXI.
Pinteville, p. 209.
Piffond, p. 107.
Pillemier, p. 189.
Pillot, p. 144, 149, 161, 162.
Pinsonnat, p. 128.
Pion, p. 204.
Pilois, p. 132, 198.
Pivert, p. 177.
Pize, p. 83, 175, 207.
Place (la), p. 197.
Places (des), p. 88, 89, 272.
Plaines, p. XLVII, 6, 12, 13, 37, 39, 138, 205, 231, 265, 278.
Plaise, p. 104.
Plancy, p. 257, 260.
Planta, p. 174.
Plantay (du), p. 259.
Platière (la), p. 98, 111, 182, 212, 315.
Plecis, p. 4.
Plessis (du), p. 143, 316.
Plessis-Mornay (du), p. 212.
Plume (la), p. 27, 28, 29, 129, 141, 265, 299.
Pluvot, p. XLV, 6, 189, 266.
Pocquières, p. 206.
Poilly, p. XXI. Voy. Pouilly.
Poily, p. 99.
Poinceot-d'Eguilly, p. XLIV, 4, 5, 159, 172, 180, 181, 200, 257, 266, 326.
Pointes, p. 246.
Poissonnier, p. 104, 127.
Poitier, p. XXXVIII, 165, 243, 267, 290, 319, 324.
Poizieux, p. 20, 266.
Poli, p. 81.
Polignac, p. 148, 162, 226, 259, 281.
Poligny, p. 128, 129, 134, 140, 241, 248, 292, 295, 310.
Poméranie, p. 170.
Pomereu, p. 101.
Pommard, p. XXIV, 108, 114, 294.
Ponard, p. 152, 168, 183, 274.
Poncel, p. 138.
Poncy, p. 46, 266, 292.
Pons, p. 58, 60, 67, 91, 195, 266, 267, 313.
Pons de Bourgneuf, p. 256.
Pons-Rennepont, p. 194.
Ponsard, p. 129.
Pont, p. 99.
Pontailler, p. XVIII, XXIX, XXXIV, XXXVIII, XXXIX, 1, 2, 3, 4, 13, 18, 20, 112, 123, 150, 151, 160, 173, 176, 182, 243, 267, 274, 282, 290, 294, 297, 302, 312, 319, 323, 325.
Pontcy, p. 266, 316.
Pontoux, p. 129, 220, 225, 231, 302, 304, 308.

Porcelet, p. 205.
Porcherot, p. 50, 53, 57, 130, 196, 203, 225, 251, 267, 279.
Portail, p. 240.
Porte (la), p. 98, 127, 218, 261, 293.
Porterie (la), p. 100.
Portia, p. 296.
Pot, p. XXXVIII, XXXIX, XL, XLIV, LXXIV, LXXV, 5, 6, 7, 11, 13, 15, 123, 131, 154, 166, 167, 194, 237, 267, 281, 294, 313.
Potet (du), p. 92, 95.
Pothon de Xaintrailles, p. 139, 328.
Potrelot, p. 174.
Pouffier, p. 181, 214, 246, 250, 308.
Pouilly, p. XXV, 59, 175, 205, 268.
Poulaillier, p. 141.
Poulet (du), p. 299.
Poulletier, p. 82, 103.
Poully, p. 99.
Pouquières, p. 302, 313.
Pourcherot, p. XLIV, 267.
Poype (la), p. 142, 245, 304.
Pra-Balaysaulx, p. 30, 31, 34, 36, 39, 44, 46, 50, 56, 57, 268, 308.
Pracontal, p. 12, 19, 21, 22, 23, 26, 28, 29, 30, 136, 160, 161, 173, 189, 269.
Pradier, p. 83, 105.
Pradines, p. LXXXIV. Voy. Lestouf.
Prangey, p. XXV.
Prat (du), p. 20, 39, 43, 44, 52, 120, 221, 269, 270, 321.
Précy, p. 92.
Prés (des), 152, 294.
Presles, p. XLIII, 197, 278.
Prestre (le) de Vauban, p. 69, 70, 97, 98, 168, 270.
Prêtre (le) de Neubourg, p. 288.
Prévost, p. 126, 245.
Prévost de la Croix, p. 73, 270.
Prez, p. 105.
Priézac (Priouzac), p. 34, 270, 271.
Pringles (des), p. 42, 45, 47, 210, 270, 299.
Prisque, p. 50, 53, 55, 60, 91, 97, 98, 99, 127, 246, 271, 296, 307.
Prix, p. 139.
Profillet, p. 137.
Prost, p. 91.
Provenchères, p. 123. Voy. Rose.
Puligny, p. 4, 271.
Puy (du) Montbrun, p. 187.
Puyguyon, p. 121.
Puys (du), p. LIII.

**Q**

Quadt, p. 290.
Quantéal, p. 42, 44, 47, 183, 271.
Quarré, p. XLVII, LVII, LXXVII, 35, 37, 39, 47, 49, 51, 65, 72, 77, 84, 89,

91, 93, 103, 105, 107, 109, 112, 126, 144, 191, 262, 271, 272.
Quélus, p. 222.
Quesse, p. 65, 272.
Queuille (la), p. 74, 110, 135, 217, 270, 272, 273.
Quillardet, p. 81, 186.
Quinart, p. 2, 273, 303. Voy. Thélis.
Quingey, p. 217, 248, 258.
Quirot, p. 87, 103, 106.
Quœtumghier, p. xxxviii.

# R

Rabby, p. xxxviii.
Rabigois, p. 206.
Rabustel, 129.
Rabutin, p. xli, xlii, lvii, lxxvii, 5, 6, 7, 11, 13, 15, 16, 17, 18, 19, 20, 21, 22, 24, 25, 26, 27, 29, 31, 57, 132, 150, 171, 217, 223, 228, 236, 239, 244, 248, 249, 250, 273, 284, 298, 310, 312, 322.
Rabyot, p. 144, 168, 305.
Raffin, p. 89, 98, 122, 130, 274, 321, 324.
Raguy, p. 225, 236, 312.
Raguet, p. 45, 50, 53, 76, 274, 296.
Raigecourt, p. 160, 221.
Raille, p. 279.
Rambure, p. 280.
Rambuteau, p. 97. Voy. Barthelot d'Ozenay.
Ramessel, p. 305.
Ramey, p. 275.
Ramilly, p. 13, 17, 34, 48, 168, 274.
Ramisse (la), p. 89, 105, 207.
Ramizelle, p. 321.
Ranfer, p. 88, 103, 105.
Rapioust, p. 197.
Raponde, p. xxxviii.
Raquet (du), p. 74, 77, 78, 91, 111, 274, 275.
Raton, p. 96.
Raulin, p. 209, 259.
Rauzen, p. 174.
Ravières, p. xliv, lxvi, 301.
Raviot, p. 108.
Ray, p. xxxviii, xxxix, xlvii, lxvi, 5, 159, 172, 223, 265, 267, 275, 284, 291.
Recey, p. 309.
Reclaines, p. 14, 15, 16, 17, 37, 193, 275.
Récourt, p. 143, 296.
Reculot, p. 201.
Redelet, p. 204.
Reffay, p. 174.
Reguard, p. xliv, lxxv, 4, 6, 119, 275.
Regnaudot, p. 236.

Regnault, p. 165, 272, 314.
Régnier, p. 13, 19, 27, 29, 31, 35, 36, 38, 39, 40, 41, 43, 45, 47, 48, 49, 50, 51, 53, 134, 158, 159, 188, 194, 197, 201, 208, 264, 275, 298, 316.
Régnier de Guerchy, p. 99, 238.
Remigny, p. 78, 219, 257, 276.
Rémond, p. 47, 48, 55, 73, 113, 124, 129, 165, 186, 188, 197, 220, 256, 276, 295, 299, 316.
Renouard, p. 71, 91, 276, 277.
Renty, p. 170, 172.
Réon, p. xxiv.
Renillon, p. 92, 161.
Rengny, p. 194, 280.
Revol, p. 190.
Rey, p. 116.
Reynel, p. 283, 314.
Ribailler, p. 95.
Ricard, p. 67, 241, 277.
Ricey, p. 9, 14, 24, 229, 277.
Richard, p. xci, 28, 42, 44, 45, 49, 51, 63, 68, 69, 72, 77, 78, 79, 80, 82, 84, 85, 87, 88, 89, 94, 103, 105, 108, 137, 144, 182, 186, 191, 205, 220, 234, 240, 260, 277, 278, 296, 305.
Richardot, p. 79, 278, 279.
Riche (le) p. 204.
Riel, p. 261.
Rietperg, p. 124.
Rieux, p. 162, 226.
Rigny, p. 251.
Rigoley, p. xc, 82, 126, 159, 272, 301, 302.
Rimon, p. 162.
Riollet, p. 83, 38, 39, 41, 45, 46, 47, 48, 51, 64, 73, 118, 126, 203, 234, 245, 260, 279.
Ripert, p. 306.
Riquetti-Mirabeau, p. 286.
Rivel, p. xxi.
Rivière (la), p. 7, 8, 9, 10, 12, 22, 23, 24, 25, 26, 27, 35, 36, 38, 39, 41, 43, 45, 48, 50, 54, 121, 135, 151, 158, 171, 192, 212, 226, 237, 248, 279, 280, 288, 303, 312, 320.
Robbée, p. 140, 225.
Robelin, p. 198, 201, 229.
Robert, p. 141, 146.
Robert (le), p. 37, 39, 280.
Robin, p. 163, 308.
Robinet, p. 101, 216.
Rocault, p. L.
Roche, p. 243. Voy. Hénin.
Roche (la), p. xxi, lxv, lxvi, 88, 292, 324.
Roche-Guyon (la), p. 280.
Roche-Dragon (la), p. 300.
Roche-Fontenille (la), p. 61, 280.
Rochebaron, p. xliii, 6, 14, 15, 16, 18, 20, 21, 22, 23, 111, 112, 158, 168,

173, 177, 180, 274, 280, 281, 285, 287, 292, 312.
Rochechouart, p. ii, lxxviii, 6, 9, 10, 11, 12, 13, 14, 33, 162, 172, 173, 176, 177, 194, 203, 281, 288, 294, 319, 323.
Rochefort, p. xxxvi, xlvii, lxv, lxvi, 2, 3, 4, 12, 13, 15, 16, 20, 21, 22, 23, 24, 25, 138, 149, 154, 156, 159, 160, 280, 281, 282, 292, 301.
Rochefort d'Ailly, p. 46, 282, 321.
Rochefoucault (la), p. xxxviii, 123, 136, 190, 193, 206, 217, 281, 323.
Rochelle (la), p. 258.
Rochemont, p. 42, 60, 70, 91, 95, 262, 282.
Roches (des), p. 248.
Rochette (la), p. 98, 114, 193.
Rodde, p. 254.
Rodde (la), p. 34, 39, 40, 41, 43, 44, 48, 49, 52, 56, 61, 66, 91, 96, 282.
Rodez, p. 267.
Roffignac, p. 231, 250.
Rogres, p. 71, 283.
Rogue (la), p. 12.
Rogues, p. 121.
Rohan, p. xxxviii.
Rolin, p. xxxviii, xliv, xlvi, 171, 257, 292.
Rollat, p. 168.
Rollet, p. 206.
Romécourt, p. 58, 208, 259, 283.
Ronco (la), p. 200, 240.
Ronchirol, p. 273.
Rondé, p. 100, 101.
Rosay, p. 188.
Rose, p. 60, 277, 283, 284, 288, 301.
Rosières, p. 168.
Rosny, p. 238.
Rosselin, p. 179.
Rosset, p. 229.
Rostain, p. 11, 284.
Rostolan, p. 267.
Rothelin, p. 119, 148.
Roubaix, p. xl.
Roue (la), p. 216.
Rouel, p. 218.
Rougemont, p. xlvii, lxv, lxvii, 23, 26, 31, 82, 175, 245, 252, 282, 284, 286, 310, 312.
Rougeot, p. 89, 94, 179, 260, 316.
Rougrave, p. 248.
Rouhaut, p. 125, 224.
Rouhier, p. xlvii, 112, 211, 278. Voy. Royer.
Rouillé, p. 220.
Roujoux, p. 237.
Roulin, p. xlvii.
Roussart, p. 265.
Roussat, p. 265, 299.
Rousseau, p. 100, 207, 259.
Roussel, p. 235.
Rousselot, p. 105, 175.

Rousset (du), p. 54, 59, 62, 120, 178, 199, 284, 285.
Roussillon, p. XLI, 4, 5, 156, 218, 226, 281, 285, 310, 324.
Roussin, p. 325.
Routy, p. 84.
Rouville, p. 112.
Rouvray, p. 137, 157, 198, 286, 313. Voy. Gasse.
Rouvres, p. XXV, XLIII.
Roux, p. 210, 280.
Roux (du), p. 291.
Rouxel, p. LVII, 27, 158, 259, 285.
Rouzier (du), p. 326.
Rovoré, p. 41, 48, 245, 286.
Roy (le), p. 94, 182.
Royer, p. 81, 37, 38, 39, 42, 48, 49, 50, 52, 53, 55, 60, 70, 75, 86, 91, 121, 164, 286, 296.
Royers (des), p. 67, 287.
Rozé, p. 97.
Rozerot, p. 214, 234.
Rozière (la), p. 288.
Ruffey, p. 158, 208, 266, 294.
Rully, p. 289, 321.
Rupelle (la), p. 100. Voy. Boucher.
Ruppes, p. XXXVIII.
Rupt, p. XLIII, 123, 171, 319, 323.
Ryard, p. 91.
Rye, p. XXII, XXV, XXXIX, 124, 165, 174, 231, 259, 284, 289, 292, 294, 312, 323.
Rymond, p. 121.

S

Sabran, p. 243.
Saconay, p. 285.
Sacquenay, p. 178.
Saffres, p. XXIV, XXV, LXVI, 155, 325.
Saigny, p. 160, 249, 263.
Saillant, p. LXXVII, 7, 8, 117, 253, 281, 287.
Sailly, p. 291.
Sains (de), p. 132.
Saint-Albin, p. XXIV.
Saint-Amour, p. 124, 173, 184, 225, 232, 234, 293, 310.
Saint-Andoche, p. 158.
Saint-André, p. 194.
Saint-Anthost, p. XLIV, LXXVII, 192, 200, 249, 315, 316.
Saint-Aubin, p. 110, 300.
Saint-Belin, p. 7, 8, 12, 14, 15, 16, 17, 18, 19, 21, 22, 23, 24, 26, 27, 28, 29, 31, 32, 33, 37, 38, 40, 42, 45, 50, 53, 64, 80, 92, 94, 120, 150, 156, 161, 163, 172, 175, 188, 208, 229, 231, 239, 244, 245, 248, 257, 274, 280, 287, 298, 300, 321, 325.
Saint-Beury, p. LXV, LXVI.

Saint-Chéron, p. 111.
Saint-Claude, p. 165, 216.
Saint-Fargeau, p. 100.
Saint-Georges, p. 34, 97, 168, 193, 200, 244, 288.
Saint-Germain, p. 219, 286.
Saint-Gobert, p. 15, 17, 288.
Saint-Hilaire, p. 3, 166, 231, 288, 300.
Saint-Julien, p. XXV, 2, 217, 239, 247, 254, 262, 288, 291, 310, 321, 323.
Saint-Lary, p. 24, 289.
Saint-Léger, p. XLV, XLVI, 5, 6, 7, 8, 9, 11, 12, 13, 15, 21, 28, 32, 42, 49, 51, 156, 198, 289, 295, 312.
Saint-Marc, p. 3, 289.
Saint-Martin, p. XLIII, 31, 32, 37, 38, 39, 40, 42, 44, 45, 46, 47, 48, 49, 50, 51, 217, 290, 291, 300.
Saint-Mauris, p. 36, 44, 54, 64, 74, 91, 149, 248, 258, 260, 290.
Saint-Mauris du nom de Chevrier, p. 34, 35, 38, 42, 48, 157, 290.
Saint-Mesme, p. 289.
Saint-Palais, p. 173.
Saint-Père, p. 310.
Saint-Phal, p. 35, 56, 70, 95, 161, 290.
Saint-Point, p. 96, 178, 219.
Saint-Pol, p. XLII.
Saint-Priest, p. 175.
Saint-Privat, p. 111.
Saint-Quentin, p. 48, 50, 53, 65, 143, 291, 300.
Saint-Remi, p. 121.
Saint-Romain, p. 322.
Saint-Seine, p. XVIII, LXVI, 110, 114, 117, 129, 174, 191, 287, 258, 314.
Saint-Trivier, p. 185, 226, 248, 252.
Saint-Vérain, p. 154, 238, 280.
Saint-Vidal, p. 178.
Sainte-Colombe, p. 33, 244, 247, 261, 291.
Sainte-Colombe-Montesquiou, p. 252.
Sainte-Croix, p. 242, 244, 306.
Sainte-Maure, p. 80, 92, 108, 148, 174, 176, 259, 291.
Sainte-Segros, p. 169.
Saix (du), p. 178, 248, 274, 314.
Saix (le), p. 142.
Saleneuve, p. 286.
Sales, p. 274.
Salignac, p. 189.
Saligny, p. 162, 193, 287, 302.
Salins-la-Bande et la Tour, p. XV, XXX, XXXVIII, XXXIX, LXXVIII, 2, 3, 4, 5, 8, 14, 16, 94, 138, 140, 161, 162, 173, 177, 187, 207, 244, 248, 253, 291, 292, 293.
Salives, p. 60, 131, 174, 249, 259, 266.

Salle (la), p. 244, 259, 280.
Salle (la) de Buis, p. 42, 43, 292.
Salle (la) de Vigousset, p. 54, 58, 67, 292, 293.
Saltemart, p. 190, 303.
Sallier, p. 93, 187, 221, 278.
Salm, p. XXXVIII, 162, 170, 319.
Salonnier, p. 197, 239.
Salornay, p. 15, 55, 153, 184, 286, 293.
Saluces, p. 149.
Sancerre, p. 285.
Sarens, p. XXXIX, 188.
Sarrazin, p. 128, 204.
Sarrée (la), p. 3, 292, 293.
Sarron, p. 190.
Sarsure, p. 290.
Sassenage, p. 239, 326.
Saubiez, p. 14, 244, 293.
Saulcier, p. 55, 60, 68, 75, 283, 293.
Sauldon, p. XXIII, LXVII, 14, 18, 188, 194, 229, 237, 292, 293, 294.
Saulnier, p. LXXVII, 231.
Saulx, p. XVIII, XX, XXII, XXIV, XXV, XXX, XXXVIII, XLIV, XLVIII, LVI, LVII, LXXXI, 2, 3, 6, 7, 8, 9, 10, 11, 12, 13, 14, 16, 22, 23, 24, 25, 26, 27, 28, 29, 30, 31, 36, 37, 43, 50, 60, 61, 62, 63, 64, 68, 74, 81, 108, 110, 112, 114, 124, 136, 156, 158, 159, 175, 176, 177, 178, 181, 207, 220, 221, 226, 229, 232, 243, 248, 250, 268, 284, 292, 294, 313, 319.
Saumaise, p. XLVII, 9, 35, 40, 42, 50, 56, 64, 183, 197, 220, 234, 241, 276, 295, 310.
Sautour, p. 17, 157, 295, 298.
Sauvage, p. 8, 244, 265, 295.
Sauvebœuf, p. 94.
Sauvement, p. XXXII.
Savary, p. 276.
Saveuses, p. XXXVIII.
Savoie, p. XXII, 137, 142, 148, 193, 204, 311, 324.
Savoisy, p. 108, 124, 154, 231.
Savot, p. 55, 214, 293.
Sayve, p. 28, 31, 36, 37, 38, 39, 50, 53, 56, 125, 187, 194, 200, 202, 211, 220, 242, 260, 269, 278, 295, 296, 321.
Saxe, p. 149.
Say, p. 235.
Scey, p. 248, 307.
Schomberg, p. 206.
Scorrailles, p. 34, 37, 39, 40, 44, 46, 49, 52, 60, 64, 69, 70, 72, 76, 87, 88, 91, 96, 97, 126, 137, 165, 168, 176, 210, 237, 272, 283, 295, 296.
Scutefert, p. 295.
Scuppelin, p. XLIII.
Sec (le), p. 164, 211.
Seetz (du), p. 302.

Segaut, p. 206.
Seguenot, p. 83, 92, 181.
Séguier, p. 269, 276.
Seguin, p. L, 119.
Seignelay, p. xxiv, 290.
Seiguy-Saffres, p. 151.
Sein (le), p. 41, 296.
Selongey, p. xlviii.
Semur, p. xxi, xxii, lxvii, 9, 10, 11, 12, 14, 15, 17, 21, 22, 23, 24, 110, 147, 150, 161, 175, 297, 303, 319.
Senailly, p. 24, 155, 159, 172, 297, 314.
Senecey, p. lxvi, lxviii, 1, 297, 310.
Senesterra, p. 164.
Senevoy, p. 6, 9, 13, 21, 23, 30, 32, 33, 34, 35, 37, 46, 47, 53, 55, 65, 75, 94, 102, 123, 137, 180, 208, 211, 261, 297.
Senizi, p. 18, 298.
Seneterre, p. 177, 190, 321.
Sercey, p. lxxi, lxxxiv, 3, 4, 5, 8, 11, 13, 17, 23, 24, 26, 29, 31, 82, 33, 34, 35, 36, 37, 38, 39, 40, 42, 44, 50, 53, 57, 59, 64, 76, 140, 144, 158, 194, 211, 276, 285, 297, 298, 303, 325, 326.
Serié, p. 99.
Sermizelles, p. 93. Voy. Guillaume.
Serpens (des) ou d'Esserpens, p. 190.
Serre, p. 137, 211, 227.
Serre (du), p. 100.
Serre (la), p. 98.
Servissac, p. 307.
Seure (le), p. 82, 86, 105.
Seurrot, p. 187, 240, 261.
Sevelinge, p. 39, 298. Voy. Sirvinge.
Sévigné, p. lvii, 273, 274.
Sevré, p. 96, 188.
Seyssel, p. 124, 149, 150, 176, 189, 245, 252.
Seyturier, p. 247, 256, 292.
Seyvert, p. 26, 28, 298.
Sforce, p. 173, 258.
Sibour, p. 228.
Siffreval, p. xxxviii.
Sigy, p. 289.
Silly, p. 246.
Simiane, p. 119, 231, 291, 322.
Simon, p. 107, 174, 177, 212.
Simon de Raffin, p. 98.
Simonin, p. 212, 316.
Simony, p. 59, 63, 72, 271, 272, 298, 299.
Siredey, p. 95.
Sivry, p. 89.
Sirot, p. 97, 300, 301.
Sirvinge, p. 52, 61, 190, 197, 298, 299.
Siry, p. 150, 179, 279. Voy. Ciry.
Sivry, p. 8, 15, 19, 25, 118, 170, 210, 265, 299.
Sluter, p. xxxv.

Sobieski, p. 203.
Soirot, p. 45, 48, 116, 136, 157, 163, 188, 264, 278, 299.
Soissons-Moreul, p. 188.
Sombernon, p. xx, ixiii, xxviii, xlvii, lxv, lxvi, lxvii, lxviii, 2, 176, 244, 299.
Sommant, p. 310.
Sommièvre, p. 24, 25, 28, 29, 30, 31, 32, 33, 34, 35, 38, 48, 47, 52, 53, 93, 146, 184, 203, 229, 231, 280, 300.
Soret, p. 54, 130, 225, 300.
Souabe, p. 147.
Soucelier, p. 91.
Souche (la), p. 84, 236, 300.
Souvert, p. 130, 234, 271, erratum.
Spifame, p. 141.
Spinola, p. xxxviii.
Stainville, p. 176.
Stuart, p. 210.
Subiet, p. 221.
Sueur (le), p. 154.
Sugny, p. 195.
Sully, p. lxvii, 312, 313.
Suremain, p. xc, 86, 87, 93, 103, 137, 170, 177, 189.
Surget, p. 86, 105.
Symon, p. 130.
Syvriac, p. 303.

T

Tabourot, p. 40, 41, 44, 45, 47, 48, 49, 51, 120, 129, 301.
Taisand, p. 199.
Talaru, p. 150, 231.
Talleyrand, p. 173, 289.
Tallot, p. 35, 301.
Talmay, p. lxvi.
Talon, p. 154.
Tamarlet, p. 306.
Tannière (la), p. 97.
Tanlay, p. 4, 135, 301. Voy. Thevenin.
Tapin, p. 57, 181, 215, 302.
Tardieu, p. 161.
Tardivot, p. 189.
Tardy, p. 83.
Tardy de Montravel, p. 285.
Taronot, p. 126.
Tartre (du), p. 292.
Tassinot, p. 207.
Taste (la), p. 216.
Taverne (la), p. 125.
Tavernier, p. 91.
Tayssonière (la), p. 91.
Teilier (le), p. 171, 206.
Tenarre, p. xli, lxxviii, 4, 6, 9, 11, 22, 23, 24, 25, 26, 27, 30, 31, 32, 35, 37, 39, 41, 43, 44, 45, 48, 50, 123, 138, 144, 161, 166, 200, 226, 229,

255, 275, 292, 298, 301, 312, 321, 325.
Termes, p. 289.
Ternant, p. xli, xlii, 4, 5, 162, 267, 302, 313.
Terrail (du), p. 169.
Terrier, p. 174, 181, 236.
Tespes, p. 137, 315.
Tessière, p. 316.
Thélis, p. 64, 75, 89, 112, 122, 190, 273, 274, 302, 303.
Thenance, p. 60, 286. Voy. Saulcier.
Thenay, p. 6, 15, 17, 20, 21, 23, 27, 33, 35, 41, 54, 58, 63, 157, 175, 303.
Thésut, p. ii, 45, 47, 53, 55, 56, 58, 60, 67, 69, 70, 71, 72, 73, 75, 81, 91, 94, 95, 98, 129, 145, 166, 198, 202, 208, 214, 215, 262, 303, 307, 308, 324.
Thevenin, p. 70, 304.
Thevenot, p. 89.
Thianges, p. 190, 296. Voy. Damas.
Thibaud, p. 97, 129, 232, erratum.
Thibaut, p. 55, 177, 304.
Thibrand, p. 133.
Thieffries, p. 118.
Thiern, p. xxx.
Thierrial, p. 92, 101.
Thierry, p. 102, 223, 301.
Thil, p. xxi, xxiv, lxv, lxvi, 1, 2, 3, 4, 202, 238, 243, 304.
Thirion, p. 14, 16, 20, 156, 192, 223, 304.
Thiroux, p. 47, 187, 234, 305.
Thoire, p. 42, 149, 324.
Thoisy, p. xxxviii, xliv, xlvi, lxxi, 4, 5, 19, 20, 41, 49, 52, 55, 56, 78, 92, 110, 129, 137, 145, 177, 206, 217, 291, 305.
Thomas d'Istan et de la Valette, p. 57, 60, 66, 71, 75, 83, 188, 191, 195, 263, 272, 306.
Thomassin, p. xxxviii, 57, 61, 74, 78, 93, 94, 112, 136, 183, 195, 233, 251, 267, 306, 307.
Thomassy, p. 160.
Thou, p. 264.
Thoulouse, p. 299.
Thouvant, p. 89, 95.
Thuilier (le), p. 276.
Thurey, p. lxviii.
Thy, p. 78, 96, 183, 218, 307.
Thyard, p. liv, lvii, lxxxi, 11, 15, 18, 23, 24, 25, 26, 27, 28, 34, 35, 36, 37, 38, 39, 40, 43, 45, 47, 49, 52, 55, 56, 58, 59, 67, 73, 74, 91, 98, 111, 121, 128, 138, 150, 177, 185, 190, 197, 229, 231, 260, 307, 314, 325.
Tiercelin, p. 190, 207.
Tierstain, p. 275.
Tiget, p. 104.

— 349 —

Til-Châtel, p. xvii, xxi, xxiii, xxx, lxii, 243.
Tillet (du), p. lxxv, 84, 85, 274.
Tintry, p. 13, 128, 184, 200, 289, 308.
Tirecuy, p. 252.
Tirevolet, p. 13, 143, 308.
Tison, p. 214, 300, 308.
Tisserand, p. 6, 7, 8, 159, 220, 227, 234, 303, 308, 316.
Tixier, p. 104, 134, 225, 246.
Toison (la), p. 58, 134, 195, 208, 308, 314.
Tonnerre, p. xviii, 2, 308.
Torchebœuf, p. 101.
Torcy, p. 7, 118, 172, 239, 309.
Toulongeon, p. xxxviii, xl, xlvii, 3, 4, 5, 112, 113, 123, 124, 156, 171, 198, 204, 244, 246, 261, 274, 285, 289, 297, 309, 310, 313, 319, 322, 323. Voy. Garnier.
Toulorge, p. 42, 310.
Tour (la), p. 230, 243, 244, 281, 293, 295.
Tour (la) d'Auvergne, p. 182, 238, 267, 311.
Tour (la) du Pin, p. 56, 61, 77, 81, 85, 108, 148, 311, 324, 326.
Tour (la) d'Oliergues, p. 272.
Tour-St-Vidal (la), p. 282.
Tour (la) Saumaise, p. 36, 310.
Tour (la) et Taxis, p. xxxviii.
Tour-Vinay (la), p. 177.
Touraille (la), p. 108.
Tourière (la), p. 128.
Tournebulle, p. 179.
Tournelie (la), p. lxxxi, 8, 13, 14, 15, 16, 17, 18, 29, 34, 35, 36, 37, 39, 40, 43, 45, 46, 48, 49, 51, 54, 55, 62, 64, 100, 114, 128, 139, 143, 151, 154, 166, 178, 180, 191, 226, 247, 280, 311.
Tournes, p. 11, 13, 14, 208, 312.
Tourneur (le), p. 261.
Tournon, p. 162, 206, 248.
Tourreau, p. 287.
Tourzel, p. xxxviii, 135, 313.
Touteville, p. 148.
Touzain, p. 127.
Traves, p. 4, 19, 180, 198, 312, 321.
Traynel, p. lxvi, 155, 243.
Trembloy (du), p. 168.
Trémisot, 205, 256, 320.
Trémolie, p. 153.
Trémouille (la), p. xxxiii, xxxvii, xxxviii, xxxix, xl, xlii, xliv, 4, 15, 18, 108, 138, 148, 171, 212, 238, 256, 267, 280, 302, 310, 312, 313, 319.
Trestondam, p. 11, 26, 27, 38, 40, 41, 43, 112, 117, 174, 194, 224, 265, 313.
Tricornot, p. 168.

Troche (la), p. 82, 106, 282.
Troillière (la), p. 178.
Trouhans, p. lxvi, 2, 171, 314.
Trouvé, p. 102, 107.
Truchy, p. 37, 39, 41, 46, 58, 61, 68, 69, 73, 75, 79, 92, 137, 152, 197, 229, 252, 302, 308, 314.
Tudert, p. 71, 314.
Tuffery, p. 40, 42, 44, 45, 295, 304, 314, 315.
Tupinier, p. 175.
Turenne, p. 146.
Turgey, p. 217.
Tuppin, p. 18, 19, 165, 263, 315.
Turgot, p. 220.
Turpin, p. 324.

**U**

Uchard, p. 252.
Ulmes (des), p. 40, 42, 315.
Untkerke, p. xl.
Urfé, p. 168.
Ursins (des), p. 244.
Ussé, p. 270.
Uxelles, p. xxv.
Uzès, p. 170.

**V**

Vacher, p. 291, *erratum*.
Vachon, p. 286.
Vadot, p. 200.
Vaillant, p. 94, 105.
Vaivre, p. 267.
Val (du), p. 23, 31, 32, 38, 94, 279, 316.
Valade (la), p. 60, 316.
Valcour, p. 92. Voy. Quesse.
Valenciennes, p. 12, 316.
Valette, p. 168.
Vallée (la), p. 265.
Vallerot, p. 6, 10, 32, 33, 35, 37, 38, 39, 42, 43, 45, 48, 53, 98, 121, 152, 248, 316.
Valletier, p. 42, 45, 143, 316.
Vallier, p. 175.
Valloux, p. 86, 178.
Valon, p. xliv, 32, 40, 47, 48, 49, 51, 59, 60, 113, 137, 163, 164, 170, 194, 195, 215, 227, 241, 267, 277, 317, 318.
Valorre, p. 7.
Valory, p. 313.
Valot, p. 214.
Vandenesse, p. xxxviii, xlv, lxxi, 151, 242, 317.
Vanley, p. 28, 317.
Vannaire, p. xxv.
Varanges, p. 158.
Varax, p. 259.

Varenne, p. 96, 104, 247, 272.
Varigny, p. 293.
Varlazel, p. 298.
Vartes, p. 314.
Vassalieu, p. 259.
Vassan, p. 264.
Vaussart, p. 298.
Vassy, p. 92. Voy. Estiennot.
Vathaire, p. 100.
Vauberger, p. 313.
Vaucelles, p. 10, 317.
Vaucouleurs, p. 157, 328.
Vaudemont, p. 319.
Vaudremont, p. 106.
Vaudrey, p. xxxvi, xlii, 111, 123, 128, 152, 177, 202, 248, 258, 275, 278, 310.
Vaugoulay, p. 239.
Vaugrineuse, p. 252, 292.
Vaulx (du), p. 17, 324.
Vaussin, p. 161, 174, 217, 227.
Vauterant, p. 189.
Vauthereau, p. 235.
Vauthion, p. 246.
Vautier, p. 102.
Vautravers, p. 282.
Vautrin, p. 84.
Vaux (de), p. 29, 131, 137, 140, 169, 173, 179, 194, 211, 239, 291, 307, 317, 318, 324.
Vaverey, p. 102.
Veilhan, p. 115, 181, 315.
Vellexon, p. 243.
Venant, p. 277.
Vendôme, p. 185.
Veneur (le), p. 173, 228.
Venot, p. 40, 46, 48, 92, 104, 145, 146, 170, 318.
Ventadour, p. 175, 257.
Venue-Doley (la), p. 89.
Vérail, p. 171.
Verchère, p. xc, 82, 102, 108, 234.
Verchère (la), p. 292.
Verdun, p. lxv, lxvi, 5, 244, 318.
Veré, p. 144.
Vergier, p. 111.
Vergne (la)-Bouy, p. 41, 44, 46, 138, 318.
Vergnette, p. 105, 106.
Vergy, p. xv, xxi, xxii, xxiii, xxvi, xxviii, xxxi, xxxvii, xxxix, xl, lxii, lxv, lxvi, 1, 2, 3, 110, 112, 123, 147, 154, 158, 159, 172, 176, 177, 178, 204, 243, 255, 257, 267, 275, 284, 292, 294, 310, 318, 323.
Vermanton, p. 326.
Vernay, p. 140, 297.
Verne (la), p. 31, 40, 42, 46, 47, 49, 51, 55, 98, 127, 191, 193, 197, 200, 214, 264, 319, 320.
Verne (de), p. 38, 320.
Verne (du), p. 7, 18, 239, 315, 320.
Vernée (la), **p. 111**.

— 350 —

Verneusse, p. 12.
Vernois (des), p. 152.
Vernot, p. 265.
Vernoy (du), p. 137.
Verrier (le), p. 84.
Verzure, p. 182.
Vesigneux, p. 248.
Vestu, p. 197, 218.
Vesvre, p. 17, 18, 23, 25, 26, 28, 82, 239, 320.
Vesvre (la), p. 181, 249, 262, 274.
Veyny, p. 40, 95, 233, 320.
Vezon, p. 7, 15, 16, 47, 201, 261, 280, 321.
Vianges, p. LXVII.
Viard, p. XLVII, LXXVIII, 98.
Viard, Viart, p. 48, 50, 52, 53, 63, 71, 94, 198, 205, 206, 321.
Vic, p. XXI.
Vichy, p. 8, 9, 10, 12, 14, 16, 17, 18, 20, 22, 30, 33, 35, 37, 41, 46, 50, 53, 64, 74, 92, 95, 97, 110, 143, 152, 158, 168, 180, 190, 208, 288, 290, 302, 312, 321, 322.
Vidal, p. 13, 17, 18, 32, 39, 238, 322.
Vidart, p. 42, 316, 322.
Vidaud, p. 276.
Vieil-Châtel, p. 293.
Vienne, p. XXII, XXVI, XXXI, XXXVII, XXXIX, XL, XLII, LIV, LXVIII, LXXXI, 1, 2, 3, 5, 6, 8, 11, 12, 13, 14, 20, 21, 24, 25, 27, 32, 42, 58, 60, 64, 71, 81, 112, 123, 140, 148, 151, 154, 155, 158, 159, 164, 166, 171, 173, 194, 204, 206, 221, 247, 255, 275, 276, 281, 284, 294, 296, 311, 322, 323, 324.
Vienne-Gevrolle, p. 13, 44, 45, 47, 50, 54, 58, 60, 323.
Viennois, p. 149, 324.
Viénot, p. 84, 92.
Viesse, p. 94, 192, 240.
Vieuville (la), p. 173.
Vignier, p. 137, 256, 277, 324.
Vignoles, p. 194.
Vignory, p. LXII.

Vilernot (la), p. 100.
Villain XIII, p. 197.
Villaines, p. XLIV.
Villarnoult, p. LXV, LXVII, 212.
Villars, p. XV, 3, 13, 34, 35, 41, 53, 132, 139, 172, 312, 324.
Villars-Vaux, p. 233, 321, 324.
Villecomte, p. XXV, LXVII.
Villedieu, p. XC, 82, 89, 92, 102, 103, 121, 307.
Villefranche, p. 100.
Villefrancon, p. LXVI, 294.
Villelume, p. 123.
Villemur, p. 289.
Villeneuve, p. 150, 322, 325.
Villenot, p. 100.
Villepenet, p. 136.
Villequier, p. 115.
Villers, p. XVIII, LXVI, 117, 173, 175, 185, 205, 226, 227, 230, 242, 250, 264, 302, 317, 324.
Villers-la-Faye, p. XXXIX, XLIV, XLV, LXXXI, 4, 6, 7, 8, 11, 12, 14, 15, 16, 17, 18, 23, 24, 25, 26, 27, 28, 29, 30, 31, 32, 33, 34, 36, 38, 40, 41, 44, 47, 49, 52, 56, 65, 76, 79, 80, 85, 87, 120, 136, 140, 161, 175, 210, 221, 229, 281, 267, 296, 297, 314, 321, 324, 325.
Villers-Seixel, p. 244.
Ville-sur-Arce, p. 9, 224, 325.
Villetard, p. 100, 101.
Villette, p. 252, 284.
Villette (la), p. 67, 325.
Villiers, p. 198, 225, 253, 320.
Villiers-l'Ile-Adam, p. XLI, 268.
Villon, p. 110, 111.
Vincent, p. 103, 189, 281, 264.
Vingles, p. 12, 19, 140, 152, 163, 189, 200, 249, 266, 325.
Vintimille, p. LXXI, LXXII, 7, 8, 9, 11, 12, 14, 16, 128, 205, 326.
Violaine, p. 59, 68, 326.
Violet, p. 92.
Vion, p. 127, 197, 276, 306.
Vipart, p. 228.
Virey, p. 117, 295, 328.

Virgile, p. 88, 168.
Virieu, p. 76, 78, 88, 93, 219, 326.
Virot, p. 295, 308.
Viry, p. 124, 275, 284, 307.
Visé, p. 31, 326.
Visemal, p. 224, 248, 293.
Visen, p. 151.
Vitry, p. 259.
Vitte, p. 92.
Vittier, p. 95, 131, 215, 235, 261, 264, 270.
Vitu, p. 281.
Viviers, p. 92.
Vogüé, p. 76, 81, 88, 282, 326, 327.
Voires, p. 251.
Voirey, p. 95.
Voisin, p. 183, 202.
Voleur (le), p. XXXV.
Voudenay, p. XXXII, LXII.
Vouhet, p. 314.
Vouty, p. 103.
Voyer d'Argenson, p. 195.
Vranque, p. XXXV.
Vuchey, p. 230.
Wagemberg, p. XXXVIII.
Wal, p. 72, 89, 327.
Watteville, p. 290.
Willibeck, p. 154.
Wittem, p. 172.
Wlay, p. 186.
Wurtemberg, p. 162.
Wyelant, p. XXXV.

## X

Xaintonge, p. 6, 328.
Xaintrailles, p. 54, 55, 328.

## Y

Ysenghien, p. 197.
Ysoire, p. XXI.
Yvoire, p. 260.

FIN DE LA TABLE.

# CORRECTIONS ET ADDITIONS

Page LXXXV, note 2, lig. dernière : du Crest, *lisez* de Cret.
Page 22, col. 1re, lig. 23, et page 23, col. 1re, lig 38 : La Chambre, *lisez* Chevrier.
Page 25, col. 2, lig. 26 : Pernes, commandeur d'Epinac, *lisez* le commandeur d'Epinacy.
Page 29, col. 2, lig. 8 : *supprimez* Coligny.
Page 35, col. 1re, lig. 7 : Epinac, *lisez* Epinacy.
Page 37, col. 2, lig. 4, et page 39, col. 2, lig. 6 : *lisez* Pelletier des Crots, seigneur de Neuvy.
Page 50, col. 1re, lig. 19 : Dettey, *lisez* d'Athie.
Page 55, col. 1re, lig. 2 : Tharoiseau, *lisez* Thoriseau.
Page 95, col. 1re, lig. 32 : *lisez* Vacher de Belmont, comte de Briançon.
Id.,    id.,    note 2 : *lisez* ancrées de gueules.
Page 97, col. 2, note 1re : *ajoutez* (Arm. de 1692.) Chevillard et les autres auteurs blasonnent : d'argent au chevron d'azur; au chef de même. Les Thibaud de Noblet écartellent : d'azur au sautoir alaizé d'or.
Page 117, article Bais-Damas, lig. 7 : *au lieu de* par suite de cette alliance......, *lisez :* Il fut substitué aux nom, armes et biens des Damas-Digoine par sa mère Suzanne d'Aulgerolles, veuve en premières noces et héritière substituée de Claude **Damas**, dernier de la branche des barons de Digoine.
Page 130, note, lig. 2 : Souvest, *lisez* Souvert.
Page 150, lig. 23 : *lisez* deux conseillers au parlement. (Art. Champion).
Page 167, lig. 27 : *lisez* marquisat en 1698. (Art. Le Compasseur.)
Page 204, lig. 30 : *supprimez* posés un et deux. — Le blason est aussi à rectifier.
Page 302, lig. 21 : Coiffy, *lisez* Cuffy.

DIJON, IMPRIMERIE J.-E. RABUTÔT.

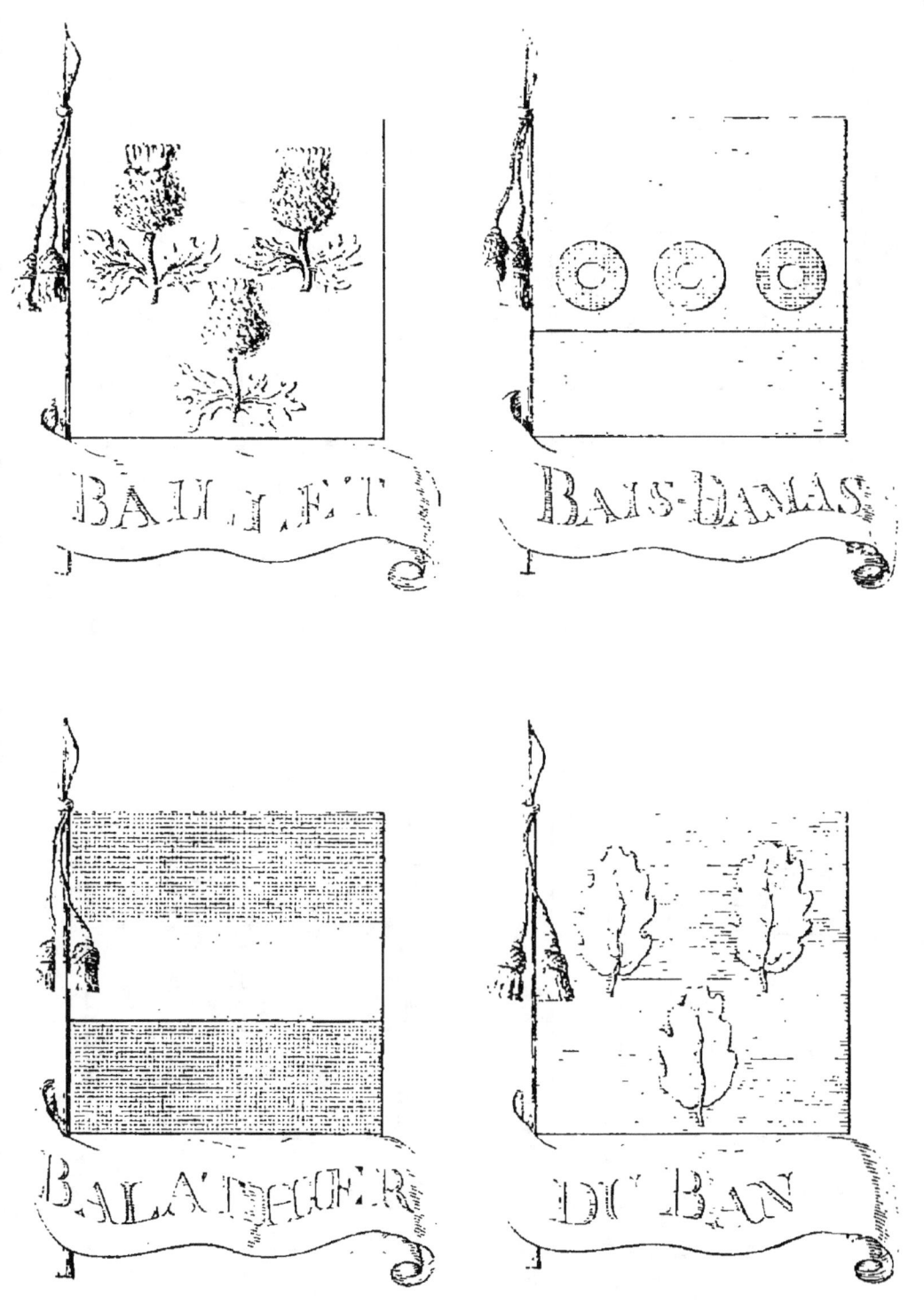

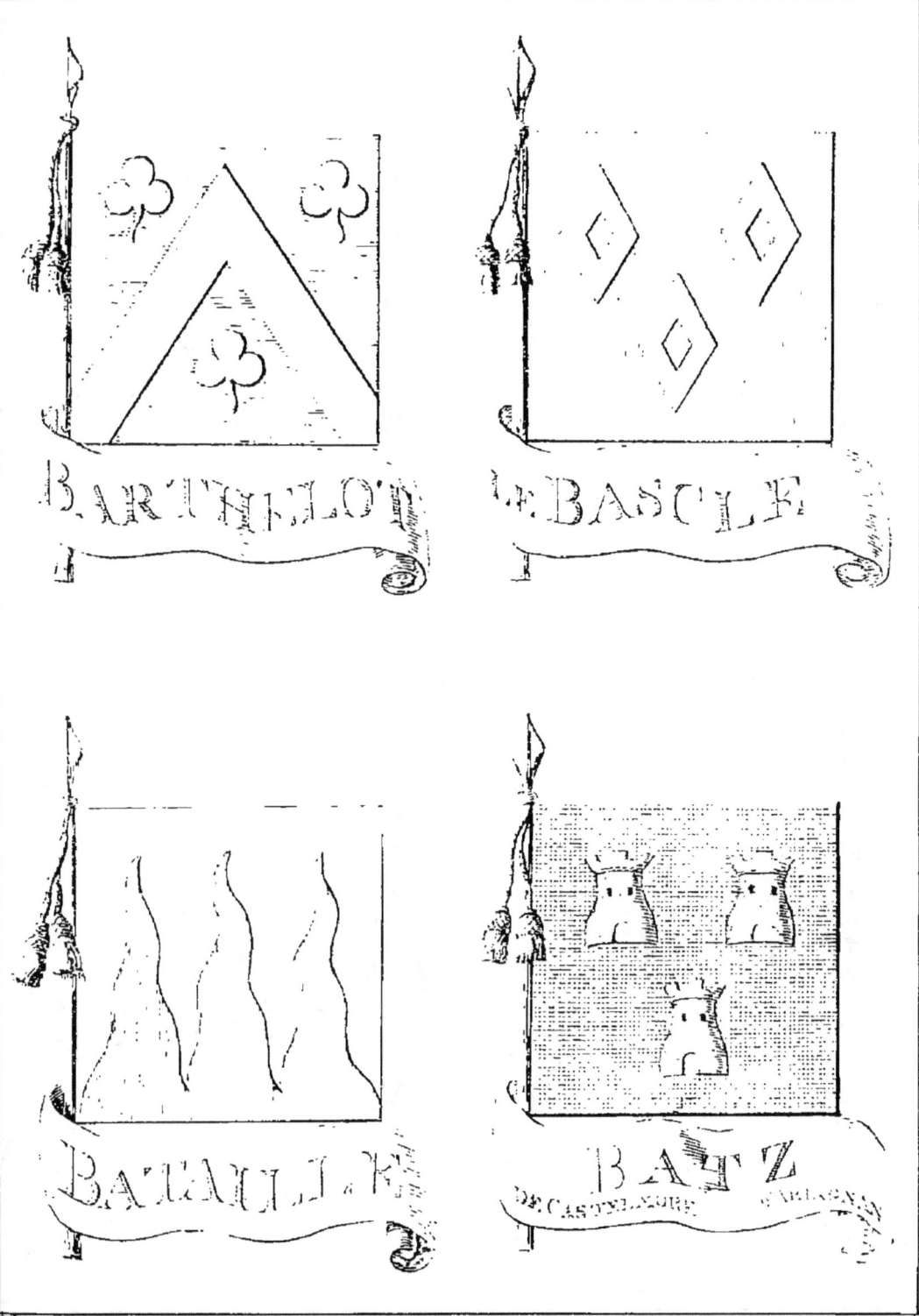

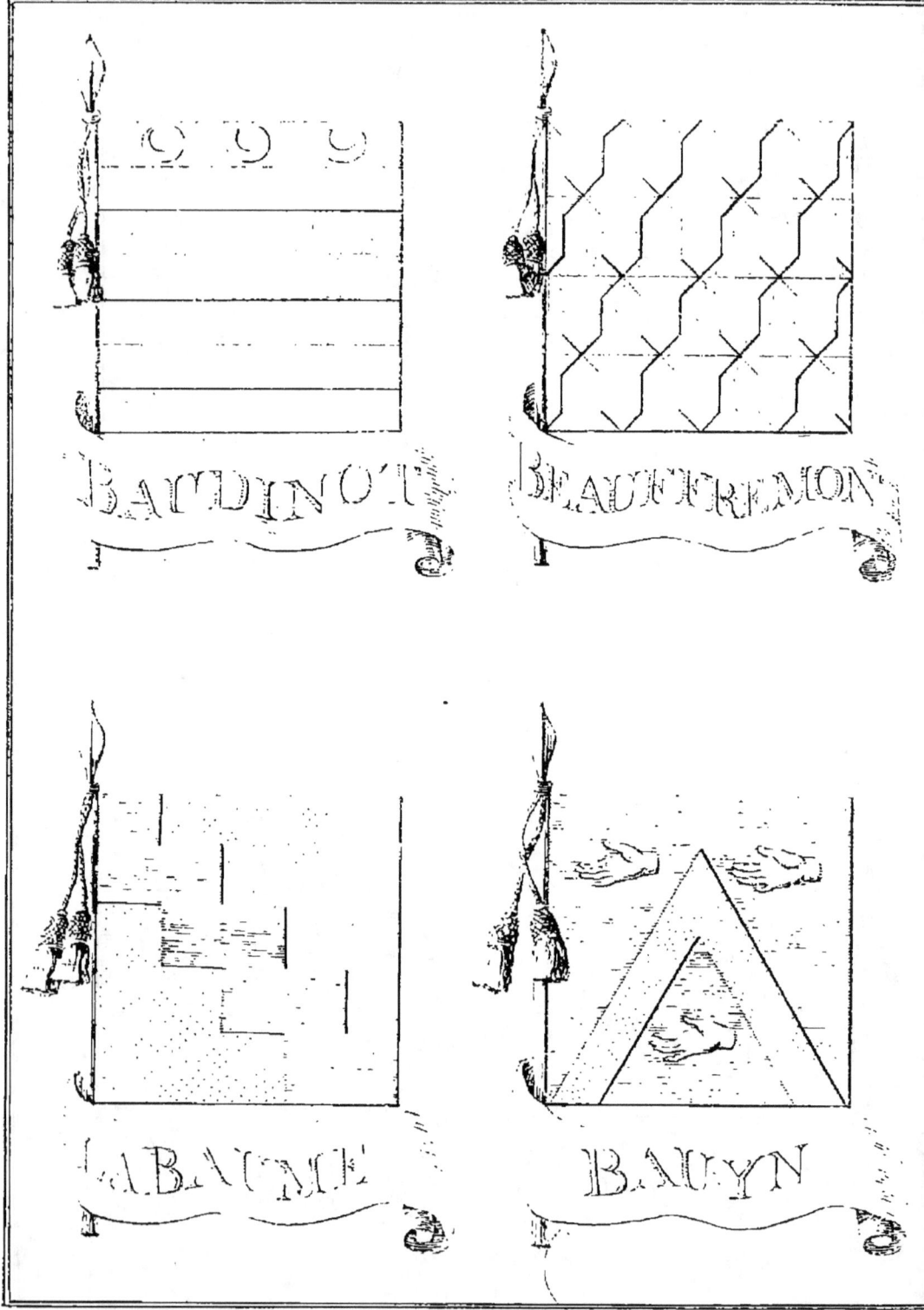

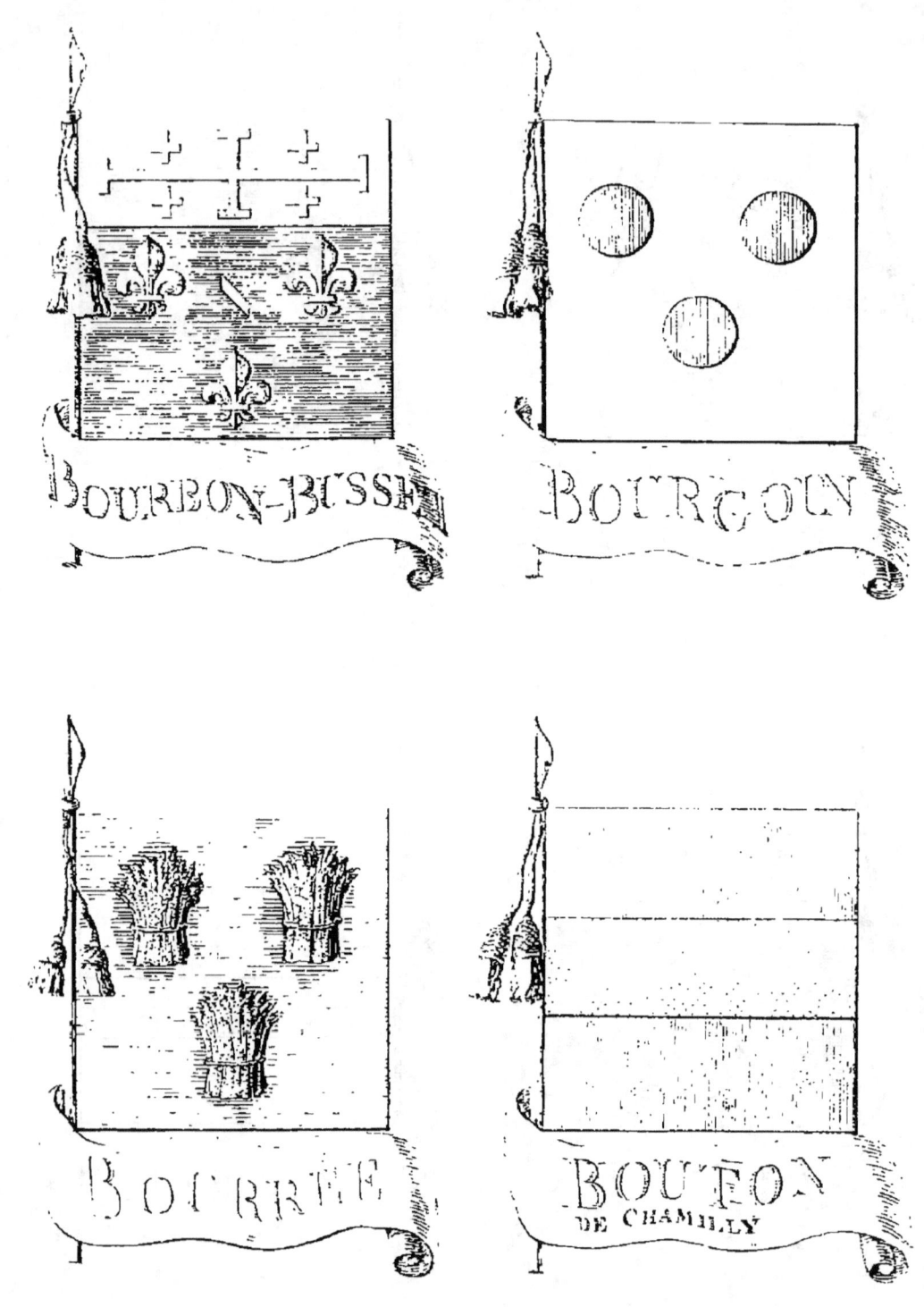

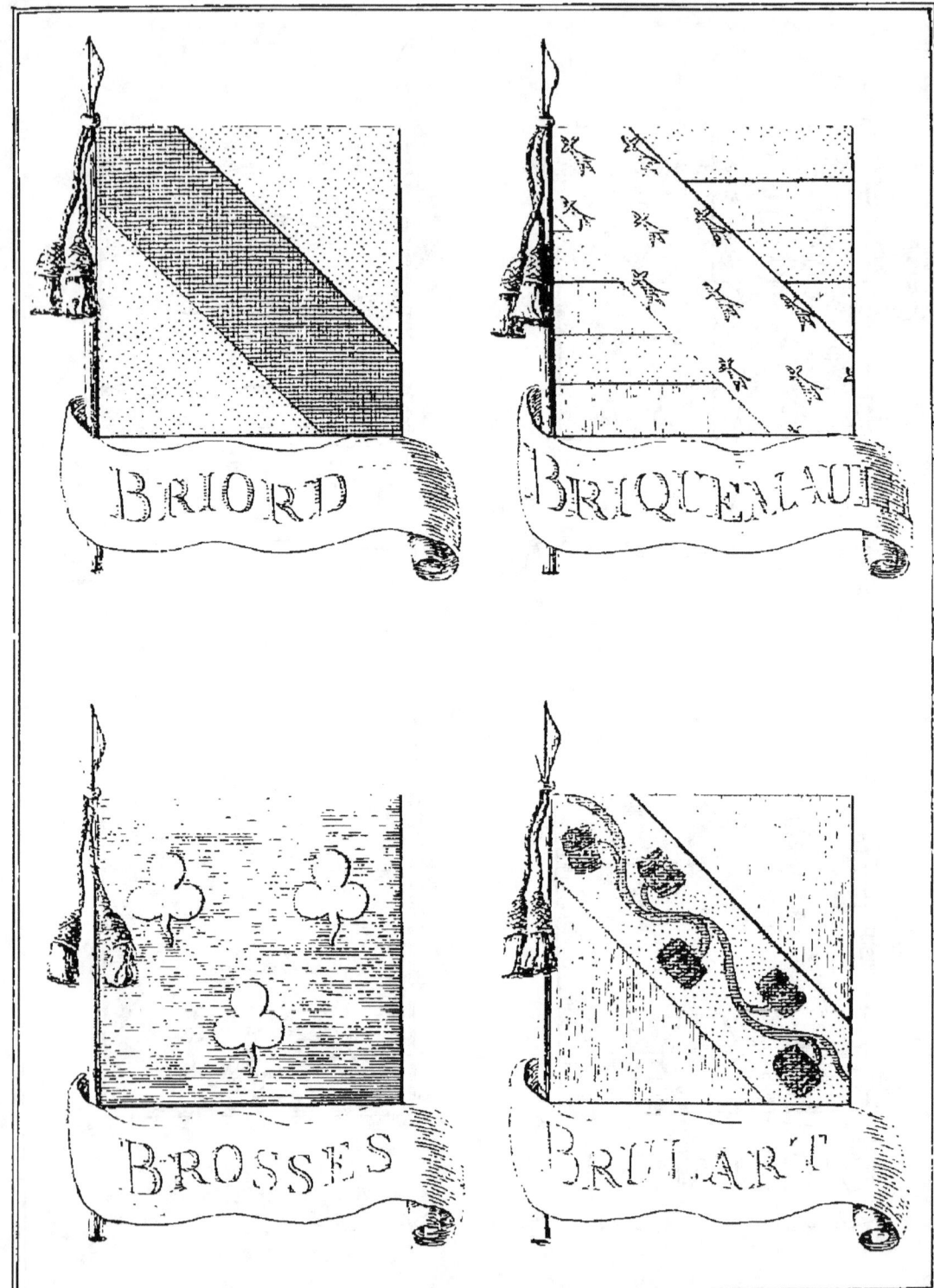

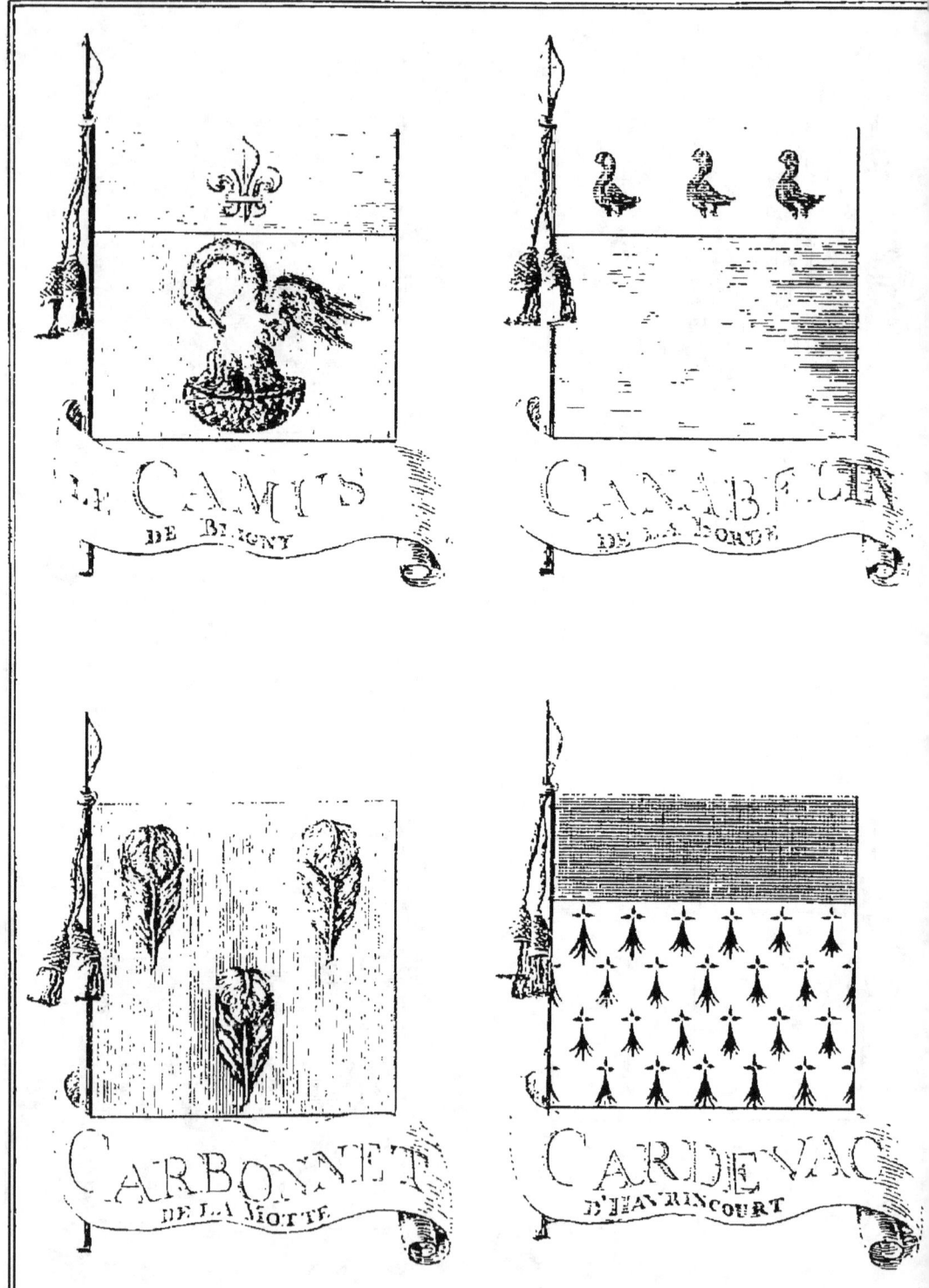

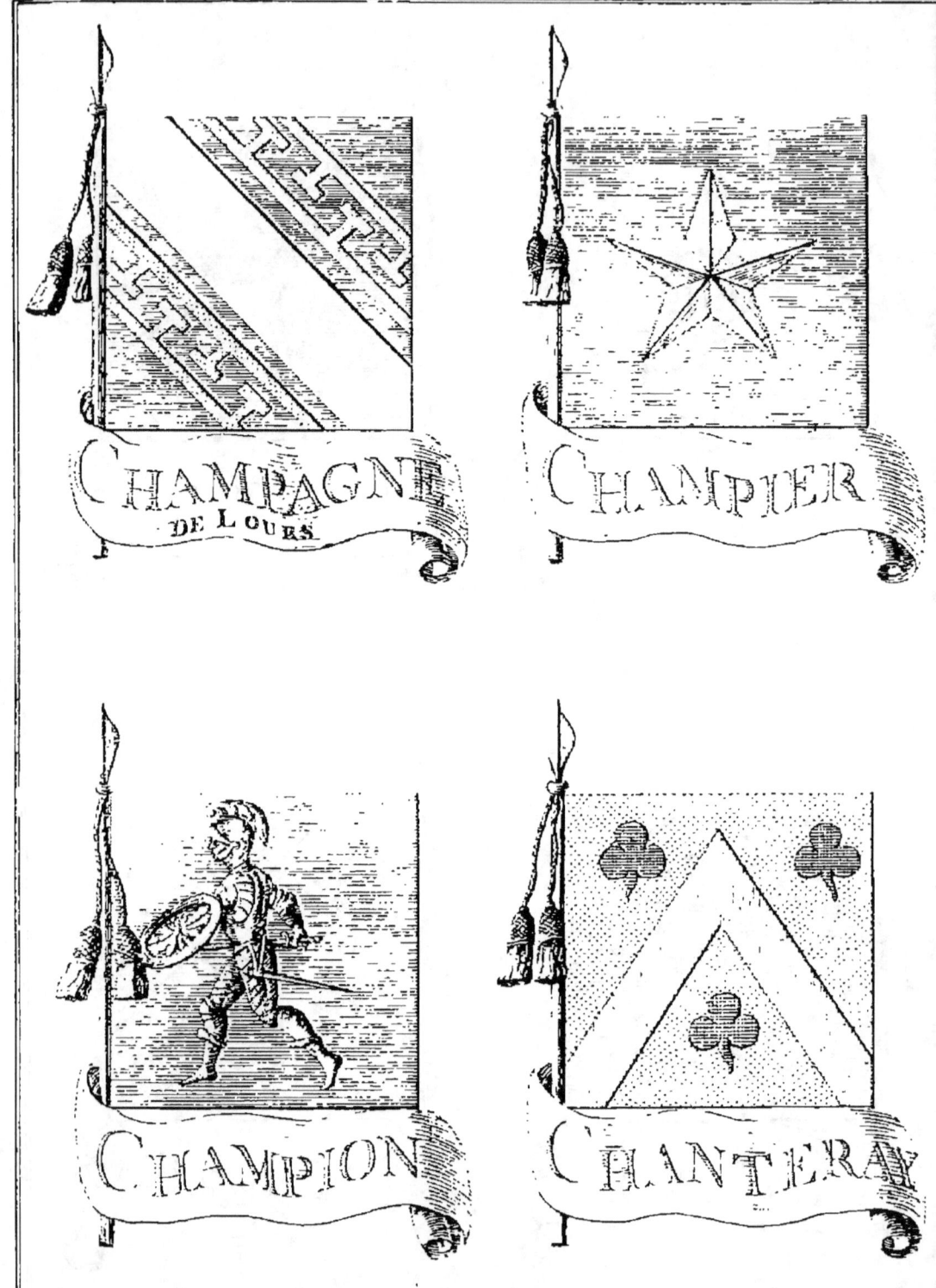

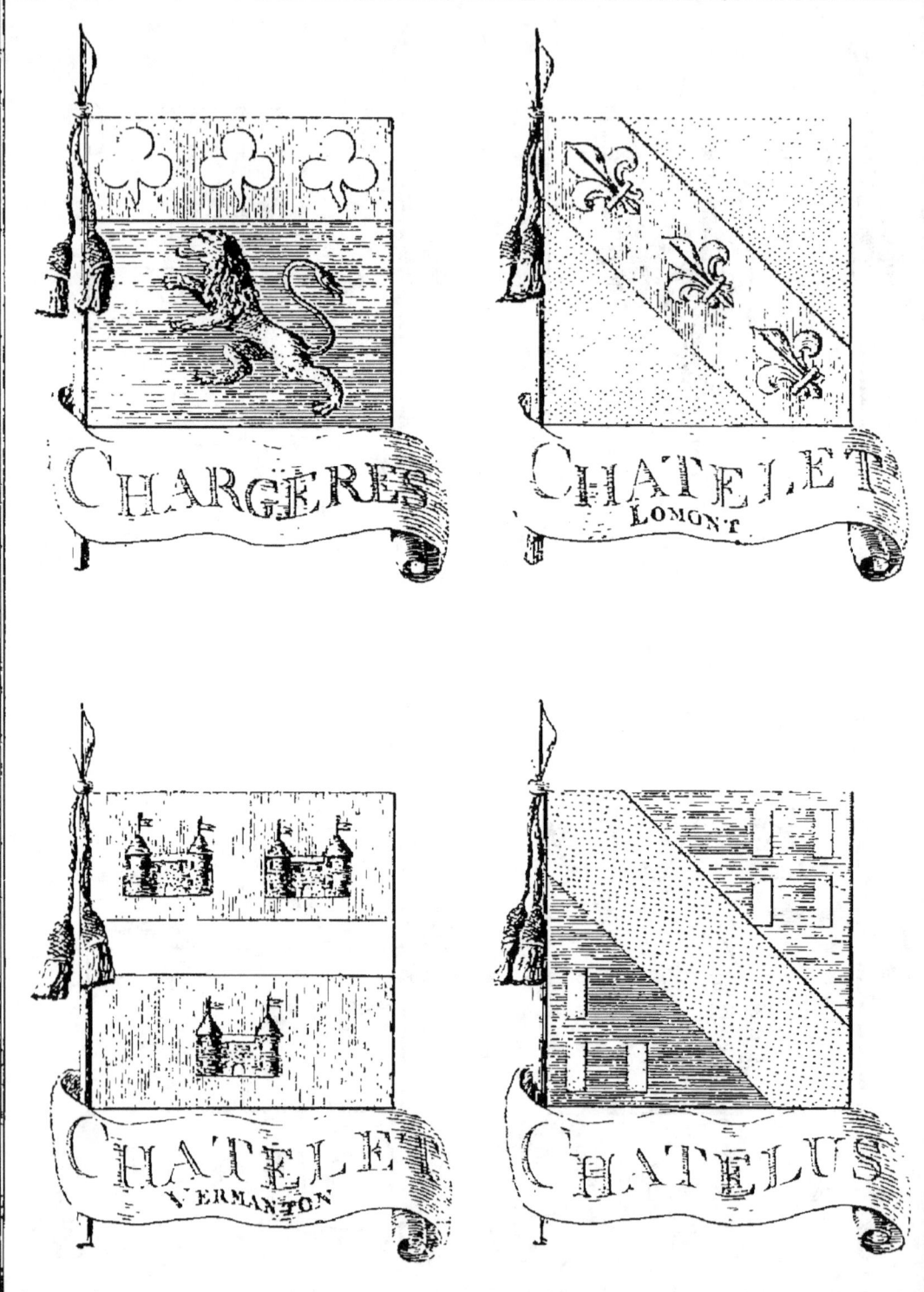

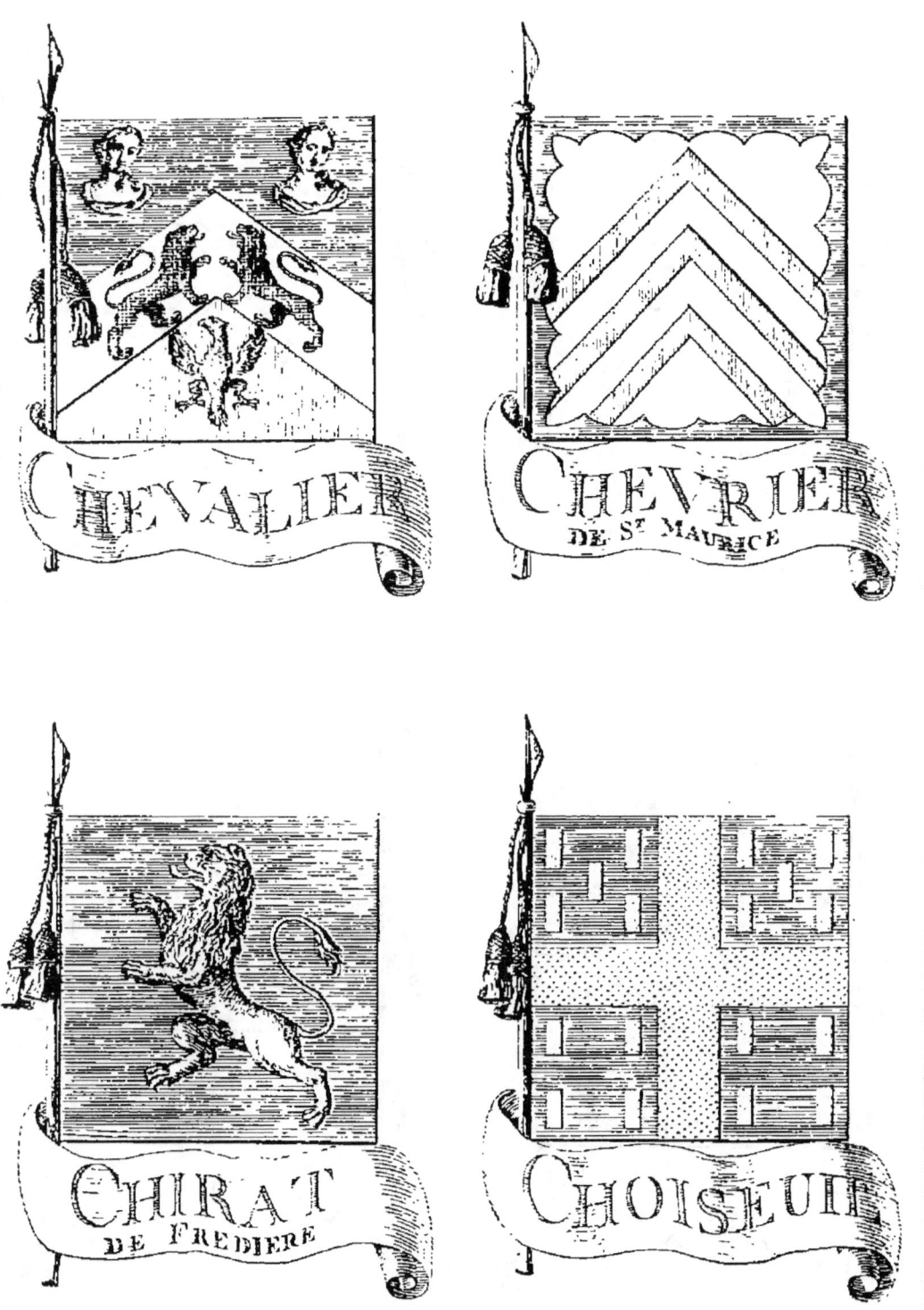

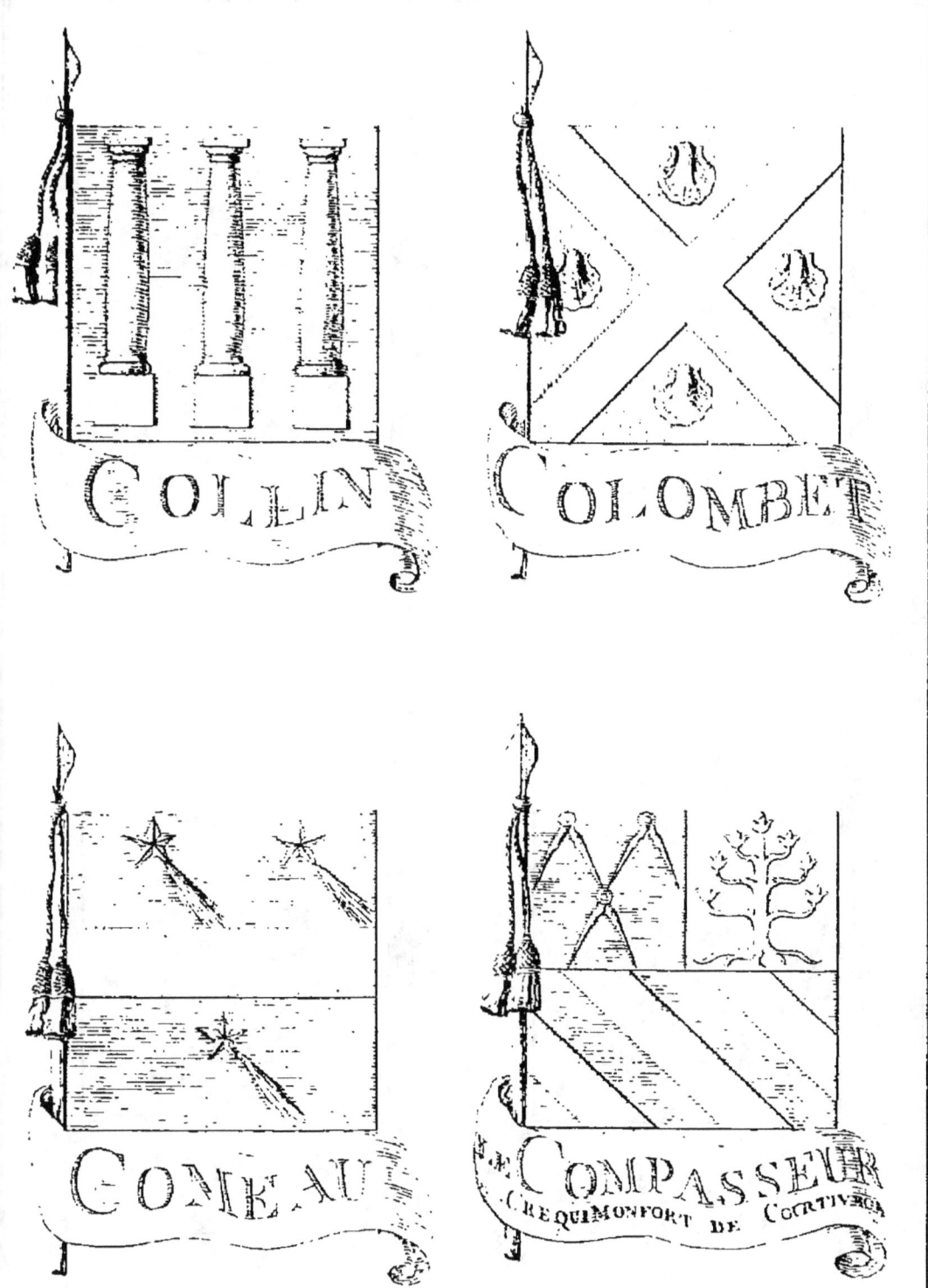

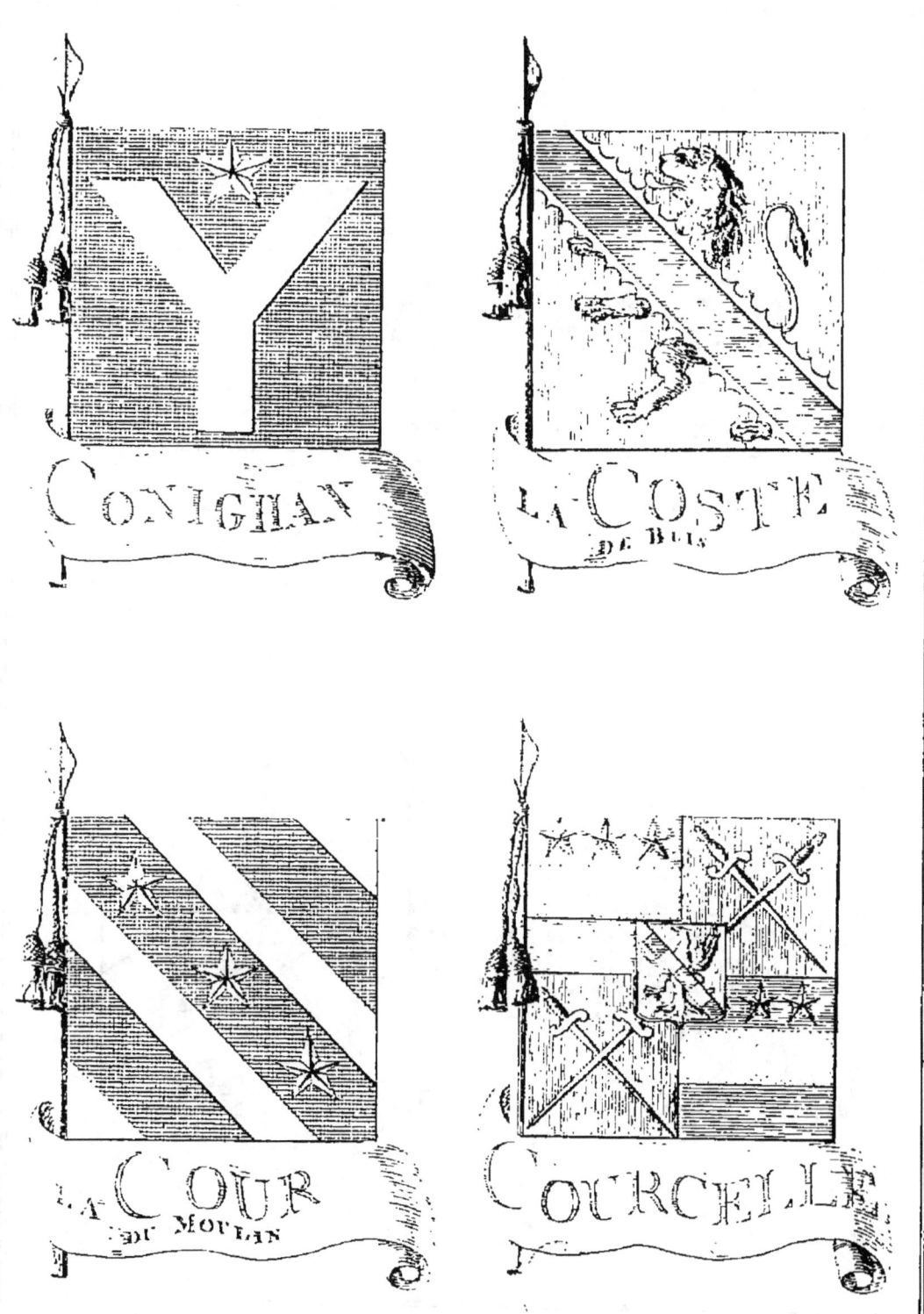

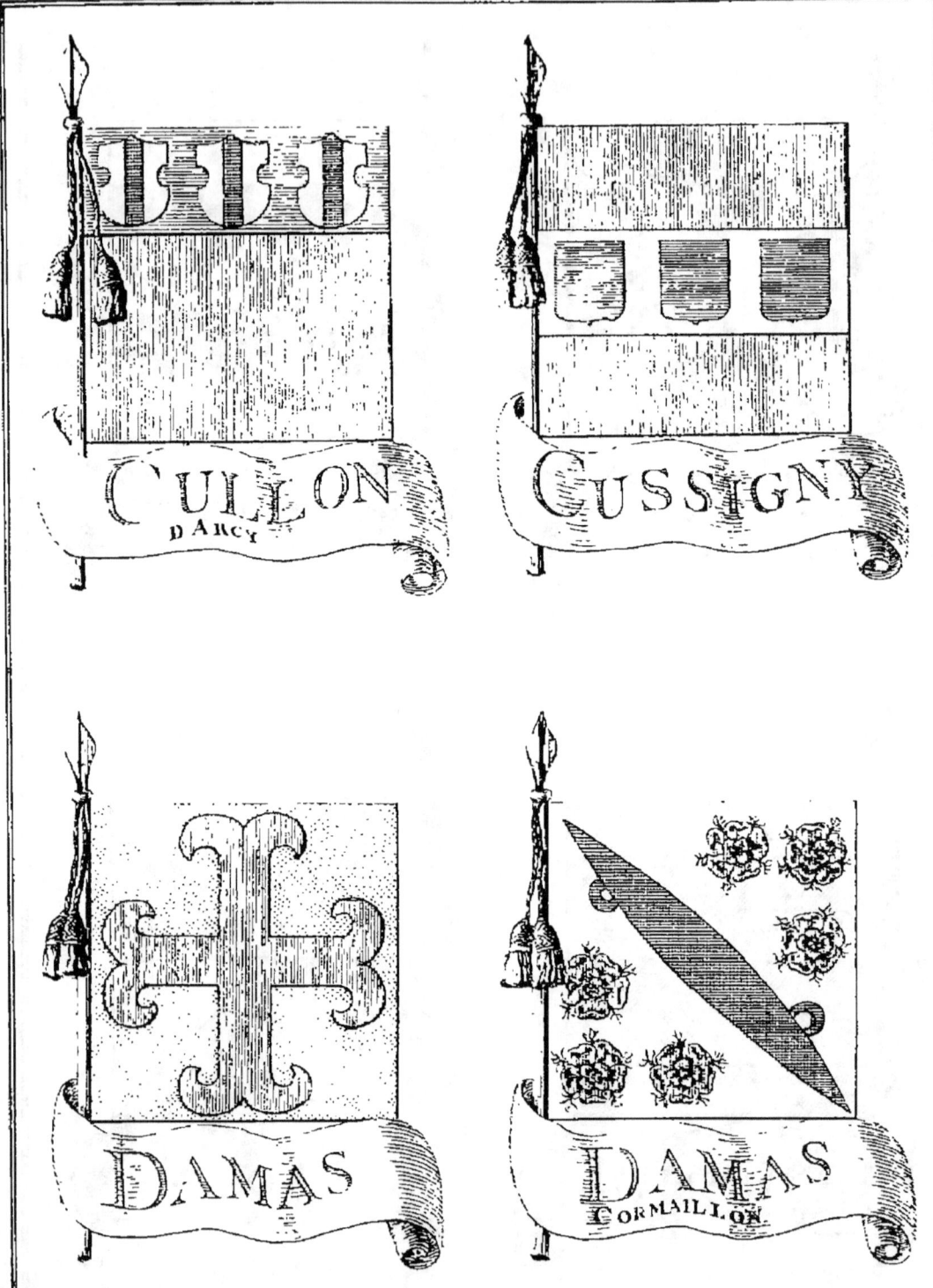

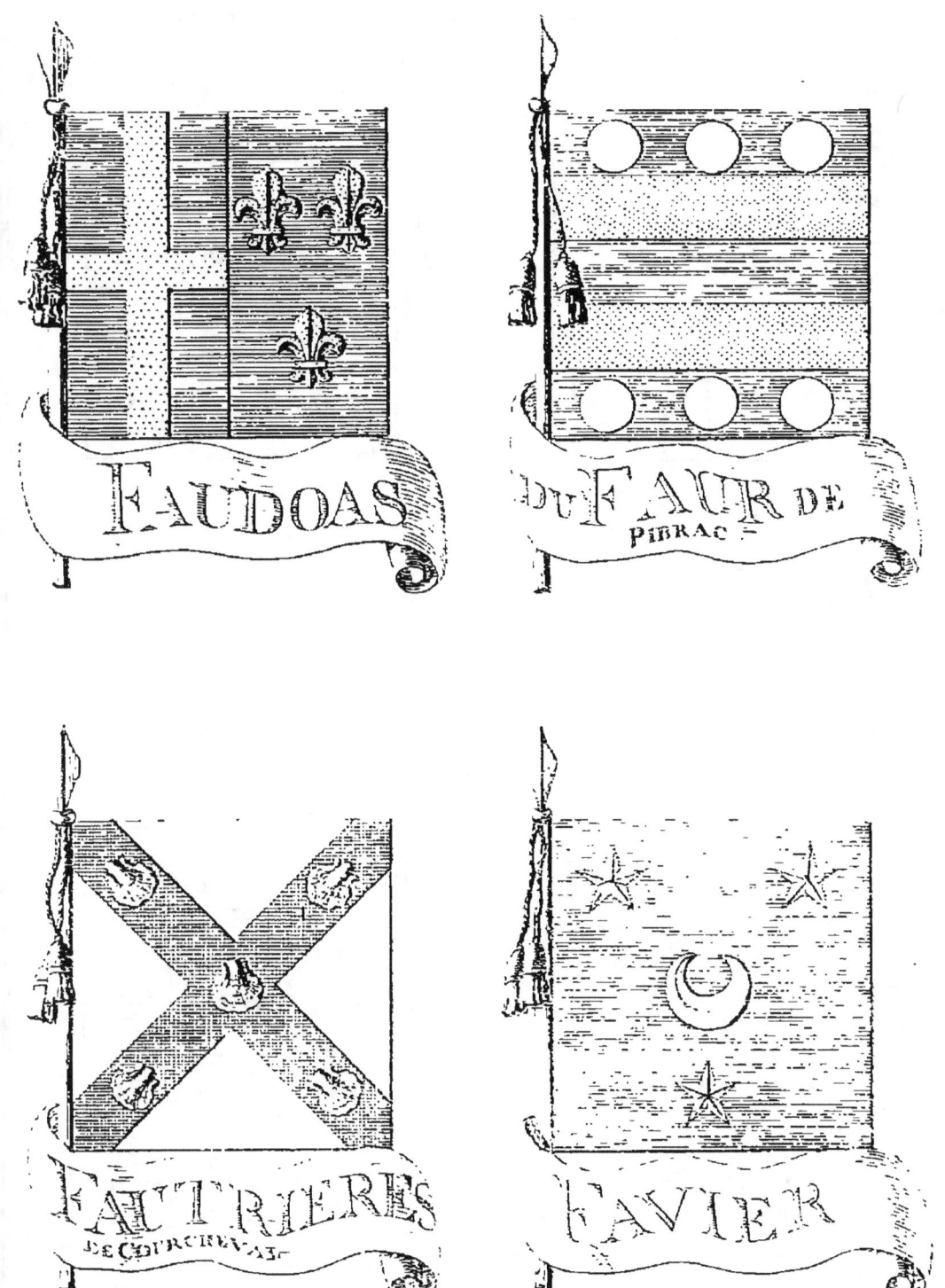

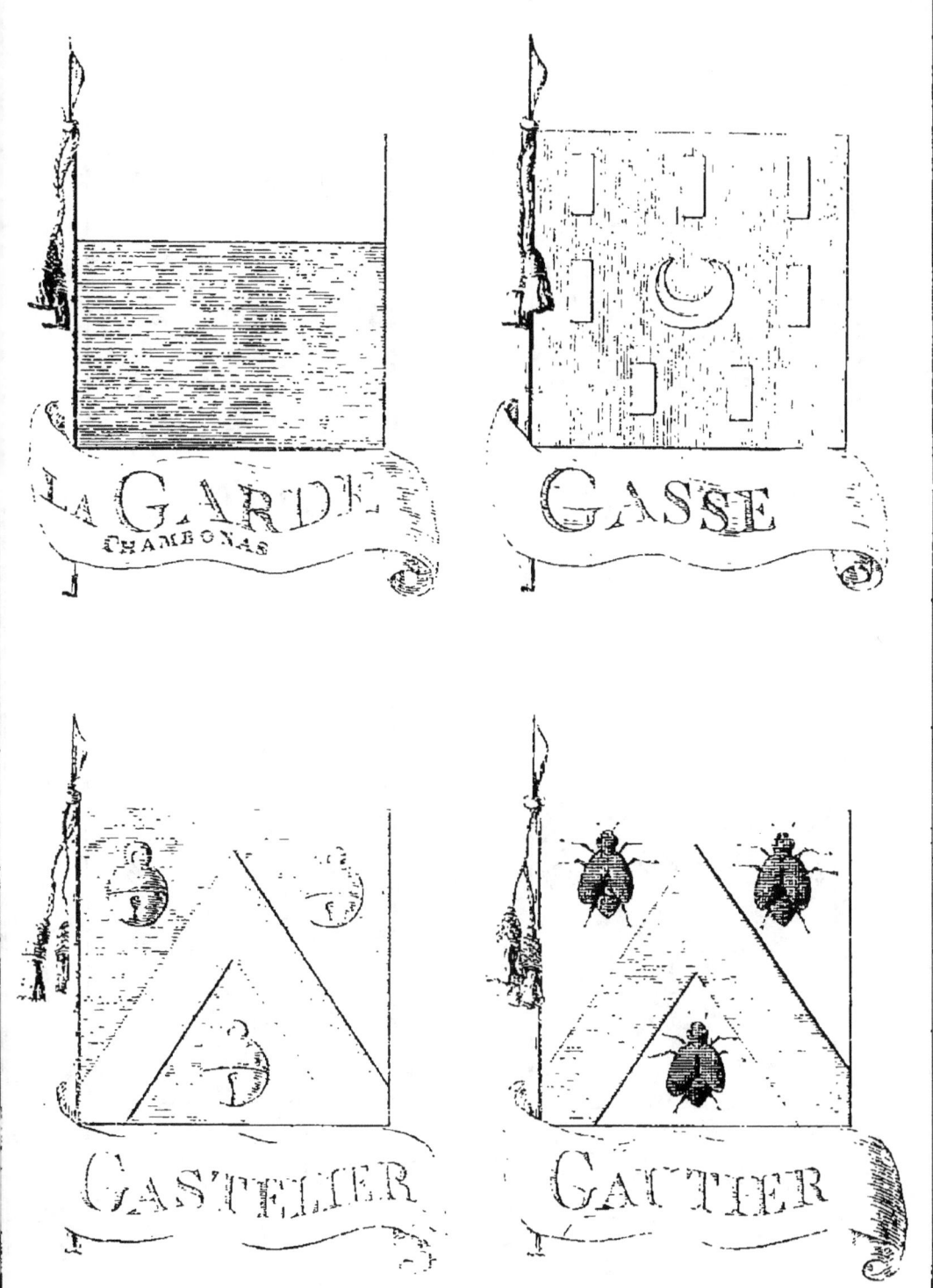

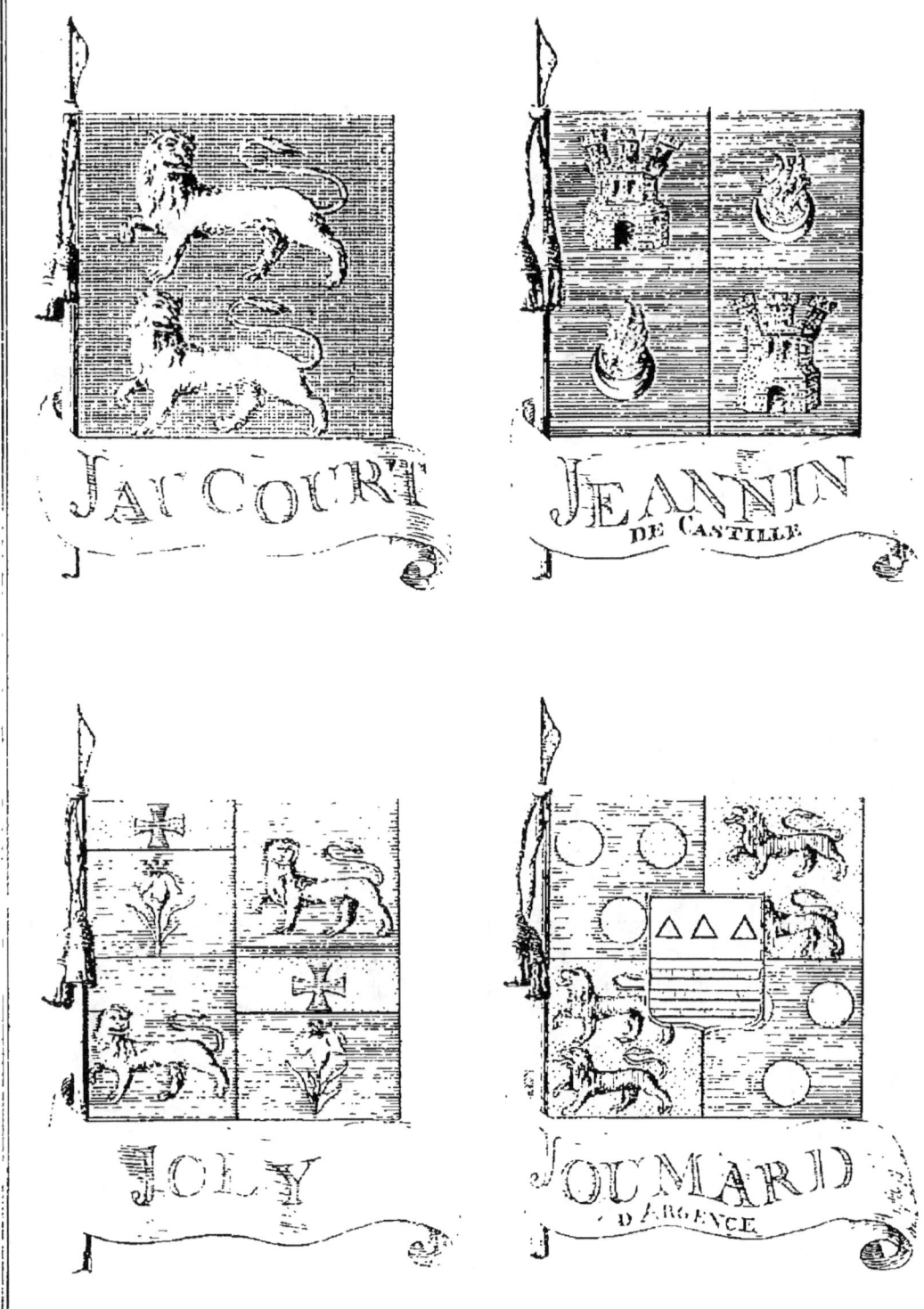

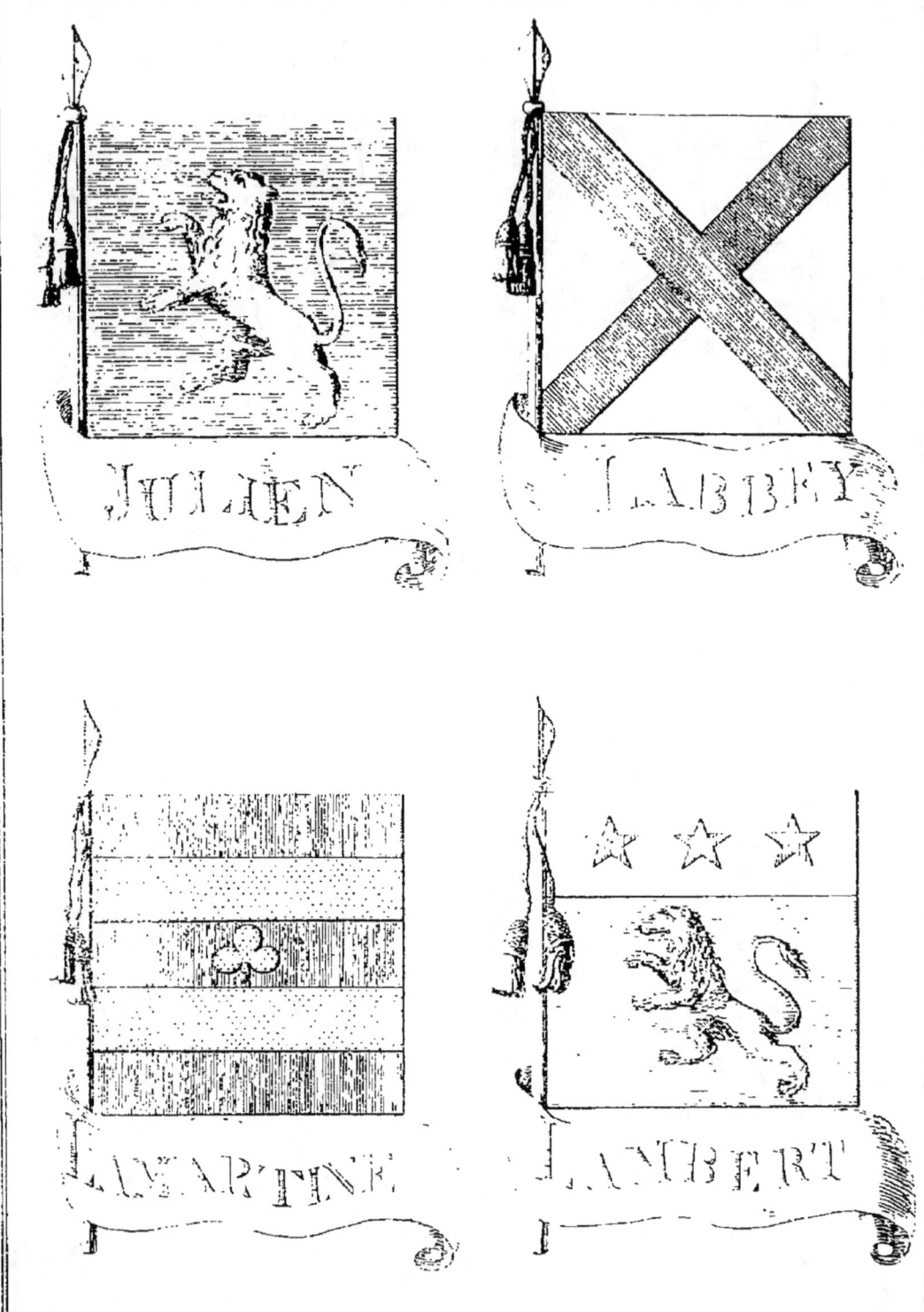

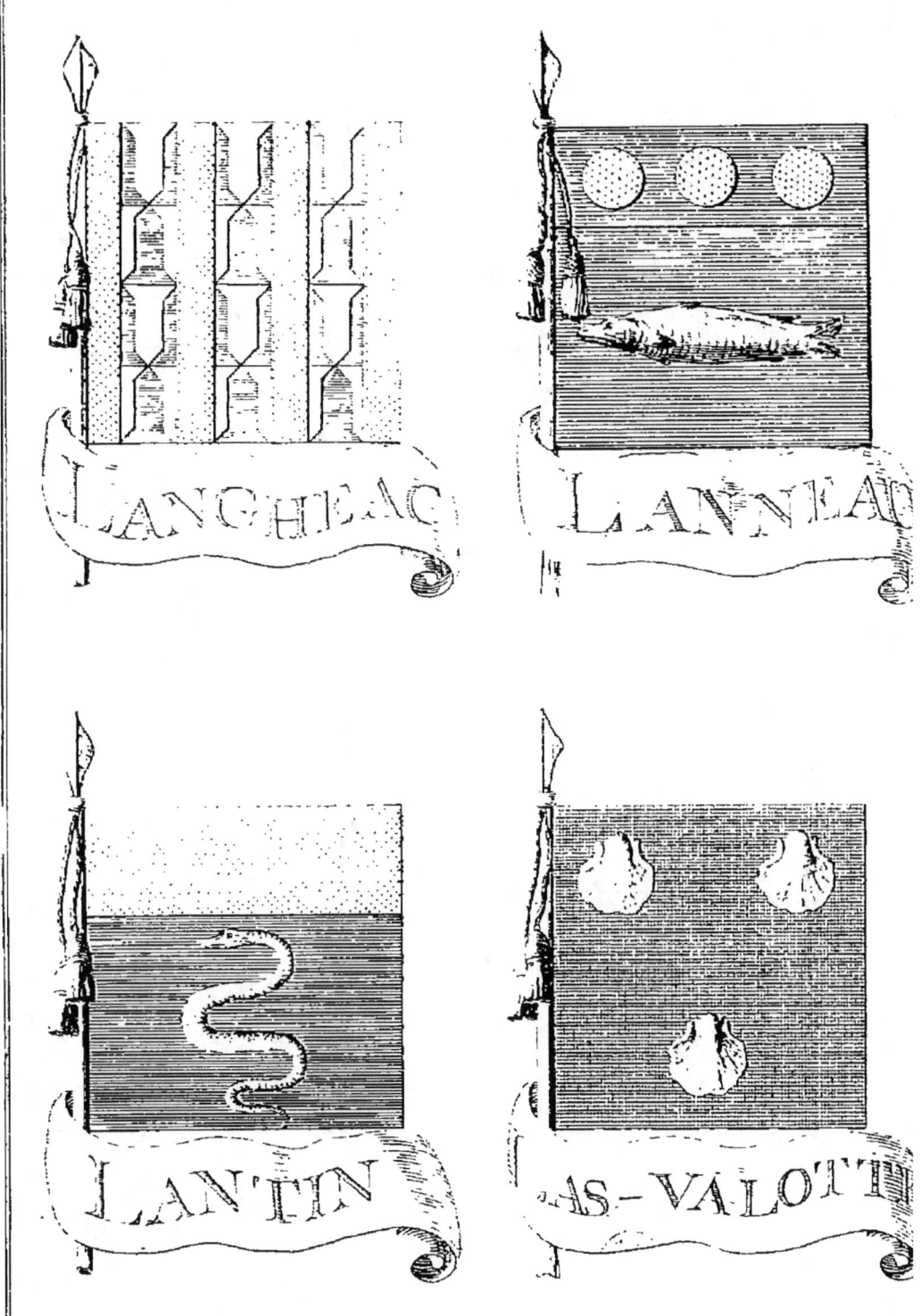

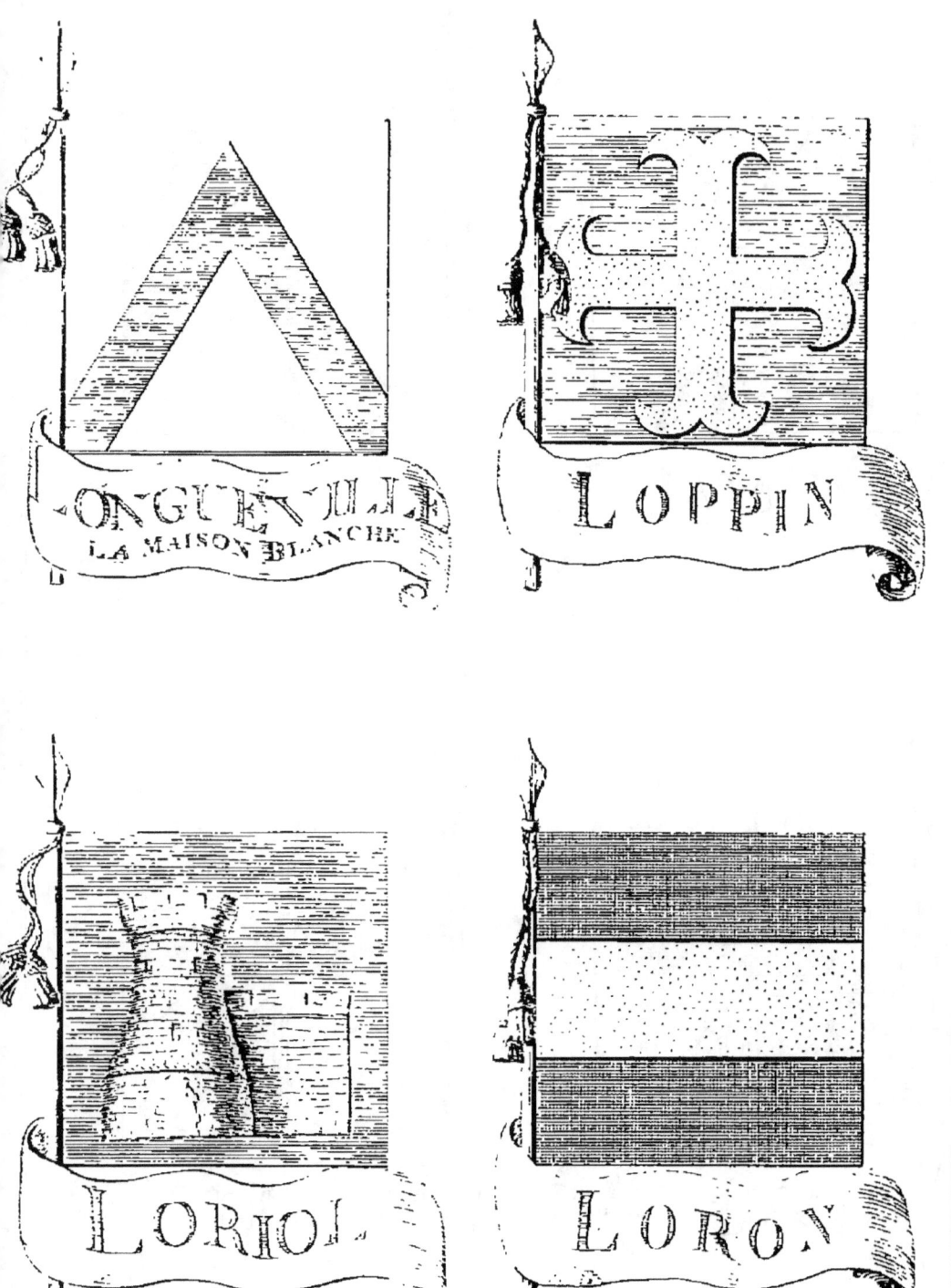

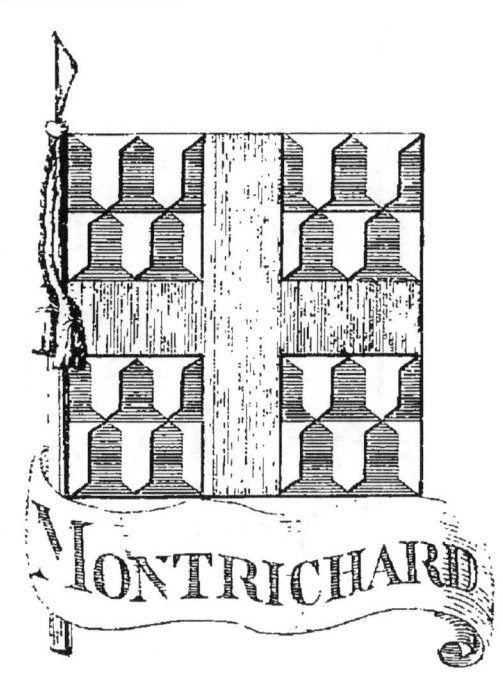

MONTRICHARD

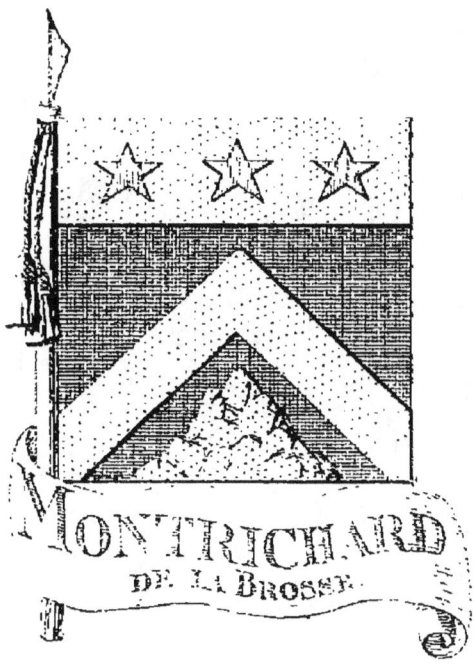

MONTRICHARD
DE LA BROSSE

MONTSAULNIN
DU MONTAL

MORELET

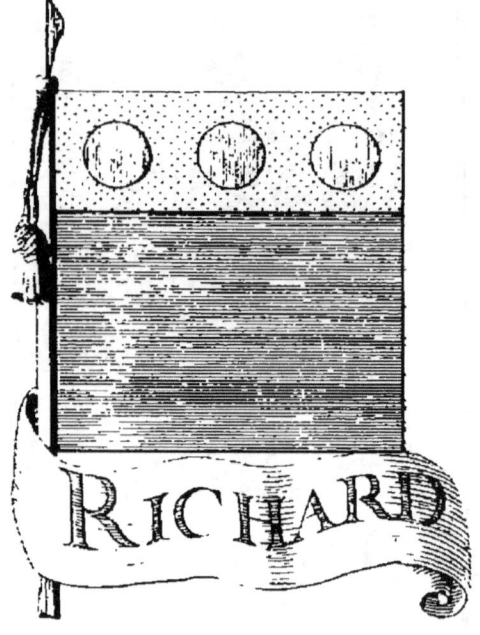

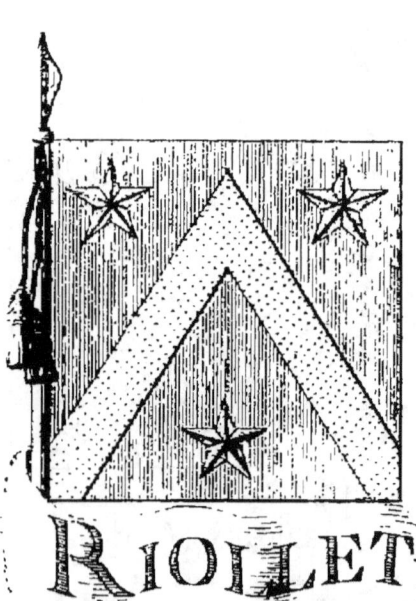

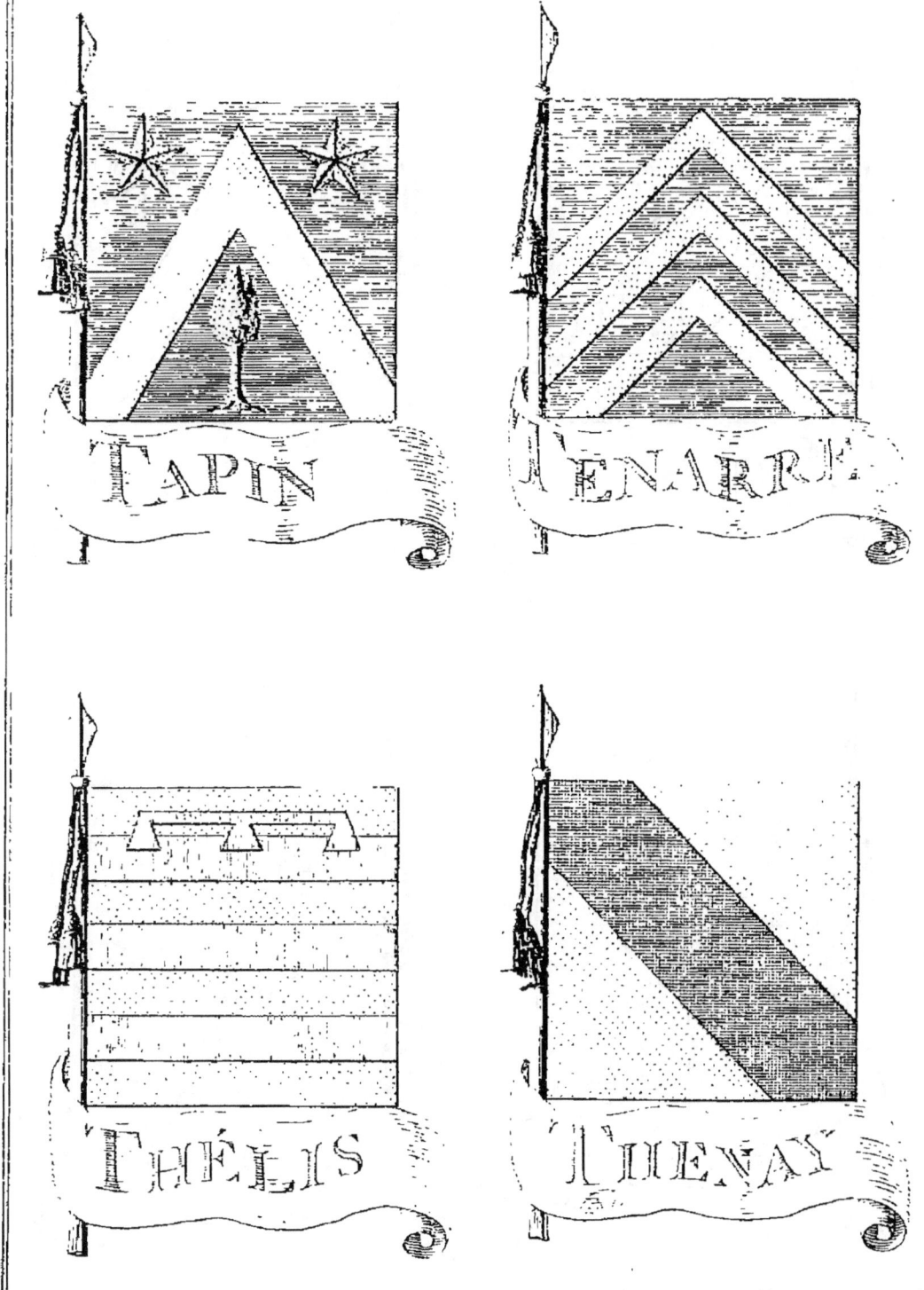

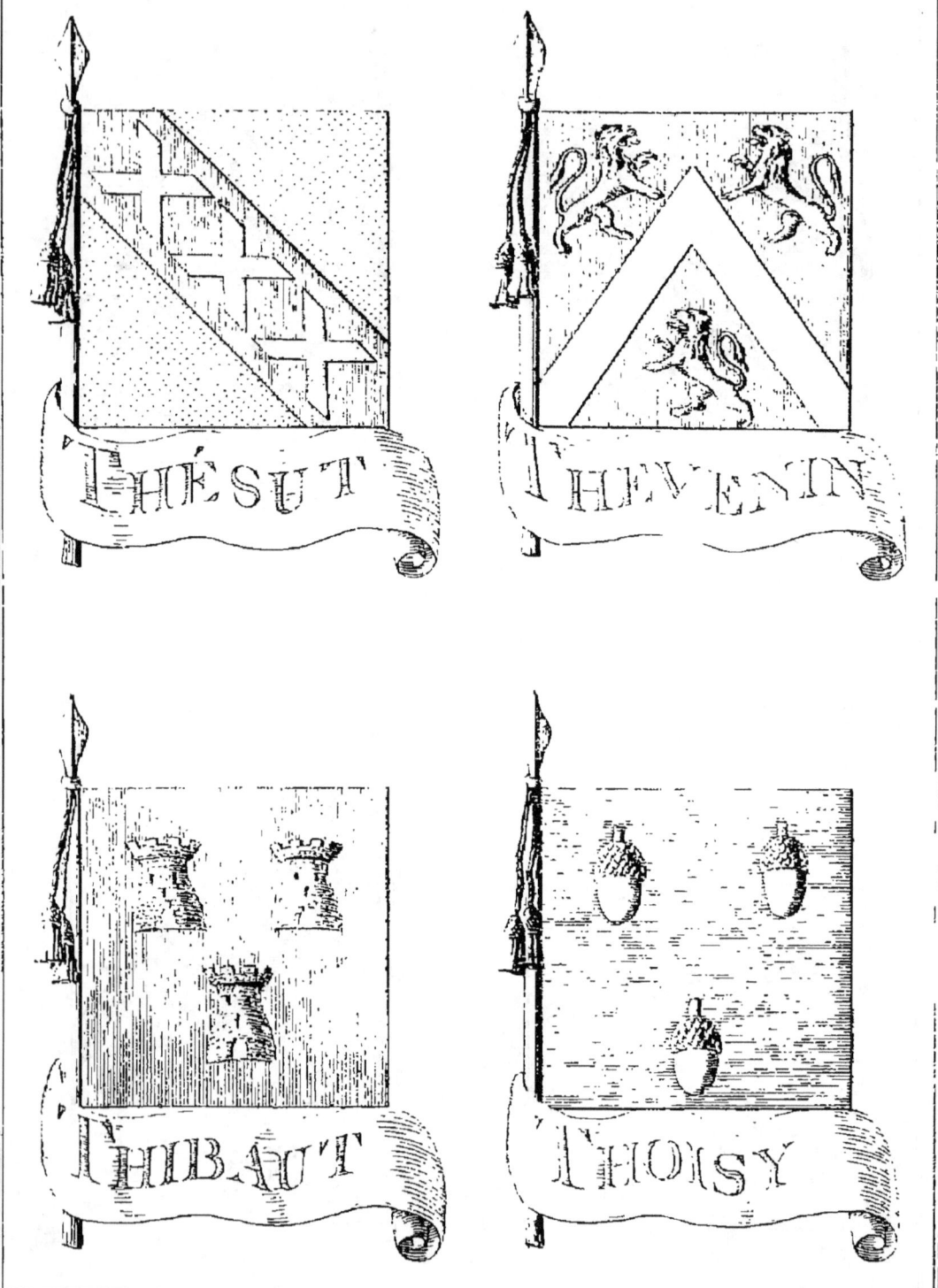

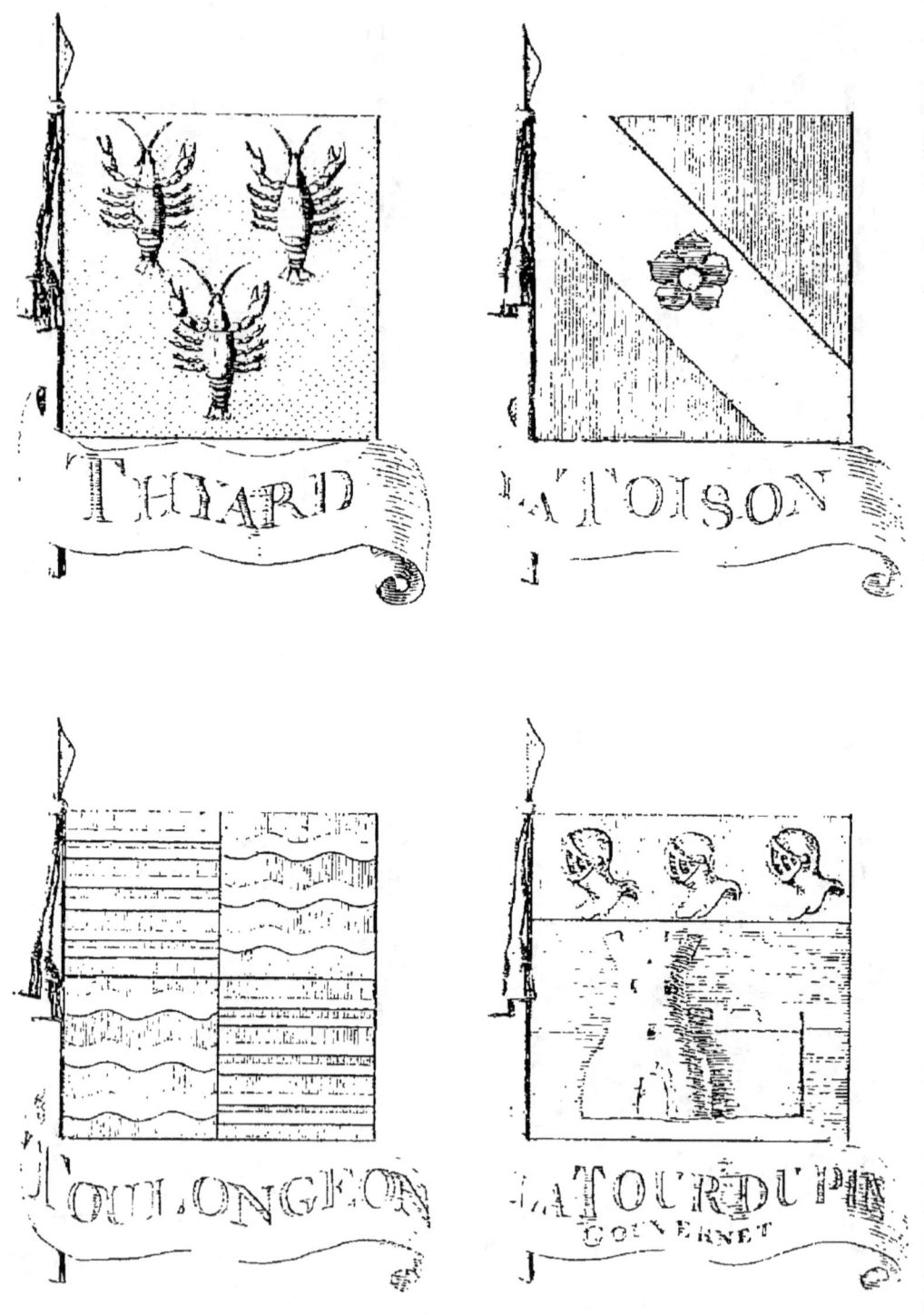

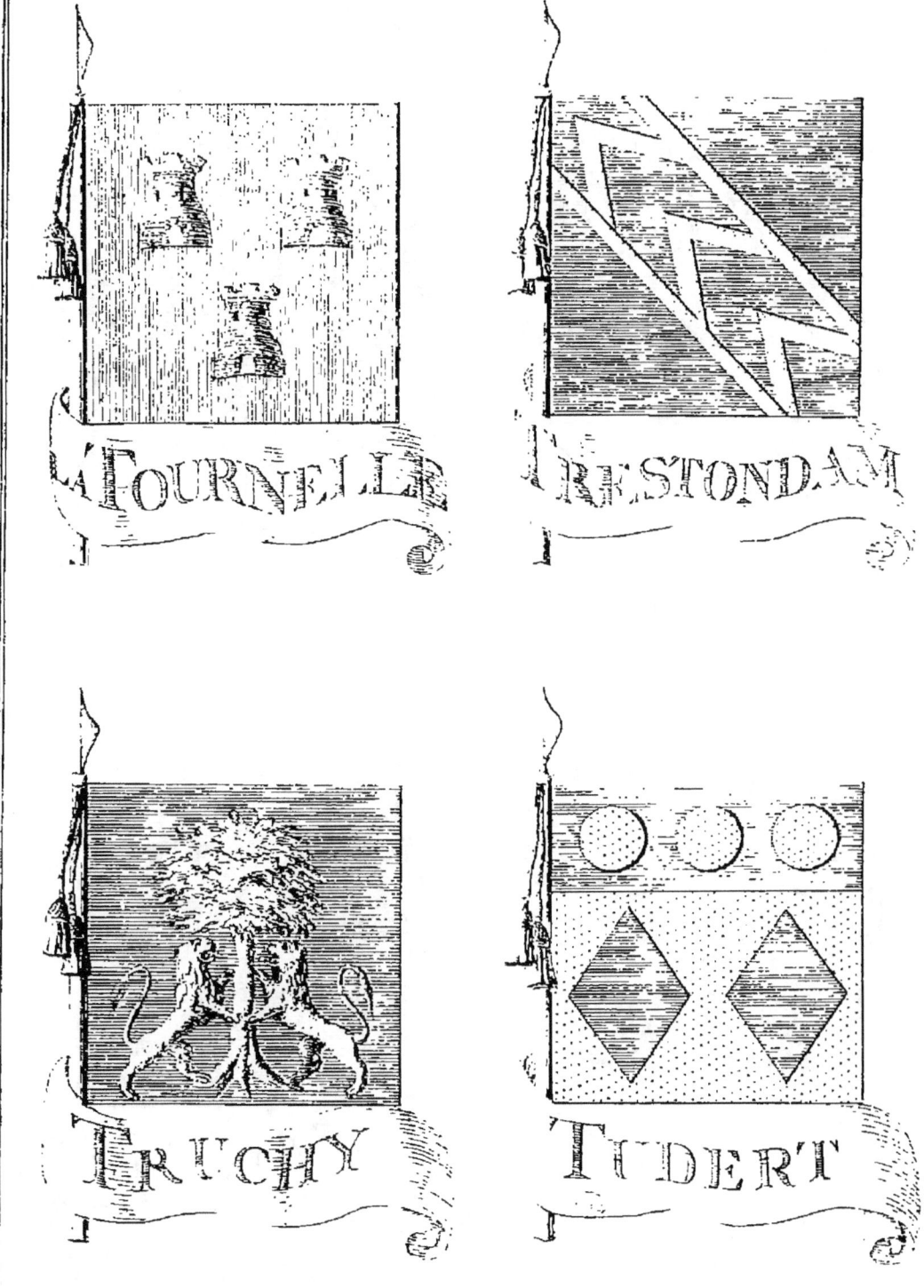

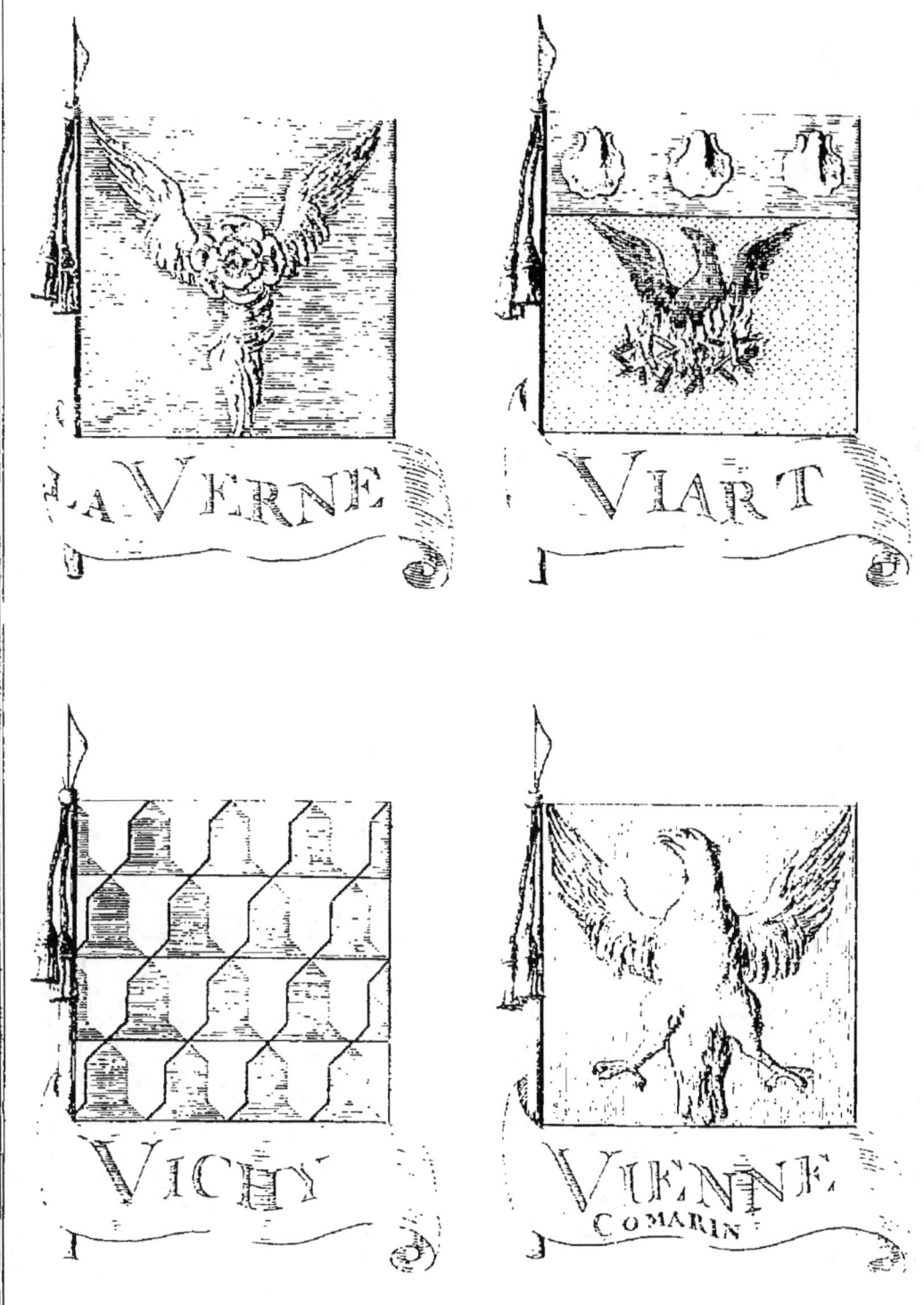

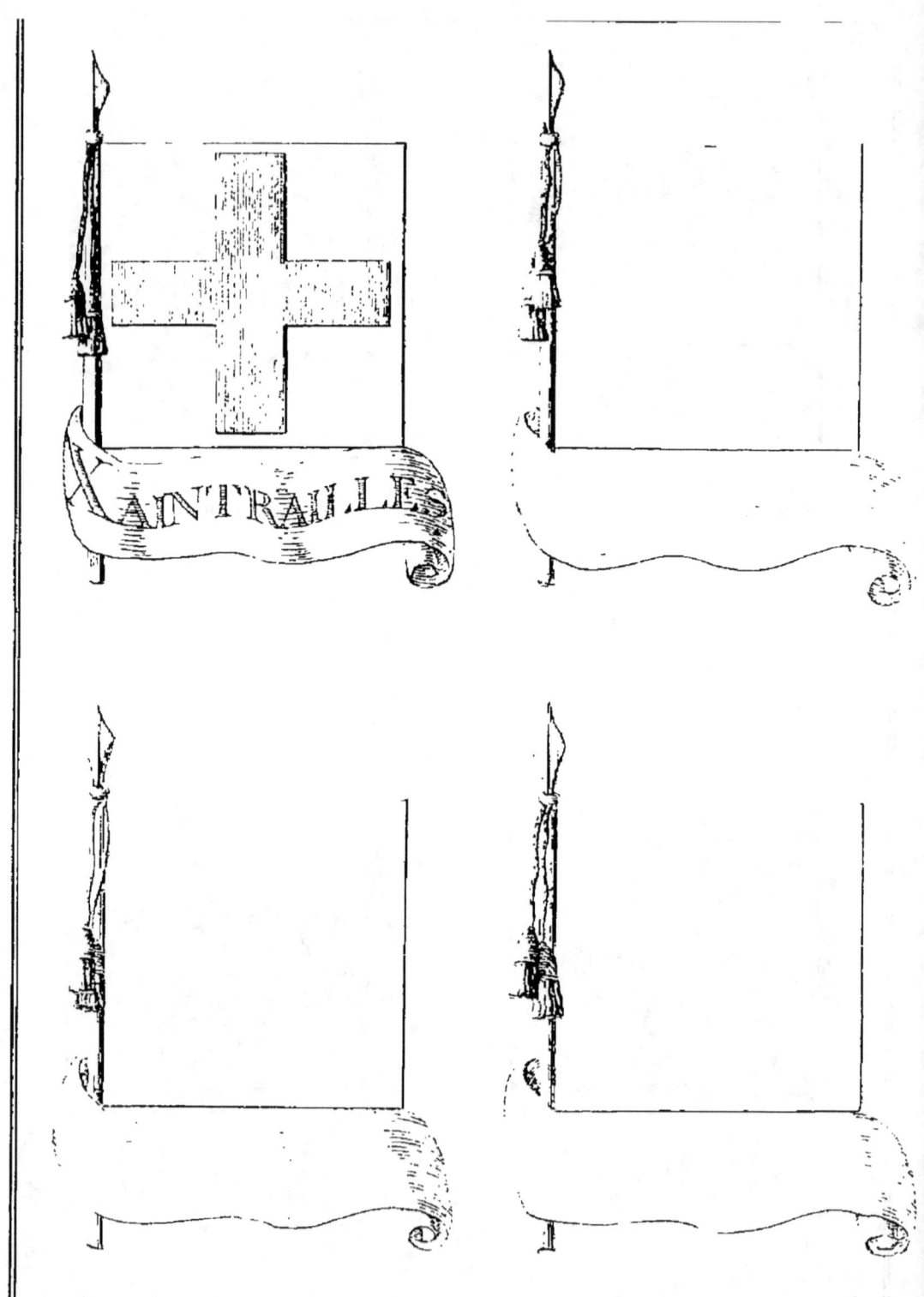

www.ingramcontent.com/pod-product-compliance
Lightning Source LLC
Chambersburg PA
CBHW070841230426
43667CB00011B/1881